国家出版基金项目
NATIONAL PUBLICATION FOUNDATION

主编 胡绳武
副主编 牛贯杰 戴鞍钢

清末立宪运动史料丛刊 ②

立宪派与革命派的论战

王宪明 编

国家清史编纂委员会·文献丛刊

山西人民出版社

本书获中国人民大学『中央高校建设世界一流大学（学科）和特色发展引导专项资金』支持

『十二五』国家重点图书出版规划项目

所获成果甚丰。对收录之三千多种书籍和未收之六千多种存目书撰写详明精切之提要，撮其内容要旨，述其体例篇章，论其学术是非，叙其版本源流，编成二百卷《四库全书总目》，洵为读书之典要、后学之津梁。乾隆以后，至于清末，文字之狱渐戢，印刷之术益精，故而人竞著述，家娴诗文，各握灵蛇之珠，众怀昆冈之璧，千舸齐发，万木争荣，学风大盛，典籍之积累远迈从前。惟晚清以来，外强侵凌，干戈四起，国家多难，人民离散，未能投入力量对大量新出之典籍再作整理，而政府档案，深藏中秘，更无由一见。故不仅不知存世清代文献档案之总数，即书籍分类如何变通、版本庋藏应否标明，加以部居舛误，界划难清，亥豕鲁鱼，订正未遑。大量稿本、抄本、孤本、珍本，土埋尘封，行将澌灭；殿刻本、局刊本、精校本与坊间劣本混淆杂陈。我国自有典籍以来，其繁杂混乱未有甚于清代典籍者矣！三曰散。清代文献、档案，非常分散，分别庋藏于中央与地方各个图书馆、档案馆、博物馆、教学研究机构与私人手中。即以清代中央一级之档案言，除北京中国第一历史档案馆所藏一千万件以外，尚有一大部分档案在战争时期流离播迁，现存于台北故宫博物院。此外，尚有藏于沈阳辽宁省档案馆之圣训、玉牒、满文老档、黑图档等，藏于大连市档案馆之内务府档案，藏于江苏泰州市博物馆之题本、奏折、录副奏折。至于清代各地方政府之档案文书，损毁极大，但尚有劫后残余，璞玉浑金，含章蕴秀，数量颇丰，价值亦高。如河北获鹿县档案、吉林省边务档案、黑龙江将军衙门档案、河南巡抚藩司衙门档案、湖南安化县永历帝与吴三桂档案、四川巴县与南部县档案、浙江安徽江西等省之鱼鳞册、徽州契约文书、内蒙古各盟旗蒙文档案、广东粤海关档案、云南省彝文傣文档案、西藏噶厦政府藏文档案等等分别藏于全国各省市自治区，甚至清代两广总督衙门档案（亦称《叶名琛档案》），被英法联军抢掠西运，今藏于英国伦敦。清代流传下之稿本、抄本，数量丰富，因其从未刻印，弥足珍贵，如曾国藩、李鸿章、翁同龢、盛宣怀、张謇、赵凤昌之家藏资料。至于清代之诗文集、尺牍、家谱、日记、笔记、方志、碑刻等品类繁多，数量浩瀚，北京、上海、南京、广州、天津、武汉及各大学图书馆中，均有不少贮存。丰城之剑气腾霄，合浦之珠光射日，寻访必有所获。最近，余有江南之行，在苏州、常熟两地图书馆、博物馆中，得见所存稿本、抄本之目录，即有数百种之多。某些书籍，在中国大陆已甚稀少，在海外各国反能见到，如太平天国之文书。当年在太平军区域内，为通行之书籍，太平天国失败后，悉遭清政府查禁焚毁，现在中国，已难见到，而在海外，由于各国外交官、传教士、商人竟相搜求，携赴海外，故今日在外国图书馆中保存之太平天国文书较多。二十世纪内，向达、萧一山、王重民、王庆成诸先生曾在世界各地寻觅太平天国文献，收获甚丰。四曰新。清代为传统社会向近代社会之过渡阶段，处于中西文化冲突与交融之中，产生一大批内容新颖、形式多样之文化典籍。清朝初年，西方耶稣会传教士来华，携来自然科学、艺术和西方宗教知识。乾隆时编《四库全书》，曾收录欧几里得《几何原本》，利玛窦《乾坤体义》，熊三拔《泰西水法》、《简平仪说》等书。迄至晚清，中国力图自强，学习西方，翻译各类西方著作，如上海墨海书馆、江南制造局译书馆所译声光化电之书，后严复所译《天演论》、《原富》、《法意》等名著，林纾所译《茶花女遗事》、《黑奴吁天录》等文艺小说。中学西学，摩荡激励，旧学新学，斗妍争胜，知识剧增，推陈出新，晚清典籍多别开生面、石破天惊之论，数千年来所未见，饱学宿儒所不知。突破中国传统之知识框架，书籍之内容、形式，超经史子集之范围，越子曰诗云之牢笼，发生前所未有之革命性变化，出现众多新类目、新体例、新内容。清朝实现国家之大统一，组成中国之多民族大家庭，出现以满文、蒙古文、藏文、维吾尔文、傣文、彝文书写之文书，构成为清代文献之组成部分，使得清代文献、档案更加丰富，更加充实，更加绚丽多彩。清代之文献、档案为我国珍贵之历史文化遗产，其数量之庞大、品类之多样、涵盖之宽广、内容之丰富在全世界之文献、档案宝库中实属罕见。正因其具有多、乱、散、新之特点，故必须投入巨大之人力、财力进行搜集、整理、出版。吾侪因编纂清史之需，贾其余力，整理出版其中一小部分；且欲安装网络，设数据库，运用现代科技手段，进行贮存、检索，以利研究工作。惟清代典籍浩瀚，吾侪汲深绠短，蚁衔蚊负，力薄难任，望洋兴叹，未能做更大规模之工作。观历代文献档案，频遭浩劫，水火兵虫，纷至沓来，古代典籍，百不存五，可为浩叹！切望后来之政府学人重视保护文献档案之工程，投入力量，持续努力，再接再厉，使卷帙长存，瑰宝永驻，中华民族数千年之文献档案得以流传永远，沾溉将来，是所愿也！

二〇〇四年

序言

胡绳武

清末立宪运动是一场全国性的政治运动。这场运动历时9年（1903—1911），波及除内外蒙古、青海、西藏之外的全国22个行省（内地18个省、东北三省和新疆），对辛亥革命前后的中国政治、经济、社会和思想文化均产生过重要的影响。这场运动的人和事，自宣统年间以来不断地有国内外学者们进行研究和评议。由于研究者的立场与观点不同，对这场运动的人和事的评议自然是见仁见智的。但研究者们一致感到研究立宪运动的困难之一在于史料相对缺乏。中华人民共和国成立后，国家重视对近百年历史的研究，在中国史学会的主持下，曾出版过一套《中国近代史资料丛刊》。这套资料的出版对中国近代史的教学与研究曾产生了很好的推动作用，但这套资料丛刊却没有把立宪运动包括在内。

有关立宪运动的文献资料，除1979年中华书局出版过一部《清末筹备立宪档案史料》外，尚无一套比较完整的立宪运动文献资料丛刊，这给中国近代史的教学与研究带来一定的影响。为此，中华书局编辑部于1986年曾拟定编辑一套《立宪运动》的文献资料，作为《中国近代史资料丛刊》的续编出版，并邀请我作为这套文献资料丛刊的主编。我当时因为正在撰写《辛亥革命史稿》，无力承担此项工作而加以婉拒。当时中华书局近代史编辑室的主任陈铮向我表示这项工作可在《辛亥革命史稿》完成以后再着手进行，并希望我能将此项工作接受下来。当时我的研究生程为坤讲师也希望我将这项工作接受下来，并表示愿意全力帮助我完成文献资料的搜集与整理工作。这样，我就终于将此项工作接受下来，并开始注意有关立宪运动文献资料的搜集工作。1990 年以后，《辛亥革命史稿》的撰写工作虽然已经完成，程为坤却已出国留学，我又年近七十，无力单独承担，此项工作遂告中断。其后，我曾争取与中国人民大学图书馆古籍整理研究所合作，希望继续完成这套资料的搜集与整理工作，后因故再次中断。已经搜集却又未经整理的有关立宪运动的文献资料只好堆积存放。

2002 年国家清史纂修工程启动后，清史编纂委员会主任戴逸教授动员我组织力量，将《立宪运动》这套文献资料的整理工作作为国家清史纂修工程文献整理项目之一继续下去，争取完成。我考虑到早在 1986 年即已接受中华书局近代史编辑室委托，承担《立宪运动》的主编工作，中途虽因客观原因中断，但我内心总觉得对学术界和出版社欠了一笔账，不免感到内疚，现在有机会将这套《立宪运动》作为清史文献项目之一列入计划，这是给我完成上世纪中断了的《立宪运动》这套文献资料的一个极好机会，遂于 2004 年向国家清史编纂委员会正式提出申请，并于 2005 年获得通过，正式立项。

这套《清末立宪运动史料丛刊》总的要求是，能够较为全面地反映这场运动的发展全貌，对该运动发生的历史背景、酝酿与兴起、发展和声势、它与民主革命运动及清廷预备仿行立宪的关系、立宪团体、立宪派人士的思想与活动，以及该运动对于中国近代社会历史所造成的影响诸方面，均得到合乎实际的说明。

以往《中国近代史资料丛刊》的编辑方法大致有三种：一是按资料的类型进行整理编辑，如《太平天国》；二是按事件发展进行编辑，如《辛亥革命》；三是二者结合，如《第二次鸦片战争》。本套文献资料大体依照第三种形式，从以下八个方面对相关资料进行搜集、整理与编辑：一、立宪运动的酝酿与发动；二、立宪派与革命派的论战；三、清廷的预备仿行立宪；四、立宪团体；五、国会请愿运动；六、资政院；七、各省谘议局；八、有关立宪运动的外文资料。谘议局文献的选编范围涉及12个行省，即顺直谘议局、奉天谘议局、吉林谘议局、山西谘议局、山东谘议局、江苏谘议局、浙江谘议局、福建谘议局、广东谘议局、江西谘议局、湖南谘议局、四川谘议局。参加本项目的成员及分工如下：中国社会科学院近代史研究所李细珠研究员（立宪运动的酝酿与发动、福建谘议局），清华大学马克思主义学院王宪明教授（立宪派与革命派的论战、有关立宪运动的外文资料），首都师范大学历史系迟云飞教授（清廷的预备仿行立宪），北京大学历史系尚小明教授（立宪团体、国会请愿运动、山西谘议局、山东谘议局），中国人民大学历史学院牛贯杰副教授（资政院、湖南谘议局、广东谘议局），北京师范大学历史学院邱涛副教授（顺直谘议局），中国社会科学院法学研究所孙家红副研究员（奉天谘议局、吉林谘议局），上海图书馆上海科学技术情报研究所高洪兴研究员（江苏谘议局），广东警官学院法律系沈晓敏教授（浙江谘议局），中山大学历史系廖伟章教授（广东谘议局），南昌大学历史系黄志繁教授（江西谘议局），四川大学城市研究所何一民教授（四川谘议局）。

值得说明的是，这套文献资料丛刊立项伊始，清史编纂委员会考虑到我年事已高，故建议增加一位项目主持人，我们经过商议，聘请复旦大学历史系戴鞍钢教授为主持人。项目进行期间，他审阅了700余万字的文稿，并提出具体的修改意见，帮助我承担了不少审阅初稿的任务。牛贯杰副教授承担了大量烦琐沉重的学术辅助工作。清史编纂委员会文献组的王汝丰教授、出版组孟超编审对本项目给予了特别的关心与指导。没有他们的帮助，很难相信这套文献资料丛刊能够如期完成，在此表示诚挚的谢意。同时，山西人民出版社的领导也给予了特别的关注，编辑们付出了辛勤的努力，在此一并致谢。

当然，囿于种种因素，我们不可能将22个行省的谘议局文献全部搜求于内，只选择性地摘取了12个行省的相关文献，这些省份涵盖了沿江沿海、中原腹地、京畿重地与清王朝的龙兴之地——吉林与奉天两省。此外，我们对各省谘议局文献的选编原则以谘议局本身文献为主，因此，规模方面无法做到整齐划一，而且数量各有不同。这些不足和局限，衷心期待学术界进行批评和补正。

2014年10月

整理说明

一、本卷所选各文献，底本取自该文献首次发表的报刊《民报》、《新民丛报》、《大同报》、《中国新报》等，在整理、编辑、校勘过程中参考了通行的各相关人物的文集、选集、资料汇编等。个别原始文献在国内不易查找的，如胡汉民等发表在《中兴日报》上的文章，立宪派人士发表在《南洋总汇新报》上的文章等，则分别以《胡汉民先生文集》和章开沅先生等主编的《辛亥革命史料新编》等为底本。

二、所收录各文献资料以发表时间先后为序编排。由于出版脱期等原因，《民报》、《新民丛报》等所标出版时间有时与实际出版时间并不一致，故凡能根据文献内容确定出版先后顺序的，则以实际顺序为序，难以确定的，则暂按当时所标出版时间为序。

三、所收录各文献力求保持原貌，不做任何改动。个别文献因篇幅等原因而有任何删节的，均在删节处加注说明。

四、所收录文献中，怀疑错讹的文字，则在被怀疑为错讹的相应文字之处加（ ），并在〔 〕之内补入正确的文字。怀疑有脱漏文字的，则在相应之处加【 】补出。

五、校勘过程中一些不便直接在文中处理的，加脚注说明。

王宪明

2016年8月

目录

一、东京激辩[①]

① 所选文献以时间先后顺序排列，但因参与论战的《新民丛报》和《民报》等报刊出版脱期等原因，所标时间常与实际出版时间不一致，故凡根据内容能够明确确定先后顺序的，以实际顺序排列，难以确定时间先后顺序的，则以当时所标时间顺序排列，编者。

二、南洋等地余音

一、东京激辩

论满洲虽欲立宪而不能

蛰 伸

今之非革命者，则曰：立宪易，革命难。呜呼！是乌知立宪，是乌知革命。夫欧美孰有不革命而能立宪者，况中国之立宪不可同于欧美也。

吾今正告天下曰：中国立宪难。能立宪者，惟我汉人。汉人欲立宪，则必革命。彼满洲即欲立宪，亦非其所能也。

今之为争者，（斥斥）〔斤斤〕于满洲之欲立宪否，以为立宪之难易。此所以一闻贱种二三转移之言，而遽信立宪之易。前之辩者不能折，则又从而是之也。是皆坐不知立宪之过也。夫先于“欲立宪否”之问题，有“能立宪否”之问题。今之满洲，不能立宪者也。不能立宪，则尢问其欲否也。求鱼于樵，求木于渔，彼虽欲，如无以应吾求何。

今之为论者，意若惟不欲之患，而无不能之患。此未尝更事变而姑以其所欲名为能耳。夫诚欲实施，未有不先察于其可能否而问其欲不欲也。夫满洲纵欲而不能行之者，民族实为之也。夫立宪者，非其条文是尚也。其民协同而能自治，然后宪法生。故能宪治者，惟民族之同。今之满洲与我汉族，其相亲为何如乎？而谓其能同立于一宪法之下乎？其不能，宪从何以立焉。

夫中国自流寇之糜烂，乱臣外附，率鞑虏以蹂躏中华，国胜祈屋，黔首大半屠戮，遂使虏尸此君位。自尔以来，台湾之割据，三藩之兴起，川楚之纵横，以民族倡（义）〔议〕者，未尝十年间绝。而最近者，洪氏扶义而起，东南响应，屠胡虏以万计。既以胡运未终，功遂不奏。而其余力每普愈遒，茹蘖蹈刃，志在必克。下之妇稚懦夫，无荷戈踵后之勇，而犹戟指愤詈不置。是故两族之间，有相屠之史，而无相友之迹也，则其之不可望明矣。

（图）〔闾〕里为讼，不胜者衔之终身，况国仇乎！吾汉族之愤彼如此，则彼满洲之吾愤亦可知矣。假令彼中之一黠者欲假立宪之制，以救亡种之祸，犹将不能得于彼族，无论于汉族也。夫民族之相雠，愈合之而其怒愈深者也。锢之甚，则其发愈大而已矣。彼满洲之驻防于各省者，画地而居，入其境，则其侵侮无所不至。彼出而至于境外，则恭顺无敢专横。此其恭顺，非真能协于我族，势不敌而不敢发也。然其不敢发，必不遂已也。蓄怒愈久，即为祸弥深也，故伺间而一发。彼其画地不相涉而若是，则其于同一宪法之下，使齐等营业，其将若何。

夫今日满人之政权，百倍汉族，束发为吏，无大过失，则黑首卿相可坐致也。以是误天下而肥己，无所能则以谄为工。其所志无过金玉侈靡，则不惮以贪婪为业。天下之（涂）〔荼〕毒，一切由之。夫立宪，则此为必革之制明也。生而仰给于政府，以逮其死，竭天下之力以供之，号曰为兵，而不可以一用，坐病黔首，莫之恤也。而旗民生事，以为朝廷之大计。夫立宪，则不容有此易知者也。今立宪而使满洲之民与我汉齐等，毋特任以官，特廪以禄。使自以其才能进，则彼必无从得政权。使彼自为生，则必无从得营业，坐至于奴隶饿馁，彼固不知自咎，则惟汉人怨而已。此满洲之自离，可必者也。

而我汉族抑必不得以与满洲俱立而遂已也。国仇之念，每降愈深，此耻不雪，则他胡为者。夫使我汉族而统治于一王之下，苦其暴政而欲革之，则暴政去而吾事毕矣。今之革命，复仇其首，而暴政其次也。盖满洲之以虐政苦我者，犹其余事。而吾祖先所衔恨以没，不得一伸者，将于此一泄焉。立宪者，其第二目的，达否未可知；而第一目的之不得达，则甚明也。然则虽既立宪，吾汉族之不能安然与满人同处自若也。夫立宪之治，必非满人所能与，其司缮群治法之事，必独赖于汉人。而汉人者，大辱未雪，大欲未偿，亦复何心以商此事？然则纵有条文，而立宪之治不可举，至易知者也。

今之民族异而不可强（沟）〔苟〕合者，不独中国也。澳、匈之双立君主国也，几四十年，而国中轧轹日甚一日，近顷益甚，不久其分离可见。夫匈牙利之于澳，初未尝有屠戮之惨，如我之受于满洲者也。以王死绝嗣之故，而迎立澳君，亦既三百五十有余年矣，然其民族之间不能调和如是。故近代学者谓，民族之不同，大不利于国家之组织，微特匈牙利然，彼欧西之荷兰、比利时，其宪法亦至自由，而终不能合一。故米人彼则斯曰：民族统一为于近世立宪最强之势力。若数国之民，种性各异，其中有政治能力优者，则并服其劣者，于政治上为最良。故今日中国而欲立宪也，必汉族之驱并满洲而后能为之。何者？政治能力，汉族之优于满洲百十，而满洲固不可扶植者，与之合同，适以自累也。姑无论仇雠，以求政治上进步之顺序言，亦当如是。况吾汉族，非排满，则其政治能力，亦固无所伸张也耶。

论者谓中国苟立宪，则满汉之界自破，而汉族得同化满洲至不复别，前此诸患，一不足虑。此其倡者一二无赖，而和者乃遍中国，相与鼓吹张皇之，使深入于士民之心，是其为心，与吴三桂之引鞑虏以夷戮中原，相去亦复几何也。夫谓满汉之界可破，即无异谓汉族能低首下心，以与其仇雠为党类也。其污蔑我汉族亦已甚矣。抑满汉之界，非由不立宪而兴者也，又恶从以立宪而消灭乎？为我汉族者，可以蹈白刃，就水火，可使老岩壑，长鄙僿，而不可以与满洲人长此侪处。无论以立宪饵之也，即有共和极制，非与满洲为群，无从得之者，亦有舍置之而已，长此忍辱含垢，所不屑为也。

夫汉族之夷于满洲，非常之痛也。痛而无所复则不消。欲令满汉之界感情不恶，非有以复之不可也。其复之之手段，则仅革命而已。革命以往，满汉之界不待人消之而自消者也。苟不革命，即虽尽其力以图消之，吾知其无一效者也。故消灭种界一问题也，立宪一问题也。种界消灭然后能立宪，即前所云云是也。种族未消灭，而欲以立宪消灭之，则不可能之事也。唐李泌谓代宗："陛下与李怀光，譬如破叶不可复合。"今汉族之与满洲，亦若是矣。宁独不可复合，抑不两立者也。满洲既失其生所根据，而寄于各省之土，不能自营生，而仰给于俸糈，则其不奴汉人以自奉，不可也。汉族际极强之逼蹙，非急自湔洗振拔，无以自存，非去满洲，则国耻未除，无由更自湔洗。以生存竞争，使必若是。有彼则必无我，有我亦无从曲容于彼也。谓其界可消灭者，其所据何也。

彼谓汉族能同化他民族，使更无辨别。是也。然为所同化之民族，必当其特别之资格。无此资格者，则不能同化。此于历史上至显易见者，彼未尝察也，于是而欲持以论满洲，是乃所谓大谬者也。夫中国往昔所吞而化之者，有吴越之民，有荆蛮之民，有闽粤之民，有滇黔之民，而当日九真、日南诸郡，今属安南者，昔尝合而无余迹。然是诸种者，昔未尝有侮于汉族。抑虽尝加侮，而其所为侵害者微。故如匈奴、鲜卑、吐蕃、契丹、金源、蒙古、俺答，则终不可化也。非汉族之同化力有所不逮，实彼于同化之资格失也。彼匈奴、鲜卑之为患于汉晋，吐蕃之为唐患，契丹、金源之为宋患，皆非可以一二言尽。而蒙古日蹂躏上国，窃其政柄近百年也。其所以苦汉族者愈深，即其不能同化愈甚也，宁独不能同化其大群而已。东汉之羌，马援徙之，二百年而犹为梗。魏武徙胡于三辅，近百年而卒召五胡之乱。彼其数不过数万，降虏之余，经百年而一不变。无他，汉族之怨毒甚，彼之自危惧日滋，则其保持旧惯，不肯放任于同化，为必然之事。满洲之在中国，其视此有甚焉矣。若第举一二以蔽其余，则休屠之王，列为贵族。唐初（蕃）〔番〕将，十九为世家，宁能谓无一效忠汉族者。顾其千万之一耳，而余不能，则岂今兹之所事乎？汉族之同化他族，于征服后，犹不得行如是，则满洲今兹之未尝被征服者如何也。彼言汉族同化之力，辄引金世家诫其部族治染汉风之言以为证，是尤不思之甚者矣。彼之师汉人之习惯也，未尝日同于汉人。彼以奴隶汉族为心，而其师中国文化为自弱。羯胡之种，庸知根本之义乎。苟但师其文物，遂谓无异我族，则英当取印度之民而纳之国会，俄德当取波兰之种而一视以齐民。吾不知其何所据而为是谬说也。

夫民族尝相暌，而终得合者，亦有之。若英往者北人之合于盎格鲁撒逊，法往者法兰克族之合于拉丁是也。盖惟处专制下，久而相忘，然后有之。二民族既先合而后有宪治，非有宪治而后合者也。吾中国不可与英、法比也。汉人之不能忘国雠，二百余年犹一日也。于立宪之前而不可合也，于立宪之后愈非矣。

抑且民族之合也，必无无所持以合者。其能力足以相辅，而后有合可言，否则直摧除之而已。满洲于我，果何所益于我乎，而损者则不可胜计。然则满汉之界固不能破，亦无取于破之者也。知其二者不能并立，则直去其一耳。附痏不可不溃，害马不可不除。以为吾能鞭其后以就其前者，必且束缚其前以殉其后也，害莫甚焉。

夫民族之思想，其说明也以理论，不如其感情也。虽极主满汉合一之说者，苟其抚心而自思，其嫌恶满洲之心终未尝无也。欲解之者，必一新夫全国之感情，此固非人力之所能及也。即其可及，亦非数纪间得之者也。彼以昌言民族主义，谓纯根据于感情，不依于学理。是诚然。抑知其以感情言，而举国风动者，其故何在乎？实以其感情为举国之所同，而以一二人者，乃代表之以发言者也。夫感情为一国之所同者，其发为行为必不可抗。此固于学理亦不能谓非者也，况革命之说，实有学理之根据也。

故民族之界限，满洲不能立宪之本也。虽欲之，固无从耳。而彼之欲否，固非今所论矣。由是更有两种病焉：曰对外之难，曰对内之难。对外之难奈何？满洲之治，不足以信外人久矣。彼日声言望满洲之改革，而实则意其无能为也。而改革固取其实，而不必务其声。顾其能博外人之信，则其着手自易。使中国而有革命，新为组织，则其感足及于外，于时而立宪法，则众之所属目而料其良者也。使出自满洲，则正无异于土耳其屡败之后，为无聊之颁布以自文饰也。彼以土耳其之改革视中国，则惟己便利是图，固当然者。如是则为其立宪阻碍虽微，而其见轻不得同情，视前属望倾耳者，国际上之地位，相去益远矣。

由是更有对内之难。对内之难者，施治之人之危也，非不得于君之为患也。使不平等，则无以谢汉族。使平等，则无以解于满洲也。夫事专制者，得君而（惟）〔为〕所欲为。虽然，于民族之间，盖不可以此为例也。崔浩之仕拓跋，与崔暹之仕高氏，亦不可以不谓知遇也，然终至于残死。彼二人者，亦固未尝有忠于汉族之心，其所行意不出整齐其部落以便专制耳，其难犹若此。则今日之难之倍蓰，亦可以测而知矣。夫宪法，非可使君主与其二三嬖佞定者也。彼詹詹然望治于满洲之一人，微论其不足为治，即有魏明、高澄之风，能任人以治，亦复如其不能为治何。

凡此诸难，一以民族不同之故而起，则欲救其难，舍革命更无他术。革命者，以去满人为第一目的，以去暴政为第二目的。而是二者，固相连属，第一目的既达，第二目的自达。何则？其难既已去也。

要之，论立宪之难易，当先其能不能，而后其欲不欲。能立宪者，惟我汉人。而汉人能革命，始能为（为）〔立〕宪。则欲以立宪对抗于革命者，可以废而返矣。

《民报》第一号，光绪三十一年十月二十日（1905年11月26日），此据中华书局2006年9月影印本录入。以下凡《民报》各文均据该本录入，不再一一注明

民族的国民

精　卫

呜呼！满洲入寇中国二百余年，与我民族，界限分明，未少淆也。近者同化问题日益发生，此真我民族祸福所关，不容默尔。故先述民族同化之公例（凡文字必严著述之辨，著者自发其思，成一家言，故有所征引，必详所出；述者本诸旧闻，连缀成辞，大概分译述、讲述二种，未尝自居己作，故所征引，可略所出，亦以难于毛举也。于此不辨，而崇剿说，则是以士君子而为盗贼之行，故附识于此）。次论满族之果能与吾同化否，以告我族。

民族云者，人种学上之用语也，其定义甚繁。今举所信者曰，民族者，同气类之继续的人类团体也。兹析其义于左：

（一）同气类之人类团体也。兹所云气类，其条件有六：一同血系（此最要件，然因移住婚姻，略减其例），二同语言文字，三同住所（自然之地域），四同习惯，五同宗教（近世宗教信仰自由，略减其例），六同精神体质。此六者，皆民族之要素也。

（二）继续的人类团体也。民族之结合，必非偶然，其历史上有相沿之共通关系，因而成不可破之共同团体。故能为永久的结合。偶然之聚散，非民族也。

国民云者，法学上之用语也。自事实论以言，则国民者，构成国家之分子也。盖国家者，团体也，而国民为其团体之单位，故曰国家之构成分子。自法理论言，则国民者有国法上之人格者也。自其个人的方面观之，则独立自由，无所服从；自其对于国家的方面观之，则以一部对于全部，而有权利义务，此国民之真谛也。此惟立宪国之国民惟然，专制国则其国民奴隶而已，以其无国法上之人格也。

准是，则民族者自族类的方面言，国民者自政治的方面言，二者非同物也，而有一共通之问题焉，则同一之民族果必为同一之国民否，同一之国民果必为同一之民族否是也。

解决此问题有二大例：

（一）以一民族为一国民　凡民族必被同一之感蒙，具同一之知觉，既相亲比以谋生活矣，其生活之最大者，为政治上之生活，故富于政治能力之民族，莫不守形造民族的国家之主义。此之主义，名**民族主义**。[1] 盖民族的国家，其特质有二：一曰平等。自有人类，即有战争，战胜民族，对于战败民族，牛马畜之，不齿人类。古之希腊，所征服者，悉以为奴隶，是其例也。若一民族，则所比肩者皆兄弟也，是为天然之平等。二曰自由。非我族类，其心必异。战胜民族对于战败民族，必束缚压抑之，不聊其生而死其心，以求必逞。若一民族，则艰难缔造，同瘁心力，故自由之分配必均。以是之故，民族主义为人性所固有，即或民族中更变乱，为强所弱，四分五裂，不能自存，而民族主义淬而愈（厉）〔砺〕，困苦百折，卒达其目的而后已。举例以言，罗马帝国瓦解后，民族主义代世界主义而兴，英吉利之亨利八世，及大僧正威尔些之事业，法兰西之路易十一世之事业，大僧正里些流之事业，及亨利四世之事业，皆贯彻此主义者也。十九世纪之初，日耳曼民族分属联邦，无统一之观念，遭法兰西蹂躏，憬然思变，实行民族主义，卒合二十五联邦而成德意志帝国。意太利民族自帝国破灭后，邦分离析，受轭制于奥太利，惟能实行民族主义，卒合十一邦而成意太利帝国。此其荦荦大

① 原文加粗如此，下同。编者。

者也。其他诸国受此思潮，理想丕变，此主义遂磅礴全欧，其结果也进步而为民族帝国主义。

（二）民族不同同为国民　其类至繁，先大别为二种：

（甲）以不同一之民族不加以变化而为同一之国民者。其中复有二小别：（一）诸民族之语言习惯，各仍其旧，惟求政治上之一统，如瑞西是。此必诸民族势力同等，然后可行，否则一有跳梁，全体立散矣。（二）征服民族对于被征服民族，既以威力抑勒之，使不得脱国权之范围；又予以劣等生活，俾不得与己族伍，如古者埃及之于犹太，今者俄之于芬兰、波兰是也。然使被征服民族而有能力，必能奋而独立，以张民族主义，如比利时之离荷兰，希腊之离土耳其是。

（乙）合不同一之民族，使同化为一民族以为一国民者。今欲问此为民族之善现象乎？抑恶现象乎？社会学者，尝言凡民族必严种界，使常清而不杂者，其种将日弱而驯致于不足自存。广进异种者，其社会将日即于盛强，而种界因之日泯。希腊邑社之制，即以严种界而衰微。罗马肇立，亦以严种界而几沦亡，其显例也。是故民族之同化也，极迁变翕辟之一致。而其所由之轨，有可寻者，归纳得**同化公例**凡四：

第一例，以势力同等之诸民族融化而成一新民族。

第二例，多数征服者吸收少数被征服者，而使之同化。

第三例，少数征服者以非常势力，吸收多数被征服者，而使之同化。

第四例，少数征服者为多数被征服者所同化。

以上四例，通于今古。至于同化之方法，不外使生共通之关系，社会的生活之共通，政治社会的生活之共通，或由于诱引，或由于强迫，皆足纳之于同化之域者也。

上之所述，皆政治学者、社会学者所标之公例也，以下将涉于鄙论。

吾今为一言以告我民族曰：凡关于民族上之研究，第一宜**求诸公例**。公例者，演绎归纳，以获原理，立之标准，以告往知来者也。为变虽繁，必由其轨者也。第二宜知**我民族在公例上之位置**。

呜呼！吾言及此，而不能不有憾于严几道也。夫几道，明哲之士也。其所译《社会通诠》有云：“宗法社会，始以羼族为厉禁，若今日之社会，则以广土众民为鹄，而种界则视为无足致严。”此其言诚当也。然几道案语言外之意，则有至可诧者。观其言曰：“中国社会，宗法而兼军国者也。故其言治也，亦以种不以国。（中略）是以今日党派虽有新旧之殊，至于民族主义，则不谋而合，今日言合群，明日言排外，甚或言排满。（中略）虽然，民族主义将遂足以强吾种乎？愚有以决其必不能矣。”几道此言，遂若民族主义为不必重，而满为不必排者。此可云信公例矣，而未可云能审我民族公例上之位置也。以上同化四公例言之，其第一例，重势力同等。是故彼之合同，平等之合同也，自由之合同也，盎格鲁撒逊民族、峨特民族、条特列民族，群居美洲，以共同生活之既久，遂成为亚美利加民族，是其例也。盖其合同也，诸民族实皆居主人之地位，以相交互，故能相安而无尤。其他三例则皆征服者与被征服者之关系也，此其合同，非出于双方之自由意思甚明。夫两者相持，势力优者，权必独伸，而政治上之势力军事上之势力，其最者也。是之势力，必握于征服者之手，由是挟其雷霆万钧之力，所当必碎，被征服者，乃不得不戢戢然归化之。是其一立于征服者之地位，一立于被征服者之地位，厘然分明也。更端言之，则一立于主人之地位，一立于奴隶之地位也。夫民谁其堪奴隶者？果其能力萎弱，则不聊其生而渐归于尽，而非然者，则将百折不挠，以求遂民族主义之目的。而方其未遂也，叩心饮泣，靦然以为人奴。而彼之征服者狎之既久，则食其毛，践其土，薰其文化，乐而忘其故，自形式观之，固同化矣，自精神观之，则不共天日之仇雠，而强相安于衽席之上也。于是而指摘被征服者曰：汝其与之同化，汝胡不安？汝胡不安？呜呼，是真欲其长处于被征服者之地位而已！呜呼，是曰知公例而不知公例上之位置！

今欲知吾民族于同化公例上之位置，则请言自黄帝以来，以至有明之末，民族变化之历史。然欲语其详，有专史者，今述其概略而已。

黄帝时代与苗族竞，九黎之君曰蚩尤，苗族之至强者也。黄帝破而灭之，迁其类之善者于邹屠之乡，其不善者以木械之，命之曰民，己之族则曰百姓。三代以来，百姓与民之别泯矣，是为彼折而同化于我。

观夫春秋，有荆越山戎诸戎，北狄长狄鲜虞诸族，或猾诸夏，以主齐盟。然至于秦，则凡此名词，仅留于历史上而已，是亦折而同化于我。

汉初患匈奴，逮乎孝武，以兵攘之，命张骞通西域，命唐蒙通西南夷，其卒闽、粤、滇、黔皆折而同化于我。

降乎典午，吾族不武，五胡乱华。前赵则匈奴也，成则巴氐也，后赵则羯也，前燕、后燕、南燕、西秦、南凉皆鲜卑也，前秦后凉皆氐也，后秦羌也，北凉、大夏亦匈奴也。以次夷灭天下，中分南北，北朝始于拓跋氏，其后高氏宇文氏复中分。自晋至隋，我民族之（陵）〔凌〕迟极矣。诸虏得志，多效汉俗，几如第四例所云，少数征服者为多数被征服者所同化。然刘裕创之于前，隋文帝获之于后，诸族中更屠杀，其孑遗者悉折而同化于我，我民族虽暂屈于被征服者之地位，而终复居征服者之地位。

唐初，突厥肆虐，太宗灭之。其后回纥、吐蕃虽屡为梗，无大患也。五季沙陀、契丹相继猖獗，至于有宋，我民族复宁焉。宋末，厄于女真，亡于蒙古，元胡之辱我民族也尤酷，谓契丹为汉人，谓我民族为南人，阶级至卑，此大诟也。有明奋兴，北虏穷遁，归其巢穴，未同化于我，而我民族光复故物，复居于征服者之地位。

是则四千年来我民族实如第二例所云，多数民族吸收少数民族而使之同化；我民族初本单纯，后乃繁杂，然实以吾族处主人之位，殊方异类，悉被卵翼，相安既久，遂同化为一，而成四万万之大民族。

呜呼！今竟何如？自明亡以来，我民族已失第二例之位置，而至于今，则将降而列第三例之位置。

满洲与我，族类不同，此我民族所咸知者也。即彼满人，亦不覥然自附。观其《开国方略》云："长白山（在吉林乌拉城东南）之东，有布库哩山，山下有池，曰布勒瑚里。相传有天女三，浴于池，有神鹊衔朱果置季女衣，取而吞之，遂有身，生一男。及长，命以爱新觉罗为姓，名曰布库哩雍顺云云。"是则满族与我，真若风马牛之不相及，无他之问题，可以发生。彼其长白山下，宁古塔边，长林丰草，禽兽所居，孳乳蕃庶，乃奋其牙角，奔踔噬咋，先取金辽部落，继兼有元裔之蒙古，又继兼有朝鲜，又继兼有明之关外。金、辽，语言相同之国也；蒙古，语言居处不同而衣冠骑射同之国也；朝鲜及明则语言衣冠皆不同。故用兵次第，亦因之为先后（语本魏源《圣武记》）。然金之与彼，实同族类，《开国方略》曾详言之，天女之说，其神话耳。彼其东胡贱族（西方谓之通古斯种）方以类聚，故昕合至易，辽及蒙古，视之有间矣。至于朝鲜，则尤疏远。然彼未尝涎之，特以近在肘腋，却以威力，使勿生变耳。"天命"以来，所处心积虑以图之者，厥惟中国，终乃乘明之亡，疾驱入关，遂盗九鼎。自是而后，与我民族相接益密。夫以满族与我民族相比较，以云土地，彼所据者长白山麓之片壤，而我则神州。以云人口，彼所拥者蕞尔之毳裘，而我则神明之（胃）〔胄〕。以云文化，彼所享者，鹿豕之生活，而我则四千年之文教，相去天壤，不待言也。彼既荐食，不仰给于我，且无以为生，使其绝对的不同化于我，必不足以营卫明矣。使其绝对的同化于我，则一二世后将如螟蛉失其故形而别有所天，是自歼其族也。彼中枭酋，处此问题，苦心焦虑，匪伊朝夕，卒乃得其所以自保而制人者，为术有二：一曰勿为我民族所同化，二曰欲使我民族与之同化。是则彼族可以长处主人之位，以宰制万类，其计弥工，其心弥毒，顺、康、雍、乾以来，妙用此术，未尝少变。今钩考历史，刺取其真证实据，类列于左，以供参考。

（一）欲不为我民族所同化　夫两民族相遇，其性格相近而优劣之差少者，其同化作用速；其性格相异而优劣之差少者，其同化作用迟；其优劣之差远者，其同化作用速，此通例也（语本日本小野塚博士《政治学》）。满族与我，文野相殊，不能以道里计，盖适合乎第三例者。当同化进行时，滔滔然莫之能御，势将举其语言文字居处饮食，而一同于我，此固当日之所不能免者也。彼大酋思障其流，首严通婚之禁（多尔衮入关，下令满汉得通婚姻，其后撤回此令，通婚者罪不赦，见蒋良骐《东华录》）。夫满之与我，不同血族，复绝婚姻，故二百年来精神体质未尝少淆。彼族所恃以自存者在此，不然，以五百万之民族与四万万之民族相胖合，在我民族固蒙其恶质，而不及百年，彼族将无一存者，可决言也。彼既自闲其族系，乃复保守其所固有者，以自别于我，利用其所擅长者以凌制我。其手段可别为二种。

（甲）保守其习惯　习惯为民族之一要素，习惯存，则民族之精神存。其显然表见者，常有以自异于他民族。满人而知葆此，其计之巧者也。虽然，若语满人之习惯，必将有狂笑绝气者，微特吾人不知所云，即彼族亦赧言之。举其一二例：生而以石压首，作圆扁形。彼悬诸太庙之太祖太宗，图形于紫光阁之世臣，皆作此状。即最夸能保守满洲旧族之弘历，亦言之若有余羞者也。此其习惯之一。崇奉堂子，凡有战役必先祭之。其神何名，无知之者。其祭献之礼绝诡秘，或曰具大酋自裸以为牺牲，然无信据也。此其习惯之二。自作文字，先以蒙古字合满语，联缀成句，寻复以十二字头无圈点，上下字雷同无别，因加圈点以分析之，其拙劣塞野，不足以载道甚明（如译壬戌为黑狗之类）。此其习惯之三。夫其习惯之不足言如此。而彼兢兢然保持之者，非以为美也，以之自别于我民族，而使其族人毋忘固有之观念也。此其心事，彼固明言之，王先谦《东华录》内载："乾隆十七年三月辛巳谕：阅《太宗实录》，内载崇德元年，读金《世祖本纪》谕众云，熙宗合喇及完颜亮，效汉人之陋习，世宗即位，惟恐子孙仍效汉俗，豫为禁约，衣服语言，悉遵旧制，时时练习骑射，以备武功，先时儒臣巴克什达海库肃缠，屡劝朕改满洲衣冠，效汉人服饰制度，朕不从，正为万世子孙计也，云云（以上太宗语，乾隆引之）。我满洲先正遗风，自当永远遵守，循而弗替。是以朕常躬率八旗臣仆，行围较猎，时以学习国语，练习骑射，操练技勇，谆切训诲。此欲率由旧章，以传奕禩，永绵福祚。"呜呼，此语情见乎辞矣！其为万世子孙计，真不可谓不周矣。彼既累世相传，坚守此旨，故于满洲旧俗，虽至微细，必监督之。乾隆八年，叹满洲旧俗日即废弛，责宗室子弟食肉不能自割，行走不佩箭袋，有失旧俗。十五年六月癸未谕："前因宗室等，及满洲部院大臣，俱各偷安坐轿，竟不骑马，曾降谕禁止，此欲令伊等勤习武艺，不至有失满洲旧规。今闻有坐车者，与坐轿何异？嗣后只准王等与满洲一品大臣坐轿，其余概令骑马。"二十年五月（论）〔谕〕："满洲本性朴实，不务虚名。近日（薰）〔熏〕染汉习，每思以文墨见长，并有与汉人较论同年行辈者，尤属恶习。不知其所学者，未造汉人之堂奥，反为汉人所窃笑。此等习气，不可不痛加惩戒。嗣后八旗，总以清语骑射为务，即翰林等有与汉人互相唱和、较论同年行辈者，一经发觉，决不宽贷。"其谨小慎微，思患预防，至于如此。然其中尚有宜注意之点：彼一则曰"学习国语"，再则曰"以清语骑射为务"。夫以满洲人操满洲语，此真天然之事，何待强迫督率之为者？则以彼虏自入关以来，悉操北京语，久已忘其固有之语言故也。彼知语言文字为民族之要素，故汲汲欲保守之，且令翰林院必考试满洲文，然丑劣寡用，（徵）〔微〕特汉人唾弃之，即满人亦不以为意，特为威力所怵，聊事率循而已。至于骑射，则关系重要，后将论之。其他习惯，亦多关于强悍之俗，彼之主张保守，非无故也。夫北魏孝文帝自恶虏俗，刻意模范汉人风化，迁都洛阳，粉饰汉制，其结果，胡虏悉同化于我民族。迨乎隋唐，（珍）〔畛〕畦悉泯，无他，忘故我之观念，而与他族相混于无形也。满人之保守其习惯也，是欲永保其固有之民族以翘乎我民族之上，不可忽也。

（乙）发皇其所长　满俗无所长，其所长惟骑射。彼之得志，皆由狂噬死咋而来，故日谋宝有而精进之。观上所述诸论可证也。而彼惟利用所长，故得钤制我民族，使无生气。因之于吾历史上留万年之大纪念，曰：**满洲自入寇以来，凡兵权悉萃于彼族，而我民族无与焉。**呜呼，吾不能不叹满人设计之工也。夫以兵权悉操于彼族之手，则生杀屠醢，一惟其命，故以少数之民族制多数民族而有余。彼于一方，则利我民族之文弱，务求柔其骨而薾其神者，既以科举愚之矣，又开博学鸿词科，求天下图书，储之四库，使儒臣从事校勘，使之益近于文柔，至于武事，则不复齿之。乾隆之于汉臣，口吻尤刻。于陈宏谋之转粮不力也，则曰彼系汉人，不必责以有勇知方。于陈世倌之言兵事也，则曰彼汉文臣，乃敢言兵事，其志可嘉（皆见《东华录》），其侮弄如此。于一方则重满人之兵权，凡国家之军政组织全部属之，其用意所在，固至易明。盖两民族相遇，一尚文柔，一尚强武，此其格格不相入而必不能同化，无待言者，而强者摧柔，又其必然之理。故彼族首重此，以为如是，则不独有以自异于我民族，且足以凌制驯（伏）〔服〕我民族而有余也。故其兵制则重驻防，重禁旅，而不重绿营。魏源《圣武记》有云："八旗有禁旅，有驻防。禁旅八旗，满洲兵六万，并蒙古汉军共十万，其人则皆东海扈伦诸部落，无在黑龙江北宁古塔东者，其汉军亦无远在山海关以内者。若夫驻防之兵，则即八旗佐领中之余丁，佐领外之新附，随时编籍，人无定额，散处辽河东西诸城，无事射猎耕屯，有事驰驱甲胄。故天命十一年，攻宁远时，兵已十三万。崇德中远蹂燕蓟，近摧宁锦，旁达朝鲜、蒙古，用兵常十余万。而入关以后，以之内卫京师，外驭九服四夷。"观此，其兵制可略见矣。是以入关以来，凡有战役，皆以禁旅驻防任之。彼其心不第不望绿营之强也，实且利绿营之弱，即间有一二征伐，资绿营之力者，然终不以为正师也。惟康熙三藩之役，有小例外，盖其时为满族与我民族交战，彼满人者既深忌我，复深畏我，惧其悉趋于三藩，而并力以敌己也，故谋有以离间而利用之，为手谕以诏绿营典将曰：从古汉人叛乱，只用汉兵剿平，岂有满兵助战？于是，一时赵良栋、施琅、李之芳、傅宏烈诸民贼争刈同种，以媚异族，而三藩遂戡。此其间出之政策也。至于典兵之臣，则几满族所专有，其初皆以亲王为统帅，睿、礼、郑、豫、肃、勤等是也。康熙时尚仍此制，三藩之役，则安、康、节、简等也。西北用兵，亦屡以皇子将之。至雍正而后，始不尽然。汉人之司军柄者，惟年羹尧、岳钟琪二人，然年旋被戮，岳亦谤书盈箧，以其手縶曾静以兴大狱，始幸而苟全。其他如康熙准噶尔之役，则费扬古也；雍正西南夷之役，则鄂尔泰也；乾隆准部之役，则班第、永常、兆惠等也；回疆之役，则兆惠等也；大金川之役，则傅恒也；小金川之役，则阿桂也；缅甸之役，则傅恒也；廓尔喀之役，则福康安也；嘉庆川湖陕之役，则额勒登保、德楞泰也。此荦荦之大役，皆以满人掌兵，而汉人则不欲其与闻军事，即为偏裨，亦欲限制之。雍正六年，满珠等奏京营武弁等员参将以下不宜用汉人为之，得旨："朕满汉一体，从无歧视。（中略）满洲人数本少，今止将中外紧要之缺补用已足。若参将以下之员弁，悉将满洲补用，则人数不敷，势必员缺。"（见蒋氏《东华录》）夫于"满汉一体"之下，忽著此语，一何可笑至此？亦可云情见乎辞矣。总之，专制国以政府有非常之兵力为第一要义，使为异族政府，则更所急。察满洲军事的组织，乃欲以一民族为一军队，营卫京师，而驻防各省，长驾远驭，以为子孙帝王万世之计。至于其不予我民族以兵权，则战胜民族对于战败民族所应有之手段。英之于印度，法之于安南，亦犹是也。彼之不愿与我民族同化者在此，彼之遂能不与我民族同化者亦在此。

（二）欲迫我民族为所同化　彼之不欲为我民族所同化，既如上述。然不同民族而同为国民，虑我民族之不安其生，而将有变也，则求所以同化我者，其目的在使我民族铲除民族思想，而为驯（伏）〔服〕之奴隶。彼又虑欲达此目的，非用威逼之手段不可，故不以柔道行之，而惟以蛮力行之。其手段可分二种。

（甲）关于物质上者　其最重要者，莫如剃发易服一事，而剃发尤切肤之痛也。夫民族之表见于外者，为特有之徽识，图腾社会（此从严译《社会通诠》，日本译为徽章社会）视此最重。至于今世，亦莫能废。民族之徽识，常与民族之精神相维系，望之而民族观念油然而生。彼满族之与我民族徽识大殊，使各仍其俗欤，则民族观念，永无能合也；使其悉效我民族之所为欤，是使人灭绝满洲民族之观念也；使其强我民族悉效彼之所为欤，是使人灭绝我民族之观念也。故彼旁皇久之，卒厉行此政策。蒋氏《东华录》：顺治五年谕礼部，"向来剃发之制，姑听自便者，欲俟天下大定也。此事朕筹之至熟，若不归一，不几为异国之人乎？自今布告以后，京城外内，直隶各省，限旬日内尽行剃完，若巧避惜发，借词争辩，决不宽贷。该地方官若有为此事渎上奏章，欲将朕已定地方仍存明制，不遵本朝制度者，杀无赦”。呜呼！此一纸之剃发令，彼实掬其野心，以示天下者也，悍然曰“若不归一，不几为异国之人”，质直自白，无遁辞焉，犹复饰言明制，彼宁不知此非有明一代之制，而我民族相沿之制耶？不过欲我民族变形鹿豕，丧尽种族观念，戢戢然归化之而已。然我民族一息尚存，此心不死。自剃发令宣告后，吴楚江浙，接踵起义，伏尸百亿，流血万里，以殉其节。遗臣逸老，争祝发为僧，或着道士服。而王夫之氏且窜身獠峒，终其身不复出。此犹曰忠节之士也，一般国民屈于毒焰，不得自由，然风气所成，有男降女不降，生降死不降之说。女子之不易服，犹曰非其所严禁，至于殡殓死者，以本族之衣冠，使不至于不瞑，而有以见先人于地下，其节弥苦，其情尤惨矣！此犹曰普通之人心也，污贱如陈同夏，犹知昌言于朝，谓蓄发正衣冠，然后天下太平；毒戾如吴三桂，犹知以剃发易服为耻，号召天下，以谋一洗之。此辈狗彘不若，而赞同舆论犹若此。此犹曰为时尚迩也。洪杨崛起，兵力所及，汉官威仪，一复其旧，东南群省，翕然应之，几覆满祚。呜呼！怨气所聚，郁而必泄，自今以往，我知彼族终无幸存之理也。彼虽处心积虑，以谋同化我，其安能？其安能？

（乙）关于精神上者　我民族有自尊之性质，自以神明之胄，不当与夷狄齿，故对于他民族无平等之观念，至于用夏变夷，尤非所堪。此种思想，为满人所大不利。彼以犬羊贱种，入据九鼎，假使我民族日怀猾夏之痛，死灰必燃，终为彼患。盖社会心理，常为事实之母，果其民族精神团结不解，则虽怵于威力，为形式上之服从，一旦暴发，若溃江河，决非彼所能御也。彼故日谋所以使我民族死心尽气者，日以刀锯鼎镬待天下之士，饰之以淫辞，行之以威力，庄廷鑨之狱，戴南山之狱，查嗣庭之狱，陆生枏之狱，曾静、吕留良之狱，钱名世之狱，胡中藻之狱，皆以一二私人，痛心种沦，时发微叹，遂被踪迹，而及于难。直接使一二人受其痛苦，而间接使我民族钳口结舌，胥相忘于公义，由是视异类若兄弟，戴仇雠为父母，剥丧廉耻，世为人奴。呜呼，贱胡操术若是工耶！今举当时诏书，其心事之最明白显露者如下。雍正七年九月癸未谕有云：“我朝既仰承天命，为中外生民之主，则所以蒙抚绥爱育者，何得以华夷而有殊视，而中外臣民，既共奉我朝以为君，则所以归诚效顺，尽臣民之道者，尤不得以华夷而有异心。”又云：“本朝之为满洲，犹中国之有籍贯。舜为东夷之人，文王为西夷之人，曾何损于圣德乎？《诗》言‘戎狄是膺、荆舒是惩’者，以其僭王猾夏，不知君臣之大义，故声其罪而惩文之，非以其为夷狄而外之也。”其所根据者，为以君臣之大义，破种族之思想，以为既成君臣，不当复问种族也。而当时有排满思想者，亦实不免以政治上之革命，与种族上之革命混和同观。故彼所持之说，若铿然有声，至今日则知以一王室仆一王室，谓之易姓，以一国家踣一国家，谓之亡国，以一种族克一种族，谓之灭种。彼满洲者，对于明朝，则为易姓，而对于中国，对于我民族，则实为亡国灭种之寇雠，誓当枕戈泣血，以求一洗，而奚君臣之与有？噫嚱！五洲之族类繁矣，苟其不问种姓，惟强是从，前则生番、野獠、黑蛮、红夷皆将可为吾君，而奚止汝满奴者？彼其利用儒术，摭拾一二尊君亲上之语，欲以催陷廓清华夷之大防，以蕲我民族死心归化，罔敢有越志，故虽一字之微，亦所不忽。观雍正十一年四月巳卯谕：“朕览本朝刊写书籍，凡遇夷狄胡虏等字，每作空白，又或改易形声，如以夷为彝，以虏为卤之类。揣其意，盖为本朝忌讳而避之，不知此固悖理犯义，不敬之甚。此后临文作字，刊刻书籍，如仍蹈前辙，将此等字空白及更换者，照大不敬律治罪。”（见《东华录》雍正八年）夫藾然民族，屡遘淫威，防触忌讳，百方避之。彼以为此之避我，乃远我也，使不我远，而反我亲，然后相安，驯致相忘，故其监谤之法，细微至此。呜呼，斧锁所及，不止形体，而深入于心术，不其酷哉！贼智相传，其子弘历乃复跨灶，取我四千年历史而点窜之，凡夷夏之闲，悉被扫抹。夫历史为民族精神所寄，我民族于此有深自表见者。司马光之作《通鉴》也，晋亡之后，继以宋齐梁陈，未尝使索虏（纂）〔篡〕统也。王世贞之作《纲鉴》也，宋帝昺飘零海上，犹不著其失位，明祖义师一起，即以纪元，所以恶元之（纂）〔篡〕我也。凡此皆民族精义所存，彼纂《御批通鉴辑览》，概删改之，且龈龈致辩焉。凡此皆谬托学术，以行其鬼蜮之技，狐蛊之智，欲我民族帖然归化，自安顺民而已。然民族大义，中更磨砻，益发光莹。今日吾民族思想更进一步，不复如前者之自尊而卑人，而知以保种竞存为无上义。自今以往，我知彼族终无幸存之理也。彼虽处心积虑以谋同化我，其安能？其安能？

准是以言，彼之不欲同化于我也若此，而强我民族使归化于彼，而卒无效也又若彼。是以三百年满汉之界，（照）〔昭〕然分明。他日我民族崛起奋飞，举彼贱胡，悉莫能逃吾斧锁，芟剃所余，仅存遗孽。以公理论，固宜以人类视之，而以政策论，则狼性难驯，野心叵测，宜使受特别之法律，若国籍法之于外人之归化者可也。如此则彼有能力，自常同化于我，否则与美洲之红夷同归于尽而已。如此则我民族自被征服者之地位，一跃而立于征服者之地位，复民族同化公例上第二例之位置。

然则吾前言我民族之在今日将降而列第三例之位置者，何也？则以满人自咸同以来，其状况已大异畴昔故：以云保有习惯，则贱胡忘本，已自失其故吾，迄今日关内满人能为满洲语言文字者，已无多人，他可知矣。以云专擅武事，则八旗窳朽，自嘉庆川湖陕之役，已情见势绌。道光鸦片烟之役，林则徐守两广，边防屹然，其偾事者，皆满洲渠帅也。英法联军之役，僧格林沁率满蒙精骑，以为洋枪队之的，其军遂歼，而《天津条约》以成。洪杨之役，赛尚阿辈工于溃败，官文则直曾胡之傀儡耳。人才既衰，军制尤腐坏不可方物，胡林翼疏论兵事，谓凡与贼遇，宜使兵勇临前敌，而吉林精骑尾其后，如胜，可使逐利，即败，亦不至多所损失（见《胡文忠遗集》），其轻侮之若此。是故湘淮诸军，势力弥满天下，而捻回诸役，皆以汉人专征。逮乎今日，各省练兵以防家贼，不复恃禁旅驻防，离近者练兵处侧重满人，已有显象，要之其不能回复已失之势力可决也。是其昔之所汲汲自保，不欲同化于我者，已无复存。而庚子之役，俄军借口以占奉天，彼曹失其首邱，益有孤立之惧，屈意交欢于我，下满汉通婚之诏，以冀同化。凡此皆与嘉道以前成一反比例者也。虽然，使若是则是少数征服者同化于多数被征服者，同化公例之第四者耳，何至如第三例所云耶？即应之曰：满酋之在今日，又别有新术在。

大抵民族不同，而同为国民者，其所争者莫大于政治上之势力，政治上之势力优，则其民族之势力亦独优。满洲自入关以来，一切程度，悉劣于我万倍，而能久荣者，以独占政治上之势力故也。今者欲巩固其民族，仍不外乎巩固其政治上之势力，由是而有立宪之说。

夫立宪，一般志士所鼓吹者也，一般国民所希望者也。使吾遽状其丑恶，则必有怫然不欲闻者。吾今先想象一至美尽善之宪法，而语其效果曰：此之宪法，于民族上之运动，有二效果：一曰使满汉平等，曩者虽同为国民，而权利义务各不平等，今则自由之分配已均；二曰使满汉相睦，曩者阴实相仇，怨莫能释，今则同栖息于一国法之下，可以耦俱无猜，如是当亦一般志士一般国民所喜出望外而心满意足者也。虽然，吾敢下一断语曰：从此满族遂永立于征服者之地位，我民族遂永立于被征服者之地位，而同化之第三例，乃为我民族特设之位置也。请不复语深远，为设浅近之喻以明之。今有大盗入主人家，据其室庐，縶其人口，而尽夺其所有，既乃自居户主，释所縶俘，稍予恩赐，使同德壹衷，以奉事己，如是则故主人者，遂欣然愿事之乎？抑引为不共天日之仇雠乎？我民族之愿奉满洲政府以立宪也，胡不思此？况乎宪法者，国民之公意也，决非政府所能代定。盖宪法之本旨，在伸张国民之权利，以监督政府之行为。彼政府乌有立法以自缚者？即在立宪君主国，其宪法或由政府所规定，然实际仍受国民之指挥。今国民已有指挥政府之权力乎，而敢腼然言立宪乎？况今之政府，异族之政府也。非我族类，其心必异。彼惧其族之孤，而虞吾之逼，乃为是以牢笼我，乃遽信之乎？希腊之受制于土耳其也，知求独立而已，不知求土耳其政府之立宪也；比利时之受制于荷兰也，知求独立而已，不知求荷兰政府之立宪也；匈牙利之受制于奥太利也，知求独立而已，而奥太利卒与之立宪为双立君主国。匈虽绌于力，暂屈从之，然至于今日犹谋反动。盖民族不同，而因征服之关系同为国民者，征服者则恒居于优势之地位，而牵制被征服者，俾不得脱其羁绊，而被征服者即甚无耻，亦未有乞丐其沾溉者，非惟势所不能为，亦义所不当为也，则知满洲政府之立宪说，乃使我民族诚心归化之一妙用，而勿堕其术中也。

深观乎国民之所以欢迎立宪说者，其原因甚繁，而其最大者，则国民主义与民族主义，皆幼稚而交相错也。夫国民主义，从政治上之观念而发生，民族主义，从种族上之观念而发生，二者固相密接，而决非同物。设如今之政府为同族之政府，而行专制政体，则对之只有唯一之国民主义，踣厥政体，而目的达矣。然今之政府，为异族政府，而行专制政体，则驱除异族，民族主义之目的也，颠覆专制，国民主义之目的也。民族主义之目的达，则国民主义之目的亦必达，否则终无能达。乃国民梦不之觉，日言排满，一闻满政府欲立宪，则辗然喜，是以政治思想克灭种族思想也，岂知其究竟，政治之希望，亦不可得偿，而徒以种族供人鱼肉耶？呜呼，种此祸者谁乎？吾不能不痛恨康有为、梁启超之妖言惑众也！

康有为之《辩革命书》，一生抱负，在满汉不分，君民同体，以为政权自由，必可不待革命而得之，而种族之别，则尤无须乎尔。此其巨谬极戾，余杭章君炳麟已辞而辟之，名理显然，无待赘矣。然康之所说，其根据全在雍正关于曾静、吕留良之狱所著之《大义觉迷录》，不为揭而出之，恐天下犹有不知其心，而误信其言者。兹刺取《大义觉迷录》中，康氏原书抄袭之语，比较互列于下。《大义觉迷录》有云：“本朝之为满洲，犹中国之有籍贯。舜为东夷之人，文王为西夷之人，曾何损于圣德乎？”康氏原书亦云：“舜为东夷之人，文王为西夷之人，入主中国，古今称之。”又云：“所谓满汉，不过如土籍、客籍，籍贯之异耳。”此其抄袭者一。《大义觉迷录》有云：“韩愈有言，中国而夷狄也，则夷狄之，夷狄而中国也，则中国之。”康氏原书有云：“孔子《春秋》之义，中国而为夷狄则夷之，夷而有礼义，则中国之。”其抄袭者二（康氏平日治《春秋》，主《公羊》，斥《左传》为伪传。今为辩护满洲计，则并引其语矣）。《大义觉迷录》有云：“中国一统之世，幅员不能广远，其中有不向化者，则斥之为夷狄，如三代以上之有苗荆楚猃狁，即今湖南湖北山西之地也，在今而目为夷狄可乎？至于汉唐宋全盛之时，北狄西戎，世为边患，从未能臣服而有其地。自我朝入主中土，并蒙古极边诸部，俱归版图，是中国之疆土，开拓广远，乃中国臣民之大幸，何得尚有华夷之分论乎？”康氏原著亦云：“中国昔经晋时，氐羌鲜卑入主中夏，及魏文帝改九十六大姓，其子孙遍布中土，多以千亿，又大江以南，五溪蛮及骆越闽广，皆中夏之人与诸蛮相杂，今无可辨。”又云：“国朝之开满洲、蒙古、回疆、青海、藏卫万里之地，乃中国扩大之图，以逾汉唐，而轶宋明。”其抄袭三。呜呼！彼其心岂不以为此我世立宪皇帝之圣著，为小臣者所宜称述弗衰者耶？尤其甚者，彼雍正仅云“我朝既为中外臣民之主，不当以华夷而有殊视”而已，未尝自认与吾同种族也。康氏原书，乃引《史记》称匈奴为禹后，遂倡言曰“满洲种族出于夏禹”。呜呼！非有脑病，谁为斯言？夫匈奴即与我同所自出，然民族要素，非第血系而已，无社会的共同生活，即不能自附同族。至于满洲，则更与匈奴不同种族。匈奴为北狄，而彼为东胡，彼之《蒙古源流》已详言之。大抵华人、蒙古人、满洲人皆无不能知之而能言之者。今康有为竟以无端之牵合，而造出满洲种族出于夏禹一语，非有脑病，谁能为此言？至于称颂满政府圣德，谓为“唐虞至明之所无，大地万国所未有”，此虽在满洲人，犹将愧骇流汗，掩耳走避，而彼公然笔之于书以告天下。呜呼！彼真人妖，愿我民族共袯除之，毋为戾气所染。

梁启超更不足道矣。彼其著《中国魂》也，中有句云：“张之洞非汉人耶？

吾恨之若仇雠也。今上非满人耶？吾尊之若帝天也。”其头脑可想。本此思想以为伯伦知理之学说（见壬寅《新民丛报》三十八三十九号），于民族主义极力排斥。其第一疑问，谓“汉人果已有新立国之资格否”？夫梁氏之意，岂不以我民族历史上未尝有民权之习惯，故必无实行之之能力乎？其所译伯氏、波氏最得意之辞即在此也。然历史者，进步的也，改良的也。国民于一方保历史之旧习惯，于一方受世界之新思潮，两相冲突，必相调和，故其进也以渐，而不以骤，乌有专恃历史以为国基者？至于所云：“爱国志士之所志，果以排满为究竟之目的耶？抑以立国为究竟目的？毋亦曰目的在彼，直借此为过渡之一手段云耳。”噫！此真我所谓种族思想与政治思想混而为一者也。则请语之曰：以排满为达民族主义之目的，以立国为达国民主义之目的。此两目的誓以死达，无所谓以此为目的，而以彼为手段也。其第二问曰：“排满者，以其为满人而排之乎？抑以其为恶政府而排之乎？”则请语之曰：以其为满人而排之，由民族主义故；以其为恶政府而排之，由国民主义故，两者皆达者也。夫使为国民者，对于政府，但有政治观念，而无种族观念，而有异种侵入，略施仁政，便可戴以为君，此真贱种之所为也。满洲未入关以前，与我国不同，种不同，犹今日之邻国也。乘乱入寇二百余年，使我民族忘心事仇，而犹不以为非，则联军入京，比户皆树顺民旗，亦将推为达时势之君子乎？其第三问曰：“必离满族，然后可以建国乎？抑融满洲民族，乃至蒙苗回藏诸民族，而亦可以建国乎？”则请语之曰：若云同化，必以我民族居主人之位而吸收之，若明以前之于他族可也。不辨地位，而但云并包兼容，则必非我民族所当出也。彼之言曰：“中国言民族者，当于小民族主义之外，更提倡大民族主义。小民族主义者何？汉族对国内他族是也。大民族主义者何？合国内本部属部以对于国外之诸族是也。”此其言有类梦呓。夫国内他族同化于我久矣，尚何本部属部之与有？今当执民族主义以对满洲，满洲既夷，蒙古随而倾服，以同化力吸收之，至易易也。若如梁氏所云“谓满人已化成于汉民俗”，而不悟满之对我其阴谋诡计为何如，容可谓之知言乎？故吾之言排满也，非“狭隘的民族复仇主义”也，劝我民族自审民族同化公例上之位置，以求自处也。梁氏而无以难也，则请塞尔口，无取乎民族主义而诋毁之也（尤可笑者，不敢言民族主义，乃至不敢言共和，鼠目寸光，一读波论哈克之《国家论》，即颤声长号曰：“共和共和，吾与汝长别矣。”嘻！郑人相惊以伯有，曰伯有至矣，则皆走，不知所往，梁氏其有此景象乎？请与之曰:子毋恐，子欲知国法学，宜先知家数。日本有贺长雄氏言英国宪法学者,采求王权割让之事实；法国宪法学者，讲究国家新造之理论；德国宪法学者用力于成文宪法之解释，皆非偶然。诚通论也。故德国学者十九排斥共和政体，而美国学者巴尔斯且斥曰：欧洲公法学者，无知国家与政府之别者。梁氏见之又当震惊如何?学不知家数,而但惊于一二人私说,以自惊自怪，徒自苦耳)。

呜呼！吾愿我民族实行民族主义，以一民族为一国民。呜呼！吾愿我民族自审民族同化公例上之位置，以求自处。[①]

吾前著论民族的国民，其所言者，种族之方面为多，于政治之方面，未及详也。今兹就于政治方面，而欲一言。

考之吾国之历史，六千年来之政治，可名曰**君权专制政治**；二百六十年来之政治，可名曰**贵族政治**。请先看二百六十年来之贵族政治。

贵族政治，世界各国必历之阶级也。观乎欧洲，贵族政治，绵亘千年。至十七八世纪以来，摧陷震荡，靡有孑遗，其国法上皆以国民平等为原则，其中虽犹有留贵族之位置者，然特历史上未削除之余孽耳。反观吾国，三代以前，犹有贵族之性质，至战国则已破之。炎宋既踣，元胡篡统，而贵族政治遂兴，以蒙古人为第一级，以契丹人为第二级，而我民族乃居第三级。呜呼，此有史以来，未有之奇辱也！三代以上之贵族政治，于同民族中分阶级，若元胡时代之贵族政治，则因民族不同，而战胜民族鄙夷战败民族，斥为贱种，不与为伍，此其惨（戾）〔厉〕，宁有人道？有明奋兴，荡此恶垢，复吾旧观，而何意仅三百余年，我民族再降列贱种，与元代若同一辙耶？

夫贵族政治，不平等之政治也。自来学者有辩护专制政治者，而决无辩护贵族政治者。盖人类当一切平等，乃于其中横生阶级，贵者不得降跻，贱者不得仰跂，权利义务，相去悬绝，此其逆天理，悖人道，而不容有于人间世，凡有血气，畴不同认？故国法学者论次国家，于贵族国体，多鄙不欲道，以为是已绝迹于十九世纪之天壤也。乃不谓二十世纪中，四万万之民族，二百万方里之领土，巍然为东亚一大国者，其政治犹为贵族之政治。

呜呼！吾今将述二百六十年来之贵族政治，若鲠在喉，惨不欲吐，然有胁我窘我，使我不能不言者，则以世之论者，有曰清之待我，视元为宽。噫，是狗彘

① 以上部分刊于《民报》第一号。自此以下部分，刊于《民报》第二号，编者。

不食之言也！夫欲断吾国之为贵族政治与否，只当论其有无，不能辨其程度。二百六十年来之政治，可与元代为比例，而决不能与汉唐宋明为比例，然则吾国民以何理由而敢靦然曰今非贵族政治。且即以程度之深浅而论，清之肆虐，逊于元胡者，非其政之果宽，乃其力之未逮也。惟时与势，固有阴驱潜率，使彼不得不交欢于我者，而其政治则固纯然贵族之政治，而不能诬者也。呜呼，我国民而安于贵族政治乎？则吾宁蹈东海而死，不敢为一言。如其否也，则将述二百六十年来之政治。

满洲之入寇也，首严旗人汉人之别；而旗人之中，以满洲人为第一级，以蒙古人为第二级，以汉军为第三级，于是则我民族乃在第四级。此名义上则然也，至其实际，则蒙古职为外藩，非其所亲，汉军本为降卒，非其所贵，其所严者，厥惟满汉。试览《大清会典》，其中举凡礼乐兵刑典章文物，满人汉人之地位，莫不釐然各殊焉。其贱视汉人，列为最下级者，观乾隆三十一年之诏，可恍然矣。诏云："向来八旗有流徒罪名，均以枷责发落，嗣因旗人有染汉习，竟有不顾颜面，甘为败类者，曾降旨令将旗人流徒案件，满洲则案其情罪轻重，分别问遣折抵。汉军则均斥为民，照所状定例发遣。（中略）至包衣汉军，则皆系内务府世仆，向无贬斥出旗为民之例，与八旗汉军，又自有别。"（见《皇朝通典》卷四）（下略）嘻，我民族尚自诩神明之胄耶？试观人之待我者何如？其在满洲人，虽犯重罪，终不与我等夷也。其在汉军，则犯罪之后，贬斥为民，始与吾曹为耦矣。是其视我民族，直舆台皂隶之不若。盖两族相战，其败北者，悉为俘虏，命曰罪囚，是固当，是固不能责其不恕，第愿我民族自思之耳。彼满人者，适从何来？遽集于此，而我黄帝之苗裔，乃为奴虏供役使耶？嗟失嗟夫！吾侪亡国贱种耳，奚哓哓为！

满洲之辨贵贱明等威也既若此，故首清种界，顺治二年，严汉人杂处旗下之禁。三年，严汉人滥投旗下之禁，又严民人犯罪投旗之禁，严旗人收容汉人投充为奴之禁（皆见《皇朝通典》卷八十）。盖如是则贵者自贵，贱者自贱，等级划然，永不少淆。其所谓"杂处"、"滥投"者范围尤广，作用尤大。世界各国，凡欲举行贵族政治之实者，罔不由此道也。今欲述二百六十年来之贵族政治，则将举满族汉族其权利义务之不相同者，类次而论之，强分二项：一公权之不平等，二私权之不平等。公权云者，以构成国家机关之资格而获之权利也。私权云者，以个人之资格而获之权利也。人民于一方为构成国家之分子，于他方有自由独立之人格，其权利义务悉规定于国法，以公理言，宜皆平等，无参歧也。然中遭同种相戕，或异种相竞，优胜劣败之结果，而疆界分，一切生活，异其程度，而于公权，尤侧重焉。盖非是则终于相阋，而优胜之地位，不可永保。彼满族者，既荐食上国，其大愿在以其本族全握政权，然以蕞尔毳裘，而欲星罗棋布于禹域，固有限之使不能者，于是遂不能不分其权于汉人，而又虑其启戎心也，故权之不可分者，则全握之，权之不能不分者，则务占优势，且于其间行钤制之术焉，行侦瞷之术焉。故二百六十年来之政治，几无一非贵族政治，其机关之组织与构成机关之分子，显有轩轾，使之然也。至于私权，其重要逊于公权远甚，第以己为贵族，宜享高等生活，而劣等生活则以予战败民族而已。今将先述公权之不平等。

一、公权之不平等。复别为二种。

（甲）政权之不平等　政权为国家之大元素，在民族的国家，政治之权，常分配于国民。若异族羼处，则互相倾轧，必不能无所偏颇，其结果恒战胜民族常占优势，而程度之深浅，则随其所演而异。使战胜民族，其政治组织，广大完备，足以含孕被征服者而有余，则对于被征服者，直如主人之家，新获奴婢，使之戢戢服家范而已，无取乎使之与闻家事也，若英之待印度，法之待安南，俄之待芬兰、犹太，日本之待台湾是也。盖其文化远超乎所征服者，而无取乎效法。其颛愚者，则可决其不能窥我堂奥也，其聪睿者，则恐其实逼处此也，故参政之权，决无可以予之之理。若夫战胜民族，颛豪草昧，其固有之文化不足以涵濡被征服者，则不能不师资被征服者之文化以自治而治人。盖不如是，则其政治组织，必无由完美，岂惟不能长驾远驭，且己之所蟠踞，亦将不能安也，故遂不能不师其习，因师其习，遂不能不用其人，然则其肯以参政之权分诸他族者，非其本愿，度德量力，不能不若是也。然使遽与平等，则将失战胜民族特别之位置，而不能衔勒被征服者，使就我范围，故其结果，政权所在，不能不畸轻畸重，而贵族政治以成。观夫晋末，五胡僭窃，其国政一师汉制，其参政者胡汉人杂用，其先例矣。然五胡之臣服于中国也已久，其后乘间窃发，所割据者中国之片土，所役治者中国之臣民，其政治组织折衷于我，势使然也。至若金元，则皆各以本族建成国家，而后并吞中国，其固有之政治组织既具，特并吞之后，穷于治术，不能不用汉人治汉土，为治汉土之故，而不能不用汉人，为用汉人之故，而不能不驾驭汉人，于是遂以本族居最上级，握最大权。故金元时代，实为以贵族政治行于中国，盖为压制亡国贱种计，不得不如是也。今举元史以为例：铁木真起自朔土，统有其众，部落野处，诸事草创，设官甚简，以断事官为至重之任，位三公上；丞相谓之大必阁赤，掌兵柄则左右万户而已。后以西域渐定，始置达鲁花赤于各城监治之。达鲁花赤，华言掌印官也。及取中原，窝阔台始立十路宣课司，选儒臣用之，金人来归者，因其故官。忽必烈即位，命刘秉忠、许衡定内外官制，其总政务者曰中书省，秉兵柄者曰枢密院，司黜陟者曰御史台，体统既立。其次在内者，则有寺，有监，有卫，有府。在外者，则有行省，有行台，有宣慰司，有廉访司。其牧民者，则曰路，曰府，曰州，曰县，官有常职，位有常员，食有常禄。其长则蒙古人为之，而汉人南人贰焉。所谓汉人，契丹人也；所谓南人，宋人也。以此为蒙古人之贰，则可由草昧以导之于文明，而以蒙古人为之长，则足以钤制而监督之，无忧其反侧，此元代之政权不平等也。满清之崛起也，与五胡殊，而适与金元为正比例，而其为政治组织，则有大同小异。此有二原因焉：一曰文化之度视之为劣，二曰驾驭之术视之为精。元之为治，官府之文书，专用蒙古文字，不用汉文，盖其文字尚足以达意也；若满（州）〔洲〕文，窃效蒙古，而劣陋倍蓰之，不能以登于公牍，非不欲也，势不可也。即此一端，其文化已远劣于蒙古，故倚赖汉人，不能不视蒙古为尤笃。皇太极之获洪承畴也，待以殊礼，诸虏咸愠。皇太极曰："吾欲取中原，然如瞽者之不识途，今得承畴，犹水母之有虾也。"此其实情矣。故其未入关以前，所恃以为政治组织者，范文程也；既入关之初，所恃以为政治组织者，金之俊也。汉人之得政权，非偶然矣。迨诸虏渐习汉事，乃谋驭驾之术，厘定官制，首分满缺汉缺，满汉并用缺，满缺专以处满蒙人者也，汉缺专以处汉人者也。至汉军，国初定制，皆用汉缺，惟六部司员，则自有专缺。雍正中，尽汰其额，并入汉缺中。乾隆时，汉军有破格用满缺者，后以为例（见《啸亭杂录》卷七）。其所以为此区分者，何也？以彼为贵族，当享政治上之优先权故也。且彼以少数人而欲临驭大多数人，尤不能不用此术。况诸缺之中，有宜专用满人者，有宜与汉人分权者，其他无此关系者，则满汉并用。是故满洲人数，得汉族八十分之一，而其官缺，则占三分之二。政权之不平等，未有过此者也。今先论其与汉人分权者。京官，则大学士、尚书、侍郎，满汉二缺平列。内阁学士，则满缺六，汉缺四。侍读学士，满缺六，汉缺二。侍读，满缺十二，汉缺二。中书，满缺九十四，汉缺三十六。部则郎中、员外、主事，满缺四百名，汉缺一百六十二名。他若都察院、通政司、大理寺、太常寺、太仆寺、光禄寺、鸿胪寺、国子监等，满汉缺数，皆不相等（详见《大清会典》）。若是者何也？盖京官执天下之政枢，宰制各省，以其权重，故以满人处优势；以其政繁，故不能不用许衡、刘秉忠之流，以资赞助，然魁柄所在，终为满人，若汉人不过供趋走被役使而已。由崇德以至顺治，范文程、金之俊辈虽得志，然皆依托满王大臣，以为城社。康熙时，握权者不知鳌拜、明珠、索额图等，若李光地辈，一弄臣耳。雍正时，握权者鄂尔泰，张廷玉一弄臣耳。乾隆时，握权者阿桂、傅恒、和珅，若陈世倌、汪由敦辈，一弄臣耳。嘉庆以降，权虽渐移，然所移者，主眷而已，官制如故也。二百六十年来，汉人政治上之生活，憔悴困窘，岂偶然耶？次论其专用满人者，则关于军事外交之要职是也。军事后将论之，今专言外交。大抵政府苟欲驯柔其民，莫善于遏绝其外交思想，而异族政府，则尤所急，惧其联与国之欢，而胁以谋我，一也。虑其以交通之故，而相形见绌，二也。是故国初之制，理藩院用蒙古尚书一人，汉院判，满蒙郎中、员外、主事，汉知事。至康熙中，而尽裁汉缺（见《啸亭杂录》），则以汉人与蒙古人渐相亲故也。满之初得志也，忌汉人，兼忌蒙古；既用全力以扑灭之矣，复变其宗教，以柔其志，而尤虑汉人与之相习，同为亡国之民，相与感触愤慨，非彼之利也。故理藩院之裁汉缺也，即由满人所建议，肺腑如见矣。余若回疆之办事大臣，西藏之驻藏大臣，皆以满人为之。康熙时，与俄罗斯盟聘，其使为索额图，亦满人也。咸同以后，与欧美交际，乃满汉杂用，而总理衙门，犹必以亲王领班，以握全权。盖其时兵权适由满人之手而移之汉人，同时而外交权亦然。满奴之狼狈失计，虽欲不如是而不能也。次论其满汉并用者，督抚其最重者也。顺康之间，皆以满人为之，汉人（廖）〔寥〕若晨星，满汉并用，虚有其名而已。道咸以降，其比例亦犹兵权之渐移也。至亲民之官，其制有至不平等者，满人可为汉族之亲民官，而汉人不能为满族之亲民官。各省驻防旗民，别设理事府以听民事，不受辖于府县也。理事厅同知为满缺，而府县缺则满汉并用。嘻，彼设驻防，以制家贼，其必不肯使之受制丁家贼，诚当也。不知吾民睹此怪现象，其亦有恶感情否？尤甚者，满酋狼子野心，尝欲尽裁天下府县之汉缺，而专任满人，以死吾民。弘历尝与刘统勋谋，谓州县汉缺，皆宜尽废，而以笔帖式外放。统勋未敢猝答，次日进言曰“州县亲民之官也，宜以民自为之”，事乃寝（见李元度《国朝先正事略》，未详其所本也）。夫弘历之独居深念，而忽为此谋也，以亲民之官，与民有直接之关系，欲豢其民，宜先从此着手也。而其计之不果也，惧以扞格而激变，非有所爱于民也。非我族类，其心必异，羯胡无赖，一至于此！呜呼，观上所述满清一代之官制，其驾驭之术，远过元胡。贵族政治，较之远且长，曷足怪耶！

（乙）兵权之不平等　满洲自入关以来，兵权悉萃于彼族，前论已详之矣，然尚有宜注意者。满之于我，兵权之不平等，以视政权，盖为尤甚。何则？政治必渊源于文化，彼不能不与我共之者也。兵权则彼族所自矜擅长，而务独揽之者。吐弃所余，有若鸡肋，始以之处绿营。故其军事组织，未尝有所恃于绿营，且谋所以制其死命焉。其毒谋狡计，舍前论所述外，尚有至不平等者。八旗将弁，可任绿营之缺，而绿营将弁，必不能补八旗之缺。此在国初，尚分泾渭，满洲人员，不必简放绿营将佐（见《皇朝通典》卷二十一）。其后乃汰斯制。康熙八年，兵部奏各省提镇，所关甚重，以后提镇缺出，应将八旗佐领先行补用（见同上）。虽至不足轻重之绿营，犹蹂躏之若此，我民族尚得谓有兵事的生活耶？咸同之际，湘军淮军，号为恢复兵缺，然此乃我民族所当深自悲自悔而不当以之自豪者。盖二百六十年来荦荦诸大战役，舍康熙三藩、嘉庆川湖陕之役外，皆与异种相战，如与蒙古战（康熙之亲征准格尔、雍正两征厄鲁特、乾隆荡平准部皆是）、与回【部】战（乾隆回疆之战、道光重定回疆之役皆是）、与苗（猺）〔瑶〕战（雍正西南夷改土为流之役、乾隆大金川小金川及湖贵征苗诸役、嘉庆湖贵征苗之役、道光湖粤平（猺）〔瑶〕之役是）、与缅甸安南战（皆在乾隆时），皆以武功震（铄）〔烁〕国外，此历史上之光荣也，而诸役皆满人专任之。至于洪杨之役，则为同种相战。其始也，我民族崛起以谋恢复，彼满族力不能胜，则指麾我民族，使自相戕，争地以战，杀人盈野，争城以战，杀人盈城，皆我民族自相杀而已，于满人无与也。悲夫！悲夫！吾尝谓咸同之役，视扬州十日、嘉定屠城为尤惨。何则？彼为异族入寇，吾族不武，为其所弱，有愤耻而已。至于湘淮诸军与太平天国战，则自相戕杀，尤可哀痛。其结果固满人之地位，而予四邻以间隙，神州陆沈[①]，实由于此。乃观

① “沈”，旧同“沉”，为保持原貌，不作改动。下同。

近人有著《中国秘史》者，于湘淮诸军之得志，沾沾自喜，以为此乃我民族恢复兵缺之机运。噫嚱，何来此鸮声耶？

（丙）爵赏刑威之不平等　爵赏由政事军事之建树而来，政权兵权既不平等矣，则爵赏亦乌得而平等？《啸亭杂录》卷六云："八旗定制，凡从军有功者，视其功之优次，与之功牌，分三等级，凯旋日，兵部计其叙功，与之世职。绿营则有功加之目，凡临阵奋勇者，与之功加一次，然核计功加二十四次，始叙一云骑尉，较之八旗功牌，相去天壤矣。"观彼满人之自言，厚自欣幸之余，对于汉人，犹含愧意，情见乎辞矣。尤甚者，嘉庆川湖陕之役，专恃乡兵以集事，然功成之后，弃置不复道，稍怨望反侧，即草剃禽狝之。无他，方事之殷，则依以为重，事定，虞其逼处，则去之耳。湘军解散之后，而哥老会炽，其原因亦犹是也。此爵赏之不平等也。至于刑律之不平等，则尤令人发指。夫清律之不进化，源于汉律、唐律、明律，非其专咎也。然清律中，凡酷刑苛律，皆专为我民族而设，而五刑之中，其不适用于满人者凡四。无他，以我为贱族，当待以殊刑，而彼族虽身犯不韪，犹不与我同其制裁，以示等威也。试观《大清律例·名例律》上，五刑一曰笞刑，二曰杖刑，三曰徒刑（注云：徒者，奴也，盖奴辱之），四曰流刑，五曰死刑。凡旗人犯罪，笞杖各照数鞭责，军流徒免发遣，分别枷号，徒一年者，枷号二十日，每等递加五日，总徒准徒亦递加五日，流二千里者，枷号五十日，每等亦递加五日；充军附近者，枷号七十日，近边者七十五日，边远沿海边外者八十日，极边烟瘴者，九十日。噫嚱，一部《大清律例》，仅死刑为满汉所同适用，而复多设条例，于满人特为宽假。其他四刑，则皆于满人无与者也。同犯一罪，汉人充军于极边烟瘴者，满人枷号九十日而已。然则满人何所惮而不蹂躏汉人？汉人何所恃而敢对抗满人？彼不过失旬日之自由，而此则亡身破家以殉之。观夫各省驻防，仇视我族，备加凌折，而莫敢与校，二百六十年如一日，何怪其然也？尤可恨者，乾隆以前，旗人犯盗劫案者，刑部于题奏时，夹签声明，情有可原者，辄减免之。至于乾隆，则故靳而不与。然其所据之理由则曰："民人犯法，可云愚氓无知，若我满洲，身居贵显，素风淳朴，忽睹此等下流败类，实为愧愤难释，不可不痛加惩创，以息浇风。"（见《东华录》）其贱视我民族若此。悲夫！刑罚之不平等，其原因全生于贵族政治，此真清律之特色，而我民族自有刑法史以来，未蒙之奇辱也！

二私权之不平等私人之生活，无与国事，此与民族势力消长之大源，无关系者。然彼满人既行贵族政治矣，则自必为其本族谋特别之位置，于是私权遂有种种之不平等。其最大者，为强占土地所有权。《皇朝通典》卷二云：“国初以近京各州县无主荒田，及百姓带地投充之田，设立庄屯，自王以下及官员兵丁，皆授以上田，俾世为恒产。嗣后生齿日繁，凡盛京古北口外，新辟之壤咸隶焉。其官庄有三，一宗室庄田，一八旗官兵庄田，一驻防官兵庄田。”夫所谓“无主荒田”，盖借口于乱后离散，不可稽考。然稽诸稗史，则强夺力占之惨象，盖不忍言。满奴入关以后，人为刀俎，我为鱼肉，虽在民人，尚有被逼胁投充为奴者，况乎庄田？谓曰无主，诚无主矣。人且为奴，田安有主？试稽户部簿籍，官庄之在近京各州县者，凡数百万顷。此皆吸人之血，敲人之骨，寡人之妻，孤人之子，而以之自肥其族者也。至于各省驻防庄田，则尤类肆劫。卷三云：“直隶、江苏、浙江、陕西、山西、河南所设驻防官兵，均量给庄地。”“顺治四年，给江宁、西安驻防旗员园地。江宁，人六十亩至百八十亩不等；西安，人二百十有五亩至二百四十亩不等。”“六年，外省驻防官员初任未经拨给园地者，拨给；应给地六十亩以下，户部拨给；六十亩以上者，奏请拨给。”此其为虐，且肆于各行省。譬若大盗，入主人家，饱掠赃物，则分诸侪偶，所谓富贵毋相忘者也。然满奴不肖，拙于营生，曾不数年，典卖殆尽，于是又剥掠汉人所有以肥之。《东华录》乾隆五年诏：“我朝定鼎之初，将近京地亩，圈给旗人，在当日为八旗生计，有不得不然之势。其时旗人所得地亩，原足以资养赡，嗣因生齿日繁，恒产渐少，又或因事急需，将地亩渐次典与民家为业，阅年久远，辗转相授，已成民产。今须将从典出旗地，陆续赎回。”“于是定民典旗地减价取赎之令。凡地不论契载年限，以十年为率。在十年之内者，照原价。十年以外，减价十分之一，每十年以次递减。至五十年外者，半价取赎。”夫以国帑为旗人赎地，此国帑何自来？仍取诸吾民而已。且典卖之初，出于双方之契约，今则挟国力以临之，强其必从，又定为减价取赎，以重苦吾民，瘠汉以肥满，莫此为甚。凡此皆所以裕八旗之生计也，然饱食暖衣，逸居无教，则近于禽兽，况彼本兽种耶。百年以来，养生无术，日以憔悴，有由然矣。至其禁旗人不得为商业，本出于贵农贱商之意，以为贵族不当亲贱业也。且彼之深意，固尚有在。彼欲其族专从事于政事上、军事上之生活，而不以他业分其心理，故科举亦非所重，不独商业为然矣。要而论之，彼于旗人之私权，独优予之，以为所以肥之也，不悟其流极因坐食而致贫乏，至今日尚为一难解决之问题。美疢之喻，其信然乎！

如上所述，满清之贵族政治，可见一斑矣。今欲破此贵族政治，别无他道，唯恃民族主义而已。夫民族主义，由种族观念而生者也。设有他族来盗吾国，而残吾种，则必达驱除之目的而后已，即使其屈意交欢，博施仁政，亦决不恕。必如是，然后不为孑义煦仁所浸淫，而摇惑失志。是故我民族在今日，当困心横虑，以求民族主义之能达。民族主义充达之日，即贵族政治颠覆之日。盖民族主义之目的，不仅在于颠覆贵族政治，然本实既拨，枝叶必尽，我民族而能实行此主义乎，可以决胡运之终穷也。

若夫六千年来之君权专制政治，则我民族之自演，而非由外铄者，虽二百六十年来，专制政治，益以进化，此由演而愈进，非满人之专咎也。故建民族主义，可以颠覆贵族政治，而决不能颠覆君权专制政治，使我民族而仅知民族主义也，即目的既达，而君权专制政治，曾不足损其毫末，亦犹明之取元而代之，于种族界生变动，而未于政治界生变动也。盖二百六十年来之政治，实承六千年君权专制政治之旧，而于其中，更加以贵族政治。譬如因人之平地，而建楼台于其上，以峻崇其阶级。民族主义，平此阶级者也。若夫基址，则非民族主义所能动摇。是故欲颠覆二百六十年来之贵族政治，当建民族主义；欲颠覆六千年来之君权专制政治，当建国民主义。国民者何？构成国家之分子也，以自由平等博爱相结合，本此精神，以为国法。法者，国民之总意也；政府者，国法所委任者也。故曰法治国，故曰立宪政体，由之而政治根本，与专制大异。自国家机关观之，专制则以一机关用事，而无他之机关与之分权；立宪则其机关为统一的分科，立于分功之地位，而非立于越俎之地位者也，立于关系之地位，而非立于钤制之地位者也。自个人权利观之，专制必不认人民之自由，故国家对于个人，只有权利，而无义务；个人对于国家，只有义务，而无权利。若立宪，则国家与个人皆有其权利有其义务者也。此其相去，何啻径庭？而立宪政体，有君权立宪、民权立宪二种。语君权立宪之由来，大抵其政体本为君权专制，迨国民主义日发达，政府、人民互相反抗，而求相调和乃立宪法。是故立宪君权国之宪法，其中根据事实而不合法理之污点，皆国民所未尝以血涤而去之者也。我民族而持民族主义与国民主义以向于吾国之前途也，则其结果，必为民权立宪政体，可预决也。

虽然，有至难解之问题焉，民权非能骤然发生者也，其发生也有由来，而其进也以渐。观乎欧洲，古代为国家专制时代（古代非无主张民权者，然与近世民权学说，不可谓同。日本法学博士笕克彦所著《法学发达史》云："古代个人主义之发达，虽有遥胜于近世之初期中期者，然其个人主义，非能如近世之伴自觉之人格之观念，此其根本的之相异"。此语最精）。降乎中世，则为寺院专制时代。迨近世，因古文复兴、宗教改革之结果，而个人之自由发达，趋于积极，至十八世纪而奏革命之功，至十九世纪而食民权之果，其间递演递进，皆有阶级途径之可寻。今吾中国以六千年之惯习，而欲其于旦暮之间，遽翻前辙，而别开一新纪元，毋乃求治太急，而不虑其躐等而蹶乎？虽然，为斯论者，虑则甚远，而见有未至也。夫国民所恃以为国者有二：一曰历史，二曰爱情。因历史而生爱情，复以爱情而造历史。盖国民固有历史的遗传性，然必其所际遇，与古人同，然后乐于因循。若其遭值者，世局人心，均开前古所未有，而外缘之感触，有以浚发其爱情，则因比较心而生取舍心，因取舍心而生模仿心，其变至繁，其进必烈。中国与西洋相交际，视日本为先，而其革新，后于日本，坐地广人众，未易普及耳。循是以往，危亡则已，否则必变，无可疑也。是惟当浚国民之爱情，以新国民之历史。求所以浚其爱情者，自心理以言，则为教育，自事实以言，则为革命。顾教育为众所咸韪，而革命则有迟疑不敢额者，以谓革命之际，国民心理，自由触发，不成则为恐怖时代，即成矣，而其结果，奚啻不如所蕲，且有与所蕲相违者，求共和而复归专制，何乐而为此耶？此其言诚当于理势，下流者有见于此，则姑求一日之富贵，有志者有见于此，则（旁皇）〔彷徨〕忧虑，而无复之，民气之不振，此说为之也。顾以余所闻诸孙逸仙先生者，则足以破此疑问，请以转语我民族（先生今去东京，文成，不获往质，有误会否，不敢知也）。先生之言曰：革命以民权为目的，而其结果不逮所蕲者，非必本愿，势使然也。革命之志，在获民权，而革命之际，必重兵权，二者常相抵触者也。使其抑兵权欤，则脆弱而不足以集事；使其抑民权欤，则正军政府所优为者，宰制一切，无所掣肘，于军事甚便，而民权为所掩抑，不可复伸。天下大定，欲军政府解兵权以让民权，不可能之事也。是故华盛顿与拿破仑，易地则皆然。美之独立，华盛顿被命专征，而民政府辄持短长，不能行其志。其后民政府为英军所扫荡，华盛顿乃得发舒。及乎功成，一军皆思拥戴，华盛顿持不可。盖民政之国，必不容有帝制，非惟心所不欲，而亦势所不许也。拿破仑生大革命之后，宁不知民权之大义，然不掌兵权，不能秉政权，不秉政权，不能伸民权。彼既借兵权之力，取政府之权力，以为己有矣，则其不能解之于民者，骑虎之势也。而当其将即位也，下令国中，民主与帝制惟所择，主张帝制者十人而九。是故使华盛顿处法兰西，则不能不为拿破仑；使拿破仑处美利坚，则不能不为华盛顿。君权政权之消长，非一朝一夕之故，亦非一二人所能为也。中国革命成功之英雄，若汉高祖、唐太宗、宋（艺）〔太〕祖、明太祖之流，一丘之貉，不寻其所以致此之由，而徒斥一二人之专制，后之革命者，虽有高尚之目的，而其结果将不免仍蹈前辙，此宜早为计者也。察君权民权之转捩，其枢机所在，为革命之际，先定兵权与民权之关系。盖其时用兵贵有专权，而民权诸事草创，资格未粹，使不相侵，而务相维。兵权涨一度，则民权亦涨一度。逮乎事定，解兵权以授民权，天下晏如矣。定此关系，厥为约法。革命之始，必立军政府。此军政府既有兵事专权，复秉政权。譬如既定一县，则军政府与人民相约，凡军政府对于人民之权利义务，人民对于军政府之权利义务，其荦荦大者悉规定之。军政府发命令组织地方行政官厅，遣吏治之，而人民组织地方议会，其议会非遽若今共和国之议会也，第监视军政府之果循约法与否，是其重职。他日既定乙县，则甲县与之相联，而共守约法。复定丙县，则甲乙县又与丙县相联，而共守约法。推之各省各府亦如是。使国民而背约法，则军政府可以强制；使军政府而背约法，则所得之地咸相联合，不负当履行之义务，而不认军政府所有之权利。如是，则革命之始，根本未定，寇氛至强，虽至愚者不内自戕也。洎乎成功，则十八省之议会，盾乎其后，军政府即欲专擅，其道无繇。而发难以来，国民瘁力于地方自治，其缮性操心之日（己）〔已〕久，有以陶冶其成共和国民之资格，一旦根本约法，以为宪法，民权立宪政体，有磐石之安，无（漂）〔飘〕摇之虑矣。先生之言，大略如是。嗟夫，自今以往，无其【真】正之革命军则已，苟其有之，其必由斯道，以达国民主义之目的。我国民当沈毅用壮，以向于将来，毋自馁也！

呜呼，吾愿我民族实行民族主义，以颠覆二百六十年来之贵族政治！

呜呼，吾愿我民族实行国民主义，以颠覆六千年来之君权专制政治！

《民报》第一号、第二号，光绪三十一年十月二十日（1905年11月26日）、十二月二十八日（1906年1月22日）

陈星台先生绝命书

陈天华

呜呼，我同胞其亦知今日之中国乎？今日之中国，主权失矣，利权去矣，无在而不是悲观，未见有乐观者存。其有一线之希望者，则在于近来留学生日多，风气渐开也。使由是而日进不已，人皆以爱国为念，刻苦向学，以救祖国，即十年二十年之后，未始不可转危为安。乃进观吾国同学者，有为之士固多，可疵可指之处亦不少。以东瀛为终南捷径者，目的在于求利禄，而不在于居责任。其尤不肖者，则学问未事，私德先坏，其被举于彼国报章者，不可缕数。近该国文部省有《清国留学生取缔规则》之颁，其剥我自由、侵我主权，固不待言。鄙人内顾团体之实情，不敢轻于发难。继同学诸君倡为停课，鄙人闻之，恐事体愈致重大，颇不赞成，然既已如此矣，则宜全体一致，始终贯彻，万不可互相参差，贻日人以口实。幸而各校同心，八千余人，不谋而合。此诚出于鄙人豫料想之外，且惊且惧。惊者何？惊吾同人果有此团体也。惧者何？惧不能持久也。然而日本各报，则诋为乌合之（斥）〔众〕，或嘲或讽，不可言喻。如《朝日新闻》等，则直诋为放纵卑劣，其轻我不遗余地矣。夫使此四字加诸我而不当也，斯亦不足与之计较。若或有万一之似焉，则真不可磨之玷也。近来每遇一问题发生，则群起哗之曰：此中国存亡问题也。顾问题有何存亡之分？我不自亡，人孰能亡我者？惟留学而皆放纵卑劣，则中国真亡矣。岂特亡国而已，二十世纪之后有放纵卑劣之人种，能存于世乎？鄙人心痛此言，欲我同胞时时勿忘此语，力除此四字，而做此四字之之反面，坚忍奉公，力学爱国。恐同胞之不见听，而或忘之，故以身投东海，为诸君之纪念。诸君而念及鄙人也，则毋忘鄙人今日所言，但慎毋误会其意，谓鄙人为《取缔规则》而死，而更有意外之举动，须知鄙人原重自修，不重尤人。鄙人死后，《取缔规则》问题可了则了，切勿固执，惟须亟讲善后之策，力求振作之方，雪日本报章所言，举行救国之实，则鄙人虽死之日犹生之年矣，诸君更勿为鄙人惜也。鄙人志行薄弱，不能大有所作为，将来自处，惟有两途，其一则作书报以警世，其二则遇有可死之机会而死之。夫空谈救国，人皆厌闻，能言如鄙人者，不知凡几，以生而多言，或不如死而少言之有效乎？至于待至事无可为，始从容就死，其于鄙人诚得矣，其于事何补耶？今朝鲜非无死者，而朝鲜终亡。中国去亡之期，极少须有十年，与其死于十年之后，曷若于今日死之，使诸君有所警动，去绝非行，共讲爱国，更卧薪尝胆，刻苦求学，徐以养成实力，丕兴国家，则中国或可以不亡。此鄙人今日之希望也，然而必如鄙人之无才无学无气者而后可。使稍胜于鄙人者，则万不可学鄙人也。与鄙人相亲厚之友朋，勿以鄙人之故而悲痛失其故常，亦勿为舆论所动，而易其素志。鄙人以救国为前提，苟可以达救国之目的者，其行事不必与鄙人合也。今将与诸君长别矣，当世之问题，亦不得不略与诸君言之。

近今革命之论，嚣嚣起矣，鄙人亦此中之一人也。而革命之中，有置重于民族主义者，有置重于政治问题者。鄙人所主张，固重政治而轻民族，观于鄙人所著各书自明。去岁以前，亦尝渴望满洲变法，融和种界，以御外侮，然至近则主张民族者，则以满汉终不并立。我排彼以言，彼排我以实，我之排彼自近年始，彼之排我二百年如一日，我退则彼进，岂能望彼消释嫌疑，而甘心愿与我共事乎？欲使中国不亡，惟有一刀两断，代满洲执政柄，而卵育之。彼若果知天命者，则待之以德川氏可也，满洲民族，许为同等之国民。以现世之文明，断无有仇杀之事，故鄙人之排满也，非如倡复仇论者所云，仍为政治问题也。盖政治公例，以多数优等之族统治少数之劣等族者为顺，以少数之劣等族统治多数之优等族者为逆故也。鄙人之于革命如此，然鄙人之于革命，有与人异其趣者，则鄙人之于革命，必出之以极迂拙之手段，不可有一毫取巧之心。盖革命有出于功名心者，有出于责任心者。出于责任心，必事至万不得已而后为之，无所利焉。出于功名心者，己力不足，或至借他力，非内用会党，则外恃外资。会党可以偏用，而不可恃为本营。日俄不能用马贼交战，光武不能用铜马、赤眉平定天下，况欲用今日之会党以成大事乎？至于外资则尤危险，菲律宾覆辙，可为前鉴。夫以鄙人之迂远如此，或至无实行之期，亦不可知，然而举中国皆汉人也，使汉人皆认革命为必要，则或如瑞典、诺威之分离，以一纸书通过，而无须流血焉可也。故今日惟有使中等社会皆知革命主义，渐普及下等社会，斯时也，一夫发难，万众响应，其于事何难焉？若多数犹未明此义，而即实行，恐未足以救中国，而转以乱中国也。此鄙人对于革命问题之意见也。

近今盛倡利权回收，不可谓非民族之进步也，然于利权回收之后，无所设施，则与前此之持锁国主义者何异？夫前此之持锁国主义者，不可谓所虑之不是也，徒用消极方法，而无积极方法，故国终不锁，而前此之纷纷扰扰者，皆为无效。今之倡利权回收者，何以异兹？故苟善用之，于此数年之间，改变国政，开通民智，整理财政，养成实业人才，十年之后，经理有人，主权还复，吸收外国资本，以开发中国文明，如日本今日之输进外资可也。否则，争之甲者，仍以与乙，或遂不办，外人有所借口，群以强力相压迫，则十年之后，亦如溃堤之水，滔滔而入，利权终不保也。此对于利权回收问题之意见也。

近人有主张亲日者，有主张排日者，鄙人以为二者皆非也。彼以日本为可亲，则请观朝鲜，然遂谓日人将不利于我，必排之而后可者，则愚亦不知其说之所在也。夫日人之（隐）〔阴〕谋，所谓司马昭之心，路人皆知，即彼之书报，亦倡言无忌，固不虑吾之知也，而吾谓其不可排者何也？兼弱攻昧，取乱侮亡，吾古圣之明训也。自有可亡之道，岂能怨人之亡我？吾无可亡之道，彼能亡我乎？朝鲜之亡也，亦朝鲜自亡之耳，非日本能亡之也。吾不能禁彼之〈不〉亡我，彼亦不能禁我之自强。使吾亦如彼之所以治其国者，则彼将亲我之不暇，遑敢亡我乎？否则即排之有何实力耶？平心而论，日本此次之战，不可谓于东亚全无功也。倘无日本一战，则中国已瓜分亦不可知。因有日本一战，而中国得保残喘，虽以堂堂中国，被保护于日本，言之可羞，然事实已如此，无可讳也，如耻之，莫如自强，利用外交，更新政体，于十年之间，练常备军五十万，增海军二十万吨，修铁路十万里，则彼必与我同盟。夫同盟与保护，不可同日语也。保护者，自己无实力，而惟受人拥蔽，朝鲜是也；同盟者，势力相等，互相救援，日英是也。同盟为利害关系相同之故，而不由于同文同种。英不与欧洲同文同种之国同盟，而与不同文同种之日本同盟，日本不与亚洲同文同种之国同盟，而与不同文同种之英国同盟，无他，利害相冲突，则虽同文同种，而亦相仇雠，利害关系相同，则虽不同文同种，而亦相同盟。中国之与日本，利害关系可谓同矣，然而实力苟不相等，是同盟其名，保护其实也。故届今日而欲与日本同盟，是欲作朝鲜也；居今日而欲与日本相离，是欲亡东亚也。惟能分担保全东亚之义务，则彼不能专握东亚之权利，可断言也。此鄙人对于日本之意见也。

凡作一事，须远瞩百年，不可徒任一时感触，而一切不顾，一哄之政策，此后再不宜于中国矣。如有问题发生，须计全局，勿轻于发难。此固鄙人有谓而发，然亦切要之言也。鄙人于宗教观念，素来薄弱，然如谓宗教必不可无，则（无）〔毋〕宁仍尊孔教，以重于违俗之故，则并奉佛教亦可。至于耶教，除好之者可自由奉之外，欲据以改易国教，则可不必。或有本非迷信，欲利用之而有所运动者，其谬于鄙人所著之《最后之方针》，言之已详，兹不赘及。近来青年误解自由，以不服从规则、违抗尊长为能，以爱国自饰，而先牺牲一切私德，此之结果，不言可想。其余鄙人所欲言者多，今不及言矣，散见于鄙人所著各书者，愿诸君取而观之，择其是者而从之，幸甚！《语》曰："君子不以人废言。"又曰："鸟之将死，其鸣也哀；人之将死，其言也善。"则鄙人今日之言，或亦不无可取乎？

干事诸君鉴：闻诸君有欲辞职者，不解所谓。事实已如此，诸君不力为维持，保全国体，不重辱留学界耶？如日俄交战，倘日本政府因国民之暴动，而即解散机关，坐视国家之灭，可乎否乎？今之问题，何以异是？愿诸君思之。

《民报》第二号，光绪三十一年十二月二十八日（1906 年 1 月 22 日）

开明专制论

饮 冰

（一）[①]是本篇因陈烈士天华遗书有"欲救中国必用开明专制"之语，故畅发其理由，抑亦鄙人近年来所怀抱之意见也。

（二）本篇虽主张开明专制，然与立宪主义不相矛盾，读终篇自可见其用意

① 原文此前附有全文各章目录，此处删除，编者。

之所在。

（三）本篇都凡十章：为释者三，为述者二，为论者五，皆用严正的论理法（演绎法、归纳法并用），不敢有一语凭任臆见。

（四）本篇以避文字复沓之病，故多用附注，附注与正文常相发明，望读者勿忽视。

——著者识

第一章　释　制

制者何？发表其权力于形式，以束缚人一部分之自由者也。以其束缚人自由，故曰裁制，曰禁制，曰压制；以其所束缚者为自由之一部分，故曰限制，曰节制；以其用权力以束缚，故曰强制。其权力之发表于形式者，曰制度，曰法制。

（附注）制者之权力，仅能束缚被制者一部分之自由，而必非能束缚其全部分者。文明之法制无论矣，即最野蛮之压制，纵能举一切行为之自由而悉制之，而意志之自由，终在所制之外也，则亦仍一部分也。

（又）制必与权力相缘，放凡制皆强制也。今为行文之便，时亦用“强制”二字。

制乌乎起？起于竞争。有以强制为调和竞争之具者，有以强制为助长竞争之具者。今分论之。

竞争有二：一异种类之竞争，二同种类之竞争，二者常并时而行。如人类对于其他众生，则认彼众生为异种类。文明人对于野蛮人，则认野蛮人为异种类。文明人相互之间，甲团对于乙团，则彼此交认为异种类。如此者精细分析之，殆不能尽。而于一方面为异种类之竞争，于一方面又为同种类之竞争。如人类方与众生竞也，而人与人亦同时相竞；文明人方与野蛮人竞也，而文明人与文明人亦同时相竞；甲团方与乙团竞也，而甲乙之内部亦各各同时相竞。于彼时也，其同种类之间，各么匿体，能行竞争于秩序的，则其对于异种类之竞争，必获优胜，否则劣败。何以故？必有秩序，然后彼此之行为，可以预测其结果，而不至冲突故；必内部无冲突，然后能相结集以对外故。虽然，所谓秩序云者，非自始焉放任之而可以自致者也，其得之也必以强制。强制者，实社会所以自存之一要素也，所谓以强制助长竞争者此也。

（附注）或谓人类自然能调和，不待强制而可以为平和的发达。此中国老庄一派之理想。泰西上古诸哲，亦常有持此说者。是未尝为历史的研究，误解古代社会之情形耳。又或谓自然界有天然之公例，可以有调和而无轧轹，人类亦当有然。此亦由前此“自然科学”尚属幼稚，于自然界生存竞争相续不断之一大现象，未尝见及耳。今此两说已属陈言，久为学界所否定。

若是夫有强制则社会存，无之则社会亡。就社会一方面言之，则虽曰“强制者神圣也”可也。虽然，有制者，有被制者，其为不平等之现象明甚也。于是乎被制者或立于不利之地位，辄相疑曰：强制者，对于社会虽神圣，对于个人则蟊贼也。然此知其一未知其二也。夫不平等者人间世必然之现象也，虽无强制的组织，而其不平等之各分子，卒未尝灭，以不平等之现象为由强制而来，是倒果为因也。社会之有强制的组织，其性质原所以干涉社会中诸种不平等之关系，但其干涉也，时或以“人为淘汰”之作用，助长其不平等者，使益趋于不平等，虽未始无之，要其普通所行，则多以调和不平等者而使之渐趋于平等，有断然也。今群多数之个人以立于社会，使无所谓强制的组织以临其上，则其间弱者之境遇，必更有不忍言者。何也？彼强者得伸其权力于无限，而弱者遂无术以自存也。故夫有强制的组织，则个人之自由，虽不得不视前此而较狭，而在此狭范围内，能借强制之保障，使其自由之程度，视前此反更确实，利害正相抵也。所谓以强制调和竞争者此也。

（附注）如前段所言，则此文所谓强制者，专指立于社会之上的权力而言可知，非谓社会中之各个人，甲强制乙，乙强制丙也。故文中屡称强制的组织。质而言之，则指社会上之最高权力也。

（又）因不平等故生强制，非因强制故生不平等。使人道本来平等，则无所用于强制者，抑无能行强制者。故论者之所说，实倒果为因也。

（又）社会多数之个人中，有强者，有弱者，甚不平等，且其不平等也，无界线。自有强制的组织，而强者弱者皆为被制者，不过强者所占地位广，弱者所占地位狭耳。其广狭之悬绝，充其量至于如一分与九十九分之比例，可谓极矣。然以有强制的组织，故此一分之狭地位，仍得保障，故强制有益于弱者也。若夫强者之地位，前此不过为事实的行为，及得强制的组织，而始变为适法的行为，故强制有益于强者也，故曰调和也。

（又）问者曰：此皆就被制者一方面言之耳。若夫制者（即握社会上最高权力者），宁非得伸其权力于无限乎？应之曰：斯固然也。此其解释非属于制与不制之问题，而属于专制与非专制之问题，故次章更论之。

（又）若夫被征服之社会，而征服者行强制于其全部，此所谓竞争优胜之结果所获权利也。虽然，实则强制之效用，亦不外前此两端。盖征服者之意，不过欲吸纳被被征服者使为我用，盖加入之于同种类者之一部分（其以若何之地位处置之勿论，要之总欲使为同种类之一部分也）而复以对于他之异种类也。此所谓助长的也。而被征服者之地位，无论低微至若何程度，但既有强制的组织以为保障，则固能立于其所立之地位，此所谓调和的也。

由是观之，则强制的组织，无论对于社会，对于个人，皆不可须臾离也明甚。然必有所谓国家者，乃得行完全之强制的组织，而既能行完全之强制的组织者，即其既有国家之实者也。故言制必与国家相缘。

第二章　释专制

有国家然后能制，能制斯谓之国家。故得以制者之种类，分别国家之种类。

国家之种类，大别凡二：一曰非专制的国家，二曰专制的国家。

曷为非专制的国家？一国中人人皆为制者，同时人人皆为被制者是也。小别复三：一曰“君主、贵族、人民合体的非专制国家”，二曰“君主、人民合体的非专制国家”，三曰“人民的非专制国家”。

曷为专制的国家？一国中有制者有被制者，而制者全立于被制者之外为相对的地位者是也。小别复三：一曰“君主的专制国家”，二曰“贵族的专制国家”，三曰“民主的专制国家”。

君主的专制者，普通所称专制国，如今之中国、土耳其、俄罗斯等是也。贵族的专制者，如古代之斯巴达及希腊、罗马史上所常现之寡人政治是也。民主的专制者，如克林威尔时代之英国，马拉、丹顿、罗拔士比时代之法国，乃至大拿破仑任执政官时代、小拿破仑任大统领时代之法国，皆是也。其外形不同，而其为专制的性质则同。

（附注）国家之分类，泰西学者，历数千年，迄无定论。亚里士多德分为君主国、贵族国、民主国，孟德斯鸠分为公治国、君主国、专制国（名称依严译《法意》），皆其最有名者也。而近世学者，述近世国家之分类，大率分为专制君主国、立宪君主国、立宪民主国。吾以为此分类甚不正确。何以故？专制者不独君主国，而民主国亦有非立宪者（有立宪之名，无立宪之实，则等于非立宪也）。故以论理学律之，实多刺谬也。吾之分类法，与前此东西诸学者之分类，皆有异同，其下“专制的”与“非专制的”之定义，亦异于先辈。

（又）“民主的非专制国家”尚有多种：一曰人民全体有直接参政权者，二曰不有直接参政权而惟选出代议士者。乙种之中，复分两种：一曰普通选举者，二曰限制选举者。此分类不独“民主的非专制国家”有之，即其他“非专制国家”亦皆有之。今所论者专制也，故不详及。

（又）克林威尔时代，大拿破仑为执政官、小拿破仑为大统领时代，所以命之曰民主的专制者，以其得任意蹂躏宪法也。专制非专制，一以宪法之有无为断。

由此观之，专制者非必限于一人而已，或一人，或二人以上，纯立于制者之地位而超然不为被制者，皆谓之专制。

（附注）此所谓二人以上者，其范围甚广，如斯巴达握专制之权者凡万人，要不可谓非专制也。

（又）虽在非专制国，而其所谓统治权者，仍超热立于被制者以外，而不受他之束缚。虽然，不可谓之为专制。何也？彼超然立于被制者以外者，乃指行使统治权之法人，而非指自然人也（法律家言，谓寻常人类曰自然人，法律所认为与自然人同一资格者，曰法人）。如国家者，法人也。国家之元首及执政官，自然人也。国家之统治权无制限，国家之元首及执政官，当其代国家行使统治权之时，亦可以无制限。然彼元首及执政官以自然人的资格立于国家之时，固不得不受国家之制限也。如彼钦定宪法之国家（例如日本），其宪法由元首颁布，似无制限矣，然其所以能颁布此宪法者，以其代表国家统治权而行使之。所谓无制限者，属于国家统治权耳，非属于元首也。若元首则当宪法既颁布以后，不得不行动于宪法范围之内。夫固明有被制者存矣。故更得申言之曰：不能以自然人之资格超然立于被制地位以外者，谓之非专制；能以自然人之资格，超然立于被制地位以外者，谓之专制。

夫既能以一人或二人以上，纯立于制者之地位而超然不为被制者，则其人必能任意自伸其权力于无限。制者之权力既能任意伸之于无限，则被制者之地位，随而不能得确实之保障。专制的国家所以劣于非专制的国家者，其原理将毋在是。虽然，专制尚有附加之定义，必悉举其定义，然后其真性质乃可得言。

专制者，一国中有制者有被制者，制者全立于被制者之外，而专断以规定国家机关之行动者也。以其立于被制者之外而专断也，故谓之专；以其规定国家机关之行动也，故谓之制。夫制之定义，吾既言之矣，曰“发表其权力于形式，以束缚人一部分之自由者也”。此定义无论专制的、非专制的皆适用，特因其发表之之根本权所从出，而别冠以专、不专之名云尔。若夫权力之必现于形式，固两者所同也。权力既现于形式，则但使此形式一日未变更，则其行使此权力，必一日遵此形式，循一定之轨道以行，而于此形式外，不复加他种不正当之抑压于人民，此所谓规定国家机关之行动者也。必如此乃谓之制，其由专断以得此者，谓之专制。

（附注）所谓不正当之抑压者，谓形式所规定以外，复加他种之抑压也。其形式所规定抑压之程度若何不必论，就令所规定者为日杀一人，则每年例杀三百六十人，亦谓之正当，若杀至三百六十一人，斯不正当矣。但使能于所规定形式外，不别加不正当之抑压，则被制者之地位，仍可谓之有保障也。

是故有完全之专制，有不完全之专制。不完全之专制，复分二种：甲种则未尝规定国家机关之行动者也，乙种则虽规定之而仅属空文，未尝实力奉行者也。甲种则其势力之体不完全，乙种则其势力之用不完全。不完全之专制，非专制也。何也？专则有之，制则未也。

（附注）今日之中国，可谓之不完全之专制，盖体用两不备也。故今日之中国，未可称为专制国。

故欲为政论，当先论有制与无制之优劣，次乃及专与不专之优劣。无制则国家一日不能存立，故必期于有制，不俟论也。有不完全之专制，亦有不完全之非专制。苟为不完全，则无论专与非专，而皆同于无制，其比较之优劣，无可言者。苟完全矣，则专与非专之异点，非在所发表之形式，而在发表之之根本权所从出。夫以形式论，则非专制者固能发表极良之形式，专制者亦能发表极良之形式，专制者固能发表极不良之形式，非专制者亦能发表极不良之形式，其优劣无可言也。惟究极之于发表之根本权所从出，则专制者，虽有极良之形式，一旦破坏之，而被制者无如何也，虽有极不良之形式，继续保守之，而被制者无如何也。非专制者则反是。非专制之所以优于专制者，在此点而已。

（附注）今日中国之政府，为不完全的专制。今日中国之国民，乃欲求得不完全之非专制。两者皆同以无制为归宿也。唯之与阿，相去几何？一叹。

第三章　释开明专制

发表其权力于形式，以束缚人一部分之自由，谓之制。据此定义，更进而研究其所发表之形式，则良焉者谓之开明制，不良焉者谓之野蛮制。由专断而以不良的形式发表其权力，谓之野蛮专制，由专断而以良的形式发表其权力，谓之开明专制。

（附注）开明制、野蛮制，不惟专制的国家有之而已。以公意发表良形式者，谓之开明的非专制。以公意发表不良之形式者，谓之野蛮的非专制。如美国当南北战争以前之奴隶制度，即所谓野蛮的非专制也。

然则何所据以鉴定其形式之良不良，实续起之一最要问题也。欲解决此问题，则不能专求诸形式，而当求诸形式所自出之精神。国家所贵乎有制者，以其内之可以调和竞争，外之可以助长竞争也。二者实相因为用，故可以一贯之，而命之曰国家立制之精神。其所发表之形式，遵此精神者，谓之良；其所发表之形式，反此精神者，谓之不良。更申言之，则其立制之精神，在正定各个人之自由范围，使有所限而不至生冲突者，良也；虽有所限而仍使之各绰绰然有自由竞争之余地，而不妨害其正当的竞争者，良也；抑或虽甚妨害其正当的竞争，几夺其自由之大部分，乃至全部分，而其立制之精神，乃出于国家自卫所万不容已，则亦良也。如是者谓之良，反是者谓之不良，于专制国有然，于非专制国亦有然。

（附注）内而调和竞争，外而助长竞争，其精神实相一贯。内有秩序，然后能竞于外。调和所以为助长之手段，前既言之矣。然一社会之所以必竞于外者，大率有两原因：一为积极的，即进取的；二为消极的，即防卫的。何以有进取的？盖缘本社会内物力已竭，无所复容自由竞争之余地，苟不拓之于外，则内部之轧轹，将遂不免也。何以有防卫的？盖缘他社会相逼而来，苟不排去之，则一旦侵入，而内部固有之调和，遂将被破坏也。然则助长外竞，实亦调和内竞之一手段也。故此二者之精神本一贯也。

（又）所谓甚妨害其正当的竞争者，如政府重课租税或收种种事业专卖之权，于经济界之竞争自由，甚加妨害，然为国家财政上自活之必要，时或行之。所谓夺其自由之大部分乃至全部分者，如人民有服兵役之义务，苟当服役年限内，不能有就他种事业之自由，是夺其大部分也。战事起，驱国民以赴之，牺牲生命，动至十数万，是夺其全部分也。然为国家自身之存立，时或行之。故不能以侵夺人民自由与否，以鉴定政治之良不良，所当察者，其目的何在耳。若非国家自卫上所万不容已，而滥行侵夺，则谓之恶政。如美国前此蓄奴之制，非国家自卫上所不容已也。于何知之？于其废此制后而未尝伤及国家之生存知之。故彼制度谓之恶政也。

故在专制的国家，其立制者以自然人的一己之利益为标准，则其制必不良，以法人的国家之利益为标准，则其制必良。何以故？以一“自然人”之利益范围，无论如何，总不能与国家之利益范围适相吻合。故若其全部分不相合，则其利害全部分相矛盾也；若其一部分不相合，则其利害亦一部分相矛盾也。既矛盾，则利于此必不利于彼。故若以“自然人”之利益为标准以立法制，无论如何，必其有一部分不利于国家，或全部分不利于国家也。故吾得断言曰：凡专制者以能专制之主体的利益为标准，谓之野蛮专制；以所专制之客体的利益为标准，谓之开明专制。

（附注）此论惟适于专制的国家，不适于非专制的国家。盖在非专制的国家，则能制之主体，即所制之客体也。故虽以主体之利益为标准，不害为开明也。

吾欲申方野蛮专制与开明专制之异同。吾得古人两语焉以为之证。法王路易第十四曰："朕即国家也。"（Létat cest moi）此语也，即代表野蛮专制之精神者也。普王腓力特列曰："国王者，国家公仆之首长也。"（Der König ist der erste Dieme des Staats）此语也，即代表开明专制之精神者也。

（附注）腓力特列时代之普国，固为千古开明专制之模范。路易十四时代之法国，则非全属于野蛮专制者，不过其言为野蛮专制之言耳。当分别观之。

准是以谈，则国家所最希望者，在其制之开明，而非野蛮耳。诚为开明，则专与非专，固可勿问。何也？其所受之结果无差别也。但非专制的国家，其得开明制也易，既得而失之也难。专制的国家，其得开明制也难，既得而失之也易。非专制之所以优于专制者，在此点而已。

第四章　述开明专制之学说（略，编者）

第五章　述开明专制之前例（略，编者）

第六章　论适用开明专制之国与适用开明专制之时

然则开明专制政体与非专制政体究孰优？曰：是难言也。以主观论，则非专制之优于专制，似可一言而决。以客观论，则决之不若是之易易也。昔达尔文说生物学之公例曰，优胜劣败，而斯宾塞易以适者生存，意若曰：适焉者虽劣亦优，不适焉者虽优亦劣也。故吾辈论事，毋惟优是求，而惟适是求。

（附注）主观者，从吾心之理想而下断定者也；客观者，从事实之对象而下断定者也。主观者如欲判断一事物之良否，则必用正式之演绎论理法以推论之，先悬一标准曰："凡事物之含有某种性质者，良也。"（大前提）次乃举特殊之事实曰："此事物实含有某种性质者也。"（小前提）终乃下断定曰："故此事物良也。"（断案）若此者，似无以为难也。虽然，欲知此论之为正确与否，则先当察其所悬之标准正确与否。若使一切事物含有某种性质者皆无不良也，则其断案诚正确也。使其中尚有除外例焉（即间有含某种性质而仍不良者），而贸然下断案曰："以此事物含有某种性质，故谓之良。"则安知此事物不适在除外例之中也？故曰不正确也。如吾欲持"非专制优于专制”之论，则必先悬一标准曰：“凡以国民公意立法制者，必能增进国利民福者也。”此标准若正确，则其结论必正确。而此标准正确与否，固未易言。南美各国非以国民公意立法制者乎？其国利民福何如也？又如普与奥将宣战时，普之议会全体一致以反对俾士麦之政策，非所谓国民公意者乎？其于增进国利民福，孰与俾士麦之政策若也？若是乎，此标准者既已发见若干之除外例，其必非绝对的正确也明甚，而我遽贸然下此断案曰，非专制优于专制，宁得曰非武断也？故仅凭主观而欲得正确之推论，实属不可能之业也。若麦加比里，若波丹，若霍布士等，以主观的研究法，而论定专制之为优，若洛克，若卢梭，若边沁等，以主观的研究法，而论定专制政体之为劣，虽各持之有故，言之成理，要之皆武断也。何也？优劣者绝非可以主观而论定者也。闻者疑吾言乎？请更广其例。如云“明月者悦人心目者也”。此判断可为正确乎？彼劳人思妇，对之而涕矣。彼穿窬之盗，且嫉之如雠矣。然则“悦人心目”云者，不过我之主观云然耳，彼劳人思妇，自有彼之主观焉；彼穿窬之盗，又自有彼之主观焉。而彼之主观，各各与我主观相矛盾。彼以彼之主观而推论，我固不可也；我以我之主观而推论，彼亦乌见其可？苏诗曰：耕田欲雨刈欲晴，来者顺风去者怨。此语殆可以发明此真理而无余矣。故以客观的方面论，则天下事物确无所谓优劣者。以主观的方面论，则可强区别之曰：若此者吾认为优，若此者吾认为劣而已，优劣者吾所认也。若以主观而推及于客观，而指定之曰，此事物优而彼事物劣也，此大过也（如明月无所谓优劣，以吾方赏心乐事也，吾认为优。虽认为优，不得谓明月优也。以吾欲为穿窬之盗也，吾认为劣，虽认为劣，不得谓明月劣也。他事物皆然）。庄生曰：“民食刍豢，麋鹿食荐，蝍且甘带，鸱鸦嗜鼠，四者孰知正味。”此言美恶无定形，非玩世之言，实真理也。斯宾塞所以以“适者生存”易“优胜劣败”者，诚以优劣本无定形，故胜败亦无常格，其易之也，避武断也。

（又）十八世纪之学界与十九世纪之学界，有一绝异之趋势焉，不可不察也，即：十八世纪偏畸于主观的研究，十九世纪则群趋于客观的研究是也。主观的研究者谓真理存于吾民心，客观的研究者谓真理存于事物之自身。谓真理存于吾心，则恁吾意力之自由，可以发见所谓“自然法”者而应用之，以改良社会国家。谓真理存于事物之自身者，则知事物所以成长发达之理由，一皆备于其内部，自然而然，非可强致。夫使其内部本无此物而欲强附益之，是断鹤膝而续凫胫是也；使其内部虽有此物，然未至发达之期，而强欲躐等而发达之，是揠苗而助之长也。彼卢梭民约之论，无论应用之于何国，而无不失败者，以国家本无此物也，不过卢梭等数人主观的理想，以为应有此种类之国家而已，而考诸历史上，未之前闻也。故彼等欲以此精神改造国家，其立意就令极善，无奈与国家自身内部之构造先相矛盾，终不可得而致也。如欲人飞行至空中，其立意就令极善，无奈与人身内部之构造先相矛盾，终不可得而致也。至若洛克、孟德斯鸠、边沁诸贤之自由说，或用诸甲国而大效，用诸乙国而不效；同一国也，或用诸甲时代而大效，用诸于乙时代而不效，则以国家本有此物，而自然之发达，或至其期，或未至其期也。如人身内部本有可以自由行动之性质而未成年者以自由行动之故，或反生患害也。夫或本无此物而欲强附益之，或未达其期而强欲躐等焉，皆所谓不适也。然则吾今者有一政论于此，而欲验国家果有能容此政论之性质与否，既有之矣，而已达其期与否，于何知之？则非以客观的研究，不能知之。客观的研究何？即历史的研究是也。十九世纪之言政法学者，皆筑其理论于历史的土台之上，此其所以异于十八世纪也。

然则最适于用开明专制者，果何等之国家、何等之时代乎？请以次论之。

（一）国家初成立时最适用。国家初成立之时，其所以组成国家之各分子，尚未为确实之结合，非用开明专制以收束之，则将有分裂之患。由小国家合并以成大国家者亦然。

（二）国家当贵族横恣阶级轧轹时最适用。贵族横恣，阶级轧轹，则妨国权之统一，渎法制之神圣，非有开明专制以统属之，则国家将鱼烂而亡也。

（三）国家久经不完全的专制时最适用。不完全的专制等于无制，所谓无意识的放任也。夫人民未有不由强制而能得秩序者（说详第一章附注）。久为无意识的放任，则人民未解秩序为何物，骤予以自由，易陷于无秩序，其不可者一也。不宁惟是，久为无意识的放任，则人民对于国家之关系，必甚浅薄。关系即浅薄，则其视对于国家之义务，不以为重，骤予以自由，恐仍前弊，其不可者二也。不宁惟是，人民对于国家之关系，既甚浅薄，则其于国家大小政务，必未尝有直接的阅历。岂惟直接，虽间接亦罕焉。岂惟阅历，虽讨论亦罕焉。骤予以参政权，其判断易生误，其处置易失当，其不可者三也。故以开明专制锻炼之最宜。

（四）国家久经野蛮专制时最适用。久经野蛮专制，则其社会自由行动之范围甚狭小，且不正确。以狭小故，故人民常向极小的方面以营私利，而心目中不复知有公利公益。以不正确故，故人民动以险诈卑劣之手段侵害他人。以此民德，万不能遽有享受自由之资格。且其对于国家之关系，亦与久惯无意识之放任者同。彼之三弊，此皆有之。故以开明专制矫正之最宜。

（五）国家新经破坏后最适用。一国新经破坏之后，则其人民必甚嚣尘上。各阶级间，各团体间，各地方间，各个人间，其利害皆起种种冲突，互相轧轹，其现状与国家未成立以前正相等。于斯时也，欲求各阶级各团体各地方各个人能以自力相调和，以恢复秩序，势固不能。故非用开明专制以整齐严肃之，国且亡。

此适用开明专制之时代也。无论何国，于此诸时代，必曾经其一，或曾经其二三。故世界诸名国中，必曾经一度开明专制，或曾经二三度开明专制。至其专制时代之久暂，则又视其国家之特质何如。更举其例。

（一）民智幼稚之国，宜久用开明专制。如教幼稚园生徒，比诸教中学校生徒，干涉之时日必加长也。

（二）幅员太大之国，宜久用开明专制。否则难统一之于中央政府，惧其生乡土的界限，虽各自发达，而或与全体之发达相矛盾也。

（三）种族繁多之国，宜久用开明专制。否则各种族将自急其利害，而缓国家之利害，不能得正当之国民公意，徒生纷扰，甚乃致分裂也。此等国家必先融化种族，乃可弛专制。

此三者皆除外例也。若普通国家，则必经过开明专制时代，而此时代不必太长且不能太长，经过之后即进于立宪。此国家进步之顺序也。若经过之后而复退于野蛮专制，则必生革命。革命之后，再经一度开明专制，乃进于立宪。故开明专制者，实立宪之过渡也，立宪之预备也。

今请征各国历史以实吾言。

一英国：其经开明专制时甚短，且非纯粹的。盖缘撒逊盎格鲁族初建七王国时（第八世纪），以僻在海岛，不受罗马干涉，得保其自治习惯。及八二八年，而王权确定。自尔以来，此两权常为骈进的发达，互相节制，互相调和，以次有“大宪章”，有“权利请愿”等之出现，致受立宪祖国之名誉。故不经开明专制之一阶级而获成。其间若克林威尔时代，固不足为轻重于英国也。若英可谓除外例也。

一美国：绝未经开明专制者也。彼盖承受英民之性质也，亦一除外例也。

一法国：中世之末，西班牙、荷兰握欧洲中原霸权，未几而法人代之。法之所以能勃兴者，有若亨利第四之君主，有若李梭罗、马沙连、哥巴之宰相，其用开明专制者，殆六七十年也（一六二四年至一六六七年）。然路易十四晚年，复返于野蛮专制，嗣主益返于不完全专制，遂酿出空前绝后大革命。革命之后，殆如无政府然。故再经拿破仑之十年开明专制，裁抑而锻炼之，而宪法乃渐确立也。

一普国：普鲁士初起，原根据布兰丁堡，其地不及我一小县，穷北冱寒，无足齿者。至十五世纪，始渐与普鲁士合并，其幅员犹吾大县也。前此为侯国，一七〇一年，称王，诸邻犹以夜郎笑之。及腓力特列第一、腓力特列第二，以七十年之力（一七一三年至一七八六年）行开明专制，遂挫强奥，慑英法，一跃而问德意志帝国之鼎。盖腓力特列殂落后，子孙犹守其遗策者数十年。迨至一八四九年，始发布宪法，未几而帝业成矣。今世诸名国中，惟普行开明专制最久（自一七八六年以后至一八四九在前，仍可谓之开明专制。盖袭腓力特列之遗策也），而此族盖骎骎有全世界主人翁之资格矣。

一德国：德意志新帝国之主权，全在普国。故德国之精神，实承受普国之精神也。然新造以来，铁血宰相之政治，名为立宪，实变相之开明专制耳。

一俄国：俄自经蒙古族蹂躏以后，虽复光复，元气凋残。迨大彼得一度开明专制，遂骧首于中原，以迄今日。其所以久不能脱专制之域者，以幅员太大，种族太棼，不专制而帝国或将瓦解也。自大彼得后，野蛮专制频仍。至最近世，复渐进于开明专制。

一日本：日本自明治元年至明治二十二年，皆开明专制时代也。盖由合并诸藩以成一帝国，等于新建国也。

（附注）罗马当版图未盛时，行共和制。其后乃返于开明专制。盖幅员既广，交通未便，不得不然也。然罗马以再返于野蛮专制而亡。

（又）意大利自罗马解纽后，其南部之自由都市，即已发达，颇有与英国相类者。故意未尝经开明专制时代。然自新建帝国后，实不可不为一度之开明专制。惜加富尔无俾士麦之寿，故者意与德之国势，遂不可同年而语也。

（又）奥太利当普之新兴时，几濒灭亡。幸马利亚女皇及佐士弗第二，行开明专制数十年，始不失雄国之位置。然奥之国内，其种族最混杂，实不宜于立宪。故立宪之后，反日就衰微。然时势又迫之使不得不立宪。此奥之所以难为国也。惟俄亦然。今不避冗沓，述日本小野塚博士之言以证之。

（附）小野塚喜平次氏著《论奥国立宪制之运用与民族之复杂》（见《法学协会杂志》）。

（前略）奥国自一八四八年发布宪法，一八五一年废止之。一八六七年，奥匈合并，再兴立宪制，于今四十年矣。而其国民果有运用立宪制之能力否乎，非吾之所敢言也。议会与政府冲突，世界上凡立宪国莫不皆然，未足以为病。虽然，亦视其所以冲突者何如耳。若两者始终以冲突相继续，曾无休时，此必非立宪之本意也。而奥国数十年来之政况，实政府与议会未尝为一日之调和也。议会之纷扰喧嚣，亦各国所不免。虽然，若奥之议会，不惟纷扰喧嚣而已，嫚骂谗谤，无所不至，甚至继以格斗，议长禁之不得，借警察之力始能回复院内秩序。此奥国下议院所数见不鲜者，而他国所未尝闻也。其党派混杂，若何乃为多数，若何乃为少数，其势每不定。故多数与少数，常相反目，议会从未尝有正当之秩序，彼此以互相妨害 Obstruktion 为唯一之手段。又不徒中央议会（Reichsratu）〔Reichstag〕为然耳，各省议会 Landtag 亦然。故虽复分中央之权于地方，亦不足以救此弊。更就政府与议会之关系言之。彼政府非必以议会多数之赞成为后援也，屡以地方特殊之小利益，啗各地方之代议士，以是操纵议员，议员亦甘受之，毫不顾议院之威严。又往往借皇帝之威望，以行干涉。议员以各顾其私、不相团结也，则亦受其干涉，惟命是从。政府频年奏请发布《紧急敕令》（案：紧急敕令之解释，详次章附注）。以代法律，且处分预算，其反于立宪制之常轨不一而足。虽然，此非独政府之罪也，而议会亦有罪焉。若其远因，乃在国民自身之间。今欲语之，殆难遍举。如国民教育之普及程度甚低，此其一也，然犹非其最大者也。最大之原因，则在小政党之分立。今据一千九百年之调查（案：原文有一详表列各党派议员总数及其选举人总数与职业等，今避繁不详述），则奥国下议院议员总数四百二十五人，除无所属者十七人之外，共分为十八党派，其最大党仅得六十一人，其最小党乃至得六人五人四人，分裂之状，至于如此，实天下所稀闻也。（中略）而推原其故，实因民族之复杂。考现在奥国国民（专指隶国籍者，其外国居留民不计）所用之言语，凡九大种，而各种所占人数略相埒（案：原文有一表详列某种言语所占人口之比较及其每年增加率之比较，今略之）。而此等言语各别之人，又错综分居于各地方（案：原文有一表详列某省用甲种语者若干、乙种语者若干，今略之）。以此之故，其感情势不能一致，其利害势不能调和，以致党派分裂，不可纪极。夫大政党对立，英美之宪政所以能完善也。小政党分裂，即国民不适立宪程度之表征也。奥国立宪之前途亦危哉（下略）（案：此专就奥国一国立言，似与本题无关，然甚可以证明适与不适之理，不适者虽优亦劣，如奥国之宪政，其明证也）。

第七章　论变相之开明专制

吾前述专制与非专制之异点，不过就理论上言之耳。若就事实上，则天下古今一切国家，未尝有绝对的专制者（注），亦未尝有绝对的非专制者。今请论变相之开明专制。

（注）无论若何专制之国，其统治者权力之一部分，总不免受宗教习惯等之限制，故曰无绝对的专制者。若夫无绝对的非专制者，则本章所论之主点也。

近世专制政治之消灭，盖十七八世纪所谓自然法一派之学者，最有功焉，而就中尤健全而久占实力者，则孟德斯鸠之三权鼎立说也。孟氏此说，原以反抗专制为精神。所反抗者，不徒君主专制而已，凡一切专制，皆反抗之。故不惟不许一人总揽大权，并不许一机关总揽大权。立宪大义，实自兹出。虽（挽）〔晚〕

近学者，其所以纠正孟氏者，不可偻数，要之各国宪法之精神，未有不本于是。此则尽人所同认者也（注）。

（注）现今欧美各国宪法，除英国为不文法，且其制度为孟氏学说所本不计外，若美国宪法，则纯用孟氏学说，毫厘不敢有（忒）〔贰〕，人所共知矣。自余各国，虽小有异同，而其精神莫不本之。盖各国立宪之意，无不由欲脱专制羁绊而来。而所谓脱专制羁绊者，非仅限制君主权力之谓。欧洲上古及中世，未尝无民主无国会，而不能视之与近世之新政体同科者，虽不必为一人之专横，而总不免一机关之专横也。必如孟氏之说，然后可谓之完全的非专制。而百余年来，各国人民，所以不惜以无量血购宪法者，其所希望之政体，实在孟氏所营画之政体也。

今司法权且勿论。若夫立法行政二权，则必如孟氏之理想，划然分异，不稍侵轶，然后可谓之完全的非专制国，明甚也。近世诸立宪国，莫不揭橥此精神，以自别于专制。然试问有一国焉，能实行此精神者乎？吾闻诸日本穗积博士，谓立宪制下有三大政治，曰大权政治，曰议院内阁政治，曰议院政治，而总不能尽免于专制。今述其说而疏通证明之（注）。

（注）《法学协会杂志》第二十四卷第一号，有法学博士穗积八束著《立宪制下之三大政治》一篇。穗积派学说，鄙人素不服膺，但此篇有足相发明者，故引之而仍间下纠正。

穗积氏曰：大权政治者，大权归于元首，不特以为行政之首长，且以为立法之中枢，如日本及德意志列国中之一部是也，议会不过为立法预算之咨询府，其权力有一定之限制，以宪法之明文域之，其明文所列举以外，则借口于无反对之禁止，任意奔逸而靡所闲。彼议会绝非有能据现在权限以扩张将来权限之自由也（注一）。议会虽参与立法，而非立法者。裁可之权，名实皆在君主（注二）。议会反抗，固不能制定法律，然可以发代法律之命令，故实质上立法之自由，以议会之力，非能为绝对的沮遏也（注三）。法律虽必经议会协赞，然制定一切法规，非属议会之特权，惟号称“法律”之一种公式，待彼议决耳。“法律”未占领之区域，可以大权作用任意颁法规以制限人身之自由。故“独立命令”之大权，“代法律命令”之大权，得肆行之而无惮（注四）。议会虽累岁不开会，而于政治之进行无伤也（注五）。协赞预算，亦议会一重要之特权也。虽然，预算否决，政府可以施行前年度之预算（注六）。又政府认为不得已之时，可以为预算外之支出（注七）。若租税，则以法律定之，不以预算之成立，为收税之基础。故预算否决，毫无损于国家之收入（注八）。故议会虽连年否决预算，然以大权自由行动，于宪法明文未尝触背也。故议会者，实不过浴大权之恩，享有立法顾问、预算顾问之名誉而已。

（注一）日本宪法之精神，议会纯行动于天皇大权之下，章章不可掩也。其法文第五条至十六条，皆规定天皇之大权（内第五至第九条属于立法范围），然国权之行用，决不止于此数也。若有在此诸条之外，而宪法全文未尝明指其所属者，当属于谁氏乎？若不属天皇，则必属议会。然议会之权限，则宪法固明明规定，断无于规定外更扩其权之口实也。而天皇则第四条有总揽统治权之明文，故当然属于天皇，无可疑也。若如比利时宪法第二十五条云“一切权力由国民出”，第七十八条云“国王除宪法法律所规定之权利外，无他权力”，则宪法条文规定以外之一切权，当然属于议会矣。而日本则正与之相反也。一八六二年九月三十日，普相俾士麦在国会演说云“凡君主之大权，除新宪法所明示限制者以外，其余则依然无限也，与宪法未施行以前无异”，即是此意。

（注二）凡立宪君主国，其法律裁可权，无不在君主。然如英国，则二百年来，从未有议会议定法律，而君主拒绝不予裁可者，盖实不能自由，虚拥其名而已。日本则议会之力，不足以胁天皇。故穗积氏谓名实并归也。然吾以为此不过事实上之结果，非法律上之结果。若以法律论，则英皇曷尝无拒绝裁可之权利也？若以事实论，则即日本现时拒绝裁可之事亦甚希，盖议会虽有提出法律案之权，然大率建议政府，转由政府提出者多，故天皇大率同意也。惟若有刚愎之主，不肯裁可，则亦可以自由，而不得谓之违宪耳。

（注三）所谓代法律之命令者，即紧急敕令，日本宪法第八条所规定也，与法律有同一之效力。惟当议会闭会时，遇有紧急，乃得发之。至次期议会开会时，则提出以求议会之承诺。若不承诺，则失其效力，固非绝无限制也。

（注四）近世法家言，有形式的法律，有实质的法律。形式的法律者，以一定之形式而布之者也，故时或实非法律而有法律之名（如各国多有以预算为法律者是也）。实质的法律者，不必依此一定之形式而布之者也，故时或名非法律而有法律之实。日本于形式的法律，名曰“法律”，必须经议会协赞；于实质的法律，则“法律”之外尚有“命令”，天皇得自发之，或命人发之，宪法第九条所规定者是也，亦称“独立命令”（命令复有多种，其可称实质的法律者，惟紧急敕令及独立命令耳）。宪法第九条云：天皇ハ法律ヲ执行メル为ニ又ハ公共ノ安宁秩序テ保障シ及臣民ノ幸福デ増进スル为ニ必要ナル命令ヲ发シ又ハ发セシム但シ命令デ以テ法律テ变更スルコト得ズ。其言执行法律，此命曰执行命令，乃命令中之别一种，不必论。其以下所规定，则独立命令之性质也，曰保持安宁秩序，曰增进臣民幸福。前者若云警察行政，后者若云助长行政，悉纳入此中（故独立命令，或又云行政命令），而得以独立命令发布之。其范围之广，当不俟言。然如穗积氏谓得任意限人身之自由者，其言诚未免过当。夫穗积氏之意，宁非指警察令乎？宁非适用前文之第一句乎？然而彼宪法第二章规定臣民之自由权者，明谓受法律之保障（或学者即称宪法第二章第二十二条至二十九条之规定，为法律上之警察权）。此法律之范围，即非独立命令之范围，独立命令只能于法律不干涉之范围而自由活动，不闻可以无视法律者也。本条但书之规定，即是此意。如彼云云，岂不是反此规定，而宪法第二章之保障，遂得任意踏破之乎？余不知其可也。但此问题，在日本学者间，尚无定论。或云事实上警察之必要手段，有不必依据法律者。或又云出于法律之默示委任者。为此说者，其殆即穗积氏之流派矣欤？

（注五）议会累岁不开会，虽于政治之进行无伤，然彼宪法第四十一条云：帝国议会，每年开之，天皇不得违宪而不召集。故氏之言，不过极端言之矣。

（注六）预算不成立，则施行前年度预算。此日本宪法第七十一条所规定也。此是日宪精密于他国之点。他国宪法，皆无此条。故当预算否决时，全国机关，皆蒙其影响。

（注七）政府可以为预算外之支出，此日本宪法第六十四条的规定也。条末复云：后日须求帝国议会之承诺。则亦非绝无限制者，但议会不承诺则如何，宪法无明文。此又限制之中仍无限制者也。

（注八）欧洲各国，多有以租税列入预算者。惟日本则宪法第六十二条云：新课租税及变更税率以法律定之。第六十三条云：现行租税，未经以法律更改者，依旧征之。故日本之预算，实不啻专监督岁出而已。

又曰：辅弼元首之国务大臣，其进退任免，悉属于大权之自由，此大权政治之纲领也。故政府非对于议会而负责任，乃对于天皇而负责任。日本有然，德国有然。事权归于一尊，议会受成而已（注）。

（注）此穗积氏最偏僻之见也。日本宪法第五十五条云：“国务各大臣ハ天皇ヲ辅弼シ其ノ责ニ任ス。”凡法文皆圆活而有伸缩力，可容受种种解释。故此条为日本法学界最大之争点。盖原文但云任其责耳，不言对于何人而任其责。此当时制定宪法案之人用心最黠之处也。穗积一派，主张大权政治者，遂谓为对于天皇而任其责。虽然，各国宪法，大率以君主无责任与国务大臣负责任之语相连属成条，明以君主无责任之故，不得不以大臣负之，以济其穷。此实宪法之保障，而立宪政治最要之神髓也。日本制定宪法，所以立此条者，其意宁非在是？不然，一切百官，何莫非对于君主而负责任，且对于长官而负责任，而何必别以国务大臣任责一语，著诸宪法耶？且议会对于政府有质问之权，有上奏弹劾之权，是明能监视其责任也。但进退任免，全由天皇自由，此异于英国者。然英国不过习惯而成耳，或他日日本之习惯，同于英国，亦未可知。惟刚愎之主，则诚可以不恤人言，而此权不致为议会所摇动也。故曰草法案者黠甚也。

一八八一年一月八日，德皇忽下诏云“朕实有断自朕衷则总持庶政之权。此权虽在宪法上有所限制，然未曾废绝。朕于一切政务，据宪法成典，以宰相副署行之。虽然，权力者，朕固有之权力也，宰相不过奉行朕意而已。或疑以宰相负责之故，举政权而悉付之，此朕所决不许也”云云。论者皆谓当时宰相俾士麦，受议院掊击，身无完肤，故借此诏以自为护符。此殆实情。然俾公所以能久于其位，致造成德国今日之地位者，亦莫非此精神有以庇之。不然，其伟大之政策，安能继续数十年也？后此俾公退位，仍因与新皇不相能，非议会能退之。故德国实至今保持此精神者也。

又曰：议院内阁政治者，行政权在政府大臣，大臣对于议院而连带负其责任者也。此制英国创之，欧洲各国多踵效之，而能用之不敝者，始终惟一英国。行议院内阁政治者，元首不自有其政策，内阁之政策而已，内阁亦不能自有其政策，多数政党之政策而已。故议院内阁政治者，政党政治也。而政党之性质，又恒非其党员各自有其政策也，其大多数乃堕明绌聪，以听首领之指挥。故政党政治，实党魁之独裁专制也。议院之多数党党魁，即内阁之总理大臣。政权名为在议院，实则在内阁也，议院直内阁之傀儡而已。故在大权政治之国，大臣假君主之名以行专制；在议院内阁政治之国，大臣假议院之名以行专制。余昔侍罗宾先生讲席，先生卒然曰：立宪政治者，大臣专制政治也。吾今益有味乎其言（注）。

（注）英国有两大政党，其势力常相消长于议院，占多数者即入而组织内阁。若在职中而党势忽蹙，敌党获多数，则排之而代兴。议院势力，多数党所占也，政府势力，又议院多数党所占也。故政府势力与议院势力，合为一体，常不相离，政府即议院，议院即政府也。夫政府为执行机关，议院为监督机关。国家所以必设此两机关者，原出于三权鼎立之意，凡以防一机关之专横也。两机关合一矣，则何能妨之与有？故大臣对于议院而负责任，本英国所发明，而立宪政治第一要素也。乃至今则虚存其名而已。何也？议院以多数取决者也，而现在政府之职者，必其议院有多数袒之者也。彼无论若何专横，彼少数党欲问其责，虽发议，宁有效乎？故议院中所谓内阁信任之投票（即以票数之多寡，决政府为国民所信任与否之意也），在他国有行之，而英国反久废不用也，故曰党魁之独裁专制也。

穗积氏尚有论他国仿效英制何以收效不能如英之故，以无关本章论旨，略之。

以上述穗积氏说竟。彼尚有论议院政治一项，述美国政治之流弊，以与本章论旨稍相违，略焉。

如穗积氏言，则立宪政治之本旨，原以三权分立为精神，苟不尔尔，其遂不免于一机关之专制也，而终无一国焉能实行。何也？政权之欲趋于一，如水之就下然，其性则然也。或执行机关压服监督机关，或监督机关压服执行机关（注一），而遂不免于变相之专制。特其所以异于畴昔之专制者，则亦曰开明而已，又所以异于纯粹之开明专制者，彼可以忽复即于野蛮，此则长保开明而无他变耳。而政权之性之必趋于一，如水就下者，则又何也？国家者，有机体也（注二)。既为有机体，则不得不循生物之公例，以竞生存于优胜劣败之林，而内部结合之强固，优胜之一要具也；对外行动之敏活，又优胜之一要具也；一贯目的之持久，又优胜之一要具也。其外界之竞争愈益烈，则其希望此优胜要具者愈益殷。而专焉者得此要具也校易，不专焉者得此要具也校难。夫是以趋专若（骛）〔鹜〕也。今后之天下，将余数个之大有机体角胜负焉。语曰：历史如转轮，其变速之所届，吾乌从而测之。

（注一）孟氏以政府为行政机关，议会为立法机关，实不当也。立法之权，非能专属议会，议会亦非徒以立法为尽职。近世学者，多以执行机关、监督机关分命之，得其性矣。

（注二）国家有机体说，近世学者，多指其（阙）〔缺〕点，然不能尽废也。今为行文取譬之便，袭用之。

第八章　论开明专制适用于今日之中国

本章论纲凡三：一曰中国今日万不能行共和立宪制之理由，二曰中国今日尚未能行君主立宪制之理由，三曰中国今日当以开明专制为立宪制之预备。前二排妄，后一显真。

一、中国今日万不能行共和立宪制之理由

中国今日，固号称专制君主国也。于此而欲易以共和立宪制，则必先以革命。然革命决非能得共和，而反以得专制。此其理，德人波仑哈克之说，最能为确实的证明。吾昔译之，今不避骈枝，再一述焉。

波氏曰：共和国者，于人民之上别无独立之国权者也。故调和各种利害之责任，不得不还求之于人民自己之中，必无使甲之利害，能强压乙之利害，而诸种之关系，常克相互平等，而自保其权衡。若此者，惟彼盎格鲁撒逊人种，富于自治性质，常肯裁抑党见以伸公益，以故能行之而绰绰有余。若夫数百年卵翼于专制政体之人民，既乏自治之习惯，又不识团体之公益，惟知持个人主义以各营其私。其在此等之国，破此权衡也最易，既破之后，而欲人民以自力调和平复之，必不可得之数也，其究极也，社会险象层见叠出，民无宁岁，终不得不举其政治上之自由，更委诸一人之手，而自帖耳复为其奴隶。此则民主专制政体之所由生也。

因习惯而得共和政体者常安，因革命而得共和政体者常危。请言其理。夫既以革命之力，一扫古来相传之国宪，取国家最高之目的，而置诸人民之仔肩矣，而承此大暴动之后，以激烈之党争，四分五裂之人民，而欲使之保持社会势力之平衡，此又必不可得之数也。于斯时也，其势力最猖獗者，即彼鼓吹革命率先破坏之一团也。而此党派大率属于无资产之下等社会，其所举措，往往不利于上流。作始犹简，将毕乃钜，其力既无所限制，自必日走于极端，而遂取灭亡。彼曷为而致灭亡？夫既已自紊历史上之权利，自伤政权之神圣，一旦得志，而欲以我新获之权利，造成历史的之根柢，虽百般拥护，未有能济者也。于是乎社会阶级之争夺，遂相互迭起而靡有穷。

争夺之极，其得最后之胜利者，则彼从梦中惊起之富豪阶级也。然彼等虽胜利而已厌政权。何也？当彼之时，其握政权者常危殆也。彼等欲得政治上之权利，不过以保其生命财产之安全云尔。其既得之也，则必孳孳然复自营其生计，不惜出无量之代价以购求平和，而社会棼乱疲敝之已极，非更有独立强大之主机，则终不能以奠定。故君权思想之复活，实剥复之道所必至也。然历史上之国家，既已覆灭，今欲使一姓再兴，重复其旧，则其结果更酿百弊，欲别拥新主，而无一人可认其固有之权利，即勉戴之以行君主议院制度，终觉其主权微弱，不足以拯沈痼疮痍之社会也。于是乎民主专制政体，应运生焉。若此者，于古代之罗马见之，于近世之法兰西见之。

民主专制政体之所由起，必其始焉有一非常之豪杰，先假军队之力，以揽收一国实权。然此际之新主治者，必非以此单纯之实力而能为功也，而自顾己所有之权利，以比诸他国神圣不可侵犯之君主，而觉其浅薄无根柢也，于是不得不求法律上之名义，即国民普通投票之选举是也。彼篡夺者，既已于实际掌握国权，必尽全力以求得选。而当此全社会渴望救济之顷，万众之视线，咸集于彼之一身，故常以可惊之大多数，欢迎此篡夺者。而云云亿众，不惜举其血泪所易得之自由，一旦而委诸其手，又事所必至，理所固然也。何也？彼时之国民，固已厌自由如腐鼠，畏自由如蛇蝎也。

此篡夺者之名，无论为大统领、为帝王，而其实必出于专制。彼时之民，亦或强自虚饰，谓我并非以本身之权利，尽让于此一人。而所定宪法，亦常置所谓国民代议院，谓以此相限制也。而实则此等议院，其权能远在立宪君主国议院之下。何也？君主国议院，代表民意者也，君而拂议院，是拂民也。此等议院，则与彼新主权者，同受权于民，而一则受之于各小部分，一则受之于最大多数。故彼新主权者，常得行长官之强权。不宁惟是，议院所恃以与彼对抗者，宪法明文之保障耳。而彼自以国民骄子之资格，可以随时提出宪法改正案，不经议会而直求协赞于国民，权利之伸缩，悉听其自由。故民主专制政体之议院，伴食之议院也，其议院之自由，则猫口之鼠之自由也。

君主专制国，其诸臣对于国民无责任，惟对于君主有责任。君主立宪国，君主无责任，惟政府大臣对于国民而代负责任。民主专制国不然，惟新主权之民主，对于国民而负责任，他皆无之。虽然，所谓责任者，亦宪法上一空文耳。夫既已以永续世袭之最高权，委托之于彼，此后而欲纠问其责任，则亦惟视其力所能及，更破坏此宪法，而移置其主权耳。质而言之，则舍再革命外，无他途也。要之，此专制民主犹在，而欲与彼立宪君主政体之国民与纯粹共和政体之国民，享同等自由之幸福，势固不能。

波氏之说，就论理的方面观之，其壁垒之森严也如此，就历史的方面观之，其佐证之确凿也如彼，虽有苏张之舌，吾信其决不能难也。故持革命论者，如其毋假共和立宪之美名以为护符，简易直（捷）〔接〕以号于众曰，“吾欲为刘邦”，“吾欲为朱元璋”，则吾犹壮其志、服其胆而嘉其主义之可以一贯也。而必曰“共和”焉，“共和”焉，苟非欺人，必其未尝学问者也。夫即欲为刘邦、朱元璋，取又何足讳者，亦视其力能致焉否耳（能致与否，一在自力，一在他力。他力者，则当还问诸社会，审中国今后社会，能许容刘邦、朱元璋出现与否）。苟能致焉，则或能缘此而得纯良之开明专制，宁非中国之福？而必曰“共和”焉，“共和”焉，吾信其持之不能成理也，无已则其为曹操、刘裕乎？揖让于中央，而社会全体之秩序不破，则无有如波氏所云云者。如其欲共和，则或可以达于共和。顾吾信今之未必有其人也。即有其人焉，则与其共和，不如君主立宪；与其君主立宪，又不如开明专制。

抑吾闻持革命论者固有词矣，曰：“君权民权之转捩，其枢机所在，为革命之际，先定兵权与民权之关系。盖其时用兵贵有专权。而民权诸事草创，资格未粹，使不相侵，而务相维，兵权涨一度，则民权亦涨一度。逮乎事定，解兵权以授民权，天下晏如矣。定此关系，厥惟约法。革命之始，必立军政府。此军政府既有兵事专权，复秉政权。譬如既定一县，则军政府与人民相约，凡军政府对于人民之权利义务，人民对于军政府之权利义务，其荦荦大者，悉规定之。军政府发令组织地方行政官厅，遣吏治之。而人民组织地方议会，其议会非遽若今共和国之议会也，第监视军政府之果循约法与否，是其重职。他日既定乙县，则甲县与之相联，而共守此约法。复定丙县，则甲乙县又与丙县相联，而共守约法。推之各省各府亦如是。使国民而背约法，则军政府可以强制；使军政府而背约法，则所得之地咸相联合，不负当履行之义务，而不认军政府之权利。如是，则革命之始，根本未定，寇氛至强，虽至愚者不内自戕也。洎乎功成，则十八省议会，盾乎其后，军政府即欲专擅，其道无由。而发难以来，国民瘁力于地方自治，其缮性操心之日已久，有以陶冶其成共和国民之资格，一旦根本约法，以为宪法，民权立宪政体，有磐石之安，无（漂）〔飘〕摇之虑矣。”（节录某报述某氏之言）

此其言若甚辩。若其诸前提果悉为正确者，则其断案亦当为正确。顾吾试一一诘之。彼首难革命者，其果能有此优美高尚之人格，汲汲于民事乎？若非其人，则一切成反对之结果矣。而论者必曰：吾所希望者，谓有此人也。且子宁能轻量天下士？今让一步，如论者言，果有此人矣。然事非一人所能集也，必有佐命者。佐命者果皆能有此优美高尚之人格乎？皆能以此人之心为心乎？吾见其百人千人而不得一也。即论者亦言狂放躁进之士，不知革命而言革命，罪不容于诛。是论者亦认有此等人也。而此等人，或其于首难以前，有大勋劳于煽动者也，首难以后，能毋与共事乎？若与共事，万一彼破我约法以凌踏吾民，奈何？有一于此，则军政府之信用遂坠也。论者谓根本未定，虽至愚者不内自戕，恐彼辈之愚，或有非论者测算所及也。且论者如专语道德上责任，谓革命军人及其所遣之吏，皆神圣焉，而必不肯自犯约法。斯其说差完耳。若语利害上比较，而曰军政府虽欲自犯约法，恐缘此失其已有之权利，故有所惮而不敢尔尔，而此惮心即人民权利之保障，此欺人之言也。夫人民所有区区之权利，出自军政府之殊恩，非自初有所挟，而使军政府不得不予我者也，军政府欲夺回之，随时可以夺回之。此正波氏所谓猫口之鼠之权利也。人民所恃以抵抗惟一之武器，毋过不纳租税，即论者所谓不负当履行之义务也。而军政府屯一小队以督收，其何术以不应彼？英国一六四二年之役，人民苟非有国会军以盾其后，其亦安能不任其诛求也？若谓军政府不肯悖初心，则此一念诚足为保障矣。若曰不敢内自戕，则此非所谓自戕也。何也？此不足以损军政府而坏其成功也。我国数千年革命家，孰非如是？而败者自败，成者自成矣。故欲完论者之说，则非人人皆有道德责任心不可，而革命党员，能如此耶？是吾之所疑也。

而论者必曰：若有此种不道德之人，吾决不与共事，或既共事而干军纪者，吾可与众弃之。今复让一步，如论者言，与众弃之矣。一二人诚易易，若多数将若之何？可胜诛乎？且人才得毋不给乎？而论者必曰：吾党率皆优美高尚之人，败类决不至多数，有一二焉，惩以警百，其他中材，畏此简书，虽欲干宁敢也？

今复让一步，如论者言，人材如林，悉神圣矣。若是乎主观方面，既已圆满无遗憾，然尚有客观方面。所谓客观方面者，非指旧政府也。吾中国历史上惯例，凡有一有力之革命军起，其势既能披靡一省以上者，则必有多数之革命军，蜂起而响应于他方。此当为论者所能知也。能保他之革命军，皆服从于我军政府，为同一之组织乎？使其手段与我反对，而其势优胜于我，则将若何？此未可援华盛顿以为例，谓只有唯一之革命军而他无之也。华盛顿受十三省政府之委任，非可与起草泽者同年而语也。

而论者必曰：是殆无之，若有之则今何故不起？今不起，是不能起也，盖非如吾党之人才众多布置周密者，以云起，谈何容易？是必待我之起，奔走来同已耳。吾以为此非笃论。无陈涉、李密而秦、隋晏然，一涉一密起，而百涉百密继，不得谓前无有者后即无有也。且兵志曰：毋恃不来，恃有以待之。夫安得以“殆无”云云逃难也。论者将曰：吾以大义晓之当相从。不从奈何？伐之耶？是生第二敌也。不伐之耶？养其势将不可扑灭，益生第二敌。

而论者必曰：吾始无伐之，我厚于民，民必归我，彼将自灭。且彼中若无豪杰耶，其势必不能张；彼中若有豪杰耶，岂有不表同情于我军政府之共和主义者？其偏裨且将捧其元以输我矣。若犹跳梁一方，则待我倒中央政府后，縶豕于其牢耳。

吾以为此亦未必然也。民无力者也。苟彼军势盛，虽欲归我，其安可得？故民可无论。彼无豪杰则势不张，固也。然豪杰不必皆圣贤。彼以邦、璋主义，攀龙鳞、附凤翼者集焉，亦何尝不可以得豪杰之死力？

论者将曰：此非今世之豪杰，不适将不能生存。

虽然，亦安知今世之豪杰，不有与吾同一顽固，谓中国万不能共和立宪，惟当用开明专制者，思戴一刘邦、朱元璋以期实行。孰为适，孰为不适，未可知也。

今又连让数步，如论者言，必无他革命军起矣，即起，喻以大义而能从矣，不从，劣败而淘汰矣，于是乎舍旧政府外更无第二敌。虽然，尚有他之客观一方面焉，人民是也。人民果最初而能安军政府之政耶？政府新建，百事需财，而况方在用军，其所取于民者必奢，无待言也。我国民义务观念素未发达，军政府语之曰：汝其忍一时苦痛，以易无量幸福。无量幸福在将来，彼未之见，一时苦痛在今日，固已切肤也。若最初不肯受军政府之约法奈何？受矣而背之奈何？论者必曰：吾政府有强制力。强制之程度奈何？薄则狎而不惩，厚则惮而滋怨。于彼时也，军政府所遣之吏，有一焉稍任血气，而所行强制，或出于原约权利义务之范围外者，则约遂破而军政府之信用遂坠。此事势相逼，无论何人，不能谓其必无者也。故吾谓宁学前代之野蛮革命，所过卤掠，犹可以给军实而成大业，逆取而顺守焉，事定与之休息，民亦司空见惯，不能无受。若自始而与言权利焉，义务焉，导以半明半昧之识想，及政府有不结，势将行动于所约权义范围以外，吾见其滋自困也。而论者必曰：子何敢侮蔑我国民？我以仁义之师，拯诸水火，而且吾常有辩才之士焉，集所治而教诲之，义务观念可骤生也。况吾党孔僅刘晏之才，车载斗量，能以间接税或其他方法整理财政，使吾民不感苦痛也。夫当戎马倥偬、交通榛塞、商业颓敝之际，其果能得多数之间接税与否，吾盖疑之。

抑吾闻论者一派所主张，于民族主义国民主义以外，尚有所谓民生主义者，摭拾布鲁东、仙士门、麦喀等架空理想之唾余，欲夺富人所有以均诸贫民，即其机关报所标六主义之一，云“土地国有”者是也。夫以欧美贫富极悬绝之社会，故此主义常足以煽下流，若其终不可以现于实际，即现矣，而非千数百年以内所能致。此世界学者之公论，非吾一人私言也。论者所戴之首领，其或偶涉西史，偶践西土，见夫各国煽动家利用此主义而常有效也，羡西子之颦而自捧心焉。吾不知其将来之军政府与其将来之领土内人民所约法者如何，度此主义亦其一也。而土地国有之单独税，即军政府莫大之财源，而恃以给军实、兴民治者也。

信如是也，吾窃以为误矣。昔洪秀全所以致败者不一端，而最失计者，莫如政治革命，与宗教革命并行。曾、胡诸公，所以死抗，半亦宗教之观念驱之。如舟行逆风而张两帆，一之已甚，两则更安能胜也？故虽有表同情于其甲主义者，若乙主义则不得不相敌，敌之所以滋多也。而敌其乙主义者，又多属于上流社会之人，故立于必败之地也。今论者得毋亦欲张两帆乎？政治革命与社会革命并行（并种族革命而三帆矣），信如是也，则吾信其与甲县约法之后，而乙丙诸县，虽如晚明之扬州、嘉定而不能下也。苟能下焉，则必乙丙等县之游荡无赖子乃至乞丐、罪囚之类，艳羡富民之财产可以均占，利用新政府之主义，而屠上流社会之族，潴上流社会之室，而挟此功以来降也。信如是也，则与其欢迎此神灵之革命家，毋宁欢迎李自成、张献忠之为愈也。且其所谓地方议会者若何组织乎？普通选举耶？制限选举耶？若行彼所谓民生主义，吾知其议会议员，必皆为家无儋石、目不识丁者而已。以此簧鼓莠民，景从者岂患不众？但不知议会果复成何议会，而政府果复成何政府也。

夫彼所戴之首领，吾固尝识之矣。彼所持三大主义，固尝与吾言之矣。吾叩其何以以社会革命同时并行。彼曰：缓则无及也。大革命后，四万万人必残其半，少亦残其三之一，积尸满地，榛莽成林。十余年后，大难削平，田土之无主者十而七八，夫是以能一举而收之。余所以必主张大流血者，诚以非此不足以达此目的也。吾当时闻其言，恶其不仁，且悯其不智。而彼今犹揭橥此义以号于天下，明目张胆以欺学识幼稚之人，即论者当亦亲炙之而与闻其政策之所存矣。而独怪其昔之所以语我者，曰四万万人死亡过半后，此主义最利于实行，今之所以语论者，曰军政府徇得一县即立一县之地方议会。其已变前说耶？即所谓民生主义，所谓社会革命者，固大张于其机关报中。其未变前说耶？吾不识此两现象何以能相容也。

呜呼，岂憔悴之未极，宁灭亡之不亟，其忍更以此至剧烈至危险之药以毒之而速其死也？故吾于他端可以让步焉，若此一端，则寸毫不能让也。非吾之不让，而论者断无从自完其说也。而论者或曰：吾别有良法，组织地方议会，使民说服，非汝浅识所知。若是则吾更让一步，如论者言，地方议会成矣，洎乎功成，十八省议会盾其后矣，而自发难以暨止戈，遂能陶冶成其共和国民之资格乎？此真非一言所能尽也。

尝察社会之进步，恒在平和时代，此征诸中外历史而可信者也。而战乱亦时有助长进步者，盖社会以惰力充塞，无道以振之，经一度战乱后，或能涤（淤）〔瘀〕血而生新血焉。如论者所谓革命与教育同功，其言固含有一面真理，吾不能抹煞也（社会惰力之理，论者未尝言及，吾所言其即论者之意与否不可知。吾意则谓战乱足以助进步者，惟此一端而已）。顾同一战乱，其能生良结果，或生恶结果，则视主治者所以救济之手段何如，与夫国外之他力所以相加者何如，不能谓战乱必助长进步，故曰一面真理也。然此一面真理，犹有界说。谓战乱助长进步者，进步之机，虽或与战乱同时发生，而进步之效，必在战乱经过后良久良久而乃可见。故以外形论之，仍得曰社会之进步，恒在平和时代也。所以然者何也？凡人必先于生命之安全，得确实保证，然后乃能营心目于他事；次则劳力所入，足以饱暖其躯而卵翼其孥，然后乃克进而谋优美之生活；次则本群之人，其生命财产之现象，能与我得同样之安适，然后秩序生而相与骈进。若战乱时，则此三者皆不易见也。如论者言，徇一县则兴一县之自治，无论主治者未必皆贤，不能以法制为彼平和之保障也，即皆贤矣，皆能矣，而能保敌军之不来侵乎？此生命之不确实者一。能保乱民之不窜入滋扰乎？此生命之不确实者二。虽侵者扰者，军政府能防御扑灭之，然民固日怀鬼胎，不能即安，此亦无如何者也。生命且不确实，他更无论矣。即渐就奠定，此两者皆不足患，而其壮丁大率服兵役义务，余老弱以居守，则农工业必荒落，风尘澒洞，干戈满地，九州豺虎，交通道绝，则商业必形凋敝。而新政府以有限之领土，负莫大之军资，不取诸民，将焉取之？竭泽而渔，良亦难已。玄黄之马，而负以重而致诸远，庸能堪乎？故民之所入，恒不能有余于自养，又势所必至也。比户凋残，相濡以沫之不给，而与之言权利义务，言秩序规律，言地方公益，言国家大计，其安能入也？论者试平心思之，此现象其果战乱中必至之符否也？若是乎，吾以为虽有军政府之劝导以设立地方议会，此议会终不过与前此一乡局公所等，必无补于民权思想之涨进，而能力更无论也。

而论者或曰：吾有超群绝伦之政治家，能使战乱中一如平和时，由种种方面以助长其发达。吾以为既命曰人，则度量相越不远，苟非帝实相之，则人力断不能致也（论者又云："求所以浚国民之爱情者，自心理以言，则为教育，自事实以言，则为革命。"革命与濬国民爱情两者，于论理学上有何联锁，愿论者有以语我来）。

则又复让一步，如论者言，能致矣，则吾将与之计其时日。论者不云乎，陶冶成共和国民之资格也。吾不知所谓资格者以何为标准，谅南美、中美，一丘之貉，必非所望也。然则其必北美合众国，次亦法兰西。论者其亦思合众国之共和国民资格，养成之者几何岁月乎？受之于英者数百年，免父母之怀而为独立生活者又数百年也。新英伦诸州，当十七世纪而已俨成一政府之形也。当独立军起时，而十三省既早有宪法，有政府，有议会也。夫是以一脱英轭，举而措之。若法兰西则自十字军以前，即有所谓地方评议会者，直至大革命时代未尝中斩，然犹演此惨剧，七十年中，政体六变，至今其能成共和国民资格与否，犹未能信之。论者如曰，不必有共和国民资格而（何）〔可〕以成共和国也，或曰中国人生而有共和国民资格，无待养也，则吾靡从难焉。如曰养也，则试问自揭竿以迄洗甲，历年几何？吾以为今后之中国，不容有三年以上之战乱，有之则国必亡矣。今让数步，五年耶，十年耶，二十年耶，极矣。以十年二十年之学力，而谓可以与他人学数百年者有同一之成绩，吾不知其谁欺也。而谓军政府虽欲专擅，其道无由，吾又不知其谁欺也。

吾颇闻论者所戴之首领，尝扬言于众曰："中国可以一蹴而至共和，不必由君主立宪以进于共和。如铁路之汽车始极粗恶，继渐改良。中国而修铁路也，将用其最初粗恶之汽车乎，抑用其最近改良之汽车乎？"

嘻，何来此异言也。夫谓国家非由君主立宪以进于共和立宪，可也，两者原不相蒙也。若乃铁路汽车之喻，则真闻所未闻也。夫所谓良也恶也，本属抽象的观念，非具体的观念。语政体之良恶，而离夫"人"与"地"与"时"三者，而漫然曰孰为良孰为恶，此梦呓之言也。故达尔文言优胜劣败，而斯宾塞易以适者生存，诚以主观的良恶无定形，而必丽之于客观的适不适以为断也。故彼以君主立宪为粗恶，以共和为改良，其前提已极不正确。今让一步，如彼言，共和果良于君主立宪矣。然果如彼言，我欲改良即改良之，如改恶汽车为良汽车之易易乎？国家有机体也。信如彼言，则何不曰，他树已缀实，此树可以毋绽花而获果也？何不曰人子已有室，我子可以未髫龀而为之娶也。如曰有机体说，太蔑人演，不足以例国家，则国家者人类心理的集合体也，宜无以为难也。信如彼言，则何不曰，世界既有诗、古文词，吾可以毋学识字造句而能为李太白、韩昌黎也？则何不曰，世界既有比例开方，吾可以毋学加减乘除而能为梅宣城、李壬叔也？

夫十七八世纪学者，迷于空华，醉于噩梦，谓国家如一器械焉，吾欲制则制之，欲改则改之，吾凭吾心之规矩，以正其方圆，斯足矣。近今数十年，好学深思之士，远鉴历史，近征事实，然后知其事非若是之易易，蕲拾级而升焉。"国家器械说”之销匿声迹，盖亦久矣，而岂图彼人乃摭弃置之唾余，复赘以不伦之取譬（彼演说语尚有云：各国发明机器者，皆积数十百年，始能成一物。仿而造之者，岁月之功已足。此正是最肤浅之“国家器械说”，不知物质现象与心理现象之差别者也），敢公然演说于号称文明社会之学界，而学界中以之为虾而自为之水母者，且若干焉。在彼人固目无余子，欺人太甚，而我文明社会之程度，抑一何可哀也。夫彼人则吾何必与为难，但其说既足以愚弄一部分之人，其所说者又如促人登楼而不以梯也，吾恐其陨而坠者纷纷也，夫安得不一辨也？

吾今絮絮千言，皆驳“发难以来陶冶成共和国民资格”一语。论者其可以心折乎？而论者或将曰：所谓共和国民资格者，不必程度若彼其高也，但成一雏形焉，遂以建一共和政府，使民躬其事，有锦而学制焉，夫亦愈知治矣。吾今则为最后之让步，姑以雏形而建共和政府矣，但所建设者为何种类之共和政府，论者及其所戴之首领亦曾计及否耶？世界共和立宪国数十，其性质决非同一，且有绝相反者。中美南美可勿论，其最有名而可供模范者，宜无若美、法、瑞士三国。三国政体，其相同之点固多，其相异之点抑亦不少。今勿语他事，惟语其中央政府，又非能详语也，惟语其略。

瑞士，纯粹之共和制也，其立法部，代议制与直接制并行，代（议立法制者，国民选举议员以组成议院，而议院行立法权也。现今欧美各国所行是也。直接立法制者，人民各自有立法权也。古代希腊各邦中世各自由市所行是也。瑞士每人口二万举议员一人以组织代议院，通常法律于此采决焉。而其宪法第八十九条云：凡重要之法律，须行全国普通投票以取决。此则直接制也。法律之为通常为重要，于何定之？则有公民权者三万人连署认为重要，斯有重要之资格，必付诸直接取决矣）其行政部非如他国之有一首长，惟置行政委员会，委员七人，而其委员长于国际上代表瑞士（他国所认为瑞士大统领者，即此委员长也，与其他共和国大统领，性质绝异）。行政委员纯立于立法部之下（立法部以上下两院构成，上院代表各联邦，下院代表人民），受之【立】法部指挥，自余各行政官，有由立法部任命者，有由人民直接选举者。此其大略也。

美国宪法采绝对的三权鼎立之制，立法部、行政部之人，决不许相杂厕，以元老院代议院组织立法部，而行政部则大统领为之首长。其国务大臣，则大统领之高等官，其位置与寻常官吏同而与其余立宪国之国务大臣异，大臣对于议会不负责任，惟大统领对于国民负责任。大统领及大臣皆不能列席于议会。故立法部与行政部常缺联络。而其宪法所规定行政部之权限甚狭，行政首长及其官属不能提出法律案于立法部（大统领惟于两院所议决之法案，有拒不署名之权，不署名则不为法律。虽然，当其拒之也，将案付两院再议，若有三分之二赞成，则不得再拒），故行政首长有所怀抱之政策，不能自行之，惟密授意于立法部，求其提议，而行政首长又无解散议会之权（议会亦无令行政首长辞职之权），故立法部常可以制行政部之死命，而行政部不得不仰其鼻息。立法部内有委员会四十八种之多，行政实权，殆全归其手。故学者或称美国政治为委员会政治。此其大略也。

法国又与美国异，置大统领，名为行政部首长，而又称国家元首，无责任（美国大统领，绝对的负责任，可受审判，与常人无异），有停止议会、解散议会之权。其下置国务大臣，名为大统领任命，实则进退之权，全在立法部。国务大臣对于议会，绝对的负责任，初受职必先发布政纲，其政纲经议会多数认可则就职，否则或大臣辞职，或解散议会。就职以后，每遇一问题，议会对于国务大臣所发表之政策，随时起质问，随时行信任投票。信任投票一旦以多数否决，则或辞职或解散亦如之。国务大臣得以立法部议员为之，其非议员者亦得列席于议会。此其大略也。

综以上三国之异点，则行政首长为一人为多人，一也；行政部为立法部之委任机关，抑离立法部而独立，二也；行政部首长能否有解散、停止立法部之权，三也；能否以一人而兼奉职于立法、行政两部，四也；国务大臣是否隐于行政首长责任之下，抑别对于立法部而自负责任，申言之，则立法部能否有迫令国务大臣辞职之权，五也；行政部能否直接提出意见于立法部，六也；行政首长是否适用元首无责任之通例，七也。

以上七端，不过举其荦荦大者，其他为一国特有万不能行于他国者，勿举之（如瑞士之直接立法制）。

今论者自言建共和政府，则于此种种歧异且反对之成例中，将何所择而何所从耶？此吾所亟欲闻也。论者其或不屑与吾言耶？夫既以能破坏能建设自命，则其所谓建设者，殆必有成竹在胸，虽不为吾一人言之，毋亦当发表之于国中，待舆论之评判而广收同情也。

就吾之末学谫识，从种种方面推演之。若美国行政部、立法部同受委任于国民，职权不相僭越，而任期复有一定，行政部不能令立法部解散，立法部不能使行政部辞职，则更迭不至频繁，而政治得永续性，是其所长也。然此当视其行政部权限范围广狭何如。范围太狭，则一切被束缚于立法部之意见，不能自由以行其政策；范围太广，则将滥用其职权，无所限制，而反于共和政治之本意。夫所谓广其范围者何也？如彼立宪君主国有所谓紧急命令独立命令之大权者是已。然此只能行诸君主国，不能行诸如美国之共和国。其故何由？君主国有责任大臣之制，议会对于政府，可随时就政治上法律上纠其责任而退其职，故不得以自恣。若如美国制，则大统领一任四年，而国务大臣，又大统领私属之官吏耳，倘宪法上许其有发命令之权，则其所发命令，就法律方面，虽可以监督之（如不得以命令变更法律），而就政治方面，无术以监督之，议会不能有因政治上过失而付大统领于裁判之权也（美国大审院有审判大统领之权。审判有罪，可退其职。然非谓政治上之过失。亦得以为刑事犯罪以司法权纠问之者也）。如是则彼于在职期限中，可以为所欲为，如法国大革命时代之十二行政委员是也。中国若于新革命后而采此制以立宪法，则其惨剧或将甚于法国，而行之久而敝亦益甚。然则仿纯粹之美国制，以宪法限定行政首长之职权，其宪法无明文者，一切不得专擅，如是，则大统领势将变为立法部之奴隶，苟非伺两院之眼波，虽有贤才，不能行其志。夫向者东京留学生设总会馆，墨守孟氏三权鼎立之意，而执行部干事部常被束缚于评议部议员。此虽小剧，亦一殷鉴也。于斯时也，苟立法部与行政部生冲突，则国事将无一能办。何也？无立乎其上以调和之判断之者也。故虽以美国之老于共和，而迄今已不得不变成议会专制，势使然矣。夫两部之常有冲突，无论何国，不能免也，而程度幼稚之国为尤甚。我国今日若革命而行共和制，则其议会中人，非顽（因）〔固〕之老辈，则一知半解之新进也。于此行政首长而不得人耶，则与之俱敝；行政首长而得人耶，则因冲突而束手以终其任期耳。故纯粹之美国制，若为国家永远计，固万不可采，以其戾于主权不可分之原理也。此世界学者能说明之者也。若为中国革命后新造计，则尤不可采。此吾鉴于我国民现在之程度而敢决言之者也。然则其学法国乎？法国有一无责任之大统领，立于两部之上，能有弹力性以为之调和，故国务大臣对于议会而负责任，议会可要求大统领退大臣之职，大臣亦可要求人统领解散议会，而或退职，或解散，惟大统领所欲，故可以使行政部之在职者，常得立法部多数之赞同，不至如美国之相持而莫能下，此其所长也。然一度解散议会之后，苟再选举，而议员仍要求大臣退职，则大统领遂不得不屈于议会。此共和制之性质使然也（英国亦有此习惯。然英不过习惯耳，法则不得不耳。盖君主与共和根本的差异也）。夫议会既有进退国务大臣之权，则其结果之良否，不可不还求诸议会之自身。英法两国，其国务大臣与议会之关系，表面略相似也。而英国之结果常良，法国之结果常恶。英则一内阁或亘十年二十年，其政策常持久而一贯；法则自第三共和以来，未有亘二年不易内阁者，或乃一年而更迭数四焉。英则国务大臣常指导议会，法则伺议会之颦笑惟谨，不惜降志辱身以求容，故论者比诸古代之横议政治（government by mass meeting），而法人中改正宪法之论，且日盛也。此何以故？其原因实存于议会之自身，而其最高之原因，则又存于国民之自身。质而言之，则法国国民，未有运用此种政治之能力而已，故其制度虽稍优于美国，而其成绩反在美国下也。

综美、法、瑞三国，其异点虽有多端，而有一大同者焉，曰**议院政治**（政权全在议院谓之议院政治）是也。瑞则宪法上、事实上皆为议院政治无论矣，美则宪法上不许为议院政治，法则宪法上可以不为议院政治，而事实上固皆已为议院政治，共和之性质使然也。君主立宪国，其宪法上皆可以不为议院政治，而事实上有为议院政治者（如英国），有不为议院政治者（如德国、日本）。共和国则无论其宪法如何，而必出于此一途，性质上根本之差异使然也。共和立宪国既终必归于议院政治。吾于是得一前提焉，曰：**凡国民有可以行议院政治之能力者，即其有可以为共和国民之资格者也**。夫议院政治之美，其谁不艳羡焉。然如德国，如日本，其间非无卓拔之政治家与明达之学者，而不肯主张此最美之政治者何也？内自审其民，而知时有所未可也。凡议院政治，恒以议院之多助寡助，黜陟政府。故议院大多数人，有批判政治得失之常识，此第一要件也。夫使普国而为议院政治，则当普奥将宣战时，俾士麦已不得不辞职，而后此之德意志帝国，何从涌现也。《语》曰："非常之原，黎民惧焉。"又曰："凡民可与乐成，难与虑始。"故大经世家万里之志，百年之计，常未必为流俗之所喻。反是，而野心薄幸者流，常能投合一般浅识者之感情，以煽动而弋一时非常之广誉，苟其籍多数而即可以篡政柄焉，此罗拨士比、马拉所以涸巴黎之血，而奇亚尼所以以一无赖子而覆加罅宽尼之宪法也。以吾今日之中国而欲行议院政治乎？吾固言之矣，非顽固之老辈，则一知半解之新进也。此非吾敢为轻薄之言，实则平心论之，其程度不过如是也。苟老辈者多数焉，则复八股之议案，可以通过也；苟新进多数焉，则尽院满洲人之议案，可以通过也。而政府若否认其议案，则顷刻不能安其位。而彼之首领，且将代之而实行之也。夫今之北京政府，以群耄当艰巨，人人谓中国前途危险，不可思议。而不知今易以议院政治，其险亦犹是，而或乃更甚也。谓余不信，试观去年东京罢学事件与上海罢市事件何如矣。又议院政治，既恒以议院之多助寡助黜陟政府，而多寡之数，与党派有密切关系。故有发达完备之政党，其第二要件也。

日本小野塚博士论政党发达之条件有七：（一）政治上之大原动力，舍政党以外，他无所存；（二）仅有二大政党；（三）二大政党由历史上发达而来，基础巩固；（四）政治才悉网罗于二大政党中；（五）二大政党之意见，皆极稳和，且二党略有共通之基础；（六）二大政党，皆有训练，富于责任观念；（七）二大政党所认为内阁交迭问题以相争者，必属于重要事件。今请略诠其义。

夫使政党以外，尚有他种之政治上大原动力，则虽非被敌党所攻，而自党常或不足以拥护自党之政府。夫此种原动力，非必其出于议院也（如日本之藩阀是），于是议院政治之基础不固。若乃必贵乎二大政党者何也？夫（奕）〔弈〕者举棋不定，不胜其耦，况乃政治上计画为国家前途大计者，举一事也？或期其效于数年，或期其效于数十年，必久任而后尽其才，而五日京兆，必无良绩，此中外之通议矣。政治交迭频数，其非国家之福也明甚。然在大权政治之国，则得君专者可以行政久。而议院政治，其权既在多数，故惟能常保多数者为久任，又事理之易明者也。欲常保多数，其道何由？曰：当常恃自力而无恃他力。何谓他力？如一院中有若干党，地丑德齐，无论何党，皆不足以制多数。吾于此而欲得政权也，则与就中二三党密相提携焉，或借一问题以刺激余党之感情，使忽表同情于我，则吾本不得多数者，有此外助，而骤成多数矣。于是吾党遂入而受政。虽然，此策也，我能用之，人亦能用之。我所密相提携之党，其分子之结合，本不巩固，一旦可以崩溃而别与他党提携，而我能借一问题以刺激余党使为我援者，人亦能借一问题以刺激余党使为我敌，不转瞬复成少数，而政柄不能不解矣。故在小党派林立之国，其议院所谓多数少数者，一岁之间，恒三盈而三虚，而政府亦变置如（奕）〔弈〕棋。故执政者不得不伺人色笑，或乃至枉其政策以求容，其黠者则嗾群党相阋，而自收渔人利已耳。法之现象殆若是矣，故其民厌议院政治，如鲠在喉也。英则不然，国中惟有两大政党，势力恒足以相颉颃，自余小党一二，其细已甚，举足左右，不足为轻重，故常能以自力制确实之多数，而基础不至动摇。而甲党既得政，其乙党之在野者，惟立于监督之地位，苟非遇极重要事件，则不起野心而争交迭。故政府党既不敢自恣，而亦不至常自危，得以实行其所怀抱以福国家也。然此惟英美两国能有之，而他国皆不能。何也？则小野塚氏所举第三、四、五、六项，实盎格鲁撒逊人种之特长，而所以有此特长者，则第三项尤要焉，盖历史上发达使然也。彼其浴立宪之泽者已数百年，而自余诸国学其步者，乃不过一世纪内，或且不满半世纪也。

由此观之，此资格之养成，其难也如此。使如论者所戴首领之言曰，“既有良汽车，吾不必用粗恶之汽车也”，则知有良汽车者，岂惟足下，而德国、日本，必以粗恶者自安，其愚何可及也？而法国之乘良汽车者何如矣？而中美、南美诸国之乘良汽车者，又何如矣？夫非议院政治者，又非政府对于议会而不负责任之谓也。议会为监督机关，立于补助地位，而非为指挥机关，立于主动地位，则既已得人而任政府，其人固不敢自恣，而亦不至常自危。苟国民程度，未能诞育完美之政党如英国者，则惟此乃适，惟此乃能生存也。而还视我中国则何如矣？人亦有言，今之中国，无三人以上之团体，无能支一年之党派。虽今后或者稍进乎，然亦仅矣。宪法既布，则无论为君主为共和，而政党必句出萌达。于彼时也，试想我议院党派之情状何如矣？今世界号称政党最多者，莫如奥太利，其占席于议院者凡十八党，议员总数四百二十五人中，其最大党不过占六十人，其最小党乃至占四人，天下称奇焉。若我国而开议院也，议院而有五百人也，吾敢信其党数必过百，而最大党所占无过二三十，而一党得一人者乃最多也（经开明专制训练后十年，乃开议院，可不至有此。若今即革命，革命后召集议院，此现象必不能免也）。于此而用为监督补助机关，使其习而渐进焉，犹利多而弊少。若用为指挥主动机关，以左右政府，苟其采法国制，则浃旬之间，内阁可以更迭十次；苟其采美国制，则将今日出一政策焉，命大统领执行，明日出一正反对之政策焉，又命大统领执行，否则相持而一事不能办，一律不能颁也。信如是也，吾不知政府复成何政府，而国家复成何国家也。

吾于是复得一前提曰：今日中国国民未有可以行议院政治之力者也能（能力者也）。**吾于是敢毅然下一断案曰：故今日中国国民，非有可以为共和国民之资格者也。今日中国政治，非可采用共和立宪制者也。**论者谓事定功成，即解兵柄，而建共和政府。夫诚欲建共和政府，则非事定功成而即解兵柄，固不可也，不然，则为克林威尔也。既解兵柄，颁宪法，则虽旧军政府之首领，复被举为行政首长，而亦必须行动于新宪法权限之内，不然，则违宪也，大逆不道也。而此新宪法者，无论采美国、采法国、采瑞士，而其议院政治，皆足以苦行政首长。行政首长引身而退耶？高则高矣，而坐视国民涂炭，将酿第二次革命，功不足以偿其罪也。从而干涉之耶？则又违宪也，大逆不道也。然则其所定宪法，广行政部之权限，认议会为补助机关耶？则大反共和之精神，用之一时，虽或有利，然宪法者，比较的有固定之性质者也，非可以轻为变置者也。既号共和国，而以反于共和精神之宪法予之，使根本动摇，贻患无穷，功又不足以偿其罪也。故吾为革命后建设共和政府者计，百转回肠，而终不得所以处之之道。论者其何以教我耶？

吾之此论，谨守论理，严据历史，未敢有一言凭臆见任意气也。论者所戴首领，其不知此理而为此言耶，则吾劝其学成乃语天下事；其明知此理而为此言耶，则是欺四万万人皆无目也。抑吾今兹对于论者之说，固已连让十余步，乃达此最后之结论矣。使前所让者，有一非如论者言，则不必达于最后一问题，而论者之说，固既可以拉杂摧烧之。即使前所让者皆如论者言，苟不能解此最后一问题，则论者之说，犹当拉杂摧烧之。

（附注）某报有一文，题曰《论中国宜改创共和政体》者，其大端在驳鄙人前译波仑哈克之说。其言曰："欲解决此问题，当有三前提：第一，能力果绝对不可回复乎？抑尚可以回复乎？第二，回复之时期，能以至短之期限回复之乎？抑必须长久之岁月乎？第三，回复之后，即能复有完全之权利乎？"彼其所以解此三问题者，凡数千言，若甚辩者然。吾以为彼之第三问题之解决，吾所绝对的承认者也。虽然，必其第一、第二前提既已正确，然后第三前提有可言，否则第三前提，无辩论之价值也。今案其所以解释第一前提者曰："天下事惟无者不易使之有，有者断难使之消灭。"此二语又吾所愿承认者也。然惟承认之，正可以彼之矛，陷彼之盾。盖此二语，不足以证实彼说，而反足以证实我说也。何则？惟本已有而今暂无者，乃可云回复。若本无而今欲使之为有者，则发生之谓也，非回复之谓也。夫就性质上言之，谓吾国民将来有可为共和国民之能力，则吾无以难焉。若就事实上言之，而谓吾国民前此既已有为共和国民之能力，此则吾虽极敬爱吾国民，而万不敢作此语以自欺者也。盖语本来之性质，则既名之曰人类，自有人类之普通性。既有其普通性，则必可以相学而能相肖。以此言之，岂惟吾国民能为共和，凡属圆颅方趾者，未有终不能为共和者也。然此发生之云，非回复之云也。更精密言之，则本能有而畴昔尚未有者，可以使之发生；本能有且畴昔已有而忽以他故偶无者，可以使之回复。故能使中国国民发生共和资格与否，是可以成一问题也。而此问题解答甚易易。吾敢一言断之曰：能也。而发生期限之长短，则属于别问题。若夫能使中国国民回复共和资格与否，是不可以成一问题也。譬如一常人于此，而曰此其人能发生其膂力使若贲、获否，此可以成一问题。若曰此其人能回复其膂力使若贲、获否，是不可以成一问题也。然则吾国民之共和资格，其本能有之，虽不俟论。若其在畴昔已有之耶，抑尚未有之耶，是先不可以不论定也。若鄙人则认其前此未尝有者也。论者谓："当鸿昧初起文明未开之际，吾民族已能崭然见头角，能力之伟大可想。"虽然，以此能力即为其已能建设共和之据，吾未见其确也。不然，则如印度、埃及、巴比伦、叙利亚、波斯诸族，其崭然现头角也，岂不甚早？然谓彼已能建设共和政治得乎？论者又摭引一二现象，谓吾国民自治团体之组织，有可惊者，以证吾民已能自治。姑无论吾国今日所谓地方自治，其性质及其方法，与当世法治国所谓地方自治者，截然殊科也。抑尤当知地方自治与中央共和，其性质又自有不同。盖中央共和，最高主权在国民（最高主权在国家，而国民即代国家行使主权者，故亦可谓之在国民），此外并无他机关焉，超然于国民自身之上者，则调和其利害冲突也甚难。地方自治，则别有掌握最高主权之中央政府以临其上，则调和其利害冲突也较易。故能为中央共和者，必能为地方自治，而能为地方自治者，未必能为中央共和。夫法国之有地方评议会，盖自十字军以前矣，而直至十八九世纪，犹不能有完全之共和国民资格，则又何也？一言蔽之，则其已能行议院多数政治者，其已有共和国民之资格者也。而吾国民前此未尝能行议院多数政治，故吾认吾国民前此实未尝有共和国民之资格者也。既未有焉，则今所研究者，为能否发生之问题，而非能否回复之问题也。夫发生问题，则吾固绝对的承认其必能矣。何也？苟未进为人类之下等动物，其能否吾不敢决言。既名之曰人，则未有不能至者也。于是则当入于论者所举之第二前提，即迟速问题也。而此前提已不得不稍易其词，当云："能以至短之期限发生之乎？抑必须长久之岁月乎？"必以发生易回复，然后乃可成问题也。论者谓期限可以至短，吾谓长短者比较之词也。云至短则所谓"至"者，殆无复比较之可言。无论如何，而皆有语病。今且勿摭拾字句，计较小节，而其论之最有力者，则曰："欧美积数百年始克致之者，日本以四十年追及之，而我辈亦可以同比例求之也。"曰："以教育为例，未成年与成年者不同，教育成年者，可采特别速成法，缩短十余年为二三年，其程度亦略相等，不能谓已经开化之国民，其进步之速度，与未曾开化者同一濡滞也。"据彼所言，则其所谓至短者，殆如日本之四十年也，而其所设譬，亦确含一面真理，吾所愿承认也。于斯所当辨别者，则又在其所希望程度之高下若何，与所施教法之优劣若何。夫曰虽速可成，吾靡以为难也。然速成之程度，必有一消极的界限。如肄速成政法者，谓其能得有政法学之一般常识，吾敢言也；谓其必能与法学大博士有同一之学力，吾信其不能也。夫共和政治，则法学大博士之学力之类也。故谓以特别速成法，使一般人民能立于国家之监督补助机关的地位而完其责，此吾所敢言也；若谓以特别速成法，使一般人民，遽能立于国家之指挥主动机关的地位而完其责，此吾所不敢言也。虽然，使其法果良，则虽不可以骤至，犹未尝不可以较速，而良不良之间，则所最当审也。日本以四十年之学力，遂有今日。抑亦思日本此四十年中，所行者何事乎？彼盖由纯粹的开明专制，渐移于变相的开明专制也。以日本为例，则益知开明专制者，最良之速成教法也。使日本不用开明专制，而于颠覆幕府后即行共和政治，而谓其能有今日乎？必不能矣。又谓彼当尊王讨幕论蜩螗沸羹之时代，即能于冥冥中养成共和国民之资格乎？必不能矣。夫既以共和为政纲，则必其破坏后第一次之建设，而即行共和也。吾以为必建设以后，然后可以实行速成教法。教法既行，然后成不成、速不速之问题乃有可言。今之持革命共和论者，则谓未教而可以成也，是不得以速成学科为喻也。故欲完论者之说，必谓当革命军骚扰时代，即为速成就学时代然后可。质言之，则谓暴动即教育也。然暴动果足以代教育乎？以暴动为速成共和之阶梯，是得为善良之速成教法乎？吾有以知其必不然矣。故论者之说，断不足以难吾说也。

又此论文之末段云："吾侪既认定此主义，以为欲救中国，惟有兴民权改民主，而入手之方，则先以开明专制，以为兴民权改民主之预备。最初之手段，则革命也。"此其说较诸前论者所述某氏之说为稍完。盖如此则工夫分三级：其第一级则革命，其第二级则开明专制，其第三级乃共和立宪也，非如某氏谓革命与共和同时成功，一解兵柄，而共和遂有磐石之安也。若夫暴动革命后，适于行开明专制乎，且能行开明专制乎？此又不可不审也。夫革命后行开明专制，将以君主之资格行之乎，抑将以大统领（或执政官或护民官等名义）之资格行之乎？若以君主之资格行之，则当最初革命军发难时，不可不先标君主之旗帜。若最初以共和号于众，及功成而易以君主，则必不为举国所承认，而其业且溃。若最初标君主之旗帜，是又与前代革命者为一丘之貉，其业又必不可得就。然则此事殆不必论。既最初标共和之旗帜矣，夫未有无宪法而能为共和者。而开明专制，则必其未有宪法（如腓力特列）；或有宪法之名义而无其实质者也（如拿破仑）。吾试为革命后不立君主而欲行开明专制者计之，将发布宪法耶，抑不发布宪法耶？若不发布宪法，则国家机关之权力，将以何者为渊源？而共和新政府何从存立耶？若发布宪法，则此种共和制宪法，万不能由大统领钦定，苟若此者，是大反于共和精神矣。然由人民公定之宪法，果复许政府行开明专制否耶？是吾所不能无疑也。即让一步，谓于彼时，以大统领之权力，行变相的开明专制，则不外仍继续军政，暂勿施行民政。质言之，则与凡立宪国之发布戒严令时，无以异也。顾以吾度之，今日中国，即欲建设一与日本、普鲁士同程度之立宪政治，已非二十年不能为功（说详次段）；若欲建设一与英国、美国同程度之立宪政治，则其所需期限更倍蓰，亦可推见矣。如论者之说，以革命为第一级，以开明专制为第二级，以共和为第三级，然则其第二级经过之时日，不可不甚长，而戒严令政治（即军政），继续至二十年以外，是得为政体矣乎？况乎戒严令政治，最束缚人民自由，而足使人民自治力萎缩憔悴者也。若行戒严令的开明专制，是果能缘是以养成国民共和资格乎？吾恐不惟不能长养之，且斫丧之耳。而既建设共和立宪政府后，复欲行开明专制，则舍军政（戒严令）外，更有何道乎？吾苦不得其途也。又况乎即欲行完备之戒严令政治，又非行政机关已大设备，不能为功，而新共和政府初立后，吾恐其并此正当之戒严令政治而无从设施也。故吾以为开明专制者，决非新经破坏后所能行也，惟中央政府以固有之权力，循序渐进以实行之，其庶可致。若新经破坏后，则欲专制者，势不可不假强大之武力，以拥护其未定之地位。故舍立君主以外，实无可以得之之理由，否则行武人专制政治而已。而此二者之危险，皆不可思议。论者其亦有见于此否耶？吾谓暴动革命后之开明专制，必须经一度极棼扰极惨酷之结果，如法国之恐怖时代者，及人心既倦之后，有如拿破仑者出焉，然后开明专制乃可期耳。然此果为国家之福耶，抑国家之祸耶？愿爱国之士，平心察之。

某报凡发刊两号，而其文殆无不自相矛盾。如此文与前述某氏之说，即其极矛盾者也（一谓军事倥偬中，即可以养成共和国民资格，一谓须经一度开明专制然后养成，其矛盾一也。一谓倒中央政府后即解兵柄，一谓建设后仍行军政，其矛盾二也）。而两说者皆脆而易破之论理。今持乙说者，其人既已辞此世间矣，彼继续主持某报之人，能并代彼赐答辩否耶？

吾今请更以一言，忠告于论者及其所戴首领乃至其党派之人士，曰：公等言革命耶，其勿并张种族革命、政治革命、社会革命之三帆。公等欲言社会革命也，则姑言之以自娱，能更发明新学理，补麦喀所不逮，以待数百年后文明社会之采择，亦一奇功也。若乃欲以野蛮之力杀四万万人之半，夺其田而有之，则靡特人道不应有此豺性，即社会主义之先辈，亦不闻有此学说。麦喀谓田主及资本家皆盗也。今以此手段取之，则国家其无乃先盗矣乎？人之言土地国有者，谓渐以收之，仍有所以为偿，而识者犹笑为乌托邦之论，顾未闻有谓宜竟纱之臂而夺之者也。此自别问题，非本论所宜及。惟公等欲以之与普通之革命论并提，利用此以博一般下等社会之同情，冀赌徒、光棍、大盗、小偷、乞丐、流氓、狱囚之悉为我用，惧赤眉、黄巾之不滋蔓而复从而煽之，其必无成而徒荼毒一方，固无论也。即充公等之所望，成矣，取中央政府而代之矣，而其结果则正如波仑哈克之说，谓最初握权者为无资产之下等社会，而此后反动复反动，皆当循波氏所述之轨道而行。其最后能出一伟大之专制民主耶，则人民虽不得自由，而秩序犹可以恢复，国犹可以不亡。若无其人耶，则国遂永坠九渊矣。即有其人焉，或出现稍迟，而外力已侵入而蟠其中央，无复容其出现之余地，则国亦亿劫不可复矣。故虽以匕首揕吾胸，吾犹必大声疾呼曰：敢有言以社会革命（即土地国有制）与他种革命同时并行者，其人即黄帝之逆子，中国之罪人也，虽与四万万人共诛之可也。复次，公等欲言种族革命也，则请昌言之，且实力预备之。公等既持复仇主义，而曰国可亡，仇不可不复，吾哀其志而壮其气也。虽然，公等切勿更言政治革命。夫政治革命者，革专制而为立宪云尔。君主立宪耶？则俟公等破秦灭项、欸彭醢韩、归丰沛、歌《大风》之时，言之未晚。共和立宪耶？则请先将波仑哈克学说及此数纸中狂夫之言，一一遵论理、据历史、推现象以赐答辩（答辩本章，固所欢迎。若欲驳开明专制论者，则请俟全文出版，乃赐教言，否则恐枉笔墨也）。若不能答辩，或答辩不自完其说，或摭拾一二字句典故之间以相诋諆及支出题外遁词逃难而不能解结要害者，则请自今以往，还倡公等之复仇主义，无为更牵入政治问题作茧自缚也。

复次，公等欲言政治革命也，则今日之中国，望公等如望岁也。如欲为政治革命也，则暂勿问今之高踞中央者为谁何，翼其左右者为谁何，吾友也不加亲，吾仇也不加怒，吾惟悬一政治之鹄焉，得此则止，不得勿休。有时对于彼讥谏焉，如子之于父母；有时对于彼督责焉，如父母之于其子。然此犹言而已，若其实行，则对于彼而要索焉，如债权者之于债务者，不得则尽吾力所能及，加相当之惩罚以使之警。此各国为政治革命者之成例也。然要索必当量彼所能以予我者，夫然后所要索为不虚。惩罚必当告以我索汝某事。夫既先语汝而汝不我应，故惩汝以警汝及汝之侪辈，使今后毋复尔尔，夫然后所惩罚为有效。如诲孩童焉，授以业，量其脑力所能受者，而责以答案，一度不答，再度不答，而威以夏楚焉。若其必不能作答者，责之至死，犹之无益也。若突然扑之，而不示以所犯何业，甚者以击蒙为出气或快心之具，则彼虽日受百鞭，而亦不知改，盖不知何改而可也。夫语满洲人曰：尔其还我河山。此责彼以所必不能应者也，并未尝提出条件以告之曰，我所欲者如此如此，汝所当行者如此如此，而徒日日唾骂，不共戴天而已。时或狃一二渺不相属之人，则就令彼欲释我怒，亦不知何途之从而可也。不宁惟是，我徒持单独主义，谓必去彼而已，其目前失政，吾不暇与言，亦不屑与言，待吾去彼，而失政随之去矣。甚或谓彼之失政，吾之利也，吾何为而匡正彼。乃吾之去彼，渺未可期，而彼先以吾不暇言、不屑言之故，反得卸其责任，而我将来之幸福，已不知断送几许矣。不宁惟是，彼知我之所欲得于彼者，必非其所能应也，而舍此以外，又无足以餍吾欲也，则困兽犹斗，而况于人。我排彼以言，彼排我以实，胜负未决，而渔人笑于其旁矣。凡此皆欲为政治革命而不以其道，是以及此。自今以往，其果有真爱国者乎，相率而为正当的政治革命焉，则中国其或有瘳也。夫此固又别问题，非本论所宜及也。吾下笔不能自休，而遂逸其轨也。吾更为二语以结本段曰：

欲为种族革命者，宜主专制而勿主共和。

欲为政治革命者，宜以要求而勿以暴动。

（附录）本论补注

第一章第一段之下补注：

（补注）若将本论所谓制者，示其正确之概念，则当云：“制者何？人类共同生活继续的团体，发表其权力于形式，以规定团体自身机关及其团体员之行动者也。”盖本论所谓制，即法制之意。而法制实与国家相待，故言制殆不能离国家也。但人类当未形成国家以前，亦未尝无所谓社会之制裁力者。惟既成国家以后，始有一定之形式，变为强制组织耳。然则就吾国文“制”之一字以立说，又必溯前以及于社会所以有制裁力之故，然后其义乃完。本章所论，如言“以强制为调和竞争助长竞争之具”云云，皆以明社会所以不得不进为国家之理，故所谓人类共同生活继续的团体者，即国家之实质也。而发表其权力于形式，亦惟国家能然也。而所发表形式，凡以规定团体自身机关（即国家自身机关）及其团体员（即人民）之行动者也。其正确之概念实如此。但此概念文义太赜，恐读者不易解，故从行文之便，如原文云云耳。

第二章第四段下补注：

（补注）就文义上以严格的论之，则举凡过去现在之国家，无一焉能指为绝对的专制国者，亦无一焉能指为绝对的非专制国者。故吾之此分类，似仍不正确。盖“专制”二字，乃吾国文，吾国文实苦不足以尽说明社会界之新现象，无如何也。然论理学有所谓“不容间位律”。“不容间位律”者，谓凡百事物，无中立性，既谓之甲，则不得复谓之非甲；既谓之非甲，则不得复谓之甲，是其义也。然则既谓之专制，则不得复谓之非专制；既谓之非专制，则不得复谓之专制，是此分类仍正确也。所最当谨者，则定“专制”二字之界说而已。以严格论之，则必如孟德斯鸠之三权分立论，无一机关得专横，夫乃可谓之纯粹的非专制。然孟氏此论，至今各国未有能实行者。故以严格论之，谓往古来今诸国，尚未有一焉为纯粹的非专制可也。然吾此分类，虽于事实上若不能概括现今国家，然理论上仍无以易之。若易之而以立宪与专制分类，则愈不正确。何也？虽立宪国，仍莫不为变相的专制，欲求一绝对纯粹的非专制之立宪国，终不可得也。盖以严格论之，则立宪与专制，尚未足为对待的名词也。又若易之而以立宪非立宪分类，则愈不正确。何也？立宪国之形式性质，各各不同。以严格论之，则凡法治国皆可谓之立宪，盖但使既以形式规定国家机关之行动，而遵此形式以行，则谓之为广义的立宪焉亦可也。要之，专制也，立宪也，皆吾国之文辞，非别下解释，不能定其概念。均之难得正确，则毋宁用专制、非专制之尤愈也。

第四章第二段下补注（略一，编者）：

第八章　之　续

二　中国今日尚未能行君主立宪制之理由

既万不能行共和立宪制，而国家又非可以专制终也，则所余者，惟有君主立宪之一途。君主立宪，固吾党所标政纲，蕲必得之而后已者也。然谓其今日尚未能行者何也？请就两方面说明之。

（甲）人民程度未及格

立宪制之纲领不一端，而议院之开设，当其最重要之一也。问者曰：其在立宪共和国，议院不能不立于指挥主动之地位，国民程度幼稚者，不足以语此。既闻命矣，其在立宪君主国，议院可以立于监督补助之地位，然则何时而不可？且如今日，国中未尝无舆论，就中发表舆论之报馆，亦对于政府而立于监督补助之地位者也。国民程度既可以有报馆，曷为不可以有议院？应之曰：不然。舆论者无责任之监督，而议院者有责任之监督也。申言之，则舆论非为国家之一机关，而议院则为国家之一机关也。既为国家之一机关，而有法律上应享之权利，随即有法律上应尽之义务，苟不完此义务，而权利或将以消极的而澌亡。申言之，则议院若不能行完全正当的监督，则其地位将下坠，而影响且及于宪法之全部也。请言其故。夫中国他日果制定何种类之宪法，今莫或知。即应制定何种之先法，今亦末易言。要之，既名曰宪法，则凡各国宪法之共通原则，如国务大臣对于议会而负责任，议会有协赞法律预算权，议院院内之自治，人民之选举权等，殆必其不能缺者也。即以此诸端论之，国务大臣对于议会而负责任，非必议会能进退之也，而可以质问焉，可以弹劾焉。但使所质问者洞中症结，政府（即国务大臣也，以行文之便代以此）若有隐慝，能觉察之，政府若有失策，能指摘之，政府乃重其言，而不敢藐，有所惮而不敢恣，则质问为效笑【矣】。反是，若无鉴别政治得失之识力，所质者皆薄物细故，或于其极正当之行动而故为责备，而其有干法越权及其他失政，或反熟视无睹，不予纠正，则政府视议会易与，谓其言一无价值，生轻蔑心，而议会之神圣损矣。此虽不至摇动及宪法，然养成此习惯，非立宪国之福也。又弹劾，当如善养蒙者，不轻施夏楚，若有过举确认为不可恕者，痛惩一次，则常收莫大之效。议会之弹劾权不滥用，用之，必有其正当不容已之理由，则就法律上虽未必以弹劾而定黜政府也，而事实上令君主感动，察民岩之有因，令政府悚惶，识舆论之真价，则无论或黜或留，而弹劾皆有效。反是，若弹劾之无价值，与前所举质问同，则元首厌之，政府侮之矣。不宁惟是，弹劾无效，则议院势不得不被解散。屡滥用弹劾，则重解散以解散，而议院将虽有若无。万一国民厌于选举，或君主怠于召集，则宪法根本为之摇动矣。夫学识幼稚之民，往往沐猴而冠，沾沾自喜，有权而滥用焉，其常态矣。故吾以为今日中国之民，非稍经训练后，其必不免此弊也。

复次，协赞法律、协赞预算之权，亦当用之于正当。各国通例，政府及两院，旨有提出法律案之权，提出后经两院可决，复由元首裁可而后施行。若议院中人政治知识甚幼稚，则其对于法律案也，有三种怪象：（甲）政府所提出者，盲从焉，不能赞一词；（乙）政府所提出或有极良之法案，不能知其精神所在，漫为反对；（丙）自提出或偏畸，或危险，或无谓，或不可行之法案，而自议决之。其在甲，则政府法案虽有缺点，不能匡救，议会成赘疣，毫不尽监督之责任；其在乙，则良法美意不能施行，阻一国之进步；其在丙，或颁不适之法，紊一国之秩序。然在甲，则不过有议会如无议会耳，影响尚不波及宪法。若乙丙之现象而屡见焉，则或重解散以解散，甚且怠于召集，而宪法动摇矣，或厌其久恩，不待议决而裁可施行焉，而宪法又动摇矣。至于预算，政府常欲膨胀，人民常欲节减，此普通之现象也。议会以代表人民之资格，常思限制政府，亦恒情也。虽然，固不可强国民以所不能负担，亦不可不为国民谋助长其进步。故当协赞预算案时，最宜有圆满致密之政治上知识，察社会生计之实情，鉴内外政局之大势，非可先横一成见于胸中以从事也。而程度幼稚之民，动偏于一端。而在中国义务思想未发达之人民，尤汲汲以轻担负为务（颇闻去年东京留学生总会馆议预算案，经数会期不决，而评议部挑剔节减，乃至原案屋租若干元，亦修正而减结之，并屋主之允否不计及。此虽近于游戏，非可例他日，然亦未免模仿人国，而太求似矣）。如此，则恐预算不成立之现象年年续见。若将来所定宪法如日本焉，谓预算否决，可用前年度预算，则尚不生困难。不然，则全国机关，为之动摇矣。然若如日本之宪法，则间年偶见，可以弥缝。若年年否决，则政府将见提出预算，毫无结果，或遂厌之而竟滥行预算外之岁出入焉，则影响又及于宪法矣。

又议院院内之自治，如院内警察权归议长也，非得议院许诺，政府不能逮捕议员也，凡此皆各国通例，所以保议院之神圣也。然在程度幼稚之民，往往因辩论而生意见，因意见而生仇雠，故吾中国向来议事之场，动则挥拳拔刀，数见不鲜矣。夫各国议院，虽亦不能无骚扰，然整理议场之职，议长任之，议员皆有服从议长之习惯，故权可不假于外。若万一滋扰过甚，议长不能节制，致警察入而干涉焉，甚或在院中犯现行罪而致逮捕焉，则应享之特别权利，扫地尽矣。若屡演此恶剧，而议院之地位遂危。以现在中国人民程度组织议院，吾不敢保此种恶剧之必无也。

以上所举，不过以为例耳。若逐一数之者，更仆难尽。吾之意以为议院不开则已，既开矣，则其于法律上神圣之地位，不可以不确保，其于政治上优越之势力，不可以不常存。而能否确保之，常存之，则其原因恒在议员之自身。议员品格卑，而地位乃污蔑矣；议员见识陋，而势力乃陵夷矣。夫偶被污蔑，偶见陵夷，似未甚为害，数年后久习之而改良焉，毋乃亦可，而不知其影响往往牵及宪法也。即不牵及宪法，而苟使政府与国民有藐议会厌议会之习惯，其于立宪之精神，已大剌谬也。故与其太速而资格缺，毋宁稍迟而资格完也。此以言夫议员也。若选举议员之人民，亦不可不略有其程度，如（1）选举权者，含有义务性质之权利也，不可以放弃。而在程度幼稚之国民，往往视此权若弁髦也（日本初行宪政时，人民尚多有放弃选举权者，今则殆无矣）。（2）选举必当以自由意志，举其欲举者。而在程度幼稚之国民，往往受贿赂被胁迫，不得为本意之投票也（此弊虽程度极高之民，犹不能尽免。然愈幼稚者则其弊愈甚）。（3）选举不免竞争，而竞争必须行于正当。在程度幼稚之国民，或至用武力以破坏秩序也。（4）议员名为代议士，取代表之意，然所代表者，人民总体之意见，非选举者个人之意见也。而在程度幼稚之国民，往往自以其私人之利害，或地方小局部之利害，而责望所选举之代议士为之建议，不得，则或且相怨而相仇也。诸如此类，不可枚举。要之，苟非养之有素，则利恒不足以偿其害，有断然矣。

（乙）施政机关未整备

前所言，犹其理论也，而今日于实际上，有未能行立宪政治者，则施政机关之不整备是也。试略论之。如议会选举人被选举人必当有资格，其最重要者，则必其人为中国人也。而（1）今者国籍法尚未编定，“中国人”之界说，且未分明也。又初立宪时，殆万不能用普通选举，必出于制限选举。各国通行之制限，大率以所受教育之程度，或所有财产之税率为衡。而（2）今者学校尚未遍立，义务教育尚未厉行，教育程度，于何测之？然此犹较易。若夫（3）税率之多寡，则今者租税法尚未备，征收之方，亦不正确，于何定之？（4）选举必有选举区，而我今未划定，何由施行？且选举区非可漫然划定也，必比例于人口之多寡与道里之远近。而（5）今者户口之统计，地图之测量，均不确实。即以制定选举区一事，已非数年不能为功也。各国选举，率以乡官市官主之。中国地大人众，选举区万不能太大。如欲以一县为一区，则乡僻之民，何从至县城投票？且使悉至，而城亦不能容也。故以鄙见度之，大约今之一县，其为区者当数十。而（6）今者地方自治制度未颁，乡官市官乡会市会未立，然则选举其谁司之？选举竞争，最易骚扰，各国普通之现象也。维持秩序，端赖警察。而（7）今者警察未普及，能保不害及治安乎？果尔，恐民将谈选举而色变也。竞争之结果，往往起诉讼。而（8）今者诉讼法未定，能息争乎？各国通例，议会大率年开一次，而选举后最迟不过一两月即开会。而（9）今者铁路未多，交通不便，蜀、凉、滇、黔，或半岁乃达京师，然则开会延至何时？而一岁往返，岂不疲奔命于道路耶？立宪精神不一端，而保护人民权利，其最重要之一也。故常以条文规定之。宪法一经实施，则必为绝对的保障，乃可以信于民。而（10）今者民法未制定，权利以何者为标准而能确实耶？民非犯法网，不得擅逮捕，此保障自由之一要件，而各国率皆规定之于条文者也。（11）今者刑法未制定，以何者为法网乎？有司能无上下其手乎？苟有之，则宪法无效也。且人民之护符恃法律，而法律之执行者惟法官，无良法官，则民终不能完其权利。而（12）今者行政司法，混为一垆，绝未尝为养成裁判官之预备，民果能食宪法之赐乎？对于行政处分之不当者而得起诉，又人民所以自全其权利之一要件也。而（13）今者行政法未颁，行政裁判所未构成，有见屈者，将何所控诉乎？而宪法又无效矣。夫诸法固可与宪法同时颁行，吾非谓必当先有诸法而后有宪法，然诸法之条理，恒千端万绪，非绩学不能运施。故欲使宪法一经布告实施以后，而国家诸机关，先自保无违宪之举动以示信于民，则必当先颁诸法，且预养成用法之人才，亦理论上之次第所宜尔也。

以上所举，随念所及，拉杂举之，若悉数者，恐数十条不能尽也。但即就此诸端观之，已可见宪法者，决非一纸空文所能立，朝欲之而夕致之也。夫人民程度之一问题，各人有各人之主观的判断，吾以为未可，人以为已可，是非终未易决也。若夫机关整备与否，则全属客观的事实，虽好立异，宁能否认焉？吾以为但就以上所举诸端，苟欲其规模粗具者，虽在承平之时，有一强有力之中央政府，网罗一国上才以集其间，急起直追，殚精竭虑，汲汲准备，而最速犹非十年乃至十五年不能致也。而彼持极端破坏论者，乃谓于干戈倥偬血肉狼籍生计憔悴神魂骇丧之余，不数年而可以跻于完全优美之共和，一何不思之甚。呜呼！我青年之眩于空华困于噩梦者，其醒耶未耶？而附和君主立宪者，亦一若于数条宪法正文之外，更无余事，其可怜而可笑，亦正与彼破坏论者相类。使如彼等政策，抄译一二国成文宪法而布之也，则一二小时可了耳，何难之与有？且就令能制定极完美而适于我国之宪法，未及其时，而贸贸然布之，顾以种种障碍，一切不能实行，而徒使天下失望，则虽谓为立宪主义之罪人可也。世诚有忠于立宪主义者乎？则必当能知今日之未能实行，既忠焉，而又知其未能实行，则必知所以待之者矣。①

《新民丛报》第四年第一号至第五号，光绪三十二年一月一日至三月一日（1906 年 1 月 25 日至 3 月 25 日）

① 此处原注有“此章未完”字样，但未见再续，编者。

申论种族革命与政治革命之得失

饮　冰

吾于所著《开明专制论》第八章，曾极言种族革命与政治革命之非同物，亦几详且尽矣。乃今覆诵陈君天华遗书，益有所感触而不能已于言者，用更述所怀以质诸我国民。

吾与陈君相识不过一年，晤谈不过两次，然当时已敬其为人，非于其今之既死而始借其言以为重也。但君既以一死欲易天下，则后死者益崇拜之而思竟其志，亦义所宜然。吾以为当世诸君子中，或有多数焉，其交陈君也，视吾久且稔，而其知陈君也，不若吾真且深。吾请言吾所欲言可乎？

陈君曰："鄙人以救国为前提。苟可以达其目的者，其行事不必与鄙人合也。"（此文所谓行事，必非徒指自湛一事，殆指一般行事而言）则君之意，苟与彼同目的者，正不必与彼同手段，其言甚明。若虽与彼同手段，而不与彼同目的者，其必非君之所许，此意又在言外也。然则君之手段安在？其言曰："革命之中，有置重于民族主义者，有置重于政治问题者。鄙人所主张，固重政治而轻民族。"是其于政治革命与种族革命两义之中，认政治革命为可以达救国目的之手段，而不认种族革命为可以达救国目的之手段，章章明甚，虽谓政治革命为君唯一之手段焉可也。虽然，君又言曰："鄙人之排满也，非如倡复仇论者所云云，仍为政治问题也。"是其既认政治革命为可以达救国目的之手段，而复认种族革命为可以达政治革命目的之手段。于是吾得命政治革命为君之本来手段，亦曰第一手段，亦曰直接手段；得命种族革命为君之补助手段，亦曰第二手段，亦曰间接手段。然则君有两手段乎？曰：否否，其手段仍唯一也。盖君认种族革命为可以补助政治革命，而间接以达救国之目的，故取之。然则苟有他道焉，可以补助政治革命，而间接以达救国之目的者，则君亦必取之，无可疑也。又使君一旦幡然而觉种族革命不足以补助政治革命，甚或与救国之目的不相容，则亦必幡然弃之，无可疑也。盖君之意，以为此目的万不许牺牲，若夫手段，则听各人自由焉，选择其适此目的者，而牺牲其不适此目的者，故苟别有他道焉，足以救国，则君虽并其政治革命之本来手段而牺牲之，亦所不辞，而种族革命之补助手段，更无论也。故曰：“苟可以达其目的者，其行事不必与鄙人合也。”

是故当知，苟以复仇为前提者，是先与君之目的相戾，万不许其引君之言以为重。故复仇论可置勿道。

既以救国为目的而别择所当用之手段，然则君所采之手段，适耶？不适耶？吾得断言曰：适也。盖君以政治革命为唯一之手段，而以将来大势推之，苟能有政治革命，则实足以救今后之中国，苟非有政治革命，则不能救今后之中国，故曰适也。试以论理法演之，则先定一大前提，而以两小前提生出两断案。其式如下：

大前提　凡可以达救国之目的者，吾辈所当以为手段者也

小前提　（一）而政治革命实可以达救国之目的者也

（二）而非政治革命更无道焉可以达救国之目的者也

断　案　（一）故政治革命，吾辈所当以为手段者也

（二）故舍政治革命以外，吾辈无可以为手段者也

此两论式皆如铜墙铁壁，颠扑不破，无论何人，不能相难者也。今易其小前提，而云“种族革命，实可达救国之目的者也”，随生出断案云：“故种族革命，吾辈所当以为手段者也。”或为第二之小前提云：“非种族革命更无道焉可以达救国之目的者也。”随生出断案云：“故舍种族革命以外，吾辈无可以为手段者也。”如此则两小前提皆不正确，而两断案亦随而不正确。何以故？设有难者曰：种族革命而得如秦始皇、隋炀帝者以执政，或得如齐东昏【侯】、陈后主者以执政，遂可以达救国之目的乎？必不能也。则第一之小前提遂破也。又有难者曰：即微种族革命，而今之满洲政府，忽以至诚行立宪，以更新百度，其可以达救国之目的乎？必能也。则第二之小前提亦破也。准是以谈，苟以复仇为前提，则无可言者。苟以救国为前提，则无论从何方面观之，而种族革命，总不能为本来手段为直接手段。苟不含有政治的观念，则直谓之无意识之革命焉可也。而政治革命则不尔尔。故吾以为政治革命，不徒当以为手段，而且当以为第二之目的。盖政治革命之一观念，与救国之一观念，既连属为一体而不可分也。

吾所云种族革命，不能为本来手段、直接手段，在陈君则明已承认也，即凡持种族革命论者，当亦不可不承认。何也？苟不承认，必须将吾前所举两设难，下正当之答辩。苟不能得正当之答辩，遂终归于承认也。既承认矣，则次所当研究者，在种族革命能否为补助手段、间接手段之一问题。申言之，则以政治革命为前提，而问种族革命能否为政治革命之手段是也。此问题则陈君之所见，与鄙人之所见，大有异同。今推陈君之意，复以论理法演之，则如下：

大前提　凡可以达政治革命之目的者吾辈所当以为手段者也

小前提　（一）而种族革命实可以达政治革命之目的者也

（二）而舍种族革命以外更无他道焉可以达政治革命之目的者也

断　案　（一）故种族革命吾辈所当以为手段者也

（二）故舍种族革命以外吾辈无当以为手段者也

欲知此两断案之正确与否，则当先审两小前提之正确与否。今请细检之。

第一　种族革命实可以达政治革命之目的者也

欲知此小前提正确与否，不可不先取政治革命与种族革命之两概念而确定之。

（一）政治革命者，革专制而成立宪之谓也。无论为君主立宪，为共和立宪，皆谓之政治革命。苟不能得立宪，无论其朝廷及政府之基础，生若何变动，而或因仍君主专制，或变为共和专制，皆不得谓之政治革命。

（二）种族革命者，民间以武力而颠覆异族的中央政府之谓也。盖苟非诉于武力，而欲得种族上之政权嬗代，则必其现掌政权者，三揖三让以致诸我，然后可。然此必无之事也（陈君之意似冀其有此。此俟下方别辨之）。故非用武力，不能得种族革命，明也。而其武力苟未足以颠覆中央政府，则不成其为革命，又无待言。

此两概念者，又无论何人不得不承认者也。既承认矣，则“人民以武力颠覆中央政府”之一概念，与“变专制为立宪”之一概念，果有何种之关系？是不可不以严密之归纳论理法说明之。

立宪有两种：一曰君主立宪，二曰共和立宪。苟得其一，皆可命曰政治革命。则试先取“人民以武力颠覆中央政府”之一概念，与“君主立宪”之一概念，而求其因果之关系。君主立宪，必以先有君主为前提，而革命前之旧君主既灭，则所谓君主者，其必革命后之新君主也。革命后以何因缘而得有新君主？则吾中国二千年来历史上之成例，不可枚举。一言蔽之，则陈君所谓“同时并起，势均力敌，莫肯相下，非群雄尽灭，一雄独存，而生民之祸终不得息。以数私人之竞争，而流无数国民之血。若是，则亡中国者革命之人也。”（撷述君所著《中国革命史》第□章①第三节中之语）可谓尽抉其弊矣。信如是也，则“立宪”二字，将来能至如否未可期，而“君主”二字，当下已先受其毒也。信如是也，则无论彼欲为君主之人未必诚有将来立宪之志愿，即使诚有之，窃恐志愿未偿，而中国已先亡也。若是乎，人民以武力颠覆中央政府，其与君主立宪制，无一毫因果之关系。此吾所敢断言，而当亦凡持种族革命论之所同认也。故此问题殆不必辩，而所余者，惟有共和立宪制之一途。

人民以武力颠覆中央政府，其与共和立宪制，有无正当之因果关系，此其现象甚复杂，非可以一言决也。吾于所著《开明专制论》第八章，剖析既略尽，今更补其所未及。

欲决此论，又不可不先取共和立宪之概念而确定之。吾示其界说有二：

（一）共和立宪制，其根本精神，不可不采卢梭之国民总意说。盖一切立法行政，苟非原本于国民总意，不足为纯粹的共和也。

（二）共和立宪制，其统治形式不可不采孟德斯鸠之三权分立论。盖非三权分立，遂不免于一机关之专制也。

以上二端，精神形式，结合为一，遂成一共和立宪之概念。此概念谅为言共和立宪者所能承认也。既承认矣，则吾将论此概念之能实现与否，及其能行于种族革命后之中国与否。

第一，卢梭之国民总意说

此说万不能实现者也。夫所谓国民总意者，当由何术而求得之乎？用代议制度耶？决不可。今世各国行代议制度者，非谓以被选举人代表选举人之意见也。故代议士之意见，与选举代议士之人之意见，常未必相同。然则以代议士之意即为国民总意，不可也。故欲求总意，则举凡立宪行政，皆不可不付诸直接投票。卢梭亦以为必如瑞士，乃可谓之真共和，亦以此也。虽然，瑞士蕞尔国也，而内

① 原文如此。

部复析为联邦之本位者二十二，夫是以能行直接投票，顾犹不能常行。若在他稍大之国，能行之乎？必不能矣。故国民总意之难实现者一也。复次，即行直接投票，又必须极公平而自由。万一于有形无形间有威逼之者，或愚弄之者，使其不得为本意之投票，则所谓总意者，（缪）〔谬〕以千里矣。故国民总意之难实现者二也。复次，即直接为公平自由之投票矣，遂能真得总意乎？“总”之云者，论理学上之全称命题也，必举国中无一人不同此意，然后可。苟有一人焉，仍不得冒“总”之名也。而试问横尽虚空竖尽来劫，曾有一国焉，其国民悉同一意见，而无一人之或歧异者乎？必不能也。不能，则所谓“总”者，仍不过多数与少数之比例。多数而名之曰“总”，论理学上所决不许也。故国民总意之终不能实现者三也。于是乎，所谓国民总意说，不得不弃甲曳兵，设遁词焉，而变为国民多数说。

则又诘之曰：所贵乎国民多数者何为乎？彼必曰：多数之所在，即国利民福之所在也。虽然，此前提果正确乎？吾以为多数之所在，时或为国利民福之所在，而决不能谓必为国利民福之所在。集一小学校数百学童而询之曰：若好弄乎？若好学乎？而使之以自由意志投票，吾知其好弄者必占大多数也。而以多数之故，谓好弄即为学校之利学童之福焉，决不得也。盖国家自身别有一伟大目的焉，高立于各人民零碎目的之上，而断不能谓取此零碎目的，捆为一团，即与此伟大目的同物，尤不能谓零碎目的之多数，即与此伟大目的同物也。故国民总意，微论其不能实现，即实现矣，而未必遂可为政治之鹄。若夫国民多数，固可以实现，然遂以为政治之鹄，则其于理论上基础之微弱，抑视总意说更不逮也。质而言之，则谓多数所在，即国利民福之所在者，不过属于抽象的观念。而多数果足为政治之鹄与否，更当就其国民自身之程度以求之，非可漫然下简单的断案也。

然而共和政治，舍多数说外，固无复可以立足之余地。则吾请让一步，姑承认焉，曰多数者恒近于国利民福者也。虽然，吾于此不得不补一前提焉，曰：所谓多数者，必以自由意志之多数为断；苟非自由意志之多数，非真多数也。此前提当亦为读者所同认也。则试诇诸历史。见夫国民多数之意志，有时方在此点，乃不移时而忽转其方向，尽趋于正反对之彼点者，则两者皆其自由意志乎？抑皆非其自由意志乎？抑一自由而一不自由乎？以例证之。如法国大革命时，马拉、丹顿、罗拔士比，宣告国王死刑，乃至并最初提倡革命实行革命之狄郎的士党，取而尽屠之，而得巴黎市民大多数之同意。未几马拉被刺，丹顿及罗拔士比骈首就戮，而亦得巴黎市民大多数之同意。其果前后出于自由意志乎？何变化之速也。此无他焉。盖有从有形无形间丧其自由者也。所谓有形间丧其自由者何也？一党派之势太鸱张，而其人复狞狞，中立者惮焉，不得不屈其本意以从之也。所谓无形间丧失其自由者何也？外界波谲云诡之现象，刺戟其感情，而本心热狂突奔，随之以放乎中流，而不复能自制也。夫自由意志云者，谓吾本心固有之灵明，足以烛照事理，而不为其所眩；吾本心固有之能力，足以宰制感觉，而不为其所夺，即吾先圣所谓良知良能者是也。眩焉夺焉，是既丧其自由也，内心为外感之奴隶也。于彼时也，吾所谓意志者，已不能复谓为吾之意志。及移时而外界之刺戟淡焉，而吾本心始恢复其自由。故前此之意志，与后此之意志，截然若不相蒙也。然又必外界之刺戟淡，而自由乃始得恢复耳。若外界之刺戟，转方向而生反动，则吾本心又可以随之而生反动，而复放乎中流，脱甲方面之奴籍，复入乙方面之奴籍，而所谓真自由者，不知何时而始得恢复。故波伦哈克氏，谓以革命求共和者。恒累反动以反动，亦为此而已。此实人类心理学上必至之符也。由此观之，则欲求得自由意志之真多数，其难也如此。而当人心骚动甚嚣尘上之时，愈无术以得之，章章然也。彼持共和立宪论者，苟承认国民多数说以为前提也，则当种族革命后，果有何道以得自由意志之真多数，吾愿闻之。

犹有疑此理者乎？则去年东京学界罢学之现象，最足以相证明（彼事件早已过去。吾非欲再提之以翘人之短，但其事之性质绝相类，以小例大，最可以为吾人前车之鉴。能惩前毖后，则此事件其亦于前途有影响也）。则试以留学生总会馆比政府，以留学生全体比国民，甚相肖也。其所争者，为文部省令问题。若以例国家，则政治上一问题也。总会馆上书公使，争论第九、第十条之利益范围，即法国革命前之改革也。而所争者，不能满多数留学生之意，于是有联合会起，犹法人不满于政府之改革而起革命也。初时胁执行部干事，使为取消之决议，犹法人胁国王承认其宪法也。未几，总干事及其他执行部之人多逃焉，犹法王之逊荒也。联合会遂取总会馆而据之，以决意见，发布告，则革命大功告成，而立法行政权，皆归革命党掌握也。而纠察员，则新共和政府之警察，敢死队，则新共和政府之军队及司法官也。于彼时也，幸而所谓总干事者，能藏身远害，未尝为此巴黎市民所弋获，然固已侦骑四出矣，万一不幸，而如路易十六之遁英，未出境，被国民遮留而返之，则遂变为断头台上之路易第十六，亦意中事也。盖彼时之国民，其计较是非利害之心，早置【之】度外也。又幸而此新共和政府，无执行刑罚之权也。使其有之，则浃旬之间，八千人不屠其半，亦屠其三之一也。闻者疑吾言为过乎？苟亲当其境者，必能知其时之国民心理，实如是已。幸其无此权，故不生大反动。使其有之，则反动必起，而所屠余之半或三之二，又将起而屠昔之屠人者。法人所以赤巴黎全市，而棼乱亘十余年不定，盖以此也。在当时新共和政府之党人（即联合会）固自以为国民总意也（即留学生全体总意）。夫总意固决非尔。若其为多数，则较然不能掩也。吾闻诸当时学界中人曰：实非多数，仍少数耳。然彼云停课，则竟全体停课；云退学，则竟几于全体退学；云归国，则两旬之间，归国者遽逾二千。而其时组织维持会与之相抗者，会员乃仅得二十七人。就形式上论之，谓其非大多数焉不得也。夫彼其本无大多数之实，吾亦信之。顾何以竟能有大多数之形，则其原因甚复杂。由是以细察焉，实最有益之研究也。彼其发表公意之机关，未尝严肃整备。今日甲校集议，曰全体退学；明日乙校集议，曰全体退学。今日甲省集议，曰全体归国；明日乙省集议，曰全体归国。究之所谓全体云者，不过由主动者若干人强名之，并未尝为正式之投票，其果为全体之自由意志与否勿问也。其所以能得多数者一也。又其发表公意之方法，未尝公平自由。有欲为反对的演说者，则群起而哗之；有欲为反对的投票者，则示威而胁之。于是有怯懦焉而不敢与竞者，有顾全大局而不屑与较者，则自屈其本来之自由意志，而姑从彼。其所以能得多数者二也。比皆所谓有形的干涉也。然犹不止此。其势力之最可怖者，则一般之人，为感情所刺戟，其良知不复能判断真理，其良能不复能裁制外感，冥冥之中，全失其意志之自由，随波逐流，而入于洄渟之深渊，不自知其非，不自知其害也。夫不自知其非，不自知其害，犹可言也。乃感情刺戟之既极，则至有明知其非明知其害，而犹徇感情而不恤其他者，比比然矣。故其为说曰"一错便错到底"，曰"一错便大家错"。盖至是而不惜以感情枉真理焉矣。其此所以能得多数者三也。迨乎浪去波平，畴昔主动者，既不复能占势力以为有形的压制，而感情刺戟之相压于无形者，亦既消灭。夫如是而后层层之束缚解脱，而自由意志，始再见天日焉。试在今日，任举一当时最激烈之留学生，叩以前事，度未有不爽然自悔，哑然失笑者。是可知其后此之意志为自由，而证前此之意志非自由矣。然幸而无反动耳。倘有反动，则他方面之层层束缚其所以相压者，亦一如其前，而所谓真自由者，未知何时而始得平和克复也。以上吾解释东京学界罢学时代之物界心界两现象如此，闻者其肯承认否耶？若不承认，吾愿别闻其解释。苟承认也，则当思国民自由意志之真多数，诚不易覯，纯粹的共和政治，诚不易行，而当国家根本破坏摇动、人心骚扰，甚嚣尘上之时，愈益无道以得之，章章明甚也。夫学界事件，则其小焉者也。然学界中人，又一国中文明程度最高者也，而犹若此，其他则更何如矣。

若我国民能以武力颠覆现在之中央政府，而思建一共和新政府乎，则其现象当何如？吾欲得正当的解释，又不能不先立一前提。前提维何？曰：最初主动占优势之人，不过属于国民之一小部分，而其余大部分之人，不能与彼同意见是也。譬如将全国民意见，区为甲乙丙丁等诸部分，其主动者，最多不过能占甲部分耳，其余乙丙丁等诸部分，虽乙部分意见，未必与丙丁同，丙部分意见，未必与乙丁同，要之具对于甲部分之意见，亦各各不与彼相同，此自然之势也。于斯时也，甲部分之人既得政，则不能无所建设无所更革，苟不尔，则不能谓之政治革命，而与共和之初意相悖也。既有施设有更革，则与之异意见之人，必交起而与之相抗，又不可避之数也。吾所立前提之界说如此。若有不承认此前提者乎，其说必曰："以我之意见如此其高深美妙，岂有他人而不同我。"虽然，此幻想也。去年学界之主动者，曷尝不自以其意见为高尚美妙。而真为高尚美妙与否，局中者宁能自知之？且即使真高尚美妙矣，而各人有各人之主观的判断，万不能以我所判断而强人也。即如近者自号革命党首领某氏，持土地国有主义。在鄙人固承认此主义为将来世界最高尚美妙之主义，然试问今之中国能行否乎？即吾信其能行，而谓他人皆能如吾所信乎？此如去年学界主张归国办学，吾安能不承认其为高尚美妙之主义？然能行与否，及能使人人同此主张与否，则终不能不听诸外界之裁择，非可以一部分人之意见例其他也。况乎寻常人之表同情于一主义也，恒非问其主义之是否高尚美妙，而先问其主义是否与我之利害相冲突。故凡一主义，苟有与某部分人之利害相冲突者，则某部分之人，必起而反抗。此万不能逃避者也。而当夫初革旧政体建新政体时，其政策必与旧社会一大部分之人利害相冲突。此亦万不能逃避者也。信如是也，则吾所立前提，既极正确，无论何人，殆不能不承认。

既承认矣，则新共和政府，对于彼反抗者，将以何道处之，最不可不深长思也。其在君主立宪国，固不能无冲突无反抗。然当其未立宪以前，已经过若干年之开明专制时代，于其间既已能缓融此冲突，而减低其程度。由开明专制以移于立宪，拾级而升，又不至助长此冲突，而骤高其程度，其所以处之者，既稍易矣。而使其立宪而如德国日本，仍含有变相的开明专制之精神，政府不必定得国民多数之同意，乃能行其职权，则其所以处之者益更易。若种族革命后之共和立宪，则大不然。昨日犹专制，而今日已共和。如两船相接触，而绝无一楔子以介于其间，则其冲突之程度，必极猛烈，显然易见。然既已名为共和，则不可不以国民总意为前提，否亦以国民多数为前提。苟蔑视多数焉，则已不能命之曰共和矣。而新政府之意见，又不过为国民一小部分之意见，而其他大部分皆与之反对，其必不能得多数，无待言也。于是新政府不能不运全力以求多数。盖非得多数，则所持意见万不能实行，而政府且一日不能存立。盖共和立宪之性质然也。如彼去年学界，必欲得所谓全体归国多数归国者，然后可以拱卫其所主张亦性质然也。然则何术而能得多数耶？则必或用直接间接手段，以干涉其发言权投票权，或从种种方面，弄小（技）〔伎〕俩，以刺戟其感情，使益涨于高度，迷其故常，而饮新政府之狂泉，于是乎渐得多数。夫用直接间接手段以干涉，既已惹起一般之不平，而为新政府之隐患。弄小（伎）〔技〕俩以刺戟其感情，始焉未尝不见小效，而感情既奔于极度，则又非复新政府所能裁抑。如踮驰之马，既已奔逸，宁复衔勒之所得驭？是又新政府之隐患。而况乎所谓渐得多数者，亦不过多数云尔，无论如何，总不能得全体，必仍有最小之部分焉，有强毅之意志，而抵死不肯屈从。而其人又必为旧社会中之有力者也。如去年联合会势力披靡全学界之时，而犹有维持会之二十七人。此亦自然必至之符也。于彼时也，新政府之人，若不能降服此小部分之强毅者，则其地位终不能安，故不得不滥用其运手段所得之多数威力，而蹙彼反对者以不堪。此非好为之，而骑虎之形，固不得不尔也。蹙之既极，而反动起焉。彼新政府既伏有种种之隐患，故强毅之反抗者乘之，而遂蹶。无论迟早，终必有蹶之一日也。其既蹶也，则前此强毅之反抗者代之。代之者既蓄怨积怒，而加以前此一般被干涉者之不平，又加以刺戟于感情者，既为失其故常之热度，则其所以还施于前政府者，往往视前政府而尤甚，亦必至之势也。于是反动复反动，皆循此轨以行，速则数岁，迟则数十年，而未能宁息。于彼时也，甲乙丙丁诸部分之人，竞政权于中央，而他事皆不遑及。有武人拥兵于外，如该撒、拿破仑其人者，则俟狺狺群犬两毙俱伤之时，起而收渔人之利，以行共和专制。若无其人，则各地方当骚扰凋瘵之后，秩序已破，而复乘中央政府之无暇干涉，则群盗满山，磨牙吮血，举国中无一人能聊其生。若无外国乘之，则俟数年或数十年后，有刘邦、朱元璋起，复于君主专制。若有外国，则不俟该撒、拿破仑、刘邦、朱元璋之兴，已入而宰割之矣。于是乎其国遂亡。呜呼！言念及此，安得不股栗也。呜呼！读者试平心静气以察之，鄙人所言，其果合于论理否也？如其不合也，愿读者有以教之。如其合也，则请公等，于种族革命后建设共和立宪制之论，稍审慎焉，乃可以出诸口也。

问者曰：然则主动者，或具极高尚之人格，届时自审不能得多数也，则奉身而退，让诸他之多数者，其可以免此患乎？应之曰：不然。其事固不能行。即行矣，而其患亦不能免也。所谓其事不能行者，何也？夫所谓最初主动占优势之人，质言之，即革命党首领其人也，既排万险历万难以颠覆中央政府，其本心岂非以旧政府可愤可疾，故为民请命而颠覆之也。当其初成功也，旧政府之气焰，尚未遽绝，盖犹有余烬焉。故当时除革命军占最优势之外，其占次优势者，乃旧政府党人，而此外未有第三之势力焉能与之敌者。革命党若曰：吾既已颠覆旧政府，而吾之责任毕矣，急流勇退，而一切善后，听诸国民，则起而代之者，必占次优势之旧政府党人也。其必释憾于革命党，而党员生命供其牺牲焉，固意中事。不宁惟是，革命事业，一切随而牺牲。然则前此之扰扰也，奚为也哉？故新政府初建，而革命党中人，必不能不出死力以自壅植其权力，势则然也。今让一步，而曰主动人奉身以退，而国权或仍可以不落旧政府党之手，然吾犹谓其患终不能免者，何也？盖让政权于他部分之人，而其不能得多数，亦与我同也。如甲部分让诸乙部分，而乙部分复有甲丙丁三部分与之立于反对之地位。让诸丙丁部分亦然。故无论何部分，皆不惟不能得总意，并不能得多数，势使然也。吾闻诸粹于政学者之言曰：凡非在历史上有久发达而极强固之两大政党者，其国万不能有多数政治。夫政党而必限以两者何也？必全国中政治之原动力，仅划然中分为两中心点，然后有多数少数之可言。盖非甲多于乙，则乙多于甲。甲多于乙则甲为政，乙多于甲则乙为政。而非若党派分歧之国，甲为政而乙丙丁等从而挠之，乙为政而甲丙丁等从而挠之也。故现在全世界中，以多数少数而进退执政之国，惟英美两国能行之而蒙其利，其他则皆利不足以偿害（德国、日本非以多少数进退执政者），皆此之由。夫一国政治动力集于两大政党，此决非可望诸未有政治思想未有政治能力之国民，而秩序新破时，更愈不能望也。然则最初主动占优势之党派，虽复高蹈善让而终不能免此危亡。此无他，共和立宪制，实不适于此等国家与此等时代，而非关在位之人之贤不肖何如也。

然则在历史上久困君主专制之国，一旦以武力颠覆中央政府，于彼时也，惟仍以专制行之，且视前此之专制，更加倍蓰焉，则国本其庶可定。所谓刑乱国用重典是也。而我国三千年间之历史，大率当鼎革之初，靡不严刑峻法以杜反侧，越再三传，人心已定，而始以仁政噢咻之，其理由皆坐是也。于彼时也，而欲慕共和之美名，行所谓国民总意的政治国民多数的政治，则虽有仲尼、墨翟之圣，而卒无以善其后也。夫既不能不仍用专制，且不能不用倍蓰之专制，则其去政治革命以救国之目的，不亦远乎？

第二，孟德斯鸠之三权分立说

此说亦万不【能】实现者也。此其理，近世学者固多言之。吾于所著《开明专制论》第七章亦曾述之。然寻常学者之言其流弊也，不过谓机关轧轹而缺调和，谓施政牵制而欠圆活。夫此犹为民政基础已定之国言之耳。若新造时，则其弊尤不止此。盖危险有不可思议者焉。请言其故。凡一国家，必有其最高主权。最高主权者，唯一而不可分者也。今三权既分矣，所谓最高主权者，三机关靡一焉得占之。然则竟无最高主权乎？苟无之斯不成国矣，既有国家之形，则必有之。然则三权分立之国，其最高主权安在？曰：仍在国民之自身而已。于是不得不复返于国民总意之说。所谓国民总意，即最高主权也。总意既不能得，则国民多数，即最高主权也。于是多数之国民，对于行政立法司法之三机关，而皆可以行其总揽之权。何也？彼诸机关皆吾所命耳，一旦拂吾意焉，吾即可以易置之。盖其根本精神应如是也。论者或责备去腊东京学界中人，谓总会馆之干事也，评议员也，皆彼等以自由意志用多数投票而公举者也，既举之矣，而不肯服从其意见，何也？吾以为此所谓责其不当责者也。夫谓吾既举之而即当服从之者，霍布士之说也，最高主权移于他方也。若卢梭说，则最高主权，无论何时，而皆保存于国民之自身也。夫既已三权分立矣，则最高主权，非在国民自身而何在也？故吾昨日可以自由意志选举者，明日即可以自由意志，而取消也。故如瑞士之制，随时得以国民五万人之同意，遂行全国普通投票，得多数取决，即可取国家根本法而变更之。盖共和制之真精神，实在是也。然此惟如瑞士者能行之耳。若夫在不惯民政而党派（纷）〔分〕歧、阶级分歧、省界分歧种种方面利害互相冲突之国，则惟有日以此最高主权为投地之骨，群犬狺狺焉竞之，而彼三机关者，废置弈奕棋，无一日焉得以自安已耳。盖随时拈一问题，可以为竞争之鹄，而国民复无判断真是非真利害之能力，野心家利用而播弄之，略施小（技）〔伎〕俩，即可以刺戟其感情，而举国若狂。故所谓多数者，一月之间，恒三盈而三虚。彼恃多数之后援以执政权者，时时皆有朝不保暮之心，人人皆怀五日京兆之想，其复何国利民福之能务也？夫去年东京留学生总会馆之旧政府，其初意岂料以区区文部省令之问题，而遂致颠覆也？而竟以颠覆。盖千金之堤，溃于蚁穴，非人力之所能虑及也。夫留学生总会馆之政府，惟有义务而无权利，故人无所歆焉尔。若夫一国之政权，则无论文明国野蛮国之人，皆所同欲也，而况在教育未兴民德未淳之国，人人率皆先其私利，而后国家之公益。今也倾轧他人而自代之也，既如此其易，夫安有不生心者乎？更隳括言之，则三权分立之政治，即最高主权在国民之政治也。而最高主权在国民之政治，决非久困专制骤获自由之民，所能运用而无弊也。准是以谈，则虽当革命后新建共和政府之时，幸免于循环反动以取灭亡，而此政体终无术以持久断〈断〉然矣。不持久奈何？其终必复返于专制（或返于共和专制，或反于君主专制）。然则其去政治革命以救国之目的，不亦远乎？

彼极端激烈派之不喜闻吾言者，必曰：子曷为频举法国之前事以相吓？彼美国非革命乎？而何以能行共和而晏然也？呜呼！夫美国非我中国所能学也。彼其人民积数百年之自治习惯，远非我比。吾既已屡言之，然此或犹未足以使激烈派死心塌地。彼将曰：吾自军兴伊始，即畀权于民，兵权涨一度，民权亦涨一度，迨中央政府覆，而吾民之能自治，遂如美国也。纵吾曰不能，而彼曰能之，此程度问题，各凭其人之主观判断，吾安从难焉？虽然，即让一步，而谓革命成功时，吾民之程度已如美国，抑犹当知吾中国之建设事业，非可如美国云也。论者曾读美国宪法乎？彼其中央政府之权限，不过募发军队、接派外交官、定关税、借国债、铸货币、管邮政、保护版权及专卖权、定入籍法破产法、管理海上裁判及甲省与乙省之诉讼等区区数端而已，其他一切政治，为宪法明文所未规定者，如教育警察农工商务及至各省财政各省普通立法等诸大政，皆属各省政府之权，未尝缘革命而有所变置者也。其变置者少，故其冲突也不甚，然犹各怀其私，莫能统一。盖自一七八三年军事定，直至一七八九年始布宪法，举华盛顿为大统领。此六年间，各省暴动屡起，华盛顿为之端居窃叹，而惧前劳之无良果。此稍读美国史者所当能知也。于彼时也，幸而彼各省故有政府有议会耳。不然，夫安见美之不为法也？而彼后此宪法，亦惟节缩中央政府权限，除荦荦数端外，一无所更革，其他政治，一如未革命以前，故大体无冲突，而仅乃相安。使其事事而干涉焉，夫又安见美之不为法也？论者如谓我中国革命后之中央政府可以无须有伟大之集权，而一切政治，皆悉听人民之自由，而无劳干涉也，则援美国为前例焉，犹之可也。然试问若此者，能为治乎？如其不能，则请毋望新大陆之梅以消我渴也。

至是而人民以武力颠覆中央政府，其与共和立宪制，无一毫因果之关系，吾敢断言矣。夫其与君主立宪制无关系也既若彼，其与共和立宪制无关系也复若此。故吾得反其小前提曰：

种族革命，实不可以达政治革命之目的者也。

随而反其断案曰：

故种族革命，吾辈所不当以为手段者也。

若是乎，苟不以救国为前提，而以复仇为前提，置政治现象于不论不议之列，惟曰国可亡仇不可不复者，则种族革命诚正当之手段也。若犹如陈君之教，以救国为前提乎，则种族革命者，不惟不可以为本来手段直接手段，而并不可以为补助手段间接手段，盖真当一刀两断，而屏除之于一切手段之外者也。世有真爱国之君子，其肯听吾言可也。

（附言）吾所论种族革命之不可，及共和立宪之不可，皆就政治方面以立言，不及其他。盖此问题不能解释，则其他问题虽尽解释，而论者之壁垒，犹不能自完也。顷见某报有《论支那立宪必先以革命》一文，驳反对革命论者之说，而举其两端，一曰怵杀人流血之惨，二曰惧列强之干预，而于革命后政治现象未言及焉。夫吾之此论，虽至今日而大畅厥旨，然前此固已略言之，屡见于《新民丛报》中，论者宜未必熟视无睹，而竟不一及，何也？得无兵法所谓避坚攻瑕耶？然一坚之不破，虽摧百瑕，亦无益也。而况其所谓瑕者，亦未见其能破也。彼文本无可受驳难之价值，吾固宽假之荣幸之而与一言可乎？其言杀人流血之不足怵也，曰：“彼夫英吉利之三岛，与蕞尔弹丸之日本，世人艳之，谓为无血之革命。乃试一繙两国之立宪史，其杀人流血之数，殆不减于中国列朝一姓之鼎革，特其恐怖时期为稍短促耳。”呜呼！论者岂谓举国人皆无目耶？不然，何敢于为此欺人之言也？彼所谓英国之杀人流血，殆指克林威尔一役。夫克林威尔之役，岂能谓于英之立宪无大影响？而断不可谓英之宪法，由此役发生，由此役成立也。盖英为不文宪法之国，其立宪之起于何代成于何代，无有能确言之者。彼其颁布大宪章，在一二一五年，当克林威尔前四百年也。若其完全成立，则有谓其实在一八三二年之议院法改正选举法改正者（美人巴支士所著《政治学及比较宪法论》谓英国实当一八三二年后始有宪法）。则当克林威尔后百五六十年也。然则纯以彼一役为英国立宪之原因，其足以服读史者之心乎？且既以彼一役论，曷尝有极大之杀人流血？彼役之最惨酷者，则对于爱尔兰及旧教徒之虐杀也，然与立宪无关也。若日本则西乡隆盛以军东指，胜安房以城迎降，东台一战，死伤者不过数百，其后西南之役，又与立宪纯然无关也。而论者乃谓其数不减于我列朝一姓之鼎革。夫我列朝之鼎革，其屠戮之数若何，今虽无确实之统计，而一役动逾数百千万。史上之陈迹，尚可略考而推算也。今论者为此言，苟其非自无目而于英国史日本史及中国史未尝一读，必其欺举国人无目而谓其于英日史及中国史无一人能读者也。陈君之言曰：“中国今日而革命也，革命之范围必力求其小，革命之期日必力促其短，否则亡中国者革命之人也。”此诚仁人君子之言，而谓杀人流血之不可以不怵也。而试问今日若行种族革命，其范围有术能求其小，其期日有术能促其短乎？若其不能，则亦如陈君所云亡中国而已。吾闻诸论者之言曰：“军既兴，定一县则开一县之议会，以次定十八省，则全开十八省之议会。”信如是也，是其范围极广也。又曰：“自军兴以迄功成，则全国民自治习惯已养成焉。”信如是也，是其期日极长也。使陈君之言而无丝毫价值也，则论者之政策，其或可行；使陈君之言而有价值也，则论者之政策，不外陈君所谓亡中国之政策而已。夫彼所以敢于立一“杀人流血不宜怵”之断案者，殆有两前提焉。其一则曰：非杀人流血不能立宪也；其二则曰：杀人流血，于中国之前途无伤也。然其第一前提不衷于历史也既若彼，其第二前提不应于事实也复若此，亦适成为脆而易破之理论而已。其言列强干涉之不足惧也，亦有两前提焉。其一则谓列强持均势主义，莫敢先发难。其言曰：“一起而攫之，一必走而挠之，无宁两坐守之而尚可以少息也。”其二则谓我实行革命，列强将畏我而不敢干涉。其言曰：“列强之所以环瞰者，吾之不动如死，有以启之。一旦张耳目振手足，虽不必行动若壮夫，而彼觊觎之心，固已少息。欧族虽恃其威力，然未有不挠折于如荼如潮之民气者。”此两前提又果正确乎？则试先检其第二前提。其第二前提，童騃之言也。未尝一自审吾之力如何，又未一审人之力如何，惟喊杀之声连天，遂谓人之必将闻喊声而震慑也。夫威力而果挠于民气乎？义和团之民气，曷尝不如荼如潮？而列国联军之威力，曾挠折焉否也？论者必将曰：彼野蛮而我文明也。问彼野蛮而我何以能文明？必将曰：彼由下等社会主动，我由学界或其他中等社会之人主动也。则试问抵制美约，学界人主动矣，美国曾挠折焉否也？上海闹审罢市，学界人主动矣，英国曾挠折焉否也？东京罢学，学界人主动矣，日本曾挠折焉否也？夫吾非谓民气之必不可用也，而用之必与力相待。无力之气，虽时或偶收奇效，而万不可狃焉以自安也。力者何？强大之陆海军是已。苟有是物，则天下万国，可以惟余万首是瞻。若其无之，虽气可盖世，而遂不免于最后之灭亡。中国而欲绝人觊觎也，必其行动确然为一壮夫焉，斯可也。仅若壮夫，犹不足以威敌。而论者乃谓不必若壮夫，惟张耳目振手足而人已惮矣，其毋乃言之太易乎？将来之事未可知，而以最近电报，则美国人固派二万五千之陆军，以防我暴动，且彼明言所防者不仅在排外而尤在排满矣。彼反对革命者，谓列强必干涉，而主张革命者谓列强必不干涉，其果谁之言验而谁之言不验耶？夫民气犹火也，善用之可以克敌，不善用之亦可以自焚。暴动之起，主动者无论若何文明，而必不能谓各地方无闹教案杀西人之举。此事势之至易见者，而谓人之能无干涉乎？且就令无闹教之举，而以暴动之故，全国商业界，大生影响，而谓人之能无干涉乎？必不然矣。呜呼！我国人虚骄之态，殆其天性矣。前者为顽固的虚骄，今也为浮动的虚骄，外形不同，而精神实乃一贯。日本人所笑为一知半解的国权论，其言虽刻薄，而固不得不谓之切中也。今日欲救中国，惟忍辱负重，厚蓄其力，以求逞于将来。而论者乃于毫无实力之国民，惟奖其虚骄之气以扬其沸，是得为善医国矣乎？是其第二说是不能自完也。

则请复检其第一前提。其第一前提，所谓知其一而未知其二者也。夫自今以往，列强中无一国焉能独占利益于中国，无待言矣。如英如日如美，皆不愿中国之瓜分，亦无待言也。虽然，列强固未尝不持机会均等主义，日眈眈焉眴一机会之至，而各伸其权力于一步。若中国民间而有暴动，是即予彼等以最良之机会也。则试为悬揣将来革命之趋势（此段单言革命者，即指种族革命，非指政治革命也，勿误）。为中央革命乎？为地方革命乎？中央革命者，如法国然，仅起于巴黎，取旧王室旧政府而颠覆之，不必以革命军（靡）〔糜〕烂四方也。然此恐非中国所能望，如是则必地方革命。地方革命，如其乍起旋灭，仅以现政府之力能削平之，则不必论。然此又必非言革命者之所望也。吾于是如其愿，谓革命军之力足以蔓延数省而现政府不能制之。于彼时也，则外国之态度如何？现政府之态度又如何？外国必频促现政府削平之，否则干涉。现政府初时必不许，及自审其不能制，则转而求外国之协助。外国则或俟现政府之请求然后干涉焉，或不俟其请求而先干涉焉，皆意中之事也。于彼时也，又当视革命军之举动如何。革命军必求列强承认其为国际法上之内乱团体，固也。然无论何国，断无有孟浪焉以承认者也。其中必多有绝对不承认者，亦或有徘徊焉观其将来之趋势，而始确定其承认或不承认者。但得一二国徘徊焉，已非有极才之外交家不能矣。然即有极才之外交家，亦仅能得其徘徊，不能得其承认。欲得其承认，必须有二种实力：（一）革命军之地位，确已视占政府占优势；（二）革命军确能保障其领土之平和，使外人生命财产，得十分安全，有再起暴动者，革命军顷刻即能镇压之。然此两种实力，固非易言也。苟彼此之地位，优劣久难决，则相持久而影响于商业者甚大，外国必欲其一仆而一存，此自然之理也。然欲仆革命军以存旧政府者，必多于欲仆旧政府以存革命军者。彼诚非有所偏爱偏憎，然扶旧政府以仆革命军，则其可以得利益之机会必甚多。彼自为计，宁出于此耶？然犹必革命军于其领土内能确有保障平和之实力，乃久徘徊耳。若以有革命军之故，而致彼之生命财产，蒙危险的影响，则其绝对的不承认，或始虽徘徊，而随即转方针为不承认，此一定之势也。而排满之心理，恒与排外之心理相连属。在最初革命主动者，固已难保其不含此性质。即曰吾能节制之，而影响所波动，必唤起各地方之排外热，此实不可逃之现象也。于彼时也，革命军以威力镇压之乎，恐遂以此失人心而生内讧。苟放任之，则此等现象将续〈续〉起，而欲求外国承认之希望遂绝。夫不承认则必干涉矣。又让一步，而谓革命军以极机敏之行动，能于外国未及干涉之前，以迅雷不掩耳之势，遽仆中央政府，或中央革命与地方革命同时并行，如是则革命军既取旧中央政府而代之矣，则于斯时也，举全国十八省中无论何处有暴动，而危及外国人之生命财产者，革命军皆不可不任其责。何也？使革命军与旧政府对立，则革命军所负责者，惟在其已略得之领土耳，此外则旧政府任之。若旧政府既亡，则革命军任责之范围逾广。盖权利与义务之关系，应如是也。而以仓猝新造之政府，能保各省之无骚动乎？有骚动而其力遂足以遍镇压之乎？必不能矣。不能，而欲各国认我为国际上一主格，此必不可得之数也。藉曰无骚动矣，有骚动而能镇压之矣，犹当视其新政府之基础如何，能无于政权攘夺之间，生冲突乎？苟如吾前者所言建共和政体而不能成立也，则不必问各地方之现象如何，即以中央政府之蜩螗沸羹，而亦足以召干涉。干涉则奈何？夫论者所谓“一起而攫之一必走而挠之”，此义固吾所已承认者也。然则干涉之结果究奈何？曰：使革命军而久未能覆旧政府，则彼与旧政府提携，以联军代戡定之，而于事后取机会均等主义，各获莫大之报酬于旧政府云耳；使革命军而遽覆旧政府，而或不能镇压地方之骚扰，或不能调和中央之冲突，则彼亦将以联军人而再覆此新建之政府。于彼时也，新旧政府既皆灭绝，而举国中无一人有历史上之根柢，可以承袭王统者。其间必有旧王统之亲支或远派，遁逃于外以求庇。于是联军乃拥戴之以作傀儡。此路易第十八之所以能再王法国也。而此傀儡之废置，自兹以往，一惟外国人之意，而中国遂永成埃及矣。信如是也，则革命军初意，本欲革满洲之王统，而满洲卒未得革，不过以固有之王统，易为傀儡之王统而已。则试问于中国前途，果为利为害？而言革命者，亦何乐乎此也？夫论者所谓“一起而攫之一必走而挠之”，以此证列国中无能用单独运动以行干涉者，则其说完矣。然须知列国尚有以共同利害关系之故，用共同运动以行干涉，此实将来不可逃避之现象也。故吾谓彼知其一未知其二也。要之兵法曰：毋恃敌不来，恃我有以待之。今日不言革命则已耳，苟言革命，万不能曰外国殆不干涉而掩耳盗铃以自慰也（俗语所谓一心情愿）。必其自始焉，曰：吾固预备外国干涉，彼从某方面干涉，吾之力可以从某方面拒之；彼用某手段干涉，吾之力得用某手段以胜之。不观法兰西乎？其大革命时，外国联军所以干涉之者何如？法人之力，能战联军而退之，仅足自支耳，不然，则不待拿破仑之兴，而已为波兰，未可知也（美国独立时，其情形又稍不同。彼僻在新大陆，与欧洲列国关系甚浅。当时有势力于新陆者，惟英法两国。英其敌国也，而法则以妒英之故，反为美援也。故彼无干涉之患。而我中国今日情形，实同于法而不同于美，至易见也。故又未可援美以自慰也）。而所谓某方面某手段者，又必须有确实证据，将彼我之实力，统计而比较之，而确见其为如是，万不能以空谈及模糊影响之言以自欺也。今持革命论者，亦曾计及此而确有所自信乎？若有之，请语我来。若其未也，则不惧外国干涉之言，慎勿轻出诸口也。

以上所驳，吾欲求著者之答辩。若不能答辩，则请取消前说可也。但即能答辩此节，而于革命后不能建设共和立宪制之论，不能答辩焉，则种族革命说，即已从根柢处破坏而不许存立也。

又顷见种族革命党在东京所设之机关报，大标六大主义：一曰颠覆现今之恶劣政府，二曰建设共和政体，三曰维持世界真正之平和，四曰土地国有，五曰主张中国日本两国之国民的连合，六曰要求世界列强赞成中国之革新事业。吾见之而瞀惑不知其所谓。其第一条颠覆现今恶劣政府，此含有政治革命的意味，虽用语不甚的确，犹可言也。其第二条建设共和政体，则吾此文及《开明专制论》第八章，已令彼之此主义无复立锥地。其第三条维持世界真正之平和，言之太早。请公等先维持我国之平和，待我国既自立，他国有疑我怀侵略世界之野心者，其时自表白焉，犹未为晚。其第四条土地国有，则公等若生于乌托邦，请实行之。若犹未能脱离现今地球上各国土，则请言之以自娱可也。其第五条主张中日两国国民的连合，可谓大奇。所谓连合者，属于交际的耶，则何国不当连合，岂惟日本？言日本则日本以外之各国岂皆排斥乎？属于法律的耶，即命之曰两国国民，则何从连合？合日本于中国乎？是又谚所谓一心情愿也。合中国于日本乎？公等虽欲卖国于日本，恐四万万人未必许公等也。其第六条要求列国赞成中国革新事业，亦大奇。中国革新事业，中国之主权也，岂问人之赞成不赞成？夫要求云者，未必可得之辞也。如彼言外之意，万一列国不赞成，我遂不能革新乎？然则中国不已失独立之资格乎？噫嚱！吾知之矣。彼其意殆云要求列强承认我共和新政府也，但不敢明言之，故易其词以自饰，而忘其用语之不正确也。其第五条则因偶结识日本之浮浪子数辈，沾沾自喜，恃以为奥援。此终不离乎媚外之劣根性也。而以此为政纲以号于天下，是明示人以举党中无一有常识之人耳。以吾读该报，除陈君天华之文以外，可直谓无一语非梦呓，不能多驳之以费笔墨，仅举其政纲与一国有识者共评之。

第二　舍种族革命之外更无他道焉可以达政治革命之目的也

此小前提正确与否，即吾之政论正确与否之所攸判也。夫种族革命，不可以达政治革命之目的，既为绝对的而无所容疑，而使更无他道焉可以达之，是亦束手待亡而已。盖陈君于种族革命之能否间接以救国，亦未尝无疑焉，而觉舍此以外，无一而可，故不得不姑倡之以为尝试也。其言曰“我退则彼进。岂能望彼消释嫌疑，而甘心与我共事乎”，是其义也。某报之言亦曰：“今乃欲以种类不同血系不属文化殊绝之二族，而强混淆之，使之为一同等之事业，其声气之隔膜，已不待言。而况乎此二族者，其阶级悬殊，又复若云泥之迥判，相猜相忌，已非一日。于此而欲求一推诚布公之改革，岂可得乎？”此其论亦含一面的真理，而驳辩之颇不易易者也。吾所以驳解者则如下：

试请读者暂将复仇一念，置诸度外，平心以观察现今之政局，其所以不能改革者，其原因专在种族上乎？抑种族之外尚有他原因乎？抑原因全在他，而与种族上毫无关系乎？就此以立三前提。其第一前提曰：徒以种族不同，故不能改革也。其第二前提曰：既以种族不同，复以他种障碍，故不能改革也。其第三前提曰：徒以他种障碍，故不能改革也。若第一前提正确，则仅为种族革命，而即可以改革。若第二前提正确，则一面既为种族革命，一面复取他障碍而排除之，而后可以改革。若第三前提正确，则仅排除他障碍，即不必为种族革命，而亦可以改革。此三前提孰为正确，非以严密的归纳研究法不能得之。然此归纳研究法，正未易施也。

欲从事研究，则不可不取改革之定义而先确定之。所谓改革者（即论者所谓开诚布公之改革），吾欲以立宪当之，次则开明专制亦可以当之，此谅为论者所肯承认也。即不承认开明专制，亦必承认立宪。故吾今就立宪以立言。

凡治论理学者，其所用归纳研究法有四，而最适用者，曰类同法（Method of Agreement），曰差异法（Method of Difference）。今试以类同法求不能立宪之原因。类同法者，甲现象之显，而必有乙现象，起于其前，或乙现象之显，而必有甲现象随乎其后，因知乙现象必为甲现象之原因也。如“甲乙丙”之后恒有“呷＝叮”，“甲已丁”之后恒有“呷＝叮”，“甲丙丁”之后恒有“呷＝叮”，由是知“甲”必为“呷”之原因，“呷”必为“甲”之结果也。今请以“甲”代“种族不同”，以“呷”代“不能立宪”，而求诸百余年来各国之历史。法国当一七九一年以前，非“甲”也，而竟为“呷”；普国当一八四八年以前，非“甲”也，而竟为“呷”；日本当明治以前，非“甲”也，而竟为“呷”。乃至葡萄牙当一八二六年以前，西班牙当一八〇九年以前，奥太利当一八四九年以前，皆非“甲”也，而竟为“呷”。凡此皆无“甲”而能生“呷”。然则“甲”必非“呷”之原因，“呷”必非“甲”之结果明矣。申言之，则“种族不同”则必非“不能立宪”之原因，“不能立宪”必非“种族不同”之结果明矣。于是向他方面以求之，则见夫各国之不能立宪者，或其君主误解立宪，以为有损于己，或其人民大多数未知立宪之利而不肯要求。此两者皆其普通共有之现象也。故以类同法求之，知此两现象实为不能立宪之原因也。吾今以“巳”代前者，以“戊”代后者，得断言曰：“巳”与“戊”，即“呷”之原因也。然君主之误解，实由于一己之利害问题，若人民要求迫切，则君主必知不立宪而所损更甚，比较焉而误解自销。故人民要求，又为消释君主误解之原因。故不肯要求，实为不能立宪之最高原因。以代字表之，则“戊”即“呷”之最高原因也。

问者曰：“甲”不能为“呷”之单独原因，吾固承认矣。虽然，英国之在印度，以“甲”故生“呷”；法国之在越南，以“甲”故生“呷”；日本之在台湾，以“甲”故生“呷”；今满洲之在中国，亦以“甲”故生“呷”。然则安知“呷”之非有诸种原因，而“甲”即为其一种乎？若是乎，则非除“甲”而“呷”终不能除也。欲答此难，则当以差异法明之。差异法者，凡一现象恒合数部分之小现象而成。若其现象本有乙部分，忽将其除去，而续起之现象，即不见有甲部分，或其现象本无乙部分，忽将其增入，而续起之现象，即见有甲部分，因知乙必为甲之原因也。如本为“甲乙丙”，故生“呷吃呐”，及将“甲”除去，变为“乙丙”，则其续生者仅为“吃呐”，而无复有“呷”，或本为“乙丙”，故生“吃呐”，及将“甲”增入，变为“甲乙丙”，则其续生者遂为“呷吃呐”，而竟有“呷”。若是则可以断“甲”必为“呷”之原因，即不尔亦为其原因之一部分也。今试除之以求其差异乎。我中国当元代，其本来现象为“甲乙丙”，其相属之现象为“呷吃呐”。至明则将“甲”除去，所余之现象为“乙丙”，而其相属之现象仍为“呷吃呐”，不闻其以无“甲”之故而遂无“呷”也。又试增之以求其差异乎。南非洲杜兰斯哇尔及阿兰治两国，其本来之现象为“乙丙”，其相属之现象为“吃呐”。及败于英，变为“甲乙丙”，而其相属之现象仍为“吃呐”（两国今皆已有完全之宪法），不闻其以有“甲”之故而遂有“呷”也。由此观之，则可知“甲”必非“呷”之原因，且并非其原因之一部分也。反而求之，则见夫吾中国明代，以有“戊”之故，故虽无“甲”而犹有“呷”；南非两国以无“戊”之故，故虽有“甲”而能无“呷”。然则“戊”为“呷”之原因益明。

问者曰：元明之交之中国，则本有“戊”者也，南非二国，则本无“戊”者也。若夫本有“戊”而并有“甲”之国，则仅除其“戊”，不除其“甲”，而“呷”之现象遂可除乎？质而言之，则如今者之印度、安南、台湾乃至吾中国，若其人民大多数能要求立宪，则虽异族之君主不易位，而立宪可致乎？吾敢应之曰：可也。于何证之？于匈牙利证之。匈牙利之有“甲”，而并有“戊”，盖数百年也，一旦将其“戊”除去，则虽“甲”未除，而“呷”已灭，其所得结果，与本来无“甲”之国，毫无所异也。故苟使印度、安南之民智民力民德，而能如匈牙利乎，而人民大多数要求立宪，则英法终不能不以匈牙利待之。而况乎今日中国与满洲之关系，又绝非如印度与英、安南与法之关系也，且又不仅如匈牙利与奥太利之关系也。

由此言之，立宪之几，恒不在君主而在人民，但使其人民有立宪之智识，有立宪之能力，而发表其立宪之志愿，则无论为如何之君主，而遂必归宿于立宪。若如论者所谓开诚布公之改革乎，此岂惟难得诸异族君主，即欲得诸同族者，夫亦岂易易也。不然，试观古今中外历史，其绝无他动力而自发心以行开明专制者曾有几何人？而不由人民要求而钦定宪法者曾有几何国也？故曰：此别有他故焉，而非异族为政使之然也。

夫君主之所以不肯立宪者，大率由误解焉，以为立宪大不利于己也。若有人焉，为之委婉陈说，使知立宪于彼不惟无不利，而且有大利，则彼必将欣然焉，以积极的观念而欲立宪。于是乎，立宪之几动。又使于国外有种种的势力之压迫，于国内有种种的势力之膨胀，人民有所挟而求焉，使知不立宪于彼不惟无所利，而且有大害，则彼必将悚然焉，以消极的观念而不得不立宪。于是乎立宪之局成。此无论何国皆然，而绝非以种族之异不异生差别者也。故谓立宪之原因，则君主之肯与不肯，固占一部分，然其肯与不肯，仍在人民之求与不求，故人民之求立宪，实能立宪之最高原因也。亦间有君主虽肯而仍不能立宪者，则贵族实厄之。如某报论我国二百六十年来，实为贵族政治。推其意则曰：纵使满洲之君主肯立宪，而满洲之贵族亦不肯，又奈之何也？吾以为贵族政治有二大要素，而今之满洲人皆不具之。二大要素者何？一曰贵族必有广大之“土地所有权”，世袭相续；二曰贵族之意见，常能压倒君主之意见，否亦左右君主之意见。试观古今中外历史，有不具此二要素，而史家名之为贵族政治者乎？而满洲人于事实上无此二者。故指为贵族政治，其断案实不正确也（满洲人无广大之“土地所有权”，尽人能知，无待设证。若满洲多数人之意见，果能压倒君主之意见乎？论者或引一二事实为证，谓如戊戌、庚子之役，西后随满洲诸顽固党为转移，是实被压倒也。吾以为此证不正确也。若使西后之意见，与满洲多数人意见相反，而冲突之结果卒为满洲多数人所胜，斯可谓被压倒矣。而事实上确不然也。彼等苟非得西后之同意，万不能行其政策，事至易见也）。且论者所指摘，多顺、康、雍间事，久为陈迹，至今屡变而非复其旧。以今日论之，号称第二政府之天津，坐镇其间者，汉人耶？满人耶？而北京政府诸人，不几于皆为其傀儡耶？两江两湖两广之重镇，主之者，汉人耶？满人耶？乃至满洲本土之东三省，今抚而治之者，汉人耶？满人耶（汉军固不得谓之满人）？平心论之，谓今之政权在满人掌握，而汉人不得与闻，决非衷于事实者也。夫谓彼汉人者，不过媚满洲之一人，乃得有此，斯衷于事实矣。然即此可证权力之渊源，实在一人之君主，而非在多数之贵族矣。夫吾之所以语此现象者，凡以证明中国今日实为君主专制政治，而非贵族专制政治云尔。吾之所以必为此证明者，以见中国今日，苟君主不欲立宪则已耳，君主诚欲之，则断非满洲人所能沮也。夫沮之者固非无人矣，然其人岂必为满洲人？吾见夫今日汉人之沮立宪者，且多于满人，而其阻力亦大于满人也。由此观之，谓君主以其为君主之地位，而认立宪为不利于其身及其子孙，而因以不肯立宪焉，此诚有之；谓其以为满洲人之地位而认立宪为不利于其族，而因以不肯立宪焉，则深文之言，非笃论也。即君主以外而有沮立宪之人，亦不过其人各自为其私人之地位，恐缘立宪而损其权力，是以沮之，而决非由种族之意见梗其间也。使其出于种族之意见也，则必凡汉人尽赞焉，凡满人尽梗焉然后可。然今者汉人中或赞或梗，满人中亦或赞或梗。吾是以知赞也梗也，皆于种族上毫无关系者也。

（附言）吾前文以类同法、差异法研究不能立宪之原因，而解释此问题，谓不问君主之为异族为同族，而专问人民之能要求不能要求，其最后之结论，则谓人民果能要求，则虽异族之君主，而犹必可立宪也。然此特如论者之意，认满洲与我，确沟然为两民族，始纡曲而得此结论耳。但以严格论之，满洲与我，确不能谓为纯粹的异民族，此吾所主张也。顷见某报复有一文，题曰《民族的国民》，其言若甚辩，但以吾观之，则彼所列举之诸前提，皆足以证我断案之正确，而不足以证彼断案之正确。今撷述其说而疏通证明之。彼云："民族者同气类者也（节其定义之要点）。所云气类，条件有六：一同血系，二同语言文字，三同住所，四同习惯，五同宗教，六同精神体质。此六者，皆民族之要素也。"此前提根据于近世学者之说，吾乐承认之。惟据此前提以观察汉人与满人之相互关系，其第二项同语言文字，则满洲虽有其本来之语言文字，然今殆久废不用，成为一种之礓石。凡满人皆诵汉文、操汉语，其能满文满语者，百不得一，谓其非与我同语言文字不得也。夫凡异族之相灭，恒蹂躏其国语，如俄灭波兰，则禁波人用波语；奥太利之于匈牙利，初则官署及议会，皆不得用匈语，直至去年，匈人所求于奥者，仍为军队上用匈语之一问题也。故如匈之与奥，斯可谓之异族。何也？其语言文字，划然不同，而匈人凡属政治方面，其国语皆受压迫也。若满洲则何有焉？其固有之语言文字，已不适用于其本族，而政治各方面，我国文国语，立于绝对的优胜之地位，更无论也。其第三项同住所，则满洲之本土，汉人入居者十而八九，而满人亦散居于北京及内地十八省，至今不能为绝对的区别，确指某地为满人所居也。其第四项同习惯，则一二小节，虽或未尽同，而语其大端，则满人大率皆同化于北省之人，其杂居外省者，亦大略同化于其省，事实之不可诬者也（若举其小节之不同，则我国南省与北省，亦有不同者矣。吾以为满人习惯之异于我者，亦不过我南省与北省异之类耳）。其第五项同宗教，则现在汉人中大多数，迷信“似而非的佛教”，满人亦然；现在汉人中少数，利用“似而非的孔教”，满人亦然。是其极相吻合，更不待言。若夫其第六项，同精神体质，则汉满二者果同果异，此属于人种学者专门的研究，吾与论者皆不应奋下武断，但以外形论之，则满洲与我，实不见其有极相异之点，即有之亦其细已甚，以之与日本人与我之异点相较，其多寡之比例，较然可见，而欧美更无论矣。然则即云异族，亦极近系之异族，而同化之甚易易者也。其第一项同血系，则二者之果同果异，又属于历史学者专门的研究，吾与论者又皆不能奋下武断。爱新觉罗氏一家，自其有史以来，与我族殆无血系之相属，吾亦承认之。若其最初果有关系与否，则今未得证明，不能确断（彼自述其神话时代之谱系，如天女鸟卵等诸说，此不过袭吾国前此谶纬之唾余，谓帝者无父，感天而生，如“天命玄鸟”“履帝武敏歆”等之成说耳。凡中国历朝之君主莫不然。即各国神话，亦莫不然，未可据为信史也）。就令此一家者，自始与我无丝毫之身系相属，然亦限于彼一家耳，不能以概论满洲全族。其他之满（州）〔洲〕人，则自春秋时齐燕与山戎之交涉，秦时王莽时三国时，人民避难徙居辽沈者，其数至伙，历史上斑斑可考（今限于本文之问题，不能备举以增支蔓。若有欲索吾立证者，吾可据历史以应之）。然则谓凡一切满洲人，皆与我毫无血统之关系，吾断不能为绝对的承认也。一切之满洲人，既与我或有血统之关系，则爱新觉罗氏，或有或无，是终在未定之数也。就以上所辨，则论者谓民族之六大要素，满洲人之纯然同化于我者，既有四焉，其他之二，则彼此皆不能奋下武断。而以吾说较诸彼说，则吾说之正确的程度，比较的固优于彼说也。故以吾所主张，则谓以社会学者所下民族之定义以衡之，彼满洲人实已同化于汉人，而有构成一混同民族之资格者也。

复次，彼论文复揭所谓同化公例者凡四：第一例，以势力同等之诸民族，融化而成一新民族；第二例，多数征服者吸收少数被征服者而使之同化；第三例，少数征服者，以非常势力吸收多数被征服者而使之同化；第四例，少数征服者为多数被征服者所同化。此四公例者，亦吾所乐承认也。而吾则以为满洲在中国，实如彼所举第四例之位置，故畴昔虽不能认为同族，而今后则实已有构成一混同民族之资格也。而论者必强指其为第三公例之位置，是不免枉事实而就臆见也。彼其所举证据分二种，每种复分二类。其第一种曰“欲不为我民族所同化”。就中第一类曰“保守其习惯”，杂引顺、康、雍、乾间各上谕以为证；第二类曰“发皇其所长”，则谓二百年来兵权悉萃于彼族而我族无与焉，亦举顺、康、雍、乾间故实以为证。凡其所举者，亦吾所承认者也。虽然，此不过百余年前之事耳。若近百年来则何如？彼所云保守其习惯者，虽三令五申，而诲谆谆而听藐藐。今则并其固有之语言文字，莫或能解，而他更无论矣。若夫兵权，则自洪杨一役以后，全移于湘淮人之手，而近今则一切实权，皆在第二政府之天津，又事实上之予人以共见者也。至其所举第二种，谓满洲欲迫我民族同化于彼者，其最重要莫如薙发一事。此亦吾所承认也。然此事抉去之甚易易，且（挽）〔晚〕近其机已大动，一旦仿西风倡断发，则一纸之劳耳。故此事虽为我同化于彼之一徽识，而亦决不能久也。夫满洲自二百余年前，不能认之为与我同族，此公言也（其血系及其精神体质相同与否，不能断言。而语言文字、住居、习惯、宗教，皆不相同，故不得认为同族也）。其顺、康、雍、乾间诸雄主，不欲彼族之同化于我，亦其本心也。无奈循社会现象之公例，彼受同化作用之刺戟淘汰，遂终不得不被同化于我（日本小野塚博士谓凡两民族相遇，其性格相近，而优劣之差少者，其同化作用速；其性格相异而优劣之差少者，其同化作用迟，其优劣之差远者，其同化作用速。论者引之，而谓满族与我，文野相殊，适合乎第三例。此语亦吾所承认者也，故吾谓今日满洲之位置，适如彼所举同化公例之第四种，盖亦谓此。而论者必谓其属于第三种，而引彼大酋所以思障其流者以为证。曾亦思此同化作用之大力，决非一二大酋所能障乎？故至今日而小野塚之言既毕验矣）。虽彼不欲之，而固无无如何。而事实之彰明较著者，则今既若是矣，然则就今日论，而必谓彼欲化我之可畏，必谓我欲化彼之不能，请论者平心思之，其果为适于事实衷于论理矣乎？必不然矣。

夫论者固亦自知其说之不完，故于其下方又曰："其昔之所汲汲自保不欲同化于我者，已无复存。"又曰："凡此皆与嘉、道以前成一反比例。"是论者亦认满洲为已同化于汉族，如彼所云同化公例之第四项矣。乃旋复支离其词，谓立宪说若行，则我民族遂永沈于同化之第三例。此真所谓强词夺理，不可以不痛辩也。今复取而纠之。论者谓"民族不同而同为国民者，其所争者莫大于政治上之势力。政治上之势力优者，则其民族之势力亦独优"。此前提亦吾所承认也。然此又适足以证吾说之正确，而不足以证彼说之正确也。彼之言曰："今者满洲欲巩固其民族，仍不外乎巩固其政治上之势力。由是而有立宪之说。"又曰："吾今试想（像）〔象〕一至美至善之宪法，曰此宪法能使满汉平等相睦，自由之分配适均，同栖息于一国之下，耦俱无猜。如是当亦一般志士所喜出望外也。虽然，吾敢下一断语曰：从此满族遂永立于征服者之地位，而同化之第三例，乃为我民族特设之位置也云云。"吾读至此，方急欲尽闻其言，听其有何等之说明，乃不料读至下方，则满纸仍复仇之说，而政治上之趋势，乃不复论及也。推彼所以致误之由，不外误认皇位与政治上势力同为一物。夫在非立宪之国，则皇位确与政治上势力同为一物，固也。若在立宪之国，则二者决非同物。如彼英国，其皇位全超然于政治势力以外，不必论矣。即如日本、普鲁士等国，其皇位虽亦为政治上一部分之势力所从出，而决不能谓舍皇位以外更无他之政治上势力。盖立宪与非立宪之区别，实在是也。皇位以外之势力何在？亦曰在国民之自身而已。国民立于指挥主动之地位者，其势力固极大。即国民立于监督补助之地位者，其势力抑亦不小。此凡立宪国之先例所明示也。夫即在非立宪之国，其君主固非能举一切政务而悉躬亲之，其政治上大部分势力，实仍在臣下之手，但国家机关之行动，无一定规律，而臣下之进退，又悉出于君主之任意。故一切政务，悉动于君主意志之下，而非动于国家根本法之下。故虽谓皇位与政治上势力同为一物，亦无不可。若夫在立宪国，即其行大权政治如日本者，固不得不依于宪法条规以行统治权，一切法律，皆须经议会协赞，即紧急敕令、独立命令，亦有一定之限制。然则此等国家，其一切政务，皆动于国法之下，而非动于君主意志之下，明甚。若其用人权，则国务大臣，虽非纯由议会所得进退，然固不能甚拂舆论（议院政治之立宪国，其内阁失议院多数者，必不得不退。而进而组织内阁者，惟限于议院多数党之首领。大权政治之立宪国，不得议院多数者，不必定退，即退矣，而亦不必限以多数党代之。故常有所谓“不党内阁”者之出现。此其所以为异也。然内阁太不满舆论，则君主亦不得不退之矣。以最近事证之，如日本于日俄和议后之桂内阁，其例之著明者也）。若国务大臣以外之一切官吏，则任用惩戒，皆循一定之法规以行，非特长官不能上下其手，即君主亦不能以喜怒为黜陟，明也。而司法权独立，君主不得任意蹂躏，益无待言矣。故吾谓苟不名为立宪则已，既名为立宪国，则皇位以外，必更有政治上势力存焉。而此势力之所存，则国民自身是也。吾之此前提，谅论者虽有巧辩，而必不能不承认也。既承认矣，则吾将复进于第二前提，曰：既为立宪国国民，同栖息于四民平等的法律之下，则无论何种方面之势力，皆得行正当之“自由竞争”（自由竞争者，非谓竞其自由也，谓其竞争之力，能行于自由，而不受他力之干涉、束缚、压抑也）。而政治上势力，亦其一端也。此前提谅又论者所不能不承认也。既承认矣，则吾将复进行第三前提，曰：既行正当之“自由竞争”，则其能力独优者，其势力亦独优。故苟于立宪制度之下，以异民族而同为一国民者，其政治能力高度之民族，则所占政治上势力，必能优于能力低度之民族者也。此前提谅又论者所不能不承认者也。既承认矣，而犹曰立宪之说，不外为满洲民族巩固其政治上势力，然则必须尚有第四前提焉，乃能达此断案。其第四前提云何？必当曰：满族所固有之政治能力，实优于汉族，而两族行正当之自由竞争，满必优胜，汉必劣败也。而此第四前提果正确乎？论者若承认之，则本意欲自尊汉族者，其毋乃反蔑汉族乎？若不承认之，则其断案已属谬妄，而绝对的不能成立也。夫吾所主张，固认满洲为已同化于我民族，间有一二未同化者，而必终归于同化。故一旦立宪而行自由竞争，则惟有国民个人之竞争，而决无复两民族之竞争。论者所谓某族占优势者，其实不足以成问题也。若此问题依然存在乎，则两族之政治能力，孰优孰劣，较然易见，而两族之政治势力，孰优孰劣，亦较然易见矣。论者如谓必不能得满汉平等之宪法，则其事又当别论。若如彼所言，谓自由之分配适均，权利义务悉平等，同棲息于一国法之下矣，而犹谓我民族将来之位置，必永同于彼之第三同化公例，吾诚不知彼所据论理为何等也。夫彼言“满洲自入关以来，一切程度，悉劣于我万倍，而能久荣者，以独占政治上势力之故”。此语亦吾所大略承认者也，然诚能得正当之立宪政治，则已足救此弊而有余。何也？以正当之立宪政治，其政治上势力，未有能以一人或一机关独占之者也。故吾辈今日所当研究者：（一）现今君主肯立宪与否之问题；（二）所立宪法为何等宪法之问题；（三）吾辈当由何道能使彼立宪且得善良宪法之问题。若夫既肯立宪，且得善良宪法矣，而在善良宪法之下，汉满两族，孰占优势，此则不成问题。即成矣，而亦无研究之价值。何也？此固可以直觉的知识一言而决也。

右吾所述，即论者宁不知之？知矣而复强为之辞，则不过为复仇之一感情所蔽，否则欲以此煽动一般人之复仇感情已耳。论者断断自辨，谓彼之排满，非狭隘的民族复仇主义。以吾观之，彼实始终未尝能脱此范围。故吾请彼还倡其复仇主义，无为牵入政治问题，作茧自缚也。

复次，右吾所述，是辩满洲是否同化于我及能否同化于我之一问题也。吾所主张，则谓满洲与我，不能谓为纯粹的异民族也。论者若不能反驳吾说，则不得不承认吾所主张。若承认吾所主张，则论者所说，无（认）〔论〕从何方面观之，皆不复能持之有故言之成理。即能反驳矣，不承认吾所主张矣，如是则确认满洲为异民族，然即戴异族之君主，犹未尝不可以立宪。此则吾本论正文所主张，苟不能反驳焉，是犹不足以难我立宪说也。

夫既有梗焉者，其梗焉者又或为有力焉者，则甚足以荧君主之听，而立宪之希望，终不易达也。斯固然也。然此实各国普通之现象，不论其为异族政府同族政府而皆有之，是不得缘附种族论，而谓以二族相猜相忌之故，故不能得立宪也，明矣。既将种族论剔出，则其所以对付此阻力者，亦采各国普通之手段焉可耳。夫使梗焉者出于贵族，则其对付之也颇难。盖贵族莫不有其特权，与其阶级相附丽。一旦立宪，则必取法律上四民平等之主义，于彼确大不利，故其反抗力甚强，而其意见既足以压倒君主或左右君主，故其反抗强，而抗其反抗，固不易也。若我中国今日情势，则全与彼异，举国人民，其在法律上本已平等，无别享特权者。即如某报所举满洲人于公权私权上间有与汉人异者，然其细已甚，且屡经变迁而非复其旧。况其由特权所得之利益，或不足以偿其损害。彼中稍有识者，必【不】[①] 出死力以争此特权，可断言也。即让一步，谓彼必争，然彼之力，曾不足以左右君主。君主苟欲之，彼虽争无益也。然则今后而于君主以外，犹有为宪法梗者乎？必其人自顾现在之权力地位，惧缘立宪而失之耳。若此辈者，苟有人焉，为之陈说，谓欲立宪必经过若干年之开明专制时代，在此时代中，则立宪之影响，不波及于公之权力地位，及夫宪法实施之时，而公且就木矣，何苦争其所不必争者，以从国民之怨也？又或虽至其时，而公犹健在，公今

① 据《饮冰室合集》改，编者。

者能提倡立宪，则他日公之地位及公之名誉，或更高于今日，而公必弃而不取，甚无谓也。如此则彼将或有悟，而幡然以改，是消阻力之一法也。又或彼终冥顽不灵，则吾所以待之者，尚有最后之相当的刑罚在，则虚无党之前例是也。夫彼人之为梗者，上焉者为权力，下焉者为富贵耳。然若无生命，则一切权力富贵，皆无所丽。故此最后之手段，实足以寒作梗者之胆而有余也。

问者曰：吾子屡言宪法，万一彼所颁宪法，虚应故事，或更予吾汉人以不利，则奈之何？或颁矣而不实行，又奈之何？曰：是亦在吾要求而已。要求固未有不提出条件者。夫条件则岂不由我耶？不承诺条件，吾要求不撤回；既承诺条件而不实行，则次度之要求，固亦可以继起耳。

故夫吾之言立宪，非犹夫流俗人之言立宪也。流俗人之言立宪，则欲其动机发自君主，而国民为受动者；吾之言立宪，则欲其动机发自国民，而君主为受动者；流俗人之言立宪，则但求得一钦定宪法，而遂以自安，其宪法之内容若何，不及问也；吾之言立宪，虽不妨为钦定宪法，而发布之时，万不能如日本为单纯的钦定之形式（此事吾别有论），若其宪法之内容若何，则在所必争也。故流俗人之言立宪，见夫朝廷派大臣出洋考察政治，则欣然色喜，谓中国立宪，将在此役；吾之言立宪，则认此等举动，与立宪前途殆无关系，即有之，而殊不足以充吾辈之希望，或且反于吾辈之希望，而所谓真正之立宪政治，非俟吾民之要求，不能得之。故流俗人之言立宪，欲今日言之，明日行焉；吾之言立宪，则以立宪为究竟目的，而此目的之达，其诸十年二十年以后。质而言之，则如流俗人所言立宪不立宪之权操诸人，我惟祷祀以求而已；如吾所言，则立宪不立宪之权操诸我，我苟抱定此目的，终可操券而获也。

（附言）如近日派大臣出洋考察政治等事，吾固认其与立宪前途殆无关系。然如流俗人之见，则谓其小有关系，亦未始不可。盖君主之欲立宪，虽非能立宪之最高原因，然不得不谓其为原因之一部分也。然则此等举动之与立宪有关系与否，亦视其果出于君主欲立宪之意与否而已。若其非出于此意，则可谓为绝无关系；若其果出于此意，则可谓小有关系。然终不能谓大有关系。何也？苟非由人民要求，则此种关系，或不足充吾辈希望，或且反于吾辈希望也（或不由要求，而竟能充吾辈希望，亦未可知。虽然，其权不由我，即能得之，亦偶得而已，非必得也）。若以人民要求为前提，则此种关系，及今已有之，固可喜也，即今尚无之，吾固可以随时唤起此关系，且令其关系更深切。故现在此等举动，其性质若何，吾以为毫不足轻重也。复次，若以人民要求为前提，则今日此等举动，其或不足充吾希望，吾可要求使获充；其或反于吾希望，吾可要求使毋反。吾悬一水平线以为衡。吾所知者，求适合于此水平线而已。彼在水平线以下，无论何种现象，吾视之则五十步与百步耳。能知此义者，可与言立宪问题。不知此义者，未足与言立宪问题。

然则吾国今日所要求者，在使一国中大多数人知立宪希望立宪，且相率以要求立宪。若果能尔尔乎，则彼英人在昔常有“权利请愿”之举，有“不出代议士不纳租税”之格言，真可谓为唯一正当之手段，唯一正当之武器也。而俄人虚无党故事，抑亦济变之手段，最后之武器也。我国民诚能并用之乎，吾敢信政治革命之目的，终必有能达之一日也。

（附言）人民要求，苟得其法，则必能使政府降心相从。征诸各国前例，殆成铁案。即以吾国近数年事实征之，其趋势亦甚显著。如最近粤绅与粤督争路权一事，其最为明效大验者也。彼事件于种族问题，丝毫无涉，而徒以正当的要求，虽当道以炙手可热之势，遂不能不出其交让之精神以图解结。此虽仅属小节，不涉全体，然举一反三，亦可知不必为种族革命而可以得政治革命，明矣。其他如枝枝节节之利权收回，断断续续之内治改革，彼政府当道，固未尝不以舆论为虾，而自为其水母。凡此之类，不可枚举。此皆数年来之事实，较然不能掩也。盖今日之政府当道，其大部分皆脆薄之人，其小部分则欲治事而不知何途之从而可也。故苟民间有正当之舆论，而盾以实力之要求者，吾信其最后之胜利，必有属矣。而人民不能自改良其舆论，不能自扶植其势力，徒怼政府，诟当道，宁有济耶？呜呼！

虽然，尚有附加之三义焉。一曰：其所要求者，必须提出条件。苟无条件，微论彼不知所以应，即应矣，仍恐其不正确也。二曰：其提出之条件，必须为彼所能行。若为彼所必不可行，则是宣战而非要求。以云要求，则等诸无效也。三曰：其济变之手段，最后之武器，不可滥用，用之必在要求而不见应之后，且所施者限于反抗此要求之人。不然，则刑罚不中，（既）〔即〕使彼迷惑，而有罪者反不自知其罪也。此则吾于所著《开明专制论》第八章，既言之矣（参见本报第三号《开明专制论》及第二号《对于陈烈士蹈海之感叹》）。抱定此手段，而以此三义者整齐严肃之，吾谓未有不能济者也。故吾又得反其小前提曰：

舍种族革命以外，实有他道焉，可以达政治革命之目的者也。

随而反其断案曰：

故舍种族革命以外，吾辈别有当以为手段者也。

吾昔于《开明专制论》第八章第一段之结论，曾有两语云：欲行种族革命者，宜主专制而勿主共和；欲行政治革命者，宜以要求而勿以暴动。吾自以为此两语盛水不漏，无论何人，不能致难矣。而吾见某报之论复有曰：“改革之权，操之于上，而下尽输其资产生命以为之陛楯。上复慨与以高爵厚禄以施之报酬，立宪是已。”夫解释立宪而下此概念，是足以服持立宪论者之心乎？凡欲辩难者，必不可不衷于论理。而论理必先确定其概念，而不可先以其所爱憎枉固有之定义。试观鄙人前后难种族革命说难共和立宪说者，凡数万言，曾有一度焉曲解种族革命之定义，曲解共和立宪之定义者乎？苟不认此论理学上之公例，是亦不足以入辩林已耳。故吾略下君主立宪之概念曰：“君主立宪者，君主应于人民之要求，而规定国家机关之行动及人民对于国家之权利义务者也。”其所规定，则君主与人民协定之，而所以得之者，则由君主应于人民之要求也。故规定为其结果，而要求为其原因也。读者谓吾所下之概念，视某报所下之概念何如？

然则暴动绝无影响于立宪乎？曰：亦有之。要求不得而继以暴动。君主惮暴动而遂应其要求是也。然此殆非正当之手段，盖徒耗其力也，以之与虚无手段相较，其不如虚无远矣。然以要求不得而暴动，则其暴动之目的，已非在种族革命矣。然则种族革命的暴动，绝无影响于政治革命乎？曰：亦有之。君主惮种族革命之屡兴，而厉行政治革命以销其焰是也。信如是也，则种族革命，适以助政治革命之成功也。质言之，则排满者适所以助立宪者（狭义的立宪）之成功也。使排满者如有甘牺牲其功业名誉以助与己反对之立宪党使成功之心而出于暴动，则其可敬孰甚焉？信如是也，则其种族革命共和立宪之主义，不得不中道抛弃矣。然此恐非言排满者所乐闻也。其所乐闻者，则投满人于荒服之外，而组织一卢梭的国家也。若此者，苟不能将吾之说一一答辩，则钳而口焉可也。不然，我四万万人，当以故杀祖国之罪科之。

抑陈君又言曰：“鄙人之于革命，必出之以极迂拙之手段。（中略）夫以鄙人之迂拙如此，或至无实行之期，亦不可知。然而举中国皆汉人也，使汉人皆认革命为必要，则或如瑞典、那威之分离，以一纸书通过，而无须流血焉可也。故今日惟有使中等社会，皆知革命主义，渐普及下等社会，斯时也，一夫发难，万众响应，其于事何难焉？若多数犹未明此义而即实行，恐未足以救中国，而转以乱中国也。”盖君之言，深知现在革命之不可，而欲期诸极远之将来，其用心可谓良苦。然欲使社会之大多数，皆认排满为必要而实行之，此诚至难之事。何则？闻人言排满而乐听之者，比比皆是。若使其实行，则乐听者千人而不得一人也。其所举以刺激其感情而最有力者，无过顺、康、雍间事，然久已过去，成为陈迹，非复切肤之痛，复九世仇，岂能人人皆有此志？此犹不如政治论之〈之〉易动人也。故君自虑其无实行之期，良有由也。然又如君言，举中国皆汉人，故此手段虽极迂拙，犹非绝对的不可得达。虽然，君未计及实行之后，其效果何如也。盖君亦迷信共和论者之一人，而中国万不能行共和立宪制之理由，君所见尚未审也，夫宁知乎虽多数明此义而复实行，而犹不足以救中国转以乱中国乎？呜呼！安得起君于九原，而一上下其议论也！

若取君之语而略点窜之，曰今日惟有使中等社会，皆知政治革命主义，渐普及于下等社会，则其言斯无弊矣。夫使今日中国之多数人，皆知政治革命主义，而循吾所谓正当手段者以进行也，其现今在政界地位已高者，陈利害于君主，其次高者，陈利害于上宪及其僚，即其未入宦途者，或其父兄，或其朋友，苟有可以为陈利害者悉陈之，以浸润移其迷见，其效既可以极速。何也？今之在政界者，其毫无心肝之人固多数，然亦非无欲有所为而茫然不知所从事者，无人焉从而晓之，而徒责其误国，是未免近于不教而诛也。故此层工夫，万不可少，而非徒以此而足也。联多数焉，发表其政治的意见，提出条件，为正当之要求，如英人之权利请愿然。不应，则以租税或类于租税者为武器；不应，则以虚无为武器。行之十年，而谓其无效可睹，吾不信也。其视专鼓吹种族革命，如陈君所谓或终无实行之期者，其相去不亦远乎？

今之少年，饮排满共和之狂泉，而失其本性，恶夫持君主立宪论者之与己异也，而并仇之。于是，革命二字，与立宪成为对待之名词。此真天下所未闻也。有与言现今政治得失宜兴宜革者，彼辄掉头曰："吾誓不为满洲政府上条陈。"叩以公欲何为？则曰："待吾放逐满人后吾自能为之。今岂屑与彼喋喋也。"呜呼！此言误矣。公之放逐满洲，未有其期，而今之握政权者，日以公之权利畀诸外人。权利之断送也，如水赴壑；权利之回复也，如戈返日，恐未及公放逐之期，而公之权利已尽矣。且即使公能放逐彼，而于放逐之前，使彼代公做一二分预备工夫，亦于公何损焉？而必矜此气节誓不与言，何也？况乎公即能放逐彼，而建设此不适我国之共和政府，则所谓实行公之政策者，又终无期也。然则公毋乃坐视中国之亡而已？

呜呼！舆论之所以可贵，贵其能监督政府而已。今也不然。舆论曰：吾惟绝对的不认此政府，若此政府尚在，吾不屑监督之。然吾所谓绝对的不认者，在彼曾不感丝毫之痛痒，而以吾不屑监督之故，彼反得放焉自恣，惟所欲为。问所得效果维何？曰：不过为政府宽其责任而已。呜呼！国中而有此等舆论，为国之福乎？抑为国之祸乎？愿世之君子平心察之。

他社会勿论。即以东京学界，及国内各省学界，其人数殊不鲜，而虚声颇为政府所惮，以之建言，甚有力也。而数年以来，惟于铁路矿务及其他与外人交涉之事，有所抗争，而内治之根本，无一敢言者。夫内治根本不立，徒为枝叶之排外，终无所济，明也。谓学界诸君而不知此义耶？其不知者容或有人，而知之者总居多数。惟虽知矣，而不敢言。其不敢言者，畏政府耶？畏舆论耳。吾今请直抉其隐。盖有欲言及内治根本者，则舆论群起哗之曰：是立宪党也，是为满洲政府上条陈也，是欲做官之奴隶也。以故更无人敢提此议。即提矣，而亦莫之听。故惟于交涉事件，补苴罅漏，宁舍本而图其末也。学界诸君一读之，谓鄙人此言，果能写出诸君之心理否耶？果能道尽现今舆论之真相否耶？而此等心理，此等舆论，其必不为国家之福，吾敢断言矣。

质而言之，则要求必能达政治革命之目的，且非要求万不能达政治革命之目的。是要求者，实政治革命之唯一手段也。而政治革命既为救国之唯一手段，以积叠的论理式推之，则可径曰：**政治上正当之要求，实为救国之唯一手段也**。然则中国之能救与否，惟视人民之能为要求肯为要求与否以为断。夫彼毫无政治智识毫无政治能力者，不知要求为何物，不知当要求者为何事，固无冀焉矣。若其稍有政治智识者，又不务自养其政治能力且间接以养成一般国民之政治能力，而惟醉梦于必不可致之事业，奔驰于有损无益之感情，语及正当之要求，反避之若浼焉。夫是以能要求肯要求者，举国中竟无其人也。夫彼绝无智识绝无能力者，不足责焉。若夫稍有智识者，且可以有能力者，而亦如是，则亡国之恶因，非此辈造之而谁造也？呜呼！无有真爱国者乎？其忍以方针之误，而甘为亡国之主动人也？

夫鄙人之为此言，诚非有所爱于满洲人也。若就感情方面论之，鄙人虽无似，抑亦一多血多泪之人也，每读《扬州十日记》、《嘉定屠城纪略》，未尝不热血溢涌。故数年前主张排满论，虽师友督责日至，曾不肯自变其说。即至今日，而此种思想，蟠结胸中，每当酒酣耳热，犹时或间发而不能自制。苟使有道焉，可以救国，而并可以复仇者，鄙人虽木石，宁能无歆焉？其奈此二者决不能相容。复仇则必出于暴动革命。暴动革命，则必继以不完全的共和。不完全的共和，则必至于亡国。故两者比较，吾宁含垢忍痛，而必不愿为亡祖国之罪人也。吾又见夫不必持复仇主义，而国民最高之目的，固非不能达也。吾又见夫苟持复仇主义，充之至于尽，则应仇者不止一满洲也。故吾谓复仇主义，其可以已，而真爱国者，尤宜节制感情，共向一最高之目的以进行也。诸君苟毋任感情，毋挟党见，平心以一听吾言，则真理其庶可出，而正当之手段，其庶可见也。

夫使诸君所执排满共和之手段，而果足以救国，则诸君坚持之宜矣。然于他人之执他手段而欲以救国者，犹当以其目的之相同而勿与为敌。然今者诸君之手段，万不能实行，即实行，而不为国之福，反为国之祸。既若是矣，而犹恋而不舍焉，是终耗其力于无用之地也。不惟不舍而已，于人之执他手段以欲救国者，反从而排之。两相排而其力两相消，卒并归于无有而已。所耗者所消者非他，一国中有热血有智之人之实力也。一国中有热血有智识者，能得几人？其人之实力，即一国之元气，而国所赖以不亡者也。今徒以此而消焉耗焉，夫安得不为国家前途恸哭也？

呜呼！吾书至此而吾泪承睫而泗横颐，吾几不复能终吾言矣。呜呼！我国中有热血有智识之人，其肯垂听耶？其终不肯垂听耶？夫吾非欲以辩服人而自以为快也。吾实见夫吾国之存亡绝续，在此数年，而所以救之者，惟有一途而不容有二，故不惜哓音瘏口以冀多数之垂听也。夫舍己从人，人情所难。在素持排满共和论之诸君，读鄙人之此两文，而必有数日之不快，殆意中事也。则请诸君抒其宏议，用严正之论理法以赐答辩。夫鄙人岂敢竟自以为是？苟答辩而使鄙人心折者，鄙人必为最后之降伏，毋为各趋一途而使力之互相消也。若犹以鄙人之言为有一节可取也，则请诸君弃其前说而共趋于此一途。夫弃其前说者，非服从鄙人之谓也，服从公理而已，服从诸君之良知而已。先哲不云乎："询于刍荛。"又曰："狂夫之言，圣人择焉。"择之之权在我，而岂问言者之狂不狂也。凡人类之心理，其骤接一理也，初念时所见最真，盖即此所谓良知也。及转一念时，则私欲蔽之，往往得反对之判断。以后转念复转念，皆此两念交战，万起万落，如循环焉。而逮于究竟，能依其初念而行者，则为光明磊落之夫；卒依转念而行者，则为龌龊卑劣之子。诸君读鄙人此文，若其竟以为非也，则诲之可也；若觉其是焉，而复自虞度曰：吾畴昔所持论如彼，而今忽反之，惧人笑我，毋宁护前说焉。则吾原诸君之万不可如是也。孔子曰：小人之过也必文。孟子曰：古之君子，过则改之。今之君子，过则顺之。岂徒顺之，又从为之辞。吾不自承认为过，则亦已耳。既承认矣，而文之而为之辞，是何其太不以君子自处也？鄙人性无他长，惟能不自护前短，一言一行之过，其不安于吾心者，必改之而后即安，而学识浅陋，道力微薄，尤悔丛脞，如扫落叶，故言论行事，往往不移时而反乎其前。师友所戒为流质，时论所诮为骑墙，皆谓是也。虽然，鄙人不能欺吾良知，是以及此。子王子曰："吾今日良知所见在此，则依吾今日良知以行；明日良知又有开悟，则依吾明日良知以行。"鄙人知服膺此义而已。即如排满共和论，以诸君平心察之，若谓倡此论者为有功也，则鄙人不能谓无微劳；若谓倡此论者为有罪也，则鄙人不得不负重戾。盖鄙人于数年前，实此派中之一人，且其关系甚不薄也。鄙人宁不欲护其前说？其奈今所研究，确见其与救国之义不相容。吾将爱吾国耶？吾将爱吾前说耶？吾良知于此两者之间，必知所择矣。故决然舍旃而无复留恋也。夫诸君之取舍何如，亦质诸诸君之良知焉可耳。呜呼！陈君天华而不死也，吾信其将闻吾言而契之也。

吾之论于是终。吾更缀数言。吾此文固甚望当世有识者之诲之也。盖真理以辩而始明。况吾之浅识，岂敢谓所言之必当也。有赐教者，苟依正当之论理，则鄙人深愿更相攻错。而或于其根本大端，不能箴膏肓起废疾，而惟摭拾一二词句间之讹（缪）〔谬〕以相诋諆，则考据家之碎义逃难耳。甚或为嬉笑怒骂之言，深文周纳以相责，则村妪之角口耳，酷吏之舞文耳。凡此皆无相与攻错之价值，则恕其不报焉可也。

《新民丛报》第四年第四号，光绪三十二年二月十五日（1906年3月9日）

驳《法律新闻》之论清廷立宪

县　解

满洲日言立宪，欲以为愚弄一世具，借保其大位也。夫其言之甚甘，且示以将实行之形，则昧昧者信之宜也。夫汉族且然，抑又何怪于外国之人？五臣之使，列国倾心迎之，亦谓改革之机，诚在是也。是故欺售而谤日以消，誉日以来。夫宁无高瞩旷瞻，预识其无足为道者？顾一般之论，悉为所转移。彼纵未得内尽闭塞吾人之聪明，而以是挟有外人之同情，令无与于在野之党，则为彼声助计，亦甚得矣。矧吾汉族近顷之知进而自新者，其源实远汲于欧米、日本，使其知识之所从来者，已加赞与焉，则其流所及，亦复可使新进之士气坐短。是亦亡胡死不择阴之计，害未始不甚深也。余居日本，见其近顷对于此事，一般舆论所趋，强半背于事理，而尤加曲誉且献擘画者，则为《法律新闻》近出之文。其题为《清廷其先公表立宪之誓约乎》。其立论之蓄虑何似，所不敢知，抑无庸辩，第彼所主张之理由，近真而逾易疑众，故不惜繁言以破其说，诰之于我国人，亦以释友邦名贤之惑也。

《法律新闻》之言曰：

（上略）“况从近年外患之刺激，日悟变法自强之为急务，遂见废科举制之快举，其他政刑百度，悉期更新。特为将实施立宪制，而派遣视察大使于各国。载泽一行既已遥集于东京矣，余辈固披沥满腔热情以欢迎之者，亦欲少陈卑见，以资其采择之万一也。”

夫谓满洲从外患刺激而悟变法自强之为急务，此一般根本之误也。夫满洲知内乱耳，何知外患？彼之政策，犹是利用列强冲突之政策。彼之目的，犹是聊乐一日之目的也。夫所谓外患，抑又何损于彼？彼视汉人土地，不甚爱惜，何靳以贻之列强，宁有惊以为外患，复谋自新之事哉！然而遽高言变法自强，以号（诏）〔召〕于天下者，无他焉。前此汉族之自图存也，固声民族之辱，而思一洒雪之，亦以政憞令暴为前提，因博世界之与助。夫其助之也，初固未详于吾民族之历史也。第以其所触感者之不复丽于人道，而后乐与民以摧挫夫横暴也。亡胡知其然，则姑以其方将整饬为口实，重图各国之已倾而不民援。是故言变法自强者，非对外而然，实对内而然也。其言之意，固在名，而不在实也。惧民之昌，则己之薄，因予之口惠，销其锐气，奖以空名，而揽其实权，则庶几昧者景从，明者口塞，其隐衷宁可搁示天下哉？不此之察，而谓其鉴外患图自强，将立宪也，其去真远矣。

原文又曰：

“想基于国民精神立宪制之实施，优得收满汉一家之效，而足利用其国民之自觉心。若不依于立宪制，而妄谋中央集权，或有如不与参政权，而施强迫征兵之事，则反以激发其反抗，速不测之患害，随而从列强之干涉，开所谓瓜分之端而已。”

夫令是立宪制者，诚为基于国民精神，则是宪法固非满族之所得而制定也。奉若是之宪法，犹曰基于国民精神，是乃苟且猥贱之士，所以自文者，非智者之所宜出也。言立宪制者，其名（函）〔含〕义亦至复杂。顾自政治上以言，决非指有具一二空文而无实际之宪法者明也。故政治学者常言，土耳其尝有法律名宪法而已，非立宪国。所谓立宪之特质者，乃在其机关组织之完全，而不任独夫之自由意思，以运转统治权，即有监督机关也，而其为监督机关，又以独立而有实力为要素。其言若是，则满洲之为律制，虽标宪法之词，又安得篡取立宪之名哉？抑亦既知不立宪而妄行中央集权，祸若是其亟矣，曷又不思其宪法之为何等，乃瞀然而谓既立宪则不如是何也。夫于中国中央集权何以不可强行，此亦当为笔者所知也。民族之间，界限划然，久而愈睽。五十年来，兵事频仍，地方之权亦日重，而满族无从为控御，日下操切之令，徒悬空文而已。故虽欲为中央集权，数所不可得也。是岂可以一二空文变之者？则以谓宪法立而优得收满汉一家之效，足利用国民之自觉心者，无亦循名而不核其实之过也欤？

原文又曰：

“而更有可为戒心者，所谓革命风潮，与其新学流行，共入于国民之头脑，往往弄诡激之言论，无所顾忌。故于其民论尚未甚沸腾，而来要有参政权之际，清廷其先公表立宪誓约，以使彼不逞之徒无措手之地乎？其既已一度公表誓约也，志士论客忽狼狈，一变其革命思想之鼓吹，而向于宪法得失、选举利害等事实问题，全注其气力。满汉一家之感情，当不期而涌生矣。惟此公表，有颇贵拙速者，即如其实施期限之属，期之制度调查之后，乃无不可。然而使世之志士论客安其心之一事，则其关系非鲜小也。何则？彼革命家惧宪政之成立深，如北京停车场之炸弹，不尝云出于彼辈之手耶？故此公表之举，为镇压革命派之惟一良策，是不战而屈人之类也。”

凡全篇之所为喋喋者，意端在此数言。嗟乎！笔者劳苦，然而误矣。谓世论者之流于诡激，而此一宣言者，可使唱革命之人，屈其锋，回其虑，而从事于宪法选举之研究也，抑未尝察夫唱革命者之真之过也。夫何视彼恶劣政府之宣言，一若是重，又视革命家若是其轻也耶！夫以言革命者之论点为诡激，则谓不诡激者，无亦缄默而止耳。革命岂得已而可为者，抑亦非可不得已而犹不为者也。不察其所根据者何（印）〔因〕，惟其唱革命，则漫谓之诡激。吾意是惟不习闻革命原理，专制国之民乃然，初不信自诩文明者犹称是言也。既见立宪前途之未有涯涘也，则尸祝于其公表。夫所为重公表者，重其所表之事耶，抑重其为表示而止也？东胡之族，贪而无信，朝三暮四，奚必果其前言，彼宁有惄于公表。既公表之，又何不可为取消乎？表示之不足重轻业如此，而犹望之以为其效力将至大也，是亦蒙于因果之道、名实之辨矣。中国国势与日本殊，日本天皇宣誓五条，及十年后开国会之诏勅，可以定一时之民志。是有由也。其民素无恶于君，所为敌者，阀阅耳，民协于君，交相赖，则其相信深也。中国之民，久受困苦于此恶劣政府，且习知其食言，又安从信之？抑吾中国所求者，非虚名之立宪已也。所以谋革命之理由，在洒世仇而报虐遇，是之不解决，革命末由而止。彼其公表者，即盟之载书，征之天日，所为信者，只其立一法名宪法耳，其宪法之内容，固未尝定也，我汉人又安用此空言慰藉为也？且所谓公表者将如何？满洲亦曷尝不数言将立宪，而车站刺客乃出于其后。然则谓此一公表，而革命运动将立为息者，其证将何存？吾真穷于求索矣。夫岂不知热中仕宦，思乘时一骋其才者，固不乏人？即如东京某某者，皆富学殖而近功名，平居不肯于稠人广坐，为阿附苟且之谈，亦不敢为批鳞折角之论，贱视侪民，不屑与言，心希高位，又不能下气求之，乃优游养望，坐致政府之属意旁求，然后庶几咄嗟青紫，身名俱泰，乘时窥便，蹂躏胞与，以博能名，无所顾惜。若人者，闻立宪之公表，必且承意望旨颜色，而胪其利害得失，明己之材知，度越寻常，壹如笔者所云，向于宪法选举等事实问题注其全力。第若人者，即不际立宪之公表，何尝不可夤缘攀附，梦想良图。若彼前投身青年会，为激烈者魁，而今已改弦易辙，致位丞辅者，其本师也。然而其所能为招致者，止于此属。若谓他凡革命家皆若是，则诚非所敢信也。真鼓吹革命者，方且以破邪自任，廓清思想，以迓完全之新知，致一般之幸福，而伪不可久，诚不可晦，我国之民智日蒸，则革命之思想亦逾溥，何云无措手地？又何以知满汉一家之感情得涌耶？抑尤有进焉者，则笔者既不知中国民族历史何似，而乃悍然谓其将至革命为可忧，是亦言之不择，后将有正之不及之悔者。据之以断其公表效果之良，无由得中者也。纵令其公表有如是之效果，其足吊抑尤甚者耳。

要之，为此种之论者，其言恒谓中国前途若是其危，不可不立宪，而于所谓立宪之内容，一不加察也，因生种种之误谬，犹不自觉，而心以为吾辈对中国有指导之责任，必如是乃得为尽之也。然亦曷试（返）〔反〕观其所标之理由乎？夫其所标以为当指导中国之理由者，不过于二：一谓酬往者文明输入之惠，一为同文之国宜相为倾助也。是其所谓文明输入者，谁实尸之？非我汉族耶？言同文者，岂谓与彼鞑虏同鸟兽之迹耶。故苟加报酬者，当对我汉人而不当对满人也。故赞我汉族而覆满廷，暴其狡戾之真于天下者，为报酬所应尔也。反之，而与其所恩者之仇雠，以仇其所恩，而曰报曰助，其相去岂不甚远？抑或以为此外交上策略然，然则为利害而忘义，所谓大国民风者，其又何在也？其又何在也？

抑更有为我同胞告者。近顷风气渐开，然随之有轻信易摇，不能葆其所守之病。每闻人言，辄甘而不之察，辩理心之薄弱，于国民心理乃为大玷，不可不急去也。去之必慎于始。始有所信，必深审其由。既详其颠涯，则外论无自惑之也。借令不然，则终身为人所转而无所得，重失败而已。《法律新闻》此文，度内地必有翻译而称述之者，以为赞己说有人矣，因以便其私。然其影响所及，被其摇惑者，恐正不鲜。嗟夫！吾虽欲不为之辩，又安能耶！

《民报》第三号，光绪三十二年三月十二日（1906 年 4 月 5 日）

希望满洲立宪者盍听诸

精　卫

自满洲政府使其大臣五人出洋考察政治，于是希望立宪者，咸大欢悦，以为此天可汗之福我也。及其启行，烈士吴君樾投爆烈弹于车驿，五鼠震缩，伏不敢出，希望立宪者又大忧恐，以为是负吾望治之殷也。悲夫！吴君一击，足以寒满奴之胆，申志士之气，而不足以醒顽固者之梦。吾以其希望之诚，而未可猝以理喻也，于五大臣之再出，甚望其餍饱而归，举行立宪政治之实，然后公等希望乃得实践。即之而后艰，履之而后形，盖人莫不能自觉，特有迟早之差耳，自非大愚，安有终身不灵者？故吾于公等固甚属念，而姑欲无言，惟吾则无言，而彼出洋大臣之所闻，则必公等所欲倾耳者。盖彼大臣将挟其所闻，归而实施，不可不先睹为快也。

阳历正月二十八日，日本伊藤博文氏在芝离宫讲演宪政，听讲者为满洲皇族载泽，大臣李盛铎、尚其亨，及其参随之能知英、日语者。伊藤氏以英语讲演，口译者为参赞柏锐，笔述者为随员钱承志。其全文如左：

“今日所谈，不过宪政之要目，其详细之处，本非数言所能尽，阅此二书(《日本宪法义解》、《皇室典范》，并有日文英文二本)，可知大概。此二书乃余从前旧著，其中名词，当撰定之时，颇费斟酌，皆有确定不移之义。此二书实日本宪政之根本也。地球各国政治上相同之处甚多，余辈就其不同者而研究之。各国政体，可分二种，一君主国，一民主国。君主国之中，有专制君主国，有立宪君主国。贵国数千年以来，为君主国，主权在君，而不在民，实与日本相同。贵国欲输入文明，必须参以民权，如言论自由等事。此自由乃法律所定也，出于政府之畀与，而非人民之可随意自由也。须知立宪政体与民主政体有绝异之处，一则主权在民，一则主权在君，故虽立宪以后，于君主国之国体，仍无窒碍。贵国为君主国，主权必须集于君主一人之身，万不可旁落于臣民。《日本宪法》第三条、第四条，‘天皇神圣不可侵犯’，‘天皇为国之元首，总揽统治权’云云，皆此意也。惟立宪君主国与专制君主国不同之点，其最关紧要者，立宪国之法律，必经议会协赞（《宪法》第五、六条），凡法律之制定、改正、废止三者，必经议会之议决，然后裁可公布，非如专制国之法律，以君主一人之意见而定也。其次紧要之事，凡法律当裁可公布之后，全国人民相率遵守，无一人不受治于此法律之下，法律之效力，及于全国，全国皆同一法律也。贵国十八行省，往往各定章程，久之成为定例，彼此有互相歧异之处。立宪国之法律，必全国统一者也。其次（《宪法》第七条）为君主之议会召集权，凡开会、闭会、停会及下议院之解散，必俟君主之敕令而行，否则议员随意集会，不得谓之正式国会。其次（第八条）为紧急命令权，凡遇紧急事故，当议会闭会之时，可发紧急敕令，以代法律，以议院当闭会之时，不能讨论故也。此敕令于次期开会之时提出于议院，使之承认。其次则为官吏任命权（第十条）。一国之官制，有文武之分，有中央地方之别，而任命之大权，则必操之于君主。其次则为统帅权（第十一条），凡编制海陆军及酌定军额之事，皆君主大权内之事，失此权力，即成共和之国。凡军额之多寡，平时战时必分别编制，平时兵额太多，则军费不易筹，战时不能充足其数，又无以御国难。其次则为宣战、讲和、订结条约之权（第十四条），凡宣战、讲和、订约，由君主命诸臣工，使之集议，议定，请君主裁可而施行之。其次则为戒严之权（第十四条），国家当有事之时，法律之效力，有时停止，或一部停止，或全部停止，裁判之权，归之于军队之掌握。此戒严之权，必由君主宣告。其次则为荣典授（与）〔予〕权（第十五条）。民主国以平等为主义，大统领退职之后，与市民无异。君主之国，必有几种阶级，以表异于齐民，故爵位、勋章、其他封典之授与，其权必操诸君主，而为君主国之要政也。其次则为特赦权（第十六条），凡已宣告刑罚之人，君主有特赦之权。刑罚之宣告，归之于裁判，君主未尝干涉之也，而大赦、特赦等权，则仍操之君主。其次则为摄政（第十七条）。君主当未成年之时，或精神有故障，必置摄政。摄政之人，依《皇室典范》所规定，摄政者可代行君主之大权者也。以上论君主之大权。《日本宪法》中言君主大权之事，共有十七条。贵国为君主国，以上所论种种大权，将来施行宪法之时，必须归之君主，而不可旁落者也。余甚希望贵国之为立宪君主国。《日本宪法》第二章论臣民权利义务，政治学、宪法学二者范围广大，非一二年之功，不能尽解，今所读者，不过大略。余著此二书，大约皆本余之实历，非如学问家之研究其理而已。至于贵国，将来实行立宪之时，其方法次序若何，问题甚大，不易解决，以中国幅员广大，不但各省风俗民情处处殊异，即文字亦有不同之地，且交通未辟，风气难济，非如日本之国小，而民俗大半相同，交通甚便也。故此问题俟他日再详述之。”

右伊藤氏所言，只《日本宪法》中关于君主大权之规定，略举条文，落落数语，本无评论之价值，惟吾有不能已于言者。此言非为伊藤氏而发，非为载泽等而发，乃为一般希望立宪者而发也。夫公等非以为立宪之后，则可申民权乎？可得自由乎？可得平等乎？然使如伊藤氏所教，如载泽等而果从伊藤氏所教，则公等之希望，将无一能达。此非诬也。观其言曰：“《日本宪法》中言君主大权之事，共有十七条。贵国为君主国，以上所论种种大权，将来施行宪法之时，必须归之君主，而不可旁落者也。”夫以日本君权与他国大统领或君主相较，盖无若其重者。先以与大统领相较，不第此由选举而彼由世袭也，大统领非国家最高机关，国家意思之决定，在于议院，而大统领无与焉。北米合众国之大统领，关于宪法改正，无裁可权，通常立法，无发案权，无裁可权，唯有停止的不认可权。至于召集议会，乃其例外，若原则，议会不须大统领之召集也。至解散之权，则全无之。佛国之大统领，宪法之改正，属于议会之专权，大统领不得参与。虽有召集议会之权，然议会能不俟召集，于每年定期自为集会。至于法律，大统领无裁可权，唯得求再议，以较日本君主之大权，相去悬远矣。此犹曰以民权国之大统领，与君权国之君主相较，宜其不侔也。试以英国君主之权相较，轻重悬绝，不可枚举。举其一例：法律以国会之名而发布（国会，谓以君主及上下两院而组织之国会），非仅以君主之名而发布也，视日本君主之权，不如远矣。盖日本宪法，模范普国，然以论君权，则较普为尤重。普国等君主所发命令，除执行法律外，非因法律之委任，不得独立而发命令，而《日本宪法》第九条，君主得独立而发命令，一也。《日本宪法》第六十七条，本于君主大权所定之岁出，议会不得动之，此为议会预算议定权之制限，虽在普国，无是法也，二也。宪法改正之发案权，惟君主有之，此亦他国所无也，三也（以上日本美浓部达吉氏《国法学》）。故日本君权之重，几同专制，所异者，专制时代，其宰制纯乎自由，有宪法后，则当据宪法而活动耳。虽然，若高语及此，则公等将曰：吾侪所望不奢，使清之宪法能如日本，是亦足矣。如是，则闻伊藤氏之言，当亦莫逆于心。然吾敢决果如伊藤氏所云，则并欲模范《日本宪法》而不能。彼其论大权也，最可笑者，举其内容而不举其制限，如云议会召集权、解散权当在君主，而其制限不言及也（其制限在《宪法》四十一条及四十五条），云官吏任命权当在君主，而其制限不言及也（其制限在《宪法》第十条但书）。此犹曰匆略，至于所云“自由乃法律所定，出于政府之界与，非人民之可随意自由”，则真不堪一噱。夫既云“法律所定”矣，则不当更云“政府界与”。“政府”二字，见《日本宪法》第八条第二项及第六十七条。学者解释，有谓包涵天皇及国务大臣者，有谓天皇立乎政府之上，政府专指国务大臣者。要之，政府自在议会之外甚明，而“法律必经议会之协赞”（《宪法》第五条第三十七条），“人民权利义务以法律定之”（《宪法》第二章），安得曰“自由为政府所界与”乎？人民自由为政府所界与，则自由宁复有硕果之存耶？且以自由为法律所界与，亦不通之论也。自由者，人天然而有，非因法律而始获，法律唯对于其天然之自由加以必要之制限，非定人之自由之范围也，人非于法律之范围内享有自由，乃于法律之制限外享有完全之自由也（语本日本美浓部博士所，其义至奥，非数语所能尽也）。谓自由为法律所界与，犹且不可，况谓自由为政府所界与耶？又云“民主国以平等为主义，大统领退职之后，与平民无异。君主之国，必有几种阶级，以表异于齐民，故爵位、勋章、其他封典之授与，其权必操诸君主”。夫爵位、勋章、其他荣典授与之事，民主国亦属于大统领之权，如《佛国宪法》所明揭定是也。此为荣誉所关，而与平等、阶级等语无涉，顾伊藤氏之为此语何也？则以彼《宪法》十五条所云爵位、勋章、荣典包含增置贵族故也（日本末冈精一氏《比较国法学》下此解释）。《日本宪法》第十九条“国民皆平等“，然尚有皇族、华族二者，故不得谓无阶级。使满洲而果效法乎此，则满洲人当为贵族，蒙古、汉军其次也，公等当在最下等。嘻！公等乃梦想立宪之后国民平等乎？且日本天皇万世一系，民之戴之，犹可自解，公等宗祖不武，为外族所制服，二百六十年于兹，今乃谋永久推戴，以靦然冀少馂其余，吾实为公等羞之。

以上对于伊藤氏所讲演，略下短评。以吾度之，载泽等闻伊藤氏所言，必輾然喜，以为立宪不过如是也，即公等闻伊藤氏所言，当亦必輾然喜，以为立宪诚如是也，而吾乃为此冷嘲，殊（杀）〔煞〕风景矣。虽然，吾当更进而为棒喝曰：满洲决不能如日本之立宪，彼之立宪若能如土耳其，至矣，尽矣，蔑以加矣。请为言其故。

凡言立宪，必有制定宪法者。世界各国宪法之制定凡四。

第一，民定宪法，谓国民破坏旧政体，组织新政体，而制定之者也。佛国革命时代之宪法即属此种。

第二，钦定宪法（此非虚语，日本法学者所常用。有贺长雄氏《国法学》、美浓部达吉氏《成文宪法论》皆用之），君主自制限其统治之方法，及保障其秩序，对于臣民而发布者也。佛国路易十八世于一千八百十四年所发布之《宪法》，普国一千八百五十年所发布之《普鲁西王国宪法》，日本明治二十三年所发布之《帝国宪法》，皆属此种。

第三，民众独立欲组织新国时所协定之宪法，一千七百九十年以后美国诸州之宪法，比利时离荷兰而独立最初所定之宪法，皆属此种。

第四，数国联合而为一国所协定之宪法，曰联合宪法，北美合众国宪法、瑞士宪法、德意志宪法皆属此种。

以上四种，皆成文宪法也。其不勒法典者，曰不成文宪法，英国是已。凡此宪法，皆非能骤然发生，其原因结果，详在宪法史，欲言之，更仆未可终也，参考群书，译述于左方。

英吉利　说者谓英之宪法，非以革命而得之，然考诸历史，英之宪法，实大革命之产物也，自诺尔曼系之诸王统一英吉利以来，英国之组织上有三次之大革命。第一革命在一千二百十五年，第二革命在一千四百八十五年，第三革命在一千八百三十二年。

第一革命，由君主的组织，变为贵族的组织，贵族集会，自定组织，构造宪法，迫君主使承认之，君主斥其侵害王权，愤而与争，历半世纪，卒见屈于贵族，于是王室虽存，王权已杀，贵族享有国家主权。

第二革命，国家之实权，自贵族而移于人民。当时，人民为贵族之敌，而君主亦为贵族之敌，君与人民，所为敌者同，故相依为命，而贵族因以不支，于是遂成条顿家之专制政治。其时英国戴君主专制政府之民主政治社会也，然人民公权私权，无确固之保障，而一系于君主之保障。彼君主者，既借人民之力，以踣贵族、复政权，则专以蹂躏人民为务，借口于士底瓦度家之神权，公然有朕即国家之意，人民大愤，起而与抗，争端不绝，而贵族之权力，借以一部恢复，然君主之权力，则以屡割让于人民，而第存硕果矣。

至于一千八百三十二年，为第三革命，亦最后革命也。自此役后，英国宪法大体遂定，盖一千八百三十年，西欧诸国革命蜂起，英人大受刺激，进步党乘此机会，提出法案于议会：（一），为选举权所有者，易土地为人民；（二）为准人口以选议员。贵族院大反对之，而革命暴起，人民结社，宣言反对政府，破坏贵族院，贵族院卒屈而承诺。此役内乱不甚，而为政治上之大革命，盖因是而庶民院为国家主权机关，实力过政府、贵族院远甚，主权在民矣。德国学者波伦赫克曰“今日之英国，非君主政体，乃民主政体也”，非虚语矣。

佛兰西西　自路易十四世纪以来，君权专制，达于极盛，以“朕即国家”之宣言，行专断之政治，贵族亦振其（持）〔特〕权，以分王室之荣华。其后由宗教之改新，延而为政治之革命，人民勃起，王室仆，贵族仆，遂尽夺其实权，截断旧日之政治关系，而新编制国家，编制之标准，以人民多数之意思，为国家之意思。此卢梭之民约说也。立法司法行【政】三权分立，互相监督，不得专擅，此孟德斯鸠之三权分立说也。以国民会议之决议，用此理论，勒为成文，是为佛国革命之宪法。

佛国之宪法，民意也，国民会议之多数也，故其宪法若有不明不备者，惟当再决于民意，而成文之不合于民意者，当改削之。故佛国宪法，改正者数，非如普鲁士之钦定宪法，墨守条文，用力于解释也。

佛之共和政体，自革命之始，至于今日，经几度之变迁，然国法关系大同小异。至一千八百七十年，永废帝政。一八七五年，由国民会议制定宪法，即现今之宪法也。非以宪法创设议会，乃以议会制定宪法，故议会为国家权力之源泉。笄伦论佛兰西宪法之主义曰（《宪法论》第八章第一节）：其立法权由国民之代表，直接或间接于其国之成文或旧例之宪法所制限内，制定法律，指挥社会全体，主宰各机关。此非第其权力，且其义务也。佛兰西宪法之由来，及其真相，可窥见矣。

北美合众国　美之宪法，亦直接革命之产物也，其构造宪法之历史，可分三期：一，殖民时期；二，革命时期；三，联邦时期。殖民时代，十三州不过地方政府，其国家即母国也，故附属于英国之主权，其后联合独立，脱母国之羁绊，开大陆会议，于一千七百七十六年布告独立，为民族的国家，对于外部，表示主权之存在。一千七百七十七年，制定《联邦条规》，然此《条规》于中央政府与十三州政府之关系，极为薄弱，其国家几至于客观的不存在，遂有提议修改者。一千七百八十七年开联邦会议，议决宪法草案，得各邦之承诺，遂变更旧联邦政体，而合众国议会，依此宪法而发生，以至今日。其宪法取三权分立主义，而主权机关在于国会。

德意志　德意志联邦宪法，乃国家与国家之关系，非人民与国家之关系也，非本论所欲研究者，故略之。今所略陈者，其中各邦之宪法由来而已。一千八百十三、四年间，法兰西兵势方盛，普鲁士诸国，咸汲汲自保，欲收人心，治军实，乃与民约，事平之后，定宪法，开国会，以悦之。盖前此革命之机，动而未靖，君权民权，各不相下，至是则怵于外患，谋相和洽也。洎乎事定，各国君主连衡而拥护君权，束缚人民之自由，是为反动政略时代，奥相梅特涅为首谋。一千八百十八、九年，奥相梅特涅召集德意志各邦之宰相，开秘密会议，定反动政略之要领。翌年，再会于维也纳，大旨在抑民权，使不逞，国民蕴怒。又其地方自（制）〔治〕素发达，民权不能骤削，迨一千八百四十八年，普国革命党蜂起柏林，迫国王，趣开国会，史家谓为柏林三月之变。普王迫于众，卒定宪法，以一千八百五十年发布之。其宪法乃钦定宪法也，召集议会，使修正之，王权民权，两相竞争，一吝一求，其结果以王权制限、民权伸张为唯一之标准。此普国宪法之由来也。其他如巴威里等，大率相类。

比利时　比利时人与佛兰西为同种。一千八百十五年，《维也那决议》第六十八条，以泥乍兰多王国之一部，置于和兰国权之下。比利时人憾之，乘佛国七月之变，逐和兰之兵而自立。和兰诉于英、俄、普、佛，请依维也纳之决议，以干涉之。普欲进兵以援和兰，然佛则欲助比利时之独立，宣言曰：普军若自东入，则佛军当自西入，逆击之。于是，列国虑有大乱，乃开会于伦敦，于一千八百三十一年，认比利时之独立，而与约为永久局外中立国。又虑比利时苟建共和政体，则将与佛合也，乃要以立君，然后承其独立。然比利时于一千八百三十年胜和兰之兵，已组织假政府，设委员，以国民之名，行司法、行政之权，召集国民会议，合新自和兰分立之各地，为一独立国，以人民之直接选举，组织国民会，宣言以国民会议为行使主权之机关，乃采用立宪代议君主政，以一千八百三十一年决议宪法。其第二十五条云：凡权力皆由国民而出。由是观之，比利时乃以民意立君主政体者也。

日本　日本明治维新以前，权在幕府，天皇拥虚名而已，迨与西洋相接，而有攘夷、倒幕及开港、护幕之两派。迨其结果，乃开港而倒幕，幕府既倒，主权已移，实政治上之革命也。天皇为万世一系，曩者弁髦大位，无怨于民，归政之后，励精图治，然犹有西乡隆盛挺起于西南，自由党弥漫于国内，然后二十三年之《宪法》乃不能不发布也。

综上所述而观之，则宪法之制定率由于人民之力。大抵国家专制时代，民权孳孕已富，奋起与角，彼专制者必不遽让也，且力与民权相抵，犹两物相持，此进一步，彼朒一步。其民权锐进而君权萎缩以至于尽者，佛兰西也；其民权锐进，君权锐退，遂以相安，于是民权之区域长而君权之区域蹙者，英吉利也；其民权锐进，而君权力御之，卒乃稍示让步，以求相安，于是君权之区域长，而民权之区域蹙者，普鲁士、日本也。要之，君权在专制时代决不无故而自为制限，其不能不自为制限者，以民权逼之使然也。民权既奋，若不相让，终必糜碎，故不如制限之为愈也。英固然，普何独不然？所殊者，程度之深浅耳。是故闻因有民权而有宪法者矣，未闻因有宪法而有民权者也。何也？以民权能制造宪法，宪法不能产出民权也。虽然，无民权而有宪法者亦有之矣，土耳其是也。彼慕文明之名而工牢笼之术，故乐于为此，然国法学者、政治学者咸曰：土耳其特有宪法之条文耳，仍不失为专制政体。公等亦尝闻此语乎？今日公等能奋权力以角满洲，使不能不退让乎？然则今日满洲之立宪，与英、普、日本类乎？抑与土耳其类乎？想公等虽好辩，亦无以自解也。且公等之望满洲立宪，非如土耳其人之望土耳其立宪也，乃如埃及人之望土耳其立宪也。何也？种不同、国不同故也。虽然，吾知公等必有以难我矣。公等将曰：君言无民权不能立宪，然则无民权遂能革命乎？则将应之曰：民权者，自生之、自长之者也，非他人授与之者也。公等诚生长其民权，则可以革命矣，若望立宪，则是望人以民权授我也。英人、法人、普人、日本人奋其民权，而其结果，或为民权立宪，或为君权立宪，由所遇之敌，其与为因应者不同，要其民权则固自内发，而非由外铄者也。公等必又有以难我曰：然则吾曹生养民权，以与专制为敌，其能退让，则立宪，否则革命可耳，何必以革命为宗旨乎？则将应之曰：吾所期于公等者，非第国民主义已也，同时并有民族主义。故日本人、普人可求其君之立宪，而公等必不可求满洲之立宪也，犹之比利时之被割于和兰，知求独立，不知求立宪也。噫！公等而无以难吾乎？则吾将断言曰：满洲之立宪，土耳其之立宪也，公等之望立宪，埃及人之望土耳其立宪也。①

吾②有二语，欲为希望满洲立宪者告：一曰中国不为政治革命，则不能立宪；二曰中国不为种族革命，则不能立宪。前语之理由，已于第三号中论之矣，兹编所言，专论后语之理由也。既复见《新民丛报》第四年第四号论文为《申论种族革命与政治革命之得失》，力言种族革命与政治革命不能并行。该报记者真可谓最热心希望满洲立宪之人也。故于此文中，驳斥其妄。至于该报第七号所载论文，则连篇累牍，尽枝辞蔓语，察其意，非欲驳本报第四号论文也，乃因吾论文之末，缀数行之附论，斥其不知学派文法，今后不当复尔。该报记者不知反省，咆哮欲狂，故狂搜日本学者论文讲义，实入报中，以冀洗其不知学派文法之耻。虽然，以吾观之，仍不外自白其无知妄作而已。然吾之恶论者，恶其主义，非恶其无学也，以彼之反复无忌惮，苟益之以学，适足使其言伪而坚，愈为民贼耳。故吾今后驳之，惟驳其主义，至于支离怪诞之语，即加以纠斥，亦不屑以厕论说之栏（本报自次号为始，刊有《〈新民丛报〉之怪状》一门，其旨在然犀照怪，兼以供读者之一粲）。今所言者，因论者以为民族主义与国民主义毫无关系，故以为种族革命与政治革命不能并行，故于此点著笔，以褫彼反复小人之魄，而以醒一般希望满洲立宪者之顽梦也。著者识。

吾前言满洲之立宪不过如土耳其之立宪，此惟推察今日之政治现象而下断语耳，若自他种现象推测之，则吾敢下一断语曰：满洲虽欲如土耳其之立宪而不能。何也？吾国今日之所足深忧者，于政治现象之外，尚有他种现象焉，与政治现象密接而不可离，足以梗滞政治现象之发达而杀其改良之动机。此现象一日不去，则政治现象一日不得而改进。此现象维何？则种族现象是也。

欲知政治与种族之关系，亦如前举政治革命之例，先征诸历史，次语其理由。

---

① 以上部分刊于《民报》第三号。

② 以下部分刊于《民报》第五号，作者在标题后加上了“附驳《新民丛报》”六字。

（汎）〔泛〕观各国，有以一民族成一国民者，有民族不同同为国民者。语其前者，则无种族轧轹之问题，其政治现象之良窳，别有他原因，非种族之关系也。语其后者，则因种族轧轹之故，妨害政治之进行，故种族问题一日不解决，则政治问题亦一日不得解决。故可从两方面研究之：其一，种族问题已解决后，其政治现象若何；其二，种族问题未解决时，其政治现象若何。此二问题，我国民所当潜心研究者也。其第一问题，可以简单之语解决之。吾前论《民族的国民》篇中，曾言其概要，如所云罗马帝国瓦解以后，民族主义代世界主义而兴，英吉利之亨利八世，及大僧正威尔些事业，佛兰西之路易十一世之事业，大僧正里些流之事业，皆实行民族主义者也。迨其民族主义既已达其目的，糅杂之民族或以驱除，或以同化，无复轧轹不相下之现象，故政治现象无复扞格，滔然进行，遂由民族主义一进而为民族帝国主义。民族主义所以固其本族者也，民族帝国主义则由本族既固，乃广收他族，以求膨胀，如侯官严氏所云："如封豕长蛇，吞食豕鹿，入其腹中，鹿豕机关，至此尽成齑粉，徐徐转变，化合新体。"盖其吸收异种，乃兼容并包，而非轧轹角胜负，非一国之中，异族糅居不相合同者，可同日而语也。彼英、德、法等，方盛行民族帝国主义，以广拓殖民地，而民族主义弃置不复道者，其境遇实使之然。我中国实行民族主义之后，终有实行民族帝国主义之一日，故此问题，非本日所暇详言。至于第二问题，则为种族问题未解决时，其政治现象若何？此则中国今日最重要之问题，苟一研究之，未有不沈忧若不可终日者。忧时之士，拳拳于民族主义、国民主义，实自此问题发生也。吾敢信怀忧国之心而（友）〔又〕希望满洲立宪者，必由于未了然此问题之真际，故颠倒至此。吾虽不学，深欲以所闻诸师友者，转语我国民，有能听吾言者乎？

今日世界各国，其种族问题未能解决，以致政治现象终无起色者，舍中国外，鲜见其例。今举一颇相类似之国而语其历史，使晓然于种族轧轹，政治决无由改良，庶几由观人而反省，吾言或易进也。今请与公等言奥太利之历史。以下所言，取材于米国学者罗威尔《政府及政党论》第四编也。

奥太利[①]于一千八百六十七年十二月二十一日颁布宪法以来，为立先君主

① 即下文所说的"奥地利"。

国。虽然，所谓立宪，徒有其名而已，语其实际，则其政府，其议会，其政党，其国民，皆互相水火，不可终日，政治之错乱，未有甚于此者，而语其根本之理由，一言以蔽之，种族之轧轹而已。奥地利诸族之人数，据一千八百九十一年十二月三十一日之调查，其表如下：

独逸人	八四六一五八〇
质克人	五四七二八七一
波兰人	三七一九二二二
罗西尼亚人	三一〇五二二一
斯威尼亚人	一一七六六七二
伊太利人	六七五三〇五
罗亚谛亚及西布人	六四四九二六
罗马尼亚人	二〇九一一〇
其他	四三〇四九六

奥太利民族之复杂如此。更详考其政治上之生活，则各民族势如水火，不惟欲脱他种族之抑制，且谋凌驾他种族，以独占权力，其中如独逸人，以为奥太利本独逸民族之国家，怀抱独占之野心，然同族之中，而改进党与僧侣党分离，改进党中亦复内讧，势力减损，不遂所志也。至于质克人，人口最多，而分新旧二派，旧派主温和，欲葆其贵族之意见，而新派则怀民主之希望，后起以执牛耳，其所计画[①]，殆如匈牙利之于奥太利，虽国家瓦解，所不恤也。至于波兰人，则赞成政府之政策，而与他族不相下。伊太利人及南方斯拉夫人，则日日汲汲于相互之争斗，及对于独逸人之争斗。一国之中，人民各顾其本族而不顾国家，水火交讧，日无宁晷，竭种种政策，以谋解决，无一不归于失败。罗威尔论之曰：欲解决此问题，不外二方法：其一，创设中央集权之政府，独逸人专擅权力，宰制

① “画”，旧同“划”，为保持原貌，不作改动。下同。

一切，压制他族，不使复伸，然独逸人之内部，时复溃裂，安有成功之希望？其二，则分裂帝国，而诸种族组成联邦。虽然，欲实行此方法，无异五六儿号泣喧腾以争径寸之饵也。故欲卜知奥太利之将来，徒劳而已。嗟夫！奥太利非所谓立宪君主国耶？而因民族轧轹之故，立宪政治已成痿痹，果何故耶？小野塚喜平次曰：一国家由一民族而成，则国家之利害与民族之利害，常保一致，而无虞其相背；一国家由二种以上之民族而成者，欲其国家之利害，与各民族之利害能相一致，不可得矣。于此之际，若其各民族其自觉之度高且势力之差异少，而利害互不一致，则吾民族必先以本族之观察点而判断政治，而以国家全部之利害，置于第二位，此倾向固不可免也，而所谓国家之行动，亦不能平等以视各民族，此亦不可免之倾向也。何则？国权之掌握者，亦属于国内之一种民族，其不能超然于民族的见解之上固也。此真深切著明之论矣。试观奥国，非无政党，而多以民族之名为政党之名，如所谓独逸国民派、伊太利派、波兰土派等是已；非无国会，然不过为民族轧轹之反影；非无政府，而国中甲民族引以为友，乙民族引以为仇，乃至地方议会，亦成民族交讧之战场；非无帝国宪法，而人民已不以国家为共同之目的，乃以民族为共同之目的。彼谓立宪足以融化种界者，迷信一纸之空文，而不根诸事实，曾亦思奥国自一千八百六十七年以来久已享有立宪政体之徽号乎？

括上所言，其论据可以一语蔽之曰：民族不同，同为国民者，国家之利害与各民族之利害相反，顾各顾本族而不顾国家。至其解决之方法，一则互不相下，而至于分裂；二则一民族专揽权力，而以压制他族为治。夫如是之国家，而欲其政治现象得以改良发达，能乎不能？故吾敢断然曰：种族问题未解决，则政治问题必无由解决也。

夫种族与政治之关系既如此，而《新民丛报》乃曰："种族不同，必非不能立宪之原因；不能立宪，必非种族不同之结果。"（见该报第四号第四十一页）噫！此种关系，该报记者曾一研究之否耶？夫各国不能立宪之原因，诚有非由种族不同之故者，然此由其国本无种族轧轹问题故耳，若有种族问题尚未解决，则必为不能立宪之大原因，且即使立宪，不过其国中有一种之法律名宪法耳，其无实力真利，证之奥国，（班班）〔斑斑〕可见矣。该报记者而尚敢诽毁种族革命也，必须取上之史事理论，一一辩驳，更相讨论，如其不能，则速钳汝口，毋作恶声也。

（附言）该报记者但知谩骂民族主义而已，于政治与民族之关系，尚未梦见也。试观其所下种族革命定义云"民间以武力而颠覆异族的中央政府之谓也"(见该报第四号第六页),尚有"异族的"三字,可聊以自解。乃下文即云:"人民以武力颠覆中央政府之概念,与变专制为立宪之一概念,果有何种之关系。"(同上)夫删去"异族的"三字,则所谓"人民以武力颠覆中央政府者",不过政治革命之概念,而非种族革命之概念。乃以下即顺此以立言,不过成为革命不可颠覆政府之论文而已,虽为文累万言,直可谓无一字涉及种族革命也(该报记者谓我研鞫彼文有如酷吏。请读者平心观之,吾曾有一语诬彼否)。

至其论种族不同必非不能立宪之原因,自谓用类同法、差异法,呷叱呐、甲乙丙填写满纸,真充人大笑冠婴绝者。今语之曰:论理学者,形式之学也,非实质之学也。凡行文者,必不可背论理之形式,然不必自表示曰,我用某种论理式。何则?全文无一处不当遵守论理式者,若一一表示,则变成论理学讲义矣。须知行文而背乎论理,则必误不待言,然徒不背乎论理而已,则徒形式无误耳,未必实质遂不误也,况该报记者并形式而亦误耶?统观全文,除谩骂民族主义外,无一语窥见真际。噫,休矣!以之自欺可耳,欲以取信于人,不亦难乎?

又案:种族与政治之关系,政治学者所专科研究者也,米国学者罗威斯《政府及政党论》中,言之甚详,此篇少有征引,他日更当译述全豹。此问题于今日之中国,最为切要,深愿读者毋忽。

如上所言,则种族问题未能解决者,政治问题必无由能决。故欲为政治革命者,须同时为种族革命。盖因异族压制,而主张民族主义;因实行民族主义,而为种族革命,此一定之原因结果之关系也,而种界不革命,则政界亦终于不变,故二者常相缘附,不可支支节节而为之。此吾立说之根据也。

吾之根据已定,次当研究者,则为今日之中国,其政治现象与种族现象之关系如何?

研究此问题,第一须问满洲与我民族果同族类与否。此吾于《民族的国民》篇中详言之。满洲人乃通古斯种,与我民族殊类,不必深辩,然《新民丛报》尚为之辩曰:

"爱新觉罗一家,其自有史以来,与我民族殆无血系之相属,吾亦承认之。若其最初果有关系与否,则今未得证明,不能确断。就令此一家者,自始与我无绵毫血系相属,然亦限于彼一家耳,不能以概论满洲全族,其他之满洲人,则自春秋时齐、燕与山戎之交涉,秦时、王莽时、三国时人民避难徙居辽沈者,其数

至伙，历史上斑斑可考。然则谓凡一切满洲人皆与我毫无血统之关系，吾断不能为绝对的承认也。”（该报第四号第十九页）

噫！论民族之消长者，重历史民族，此久有定论，不待吾之词费也，章君炳麟驳康有为书曰：“近世种族之辨，以历史民族为界，不以天然民族为界。籍曰天然，则褅袷海藻，享祧猿蜼，六州之氓，五色之种，谁非出于一本，何必为是聒聒者”。然则论吾族与他族之辩者，若语其远，则西来之说，至今尚未定论，即有发明，亦不过考古学之资料而已，无预政治事也，若语其近，则二百六十年来，满洲与我族泾渭分明，该报记者虽有百喙，能为之辩乎？认贼作父，舍汝保皇党人外，无是败类也。然该报记者持之尚不坚，故又言曰：

“夫满洲自二百余年前，不能认之为与我同族，此公言也。”（该报第四号第五十一页）

然则彼一人之私言，虽自附于满洲而尚知以满洲为异族乃天下之公言也。如是，则满洲之为异族，可云论定也。

第二，须问满洲前此是否同化于我。吾于《民族的国民》篇中有云：满洲人欲不为我民族所同化，且欲迫我民族为所同化。所举证据，皆当时朝谕纂成官书者。此固满洲人所乐于承认，即媚附满洲人者，亦所乐于承认也。于是该报记者亦曰：“凡其所举者，亦吾所承认也。”（该报第四号第五十一页）然则满洲前此未尝同化于我，此亦该报记者所承认者也，则此点亦可云论定也。

第三，须问满洲迩来是否同化于我。《民族的国民》篇中已详之（本报第一号第二三页）。而该报记者亦谓百年来满洲人之语言文字住所习惯宗教，皆同化于我，然吾尚有最强之论据在，则谓民族不同而同为国民者，其所争者莫大于政治上之势力，政治上之势力优者，则其民族之势力亦独优。满洲自入关以来，一切程度悉劣于我万倍而能久荣者，以独占政治上之势力故也（本报第一号二四页）。然则吾之意以为满洲虽一切同化于我，而政治上之势力尚为所独占，则终立于征服者之地位，终能为我患，终能使我民族被同化于彼。该报记者而欲驳我说，则必不认此前提而后可，乃不料其悍然曰：“此前提亦吾所承认也”（该报第四号第五十二页），“此语亦吾所大略承认者也”（该报第四号五十六页）。

嘻！该报记者亦知认此前提耶？然则此点论定矣，然则今后该报记者尚敢谓种族与政治无关系，则又成自相挑战矣。

第四，须问满洲立宪是否欲巩固其政治上之势力。此问题实全文中最重要之点也。吾之言曰：“彼今者欲巩固其民族，仍不外乎巩固其政治上之势力，由是而有立宪之说”（本报第一号二四页）。而该报记者则绝对不承认此语，故每承认吾一前提，辄附以数语云：“此适足以证吾说之正确，而不足以证彼说之正确。”由其最终之断案，与我绝对相反也。吾今将引申前说，以正彼说之妄。吾前说有云：“吾今想（像）〔象〕一至美尽善之宪法，而语其效果曰：此之宪法，使满汉平等，满汉相睦，如是则一般志士，一般国民所喜出望外而心满意足者也。”（本报一号二四页）此数语辞气明显，指宪法之条文也，指宪法发布时国民之感情也。夫使徒曰条文而已，则奥太利之宪法（一千八百六十七年十二月二十一日发布），其第一条曰：凡于帝国议会有代表权之诸王国及为各邦之臣民者，一般有奥太利国民权。第二条曰：凡臣民于法律上为平等。以条文之效果而论，宜使其国内诸民族耦俱无猜，享平等之地位矣，而征诸实际，乃与其条文正相反对。若是者何也？种族问题尚未解决，立宪政治安能运用？于是煌煌之宪法法典，遂归于死文徒法而已。夫奥太利之立宪，国民经几度之流血革命，然后得之，而其不足用也犹若此，况该报记者之希望满洲立宪，乃欲以今日劝告明日要求而遂得之乎？下以虚求，上以虚应，一纸之空文，彼满洲人何所吝而不与，于彼实权无所损而徒使我国民醉文明之虚名，忘噬脐之实祸。此吾所以谓从此满族遂永立于征服者之地位，我民族遂永立于被征服者之地位者也。奥之民族轧轹，由于各不相下，至于今日，欲各族分立而不能，欲一族专权而又不能，故困难至此。若满洲立宪，则并此困难而无之。何也？二百六十年以来，彼族专秉大权，凌制他族，莫敢与角，今者秉大权以定宪法，假立宪之名，行专制之实（此节该报所谓变相之开明专制也），顺、康、雍、乾累代相传之秘诀，至此更保守而进步。盖曩者犹有专制之嫌，人心未宁也，今则居然为立宪君主国，袭文明之徽号，外以夸示于邻国，内以鼓舞其民心，皞皞熙熙，歌颂太平，汉人之心，由是而死，满人之策，由是而售，排汉之政策，假大权之命令以出之，名正言顺，谁敢腹非者？然则主权未从满人之手而转移于汉人，而复任令满人秉大权以立宪，则真欲使满人永立于征服者之地位者也。读者思之，吾所举盗絷主人之例（见本号〔报〕一号二五页），有毫厘之不当乎？虽然，此犹想（像）〔象〕一至美尽善之宪法以立言也，实则此至美尽善之宪法只存于想（像）〔象〕，而决不能见于实际。此吾前文已论其理由：

一曰宪法者，国民之公意也，决非政府所能代定；二曰今之政府，异族之政府也，彼惧其族之孤而虞吾之逼，乃为是以牢笼我（详见本报一号二五页）。是故想（像）〔象〕中之宪法决无由实现，又可断言也。吾前文之立说，大略如此。乃观《新民丛报》之所以驳我者则何如？其言曰："吾读至此，方急欲尽闻其言，听有何等之说明，乃不料读至下方，则满纸仍复仇之说，而政治上之趋势，乃不复论及也。"（该报四号五三页）

嘻！目眯耶？抑伪为目眯耶？自欺欺人之心，路人皆知矣。夫吾之所言，固详于政治上之趋势，而略于复仇之言论，然复仇论固亦有真理，且亦我国民因于境遇自然而有之心理也。今引申前例以说明之。譬有大盗，入主人家，据其室庐，絷其父母兄弟，而尽夺其所有，则为主人者，义当何如？吾以为必当出死力捕获此贼，解父母兄弟之缚，奠厥居，尽复所有，然后为达其目的。此固复仇之手段，抑亦当然之理也。然使有劝之者曰：汝与盗角，扰及邻人，彼邻人者将不汝容，盍姑与盗敦睦谊乎？此则可谓不入耳之言也。夫复仇之目的，在盗非在邻也，复仇之际，深加注意，不扰及邻舍，则可告无罪矣，彼岂能无端干涉？果其如是，则亦吾仇耳，此惟足坚复仇者之志，决不足以馁其气也。吾举此例，殆如米帛水火，人人所不以为非者也，而排满则正与此例相合。满洲人夺我汉人之土地，而以汉人为奴虏，为汉人者唱复仇主义，期光复故物，争回主权，此正我民族必当有之心理也。吾邻与吾仇，固有别矣，吾固不因复仇之故，而扰其邻，吾邻亦岂能因此而扰我也耶（该报第四号有驳寄生之文，吾之所见，不知与寄生所见有殊否，故不于此代答，然该报所主张者，为革命足以召瓜分，本报已有专论辨之，将于次号供读者之快睹，故于此问题，不复详之）？质言之，则种族上不平等、政治上不平等者，复仇之原因也，种族革命、政治革命，复仇之结果也。譬有橘于此，此自其颜色而言，则指之为青，自其形状而言，则指之为圆，自其味而言，则指之为辛。革命亦然，自其驱除异族而言，则指之为种族革命，自其颠覆专制而言，则指之为政治革命，自其戮逐雠仇而言，则指之为复仇。盖革命之原因结果至繁，当分数方面以研究之。该报记者日日谩骂复仇主义，嗟夫，以忘心事仇之人而闻人言复仇，宜其格格不相入也。

该报记者既未尝为一言以驳我说，乃复演其推定之故技。其言曰：

"推彼所以致误之由，不外误认皇位与政治上势力同为一物，不知立宪之国，皇位固政治上一部分之势力所从出，然皇位以外，尚有他之政治上势力，存于国民自身，国民于政治上行自由竞争，其政治能力高度之民族，必能占政治上势力。汉人政治能力优于满人，故诚能得正当之立宪政治，则汉满两族，孰占优势，不成问题者也。”（录该报四号五三页至五六页之要点）

然则该报记者殆以为满洲人果能行正当之立宪政治也。吾告该报记者：汝勿存此妄想，汝望满洲真能立宪，殆较望天下之人皆入保皇党尤离万倍。以吾所见，满洲之扬言立宪，不过欲巩固其政治上之势力而已，不过排汉政策之妙用而已。欲证吾言，先举理论，次举事实。

吾立说之根据，以为满洲民族与我民族利害相反，宁顾其本族，不顾中国。何以知其然也？盖汉人之利，满人之害也，满人之利，汉人之害也。《民族的国民》篇中，列举满洲人之利益特殊于汉人者，此由清朝制度，满汉不平等故也。今果欲立宪，则不得不言满汉平等。然则使满洲人下跻于汉人耶，则前此特殊之利益一旦尽失之，此满洲人之所大不利也。然则使汉人上跂于满洲人耶，则满洲人所享利益一旦与汉人均分之，终至于无特殊之可言，此亦满洲人所大不利也。满洲人虽愚，肯自弃其利益耶？国家者，个人之团体也；个人者，国家之分子也。国家有利，人民亦受其利；国家有害，人民亦受其害。故人民之利害，与国家之利害，能相一致。若夫国家所以为利者，甲民族以为于己有利，乙民族以为于己有害，则民族与民族之间先起竞争，而置国家于度外，必然之势也。国民平等，诚中国之利也，而无如乃满洲人之大害。彼入关以来，社会上之文化，已（薰）〔熏〕沐汉人之唾余矣，然因把持政治上势力之故，得享特别之地位，而不与汉人为平等之竞争，其能久存者以此。今日者政治上之大权犹在其掌握，乃因汉人劝告要求之故（此该报记者唯一之手段也。噫，如所云，真可谓天下无难事矣），而抛弃权利，降而与汉人立于平等之地位，以从事于自由竞争，是直欲自灭其种而已，满洲人虽愚，肯因汉人劝告要求之故，而自灭其种乎？质而言之，满洲人非不畏中国之亡，盖中国若亡，则彼族亦无立足地故也，然彼因欲保彼族，故欲保中国，设因保中国之故而至于灭其本族，则彼宁举中国以赠朋友耳。然果如该报记者所云“满汉平等，行正当之自由竞争”，则直是使之自灭其种而已。何也？社会上之文化已无复存，政治上之势力又复失坠，尚欲以蕞尔之丑类，块然自存，能不随红夷黑蛮以俱尽耶？彼满洲人不能为工商业，而为官吏为兵戎，乃其唯一之生活，此顺治以来，欲使彼族专占政治上之势力，所定之政策也。曩者满洲人居特别之地位，不患无为官为兵之途，故常有以保其生活，今欲于政治上与汉人平等，则汉人数四万万，满人数只五百万，尚望得享政治上之生活耶？夫工商业乃彼祖制不许其为之者，即使此后许其为之，然彼满人由森林之生活而享政治之生活已数百年，其脑海中可谓无一毫之商智，其习惯中可谓无一毫之商才，于此而欲与汉人争工商业上之生活，犹稚子与壮夫竞也。夫工商业上已无满人之地位，而政治上又以五百万人与四万万人争，是真可一言以蔽之曰：自灭其种，无他道也。故该报记者所云，无异授人以刀而使之自杀也。何也？使满洲人行正当之立宪政治，即无异使之自灭其种也。夫使我汉人张其势力，夺回政权，彼满人岂无灭种之一日？然欲满人自灭其种，则无异欲使康有为解散保皇会也。

该报记者亦自知其说之不完也，乃复支离其词曰：

“中国今日，举国人民，其在法律上，本已平等，无别享特权者，即如某报所举满洲人于公权私权上间有与汉人异者，然其细已甚。”（该报四号五八页）

噫！读该报此数语，而不愤火内炎，拍案大叫，不齿该记者于人类者，必非中国之人也。本报所举满汉不平等之制度，乃据《大清律》、《皇朝通典》、《东华录》诸书，乃当时朝谕勒为定章者也。夫私家纪述，其足以令人发指眦裂者不可缕数，本报皆不暇举者，虑彼之狡展也。若夫官书所载，则满洲人先自承认，从而媚附满洲人者亦不能不承认，此皆铁证，无可脱卸者。该报记者亦知不能脱卸，则藐然曰：“其细已甚。”呜呼！该报记者之意，欲使满人尽屠我汉人，不留只影于大地，然后乃快于心耶？吾今语该记者：当日汝祖汝宗，呻吟辗转于刀俎之时，汝下笔时曾一念及乎？当日我汉人肝脑涂地，流血被野，孤儿寡妇，气绝声尽之时，汝下笔时曾一念及乎？因满汉不平等之故，而汉人憔悴于虐政之下，满人安坐而吸汉人之膏血，已二百六十年矣，汝下笔时曾一念及乎？何来枭獍，乃作此语？吾今日斥汝，殊污吾纸墨也。

该报记者又为狡卸之词曰：“已屡经变迁而非复其旧。”吾欲寻其所谓变迁者何事，则彼固尝言之，如所云“兵权则自洪杨一役以后，全移于湘淮人之手，而近今则 切实权，皆在第二政府之天津，又事实上之予人以共见者也”（该报四号五一页）。然则彼之意，以为政权兵权，皆参用（满）〔汉〕人也。然此固本报第二号《民族的国民》论中所已驳者（第五页至第十二页），满洲不能不用汉人，势也，为治汉土之故，而不能不用汉人，为用汉人之故，而不能不驾驭汉人，故以本族居最上级，握最大权，而汉人不过为其奴仆，供役使耳。故彼之政策，乃在以汉人治汉人。古诗云："煮豆燃豆萁，豆在釜中泣，本是同根生，相煎何太急。"满人之以汉人治汉人，所谓以豆萁煮豆者也，豆萁与豆诚为同种，无奈煮豆者不恤何。噫！今日之执政者，身虽汉种，心已满奴，正与该报记者乃一流人物，又乌可以之为自慰耶？要之，主权一日尚在满人之手，则种族问题一日不得而解决也。

该报记者又谓我国二百六十年来非贵族政治（见该报四号四十五页）。夫贵族者，对乎平民而言。一国之中，若国民平等，则无贵族之名词。虽近日立宪各国尚有留贵族之余孽者，然原则上为国民平等。若今日中国，则满人汉人分两阶级，满人之为贵族，彼朝家定制固如此也。满人以贵族之地位而握政治之大权，故吾指为贵族政治。至于贵族政治之组织，有数人合议者，有拥戴一君者，今亦不必详述，但问今日之君主是否即贵族中之一人。如其是也，则贵族之意思，即君主之意思也。君主与贵族既为一体，则贵族之利害，亦即君主之利害也。中国今日之贵族，为满洲人，而今日之君主，亦满洲人，满洲人非用排汉政策，则不能自存，既如上述，则君主亦岂能无此意思？乃该报记者谓"君主之地位，认立宪为不利于其身，及其子孙，而因以不肯立宪，则诚有之，谓其以满洲人之地位，而认立宪为不利于其族，而因以不肯立宪焉，则深文之言，非笃论也"（该报四号四十六页）。我故曰彼于种族与政治之关系未尝梦见也。以上层层（骷）〔诘〕驳，皆所以证明满洲人之言立宪，不过欲巩固其政治上之势力，且以实行排汉政策。苟无有能难吾说者，则吾之理论为不可破。今更引最近事实以证吾言之非诬。盖满洲之排汉政策，二百六十年如一日，其最近之现状，狡谋长算，极为深远。举其显著之二例言之。

一曰教育权。满人近日专持汉人学堂日少、旗人学堂日多之政策。其第一着手，在于北京。据最 [1]调查表如下：

① 此处原空一格，似漏一"新"字或"近"字。

大学堂	约五百人
实业学堂	约二百人
译学馆	约三百人
进士馆	无定数
顺天中学	约百〈余〉人
五城中学	约百〈余〉人

合计不及二千人。此为各省及八旗人数均在内。

至于八旗学堂，（一）将从前官学改良者，（二）新设者，合计共四五千人以上。

据上观之，北京为首善之区，各省高等人材所萃，而以其数与八旗学堂人数相较，悬绝若此，最近之趋势亦可见矣。而把持其事者，为满人荣庆。北京之初设大学堂也，以张百熙管其事。张好名，汲引人才，多踔厉，议论无忌讳，满人忌之，有以蜚语构陷之者，张大恐。时荣庆新得宠，张乃请于太后，以荣庆与己同管学，借以自（问）〔慰〕，且有满人同事，足以释众疑也。荣庆固持排汉政策者，既管学务，动辄掣张肘，事不先禀命，辄拒画诺，虽小事，必靳之。然荣庆终以不得独行其志为憾，乃议设学部，置尚书一人，冀专其权。然学部之设，去年五月而议定，至十一月而始实行者，何也？盖其时荣庆方任户部尚书，为一己之私囊计，则户部为丰，为抱持之政策计，则学部为宜，踌躇二者之间，不知所可，终乃决计专任学部，以实行其政策。此事北京城中人人能知之能言之，所谓司马昭之心路人皆见者也。彼族知非教育不足以自存，而又虑汉人日进于文明，将不利于己，故为是政策，冀满人日智、汉人日愚，此为从根本处下手。彼今以北京为起点，各省尚未受其影响，然学部之势力日强，则其政策亦日推而及远，后虑宁可设想？谨告我国民，须知满政府教育之大方针，在排汉政策也。

二曰兵权。顺治以来满人专握兵权，《民族的国民》篇中已详论之。洎乎今日，练兵处祖述其先人之政策，变本加厉，铁良、良弼实主其事。其所计画者，第一在练旗兵。八旗朽窳日久，今谋振刷而一新之，纯用新法教练，期以十年，尽成劲旅，彼固未尝讳言之也。第二在收天下兵权，萃于京师。此策非旦夕可尽行，然彼目的已定，其进以渐，先拟于东三省著手，与赵尔巽协议未调，闻将有大变动。噫！此策进行，彼为刀俎，我为鱼肉，汉人无噍类矣。第三在练将。良弼平日抱持之主义，以为天下兵虽多，不足畏，而将必当以满人为之，今日八旗所忧不在无兵，而在无将，而汉人之可虑，亦不在兵数日多，而在将才日出，诚能使天下之兵皆以满人将之，则如以牧者驭牛羊，虽悉汉人以为兵，皆供我驱策而不足为我患也。良弼所抱持之主义如此，而铁良实行之。近设贵胄学堂，其宗旨在同陆军大学之程度。原定章程，惟宗室八旗亲贵子弟乃得入学，其后欲掩人耳目，乃增设一条云：三品以上实缺大员之子，亦得入学。其实三品以上实缺大员之子，非京堂亦道府矣，彼之设此条，真狡狯也，而各省武备学堂，其程度不逾佐尉，十年之后，军旅统帅，必皆满人，可预期也。噫！彼等此策，殆高出乃祖顺治、康熙辈远甚。彼祖宗画策，在侧重八旗，减削绿营，然此必须天下无大故乃可，设使四方兵燹，则八旗驻防势不敷分布。故嘉庆川、湖、陕之役，已不能不参用乡勇；咸同之际，更不能不重用湘淮军。彼祖宗设计虽毒，终有失算也，而今日满人之政策，则保其固有，益以进化，但求将才悉出于彼族，则虽籍四万万人以为兵，于彼族兵权无丝毫之损失也。英人之于印度，即用此政策。满人从而效之，汉人充行伍，满人总师干，率汉人以杀汉人，犹是煮豆燃豆（箕）〔萁〕之方法，杀人亿兆，流血成河，皆汉人自相屠戮而已，满人安满而指挥，泰然不知兵革之苦也。呜呼！汉人思之，吾辈或及身而被此惨劫，即不然，亦使子孙被此惨劫，哀我汉人，乃日望满汉平等，凶年思食肉糜，何执迷若是耶？

以上所言，皆最近事实也，起点于今日，成功于十年以后。我辈试游北京，但闻排汉主义之声，洋洋盈耳。六部司员，每部候补者千余人，满汉司员见面不交谈，满人之为政者，专断一切，无所顾忌，而汉人承意旨惟谨，此真立宪之政治现象也。端方者，立宪的排汉主义者也，其主义以为未立宪以前，满人所为，汉人忌之，政策之运用，难收良果，一旦立宪，满汉一家之名，已入于人人之脑中，而排汉政策运用于无形，吾辈目的乃可终达。方其入京师也，袖宪法草案稿以示政务处大臣，鹿传霖见而叹曰：“若是者即宪法耶？然则亦安用此为？”呜呼！尸居余气之鹿传霖，何微言之隽永也，贤于《新民丛报》记者远矣。盖鹿传霖固功名富贵中人也，然已厌于功名富贵，身安而国危，故偶然之感慨，而流露其天良中之至语，若夫方以功名富贵为目的而以死力求致之者，则此种发自天良之语，认为于己之目的有妨，宜其扪舌也。至于以扪舌为犹不足达富贵功名之目的，乃至大倡违心之论，以惑人听闻，其操术更巧矣，不然，彼人之才识，岂不胜于鹿传霖？乃鹿传霖所能见到者而反昧乎？吾知其必不然矣。彼人今已不可与言，但深愿爱国之士，一昧鹿传霖之言而憬然也。

夫稽之理论则如此，征之事实则又如此，然则满洲之言立宪，不过欲自固其政治上之势力，可断然无疑矣。然则我国民之希望满洲立宪，又何为者也？

夫希望满洲立宪，其为妄想，固不待言，乃至更有希望满洲开明专制者，可谓妄之又妄者也。希望满洲立宪，其利害已如上述，则希望满洲开明专制，殆可不辩而自明，乃《新民丛报》津津乐道之，且根于法理以立言。本报第四号已辞而辟之矣，及观该报第七号，则又遁于事实问题。夫若自事实以立言，则破之尤易。何也？若如该报所言，望满洲政府以开明专制，则是以法兰西之拿破仑第一，普鲁士之腓列特列，望今日之太后也，以管子、商子、加富尔、俾斯麦，望今日之庆亲王、荣庆、铁良、瞿鸿禨等也，此其拟（不于）〔于不〕伦，可笑孰甚，虽童稚亦将唾其面矣。

综上所述，以简单之语括之曰：今日中国之种族现象，乃满族压制汉族，而此两族利害相反，不能并存，故政治现象亦无改良之望，不解决种族问题，不能解决政治问题也。

夫希望满洲立宪者，非以为满洲立宪乃救国之唯一方法耶？如吾所言，则其相反如是，然则公等之希望，殆嗒然尽丧矣。我既滁除公等之旧希望，乃更进公等以新希望，请公等先割弃希望满洲之心事。盖非我族类，其心必异，可信者，同胞之民族而已。我民族欲解决中国存亡之问题，当行种族革命、政治革命。盖上述种种困难，种种危险之事实，皆待革命而立解决也。

（附言）《新民丛报》之反对本报主张种族革命与政治革命同时并行也，其第四号所言，只谓革命不可颠覆政府而已（上文已斥之）。其第七号所言，只谓种族革命为国家成立之不必要（见该号三十一页）。此真如小儿牙牙学语，舌尚未调者也。吾此文述种族与政治之关系，未知该记者尚作何语？若不能答辩，而此后尚敢诋諆民族主义，则真可谓甘心卖国，对于汉族，为叛逆之凶竖，对于满族，为既被斥逐复求媚附之家奴，不当以人类视之，若此后若敢劝告满洲政府开明专制，则真可谓自残同种以媚异种，甘作煮豆之豆（箕）〔萁〕，尤不容汝靦然立于人世。

又该记者谓主张种族革命，与共和政体，相缘而不可分，而共和政体，为今日中国所万不能行，以今日之国民，无共和国民之资格故也。此该报第三号及第七号所主张者。其自法理以立言者，则不外波伦哈克之说，而吾已辨之于前（见本报第四号）。该报记者失所根据，乃觍然曰："吾无为波氏作辩护之义务"。此言丑极矣，乃又支离其词曰："论者难波氏说，取吾所征引者，全行抹杀，一字不驳，而惟取吾所不征引之主权论驳之。"（见该报第七号三十九页）夫驳他人之议论，须叩其根据，然后非枉费笔墨。该记者必欲人学其隔靴搔痒、淫啼浪哭乃为能据胜算耳。试观本报第四号第六页云：

"总括波氏之大旨，以为国家之目的，在以平衡的正义，调和社会利害关系之冲突，君主在利害关系之外，故足以调和，人民则自为利害关系人，未有能调和者也。然问君主何以能在利害关系之外，则谓君主之人格，即国家之人格，而人民乃国家统治之客体故也。此波氏之根据也。"

观右数行，吾之说与论者所引波氏之说，针锋相对，凡读者所共见者也。吾以下即介绍学者之公论，以痛驳波氏此论据，而该报记者乃谓吾"一字不驳"。自欺乎？抑欲欺人乎？该报记者又自谓"对于波氏之说，惟采其近于事实论者"（该报第七号三十九页），然该报第三号第十一页译文有云："共和国者，于人民之上别无独立之国权者也，故调和各种利害之责任，不得不还求之于人民自己之中。"波氏此言，乃推定的也，所以为此推定者，以彼采国家客体说故也。吾从此点著想，复参考波氏所著《国家论》，撷录其要点于报端（见本报四号第五页），然后乃对之为驳论，而该报记者乃谓"一字不驳"，所谓遁辞知其所穷者也。

吾前文已排斥波氏之说，乃进而主张曰：凡国家机关皆有调和人民利害冲突之责任，不问其构成机关者为单独制（如君主），抑为合议制（如议会）也。至于文中略引耶陵危氏、拉攀氏之说，以为此二氏之说，皆非波氏所能难耳。吾未尝于二说之中，断言当采何说也，而该报记者无端而诘责拉氏之说，无端而引申耶氏之说，此真所谓"自言自语"，于他人无关系者也。顾所最奇者，该报第七号第四十页有云：

"近世之共和国有三种：一曰国民直接的共和国，二曰代议制度的共和国，三曰直接、代议参用的共和国（美浓部达吉《国法学》第一二一页）。其在第一、第三种，国民全体直为最高机关，不辩自明。其在第二种，则以议会为最高机关，似属例外，不知此原则虽缘代议制度而变其形，不缘代议制度而丧其实也。"

嘻！该报记者不知东文，乃至于此耶？前日之误，吾已斥之，以为今后若复尔尔，则无辩驳之价值，乃该报记者又复如此。本报置之不理，然彼族纵卑劣，借他人之术语，饰自己之颜面，以希冀见惑于人，不可不取而痛斥之，使读者知该报无复有丝毫之信用，亦未尝非诛佞之一道，此吾所以不能已于言也。试检原著观之，该报记者所译正与原著相反。原著一一九页以下，云共和国有三种，（一）寡人的共和国，（二）贵族的共和国，（三）民主的共和国。而民主的共和国，更分三种：（甲）有国民总会之民主国，（乙）纯然代议的民主国，（丙）有直接民主的组织之代议的民主国，列眉分目，粲然分明。而该报译文乃谓“近世之共和国有三种：一曰国民直接的共和国，二曰代议制度的共和国，三曰直接、代议参用的共和国”。以文字而言，该报明谓“近世之共和国有三种”，然则乃译原著第一分类也。然该报记者虽奇谬，亦不应至此（吾文平情若此，该记者尚得谓吾酷吏乎）？以意义而言，殆指原著第二分类也，然既指原著第二分类，则当曰“近世之民主的共和国有三种”，不当（汛）〔泛〕云共和国也。该记者殆但翻原著一二一页，而未见上文，故成此大错。今日以后，尚望得读者之信用乎？且原著云“有国民总会之民主国”，而译为“国民直接的共和国”，于义为不通。原著云“纯然代议的民主国”，而译为“代议制度的共和国”，删去“纯然”二字，失其范围，于义亦为不通。原著云“有直接民主的组织之代议的民主国”，而译为“直接、代议参用的共和国”，于义又为不通。今日以后，尚望得读者之信用乎？然此犹文字之不可通耳，彼尚有大谬不可瘳之点。按原著一二一页云：

“纯然代议的民主国者，谓于代议会，行国家统治权之全部者也。代议会者，为国民之代表机关，而行统治权者也，国民虽不失为国家之最高机关，然国民非自行统治权，国民之行为，唯限于选举行为而已，代议会则于国民之名，行实际之统治权，如美国、法国，其最重之实例也。”

右之文义，明显若此。盖就民主的共和国而论，则总国民有为国家之最高机关之地位（该记者以为吾全忘却此语，然彼伪目眯耳。试念本报第四号第九页第六行。观之，即知其伪）。然就民主的共和国中第二种之纯然代议的民主国而论，则如上所言。此吾前文所以谓在法国、在美国，政治学上、国法学上，皆国会为国家之总揽机关也。至于第一种，于今日唯瑞西之二三小州，于第三种，唯瑞西联邦及联邦内之各州，美国之各州，皆极小之国，羌无足论者也。而该报记者乃谓“此原则虽缘代议制度而变其形，不缘代议制度而丧其实”，措语之囫囵，殆如八股之油腔滑调，真所谓蚍蜉撼大树者也。

以上所言，因该报妄谈法理以攻吾前说，故反驳之。然该记者又预作退步，支离其辞曰：“吾自初之与排满共和论宣战也，以事实论，非以法理论也。”（该报第七号三七页）夫若自事实论以立言，则破之尤易。盖该报记者所主张者，不过谓中国国民无为民主立宪国民之资格而已。迨吾说己辞而辟之，则又狡卸其词曰：“我所云者，谓今日之国民耳。若夫国民之有立宪的共通精神，则吾所承认矣。”（节录该报第七号文之要点）夫该记者既承认我国民有立宪的共通精神矣，则民主立宪非我国民所不能致，明矣。至于该报记者谓今日之国民未足以语此，然则该记者何以又主张君主立宪？然该报记者必曰可以开明专制，为君主立宪之预备，则吾亦曰可以国民约法，为民主立宪之预备。然则该记者与吾相异之点，不过彼以立宪之事业望之满洲，我以立宪之事业望之国民耳，而希望满洲立宪之必不可，既为此文所痛辩矣。

该报记者又谓：“立宪共通精神，今日中国与彼所异者，精粗之问题也，即论者所谓程度问题也。共和特殊精神，今日中国与彼所异者，有无之问题也，即论者所谓性质问题也。”（该报第七号十七页）噫！愚妄至此。某君演说，谓该记者未尝知立宪之意义，诚非虚语矣。今为图以示之。

<table>
<tr><td rowspan="2">立宪政体</td><td>君主立宪政体（如英国、日本、普国是。自法理言之，则当曰君权立宪政治）</td></tr>
<tr><td>民主立宪政体（如法国、美国是。自法理言之，则当曰民权立宪政治）</td></tr>
</table>

上表明白如此，而该记者乃以立宪与共和（即民主立宪为对待之名词，真可谓呓语矣。至于国民之精神，亦为图以示之）。

<table>
<tr><td rowspan="2">国民之立宪（君主立宪、民主立宪皆在其内）精神</td><td>共通精神（详言之，则曰各国共通之精神）</td></tr>
<tr><td>特殊精神（详言之，则曰各国特有之精神）</td></tr>
</table>

如上所表示，则共通精神，各国国民所当皆有者，苟其无之，则不能立宪。我国民固已有之，此吾前文所已言，而该记者所已认者也。若夫特殊精神，则各国不必相师。如吾前文所举，日本万世一系之观念，英国不必师之也，英国巴力门之观念，日本不能学之也。吾前文所云“不必强学英、法、美，非惟不能学，抑且不必学”，即指此也。乃该记者既以共和、立宪为相对之名词，又以共通精神、特殊精神混之一团，而以难我，蚍蜉撼树之技又出耶？

该报记者声声言要求，吾前文诘之曰：汝何所挟而要求？乃该报第七号六十页答云：“要求政府之能力，尚且不有，颠覆政府之能力，更何自来？盖此两种主义，皆无非以武力为唯一之声援，而要求政府所需之武力，其分量极少，颠覆政府所需之武力，其分量无限也。”此种似是而非之言，最易惑人，不可不取而痛斥之也。彼既言要求亦须武力，吾今问其武力为何种？为革命军耶？则该记者所塞耳不敢闻者也。为不纳租税耶？此该记者所津津而道者（见该报第四号）。然欲不纳租税，不可无革命军以为预备，不然，政府以一二狼差悍弁，何所求而不得？譬如盗入人家，而该记者乃语其家人曰“慎勿与以财帛”，此真童騃之见耳。为暗杀耶？此犹该报所称为最后之武器者（亦见该报第四号）。然暗杀者，不过革命事业之一端，非革命全副事业皆在于此也。即以虚无党而论，彼有革命党本部、支部，分屯各地，而党中有决斗团，有司法委员，至于暗杀事业，乃其党一部分之职司而已。以最近事而论，去年圣彼得堡常有政治上之要求，男女万人，各易新衣，捧表诣宫门以呼吁，俄而宫门大开，（哥克萨）〔哥萨克〕骑兵冲出，枪刃交下，死者狼藉。此真要求之效果矣。事后，俄皇命警吏密查骑兵有刃未染血、弹囊未罄者，悉罪之。此真对待要求之方法矣。幸而俄民预备有素，革命党乘机待发，故宫门之变一起，立成巨乱，俄皇卒不得已，张皇让步，下诏立宪，而革命党之气焰，未少息也。由是言之，以暗杀而名者，莫如虚无党，然彼以暗杀事业，为革命事业之一部，至于要求，尤其先事耳。今该报记者称扬暗杀主义，而弃革命主义，此真所谓伐其根而采其枝者也。即以汝之心理言之。汝昔所恨者刚毅，今刚毅死矣，满廷竟何如？汝昔所恨者荣禄，今荣禄死矣，而满廷竟何如？汝所蓄深仇而日（咒诅）〔诅咒〕者为袁世凯。今袁尚在，然袁虽死，决可信其于满廷无影响也。譬如大树，根本未摇，其枝叶虽新陈代谢，于其本体，有何损伤耶？夫革专制而为立宪，此何等事业？乃欲刺杀一二宵小而唾手得之，直小儿之见而已，无他，人情好逸而恶劳，欣于幸获，而惮于艰难缔造。该记者利用此种惰性，所以号于众者曰："要求政府所需之武力，其分量极少。"薄志弱行，可概见矣。凡国民之从事于革命，性命尚不顾，何有于计较劳力之多少耶？此种议论适足以自写其贪生恶死、狥名好利之恶心事，乃快然倾吐于人前，小人之无忌惮，至以为极。

该报记者以为"要求政府之能力，尚且不有，颠覆政府之能力，更何自来"？不知要求政府与颠覆政府之手段，迥然不同，不能以比较而言之也。凡要求政府，乃以政府为父母而乞求之，乞求而不得，则出其弑父母之手段，此名不正言不顺者也。若革命，则宣告政府之罪状，国民皆以政府为仇雠，而声罪致讨，名正言顺，其不同一也。该报记者又谓"要求不遂，继以惩罚"。夫惩罚云者，政府对于囚人之语也，囚人既为政府所捕缚，轻重生杀，一如其意，此政府对于人民之威力也。夫要求者，则人民对于政府，而惩罚者，则政府对于人民。该报乃谓人民能惩罚政府，太颠倒矣。若夫革命，则敌人与敌人之关系也，两军决斗，各视能力之如何，以决胜负，乃兵事上之举动，非刑法上之举动也。盖惩罚者，政府对于人民而用之，革命者，人民对于政府以为之，其地位使然也，其不同二也。以上所言，皆因《新民丛报》妄驳本报，故反驳之，所驳者，为要点，故于此附言，其他枝辞蔓语，则并登此文附论之价值而亦无之。另于《新民丛报之怪状》一门，大加搜讨可耳。

夫公等由希望满洲立宪之观念，一变而为希望国民立宪之观念，而奋然以向于种族革命、政治革命之途，此真中国之福也。吾更与公等约，吾辈目的既定，则今日以后，吾辈之目的，望其成功，吾辈之性命，望其失败。此言何谓也？吾辈之目的，唯一而已，即救国是也，而吾辈之性命，即以救国而牺牲。设有进者曰，更有一策，国亦可救，身亦可保，此必亡国之言也。凡人既定初志，中道参以其他之目的，则其终也，至与初志相反，退化者多如是矣。故非惟现在之事，不介怀抱，即未来之事，如儒家所云余庆，耶教所云天国，亦非我辈所预期。我辈所知者，性命失败之日，即目的成功之日而已。我辈志向既定，则所居之地位，无一不足以达吾所志，杀身流血，其上者也。至于公等之中，有为政治家者，则阴掣贼肘，隐扶民力，是其天职。况今日政府、国民之外，尚有第三者（耽耽）〔眈眈〕焉。吾友汉民之论张之洞卖矿也（详在本报二号），有云："外之攫我路矿权也，取得之后，其时效未经过，不得曰复，清之占取，则不法之行为也，勿问何时，羽翼苟成，仍为我有，今直寄诸外库而已，故为他日权利回复之难易计，宜思有以遏其轻赠朋友之手段。”此实笃论也。至于公等之中，有为实业家者，则宜求有以绝满洲人之生计；有为教育家者，则宜使国民主义、民族主义普遍于人人之脑中；有为军事家者，则宜求有以尽歼彼丑类，使彼所恃为爪牙者，实皆彼之仇敌。如是，则人各异业，而皆同心。如是，则吾人革命时战争上之生活，革命前社会上之生活，如教育上之生活，政治上之生活，实业上之生活，实事上之生活，皆无不足以制满人之死命。以战争而革命者，其效固著，以社会上之运动而革命者，其效亦非细，而我四万万人无一人不能尽此义务者也。是在我民族共矢之也。

《民报》第三号、第五号，光绪三十二年三月十二日、五月五日（1906 年 4 月 5 日、6 月 26 日）

《民报》与《新民丛报》（辨）〔辩〕驳之纲领

近日《新民丛报》将本年《开明专制论》、《申论种族革命与政治革命之得失》诸篇合刊为《中国存亡一大问题》。本报以为中国存亡诚一大问题，然使如《新民丛报》所云，则可以立亡中国。故自第四期以下，分类（辨）〔辩〕驳，期与我国民解决此大问题。兹先将（辨）〔辩〕论之纲领，开列折下，以告读者：

一、《民报》主共和；《新民丛报》主专制。

二、《民报》望国民以民权立宪；《新民丛报》望政府以开明专制。

三、《民报》以政府恶劣，故望国民之革命，《新民丛报》以国民恶劣，故望政府以专制。

四、《民报》望国民以民权立宪，故鼓吹教育与革命，以求达其目的；《新民丛报》望政府以开明专制，不知如何方副其希望。

五、《民报》主张政治革命，同时主张种族革命；《新民丛报》主张政府开明专制，同时主张政治革命。

六、《民报》以为国民革命，自颠覆专制而观，则为政治革命，自驱除异族而观，则为种族革命；《新民丛报》以为种族革命与政治革命不能相容。

七、《民报》以为政治革命必须实力；《新民丛报》以为政治革命只须要求。

八、《民报》以为革命事业专主实力，不取要求；《新民丛报》以为要求不遂，继以惩警。

九、《新民丛报》以为惩警之法，在不纳租税与暗杀；《民报》以为不纳租税与暗杀，不过革命实力之一端，革命须有全副事业。

十、《新民丛报》诋毁革命而鼓吹虚无党；《民报》以为凡虚无党皆以革命为宗旨，非仅以刺客为事。

十一、《民报》以为革命所以求共和，《新民丛报》以为革命反以得专制。

十二、《民报》鉴于世界前途，知社会问题（心）〔必〕须解决，故提倡社会主义；《新民丛报》以为社会主义，（平）〔不〕过煽动乞丐流民之具。

以上十二条，皆（辨）〔辩〕论之纲领。《民报》第四号刻日出版，其中数条，皆已解决。五号以下，接连辟驳。请我国民平心公决之。

《民报》第三号号外，光绪三十二年四月五日（1906年4月28日）

驳《新民丛报》最近之非革命论

精　卫

顷见《新民丛报》第四年第三号《开明专制论》第八章《论开明专制适用于今日之中国》，其第一论纲云：中国今日万不能行共和立宪制之理由。其发端数语曰：

“中国今日固号称专制君主国也，于此而欲易以共和立宪制，则必先以革命，然革命决非能得共和，而反以得专制”（第八章第十一页）。

嗟夫！论者亦中国之一人也，而乃为是言，是乌可以无（辨）〔辩〕？

方吾之为此驳论也，下笔时心滋不悦。盖论者吾仇也，非私仇，乃公仇也，与吾仇笔墨相见，非余所欲也，然吾之为驳论也，非第欲以折论者，将以质诸天下之人而决其是非也，姑强抑吾怒，平其心以立于相对辩论之域。

于是当定驳论之范围。原著有云：“请先将波伦哈克学说，及此数纸中狂夫之言，一一遵论理，据历史，推现象，以赐答辩。”（四十六页）

又曰：“答辩本章，固所欢迎，若欲驳开明专制论者，则请俟全文出版，乃赐教言，否则恐枉笔墨也。”（同上页）

吾今乃即以此为驳论之范围，先辨波伦哈克之说，所以破革命不能得共和反以得专制之妄也，次驳论者之非革命论，所以破中国革命不能得共和反以得专制之妄也。此为本论之主点。

中有对于论者之《开明专制论》加以驳议。盖论者既盛言“今日中国国民非有可以为共和国民之资格”，则必以开明专制望之今日之政府，故吾不能已于言，固知全文尚未出版，然苟使论者见之，庶不至于枉费笔墨也。此为本论之从点。

最后乃对于论者理论上不完全之点，及其作茧自缚之苦处，稍加纠正，俾今后之毋易其言也。此非本论之之必要，故为附论。

其他在驳论之范围外者，则概不齿及。举二例以言之。（一）论者有云：“某报（此指本报）凡发刊两号，而其文殆无不自相矛盾。如此文（此指本报第一号所载《论中国宜改创共和政体》）与前述某氏之说（此指本报第二号所载《民族的国民》论中所述孙君之言），即其极矛盾者也（四十四页）。”

夫文成于一人之手，而自相矛盾，此可讥者也；文成于二人之手，而意见不同，此不能以为矛盾也。此二论文，一为思黄之作，一为吾之作。吾与思黄之所见，不必尽同，此不能咎为党见（纷）〔分〕歧也。使当决议时代，则定于一而入于实行；使当讨论时代，则人各得自由以发其思。今宣示于报章者为决议乎？为讨论乎？矛盾之诮，何无因也。故吾今为驳论，亦第就论者与吾相论难之处，为之辩诘，然使吾说果足以破论者之根据，则论者更无以难思黄也。（二）论者有诋諆民生主义之语，当别有专论者，不在此驳论之范围。

以上皆定驳论之范围，今以次入于本论。

第一，关于波伦哈克学说之评论

论者言革命不能得共和反以得专制，其唯一之论据，在波氏学说之一片段，然则论者所以由“美洲来而梦俄罗斯者”（此论者自述，语见《新民丛报》），皆波氏为之主动也。原著辞繁不杀，而其所深恃笃信者，只波氏之说而已，然则谓波氏之说，为论者脑海之主宰，亦不为过。苟破波氏之说，则所谓“革命决非能得共和而反以得专制”者，其根据可谓全破，而论者亦将无他说以非难革命也。

凡对于他人之说而下驳论者，与其寻其枝叶，不如叩其根据。即如波氏之说，穷革命之流弊，可谓备矣。吾若绍介他学说以与之对抗，则亦能历数革命之良果。如法兰西法学者仙治罗氏所著《宪法要领》，即为纯粹之革命论者也，而政治学者亦谓国家至不能以改良政策达其目的时，则当以革命为例外手段。是故革命者，应于国家活动之必要而生者也。由是，则历史上所示革命之良果，革命家当思循而则之，而革命之恶果，当思鉴而避之。撷其良果以鼓吹革命，与撷其恶果以非议革命，均无当也。故吾辩波氏之说，不与辩革命之流弊，而与辩非难革命之根据。

波氏立说之根据，论者曾译其一二语云：

“共和国者，于人民之上，别无独立之国权者也。故调和各种利害之责任，不得不还求之于人民自己之中。”（十一页）

此实波氏立说之根据也。彼以为，共和国之人民，利益竞争，舍自己之外，更无他人能调和之，使其自力不能调和，则必破坏纷扰，而不得不复归于专制，故曰因于革命而得共和政体者，往往酿成民主专制。其所以得为此结论者，根据使然也。

今所最宜辨明者，则波氏之根据果正当否？欲下判断，当先研究波氏所云“共和国者，于人民之上，别无独立之国权”，其意义若何。此当参考波氏所著《国家论》，方能得其完义者也。

波氏之国家论，以君主为国家统治之主体，而以领土及臣民为国家统治之客体。其原著第二编论专制君主政体，略谓专制君主政体之本质，在以国家之人格，归属于君主之一身，故路易十四尝云“朕即国家”，即此意也。然从政治上之侧面而观，则当以腓列特列大王之言补之。王曰：朕乃国家之从仆，盖国家乃为集合体而存故也（第一部第一章第一节）。其第二节论立宪君主政体，略谓立宪君主政体，以国家之人格，归属于君主之一身，与专制君主政体无所异，故其归结之语曰："国家之人格，不外于君主之国法上之人格"。是故，波氏者乃以君主与国家同一视之者也，而土地、人民，则以为国家统治之客体（第二编第二部）。人民各为利益，而相竞争，君主则立于利害关系之外，而超乎其上以判断之，故能以平衡的正义，调和社会各种利害关系之冲突。若夫共和政体，则人民之集合体，与国家自体为同一，而人与相与之关系，错综分歧，欲人民自能调和此等利害关系之抵触，必不得也，故共和政治较之奉戴超然于利害关系以外之君主者，遥为困难，因之而陷国家于不断之革命，至于不能贯彻共和政体之目的者，不一而足（第一部第一章第二节）。此波氏对于国民主权国家所下之论评也，而其谓由革命以得共和政体者将复归于专制，亦不外于此标准求之。是故，总括波氏之大旨，以为国家之目的，在以平衡的正义，调和社会利害关系之冲突，君主在利害关系之外，故足以调和，人民则自为利害关系人，未有能调和者也。然问君主何以能在利害关系之外？则谓君主之人格，即国家之人格，而人民乃国家统治之客体故也。君主与人民之关系，为主体与客体之关系，故能超乎其外、立乎其上而判断之也。然则波氏之根据，乃在以君主为国家，而以人民为国家统治之客体也。

以上述波氏之学说。以下就于其学说而下评论。

自来关于国家之性质，学说颇繁，大别为二：（一）国家客体说；（二）国家人格说。国家客体说复有二别：（一）德国学者济愓尔（Seydel）所倡者，以领土及臣民为国家，谓君主之于国家，犹人之于所有物也，故君主为权利之主体，而国家为其客体；（二）即波伦哈克所倡者，以领土及臣民为国家之客体，而君主即为国家。二说虽稍异，然其以君主为统治权之主体而国家为客体，则相同也。国家人格说，则其观念，全与上二说相反。以国家为人格者，自为统治权之主体也。关于二说之优劣，余虽不文，窃欲绍介一二学者之说，暨闻诸师友者，以告天下。

国家客体说，自欧洲中世家长国之思想而生者也。中世时代，封建制度盛行，以领土及臣民为君主之所有物，处分抛弃，赠与继传，一惟其意。洎乎近世，此种观念久已变迁，而一二学者，犹欲维持之，彼济氏波氏，即其人也，然久为学者所不容，攻击唾弃，如矢之集，其最中的者，则为左之诸点。

（一）波氏认君主为国家，此最不能明国家之性质者也。国家之性质，非如分子说所谓国家如器械然，由个人所制造，亦非如有机体说所谓国家如生物然能自然而成长，盖既有自然必至之关系，亦复借人为而发达。详言之，则人类苟欲自由活动，必不可一日无国家，而国家之所以生，由于个人之有规律的意力，翕各个人之规律的意力，萃而合成意力。此合成意力，固以个人之意力为其分子，而自独立存在者也。彼分意者固有人格，而总意亦有人格。前者曰单纯人格，后者曰合成人格。国家即合成人格者也，故国家自有意力，非借他力而存。民权国之国会，君权国之君主，乃发动国家意力之最高总揽机关耳，非即国家也。

（二）苟认君主为国家，则君主死亡，不得不谓为国家灭亡，然此固波氏所不承认者也。彼之言曰：君主虽死亡，然由于君位继承法，新君主即继其位，是故为自然人之君主，虽有死亡，而为国家之君主，则亘久不变，以新君主非新得人格，乃继续前君主之人格故也。虽然，为斯言者，正陷于论理学上之循环论法者也。夫前君主所定之君位继承法，何以于其死后犹有效力耶，不能明其所以然，则不能主张前后君主之同一人格，而猥曰新君主之得与前君主有同一之人格者，乃依于前君主所定之君位继承法故，是非以问答问者耶。况君位继承法，非规定前后君主之同一人格，乃规定继承君位者之范围及其顺序耳。

（三）波氏以国民为统治之客体，亦谬见也。国民之全体及其个人，皆非统治权之目的物。盖国民非奴隶，乃人格者，为权利义务之主体，其服从统治权，乃义务之主体，非统治权之目的物，明甚也。在民权国，国民全体为国家之最高总揽机关，其非统治权之客体，固不待言。即在君权国，而既认国民为国家之构成分子，则固为人格者，非如物之为人之所有权之目的物，亦不待言也。

综上而言，则波氏之认君主为国家，而以人民为统治权之客体，其谬灼然矣。如是，则其谓人民无君主则不能调和竞争者，其根据已破，如是，则其谓革命之后，人民各为利益而相冲突，无以调和，卒返于专制者，其根据亦已破。盖如国家人格说所言，则君主不过国家之总揽机关，构成此机关之人，各国异其制：在法国、美国，则国法学上、政治学上皆以国会为国家之总揽机关；在英国，则国法学上以君主为国家之总揽机关，而政治学上以国会为国家之总揽机关；在普国，则国法学上、政治学上皆以君主为国家之总揽机关。如是，则人民之利益冲突，国家之机关当调和之以谋其发达。盖国家之机关，常超然于利害关系之外，故能得平衡的正义，若君主，则不过某国构成某机关之人耳。无君主则人民利益不能调和之说，已失其立足地也。在以国会为总揽机关之国，其选举被选举为国会之议员者，固国民也，然既以议员构成国会，则国会对于国民，乃以国家机关之资格，而非以构成分子之资格。至于国会为国民之代表与否，则学者尚有歧说，如德国学者耶陵尼（Jellinek，当世之公法学大家）之说，则以国民全体为作成机关，而国会为被作成者，故为其代表机关。拉攀（Raband，亦德国之公法学大家）之说，则曰：国会为人民之代表云者，非法学是之观念，乃政治学上之观念是已。夫此二说，皆非波氏所能折驳者也。使国会而非国民之代表者，则其在利害关系之外，不待言也；使国会而为被作成机关，则必能顾其作成机关之国民全体之利益，而不偏徇其一部分之利益。如是，则正足以调和人民之利益竞争也。故波氏之说，所能诘难者，惟古代之议会观念耳。古代之议会议员各代表其选举人，各代表其选举区，各谋其部分之利益，而遗全体于不顾，故利益之冲突常起，而波氏之言乃中矣。然今日之议会观念，与昔相反，议员虽由各选举区中举出，而决非其区之代表人，此至普通之法理，当亦论者所已知也。然则波氏谓舍君主而外更无能调和人民利益冲突之人，其立足地又已破也。

波氏之学说，法学的方面也，故吾亦自法学的方面以为（辨）〔辩〕。论者而犹有言，则亦宜定驳论之范围，更讨论之。

第二，对于论者非革命论之驳议

论者非议革命，有事实论，有法理论。其法理论无他言，惟波伦哈克之学说而已，已辩之于前，论者而无以难也，则可谓全北。至其事实论，则絮絮数千言，要皆对于本报第二号《民族的国民》范中所述孙君之说而致辩诘。兹逐段驳之如下。

抑吾于为驳论之前，有当言者。吾之目的，在得民权立宪政体。此或非论者所欲闻也，然观论者有云：“以开明专制为立宪之预备”（原著第十一页），然则论者最终之目的，亦在于立宪也。然则民权立宪非论者所欲闻，而立宪则固论者所怀望者也。顾以吾策之，则以为今日之中国，不革命决不能立宪。此有二理由。

一曰**不为政治革命者则不能立宪**。此其理由，本报第三号《希望满洲立宪者盍听诸》一篇已详言之。世界各国，无论民权立宪政体、君权立宪政体（不曰君主、民主者，以君、民皆非国家之主体也），要其所以能立宪之故，莫不由于革命。革命者，谓于其政体上生一大变动也。使不能于政体上生大变动，则虽杀人如丘，流血成河，其进行时可云革命，而其结果不可云革命，以其于政体上无变革故也。反之，能于政体上生变革者，则为革命。然有国于此，所以能由君权专制政体，变而为民权立宪政体，或变而为君权立宪政体者，何也？非其君能自变革，乃民权发达之结果使之然也。民权发达而实行革命，因所遇之敌不同，而结果有异，前文已胪举历史以为证。故吾之意以为，欲得立宪，必民权发达，有革命之能力，然后乃得达其目的也。

二曰**不为种族革命者则不能立宪**。此其理由，于本报次号赓续《希望满洲立宪者盍听诸》篇中详之。今提其要结。世界各国，有以一民族构成一国家者，有以数民族构成一国家者。以一民族成一国家，其民族之观念与国家之观念能相融洽，故于政治之运用无所窒碍。使以数民族成一国家，则当察其能相安同化与否。果其相安同化，则亦能式好无尤。如其否也，则各民族位置不同等，势力不均，利害相反，各顾其本族而不顾国家，如是，则惟一民族优胜，独占势力，而他族悉处于劣败之地位，专以压制为治，犹足苟求一日之安，欲以自由、博爱、平等之精神施之政治，必将格格而不能入矣。中国今日满汉不并立，人所同知者也，故非种族革命，必不能立宪。

据此二理由，则中国苟欲立宪，舍革命外，更无他策。革命者，建立宪制之唯一手段也。知非革命无以立宪，则惟当奋起而实行革命。使所遇之敌而坚也，则虽艰难百折，终求达其目的；使所遇之敌而脆也，则事半而功倍。目的既定，不以敌之坚脆而殊其趋也。使怵于敌之坚而趑趄退伏，以为不如希冀有开明专制之一日之为愈，斯则大逆不道，而中国之罪人也。至于革命之际，流弊或所不免，然但当思患预防，力求所以免之者，不当以革命之有流弊，而至于不敢革命也。且天下岂惟革命乃有流弊，世界一日未至于至善之域，则无事不有流弊。世之言曰：两害相权取其轻，两利相权取其重。此就比较上言之也，若自根本上言，则革命者建立宪制之唯一手段也，立宪者当望之国民，不当望之君主，当望之本族，不当望之异族故也。而革命之后，必为民权立宪。何也？其时已无异族政府，只有一般国民故也。

以上为主张革命之根据。以下为对于论者之非革命，而下驳议。

本报第一号《民族的国民》篇中，所述孙先生之言，乃约举其要点，其宏纲巨旨，当别为专书，非本论所能详也。兹惟对于论者所辩诘者，一一驳之。

论者第一之论据，以为约法不足（?）[①] 恃也。然论者之诘难约法也，非能就约法之本体，一一指其利害得失也，第曰苟无其人，虽有约法，亦不足恃而已。故一则曰：首难革命者，其果能有此优美高尚之人格乎？二则曰：彼佐革命者，能皆有此优美高尚之人格乎？三则曰：他之革命军，能同此宗旨乎？四则曰：人民果能安之乎？絮絮数千言，进退数十步，噫，可哀矣！驳他人之议论，不能于其根本上着想，而为此假定以侥幸其或然，何蒙稚若是也。夫论者能假定为无其人，吾亦能反证为有其人，此论者之所虑及也，乃曰：使无其人，则我据胜着；使有其人，则我让步也。故其为论也，乃进退失据若此。今吾将一扫假定之说，而于国民心理上论约法之能行，论者其谛听之。

夫中国历史上革命军之蜂起屡矣，彼发难者，语其公心，则曰诛无道，拯民于水火也；语其私心，其志之大者，则如黥布之言，曰吾欲为帝，其志之小者，则如陈婴之母，曰事成犹得封侯也。彼反抗革命军者，语其公心，则曰忠君卫社稷也，语其私心，则曰立功名，以博取人间富若贵也。夫使我国民而长葆此心理，则约法诚可废弃。虽然，国民之心理，有变迁者也。畴昔吾国民有国民思想矣，然专制之毒，足以摧抑之；有民族思想矣，然君臣之义，足以克灭之。今欲使国民心理发达变迁，则当葆其固有者，而去其沮遏者。去沮遏之道，在声专制君主政体之穷凶极恶。吾民备受苦痛，徒以为君臣之义无所逃于天地之间，故隐忍安之。今辞而辟之，必霍然警觉也，而国民思想、民族思想，则我民族所固有者，道在发挥光大之而已。使民族主义、国民主义而大昌明也，则约法者乃应于国民心理之必要，而不能不发生者也。今言其理。法之为物，自表面上观之，则意力之强者耳。换言之，则有强制力者耳。然问法何以于诸意力中而为最强，何以有强制力，则当知法之发生，非存于具文，而存于人之心理。心理有二：一曰个人心理，二曰社会心理。社会心理，个人心理所合成者也。根于社会心理所生

① 此问号为原文中所有，编者。

之意力，曰合成意力。合成意力强于其分意力，以其乃以团体之资格对于其分子故也。而此合成意力，即法之本质也。然则欲问个人肯服从于法与否，当先问此法是否由个人心理所表现，如其然也，则法乃应于其必要而生者也。故曰使民族主义、国民主义而普遍于国民之心理也，则约法乃应于其必要而生者也。而普遍〈之〉之法，则如前文所言，教育与革命。教育者，于革命之前、革命之时、革命之后，皆一日不可缺者也。至于革命，则有预备时代，有实行时代。在预备时代，所以濬发其心理而使生爱情者，仍不外乎教育。若在实行时代，去专制之苦，尝自由之乐，夷阶级之制，立平等之域，国民主义、民族主义，昔存于理想，今现于实际，心理之感孚，速于置邮而传命也。故辩论此问题最主要之点，在民族主义、国民主义，果为人心之所安与否。而如以上所述，则非空想，乃实想也。至于虑反抗者之为梗，则又论据之最薄弱者也。论者文中举洪、杨、曾、胡之事以为例，今即就此例而辨明之。洪、杨之起也，犹是帝制自为之思想，而其所揭以号天下者，则为民族主义，一时从之而靡者，职是之故也。而方其攻城略地，俘虏满洲官吏命之降，有不为屈者，晓之以大义，则曰：彼虽异族，吾既委贽而为之臣，义当死之。当时授命者最纯洁之心理皆如此也。此吾所谓种族思想为君臣之义所克灭者也。彼曾、胡者，亦即此辈中之一人，彼岂不尝读王船山之书，而服膺于黄太冲之言论？然彼以为事君不敢有二心，故当为之尽力。此在民族主义未昌明之日，无怪其然。且即使民族主义昌明而国民主义尚未入于人心，则彼犹将知忠君而不知爱国。如此二主义而昌明也，则曾、胡之在今日，吾可决其为革命军中之一人也。若夫怀蓄私心，思屠同种，以博富贵者，则羌无足虑。何也？天下有为义而死者，有为名而死者，至于为利而死者盖鲜，盖利莫大于生命，苟其死之，则利益之主体已无所属故也。故好利者流，其好官爵不如好货财，好货财不如好妻子，好妻子不如好性命，岂死亡之不足恤而富贵之是图？有远虑者所不为也。此非有利之反对派明矣。是故吾之意以为国民主义、民族主义而大昌明，则反对革命者，只满洲人与其死党，不足以当一碎，然则革命之时日，不必甚长，一方扶义，万里响应，合谋分举，指顾而定，即使不然，终不以此而馁却也（至于谓革命可以召瓜分者，尤似是而非之言。以论者文中未言及此，故不辨，他日当更为专论论之）。而欲决革命之成功与否，当决民族主义、国民主义之昌明与否。然推过去，察现在，审将来，民族主义、国民主义之必昌明，即（班班）

〔斑斑〕如上所述，则革命者应于国民心理之必要者也，则约法者革命之际应于国民心理之必要而发生者也。

论者第二之论据，以为即使革命亦不能得共和也。原著有云：

“凡国民有可以行议院政治之能力者，即其有可以为共和国民之资格者也。”（三十三页）

“今日中国国民，未有可以行议院政治之能力者也。”（三十八页）

“故今日中国国民，非有可以为共和国民之资格者也，今日中国政治，非可采用共和立宪制者也。”（同上页）

今对之为驳论，先问论者所下议院政治之解释，果正当乎？

原著有云：“综美、法、瑞三国，其异点虽有多端，而有一大同者焉，曰议院政治（政权全在议院谓之议院政治）是也。”（三十二页）

“然则仿纯粹之美国制，以宪法限定行政首长之职权，其宪法无明文者，一切不得专擅，如是则人统领势将变为立法部之奴隶。（中略）于斯时也，苟立法部与行政部生冲突，则国事将无一能办。何也？无立乎其上以调和之判断之者也。故虽以美国之老于共和，而迄今已不得不变成议会专制。”（三十一页）

“纯粹之美国制，若为国家永远计，固万不可采，以其戾于主权不可分之原理也。”（同上页）

如论者所言，则议院政治者，政权全在议会之谓，故其结果遂为议会专制，此一论据也。三权分立之制，戾于主权不可分之原理，此二论据也。更证诸论者之论变相之开明专制有云：

“政权之欲趋于一，如水之就下，然其性则然也。或执行机关压伏监督机关，或监督机关压伏执行机关，而遂不免于变相之开明专制。”（第九页）

证以此语，论者之论据，益显然矣。虽然，凡治学问者，不当以自己之理想，主张他人之术语，不独法学为然也。吾于法学，毫无所闻知，故下笔时殊赧然法学，然每观论者之伸纸摇笔，汩汩而来，未尝不惊其胆之巨。虽然，论者若利用法学，以为行文之壁垒，如妇人女子之于其首饰焉，则吾虽孤陋寡闻，亦不得已当起而纠正之。盖论者怀抱成见，而以法学自文，揭其所文饰者而去之，则论者之真相乃见也。

论者举君权立宪政体、民权立宪政体，皆谓之变相之开明专制，虽以共和制如美国，亦谓之议会专制，且自法理上以立言，此巨谬极戾者也。论者知直接机关之特质，不立于他机关之命令权之下，关于其作用之内容，全然独立之谓也（此德国耶陵尼氏所下之定义，他学者虽有异点，然谓直接机关为独立不羁，则皆无疑义也）。是故一国之内有二以上之直接机关时，则机关与机关，立于相关系之地位，而非立于压伏之地位，如是一机关以外尚有他之不可犯之机关，其异于专制者此也。使如论者所谓“政权全在议会”，又曰“议会专制”，是非以民权立宪政体与民权专制政体同一视之耶？夫自政治论以言，则国权诚有畸重于一机关者，如论者所译穗积氏《立宪制下之三大政治》，即为此说者也。然彼自政治的方面以言，故不害为一家之说，而论者乃自法理的方面以言，不知自法理论以言，则立宪国必不容有专制，不能强词附会者也。原著有云：

“既解兵柄，颁宪法，则虽旧年政府之首领，复被举为行政首长，而亦必须行动于新宪法权限之内，不然，则违宪也，大逆不道也，而此新宪法者，无论采美国、采法国、采瑞士，而其议院政治，皆足以苦行政首长。（中略）然则其所定宪法，广行政部之权限，认议会为补助机关耶，则大反共和之精神。”（三十八页）

此其立论，纯自立法上言，乃宪法上之立法论也。夫既为立法论矣，乃以政治上之观察判断之，是混法理论与事实论为一谈也。无他，不知国法学与政治学之区别而已。通观全篇，其论美、法、瑞三国政体之异同，则用宪法上之解释论，就中国前途之共和宪法着想，则用宪法上之立法论，然又忽参以一大段政治论，又参以一大段非法理论亦非政治论之奇谈，使读者如在五里雾中，百怪杂沓毕现，亦可谓恶剧矣。敢告论者，须知国法学与政治学之区别，不然枉费笔墨耳。

至于论者谓纯粹之美国制，戾于主权不可分之原理，此则语有所本，不如上之离奇，然亦非确论也。美国宪制，采三权分立主义。三权分立之说，盛于孟德斯鸠，孟氏而后，学者多左右袒，然自法理论以言，则三权分立之说，实为完全无缺，学者虽有讥为损国家之统一者，然耶陵尼氏近著 *Das Recht des Modernen Staates* 有云：国家之意思，固须单一，然国家之意思，非必依于唯一之机关而发动，虽二以上之机关可共同而发动国家之意思也。笕克彦氏《法学通论》亦曰：孟氏非欲损国家之统一者，以为三权分立，而互相监督制限，则其结果足以防专制，而使国家之统一。故以孟氏之说，为法律上国家人格之分离者，误也，而自政治论以言，则国家之作用，不可不统一，故孟氏之说终当有以补其缺点。卢梭之说，则谓政府、国会、裁判所，皆为独立机关，而国会立乎二者之上而统摄之。君士丹之说，则谓国会、裁判所、政府皆独立，而君主则立于三者之间而调和之。近今各国，则此权或归之君主，或归之国会也。要之，论者之评判议院政治，不外抄袭穗积氏《立宪制下之三大政治》一篇，然使为纯粹的抄袭，则犹不害为一种之政论，而论者乃杂以法理论焉，此其所有 < 以 > 非驴非马之奇观也。

夫中国即使模仿美国宪制，三权分立，而以议会为总揽机关，固亦能举行民权政治之实。故上之所争，都非要点。吾之持论，与论者绝异之处，乃在“中国国民非有可以为共和国民之资格”一语也。吾之意，以为中国国民，必能有为共和国民之资格者也，故望以民权立宪。论者之意，以为中国国民必不能有为共和国民之资格者也，由是而非难革命，由是而望政府以开明专制。夫论者之主张开明专制也，台前数年固已料其必然，盖保皇党日日盛言国民能力不足以革命，而偏苦苦望中国以立宪。于是，章君炳麟辟之曰：“夫谓国民不可革命而独可立宪者何也？岂有立宪之世，一人圣明于上，而天下皆生番野蛮者哉！”此其说实足塞彼辈之喙而令其穷无复之。故论者为自完其说计，不得不主张开明专制，其当然之结果也。虽然，学者之论开明专制，本有广、狭二义。语其广义，则专制之善良者，悉谓之开明专制。日本筧克彦氏所谓中国汉唐盛时，亦得谓之开明专制时代也。语其狭义，则必政权生大变动之后，权力散漫，于是有以立宪为目的，而以开明专制为达此目的之手段者。德国那特硁氏，所谓近世擅制政治，如法兰西拿破仑第一时代是也。由其前者，意义宽泛；由其后者，则发生于政治变动之后，思黄所谓革命之后，先以开明专制者也。吾与思黄所见稍异，今姑不辩，而与论者之主张开明专制，则绝对排斥者也。盖论者以为今日之中国，万不可革命，则其以开明专制望之今日之政府，彰明无疑者也。然论者须知，行开明专制者，必有二条件：第一，则其人必须有非常英杰之才；第二，则其人必须为众所推戴，如法之拿破仑第一，普之腓力特列第二，是其例也。日本所以能行开明专制者，则以其天皇为万世一系之故。今日之政府能具此二条件之一乎？盈廷老髦，弥缝苟且，求保一日之富贵，而种族之间，轧轹愈甚。铁良、良弼辈，奋修军政，布警察，汲汲于巩固专制政府，以力追俄罗斯，而奕劻领袖政务，荣庆把持学务，其政策犹是康、雍以来之政策，形式虽稍变，而精神如故也。此时正满洲人矍然警觉之时，惕惕然虑纲纪废弛，广揽权力，以求固位，而千百汉奸方且挟其所学，归而助之。吾敢决言曰：循是以往，不出十年，中国必如俄罗斯，专制政体益进化、益巩固矣（此自其对内言之也。若其对外，能有俄罗斯之强力否，又别为一问题也）。而论者犹吁之以开明专制。噫！不必辩理，试抚衷自问，良心其汝容乎，而猥曰“经开明专制后十年乃开议院可不至有此”（三十七页）。夫谓政府之开明专制，则十年效见，而国民之自动，则数十年数百年而犹未有成绩，则又何说也？专制之利，国家机关之行动能自由能迅速，此人所知者也，然世界各国，其自由民宁伏尸流血以求易专制为立宪者，岂太愚耶？诚以专制则治人者为恶可以自由，而立宪则不能为恶也。夫道德之异于法律者，在有强制力与否。今勖专制者曰汝不可为恶，此道德上语也，彼竟为恶，将奈之何？若夫立宪，则机关之行动，依于法律，违法则无效，是虽欲为恶而不能也。夫为政者虽欲为恶而不能，则国家之安宁秩序可以长保，此立宪之精理，所以优于专制万万也。诚欲得完善之专制，则必专制之人有善无恶始可，故亚氏目为理想的政体。理想者，言非实想也（理想与实想之别，论者当已知之，故不下解释）。若征之于事实，则人安能有善而无恶？况授以自由为恶之权，又从而望其不为恶乎？至于谓专制可以大行干涉政策，增进人民之幸福，此似采十七八世纪学者之幸福说。虽然，自学理之沿革上观之，则论者又将不免于错综颠倒之诮者也。夫论者而采幸福说乎？则须知幸福说之所由来。十七八世纪之学者，谓国家由人民所构成，以个人为单位，而国家不过个人之集合，所谓国家器械说也。唯其视国家为器械，故谓得以人力谋其进步发达。此幸福说之由来也。迨国家有机体说出而反对，以为凡有机体皆自然发达，不能以人力助长，故极排斥干涉政策，如斯宾塞尔之著书，十九明此义，《干涉论》、《将来之奴隶》诸篇，尤极言之。洎乎十九世纪之后半，则国家主权说（即上文所言国家人格说）发达之结果，能调和幸福说与法律说（其说谓国家第当以法律保护人民，而去其阻遏，不当干涉之，故名法律说）而兼采之，而其根据，则国家为自有人格，非如国家器械说，或以君主为主体，或以人民为主体也。其沿革之大要如此。论者既谩骂国家器械说（二十六页），则不宜自同于幸福说也。何也？其根据地已失故也。然谓论者采国家主权说乎，则又不然，证之原著原云：

“吾向下开明专制之定义曰：以所专制之客体的利益为标准，斯固然也，然所谓客体，亦可析而为二：其一即法人之国家，其二则组成国家之诸分子。”（《论开明专制》第四章）

是明明国家客体说也，然则谓论者主张有机体说耶？文中固尝屡用之，然论者何以又采干涉政策论者所主张之学派？吾读其文至六七遍，终大索而不可得也。无他，必其獭祭群书，于此一掬焉，于彼一撮焉，参伍错综，以成此文。生物学家发见一种蝇取草，谓之为动物则非，谓之为植物则又非。论者为文，毋乃类是？此固论者之自困，抑亦读者所深苦也。且论者既采国家客体说，而以为行开明专制者，当以客体的利益为标准矣，然使专制者不以客体的利益为意，且从而蹂躏之，而惟以自己之利益为标准，则将奈何？此非假定之辞，乃自然必至之结果也。何也？以无能制限之也。论者至此，并不能援波氏、穗积氏之说以自解，彼固主张国家当有宪法，既有宪法，则机关之行动，一准于法，法于某种机关予以广大之权限，则其自由活动之范围，乃得优裕耳，而论者之主张专制，则无宪法以定其范围，故穗积氏等之盛言大权政治，固与论者殊科也。如是，则论者何以自解耶？且自被专制者以言，其憔悴无聊，尤不堪言。立宪之国民，依于宪法，有一定之权利一定之义务，故意思得以自由发舒，而经营共同事业必奋。专制政治下之人民，有服从的消极性，凡百放任，无所设施，干涉愈甚，能力愈缩，徒驱之使归于劣败之林而已。故吾就开明专制而下（案）〔按〕语曰：开明专制者，待其人而后行，然欲得其人，非能自然必至，乃偶然之遭值而已，且治国者不徒恃有治人，而兼恃有治法。开明专制，有治人无治法者也。彼非无法，而法之力不足以限制之，则犹之无法也。故开明专制，非适宜于今日之中国，尤非能望之今日之政府者也。此寥寥数行语，已足扼论者之吭，而尽撤其藩篱。论者苟无以难，则自此绝笔，而前稿则拉杂摧烧之可也。

论者以开明专制，望之今日之政府。吾则以民权立宪，望之今日之国民。论者之所望者，吾既辞而辟之矣，今更进而主张自说。其第一之论据，则以为国民之能力终远胜于政府之能力也。盖凡改革之际，当一面策进国民之能力，一面策进政府之能力，然其大部分，终注重国民，以国民为国家之分子，分子良，则机关亦良，且未有分子不良，而机关能独良者也。但今日之政府，岂惟已绝无可望，直国民之仇雠而已。故吾惟绝对的期望国民之策进其能力，若政府，则所欲颠覆之目的物耳。况国民之能力虽未纯粹，而与政府之能力相比较，固已优之万万。且以所处之地位而论，彼政府者，其对内政策犹是防家贼之手段，其对外政策犹是利用列强之嫉妒心，以其为异族专制政府故也。是其所处之地位，只能与国民为敌，不能与国民为助，明矣。故吾不以改革之事望诸政府，而专望之国民。国民既能改革矣，则民权立宪当然之结果也（所以不云共和立宪者，以共和一语，有广、狭二义，其广义则贵族政治，亦（色）〔包〕含在内，故不用之）。其第二之论据，则以我国民必能有民权立宪之能力也。论者诋我国民无民权立宪之能力，以为英、法、美之民权，养育至千数百年，我国民何能以十年二十年之力追及之（节录二十五页大意）。信如是也，则我国民欲享民权，必当先历欧洲古代国家专制之状况，次历中世寺院专制之状况，而后乃能有近世民权发达之能力乎？是直偾言耳。一言以蔽之，则可谓不知人类心理之作用者也。人类所以灵于动物者，以其有模仿性也，故当锁国时代，无所感触，则安其习惯，数千年未之有改。迨乎与外界相接，其始如戴着色眼镜，觉所触者，皆生恶感，其继则因比较而知长短，于是模仿作用乃行，而心理之变迁至速。然又当视其所模仿者为何如，苟其不适合于人类之普遍性，而为某种人之特长，或其固有之惯习，则模仿之，或久而生厌；苟其适合于人类之普通性，则将一锲而不能舍。自由、平等、博爱三者，人类之普通性也，特其所翕受之量有多寡之殊而已。论者虽武断，敢谓我国民自有历史以来绝无自由、博爱、平等之思想乎？但观贵族政治，至战国而荡尽，我国民之精神，宁可诬者！夫我国民既有此自由、博爱、平等之精神，而民权立宪则本乎此精神之制度也，故此制度之精神，必适合于我国民，而决无虞其格格不入也。论者当知立宪各国各具其特有之精神，又各具共通之精神。所谓特有之精神，如英人对于巴力门之观念，日本人对于万世一系天皇之观念，皆其历史上所遗传之特别原因结果也。所谓共通之精神，如国家对于人民有权利有义务，人民对于国家亦有权利有义务，其国权之发动，非专注于唯一之机关，而人民有公法上之人格，有私法上之人格，凡此皆立宪国所同具者也。我国民而为民权立宪也，固亦有特殊之精神，不必强学英、法、美也，非唯不能学，抑且不必学也。至其共通之精神，则立宪国所皆有者，而证诸历史，我国民固亦有之，较诸英、法、美，非有与无之区别，乃精与粗区别耳，从而濬发之，模仿作用必捷，非诞言也。盖凡模仿者，自无而有则难，自粗而精则易。何也？此有而彼无，则未知二者之性质果相同否也。若此粗而彼精，则性质同矣，所不同者，其程度耳。性质同，则模仿易。今举例以言之。民法商法，勒为法典，中国前此所无有者也。然国之所以有民法商法者，在维持私人之生活，而平均其权利也。此为人生所不可缺者，故中国关于民事商事有繁富之惯习，有错综之单行法，不过其精密之程度，较之欧西而有愧色耳。他日中国若制定民法商法，则必当采各国共通之法理，衡本国特有之惯习，二者不能偏废者也。论者不能谓我国之民事商事与外国之惯习大殊，遂必不能采之以自益也，尤不能谓我国民惯习既与欧西大殊，遂谓我国民无享有民法商法之能力也。何也？共通之法理，不以国为域者也。此举私法之例以言也，若举公法之例，则尤有说。公法者，关于国家之权力之发动之法也。中国自尧舜以来，已知国以民为本，三代之书，莫不勖王者以敬天，而又以为天意在于安民，王者当体天之意，求有以安其民者，不然，则降之大罚。故三代之际，对于王者之制裁力，遥视后世为强。此中国道德法律之精神也。泰西公法学者，至今犹有维持国之元首对于神而负责任之说者，自其尊君的方面观之，则君权专制国民之心理也，而自其保民的方面观之，则公法之精神也。且吾国之历史，易姓改号，覆辙相寻，故人民认君主为国家之观念亦最薄弱。若枚举学说，则更仆未可终。要之，亡国与亡天下之别，其最著也。古以中国为天下，所谓亡天下，即亡中国之谓，而所谓亡国，即易朝之谓耳。且贵族政体至战国而尽废，故人民皆得发舒其能力，为国家而活动。由是以观，我国民于公法之基础观念，未尝缺也，特其精密之程度，较之欧西而有愧色耳，他日中国若制定宪法，则亦必采各国共通之法理，衡本国特有之历史，而各国共通之法理，其荦荦大者，即上所指立宪国共通之精神也。论者敢谓此种精神乃我国民所必不能有耶？论者尝历举证据以实其言矣，曰今日之国民“非顽固之老辈，即一知半解之新进”（三十四页），又曰“试观去年东京罢学事件，与上海罢市事件何如矣”（四十六页）。论者之侮视我国民，如此其极。吾今不从举他例，即就上之二事而观，则知我国民心理之变迁，与模仿作用之进行，章章不可掩也。东京罢学事件，其理由，其办法，今已成陈迹，不复深论，要其揭示之主义，则曰有辱国体也。此足以证我国民之有国家观念也。上海罢市事件，在欲主张国际上之权利，而不知所以主张之方法，要之，国际观念已生。国际观念，本于国家观念者也。此又足以证我国民之有国家观念也。夫吾之意，深不愿我国民之仅有浑括的国家观念而止，不待言也，然观其能由个人权利观念，而进于国家权利观念，则知其必能由浑括的主张，而进于条理的主张也。夫能进于条理的主张，则我国民之能力大可恃矣。而当此模仿作用滔滔进行之际，去其阻力，而予以佳境，则能力发舒，一日千里，目的之必达，可决也。吾持是标准，以观察种种方面，敢信我国民终有民权立宪之能力也。惟使如论者一派所主张，利用满洲政府，导以进化的专制，则真足以死国民方新之气，百喙不足以辞其责者也。

论者第三之论据，以为种族革命有专制无共和也。原著有云：

"公等欲言种族革命也，则请昌言之，且实力预备之。公等既持复仇主义，而曰国可亡，仇不可不复，吾哀其志而壮其气也。虽然，公等切勿更言政治革命。夫政治革命者，革专制而为立宪云尔。君主立宪耶？则俟公等破秦灭项、簎彭醢韩之时，言之未晚。共和立宪耶？则请先将波仑哈克学说及此数纸中狂夫之言，一一遵论理、据历史、推现象以赐答辩。"（四十六页）

其所主张者，以为政治革命与种族革命不能并行也，而其所以不能并行之故，未尝一言也。至于谓吾党欲主张君主立宪，则本报具在，稍通文者，皆能了解，不能强加以诬捏也。至于谓共和立宪之必不可得，则波氏学说为论者脑中唯一之主宰，而吾已辩之于前，所谓"此数纸中狂夫之言者"，亦已一一答辩，然皆关于革命论之辩诘，非关于种族革命论之辩诘也。论者既大书曰"欲为种族革命者宜主专制而勿主共和"（四十八页），而其理由未一言也，故吾亦无从加以论难，则亦惟有等诸狂夫之痫语而已。然吾尚有一言者，则种族革命与政治革命，皆中国今日所不可缺者也。今之政府，异族专制政府也，驱除异族，则不可不为种族革命；颠覆专制，则不可不为政治革命。徒驱除异族而已，则犹明之灭元，于政界不生变革也。若徒欲颠覆专制而已，则异族一日不去，专制政府终一日不倒，故种族革命与政治革命，岂惟并行不悖，实则相依为命者也。本报同时提倡民族主义、国民主义者以此，而所发挥说明者亦在此。

论者第三之论据，以为欲为政治革命者，宜以要求而勿以政治暴动。其理由云：

"如欲为政治革命也，则暂勿问今之高踞中央政府者为谁何，翼其左右者为谁何，吾友也不加亲，吾仇也不加怒，吾惟悬一政治之鹄焉，得此则止，不得勿休。有时对于彼几谏焉，如子之于其父母；有时对于彼督责焉，如父母之于子。

然此犹言而已，若其实行，则对于彼而要索焉，如债权者之于债务者，不得，则尽吾力所能及，加相当之惩罚，以使之警。此各国为政治革命者之成例也。然要索必当量彼所能以予我者，夫然后所要索为不虚，惩罚必当告以我索汝某事，夫既先语汝而汝不我应，故惩汝以警汝及汝之侪辈，使今后毋复尔尔，夫然后所惩罚为有效。”（四十七页）

此其理由，尚言之详，非如驳种族革命之惟有谩骂也。虽然，细按之，则不通之论而已。夫要求者，有所挟而求之谓也，故凡言要求，必有实力，要求之际，实力固已具矣，特未发现耳，要求而不获，则实力遂显。是故，要求云者，其表面为请愿书，其背面则哀的美敦书也。论者所举三例，其第一例为子之几谏其父母，此乃乞求，非要求也。何也？求而不遂，无可如何也。论者欲以政府为父母，而日日几谏之，则好自为，伏阙十年，庶几一当可耳。若夫第二例，为父母之于子，第三例，为债权者之于债务者，则皆有实力存于其间。父母对于未成年之子而有亲权，子不得父母之许可而有所为，能取消之；债权者对于债务者而有债权，请求而不履行，则有强制执行损害赔偿以随其后，是皆有强制力使然也。论者试思今日人民对于政府，力足以制之否？力不足以制，而言要求，能有效乎？论者又言：要索之不得，“则尽吾力所能及，加以相当之惩罚”。然则论者之意，以为要求而不获，则继以惩罚也。吾不知所谓惩罚者，果何所指也。狙击之耶？论者所不谓然也。革命军耶？尤论者所排击也。无已，其不纳租税乎？此欧人所谓不出代议士，不纳租税者也。然苟欲为此，犹非有实力不可，力不足以反抗，而欲不纳税，徒重罪戾，而不免于刑罚耳。然则论者所谓惩警者，果何所指耶？若夫各国政治革命之成例，则吾固闻之矣。法要求路易十六以改革而不应，则继之以大革命；美要求母国承认其独立而不应，则继之以七八年之血战，此其大者也。语其小者，则普鲁士柏林三月之变，日本覆幕之师，亦前例也。是故人民欲政府之顺其要求，必其力足以制政府始可，而制之之术，舍革命军固无他也。论者又言“要索必当量彼所能予我者”。夫吾力若不足以制彼，则予我与否，彼之自由也。吾力若足以制彼，则轻重予夺，我之自由也。彼政府之所以能专擅者，以其权力足以束缚人民也。人民苟不能脱其束缚，则其发言悬于政府之听否，无丝毫自主之权也。不汲汲养成民力，而惟望其要求，各国政治革命之成例，恐无此儿戏也。况我国民对于满洲政府，义不当要求。何也？彼为刀俎，我为鱼肉，二百六十年于兹矣。譬如縶豕于牢，乃对于操刀者摇尾乞怜，天下有此不自量者乎？然此种义理，非怀抱民族主义者不能喻。吾今惟对于论者所谓“要求”者直驳之曰：要求者，有所挟而求也，汝何所挟而求？又对于论者所谓“惩罚”者直驳之曰：所谓惩罚，舍革命外，尚有何术？呜呼！图穷而匕首见。论者虽有苏、张之辩，亦将不能以理胜也。

今以极简单之语，结本论曰：吾之目的，欲我民族的国民，创立民权立宪政体（普通谓之民主立宪政体）者也，故非政治革命、种族革命不能达其目的（各国革命，有至君主立宪而止者，而我国今日为异族专制，故必不能望君主立宪）。惟有民权乃能革命，惟革命乃能民权立宪，而我国民之能力，若葆有精进，则实足以举之。此本论之大旨也。

吾驳论者之文，列举其主要之点，而一一辩之，未尝有枝辞蔓语。论者而犹有言，亦宜就本论之主要，而定驳论之范围。

附论

开明专制，为论者最近之政见，而其所见，适与本报宗旨相反，故本报必不能已于言。然使论者之理论果能一贯，则可申驳论，不幸而其全篇自相矛盾，令人不知其学派之为何。譬如玻璃碎片，积叠成堆，其色或红或白，不能断定其全体为某种颜色，其形或方或圆，不能断定其全体为某种形状，虽欲驳之，乌从而驳之。今举一例以为证。

自来论国家者，本有二派，一以国家为统治之主体（即国家人格说），一以国家为统治之客体（即国家客体说），正相反对。济惕尔氏以领土、臣民为国家，而以君主为统治之主体，其为国家客体说，不待言。波伦哈克以领土、臣民为统治之客体，而以君主为国家，故谓国家无独立之人格，离君主，则国家不复存在，是以学者亦指为国家客体说。论者既崇信波氏学说，以为非难革命之唯一根据，则其采国家客体说无疑。然观《国家原论》所下注语有云：

“国家本属于法人之种类，统治者则属于自然人之种类。法人可以历千百年而不死，自然人则为生理上所限制，无长生久视之理。若谓统治者之个人即国家，然则统治者死亡之时，国家之生命，岂不随之而俱绝乎？是不通之论也。”观此，则论者又采国家人格说者也。既采国家人格说，则国家自为统治权之主体，而君主乃国家之机关，与波氏之说正相反，然则波氏立说之根据，已为论者所斥为“不通”。既斥为不通，则君主立乎人民之上而调和竞争之说，已失其立足地，论者何以又宝为非难革命之唯一论据也耶？此真百思不得其解者。乃不料《开明专制论》第四章，又采国家客体说。原著有云：

“以所专制之客体的利益为标准。所谓客体，亦可析而为二：其一即法人之国家，其二则组成国家之诸分子（人民）。”

然则论者以君主为主体，而以国家及人民为客体者也，与波氏之说不同，尤与国家人格说正相反。乃论者同时而主张三说，斯亦奇矣。使其果有折衷之论据，则亦常事（二说相反，以第三之论据折衷之，学者所常有）。所最奇者，毫无一贯之理论，贸贸然呈此奇离之观。

论者殆又以今日之我，与昔日之我挑战耶（此论者自述语，见《新民丛报》）？夫论者昔主破坏，继主要求立宪，今主要求开明专制（开明专制，有施于立宪之后者，如拿破仑当【政】时代，非无宪法，而政治上固开明专制；有施于立宪之前者，如腓列特力是。立宪后之开明专制，无所谓要求。立宪前之开明专制，不能要求。昔有要求立宪，今有要求开明专制，皆笑柄也），可谓以今日之我，与昔日之我挑战矣。至于一月之内忽主国家客体说，忽主国家人格说，是直同时以我挑战我耳。无他，今日读波氏之书而好之，则袭取盈掬，明日读小野塚氏之书而好之，又袭取盈掬，不悟二氏之学派固不同也，则适成其为论者之著作而已。

夫论者方自相挑战未决胜负，吾不知所驳也，不如姑待之，俟其有据胜着者，乃对之而下驳论。故以后论者为文若复尔尔，则吾将列举其自相挑战之点，使自定一胜着，吾乃对于其胜着而下驳论。

因不知学派而造自相挑战之结果，如上所述。又有不知学之分科，而妄驳他人之议论者，亦举一例以为证。

译穗积氏论说有云：“议会虽累岁不开会，而于政治之进行无伤也。”

注云：“议会累岁不开会，虽于政治之进行无伤，然彼宪法第四十一条云：帝国议会，每年开之，天皇不得违宪而不召集。故氏之言，不过极端言之矣。”

夫日本君主总揽统治权，故议会虽累岁不开会，而于政治之进行无伤，此政治之状态也，议会每年必开，此法律之规定也。穗积之言，为政治论，论者之言，为法理论，以法理论否认政治论，直胡闹而已（法律与政治之关系，法律与政治之区别，法学与政治学之分科，论者盖未之知，故篇中屡蹈此弊。试思彼宪法四十一条之规定，穗积氏岂未之知，而故为是言者，徒以不涉及法理范围故耳）。

不知学之分派，其结果为自相挑战，而不知学之分科，则其结果为无敌而放矢，在论者为徒劳，在读者为不幸。以后论者为文，若复尔尔，吾亦惟语以宜知学之分科而已，不更为驳论也。

以上所陈，无甚深义，非表扬论者之短，亦非欲为箴规，不过与之预约，以后为文若再蹈此愆谬，则无驳诘之价值也。

尚有宜注意者，则译东文时，亦当稍谨慎也。以吾所偶见者，则论者译穗积氏《立宪制下ノ三大政治》一篇，因不知语尾之故，致令与原文反对。举其一例如左。译文有云：

“议会不过为立法预算之咨询府，其权力有一定之限制，以宪法之明文域之，其明文所列举之外，则借口于无反对之禁止，任意奔逸，而糜所闲，彼议会绝非有能据现在权限以扩张将来权限之自由也。”

所谓“任意奔逸而糜所闲”者，正与原文相反。原文有云：

“宪法ノ明文ヲ以テ议院ノ权域ノ限界トシ反对ノ禁止ナキヲ口实トシテ其明文列举ノ外ニ奔逸スル，トヲ许サス固ヨリ议院ノ权限ヲ以テ自ラ其权限ヲ扩张スルノ自由ヲ认メサルナリ。”

如原文，当译为以宪法之明文，为议院之权界，不许以无反对之禁止为口实，而奔逸于明文列举之外，固不认以议院之权限而自扩张其权限之自由也。如此，乃为不失原意。今论者译为“任意奔逸而糜所闲”，是由于不知“许サス”之故者。“许サ”者，サ行四段活用将然格也。“ス”者，助动词之否定词也，本作ズ，略为ス，此日本文所习见者也。论者误译“不许”为“许”矣。此非细故也，实大反原文之意。原文谓议会不得奔逸于条文列举之外，此为限定议院之权力，大权政治则然也。论者译为借口于无反对之禁止，任意奔逸而糜所闲，则议院之权力毫无限制，却成议院政治矣。且即以文法而论，亦不连贯。上句云“以宪法之明文域之”，下句云“其明文所列举以外，则借口于无反对之禁止，任意奔逸，而糜所闲”，成何文义耶?

噫！论者休矣，文法之不知，遑论其他。他日为文，若复如此，则真可谓无丝毫辩驳之价值也。

文甫脱稿，复见该报第四号《申论种族革命与政治革命之得失》，其根据所在，不外引申《开明专制论》，已一一驳之于前。惟其中有论种族革命与政治革命之关系，则于次号续《希望满洲立宪者（曷）〔盍〕听诸》中辩之。附识于此。

《民报》第四号，光绪三十二年四月八日（1906年5月1日）

答某报第四号对于本报之驳论

饮 冰

昨言某报印派号外，发表与本报辩驳之纲领十二条。虽其词意之牵强者甚多，然以为彼既敢于强辩，则必能将本报重要之论点，难倒一二，殷殷然引领愿听，而不意见彼报第四号，乃使我大失望也。何也？彼文皆毛举细故，或枝蔓于论点之外，而本报所以难彼说者，于根本上无一能解答也。本报论文最要之点，曰：今日中国万不能行共和立宪制。而所以下此断案者，曰：未有共和国民之资格。欲论共和国民资格之有无，则必先取“共和国民资格”之标准而确定之，然后按诸中国现象，视其与此标准相应或不相应，则其已有此资格与否，较然易见。共和国民之资格不一端，或非吾之学所能悉知，或非吾之文所能悉举。然吾檃括言之，吾所认为最重要者，则曰：“有能行议院政治之能力者，斯有可以为共和国民之资格。”此吾所命之标准也。论者如欲难吾说也，则于吾所命之标准，或承认，或不承认，不可不先置一言。若肯承认之，则还按诸中国现象，指出其已与此标准相应之确据。夫如是斯吾之说破。若不肯承认之，则说明吾所命标准不正确之理由。夫如是斯吾之说亦破。若更能别命一标准，曰：“如此如此则可谓已有共和国民之资格者也，而中国现象实已如此如此者也。”夫如是斯吾之说益破。不幸而论者所以相难者不尔尔，于吾所谓“凡国民有可以行议院政治之能力者皆其有可以为共和国民之资格者也”之一前提，避而弗击。吾读其文至再三，其果承认此前提与否，渺不可见，而惟悍然下一断案曰：“吾之意以为中国国民，必能有为共和国民之资格者也。”（能为与已能为自有别，下方别论之）推其意似不承认吾之此前提者也，而不能说明所以不承认之理由。噫，吾知之矣。论者乃极不欲承认，而无奈苦思力索，不得所以不承认之方法也。彼言中国国民有能为共和国民之资格，而于共和资格之概念及要件不能指出。噫，吾知之矣。论者殆极欲指出，而无奈于吾所指出者之外，欲别指而不知所指也。于是不得不支离焉，遁而之他，毛举一二小节以混耳目，冀人之徒读驳论不读原文者，谓原文不过尔尔，而彼之欺遂得售。而不思天下之目，固非一手所得掩尽也。欲相辩难而用此等手段，本无复受反驳之价值。但鄙人固尝宣言，有赐教者，深愿更相攻错。今得彼文，亦所谓见似人者而喜，故略一解答之。

论者于吾所命“凡国民有可以行议院政治之能力者即其有可以为共和国民之资格者也”之一前提，自言对之为驳论。乃读至终篇，不得其驳论之语，而惟曰“先问论者所下议院政治之解释，果正当乎”云云。夫吾所下议院政治之解释，谓事实上总揽统治权者在议会也。观本报第三号第三十一、三十二页，其文意甚明。吾见论者言吾之解释不正当，方欲急就教以闻其不正当之理由，不意读至终篇，亦无一言，而惟摭拾篇中“美国变为议会专制”一语，谓吾将政治论与法理论并为一谈。嘻，论者殆未读吾全文耶？吾固明言“美则宪法上不许为议院政治，而事实上固已为议院政治”（第三号第三十三页）。吾混言耶？毋亦论者强命吾为混言以入人罪也？在野蛮时代为狱吏，则此等手段可施矣，而乌可以入辩林？夫吾之先就法理方面立论，后就政治方面立论，而遽谓其并为一谈，则吾草此文，并未尝与读者约，谓吾专言法理学，或专言政治学也。吾所以先述美国国法之大概，次言其政治之趋势者，正以其国法所规定者如彼，而今者政治现象，已大反于其国法之精神，凡以证明共和政体与议院政治相属而不可离也。论者若能就政治方面，而证明今日美国为非议院政治，则吾愿闻。若就法理方面而断断然辩美国为非民权专制政体，则谁谓美国之国法为民权专制者？论者谓我无敌而放矢，彼自当之矣。论者谓吾之评议院政治，不外抄袭穗积氏说。夫以吾学力之绵薄，岂能多自有所创见？其常用他人之说，不必自讳也。虽然，谓“不外抄袭”，则穗积原文与吾原文俱在，可覆按矣。且即使果全属抄袭也，亦问其说之完否，不能以抄袭之故，遂一概抹煞也。吾之原文，以美、法、瑞士三国政治现象为证，而断言必有能行议院政治能力者，乃有可以为共和国民之资格。论者果承认吾说，而谓必有此能力乃有此资格耶？抑反对吾说，谓不必有此能力而已有此资格耶？盍一明言之以发吾蒙。盖既与我辩，则于吾所置前提，或可或否，不可不择其一。今取其最重要之点，囫囵瞒过，则是非与我辩也，其命题无取夫《驳新民丛报》云云也。

吾原文之解释此前提，先就美、法、瑞士之国法比较之，次述美、法两国政治趋势，以证明共和政体所以必归于议院政治之理由。而论者于吾所言法国政治之现象，避而不论，而惟论美国。论美国又于吾之全段皆置之，而惟摘取一语。似此而欲使吾心折，岂不难哉！

吾谓今日中国国民，未有可以为共和国民之资格。论者一则曰“中国国民，必能有为共和国民之资格者也”，再则曰“我国民必能有民权立宪之能力者也”。其所谓必能有者，属现在乎？属将来乎？若属将来，则近的将来乎？抑远的将来乎？其文意不明瞭。惟其文有云：“论者之意，以为中国国民，必不能有为共和国民之资格者也。”此又故入人罪以冀挑拨读者之恶感情，不可不察也。吾原文具在，读者读终篇，曾有此语意否耶？吾文屡言今日。夫抽象的“今日中国国民”与具体的“中国国民”，其不能混为一谈明矣。吾文谓今日我国民不能有此资格。吾文中之意，谓在近的将来我国民不能有此资格，凡此皆就抽象的立论也。若具体的言中国国民，则吾曷尝谓其必不能有此资格？岂惟未尝言其必不能，而且言其必能也。吾之前言具在，可覆按也。吾固明言曰："既名之为人类，自有人类之普通性。既有其普通性，则必可以相学而能相肖。岂惟吾国民能为共和，凡履圆颅方趾者，未有不能为共和者也。"（第三号第四十页）而论者所以驳我之言，一则曰"人类之所以灵于动物者，以其有模仿性也"；再则曰"苟其适合于人类之普通性，则将一锲而不能舍"；三则曰"共通之法理，不以国为域"。其全篇立论，大率类是。读者试两校之，彼之此语，与吾之前语，有以异乎？直用人之所主张者以驳人之所主张者。此真千古所未闻也。吾之意以为凡人类皆有可为共和国民之资格，可有民权立宪之能力，非独中国。而现在已有之与否，则以演进之浅深为断。若今日中国国民，则吾信其未有者也。论者欲驳吾说，而删去"今日"二字，则又非与我辩矣。论者如欲难吾说以自申其说，则请于今日已有今日未有两者择取其一以立论。不然，是又无敌而放矢也。

夫论者虽未明言今日已有或今日未有，然推其全文之意，则不敢武断为今日已有明矣。故彼与我之争点，实不在现在而在将来。我所主张者，则谓在远的将来，彼所主张者，则谓在近的将来也。吾之说，谓共和资格必非可以一二十年之力养成之。且尤非可以于内乱倥偬时养成之（见第三号第二十三四五页及四十四十一页）而论者未尝一致驳。且于吾所谓内乱时代不适于养成共和之义，讳而不言。何其规避若是！请还读原文之第二十三四五等页，穷思极索，而更有所以相难也。夫吾之持论，谓一二十年内，我国民万不能遽养成共和资格。未养成而遽行之，必足召亡。若待数十年后养成焉而始为用，是犹待西江之水以救涸鲋，所希望未遂，而中国之亡，固已久矣。即所谓数十年后养成者，其养之也，亦必在开明专制时代或君主立宪时代。若非在此时代，则非惟数十年不能，即数百年亦不能也。此吾说之梗概也。

夫吾所以敢于立"今日中国国民未有能为共和国民资格"之一前提者，吾所谓共和国民资格，吾先示其标准也。若论者承认吾所示之标准与否，殊不明瞭，而又未尝自示一标准，此如甲乙相争，甲曰"此物有机体也"，乙曰"此物非有机体也"，而有机体之概念，尚未论定，则是非何从判？虽辩论累万言，皆无意识焉耳。故吾谓论者如欲与吾（辨）〔辩〕此问题，必须先承认吾所示之标准乃可。否则自示一标准，待吾承认之后，乃可。而不幸论者之文，于此点全付阙如也。吾乃极力搜索之于彼文，见有曰："夫我国民既有此自由平等博爱之精神，而民权立宪，则本乎此精神之制度也。"又曰："我国民于公法之基础观念，未尝缺也。"又曰："此足以证我国民之有国家观念也。"然则彼所谓共和国民之资格，殆即以自由平等博爱公法观念国家观念等为标准也。夫彼谓我国民既有此等等，吾固不能为绝对的承认，然比较的可以承认。然如彼说，谓有此等等，而遂可命之为共和国民之资格乎？此似是而非之言也。法国者，自由平等博爱论之大本营也。论者即极谀我国，谓其富于自由平等博爱之精神，恐亦无以逾十八世纪之法国。而十八世纪之法国国民，即吾所认为无共和资格者也。即今日之法国国民，吾犹认为无共和资格者也。吾所根据之理由，具见前论。论者何不一驳之？论者而认法国国民为共和资格之标准也，谓我国革命后所建设之共和政治，能如法国大革命后之共和政治而已足也，则吾敢断言曰：论者殆日以诅中国速亡为事者也，而不然者，则微论我国今日此等精神，萎弱已甚，即使极发达，而断不能遂据此以为有共和资格之证也。若夫所谓公法观念国家观念，则国之所以立耳。若并此而无之，则将仅为社会的结集，而不能形成国家。虽然，不能谓有此等观念，即有共和资格也。泰西历史上国家，何国之民，不有此等观念？而何以优美之共和政体，至十八世纪而始实现也？即今世国家，亦何国之民，不有此等观念？而何以除美国瑞士外，不闻更有可为模范之共和国也？彼法国及中美南美诸国，于此等观念，论者宁能谓其无之？而谓其有共和资格，虽论者或强词承认，恐不能言之成理也。盖公法观念，自国家初成立时而即有之。善固法，恶亦不可谓非法。此等观念之有无，不足为国民程度之试验器甚明。国家观念之强弱，则全视乎国家外部之相接厉者如何。列国对立，则此等观念自强。此观念之强，其于促内部整理之进步，固大有影响，然不能谓有此观念，而整理内部之述，遂臻圆满也。以上所述，吾绎论者之文意，而假定彼所举三言为彼所示共和资格之标准，而此标准则吾绝对的不肯承认者也。论者若曰，此非吾所示之标准也，则吾愿别闻之。

论者又摭拾吾原文论革命后建设共和政治之困难一段，而复诮我为不知国法学与政治学之区别。其言曰："夫既为立法论矣，乃以政治上之观察判断之，是混法理论与事实论为一谈也。"噫，异哉！言立法论者乃不许从政治上观察判断。微论者，吾安得闻此前古未闻之奇论也！夫立法之政策，原属政治学部门。

盖立法之学与成法之学异。为立法论者，未有不合法理政治两方面研究者也。岂惟政治，凡属社会现象（如经济现象等），皆其研究之范围矣。如论者言，则不知国法学政治学之区别者，岂惟鄙人，凡各国古今之立法家皆然矣。如论者言，则立法者不过一钞胥之业，取外国法搬字过纸而已足。苟有他及者，遂不免如论者所谓非马非驴之类矣，吾为中国前途共和宪法着想，见其若立甲种之共和宪法，则政治趋势不胜其（敝）〔弊〕也若彼，若立乙种之共和宪法，则政治趋势不胜其（敝）〔弊〕也又若此，而因以断言共和宪法之不适用于我国今日，而为我国立法家所不可采。此正言立法者所最当论及，且不可不论及者也。若夫语具体的共和宪法之性质若何，则属于纯粹法理论，而非政治学部门中之立法论矣。论者谓吾不知二者之区别，**其果谁知之，而谁不知之耶**？论者一篇之中，频以此语相诮。然由前段所辩之说观之，则吾并无此言，而论者强代吾言以故入吾罪。就此段所辨之说观之，则论者与吾之说，孰得孰失，稍治政法学者，当能为公正的批判也。

夫此皆属枝蔓之论，不过因论者无理之挑拨，不得不应敌耳。顾本论之要点，则吾谓中国今日无论采何种之共和立宪制，而皆不能善其后。**吾所根据者，皆有绝大之理由**。论者欲难吾说，而不能取吾所举之理由破之，而惟漫然下一断案曰："夫中国即使模仿美国宪制，三权分立，而以议会为总揽机关，固亦能举行民权政治之实。"彼之所以答吾说者，**仅此卅五字，而于所以能举行此实之理由，无一语之证明**。是足成为辩论之文矣乎？夫既云以议会为总揽机关，是即瑞士制法国制所演出之议院政治也。是论者于吾前者议院政治之说，不承认而承认也。如是，则于吾之第二前提，所谓"今日中国国民未有能行议院政治之能力者"，或承认，或不承认，二者不可不择一。**而论者又避而不击**，舍此三十五字外，不能复著一字，则又何也？吾则谓中国今日若以议会为总揽机关，必不能举行民权政治之实。吾最强之论据，则曰：必政党发达圆满，然后议会可以为总揽机关而无弊。所谓政党发达圆满者，则以小野塚氏所举七条件（第二号第三十四页）为标准。而中国现时之程度，吾认为与此七条件不相应者也。论者如欲难吾说，则当曰，以议会为总揽机关之国，无须有完全发达之政党；否则曰，政党不必如小野塚氏所举七条件，而亦得称为完全；否则曰，中国现时程度，既已具备此七条件而无遗。此三说者，苟论者**能有一说证明其理由，则吾之说立破**。而不然者，无取复哓哓为也。

论者言模仿美国宪制。论者亦曾知美国宪制由来之历史乎？当一千六百二十年，英国清教徒中之康格黎基纯派四十一人（或言六十一人），去其母国而西渡，以适新大陆之马沙诸些省，于航海船中，即共结所谓移住契约（Plantation Covenants）者，同舟人悉署名，然后乃登岸。此契约之目的，在相约为政治上之团结，保其善良之秩序，据之以作法律，选官吏，宣誓各各服从之。盖此契约实带宪法的性质。故学者或认之为成文宪法之嚆矢云。其后来者日众，而每加入一员，必使之向此契约而宣誓服从。由此观之，盎格鲁撒逊人之初殖于美国，实取卢梭所谓民约建国说而实行之。其共和宪制导源之远若是，而彼最初所以能实行者，其第一条件，由盎格鲁撒逊人种固有自治之特性；第二条件，由清教徒高尚纯洁之宗教观念；第三条件，由仅有极少数之团体员；第四条件，由利害关系同一而无冲突。此四条件一不具，则其能达此目的与否焉，未可知也。夫以极少数之素能自治而有纯洁之宗教观念且利害关系同一之人，共居一地，而为政治生活，夫是以能益发达其美性，而自治之习惯，愈纯粹而坚牢。美国共和宪制之源泉，皆自兹出，迨一六三八年，其中一部分人，由马沙诸些更移殖于康尼狄克，复发布所谓 *Fundamental Orders of Connecticut* 者，其所定政治之组织益详细，已确然成一宪法之形（一八七七年出版之北美合众国及各州之宪法集载其全文）。此后多数之殖民地，皆从英王得特许状 Charters。其特许状，凡皆规定该殖民地之政治组织行政组织，而大率由殖民所自决定而已实行者，国王从而承认之耳。如一六六二年查理士第二所给与康尼狄克殖民之特许状，实全以彼公定之移住契约（即 Fundamental Orders）为基础，是其明证也。迨独立战争时代，而彼十三省者，固皆已莫不有此等特许状，其久者已行之百余年，近者亦数十岁。故一经脱母国而成联邦，采集各省固有之宪法（即移住契约及特许状）斟酌而损益之，一转移间耳。而中央政府干涉之程度，又极微弱，凡百殆皆悉仍其旧（参观本报第四号第二十五页）。故利害之冲突，无自而生，然后所谓合众国宪法者，始得适用以迄今日。夫当未有合众国宪法以前，其久行共和立宪制，能举自治之实，且富于政治上之经验，既若彼矣。乃合众国宪法既发布以后，而母国最善良之政治习惯，即所谓两大政党之习惯者，复发生于其地。且其组织政党之术，视母国尤完整，至今有称美国政党为第二之政府者。盖英国犹时或有有力之第三党偶尔出现（如前世纪末之爱尔兰自治党及现今之社会党)，而美国则几舍利巴披力根、丹们奇勒两党外，更无复他小党出没之余地。又其一国政治上事业，中央政府与各省政府中分之。故其人之竞政权于中央也不甚烈。以此等种种理由，故能行共和政治而获今日之盛强。而此等种种理由，必非可漫然模仿之，尤非可以短期之岁月模仿之，彰彰明甚矣。彼西班牙旧属之中美南美诸殖民地，固皆革命后而模仿美国之共和宪制者也，而其结果何如矣？盖其历史舍人民与军队之争斗外，无他可纪。就中如玻利非亚，自发布共和宪法以来，凡易大统领十四度，而十四人之大统领中，得善终者仅一人，余十三人，则惨杀者九而流亡以终者四也。自余他国，大概类是。吾固不敢谓我国民之程度，必如中美南美诸国。顾吾不幸，而遍求我国民程度与北美合众国相同之点，而不可得。吾又不幸，而遍求北美合众国宪法发而以前之诸条件于我国中，欲举其一二类似者，而不可得也。吾是以不敢谓模仿美国宪制，而遂能举民权之实也。论者既主张此说，则何不将理由指出一二，以间执我口耶？呜呼！论者最崇拜笕克彦氏。顾以吾间接闻诸笕氏之说谓：“英之宪法，自然发达者也。至于美，则其宪法由人为矣。而彼乃以发达圆满之人民，组织为国而制为宪法，皆不能学者也。”(《国法学讲义》第一编第三章第一节)然则谓美之不能学，非余一人私言也。论者能难波仑哈克，盍一更难笕克彦也。

抑论者又言：“立宪各国，各具其特有之精神，又各具共通之精神。所谓特有之精神，如英人对于巴力门之观念，日本人对于万世一系天皇之观念，皆其历史上所遗传之特别原因结果也，所谓共通之精神，如国家对于人民有权利义务，人民对于国家亦有权利义务，其国权之发动，非专注于唯一之机关，而人民有公法上之人格，有私法上之人格。凡此皆我国民所同具者也。我国民而为民权立宪也，固亦有特殊之精神，不必强学英法美也。非唯不能学，抑且不必学也。至其共通之精神，则立宪国所皆有者，而证诸历史，我国民固亦有之。”(下略)(以下皆言我国固有立宪共通之精神，文繁不具引。参观附录原文)吾读此语至数四，而不解其所谓。夫国民之有立宪的共通精神，此何劳论者与我哓哓耶？“立宪”二字，岂论者所能专有耶？吾固持君主立宪主义者。使吾不认有立宪的共通精神，吾安敢为此主张耶？论者絮絮数百言，毋亦又放无敌之矢而已？顾所最奇者，则于此一大段中，忽插入“我国为民权立宪固亦有特殊精神”一语。吾方欲急闻其所谓特殊精神者何在，不料读至终篇，无一语之证明，而所举者，仍为共通精神。乃云："我国民较诸英法美，非有与无之区别，乃精与粗之区别。自无而有难，而粗而精易。"吾以为此言实足以佐我说之成立，而不足以佐彼说之成立也。盖立宪共通精神，今日中国与彼所异者，精粗之问题也，即论者所谓程度问题也。共和特殊精神，今日中国与彼所异者（"今日"二字勿忽），有无之问题也，即论者所谓性质问题也。吾之所以解释者如是。论者又何以教我耶？

所尤奇者，前文方言"模仿美国宪制，以议会为总揽机关"，而此文又言"不必强学英法美，非唯不能学，抑且不必学"。鄙人本不知中国文法（此论者评我之语），不识"学"字与"模仿"二字，其训诂有何区别。不能学而能模仿，此种妙文，真费人索解也。论者谓"文成于一人之手，而自相矛盾，斯乃可讥"，其何以自解于此文耶？吾此诘问，非袭论者之故习，毛举细故也。盖此所关者，乃问题之主点。要之论者之意，谓我国若行共和宪制，宜学美国耶？宜不学美国耶？吾亦欲取论者之语以还赠彼曰："吾将列举论者自相挑战之点，使自定一胜著。吾乃对于其胜者而下驳论。"

夫吾谓我国民今日未有能为共和国民之资格，箴我国民也；彼谓我国民今日已有共和国民之资格，谀我国民也。乐闻谀言而恶闻箴言，人之情也。彼有觉于是，遂出其卑劣手段，角理不胜，乃转而挑拨人之恶感。故其所布纲领十二条曰，"《新民丛报》以国民为恶劣"，其意盖谓《新民丛报》侮辱国民，惟我能为崇敬国民也。夫吾固自信非敢侮辱国民者，但吾言固批国民之逆鳞，知非国民所乐闻也。虽然，古哲不云乎：苦言药也，甘言疾也。顾我国民自审其病理之若何，则药与疾二者之间，必知所择矣。

以上皆本报第三号论文最重要之点也（彼报自言所驳者在第三号，故其于第四号不能相驳者，暂勿问之）。读者试以我原论与彼驳论两两相校，观彼所驳者，曾有一语中肯綮否也？

彼之驳我，分为两大段，谓我第二之论据曰，虽革命不能得共和也；谓我第一之论据曰，约法不足恃也。读者试全绎吾文，则知吾于其间自有轻重主动之别。吾文标题为《今日中国万不能行共和立宪之理由》，今日不能行共和立宪，革命后愈益不能行共和立宪，是吾文之唯一之论据也。而因彼有革命时约法之说，故并破之，实此论据之附属论据也。彼苟不能将吾原本论据解驳，则虽能解驳附属论据，而其说固已不能自完。故吾原文曰："吾对于论者之说，固已连让十余步，乃达此最后之结论。使前所让者，有一非如论者言，则不必达于最后之一问题。而论者之说，**固既可以拉杂摧烧之也。**”今论者于此最后一问题，支离躲闪，而要害处全不能解驳。既已若此，然则前此诸附属问题，虽一一能解驳，而其说之不立如故也，而况乎其并此而不能也。论者谓吾之诘难约法，非能就约法之本体，一一指其利害得失，而因以我之所设种种假定，为不能于根本上著想，以我之连连让步，为进退失据。嘻，异矣！吾之连连让步，非吾之不能不让也，因吾文前半所列之诸问题，本属假定。使吾前置假定而为正确，则吾此一段之说立；使吾所置假定而不正确，则吾此一段之说不立。夫假定之正确不正确，其征验在将来，吾与论者皆不能下武断。使吾必坚主张吾之所假定，则殊不足以服论者之心。吾固如其意，谓虽取消吾之假定亦可也，于是乎有让步。此吾对于论者忠厚之意也。若语于实际，则虽假定之正确不正确，无从断言，而我说正确之程度，比较的强于彼说，甚彰彰也。然即使吾所置假定有一不正确者，则亦此一段之说不成立耳。即使吾所置假定悉不正确者，则亦前半之说悉不成立耳，然吾之说，固非除假定问题外别无成立之理由。吾说最重之根据，则一曰，未有共和资格之国，万不能行共和立宪；二曰，今日中国国民，实未有共和资格；三曰，共和资格，非可以短期之岁月养成；四曰，革命军倥偬骚扰时代，必不适于养成共和资格。此四者，皆非凭假定以立论，而事实上有必至之符者也。吾虽全扫假定说，而吾说之得成立也犹若是。**是得为进退失据矣乎？**而论者于吾之此重要论据，无一焉能为正当之答辩，而徒毛举细故。**吾诚不知其进退何据也。**且论者谓吾“诘难约法，非能就约法之本体指其得失”，以是诮我为“不能于根本上着想”。夫论者所谓约法之法文，今尚未发表，吾何从就其本体而下评骘？但吾据彼报所标之六大主义，有所谓建设共和政府者，有所谓土地国有者，则其约法之条件，虽不可知，而其约法之精神，大约可以推定。吾因以极言共和立宪主义之约法万不可行，复顺言土地国有主义之约法万不可行。此正吾从根本上着想，而予论者以最难之返答也。而论者乃谓我“为此假定以侥幸其或然，何蒙稚若是”。论者试细读吾文，其果舍假定外无立足之余地耶？抑吾何尝侥幸其或然耶？吾固已如论者之意，一一取消我之假定，如削春笋，以达于最后之决论矣。吾文具在，而论者乃反责我以侥幸，**何相广交诬之甚也。**

彼论言约法之能行根于国民心理，而引“合成意力说”以为之证。此殆彼最得意之点也。彼每以知学派知家法自诩，而其所主张之合成意力说，不外本于日本之笕克彦博士。故非引笕氏之说，不足以破之。今请以论者所言与笕氏所言相比较。笕氏曰："所谓合成者，非要约之合成，而心理之合成也。"（《国法学讲义》第一编第二章第一节第一款）笕氏说所以异于前此之契约说者以此。论者解合成意力而以约法，是先与笕氏说相戾也。欲言法，必合实质方面与作用方面观之，然后法之观念始完。故笕氏既言合成意力，而重以一言曰，必须有外部的组织。且举其例云："如在校听讲，各有求静之心。然此虽与同校中人心理相合，而心理尚在内部，不得即谓为法。何也？设校中人有妨碍静谧者，同样莫得而强制之。时谓无法。盖法者全恃外部的组织也。如校中有校长舍监，而同校中人皆尊敬之恐怖之，而后校中秩序，自无紊乱。此之谓法。"然则如笕氏之说，法也者，必借强制执行力为后援，而非仅如论者所谓欲问个人肯服从此法与否当先问此法是否由个人心理所表现云云也。盖笕氏采卢梭之总意说，而以霍布士之权力说辅之。论者所言，则采其半而遗其半也。盖苟无外部组织，无强制执行，则各个人之意力，无从合成，纵偶合成，亦归幻散。故以秦汉间之挟书律，明太祖之大诰，虽残酷无人理，而不得谓之非法。盖其法文中所规定之条件，果为个人心理中所表现与否不可知，然心理所含者不一端，如恐怖心亦其一也。专抽象的利用其恐怖心，而以外部组织厉行之，则亦得命为规律的合成意力。反是，而如康德所倡之永世太平论（弥兵论），瑞士及海牙之万国平和会，英国之仲裁裁判协会，法皇拿破仑第三及俄今皇所倡平和会议，凡此皆世人所极表同情者，而不得谓之法。虽以前世纪世界二十六国在海牙所结之仲裁条约，犹不得谓之法。盖其约虽或为"有人格的国家"之心理所表现，而无立乎此诸人格之外部者，以组织而强制之，受裁判者，若不服从，则仍出于战争。盖国际无强制力使然也。吾初闻论者约法之说，以为彼之约法，不当作法律解，故未与辨析及此。今论者既引笕氏合成意力说，则所言者必为国法无疑。国法而以约为作用，是先已与法之性质大相反。盖约也者，得以自由意志结之，亦得以自由意志解之者也。人不愿与我约，将若之何？约矣而旋解弃之，又将若之何？论者如曰：吾所约之法，甚善而中于人心，民必愿就我约，且约矣而必不背。是则又事实论，非法理论也。彼报第二号述某氏约法之说，从事实方面立言，吾故亦从事实方面难之。既不能答辩，则一转而遁入法理论，指其所谓约法者与国法为同一之意义。吾请以简单之语质之曰：国法者，事实上国家之意力也，超然于各分子之上，而国家固有独立之意力也（日本《法政新志》第十卷第四号第三五叶笕克彦著《论国家之性质》）。公等革命发难伊始，此国家固有独立之意力，从何而来？恃约法而意力始发生。是约也者，其母，而法也者，其母所生之子也，无约斯无法矣。而论者乃曰："使国民而背约法，则军政府可以强制。"夫约也者，本私法上之名辞，非公法上之名词。既彼此立于平等之地位以互结契约，则本无可以行强制之道。而私法上相约者之一方，或不履行所约之义务，而他方有可以强迫使履行之权利者，则以其权利由法律所规定，而法律则有国家之权力在其后也。故强制之权利，实自国家来也。使权利未经国家法律规定以前，甲乙两人以社会的分子之资格而共结一约，一旦乙不履行所约之义务，而甲欲强制之，其道何由？则惟诉诸武力以决胜负耳，即舍决斗外，无从解决也。此如两国互结条约，一国背约，而他国欲强制之，舍战争外无从解决也。军政府既与国民约法，不过如社会上个人与个人之契约耳，否亦国际上国与国之条约耳。而云国民背约，则军政府可以强制。试问可以强制之权利，从何而来？故吾以为若就法理方面立论，则军政府既与人民约法，苟一方有背约者，则惟以膂力为最后之裁判耳。何也？此国际法上之法理，而非国法上之法理也。必中央政府确立，外部组织已完，然后有国法之可言。乃如论者之说，谓定甲县则与约法，定乙县又与约法，以此而冒笕氏之规律合成意力说。吾不期以法学家自命者乃如是也。夫笕氏说本合卢霍于一炉而冶之。如论者说，已采卢而遗霍。然笕氏之评卢说也，谓其国民总意说为相乘的而非相加的。如论者言，甲县又与乙县约，驯至十八省相约，则正相加的也，并卢氏之说而悖之也。论者所以笑人者曰：**非驴非马之奇观**。论者自当之矣。夫苟专就事实上立论，曰：吾军政府有莫大之威力，能使人民恐怖；吾利用其恐怖心，无论制何种法律，皆得以无限之权选行之；由此恐怖意力之合成，遂产国法。如此则与笕氏说不缪矣。**而贵头领约法之大义，则拉杂摧烧之矣**。

然则论者即取消约法说，而易其词曰，吾军政府审国民心理之趋向，采其所表现者，而制为法，以军政府之权力使其服从，此其说足以自完乎？曰：是未定之问题也。笕氏又曰："舆论非法也。舆论为多数人类合成之意见，非社会心理之合成意力。意力与意见不同，若辨别不明，必有误认意见，而制为国法，欲其合于社会一般之心理难矣。"（同上）此以言夫真正之国民心理（笕氏多言社会心理，而论者称国民心理。今用论者名称）。不易见，而立法者之不可以冒昧也。吾谓凡国民心理之能形成为规律的合成意力者，必须其真正而成熟者也。何谓真正？何谓成熟？凡国民心理，必须其为自由发动者。若一时刺戟于感情，不可谓真。如法兰西大革命时代之狂醉于共和，其心理不可谓真。于何见之？于其共和政府成立后仅八年，而复狂醉于帝政见之。不真随而不成熟。盖沈醉共和固非真，沈醉帝政亦非真。何也？皆不成熟也。故其宪法发布后不及百年，变更已累十次（一、一七九一年九月三日之宪法；二、一七九三年六月廿四日之宪法；三、一七九五年之宪法；四、一七九九年之执政官政府宪法；五、同年之帝政宪法；六、一八一四年六月四日之宪法；七、一八三〇年八月四日之宪法；八、一八四八年十一月四日之宪法；九、一八五二年一月十四日之第二次帝政宪法；十、一八七〇年五月二十一日之宪法；十一、一八七五年之宪法）。夫宪法者一国之根本法，而合成意力之发表于具体的者也。而动摇若此，使一国投入战乱涡中，而日以萎悴（法国当十七八世纪为全欧第一雄国。及十九世纪，惟拿破仑时代有昙花一现之光荣，后此遂日即于弱，今殆已失第一等国之位置。数月前摩洛哥问题谈判将破裂，德国报纸嘲之曰：法人欲与我德战乎？请先复帝政，乃议战争之准备可耳）。皆由所认为国民意力者，非真意力。即偶尔发动，而亦未成熟。而彼少数主动者，自以其主观的意见，而指为全体国民之合成意力，或以直接间接手段，煽动胁迫国民，偶得多数，而指为全体国民之合成意力，而因据之以立法，而不知此意见也，非意力也，即为意力，亦其不真且不成熟者也。故不移时而复有他主动者，亦用此术，而自以其意见立法，或据别方面之不真且不成熟的意力以立法。夫是以法虽迭更，而累偏畸以偏畸，终无一焉实为国民合成意力者，而法不胜其敝也。而论者曰："约法者，革命之际，应于国民心理之必要而发生者也。"就令将"约"字删去，而所谓法者，吾恐其为论者一人之意见，而非笕氏所谓合成意力也。虽然，一人或多数人之意见，固不能径指为国民合成意力，而一人或多数人之意见，有时亦能与国民意力相吻合。然则其法果为应于国民心理之必要而发生与否，必当视其法之性质为何如。论者将来所约之法，今未尝发表一字。于此而欲论其为应于国民心理之必要与否，实不成问题也。而吾敢断言彼将来所约之法，决非应于国民心理者。以吾虽未见其法，而据彼所标主义，有共和宪制土地国有诸条。吾因以推定其法之性质，亦当如是。而吾确信含此种性质之法，决与今日我国民心理不相应，不过彼一私人之意见，而不得以冒合成意力之名也。此还可以笕氏之说正之。笕氏论学，最重“第一事实”（第一事实者，谓天下事实，有果必有因。由果推因，因复有因。推而上之，至于无穷，终必有所谓最高原因者。而此最高原因，则非吾人之智识所能及也。故只得以最高原因之下一级以为断而已。最高原因之下一级，即第二原因也，而亦即第一果也。故谓之第一事实），而谓“国家之第一事实，即历史也。故国是之或保存或改良，不能不以历史为根据”（同《讲义》第一编第一章第四节第二款第一项），而吾国之历史何如？论者历举吾国历史上革命之心理（参观附录原文），而谓使我国民长葆此心理，则约法诚可废弃。是彼明认历史上心理不足以行彼之约法矣。及观其所以自解者，则曰：“国民之心理，有变迁者也。畴昔吾国民，有国民思想矣。然专制之毒，足以摧抑之；有民族思想矣，然君臣之义，足以克灭之。今欲使国民心理发达变迁，则当葆其固有者，而去其沮遏者。”彼所谓畴昔有国民思想民族思想者，彼未尝引事实以证明之，吾不能断言其确否。即使确矣，而既已为专制之毒所摧抑，为君臣之义所克灭，则被摧抑被克灭者，今日之事实也。夫国民心理之不能无变迁，不待言也。政治家常当导国民心理使变迁而进化，不待言也。而其变迁，无论为自动为他动，而要不可不假以若干之岁月。吾所以谓吾国民在远的将来有能为共和国民之资格者，以其心理之能变迁也。吾所以谓吾国民在今日或近的将来未有能为共和国民之资格者，以其心理变迁之不能速也。笕氏又曰：“先知先觉，以其心理造成社会心理，使发达于一定程度，而制为至善之国法，非不可及。虽然，由国家自为之则可，以外国之心理为标准，则不可。”（同《讲义》结论）论者殆以先知先觉自命，而谓此种心理，吾能造之也（实则他人之汲汲焉思造此种心理也，已在十余年之前，论者不过其被造之一人耳。当他人造此心理时，论者方咿唔于八股，未可知也。他人之心理，或已岁经变迁进化，而论者摭拾其弃置之唾余，嚣然以先知先觉自命，不亦重可哀耶）。然其言曰：“法国大革命时，以人民发达未及程度之故，卒无成效。”又曰：“或谓俄败于日，亦将立宪。不知俄之人民程度，比之法国当时，犹未及也。”（同《讲义》第一编第三章第一节）夫以法之先知先觉，造此思想，在十七八世纪之交；俄之先知先觉，造此思想，在十九世纪初期。乃经百年之久，而笕氏犹谓其程度之未及。然则欲造成之，必非如论者所戴首领谓如改造恶汽车为良汽车之易易，明矣。而论者乃谓“革命之时日，不必甚长。一方扶义，万里响应。而约法即应于其时国民之心理而发生。”信如是也，则笕氏之所以论俄、法者，其皆谵语矣。嘻！为此论者，苟如鲁敏孙之在荒岛，无第二人与之交语，自言之而自听焉，斯可耳。而不谓以先知先觉自命者，其觉民之言，乃如是也。

复次，论者谓“使民族主义国民主义而普遍于国民之心理也，则共和约法，乃应于其必要而发生者也。”（原文无“共和”二字。然吾推定其约法，必为共和约法，故僭下此二字，以供行文之便。当为论者所乐承认）其所谓民族主义国民主义者，吾不知其所下定义如何。以简单的推定之，则民族主义，谓排异族；国民主义，谓排专制也。诚如是也，则吾谓民族主义普遍与否，与共和绝无因果之关系。如明太祖、洪秀全，论者所崇拜为民族主义之伟人也（吾则不许之。彼等皆一丘貉之民贼耳。其动机岂在为一族争气耶？为一人谋利益耳）。而其已然之事实，与共和立于正反对之地位也，既若彼矣。论者亦知之，乃曰：“即使民族主义昌明，而国民主义，尚未入于人心，则犹将知忠君而不知爱国。”夫爱国心者，国家之成立维持所最必要者也。仅明民族主义而犹不知爱国，则民族主义，非徒与共和无关系，且与国家之成立维持无关系矣。然则民族主义所以能与爱国心相联属者，乃仅在依赖国民主义以为之媒介，则其与爱国心无原因结果之关系甚明。然使国民主义，不依赖民族主义，而亦不能与爱国心相联属，则是此两主义者，为爱国心之合成原因，离之则两皆非原因，合之则两皆原因也（如五雀六燕交而处，衡适平。仅雀不得为衡平之原因，仅燕亦不得为衡平之原因。而合之各置一轴，则皆原因也。是之谓合成原因）而征诸古今万国已然之事实，则大不然。国民主义离民族主义而独立，固自能与爱国心相连属。然则民族主义与爱国心，绝无原因结果之关系益明。论者谓仅言民族者不知爱国，诚至言也。而爱国心者，与国家之成立维持，有原因结果之关系者也。仅言民族主义，而犹不知爱国，则民族主义，其非国家之成立维持所必要甚明。今以甲代两主义之和合，以乙代国民主义，以丙代民族主义，以丁代爱国，以戊代国家成立维持之必要。演其式如下：

(1) 乙＋丙＝甲＝丁＝戊

(2) $\frac{甲}{丙}$＝乙＝丁＝戊

(3) $\frac{甲}{丙}$＝丙＝非丁＝非戊

此吾就论者之说推演之，而种族革命为国家成立之不必要，其明白如此。夫国民主义，则政治革命论之立脚点也；民族主义，则种族革命论之立脚点也。吾认国民主义为国家成立维持之必要，故主张政治革命论；吾认民族主义为国家成立维持之不必要，故排斥种族革命论。吾以为若从国家之成立维持一问题着想，则民族主义，赘疣已耳。盖仅乙而已等于戊，不心俟其与丙相加而乃等于戊也。而论者必强主张两主义同时并行，必谓惟甲乃等于戊。夫丙之等于非戊（非丁等于非戊，丙既等于非丁，故即等于非戊也），论者所明言矣。乙之等于戊，又论者所不得不承认矣。然则何必以丙加乙使成甲，然后谓之等于戊耶？吾故曰赘疣也。论者如欲与我辩也，其毋以国民主义为护符。国民主义，吾与论者所共同主张，非论者所得专有也。**如曰今日中国当言国民主义而因以难我，是又无敌而放矢也。**吾之所恶于论者，谓其以赘虱于其间也。

吾谓共和的国民心理，必非久惯专制之民，能以一二十年之岁月而养成。乃论者谓革命时日，不必甚长，而共和约法，已应于国民心理。吾始焉苦思力索，而不得其解。及细读彼文，见有云："去专制之苦，尝自由之乐，夷阶级之制，立平等之域，心理之感孚，速于置邮而传命也。"吾于是恍然焉，曰：论者所主张之理由，乃在此。**然则论者日言共和，殆绝未知共和为何物而已。**共和之真精神，在自治秩序而富于公益心（所以能行议院政治者专恃此）。国民心理而能如是者，则共和不期而自成，美国是也；或且无共和之名而有其实，英国是也。苟不能如是，而惟嚣嚣然求自由求平等，是未形成国家以前原始社会之心理，而决不可谓为今世共和国民之心理也（自由平等，固共和精神之一部分，然必与自治心公益心相和合，乃成完全之共和心理。苟为离自治心公益心而独立之自由平等，则正共和精神之反对也）。而乐自由爱平等之心理可以煽动而骤致之，重秩序尊公益之心理，非养之以岁月而万难成就。论者徒认彼为共和心理，无怪其心目中养养然，呼之欲出，谓其今日已大发达，而实行革命时，愈益发达也。夫论者所谓今方滔滔汩汩而进行者，此乐自由爱平等之心理也。若吾所谓重秩序尊公益之心理，则非惟不见进行而已，且视前此更有退步焉，此事实之彰彰不容讳者也。故吾惟见夫彼方面之滔滔汩汩而进行也，而益以断其与共和之心理，适成反比例而万不能相容。勿论他人，即以论者证之。论者固自命为忠于共和主义之人也。而其所认为共和心理者，乃仅若是。**是则论者之心理，先已不适于共和。**而凡附和共和者，其心理亦若是则已耳。其今之闻共和而好之者，凡以谓共和能予我以自由平等也。然自由平等，有其代价焉，彼勿问也。一旦际于实行共和时，而索其代价，则与彼之心理，遂大相拂戾矣。吾之所以谓共和约法万不能行者以此。论者其何以教之？

夫笕氏之合成意力说采卢梭之总意说也，而既以霍布士之权力说补之，复以康德之责任说补之。其言曰："卢梭以人民总意说为法源，此不刊之论也。其提倡自由平等说，功不在禹下。虽然，不有说以补之，流弊日滋。故言自由者抛却责任，言平等者昧于服从，规律力荡然，而人道或几乎息矣。故当参诸康德说，以责任心为之维持。"（同《讲义》第一编第一章第三节第一款）夫责任心，则吾之所谓自治观念、公益观念之所从出也。笕氏言合成意力，而冠以"规律的"之一语，盖以此也。论者袭用笕说，而袭其半而遗其半。昔晚唐西昆诗体盛行时，优人有扮演李义山者，衣襤（缕）〔褛〕以登场。他优问其衣胡败若是。答曰：吾为若辈挦扯殆尽。一座粲然。呜呼！笕克彦何不幸而遇论者，遽变为鹑衣百结之玉溪生也。论者之规我也，曰："凡治学问者，不当以自己之理想，主张他人之术语。"其诋我也，曰："所主张之学派，大索而不可得。"又曰："生物学家发见一种蝇取草，谓之为动物则非，谓之为植物则非。论者之文，毋乃类是。"又曰："有非驴非马之奇观。"此种轻薄语，吾本不忍以加诸彼。惟彼之挦扯笕氏学说而东涂西抹，则彼之所言者，彼实当之耳。今覆述前文，而特指论者所说与笕说矛盾者如下：

一、笕氏谓合成意力非要约的；而论者指约法为合成意力。

一、笕氏谓意见与意力异；而论者并为一谈。

一、笕氏重第一事实；而论者蔑视历史。

一、笕氏言不可以外国之心理为标准；而论者所以为标准者，实外国心理，非本国心理。

一、笕氏兼采卢梭之总意说，康德之责任说，与霍布士之权力说，故自成己说；论者将权力说、责任说全行抹却，所以非驴非马。

一、笕氏规律的合成意力；论者将规律的一语删去，所以为蝇取草。

一、笕氏方卢梭之总意说为相乘的；而论者所言约法，乃相加的，并卢氏说而不类，故曰其所主张之学派，大索而不可得。

一、笕氏之合成意力，指事实上国家之意思；论者之合成意力，指理想上个人之感情，故曰以自己之理想，主张他人之术语。

嘻！论者欲与吾言法理耶？吾不幸而未得厕法政速成科之末席，安敢比足下。夫吾固自知吾之不谙法理，故吾于第三第四号本报，皆从事实方面观察立论。而论者乃对于并速成未就学之人，而哓哓然搬弄其甚深微妙之法理论。何也？吾请直言论者之隐衷可乎？**吾之事实论，驳无可驳者也**。而法理论，则是丹非素，入主出奴，虽历千岁而可以无定论。此如我国汉宋学者，所谓增一桩公案而已。**论者欲吾反驳其理论，而彼遂不忧词竭**。吾今请明告论者，吾自初之与排满共和论者宣战也，以事实论，非以法理论也。即间涉法理，亦附庸也，非正文也。论者如不能于事实上解决，则即将速成讲（议）〔义〕录全文誊出以入贵报，犹无当也。而吾亦决不予返答。何也？诸博士之讲义，岂吾之浅学所能诘难？而论者既非与我辩，则吾亦何为哓哓也？

虽然，论者好言法理，抑亦知法理学之不可离事实乎？他人之说，或不足以痦足下。请复举足下所崇拜之笕博士所言。博士曰："凡研究一种学问，必就理论事实两方面观察之，然后得精确之知识。"又曰："由正当之意思，而后可求精确之知识。反是即为物蔽。物蔽之原因有二，曰迷信，曰独断。"（同《讲义》绪论第一章）故与事实之不与吾空想相应者，奋然抹煞之，掩耳盗铃，自欺欺人，自谓得计，而不知与学问之道，相去益远耳。此吾之所以忠告于足下也。吾知足下必不容吾忠告，则吾愿承学之士，以足下为鉴而勿效之。

且吾以论者崇拜笕氏之故，请更一述其说以为箴言。【笕】氏之论卢梭也，谓："其说之所以昌者，由当法兰西专制恣盛之秋，人民不平，达于极点，忽以绝妙之文章，抒极新之理想。既以深中人心矣，而尤妙者，在抛却当时之道理心说辨别心说，而移入于感情以立言。彼十七八世纪之交，思想幼稚，群苦辩理之难于精确，而独信所谓感情者。按一事物，惟凭直觉的认识，不为归纳的研究。其欢迎之，不亦宜乎？而法国遂缘此而成血世界矣。"（同《讲义》第一编第一章第三节第一款）呜呼！此言不啻为今日之中国言之也。论者固非能有极妙之文章，亦非能有极新之理想，而我国今日思想界之程度，未尝有研究的精神，而惟凭感情之一瞥，则真与卢梭时代之法国同也。故排满的感情论，最易煽动一般年少气盛之人，而骤占势力于社会。虽然，论者当知，此非由所持学说之有价值也，亦非由辩才之足以入人也，感情论之性质，其投合于此种社会应然也。抑尤当知，专以感情论投合社会，非社会之福，而社会之祸也，法国其前车也。不知其为社会之祸而轻投合焉，则及其既知而当改之。若明知其为社会之祸而故投合焉，则其心可诛也。

论者之所以驳吾之非革命论者，其无一毫价值，既如前述矣。而彼尚有卑劣手段焉，指驳波仑哈克学说为吾说唯一之根据，而因以驳倒波氏学说为即驳倒吾说。夫吾说舍波氏说外，尚有他根据与否，读吾原文者，自能知之，论者安得以一手掩天下目也？抑吾固言，学说者，千古之最难论定者也，是丹非素，入主出奴，自昔然矣。论者若欲与波氏争法学之帜，则请还与波氏上下其议论，吾无为波氏作辩护人之义务也。虽然，波氏之主权论，吾固未尝为绝对的承认。故吾于癸卯年本报，曾绍介其法理论。今兹转录，则从而删之，而惟采其近于事实论者，吾之意固有在矣。况波氏亦非绝对的排斥共和政体者，惟言因习惯而得共和政体者常安，因革命而得共和政体者常危耳。而其最重要之理由，则谓数百年卵翼于专制政体之人民，既乏自治之习惯，又不识团体之公益也。盖共和政体之为良为恶，不能以具体的论定之，而惟当以抽象的研究之。波氏所述，取法国革命时代之现象以为证，抽象论也。而吾论今日中国不能行共和立宪之理由，亦抽象论也。论者难波氏说，取吾所征引者，全行抹煞，一字不驳，而惟取吾所为征引之主权论驳之，抄袭美浓部达吉之说，絮絮千方，则何不改其题曰《驳波仑哈克国家论》，而题为《驳〈新民丛报〉》胡为也？

吾固无为波氏作辩护人之义务，然论者所述之机关说，抑非能全难倒波氏说也。国家有诸机关，而更有最高机关焉，以立于诸机关之上。此最高机关，其在君主立宪国，当然属于君主；其在共和立宪国，当然属于国民。故国民全体为一国最高机关，实一般共和国共通之原则也。然近世之共和国有三种，一曰国民直接的共和国，二曰代议制度的共和国，三曰直接代议参用的共和国（美浓部达吉《国法学》第一二一页）。其在第一第三种，国民全体直接为最高机关，不辨自明。其在第二种，则以议会为最高机关，似属例外。不知此原则虽缘代议制度而变其形，不缘代议制度而丧其实也。如论者所述拉攀氏说，谓以法学上之观念言之，国会不得谓为国民之代表。此则耶陵尼及美浓部既已力辟之。盖如拉氏说，则国家但求有此机关而已足，不必更问此机关之何自成立，其专由君主勅命议员所组织者，与专由人民选举议员所组织者，应无差别，而古代勅任枢密顾问参与立法之国，可视与今世民选议院之国为同物，而君主所有解散议会权与夫议员任期之一定，在法律上可云无意义，而当议员任期终结及议会被解散时，国家之立宪制度，可谓之中止，而一时复返于专制之形矣（《国家学会杂志》第二百号美浓部论文《议会ノ国法上ノ性质ニ关スル一新说》）。凡此皆足以难倒拉氏之说而有余。使如论者所谓“国会非国民代表而超然于利害关系之外”，则虽以解君主立宪国之国会，犹不能得其真相；若以解共和立宪国之国会，则此种国家，在法学可命之为寡人专制国，而不复复谓之共和矣。然则拉氏说不足取，既已甚明。若夫耶氏说，以国民全体为作成机关，以国会为被作成机关，其从法学方面说明国民与国会之关系，可谓博深切明。虽然，耶氏尚有说焉，谓此种之作成机关被作成机关，与纯粹的作成被作成机关有异。纯粹的作成被作成机关，如中世德意志之选举侯，以选举皇帝为职，选举侯即作成机关，皇帝其被作成机关也选举既终，皇帝全与选举侯相离而立其上。此纯粹的作成机关之原则也。若夫立宪国国民之与国会，其关系则与此异。国民非徒以作成行为而已足也，而常与其所选举之代议士为继续的结合关系。故耶氏亦名国民为原始机关，名国会为代表机关。被作成的代表机关与作成的原始机关，其利害关系决非超然相离甚明。而耶氏之论原始、代表两机关之性质，引君主国之有摄政为例。摄政非君主，而摄政之意思，法律上认为君主之意思。议会为国民所作成，而议会之意思，法律上认为国民之意思。谓君主与国民，皆原始机关，而摄政与国会，则彼原始机关之代表机关也（以上述耶陵尼说，皆据《国家学会杂志》第二百号美浓部论文）。据此说，则当选举终结后，议会开会中，国民恰如民法上之“无能力者”，而议会则无能力者之“法定代理人”也。虽然，耶氏此说，所以说明代议制度议会之性质（无论君主国、共和国，凡行代议制度者，其议会性质皆得以此说明之），而非以说明共和国国民之地位。盖共和国决非徒有代议制度之一种，而尚有直接制度与直接、代议制度参用之二种也。论者引用耶氏说，而不明其所谓原始机关、代表机关之关系，认国民之作成行为与〈与〉德意志选举侯之作成行为相等，已大非耶氏之意。且耶氏就议会论议会，而论者乃剽窃其说以推论一般共和国民之地位，其相去不愈远耶？夫如耶氏说，则即在行代议制度之共和国，所谓国民如民法上之无能力人而国会如法定代理人者，亦不过当选举终结后为然耳。若夫当议员满任或议会被解散而新选举未成立之时，则其原始能力，即已直显，此又至易见者也。故美浓部氏曰：“民主的共和国者，国民全体，有为国家最高机关之地位，国民全体之意思，为国家统治权之源泉也。”（《国法学》百二十页）今论者全忘却此语，徒窃其作成被作成的半面议论，而谓国民全体之利益冲突，其影响不波及于所作成之机关，是得为知法理矣乎？夫民主国既以最高机关在国民为其原则（即代议的民主国，亦不能离此原则），则国民全体之程度，能否当于最高机关而完其责任，是即此种国家存立维持之第一大问题也。所谓完全其责任者不一端，而必先求机关内部之统一，毋使以冲突而内溃。苟内部自溃焉，则先失其为一机关之资格（机关者，一体而不可分析者也）。而对外之行动能适宜与否，更无论矣。最高机关在君主之国，其对外行动，与彼最高机关在国民之国，孰优孰劣，虽不能以具体的论断之，惟语其机关自身内部之统一，则此以一人为一机关，彼合多数为一机关，统一之难易，则有间矣。故曰：因于习惯而得共和政体者常安，因于革命而得共和政体者常危。盖因习惯而得之者，则因其国民程度，发达圆满，有自治秩序而富于公益心，一旦组织为最高机关，则无论国民全体直接而行统治权，或议会代表而行统治权，而机关自身，先无内讧鱼烂之忧，然后可以语于对外行动。若因革命而得之者，则国民前此并未尝当于一机关之任，虽使之组织一补助机关，犹虑不胜（所以虽君主立宪制犹必经过开明专制之一阶级然后能至）。一旦而跃立于最高机关之地位，安见其可？机关自身之要素，先自不具，他更何论矣。夫使为一补助机关而不胜其任，则腐坏者仅在此机关耳，而尚有他机关调和补救之，恶结果不遽影响于全局，而可以（除）〔徐〕① 图改良。若为最高机关，则一国命脉所系也。最高机关腐坏，而国随之。法国及中美南美诸国，所以祸乱相寻元气斫丧者，皆坐是也。此吾所以虽不采波氏之君主主体说，而于其调和利害冲突之义，则甚佩之也。论者所抄袭之半面的美浓部机关说，能复有他种遁词以难我否也？

夫既以国民全体为最高机关，其在实行合议制度之共和国，此机关于法律上有万能力无论矣。即在行代议制度之共和国，其政治上之趋势，所谓被作成之代表机关，亦往往仰此原始的最高机关之鼻息，又势之不可避者也。英人布黎士之《美国政治论》，谓“美之各邦，其立法部之议员，非常软弱，往往有一新问题之起，两党派中人，各各有其或赞或否者（如禁酒问题，妇人选举权问题等，甲党中有赞者否者，乙党中亦有赞者否者也。故政党之用几穷），则惟求人民之直接干涉，为最后之判决，以自卸其责任。此直接立法之事所以日多也。”夫美国之议院政治，所

① 据《饮冰室合集》改，编者。

以能运用圆活者，全恃其两大政党组织之得宜，及遇此等问题，而政党之长技，失其效用，遂不得不还求解决于国民自身。而布氏论其弊曰："若此法屡行，则大损议会之权威及责任，人民将视议会为可有可无之物。而彼人民者，不徒无学识之人居大多数而已。而又以人民大巨之故，不能聚集一地以相讨论，其所直接判决者，未必衷于真利害，流弊不可胜穷，深为美国前途惧之。"吾以为布氏所论，可谓博深切明。而美国顾未尝大受其敝者，则以彼之党派组织，本极完密，而此等歧于党派以外之问题，固非屡起，不至常失两大政党之效用，而中央政府（即联邦政府及议会）之权限，本缩至极小，故联邦立法部所讨论之问题，益鲜有歧于党派外者，而复加以其人民尊秩序重公益之习惯，养之已熟，故虽遇此等事件，委诸原始的最高机关之判决，不至缘是而生大冲突酿大祸乱。若乃历史上不具此元素之国民，其政党既绝不统一，无论何种问题，固皆足以起冲突，而其国家之组织，又非如美国于联邦之下，复有各邦，一切洪纤问题，悉集于中央议会，而其人民复非有尊秩序重公益之习惯，任以 睚眦之争，而可以酿杀人流血之惨祸，而其人民学识程度，足以供判断力之用者，又远出美国下，而其人数又远过于美国，而其交通机关之便利，又劣于美国万万倍。于此而欲以国民全体为最高机关，果有术以能完机关之责任乎？即以国民所作成之代表者为最高机关，而作成者此国民也，被作成者亦此国民也。以数千年未尝一度作此机关之国民，而骤以最高机关委之，果有术以能完机关之责任乎？论者于吾所谓共和国以国民为最高机关之说而有以相难也，则吾愿闻之。若无以相难也，则吾所征引哈氏之说，卒无见其能破也。

论者又曰："使国会而为被作成机关，则必能顾其作成机关之国民全体之利益。"论者此段，全从法理方面立论。法理学上，果有何等之说明，以证其必能，吾苦难解之。若就事实上征诸各国，则法国革命山岳党最占多数时代，其国会固被作成机关也，吾不知其所顾者，果国民全体之利益焉否也；西班牙之有国会，垂百年，固被作成机关也，吾不知其所顾者，果国民全体之利益焉否也；中美南美诸国，无不有国会，其国会皆被作成机关也，吾不知其所顾者，果国民全体之利益焉否也；北美合众国之国会，当论者所认为被作成机关之最美者也，以近今其对于托辣斯之态度，吾不知其所顾者，果全国民之利益焉否也。机关之性质，可以类似者比例论之。市会议员，亦可谓市之被作成机关也。而英之伦敦市会，易瓦斯为电灯之问题，十年不通过；美之费尔特费市会，改良水道之问题，亦历年不通过。吾不知其所顾者，果市民全体之利益焉否也。故吾以为此非能有必至之符，而总以构成机关分子之各员责任心公益心之强弱为断，而吾中国今日之人民，据之以构成机关，吾认其责任心公益心，未能圆满者也。又即使有责任心公益心，则其欲顾国民全体之利益，差可期耳。而必能为国民全体谋利益与否，尚属于别问题，如普国会当普奥战争前，大反对俾士麦扩张军备之政策，自谓顾国民利益，其果为国民利益焉否也？阿根廷国会，当六十年前，大欢迎外资输入之政策，自谓顾国民利益，其果为顾国民利益焉否也？然则此又非能有必至之符，而总以机关分子之各员政治知识之多寡为断。而吾中国今日之人民据之以构成机关，吾认其政治智识太过幼稚者也。论者徒漫然下一武断曰，必能必能。吾愿论者将其所以必能之理由，一为我说明之。

论者谓："革命之际，流弊或所不免，然但当思患预防，力求所以免之者，不当以革命之有流弊而至于不敢革命也。"此其言尚属平心之论，吾乐受之。虽然，当视其流弊之可避不可避以为断。若政治革命论，则其流弊有可避之道者也。若种族革命论，则其流弊无可避之道者也。何也？论者所主张之种族革命与共和政体相缘而不可分，而共和政体与吾所列举之诸流弊相缘而不可分也。论者而犹有丝毫为国家前途计利害之心乎，其必不妄争意气而当思所以处之也。

至论者有驳吾所持开明专制论之点，吾固先与论者约，谓请俟全文出版，乃赐教言，不幸而论者不守此约。故吾仍自守其约，不复详为置辨。读者欲知吾论据，则亦俟全文出版可也。虽然，彼既振振有辞，则吾亦不能不先为简单的说明。吾所论我国民对于现政府所当行者，本有两大方针：一曰劝告，二曰要求，其言具在本报第四号，可覆按也。所劝告者在开明专制，而所要求者在立宪。所要求者在立宪，其理由不待解释而自明。而所劝告者则曷为在开明专制？吾既确信共和立宪之万不能行，行之则必至于亡国，而又信君主立宪之未能遽行，行之则弊馀于利，而徒（读）〔渎〕[①] 宪政之神圣，然则为今日计，舍开明专制外更有何途之从？夫以吾所忖度，则君主立宪制，非十年乃至二十年以后，不能实行。即如论者之说，主张革命而行共和，共和利弊之一问题，姑置勿论，而革命

---

① 此据《饮冰室合集》改，编者。

事业，亦岂其旦夕可致？或迟至十年乃至二十年，未可知也。**然则当此欲立宪而未能立宪、欲革命而未能革命之时，一国之主权，尚须行动否？**如须行动也，则政府之现象，无论如何，而必出于专制，此事实之不可争者也。夫固有之事实，则既若是矣。**然则开明不开明之问题，安得不发生于今日**。夫全部分之开明，固莫善矣。即不能，而有一部分之开明（即行开明专制政治之数端），而其影响于我中国前途者，固已甚大。吾之所以主张之者，盖以此也。吾知读吾文者，见吾所命之题，而不能无骇焉，曰：子曷为教政府以专制？曾不思专制者，现在之事实也，非吾之所能教，亦非吾之所不能教也。政府不以吾之无开明专制论而不专制，则亦非以吾之有开明专制论而始专制甚明。即如论者极力排斥开明专制，而当论者之理想的共和政府尚未成立以前，而现政府安能不专制？专制等也，而开明不开明之间，其直接影响于国民进步者，固有择矣。然则政府之肯开明与不肯开明，虽属于别问题，而劝告之以开明，则为凡有言责者所应履行之义务，无可疑矣。非独以君主立宪为究竟主义如鄙人者，当履行之；即以革命共和为究竟主义如论者〈者〉，亦当履行之也。何也？究竟主义之贯彻在将来，而此乃目前之事实问题也。若曰：吾利用现政府之野蛮，而后覆亡之易为力。此则殊非君子之用心。吾奉劝论者，宜勿如是。吾奉劝普天下爱国君子，无论持何主义者，皆宜勿如是。且今当外患日侵间不容发之时，而我尚未能建设新政府，一国之生命财产，犹托于现政府之手。现政府而改良一分，则吾受一分之利；现政府而加劣一分，则吾受一分之害。故以利害问题衡之，而曰吾利用现政府之野蛮，此愚之又愚者也。且即使持极端的暴动革命主义，而现政府开明一分，则教育普及一分，而无论持何种主义以欲沁入于国民心理者，其易为力也亦加一分。国民稍惯于规律制裁的生活，则虽如论者所持之约法说，届时而实行之也亦较易。而国家对外之实力稍增，将来虽有内乱，而受干涉不至甚剧；即受干涉，而抵抗之力，亦厚于今日。然则现政府之开明专制，何一不足以供论者将来之材料？岂谓政府开明之后，而尚不如今日之可以驰骋耶？故即为论者之偏枯单一的主义计，而曰吾利用现政府之野蛮，此愚之又愚者也。吾故曰：劝告现政府之开明专制，实今日独一无二之法门也。吾之所以为开明专制论者以此，愿普天下爱国君子，平心察之。

夫开明专制，非不美之名词也。笕克彦曰："开明专制，以发达人民为目的者也。”又曰：“开明专制，与立宪同一状况，而为立宪所由之阶级也。”又曰：“开明的专制，一立宪制度，皆已实行，但未公布宪法耳。”由此观之，特患专制者之不能开明耳，而开明专制，岂可诋耶？当未能立宪未能革命以前，今日之中国，舍开明专制以外，更有何者为国家所当有事耶？愿普天下爱国君子平心察之。

该报第三号引笕氏此说，并述其言中国汉唐时代，普经过开明专制，遂以为中国今日可以行共和立宪之据。今论者此文亦引证此言以为重。然则论者固不能绝对的排斥开明专制，不过谓此为中国前此所已行者，而非今日所当行者云耳。(愿)〔顾〕[①] 以吾间接所闻诸笕氏者，谓：“凡国家台欲立宪，必当经过开明专制。若中国汉唐时代，固亦右谓开明专制，然其后复归于完全专制。故中国今日如欲立宪，必当再经过开明专制。”笕氏之言如此。论者徒剽窃其发起语句，屏弃其结构语句，破碎诞妄，一至此极，纵可以欺外人，其能掩尽同校中数百人之耳耶？如必因汉唐时代之曾经开明，遂谓今日可以行共和宪制，然则何不更曰：唐虞时代之政体，已具有共和模范，中国今日并不须创订共和宪制耶？何不更曰：欧洲十字军以后之文明，皆由我中国输往，中国今日，竟不必以输入他国文明为事耶？嘻！适见其强词而不能自完已耳。

论者又难吾之要求说，而以国民无实力为言。夫要求必须与国民实力相持，无待言也。然实力必须养之而后成。吾以为养之之途，分两方面，开明专制其一也，政治革命之思想普及其二也。夫言要求固须实力，即言排满亦岂不须实力？今日持要求论者，固得以无实力而谓其不成立；今日持排满论者，亦得以无实力而谓其不成立。无实力等耳，然则今日无论持何主义者，皆只能从预备实力处下工夫，此当为论者所承认也（若不承认，则是无意识而已）。而试问预备排满之实力，则舍种族革命思想之普及，更有何道乎？此又当为论者所绝对的承认也。种族革命思想，可以使之普及，而谓政治革命思想，不可以使之普及乎？论者诘我何所挟以要求，吾亦将诘论者何所挟以革命（凡此单称革命者，皆种族革命之省文也）。论者若曰，吾将来必有所挟以革命，则吾亦曰，吾将来必有所挟以要求矣。夫国民意力，为世界上莫强之实力，善其用焉，靡坚不破，以之行政治革命可也，以之

---

① 此据《饮冰室合集》改，编者。

行种族革命亦可也。国民意力，固自由发动，而有指导焉而为之助者，则其发动也更易而更显，且能合成。论者诮吾无实力。而问论者何以有实力，无亦曰：吾将指导国民意力，使趋于种族革命之一点，是即吾之实力云耳。诚如是也，则论者所谓实力，其舍国民意力外无他物也。然则论者问吾要求论之实力，吾亦答以国民意力而已。论者若谓国民意力无从使之趋于政治革命之一点，则吾亦可谓国民意力，无从使之趋于种族革命之一点。要之两者皆非也。凡属人类，皆有感情与辨理心两者，我国民亦何独不然？若从感情方面而煽动之，以压倒其辨理心，则虽举国人而皆趋于种族革命一途可也。若从辨理心方面而濬发之，以节制其感情，则虽举国人而皆趋于政治革命一途亦可也。而一国中其有中流以上之学识，而以言责自任者，则于此枢机之转捩，皆与有力焉。质言之，则自认以指导社会为天职者，即其对于指导方针之或得宜或失宜，而不可不负其责者也。更质言之，则一国之或兴或亡，此辈皆当科其功罪者也。夫今后之中国，其当指导社会之大任者，当自有当世贤豪在，若鄙人则安敢望此？虽然，夫既以言责自居矣，且自审今日之地位，舍言责无以报效国家矣，故自今以往，所言者必求为有责任之言，即不能使国家由我而兴，而决不忍使国家由我而亡。夫吾岂不能鼓吹革命共和主义，以涨彼方面之实力？顾吾所信者，谓彼方面实力涨至极度之时，即我国家灭亡之时也。吾故不惟不鼓吹之，且尽吾力所能及，以摧坏彼方面之实力，而增进此方面之实力。吾固知彼方面之人，仇我必甚。顾吾为践我之天职，吾安能已也？论者如欲问政治革命之实力安在乎？举国大多数之国民，其顽旧焉而本无政治革命思想者，至能发动其政治革命思想，其热狂焉而沈醉于种族革命思想者，至能折归于政治革命思想，此其时矣，此其时矣。论者若问以何道而能得此，则非吾独力所能为焉，而还求诸国民之自身，亦如论者之排满，非独力所能为焉，而还求诸国民之自身也。

以上所论，谓政治革命与种族革命，其现在实力之不足也同，其将来实力之可以养成也同。而吾所谓当养成者，在此不在彼也。虽然，同为可以养成，而养成之难易，则又有差焉。吾主张将来之政治革命（吾所下政治革命之定义，谓革君主专制而为君主立宪也。第四号详言之），同时主张今日之行开明专制。开明专制行得一分，则国民实力增得一分。持种族革命论者，既未能立刻推倒现政府，则其不能不暂受治于现政府专制之下也，亦实与我同。而彼利用其野蛮，不愿其开明。政府愈野蛮，而国民实力愈萎缩，此其难易之差一也。吾主张政治革命论，非濬发国民之辨理心不可。而国民辨理心既发达，则无论治学治事，皆从实际上着想，条理自趋于致密，而能为国中养成多数实行之才。彼主张种族革命论，非挑拨国民之感情不可。国民奔于极端之感情，则本心固有之灵明，往往为所蒙蔽，求学者或厌伏案而日言运动，治事者不审条理而辄盲进，小有成就，而愈益其嚣张，小有挫折，而遂至于嗒丧，其究极也，只为国中养成多数空论之辈。此其难易之差二也。不宁惟是，彼以感情煽人，则只能收拾狂奔于感情者流，我以辨理心动人，则并能获有辨理心者之相助。凡狂奔于感情者，多无实力，而有辨理心者，其实力必富。以固有之之成分为基础，其势已优于彼。复因此成分而扩张滋长焉。此其难易之差三也。夫此则就建设以前言之也。若夫建设以后，则吾之政治革命论，以君主立宪为究竟，彼之种族革命论，以共和立宪为究竟。君主立宪，其所养人民之实力，非能为指挥主动机关而完其责，则不得谓成功。此就程度之浅深相较，其难易之差四出。君主立宪，则所以构成此监督机关者，可以制限选举行之。共和立宪则所以构成此主动机关者，不可不以普通选举行之。此就程度之广狭相较，其难易之差五也。夫浅深之一问题，吾既与论者辨之明矣。若夫广狭之一问题，则前此犹未及言。吾今试更一诘论者。论者岂谓吾中国，创共和宪制，无须行普通选举耶？天下有不行普通选举，而得谓之共和之国耶？既必行普通选举矣，而谓中国在近的将来能行之耶？论者每好引日本近年来民权发达之速以为证，曾抑知日本之行开明专制也，二十余年，其实施宪法以迄今日，又十余年，而至今犹不能不行制限选举，而谓中国革命时日，不必甚长，而经过此不甚长之时日，遂可以行普通选举之民权宪制也，非梦呓而安得有此言也？就此诸点观察之，则彼此之在今日，虽皆同为做养成实力的工夫，然后养成政治革命之实力，其视养成种族革命之实力，难易相去，固不可以道里计矣。故吾党之所谓实力，至已养成确可已有要求之资格之时，而彼党之所谓实力，尚虚悬而无薄，可断言也。

虽然，此不过比较的言之耳。种族革命之实力，固非绝对的不能养成，亦吾所信也。苟非养成种族革命之实力而不足以救国者，则安能以其难而舍之？吾之所以不主张从彼方面养实力者，其理由全不在难易问题，徒以养彼实力，徒取亡国故耳。若论者无他种之说明，而徒以现在无实力之故，谓我所持要求说不得成立乎，则以无实力者笑无实力者，所谓不自见其睫也。

抑论者更有一奇语焉，谓我“不汲汲养成民力，而惟望其要求”。夫论者安知我之不汲汲养成民力者？吾将来于他方面之若何养之，今不必以语论者。即本报之劝告专制政府以开明，及鼓吹人民之政治革命思想，即吾所认为养成民力之一种法门也。论者其悟耶否也？若其谓“我国民对于满洲政府，义不当要求”，则狭隘的复仇主义，吾所不能容喙也。

惟论者自谓养成国民实力，则吾诚不知其所以养成者操何术矣。若徒刺激其感情耶，则所养成者感情也，非实力也。以感情与实力为同一物，千古所未闻也。而论者之所以自文者，则曰：“普遍之〈之〉法，教育与革命。教育者，于革命之前革命之时革命之后，皆一日不可缺者也。”如论者言，革命之后，中央政府已确立，其能施教育不竢论。若夫革命之前，吾不知其从何处得有教育机关也。其教育尚须学校耶？抑专凭书报之鼓吹而已足耶？若须学校，则校中所教育，为何科目耶？尚有普通专门诸学科否耶？抑专为革命的政治谈耶？夫不为政治谈，则革命之心理，何从普遍？若为政治谈，则论者亦知政治谈与教育之性质，最不相容耶（大学不在此例）？夫专为政治谈，则天下固无此学校。即有他学科，而以政治谈常参入之，则学童亦必徒喜此大言壮语之政治谈，于他学科，不屑厝意，而学校卒破坏不得成立。他种之政治谈，犹且不可，况论者所高标者，又自由平等主义也。自由倡则学校之规则，一切不守；平等倡则师长之教训一切不行。夫三年前上海某学校，其最显著之前车。而此外诸学校，其覆辙相寻者，亦不知几许也。论者岂其未闻之？故吾于论者所谓革命前之教育，百思不得其解也。夫彼所恃以为教育之具者，既与教育之性质成反比例矣，况乎教育行政机关决非革命以前之革命党所能干预也，而何从使公等之主义，借教育之助长力，而普遍于全国民之心理也？然则公之所谓教育者，殆不过以每月一期之贵报为独一无二之机关耳，更进焉，则以一二之山膏的日报（《山海经》言山膏之草善詈人）为补助机关耳。信如是也，则吾请正告公等曰：此等之教育事业，于养感情则有之；若云养实力，是欲适燕而南其辕也。

呜呼！读者诸君，其勿以论者兼言种族革命政治革命，而误以其所持主义为圆满，勿以吾之言政治革命排种族革命，而误以我所持主义为薄弱也。论者既语及教育，故吾益得就教育上以解决此问题。吾以为一日不行开明专制，一日不行政治革命，则教育一日不普及，而人民一日不能得共和之程度。论者谓种族革命不实行，则政治革命之目的终不可达，而岂知政治革命不实行，则无论何等主义之目的，皆终不可达耶？何也？不先利用国家之强制力，以实行一切行政法规，则教育，断无普及之理。大多数之人民，其眼光无从射及国家，虽以一部分人抵抗政府，而哀号者自哀号，嬉笑者自嬉笑耳。就令一时能激动其感情，为电光一瞥之破坏，而以未受教育之人民，蜂屯蚁聚，向未识规律制裁为何物，而欲以一二豪杰之力拔诸九渊之下，而骤登诸九天之上。靡论其人未必豪杰也，即使豪杰，其力几何？而曰吾能破坏之能建设之，直欺人自欺之言耳。论者而不知教育之为急也，则吾靡从与言。夫既知之矣，则尤当知开明专制与教育相倚，政治革命与教育相倚。经此两阶级后，则虽民族主义缘兹普及焉可也，虽共和资格缘兹养成焉可也。而不然者，则岂惟共和资格不能养成，即民族主义，亦安从普遍也？夫论者知有政治革命，其视单一之复仇论，既有进步，吾深嘉焉。而独怪其所谓政治革命者，实行之时期，必俟诸种族革命凯旋之后，而汲汲焉反对今日之开明专制，反对今日之政治革命。吾诚不知其所据之理论为何等也。

夫论者以人民无要求政府之能力，而因劝以颠覆政府。**其脑想之谬误，真不可纪极**。夫要求政府之能力，尚且不有，而颠覆政府之能力，更何自来？盖此两种主义，皆无非以武力为唯一之声援，而要求政府所需之武力，其分量极少，颠覆政府所需之武力，其分量无限也。论者其能平心静气，以细察此中相比较相关系之性质否耶？

吾答论者之说，既略尽矣。吾更附一言：吾决非与论者争意气，欲胜之以为武也。吾实见此问题为今日最大之问题，言之本不厌其详。而我国民辨理心，非皆能完全发达者，则似是而非之论，恒足以动摇其定识。而我国民对于国家对于政府之方针，及今不定，则岁月一去而不可留。一部分人之聪明才力，消耗于无用之地而不可复。故吾虽犯刚愎排挤之嫌（欵）〔疑〕①，而有所不敢避也。若彼报此后复有所言，而不脱此次之窠臼，则吾虽不复与校焉可也。

又以上所答，皆就大端论之。其有论者毛举细故以诋我，无关问题之宏旨者，及其自发论之错谬，而非辩难之要点者，本更不必齿及。今纵笔所至，顺解

---

① 据《饮冰室合集》改，编者。

答之，纠正之。

一论者谓我既排斥国家器械说，何以复主张十七八世纪幸福说一派之干涉论，而引斯宾塞之对于器械说、干涉论两皆排斥以为证。吾以为干涉论决非十七八世纪学者所能专有。十七八世纪之学者，亦非皆主张干涉论者。若卢梭、孟德斯鸠等，皆对于当时普王腓力特列、法相哥巴等之开明专制政策而生反动，故于政治上排专制而主张共和，于经济上排保护贸易而主张自由贸易，岂得谓持幸福说者即持干涉论者耶？夫边沁之言最大多数最大幸福，可谓幸福说之巨子矣。而其言曰："政府者，有害之物也。然以不得已之故而存之。"是又大反对干涉论也。盖十七八世纪之学者，虽同以人民个人之幸福为标准，而其言所以致此幸福之方法则大异。有谓由政府干涉之力可以致之者，霍布士一派是也；有谓由人民自由之力可以致之者，卢梭一派是也；而斯宾塞则并两派而箴之者也。论者毫不知各派之内容，而惟耳食焉，知十七八世纪之交，有所谓器械说、幸福说、干涉说者同时并存，乃混为一谈，不自知其谬误，而反以诋人，（倘）〔俗?〕[①] 所谓仰天唾人适污其面者非耶？吾对于今后中国之政策，实主张干涉论，而不取斯宾塞说。吾所主干涉之程度，则小野塚氏论国家之目的第三款个人心身之发达是也。而所以达此目的者，将来以君主立宪行之，今暂未能立宪，则以开明专制行之。故吾虽主张干涉论，而不妨于排斥国家器械说。如曰主张干涉即不当排斥器械者，则今世学者，宜莫敢或齿及助长行政矣。何也？今世学者，固无复一人表同情于器械说也。论者谓："惟其视国家为器械，故谓得以人力谋其进步发达。此幸福说之所由来也。"吾闻笕博士之说，曰国家者，基于自然必至之关系，借人为而发达者也。此说在论者固已征引之，乃今之为说，则谓以人力谋进步发达，惟视国家为器械，乃得行之，而因以器械说、幸福说为相缘而不可离。然则笕博士亦应不许其排斥器械说矣，岂惟鄙人？故鄙人之取彼舍此，绝不足为鄙人之玷。若论者日日言国民合成意力而复崇拜彼"以汽车机器喻国家"之人（即彼所谓孙先生其人者是也。此乃彼在东京富士见楼演说之词，全文登于该报第□号，正极端的国家器械说，而与合成意力说最反对者也），斯乃可异耳。

一论者谓我既采国家主权说，曷又言国家为客体，而引我《开明专制论》

① "倘"字疑为"俗"字，但不确定，故标问号，编者。

第四章之一语以相诘。但论者未见吾之注耶？吾固明言认国家为客体，似与近世学者所示国家之概念相戾，然但就专制言专制耳云云（第三号第五十页）。夫吾第四章之彼文，乃言管子、商君等一派之观念也。管、商等非认国家为客体耶？此何足以难我？夫我既已恐读者之误解文意，而赘以注矣，论者何不细心读之？

一论者以我引波仑哈克学说之故，遂谓我主张国民客体说，而我实不尔尔。古人赋诗，固有断章取义者，岂其守一先生之说，而他说遂不敢征引耶？况吾所译述波氏说，半皆事实论（其法理论与事实论相缘者间不得不并引之）。而吾所据之以推言中国革命共和之前途者，亦半皆事实论。夫吾第四章所言，既专就管、商言管、商，且特注明之矣。第八章所言，于波氏原著第二编第一部分第一章之说，未尝一引。论者何所据而指我为主张国家客体说国民客体说耶？若论者之既采国家主权说，而复言国家与人民结契约，斯乃可异耳。

一论者又谓我主要求开明专制，又曰："立宪后之开明专制，无所谓要求；立宪前之开明专制，不能要求。昔有要求立宪，今有要求开明专制，皆笑柄也。"嘻！天下有明目张胆故入人罪至于若此者乎？吾于《开明专制论》第八章，有"欲为政治革命者宜以要求而勿以暴动"二语。吾于第四号《申论种族革命与政治革命之得失》篇中，下政治革命之定义云："政治革命者，革专制而为立宪之谓也。"此其语俱载前号，文意甚明，可以覆观。要求专属于政治革命，而政治革命，则革专制也。则吾所谓要求，当然不属于开明专制，又何待言？论者遍读吾原文，能指出一处有"要求开明专制"六字连属成文者乎？抑有论开明专制时，而语中含有云当要求之意者乎？夫吾第八章之末语，又明云："夫此固又别问题，非本论所宜及也。"读者曾见彼语否？呜呼！吾观论者，抑何其与酷吏传中人物相肖也。

一彼报所布纲领末一条，谓"彼报鉴于世界前途，知社会问题，必须解决。故提倡社会主义"，我报"以为社会主义，不过煽动乞丐流氓之具"云云。此亦不可以不辩。吾认社会主义为高尚纯洁之主义，且主张开明专制中及政治革命后之立法事业，当参以国家社会主义的精神，以预销将来社会革命之祸。若夫社会主义中之极端的土地国有主义，吾所不取。今日以社会革命提倡国民，吾认为不必要。野心家欲以极端的社会革命主义与政治革命种族革命同时并起，吾认其为煽动乞丐流氓之具。盖辩理的社会主义，与感情的社会革命，决非同物，非必由人民暴动举行社会革命，乃可以达社会主义之目的，此吾所主张也。此当别著文论之。如彼报纲领之所布，直是诬我。

一吾对于论者所最感谢者，则其于吾所译穗积氏论中一字之误，而赐纠正是也。夫此一字诚误，岂敢自讳？然幸而吾于彼一段尚有数百言之注，注中解释其原文之意，与论者所以诲我者，尚无大相剌谬之处。虽然，论者斥我为不识日本字，不知中国文法，则我固直受之不欲辩矣。

以上吾答彼之说已完，更将彼失败之点列为一表如下：

一我所主张而彼不能难者：

一、有行议院政治之能力者，乃有为共和国民之资格（此为吾论文之大前提。彼之承认与不承认不明瞭，辩驳之基础已失）。

二、今日中国国民未有能为共和国民之资格（此为吾论文之断案。彼于吾所举证据一毫不能返答）。

三、共和立宪制调各利益冲突甚难（彼所驳颇有力，而吾反驳之力更强于彼）。

四、今日中国当以开明专制为立宪之预备（彼所驳者观察点全误）。

五、当以政治革命（即立宪）为究竟主义（彼所驳似甚有力，然细按之，无一毫价值）。

六、中国不能学美国共和制（彼所答不明瞭）。

七、中国不能学法国共和制（彼不答）。

一我所难彼而彼不能答者：

一、约法之不可行（彼所答毫不衷于事实。且前此就事实方面立论，今就法理方面立论，支离穷遁，益增其丑）。

二、革命军同时并起不必皆同主义（彼不答）。

三、革命时实行土地国有主义足以亡国（彼未答）。

四、革命时代不能增长人民能力（彼不答）。

五、革命中短期之岁月不能养成共和资格（彼惟武断曰能，而不能举其理由，即所举亦不成理由）。

六、彼首领以机器汽车喻国家可笑（彼不答）。

七、问其发布何种类之共和宪法（彼不答）。

一彼所主张而不能说明其理由者：

一、中国模仿美国宪制能举行民权政治之实（何故能之，不闻说明）。

二、中国国民必能有共和国民之资格（其为今日已能，抑何时始能，语意不明。所以能有此资格者，不闻说明）。

三、革命之前革命之时行教育（以何者为教育机关，教育如何行法，不闻说明）。

四、畴昔吾国民有国民思想民族思想（不能举其证据）。

五、民族主义普遍则共和的约法应于国民心理（民族主义与共和政治有何等因果关系，不闻说明）。

六、中国有特殊之共和立宪精神（其条件虽一端不能指出，所举者仍立宪之共通精神，然亦不确）。

七、人民对于政府当力求足以制之，而制之之术，舍革命军末由（人民之力并要求政府而不足，彼所认也，而偏有力足以起革命军，其理由未闻说明）。

八、国会为被作成机关，必能顾国民全体之利益（何故必能，未闻说明）。

一彼所难我为无（敌）〔的〕放矢者：

一、波仑哈克之主权论（我并未采用。彼无端抄录讲义，与波氏宣战）。

二、美国之法，非共和专制（我明以法律上事实上分言。彼乃断断辨美国之非共和专制政体）。

三、中国将来能有为共和国民之资格（吾文处处有“今日”二字，彼删去而论将来之能不能）。

四、要求开明专制（吾并无此说，不知彼所指为何语）。

五、满洲人与其死党反对革命不足畏（吾全文并未尝就此方面立论。吾引曾、胡前事为例，谓不应以种族革命与社会革命同时并行。苟同时并行，则虽有表同情于甲主义者，亦将反对其乙主义。如洪、杨以种族革命与宗教革命同时并行，曾、胡非徒反对其种族革命，且反对其宗教革命也。而论者不驳此说，其所驳者，全在吾原文之外）。

六、不汲汲养成民力（何以见我不以养成民力为主）。

七、国家客体说（吾以为管子、商君认国家客体，何以见我必与管、商同意见）。

八、立宪国共通之精神（彼问我敢谓我国民无此共通精神否？夫我主张君主立宪。苟不信我国民有立宪共通之精神，何从主张之？若彼言我国民有共和之特殊精神，乃一件指不出，则真可笑耳）。

一彼以我之主张难我所主张者：

一、人类有普通性能互相模仿（全袭我说以难我）。

一彼所主张全属门外汉语者：

一、但能爱自由、乐平等，即谓之有共和精神（自治力、公益心一方面全然抛却）。

二、有民权然后能革命（民权者，国民权利之谓也。民权乃革命之结果，必非革命之原因。论者文中屡有此语，外行已极）。

三、立法论不许以政治上观察判断（前古未闻此奇语）。

四、谓干涉论与幸福说同学派（混霍布士与卢梭为一团）。

一彼所主张为自相挑战者：

一、一面主张合成意力说，　面主张约法（合成意力为公法的性质，国法的性质；约法为私法的性质，国际法的性质，不能相容）。

二、既主张合成意力说，复崇拜以机器汽车喻国家之说。

三、既谓国家借人为发达，复言惟视国家为器械，乃得以人力谋其进步发达。

四、既谓中国模仿美国宪制，复谓中国不必学英、法、美。

一彼以自己之理想主张他人之术语者及引人之语而遗其半者：

一、袭耶陵尼机关说而不知原始机关代表机关之性质。

二、袭美浓部机关说而不知共和立宪国以国民为最高机关。

三、袭笕氏合成意力说而不知其兼采霍氏权力说，乃至为约法为合成意力。

四、袭笕氏合成意力说而不知其兼采康氏责任说，乃至以自由平等为共和唯一之精神。

五、袭卢梭总意说而不知其为相乘的非相加的，乃至言甲县与乙县约法。

六、袭笕氏言中国汉唐时代已行开明专制，而忘其言此后复返于野蛮专制。

以上不过略举彼失败之点耳，犹未能尽。将吾全文与彼原文合读之，则禹鼎铸奸，无复遁形矣。

附录原文：《驳〈新民丛报〉最近之非革命论》（略，编者）

附　言

此文付印方成，友人有以《戊戌政变信史》一小册见寄者。盖匿名印刷，无代价以分散于东京学界云。其全文则即某报第一号所载某氏演说，丑诋康先生及鄙人者也。彼虽匿名，而其出于谁氏之手，固已路人皆见。角理不胜，而专以攻击人身为事，其手段之卑劣，真不值一笑也。所尤奇得，彼自作一序，而云该演说之文，登于该报已数月，吾侪何一无一语辩明，不辩明则是默认也云云。嘻！吾之文字，虽无价值，何至与村犬争吠？彼党之机关报，其攻击人身之语，殆占全篇幅之泰半。苟一一辩之，即不爱惜吾文，独不畏暴殄纸墨耶？信如彼言，则彼党香港之机关报，曾谓吾最好食“埃士忌廉”，每日至少须食一桶。其报发印已经两年，吾至今未尝一辩。然则吾果有偌大之埃士忌廉食量矣！吾辈欲以言责自效于国家，国家大计，当言者何限？而安得有如许闲日月闲笔墨，学彼辈作村妪之角口耶？吾于彼辈所持主义，不得不痛下针砭者，诚以其主义之足以亡国耳。若夫彼辈个人之行谊，曾不屑一揭其隐。非惟义不应耳，抑亦不暇也。抑吾闻诸道路，人言（藉藉）〔籍籍〕，有谓新近现政府对于鄙人执何等态度，鄙人对于现政府执何等态度者，殊不知其语之何自而来。事之真伪，不久自大白于天下，鄙人亦何必哓哓致辩？而此种谣诼之兴，乃在吾排共和论出现以后，则其为用卑劣手段，欲以减杀吾文之效力，迹所甚明。斯亦大可哀也已。呜呼！吾国今日当学绝道丧之余，人欲横流，无所不至，凡行一事，发一言，无所为而为之者，盖寡焉。故纷纷以小人之腹，度君子之心。见他人之行一事，发一言，则亦共相猜度其有所为而为，一若苟非为一己私利计，则不应有言不应有行者。吾不怪乎此种谣诼之来，而深痛夫吾社会之善容此种谣诼耳。故吾于本文之末，更缀一言：凡前此对于鄙人作人身攻击者，吾既一字不辩；凡后此如有对于鄙人作人身攻击者，即使其丑诋视前十倍，吾亦一字不辩。吾之文例则然也。若夫信与不信，则听诸社会之自择，于吾所与焉？顾吾所欲求于社会者，则平心静气，以审吾言之价值何如。孔子曰：不以言举人，不以人废言。人自人，言自言，不相蒙也。就使吾为圣贤为豪杰，苟吾言对于国家前途大计，无益而有害者，犹当割弃之；就使吾为凶恶为棍骗，苟吾言对于国家前途大计，无害而有益者，犹当节取之。昔郑驷颛杀邓析而用其竹刑。苟社会能以邓析待我，吾固踌躇满志耳。

《新民丛报》第四年第七号，光绪三十二年四月一日（1906年4月24日）

斥《新民丛报》之谬妄

辨　奸

《新民丛报》最近梁氏之非革命论，本报前期精卫所著，于其根本之错误，学说之支离，及其盲猜瞎说而不足以难本报之处，已抉举大要。梁氏宜知反省矣。虽然吾独恶梁氏之谩骂无状，妄言无实也，故辩而斥之。

梁氏之结论也，曰："有赐教者，苟依正当之论理，则鄙人深愿更相攻错，而或为嬉笑怒骂之言，深文周纳以相责，则村妪之角口耳，酷吏之舞文耳，凡此皆无相与攻错之价值，则恕其不报。"吾见此数行文字，亦疑梁氏既持是为约，则其文不知若何严正有据，不堕村妪酷吏之失，而孰料有大不然者。已则无稽喋喋，妄言不惭，而犹持以语人曰：我所言无臆测，无意气也，人无以臆测意气之言进。嘻！此真村妪之伎俩也。

梁氏曰："所谓民生主义者，摭拾布鲁、仙士门、麦喀等架空理想之唾余，欲夺富人所有以均诸贫民。"夫梁氏于民生主义无所知，以为架空理想，不能实现，本不足怪，但谓夺富人之所有，"夺"之一字，谁告汝者？岂民生主义，梁氏亦以归纳之论理学，证其必出于夺耶？抑本报曾以夺富之主义手段，高揭于纸上耶？均富之方法至多，民生主义学者所主，不胜缕举。梁氏不解所谓，则不知盖阙可耳，而遂谬作是语，是决为无理谩骂，不得自解也。而梁氏又进语曰："夫以欧美贫富极悬绝之社会，故此主义常足以煽下流，若其终不可现于实际，即现矣，而非千数百年以内所能致，此世界学者之公论，非吾一人私言也。论者所戴之首领，其或偶涉西史，偶践西土，见夫各国煽动家利用此主义而常有效也，羡西子之颦而捧心焉。"梁氏不知民生主义为何物，而谬曰此主义足以煽下流，煽动家利用此主义，此不惟谩骂本报，即举世界一般民生主义学者，而尽以轻薄之词抹杀之矣。吾今诲梁氏以民生主义之由来曰：民生主义者，先觉之士见乎经济阶级之为梗于社会，而讲救济之之方法，欲实现其平等博爱之思想者也。

其为革命家而兼言民生主义，亦实见其当着手并行之处，而非如梁氏之言排满，谓政治革命之一手段。保皇党之欺人，谓名为保皇，实则革命也。今试问彼言民生主义者，仅以为名耶？抑不过一手段耶？梁氏虽愚悍，恐不能下此断语。至谓必千数百年此主义始现，则英之于澳洲，德之于胶州，其所用改良土地之政策为何，姑不暇远举，而如日本近铁道国有案之通过，宁非国家民生主义之实现耶？且即以法律言，几疑与民生主义格不相入矣。然自最新学者论之，则近时各国民法已有趋重广义的民生主义之势，此尤非梁氏所能知也。而梁氏或强词夺理，必谓极端之民生主义既现，而后可言，则吾今谓中国无一人读书者，必其读尽中国之书而云后读书，岂非大不通之论乎？且居然断论千数百年之世局，大言无稽，吾恐世界无此学者。此等公论，亦只让梁氏为代表耳。夫梁氏认民生主义为煽动下流之具，基此前提，辄下判断，如其言演为三段法论理式，则必云：

民生主义者，煽动家利用之以煽下流者也；《民报》言民生主义，故《民报》亦利用之煽下流者也。

持此以语当世稍知民生主义者，问孰为承认之？而梁氏之说，则固尔尔也（吾更有为梁氏言者，凡理论学者，专就形式上以正思想之真妄，而实质之真妄如何，则措而俟诸他学问者也。故有就论理上知其形式之不错，而实质全错，至不可究诘者。任举一事，他无根据证明，而但以论理式演之谓之不错，无是理也。梁氏谈政治法律而遁于论理学，即一二论式，许其不错，然其所以证明实质者，于学说则东牵西扯，同时而至于三歧。如本报前期所举，于事实则茫然无知，恣口诬捏，自欺欺人如是，虽演百十之论理式，犹无当也。故吾就梁氏之言为上三段论式，俾知凡说论理者，形式之事，而他尚贵实质之考求，否则徒使阅者一览而斥其谬耳。例如云凡中国人皆碧眼红髯，李鸿章中国人，故李鸿章亦碧眼红髯。此于论理形式亦无所误，然其前提不正确，实质之误，常人一览而知，以之自为说明，则无异助敌而反攻也）。梁氏乃竟基于民生主义煽动下流之前提，而更推定曰："必乙丙等县之游荡无赖子，乃至乞丐与罪囚之类，艳羡富民之财产，可以均占，利用新政府之主义，而屠上流社会之族，潴上流社会之家。"夫民生主义无事于夺富而予贫，前已辩之（梁氏若据字书"夺"字之义为夺失以自解，则吾等诸康氏之解商报为商榷之意，将不屑与辩）。梁氏所谓上流社会必与为敌，即从此"夺"之一字而来，于前说既无以证明，则此处亦不攻而自破。至其游荡无赖、乞丐、罪囚云云，不过力为丑俚之词，用相诋諆而已。夫于其所不知者逞其臆说，复主张之以为前提，缘彼前提，更生臆断，

(傅)〔附〕会颠倒，至于极端。村妪之角口耶？酷吏之舞文耶？盲人扪鼎以为寝器，漫谓可以置溺，遂以诟人，胡以登诸庙堂之上。梁氏议论，毋乃类是。梁氏最悖谬无理之点，则在伪造孙君之言，谓大革命后四万万人必残其半，及主张大流血以达此目的等语。一派诬词！以吾人有十数年前，即与孙君游者，固未尝闻此诐说。吾人已共信为非孙君之独谩梁氏，而梁氏之诬孙君矣。吾顷又以此言质诸孙君，君曰："恶是何言？革命之目的，以保国而存种，至仁之事，何嗜于杀？彼书生之见，以为革命必以屠人民为第一要着，故以其所梦想者而相诬。以余之意，则中国民族主义日明，人心之反正者日多，昔为我敌，今为我友，革命军之兴，必无极强之抵力。吾所主张，终始一贯，惟以梁氏反复无恒，故不告以约法。若民生主义，梁氏至今梦如数年前，更难语以实行之方法。彼乃向壁虚造，乌足诬我。"噫！此言足自白，而正梁氏之谬矣。夫惟不知中国民族主义之前途与革命之事业，故有四万万人死亡过半之言。惟不知民生主义实行之方法，故有夺富予贫及觊田土无主而收之之（证）〔说〕。未尝学问而逞其小慧，以为他人实不过是，而即以之为他人之怀抱，鼯鼠之技，尽于是耳。夫与本报辩论，则就所引约法为词足矣，而忽谓数年前有彼所得诸孙君之说，斯以轶出范围之外。而梁氏又虚造其词以相诬，且以其虚造而惧同时与孙君游者，得以相纠，则又狡狯其言曰："独怪其昔日语我者如彼，今日所以语论者又如此。其已变前说耶，则所谓民生主义社会革命者，固大张于其机关报中。"梁氏遁词，藉兹愈见。盖梁氏知其言大异于吾人所闻，决不足以征信，则谬谓孙君今兹殆变其前说，而昔者尝有恶意，犹将以此见疑于人。万分无聊，免欲收一二谗言之效，梁氏亦太可怜矣。以吾人所知，则孙君抱持革命宗旨凡十余年，未尝有如梁氏自相挑战之病，既无前说，何变之云？而梁氏之讥，乃曰所谓民生主义社会革命者，固大张于机关报中，吾不知此何足以证梁氏诬词之确实，岂以为言民生主义社会革命者，则必主残四万万人之半，积尸满地，榛莽成林，以达其目的耶？抑必主残杀以达其目的者，然后竖民生主义于报中耶？此等论理又吾所百思不得其解也。无他，梁氏之攻民生主义，于民生主义毫无所知者也。故先以为夺富予贫，继则以为煽动下流之具，于是而乞丐、罪囚游荡，无赖利用新政府主义之说相续来矣，又继而主张大流血残四万万人半之说进矣，而一切非民生主义之真，非吾人怀抱之真，而信口开河，狂噪不止，不仁不智，吾于梁氏之心声征之。

梁氏于法学，犹其于民生主义也，故有同时主张三说自相矛盾而不知之弊（前期本报精卫著三十八、三十九页揭之），而梁氏则自以为工挦扯有心得也者，乃大张其词，驳孙君演说之语。按孙君之言，以策进国民之能力，以追及英法美之民权。而梁氏之言，则望现在政府之进其能力，而为开明专制。根本之不同，前期本报已痛彻言之（二十八页以下）。梁氏断断于此，则真不过摭拾词句之本领。梁氏欲知我国民有为民权立宪之资格否，则熟读前期本报可耳。演说之取譬，不尽谨严（如前月日本法学博士一木喜德郎，于法政大学演说，有云使人人如关、张，则兵法可废，使人人优于自治，则国家法律可废。诸如此类，无有泥之以相难者也）。而梁氏以一隙之明，知国家客体说、国家机械说见驳于近世学者，遂沾沾自喜，以为得敌之瑕，而不料其曾不旋踵，复主张专制，行干涉政策，增进人民之幸福。夫在人为取譬之不工，在己见为竖义之不确，厥失滋甚，而漫以讥人，多见其不知量耳。梁氏竟狂逞其词曰："敢公然演说于号称文明社会之学界，而学界中以之为虾而自为之水母者，且若干云云。"盖至是而梁氏村妪之口角尽出矣。夫谓设譬而采国家客体说为虾，则梁氏之虾实甚。斯不足辩者，吾特恶为是之喻之无状也。梁氏亦知尔日欢迎孙君者几何人耶？其乐与孙君研究讨论者为何等耶？复国扶种，同具热念，平等博爱，同是良知，精诚交孚，而所根据以为行为者，又共无疑义。覆满政府也，创民权立宪国也，均地权也，皆吾人良知热血所莹俊而为此主义者也。故主义既定，能共信，不为利动，不为威惕，于同志之内，更相研究其实行尽善之方法。孙君亦研究讨论之一人也。而梁氏以轻薄之意，为险恶之词，一则曰其所戴之首领，再则曰其所戴之首领，夫如约法一节，本报明引孙君之言，梁氏则亦明驳之足耳。孙君之言之是非，与为人戴之与否，有何关系？梁氏而能堂堂正正以与人决战，亦何恃此尖薄之口吻，矧乃肆无忌惮，而为谩骂于学界若是。咄尔梁氏，岂以今日有不言保皇及不言开明专制者，即谓之水母目虾耶？呜呼！梁氏休矣！吾人相与，非尔所知。尔之与孙君缔交之颠末，则吾知之矣。尔本不知有民族主义，从中国来，与孙君游数月，乃大为所动，几尽弃所学，由是乃高谈破坏，斯时殆即尔所谓骤接一理，初念最真，尔之良知也。其后尔为利所惑，即尔转念（彼）〔复〕① 转念之时代，孙君遂绝尔，而尔则作书谢过。孙君以为尔

① “彼”字，《胡汉民先生文集》第一册第220页作“复”字，编者。

能依初念，爰交好如初，然尔卒反复无常，且造出名保皇实革命之说以欺人。孙君乃为书斥尔，且谓尔（含）〔舍〕[①] 革命而复保皇，犹不足责，至遇保皇者而与言保皇，遇革命者而又与言革命，以致遁为此名实反对之说，诘尔宗旨安在？尔无词以答，遂与尔割席（初梁氏语其友某某，言孙君责彼以诈伪，友以告孙君。君曰诚然也，乃驰书斥之。某某犹在，可为证也）。尔岂忘此一段历史耶，而或今日为此以报复也。且尔梁氏至今日犹翘其曾倡排满共和论，以自表微劳与其关系之不薄，则劳过于尔、关系切于尔，且于尔之能倡排满共和论而亦有微劳关系者之人，而尔乃敢于轻诋耶？呜呼！尔梁氏可以休矣。

吾更请直抉梁氏之隐。梁氏非能于理论上求胜者也，其所主张，亦非有一定之政见也，徒怯乎民族主义日盛，而使彼保皇党人无立足之余地，故强起而争之。首加丑诋于孙君，以谓使吾人见孙君之被诋于《新民丛报》也如是，则必有因而轻孙君者，而不知吾人之意识，固不如是之简单也。而梁氏犹未已也，以陈君天华亦为吾人所推服者，且已湛死，则割裂其文字，而颠倒其主义焉，以为陈君固尝云云，则一般敬爱陈君者，将相率而去，而不知陈君之文章具在，陈君之知己有人，亦不任梁氏之作贼也。凡若是者，作伪心劳，不见其效，则亦成为梁氏之谬妄而已（观于今年四号《新民丛报》，力云敬陈君为人，自命知己，而三号对于陈君所作《中国宜改创共和政体》一篇，则非理攻击，谓其脆而易破，末更揶揄其词曰：今其人既已辞此世间，彼继续主持某报之人，能并代彼赐答辩否耶？轻薄口吻[②]，不觉尽露，以为素敬陈君为人，吾不之信。至关于陈君论旨，本报他篇辩之）。其他有一味轻薄谩骂者，如不解本报所揭第五条主义，而谓因结识日本之浮浪子数辈，恃为奥援之故。不知梁氏何术能尽知吾人所交结者，且又知其悉为浮浪子也。又康氏之至日本也，宫崎氏有力焉，浮浪子也。梁氏之至日本也，平山氏有力焉，亦浮浪子也。今梁氏久处安乐，已忘患难，遂轻此辈。意惟阀族元勋之是重，则势利之劣性根使然耳。梁氏又曰：以吾读该报，除陈君天华文外，可直谓无一语非梦呓。此其狂悖不伦已属可笑，而其下数页，则对于本报《民族的国民》一篇，云乐承认者，一云承认者数四焉。是梁氏亦乐闻呓语者也。至梁氏谓彼文本无价值，姑宽假之荣幸而与之言等语，则如卖淫之妇弄姿骄人，不知夫见者方作恶欲吐也。以上略举数端，

① “含”字，《胡汉民先生文集》第一册第220页作“舍”字，编者。

② “吻”字《民报》原缺，此据《胡汉民先生文集》第一册，第221页补，编者。

其余村妪口角之一般，亦可以见，不赘举以烦笔墨也。

吾于篇终更有一言质诸阅者，而并促梁氏之反省。盖吾以谓梁氏洋洋千言，是丹非紫，于排满共和论，极端排斥，疑其所见固已确定矣。而于其词将毕也，犹曰“夫鄙人岂敢竟自以为是，苟答辩而使鄙人心折者，鄙人必为最后之降伏，毋为各趋一途，而使力之互相消也”。然则梁氏指天画地狂噪久之，而犹未有定见也。夫以惯自相挑战之人，而于其未有定见之时代，辄剑拔弩张排斥他人之说，力所不逮，则为种种轻薄浮词以求取胜，梁氏良知其殆蔑矣。至于篇末，而气尽声嘶似犹有一线之未尽。然梁氏劝人毋任感情，毋挟党见，吾则劝梁氏毋怀私欲，毋多转念。至于辩论之际，则梁氏所以约人者，宜先守之，庶几当于攻错之义。若如其第三四期之报，则先自违反而有意以荧真听也。梁氏不能一一反省，则伊虽欲为最后之降伏，亦无有收此反复之徒者也。

辨奸子此文，成于《新民丛报》第六期之后。迨第七期出，而辨奸子已归国，故所斥梁氏之谬者止此。又梁氏七期报对于民生主义，复致崇拜。盖睹本报三号号外，知不能自完其说，乃又反其前言也。然其第三期报文具在，厥谬实如辨奸子所言。梁氏虽善反复，亦无能自掩耳。编辑人识。

《民报》第五号，光绪三十二年五月五日（1906年6月26日）

论社会革命当与政治革命并行

县 解

社会革命者，于广义则凡社会上组织为急激生大变动皆可言之。故政治革命，亦可谓社会革命之一种。今所言者，社会经济组织上之革命而已，故可谓之狭义的社会革命。

社会革命与政治革命当并行者，吾人所夙主张者也。方将著为长之论文，备究其相关系各方面之利害，且（付）〔对〕于其施行之各政策之得失，加以批评，使我国民咸瞭于此义，则当与政治革命并行之旨亦自明了，不俟别为之论。第此其程功不得甚速，而恐未之知者讥议蜂起，故先简短言之，其详仍俟他日也。

近日《新民丛报》于本志土地国有之主张，恣为讥弹。本论实亦感之而作。然本论之主旨，在使人晓然于社会革命当与政治革命并行之理由，不专为对彼辩论而作。故篇中皆以主张为答辩，不与驰逐于末点也。

《新民丛报》所以评社会主义者要有四端：社会革命终不可以现于实际，而现矣，而非千数百年之内所能致，一也；行土地国有于政治革命时，同于攘夺，二也；利用下等社会必无所成，而徒（荼）〔荼〕毒一方，三也；并行之后，无资产之下等握权，秩序不得恢复，而外力侵入，国遂永沦，四也。其前二者，非本论范围，故将以他篇辟其谬说，而本论则就后二者之立论。

由是首明社会革命之原因，次举社会革命与政治革命相关之场合；次中国现在可并行之理由，所以破其利用下等社会必无所成之说；次并行之效果，所以解秩序不复、国遂永沦之说也。

论者于社会主义多所諆，羌无理论根据，假令一一拾取其凶秽之词，还加彼身，恐彼亦无缘能自为解。顾此非吾辈之所屑事也。至其误谬之原，则吾可揭之以告于天下。盖世每惟不知者乃易言之，又易而攻之。惟不知而多言之，复不自省，乃生自为矛盾之结果，然后有“以今日之我，与昔日之我挑战”之一说，以为解嘲。曾不知苟其不知而言如故者，虽百反复，其结果一而已，安事此挑战为？见一新说，以为可以诧于人，则弃其旧说而从之，无所顾惜，实则其不知新说犹是也。而其旧说所以弃之若是其易者，则正以其始绝未知其实际，而遽易言之故也。故往者昌言经济革命断不能免，绍介圣西门学说（今论写作“仙士门”，意论者犹未知为一人耶），惊叹濠（洲）〔州〕新内阁，以为二十世纪大问题。曾不过再期月，而遽以为空想妄论，世之人当亦同评之。第令略知其始之主张，全不知社会革命之真。今之排斥，亦信口雌黄，则亦当失笑也。慎言君子之德，固非所以勖于论者。惟世之人知其妄言而不为所迷惑，则所庶几耳。

抑尤有妄诞可戒者，论者目不通欧文，师友无长者，世所共知，而冲口辄曰世界学者之公论。世界学者之公论，将依论者涉猎所及之一二书以为断乎？抑知学派有异同，学说有变迁沿革乎？夫往者诚有排社会主义者，顾其所排者非今日之社会主义，而纯粹共产主义也。若是者谓今日不能即行，吾亦不非之。顾自马尔克以来，学说皆变，渐趋实行，世称科学的社会主义（Scientific Socialism），学者大率无致绝对非难，论者独未之知耳。而吾辈所主张为国家社会主义，尤无难行之理。论者但观一二旧籍，以为世界学者之公论尽是，虽欲不惊其妄诞，又焉可得耶？假此可为世界学者之公论，则十七八世纪中霍布士、马奇斐利亚辈之说，亦尝风靡一时，何不执以谓君权不当限制之说，为世界学者之公论也？

彼又述孙逸仙先生之言，谓社会革命当与政治革命并行者，政治革命时死者太半，易于行社会革命，意将以怵世人而巧获同情也。然先生当时语，彼实只云政治革命之际，人多去乡里，薄于所有观念，故易行。佐证具在，何尝如彼所云乎？妄诞不已，继以虚诬，吾不知其所谓信良知者果如何也。此皆于事实有不可诬者，故附论之。至于其主张之理由，及实行方法，俟诸他篇。

（一）社会革命之原因

穷社会组织经济之弊，以明社会革命之所由来，非为社会革命则不可者，非一二页所能尽，亦非本篇之所事也。

然方言社会革命，当与政治革命并行，则不得不先言社会革命原因之存在。苟无此不得不行之关系，则社会主义束置高阁可也，复何用詹詹炎炎为？故于此虽不暇分析证明，而断不可不知者。**社会革命之原因，在社会经济组织之不完全也**。凡自来之社会上革命，无不见其制度自起身者也。此必然之原因也。至其他有所藉而后暴发者，偶见之事，固不能谓社会革命绝不缘是起，而言社会革命无必然之关系，则非所论也。而今日一般社会革命原因中最普通而可以之代表一切者，则**放任竞争、绝对承认私有财产权**之制度也。今日之社会主义，盖由是制度而兴者也，因其制度之敝而后为之改革之计画者也。于英、于法、于德、于奥、意等，无不皆然。而俄罗斯则独小殊，谓之例外可耳。于此二断案之当证明辩论者不鲜，今俱略之。惟有不可不置一言者，世之知社会主义而言之者，必归于社会贫富悬隔而起，此其言固无误也。岂惟无误，先辈诸大家实主张之，余辈未尝非之也。顾今不言社会贫富悬隔，而言社会经济组织不完全者，是有三故焉：

（1）贫富悬隔者，社会经济组织不完全之结果也。此最易明者也。凡学者言救贫富悬隔之弊者，莫不更求之本原。所谓本原者，放任竞争、绝对承认私有财产制是也。夫绝灭竞争，废去私有财产制，或不可即行；而加之制限，与为相对的承认，则学理上殆无可非难者也。惟放任竞争，一不过问，故其竞争之结果，生无数贫困者，而一方胜于竞争者，积其富，日益以肆矣。假如放任论者所言，竞争之胜负，一准于能力之多寡，则其败者只缘己力之不竞，宁不类于至当。然实际竞争之优劣，以能力而判者，至鲜。能力诚足以为竞争之助，而非一视之以为优劣者也。然则决不得以应能力多寡、享富多少之适宜，证放任竞争之必归于适当也。此原其始以言也。一度有优劣之分以后，胜者鞭策不胜者，使匍匐己下，而悉挹其余利以自肥。此少数已胜者与多数已不胜者，更为竞争时，既立于不平等之地位，而往者之竞争，其胜负决于种种之偶然事实，今乃一决于资本之有无，必同有资本或同无资本始有真平等竞争行其间耳（亦或有起家寒素而卒致钜万者，为仅少之例外。即有之，亦非大多数之福利也）。此少数富人间亦复相为竞争，必至富归于三数人之手乃止。故放任竞争，与贫富悬隔有必然之关系者也。抑不由放任竞争，固不得致贫富悬隔也。贫富悬隔，由资本跋扈；不放任竞争，则资本无由跋扈也。更从他方面以观，则无私有财产制，不能生贫富固也；有私有财产制，而不绝对容许之，加相当之限制，则资本亦无由跋扈，即于可独占之天然生产力，苟不许其私有，则资本之所以支配一切之权失矣。故必二者俱存，而后贫富悬隔之现象得起（独占者，排斥他人之竞争者也。而所以得为独占者，由从政者以为排斥，亦竞争之一方法，而放任故也）。言贫富悬隔，则决不能离此使之悬隔者。故言社会经济组织不完全，而放任竞争，绝对承认私有财产制，为社会革命之原因，非过也（尚当注意者，放任之竞争，决非自由之竞争。旧学派主张自由竞争，而贵放任者，以当时干涉使不自由，故为有当。今则缘不干涉乃反不自由，故不得以彼说左吾说也）。

（2）虽未至贫富悬隔，可为社会革命。盖社会革命者，非夺富民之财产，以散诸贫民之谓也。若是者，即令得为之，曾无几何之效果，可谓之动乱，不可谓革命也。既为均之，复令为竞如昔，则无有蹈覆轨而不颠者也。诚为革命者，取其致不平之制而变之，更对于已不平者，以法驯使复于平，此其真义也。故假其不平之形未见，而已有可致不平之制存，则革去其制，不能无谓之社会革命也。此固推极以言，然就中国前途论，则此决不可忽也。中国今日固不无贫富之分，而决不可以谓悬隔。以其不平不如欧美之甚，遂谓无为社会革命之必要，斯则天下之巨谬，无过焉者。当其未大不平时行社会革命，使其不平不得起，斯其功易举也，而常人不易知其必要。逮于不平既甚，则社会革命之要易知矣，行之乃难。于其难知易行之代得知而得之，则不远胜于难行易知之代不得已乃行之乎？故言苟有是制，即当为社会革命，视言贫富悬隔，尤直截耳。

（3）社会革命尚有不因于贫富悬隔者。盖社会革命之名，于往代之经济制度变更，亦当用之。然则如自封建时代之经济制度，变而为放任竞争制度之际，亦可言社会革命也。普通言社会革命固不含此义，然自理论上言，则实当函之。是固非由贫富悬隔起者，而言社会经济组织之不完全，则无所不包也。

（二）社会革命与政治革命相关之各场合

既有革命原因之存，则不能不为之矣。于是乃生当与政治革命并行否之问题。此可就社会革命与政治革命相关系之各场合而分论之。

于两者中仅一之原因存在之场合，则无社会革命原因者，惟为政治革命而已足。此于往者革命最常见者也，其例既至多，不悉举。

若仅社会革命原因存在之场合，则反之，而不必为政治革命。虽社会革命之结果，生社会上势力之消长，从之政治上势亦有变更，顾不得以谓此即制度之变更也。固亦有以势力之消长，使其制度变至不良者。若是者，社会革命可为政治革命之原因。第此事实极少，仅可得之想象。至于近今，实难遘之。缘政治组织与经济组织相分离久，即有富族势力显于政治上，亦不过其最小之一部分，甚不足道（此就现在以言，过此以往，则不可知也）。决不因其势力消失，而致有根本之变动也。欧洲之列强，今日大抵处此地位。如法，苟为社会革命，其必无改共和立宪制，可必也；如德，苟为社会革命，其必无改联邦君权立宪，可必也。其根本既无改矣，则其枝叶有变动，亦改良进步而已，非革命也（如以财产额、纳税额而令选举权有多少之制，既为社会革命后，则此阶级终至消灭，而为之设之制度亦归无有，此即其变动之最大者，然亦不能以谓根本之变动也）。

要之，凡仅一原因存者，无并行之场合。

至于两原因既并存矣，则如何始可并行乎，乃方今所当研究者。于此可从其革命运动之主体客体，而分别为数场合（主体者，革命运动之力所从出；客体者，其力之所加也。故探源以论，革命之客体为一制度。所以为革命者，固非仅欲祛此阶级之人，实由欲去其有此阶级之制度也。然则言革命客体为一阶级者，近于不论理，但自实际之方面言，革命者，阶级战争也。自革命之方立言，则为此运动之阶级主体也；对于此运动为抵抗压制或降服退避之运动之阶级则客体也。今所言用此义也）。

凡政治革命之主体为平民，其客体为政府（广义）；社会革命之主体为细民，其客体为豪右。平民、政府之义，今既为众所共喻，而豪右、细民者，则以译欧文 Bourgeois 与 Proletarians 之二字，其用间有与中国文义殊者，不可不知也。日本于豪右译以资本家，或绅士阀。资本家所有资本，其为豪右，固不待言。然如运用资本之企业家之属，亦当入豪右中，故言资本家不足以包括一切。若言绅士，则更与中国义殊，不可袭用，故暂锡以此名。至于细民，则日本通译平民，或劳动阶级。平民之义，多对政府用之。复以译此，恐致错乱耳目。若劳动者之观念，则于中国自古甚狭，于农人等皆不函之，故亦难言适当。细民者，古义率指力役自养之人，故取以为译也。

由是可由革命运动客体之位置，别为二场合，曰：（甲）政治革命运动客体与社会革命运动客体为同位之场合；（乙）政治革命运动客体之【与】社会革命运动客体为异位之场合。

于（甲）之场合，两革命运动之客体为同位，故其革命必要并行。盖豪族而居政府，以其经济上之势力，助政治上之暴，因施为法，益增其富。而此蚩蚩者，既苦苛暴，复逼贫饿，益不能自聊。此非并行政治革命、社会革命，终无能苏生之日，决不可以谓既得其一，斯当知足而止，余更俟之他日也。其政治革命与社会革命，两相依倚，成则俱成，败则俱败者也。令政治革命幸得成功，而不行社会革命者，则豪右之族跋扈国中，不转瞬政权复入于彼手，而复于未革命以前之旧观矣。又令不为政治革命，而为社会革命者，则彼挟其政治上势力，可为已谋便安，制为专利彼族之法，社会革命之效果，亦归于无有也。抑当是时苟力足为政治革命者，亦即能为社会革命，无他阻挠之可虞者也，故曰必当并行。今日之俄罗斯居此状态者也。俄国之经济制度，尚未脱封建时代之状态，其挟经济上势力者，大抵为贵族、僧侣、地主，而是三者固皆有政治上势力之阶级也。故俄国之革命，皆并行政治革命、经济革命者也（俄人有自诩其经济组织不落于自由竞争制度之惨状中者。然其不竞争，乃禁制一般人民，使不得与地主、僧侣等争耳，是固非大多数之幸福也。故其改革，必不可已者也。若其改革，得能直为共产制乎？抑仅制限竞争而犹于相对范围内认私有财产制乎？尚有问题。虚无党等所主张为绝对的共产主义，余辈亦不能无疑之也）。

于（乙）之场合更可分之为二：（1）政治革命运动之主体为社会革命运动

客体之场合、(2)不然之场合是也。于(乙)之(1)之场合,政治革命与社会革命不能并行者也。何则?政治革命运动之力,出诸豪右之手,而不出诸细民之手,则是时社会革命运动虽欲起而无从也(所谓革命运动之力之所出,谓主要之部分。故往有豪右对于政府之反抗,而劳动者参加之者,其力不能不谓自豪右出,又非发起鼓吹之谓。如马尔克、圣西门皆非窭人子,其所鼓吹者,固大有造于社会革命,然社会革命运动之力,亦不得谓从彼出。盖其鼓吹者,不过兴发其力,而非力之本体也)。借欲为社会革命,则反以利政府,而两无所成也。故两者不可不牺牲其一。而欧洲十八世纪之末,以至十九世纪之前半期,凡有革命,皆牺牲社会革命,以成政治革命者也。于时,虽有社会革命运动,而皆不得成功,良由此也。而以是之果,致今日欧洲诸国不得不更起第二次之革命,其幸则以平和解决,不幸则希查标柱之惨状,旦夕间见矣。夫其初之不能不牺牲其一,欧洲之不幸也。而今日之危机,殆亦当时为政治革命者所未尝梦见者也。苟无彼欧洲之不幸之原因,无政治革命运动主体为社会革命运动客体之事实,而误援欧洲之历史以自偶,无故而使社会甘其惨祸者,是亦敢于祸社会也已。

次(2)之场合,两革命原因并存,而社会革命客体与政治革命无涉,则利并行者也。政治革命运动之客体,虽非社会革命运动客体,而社会革命运动,不为政治革命运动之妨,则以一役而悉毕其功者,其必胜于因循以(贴)〔贻〕后日之悔者明矣。夫政治革命与社会革命,其运动之客体往往殊,而其运动主体则今无多异也。苟其政治革命之力自大多数人出者,此大多数人之必什九为社会革命运动主体。于是时,政治革命而奏功者,则同时以其力起社会革命,非甚难事也。抑惟政治革命时,人心动摇,不羡巨富,于是垄断私利之念薄,而公共安全幸福之说易入于其心也。逮事既平,则内顾慊然,不自足于饱暖,而进思兼人之奉养,乃苦谋所以得之者,则必求便己营利之制。语以人各百金者,不以为喜;语以百人而其中一可得万金者,则雀跃从之;常私自诡必得,而不虑其不得之困矣。惟在患难,乃于公共之利害明,而为一己冀饶获之念不切。故行社会革命于平时者,其抗拒者必多;以与政治革命并行,则抗拒者转寡。此吾人主张并行之第一理由也。岂有死止强半乃利于行之说哉?

(三)中国现在当并行之理由

熟观上所列举之各场合,则中国现在是居中之何等乎?得以社会革命与政治革命并行乎？吾人乃可得为之答曰：中国社会革命与政治革命原因并存，而居上举（乙）之第二之状态，社会革命宜与政治革命并行者也。谓两革命原因同时并存者，政治革命之不可以不行，既为一般所知。至谓中国有社会革命原因，则往往有戒而不信者，此误信社会革命原因惟由贫富已大悬隔之故也。贫富已悬隔，固不可不革命；贫富将悬隔，则亦不可不革命。既有此放任竞争、绝对承认私有财产制之制度，必生贫富悬隔之结果。二者之相视，为自然必至之关系。然则以有此制度故，当为社会革命无疑。余辈前此所以不言社会革命之原因在贫富悬隔，而言在社会经济组织不完全，以此也。而中国今日固已放任竞争，绝对承认私有财产制者也，故不得不言中国有社会革命之原因也。然而俱有其原因矣，乃其革命客体绝不相关，故不得为上举甲之状态，此即中国革命所以有殊于俄罗斯之点也。今者，老朽之政府诚亦各蓄货财，顾其富或缘贵得，而决非与贵有不可离之关系，此自古而已然。至入虏廷，则尤忌以多财闻。自乾隆行最阴险之计略，以吸集金资（乾隆纵督抚贪婪，俟其满载归则籍没之，谓之宰肥鸭。彼无丝粟强取之名，而汉人膏血已尽矣）。即富者亦不敢扬声于外，而实际有财者皆远于政府。咸同以后稍稍变，然决不得谓有财者必为官吏也。若彼满洲之族，则以禁营业故贫困太半，是以政治革命运动之客体，决不与社会革命运动之客体为同物者也。两者既非同位，则必居乙之（1）（2）两场合中矣。而今日社会革命运动之客体，果为政治革命运动之主体否乎？中国并行政治革命、社会革命之利害问题，视以解决者也，而余辈不惮答之以否。何则？中国历史上无如是之状态，即现时革命运动亦绝不以豪右为中心点故也。中国往代揭竿之事，多起于经济之困难，于汉、唐、明之末季尤著，此最当注意之点也。由此以扩充之，则经济组织能早完善，不致召今日之社会革命，未可知也。惟图苟且之安，而无百年之计，政府未覆而戴新主，及其功成，相与休息，吏不闻有为谋大多数衣食完足之道者，此（致）〔至〕足惜者也。然中国革命运动之力不出于豪右之族，证佐亦以昭矣。至于今日革命之运动，则尤易见。自南部沦丧，唐、桂二王，先后不禄，中国悉委于腥膻。而东南会党，所在团结，蓄力待时，二百六十年如一日，此其组织者为何等人，亦当为世所共知矣。今后革命，固不纯恃会党，顾其力亦必不出于豪右而出于细民，可预言者也。故就中国今日之状态而论，决不为乙之第一之状态，而当属于其第二之状态，从而由上节所论之理由，以并行政治革命、社会革命为最有利。

然而，非社会革命之说者则曰："以之（社会革命）与普通之革命论并提，利用此以恃一般下等社会之同情，冀赌徒、光棍、大盗、小偷、乞丐、流氓之悉为我用，惧赤眉、黄巾之不滋蔓而复煽之，其必无成而徒荼毒一方，固无论也。"此其论绝武断而不举其理由，固莫知其何以为蓍龟而卜筮是，顾强从其不条理之论议中为之（整调）〔调整〕，则论者所以为是言之由亦致易测。盖论者认社会革命为强夺富民财产而分之人人者也，故谓甲县约法之后，乙、丙诸县虽如晚明之扬州、嘉定而不能下也，又谓行民生主义，其地方议会议员必皆为家无担石、目不识丁者而已。盖其意为富族畏避而贫民专政，则将以社会革命妨政治革命也。夫社会革命固将以使富平均而利大多数之人民为目的，而决非如论者所意想之简单者也。从制度上而为改革者也，既有善良之制，则富之分配自趋平均，而决无损于今日之富者。何则？偃鼠饮河，不过满腹，生养死葬，各得其所，（白）〔自〕余之富，皆赘而已。今日营营于富者，叩其本心，果何所谓乎？恐其什九以惧贫之不可堪，而非以富之可乐也，为避贫而后为富。然则使菽粟如水火，无不足之虑者，又安用此过量之富为？故就终局而论，则社会革命固欲富者有益无损也。至于其进行之手段，则各学者拟议不同，要之，必以至秩序至合理之方法，使富之集积休止。集积既休止矣，则其既已集积者不能一聚不散（凡富无不散者，即在欧美，富之集积盛行，而一面仍因相续等事散之也），散则近平均矣，此社会革命之真谊也。故其进行之时，亦无使富者甚困之理也。今日欧美豪右所以甚恶社会革命者，彼自恐惧于绝对共产主义之说，乃一切深闭固拒，又一方以值承平，储蓄之望盛耳。中国现在无此原因，则其畏避之情当减。第既为社会革命矣，则固亦预定豪右之必为抵抗，第有之亦决不足为政治革命之阻。何则？凡对于社会主义为抵抗者，必甚富者始力，而中产者乃中立，无所属而已。而方政治革命之际，彼素封之家，先已望尘畏避，何俟社会革命之驱之耶？大抵中国富族对于政治革命什九持两端，视政府利则从政府，洎革命军捷，则又从革命军耳。其所欲者惟在保其现在已集积之富，而不在希望将来之钜获。社会革命，富人所失者为将来可倖致之钜获，而非已集积之富（社会革命固亦行以渐分散已集积之富之策，然分散者合理的分散，不可言失）。彼既避政治革命，则与社会革命无与。若其来归，则亦必不以将来可幸获之失，伤现在已集积者之保护明甚。故谓富民畏避为政治革命之阻说，非也。次其言贫民当政，则直不通之言也。试问贫无担石储者，何以无为议员之资格乎？议员一用贫民羼入，则秩序立乱乎？犹是横目两足，犹是耳聪目明，独以缺此区区阿堵，故不得有此权利，吾不知其何理也。使此说而正也，则桓灵卖官之政，乃真能应富以官人者；唐虞明扬仄陋，直粃政耳；捐纳之制，其可永存；而平等之说，直当立覆也。试以叩之天下具五官百骸者，恐除论者外，无一人而不应之曰：否矣！且今日诸国议院，无不有多数出身贫民之议员。即如此次英国新选举，劳动党所选者，强半出身工人。论者又将何说以云。至云目不识丁，则尤可笑。普通选举之际，于被选选举者，未尝不可定教育之资格，岂有悉选无教育者之理乎？论者岂不曰，地方议会，使富民占优势，固专偏利富民；使贫民占优势，亦有偏利贫民之弊。然须知贫民者居大多数，不如富者之居少数也。居少数者欲自利，则可背公而为不正之议决。若为大多数之人代表者，则其议决势不得私。盖地方议会可议决之事项有范围（府县会之权力决不能比北美各州，此沿革上使然者也），于此范围以内，谋大多数之利益，则不能屏富者使独不可享也。故贫民之专擅，决不必虑，而因贫民专政以妨政治革命进行之事，更无有也。

抑于中国尚有利于速行社会革命之理由二：即中国今日富之集积之事不甚疾，一也；中国社会政策于历史上所屡见，不自今日始，二也。中国经济上放任竞争之制虽久行，而贫富今尚不甚悬隔，此由物质进步之迟，大生产事业不兴，而资本掠夺之风不盛，从而积重难返之患，社会革命之业轻而易举。不及早为之图，则物质的模仿旦晚行，而此利便为全失矣。抑中国古以兼并为罪，盖沿封建之余习，而其言为儒者所称道，因之深入人心。汉代诏勅，尊农贱商，亦本制富集积之旨者也。自是以降，虽不必常奉斯旨，而凡谋抑富助贫之策者，亦率以善政称。顾是皆流于末而无探其本原以为救济之策，其可称真为根本之计者，独荆公之青苗之法耳。不幸而奉行不称厥旨，遂以重祸。然当时所訾于新政者，除苏轼之无知妄论外，大抵皆攻击其办法之不善，而不能言其制法之意之非也。要之，抑豪者而利细民者，中国自来政策者之所尚者也。因而改善之，以为根本之改革，决不能谓为非适合社会心理者也。由此二点以观，中国今日实最利行社会革命之日也。而此最便行之机，稍纵即逸者也，然决不能无为政治革命而径行之。何则？行之必借政治上权力，而非有政治革命，平民不能握此权。然则言社会革命当与政治革命并行，当然者也。更就土地国有论之，则此观念亦于中国自古有之。地税至唐称租，即显国家为地主之义，而其称有土者，不过有永小作权者而已。自两税法行而此表现失矣。然虽唐以后，庶民对于地税之观念，与他种税之观念，终不能谓无别也。更举近世之例，则于明初屯卫之制，其田皆国有者也。明初所以得行此者，亦正以政治革命之从易为功也。观于其后欲赎取已卖之田，犹患费无所出，乃其初设时若甚轻易举者，斯亦可知其故矣。行土地国有于政治革命之际，果何事强夺耶（明尚有皇庄之制，然为君主私产，非国有者也，故不能以为例）？

（四）并行之效果

既曰以并行为便矣，则其并行后见如何之效果乎，决不可不一言者。然此当注意者，并行之效果，谓社会革命及于政治革命之影响，政治革命及于社会革命之影响也。若政治革命、社会革命自身之效果，则非今所论也。难并行者之说者曰："充公等之所望成矣，取中央政府而代之矣，而其结果，则正如波伦哈克之说，谓最初握权者为无资产之下等社会，而此后反动复反动，皆当循波氏所述之轨道而行。其最后能出一伟大之专制民主耶，则人民虽不得自由，而秩序犹可以恢复，国犹可以不亡。若无其人耶，则国遂永坠九渊矣。即有其人焉，或出现稍迟，而外力已侵入而蟠其中央，无复容其出现之余地，国亦亿劫而不可复矣。"此彼所以为最后之论点者也，而吾不得不惊条理之错乱，论据之自相（缪）〔谬〕反。盖论者之旨，以为并行则秩序纷乱，而外力侵入也。其所言虽若两，而实则根据于一。破其秩序纷乱之说，则外力侵入之说，亦无从立也。乃问其言秩序纷乱之由，不出波伦哈克数语，此可谓奇谬矣。夫波伦哈克之说，久为学者所摈固无论。今假波伦哈克之说为正，亦（政）〔正〕足以为社会革命当与政治革命并行之证左，而不得以为攻之之器械。何则？波氏所论，为未行社会革命之前之国家故也。波氏之所根据者，法国之历史也，而法国之大革命，绝无社会革命之分子存于其间者也（不惟然，且有助长竞争及绝对承认私有财产权之点，此可从《人权宣言》中见之者也）。惟未为社会革命，故有贫富阶级代嬗以秉政权之说也。社会革命以阶级竞争为手段，及其既成功，则经济上无有阶级，虽受富之分配较多者，亦与受少同等，不成为特别阶级，故绝不能言一阶级（经济的）握有政权，更不能言自此阶级移之彼阶级。由其无两，故不得称阶级，亦无彼此可言也。故决不能由波氏之说，以证社会革命有害于政治上秩序，则波氏之言之本不实，乃更无庸辩也。

以余辈观之，则社会革命与政治革命并行，有相利而无相害，此可分两方面言之。

（甲）社会革命及于政治革命之影响。此质言之，则政策不受社会经济上势力之摇动，而无为一私人经济上利益牺牲，为大多数幸福计之政策之事，是经济阶级不存之所利也。

（乙）政治革命及于社会革命之影响。此之利社会革命者，于方行时既已有前述之便，而在既行之场合，亦尚有之。即已有政治革命者，社会革命后之完备组织，无为政治不良而被破坏之虑是也。借欲行至完美之组织于专制政之下，则缘被以阶级为制度之精神，故必两不相容。于是两相激荡，专制之败幸也，其胜则此制湮矣。故欲其制之安全永久，亦必政治革命已行而后可得也。

要之，本篇之论重于破邪，而以欲破邪说，故不能不根据于社会革命之原理，故简单举之而未暇致其曲。略欲一一发挥之，则非十数万言不能明其崖略，非此区区数千言所可尽也。故证明推论之事，皆让之他篇。世有有志社会革命者，尚当徐相与研究之也。

《民报》第五号，光绪三十二年五月五日（1906 年 6 月 26 日）

劝告停止驳论意见书

佛　公

旨趣说明：

（1）因某报之驳文，多逸出于常轨之外，而为人身上之攻击，感情上之轰裂，逆测彼此现今确无调和之机会。共同运动，当俟异日。

（2）劝告者一主张立宪之人，故文中不敢表同情于某报，但主张立宪之性质，系主动的，非被动的，系积极的，而非消极的，世当共谅。

（3）因革命论之所以飞行，由于政府之过于腐败。倘政治上今后有圆满之改革，则主张革命论者，自能折其如火如荼之气，以为正适的竞争。

（4）因现当立宪大有动机时，当群其精力，以奔赴于立法事业，虽反对者或亦可渐引为臂助。倘犹党见（纷）〔分〕歧，恐宪法上反多遗恨。

（5）因彼此之论文，已累数百万言，足以发明目的之真相，唤起第三者之研求，纵日后再极力推演，亦不能多构新议。

（6）劝告者只有居中调停之资格，无攻守同盟之关系，故不敢判定是非。虽文中有不慊某报之处，亦不过訾议其感情之过激。

（7）本书不过因现今党见，过于决裂，故劝告停止驳论，非敢干涉正当的言论自由，此当辨别。

（8）劝告者身陷嫌疑之地，知某报必不容吾置喙，故只得劝告一方面之休战，使彼无目的物之可经营。

数月来，贵报与某报，驳难政见，词旨参商，以互相解决我国政治上之一重大问题。仆识陋学疏，不能加入议席，悚赧无既。惟每读双方论著，未敢一字囫囵，如其论点合夫我之心理耶，固拳拳服膺之不暇，即其论点违夫我之心理耶，亦不敢遽逞师心，加以一字之贬驳，必反复审慎，以细按其演绎归纳实质作用之所存，纵或熟察其持论之心理，与我之心理，确不能为共同之存在，甚或熟察其学说之进行，或将斫丧中国前途于黑暗之天日，然亦平心静气，以曲谅论者之用心，而始终无门户水火之观念。此非高其崖岸，不屑与他人立于相对辩论之地位也，亦非故意谦冲，摹写长厚包涵之度态也，更非严守局外中立之义务，而自命为无利害关系之人也，实因我国风气初开，法政程度尤为幼稚，正在最初研究之一时期，其用力于此科学问者，非无二三精深博大、光明磊落之天才，然欲辟一优美卓越之政论，按现在，推将来，而皆无一弊害，此万不可能之趋势也（世界无论何种学说，未有完全独立，绝不须他种学说补助之力，而永久有绝大之权势于社会者。甚或与他种学说，据形势观察，为绝对的不相容，然精神的吸收，往往得无限利益。盖非此种学说之进行，几夫今此之学说，无丝毫之价值。至于政界之纷争，政党之相角，其得力于反对党之反响者，甚或较之本党中数十百党员运动之效，尤为神速。往往甲党倡一政策，如夏裘冬葛，无人过问。及乙党反对说起，或较甲党之政策，更为激烈，或更为不能实行，而甲党之政策，始惹起社会心理之欢迎。如美国利巴披力根、丹们奇勒两党，日本宪政、进步两党，常演此灵妙之事实。

其尤神妙者，甲党或利用乙党之反对而得势力，既得势力后，又可与乙党之势力，互相提携。何也？社会心理者，由阶级而进化也；世界真理者，由比较而始明也。岂有拘守一时一事一方面之学说，而能收奇效哉。乃公德程度低下之国，往往见他党之学说有异点时，即排斥之不遗余力，以致两败俱伤。呜呼！眼光陋矣）！纵或从比较的方面观之，而能辨别其孰为适，孰为不适，孰为利多而害少，孰为利少而害多，孰之害为可避，孰之害为不可避。然自身耗尽无限之脑力，经历无限之事实，始得解剖此繁难博奥之问题。今一旦即欲强舆论之表同情，若非盲从，若非私誉，未见舆论之能归于一途也。夫舆论既不能归一途矣，则万声狂播之中，偏激者自有人，颓放者自有人，空迷学案上之理想而背驰现今之事实者自有人，拘守一时之经验，违反远大之规模者自有人，各误其起点，各流走于极端。此自然必至之现象，绝无足讶者。非惟不足讶，且中国一线光明之动机，即隐伏之于此舆论中。盖世界学理之发达也，必由于研究辩驳，恢恢乎有自由之余地者也。愈研究，则世界之真理日日吐露其菁华；愈辩驳，则私人之臆说日日失却其根据。研究辩驳之范围广，则学理所推及之范围亦广；研究辩驳之时期长，则学说所遗留之时期亦长；研究辩驳之人数多，则学说所吸收之人数亦多。欧洲中世以降，教皇握政治上之大权，学者思想自由之风，几被夺尽。及十字军失败以后，欧亚交通，学者辈出，思想言论，均臻于完全自由之域，故能发启十六世纪以降之文明，而有今日灿烂庄严之世界。盖世界原理之妙解奥旨，决不至发现于志趣薄弱者之脑中，必其人精神之消耗，达若何之程度，而后学理之发现，亦达若何之程度，以为精神消耗之报酬。规定此中权利义务之分配，于吾人思议不及之外，自有默操其机关者。欧洲学者之所以牺牲一生之精神，必欲占学说上之势力者，其眼光固非寻常人所能摹拟者也。披览欧洲历史，不外学术竞争原因结果之一部分历史而已。试就哲理方面论。英儒倍根所倡之实验派，而法儒笛卡尔驳之；笛卡尔所倡之“推理派”，而德儒康德驳之；康德所倡之“检点派”，而日耳曼人瑞林格、黑格儿驳之。试再就法理方面论。如解释国家之性质，亦惹起数百千年之论波。“神造说”仆而“权力说”起（神造说与权力说之内容，源虽同而流异，故可合论亦可分论）；权力说仆而“道德说”起；道德说仆而“幸福说”起（分子说）；幸福说仆而“法律说”起。是丹非素，入主出奴。他如下一定义，拟一名词，动经数十辈名儒硕学之推求，而始确正。何笔秃舌枯之不惮烦耶？无亦人生自然之天职有以迫之使然也？我国人现今徒惊佩欧美之文明，如河汉之无极，而不知彼于法律上政治上教育上经济上等等方面所表著之文明者，不过其名师硕儒笔端之残墨，口角之余沫，所酝酿所孕育之一结果物也。

乃我国自秦汉以降，学风扫地，暴君僭主，惮文人学士之援据经典以非议时政也，欲使先王之典籍，中斩于人间，或燔之烈焰，或藏之秘府；其用心之最巧者，每于干戈伪定之时，召集二三媚世贱儒，如叔孙通、曹褒、刘歆之流，从事编纂，或穿凿古义，拥护君权，或笺注经文，缘饰僭窃。兴学育才之道，变为养奴蓄仆之方。一言以蔽之曰：剥尽人民之言论自由，不使之有丝毫政治上之知识而已。然而耆儒硕学，犹能抱遗经，窜岩穴，号召生徒，授受绝学。暴君僭主，嫉恶益深，乃大兴党锢之狱（如汉时大学之狱，明时东林之狱，动株连数百人，捕入狱中），垂厉讲学之禁（晚明之仇视讲学，如患瘟疫。虽顾氏亭林，以绝世大儒，且胆力素优，怵于当时士气之嚣竞，而亦有今日“当著书不当讲学”之语。乃后世泥视顾氏之旨趣，遂推波助澜，万喙同声，群以讲学为学界上之永久的禁制品，而中国学统，从此亡矣）。而士人自是志气萎缩，养成一般韦脂龌龊之学风，不敢齿及时政，以触禁网，任朝代之绝续，国统之存亡，而恬不为怪，遂至有今日中国之现象。乃不意当国亡种灭千钧一发之危机，而有贵报与某报之政论，放一奇光异彩于今日磷火青青阴气沉沉之中，其沉郁孤谅之血忱，精奥溥博之论据，诚足以开我国数千年政治学案上之一新纪元。虽彼此之学说，是否可以实现于今日，是否可以达救国之目的，不能混为一谈，然单就彼此所陈说之各方面观察之，固已各推阐尽致矣，不独为全国无教育无学识之流，不能梦想一二字句，即现今所谓谈新学者，号新党者，上而至于所谓粗解法政学理者，恐读双方之论文，亦如身入宝山，光彩夺睛，而不知其蕴玉含珠之真穴。至于一知半解而妄下褒贬者，与夫坚执成见强分党界者，其不足知彼此学说之真价值，更不足道矣。呜呼！使我国于五六十年前而有此学说耶，则世界牛耳之先取特权果谁属？否则于二三十年前而有此等学说耶，则东亚霸权果谁属？乃此等学说，竟至今日而始昌明，真中国前途之不幸也。然今日而能昌明此学说，则犹前途不幸中之幸也。

不知者谓中国今日呼吸存亡，不当党派攻讦。殊不知所不当争辩者，臆说也；所必争辩者，公理也；所不当争辩者，取决之时期也；所必争辩者，建议之时期也。盖救国问题，既非简单语句所能剖断，而脑中理想，又非简单语句所能发挥，势不能无周详审慎反复辩论之一日。且各个人之脑中，感觉不同，运用不同，剖解不同，势又不能无壁垒对峙笔舌水火之一日。故贵报与某报互相辩驳以来，仆不胜为中国前途欢呼万岁，断不敢胶执是非成败之见，对于双方之心理，而偶有诋諆焉。文明各国，凡一学说之出版也，一般学者之视线，群奔赴于其篇幅间，或欢迎之如神圣，或排击之如敌仇，绝无假借，绝无顾忌。何也？夫一学说之势力，可以移动社会之心理，左右世界之趋势者也，即为日后一切实行之模范者也。若不精详研究，倡之者梦呓，和之者盲从，其于世途人心之危险，宁可思议耶？故世界学说之发现，无国界，无种界，人人有自由辩驳之权。不宁惟是，即倡此学说之原动者，亦甚望世人有以辩驳之。盖真理者，纯一不杂者也，人心者，虚灵不昧者也。本此虚灵不昧之心，以研究纯一不杂之真理，决不患无豁然贯通左右逢源之一日。此即笛卡尔所谓“疑中求信，其信乃真”，黑格儿所谓“相反者常相同”之理。据此观之，然则世人之驳我学说者，正所以发明我之真理，正所以唤起世人以研究我之真理也，特患我之学说脆弱易破，无受世人研究之价值耳。仆虽愚陋，断不能谓贵报与某报相互辩驳之问题，非中国一绝大问题，互相辩驳之理由，非绝大之理由，徒兢兢焉畏党祸，怵私害，而有所阻挠于其间，訾謷于其间也。虽然，仆今日之所以不能已于哓哓之口者，别有一见解也。盖已稔悉双方之论据，终无解决之理由。尚再延长宣战之时期，徒使彼此之感情，日益恶劣，而其所怀抱之主义，愈无共同生活之希望，遂永久立于相忌相攻相仇杀之地位，而累中国前途以无量之荆棘焉。且彼此之所不惮艰辛，辩论政见者，非徒欲彼降服于我，或我降服于彼，个人与个人之攻击已耳，其全副之眼光，实倾注于第三者，欲广邀第三者之表同情也。然今日彼此所辩论之文章，已达百万字，辩论经历之时期，已达数百日。所应辩论之各重要事实，亦已推阐无遗。且彼此论据异同之点，划若鸿沟，粲若螺纹。何去何从，孰非孰是，第三者如稍已用心研究，断未有不恍然于觉路迷途之所判，而思所以自处者。若至今日而心中犹茫惑焉，徘徊焉，则此等人必成见已深，不容忠告者，否则素性黑暗，不（辩）〔辨〕黑白者。以此等识见狭陋骨力腰软之流，虽再披肝沥胆，将双方之论文与之逐字解释，必仍无实效。倘贵报以为前此之论文，或尚未能备举其事实，或尚未能圆满其意义，必欲再三推演，仆可决其日后无论弄如何之笔舌，绞如何之脑筋，巨帙长篇，汗牛充栋，然其根本上之解决，仍不外前此所已陈说之各大纲，岂能别构一神妙之新论，发生一种之魔力，使世人迷信我耶？无仆所谓双方争辩之论据，终无解决之理由者，其理由果何在耶？盖因（一）贵报所主张之政见，以监督政府维持政府为其持论之主点者也；（二）而他党所主张之政见，以倾覆政府改造政府为其持论之主点，适与贵报之政见，立于正反对之地位者也；（三）而现政府之腐败，则实无受监督维持之资格，而将有受倾覆改造之趋势，与贵报之希望，又适立于正反对之地位者也；（四）而现政府被倾覆改造之后，我国民之程度，实不能组织新政府使之绝续旧政府之主权，又适与贵报本来救国之目的，立于正反对之地位者也。呜呼！贵报所主张之政论，狼狈如此。既不能扶助他党以扑灭政府，复不能扶助政府以扑灭他党，更不能任彼此之两败俱伤。试问将何所挟持，何所援据，以挽救此呼吸存亡朝夕变幻之国运耶？

今如欲解决此问题，则惟有使自身对于事实上发生一巩固之势力，以横亘于政界中，迫政府以不能不受监督维持之势，他党不能不取消其倾覆改造之势，而后彼党此党共同救国之目的，圆满无限发达无限。曰：是在预备实力，以资助立宪政治而已（夫所谓预备实力，则非徒立于被动这地位，俯受主权者颁布一纸法文而已。此为最当注意之点）。

夫立宪论与革命论（按：所谓革命二字之义，非他党所能专擅。今图行文之方便，故强为如此辨别，以标出彼此性质异同之点）。之目的，虽同为救国，然其着手时之方法，则不幸而适有相反相克之性质焉。此进则彼退，此起则彼仆，为自然必至之结果。此无容粉饰者。我如能进行其方法，则彼之方法，非惟不当排，且无须排也。我如不能进行其方法，则彼之方法非惟不能排，且不可排也。此中盈虚消长之理，有透辟之理想者，自能洞悉无遗矣。

综观近来革命论之所以排斥立宪论者，谓现政府无立宪之真意也，纵下为打消革命风潮计，上为保护自身权利计，而强意立宪，然日后所颁之宪法，必非国民之公意；纵或迫于一时之舆论，而能颁布一稍优之条文，然亦不能实行，例如土耳其之宪法，徒成一纸空文，终无救于国家之衰亡。然此等论据，犹系政治上之观念也。若持极端排满论者，则谓两种族同处于一主权之下，各顾本族之利害，而不顾国家之利害，虽有宪法，亦与澳太利之立宪，同一比例，其种族之轧轹不可终日，立宪政治终成痿痹。以此等国家，种族问题一日不解决，则政治问题亦一日不能解决，虽欲如土耳其之立宪，而不可得。按以上各种论据，固已飞行于社会，而深印入于一般人之脑中者也。今如欲夺却此等论据之势力，无容于理论上多费笔墨，惟有于事实上决最后之战胜。何谓于事实上决最后之战胜耶？盖彼谓政府无立宪之真意，我则当开导政府，使有立宪之真意；彼谓日后宪法，必非国民之公意，我则当有所挟使政府不能不为国民公意之立宪；彼谓日后宪法不能实行，我则当有一种监督政府履行宪法之实力；彼谓各顾本族之利害，而不顾国家之利害，我则当使各种法文精密无隙，使各种族不能脱离国家之义务，而私营本族之利害；彼谓种族问题一日不解决，则政治问题亦一日不能解决，我则必使政治革命得圆满之结果，使无复余地容种族革命之旗帜。倘主张立宪论者有此实力耶，则可杜绝他种主义之发生，不至甲论乙驳，甲是乙非，口舌兼疲，而终无最后之判决。且他党凡有真爱国心者，如见我一方面势力进行，确可救国，必不争党见，不挟夙愤，而依然友爱扶持，阋墙御侮。倘主张立宪者无此实力耶，则他党之实力，滔滔进行，何能施以抵御？且又何忍施以抵御？岂立宪政治，既已失望（所谓失望者，非谓政府收回立宪之成命，谓不能得一国民公意之宪法也），而犹欲全国人民，垂头丧气呼号宛转于疮痍水火之中，而不思所以自拔，必待种族靡有孑遗而后快耶？夫倡革命论者，其所抱之方法，虽为有远虑者所不取，而日夜祷祝其改良者。然彼辈何以倡革命论耶？何以一倡革命而景从者如蚁集蜂聚耶？实因现政府之过于腐败，无生气，无人道，无一方面之普通知识，难与图治故耳。十年来外则国际风潮，无事不惊魂动魄，亡国之惨剧，几乎重见叠出；内则革命排满之声，日日狂呼于下，日日发行书报组织团体于下，且实行暴动者，暗杀者，后先继起，尸骨横陈，彼仍冥顽不灵，不筹一优美之改革，以抵御外界侵入之实力，以消化革命之动机。必至民党痛哭流涕、声嘶气绝之时，乃稍为苟且补苴，剿袭一二皮毛新政，以粉饰外观。民党所建议之政策，无论为正言，为忠告，为平和，为激烈，皆一律视为革命论，强加以大逆不道之名，而屡施以捕杀匪徒之惯技。其民党中之确有才学，可以建设一切者，不能破格擢用，百态疑忌，姑无论矣。诸如此类，不胜枚举。有心人偶一念及，未有不热火上炎，冷泪暗落，而思一决死者。平心思之，其能谓主张急烈者，为无病呻吟耶（一切浮嚣子弟，无一学识之长，而以救国等美名词为装饰品者，不在此例）？倘国亡种灭悬于眉睫之时期，并此薄弱之民气而亦无之，其尚成一人种否（某君偶谈及我国民气叫嚣之事，备筹挽救之策，继而谈及湘中近闻。某君曰：湘中浮薄子弟，固当惩戒。然近来之所以屡起大风潮者，皆全省冥顽不灵之大宪，有以养成之。平日不当强硬之事，喜刺动人民之恶感。及风潮一起，则虽当强硬之事，亦以优容置之。此所以招人轻侮也。倘今日端、赵两督，今日尚在湘中，则诸事皆早已弥缝矣。后某君历数湘中大宪之姓名以示余曰：是非聚而歼之不可。呜呼！某君固素性和平笃实者，谈及时政，尚不能无此激烈伤时语。若全体人民仇视政府之心，尚可问也）？且我国于此普通现象之外，尚有一特别现象，足以减杀政治改革之动机者，则以满人中现亦有一二知识幼稚之流，略带排汉之状态，其一切举动，多授人口实，滋人以疑惑（屡见列于他报，此不必复述）。此最当痛戒者也。夫今日国势如此危险，实无余隙容满汉问题之发生，自当调和内讧，力御外侮。故近来排满论、复仇论，虽久已流行于社会，而善觇国势者，不惮犯嫌疑，任怨毁，百词开导，以冀挽回此轰山倒海之狂澜，实因我国趋势已如此，倘再倡急进破坏，则其全国之糜烂，不知达若何之程度，列强之势力侵入，亦不知达若何之程度。人民纵能达排满之目的，恐决不能达救国之目的。然此犹系就汉人排满之结果立论也。若就满人排汉之结果言之，其惨祸更不可推算。呜呼！以蕞尔种族孤立于上，以可惊可怕之最大多数纯一之种族繁衍于下，且两族之恶感，又已飞突于极端，岂满人尚欲自为导火线耶？何不自量，一至于此。虽然，近来满族中亦有一二高瞻远瞩、英爽不拔之才，想必有以扑灭此危机，无烦他人之琐琐陈词也。

据以上各情言之，政府之腐败如彼，何怪民党之革命？政府之腐败如彼，而满人适损其主权，何怪民党之排满？政府乎，国民乎，如已深知革命排满，为今日自然发生之结果，如又深知革命排满，为今日不可实行之惨剧，则惟有在事实上，进行自身之实力也。倘政治上有圆满之改革，则革命论自无丝毫之价值。倘种族上无轧轹之现象，则排满论自无丝毫之价值。盖其目的物已消灭故耳。苟不然，则岂独激烈派主张革命，即和平派，亦必折而趋入于同一之范围。岂独倡复仇论者主张排满，即倡同化论者，亦必折而趋入于同一之范围。此其理至显豁，非少数人所能反抗，亦无容忌讳，无容文饰也。故主张立宪论者，趁今日政府与民间立宪兴味浓厚之时，宜急从种种方面极力预备，发挥宏远轩昂之党谟，扩张坚实庞大之党势，监督政府，指挥国民，使之挟全副精神，互相订定立宪制度，必当使宪法条文，能为圆满之规定，规定之后，能为圆满之履行，制限君[①]主贵

① 原为“否”。此据《新民丛报》第四年第十三号所载《第十一号更正》改，编者。

族之顽强，划清机关分立之权限，仿照权利平等之通例，实行满汉同化之宏规，而后主张立宪论者，可以直接达救国之目的，间接慰反对党之心，以表白主张立宪之肝胆于群疑众谤之中（据东报所载云：西历八月二日，即中历七月十五日，北京来电，我国已降立宪之旨，但不知立法事业，已作何议）。呜呼！此次立宪结果之美恶，即国家存亡、满汉和战、党派分合之一绝大关键。政府乎，其可徒为自身权利计，置多数人民之幸福于不顾乎？国民乎，其可以此重大事业，任人代谋，而排斥者自排斥，依赖者自依赖，而不思所以自裁乎？故仆愿贵报停止对于某报之驳论，而蓄其精力于事实上之进行。若不洞悉彼此争辩，非实行立宪不能解决之理由，而徒欲以一笔一舌，为坚壁久持之武技，则用力愈猛，反动亦愈猛，驳文愈多，反驳亦愈多，诚流害于前途不浅也。试观贵报与某报辩驳以来，愈争辩，则彼之感情愈盛。感情愈盛则公理愈朦，公理愈朦则反以救国为第二之目的，唯知怒骂丑诋（某报四号五号对于贵报之丑诋，秽恶很毒，令人酸鼻。足以见中国人种，已沦落为世界人种之最下等，而逆度将来骨肉相残，不堪设想），激动人心，以排斥他党为第一之目的。而多数之被动者，于是愈穷奔狂叫，热度如焚，几不知世界有所谓天日，将演成惨无人理之实况，而谁是谁非，茫如云雾，终不知何说之可以救国。何贵报之喜挑拨他人之恶感情耶？呜呼！感情一跃而不知防，天下何等罪孽，皆由此起。英人倍根有言曰："吾人之精神，如凸凹镜。外物之来照者，或于凸处，或于凹处。于是虽同一物，而其所照不同，我之观察，自不能无谬。此为致误之第一原因。"夫物物之本相，原有定形，何以或见为凸或见为凹耶？此因镜有凸凹，而变其相故也。人之感情亦如凸凹镜。若世人于处事接物之时，徒任感情一时之发动，以测度真理，则其真理久已飞逸于吾人意识之外。而我意识中所谓真理者，亦适成为凸凹镜中之真理而已，其谬误宁可纪极耶？夫古今学说，莫不以感情纵肆，为入德之第一障害物。然人人能言此理，人人难治此病。至于天资敏锐理想宏富之人，欲治此病尤难。至于党派攻击是非横议之时，则治此病难之又难。盖天资敏锐理想宏富者，外来之感觉，时时交电于其脑中，而其脑中之剖断力，亦足以支配外物之粉纭杂错而有余。然而其终极也，脑力为有限的，外物为无限的，一旦用力稍疏，外来之客感，每易乘隙而试其技（若天资迟钝之人，虽遇一极小事，亦踌躇不能下剖断。然因其难下剖断之故，心常静定，无纵横旁午之虞。故感情无从施其（挪）〔揶〕揄之术）。若党派纷争是非横议之时，老成者易流于矜躁，笃实者易流于虚浮，谦敛者易流于狂荡。盖稠人广众之中，每不肯词色巽顺以示吾怯。小受惩创，则张惶之态，愤不欲生，必图最后之报复；小有得意，则骄纵之气，令人难堪。其尤足以堕落人之德性于无形者，角理不已，徒分党见，党力不敌，徒攻人身。且喜招摇党徒，或谈空说有，以兴谣诼；或迫人于危，使受奇祸。而市井恶少，江湖巨猾，悉焦头烂额列上座矣。昭昭之行，而冥冥堕之，能不令人毛发(竦)〔悚〕然耶？吾友章行严君者，举世最纯洁最笃实之一君子也。一日与余论旨相忤，渠随递手简与余曰："弟每于议论激急之时，喜故盛其词以圆吾说。此由于结习未除，抑亦根器太薄。"余当日读彼函词，亦不觉怨艾之情，轰轰战于脑。盖余亦呻吟宛转于此等病中者已十余年矣，几至戕生，今犹时露狂态。呜呼！今日人欲横流之时，其不卷入此战乱涡中者有几人？章君能不讳病，且能自医其病，此犹系根器深纯之特点，若世态亦可以返矣。

夫感情之足以为害也既如彼，而感情之难于节制也复如此。仆故今对于贵报有此忠告焉。盖已窥破彼此之争点，不能取决于理论（我谓今日中国不当革命，彼谓中国以革命为唯一之方法；我谓立宪问题，可以溶化排满问题，彼谓惟排满后乃能立宪；我举中西历史上革命之恶结果，以为警戒，彼举中西历史上革命之美结果，以为鼓吹；我谓中国内外之情实，革命后必有恶结果，而无美结果，彼谓中国内外之情实，惟革命乃有美结果，否则皆恶结果。鹬蚌相持，剑戟相挺，谁主仲裁，判决曲直哉？故数月来彼此争论，不外以上各点，而终无和议之可言）。徒使彼挟死力以为抵抗，而益以扰乱全国人民之心理，阻碍政治改革之进步（彼报五号中一八、一九两页之论文，诚足以阻碍许多进步。余日前未敢妄诋彼报记者。及睹此段论文，全知论者之良心，已不知其何落。彼此共同之目的，不外救国。乃徒为攻击他党计，不惮抛弃救国问题，于九霄云雾外，是何心理？彼谓无异授人以刀使之自杀。余谓论者不待他人授刀而夺刀自杀也。虽然往事已矣，后当注意。若因余此言，而更为证实前文，发挥前义，则尤不可。如此前途，受君之赐多矣）。是亦不可以已耶。虽然贵报尤当察仆之心理也。仆之陈此说者，非对于贵报取消其本来之目的，剥夺其言论自由，不过劝告贵报日后不当针对某报之论文，而下驳论（如标题为驳某报之论文，或彼议一问题于前而我即驳斥于后之类。盖针对彼文驳斥彼，有万不能不返答之势，铤而走险，虽强词夺理，亦习以为当然，而剌剌不辍）。至于我一方面之主义，仍当阐发无遗，虽其意义之所充周，文情之所奔放，与彼之论文，不无相反对相克制之点，然亦无容忌避，无容周章。何也？我发明我之主义，非排斥彼之主义；我对于第三者而发，非对于彼而发故耳。此各国际上无故侵犯他国之权利，为法理所排斥。为行自卫权起见，而制限他国之权利，为法理所允许。其中性质，固大有辨别者。倘贵报以为对于彼报下驳论时，入穴探子，成败易分，不至角逐纷驰，无一集矢之的，然亦当俟彼报良知回复，感情平和时，庶几有效（彼报六号稍就平和，且曾申告自七号以后，归某君编辑。想今后必能逐渐回复秩序）。盖世界党派，无论如何相持不下，倘彼此一面带排斥性质，复一面带吸收性质，一面带攻击性质，复一面带研究性质，则日前秦越相视、戈矛相持之处，即其日后肝胆相示、梦寐相萦之处，甚或为头颅相聚、精魂相绕之处。前日以为誓不两立者，卒之相视而笑，莫逆于心。倘无吸收性质研究性质存夫其间，而徒攻击焉，排斥焉，则今日于理论上一笔一舌，异日见之事实一铁一血。铜山西崩，洛钟东应。处党派竞争之时代者，自当沈几审变、因势利导也。以一身犯天下不韪之冲，置利害生死于度外，气骨岂不轰一世？然而国家危机，牵一发而全身皆动，又岂爱国君子，慷慨自负之始志耶？

《新民丛报》第四年第十一号，光绪三十二年六月一日（1906年7月21日）

再驳《新民丛报》之政治革命论

精　卫

《新民丛报》之驳革命也，其议论可分二种，一为绝对否认种族革命，一为虽主张政治革命，然为国民者，只可劝告政府开明专制、要求政府立宪，决不可有革命之行动，凡此皆其今年第三号、第四号、第七号所主张者。其否认种族革命也，未尝有详说。其第四号标题为《申论种族革命与政治革命之得失》，然其第六页第四行种族革命之定义云：“民间以武力而颠覆异族的中央政府之谓也。”吾以为以下将循此以立言矣，乃同页第八行则改行“人民以武力颠覆中央政府”，删去“异族的”三字，毫无种族革命之性质，只成为政治革命论而已。故第八行以下，以至第二十六页，皆与种族革命论毫不相涉。惟第三十九页以下，自谓用论理学类同法、差异法，以研究种族与政治之关系，及驳本报《民族的国民》之说，始可谓之种族革命论，而其所谓论理学，本号已有专论痛驳之，所驳《民族的国民》之说，前号《续希望满洲立宪者盍听诸》亦已痛驳之，故彼之否认种族革命论，已破碎消灭，更无再驳之价值也。至于政治革命论，彼所自主张者，为劝告开明专制、要求立宪（劝告者，劝告满洲政府也；要求者，亦要求满洲政府也。故此说与种族革命为不能相容。使今日之政府非异族政府，则劝告要求，亦未始非一种之方法，惟既为异族政府，则劝告要求，非惟无异，且有大害。故欲知彼说之谬妄者，当参考本报种族革命论，若徒读政治革命论，不能得其完义也。盖本报之论种族革命，有二原因，一为社会上之原因，即复仇是已，一为政治上之原因，即民族与政治互相关系是已。故种族革命与政治革命，其方面虽不同，而其实体则有共同之关系。盖国家由人类所构成，为国家分子之人类，种族不同，则于国家有影响。于国家有影响，即于政治有影响也。此可以常识而觉知者，望读者留心于民族与政治之关系，不可以为截然相离也）。其驳本报者，则曰中国今日万不能行共和制，故虽以共和为目的以行革命，然其结果非能得共和，此其大旨也。其所主张，有为本报所未驳者，有为本报所已驳者，无驳之而彼无辞者，有驳之而彼尚狡饰者，故对于该报之政治革命论，尚须再加纠斥，毋使惑人，此本论所以作也。

该报之政治革命论，鞠杂凌乱，不可分析。今为行文之便，强分之为二，一曰法理论，二曰事实论。分驳如下。

第一，驳该报之法理论

该报记者自谓其与排满共和论宣战，以事实论，非以法理论（该报第七号第三十七页）。此遁辞也。彼报第三号述波伦哈克之学说，第四号驳卢梭之学说，驳孟德斯鸠之学说，皆法理论也。及其第七号答本报之驳论，乃益支离其词。原文俱在，可覆按也。吾故对之为驳论。夫吾非能知法理者也，然该报记者之法理论，自欺欺人，欲擿其奸，发其伏，非必深知法理者乃能为之。且吾之为之者，亦正有不得已之理由。盖知之为知之，不知为不知，此人类之道德心也。该报记者利用人之道德心，而日日言法理以欺之，欲使不知者误以为知，则其欺乃售。借繁赜之法理，以文其不确之事实，且以蔽其卖国之心术，其伎俩可谓工矣。法律格言有云："法律不助欺人者，而助被欺于人者。"吾今尽发欺人者之覆，而使被欺者之觉知，当亦法律之所许也。该报记者勿谓既设遁辞，且加恶诋，则吾于此后，遂不发汝覆也。吾之不惮烦者，岂欲寻衅于汝？吾但欲使天下少一被欺之人，即多一不惑于邪说之人。此吾所当尽之责任也（吾友县解驳该报记者之论社会主义及论理学，亦同此意。吾辈对于该报记者，可谓不留余地矣，而所以不惮烦者，以对于读者当负忠信笃实之责任也）。今列举其法理论之不可不驳者如左。

（甲）关于波伦哈克之说者

该报第三号述波氏之学说，而于第七号则曰："波氏之主权论，固未尝为绝对的承认，故昔虽绍介其法理论，今则从而删之，惟采其近于事实论者，奈何舍此不破，而取不征引之主权论驳之？"（第三十九页）夫该报记者乃为此言，真可诧者。然则彼虽日日称述波氏之说，而波氏之论旨，彼尚未谕也。今告之曰：汝于第三号报第十页译波氏学说第一句云："共和国者，于人民之上别无独立之国权者也。"此为前提，以下由此前提以立说者也，而此前提由事实论而得之耶？抑由法理论而得之耶？若谓此为事实论，则可云大误，盖"国权"、"独立之国权"、"于人民之上别无独立之国权"，皆非事实论所能释明者，由波氏此前提乃据于法理。波氏采国家客体说者，谓在君主国，则君主为统治权之主体，故君主即国家，在民主国，则人民为统治权之主体，故国民即国家，故曰于共和国人民之上别无独立之国权者，其法理上之见解使然也。由是而谓于君主国，为统治权客体之人民，其平日利益冲突，仰君主之调和，一旦忽因革命而成共和，故利益冲突失调和之人，而自己又不能调和之，遂不免于乱。此亦根据于法理上之见解，故得为此结论。然则欲驳波氏之利益冲突说，必当先破国家客体说，然后得扫其根据，使之不复存立。此本报第三号第七页以下所致力也，该报记者不知波氏根据于法理以立言，而谓吾不当驳其主权论，而遗其事实论，然则彼先不知波氏之意旨，其不能了然于吾文之意旨，又何足怪也？而第曰"吾无为波氏作辩护人义务"，夫波氏岂必以彼为辩护人？第彼既称述波氏之说，以诋諆革命，一遇折驳，即不能答，即此足知其立宪之不坚，而诋諆革命之说，所以如烟云之消灭也。

彼之答辩也，其第一句曰"无为波氏作辩护人之义务"，已斥之矣；其第二语曰"法理论是丹非素，入主出奴，虽历千载，可以无定论"（第七号三十六页及三十九页）。观此言，彼于法学之深可知矣。夫法理论上，有可成问题者，有不成问题者，可成问题者，始有言人人殊，其不成问题者，无为是嚣嚣也，而成问题者，学者议论虽不一致，要其立说必足自完，若自相矛盾，则见摈于人，此同时自相挑战者之所以无立足地也。且果如彼所言，则法理论不过如村妪小儿，指天画地，茫无成说，安足成独立之科学？且亦何贵乎有法理论耶？法理论之所以可贵者，非惟于理论上求适，且将应用于实际也，即如国家主体说，岂惟于理论上优于国家客体说，于实际上其影响亦至巨。瑞士国法学者额科尔达有云："国家主体说，所以反抗于君主专制主义者也。谓国权之主体非君主而在于国家，则君主不过为国家之机关而已，此于根本上打破君主专制之迷想者也。"学理之用，其伟大若此。至于言民权者，尤不可不研究国家主体说。盖如卢梭辈所主张，则其流极将近于民主专制（其理后文详言之）。必知国家主权之理，然后可语民权，此理乃吾党所不要忽者也。

彼于吾折驳波氏之说，已悄能答辩，忽取吾所引德国学者拉攀氏、耶陵尼氏之学说，妄为抑扬，而以相难，何其无理也。今先录吾所引者如下。本报第三号第十页有云：

"国会为国民之代表与否，学者尚有歧说，如德国学者耶陵尼之说，则以国民全体为作成机关，而国会为被作成者，故为其代表机关。拉攀之说则曰，国会为人民之代表云者，非法学上之观念，乃政治学上之观念而已。夫此二说皆非波氏所能折驳者也。使国会而非国民之代表者，则其在利害关系之外，不待言也。使国会而为被作成机关，则必顾其作成机关之国民全体之利益，而不偏狗其一部分之利益。如是则正足以调和人民之利益竞争也。"

右之文义，显然易解，所注重者，为"此二者皆非波氏所能折驳"一语（至于二说究以何者为确，吾前文未尝言之，此非本问题所及言也）。夫此二说，一正一负，吾所以兼述之者，以拉攀之言为一般之通说，耶陵尼之言，则为近日之新说（代议说虽甚古，然耶陵尼之论代表，别有根据，与前人殊也）。此二说者，皆非波氏所能难，则波氏之说，真无容足之地，不得不遁，而归于古代议会之观念。此吾前文之趣旨也。该记者既谓吾所述之机关说，非能全难倒波氏说（第七号四十页），则必须有一论据，谓此二说皆波氏所能折驳，然后足全破吾说，不然，则谓拉攀之说为波氏所能折驳，或谓耻【耶】陵尼之说为波氏所能折驳，则亦足稍破吾说。乃观该报第七号第四十页以下，此三者无一语及之。其第八行以至四十一页第五行，为引耶陵尼及日本美浓部氏之说，以驳拉攀之说，既非为波氏作辩护，又非与吾文相诘难（吾文只谓拉攀之说非波氏所能折驳，未尝断言当采拉氏说故也。耶氏之说，与拉氏之说，孰为正确，乃别为一问题，非本论所宜及。然论者于拉氏之说，毫无所知，但据美浓部论文中述拉氏说一二语，并下短评，便公然谓拉氏说不足取，亦太易易矣，宜再獭祭群书，略加窥测，始可与拉氏宣战也），无（敌）〔的〕放矢，又何为者？其第四十一页第五行以下，为引申耶氏之说，且叹其博切深明，然则对于波氏之说，可谓倒戈，更非辩护也。至于谓吾文未尝尽引耶氏之说，则可笑已极。耶氏《关于国会之性质》之论文，岂吾前文所能毕载？又岂吾前文所当详载？吾前文引其一二语，求其无矛盾于原文已足，岂能以简略为讥耶？即如吾文中引耶氏语云“以国民全体为作成机关，而国会为被作成者，故为其代表机关”，而该报第七号第四十一页第五行，亦云“耶氏说以国民全体为作成机关，以国会为被作成机关，其从法学方面说明国民与国会之关系，可谓博深切明”。此数语为叹赏耶氏之说，即为默认吾引用之无误也。乃第六行以下云“虽然，耶氏尚有说焉”云云。此乃引吾所未引者，而不足以证吾所引之不确也。该报记者殆谓吾未明引“原始机关”一语，遂指为吾前文之缺点，然亦见其妄而已。夫作成机关与被作成机关之关系，此中世选举侯与皇帝之关系，及近世国民与国会之关系，所同然者也。然选举侯之为作成机关，限于作成行为，而国民则异是，国民于选举后，与国会尚存特定之结合关系，故国民为原始机关，而国会为代表机关（亦曰第一机关、第二机关）。此耶氏所说明者也，而吾前文引耶氏说亦有“为其代表机关”一语，故于耶氏之旨，无所违反也。既有“为其代表机关”一语，则原始机关一语，虽未明引，然为省略而已，决不至以国民与议会之关系，等于选举侯与皇帝之关系也。何也？以皇帝非对于选举侯而为代表机关故也。夫吾文中即使云“国民全体为作成机关，而国会为被作成者”，亦于耶氏之意无所违反。盖吾只云国民与国会之间有此机关关系，而非谓此机关关系之外，更无他之机关关系故也，况吾文中明引代表机关语耶？乃该报第七号四十二页之诬辞则曰：“论者不明其所谓原始机关、代表机关之关系，以国民之作成行为与德意志选举侯之作成行为相等，已大非耶氏之意。”其虚伪至此。尤可诧者，本报第三号第十页所论，皆国会之性质也，而该报（号数页数同上）乃曰：“耶氏就议会论议会，而论者乃以推论一般共和国国民之地位，其相去不愈远耶？”此言真无因而至，不知其何所见而云，然向壁虚造，一至于此。

彼尚有巨谬之点，不可不辩者。吾前文有云："使国会而为被作成机关，则必能顾其作成机关之国民全体之利益，而不偏（狗）〔徇〕其一部分之利益。如是则正足以调和人民之利益竞争也。"此语为文中之要点，与波氏之说正相反对。波氏谓人民利益冲突，不能自相调和，而吾所折驳之者，谓凡有国家，必有机关，人民之利益冲突，国家机关有调和之责任也。该报记者对于波氏之说，欲定从违，不可不决于此点。乃观其所答辩者则何如？其自事实以立言者，于后文辨之（彼大旨谓国民程度幼稚，无共和国民之资格。此须于后文纠斥之者。至于毛举美、法等国议会一二失败之历史，以为国会不能调和利益之证，则真可谓无意识之言论。凡各国无论其法制如何善良，皆不能无一二失败之历史。摭拾其一二事实而以概其全体，无此理也，故于此点不屑驳（斤）〔斥〕）。其自法理以立言者，"谓法理学上果有何等之说明，以证其必能，吾苦难解之"（第七号四十六页）。故于此点，尚须略为说明。大抵私人与私人间之竞争，有请求于第三者以裁之者，亦有请求于国家以裁之者。第三者所以能调和甲乙间之竞争者，以其无利害关系故也。国家所以能调和私人间之竞争者，以其以全部之资格，对于分子故也。故非惟无利害关系之嫌疑，且得以强制力而处分之，由其资格异于第三者也。此为至显之法理，无甚问题，且亦常人所能喻者。自最高机关言之（凡国家必有最高机关。耶陵尼氏曰：最高机关，为使国家活动，且保持其活动之根源，有最高之裁决权。于共和国，存于国民或其代表机关；于君主国，存于君主；于联合国家，存于各国政府之合议体。日本美浓部氏下最高机关之定义曰：使国家获得活动能力之机关也，其所言与耶氏相合。惟日本学者用语不一，有称最高总揽机关者，有称总揽机关者。吾前文曾沿用此语，然总揽二字，嫌其与以唯一机关总揽统治权之全部者相混，故以后不复用之，然吾前文所指，与最高机关，意义相同，其用语稍异耳。近见有用原动机关者，唯原慟与原動①之区别，大费解释，不便于望文知义，故终以用最高机关之语为当也），凡共和国（此狭义之共和国，或称民主国，或称民权国），以国民为最高（关机）〔机关〕，然于代议的共和国，则国民不自行统治权，机以议会为代表机关，而行统治权（如美国、法国是。中国若为共和，亦当采代议的共和制），是于共和国未尝无最高机关也（共和国中有不用代议制者，则以国民总会为最高机关。以此乃行于小国者，非中国所能摹仿，故不论之，要之不能谓其无最高机关也。惟尚未组织国家之人民，群居散处，不有统摄者，乃无最高机关耳）。既

---

① "慟"与"動"，今《现代汉语词典》均为"动"。

有最高机关，则其发动国家之意思，为以全部之资格，对于分子，安有不能调和人民之利益冲突者？其与君主国之相异者，君主国之最高机关，以一人之自然人（君主）构成之，共和国之最高机关以多数之自然人（国民或国会）构成之耳。其前者，学者谓之独任机关，以一人之意思，即为国家之意思者也；其后者，学者谓之合议机关，结合多数人之意思，以为统一之意思，始得为国家之意思者也。然则谓君主国之最高机关能调和人民之利益冲突，而共和国之最高机关则不能者，其果何说耶？依波氏之言，则谓君主超然于利害关系以外，故能调和人民之利益冲突，然问君主何以能超然利害关系以外，则曰君主即国家也，为统治权之主体，而人民为其客体，故君主超然于人民利害关系以外；若共和国，则人民自为统治权之主体，于人民之上，别无独立之国权，故无超然于利害关系以外之人，以调和其利益之冲突。此波氏立说之根据也，而其根据则本报第三号第七页至九页所力破者，而该报记者之答辩，自承无作辩护人之义务者也。于是国家客体说既破，而国家人格说乃为该报记者所不能【不】承认。国家为人格矣，则国家者虽由人民所构成，然离人民而有独立之人格，非如波氏谓君主即国家、人民即国家也（前者指君主国，后者指民主国），而最高机关，即发动国家之意思者，于君主国，君主非以一私人之资格调和人民之利益冲突，乃以最高机关之资格行之也；于民主国，国民或国会非以多数私人之资格，调和人民之利益冲突，乃以最高机关之资格行之也。故曰国家机关能调和私人之利益冲突也（此段为关于波氏学说之评论之最要点，而吾与该报记者之争点，亦在于此。彼诘我于法理上有何等之说明，今吾此说明，彼若不能反驳，则可去定论矣）。

（乙）关于卢梭之说者

该报第四号第七页以下，批评卢梭之说，真可谓无句不错者也。今逐一驳之如下。

该报云：共和立宪制，其根本精神，不可不采卢梭之国民总意说。盖一切立法行政，苟非原本于国民总意，不足为纯粹的共和也。

此言未免太重视卢梭也。欲正其谬，不可不先述卢梭学说之价值。法兰西大革命，为欧洲大陆立宪制度之前驱，而革命以前，法国思想之潮流，可分两大派，一为历史派，一为纯理派。历史派之代表者，为孟德斯鸠，以历史的经验而解决政治问题者也。纯理派之代表者，为卢梭，以抽象的纯理而解决政治问题者也。自有卢梭之说，而“人生而自由平等”、“主权发源于国民”、“社会为保护人民之天赋不可让之权利而存”诸语，几于家喻户晓。此卢梭之学说影响于共和立宪制度者也。然如该报所言“凡共和立宪制，其根本精神不可不采卢梭之国民总意说”，不得不谓之大谬。盖卢梭之国民总意说，非能尽支配于共和立宪制，而共和立宪制又非尽以卢梭之国民总意说为其根本精神。吾今举证，见共和立宪制有不采卢梭之国民总意说者，则该报之说，可以立破也。夫共和立宪制，最先设定者，为北美合众国，而考之美国诸州权利章典，其根本精神，全与卢梭之说相异，卢梭之国民总意说，其根本精神注重于社会，而美国之权利章典，其根本精神注重于个人，此其绝相异者也。盖个人之天赋权及国家契约之说，远从希腊之梭非斯托而茁其萌，中因中世之自然法学而发其光，近由宗教革命之思潮而更茂其实。美国人之受此思想也，其绵（互）〔亘〕非一朝夕，而共和立宪制由之而生，谓其根本精神，采自卢梭之说者，凡读美国权利章典，皆能辨其妄也。非惟美国为然也，即如法国，由一七八九年之人权宣言，而定一七九一年之第一回宪法，其主义纯乎共和（由此宪法之精神以言，可谓取无制限国会主权主义，王国唯存其名，事实上既为纯然之代议的民主国也，而王国之名，亦不期年而罹于厄运矣），然其根本精神，非采自卢梭之说，而取法乎美国之权利章典，此近日学者所证明者也（耶陵尼氏有《人权宣言论》，言之最详）。然则谓卢梭之国民总意说，有影响于共和立宪制则可，谓共和立宪制不可不以之为根本精神，则所见之不广也。盖凡一学者立一新说，有从而反对之者，有从而补苴之者，继续发达，无有止步，非惟法学若此，他之各科，莫不若此。乃谓一学者之言论，足以支配一切之制度，其言太失实矣。

该报过于重视卢梭之国民总意说，已如上论。乃观其批评国民总意说也，第一句云：“此说万不能实现者也。”

此言又未免太轻视卢梭也，且与上文不复连贯。上文法【方】云“共和立宪制，其根本精神，不可不采卢梭之国民总意说”，而下文即断然曰“此说万不能实现”。此说非惟于理论之实质上大谬不通，即于论理之形式上亦大谬不通也。盖该报既谓共和立宪制不可不采卢梭之国民总意说，然则反言之，则不采卢梭之国民总意说者，不得为共和立宪制明矣（此如解释上固当如是，且该报明言之，观其云“苟非原本于国民总意不足为纯粹的共和也”，可以为证），而卢梭之国民总意说既断然曰“万不能实现”，然则共和立宪制亦将不能实现明矣，而共和立宪制之实现，如美国、法国等，人所共见者，该报记者宁不知耶？观下文所举三理由，尤无所当。今分驳之如下。原文云：

“夫所谓国民总意者，当由何术以求得之乎？用代议制度耶？决不可。今世各国行代议制度者，非谓以被选举人代表选举人之意见也，故代议士之意见，与选举代议士之人之意见，常未必相同，然则以代议士之意即为国民总意，不可也。故欲求总意，则举凡立法、行政，皆不可不付诸直接投票。卢梭亦以为必如瑞士乃可谓之共和，亦以此也。虽然，瑞士蕞尔国也，而内部复析为联邦之本位者二十二，夫是以能行直接投票，顾犹不能常行。若在他稍大之国，能行之乎？必不能矣。故国民总意之难实现者一也。”

此该报记者驳卢梭之国民总意说之第一点也。今即引申卢梭之说以驳之。卢梭之旨，谓国权之主体，在于各个人。各个人为主权者，故其行使主权也，不可不以各个人之全部为之。故代议制度，非卢梭所认真正之民主政治也。其言曰：“英人自诩其享自由，然其自由，第选举国会议员之片时而已，选举已终，则彼曹皆奴隶也。”其言可谓推类至尽矣，然其《民约论》第三编第四章则云：“真正之民主政治，终不可睹。盖欲人民常相集合，以处理国家之事务，往往有不能致者，故近世筹便宜之方法，而有代议之说。此说于现今或将来，皆可得人民之信用，而至于为民主政治之通则，殆可决也。然使小国人稀，则人民结合至易，自无取乎代议耳。”此其为论，骤观之，若与上文所引者相反，然有必不可混者，当注意于“真正之民主政治”一语，盖其理论分纯理与实用二方面。自纯理方面以言，则国民全部直接行使主权，乃为真正之民主政治，而自实用方面以言，则真正之民主政治常仅存于理想，其实际则以代议制度为原则，而国民直接行使主权者，反为例外。此《民约论》所主张者也，不得以此遂谓国民总意之难实现也。何也？以代议制度非夺国民之权利以与代议士，乃以代议士代表国民以行使其权利耳，故代议会为国民思想之反映。若如该报所谓“以代议士之意思即为国民总意，不可也”云云，其说理疏陋矣。

该报又有云：

“复次，即行直接投票，又必须极公平而自由，万一于有形无形间，有威逼之者，或愚弄之者，使其不得为本意之投票，则所谓总意者，（缪）〔谬〕以千里矣。此国民总意之难实现者二也。”

此该报记者驳卢梭之国民总意说之第二点也。今诘之曰：凡研究事物之原因者，最当分别自身的原因与外来的原因。所谓自身的原因者，其原因由事物之自身所发生者也；所谓外来的原因者，非事物自身所发生，乃由于外铄者也。遇一事物，发见其自身的原因有缺点时，非于其事物之本体加以改变不可。若发见有外来的原因有妨害时，但当求杜绝之方法，使于事物之本体不致受损伤而已。如该报所谓行直接投票之时，而有威逼愚弄之事实，此乃外来的原因，非自身的原因也，以非直接投票之本有斯弊，乃有舞弊于直接投票之时者耳，使设种种方法以防其舞弊，则虽行直接投票，而弊决无由生，故曰外来的原因也。例如选举议员之际，亦往往有用威逼愚弄之手段以舞弊者，然此但当于选举法中慎防其弊而设之规定，不能因此遂废选举制度也。岂惟公法惟然，即私法上当事者之意思表示，亦往往有用欺诈强迫之手段以舞弊者，然此但当于法文中慎防其弊而设之规定，不能因此遂废意思表示制度也。因噎废食之见解，乃足以自完其说耶（吾非主张国民直接投票者，以此制度惟极小之国乃得用之，不适用于中国也。所以不能已于言者，此该报所言，失实已甚，不得不略加纠正耳）？

该报又有云：

“复次，即直接为公平自由之投票矣，遂能真得总意乎？总意云者，论理学上之全称命题也，必举国中无一人不同此意然后可，苟有一人焉，仍不得冒总之名也。而试问横尽虚空竖尽来劫，曾有一国焉，其国民悉同一意见，而无一人之或歧异者乎？必不能也，则所谓总意者，仍不过多数与少数之比例，多数而名之曰总，论理学上所决不许也。故国民总意之终不能实现者三也。”

此该报记者驳卢梭之国民总意说之第三点也。案卢梭之所谓国民总意，与人民全体之意志之一致者，其用语有广狭之异，此卢梭所自言者。绝对的要人民全体之一致者，唯于结本来之社会契约时而已。卢梭之言曰：“政治社会之结合，人所随意为之者，苟不愿为，无论可人，不得牵率而强之同意也。故结社会契约时，必须一致之承诺。”此言苟有一人不同意，则不必为契约之当事者也。然此乃指结社会契约时，而非指国家已成立时。该报之言曰：“一切立法行政，非原本于国民总意不足为共和。”此明明指国家已成立以后，不知国家成立以后之人民，非复如结社会契约时之可以随意，此卢梭所已分别言之者。其言曰：“国家成立之后，凡居于领土之中者，不可不服从于国民总意。是故会议之际，虽有反对于己之意见者，然使其说而得多数，则足以证己意见之误谬也。盖己之意见，虽假定为合于国民总意，而既达多数之反对，则足证其已不合于国民总意也。”其言之明白晓畅若此。盖总意者，由各个人之自由意思以合成者也，然则各个人之服从于总意，即服从于自己之意思，决不因是而损其自由。此卢梭之说，所以为精义入神，而后世之学者谓其学说由个人主义转于团体主义，亦良以此也。而该报记者乃若熟视无睹，惟知肆口漫骂，多见其不知量而已。

该报之驳卢梭国民总意说，不外此三点，而其脆弱不足道若此（至于国民多数说以下别为一问题，且大都事实上之论点，于后文详驳之）。吾不知其何乐于自欺欺人，至于如此也。

抑吾于卢梭之国民总意说，非能绝对赞成者也。彼其总意之说，固含真理，然以国民之全部即为国家之主权者，则其说为不确。盖卢梭亦主张国家客体说之一人，故采人民主权说，谓人民总体之集合，得以缔造国家或解散之（在君主专制国，人民以君主为国家，故卢梭之说足以破此观念。然谓人民为国家，与谓君主为国家，同一以国家为客体，其失维均。明乎国家主权说，则君主乃国家之机关，革命者改造此机关而已，然后适于理论也）。其流极将为民主专制，戾乎近世之法理，不可以不辩也。

（丙）[①] 关于孟德斯鸠之学说

该报之论孟德斯鸠之学说也，其第四号第八页云：

“共和立宪制，其统治形式，不可不采孟德斯鸠之三权分立论。盖非三权分立，遂不免于一机关之专制也。”

而其下批评，第一句即云：

“此说亦万不能实现者也。”（第四号第二十二页）

此其论理之矛盾，亦与论卢梭之说同，无俟复述，然吾今尚进一步以言曰：孟氏之三权分立论，凡立宪制度，皆当采用者也，不独共和立宪制为然，即君主立宪制亦莫不然，盖不如是不足以为立宪也，而其说之实现，则随立宪制度之实现而实现。故谓孟氏之说不能实现者，即无异谓立宪制度不能实现，而十八世纪以来立宪制度起自欧美，及于东洋，论者宁独熟视无睹耶？绳以论理固大误，求

① 以下部分刊于《民报》第七号。

之法理尤愈非矣。世有疑吾言者乎？请绍介学者之说以阐明之（以下所论，多本孟德斯鸠氏《法律精神论》、德国学者耶陵尼氏《国家直接机关之特质》、日本学者美浓部达吉氏《权力分立论》。附注于此）。

三权分立之说，所以除专制政治之压制者也。盖所谓专制，一言以蔽之，曰国家权力总揽于唯一机关而已。夫以其以一机关总揽国权，专断一切，故其为善为恶，都无限制，于是国家之秩序与国民之自由，皆无可保。孟氏起而倡权力分立主义，谓国家之权力当分寓于三机关，而是三机关皆互相独立，于自己之权力范围内，不立于服之机关之命令权之下，而独立行使其权力。更端言之，则权力之分立，不外乎机关之分立也。是说摧破专制政体，而为立宪制度之必不可缺之精神。近世立宪制度殆无采权力分立主义者，特其采之程度各有不同耳，其极端采之者，一曰北美合众国宪法。此宪法制定于一七八七年，至于今日，亘三世纪，效力不坠，其间虽有十五回之修正，然其大体，固无所变也。而其宪法第一条第一节曰“凡立法权，属于合众国议会”；第二条第一节曰“执行权属于合众国大统领”；第三条第一节曰“司法权属于一之最高裁判所，及下级裁判所”。其显示三权分立主义，了然共见者也。于是其重要之原则，（一）议会之议员与政府之官吏，同时不得兼任；（二）政府之代表者，不得于议会有发言权；（三）政府无参与立法之权，议会亦不得左右大臣之进退；（四）法律之发案权专属于议会，政府不得有此权；（五）执行机关虽不得参与于立法，然大统领有不认可权；（六）解散议会之权，大统领不得有之。凡此诸原则，皆极端采三权分立主义者也。而于欧洲大陆为立宪制度之先驱者，厥惟法国，为法国立宪制度之根源者，厥惟一七八九年之《人权宣言》。其第十六条曰：“非权力分立之国家，非有宪法者。”及其一七九一年之宪法及一七九五年之宪法，皆直接模范美国，实行三权分立主义，虽于上举六原则略有变易，然其大体固相类也。以三权分立主义之盛行于欧美也若此，而论者乃武断之曰“万不能实现”，何熟视无睹一至于此耶？然孟氏之说，固非完全无缺，即上举各宪法，亦非能运用无碍，今者法一七九一年及一七九五年之宪法固已改废，而美之宪法，其实际亦能墨守当日之条文。若是者，何也？则以孟氏之说，于国家之机关与国家之机能之关系有所未审也。美国国家之机能，复杂相连，于其内部常有不能尽然分离者，是故立法权或司法权之机关，时不得不参与行政，而行政权之机关，亦时不得不参与立法、司法，机关之分立与机能之分类，不能一致也。而孟氏以一机关专掌一机能，他之机关不能参与，此其所以不适于运用也。且如孟氏言，则此三机关各同等独立以行使国家之权力，足破坏国家之统一，尤理论之不可维持者也（此说与主张权力集一主义者诋諆孟氏之说不同。彼辈以三权分立为破坏国家之统一者，其理论谓国权不可分，分之则破坏国家之统一也。然此说甚误。孟氏非谓权力本体之当分立，乃谓行使国权之机关当分立耳，故其说不足以难孟氏。若吾今引之说，则谓行使国权之机关，若纯然分驰，则互相抵触，终足以破国家之统一，与前说不同，不可混而一之）。故近世立宪制度所谓三权分立主义，其大体传自孟氏，而其缺点则修补之，其所谓分立者，非纯然无关系、分离、孤立之谓也，以不相抵触为限，各自独立之谓也。故一国家中，虽有三独立机关，而于国家之统一，决无所损。此其立论之精，遥足以济孟氏之穷者也，而其立宪制亦与极端采权力分立主义者大异。彼谓立法权专属议会，政府只有执行权而已，不得有所干涉，而近世立宪制则异是，凡法律固不可不经议会之议决，而政府非全然无关系于立法者也，政府固行政为专责，而议会非全然不参与于行政者也。此其相异之一也。彼谓立法、行政、司法三权各相对立，而近世立宪制则不然，法律者，于宪法之下，国家之最高之意思也，行政及司法，皆在其下，不得违反法律，以保持其统一，且立法机关与行政机关亦非全相分离而绝无关系者。此其相异之二也（有此二相异，故三权分立之制，可以无弊。该报第三号论共和制度之难行，由未知此故耳）。此为近世进步之法理，亦即近世立宪制所采用者。美国宪法虽至今未改，而政治之趋势，固倾于此矣。其他君主立宪制，虽重民权如比利时，重君权如普，如日本，皆不外乎本此以为立宪制。故权力分立主义，为各立宪国普通之原则，其程度虽国异其趣，而其大体则相类也。而孟氏之说遂为十七世纪以来诸立宪国所依据，其节目虽屡有更易，而其根本未尝动摇也（主张权力集一主义者，则与孟氏之说根本不能相容，然以吾观之，彼于孟氏之说，犹蚍蜉撼大树而已，无足数也）。而论者武断之曰“此说万不能实现”，得毋子贡所谓多见其不知量乎？乃进而观其“不能实现”之理由，则又至浅薄。该报第四号二十二页云：

“此说亦万不能实现者也。此其理近世学者固多言之，吾于所著《开明专制论》第七章，亦曾述之。然寻常学者之言其流弊也，不过谓机关轧轹而缺调和，谓施政牵制而欠圆活。夫此犹为民政基础已定之国言之耳，若新造时，则其弊犹不止此，盖危险有不可思议者焉。请言其故。凡一国家，必有其最高主权。最高主权者，唯一而不可分者也。今三权既分矣，所谓最高主权者，三机关靡一矣得占之，然则竟无最高主权乎？苟无之，斯不成国矣。既有国家之形，则必有之。然则三权分立之国，其最高主权安在？曰仍在国民之自身而已。（中略）则三权分立之政治，即最高主权在国民之政治也。”

此其理论之谬，非可一言尽也，强分二段驳之。（一）该报谓“最高主权，唯一而不可分。今三权既分矣，三机关靡一焉得占之”。此直以权力之分立，为权力本体之分割，理论之不可通者也。该报于《开明专制论》第七章，曾译日本穗积八束氏《立宪制下之三政治》一篇，并加以揄扬，而原著首段，即痛论此者，宜未必熟视无睹。吾今即节译其语，还以质之。原著有云：权力之分立云者，非谓国权之分割，谓分运用国权之人而已，此孟氏所自言者。盖国权者，国家之意思也，而国家为无形之人格，非固有自然意思者，故配合自然人之自然意思，以构成国家之法律意思，立法、司法、行政固国家唯一之法律意思（国权），然欲使此唯一之法律意思（唯一之国权）成立，必于其后有一人或数人之自然人之自然意思存在，然后可。是则三权分立之精神，非三分国家之法律意思（国权）之本体也，乃对于为其分子为其内之发动机之自然意思，欲析而分之也。分之云者，期于不混同而已，非孤立之意，乃独立之意也（以上节译原著之要语，以下别为论据。盖对于原著，只取其解释权力分立数语而已，若国权之主体，究将谁属，则原著者之所说，与下之所述，正相反也）。是故孟氏所谓权力之分立，即不外乎机关之分立而已，国权之主体，在于国家，而发动国家之意思者，则分任于三机关。盖国家固须有单一之意思，然谓国家之意思不可不依于唯一之机关而发动，则大误也。国家所以须有单一之意思者，谓国家之中若有二意思互相矛盾，而同时发动，又有同一之效力，则国家之统一，将不可保也。然使国家虽有二以上之机关，互有独立之地位，而当其行使国家意思作用之际，其二意思之间，决无矛盾之患，则又何损于国家之统一者？道在使此诸机关虽各分立，又互相连属，以不相矛盾为限，能卓然独立。此则近世立宪制度之精神也（即上文所谓司法、行政皆不得违反法律等是）。该报昧于此趣，既谓三权分立，即为分割唯一之主权，又谓主权既分，三机关无一得占者，其立论之谬，乃至于不可瘳。（二）该报又谓“三权分立之国，其最高主权安在？亦仍在国民之自身而已。故三权分立之政治，即最高主权在国民之政治也”。此则又陷于国家客体说之谬者也。国权之主体，国家也，非在君主，非在国民，论者亦既知之矣（论者虽知之，而同时自相挑战，复采国家客体说。吾前文诘之，该报第七号答辩，谓实非尔尔，即如《开明专制论》第四章所云，乃言管、商之学说而已，且附以注云但就专制言专制。夫彼第四章所言，自下定义，与管、商何有关系？工于诿过若是耶？至于就专制言专制云云，乃不值一笑。主张国家主体说或客体说者，乃明国家之法律上之观念，与政体无涉，无论为专制政体，为君主立宪政体，为民主立宪政体，其理论皆一贯，非谓因政体之不同，而国家主客之位，亦因而异也。该报第三号第五十页之注，吾固已浏览及之，此无关宏旨，故不置辩，何必故自搜检以供人指摘耶），而同时又主国家客体说，何也？自相挑战，今犹未决胜负也？大抵主张国家主体说者，以谓无论政体若何，主权皆在国家，而主张国家客体说者，则谓于君主国则君主为主权者，而国家为客体；于民主国，则人民为主权者，而国家为客体。其间复有二小别，其一为君主即国家而人民为客体，其二以人民即国家而君主为主体。论者尝同时主张三说，自相挑战之烈，令人骇然，不敢为左右袒。嗟夫，论者良劳苦。吾今且作壁上观，俟自相挑战者驱除强敌，明定不尊，然后乃吾发言之时耳。然论者驳孟氏之说，统观全篇，可谓无一语能抵其隙者也。

该报侈陈法理，不可毛举，然其最巨者，一则为尊波伦哈克之说，所借以诋革命不能得共和也；二则为驳卢梭、孟德斯鸠之说，以为其说不能实现，故共和立宪制亦万不能实现也。此二端为该报最大之论据，所恃以自完者，故不惮词费，一一驳之，其他枝辞碎义，则不足以成问题，别为杂录，以发其覆可耳。

第二，驳该报之事实论

该报第七号三十六页有云："吾之事实论，驳无可驳者也。"然而反观本报第四号之驳论，其立言树义，该报乃无以一语足以撼之。吾今引申前说，并以正该报第七号之谬说。综计该报所斤斤者，不出二端，其一为主张自说，即劝告开明专制，要求立宪是也；其二为难本报之主张，即今日之国民，无议院政治之能力，故无为共和国民之资格是也。今吾将探其症结所在，发一问题曰：今日之中国，当为政治革命否乎？此问题盖可以一言而决也。今日之中国，非政治革命无以自存，此人人所咸怀想者，不独本报所主张，抑亦该报所乐道者也。于是吾乃进而再发一问题曰：吾辈欲达此目的，将恃政府之开明专制乎？抑恃国民之革命乎？此问题为全文之主点。本报之意，以望诸国民者也，故曰国民能革命，能由是以为民主立宪；该报之意，以望诸政府者也，故曰政府能开明专制，且能由是以为君主立宪。然欲问其能不能，当决诸其能力（吾前文有云：中国国民，必能有民权立宪之能力。该报第七号难之曰："所谓必能者属将来乎？属现在乎？若属将来，则近的将来乎？抑远的将来乎？"吾以为此不成问题者也。举浅譬以明之。今执人而问之曰：汝能挟泰山以超北海否？必应之曰不能。更语之曰：汝能为长者折枝否？必应之曰能。是故事之不能为者，虽为之有不能致，若其能为，则为之未有不能致者也。国民之求民主立宪，非挟泰山以超北海之类也，乃折枝之类也。又案：孙君演说，论国家之发达，举汽车为喻，该报从而诋之，自第三号至第七号不休，其妄良足【陀】者。夫举譬与举例不同。例者，于事物全体之中，抽其一支节以为证也，其性质必同；譬者以此物与他物相喻也，其性质往往不同。人虽好诋諆，何至指摘人所设譬者，以为口实乎？吾此文所举譬，源于孟子，童子所能喻者。论者若又以前日之故智相难，则童子能斥之矣），而尤当问者，则此两者之能力，能相辅以发达与否。例如，有问者曰：吾既恃国民之实力，又恃政府之开明，改革事业，不愈速乎？此问题非一言所能尽者也。盖国民之谋革命，以欲颠覆专制故也，其所以踣政府而去之者，所以达其目的而已。使政府不与国民为仇，而与国民同心同德，以济大业，则国民之目的既达，何所恶于政府而必欲去之？各国之革命固有其例矣（如第三号《希望满洲立宪者（曷）〔盍〕听诸》一篇，所举民权锐进、君权进步，是其例也）。然欲以此望诸今日之政府，则决无济。何也？今之政府，异族的政府也。满汉两族利害相反，不能同为国民。本报第五号续《希望满洲立宪者（曷）〔盍〕听诸》文中，痛论之矣。既不能望满人为我助，岂能望政府为我助耶？夫政治革命事业既无他人能分吾责，且非惟不能分吾责而已，尤将为吾害，**则担荷政治革命之责任者，惟我国民**。此凡我国民所宜卧薪尝胆、旦夕不忘者也。此责任既属之我国民矣，**则当问我国民有能尽此责任之能力否**。该报之意，以为今日之国民，绝对不能有此能力者也，故以开明专制属之政府，而国民所可任者，劝告而已；以立宪属之政府，而国民所可任者，要求而已（要求虽较劝告为差强，然要求须有最后之武力，吾前文云"人民欲政府之顺其要求，必其力足以制政府始可，而制之之术，舍革命军外，固无他也"。而论者不主张革命军，则其所谓要求，亦犹劝告而已），是欲国民居于空言无责任之地位，而举革新事业之全部，一惟政府之命也。故吾下一断语曰：**《新民丛报》者，以今日之政府，为有开明专制之能力，且能由是以立宪，而今日之国民，决无革命之能力，且决不能由是以得民主立宪者也**。而欲正其谬，当先发两问题于左。

第一，满洲人之能力能优于我民族乎？满洲人与汉人，利害相反，不能相容，既如前论所述，然则此两民族必一兴一仆，决无或疑。而欲问其孰兴孰仆，则亦惟叩其能力之孰优而已。而《新民丛报》则以为满人之能力优于汉人也。于何知之？于其劝告开明专制知之。今日之专制君主，所谓皇太后、皇帝者，固满洲人也，满洲人能开明专制，而我民族只居于劝告之地位，是明明以满人之能力为优，而汉人为劣也。然须知二百六十年以来满洲人诚优胜，汉人诚劣败，然非能力之不如彼，乃境遇之不如彼耳。彼之初入关也，乘我民族方居水火涂炭之中，屠宰烹革，一惟其意，乘人之乱而取之，非其能力果优于我也，篡位之后，于军事上、政治上立不平等之制度，以独占其势力。所居之地位已占优胜，故得肆其志，亦非其能力果优于我也。蠢尔东胡，安敢与四千年神明之胄较？彼曩所有者，唯横噬死咋之能力，今亦薾然尽矣，而汉人之能力，中更丧乱，弥复峥嵘，今日以后，必其自被征服之地位，一跃而登征服之地位，可无疑也。若是，则为政于中国者，舍汉人将安属耶？故吾下断语曰：汉人之能力优于满人之能力，必能排除非种，以完政治革命之责任者也。

第二，政府之能力优于国民乎？今日之政府，满洲政府也。满洲人之能力，不如我民族，既如上述，则似无须以政府与国民相较。然凡论事者，当从数方面以观。自一方面观之，则汉族与满族相较，自他方面观之，则政府与国民相较也，故于此方面，亦宜研究，而《新民丛报》则以为政府之能力优于国民也。观其谓政府能开明专制，且能由是以立宪，而国民则只能居于劝告要求之地位，其义显然矣。然以吾观之，今日之政府，以唯一机关总揽大权，以云势力，诚视国民为优矣，然此乃势力，非能力也，若云能力，则可谓非天下之顽钝无耻者，不足以厕于今日之政府，直可命之曰无能力者而已。若以文明之法律言之，今日政府诸人，殆皆当宣告禁治产，不然，亦当宣告准禁治产。何也？所谓皇帝，以世袭得之，不辨菽麦不失九五之尊也；所谓大臣，以蝇营狗苟得之，非廉耻丧尽，安得有今日？然则政府诸人，可谓一国之中，至不才至无耻者，何足与言能力？而该报乃以拿破仑、腓列特烈（该报所谓开明专制之君主也），望今日之皇帝，以管子、商君、俾斯麦、加富尔（该报所谓开明专制之宰相也），望今日之大臣，而谓全国之人，非顽固之老辈，即一知半解之新进（该报第三号三十四页），不足言共和，只宜受专制，何重视政府、轻视国民，至于如此也！然该报固有辞矣。其意以谓，若国民革命，非国民人人有此能力不可；若云开明专制，则以少数之人才，登庸于政府，斯足以有为矣。故以范围之广狭而论，开明专制，所需人才狭而易周，国同革命，所需人才广而难普也（节录该报第七号之大意）。虽然，为此言者，又不免于空想之甚也。夫使一国之中能择民之秀杰者，皆登庸焉，宁非善事？然须问其铨择之法。铨择之法能扬人才而之上，亦能抑人才而之下。今日文明诸国，铨择之法，曰定其资格，加以考验，曰舆论众之选举，如是则其人必饶于才识者也，不然则必民望所属者也。然此犹语铨择之方法而已，此不可无其根本焉。根本维何？曰必国民程度咸相距不远，其尤孚人望者，乃得为之代表焉。故文明国之大臣与议员，非神灵首出，宰制应物者也，亦即国民之一分子，所以表现国民之心理者而已。盖国民者，国家之分子，而政府者，国家之机关，未有分子不良而机关能独良者也。今该报力诋国民，以为至卑且劣。无国民既卑劣若是，安得有良政府？所谓根本者，固已失矣，降而语铨选之法，则苞苴而已，夤缘而已，吮痈舐痔而已，脚靴手版而已。此非谩骂，乃实况也。如是，则将何处求良政府耶？于是不得不反求诸古代之观念，曰：今之政府诸元老，维岳降神，生甫及申，所以牧民者也，而民者牛马而已，听其牧御者也。于是，结论乃为能自完其说矣。然此结论有丝毫良心者所不敢出诸口者也。故吾敢断言曰：吾侪决无得良政府之希望。吾更断言曰：今日之政府，非足以表现国民者也，政府中人，一国之中，至卑且劣之人也。此至卑且劣之人，何以能群踞于政府？则由彼以至卑且劣之手段而得之也。夫惟以公平之铨选而获登庸者，乃能表现国民之心理。今彼以至卑且劣之手段而得之，则直国民之贼而已。国民之程度与国民之贼之程度，不可以相较也，而扑除盗贼，尤国民之责任。盗贼既尽，则颠覆专制之功成。然则政治革命之责任，舍我国民将安属也？

夫今日之中国，其须政治革命如此甚亟，**而当负此责任者，惟我国民，有负此责任之能力者，亦惟我国民**。本报所以长言反复，不能自已者，**欲我国民知负责任而已**。乃该报则谓本报谀我国民，而自谓能箴我国民（第七号十八页）。夫本报之为言，乃责望也，非谄谀也。若该报自誉能箴我国民，则亦伪甚矣。夫所谓箴者，规其过而导之于善也。以其人有如是之责任，而对于其人有如是之希望，于是见善相奖，见过相规，是乃劝其人仔肩，而非劝其人放任也。若该报谓我国民恶劣，只宜受人专制，是第欲国民放弃责任而已，其言为辱我国民，其意为杀我国民，何箴之有？吾友某先生有言：**国之大患，在政府专擅而国民放任。吾辈**

今日既欲尽言责，宜提撕国民之责任心，何竟教其劝告政府开明专制，而自立于无责任之地位耶？此言未知论者曾闻之否？如其闻之，愿一思之，属望政府，诋毁国民之言，盍一审慎，乃出诸口也？夫此责任既惟我国民当负之矣，即使能力未副，亦惟相与策进而已，况乎国民之能力，决非不能胜任者也？吾今细察国民之能力，发两问题于左：

第一，我国民果有政治革命之能力乎？此问题又可细析为数端。一曰力足以覆满洲政府否？夫满洲政府之能力，不如国民之能力，能如上文所述，则此为不成问题。盖能力优强之民族，能颠踣能力劣弱之民族，无俟详言也。二曰力足以对待各国否？此问题本报前号《驳革命可以召瓜分说》一篇，已详言之，今无待言。然则本问题所当研究者，今后之革命，将不免于沿历史上之自然的暴动乎？抑果能达民族主义、国民主义之目乎？欲解决此问题，有两要义。第一曰革命之主义。其主义而帝制自为也，则必其沿历史上之自然的暴动也；其主义为驱除异族、颠覆专制也，则必其能达民族的国民之目的也。而本报所主张者为民族主（张）〔义〕、国民主义，故其革命之主义，诚足以达政治革命之目的者也（历史上自然的暴动，其结果易朝改姓而已，不得谓之政治革命。所谓政治革命者，鼎革其政体之谓也，故非颠覆专制，不足以云政治革命。然其所以并树民族主义者，何也？以其为异族专制故也。于此当知民族与政治之关系）。第二曰革命之纪律。纪律者，当立此主义以求达此目的之时，所不可缺之手段也，而纪律本于主义而发生，使其主义为帝制自为，则其纪律或宽仁大度，以收人心（如刘邦等），或恣为残酷，以慑民志（如张献忠等）；使其为民族主义、国民主义，则其纪律必本于自由、平等、博爱之精神，以为民主立宪之预备，即孙君所言约法是也。其条理非可宣之报章，至其大义，尝略言之矣。而《新民丛报》之相难，其于第三号则曰：设持此主义此纪律者居少数，则革命之目的，将不可达。不知革命军之起，必在于国民主义、民族主义昌明之时，而此主义果既昌明，则约法乃应于国民心理之必要，而不能不发生（见本报第三号第十五页、第十六页。该报第七号第三十页引之，而于“约法”二字之上，妄加“共和”二字，以之相诮，虚伪至此。理不足以胜人，乃涂改其人之文字，以为诋諆之具，究亦何能有损于人耶）。于斯时也，反对革命者惟满洲人与其死党而已。此义本报第三号所详言，而该报第七号所未答者也（彼自命答辩，然其所言，一则妄改人之文字，以相诋諆，一则泛论合成意力，于此义未尝言及也）。而其第七号所言者，则谓国家不能与人民相契约，故约法之说，为不足采。嘻！此言大误矣。约法者，革命时代革命团体与人民相约者也。此时革命团体尚未尝具国家之资格，其与民定约法也，亦犹国民与国民之关系而已。盖革命团体与国民之关系，至为密切，其地位同也，其主义同也，其目的同也，于是二者之间，以云缓急，不可不相依也，以云信任，不可不长保也，以云目的，不可不共达也。由是关系，乃生约法。约法者，规律革命团体与国民之关系，使最终之结果，不悖于最初之目的者也。由是故与历史上之自然的暴动异。彼之暴动，持其事者，以宰制万类为目的，而此则国民相约，向于政治革命之目的而进行，故无相轧轹之患，且尤与法兰西大革命时异。彼之革命，民党之间，初无规律其关系之准则，故终相戕杀，以成恐怖时代，而此则互相信任，各有职司，有法定之关系，为共同之活动，故无恐怖时代之惨状。约法之为用如此。该报所言，有一语窥见真际否耶？吾前文最重要之语曰："使民族主义、国民主义而大昌明也，则约法者乃应于国民心理之必要而不能不发生。"该报第七号之答辩，于此中关系，未一言及，徒泛论合成意力，谓合成意力，为国法的性质，公法的性质，与约法不同，并多引笕克彦氏讲义为证，真不恤人齿冷。案笕氏曰：法之性质，乃社会心理之规律的合成意力也。所谓法者，指最广义，非指公法，尤非指国法。公法者，乃法之一种，而国法，乃公法之（种一）〔一种〕耳。观笕氏下法之定义曰：规律意思者间之意思发动关系之合成意力也（十九字为一句）。而其下公法之定义曰：规律为全部之意思者与为其分子之意思者惹起基于全部分子之资格关系之意思发动关系之法也（四十一字为一句）。其下国法之定义曰：规律国家之统治组织及统治作用之法也（十七字为一句）。三者定义各殊，盖合成意力（详言之，则十九字为一句，如上所述，略言之，则只称合成意力，此笕氏著书之例）。为法之本质，所谓公法、国法，其本质不外是，而各有其特质。今该报所言，以合成意力为公法、国法所专有，真怪语也。吾所谓约法，因非国家之法律，然有合于社会心理之规律的合成意力，以其为国民心理所表现故也，其强制力虽与国家法律异，而款尝无之。此存乎事实者。要之谓约法为合成意力，无几微之不当也。论者盖读笕氏《国法学讲义》，遂谓其所谓法者，专指国法。此真不值一笑，然于论者为巨谬，而于本问题则专属于学理的范围，故仅附注于此，以此段专从事实立论故也。夫革命之主义如此，而革命之纪律又如此，故我国民诚能胜政治革命之任，不待言也。

第二，我国民果有民主立宪之能力乎？该报第七号第十七页有云：

“夫国民之有立宪的共通精神，此何劳论者与吾晓晓耶？立宪二字，岂论者所能专有耶？吾固持君主立宪主义者，使吾不认有立宪的共通精神，吾安敢为此主张耶？（中略）盖立宪共通精神，今日中国与彼所异者，精粗之问题也，即论者所谓程度问题也。共和特殊精神，今日中国与彼所异者，有无之问题也，即论者所谓性质问题也。”

然则该报之意，以为我国民能为君主立宪，而不能为民主立宪也（彼文以立宪与共和对举，可谓巨谬，本报第五号既驳之）。而其所以为此论据者，则该报第七号五十六页有云：

“吾以君主立宪为究竟，彼以共和立宪为究竟。君主立宪，其所养人民之实力，但求其能为监督补助机关而完其责，斯已足矣；共和立宪，其所养人民实力，非能为指挥主动机关而完其责，则不得谓成功。此就程度之浅深相较，其难易之差四也（以上所言二端，皆在建设以前者，与此无涉，故不引）。君主立宪，则所以构成监督机关者，可以制限选举行之；共和立宪，则所以构成此主动机关者，不可不以普通选举行之。此就程度之广狭相较，其难易之差五也。”

然则该报之意，以为君主立宪易，而民主立宪难也。故该报持君主立宪主义，而力言中国国民无共和之资格。噫！此大误矣。夫国民之由专制而变为立宪也，系乎能力。盖专制国之人民，与立宪国之人民，其能力固不同也。若夫既能由专制而变为立宪矣，则其为君主立宪，抑为民主立宪，视其事实而已，非谓民主立宪国之人民，其能力必当较君主立宪国之人民为优也。此其理，吾前文已言之。见本报第三号《希望满洲立宪者（曷）〔盍〕听诸》。盖政治革命，一言以蔽之，曰君权与民权之消长而已，民权锐进，君权消灭者，则成民主立宪，民权锐进，君权让步，于是相安者，则成君主立宪，故曰事实也，视其所遇之敌何如，而非人民之能力有高下使之然也。间者疑吾言乎？请举至显之例以明之。英国者，民权发达之国也，即该报亦尝称为能行议院政治政党政治之实者也（见第三号）。该报言，凡共和国，必行议院政治，凡议院政治，必政党发达，然后能无弊。因举英国政党之发达圆满为准，而不悟英国固君主立宪政体也。其立说矛盾至此。须知论者巨谬之点，在横互成见，谓民主立宪国人民之能力，必当较之君主立宪国者为优，故以为中国国民，只能君主立宪。然英国固为君主立宪之国。法兰西虽民主立宪，而其国民之程度，固不如英人。若夫以政党之发达言，虽共和如美国，且犹不及。然则论者谓君主立宪易而共和立宪难者，果何据也？更举一例言之。比利时之胜荷兰而独立也，固欲建设共和政体，及受神圣同盟之干涉，乃改为君主立宪政体。此益足以证明，凡政治革命，以立宪为目的，至于其结果，则为君主立宪与为民主立宪，皆存乎事实，而非由国民之能力有优劣使之然也。**使该报绝对主张我国民无立宪之能力**，则吾复何言？**乃既认我国民能立宪矣，而谓其程度只能君主立宪，不能民主立宪，则不通之甚也。盖该报之意，以为君主立宪，以政府开明专制致之，民主立宪，则以国民革命致之，而因其信满人不信汉人，信政府不信国民之故，是以言君主立宪。**吾可决其言之不成理也（即以君主立宪而言，亦由国民革命之结果。泛观各国，未有国民不革命，而政府自能立宪者也。政府怵于国民之革命，而让步焉，君权民权，相与调剂，乃为君主立宪。若该报专望政府开明专制，而国民舍劝告要求以外，无他事，则其结果只能成野蛮专制政体，若望君主立宪，真牴羊生乳之类之类耳）。今即其所主张者而驳之。其第一义曰："君主立宪，则人民能为监督补助机关而已足。若共和立宪，则人民须为指挥主动机关。此程度之浅深相较，有难易之别也。"第七号五十六页吾将诘之曰：然则在君主立宪国，其为指挥主动机关者，何人耶？宁非国民之一人耶？如该报所言，则国民之一人，可为指挥主动机关，而二人以上，则不能胜任，此何说也？夫在君主立宪国，其当指挥主动机关之任者，君主也。若民主立宪，则惟议会（民主国，有以国民全体行统治权者。此惟极小之国，乃得用之。若地广人众，则必议会行统治权，如美国、法国是已）。前者曰单独制，后者曰合议制。单独制之利在敏活，而其弊为偏倚；合议制之利为周详，而其弊为迟复。然此言制度得失耳，非能力所由判也。若夫语能力，则君主之能力，必不如议院之能力明甚。盖君主世袭者也，虽不辨菽麦者，亦得为之，而议员则由民选，必其素孚民望者，乃能为之，一也。君主之为英明为横暴，听其自然，非国民所能容喙，而议员则国民见闻诚确，选择自由，二也。君主之无道，国民舍革命外，无他术以制之，而议员则知其不才，可以不举，既举而觉其不才，可以不更举，三也。有此三者，议员之能力优于君主必矣。而论者乃谓君主可以为指挥主动机关，而议会不能者，何也？且谓满洲之酋长可以为指挥主动机关，而代表国民之议会则不能者，何也？推论者之意，必以为君主者超然于人民之上，为天之子，为民之父母。若古代人民对于君主之观念，则其说完矣。

中国古代，若伏羲、神农之属，其从皆半人半神，而黄帝、唐虞及三代之始祖，其生也，又皆有神怪，谓天实式凭之，非人所生也，故以天子牧下民，为理至顺。于是汉刘邦羡之，乃创龙媾其母之说，且以其父亲睹为证。唐宋以来，皆一丘之貉。至于满洲，亦有朱果之祥。论者果据此立言，谓今日满洲之皇帝，实天生以牧我民者，故能居指挥主动机关之地位，如是则论者之说，乃不可破矣。虽然，如是则但当稽玉牒，进雅颂，吾亦不复答辩矣（君主世袭，为理之至顺。古人知其然，故创天亶之说。今日君主立宪各国，君主无责任，故亦无复重视之者，乃不谓论者坚祝满洲大酋，长居指挥主动机关，如是其忠诚也）。其第二义曰："君主立宪，则所以构成监督机关者，可以制限选举为之；共和立宪，则所以构成此主动机关者，不可不以普通选举为之。此就程度之广狭相较，而难易有别。"第七号五十六页夫选举制度，本有三种：一，普通选举；二，制限选举；三，等级选举。第三种论者未言及之，可毋论。若夫第一种第二种，皆以国民平等为原则，而亦有其制限。所谓普通选举，未尝无制限也，第其制限之程度，不如制限选举而已。其制限之至普通者，（甲）精神丧失者，（乙）未达法定年龄者，（丙）女子，（丁）剥夺公权者，或停止公权者，（戊）禁治产者，已受破产宣告而未清偿债务者。除此数种特别之例外，凡国民皆平等有选举权。行此制度者，佛兰西、德意志帝国、德意志联邦各国之一部、瑞士、西班牙、诺威、希腊及北米合众国之大部分等，固非必共和国乃行普通选举，亦非必共和国乃不可不行普通选举也。制限选举，亦以国民平等为原则，于上举各要件之外，尚须具一定之要件。所谓要件，亦至不一，如匈牙利、瑞典、塞尔维亚，则以财产资格为要件，德意志联邦各国之一部，则以纳税资格为要件。葡萄牙及伊太利，则以普通教育为要件（惟伊太利制，有一定之财产资格者，则不须教育之要件，葡萄牙者，限于户主有选举权，此其相异者）。各国制限选举之法虽不同，要以财产及教育为标准，而其实以设财产之制限为主，而普通选举之特色，即在于不以财产资格为选举之要件，不问其财产资格之何若，皆平等有选举权。其最先采用此制者为佛国，此一八四八年之革命所结果也。其后劳动社会日发达，而此制遂行于各国。使中国他日而建民主立宪政体，则必行普通选举。盖民主主义既实行，无所谓财产阶级也。至于教育资格，则非惟制限选举，有明揭以为要件者，即普通选举，亦固有之。何则？凡普通选举，皆有法定年龄。此法定年龄虽各国程度不同，然如佛、米各国，则以满二十一岁为限，德意志帝国则以二十五岁以上为限（此指选举人之资格耳。若被选举人之资格，则佛国以二十五岁以上为限，德意志联邦之部，以三十岁以上为限）。教育、年龄固已备历矣，故各国之选举法上，虽有不明揭教育之条件者，而实已备举也。所谓普通选举、制限选举者如此，而该报之意，则谓行制限选举，则范围狭而得人易，行普通选举，则范围广而得人难，非未尝一考其制度，安得有此言也？如上所言，则该报谓君主立宪易而民主立宪难者，其谬可见矣。该报又谓今日中国国民无共和国民之资格，其理由则谓未有议院政治之能力。该第三号之大旨，夫议院政治行于共和政体既建设之后者也，共和政体未建设以前，客观存在得有议院政治。然则欲于今日察国民有议院政治之能力，不可不设一条件于此，谓具备此条件者，即有议院政治之能力，而此条件，本报第四号所详论者也，其结论曰："夫我国民既有此自由、平等、博爱之精神，而民权立宪则本乎此精神之制度也。故此制度之精神，必适合于国民。"此言实吾所指为共和国民之资格之要件也，乃观该报之答辩者何如？第七号三十三页曰：

共和之真精神，在自治秩序，而富于公益心所以能行议院政治者在此。国民心理而如是者，则共和不期成而自成，美国是也，或且无共和之名，而有其实，英国是也。苟不能如是，而惟嚣嚣然求自由、求平等，是未形成国家以前原始社会之心理，而决不可谓为今世共和国民之心理也（自由、平等固共和精神之一部分，然必与自治心、公益心相合，乃能成完全之共和心理。苟为离自治心、公益心而独立之自由平等，则正共和精神之反对也）。

夫该报所谓自治、秩序、公益心者，与自由、平等、博爱有以异耶？博爱者，公益心之渊源也。不自由，被治而已，安能自治？不平等，阶级而已，安能秩序？易其词以攻人，而又无以易其实，无聊一至此耶？叠地"求自由求平等"之上冠以"嚣嚣然"三字，此等形容词，宁有当于事理？又从而诋之曰："是未形成国家以前原始社会之心理。"所谓原始社会，其状态若何，俟诸社会学专攻者，然原始社会时所谓平等自由，与今世共和国民所谓平等自由，其求之之法固有大异。原始社会时代，其求之也，以剽掠为事，所俘获者斥为奴隶，无论其所求者为何，语其结果，一言以蔽之曰，不自由不平等之制度而已。世进文明，而自由、平等、博爱，乃为万法之原则。私法上无待言矣，即公法亦何莫不然？专制之国，君之于民，犹牧者之于羊也。及乎变为共和，斯举自由、平等之实矣。

即其变为君主立宪者，其自由平等之程度，亦近乎共和而远乎专制，谓“求自由求平等为未形成国家以前原始社会之心理”，洵奇语未闻也。论者亦自知其说之不完，乃又易其词曰：“离自治心、公益心而独立之自由平等，则共和精神之反对。”夫吾言自由平等，而论者乃能决为离自治心、公益心而独立者，此用何种归纳法、演绎法以得之耶？吾前文言权利，兼言义务。夫使离自治心、公益心而独立，则主张单纯之利益可矣，何以复言义务？盖法律许人人有自由之权利，而其权利又皆平等，与权利相表里者，则惟义务，人得行使其权利，又不可不履行其义务。盖惟能尽义务者，乃惟能享权利也。故吾所言自由，与责任相表里，所言平等，与秩序相表里，彼文只诋自由平等，而未言博爱，故不复辩之。论者指为“非今日共和国民之心理”，吾不知何者乃足以当之也，而其所标为“共和之真精神”，又谓“能行议院政治者专恃此”者，乃不外乎“自治、秩序、公益心”。夫此与自由、平等、博爱，乃同物而非异物也。然则论者虽未明认我前提，而实已默认我前提也，吾何多辨焉？论者欲谓我国民未有民主立宪之能力，必否认此前提而后可，不能否认，则吾所谓我国民有民主立宪之能力者，将无一语足以撼之也（又案，彼文自谓胪拟事实，然其所举事实，渺不可见。其第七号所举者曰：“三年前上海某学校，其最显著之前车。”所谓“上海某学校”者，吾不知其所指，置不辩，其第三号、第四号所举者，为留学生总会事，谓即此可见三权分立之不可，及共和政体之难能，其辞诙诞可笑。夫国家者，意力的组织也，同乡会者，感情的组织也，于感情的团体中，欲以强制力行乎其间，能乎不能？且彼谓总会刻意欲摹共和政体，亦为诬词。总会总干事尝宣言于评议员组织会曰：今者总会章程有法律之形式矣，然所乏者，强制力也，吾辈宜以道德代之，否则虽有章程，亦难实行。其言如此，而论者乃比之上断头台之路易十六，何其不伦也。又彼第四号举去年留学界交涉文部省令事，以为政治革命之鉴，亦全诬辞。至谓联合会欲屠异己者，而维持会起而抗之，为民党相轧之证，尤为可笑。此事吾投身已久，能以数语明其颠末。联合会之坚持也，以为国体所关，故急欲出于一致；维持会之坚持，以为无关国体，不可认为有关国体而争之，否则他日虽遇有关国体之事，亦将不争。其见解之不同如此，故未免有相持之意气。迨后心术日明，则感情亦日洽。盖人以心术不同而相恶者，常如水火之不相容，若夫心术相合，则见解虽或乖异，而正以见其不为苟同，其为合也至易。于此知同利害同休戚之国民，其和衷协力，为至顺也。此正足以证同族之可恃，非若异族利害相反，好恶各殊，乌能与合者？该报诋諆同群，至于如是，而反扬扬然望满洲人专制。张公煌言诗云，“从今赌却钻刀咒，不信华人信满人”，其是之谓乎？以上所论，本非要旨，以该报恃为唯一之佐证，故附论之）。

综上所言，一语以括之曰：**当负政治革命之责任者，惟我国民，有负此责任之能力者，亦惟我国民。**所谓政治革命者，颠覆专制而为立宪之谓也。**若能以国民之力，达政治革命之目的，则民主立宪政体必可终获。**嗟我国民，其负此责任乎？**抑自暴自弃，长为他人之奴隶乎？**

草此文毕，意犹有未尽，他日当别为一论，先发两问题：一曰开明专制可以劝告乎？二曰立宪可以要求乎？所以论劝告者曰：劝告云者，无效力之言也，即无责任之言也。所以论要求者曰：要求者，有所挟而求也。欲问其所求，先问其挟持之何具，末更述满洲政府最近之野心，以见我国只宜与之为敌，决无劝告要求之理。此篇所论，专以明国民当负之责任，而别论则在不可依赖他人，所观察之方面不同，而实体则一，故附注于此。读者若读下走此文，而于其将来所欲言者，预有以教之，则幸甚幸甚。

《民报》第六号、第七号，光绪三十二年六月五日、七月十七日（1906年7月25日、9月5日印刷）

驳革命可以召瓜分说

精　卫

自民族主义、国民主义昌明以来，搢绅之士，荷蒉之夫，稍知爱国者，咸以革命为不可一日缓。此国民心理之进步，而国家强盛之动机也。然尚有鼓其诐说，诋毁革命者，其立说皆脆弱而不足以自完，其稍足以淆人听闻者，不外二说。其一谓今日之政府，已进于文明也。然凡稍知民族与政治之关系者，皆知主权苟尚在彼族之手，则政治决无由进步，故此说决无成立之理由。其二则谓革命可以召瓜分，以谓各国方眈眈于我，一有内乱，必立干涉，而国随以亡。为此言者，自托于老成持重，而以逆意之危辞，恫喝国民，沮其方新之气。于是，别有怀抱者，乐于便托此说，以自文饰，即真有爱国之诚者，亦荧于听闻，而摇惑失志，其流毒所播，不可谓细也。今欲外审各国对于中国之方针，内度国民之实力，痞口极论，阐明革命与瓜分决无原因结果之关系，且正因革命，然后可杜瓜分之祸。愿爱国者相与研究此问题，而恍然于解决之方法也。

本论分二大段，前段论瓜分说之沿革，后段论革命与瓜分之无关系。

第一，瓜分说之沿革

瓜分之原因，由于中国之不能自立也。中国之不能自立，何以为瓜分之原因？**以中国不能自立，则世界之平和不可保也。**各国争欲均势力于中国，势力相冲突，常足以激成世界之大战争。于是有一国谓势力之不均如此，不如分割之，俾各得其所，于是倡瓜分主义。又有一国谓势力既不平均，若言瓜分，更滋蔓也，于是倡开放门户、保全领土主义。甲午以后，庚子以前，瓜分说极炽之时代也；庚子以后，至于今日，开放门户、保全领土说确定之时代也。一言以蔽之，**中国未至于瓜分者，列国势力平均主义之结果也。**（庚子以前，因势力不均，而至于言瓜分，庚子以后，因势力不均，而至于言开放保全，始终均势问题也，而解决之法，后与前异）。以上举其概要，以下逐项释明之。

（一）中国不能自立之原因　自立者何？能自以内部之力完全独立之谓也，故独立与孤立有别。持锁国主义、孤立无邻谓之自弃可耳，决不能自立于今日国际团体之内也。而自西力东侵以来，吾国陷于漩涡之地位，既无复孤立之余地，又不能自立，国力颓丧，瓜分在人，保全在人，岌岌然不可终日，国民所已知者也。而其所以致此者，实惟满洲人秉政之故。盖我国民之能力薄弱，固亦不能无过，而厉行锁国主义，鼓舞排外思想，见靡外侮，驯致于危亡，犹复调唆列国之冲突及其嫉妒心，使势力平均主义亦将不能维持者，实惟满洲政府独任其咎。盖自满洲篡位以后，禁绝中国人与外国人交通，以通商为厉禁，放逐传教师于国外，戮人民之私奉外教者，人民有迁徙于他国者，处以死刑。其与外人交接也，觐见之礼，以三跪九叩首为一大问题，初以献俘之礼待之，后以藩属之礼待之。此康熙以来之政策也。道光之际，有鸦片之役；咸丰之际，有联军之役；光绪之际，有甲午之役。中更丧乱，贱外之心，变而为畏外仇外。于是奖励义和拳，宗室王大臣为其首领，揭“扶清灭洋”之帜，以招八国之兵。迨乎北京失守，狼狈西遁，此后又一变而为媚外，然交欢于甲，失欢于乙，朝三暮四，外交之丑劣，至此为极。综满洲政府之对外政策，不出二端，前者为倨慢无礼，后者为反复无耻，以至有今日。然则瓜分之原因，由于不能自立，不能自立之原因，由于满洲人秉政，可决言者也。闻者疑吾言乎？试取外国人之言论以证明之。古芬氏著《最近之支那》，第四章《支那之外交》有云：

“一六四四年，满洲人征服支那，而建清朝，专从事于鼓吹国人之排外思想。今日欧美人恒言支那人之排外思想为其固有之性质，不知鼓吹、激动此思想者，实满洲人也。盖满洲人欲以少数之民族，制御大国，永使驯服其下，因而遮断外国之交通，杜绝外来之势力，其结果遂致使支那人有强烈之排外感情。勃克曰满朝势力之确立全由于锁国政策，然其衰落亦恐坐是也，可谓名言矣。”

以上古芬氏之言也，亦可谓旁观者清矣。更观庚子之役，联军既破北京，各国会议善后处分，德国首议处罚元凶，美国答之曰：

“此役暴徒之首魁，即政府诸宗室元老也，故宜先改造清国政府，后乃议处罚之。”

此言诚洞悉当日事变之真相者。去年日清谈判之际，日本进步党首领大隈重信于东邦协会演说有云：

“支那之政府专以苟且姑息为治，惟企革命之不起，欲革地事人，以保社稷，谓外交上柔能制刚，利用列国之冲突及其嫉妒心，而无信义，故日英同盟，虽实行支那之保全开放、列国之机会均等主义，然战国派之外交，可惹起内部之变动。”

此其言于满洲之心事，可谓洞若观火矣。上所引证，皆非出于我国人之口，乃出于外国人之口者也。**满洲政府一日不去，中国一日不能自立，瓜分之原因，一日不息。**外国人尚能知之、能言之，乃我国人而反昧乎？

（二）各国对于中国之政策　满洲政府实足以召瓜分，既如上所述，然**各国之由瓜分主义一变而为开放门户、保全领土主义者，非满洲政府能使之然也，一由于各国间维持势力平均，二由于知我国民之情实，虑瓜分之难行也。**盖欧亚交通以来，道光时有鸦片之役，咸丰时有联军之役，其战争之目的，欲击破锁国主义，得以自由贸易而已，非有瓜分之观念存于其间。殆乎甲午一役以后，情见势绌，而各国之殖势力于中国者，至不平均，所得丰者，思保持之，所得歉者，思挠夺之。于是德国首倡瓜分之议，于一八九七年，以海贼的暴举，占夺胶州湾。

于是，俄借口以租借旅顺口、大连湾，英租借威海卫，法租借广州湾，此外又屡有不割让地之设定，瓜分之论，极炽于是时矣，然终以势力未平均之故，瓜分适以滋扰。于是美国首提议门户开放主义，英、日固同此主义者，于是自一八九九年至一九〇〇年，英、德、俄、法、日、伊六国，皆表同意，宣言对于中国，以保全领土、开放门户为主旨。此为各国对清政策之根本也。未几而有庚子之变。自有庚子之役，列国益维持前此之政策，而知瓜分之难行。无识者以为庚子之役，乃瓜分之机会也，然须知北京已破，帝后远遁，而各国会议，乃汲汲于善后处分及媾和条约者，何也？此有二原因。在其一，由于各国之政见有相违也，日、英、美志于保全，俄、德、法志于侵略。联军统帅华德西欲进兵太原，英军帅加士里不奉令，谓有政府命令，不许进兵，华德西无如何也。各国龃龉若此，俄瞰知之，乃扬言曰：俄国出兵之目的，欲扫荡拳匪，救援北京而已，今宜讲善后策，维持清政府，缓处罚元凶。盖一方博宽厚之名，以市恩于满洲政府，一方萃兵于满洲，以为占领之计，遂由是而生日俄战争之结果。此出平均势力之使然也。其二则各国于此一役，知民气之不可侮，拳匪之愚妄，虽可笑咤，然所以激而至此者，仇外之感情使然也。今北京虽残，东南诸省犹无恙，使行瓜分，非亿万之兵力长久之岁月，不足以集事，故有所惮而不敢发也。且因是之故，外人知暴烈的手段予吾民以难堪，适以激动其排外之热，自是以后，由劫夺主义，一变而为吸收主义矣。以此二原因，故俄国首倡退兵，各国无梗议，旋归和好。尔后俄包藏祸心，并兼满洲，终酿日俄之战。尔来瓜分之说，已如烟消云散，不复有称道之者矣。

然则为今日之中国计，正宜利用此均势之机会，以奋然自立，勿谓门户开放、领土保全可以苟全也。受人之保护，不得谓之自立。不能自立者，不能生存。然中国不能自立之原因，由于满人秉政，非扑满不能弭瓜分之祸。何也？各国虽取均势主义，然今日之满洲政府，其外交政策，在煽动列强之嫉妒心而利用其冲突，于是各国中有狡者，以诈欺恫喝之手段投之，无所往而不得志。一国有所获独丰者，则均势之政策，不可维持，终必出于分割而后已。盖满洲政府既謾藏诲盗，又反复无常，其究极必破坏均势政策，而使各国不得不出于瓜分，分而不均，则各国相战，分而吾国民起与为敌，则各国与吾国相战，世界无宁日矣。此岂惟吾国之不利，抑亦各国之不利也。故中国今日宜亟谋其地位之安全，而行正当之外交政策，然后足以自立，抑亦中国之自立，有关于世界之平和也。然则排满而自立，乃弭瓜分之祸者也，乃有以为召瓜分者，于下辩之。

第二，革命决不致召瓜分之祸

世之诋毁革命者，动辄曰：革命军起，外人干涉，瓜分随之。此言几于耳熟能详矣。然问革命何故足以惹起瓜分，大概不出二说：第一说谓但使革命军起，则外人必干涉也；第二说谓革命军有取干涉之道也。而此二说之中，所主张之原因，又各不一。吾今搜罗列举之，一一加以辩驳，使其说无复立锥之余地，庶几真理乃显也。兹分论如下。

（一）谓革命军起即被干涉者　为此说者，以为不问革命军之目的行动如何，但使内变一生，即为干涉之媒介也。夫国有内乱，外国可以干涉如否，本为国际法上之一大问题，今亦无须于法理上多著议论，惟须知外国所以干涉者，固必有其原因，而革命军所以被干涉者，亦必有其原因。究其原因之为何，最切要之问题也，而世所举干涉之原因，综计之不外七说。

（甲）谓革命军足以妨害各国之政策。为此说者，必其不知各国对于中国之政策者也。今日各国对于中国之政策，即上所举门户开放、保全领土主义也。革命军起，于此主义果有何妨害？此反对者所不能置一辞者也（如谓革命军苟以排外为目的，则于门户开放政策有妨。此则非独立原因，乃附随原因耳。何也？苟革命军无排外之目的，则此原因不发生也，故曰附随原因，于下论之，此专论主原因耳）。如谓各国之抱此政策，乃其貌托，而非本心，则须知各国之抱此政策者，非有所爱于中国，乃均势问题使之然也。英、美、日固认此政策为有利者，其怀抱野心者莫如俄，而方新败，谋休养，法汲汲于言平和，德之心事，最为阴险，其地位亦最足为人患，然各国瞵伺，不敢独轻于发难也。故开放门户、保全领土政策，乃各国所同认，然则革命军之起，倘如义和拳之高揭“扶清灭洋”之帜，则为自取干涉，使各国虽欲不干涉而不能。若革命之目的单纯在于国内问题者，而谓义师一起，即于各国之政策有妨，此则稍知各国之大势者，皆能斥其妄也。

（乙）谓各国借口于内乱而行瓜分。此说所谓小儿之见也，今分二段释明之。第一，各国苟欲瓜分，不必有所借口。凡欲亡人国者，质直坦白，宣言于众曰“兼弱攻昧敢乱侮亡”而已，非有所赧而求有以借口也。且今日各国之不言瓜分者，非患无以借口，一由于维持势力平均，二由于知中国民族之大，未可遽言并吞也。第二，各国即欲有所借口，亦不必借口于内乱。今日满洲政府之政治，可以借口者多矣，随时随地，何不足以借口，必坐待有内乱起，然后有以借口乎？举实例言之，台湾之割，朝鲜之割，缅甸之割，安南之割，曾以内乱为借口乎？胶州湾之失，旅顺口、大连湾之失，威海卫之失，广州湾之失，曾以内乱为借口乎？至于庚子之役，则尤非借口。彼拳匪之宗旨，为扶清灭洋，非与满洲政府为敌，乃与外国为敌也，则外国与之为敌，何怪其然？且各国苟欲瓜分，则联军入北京时，诚机会矣，于彼时不为，而欲于他日求有以借口乎？**故各国之不瓜分，有所惮而不敢为也，非因无内乱以为借口也。**

（丙）谓使革命军成功，则各国前此由满洲政府所得之权利将尽失之，故各国必维持满洲政府，而与革命军不两立。为此言者，由于不知国际法之过也。于国际法，凡国家间由于条约而生之权利义务，条约之效力未消灭，则权利义务依然继续，旧政府虽倾覆，新政府固当继承之。何也？条约，国家之名义缔结之，非以私人缔结之故也。故为此言者，自不知国际法之原则，不然，则欲以欺不知国际法之人也（至于谓满洲政府，外交丑劣，与各国结种种不平等之条约，宜筹撤改者，则固新政府之责任，然非因政府新旧嬗代，而失条约之效力，故此两事不可混为一）。

（丁）谓使革命军成功，则中国将渐至盛强，非如满洲政府可以为傀儡，故各国为外交上之阴谋计，宁扶助满洲政府而锄除革命军。为此说者，必卑鄙狡黠之小人，未尝知外交之政策者也。大抵外交政策贵于熟知各国之情实，定各国不可不由之准则，使己国蒙其利，而又非各国所嫉，乃为善于外交者。若夫操纵捭阖之伎俩，期于簸弄颠倒，以博目前之小利，则未有不自戕者。俄罗斯喜用之，卒受巨创。盖各国林立，必不容一国独专其利，利之所萃，即害之所萃也。彼满洲政府诚甘为人之傀儡者，然傀儡只一，而欲利用此傀儡者有七八焉，一国乘间利用之，而独享其利，此六七国者（旁皇）〔彷徨〕嫉妒而不能堪，非求利益均沾，则相与攘夺耳。今日之中国为各国所注目，而为之政府者，乃供人傀儡，得者骄盈，失者怨望，战争之祸，所以不息也。使中国人奋起而扑去此傀儡，卓自树立，行正当之外交，则不必求他人之保全，尤非供他人之傀儡。**东亚问题解决，均势问题亦解决，故中国之独立，有关于世界之平和。**各国自息觊觎，全球得以安燕，较之利用傀儡，以生战祸者，其相去何如，而谓人不知所取舍耶？

（戊）谓革命军起，虽非以排外为目的，然经年转战，商务受其影响，各国为保其商务计，必发兵平乱。为此言者，似甚远虑，而实蒙稚可笑，其智识殆如小儿观剧，谓出兵之事至易易也，不知在古昔专制之国，其君主穷兵黩武，且有因苜蓿天马之故而苦战连年者。洎乎世进文明，战祸愈烈，战事愈少。且在立宪政体之下，虽有好大喜功者，亦不能妄于兴戎。盖战事至危，所牺牲者，国民之生命也，所耗损者，国民之财产也，故非关于国家大计，非兵力不足以维持者，不轻言动众。试观英杜之战，其原因之伏，非伊朝夕。金矿主久怀兼并之志，一九〇五年，英将露迷臣率兵驻杜，受金矿主之意旨也。杜人尽俘之，全英舆论沸腾，犹未出于战。后以争占借问题，始决裂。杜人口止廿余万，而英人占借者已十余万，故杜决议拒绝。英遂示威，杜立下哀的美敦书，战祸乃作。初年英败绩，益愤，前后发兵四十万，死伤六七万，耗帑五十万万，至今英人以为得不偿失。故今岁选举，主战党势力失坠。由是观之，战事岂得已耳？商务固足重，然以此单纯之原因而遽出于战，毋乃易言之乎？（揽）〔览〕最近统计表，英人在中国者五千六百人，美人二千五百人，德人一千六百人，法人一千二百人（半为教士），日本人五千二百人，葡人一千九百人。为此等人营业之故，而动各国之兵，彼政府、议会何轻举妄动若此耶？是故革命军起，各国派兵保护彼商民，意中事也，然此基于国际法上之自卫权（例如，南昌教案起，法遣兵保护是也。国人不知，以为示威运动，由不知国际法上之自卫权故也），不可谓非。至于谓各国因保护商务之故，而联万国之众，以来干涉，而实行瓜分，则真如小儿观剧，而叹战事之易也。

（己）谓革命军崛起，必倚一国以为援，革命军之势盛，则此国之势亦盛，各国惧破均势之局，乃不得不出而干涉，遂至于瓜分。为此说者，较前诸说稍坚，而亦有其证据，以谓希腊之独立求助于英，意大利之独立求助于法，民党必连与国，然后可以胜利也。然此视敌之何如耳。希腊之敌为土耳其，意大利之敌为奥太利，其政府之威力十倍于独立军，故非有奥援，不足自立。若中国则异是，使民族主义、国民主义而普遍于我民族的国民之心理，则与革命军为敌者，只满洲人及其死党而已，灭此朝食，无所于疑也。至于各国之同情，固革命军所希望者，然所希望者，消极的赞成而已，起事之际，欲其承认为交战团体，成功之际，欲其承认为独立国。然欲得其承认，虽由于外交，实专恃乎实力，已有为交战团体之实，然后彼从而承认之，已有为独立国之实，然后彼从而承认之，所求于彼者不奢，故其后患不生也。要之，此说之前提，谓革命军必倚一国以为援，使革命军纯任自力而不求助于人，则此说不能成立也。

（庚）谓革命军起，政府之力既不能平，则必求助于外国，外国出兵助平乱，因以受莫大之报酬。为此说者，以谓贱胡无赖苟求保其残喘，必出于借兵平乱之政策也。夫虏之为此谋，容或意料所及，然使其借兵于一国耶，则虏先犯各国之忌，各国虑破均势之局，将纷起而责问，是徒自困也，使其借兵于各国也，则各国之兵，非虏之奴隶，非虏之雇佣，无故为之致死耶？如谓虏以利啗之，彼将为利所动，不知各国苟欲攫利，其道甚繁，奚必出于助兵平乱耶（有以英遣兵助攻太平天国事为证者，然此事别有原因，于后论之）。试以最近事证之。英兵之初入九龙也，乡民鼓噪逐之，英兵退回香港，电总理衙门，檄两广总督饬何长清剿平，英兵安坐而待也。广西游勇尝二次窜入安南，一在马头山，一在高平牧马，法兵安坐，檄苏元春平乱而已。虏借外兵耶？毋亦外人以虏为傀儡耳。谓外国利于报酬而不惮动天下之兵，亦见之未审而已。

以上七说，皆谓革命军起必被干涉者，所以为口实者也，其言之者非一人，其流行也非一日，吾今乃聚而歼之。抑吾之所言，**非侥幸于外人之不干涉也，以本无被干涉之原因也**。其所言非以意假定也，外审各国均势之大局，内察国民之实情，而后立言也。夫各国之均势，前屡言之矣。至于国民之意力，今将言之。大抵国内而至于革命，必民族主义、国民主义极炽之时也，人人怀亡国之痛，抱种沦之戚，卧薪尝胆，沈舟破釜，以求一洗，其革命之目的物，至单纯也，而对于外国及外国人守国际法上之规则，此在我国民已毫无被干涉之原因矣。而为外国者，设因欲保商务、欲得报酬之故（上举原因之二种），连万国之众以来干涉（此为假定其干涉之言），斯时为我国民者将何如？其必痛心疾首，人人致死，无所于疑也。则试约略计各国之兵数。庚子一役，为战地者，仅北京一隅耳，而联军之数，前后十万。今若言干涉，言瓜分，即以广东一隅而论，新安近英，香山近葡，彼非有兵万人，不能驻守，即减其数，亦当五千。以七十二县计，当三十余万，即减其数为二十万，至少十万，而其他沿江沿海诸省当何如？至于西北诸省，则又何如？计非数百万不能集事。而我国民数四万万，其起义也，在国内革命，而无端来外人之干涉，满奴不已，将为洋奴，自非肝脑涂地，谁能忍此者？我国亡种灭之时，即亦各国民穷财尽之时也，而问各国干涉之原因，则曰因欲得报酬、欲保傀儡之故，虽至愚者亦有所疑而不信矣。且世勿谓我国民甚弱而各国之兵力至强也，练兵不能征服国民军，历史所明示矣。普佛之战，佛练兵尽矣，甘必大起国民军，屡败普军，为毛奇所不及料，不敢出河南一步。古巴之革命也，金密士以数十人渡海，入古巴，振臂一呼，壮士云集，前后以四五万人与西班牙兵二十万人鏖战连年，而美西战事起，古巴遂独立。菲律宾之革命也，壮士十人，以杆枪六七支，劫西班牙兵五百人营，夺其枪五百，扑战累岁，西兵驻防于菲者凡二万人，无如何，卒赔款二百万。其后西政府失信，战事再兴。美西之役，美提督载阿圭拿度而入菲律宾，与美合兵，阿圭拿度以兵数千人俘西班牙兵万数，卒立政府。其后美复失信，菲人以所获于西兵之枪万余，择其可用者六七千，以与美精兵七万战，数年始定，使凭借丰裕，则美非菲敌也。英杜之战，杜与阿连治合兵三四万人，英兵四十万，前后三年乃罢兵。如上所述，以国民军与练兵角，皆以十当一，况中国人数非菲杜比，凭借宏厚，相去千万。外侮愈烈，众心愈坚，男儿死耳，不为不义屈，干涉之论，吾人闻之而壮气，不因之而丧胆也。**外乘各国之均势，内恃国民之意力**，既无被干涉之原因，即使事出意外，亦非无备者也。内储实力，外审世变，夫然后动，沛然谁能御之？

如上所述，谓革命军起即被干涉者，当关其口矣。在革命军未尝无被干涉之预备，然内有国民之实力，外乘各国之均势，决无被干涉之原因也。然则谓革命可以召瓜分者，其言已摧破而无存立之余地也。

（二）谓革命有自取干涉之道者　此说与前说不同。前说谓凡革命军起必遭干涉，此说则谓革命军起本不致遭干涉，惟因革命军有自取干涉之道，使外人不得不干涉，故其所言，非独立原因，乃附随原因也。使革命军而无自取干涉之道，则必不致于被干涉明矣。而其所指为自取干涉之道者，谓革命家固以排满为目的，又兼有排外之目的，故革命之际，若蔑人国权，或侮人宗教，或加危险于外国人之生命财产，于是乃召外人之干涉。为此言者，若以施之义和拳，则诚验矣。义和拳以“扶清灭洋”为目的，于是杀公使，毁教堂，戕人生命，掠人财产，以致联军入京。以排外为原因，以干涉为结果，固其所也。吾人所主张之革命，则反乎是。**革命之目的，排满也**，非排外也。建国以后，其对于外国及外国人，于国际法上以国家平等为原则，于国际私法上以内外人同等为原则，尽文明国之义务，享文明国之权利，此各国之通例也。而革命进行之际，自审交战团体在国际法上之地位，循战时法规惯例以行，我不自侮，其孰能侮之？谓革命军有自取干涉之道者，其太过虑也。抑犹有宜深论者，今日内地之暴动，往往不免含排外的性质，此不能为讳者也。然此等暴动，可谓之自然的暴动，乃历史上酝酿而成者也。吾国历史上以暴君专制之结果，揭竿斩木之事，未尝一日息。第开明专制之时，政府威力方张，民间隐忍苟活，即有骚动，旋被平靖，故其表面有宁谧之象，洎乎衰朝末季，纪纲废堕，豪杰之士，乘间抵隙，接踵而起，峰屯蔓延，弥漫天下，此历代之末，同一之现象也。即以清朝而论，内乱未尝中辍，康熙时则有三藩之役、台湾之役（其初定台湾之役不得谓之内乱；其再定台湾之役则属于内乱）、武昌兵变之役；乾隆时则有台湾之役、临清之役；嘉庆时则有川湖陕之役、畿辅之役、川陕乡兵之役；道光时则有海盗之役；咸丰同治时则有太平天国之役、捻之役；光绪时则有义和拳之役，内乱继作，未尝少休，凡此皆自然的暴动也。洎乎近日，感外界之激刺，与生计之困难，其势尤不可一日居。此为历史上自然酿成，无待乎鼓吹者。此等自然的暴动无益于国家，固亦吾人所深虑者也。以中国今日决不可不革命也如此，而自然的暴动之不绝也又如彼，故今日之急务，在就自然的暴动，而加以改良，使之进化，道在普及民族主义、国民主义，以唤醒国民之责任，使知负担文明之权利义务，为吾人之天职，于是定共同之目的，为秩序之革命，然后救国之目的乃可以终达。夫既由自然的暴动而为秩序的革命矣，则滔滔然向于种族革命、政治革命以进行，而毫不参以排外的性质明也。然则吾人之主目的，固在避外人之干涉，而自无自取干涉之理也。

综上所论者而括之，则革命决不致召瓜分之祸，明白无疑矣。然尚有引证一二事实以为辩者，今复疏解之如下。

问者曰：法兰西大革命之际，各国不尝共同干涉耶？幸而法能战胜联军而退之，否则法之为法，未可知也。今中国之革命，能独免于干涉乎？应之曰：法兰西大革命而各国群起干涉者，以欲抵抗民主之思潮故也。盖法之革命，实播民权自由之主义于全欧，各国君主思压抑，故集矢于法，其共同干涉，实抱此目的也，尔后之神圣同盟，亦本斯旨。故比利时之独立，亦被遏制，卒令建君主立宪政体而后已，由其时各国以扑灭民主思想为目的故也。若今日则情势与昔大殊，中国革专制而为立宪（指民主立宪），与各国无密切之利害关系，不能以法之前事为例也。

问者又曰：太平天国之被干涉者，何也？应之曰：太平天国有自取干涉之道也。洪秀全之破南京也，英即遣全权大臣波丁揸来，欲缔结条约，此为承认其独立良机会也，惜洪氏不知国际法，犹存自大之余习，命其觐见行跪叩礼，波氏不肯，遂拒绝不见，只见杨秀清，失望而归。其后洪军至上海，犹立两不相犯之约。及曾军破安庆，自长江而下，遂围南京，左军破浙，李军发上海，洪氏大（事）〔势〕已去，英始袒清，助攻洪氏。故干涉之原因，由洪氏有自取之咎。使洪氏能知国际法，早与结纳，不至若此也。且其时英人初欲殖势力于东方，故谋助兵平乱，冀借此以增拓势力。至于今日，则情势迥异，承认独立与借兵平乱，二者皆遥难于昔日矣。

问者又曰：今者外人相惊以中国人排外，遇有小警，辄调兵舰，如南昌教案，法调兵舰矣，广东因铁路事官民交讧，各国亦调兵舰矣，凡此岂非干涉之小现象乎？应之曰：此非干涉，乃防卫也。国际自卫权本分二种，一为干涉，一为对于直接之危害而用防卫之手段。若内地有警，各国派兵舰防护，可谓之防卫之准备行为，与干涉不同也。盖国家于领域之内，不能自保，而使外国人蒙其损害，则对之可以匡正。匡正之法，国际之通则有二，过去之赔偿与将来之保障是也。然使蒙急遽之危害，依此通则，有缓不及事之虞，则可以用防卫之手段，用强力于他国领域内，此国际法所是认者也。然则使内地有变，而危险及于外国人之生命财产，则外国派兵保护，以（扞）〔捍〕御灾难，不得谓之非理，然此与干涉固不同也。至于屯泊兵舰以备不虞，则只可谓之防卫之准备行为，尤不必以干涉相惊恐。乃内地之人既鲜知国际法，而诋毁革命者又借此以号于众曰："此瓜分之渐也，干涉之征也。"其心固狡，其计亦拙矣。外国领事既察吾民之隐情，于是遇有小故，辄征调兵舰，以相恫喝。即如近日拒约之会，美领事日以调兵相胁，而实则美国自大总统以至国中名流，多不以苛约为然，方且借华人拒约之坚，有辞以对议会，且提议当禁欧工以示平等矣。要之，若云干涉，非得各国政府之同意，联军并进不可。而革命军无被干涉之原因，既如上所述。至于防卫，则以保全其人民之生命财产为目的，征调兵舰，一领事所优为，非出于其政府之意，革命军但当守国际法而行，尤不必谈虎色变若此也。况吾人之革命，以排满为目的，而非以排外为目的，在己固可自信，而外人亦未尝不渐共喻。最近英国《国民报》（于政界最有势力之报）倡论曰：

“支那人排满之感情与排外之感情大有分别，其政府必尽力导排满之感情变为排外之感情，此最宜防者也。”

旁观之言，明白如此。使革命军起而循乎国际法，则更予人以确证。此事固在我而不在人也。

故吾敢断言曰：**革命者，可以杜瓜分之祸，而决非可以致瓜分者也。**

《民报》第六号，光绪三十二年六月五日（1906 年 7 月 25 日）

暴动与外国干涉

饮　冰

某报有《驳革命可以召瓜分说》一篇，其言若甚辩，而不知实自隐其缺点以自欺而欺人也。故更一胪其利害与普天下爱国君子共研究之。

某报胪举一般舆论之言革命可以召瓜分者，而区别为两种：甲种谓革命军起即被干涉者；乙种谓革命有自取干涉之道者。其所驳者，于甲种独详，而于乙种甚略。其驳甲种之说，虽多饰词，然间尚言之成理，其驳乙种之说，则无以自解于此问题，而冀以囫囵瞒过者也。此种情实，本甚显浅。今以彼言之哓哓也，故一是正之。

暴动的革命所以自取干涉者（彼报原文只云“革命”。今冠以“暴动的”之一形容词者，如吾之政治革命论可谓之“秩序的革命”，彼等所持者正“暴动的革命”也）有二：一曰对外之（乱暴）〔暴乱〕，二曰内部之冲突。

对外（乱暴）〔暴乱〕之一问题，彼亦辩解之而不能自完其说。其言曰：

（前略）其所指为自取干涉之道者，谓革命家固以排满为目的，又兼有排外之目的。故革命之际，或蔑人国权，或侮人宗教，或加危险于外国人之生命财产。

于是乃召外人之干涉。为此言者，若以施之义和拳，则诚验矣。（中略）吾人所主张之革命，则反乎是。革命之目的，排满也，非排外也。（中略）革命进行之际，自审交战团体在国际法上之地位，循战时法规惯例以行。我不自侮，其孰能侮之。谓革命军有自取干涉之道者，其太过虑也。抑犹有宜深论者。今日内地之暴动，往往不免排外的性质。此不能为讳者也。然此等暴动，可谓之自然的暴动，乃历史上酝酿而成者也。（中略）洎乎近日，感外界之激刺与生计之困难，其势尤不可一日居。此为历史上自然酿成，无待乎鼓吹者。此等自然的暴动，无益于国家，固亦吾人所深虑者也。以中国今日决不可不革命也如此，而自然的暴动之不绝也又如彼。故今日之急务，在就自然的暴动，而加以改良，使之进化。道在普及民族主义、国民主义，以唤醒国民之责任，使知负担文明之权利义务，为吾人之天职。于是定共同之目的，为秩序之革命，然后救国之目的乃可以终达。（下略）

其所以自辩解者略如此。夫以该报记者之言革命不含有排外的性质，吾亦能信之。虽然，诇诸吾国历史，凡一革命军之起，稍占势力，则必有多数之革命军与之响应，而诸革命军必非能为一致的行动。此前事之章章不可掩者也。论者果敢断言暴动方起时，仅为一单独之革命军，而无他军与之迭兴乎？又敢断言他军迭兴者，必无一焉含排外之性质乎？夫自然的暴动，由历史上酝酿而成，至今日而其势尤岌岌，此既论者所能知之而自言之者矣。曾亦思历史上之遗传性，其势力最为伟大，而欲革之也，决非一朝一夕之效。论者谓就自然的暴动而加以改良，使之进化。此事抑谈何容易耶。所谓改良进化者，不可不取国民心理洗涤而更新之。然欲洗涤更新国民之心理，必非口舌煽动笔墨鼓吹所能为力，而必赖秩序之教育。故非教育机关整备而普及，则所谓改良进化者，终不能实现，而教育机关之整备普及，又必在政治革命实行以后，而革命前之煽动家，决无术以致此，至易见也。论者谓唤醒国民之责任，而岂知其所能唤醒者，仅在感情，而责任观念，决非简单之煽动口语所能唤醒耶。论者所希望在秩序之革命，而不知苟非法治国国民，无论何事而必不能有秩序。况革命事业，其与秩序性质，最难相容，虽以素有秩序之民行之，其骚扰混杂，犹常出意计之外。若以素无秩序之民行之，其危险宁更可思议耶？论者如欲求秩序的革命也，则其预备工夫，不可不先谋所以养成有秩序之国民。而欲养成有秩序之国民，则必先求政治状态生一大改革。苟不注意于现在政治上之监督，而惟思煽动于下，吾敢断言曰：

虽至海枯石烂，而秩序之革命终无自发生也。不幸而论者所执之手段，乃正若是。故彼虽自号为秩序的革命，而吾敢断言其结果仍与自然的暴动无以异也。比国硕儒普兰斯（现世刑法大家）曰："群众心理学可分为二：一曰有机的群众，二曰无机的群众。无机的群众者，以互不相知之人，啸聚结合者是也。此种集合体，其拓都之程度，比于其么匿尤为劣下。当其雷同附和也，往往有非常之力。然其聚散难测，其激动爆发最易。以其有多数之故，其为恶也，较为善为尤勇，往往以细故末节，一变而为犯罪的群众。此等群众之特色，尤易使入其中者，骤变其秩序之性质，而发挥其野蛮之本体。"由此观之，突然啸聚之团体，其性质之危险也如是，而暴动事业，无论在何国，无论在何时，其必出于啸聚，必为无机的群众，至章章也。就令革命军主动之内部团体若干人，稍为有机的组织，而其他多数之景从者，固不能不出于啸聚。若夫响应于四方者，更无论矣。以十八省之大，苟并时云扰，合此大多数之无机的群众，向于激动爆发以进行，其混乱状态之所极，谁能测之？而谓以一二人之力能左右此大众，使一丝不紊，为规律的行动，此真书生之见，架空之理想也。夫天下最可用者，莫如感情，最可畏者，亦莫如感情。当情感之既发动也，如病狂者之骤生神力，其轨道之变幻，非寻常所能度，其势焰之凶猛，亦非寻常所能制。不见夫法国大革命乎？其最初提倡者，岂尝预为断头台上旬月断送二十万人之计画，而其结果竟如是者，盖已非复主动者之所能制也。又勿征诸远，即以去年日俄和议时日本国民之暴动事件论之。其最初提倡者，岂不以愤政府外交之失败，欲要求条约之停止画诺云尔，其绝不含有排外之性质，尽人所能知也。而其影响所波荡，乃至有欲向俄、法之教会及居留民加强暴者（当时东京各报纸皆载其事）。甚或以战祸之导线，由我中国，而欲迁怒于我留学生者（此当时传说云云，然骏河台之清国留学生会馆附近有警察注意保护，则实事也）。幸而日本警察力完密强固，而其暴动时日又甚短，故不生他变耳，否则竟以此酿出国际问题，而使日本外交增无量荆棘焉，未可知也。夫以日本人之久受教育，渐已具备法治国国民之资格者，及其一旦为感情之奴隶，犹能生出此种不【可】思议之恶现象，而况乎我国之暴动的革命，其暴动所波靡之面积，百倍于彼：（一）其暴动所历之时日，百倍于彼。（二）其参加于暴动团体之人数，百倍于彼。（三）而一般人民所受之教育，所具之常识，与夫习于法治之程度，非我所能望其肩背也。（四）而革命军初起之时，倥偬于军事，注力于一隅，其警察机关之整备而普及，非我所能望其肩背也。（五）而我国民排外之思想，受诸数千年以来之遗传性，自平居无事时，已跃跃欲试。（六）而近来各国对于我之手段，实又使我蓄怨积怒而久思一雪。（七）而革命家所倡之民族主义、国民主义，以狭义言之，虽专对于满洲及君主以立言，以广义言之，则以凡外族外国为之界线，煽动之余，最易招无远虑者之误认。（八）以此诸原因，而谓当一方揭竿、万里响应之时，能定共同之目的，为秩序之革命，绝不诒外国以干涉之口实，苟非欺人，其必自欺而已。故论者无论运如何之广长舌以自掩饰，无论构如何圆满之理想以自慰藉，吾敢一言以指其妄，警其迷曰：**其结果与自然的暴动无以异**。公等既以自然的暴动为非国家之福而引为深虑，则鄙人所以对于公等所执之手段而引为深虑者，其理由可以思矣。

缘内部冲突而自取干涉者，彼报所讳而不言也。然吾前此固已略陈其利害（参观本报第四号第三十五、六页）。今请究竟其说。

吾所以认暴动主义为足以亡中国而深怵之者，全以其破坏之后，必不能建设。吾所以断其必不能建设者，以其所倡者为共和政体，而共和政体，则吾绝对的认为不可行于今日之中国者也。共和政体为历史上之产物，必其人民具若干种之资格，乃能实行，而不然者，强欲效颦，徒增扰乱。此征诸法国及中美南美诸共和国，覆辙相寻，皆历历可为殷鉴者。而吾中国今日之国民程度，决无以远优于彼等。加以我幅员之辽廓，各省之利害不相一致，故实行共和，视彼等尤为困难（无论今代古代之共和政体，其所以能发生成立者恒由小国。今美国虽为绝大的共和国，然实由四十余小国结合而成也）。夫百年前法国之惨剧，尽人所能知矣。至中美南美诸国，如彼玻利菲亚，历代大统领十四人中，得善终者仅一人。如彼散得米哥，自一八六五年脱西班牙独立，迄今仅四十年，而大小革命凡五十余次。自余诸国，大抵当选举大统领时，辄杀人盈野，流血成河。盖每三年或四五年，必起一度革命以为恒。凡此皆不适于共和而强行共和之所致也。我国若于暴动后贸然欲建设此政体，则由攘夺政权所生之惨剧，必至不可思议。若军人与人民之争也，劳动者与上流社会之争也，党与党之争也，省与省之争也，纠纷错杂，随时可以生出问题，而以未惯法治之国民当之，则讧争之结果，必诉于武力以求解决。大统领为一国最高政权所在。苟大统领以四年改选者，则每四年全国当起一次大革命。苟以三年或五年改选者，则每三年或五年当起一次大革命。不宁惟是，以我国幅员之辽廓，我之一省，足当人一国。故省之总督，其政权亦庞大，而可为争夺之媒。苟总督而由民选者，则每当改选之时，其省之起革命也，亦如之。又不惟于大统领及总督改选时为然耳。即在平日，任一事件之发生，而皆可以促政权之更迭，酿全国之骚扰，抢抢攘攘，国无宁时。然此犹就既建设之后言之也。顾所最危险者，则当新破坏而未能建设之时，中央旧政府既倒，而新共和政府不能成立，或暂成立而旋起冲突，中央纷如乱麻，而各省新经兵燹之后，人民生计憔悴，加以乱机已动，人人以好乱为第二之天性，自然的暴动陆续起，而政府所有有限之军队，不能遍镇压此无垠之广土，于是秩序一破，不可回复，而外国之干涉乃起。其干涉之次第奈何？其始必有一二国焉，欲利用此机会，而独占非常之利益者，他国嫉之，谋所以相牵制，相嫉之结果，不得已而出于协商。协商奈何？则惟有拥旧王统以为傀儡，而共监督之。此则吾前此固已言之矣，曰："新旧政府既皆灭绝，而举国中无一人有历史上之根柢，可以承袭王统者，其间必有旧王统之亲支或远派，遁逃于外以求庇。于是联军乃拥戴之以作傀儡。而此傀儡之废置，自兹以往，一惟外国人之意，而中国遂永成埃及矣。信如是也，则革命军初意，本欲革满洲之王统，而满洲卒未得革，不过以固有之王统，易为傀儡之王统而已。则试问于中国前途，果为利为害，而言革命者，亦何乐乎此也（参观第四号第三十五六页）呜呼！此非吾好为不祥之言以耸听也。吾逆揣破坏后不能建设之结果，其势殆非至此不止也。吾所谓暴动可以召干涉者，其着眼点全在此。吾一念及辄心悸焉。愿普天下爱国君子熟图之。"

彼报又有一云：

问者曰：今者外人相惊以中国人排外，遇有小警，辄调兵舰，如南昌教案，法调兵舰矣。广东因铁路事官民交讧，各国亦调兵舰矣。凡此岂非干涉之小现象乎？应之曰：此非干涉，乃防卫也。（中略）盖国家于领域之内不能自保，而使外人蒙其损害，则对之可以为匡正。（中略）然使蒙急遽之危害，有缓不及事之虞，则可以用防卫之手段，用强力于他国领域内。此国际法所是认者也。然则使内地有变，而危险及于外人之生命财产，则外国派兵保护，以（扞）〔捍〕御灾难，不得谓之非理。然此与干涉不同也。

此就法理上立言，诚若无以为难。然各国政策，往往有利用法理曲解法理以为护符者，此又不可不察也。试举最近事实证之，俄国当拳乱以后，驻兵满洲。

此非论者所认为国际法上正当之防卫者耶？而何以撤兵之期，迁延复迁延，直以满洲为彼领土，必待日俄大战争告终以后，而此问题乃解决也。吾今试为一假定之说。当革命军之起也，主动者虽自宣言能守战时法规惯例，不至危及外国人之生命财产，恐外国人未能遽信也，于是竟借口于国际法上正当之防卫，各调兵于其所自认之势力范围内，如日俄之于满洲也，俄之于蒙古也，德之于山东也，法之于广西、云南也，其他甲国之于某省也，乙国之于某省也，莫不皆然。于斯时也，革命军不得而责之何也？彼有法理以为之盾也。而当此旧政府既破坏新政府未建设之时（或建设而未巩固之时），地方状态必极混杂，彼乃借口于此而布军政焉，甚或布民政焉。革命军不能禁也，即至旧政府既覆，军事粗定，而当秩序新破国民思乱之时，无论如何，而各地之大小骚动，必时时爆发而不能绝。新政府若要求各国以撤兵，苟其国有狡焉之心者，则何患无辞？俄之前事，其成例也。于斯时也，新政府无论若何诘责，彼始终得以国际自卫权为词，而其势力遂永植而不可拔，非从事于战争而不能解决。以云战也，则新政府初成立之余，乘凋敝之后，内部纷扰且未息，能有力以及此乎？即曰能之，而对一国尚惧不堪，脱有二三国以上，将如之何？是无异与联军战也。如是，则一战而新政府可以覆亡，国家随之。则革命军为亡国之罪人也。若审其难而不战耶，则忍辱以终古，而国家一部分之主权丧失，是革命军亦亡国之罪人也。使吾之此假定而果见诸事实，则革命军亡国之罪，左冲右突，而无从解免也。然吾之此假定，犹必革命军自始至终毫无自取干涉之道，乃克致耳。若前此所论，谓缘对外之乱暴或内部之冲突而生干涉者，苟有一于此，则并此假定之结果而不能望也。

论者又言：近世各国，惮于用兵，苟非关于国家大计，非兵力不足以维持者，不轻言动众。斯固然也。然谓中国大暴动之影响，与他国之国家大计绝无相关，则浅之乎言之也。即以商务论，论者所指为单纯之原因，谓不足重轻者也。殊不知今后世界之大势，以经济上之竞争为第一大事。谓商务无关于国家大计者妄也。论者乃胪最近统计，举某国人在中国者若干，某国人在中国者若干，而谓彼政府议会断不肯为此等人营业之故，而遽动兵。此真小儿之言也。使彼我之关系，而仅在此区区每国千人或数千人之居留民而已，则外国人之势力侵入我国者，可谓之至微且弱。而我朝野上下稍有识者，咸怵怵然忧外患之不易，其毋乃皆为杞人也？须知今日交通大开之天下，经济无国界，牵一发而全身动焉。使我中国以暴动之故，转战频年，则伦敦、纽约、横滨、柏林之银行，倒闭者不知凡几。而经济家所谓恐慌时代，可以遍于全球（义和团之役，美国南部之棉花业大工厂四十余家，倒闭者八家，其余皆亏缺。此吾游美时，美人频举以相告者。去年上海闹审罢市，不过数日，而横滨金融界大恐慌，中国人商店坐此歇业者三家。此吾在横滨所目击者。此举其例证之小者，他可推矣）。各国对于此现象，无论或希望旧政府之速倒，或希望革命军之速灭，而要之不愿其相持而久不下，至易见也。若此两种希望皆不克达，则奋起焉，以助其一而毙其一，亦意中事，而不能谓其必无。苟有此者，则其为助旧政府耶？为助革命军耶？又至易见也。

就使如论者言，商务果无关于国家大计，然中国若有大暴动，则各国对于中国之形势，或将一变。此又不可不察也。论者谓各国对中国之政策，以维持势力平均之故，近数年来由瓜分主义一变而为开放门户、保全领土主义，而信他人之必莫吾毒。虽然，吾闻诸日本松本君平博士之言曰："保全支那云者，非列国之宪法也。前此瓜分之说，虽以日俄战争之结果，而全失其势，然如燎原之火，虽猛咸暂戢于一时，而一星之煽，或再爆发，谁能料之？"（《立宪政友会会报》第七十五号第六页）。此其言可谓至言。夫瓜分之说，极盛于乙未至庚子六年之间，而庚子以后，日以失势，去年以来，更阒寂焉。其变化所以如是其速者，实由亚东形势之自身有变化使之然也。夫刻舟胶柱之不足以为政策，自古然矣。故各国政治家之对外也，其主观方面，虽有一定之方针，而又未尝不随客观方面之变迁而相与推移。举其一二之宣言，而认为不变之政策，去之远矣。夫自一八九八年美国首倡门户开放主义以来，欧洲诸大国，曷尝不皆报牍以表同情，而俄在满洲之经营自若也，德在山东之经营自若也。前此之不足恃既已若此，岂其后此而能信之？要之，今世界列强对中国之政策，分两大潮流，俄、德、法为侵略派，英、美、日为保全派。此形势起于十年以前，直至今日，未尝变也。而现在以保全派骤占优势，故侵略派之声迹，暂销匿于一时，而竟以为永戢焉，则其于诇邻之道，亦太不审矣。而论者乃谓俄方新败谋休养，法汲汲于平和。顾吾以事实证之，则俄虽失败于满洲方面，而于蒙古方面，且突进不休，未尝以新败而沮其计画也；法在安南，其所经营者着着进步。吾苦不能得其汲汲言平和之据也。独至德国用心最险，自日俄和议以后，其对于我，一变前此之恫喝政策，而取怀柔政策。此则鉴于侵略派之气焰方衰，目前未可以得志，而惧空贾我国之怨，坐失应均之利，故忽然演出此回黄转绿之怪剧。所谓司马昭之心，路人共见也，而谓其侵略之野心，遂已灰槁焉，则决不可。盖德国今方忧人满，殖民事业之能发达与否，实其国家之生死问题。而彼以后进之国，环顾全球，无展其骥足之余地。故飞而择肉于东方。彼非好为此，而国势迫之，不得不然也。其此政策最后之成败不可知，而决不以目前之一挫而掷弃之，章章然矣。然则此侵略派之三国者，虽一时若暂戢其谋，而苟东方形势有变动，略予彼以可乘之机，则必将再爆发焉。若夫英、日、美者，其利害与彼三国相反，固尽人而知矣。然英、日《新同盟协约》，其对于中国而协定者，凡三大纲：曰保全领土，曰开放门户，曰机会均等。论者屡引"保全""开放"二语，指为各国对清之根本政策，而忘却"机会均等"一语，则又未足为善觇邻也（若非忘却，则必欲抹煞此语以自欺而欺读者矣）。夫彼所谓"机会"者，其言甚概括，不知何所指，但既有"保全领土"一语，则其机会之性质，必不属于领土之攫取，是亦吾所能信者。然此外之机会万端，则非所敢知矣。而所谓"机会"者，虽有时可以彼我两利，然大率利彼而损我者为多，又至易见也。夫如是则安得以有保全领土开放门户之宣言而遂即安也？吾意以为中国全国秩序破坏之日，即列强对清政策生一大变化之时，侵略派之死灰必复燃，而保全派之机会亦随至，俄、法、德三国必借口于国际自卫权，复演前此驻兵满洲之恶剧，英、日、美三国一方面对于我国之暴乱而行自卫也，一方面对于彼等之侵略，而行自卫也，自始焉不得不与彼等出于同一之行动。若其终局之如何，则视彼两派势力之消长以为断。侵略派占优胜耶，则中国或缘是召瓜分，保全派占优胜耶，则以列国协商解决此问题，而协商之结果，则亦实行所谓机会均等之主义而已。夫使因中国之暴动，而致俄、法、德三国之生心，则其影响于英、日、美之国家大计者，不可谓不重。英、美暂勿论，若日本则诚为其国家生死问题也。于彼时也，彼若审形势之不易，确认革命军为足以间接助侵略派之势力，则及其未成而干涉焉，亦意中事。即不然，则亦俟两派势力对抗，短兵几接之时，而后一决。要之，无论何派胜负，而皆非为福于我国家而已。夫以今日大势论之，侵略派之势力，谅终不能优胜于保全派，果尔，则当暴动后，列强处置中国之政策，当未必出于瓜分，而殆出于协商。协商之结果奈何？则亦袭义和拳善后之故智，拥护旧王统，以实收机会均等之效果而已。而况乎新共和政府之万不能建设，更予彼以口实，而促其此举之实行也？**然则革命军舍为外国人作**

功狗之外，果无复一毫善状以裨国家也。

论者又历引英杜美菲前事，谓其动兵数十万，转战经年，糜帑杀人无数，仅乃得志，以此证干涉之不易，而谓各国必不出此愚策。此又知其一未知其二也。杜之陆军以强闻于天下，而英之陆军以弱闻于天下。英人千里馈粮，而杜以主待客，劳逸之势，固已悬殊。英人初又有藐杜之心，调兵不多，谓可一举歼旃。及其衄挫，乃图续调一度再举，动需数月。此成功之所以濡滞也。惟美亦然。美自距今十年前，犹鄙夷军国主义不屑道，其海陆军皆微微，不足齿于诸强，而征菲之役，骤然涉万里之重洋，悬军深入，以图一逞。故亦不得不需以岁月也。若中国有暴动而召干涉，则其所处之形势，及其所遇之敌，与彼大异。中国若秩序破坏而不可恢复，则其影响最密切者，莫如日本。各国协商之结果，若出于联军干涉，则其首借重者，亦为日本。义和拳之役，英国电日本请先出师，其已事也。而彼日本以半月之力，输送四十万大兵于中国，绰绰有余。此彼国军事家所熟道，而事实亦至易见者也。而日本陆军力之伟大，又我国人所共见，而亦各国所同认者也。故各国若无干涉之举则已，苟其有之，则仅一日本之力，已足以制我革命军之死命而有余，以一重军保护北京，则革命军不能动中央政府之毫末，以一重军扼武汉，则革命军无论狶突于何方，而皆为瓮中之鳖，未见其以干涉之故，而所生困难之结果，有如英之于杜、美之于菲者也。夫英之于杜、美之于菲，其目的在屋其社而裂其旗，故非至反侧全安、民政确立，不得谓成功焉。若其干涉中国内乱，则但摧破革命军之武力，市恩于旧政府，而其事毕矣。若其善后之处置，仍以傀儡之旧政府当之，干涉军不必自直接以当此困难之冲也。是日本对朝鲜之比例，而非英对杜、美对菲之此例也。此为实行干涉之时言之也。若其不居干涉之名，而托于国际自卫权，驻兵于其所自认之势力范围内，为负嵎之势者，革命军方自束缚于所揭橥之文明的战时法规惯例，不敢过问，彼等不费丝毫之战斗力，而可以收莫大之丰获。此则尤为功人所欲祷祠于功狗者耳。

以上所论，皆谓革命军有自取干涉之道，而干涉乃生，各国协商之结果，而干涉乃成也。虽然，干涉之来，抑又非限于此场合也。彼报所驳甲种第七项，其目曰："谓革命军起，政府之力，既不能平，则必求助于外国。外国出兵助平乱，因以受莫大之报酬。"而其驳之曰：

"夫虏之为此谋，容或意料所及。然使其借兵于一国耶，则虏先犯各国之

忌。各国虑破均势之局，将纷起而责问，是徒自困也。使其借兵于各国耶，则各国之兵，非虏之奴隶，非虏之雇佣，无故为之致死耶。”

此其论，吾不必自驳之。吾观彼报动引外国人之言以为重，吾亦请引外国一名士之言。日本前自由党领袖伯爵板垣退助曰（杂志《大日本》第六卷第七号论文《东洋フ平和ト清国ノ立宪制采用ヲ论ズ》）：

“清国若率今不变，则革命战争，终不免爆发于南部。革命一旦起，觉罗氏之朝廷无暇复计永久之利害，徒欲脱目前之急难，必假俄力以自保其地位。于斯时也，日、英之利害如何？日本则卅七八年战役之结果（即指日俄战役）全然没却，英国之东洋政策，亦蒙大打击，清国之保全于是破，东洋之和平于是乱。如此必非日、英两国之所能堪也。故一旦有叛乱之兆，日、英两国不可不先起而干涉之、镇定之。”

此其言虽一人私言，然不可谓不中情实也。夫使如论者所希望英、日、美等爱平和之国能表同情于革命军，认为内乱团体，而自守局外中立。及夫现政府之自审难支也，铤而走险，急何能择，势必将乞庇于他国，而平和派之各国既莫之应，则不得不转而求诸侵略派诸国。于彼时也，侵略派诸国有不因利乘便，而思以豚蹄易篝车者乎？他国不可知，若俄罗斯向来惯用之卑劣的外交手段，其必喜而应之，殆无可疑矣。而其应之也，又不必出兵于各省以为之代剿也，但以一军戍畿辅，已足以市莫大之恩于政府，而攫莫大之报于将来。于彼时也，均势必破，而必非平和派之所欲，无待言矣。然如论者言，谓各国仅交起诘责，而政府适以自困云尔，则试问政府果惮于自困而遂中止此计画耶？亡之不图，困于何恤？则政府必将答彼曰：贵国欲保均势耶？请助我，我将予以机会均等之报酬，不然，我为救亡计，虽称臣称侄于他国，贵国勿怨也。如是则诘责者且无辞。何也？此生死问题，非简单之诘责所能了也。夫既不助之，又不能禁其不求助于他人，又不能禁他人之不彼助，而又不肯坐视助彼者之独占利益，以破均势，然则所以待之者如何？无已，则惟与助彼者宣战，以摧其势耶。是诸强国中，或加盟于旧政府，或加盟于革命军，两两对抗，而酿出全地球空前绝后之大战争，则各国之兵，又岂其革命军之雇佣？岂其革命军之奴隶？乃无故而为之致死也？舍此一策以外，则欲保均势之局，惟有仍出于协商，而以联军共干涉之镇定之。否则，如板垣所云云，日、英等国，出奇制胜，先自从事干涉，间接以杀侵略派之势而已。若是乎，则即使革命军无自取干涉之道，而未敢谓干涉之必不来也。

而论者尚有言干涉不足畏之说。其言曰：

“为外国者，设因欲保商务，欲得报酬之故，连万国之众，以来干涉。斯时为我国民者将如何？其必痛心疾首，人人致死，无所于疑也。则试约略计各国之兵数。庚子一役，为战地者，仅北京一隅耳，而联军之数，前后十万。今若言干涉，言瓜分，即以广东一隅而论，新安近英，香山近葡，彼非有兵万人，不能驻守。即减其数，亦当五千。以七十二县计，当三十余万。即减其数，为二十万，至少十万。而其他沿江沿海诸省当何如？至于西北诸省，则又何如？计非数百万不能集事。而我国民数四万万，其起义也，在国内革命，而无端来外人之干涉，满奴不已将为洋奴，自非肝脑涂地，谁能忍此者？我国亡种灭之时，即亦各国民穷财尽之时也。而问各国干涉之原因，则曰因欲得报酬欲保傀儡之故，虽至愚者，亦有所疑而不信矣。且今勿谓我国民甚弱，而各国之兵力至强也。练兵不能征服国民军，历史所明示矣。普佛之战，佛练兵尽矣，甘必大起国民军，屡败普军，为毛奇所不及料，不敢出诃南一步。古巴之革命也，金密士以数十人渡海，入古巴，振臂一呼，壮士云集，前后以四五万人，与西班牙兵二十万人鏖战连年，而美西战事起，古巴遂独立。菲律宾之革命也，壮士十人，以杆枪六七枝劫西班牙兵五百人营，夺其枪五百，扑战累岁。西兵驻防于菲者，凡二万人，无如何，卒赔款二百万。其后西政府失信，战事再兴。美西之役，美提督载阿圭拿度再入菲律宾，与美合兵。阿圭拿度以兵数千人，俘西班牙兵万数，卒立政府。其后美复失信，菲人以所获于西兵之枪万余，择其可用者六七千，以与美精兵七万战，数年始定。使凭借丰裕，则美非菲敌也。英杜之战，杜与阿连治合兵三四万人，英兵四十万，前后三年，乃罢兵。如上所述，以国民军与练兵角，皆以十当一。况中国人数非菲、杜比，凭借宏厚，相去千万，外侮愈烈，众心愈坚，男儿死耳，不为不义屈。干涉之论，吾人闻之而壮气，不因之而丧胆也。”

壮哉言乎！吾读至此，亦欲为浮一大白，而惜乎其与情实全不相应也。彼谓练兵不能征服国民军，为历史所明示，而观其所示之历史，则除古巴、菲律宾之对西班牙外，无一为其适例者。夫西班牙之积弱，不足齿矣。而古巴、菲律宾之所以能驱除之，则犹以美国之助，而非徒恃独立所能为功也。自余诸役，则毛奇果尝征服甘必大否耶？美国果尝征服菲律宾否耶？英国果尝征服杜兰斯哇及阿连治否耶？夫国民军之力，诚不可侮。然以今世利用物质上之文明，以致战术之突飞进步，其间利器以及附属战事之各种机关，有非借国力而不能致其用者。故十九世纪下半期以降，虽有猛烈之国民军，而终不能与练兵为最后之决胜，虽属天地间不平之事，然亦势限之矣。我国凭借之厚，虽非菲、杜等蕞尔国之所可望，然谓以器械不良、机关不备之揭竿斩木的兵队，与世界轰轰著名数强国之联军相角，而可以立于不败之地，则大言壮语，聊以自豪，何所不可？若彼以见诸实事，则中国乃我四万万同胞公共之国，非公等一二人之孤注，而岂容公等之一掷以为戏也？故论者苟能证言外国之必不干涉，则其说始差完耳。若谓干涉不足畏，则非欺人，必自欺也。虽然，使外国干涉之结果，而必出于瓜分，则非屋吾社而裂吾旗，反侧全安，民政确立，不能谓成功。信如是也，则我国亡种灭之时，即亦各国民穷财尽之时，吾亦信之，而岂知其政策决不尔尔。其或托于国际自卫权，而遣戍兵于势力范围内耶，则革命军方兢兢然于战时法规惯例之不暇，岂敢妄为挑衅，而致授彼以干涉之口实？彼安坐而布军政民政，不遗一镞，而收莫大之效果已耳。其或以协商之结果，而实行干涉耶，则但求摧灭革命军之武力而已足，革命军武力既摧灭以后，若何善后之处置，自有傀儡之旧政府代当其冲，无劳彼为是攘攘也。而所谓摧灭革命军之武力者，则如吾前此所言，以一重军保护北京，则革命军不能动中央政府之毫末；以一重军扼武汉，则革命军无论豨突于何方，而皆为瓮中之鳖。彼专取守势，而不取攻势，其所损伤能几何？若军费一项，则又岂忧现政府之无以犒之也？故各国决非有所惮，而至于不敢干涉，如论者所云云也。

夫革命军有自取干涉之道也既若彼，各国有不能不干涉之势力也既若彼，而干涉无论从何种方面进行，皆足以败革命之事业，而危国家之地位也又若此。然则今日昌言起革命军者，其结果，小之则自取灭亡，大之则灭亡中国，无损于满洲人之毫末，而徒予外国人以莫大之机会。是亦不可以已乎？夫明知其可以生灭亡中国之结果，而犹悍然为之，则是叛国之逆夫也。明知其可以生自取灭亡之结果，而自取灭亡之后，又非能有益于国家也，而反以累国家，而犹贸然为之，则没而无名，谥为至愚。爱国君子，亦何忍出此？

呜呼！吾请掬一缕热诚以告普天下之爱国君子乎！今政府之所以待吾民者，与列强之所以待吾国者，稍有人心，受之能无愤慨，而绝非徒愤慨之所能了也，又非感情用事、孤注一掷所能雪吾愤而偿吾愿也。利用此列强持均势主义之时，合全国民之力，从种种方面，用种种手段，以监督改良此政府，实坦坦平平之一大路，循之而未有不能至者也。苟至焉，则种族上之压制更何有？政治上之压制更何有？内既足以自主，则外人亦谁敢予侮焉？而不然者，溯必不可至之断港绝潢，造亿劫不复之噩因恶果，吾甚哀夫以光明俊伟之质，抑塞磊落之才，而误用其情，以为天下僇笑也。

录自《新民丛报》第四年第十号，光绪三十二年五月十五日（1906 年 7 月 6 日）

杂答某报

饮　冰

（一）自满洲入关后中国果已亡国否乎；（二）今之政府为满洲政府乎抑中国政府乎；（三）政治革命论与种族革命论孰为唤起国民之责任心，孰为消极国民之责任心乎；（四）立宪政体之不能确立其原因果由满汉利害相反乎；（五）社会革命果为今日中国所必要乎。

顷以事故，无暇为报中属文者殆两月余。前此对于某报之论辩，同人多有诒书相告语，谓彼既诐遁，无取复与争口舌者，亦有谓其邪说惑人，宜终折之者。鄙人以为今方宜进行于实际，惟日不足，安暇哓哓作论争？然对于第三者而尽说明之义务，亦实际的方面所宜尔也。乃更草此文，以杂答之。过此以往，则予欲无言矣。——著者识

吾之论旨，始终以政治革命为救国之唯一手段，而所谓种族革命社会革命者，皆认为节外生枝，无益于事，而徒碍政治革命之实行，故辞而辟之。所以必辞而辟之者，欲国民集精力以向于政治革命之一途，国庶有豸也。今兹之论，亦

为第三者释其疑，非对于该报而欲角胜也。乃更提出诸问题如下。

一、自满洲入关后中国果已亡国否乎？

此实最切要之问题也。若中国果已亡国，则吾辈今日，当惟光复此国是务。过此以往，皆不成问题，而吾辈所日日号呼曰救亡〈救亡〉者，亦无可言。何则？惟未亡者可云救之，已亡者则安所用其救也？按某报屡言“我国民”“我国民”，就文义上观之，似认中国为未亡国者。何也？国民云者，国之民也，惟有国斯称国民（澳洲、美洲之土夷，不得称国民）。既亡国则为无国，无国之人，不得称国民也。此就彼文义上言之也。虽然，彼辈所提倡者，有亡国纪念会，所印布者，有《亡国惨记》，而彼报第一号有云“彼满洲者，对于明朝，则为易姓，而对于中国，则为亡国之寇雠”，则是明认中国为已亡也。而此认识之当否，则吾虽欲不致辩焉而有所不忍也。近世学者言事实上国家之定义曰：有国民，有领土，有统一之主权，具此三要素，谓之国家，此三要素缺一，而国家消灭。我中国现在之领土，则黄帝以来继长增高之领土也，其国民则黄帝以来继续吸纳之国民也，其主权则黄帝以来更迭递嬗之主权也，中国之未亡，抑章章也。而历代之帝王，则总揽统治权者而已。总揽统治权者，乃国家之一机关，而非国家也。故中国自有史以来，皆可谓之有易姓而无亡国。若以总揽统治权者统系之交代而指为亡国，则中国之亡，不啻二十余次矣。虽明之朱氏，今之爱新觉罗氏，吾亦认为总揽统治权者之更迭，司机关者之易人，而于我国家之存亡，丝毫无与者也。

虽然，更有一说焉。彼报第一号又曰：“以一王室仆一王室者，谓之易姓。以一国家踣一国家，谓之亡国。”此似能知总揽统治权者[①]与国家之为二物也，而认满洲为以彼国家踣我国家而我国缘此以亡也。欲证其说之当否，则当先审满洲前此之果为国家与否。国家事实上之三要素，曰领土，曰国民，曰主权。三者缺一，不得谓之国家。小野塚博士曰：“逐水草迁徙之游牧人民，仅有土地而无有领土，故仅有社会而无有国家。”而前此之满洲，正其例也。故满洲决不可谓之国家。即非国家，则其非以彼国家踣我国家，抑明甚也。且满洲岂惟非一国家

① 原文为“主权”。此据《新民丛报》第四年第十三号所附《正误表》改。以下凡有据此《表》改正者，不再一一标注，编者。

而已。今之皇室，本起于建州卫。建州卫则自明以来，我国之羁縻州也，其酋长时受策命以统其部，如云南、四川、广西之土司然。今西南土司之人民，不能不认为中国之人民，则明时建州卫之人民，亦不能不认为中国之人民，爱新觉罗氏，亦我固有人民之一分子而已。然犹可曰：当时国籍法未定，羁縻之州，不能与内地同视也。然清太祖努尔哈赤，在明曾受龙虎将军之职，此明见于史册者，史阁部复睿亲王书所谓贵国昔在本朝曾膺封号者是也。是清室之先代，确为明之臣民，亦即为中国之臣民，铁案如山，不能移动矣。清之代明，则是本国臣民对于旧王统倡内乱谋篡夺而获成功也，决不可谓以一国家踣一国家也。

难者曰：满洲之为游牧而无领土，此初起时为然耳。若其后奠都沈阳，建国号曰清，明、清两国，为国际的对峙若干年，明代表中国，而清代表满洲，明灭于清，则非满洲灭中国而何也？应之曰：不然。清之始建国，乃内乱进行之现象，决不可与固有之国家同论也。满洲本无国，但中国臣民中之爱新觉罗一族，对于中央政府而谋革命，其势力既渐张，乃割据中国固有领土之一部分曰辽阳者，自设一假政府，以与旧政府相对峙，其后此假政府之势力，著著进行，遂取中央政府而代之也。此如沛之刘氏本无国，革命进行中，建汉国于巴蜀关中，其后卒代秦；濠之朱氏本无国，革命进行中，建吴国于金陵（明初号吴），其后卒代元。若以沈阳之清为中国外之一国，而谓其亡中国也，则刘氏可谓以汉国亡中国，李氏可谓以唐国亡中国，朱氏可谓以吴国亡中国，有是理乎？故吾谓清之代明，决非以一国家踣一国家也。

难者曰：如子言，以满洲本非国故，而证中国之未亡，然则日耳曼蛮族，其始亦游牧而非国也，而史家皆谓罗马亡于日耳曼者何也？应之曰：罗马固已亡，而中国固未亡也。美浓部博士曰：“普通之国家消灭，则失权力之统一是也，即现在之政府已倾覆而无能代之之新政府以为统一，则国家于事实上失其存在焉矣。”罗马之亡，盖若是也，故裂为若干国家，而无复所谓罗马者存。中国不然。清之兴也，领土如故，国民如故，主权之统一如故，所异者，则总揽统治权之一机关，由朱氏之手以入于爱新觉罗氏之手而已。故明之王统亡，而中国之国家未尝亡也。

难者曰：印度之主权，今犹统一也，而世人皆认印度为亡于英者何也？应之曰：印度之外，固有英国也。故今印度领土为英之领土，印度人民为英之人民，印度主权为英之主权，而英国于印度之领土、人民、主权外，别自有其领土、人民、主权也。今者中国之外，更有所谓满洲国者乎？中国领土、人民、主权之外更有所谓满洲国之领土、人民、主权者乎？夫在同一之领土范围内，必不能同时而有两国家存立，明也。故今在亚细亚中部东部间，苟有中国，则必不复容有所谓满洲国；苟有满洲国，则必不容复有所谓中国。而满洲国之自始未尝存在，此吾所既证明也，而此领土为中国国家固有之领土，此人民为中国国家固有之人民，此主权为中国国家固有之主权，又事实上之至易见者也。吾故敢断言曰：中国自有史以来以迄今日，皆有易姓而无亡国也。

今之龂龂然宝其复仇主义之敝帚者，其蔽安在？曰无他，始终为君主主体说之谬论所窘，认总揽统治主权者为即国家。所谓革命者，革此君位耳，所谓光复者，复此君位耳。一言蔽之，则其心目中只见有一君位也。吾之意，则以为君位者，国家之一机关耳，其轻重亦不过与他机关等（如国会），而此机关之形式，苟国民程度而适于为共和立宪耶，则以选举任之可也，苟未适耶，则因前旧而听其世袭亦可也。而世袭之中，其某甲某乙享此特权者，皆属不必争之问题，所争者此机关之权限而已。故如最近那威之迎王于他国，在东方诸国素认君主即国家者，闻之若不胜骇焉。若以近世国家之观念，君主不过为国家之一机关，则真孟子所谓牛羊何择也。然则今之在此位者，就使果非我族类，而必须排去之与否，固非最亟之问题，况其先代本中国人民之一分子，而又经二百余年之同化者也。

或疑满洲先代，虽可名之曰我国臣民，然名义上之臣民耳，其与我不同族，固章章难掩也。虽然，其在宗法社会之时代，彼固决不可认为我臣民。若以近世国家学者之观念，则国民者，为共同生活多数人类之集合，而于其人数及其血统既脱单纯的家族及其血族团体之状态者也（美浓部博士之说）。故日本北海道之倭奴，虽与日本人异种，而不得不谓之日本国臣民。中国西南之苗（猺）〔瑶〕，虽与中国人异种，而不得不谓之中国臣民。满洲在朱明时代之中国，亦犹是也。

或疑满洲入关，所篡夺者非直一君位耳，率其族多数之人以占我权利焉，是以可疾也。曰：斯固然也。然此抑亦专制君位之附属物耳。王充《论衡》曰：高祖之起，则丰沛之邦，多封侯之人。明世复泗州、濠州民，世世无所与。帝者之丰于所昵，而与彼同里居者，常得特权，中国历史上之惯例也，但使专制政体消灭，则此种特权，自不能以存矣。

读者诸君其将致疑焉，曰：满洲果何德于梁某，而多为说辞以为之辩护也？嘻！吾果何爱于满洲，而为之辩护者？而以诸君之心理，则无惑乎有此疑也。诸君之心理，与吾之心理，所异者云何？诸君认君位甚重，故争之惟恐不力；吾则认为甚轻，故所争者不在此，而别有在。夫苟能注全力以争机关之权限，权限定，而机关良，机关良而国家受其利矣。不此之务，而不惜流千万人之血，耗一国之物力，当此列强眈眈之余，冒万险，掷孤注，而惟此区区不足重轻之君位之谁属是争，曾是智者而若是乎？夫使中国之国家而见亡于满洲国也，则不仇满洲者，可谓其不忠于国家也。今则安徽人之君位，见夺于建州卫人耳。诸君苟非欲自为天子或为从龙之彦者，则抱持此节外生枝之主义何为也？

夫吾之主义与排满家之主义不相容者何也？君主者国之一机关也。吾以为当争此机关之权限，而排满家以为必当争此机关之谁属，此其所以为异也。彼排满家之一部分，抑未尝不认权限之当争也，然以为此机关之所属未变易之时，决不屑与彼言权限，苟此机关属彼不属我，虽其权限若何让步，而决不容许也，则其结果仍在争所属而已。而所属之变易，不知经若干岁月之鼓吹而始可望成功（观某报近日之言论，则彼固知种族革命、共和立宪之非可骤致，而欲期以多数之岁月，使其思想普及于一般，养成共和国民之资格，然后从事矣。此可谓某报言论之进化也。然所需之岁月几何，则吾不敢言矣），而尚有内界外界无数之危险随属于其后。而当所属未变易以前，则权限问题，置诸度外，任彼机关之专横，不一过问焉。若此者，其眼光果尝注及国家耶，抑亦仅见有君主已耳？吾所最恶于彼辈者，徒以其举权限问题置诸度外也，而排满主义之结果不能不且将此问题置诸度外，又势使然也。一国中消极的人物，无望其为此问题尽力，而一国中积极的人物，又为彼谬论所误，而将此问题置诸度外，是彼谬论之祸国家也。吾之不能不与彼力争者以此。吾果为满洲辩护乎哉？夫攻击满洲，吾犹以为无谓，矧乃辩护乎？

二、今之政府为满洲政府乎抑为中国政府乎？

排满家有恒言曰：“满洲政府。”虽然，今之政府，果为满洲政府乎？抑中国政府乎？名实之间，不可不察也。若今之政府为满洲政府，则今之国家，不可不谓之满洲国家。若今之国家为中国国家，则今之政府不得复谓之满洲政府。何也？政府者，国家之一机关，与国家一体相属而不可离异者也。如人然，张三头上之口，必不能指为李四之口。若果为李四之口，则头与躯亦复匪张三矣。今之排满家，未尝不以中国国民自豪，独至政府，则歧而远之曰满洲。试问满洲国何在？无国则安得有为国家机关之政府？中国既号称国，而此为国机关之政府，又潜匿于何所也？故若称满洲政府，则必须认中国为已亡，必须谓现今世界中只有满洲国而无所谓中国。然世界中自古及今未尝有满洲国（万历四十四年至崇祯十七年间之有满洲国，犹至元二十四年迄二十八年间之有吴国耳）。而吾中国自有史以迄今日未尝亡，则吾既言之矣。则满洲不能有政府，而中国国内，无满洲政府存立之余地，章章明矣。夫满洲抑尝有政府矣，自万历四十四年至崇祯十七年间，沈阳之政府，则满洲政府也。自兹以往，则满洲政府消灭，而后继受明政府焉。明政府则秦以来之一国中央政府也。夫一联队于此，虽举全队之将校士卒，尽皆更迭，而联队之独立体不变；一学校于此，虽举全校之教师生徒，尽皆更迭，而学校之独立体不变。政府亦然。中国自数千年来有此国家，中国之国家自数千年来有此政府之一机关，无论运用此机关之人若何更迭，无论其机关之或良或不良，而机关则终古不灭也。故吾谓今之政府，实中国政府，而非满洲政府也。

夫吾所以又断断然辩此者何也？使今政府而为满洲政府非中国政府也耶，则以吾中国国民视之，亦如日本政府耳，如俄罗斯政府耳，其良与否，非吾之所宜过问，吾无为监督之以求其改良。使其实为中国政府也，则监督之而求其改良者，非吾中国国民之责而谁责也？排满家之恒言曰“吾誓不为满洲政府上条陈”，曰“满洲政府愈腐敝，则吾革命之目的愈益达”，故凡监督政府改良政府之事业，皆误认为党满而指为不忠于国家。岂知政府为我国之政府，其良不良之利害，直接及于我焉，而我乃以之与日本政府俄罗斯政府同一漠视，等诸外人，明弃其固有之权利，放其应尽之责任，而犹以名节自矜焉，吾不知其何心也。夫政府者，未有不借人民之监督而能良者也。吾中国人民，前此拘于旧说，未尝明监督政府之大义。今幸已渐知之矣，又自举其政府以赠诸人，而以不屑监督为名高，以其永不改良为得计。而政府果永以腐败终，而危及国家矣。呜呼！抑安得此不祥之言哉！

吾今请正告读者诸君曰：“满洲政府”四字，实不成名词也。今之政府，则我四万万人组成之国家所有机关也，其今后之能改良与否，则视我国民之认为我政府欤，抑认为日本政府俄罗斯政府之类欤。孟子曰：吾弟则爱之，秦人之弟则不爱也。孔子曰：爱之能勿劳乎？忠焉能无诲乎？今之持排满论者，认国家为非我之国家（谓中国已亡，则今之国家，满洲之国家，而非我国家矣），认政府为非我国家之政府，无惑乎其不劳不诲，坐视其腐敝覆亡以终古也，而犹自命为爱国，吾抑不知其爱之何属矣。

三、政治革命论与种族革命论孰为唤起国民之责任心孰为消沮国民之责任心乎？

彼报第八号之所以责我者，曰："导一国之人，以立于局外之地位，而为无责任之言。是直增殖其依赖性，而锄除其责任心而已。"使吾所持之论，而果可以生此结果，则吾不敢辞其罪。顾吾见夫吾之论不足以生此结果，而彼之论乃反足以生此结果也。夫吾之论，一面主张劝告开明，一面主张要求立宪，两者同时并行，而收果有远有近。劝告开明者，因立宪未能实行之时，监督政府之机关未立，而于政府之举动，又不容默尔而息，故从而劝告之。虽似立于局外而无责任，然以视彼党一委国家之事于政府所为视同秦越而不一过问者，则有间矣。若要求立宪，则其精神全在求此监督机关之成立。监督机关成立，而国民乃始不立于局外之地位矣。而合一国之人，从各方面进行，以促此机关之成立，是即现在国民独一无二之责任也。夫吾谓此为独一无二之责任者何也？但使有监督机关，自能限制执行机关而不致专横，而于近世文明国家之组织，既已不缪矣。其在已有此机关之国，国民常不怠于监督，夫斯之谓尽责任；其在未有此机关之国，国民注全力以其建设此机关，夫斯之谓尽责任，而岂曰必争总揽机关之座位，然后为尽责任云也。乃如彼报所言：今之政府，满洲政府也，待吾颠覆彼而自造焉，彼一日未颠覆，吾一日不屑监督之。公之颠覆彼渺未有期，而彼以公不屑监督之故，反骄横而一无所惮。公自怠于监督，犹之可也，而他人有以监督政府为言者，公且谓其党满而与之不两立。使国民皆从公之教焉，视现政府之举动如秦人视越人之肥瘠，拱手以待公新政府之发生耳，则真所谓锄除国民之责任心者也。夫此政府者，明明我四万万人之政府也，监督此政府以图改良者，明明我四万万人不可辞之责任也，而公等轻轻加以满洲政府之一形容词，欲导国民使与之断绝关系，则率国民而放弃责任者，非公等而谁？吾之所以恶于公等者正以此，而不图公等不自省，而反以此诬我也。

读者诸君，其勿以吾为持消极主义之人也。吾若持消极主义，仅希望现今总揽统治权者畀吾侪以一纸之钦定宪法而已，则亦何必冲种族革命论之最高潮，以一身为众矢之鹄者？吾确见夫正当之立宪，非人民之要求，末由得之。而举国人民要求立宪，而终不能得正当之立宪者，则亦无有。而要求云者，必持积极主义之人，乃能任之。而今之持积极主义者，乃率皆蔽于感情，昧于（辨）〔辩〕理，争其所不必争，而不争其所必争。夫争其所不必争，则徒费力于无所用耳，犹无伤也。然缘此之故，而不争其所必争，则国家之进步，其不知误尽几许矣。一国中持积极主义之人者，本居少数，而其中之一部分，既冥行踯躅以争其所不必争焉，则此小部分之欲争其所必争者，以力薄而争之不能有力，是以对于国家而功久不能就也。夫所谓不必争者何也？则君位之属于满洲与否是也。所谓必争者何也？则监督机关之建设与否是也。换言之，则彼乃种族的而此乃政治的也。诸君徒以不明要求之作用也，则以惟排斥王统，乃为积极的行动，谓舍此以外，更别无积极的行动。然则今世各文明国之宪法，惟法兰西为以积极的得之，而其他诸国皆以消极的得之乎？必不然矣。夫知排满以外尚有积极的行动，则可知鄙人非持消极主义之人矣。然鄙人虽自持此种之积极主义，而仅以少数人，不能使此主义有效，亦犹排满家虽持彼种之积极主义，而仅以少数人，亦不能使彼主义有效也，夫是以各不得不诉诸第三者也。而彼之手段，则以起革命军为唯一之责任者也。而革命军之起，据彼自言，则谓必在于国民主义民族主义大昌明之后也（屡见彼报第三号第七号等）。则试问此主义之传播达于若何程度，而始为昌明耶？自今以往，更历若何之岁月，而所谓昌明者，乃始得现于实耶？此则彼之所无从确答也。十年未昌明，则革命军十年不能起；二十年未昌明，则革命军二十年不能起。而彼既以舍起革命军外更无尽责任之手段，则此十年二十年间，人民之对此政府，更何所事事？质而言之，则放任而已。彼报第七号亦言："国之大患在政府专擅，而国民放任。"彼而不知此义，则无责焉耳，亦既知矣，曾亦思彼所持之论，其结果乃正如是耶？吾之论则不然。人民之对于政府，无一刻而可以放任者也。故以建设此完备之监督机关为唯一之目的，注全力以要求之。此要求之所以为责任也。然无论若何要求，而此机关之建设，终不能一蹴而就。而当其未就以前，又不能于政府之所为，不一过问也。于是乎有劝告。此劝告之所以亦为责任也。要之，彼之所谓尽责任者有所待，所待未至，则相率而立于放任之地位焉耳。吾之所谓尽责任者无所待，将来有将来之责任，现在有现在之责任，不以将来之责任妨现在之责任。盖无一时而立于放任之地位者也。吾说与彼说之异点在是，愿第三者平心审之。

吾谓彼所待者未至，则相率而立于放任之地位，彼将不服，曰：我日日以鼓吹国民主义民族主义为事，吾之责任，无一日而不尽也。虽然，所尽者不过鼓吹云耳。而当革命军未起或起而未成之时，始终未尝动政府之毫末。于此时代间，政府自政府，国民自国民，国民之对于政府，实有放任而无监督也。此其故，全坐为满洲政府一名词所误，认政府为非我政府，而因以漠视之。而岂意无形之间，已负放弃责任之重戾而不自觉也。

大抵排满家者流，亦自分两派。其甲派则不揣善后如何，惟欲破坏者也，其论旨自不得不偏于急进，恨不得今日言之而明日行之。其乙派则破坏之后，更求建设者也，其论旨自不得不偏于渐进，知现在国民程度未足语于此，而悬一鹄以期将来之能至。该报近日所标榜，可谓其属于乙派者也。夫乙派固视甲派有进矣，然仅恃笔舌鼓吹之力，而欲今日此等程度之国民，养成其有能破坏能建设之能力，且少数犹未足，而必须大多数焉。吾虽不敢谓其必不能至，然所需之岁月，当几许耶？以吾揣之，最速则非三四十年不能为功矣。而此三四十年中，现政府之所以断送我权利者，已不知几何。逮夫论者所自信为国民能力已充可以实行革命之时，而国家抑已不知何在矣。而自兹以前，则对于政府而一毫不过问者也。夫无一刻而不监督政府，此国民应尽之责任也。而如该报之持论，则将有三四十年间不尽此责任矣（即论者强为说辞，谓无须三四十年之久，吾固假借之，二十年耶？十年耶？五年耶？则亦既有二十年十年五年间之放弃此责任矣）。谓非锄除国民之责任心而何也？夫同一排满也，而急进与渐进，其预备之手段，固不得不稍异。该报记者，其果主张急进耶，抑主张渐进耶，吾犹未敢断言之。若主张急进，则直可谓之自然的暴动，吾更何责焉？若主张渐进，则何所嫌忌，而不于革命军未起以前，与现政府针锋相对，事事而实行其监督焉？得寸则吾之寸也，得尺则吾之尺也。如是则目前之光阴不至掷诸虚牝，而所得之结果，抑何一不足以为他日之凭借。吾不知该报记者果诚何心，而必力与此种政策为难也。此无他故焉，其胸中先横亘一成见，曰："我国民对于满洲政府，义不当要求。"（彼报第四号之言）此吾所谓以感情蒙蔽其（辨）〔辩〕理心者也，而不知此政府乃我中国国家之政府，而决不容以让诸满洲者也。呜呼！名之不正，其流毒乃至是耶！呜呼！吾信排满论者中，其真怀抱热血以救国为目的者，固不乏人。若有能垂采鄙言者乎，一面实行要求，一面预备为要求后援之武力。要求而遂耶，则武力戢而不用，如天之福也（区区君位，抑何足争）。若经若干年而要求仍不遂耶，其时武力之预备已充实，则一举而颠覆之可也。夫在最近十数年间，武力之预备等之未充实也，革命军等之未能起也，则何苦不利用此岁月，效各国之成例，而以要求先之也耶？若持排满论者而必深闭固拒此政策也，则吾敢谓其实为感情之奴隶，而一毫不足以语于救国之事业者也。使持排满论者而肯兼采此政策也，则吾信自今以往数年间，其结果必有可观也。而惜乎其蔽于感情而终不寤也。夫此政策决非与排满主义不相容，明甚也。使彼党而肯兼采此政策也，则可以与吾党之手段甚相接近，微相反而实相成。盖吾党之手段，一面要求立宪，而当未实行立宪以前，一面劝告以开明专制；彼党之手段，可以一面要求立宪，一面预备要求不遂时所用之武力。要求同，而与要求同时并行者不同。吾党以为虽未立宪以前，我固不可以不指导政府也，故认劝告为必要；彼党以为局外之言无效力也，故认劝告为不必要。彼党虑要求之不易遂，而必须有后援也，故必须预备革命军之实力；吾党则以为苟有大团结之民党以从事要求也，则迫政府以不能不受监督而革命军之实力殆可以不用。此所谓其手段大略相接近而微相反者也。而吾党做劝告开明专制工夫，未必不为彼党间接生助力。彼党做预备革命军工夫，亦未必不为吾党间接生助力。此所谓相反而实相成者也。夫要求，各国立宪前惯用之成例也，英国以此得之，德意志帝国内诸国以此得之，日本以此得之，即古代罗马之平民，亦以此得之，而今俄罗斯之虚无党，且采用之。要求果何害于名节耶？而彼之拒此说也，无过两义：一曰要求必不我应；二曰对于满洲政府义不当要求，虽得君主立宪，而戴异族之君主，非我所欲。夫以第一说言之，则未尝要求焉，安知其必不我应？吾以为诚要求焉，则非政府之能应，而政府之不能不应矣。以第二说言之，则“满洲政府”四字，吾固谓其不成名词也。而谓君主立宪必不如共和立宪，则是未解立宪政体之性质，不知君主与大统领同一国家之一机关，特因其或世袭或选举而小异其形式也。故吾以为信能立宪，则君主与共和可无择也，而君主之属于某族某姓，抑更不必问矣。若谓虽能得完善之宪法，而犹必满洲之君主是排，则苟非认君主即国家者，吾苦不能见此主义之有何必要也。吾此论本为第三者言之也。若该报记者之盛气咄咄，吾固不敢进言焉。虽然，吾终不忍以不肖之心待人。故吾仍认该记者为有心救国者。信如是也，则请其平心静气，一察鄙言，若犹有几微可采也，则请一面虽鼓吹国民以预备革命军之实力，一面仍鼓吹国民使先革命以要求，预备革命军之实力。此如列国之扩张军备也，先革命以要求，则武装的平和焉。军备不可无而非必用也。有之，则虽不用而其效力与用等矣。信如是也，则彼报与我报，可以相提携而共向针锋于政府，可以相提携以鼓吹国民使研究何术可以实行监督政府且迫政府使不得不受监督。如此则势力相加而其效果，可以增倍蓰焉，不贤于今之哓哓论辩而势力相消者耶？然信如是也，则必多从政治上立论，而少从种族上立论。即革命军之实力所以不得不预备者，亦徒以其专制之不悛也而革之，而非以其异族之在君位也而革之。何则？苟以其异族之在君位而革之，则虽有善良之政体，而决不许其存在也。此则吾所谓节外生枝而极无谓者也。该报记者而肯采此言耶，吾馨香祝之。虽然，吾信其必不能采也。吾之愿望殆虚也，则吾惟仍诉诸第三者而已。

四、立宪政体之不能确立其原因果由满汉利害相反乎？

彼报第五号，谓“满洲民族与我民族利害相反，欲其行正当之立宪，无异授人以刀而使之自杀”，悍然引申此义者凡数千言。吾友佛公评之，谓睹此段论文，知彼之良心，已不知其何落。彼此共同之目的，不外救国，乃徒为攻击他党计，不惮抛弃救国问题，于九霄云外，是何心理（见本报第十一号）？诚哉然也。盖该报记者，惮现政府之果为正当的立宪，则彼所持排满主义，将如猢狲失树，更无着落，故不惜为此言以提撕之也，所谓其心可诛者也。吾于此义，别有所见。惟断不肯如彼报记者之不顾大局，公然发布之，虽坐此失败于词锋，所不辞也。但彼所言满汉利害相反之点，诚或有之，然其间独无利害相同者乎？相同者何？则中国亡而无汉无满而皆无所丽是也。而满汉相阋，其结果必至于召亡也。吾以为彼满人者，不计及其全族之利害则已耳，苟计及其全族之利害，则必能断然掷弃排汉之政策，而取同化于汉族之政策。盖非是决无以自存也。论者徒见此次之改革，而铁良、荣庆最作梗焉，且彼明倡立宪利汉不利满之说，因此指为“立宪政体之不能改定实由满汉利害相反”之明证。吾之所见则不然。铁良、荣庆，果能有此宏识公德，为满洲全族人计利害乎？铁良只知有一铁良，荣庆只知有一荣庆耳，其他非所知也。使彼二人而果有为满洲全族人计利害之心也，浸假遇一事件焉，而满洲五百万人之利害与铁、荣二人之利害适相反者，而铁、荣能牺牲其自身之利害以殉彼全族之利害焉，则可命之曰满族之忠臣也已矣。虽然，吾有以知彼之必不能也。然彼固明明昌言立宪利汉不利满，一若甚为满洲全族计者，何也？吾以为彼之所以不愿立宪者，原不过惧缘立宪之故而失其本身之宝贵权力，惟此隐衷不能公言之也。适值此排满论正炽之时，彼乃借此说以耸君主之听，托名为忠于本朝忠于本族以自文其奸，而不知本朝云本族云之名词，不过为彼一私人所利用，甚则举国汹汹之排满家，皆为彼一私人所利用而已。铁良、荣庆之藏身固甚巧，而排满家乃为其所仇之人作荆轲而不自知，毋亦重可哀耶。夫此次为改革之梗者，固不独铁、荣二人矣，即汉员之大僚，亦居大多数焉。若彼者，宁得谓其认改革为利满不利汉而因以梗之耶，毋亦认改革为不利于己一身之富贵权力而因以梗之耳。质而言之，则个人主义者，今日中国膏肓之病也，大局之利害与己身之利害相反，则宁牺牲大局而顾本身，汉人有然，满人亦有然，而绝非能有种族的观念参与于其间也。有言责者诚欲以口诛笔伐剪国家之慝，则当并全军向于个人主义以包围之。若枝蔓于种族问题，则所谓药不对症，而反为个人主义者流宽其罪，膏肓之病终不得而瘳也。吾以为凡其人之眼光，能计及一种族之利害者，则导之而与计一国家之利害，其必甚易矣。夫以单一之种族组成一国家者，则种族之利害，即国家之利害，自无分别之可言。若夫以二以上之种族组成一国家者，苟其各族之人诚能有自爱其族之心也，则当本族利害与他族利害相反时，固不免先其族而后他族。若当本族利害与国家利害相反时，则自必能先国家而后其族。此无他焉，善推其所为而已。如爱尔兰人与英为仇，英皇室有庆，至树黑旗焉。然使大不列颠国有国难，则爱尔兰人执殳前驱者，相属于道也。此何以故？盖人之在世也，有私的生活，有公的生活。一身之利害，则由私的生活而生其观念者也。一种族之利害，一国家之利害，则皆由公的生活而生其观念者也。惟浅识者流，知有私的生活，而不知有公的生活，故常不肯以一身之利害徇一种族一国家之利害。若其人而能知置重于一种族之利害矣，则必其识见已能超越私的生活之范围，以入于公的生活之范围。而一种族利害之观念与一国家利害之观念，则同属于公的生活之范围中者也。故有见于甲者，必能有见于乙；无见于乙者，必其并于甲而未尝有见者也。曷为不能有见？则以始终跼蹐于私的生活之范围内，以个人主义克灭其他之主义而已。今中国无论汉人无论满人，皆坐是病。吾辈惟当认此病为国之大敌，合全力以征讨之。自兹以外，皆不对症之药焉耳。

夫今日满人之为梗者，则皆计一身之利害，而非能计全满族之利害者也。使其能计全满族之利害也，则必能推之以进一解焉，曰：汉人果可得排乎？排汉主义而果为满人之利乎？善夫上海《时报》之言也，曰："满汉民数相较为百与一之比例。使汉人死于阋者十而当满人一，则汉人牺牲其十之一，而满人已无噍类矣。"又曰："故满汉而毋相阋则已耳，不幸而相阋，则必阋十次而满人之胜利十次焉，阋百次而满人之胜利百次焉，然后可。《传》曰：尽敌而反，敌可尽乎？此不啻为满人之排汉者言之矣。夫相阋者不能历十百而无一度之失败，此事理之不可逃避者也。然今日以满人而排汉，虽九胜而一败，而一败已不复足以自存。"（见八月廿八日该报《宪政解蔽》篇）夫此乃事理之至显浅而易见者也。满人果自为其全族计者，则不待上智，但一转念而即可有见于此矣。故吾以为今后满人而诚欲其族之自存也，则惟夙夜孜孜，求所以尽同化于汉人者，如北魏孝文之政策焉，舍是无他途也。今满洲中能知此义者，当亦非无人。而彼之标排汉主义以为名者，非徒中国之罪人，抑亦满洲之蟊贼也。实则彼宁知有汉？宁知有满？个人主义而已。倘就个人而加以恐怖焉，使其权势与其生命不能相容，看彼肯舍其生命以殉满洲全族之利益否也？而今之持排满论者，反若幸满洲之有此种人，得以增我口实，而一般之感情，愈以涨奔焉。自以为我利用彼也，而岂知彼方利用我，而个人主义之目的，乃完全克达也。彼此交利用，而国家大事去矣。

故吾谓满汉利害相反，非立宪政体不能确立之原因，而现在有权力者之抱持其个人主义，乃立宪政体不能确立之原因也。知病之所在，即知药之所在。若药不对病，吾虑其虽瞑眩而不能瘳也。

（附言）自前号报之出，数日间而示威之函盈寸。仆虽懦乎，抑非此之可恫喝者。但就中一函，有谓我劝汉人以勿排满，而不能禁满人之不排汉者；又有谓前颇信我言，悬而待之，今则知吾言之不验，而至于失望者。夫满人排汉之一问题，以吾所观察，则谓其动机全根于个人之利害，当以别种手段对付之，排满论则徒资之口实而张其焰耳。此义前文已明，不必再辩。若谓吾言不验而因以失望者，其意殆指此次改革之有名无实耶？此则未深读吾论而误解吾意者也。夫吾所持者为积极论而非消极论，吾屡言之矣。故夫吾之非劝告国民袖手旁睨以待钦定宪法之发布甚明也。

吾之手段，必曰要求，使国民既有一强有力之机关以实行焉，而政府终不我应，且察彼已实无应我要求之余望，则吾言可谓不验，而无惑乎举国人之失望焉已。而试问我国民曾从事于此焉否也？此次改革动机，全起于出洋考察政治之五大臣，而五大臣考察政治之举，吾固早谓其于中国前途无甚关系者也（见本报第四号）。仅一二在位摭拾耳食以为陈说，而国民意思，自始未尝有所表现以参与乎其间。故此次之有改革，本出于吾人意计外。而此次改革之不结果，乃实在吾人意计中也。夫操豚蹄以祝篝车，识者犹笑其妄，况并豚蹄之不持，而所希更有逾于篝车，天下宁有此绝无代价之物耶？观日本所以得此区区宪法者，其国民用力之多寡何如？今我国民袖手以待之，不得则颓然失望焉，夫亦安往而不失望也。吾此论非以答彼致书示威之人，特见夫近来失望者之愈益多，或益增其发狂，或竟流于厌世，两者皆非国家之福，故更申吾要求之说以相劝励云尔。

或疑两民族以上同栖一国，必不能得善良之宪政，引奥太利、匈牙利等国为例，而因以证排满论与政治革命论之不能相离。其说若甚辩。虽然，吾以为中国非奥匈之比也。大抵为种族之标帜者，莫如语言。奥之与匈，其国语沟然相离。前此匈国国会匈国军队，皆用奥语而不得用匈语，匈人以全力争之，去岁几酿分离问题，至今未决。夫此等现象，在今日中国固无虑也。然此犹就奥匈双立国之组织言之也，若夫奥与匈各自有其政府有其宪法，而其运用之皆不能良善，奥则尤甚，识者以为实由国内种族不一，有以致之，诚笃论也。虽然，亦知彼之所谓种族不一者，其内容果何如哉？奥国促于欧之中央，自昔以来，本非一民族所专有。彼欧洲三大种族，如条顿人斯拉夫人拉丁人，皆各有分子于其境内。故各地方各欲维持其旧组织，各民族各欲保存其旧言语。故今之奥国，操德意志语者九百十一万余人，操波希米语及其类似语者六百万人，操波兰语者四百三十余万人，操庐丁语者三百三十余万人，操斯罗奔语者百余万人，其他操塞尔维亚语、意大利语、罗马尼亚语、马几亚语者各数十万人（参观本报第十号译述门《论奥太利立宪制之运用与民族之复杂》）。地丑德齐，莫能相尚。夫一国中而有多数异言语异习惯之人种，其于国家结合之基础，本已不固矣。而最病者尤莫如地丑德齐。使其中有一族独占大多数而制优胜焉，则固可以此族为结合之中心点，吸集群小族而使之同化。彼小族而能同化耶，种界遂泯，如天之福也；其不能同化耶，则其力不足以危及国家之结合，犹无伤也。以地丑德齐故，各民族莫能相让，莫能相化，夫是以轧轹无已时。如彼德意志族者，奥王统属焉，其族亦比较的占多数，宜其可以为统一之中心点矣。然而不能者，则以其虽比较的占多数，然以全奥民数核之，犹不及三分之一。若其他各族相结以与德意志族相对，则德意志族反成少数故也。故种族复杂，实奥国膏肓之病，虽和缓亦无能为力者也。惟匈亦然。匈之总民数约千六百万，内马儿亚人五百万，华拉焦人二百三十余万，撒逊人百四十余万，士罗域人二百二十余万，格罗人百三十余万，苏格拉和尼亚人百万，其他卢丁人、污德人、塞尔维亚人各数十万。马儿亚族虽比较的占多数，然亦不及全匈民数三分之一，若其他各族相结以与彼相对，则马儿族反成少数也。一八四八年匈国之独立，所以不久而旋败者，以此问题梗于其间也。故如奥匈者，则诚以种族问题为政治问题之障，虽有善良之宪法而不能为用。如奥匈者，惟恃旧世界君主专制之组织，庶可以仅保其结合而得以自存。若专制君主之政体，既被进化的社会所淘汰而不能保持，则此种国家前途之光荣，亦将随旧世界之政体而同归歇灭已耳。惟俄亦然，惟恃专制为能保帝国之资格，专制一去，帝国岌岌焉，则亦与奥匈有同一之理由也。若夫我中国则与彼大异，汉族而外，虽尚有满蒙藏回苗诸族，然汉族占大多数，即尽合群族以相对，犹不能当我十之一。借此雷霆万钧之力，无论何族，而不得不与我同化。即不同化，而既立宪以后，断不能缘此而危及国家基础。故民族复杂云者，在奥匈可以成政治上之问题，在中国绝不能成政治上之问题也。且更以最简单之一语论断之。彼满洲人所操者为何语乎？种族之鸿沟以语言为第一标帜焉。今论者乃妄以奥匈各族拟满汉，何其太不伦也。夫使我国而果如奥匈之以种族问题为政治问题障也，则岂惟不能为君主立宪，将愈益不能为共和立宪。何也？苟于奥国国家组织分子之中而除去其所谓君主者，则其现象将若何？吾知其中之德意志人必合于德意志帝国，马儿亚人必合于匈牙利国，波希米人必合于俄国，意大利人必合于意大利国，塞尔维亚人必合于塞尔维亚国，罗马尼亚人必合于罗马尼亚国，其余各族人分属于各国，而所谓奥太利帝国者，将粉碎虚空，顷刻而变成为历史上纪念之一名词矣。故使我国而果为与奥太利同种类之国也，则鄙人将并君主立宪且不敢主张焉，而共和更无论矣。何也？国家之能进步与否，尚属第二问题，而国家之能否结合不破裂与否，乃属第一问题也。今论者日高语共和，而频引奥太利为我比例，抑安得此不祥之言哉。夫惟我之与奥内容绝殊，故君主立宪可也，共和立宪亦可也。无论出于何途，而总不虑种族问题为之障。所辩者，则历史上之位置及现时人民之程度，以何者为适宜耳。此吾所既屡言之而无复疑点者也。

五、社会革命果为今日中国所必要乎？

此问题含义甚复杂，非短篇单词所能尽也。此略述其所怀，若其详则异日商榷之。

中国今日若从事于立法事业，其应参用今世学者所倡社会主义之精神与合，别为一问题。中国今日之社会经济的组织，应为根本的革命与否，又别为一问题。此不可混也。今先解决第二问题，次乃附论第一问题。

吾以为中国今日有**不必行社会革命之理由，有不可行社会革命之理由，有不能行社会革命之理由**。

于本论之前，不可不先示革命之概念。凡事物之变迁有二种，一缓一急。其变化之程度缓慢，缘周遭之情状，而生活方向，渐趋于一新生面，其变迁时代，无太甚之损害及苦痛，如植物然，观乎其外，始终若一，而内部实时时变化，若此者谓之发达，亦谓之进化（Development or Evolution）。反之，其变化性极急剧，不与周遭之情状相应，旧制度秩序，忽被破坏，社会之混乱苦痛缘之，若此者谓之革命（Revolution）。吾以为欧美今日之经济社会，殆陷于不能不革命之穷境；而中国之经济社会，则惟当稍加补苴之力，使循轨道以发达进化，而危险之革命手段，非所适用也。请言其理。

所谓中国不必行社会革命者何也？彼欧人之经济社会，所以积成今日之状态者，全由革命来也。而今之社会革命论，则前度革命之反动也。中国可以避前度之革命，是故不必为再度之革命。夫谓欧人今日经济社会之状态全由革命来者何也？欧洲当十七八世纪之交，其各国人之有土地所有权者，于法不过四万人，于英万九千人，于奥二万六千人，合今日耳曼诸邦，不过二万人，他国略称是。而当时全欧总民数，既在一万六千万人以上。于一万六千万人中，而为地主者不及二十万人。盖欧洲前此之农民，大半在隶农之地位，是其贫富之阶级，早随贵贱之阶级而同时悬绝矣。幸而彼之个人土地私有权，发达甚迟缓，未全脱前此部落土地所有权之时代（英国自一七六〇年至一八三三年凡七十余年间，有所谓“共有地”者渐次改为私有地，其地凡七百万英亩。一英亩约当我四亩六分余也）。故贫民稍得以此为养。农业以外，则手工业亦颇发达，其习惯有所谓工业组合者，约如我国各工业之有联行。政府之对于农业、工业，皆制为种种法律，以保护干涉之。故虽不能有突飞之进步，然亦相安而致有秩序。此欧洲旧社会组织之大略也。及斯密亚丹兴，大攻击政府干涉主义，而以自由竞争为楬橥，谓社会如水然，任其自竞，则供求相剂，而自底于平。此论既出，披靡一世。各国政府，亦渐为所动，前此为过度之干涉者，一反而为过度之放任。其骤变之影响，既已剧矣。同时而占士瓦特发明蒸汽（一七六九年）。未几李察又缘之以发明纺绩器。于是斯密与瓦特之二杰，相提携以蹴踏旧社会，如双龙搅海，而工业革命（The Industrial Revolution）之时代以届。前此人类注其筋力之全部以从事制作，虽或间附以牛马力等，然利用自然力之器械，殆可谓绝无。及汽机发明，其普通者视人力加十二倍，或乃加数百倍至千倍，则试审其影响于社会之组织者何如。生产之方法，划然为一新纪元。以一人而能产前此十二人乃至数百千人之所产，则其所产者之价值必骤廉。前此业手工者，势不能与之竞，而必至于歇业。前此执一艺者，所得之利益，自全归于其手，偶值其物价腾，则所得随而益丰，但恃十指之劳，苟勤俭以将之，虽窭人可以致中产，故于工业界绝无所谓阶级者存。及机器既兴，无数技能之民，骤失其业，不得不自投于有机器之公司以求糊口。而机器所用之劳力，与旧社会所用之劳力又绝异。前此十年学一技者，至是而悉不为用，而妇女及未成年者，其轻便适用，或反过于壮夫，而壮夫愈以失业。前此工人自制一物，售之而自得其值。今则分业之度益进，与其谓之分业，毋宁谓之合力。每一物之成，必经若干人之手，欲指某物为某人所制，渺不可得。而工人之外，复有供给其资本与器具者，又须得若干之报酬。故欲求公平之分配，终不可期，不得已而采最简单之方法，行赁银制度，即出资本者，雇用若干之职工，每人每日，给以庸钱若干，而制成一器，所得之赢，悉归雇主。而雇者与被雇者之间，即资本家与劳动者之间，划然成两阶级而不可逾越。此实旧社会之人所未梦见也。夫物质界之新现象既已若是矣，使思想界而非有新学说以为之援，则其激变尚不至如是其甚。前此在工业组合制度之下，其物价或以习惯或以法律羁束之。若有一人忽贬价以图垄断，则立将见摈于同行而不能自存。于其物之品质亦然，大率一律，而竞争之余地甚狭。及机器一兴，生产额忽过前此数倍，非低廉其价值，改良其品质，则将无销售之途。适有自由竞争之学说出而为援。前此之习惯法律，一切摧弃，无所复用。制造家惟日孜孜，重机器以机器，加改良以改良，其势滔滔，继续无限，以迄今日。一般公众，缘此而得价廉质良之物，而社会富量，亦日以增殖，其功德固不在禹下。然欲制价廉质良之物以投社会之好，彼无资本者与有资本者竞，则无资本者必败；小资本者与大资本者竞，则小资本者必败；次大资本者与更大资本者竞，则次大资本者必败。(展)〔辗〕转相竞，如斗鹑然，群鹑皆毙，一鹑独存。当其毙也，则感莫大之苦痛，牺牲无量数之资本，牺牲无量数人之劳力，然后乃造成今日所谓富者之一阶级（大资本与小资本竞而小资本全数致亏耗，故曰牺牲无量数之资本。无资本者虽有技能不能自存，此牺牲劳力者一。当小资本与大资本竞时，各雇用劳力者，及小资本家失败而所雇用之劳力者随而失业，此牺牲劳力者二。故曰牺牲无量人之劳力）。呜呼！一将功成万骨枯，今日欧洲之经济社会当之矣。然军事上一将功成以后，处乎其下者犹得有休养生息之时，经济上一将功成以后，处乎其下者乃永沉九渊而不能以自拔。此富族专制之祸，所以烈于洪水猛兽，而社会革命论所以不能不昌也。而推其根原，则实由前此工业组织之变迁，不以进化的而以革命的，如暴风疾雨之骤至，应之者手忙脚乱，不知所措，任其自然，遂至偏畸于一方而不可收拾。而所谓应之失措者，其一在政府方面，其一在人民方面。其在政府方面者，则放任太过，虽有应干涉之点而不干涉也。其在人民方面者，多数人民，不能察风潮之趋向而别循新方面以求生活也。美国经济学大家伊里（R. T. Eey〔Ely〕）曰："使当工业革命将至之前，工人有识见高迈者，能合多数工人为一团，置机器，应时势而一新其制造法，是即地方之组合也，即一种之协立制造会社（Cooperative Factory）也。果尔，则工业组织之过渡，可以圆滑而推移，而后此之骚扰革命可以免。惜乎见不及此，墨守其故，终至此等利器，仅为少数野心家所利用，驯致今日积重难返之势，可叹也。"（Outlines of Economics，第一编第四章）其意盖谓使今日劳动者阶级，当时能知此义，则可以自跻于资本家之列，而奇赢所获，不至垄断于少数也。此诚一种之探源论也。虽然，吾以为当时欧洲之多数人民，即见果及此，而于贫富悬隔之潮流，所能挽救者终无几也。何也？彼贫富悬隔之现象，自工业革命前而既植其基，及工业革命以后，则其基益巩固，而其程度益显著云耳。盖当瓦特与斯密之未出世，而全欧之土地，本已在少数人之手；全欧之资本，自然亦在少数人之手。其余大多数人，业农者大率带隶农之性质，所获差足以自赡耳。其业工商者，赖其技能以糊其口，虽能独立，而富量终微。逮夫机器兴，竞争盛，欲结合资本以从事，则其所结合资本中之多量，必为旧有资本者所占，其余多数中产以下者，虽悉数结合，而犹不足以敌彼什之一。故彼工业革命之结果，非自革命后而富者始富贫者始贫，实则革命前之富者愈以富，革命前之贫者终以贫也。我国现时之经济社会组织，与欧洲工业革命前之组织则既有异，中产之家多，而特别豪富之家少。其所以能致此良现象者，原因盖有数端。一曰无贵族制度。欧洲各国，皆有贵族。其贵族大率有封地。少数之贵族，即地主也。而多数之齐民，率皆无立锥焉。生产之三要素，其一已归少数人之独占矣（经济学者言生产三要素，一曰土地，二曰资本，三曰劳力）。故贵族即兼为富族，势则然也。中国则自秦以来，贵族即已消灭。此后虽死灰偶烬，而终不能长存。及至本朝，根株愈益净尽，虽以亲王之贵，亦有岁俸而无食邑。白屋公卿，习以为常；蓬荜寒酸，转瞬可登八座；堂皇阁老，归田即伍齐民。坐此之故，举国无阶级之可言，而富力之兼并亦因以不剧也。二曰行平均相续法。欧洲各国旧俗，大率行长子相续。自法兰西大革命后，虽力矫此弊，而至今迄未尽除。夫长子相续，则其财产永聚而不分，母财厚而所孳生之赢愈巨，其于一国总殖之增加，固甚有效，然偏枯太甚，不免有兄为天子弟为匹夫之患，一国富力永聚于少数人之手，此其敝也。我国则自汉以来，已行平均相续法（此事余别有考据），祖父所有财产，子孙得而均沾之。其敝也，母财碎散，不以供生产，而徒以供消费，谚所谓“人无三代富”。职此之由，盖拥万金之资者，有子五人，人得二千。其子复有子五人，苟无所增殖而复均之其子，则人余四百矣。非长袖则不足以善舞。我国富民之难世其家者，非徒膏粱纨袴之不善保泰，抑亦制度使然矣。虽然，缘此之故，生产方面，虽日蹙促，而分配方面，则甚均匀，而极贫极富之阶级，无自而生，此又利害之相倚者也。三曰赋税极轻。欧洲诸国，前此受贵族教会重重压制，供亿烦苛，朘削无艺，侯伯僧侣，不负纳税之义务，而一切负担，全委诸齐氓。及屡经宗教革命政治革命，积弊方除，而产业革命已同时并起，无复贫民苏生之余地矣。中国则既无贵族教会梗于其间，取于民者惟一国家。而古昔圣哲，夙以薄赋为教。历代帝王，稍自爱者，咸凛然于古训而莫敢犯，蠲租减税，代有所闻。逮本朝行一条鞭制，而所取益薄。当厘金未兴以前，民之无田者，终身可不赋一铢于政府，劳力所入，自享有其全部。夫富量由贮蓄而生，此经济学之通义也。而所贮蓄者又必为所消费之余额，又经济家之通义也。然则必所入能有余于所出，而后治产之事乃有可言。欧洲十八世纪以前之社会，齐氓一岁所入，而政府贵族教会，朘其泰半，所余者仅赡事畜，盖云幸矣。中国则勤动所获，能自有之，以俭辅勤，积数年便可致中产。故贮蓄之美风，在泰西则学者广为论著以发明，政府多设机关以劝厉，而其效卒不大；观中国则人人能之，若天性然，亦其制度有以致之也。勤俭贮蓄之人愈多，则中产之家亦愈多，此又因果所必至也。凡此皆所以说明我国现在经济社会之组织，与欧洲工业革命前之经济社会组织有绝异之点。而我本来无极贫极富之两阶级存，其理由皆坐是也。虽然，我国今后不能不采用机器以从事生产，势使然也。即采用机器以从事生产，则必须结合大资本，而小资本必被侵蚀。而经济社会组织不得不缘此而一变，又势使然也。然则欧人工业革命所生之恶结果（即酿出今日社会革命之恶因），我其可以免乎？曰：虽不能尽免，而决不至如彼其甚也。盖欧人今日之社会革命论，全由现今经济社会组织不完善而来，而欧人现今经济社会组织之不完善，又由工业革命前之经济社会组织不完善而来。我国现今经济社会之组织，虽未可云完善，然以比诸工业革命前之欧洲，则固优于彼。故今后生产问题，虽有进化，而分配问题，仍可循此进化之轨以行，而两度之革命，殆皆可以不起也（欧人前此之工业革命可谓之生产的革命，今后之社会革命可谓之分配的革命）。请言其理。夫生产之方法变，非大资本则不能博赢。而大资本必非独力所能任也，于是乎股份公司（株式会社）起。此欧人经过之陈迹，而我国将来亦不能不学之者也。然欧人之招股而创此等公司也，其应募而为股东者，则旧日少数之豪族也；中国今日招股而创此等公司也，其应募而为股东者，则现在多数之中产家也。此其发脚点之差异，而将来分配之均不均，其几即兆于是也。夫欧人岂必其乐以股东之权利尽让诸豪族，使如伊里所言，合工人以组织一协立制造会社者，岂其无一人能见及此？而无如其前此社会之组织，本已分贫富二途，贫者虽相结合，然犹以千百之僬侥国人与一二之龙伯国人抗，蔑有济矣。故昔日之富者，因工业革命而愈富；昔日之贫者，因工业革命而愈贫（虽间有工业革命后由贫而富、由富而贫者，然例外也），何也？非大资本不能获奇赢，而公司则大资本所在也。有股份于公司者则日以富，无股份于公司者则日以贫，公司股份为少数人所占，则多数人遂不得不食贫以终古也。而中国情形则有异于是。试以最近之事实证之。粤汉铁路招股二千万，今已满额，而其最大股东不过占二十五万乃至三十万耳，其数又不过一二人，其占十股以下者乃最大多数（每股五元）。盖公司全股四百万份，而其为股东者百余万人。此我国前此经济社会分配均善之表征，亦即我国将来经济社会分配均善之朕兆也。诚使得贤才以任之，复有完密之法律以维持之，杜绝当事之舞弊，防制野心家之投机，则公司愈发达，获利愈丰，而股东所受者亦愈多。股东之人数既繁，大股少而小股多，则分配不期均而自均。将来风气大开，人人知非资本结合不足以获利，举国中产以下之家，悉举其所贮蓄以投于公司。生产方法，大变而进于前，分配方法，仍可以率循而无大轶于旧，则我国经济界之前途，真可以安辔循轨，为发达的进化的，而非为革命的矣。夫今者欧美人见贫富阶级悬绝之莫救也，以是有倡为以公司代工人贮蓄，将其庸钱之一部分代贮焉，积以为公司之股本，他日公司获利，彼得分沾，则劳动者兼为资本家，而鸿沟或可以渐图消灭。然在积重难返之欧美，此等补苴，不能为效也。而我国则此事出于天然，不劳人力。盖工业革新以后，而受庸钱之人，半皆兼有资本家之资格。此殆可以今日之现象而测知之者也（其不能举一切劳动者而悉有某公司之股份，此无待言。然举国无一贫人，则虽行极端社会主义之后，犹将难之。但使不贫者居大多数，即经济社会绝好之现象矣）。此无他故焉，现今之经济社会组织，其于分配一方面，已比较的完善，而远非泰西旧社会所及。由现今社会以孕育将来社会，其危险之程度自不大故也。而无识者妄引欧人经过之恶现象以相怵，是乃所谓杞人之忧也。然又非徒恃现在经济社会组织之差完善而遂以自安也。彼欧人所以致今日之恶现象者，其一固由彼旧社会所孕育，其二亦由彼政府误用学理放任而助长之。今我既具此天然之美质，复鉴彼百余年来之流弊，熟察其受病之源，博征其救治之法，采其可用者先事而施焉（其条理详下方），则亦可以消患于未然，而覆辙之轨，吾知免矣。所谓不必行社会革命者此也。

所谓中国不可行社会革命者何也？社会革命论，以分配之趋均为期。质言之，则抑资本家之专横，谋劳动者之利益也。此在欧美，诚医群之圣药。而施诸今日之中国，恐利不足以偿其病也。吾以为策中国今日经济界之前途，**当以奖励资本家为第一义，而以保护劳动者为第二义**。请言其理。夫今日东西列强所以以支那问题为全世界第一大问题者何也？凡以国际的经济竞争之所攸关云尔。经济学公例，租与庸厚则其赢薄，租与庸薄则其赢厚（土地所得曰租，劳力所得曰庸，资本所得曰赢。此严译《原富》所命名也。日人译之曰地代，曰劳银，曰利润）。故拥资本者常以懋迁于租庸两薄之地为利，不得则亦求其一薄者。欧人自工业革命以来，日以过富为患，母财岁进而业场不增。其在欧土，土地之租与劳力之庸，皆日涨日甚。资本家不能用之求赢，乃一转而趋于美洲、澳洲诸新地。此新地者，其土地率未经利用，租可以薄而人口甚希，庸不能轻，于是招募华工以充之，则租庸两薄而赢倍蓰矣。乃不数十年，而美澳诸地昔为旧陆尾闾者，今其自身且以资本过剩为患，一方面堵截旧陆之资本，使不得侵入新陆以求赢，而旧陆之资本家病；一方面其自身过剩之资本，不能求赢于本土，而新陆之资本家亦病。日本以后起锐进，十年之间，资本八九倍于其前，国中租庸，日涨月腾，而日本之资本家亦病。于是相与（旁皇）〔彷徨〕却顾，临睨全球，现今租庸两薄之地，无如中国，故挟资本以求赢，其最良之市场亦莫如中国。世界各国，咸以支那问题为惟一之大问题者，皆此之由。我国民于斯时也，苟能结合资本，假泰西文明利器(机器)，利用我固有之薄租薄庸以求赢，则国富可以骤进，十年以往，天下莫御矣。而不然者，以现在资本之微微不振、星星不团，不能从事于大事业，而东西各国，为经济公例所驱迫，挟其过剩之资本以临我，如洪水之滔天，如猛兽之出柙，其将何以御之？夫空言之不能敌实事也久矣。两年以来，利权回收之论，洋溢于国中，争路争矿，言多于鲫，然曾未见一路之能自筑，一矿之能自开。而日人南满洲铁道会社，已以百兆之雄资，伏东省而监其脑，而各处枝路，尚往往假资于外人。而各国制造品之滔滔汩汩以输入，尽夺吾民之旧业者，又庸耳俗目所未尝察也。夫自生产方法革新以后，惟资本家为能食文明之利，而非资本家则反蒙文明之害。此当世侈谈民生主义者所能知也，曾亦思自今以往，我中国若无大资本家出现，则将有他国之大资本家入而代之，而彼大资本家既占势力以后，则凡无资本者或有资本而不大者，只能宛转瘐死于其脚下，而永无复苏生之一日。彼欧美今日之劳动者，其欲见天日，犹如此其艰也，**但使他国资本势力充满于我国中之时，即我四万万同胞为马牛以终古之日**。其时，举国中，谁复为贫？谁复为富？惟有于中国经济界分两大阶级焉：一曰食文明之利者，其人为外国人；一曰蒙文明之害者，其人为中国人而已。于彼时也，则真不可不合全国以倡社会革命矣。虽然，晚矣，无及矣。此非吾故为危言以悚听也。夫宁不见今日全国经济界稍带活气者，惟有洋场，而洋场之中国人，则皆馂外商之余也。月晕知风，础润知雨，而况乎风雨之已来袭者耶？我中国今日欲解决此至危极险之问题，惟有奖励资本家，使举其所贮蓄者，结合焉，而采百余年来西人所发明之新生产方法以从事于生产，国家则珍惜而保护之，使其事业可以发达以与外抗，使他之资本家闻其风羡其利而相率以图结集，从各方面以抵（当）〔挡〕外竞之潮流，庶或有济。虽作始数年间，稍牺牲他部分人之利益，然为国家计，所不辞也。今乃无故自惊，睡魇梦呓，倡此与国家全体利害相反之社会革命论，以排斥资本家为务，浸假而国民信从其教，日煽惑劳动者以要求减少时间要求增加庸率，不则同盟罢工以挟之；资本家蒙此损失，不复能与他国之同业竞而因以倒毙。他之资本家，益复惩羹吹齑，裹足不前。坐听外国资本势力，骎骎然掩没我全国之市场，欲抵抗已失其时，而无复扎寨之余地。全国人民乃不得不帖服于异族鞭箠之下以糊其口。则今之持社会革命论者，**其亡国之罪，真上通于天矣**。此非吾故苛其词，实则居今日而倡此不适于国家生存之社会革命论，其结果必至如是也。要之吾对于经济问题之意见，可以简单数语宣示之，曰：**今日中国所急当研究者，乃生产问题，非分配问题也**。何则？生产问题者，国际竞争问题也；分配问题者，国内竞争问题也。生产问题能解决与否，则国家之存亡系焉。生产问题不解决，则后此将无复分配问题容我解决也。由此言之，则虽目前以解决生产问题故，致使全国富量落于少数人之手，贻分配问题之隐祸于将来，而急则治标，犹将舍彼而趋此，而况乎其可毋虑是也。孔子与门人立，拱而尚右，二三子亦皆尚右。孔子曰："二三子之嗜学也。我则有姊之丧故也。"夫欧美人之倡社会革命，乃应于时势不得不然，是姊丧尚右之类也。今吾国情形与彼立于正反对之地位，闻其一二学说，乃吠影吠声以随逐之，虽崇拜欧风，亦何必至于此极耶？夫无丧而学人尚右不过为笑，固非害于实事。若病异症而妄尝人药，则自戕其寿耳。今之倡社会革命论者，盖此类也。所谓不可行社会革命者此也。

所谓中国不能行社会革命者何也？欲为社会革命，非体段圆满，则不能收其功。而圆满之社会革命，虽以欧美现在之程度，更历百年后，犹未必能行之，而现在之中国更无论也。今排满家之言社会革命者，以土地国有为唯一之楬橥。不知土地国有者，社会革命中之一条件，而非其全体也。各国社会主义者流，屡提出土地国有之议案，不过以此为进行之着手，而非谓舍此无余事也。如今排满家所倡社会革命者之言，谓欧美所以不能解决社会问题者，因为未能解决土地问题，一若但解决土地问题，则社会问题即全部解决者然。是由未识社会主义之为何物也（其详别于下方驳之）。近世最圆满之社会革命论，其最大宗旨不外举生产机关而归诸国有，土地之所以必须为国有者，以其为重要生产机关之一也。然土地之外，尚有其重要之生产机关焉，即资本是也。而推原欧美现社会分配不均之根由，两者相衡，则资本又为其主动。盖自生产方法一变以后，无资本者万不能与有资本者竞，小资本者万不能与大资本者竞。此资本直接之势力，无待言矣。若语其间接之势力，则地价地租之所以腾涨者何自乎？亦都会发达之结果而已。都会之所以发达者何自乎？亦资本膨胀之结果而已。彼欧洲当工业革命以前，土地为少数人所占有者已久，然社会问题不发生于彼时而发生于今日者，土地之利用不广，虽拥之犹石田也。及资本之所殖益进，则土地之价值随而益腾，地主所以能占势力于生产界者，食资本之赐也（如某氏演说称"英国大地主威斯敏士打公爵有封地在伦敦西偏，后来因扩张伦敦城，把那地统圈进去，他一家的地租占伦敦地租四分之一，富与国家相等。"须知伦敦城何以扩张，由资本膨胀故。伦敦地租何以腾涨，自资本膨胀故。若无工业革命后之资本膨胀，则今日之威斯敏士打，亦无从有敌国之富也。其他同类之现象，皆可以此说明之）。又况彼资本家常能以贱价买收未发达之土地，而自以资本之力发达之以两收其利，是又以资本之力支配土地也（美国人占士比尔，于二十年前，买收汶天拿省华盛顿省诸土地，而自筑大北铁路以贯之。彼时此等土地，皆印度红夷出没之所，殆不值一钱，今则其最闹之市，地价骎骎追纽约芝加高矣。近今泰西资本家，率无不用此术）。要之，欲解决社会问题者，当以解决资本问题为第一义，以解决土地问题为第二义。且土地问题，虽谓为资本问题之附属焉可也。若工场，若道具（机器），其性质亦与土地近，皆资本之附属也。质而言之，则必举一切之生产机关而悉为国有，然后可称为圆满之社会革命。若其一部分为国有，而他之大部分仍为私有，则社会革命之目的终不能达也。然则圆满之社会革命论，其新社会之经济组织何如？以简单之语说明之，亦曰：国家自为地主自为资本家，而国民皆为劳动者而已，即一切生产事业，皆由国家独占，而国民不得以此为竞也。夫同为劳动者也，何以于现在则苦之，于革命后则甘之？诚以如现在经济社会之组织，彼劳动所得之结果，地主攫其若干焉，资本家攫其若干焉，而劳动者所得，乃不及什之一。若革命以后，劳动之结果，虽割其一部分以与国家，而所自得之一部分，其分量必有以逾于今日。且国家所割取我之一部分，亦还为社会用，实则还为我用而已。如此则分配极均，而世界将底于大同。此社会革命论之真精神，而吾昔所谓认此主义为将来世界最高尚美妙之主义者（见本年本报第四号），良以此也。而试问今日之中国，能行此焉否也？其在欧美之难此主义者，有自由竞争绝而进化将滞之问题，有因技能而异报酬或平均报酬孰为适当之问题，有报酬平等将遏绝劳动动机之问题，有分配职业应由强制抑由自择之问题。其他此类之问题尚伙，不缕述。凡此诸问题，皆欧美学者所未尽解决，而即此主义难实行之一原因也。今中国且勿语此，惟有一最浅易最简单之问题，曰：既行社会革命，建设社会的国家，则必以国家为一公司，且为独一无二之公司。此公司之性质，则取全国人之衣食住，乃至所执职业，一切干涉之而负其责任。就令如彼报所言，我国人民程度已十分发达，而此等政府，果适于存在否乎？足以任此之人才有之乎？有之能保其无滥用职权专制以为民病乎？能之，而可以持久而无弊乎？此问题，绝无待高尚之学理以为证，虽五尺之童能辩之。论者如必谓中国今日能建设此等政府也，则强词夺理，吾安从复与之言。若知其不能，则社会革命论，直自今取消焉可也。夫论者固明知社会革命之不能实行也，于是卤莽灭裂，盗取其主义之一节以为旗帜，冀以欺天下之无识者。庸讵知凡一学说之立，必有其一贯之精神，盗取一节，未或能于其精神有当也。彼排满家之社会革命论，自孙文倡也。某报第十号，载有孙文演说，殆可为其论据之中心。今得痛驳之以为中国不能行社会革命之佐证。

附：驳孙文演说中关于社会革命论者（略，编者）

以上驳孙文说竞。彼报第五号别有《论社会革命与政治革命并行》一篇，吾拟驳之久矣，蹉跎不果。今吾所主张者，大率已见前方，虽非直接驳彼文，而彼文已无复立足之余地。况彼文肤浅凌乱，实无可驳之价值耶。惟其中有一条不可不加以纠正者。彼论述泰西学者之说，谓“贫富悬隔之所由起，在放任竞争绝对承认私有财产权”，是也。而其所下绝对承认私有财产权之解释，谓“无私有财产制，不能生贫富，固也；有私有财产制，而不绝对容许之，加相当之限制，则资本亦无由跋扈。即于可独占之天然生产力，苟不许其私有，则资本所以支配一切之权失矣，云云”。此所以证其言土地国有而不言资本国有之理由也。此说社会主义论者中，固有言之者，然其论之不完全，显而易见。即吾前所谓，国家自以私人资格，插足于竞争场里，而分其一脔耳。夫资本家固非必其皆有土地者，往往纳地代于他之地主，借其地以从事生产，而未尝不可以为剧烈之竞争。土地国有后，则以前此纳诸私人之地代，转而纳诸国家耳，或变所有权而为永代借地权或永小作权耳，于其跋扈何阻焉。以吾所闻加私有财产权以相当之限制者，其条件则异是。凡不为生产机关者（如家屋器具古玩等），则承认其私有；其为生产机关者，则归诸国有而已。必如是而后可以称社会革命。不如是者，皆朝衣朝冠而不袜不履者也。而此种之社会革命，我中国现时果能行否？此则吾欲求彼党中人赐一言之确答者也。

大抵今日之欧美，其社会恶果，日积日著。各国政治家乃至学者，莫不认此为唯一之大问题，(孳孳)〔孜孜〕研究。而其论所以救治之方者，亦言人人殊。虽然，要其大别，可以二派该之：一曰社会改良主义派，即承认现在之社会组织而加以矫正者也，华克拿、须摩拉、布棱达那等所倡者与俾士麦所赞成者属焉；二曰社会革命主义派，即不承认现在之社会组织而欲破坏之以再谋建设者也，麦喀、比比儿辈所倡率者属焉。两者易于混同，而性质实大相反。今孙文及其徒所倡果属于何派乎？吾苦难明之。谓其属甲派而不类，谓其属乙派而又不类。殆欲合两派而各有节取耶？而不知其不相容也。是又荷蓑笠以入宫门之类也。质而言之，彼辈始终未识社会主义为何物而已。

又彼号论文尚有云："明初屯卫之制，其田皆国有也。明初所以得行此者，亦正以政治革命后易为功也。观于其后欲赎取已卖之田，犹患费无所出，乃其初设时若甚轻易举者，斯亦可知其故矣。行土地国有于政治革命之际，果何事强夺耶？"嘻嘻，此其故，虽微公言，吾固已熟知之，岂非吾前所闻于贵头领所谓大革命后积尸满地，榛莽成林，十余年后大难削平，田土无主者十而七八，夫是以能一举而收之者耶？明初屯卫制所以得行之而易为功者，非利故田主之因丧乱而散亡耶？后此欲赎而患无费者，非以承平之后不便掠夺耶？贵头领于前言，抵死图赖，而公等亦辩之惟恐不力。吾方谓豺性之已改矣，奈何不解藏踪迹浮萍一道开，更为此自实前言之供状耶？而犹曰无事强夺，吾不知杀人以梃以刃果何异也。且以明初为政治革命后，则公等所谓政治革命者，吾今乃知之矣。

彼报第五号所以丑诋我者，可谓无所不用其极。其笑我谓前此倡言经济革命断不能免，又绍介社会主义之学说，而今乃反排斥之。夫吾谓经济革命不能免者，就泰西论泰西也。今日我何尝谓其能免耶？社会主义学说，其属于改良主义者，吾固绝对表同情，其关于革命主义者，则吾亦未始不赞美之，而谓其必不可行，即行亦在千数百年之后。此吾第四号报所已言者（第四号出在彼报第五号之前）。彼谓今之社会主义学说，已渐趋实行，谓各国民法为趋重民生主义，谓日本铁道国有案通过为国家民生主义之实现。此言诚是也，而不知此乃社会改良主义，非社会革命主义，而两者之最大异点，则以承认现在之经济社会组织与否为界也（即以承认一切生产机关之私有权与否为界）。公等绝不知此两者之区别，混为一炉，忽而此焉，忽而彼焉，吾安从而诘之？彼报彼号有言曰：世每惟不知者乃易言之。又曰：梁某全不知社会革命之真。又曰：梁氏之攻民生主义，于民生主义毫无所知者也。夫浅学如余，则安敢自云能知者。但吾初以为公等必知之甚深然后言。及证以贵号前后十号之伟著，则公等所知，视“目不识欧文师友无长者”之梁某，且不逮焉。惟不知者乃易言之，乃夫子自道耶！若夫公等之四不像的民生主义，其甚深微妙，则真非我之所得知矣。

吾初以为社会革命论，在今日之中国，不成问题，不足以惑人，故听彼报之鸦蛙聒阁，不复与辩，谓无取浪费笔墨也。今彼报乃宝此燕石，沾沾自喜，且无识者亦颇复附和之，故不得不为之疏通证明，非好辩也。虽然，本论之对于彼报，亦可谓不留余地矣。彼报见此，其将幡然悔悟，自知其扰扰之无谓耶？抑将老羞成怒，再为狼嗥牛吼之态，折理不胜，惟事嫚骂耶？此则非吾所敢言矣。

以上据鄙见以解决“中国今日社会应为根本的革命与否”之一问题已竟。今将附论“中国今日若从事于立法事业其应参用今世学者所倡社会主义之精神与否”之一问题。此问题则吾所绝对赞成者也。此种社会主义即所谓社会改良主义也。其条理多端，不能尽述，略举其概，则如铁道、市街、电车、电灯、煤灯、自来水等事业，皆归诸国有或市有也，如制定工场条例也，如制定各种产业组合法也，如制定各种强制保险法也，如特置种种贮蓄机关也，如以累进率行所得税及遗产税也。诸如此类，条理甚繁，别有专书，兹不具引。夫铁道等归诸公有，则事业之带独占性质者，其利益不为少数人所专矣。制定各种产业组合法，则小资本者及无资本者，皆得自从事于生产事业矣。制定工场条例，则资本家不能虐待劳动者，而妇女、儿童尤得相当之保护矣。制定各种强制保险法，则民之失业或老病者，皆有以为养矣。特置种种贮蓄机关，予人民以贮蓄之方便，则小资本家必日增矣。以累进率行所得税及遗产税，则泰富者常损其余量以贡于公矣。夫以我国现在之社会组织，既已小资本家多而大资本家少，将来生产方法一变以后，大资本家之资本，与小资本家之资本，其量同时并进，固已不至奔轶太远，造成如欧美今日积重难返之势。而右所举社会改良主义诸条件，又彼中无量数之政豪学哲，几经研究而得之者也。彼行之于狂澜既倒之后，故其效不甚章。

我行之于曲突徙薪以前，故其敝末由至。夫欧洲所以演出工业革命之恶果而迫今后之社会革命使不能不发生者，固由瓦特机器之发明，骤变其生产之方，亦由斯密放任之学说助长其竞争之焰，两者缺一，其惨剧当不至若是之甚。今我于生产方法改良之始，能鉴彼放任过度之弊，而有所取裁，则可以食瓦特机器之利，而不致蒙斯密学说之害，其理甚明。《记》曰："甘受和，白受采。"我以本质较良之社会，而采行先事预防之方针，则彼圆满社会主义家所希望之黄金世界，虽未可期，而现在欧美社会阴风惨雨之气象，其亦可以免矣。而何必无故自惊，必欲推翻现社会之根柢而后为快也。而况乎其所谓推翻者，又实未尝能动其毫末，而徒虎皮羊质以自扰扰也。嘻！其亦可以知返矣。

要之，今之言社会革命者，其未知社会革命论之由来及其性质而妄言之耶，则妄言惑人之罪可诛；其已知之而故支离闪烁张皇其词以耸人听耶，则不过吾前者所谓利用此以博一班下等社会之同情，冀赌徒光棍大盗小偷乞丐流氓狱囚之悉为我用，惧赤眉黄巾之不滋蔓，复从而煽之而已。其立心之险恶，其操术之卑劣，真不可思议也。而一般学子既年少而富于好奇心，复刺激于感情，以骚动为第二之天性，外之既未尝研究他人学说之真相，内之复未能诊察本国社会之实情。于是野心家乘之而中以诐词，致此等四不像之民生主义，亦以吠影吠声之结果，俨然若有势力于一时。吾安得不为此幼稚时代之国民一长恸也。

结　论

故吾以为种族革命，不必要者也，社会革命，尤不必要者也。坦坦广途，独一无二，由之则至，歧之则亡，曰政治革命而已。更易其词以定其宗曰：今日欲救中国，惟有昌国家主义。其他民族主义、社会主义皆当诎于国家主义之下。闻吾此论而不寤者，吾必谓其非真爱国也已。

《新民丛报》第四年第十二至十四号，光绪三十二年六月十五日至七月十五日（1906年8月4日至9月3日）

论中国现在之党派及将来之政党

舆　之

今者中国之存亡，一系于政党之发生与否。是政党问题者，实今日最重要之问题也。而现在各党之地位，及将来政党发生时之态度，尤此问题中最主要之部分。今略分为三段论之，窃愿与同志者，一研究其前途也。

一、革命党与立宪之地位

数年以来，革命论盛行于国中。今则得法理论、政治论以为之羽翼，其旗帜益鲜明，其壁垒益森严，其势力益旁薄而郁积，下至贩夫走卒，莫不口谈革命，而身行破坏。此固由于数千年来专制之淫威，有以激之使然，而满汉两族，并栖于一国之下，其互相猜忌者，二百余年如一日，一旦有人焉刺激其脑蒂，其排满性之伏于其中者，遂不期而自发。此革命党之势力，所以如决江河，沛然而莫之能御也。至于立宪政体者，在今日文明诸国中，必流无量之血，掷无数之头颅，乃始得此君民冲突之结果，而在于吾国，似为一极秽恶之名词。数年以前，民间无敢倡言之者。近则政府宣布预备立宪，民间公然鼓吹立宪。然革命党指政府为集权，詈立宪为卖国。而人士之怀疑不决者，不敢党于立宪，遂致革命党者，公然为事实上之进行，立宪党者，不过为名义上之鼓吹，气为所慑，而口为所钳，即明知今日中国之时势，宜于立宪，而不宜于革命，亦姑模棱于两可之间，而不欲以锋芒自见。此亦极意虑之不自由，轻天下而羞当世之士矣。夫立宪之果为何物？立宪之后，而果有何影响？使不立宪，而果受何弊害？恐中国虽大，其能理解之者，寥寥无几。即彼革命党者，亦第谓满人假立宪之名，以行排汉之实。凡政策之出自满人者，无论其为利为害，而皆以为排汉；凡汉人之赞助满人政策者，无论其为公为私，而皆以为党满。自阳假立宪阴行排汉之说出，一夫唱之，百夫和之。即令政府而果真正立宪，满汉有可以调和之道，国家有可以救亡之途，亦绝对的不承认之，且希冀政府之不真正立宪，日流于腐败，以促新政府之出现焉。呜呼！感情所蔽，真理为蒙。当举国人丧失（辨）〔辩〕理心之日，而忽以如火如荼之学说，以煽起其（畜）〔蓄〕积已久之恶感，其势力之伟大也亦宜。盖革命主动性，而立宪主静性；革命主感情，而立宪主（辨）〔辩〕理。凡人性情之弱点，莫不富于动性，而缺于静性，流于感情，而疏于（辨）〔辩〕理。是革命党之在今日者，虽非必要之党派，而实必发生之党派，宜其泱泱哉，为国中唯一之党派也。

凡一国党派之成立也，必有激烈温和二派。激烈派对于社会一切之事务，主去敝生新，用猛烈之手段，以达其急进之目的；温和派对于社会一切之事物，主因势利导，用稳当之手段，以达其渐进之目的。此二派者，貌似相反，而实相成。使一国之中，无激烈派而仅有温和派，则事物之进步，必流于缓慢；又使一国之中，无温和派而仅有激烈派，则事物之秩序，必即于紊乱，故曰相成也。即以日本明治十五六年间言之，其自由、改进两党，即一主急进，而一主渐进者。自由党沉醉于天赋人权之学说，其一部分之人士，往往抱革命之思想，而有过激之举动；改进党则知以腕力抵抗政府之无益，主张平和之改革，而不赞成危激之革命。然其后两党卒能互相提携，屡与藩阀政府相血战，民党之壁垒，森然而不可侵犯，政府亦隐然认识政党之势力者。由于两党者，不破坏日本国家之根本的组织，而同以建设完全之立宪政体为主义，不过其气象感情，互有不同之点而已。设使当日者自由党主张改造共和之国家，改进党主张拥护天皇之大权，两党之根本主义，绝对的不能相容，则两党之行动，势必互相妨害。彼此既无共同之利害，即不能生息于一国家之下，非至于一党扑而一党兴不止。内溃者外必踣，然则日本之国家，即不亡于幕府柄政之日，亦必亡于外力侵入之时矣。今吾中国之革命、立宪两党，可以当日本之自由、改进两党乎？曰：不能。盖国家之党派，无论激烈、温和，必活动于国家范围以内，而非活动于国家范围以外者。今革命党不认有中国政府，即不认有中国国家，而自称曰亡国之民。其革命之目的，非以改造现国家之政府，而以发生将来之新政府。是其活动之本旨，不在现在国家范围之内，而在未来之理想国家矣。且一党派必有一党派之主义政见，及其监督政府指导国民之天职。革命党之党纲，曰颠覆现政府，曰建设共和国，是破坏中国国家之根本组织，而不承认君主立宪。故其对于现政府也，犹秦越人之视肥瘠，且唯恐现政府之不腐败，以阻己党势力之扩张；其对于国民也，不教以秩序之进行，而唯鼓其一瞥之感情，以国家为孤注之一掷。究其结果，不外于吾所谓绝对的不能相容，而非国家范围内相对的之党派也。昧者不察，援各国激烈、温和二派之例，及日本自由、改进两党之情形，谓中国新旧过渡之时代，立宪、革命激战之时期，两党之竞争，势所不免，亦势所必要。夫革命党之必发生者，吾既已言之矣。若谓为必要，则吾所绝对的不承认者也。

夫使革命党而果活动于中国国家范围之内，抱其急进之主义，以为积极之进行。凡有害于国家之公益者，不问其为满人，为汉人，吾得而诛锄之；凡有合于救国之前提者，不问其为革命，为立宪，吾得而承认之。以其磊磊落落之志，出之以公明正大之行为，则其与立宪党之地位，为相对的，而非绝对的，联军以肉(薄)〔搏〕政府之坚垒，而有致死之决心，相携以立于政治之舞台，而为共同之行动，以之改造政府，何专制之不摧？以之指导国民，何民愚之足虑？内力不消，而对外自竞。彼日木自由、改进两党，所以能尽其监督政府指导国民之天职者，无他，即共同生活于一范围之内，而无利害相反互相妨害之事，其对于国家前途之目的同，其所不同者，唯其进行之方法而已。虽然，论者必谓日本之国体与中国异，日本拥戴万世一系之天皇，故即不革命，亦能得平和之改革，若吾中国者，以客族而入主中土，两族嫉忌之势已成，不革命无以得完全之改革。故必由民族问题，以解决政治问题，此亦论者所常言也。夫欧洲自中古以后，至于十九世纪之半，其以民族主义强国者，所在而有。德意志之被蹂躏于拿破仑也，知其不统一之害，于是俾士麦首唱民族主义，使各联邦集合于德意志帝国之下，而德以强。意大利之被压制于澳太利也，知其不统一之害，于是加富尔诸人，首唱民族主义，使四分五裂之罗马帝国，复归于一，而意以兴。此皆民族主义之明效大验也。顾其与中国之民族主义，有差异之点者，则各国皆自民族主义，以成统一之事业，中国则以言民族主义，而得分裂之结果也。夫使由国家主义，而仍不足以解决民族之问题，则亦已矣。由国家主义，而满汉各民族，皆统一于国家主义之下，则民族主义，可以不唱，唱之亦徒以祸国家而已矣。今世立宪各国，无不包孕各种之民族，以结合于一国家之下，而不闻发生种族问题。夫以种族之利害为本位，以解决政治上之问题者，此在古时之国家为然。今日则以国家之利害为本位，而不以种族之利害为本位。故国际间有发生种族问题者，如白种人对于黄种人之观念，其对于中国人及日本人，但以为东亚人，而不闻有中国日本之别；其对于满、汉、蒙、回、藏各种民族，皆以为中国人，而不闻有满、汉、蒙、回、藏之别。其所以不区别之者，即其认识日本与中国同种，满、汉、蒙、回、藏，皆同一种，而自居于非黄种人之列。如美人之排斥华工，及近日桑港[①]之学童（学）〔案〕件，皆自国际之种族观念所发生，而国内之种族观念，渐以薄弱矣。况近世各国，所谓帝国主义者勃兴，民族主义，已为前世纪之遗物。今持分裂的民族主义（谓论者所唱之民族主义），以与各国之帝国主义相竞，几何而不为其帝国主义所蚕食也？使果由论者所持之民族主义行之，则政治问题，终无解决之一日。故谓论者仅知有民族主义，而不知有政治问题者，非诬之也。颇闻论者所持之民族主义，不惜以生死性命护惜之，有国可亡、民族主义不可诋毁之慨。呜呼！使论者而果如此言也，明知民族主义，与救国不相容，而偏殉于其主义，是徒负气耳，非真救国也。吾党亦唯殉于吾党所信之国家主义，以与民族主义战。使民族主义而胜也，则国家主义消灭；使国家主义而胜也，则民族主义消灭。二者之孰胜孰败，中国之存亡系焉耳矣。

二、政府对于政党之态度

凡一国由专制之时期，以入于立宪之时期也，政府与民间，必有激烈之争斗，政府必竭其死力，以抵抗国民之要求，而最后之胜利，卒归于国民。此固各国历史所明示，而我中国亦不能免此者也。夫专制之流毒，达于极点，则人民之反动力，亦达于极点。方民权自由之学说，灌输于其国中也，人民之思想，日以发达。政府之压制民权也愈甚，而人民之欲得民权也亦愈甚。政府之压制力，终不敌国民之抵抗力。故倒专制而代以立宪者，不外于自由与专制激战之一结果物而已。中国夙以专制国闻于天下。近数年来，自由民权之学说，膨胀于国民之脑中，莫不愤慨于国权之衰弱，而切齿于政府之腐败者。盖方在政府与国民激战之初期，使我国民奋其再接再厉之精神，以与政府斗，则政府之压制涨一度者，吾民之抵抗亦涨一度。吾民之抵抗涨一度者，政府之压制不得不缩一度。持之既久，终必出于让步之一途。至政府以交让的精神，而许吾民有参政上之权利，则

① 即旧金山，编者。

中国者非政府诸公之所私有，而为吾民所共有之中国，欲其不强得乎？夫今世民权自由之大义，如日中天。使其国而不与各国相交通，则其学说无由输入，其民亦自安于专制。若其学说既传布于国中，其民复久困于专制，奋而思起，则其学说深入于人之脑中，回顾昔日专制之惨状，有傀焉不可以终日者。于斯时也，无论如何顽强之政府，奋其极猛烈之手段以压制国民，而国民无以为有一顾之价值者。何则？盖国民对于权利之请愿，自由之许容，如饥之思食，不得食则饿死，渴之思饮，不得饮则涸死，使不得权利与自由，则亦死于专制而已矣。故国民无论经如何之困斗，必达其目的而后已。知其不可抗，而与以政治上之自由，以遂其天然之发达者，英国是也；始思抵抗民权，继而知其不可抵抗，而发布宪法，以确定臣民之权利者，日本是也；拥护官僚的政治，以抵抗代议的政治，其国中之纷扰骚动，迄无宁岁，至今日尚沉沦于黑暗之中者，俄国是也。稽之理论既如彼，证之事实又如此。然则当民党初生之日，其所以待之之道，孰得孰失，一任中国政府之自择焉。

虽然，今政府之所以待革命党者，则步俄国之后尘，淫刑重戮，无所不至，不足则请求外人，以引渡国事犯，营营以扑灭革命党为事，而革命党卒不可得而扑灭，匪独不得而扑灭，且有增殖之势焉。夫革命党之发生也，由于政治之腐败。然则欲禁遏革命党，使不发生者，无外于改良政治。今不悟改良政治之足以禁遏革命党，而徒以诛锄杀戮为事。夫诛锄杀戮者，适以使革命之人，益坚其革命之志，不革命之人，亦愤而投身其间。充其所至，将遍国中之人，无一而非革命党，政府安得尽人而诛锄杀戮之与？即使革命党而果畏诛锄杀戮，而即不革命，然政治之腐败，日甚一日，今日之不革命者，不保异日之不革命。然则无时而不可以革命，无人而不可以革命。革命之心理，今已普及于一般，特怯懦者有所畏而不敢为，吾人知其不可为而不为。乃政府必欲以诛锄杀戮为扑灭革命党唯一之手段，是惟恐革命党之不（蕃）〔繁〕殖，而以诛锄杀戮者，推其波而助其澜也。夫吾人之所以不革命者，岂其有所爱于现政府？亦岂其有所顾惜于己身？毋亦重视国家之事实，而不欲以孤注者轻于一掷。今人徒恨现政府之腐败，而不知现政府之腐败者，现政府任其咎。现政府之腐败，而无人改造现政府者，则现政府不任其咎。故夫吾人之目的，将以改造现政府，而不欲动摇国家之根本，因现政府危及国家之生存，故改造现政府。革命党则因现政府之腐败，并欲变更国家之根本组织。其主义既不同，其着手之方法复不同，然其对于现政府之决心，则无不同。使现政府而（翻）〔幡〕然大悟也，实行改革，以与天下更新，则革命党不期弭而自弭。若徒以诛锄杀戮，威吓天下，则岂唯革命党致死于现政府，即革命党以外之人，无不致死于现政府。现政府又岂得高枕而卧耶？

夫政府之诛锄杀戮革命党者，无俄国政府之能力，而欲效俄国政府之举动者也。俄国奋其世界唯一之专制，以与虚无党激战。虚无党固为世界最可惊之党派，而俄政府亦为世界最顽强之政府。二者之抵力，略相平均。自前岁开国会以来，民气为之一舒。然保守家怙其专制之余习，以与新进之党派相抵抗，不旋踵而议会被解散。去岁之总选举，民间党又占优势。今则立于议会之地位，发挥其历年所蓄不平之气，以对于政府宣战。解散之风说频传，国内之骚动屡起。说者对于俄国之前途，分为两派：一主乐观的，谓俄国自战后之觉悟，立宪之利益，已为一般所认识，国民之思潮，勃不可遏，终必底于完全立宪之域；一主悲观的，谓俄国前途之惨怛，其祸变正不可测，国内之争斗，终无已时，俄国之国力，或且从此萎缩，而无雄飞于世界之日。此二派之观察，未知孰为正确，要之其不出是二者之外，则无疑也。夫其君主断行独裁之政体，其大臣佐以官僚之政治，其以专制立国者，与我无异。然其行政之敏活齐整，岂我政治之腐败者所能及？其政治家能力之伟厚，手腕之敏捷，又岂我政府所能望其肩背？然犹且全国为之糜烂，生民为之涂炭，杀人盈野，流血成渠者，则以其抵抗近世之思潮，妄思压制各党，其民之仇视政府者深，其思颠覆政党者亦甚，国力潜消于内，而不能外竞也。今中国国民，目睹政治之腐败，欲起而改良政治，见现政府之不足与有为，于是乃起而革命，以颠覆现政府为目的。政府之待之者，又专以诛锄杀戮为事，而不悟其受病之源，则腐败者无穷期，革命者亦无穷期，两者之力交相疲，则亦交相毙而已矣。夫至于两者之皆毙，欲求如俄国之现状，不可得也。何则？俄之国内，虽极其纷扰，而其对于国外也，则足以自支持。故日俄战后，犹不失为六七强国之一，不过其野心的经营，生一顿挫耳。若今日之中国者，处于列强对峙之中，一举手一投足，而无不牵动世界之全局。以此脆弱之政府立于上，而又以无训练无秩序之革命团体，鼎沸于下，则二者交哄之日，即中国亡国之时。政府哉！政府哉！其忍蹈俄国之覆辙，以为亡国之罪魁哉！若其忍之，我国民亦安能坐视之！

当政党发生之日，政府之所以待之者，有唯一之方法焉，曰承认政党是已。日本自发布立宪诏敕以来，自由党、改进党及帝国宪政党，鼎立于国中。其政府对于政党之政策，初亦主严重之干涉，凡关于言论集会，使警察为严密之取缔，有涉于攻击政府之演说者，即命停止，或解散之。报纸之文字，稍过于激烈者，即停止其发行。至于政党员之集会，必有警官临监。其与警官冲突者，往往而有。且侦探党人之行动，妨害私立学校之发达，凡有可以阻碍政党之进步者，无所不至。其时伊藤博文以调查宪法自德国归，去开设国会之期不远，于是赍其所谓铁血主义者，以施于警察行政而罗织党人，仿其所谓超然内阁者，以政府置于政党以外而不相干涉。于斯时也，政党向于衰运，而政府之势力日涨。自由党中之壮士，由愤激而绝望，则绝望而开始革命的运动。虽不久即行诛夷，然政府亦渐知其不可过于压迫，徐图改换其方针。及其国会既开，民党以历年之停辛伫苦，今始得依据立法之机关，公然与政府相对抗，乃联合以与政府苦战。政府亦屡受其创痍，虽屡次解散议会，然由是渐知政党之势力，为不可侮，而政府与政党，亦有密切之关系，不可纯然置政府于政党以外。其后第三次伊藤内阁，见迫于民党以溃。于是伊藤深感组织政党之必要，自为政友会之组织，而率之以组织第四次之伊藤内阁。夫伊藤者，其始极不喜政党，且极主张官僚政治，而排斥政党政治者也。然时移势转，由屡次内阁之经验，而卒不得不承认政党，且至身为其总裁焉。由是知日本民党之价值，而日本政治家之所以能运用其宪政，而强大其国家者，亦不外于承认政党之势力而已矣。夫各国之政府，其始未有欲承认政党者也。何则？自专自恣之既久，一旦忽有人焉以监督之，其不便于专恣也孰甚，故必欲置政府于政党以外，使政党之势力，不得及于政府。凡初立宪之国家，未有不如是者也。虽然，宪政之运用，所以能完全者，恃有议会，而议会之职务，所以能进行者，恃有政党。故宪政与议会之关系，犹之议会与政党之关系也。中国之政府，而不欲真正立宪则已，苟欲真正立宪，其必自承认政党始矣。

三、政党自身之态度

有在朝之政治家，有在野之政治家。以日本言之，伊藤、山县、西园寺辈，在朝之政治家也；大隈、板垣辈，在野之政治家也。大隈及板垣，昔尝为政党之首领，而在野之时多，在朝之时少，皆利用其在野之地位，以为积极之活动，凡属于政治之方面者，无不为舆论之先锋，以监督在位当局者。故其势力之伟大，有时反过于在朝之政治家者。大隈之因官有物拂下事件而下野也，不久即产出一改进党，其党员步趋之齐整，纪律之谨严，为日本政党中所未有，用能与政府相激战，而不以成败利钝渝其节。去岁其党中内讧，有所谓改革派者，阳标战后积极经营之名，而阴谋接近政权之实，因是见弃于大隈。然大隈者，决非能一日离于政治生活者也。退职以来，不入元老之群，而开始民间的运动。今则见推为早稻田大学总长，养成政党之人材，演说于各地方，唤起国中之舆论。其以政治为生涯者，数十年如一日，老而弥笃，洵不愧为日本第一流政治家焉。至于板垣者，当明治初年，西乡江藤拂衣下野愤然倡乱之日，独不效其所为，而着手于国民的运动，指挥国民，以与藩阀之政府战。日本人之知有民权自由者，实自彼始。其后卒执自由党之牛耳，尽力于党中者十余年。盖彼者实富于理想的之人物也。其所怀抱之理想，往往行于数年数十年之后。如近者彼之请奉还族（藉）〔籍〕（即请废华族之名称），亦其理想所表见之一端也。要之，二人之人格经历，皆宜于为在野之政治家，而不宜于为在朝之政治家，虽屡次入阁，卒不安其位以去。即二人者，亦善用其性行之长点，知其在民间运动之势力，较优胜于立朝之时，故宁穷老于民间而不悔也。中国人士，夙懔思不出位之诫，以故数千年来，无发生在野之政治家者。历代以来之党派，虽有近于各国政党之性质，然大抵不出两派：一则借党势为声援，以为挤排异己之地者；一则召党徒以讲学，而间言及朝政之得失者。然党锢之祸，相沿不绝，后世至以党派悬为厉禁，是由于不解在野政治家之趣旨。前派以为舍在朝无可以行其道者，故结党为后援，而决不出于下野之举；后派则深慨朝政之腐败，然禁网既密，不得不假讲学之名，而隐以攻击朝政。从未有以改良政治为目的，结一有秩序之团体，树立旗帜，申明约束，堂堂正正，以与政府宣战者，故政府有所恃而敢于自恣。此数千年以来之政治社会，所以有退化而无进化也。今者立宪之风潮，已澎湃于国中，而政党之组织，国民亦深感其必要。盖有二方面之必要焉。其一对于政府。夫近日政府之从事改革，非不汲引一二有新智识之人，然上者不过以备顾问，下者羁縻之以利禄而已，未闻有稍能展布者。然则立于受动之地位，而非立于主动之地位，虽政府求贤若渴，人材之趋者日众，未见其于中国之前途，稍有禅益也。使不立于朝而立于野，公然有政党之组织，以为政府之监督，吾信其势力必伟大，而其影响必较之在朝时为著。其一对于国民。自宣布预备立宪以来，人民之应之者卒鲜。此固由于政府之不以诚求。然人民不知立宪为何物，即与以民权自由，又岂知所以行使民权自由之道乎？夫一国之政治思想，其始非即普及于全国，必恃有先觉者以为之提倡，而后自觉的国民，乃始兴起。其培养此政治思想，网罗此先觉之士者，莫政党若。故政党者，实社会初开明之曙星，而立宪政治之先河也。本是二者，安得不希望在野之政治家发生，而依据政党以为活动之基础耶？

虽然，组织政党者，必非容易之业也。各国学者，论政党之得失利害，言人人殊。要之概括各政党，言之者多，而对于特定之政党，下论断者少。中国组织伊始，关系至大。今对勘吾国人之性质，而举其有可注意之点，凡分为四：

（一）道德　道德一语，最为广漠。有个人之道德，有社会之道德，有政治之道德。兹所论者，政治道德也。虽然，自其观察之点不同，故所见为道德者亦异。要之支配各种方面之道德，皆出于同一之源，而中国政治道德之所以腐败者，毋亦由于一般道德之腐败而来乎？故欲匡救政治道德之腐败者，先不可不匡救一般道德之腐败也。中国旧政治家，固不识有所谓政治道德者。今日之欲新登政治舞台者，吾恐因一般道德之腐败，遂致政治道德亦因之而腐败，其为中国政界前途之蟊贼者，正未有限。故吾先以政治道德（箴）〔针〕砭之也。夫有政治道德之人，其发于责任心，而担当政治者，即其为公益之心，足以克制为己之心。无政治道德之人，其发于好名心，而担当政治者，即其为己之心，压倒其为公益之心。夫至于为己之心，压倒为公益之心，则其源已误，弊害亦百出而不穷。明明有公益于此，而因其足以牺牲自己之名誉，宁弃而不为；明知其于公益有损，而因其足以造成自己之名誉，则汲汲为之。在一党则争党魁之地位，而奴隶他人；在各党中则妨害他党之行动，而不择手段。其为好名心所驱迫，而以他人之无限的精力，供其野心的牺牲者，实政治道德中之最腐败者也。呜呼！吾党而有此也，庶几改之；吾党而无此也，其益勉之。

（二）智识　智识之范围，亦极无一定矣。自其广义言之，则凡宇宙之事物，为吾人脑力之所得知者，皆智识也。然狭义之智识，则由教育而来之智识。教育之种类不一，故其所得之智识亦不同。今欲活动于政治方面，则法政教育者，其不可忽者也。夫政治上之智识者，亦至难言矣。各种之教育丽于实，循其顺序以求之，终必有智识完满之一日。法政之教育丽于虚，非善用其脑以受之，则智识不独不进化，反益形其闭塞。故法政教育者，活的学问也。政治智识者，亦活的智识也。政治之变化，瞬息万状，而不可端倪。使执一定之政策以待之，而不知变通尽利之道者，则其失败也无疑矣。中国今日当输入法政教育之时代，各国之学说及其政策，果可一一适用于中国乎？夫各国之学说及其政策，皆应其社会之状态以发生者也。中国之社会状态，既不同于各国，则不能不分别采用之矣。虽然，吾观今之修法政学者，其剖解力之不强，其辨别心之不有，徒墨守一先生之言，而不知所以活用之者，比比皆是。以此种人而组织政党，不过多一盲从之分子而已。故吾以为智识者，不可不求其活泼。而政治能力之厚薄，即由之以为差等者也。

（三）感情　天下之能成事者，恃有感情而已。虽然，天下之最可畏者亦莫如感情。方寸之地，戈矛生焉。立于党派之中者，感情尤易走于极端。对于异党之人，必极力攻击，而不为之稍留余地。问其何以如此？则曰我为增进党力计，不得不如此也。姑无论其主义之正当否，政见之确定否，而即此党派心之增长感情上之冲突，已足以祸国家而有余矣。今日之革命党与立宪党，其立于绝对的之地位者，已如吾前所言。虽然，彼此既同认为救国，则各抱其主义政见，以进行于国中，任彼此之自由竞争，而不互相妨害，斯亦足以张一军之旗帜，而诉于（民最国）〔国民最〕后之同情矣。乃革命党者，必不认立宪党为救国，且不许其同时生存，凡有可以倾陷诬蔑之者，不惜用种种卑劣之手段，以扑灭立宪党，为唯一之方针。呜呼！抑何酷也。革命党无论矣。今后以中国之大，凡立宪党之发生者，不知凡几。主义政见，既有不能悉同之点，则于立宪主义之范围内或主张急进，或主张渐进，各任其自由之竞争，而为分机之发达，慎勿为感情之奴隶，以戕贼国家于无形也。

（四）手段　夫所谓手段者，即以权济经之意也。故手段者，可用之于既正之目的，而不可用之于不正之目的；可用之于一时的，而不可用之于永久的。政治之事情，变化莫测，有时不得不以手段济其穷者，固无害于正当之目的也。虽然，政党之竞争，最易流于不正之手段。如各国党派之间，或以贿买，或以威胁，其种种卑劣之状态，实足使有高尚之品性者，日远于政治。今（返）〔反〕观中国之有政治思想者，若以手段为组织党派唯一之要素，无时而不用手段，无人而不用手段，遂至纤细之事，亦呈风云变幻之观，亲密之交，亦有同室戈矛之叹，卒之其手段无不破露，而其事亦归于失败。夫以善用手段而论，宜莫如日本之星亨者，其破坏大限、板垣联（有）〔合〕之内阁，及离间自由、改进两党之亲交，可谓收手段之效矣。然其于宪法上之功罪，果何如耶？吾愿今之组织政党者，其毋轻于用手段也。

结　论

夫吾人今日之组织政党者，所以为国家计也。为国家计，则凡于国家之前途有利益者，不独可以牺牲个人之身体及名誉，即一党之主义政见，无不可以牺牲之。何则？以国家为主体，而个人及党派，皆国家之客体也。吾读日本政党史，吾有最感心之事一焉，即中日、日俄，两大战开始之时，正政府与政党相持最急之日，而开战之诏敕一下，但闻举国一致之声，党争忽至于绝迹，竭全国之力以对外，凡平日之甲党与乙党相攻击者，党派与政府相激战者，至是而烟消云散，渺不知其何往。盖一党之主义政见，不敌其国家之危急存亡也。于是而叹日本之能张大其国威者在此，而我中国历代亡国之历史，强邻压境，而朝局水火者，往往有之。此国力之所以不充，对外之所以不竞也。今者政府腐败于上，人民沉酣于下，其所以有一线之生机者，唯有组织政党之一法。顾吾之所重以为虑者，当此道德灭绝人欲横流之日，其出而任天下事也，不发于责任心，而发于好名心，其在一国之中，则以本党为主体，其在一党之中，则以自己为主体，充其所至，仍不外于个人主义。个人主义发达之至极，而国家亦随以亡。然则亡国之咎，实政党尸之，又岂吾人之初衷所忍出耶？组织政党者，可以深长思矣。

《新民丛报》第四年第十二号，光绪三十二年六月十五日（1906年8月4日）

满洲立宪与国民革命

精　卫

呜呼！满洲政府将借立宪之名，以行中央集权之实矣。我国民将何以处之？

今摘录月来各报所揭北京电报如左：

出洋大臣复命，召对之际，极陈立宪规模宜效法日本，并论官制改革之切要，谓循此不变，则唐之藩镇、日本之藩阀，将复见于今日云。

御前会议之结果，定四大方针：（一）自今日以后，十年或十五年为期，施行立宪政治；（二）其大体效法日本；废现制之督抚，各省新设督抚，其权限仅与日本府县知事相当，财政及兵马之事权，悉收回于中央政府；（四）中央政府之组织与日本之现制相等。[①]

北京日报揭载地方官制草案，于总督、巡抚之下置民政司、财务司、提学司、巡警司、军政司、外交司、邮务司等，盐关道直辖于财政部，不受督抚之节制，因地之广狭、民之多少，设大县、中县、小县，长官秩四品。

中央官制现已大略议定，惟地方官制，朝廷之意，欲裁抑督抚之权限，将兵权、财政权渐次收回于中央政府，然会议大臣（表）〔袁〕世凯，因此事与己有切肤之利害，故筹议至不易易云。

满洲大臣如铁良、荣庆辈，自朝谕立宪之后，力主中央集权之议。

以上各报所揭，虽未知结果何似，然满洲政府谋中央集权，则司马昭之心路人皆见者也。或谓袁世凯方秉用而为直隶总督，端方为五大臣中之一人而为两江总督，满洲政府虽欲裁抑督抚之权，此二人固必为梗。然此大误也。凡张弛之事，必非一朝一夕能奏效。满洲政府虽欲中央集权，然为之也不能太骤。骤则激

① 《民报》原文中只有一、二、四，而无“三”。从上下文看，“三”字应在“效法日本”和“废现制之督抚”之间，即第三大方针涉及地方官制改革，编者。

变，必非狡者所出也。惟主权既在彼之掌握，因应机会，积累为之，中央政府之权日辟百里，地方之权日蹙百里，此于袁之一身，固无利害关系，况端本满人哉？然则满洲之汲汲于立宪者，殆无非欲举中央集权之实，此义亦人所易喻矣。吾今将论中央集权之关系于汉族与满族之消长者至深且广，及满洲人所以不能不主张之故，为我民族一陈之。

中央集权（Centralization）与地方分权（Decentralisation）云者，自地理上言之，其意义、其范围及其区别，学者所聚讼也。今唯示其大体之观念曰：中央集权云者，全国之政治上之权力集一于中央政府，而地方行政机关仰承其意旨，以为之隶役之谓也；地方分权云者，政治上之权力分配于地方，使地方团体自任其措施之责之谓也（此处尚有宜注意者：国权者唯一而不可分者也。所谓“分权”、“集权”者，非指权力之本体以言，第指权力之行佐以言耳。以行使权力之任，分赋于各地方，斯为地方分权之义）。此二制度，孰为适宜，要当视其国之情势以为定，未可一概论也。今日文明各国，其政治组织不外乎此二制度，而因于历史及政治上之关系，得失利害各有殊趣。若夫今日之中国，则所研究者，不独有政治上之关系而已，且有种族上之关系存焉，故判断此问题，可一言以蔽之曰：**满洲政府所以谋中央集权者，以少数民族制驭多数民族，所不得不然之结果也**。夫满洲以少数民族而为征服者，汉人以多数民族而为被征服者，满人欲巩固其权力，以长居征服者之地位，则莫亟于独占政治上之势力。此前论《民族的国民》，所详言者矣。然前论所言，只论政权上满汉之不平等而已，顾彼既设种种不平等之制度矣，尚必中央集权以削地方之势者，何也？此其故有二：（一）由于满洲人数之寡也。以蕞尔五百万民族而踞于四万万民族之上，使其行地方分权制度欤，则一国政治之权分配于各地方，欲满人独占政权，非各地方官缺，悉满族占多数不可，然此固事实上之不能者也。虽在小省文武官弁，自大员以至（未）〔末〕僚数以千计，况乎十八行省，益以东三省，岂区区满人所能敷用者耶？雍正间，尝议各省武缺悉以满人补用矣，卒以人数不敷而辍议，此固满洲政府所无可如何者也。地方分权之制，既为彼所万不能行，则惟中央集权，使一国政治之权全萃于政府，以少数满洲人把持之，长驾远驭，指挥天下，无不如志。至于地方行政机关，则狭其权限，使戢戢于中央政府之下，而中央政府得以自由建设之、废止之或变更之，彼地方行政机关不过仰承朝廷意旨，为之传宣、为之执役而已。是故各省文武官吏，虽汉人星罗棋布，而不足以摇动满洲政府主权之毫末。此则中央集权之所以有利于满族也。（二）由于满洲人无地方自治之资格也。夫地方自治在以本土之人治本土之事，故必人民与土地之关系（主）〔至〕为密切，然后能举其实。彼满洲人则乌足以语此？其生活之本据，惟是长白山下宁古塔边，莽莽然长林丰草而已。逮入关以后，有同寄生其宅于北京暨驻防各省者，皆别隶旗籍，与土民异其籍贯，是为侨寄，而非土生，一也。其祖宗定制，欲其子孙专占政治上、军事上之势力，故禁其营农工商业。夫实业与土地有密切之关系，而农业尤然。人群所以能由游牧变为土著者，端恃乎此，而满人坐食口粮，不营生业，故与土地不相系属，二也。各省驻防，自为风气，与齐民殊，当盛强时以监制家奴自矜异，用客凌主，靡所不适意。设一旦势力失坠，则犹无根之草，不俟耰锄，已枯不复菀，三也。以此三因，故满人入关以来，虽历二百六十年，而犹然客寄，与土民相敌视如仇雠，莫能相洽。然则满人之在中国，可谓之入寇，而非可谓之殖民也。殖民之道，犹以地种树，譬如平原沃壤，百种繁生，忽有外种闯入，物竞骤烈，年月以后，旧种渐湮，新种迭盛。此为迁地而良，虽本土固有者，莫之能敌，若白种之于美、澳诸州是也。入寇则不然。譬彼大盗入主人家，以威劫人，莫敢枝梧。然虽满胠箧之欲，而田园室庐，终莫得为其主人也。满洲人之于中国，其情状正复相类，故各省驻防，其性质为客兵，而非土民也。夫其人民与土地之关系疏逖若此，若行地方分权之制，则以汉土养汉人，以汉人治汉土，彼族乌从而染指耶！彼知其然，故务削地方之权，瘠天下以肥政府，大权萃于中央而满人实司其柄，夫然后可确保彼族之势力。故曰满洲政府所以谋中央集权者，以少数民族制驭多数民族，所不得不然之结果也。至于论其制度之变迁，则自顺治以至道光，为中央集权最盛时代，自咸丰以至近日，为中央集权衰落时代。近日以往，其结果虽不可知，要之，满人力欲恢复中央集权之心，则章章不可掩者也。今逐论之于下：

清室自顺治时，中央集权之大本，固已定矣，而犹未固也。康熙中，削平三藩，鉴于尾大不掉之患，益集权于政府，各省督抚，第仰承朝旨，以执役而已。其驭治之术，首重（铃）〔钤〕制，凡大行省，并设督抚，使同城以居，互相牵制，别设将军，统驻防之旅，以诇伺之，复虑督抚之专兵柄也，别设提督，使统绿营之众。一省之中，权位相埒者，至少亦三四人，其权分，其势涣，故中央政府易于统一也。又使事必禀命于六部，不得自擅，部中胥吏，恒得以文墨持短长。是故各省庶政咸综核于京师，督抚恒不得大行其志。犹以为未足，特设钦差大臣查办事件之制，临时简派，口衔王命，所至如以汤沃雪，能尽反督抚所为，使不得参末议。雍正时，屡用此术，尝以清厘财政事，命大臣巡察东南各省，所至州县缺为之一空。凡此所以示朝廷不测之威万钧之势，使天下莫敢有越志也。当时疆吏，外受制于同僚，内受制于部曹，又复时凛临渊之惧，（最）〔畏〕首畏尾，身其余几。雍正、乾隆朝，所以能咄叱殿陛而震惊天下者，恃此故也。至于兵权，尤萃于中央，各省驻防兵额，合十八行省、东三省及新疆之数，不敌京师禁旅之半。遇有战役，辄遣亲信大臣为经略，或大将军，率禁旅出征，威权至重，去一督抚，若拉枯朽。督抚在平时，号为节制全省绿营，然在战时，乃无所用，以绿营不任战故也。故各省兵权，无可言者。至于财政权，亦以中央政府为其总枢，其财赋多额，有各省地丁、盐课、关税、芦课、鱼课、落地杂税、田地房屋契税诸种，户部管纳之，绳督疆吏，以时清厘。康熙六十一年，户部库存八百余万。雍正间渐积至六千余万。自西北两路用兵，动支大半。而乾隆初年，骤增至两千四百余万。及新疆开辟之后，用帑三千余万，而户部库积存，增至七千余万。及四十一年，两金川用兵，用帑六千余万。四十六年，户部库增至七千八百万。五十一年，仍存七千余万。聚敛之富，至于如此。然此犹曰户部库耳。至于内府所储，殆百倍斯数。嘉庆四年，查抄弄臣和珅家产，共一百零九号，内有八十三号尚未估价，已估者二十六号，合算共计银二万二千三百八十九万五千一百六十两。一弄臣尚如此，他弄臣可知，而内府更可知。甲午赔款二百兆耳，而民不堪命，乃和珅一私人之家产，其四分之一，已得二百二十三兆八十九万两。若是者何也？盖康熙、雍正、乾隆三朝，为中央集权极盛时代，吸海内亿兆之脂膏，以实内帑，地方愈瘠，朝廷愈肥。观康熙时，唐甄《潜书》有云："清兴五十余年，四海之内，日益困穷，中产之家，尝旬月不睹一金，不见缗钱，无以通之，故农民冻馁，丰年如凶。"观此足知当时朝野，哀愉异情，肥瘠异形矣。而聚敛之数能若是者，非中央集权之力必不足以得此。然则谓顺治以来，我国民所以憔悴、呻吟于水火之中者，莫非满族中央集权所致，岂过言乎？

自咸丰以来，中央集权之势日益衰落，而地方行政官之权日重。此实与道光以前，为一变局，而为之原因者，则在于太平天国一役。太平天国之初起也，满洲政府亦尝命大臣如赛尚阿辈督师，咸败覆无功，乃变计，举一切用兵筹饷之权，悉委之督抚。于是曩者军政、财政两大权，中央政府所力抱持莫释者，今乃分赋之于各省，自是督托权力，得发舒矣。以兵权言之，曩者督抚所将，不过绿营，至是则各省得自练兵，不受兵部之绳墨。骆秉章为湖南巡抚，而分兵援黔、援粤、援鄂、援江西。胡林翼为湖北巡抚，而分兵援安徽、援江西、援湘、援浙。此在康熙时，为越境邀功，当科罪，而当时，则盛道其称伐矣。曩者每有战事，辄发禁旅，以为无敌于天下。至是，则各省争言旗兵縻饷钜，而惰窳不足用，拒绝恐后，而湘军、淮军弥漫于海内矣。此其兵权之堕落也。以财权言之，曩者户部管天下度支。至是军需浩繁，司农仰屋，于是各省督抚得自由筹饷，捐输、抽厘诸政，次第举行。户部既无所转输，则不能如承平时，持文墨以议其短长。于是财政之权，亦自中央而移于各行省，庚子以来，威权愈重。彼出洋大臣奏，谓循此不变，则唐之藩镇、日本之藩阀，将复见于今日，诚非诞言也。

夫观咸丰以前，中央集权之盛隆如此，咸丰以后，中央集权之衰落又如彼，则今日满洲政府所以自为计者，从可识矣。夫其祖若宗所以谋中央集权者，非如汉、唐、宋、明，然第由于君主专制之结果也。彼于沿袭汉、唐、宋、明之原因以外，尚有其特别原因焉，则种族关系是已，将欲以少数民族长驾远驭，永立于征服者之地位，而又无地方自治之资格，故其驭治之道，不外于中央集权。然则欲知满族之势力之消长，当于其能否中央集权卜之。然满人虽愚，未有不欲确保其势力者，知欲保其势力，舍中央集权（未）〔末〕由，则其以死力拥植之，固其所也。咸丰以来，中央权力之失坠，非其本怀也。四海鼎沸，力不能支，坐以待亡。见疆吏能搘柱强敌，因以事权假之。苟求救死，谋胡能择及乎？安晏，乃追悔前者之失计，然积重难返，非可以一朝一夕之力而挽回之。且其所处之时势与彼之祖宗异。彼之祖宗创业垂统，定中央集权之制，天下莫敢议其非。然自太平天国之起也，鞑虏已濒于灭亡，其所以失而复得者，胥赖疆臣之力，在势固不能遽夺其权。设去之太骤，反足生变，此彼虏之所踌躇却顾者也。然疆臣因是之故，益得发舒，得寸进尺，莫知所届。庚子之变，朝命练拳灭洋，东南督抚竟抗不奉诏，而持危扶颠之功，卒亦不得不归之，此彼虏椎心侧目者也。计之所出，莫如借变法之名，以收集权之实。然徒曰变法而已，犹不得大有所张弛，于是立宪之说，因以发生。盖立宪者，更变政体之事也。政体既变，则官制将随以俱变，于更变官制之际，狭地方行政官之权限，则中央政府权力展拓于无形矣。逆料虏廷处此诡计必多，先尚阴柔，终乃强鸷。盖其中央集权力之失坠已非一日，对于各省督抚之强有力者，方依借其力以求自完，心虽叵测，毒未遽肆也。故其始也，必外示包荒，而徐图吸收权力于政府。此纯属于阴谋，波谲云诡，非可枚数。例如今日廷议，各省设理财使、司法使、警务使，各使皆得与京师各部直接。夫使地方行政官，皆得与中央政府密接，则中央政府真有身使臂、臂使指之势，而督抚几成局外之人。此真中央集权之善策哉。迨既运用如是种种之方略，则督抚之权以渐而削。于斯时也，乃大肆其虐，先择疆臣负重望者，一一以事除去之。于是中央集权之目的达，满洲民族政治上之势力固，汉族无噍类矣。而此策进行之际，必以立宪间执人口。立宪者美名也，每画一策，立一法，必号于众，曰：此立宪制度所有事，天下之人，其孰不俯而从命！**以立宪为表，以中央集权为里，以立宪为饵，以中央集权为钓，阳收汉人之虚望，阴殖满人之实权，洵排汉之上策哉！**端方、载泽辈，立宪的排汉主义，能战胜于庙堂，良有以也，良有以也。

满洲立宪之本意，既如上所述，然为国民者当何如？昧者将曰：自虏廷宣言立宪以来，薄海人心，为之沉醉，其策殆已售也。然此悠谬之谈耳。以吾所察，天下之人对于虏廷立宪之说，其心事盖有四种：甲种知所谓立宪制度者，舍民权（民权者，国民之权力也。此指事实上之权力以言，不可与法律上之权力相混）发达，决无由成立，而以虏廷言立宪，尤为国民之残贼，因决然反对之者；乙种亦知所谓立宪制度者，舍民权发达，决无由成立，而以虏廷言立宪，尤为国民之残贼，顾以为虽于国民有害，而于一己则甚有利，思欲乘时以博取富贵，因乐为之奔走效力者；丙种未知立宪之实际，而徒慕其虚名，艳悬羡邻国立宪之文明，而未诇诸己国之历史，以为一朝立宪，即可骤致富强，而侪己国于文明国之列，即（已）〔己〕身亦得顾盼雄伟，以立宪国大国民自优异，此种人叩其脑中所储蓄者，殆止知立宪、文明、专制、野蛮八字而已。嗟夫！当图腾社会（此从侯官严氏《社会通诠》译语。日本人译为徽章社会）时代，人类每以所崇拜之物事，黥镌其形象于肌肤。今日之欢祝立宪者，胡不以《立宪》二字，自黥其额，出以夸示五洲万国乎？徒以好名之心既炽，而国家与种之关系弃置不问矣。若夫丁种，则不惟不知立宪之实际，抑且不知其虚名，浑浑噩噩，见人之营扰，方以为无谓，惟知自适己事而已。凡此四种，近日国民之心理，不外于是。其在甲种，心如金石，非满洲政府所能动摇也；其在丁种，无所知识，亦非满洲政府所能倚以为助者也；其在丙种，嗜好已深，而满洲政府又适投其所将，发狂曲踊，固无足怪。虽然，人情所最难堪者，希望之极，转为失望，先笑而后号（咷）〔啕〕，则愤戾斯甚。今日之欢祝如此，及乎满洲政府，一一反其所为，则履之而后艰，即之而后形，因失望而觉悟，因觉悟而发奋，他日剚刀于鞑虏之人，即今日欢祝立宪之人也。其在乙种，则恝弃宗国，自附仇敌，罪不容于死，然则为民族的国民计，甲种之人当以为友，乙种之人当引为敌，丙种之人听之可也，丁种之人教之可也乎？迨甲种之人日益多，丁种之人日益少，则满洲立宪之谋败，而国民革命之功成矣，而逆料前途必至于是。何也？满洲之言立宪，犹人之戴面具，不可以久，真相一露，群噪大作，以作伪挑国民之怒，其酷烈甚于苛政，革命之事其能已乎？吾今将继论国民对于满洲立宪所当实行革命事业之方法。

革命事业，大者有二：**一曰地方自治权当先占之，二曰主权当收复之**。分论于下：

一曰先占地方自治权　满洲政府将借立宪之名，以行中央集权之实，既如上所述，然则我国民虽欲谋地方自治，其区域不已狭隘乎？地方团体之权力，远不如政府之权力之强大。政府挟其雷霆万钧之力，何所求而不得？地方团体宁能有硕果之存乎？然事在今日，犹非无可为者。盖满洲政府谋中央集权，其行之也不能遽骤，而既已宣言立宪，则不能不许人地方自治。然则乘其未能举中央集权之实之际，我国民急谋自治，收聚权力于地方团体，真不可逸之机会也。盖在今日，虽已有立宪之宣言，而政体犹然君主专制。凡君主专制，以家天下为心，而于关于国利民福之政事，咸措而不问，以其无关于家天下之本旨也。故其所汲汲者，不外数端：一为兵权，兵权者，家天下所恃之利器也，得丧靡常，微此利器，不足以自卫而御人。以一牧者驱牛羊千百，而戢戢莫之抗者，畏其鞭笞故也。兵权其君主牧天下之鞭笞乎？其抱持不释，亦固其所。次为刑罚权，君主所以保有此权者，亦犹保有兵权之意。所谓大则以兵，小则以刑者也。次为典礼权，儒者言之代治民之道，皆出于礼，孟德斯鸠亦言君主政治之精神在于荣礼。盖家天下者，惟以兵刑驭民，将不胜其烦，且以力服人，不如驯扰其心之为愈。汉之叔孙通，元之刘秉忠，皆识此意者也。次为财政权，君主所以乐于家天下者，以其富有四海故也，非多财不足以穷（侈）〔奢〕极欲。斯四者实为君主专制所有事，而皆出于家天下之结果。其他关于国家之安宁，人民之幸福者，咸在不顾。持以与今日文明国之行政事务相较，其繁简殆不可以道里计。今日文明国之行政事务，大概可分五种：一曰关于国民之物质的生活者，若民籍、交通、土木、山林、水利、开矿、农工商业、卫生等是也；二曰关于国民之精神的生活者，若教育、宗教是也；三曰关于公共之救恤者，若赈济、贮蓄是也；四曰关于公共之安宁者，若外交、警察、监狱、司法行政、军务行政是也；五曰关于资财者，若国家之岁入、国有财产、国债等是也（分类行政事务者，学说甚繁。今从佛国学者斯莫黎之说），其繁重若是。盖其目的相异故也。专制君主以家天下为目的，其目的物至为单纯，苟为其一姓谋安全，愿斯足矣。故其行政事务亦因而单简。近世之文明国家则不然，其最高目的在于国家之自由活动，而第二段之目的，则在于国家之权力之维持发达及秩序之维持发达，个人精神上、物质上之充实发达（论国家之目的者说亦至繁，今从日本学者筧克彦之说），其范围之广大如是，故政事亦不期而繁重也。今满洲政府既扬言欲立宪矣，则凡文明国所举行之政事，将不能不模仿而举行，于此当生一问题焉：举行此事务者为中央政府乎？抑地方团体乎？以吾思之，未举行之事务，即未发生之权利也，孰先举行此事务者，即孰先占得此权利者。我国民宜及此时趣于地方自治团体之中，广兴庶政。凡事之待举者，率先谋之，及事之已成，其利益被于地方，不俟言也。而其权力既为此地方团体所固有，权力日恢，卓然克自树立，人民之地位庶几无漂摇之虑乎？今请举例以明之。警察者，其目的在于保持安宁之秩序，其手段在于防止危害，其形式在于制限自由，此内务行政之不可少者也。然不善用之，则适足为政府之鹰犬，人民之蠹贼而已。盖隐微缜密之地，凡兵刑之力所不能及者，警察之力则足以及之。以无道之君主而有完备之警察，以为之耳目手足，则全国人民自由剥蚀，如被缚絷，重足而立，侧目而视矣。满洲政府近亦知此，于军事外，最注意警察。迩者已设警察部矣，是为中央警察之起点，然方草创，力未及远，而各行省，自省会而外，诸州县未设警察者，尚不可偻指，诚使地方团体于此时力任其事，则地方警察拓一步，中央警察即蹙一步，此真人民权利与自由之保障不可忽也。又如教育之要，亦人所共喻者矣。甲午以来，各省奋兴教育，学堂林立，任其事者多在民间，于虏廷无与也。而近者忽设学部，以谋统一，斯亦彼虏之野心也。盖彼虏夙挟愚民之策，见民间教育奋兴至此，固已心悸，而各处学堂既由民力创办，多能脱离官府羁勒，自由以定教育宗旨，因是而国民主义、民族主义不期而普及，此尤中其所忌，故设学部，谋欲举全国教育行政以中央机关统一之，即或未能干涉其事业，固可干涉其宗旨，逆臆将来必实行所谓敕语教育者，斯时则毒将甚于焚书坑儒百倍矣。夫欲变迁国民之心理，莫如教育，虽其他鼓吹之事亦非无效，然往往徒唤起人具体的观念，而不能为抽象的研究，其结果甚嚣尘上，而不足与言条理。惟夫教育，则能以学理能释主义，以细针密缕之法行之，使智识与意气俱分进步，斯实国民事业之所恃为泉源者，奈何使异族政府得司其柄，以恣其蹂躏耶？故为今日计，地方团体诚宜乘中央政府权力所未及，急起而谋教育事业。教育事业由地方团体力任之，则教育权固在掌握矣。以上二例，举其一端，他皆称是。要之，地方团体，换言之，即汉人团体也；中央政府，换言之，即异族政府也。事权之宜谁属，固有不烦言者，而是异族者，其力只能高踞于中央，而未能分处于各地方。而我汉人则中央政府虽为异族所占据，而地方团体则固歌于斯哭于斯聚族于斯者。使处中央集权炙手可热时代，则诚莫能为之谋。幸今日者，彼中更堕落，复谋振起，方如鸷鸟盘空未下，此真急起直追之时，稍一蹉跎，悔无及矣。天下惟尽义务者，乃能享权利。汉人多创一事业，即多获一权利。地方团体权力既盛，根本自固，中央政府孤立于上，无能为也。吾之劝我国民先占地方自治权者以此。虽然，以为革命事业之唯一方法，则大误也。凡地方自治权，由主权所承认者也。主权尚在彼族之手，汉人徒有地方自治权，于事何济？岂有以地方团体而足与政府抗者哉？借令权利为我所先占，彼政府固不难袗臂而夺之。往者公益事业始由商办者，及其成功，辄改归官办，已事可鉴也，即使彼不见夺，固可别设一统摄之方法，使不能不就其范围，则犹之无效也。故吾今继论收复主权之事。

二曰收复主权　在君主国所使主权者，厥惟君主（主权之意义，学说甚伙，且挟有沿革上之理由，(放)〔故〕尤为难治。盖本来之意义，既与历史上之意义不同，而学理上之意义，又与习惯上之意义不同，故此二字，骤见似普通，而实含繁颐之义。若自真正之意义以言，则主权云者，国家之权力之最高且独立者也。换言之，则不受他人之制限之谓。此其意义，属于消极，然事实上则不尔尔，不独普通惯用者，不作如是解，即外国之宪法或法律之用语，亦多含一定之内容，未可以学理之见解，而排斥一切。故于此图行文之便，所谓主权，其意义无沿惯用者，即国家最高之权力，为各权力之渊源，而于国内宰制一切者之谓。此义自法理以言，则为不合。然此文注重事实，无取侈陈法理，故就普通熟用者用之）。自满人入关以来，吾汉族之丧失主权二百六十年于兹矣。主权一日不收复，吾汉人一日为亡国之民。而欲收复此主权（所谓收复主权者，即收复行使主权之机关之谓，非谓收复主权之本体也），非扑灭此政府不可。（答）〔若〕不能于根本上着手，而徒枝枝节节以为之，虽汉人肝脑涂地，而满人势力之根据未尝动摇也。盖满人之于中国，犹之城狐社鼠，挟国家之主权以宰制万类，故可以无所不为，为善自由，为恶亦自由。当其进退狼狈，思得汉人之助，则姑为假仁假义，以买其欢心而得其死力，及乎得志，则又凌践如孤雏腐鼠矣。方其为恶，汉人饮恨而已。及其为善，则尤心死，饮鸩若醴，认贼作父，宁有幸乎？故欲苏汉族，更无他途，惟有夺主权于满人之手而已。而曰夺主权，更无他途，惟有革命而已。何以言收复主权，惟恃革命也？则以主权者，满人恃以为生活之本据。人虽至愚，未有肯推其生活之本据而以让人者，故决不能以揖让得之，而惟当以强力取之，此事之至明者也。使舍革命而外，别有收复主权之方法，则人亦何乐而不为？尤如此乃必无之事，即如近者有谓劝告开明专制为收复主权之一方法者，不知开明云者，形容语耳，且开明与否为专制者之自由，固无籍于人之劝告。且劝告者，自立于局外之地位，而以言沃当局者也，是其言已为无效力之言，于事奚补？抑不止于事无补而已，导一国之人以立于局外之地位，而为无责任之言，是直增殖其倚赖性，而锄除其责任心而已。嗟夫！以空谈救国已属梦想，况夫其言乃无效力、无责任，而欲倚以为政治革命之事业，不亦异乎？持此策而欲收复主权，岂惟无效而已，适足增异族政府之权力耳。又有谓要求立宪足以收复主权者，斯其言似稍进，而不知其谬，乃与劝告开明专制等。盖宪法者，关于政体之问题，而非关于国体之问题也。国体者，因于国家之最高机关之如何以为区别。最高机关以一人司之，曰君主国体，以多数人司之，曰民主国体。政体者，因于国家之最高机关之作用及形式之如何以为区别。以一机关总揽统治权之全部者，曰专制政体，此机关或须受他机关之限制，或须与他之机关共同而行统治权者，曰立宪政体。是故君主专制与君主立宪，其最高机关皆存于君主，所异者，专制则以一机关总揽统治权，立宪则尚有其他之机关，以限制其权力而已。然欲问最高机关之权力可得受限制否？此非可求之于法文，当求诸国民事实上之权力。国民事实上之权力，为使宪法发生之原因，而非宪法既发生后之结果也。国民事实上之权力，能限制君主之权力，则宪法为有效，否则具文而已。英吉利与土耳其同为君主立宪，而其实判若天渊者，英吉利之宪法以国民之权力制成之，土耳其之宪法以君主之权力制成之也。至于日本，其民权不如英吉利者，亦坐此故。然日本虽以君权立宪，而犹参以国民之权力，故不至如土耳其之专制。若今日之满洲政府，其大权犹在掌握，自率己意以定宪法，于国民何与焉？借令果如伪朝谕所言，数年之后再宣布立宪时期，洎乎立宪之时期已至，而满洲政府之大权固无所损其毫末，反得借宪法以为其权力之保障，愈令人民不可犯（于）〔干〕而已。今之想望立宪者，其迷谬所在，盖由以为立宪之后，则满汉二族得立于平等之地位，以竞争政治上之势力。曾亦思政治上之势力在满洲政府掌握中已垂三百年，而人民之势力，今尚未有尺寸之地乎？立宪事业，满洲政府实司其柄，自定宪法以规律大权之行动，其势至强，而欲人民于大权政治之下，仰而与争政治上之势力，何不知自量也？论者岂不曰今距立宪时期尚远，此数年中固可养成民力，不知所能养成者，充类至尽，地方自治而已。若夫主权，岂所敢望？而主权尚在彼族之手，则地方自治宁有效乎？是以言立宪者无损于满洲政府大权之毫末，亦至易解矣。满洲政府知其然也，此一纸不甚爱惜之空文，亦复何吝？而此空文之发布尚在后日，则此数年间正可借口于预备立宪，而以举中央集权之实。此在满洲政府计固其得，所至可哀怜者，此蠕蠕然四百兆之人民耳。**主权尚在满族之手，则所谓开明专制与立宪，皆残贼汉人之具而已。**我民族宜于根本处着手，以革命为收复主权之唯一方法，然后民族的国民之目的乃可以达耳。

《民报》第八号，光绪三十二年八月二十一日（1906年10月8日）

革命之道德

太　炎

古之所谓革命者，其义将何所至耶？岂不曰天命无常，五德代起，质文相变，礼时为大耶？夫如是，则改正朔，易服色，异官号，变旗（识）〔帜〕，足以尽革命之能事矣。名不必期于背古，而实不可不务其惬心。吾所谓革命者，非革命也，曰光复也，光复中国之种族也，光复中国之州郡也，光复中国之政权也。以此光复之实，而被以革命之名。呜呼！天步艰难，如阪九（拆）〔折〕，墨翟、禽滑厘之俦，犹不能期其必效，又乃况于柔脆怯弱如吾属者。世无黄中通理之人，而汲汲焉以唇舌相斫，论议虽笃，徒文具耳。旷观六合之邦家，虽起废不常，盛衰相复，若其沦（干）〔于〕异族，降为台隶者，则亦鲜有。有之，必素无法律政治与愚昧无知之民也。中国之学术，章章如彼，其民不可谓愚。秦汉以降，政虽专制，非无宪章，著于官府，良治善法足以佐百姓者，亦往往而有。举吾炎、项、嬴、刘之苗裔，提封万里，民籍钜亿，一旦委而弃之于胡羯，其根本竟安在耶？晋之乱于五胡也，桓温、刘裕起而振之。宋之割于女真也，岳飞、虞允文出而匡之。蒙古不道，宰割诸夏，改玉改步，人无异心，濠州真人，奋臂大泽之间，元政瓦解，北方郡县，传檄而定。综观往古戎夏交捽之事，侵入者不过半壁，全制者不逾百年，硕果虽食，不远而复。今者满洲之在中国，疆域已一统矣，载祀已三百年矣。川楚磨顶于前，金田跻足于后，陨身赤族，卒无一成，是孰使之然耶？昔王而农发愤于晚明之丧，推而极之，至于孤秦陋宋，以为藩镇削弱，州郡无兵，故夷狄之祸日亟。此可为汉族自治之良箴，非所论于覆亡之后也。近世学者，推寻祸始，以为宋世儒者，妄论《春秋》，其教严于三纲，其防弛于异族，故逆胡得利用其术以阻遏吾民爱国之心。然自季明以后，三纲之名虽存，其实废久矣。而里巷鄙人之言鞑靼者，犹相率以为鄙夷之名，是其心亦未尝泯绝也。或者又谓祸本之成，咎在汉学，虽日本人亦颂言之，夫讲学者之惰于武事，非独汉学为然。今以中国民籍，量其多少，则识字知文法者无过百分之二，讲汉学者于此二分，又千分之一耳。且反古复始，人心所同，裂冠毁冕之既久，而得此数公者，追论姬汉之旧章，寻绎东夏之成事，乃适见犬羊殊族，非我亲昵。彼意太利之中兴，且以文学复古为之前导，汉学亦然，其于种族，固有益无损已。于此数者，欲寻其咎，而咎卒不可得。微芒暗昧，使人疑眩。冥心而思之，寤寐而求之，其衅始于忽微，其积坚于磐石。呜呼！吾于是知道德衰亡，诚亡国灭种之根极也。今与邦人诸友同处革命之世，偕为革命之人，而自顾道德，犹无以愈于陈胜、吴广，纵令瘏其口、焦其唇、破碎其齿颊，日以革命号于天下，其卒将何所济？道德者不必甚深言之，但使确固坚历，重然诺，轻死生，则可矣。虽然吾闻古之言道德者曰：大德不踰闲，小德出入可也。今之言道德者曰：公德不踰闲，私德出入可也。道德果有大小公私之异乎？于小且私者苟有所出入矣，于大且公者而欲其不踰闲，此乃迫于约束，非自然为之也。政府既立，法律既成，其人知大且公者之踰闲，则必不免于刑戮，其小且私者虽出入而无所害，是故一举一废，应于外界而为之耳。政府未立，法律未成，小且私者之出入，刑戮所不及也，大且公者之踰闲，亦刑戮所不及也。如此则恣其情性，顺其意欲，一切破败而毁弃之，此必然之势也。吾辈所处革命之世，此政府未立、法律未成之世也，方得一芥不与、一芥不取者，而后可与任天下之重。若曰有狙诈如陈平，倾险如贾诩者，吾亦可以因而任之，此自政府建立后事，非今日事也。今世之言革命者，则非直以陈平、贾诩为重宝，而方欲自效陈平、贾诩之所为。若以此为倜傥非常者，悲夫悲夫！方今中国之所短者，不在智谋而在贞信，不在权术而在公廉，其所需求，乃与汉时绝异。楚汉之际，风尚淳朴，人无诈虞，革命之雄，起于吹（萧）〔箫〕编曲，汉祖所任用者，上自萧何、曹参，其下至于王陵、周勃、樊哙、夏侯婴之徒，大抵木（疆）〔僵〕少文，不识利害。彼项王以勇悍仁强之德，与汉氏争天下，其所用皆廉节士。两道德相若也，则必求一不道德者而后可以获胜。此魏无知所以斥尾生孝已为无用，而陈平乃见宝于汉庭矣。季汉风节，上轶商周，魏武虽任刑法，所用将士，愍不畏死，而帷幄之中参预机要者，钟陈二荀，皆刚方皎白士也。有道德者既多，亦必求一不道德者而后可以获胜，故贾诩亦贵于霸朝矣。其所以见贵者，以其时倾险狙诈之才不可多得而贵之也。庄周云：药也，其实堇也，豕零也，鸡痈也，桔梗也，是时为帝者也。风教陵夷，机械日构，至于今日，求一质直如萧曹，清白如钟、陈、二荀，奋历如王陵、周勃、樊哙、夏侯婴者则不可得，而陈平、贾诩所在有之。尽天下而以诈相倾，甲之诈也乙能知之，乙之诈也甲又知之，其诈即亦归于无用。甲与乙之诈也，丙与丁疑之，丙与丁之诈也，甲与乙又疑之，同在一族，而彼此互相猜防，则团体可以立散，是故人人皆不道德，则惟有道德者可以获胜，此无论政府之已立未立，法律之已成未成，而必以是为臬矣。谈者又曰，识时务者存乎俊杰，所谓英雄，在指麾而定尔。世有材桀敢死之士，吾能任之，使为己死，则大业可成，逆胡可攘，若必亲莅行陈，以身殉事，此无异于斗鸡狗者，亦天下之大愚也。呜呼！为是言者，若云天下可以不战而定，则亦已矣；若犹待战争，宁有不危而获者？最观上世之事，汉高与项氏战，涉险被创，垂死数四，太公、吕后、孝惠、鲁元之属，登俎堕车，固不暇顾，广武之矢，（荣）〔荥〕阳之围，皆以身冒白刃，然后士卒用命，乐为尽力。光武昆阳之役，亲率将士以与虎豹相搏，幸而获济。魏武智计，殊绝于人，然犹困于南阳，险于乌巢，危于祁连，逼于黎阳，几败北山，殆死潼关，然后伪定一时，此其成事可见者。夫其政府已立，军队已成，驱使将校易如转轴，犹必躬受矢石而后获之，又况天造草昧、壮士乌集，纪律未申，符籍未著，不以一身拊复士卒，共同安危，而欲人为尽力，虽乳儿知其不能矣。且汉魏诸君，志在为己，与诸将固有臣主之分，主逸臣劳，主生臣死，犹可以名分责之。今之革命，非为一己，而为中国，中国为人人所共有，则战死亦为人人所当有。而曰甲者当为其易，乙者当为其难，可乎？若以人材难得，不欲使之创寿于旗幢者，不悟艰难之事，固非一人所任，为权首者常败，而成者必在继起之人。且人材非大成也，固以人事感发而兴起之。前者以身殉中国矣，后者慕其典型，追其踵武，则人材方益众多，夫何匮乏之忧乎？昔华盛顿拯一溺儿，跃入湍水，盖所谓从井救人者。若华盛顿作是念曰：溺儿生死轻于鸿毛，吾之生死重于泰山，空弃万姓倚赖之驱，而为溺儿授命，此可谓至无算者。如是则必不入湍矣。华盛顿以分外之事而为之死，今人以自分之事而不肯为之死。吾于是知优于私德者，亦必优于公德，薄于私德者亦必薄于公德，而无道德者之不能革命，较然明矣。

且道德之为用，非特革命而已。事有易于革命者，而无道德亦不可就。一于戊戌变法党人见之，二于庚子保皇党人见之。戊戌变法，惟谭嗣同、（扬）〔杨〕深秀为卓厉敢死。林旭素佻达，先逮捕一夕，知有变，哭于教士李佳白之党。杨锐者颇圆滑，知利害，既入军机，知其事不可久，时张之洞子为其父祝寿京师，门生故吏皆往拜，锐举酒不能饮，徐语人曰：今上与太后不协，变法事大，祸且不测，吾属处枢要，死无日矣。吾尝问其人曰：锐之任此，固为富贵而已。既睹危机，复不能去，何也？其人答曰：康党任事时，天下望之如登天，仕宦者争欲馈遗，或不可得。锐新与政事，馈献者踵相接，今日一袍料，明日一马褂料，今日一狐桶，明日一草上霜桶，是以恋之不能去也。呜呼！使林旭、杨锐辈，皆赤心变法无他志，颐和之围，或亦有人尽力。徒以萦情利禄，贪著赠馈，使人深知其隐，彼既非为国事，则谁肯为之效死者？戊戌之变，戊戌党人之无道德致之也。庚子保皇之役，康有为以其事属唐才常，才常素不习外交，有为之徒龙泽厚为示道地，其后才常权日盛，凡事不使泽厚知，又日狎妓饮燕不已，泽厚愤发争之，不可得，乃导文廷式至武昌发其事，才常死，其军需在上海，共事者窃之以走。是故庚子之变，庚子党人之不道德致之也。彼二事者，比于革命，其易数倍，以道德腐败之故，犹不可久，况其难于此者？积炉灰以塞鸿水，断鳌足以立四极，非弘毅负重之士，孰能与于此乎？

或曰：彼二党之无道德者，以其没于利禄，耽于妻子也。今革命者则异是，大抵年少，不为禄仕，又流宕无室家。人亦有言：人不婚宦，情欲失半，则道德或可以少进乎？若然，吾将大计国人之职业而第论之。

孟轲云：矢人惟恐不伤人，函人惟恐伤人，巫匠亦然，故术不可不慎。今之道德，大率从于职业而变。都计其业，则有十六种人：一曰农人，二曰工人，三曰裨贩，四曰坐贾，五曰学究，六曰艺士，七曰通人，八曰行伍，九曰胥徒，十曰幕客，十一曰职商，十二曰京朝官，十三曰方面官，十四曰军官，十五曰差除官，十六曰雇译人。其职业凡十六等，其道德之第次亦十六等。虽非讲如画一，然可以得其概略矣。农人于道德为最高，其人劳身苦形，终岁勤动，田园场圃之所入，足以自养，故不必为盗贼，亦不知天下有营求诈幻事也。平居之遇官长，虽甚谨畏，适有贪残之吏，头会箕敛，诛求无度，则亦起而为变，及其就死，亦甘之如饴矣。工人稍知诈伪，楛窳之器，绵薄之材，有时以欺市人。然其强毅不屈，亦与农人无异。裨贩者有二种，其有荷蒉戴盆求鬻于市者，则往往与农工相类。若夫千里求珍，牵车载牛，终日辎重不离身，其人涉历既多，所至悉其民情谣俗，山谷陵阪之间，有戒心于暴客，则亦习拳勇知击刺，其高者乃往往有游侠之风，恤贫好施，金钱飞洒，然诪张为幻之事亦稍以益多矣。坐贾者倚市廛，居奇货，其朴质不逮农工，其豁达不逮裨贩，以啬为宝，以得为期，然不敢恣为奸利，懋迁有无，必济以信，其有作伪罔利者，取济一时，久亦无以自立，此则贾人自然之法式也。学究者，其文义中律令，其言语成条贯，坚守其所诵习者，而不通于他书，贫无所赖，则陶诞突盗之事亦兴，乃有教人作讼以取温饱，而亦辄与官吏相抗，其他猥鄙不可历数，然无过取给事畜，迂疏之士多能乐天，家无斗筲，鸣琴在室，虽学术疏陋，不周世事，而有冲夷自得之风，二者虽有短长，然未至折腰屈膝，为他人作狗马也。艺士者，医方、缋画、书法、雕刻之属，其事非一，此其以术自赡，固无异于工贾，书画、雕刻之士多为食客，而医师或较量贫富，阿谀贵人，然高者往往傲岸自好，虽有艺术，值其情性乖角之际，千金不移，固亦有以自重也。通人者，所通多种，若朴学，若理学，若文学，若外学，亦时有兼二者，朴学之士多贪，理学之士多诈，文学之士多淫，至外学则并包而有之，所恃既坚，足以动人，亦各因其时尚以取富贵，古之鸿文大儒，邈焉不可得矣。卑谄污漫之事，躬自履之，然犹饰伪自尊，视学术之不己若者，与资望之在其下者，如遇仆隶，高己者则生忌克，同己者则相标榜，利害之不相容则离，同己者而亦嫉之。若夫笃信好学志在生民者，略有三数狂狷之材，天下之至高也。行伍者，多由家人子弟起而从军，亦多闾里无赖，奸劫剽暴，是其素习。近世征兵，则学究亦稍稍预之。清淳朴质之气既亡，而骄横恣妄之风以起。虽然，其取之也，不以诈而以力，其为患也，不以独而以群，大抵近世军人与盗贼最相似。而盗贼犹非最无道德者也。胥徒者，其取以诈不以力矣，其患在独不在群矣。曩者胥吏尚习文法知吏事，徒役虽横，犹必假借官符而后得志，收发委员作而狷诈甚于门丁。地方警察兴，而拘逮由其自便，舆台皂隶，尊为清流，条狼执鞭，厚自扬诩，言必曰团体，议必曰国家，有靦面目，曾不自怍，此其可愤亦可笑者也。幕客者，其才望驾胥徒而上之，其持书求荐，援引当道，浮伪谀佞，则胥徒所无也，其受贿骫法，高下在心，虽有法律而不可治，则有甚于胥徒者也。大略亦分三种：其最下者，厘局之司事，州县之征收，饰小说以干县令，徒欲得哺啜，求饱暖，而无乡里讼师强毅不屈之风；其稍高者，则闲习法律，明识款目，或曰刑名，或曰升铨，或曰钱谷，略有执守，而舞弄文法，是所擅场，其卑鄙则不如司事征收之甚；其最高者，所谓传食幕府，治例外之奏议条教者也。世之通人，多优为之，以简傲为谄媚，以跅弛为捭阖，以察言观色固结主知，其术弥工，其操弥下，郡邑守令，仰望风采，陟罚臧否，在其一言，商鞅之所必诛，韩非之所必戮，在此曹也。职商者，非谓援例纳捐得一虚爵，谓其建设商会，自成团体，或有开矿、筑路、通航、制器直隶于商部者。自满洲政府贪求无度，尊奖市侩，得其欢心，而商人亦自以为最贵，所至阳挠吏治，掣曳政权。已有欺罔脏私之事，长吏诃问，则直达商部以解之。里巷细民，小与己忤，则嗾使法吏以治之，财力相君，权倾督抚，官吏之贪污妄杀者不问，而得罪商人者必黜，氓庶之作奸犯科者无罚，而有害路矿者必诛，上无代议监督之益，下夺编户齐民之利，或名纺纱织布而铸私钱，或托华族寓居而储铅弹，斯乃所谓大盗不操戈矛者。若夫淫佚悉报，所在有之，则不足论也已。京朝官者，或出学究，或出艺士，或出通人，而皆离其素朴，胥徒幕友之所为，率尽能之，然其位置最高，得自恣肆。列卿以下，或以气节文章自托，韩愈之博弈饮酒，欧阳修之帷薄不修，又其素所效法者，以为无伤大节也，阁部长官多自此出，其气益颓，欲以金钱娱老而已。若夫新增诸部，则其人兼与职商同行，又其下劣者也。方面官者，其行又不逮京朝官。府县诸吏，虐民罔利，其失尚小，督抚监司，则无不以苞苴符券得之，或有交通强国以自引重，投命异族，贰心旧君。而督抚则兼有军官资格军官者，其杀人不必如方面官之援律例也，军法从事而已，其取利不必如方面官之受贿赂也，无事刻饷，有事劫掠而已。督抚为怀法乱纪之府，提镇为逋逃盗贼之魁，自此以下，则仆役尔。差除官者，其浮竞污辱，又甚于京朝方面。各省之局所，皆以候补道员莅之，其人率督抚之外嬖也，同卧共起，吮痈舐痔者，是其天职然也。俄而主人更易，新外嬖来，而旧外嬖无所容纳，则往往有劾罢者。昔者天子弄臣，盖有所谓茸技狗官，今乃遍于藩镇，士之无行，于斯极也。然其次犹有雇译者，则复为白人之外嬖，非独依倚督抚而已。故以此十六职业者，第次道德，则自艺士下，率在道德之域，而通人以上，则多不道德者。九等人表，不足别其名，九品中正，不能尽其实。要之，知识愈进，权位愈申，则离于道德也愈远。今日与艺士、通人居，必不如与学究居之乐也；与学究居，必不如与农工、裨贩、坐贾居之乐也；与丁壮有职业者居，必不如与儿童、无职业者居之乐也。呜呼！山林欤，皋壤欤，使我欣欣而乐欤。乐未毕也，哀又继之。哀乐之来，吾不能御，其去弗能止，悲夫！

今之革命党者，于此十六职业，将何所隶属耶？农工、裨贩、坐贾、学究、艺士之伦，虽与其列，而提倡者多在通人。使通人而具道德，提倡之责，舍通人则谁与？然以成事验之，通人率多无行，而彼六者之有道德，又非简择而取之也。循化顺则，不得不尔，浸假农为良农，工为良工，贾为良贾，则道德且不可保。学究、艺士进而为通人，资借既成，期于致用，其道德又爽然失矣。此犹专就齐民无位者论之也。今之革命，非徒弄兵潢池而已，又将借权以便从事。自雇译外，行伍而上，其职八等，置彼周行，森然布列，湛于利禄，牵于豢养，则遂能不失其故乎？昔者士人多以借权为良策，吾尝斥之，以为执守未坚，而沦没于富贵之中，则鲜不毁方瓦合矣。湘军盛时，常有一方仕宦，一方革命者，彼其党援众多，虽事发而不为害，革命不成，仕宦如故，其志既摧，则必无专心于大事者。又其军中统领率以会党渠帅起家，既得凭借，取悦上心，则不惮残贼同类以求翎顶，盐枭亦然，故以会党制会党，盐枭制盐枭者，逆胡之长策也。以革命党借权于彼，彼则亦以是法处之，少者必壮，壮者必老，终为室家妻子所率，即不得不受其羁絷，权不可借而已，反被借于人，后之噬脐，虽悔何及？故必以不婚不宦期革命党者，必无效之说也。呜呼！层累益高，阽危愈甚，纵情则为奔驹，执德则如朽索，趋利则如坠石，善道则如悬丝，杨朱之哭岐途，墨子之悲染练，不图于吾生亲见之也。

如上所设，则道德堕废者，革命不成之原。救之何术？固不可知。虽然，必待由光、夷齐而后正之，则如河清之不可俟矣。昔顾宁人以东胡僭乱、神州陆沉，慨然于道德之亡，而著之《日知录》曰："有亡国，有亡天下。亡国与亡天下奚辨？曰易姓改号谓之亡国，仁义充塞，而至于率兽食人，人将相食，谓之亡天下。昔者嵇绍之父康，被杀于晋文王。至武帝时，山涛荐之入仕，绍时屏居私门，欲辞不就。涛谓之曰：天地四时，犹有消息，而况于人乎？一时传诵以为名言，不知其败义伤教，至于率天下而无父也。自正始以来，大义不明，遍于天下。山涛既为邦说之魁，遂使嵇绍之贤，且犯天下之大不韪而不顾。夫邪正之说，不容两立。使谓绍为忠，则必谓王裒为不忠而后可也。何怪其相率臣于刘聪、石勒？观其故主青衣行酒，而不以动其心乎？是故知保天下，然后知保其国。保国者，其君其臣，肉食者谋之。保天下者，匹夫之贱与有责焉耳矣。"（案：顾所谓保国者，今当言保一姓，其云保天下者，今当言保国）余深有味其言。匹夫有责之说，今人以为常谈，不悟其所重者乃在保持道德，而非政治经济之云云。吾以为天地屯蒙之世，求欲居贤善俗，舍宁人之法无由，吾虽凉德，窃比于我职方员外，录其三事，以与同志相切厉，则道德其有瘳乎？

一曰知耻。《五代史·冯道传》论曰：礼义廉耻，国之四维，四维不强，国乃灭亡。善乎管生之能言也。礼仪治人之大法，廉耻立人之大节。不廉不耻，则祸败乱亡，无所不至。然而四者之中，耻尤为要。故曰行己有耻；曰人不可以无耻，无耻之耻，无耻矣；曰耻之于人大矣。为机变之巧者，无所用耻焉。所以然者，人之不廉而至于悖礼犯义，其原皆生于无耻。故士大夫之无耻，是谓国耻。吾观三代以下，世衰道微，弃礼仪，捐廉耻，非一朝一夕之故。然而松柏后凋于岁寒，鸡鸣不已于风雨，彼昏之日，故未尝无独醒之人也。顷读《颜氏家训》有云：齐朝一士夫尝谓吾曰，我有一儿，年已十七，颇晓书疏，教其鲜卑语及弹琵琶，稍欲通解，以此伏事公卿，无不宠爱。吾时俯而不答。异哉此人之教子也！若由此业自致卿相，亦不愿汝曹为之。嗟乎！之推不得已而仕于乱世，犹为此言，尚有小宛诗人之意，彼阉然媚于世者，能无愧哉？

二曰重厚。世道下衰，人材不振，王伾之《吴语》，郑启之《歇后》，薛昭纬之《浣溪沙》，李邦彦之《俚语舞曲》，莫不登诸岩廓，用为辅弼，至使在下之人，慕其风流，以为通脱，而栋折榱崩，天下将无所庇矣。及乎板荡之后而念老成，播迁之余而思耆俊，庸有及乎？侯景数梁武帝十失，谓皇子吐言止于轻薄，赋咏不出桑中；张说论阎朝隐之文，如丽服靓妆，燕歌赵舞，观者忘疲，若类之风雅，则罪人矣。今之词人，率同此病，淫词艳曲，传布国门，诱惑后生，伤败风化，宜与非圣之书同类而焚，庶可以正人心术。何晏之粉白不去手，行步顾影；邓飏之行步舒纵，坐立倾倚；谢灵运之每出入，自扶接者常数人，后皆诛死。子曰，君子不重则不威。扬子《法言》曰：言轻则招忧，行轻则招辜，貌轻则招辱，好轻则招淫。

三曰耿介。读屈子《离骚》之篇，乃知尧舜所以行出乎人者，以其耿介。同乎流俗，合乎污世，则不可与入尧舜之道矣。非礼勿视，非礼勿听，非礼勿言，非礼勿动，是之谓耿介，反是谓之昌披。夫道若大路然，尧桀之分，必在乎此。

呜呼！如吾宁人之说，举第一事，则矜欧语者可以戒矣。举第二事，则好修饰者可以戒矣。举第三事，则喜标榜者可以戒矣。必去浮华之习，而后可与偕之大道。敝巾葛拂，缊袍麻鞋，上教修士，下说齐民，值大事之阽危，则能悍然独往，以为生民请命。若于此三者犹未伏除，则必不能忘情于名利。名利之念不忘，而欲其敌忾致果，舍命不渝，又可得乎？抑吾宁人所举三事之外，又得一不可缺者，曰必信。信者，向之所谓重然诺也。昔人以信为民宝，虽孔氏之权谲，而犹曰无信不立，又曰人而无信，不知其可。余以为知耻、重厚、耿介三者，皆束身自好之谓，而信复周于世用，虽旧萑苻聚劫之徒，所以得人死力者，亦惟有信而已。今之习俗，以巧诈为贤能，以贞廉为迂拙，虽歃血【莅】盟，犹无所益，是故每立一会，每建一事，未闻其有始卒。其或稍畏清议，而欲食其前言，则曰：吾之所为，乃有大于此者。知祸患之将至，则借口于远求学术，容身而去矣。见异己之必胜，则遁辞于大度包容，委事而逸矣。言必信，行必果，久要不忘平生之言，贯四时而不改柯易叶者，盖有之矣，我未之见也。必欲正之，则当立一条例。今有人踵门而告曰：尔其为我杀人掘冢。应曰：诺。杀人掘冢，至恶德也，后虽悔之，而无解于前之已诺，则宁犯杀人掘冢之恶德，而必不可失信。以信之为德，足以庚偿杀人掘冢之恶而有余也。夫尾生与女子期于梁下，女子不来，水至不去。商鞅与秦民约，能徙木者与之十金，民果徙木，鞅亦竟以十金与之。昔人以为长德善政，今人为之则必讥其无谓。然欲建立信德，必自此始，若其较量大小，比絜长短，而曰某事当信，某事不当信，则虽处当信之事，而亦必无践言之实矣。举此四者，一曰知耻，二曰重厚，三曰耿介，四曰必信。若能则而行之，率履不越，则所谓确固坚厉，重然诺，轻死生者，于是乎谓？呜呼！端居读书之日，未更世事，每观管子所谓四维，孔氏所谓无信不立者，固以是为席上之腐谈尔。经涉人事，忧患渐多，目之所睹，耳之所闻，壤植散群，四海皆是，追怀往诰，惕然在心，为是倾写肝鬲，以贻吾党。若曰是尚可行，则请与二三君子守此迂介，幸而时济，庶几比于铅刀一割，不幸不济，根本既立，虽死不僵。后人必有能继吾志者，雪中原之涂炭，光先人之令闻，寄奴元璋之绩，知其不远。若曰迂儒鄙生，以此相耀，不足以定胜负之数也，则分崩之祸，不出数岁，将使七十二代之遗民终于左衽，吾亦惟被羊裘以游大泽矣。反是不思，亦已焉哉。

《民报》第八号，光绪三十二年八月二十一日（1906年10月8日）

穆勒约翰议院政治论

立　斋

小　引

利恺氏（Lecky）之评法国革命曰：国之大患，莫如其人民取往昔亲密之关系，一旦裁而断之。而其论英国人种之成功则曰：英人种政治之天才，在普通旧制以适新需，故虽无赫赫之名，而善举幸福之实。呜呼！是乃盎格鲁人种与腊丁人种得失之林也。窃读此言，而反观吾国今日爱国志士之所以导其民者，则又不能不悚然惧。惧者何？何其不善以西方历史之所垂戒，告吾国人，乃独于其覆辙之循，追之若恐不及。夫西方政史上微言大（一义）〔义一〕旦东来，每为学者所（傅）〔附〕会，亦既于日本见之矣。若今日号称先觉之士所鼓吹者，窃恐今后之革新，竟乃背于西方政治进化之成例，而不免为昔日历史一度之缫染，是宁国家前途之福哉？然论者则以咎种族利害之分歧。夫事物交换，不能无代价；物质公性，屈伸必依定比。矧以四千载古国再造之大业，徒凭一纸空文，而责效于年月，不亦太早计乎？是故今后之中国所赖于志士之牺牲者，或舌或笔或头颅，皆为国民应有之责任。而当今日活动准备之期，取西方先哲之说以为国民鉴戒，或亦有心救国之士所乐闻乎？作穆勒约翰议院政治论。

(1) 政体

(2) 议会

(3) 选举

(4) 政党

(5) 结论

第一章　政　体

（一）必要之三条件

世之言政体者有二派焉：一器械派，一有机派。器械派者，以政治为应用之术，政体为方便之门，谓凡所设施，无不可一由人择，故我之所认为善制，而能造大利益于众生者，则鼓吹其说，使舆论之我归，而政策之行随之。此盖以国家大政等之制造发明之器而为尽人能力之所及。有机派者，以政体为自然发生之物，视政治如博物之一枝，故谓凡理其业者，应如对于庶品群伦，先识其自然之状态，而后吾人之行动随之。此其意谓一国之政制，必与其民族之性情习惯相缘以俱，而决非深计熟虑之所能为力，故使进化之阶级有所未至，强以他人之所谓宜者施之，亦徒枉费精力耳。二者之说如是。窃以为皆非也。夫天下之政制，决非尽为人之所能为力，不待智者而知。且物有最良，而外此随之俱来者，有其必需之件焉，有其使用者之聪明才力焉。必俟此二者足与其物相副于无穷，而后其施为便利而无所梗。故徒凭一己之成心而不察一国之情实者，断非善导国民者也。至有机派之说，要亦不得至当之所归。政体之为物，非若植物然，春生夏长，于不知不觉之中，而渐以发生者。若其起原存立，莫非人力之所经营历史之所明示也。且国政之变，靡国没有，或善或恶，自有效果之可论。必循乎自然而不假施为者，无是理也。是故如前之说，以政体为可任意改革者非也；以政体为不可改革者亦非也。改革固可，特有一定之范围而不可越。于是乎有三例：

（一）政体必与其国民之性情行谊毋相凿枘。

（二）此政体之永续，必其民之行动力足以维持之。

（三）凡消极积极之行为，政府之所需于民，赖此而后能善其事者，必为其民之所乐为，而力能任之。

所谓政体必与其民之性情行谊毋相凿枘者，何也？野蛮游牧之民，自成部落，绝不为他族所同化，且戴一家焉以为之长，有羁縻，无服从。使稍干涉之，则变端随起。故使一国之内而有此等民族，苟欲以文明严整之法治他族者治之，非特不足以致治安，反招其民之厌恶耳。亦有久困专制之民，素不问外事，一旦使之与闻政治，彼不识公权自由之可贵，反以多事渎身自怨艾者。夫遇此等之民，则政之行也，虽不如向者无化者之难受，然当更始之初，必有局天促地而以为大苦者。此又一类也。

案：如前之说，则他日满、蒙、回、藏之行政，不可不大注意。由后之说，则吾国民今日之状态，不可不大警省。

所谓一政体之永续，必其民之行动力足以维持之者，何也？有国民焉，嚣嚣然知慕权利争自由矣。然一考其实际之道德，则怠忽也，怯弱也，公德心之缺乏也，其对外焉，无勇往果敢之精神，其对政府焉，非特不能举监督之责，反常为其权术之所愚，且或以国政一时之恐慌，颓然丧气，或生崇拜个人之痴心，竟以国民贵重之自由，投之一二豪杰之足下，因使以颠倒一国之政制，而惟我一人之刚。若此者，则其国民之能力，欲以维持一公治之制于不弊，不亦远乎？

所谓积极消极之义务，政府必需其民之实行，而后能善其事者，何也？凡国民之义务，有所当为，有所不当为。当为者，积极义务也；不当为者，消极义务也。一人之身，必具此二者，然后乃为尽责，而足以享自由之福。譬之处法治国之下，权利之丧失回复，一赖之法律。然使其民素不知秩序，感情锐敏，好胜之心，达于极端，当其遇有争执，竟不诉之有司，而直取决于私斗，于是法律保护之功用失，而政治之行生一大障。是何也？其民犹未识当隐忍之一消极义务故也。不特此也。法律之行也，不徒赖之司法者之监督，并恃其民之正直无私，能善与法律之执行以有力之辅助。窃闻印度、南欧之民，往往有明知为罪犯而不捕之者，谓恐他日之报复，而自害其身。夫在立宪公治之国，无一人焉无保障法律之责。今乃以洁身自好之主义，措社会之隐患于不问，是盖置所当为而不为之过也。且代议政体，世之所称为良制也。然亦视民德之如何以为断。何则？使撰举者之多数，于政治之关系，视之浅薄，于是其投票也，借此以纳贿者有之，借此为奉迎之具者有之，则曩焉以撰举制度为弊害之保障者，今乃反为阴谋者之所利用，是不啻虎恶政府而翼之矣。

故如有机派之说，必以历史为根据者是也。虽然，有二事焉，为论者未及，而导国民者之所不可不知者。喜新之能一也，灌输之功二也。夫必以民之所习熟，因而利导之者，其势顺。此言是也，然不知苟常住于一端，则始以为新奇者，终亦变为习熟。况有外界之新现象以驱迫之，则其进步之速，有不可以常率计者乎。以云灌输之功，则意大利之革新爱国志士所由导其民，由统一以得自由者，愈可见矣。然有不可不注意者，则以此自任者，断不可徒偏于利益之一方面，而于民智、民德、民力（活动力）三者漫不加察而鼓吹过度耳。

（二）立宪政体之必要与其效果

世有恒言，使国家而遇善良之专制君主，则所谓最良之政体者，其惟专制君主国乎？此其意岂不谓一人垂拱于上，举国家庶政措之泰山磐石之安，而毫不为众议所掣肘，不知此实蕲其所不可得，而犹未识善良政府之为何物者也。夫一人身寄巍巍之上，心运茫茫之中，欲以统治数千万方里、数百万生灵财产，使非真如所谓陛下天机洞照，圣略如神者，又何足以当此？今乃徒以简单之名辞，称曰善良君主，而期其举郅治之实，不亦远乎？不特此也。所谓善良政府者，非曰其民安坐而受幸福而已，必其民德民智民力三者日益继长增高，然后足以举富强自立之实。今处压迫之下，日夕惟刑宪之是惧，又安敢放言高论，思自效于国家前途？则其国民之思想活动，又安有进步之可期？然而习久成风，必成一麻木不仁之世界，此乃必至之结果，而自然之验也。是故处专制之国，其所谓学术者，冥思妄索，学者娱乐之具而已；所谓宗教者，君主服从其人民之利器，使益趋于狭隘之自我主义而已；所谓政治者，奉行故事，官吏经验之成例而已；所谓生活者，智力之用无所施，惟逐逐于物质上之快乐以适一身而已。若此者，验之东方支那，西方罗马、希腊，殆无不同出一辙。然而此专制之君主，则遂得而长治久安乎？曰：未也，幸而不遇外族之逼处，犹足以保一日之小康。使当竞争剧烈之场，相与驰骛角逐，则安得而不居劣败淘汰之数耶？故曰专制国之末路，惟坐以待毙耳。

夫穷专制之弊，其终焉，上下交困，有如此者。则所谓专制者，断非国家前途之幸，不待言矣。然而有说者：设君主予民以出版言论之自由，许民以地方自治之权利，一切大政，付之大臣公议，如是，则二制不足以相调和乎？曰：使一国而非绝对的专制，则所谓专制政体之利益已不可得。且如所云云，则一国之公议舆论，必渐足以左右政界，而其民之政治能力，必随而增高。使当其时，多数舆论，与国家行政有冲突之时，则其君主果舍己从人，抑强之使必行乎？如曰舍己从人，则其与立宪君主，又何以异？如曰强之使必行，则必其力足以压制之，否则上下之处置，惟有出于一途，曰革命而已矣，革命而已矣。是故不专制则自由，断无于专制之上稍有增减足以系人心而安国本者也。

然而世之热心改革而失望者，虑人民之不足与谋，而国家之危急，已迫不及待，于是移其所望之国民者，转以望之政府，冀一扫种种障碍，而为一日千里之进步。此诚无足怪者，然不知此乃忘其所谓改进之意。何则？使于人民不加改良，则人存政举，所谓善制者，不终朝而灭矣。然而说者曰：上之教民也，其势顺而易入。夫苟其所谓教育者，不以人类为器械，则不论其所教之若何，其国民终必有自觉之一日。以罗马教会之教育，乃能铸十九世纪法国革命之先驱。故于国家行动之若何，直置之不问可耳。夫专制之弊既若彼，而其终于必革也，又若此。则二十世纪之列国，其必尽趋于立宪者，又岂无故哉。其根本之理由二：

（一）凡权利必以自力自保乃得安全。

（二）社会之旺盛，随其智力之发达，而大增进。

夫权利之为物，非可幸人之不我侵，亦非可幸人之或我保，必焉于己有自卫之权，于人有抵抗之途，然后可以长保而不坠。谚不云乎：个人者一己之权利之至善之防卫也。此自利之原则，冥冥之中，殆无往而不达，政治其一端耳。不观今日工党，问题之起，有谁顾问之者（此是昔日情形。在今日约翰本士已入内阁为大臣）。虽然，此就一部分以立言，若以全国国民对于政府言之，则所谓立宪之益，亦即在是。在上有监督之机关，在下有言论之自由，痛痒所关，则防卫之权随之，而施政者不可不大加注意，其利一。凡国民有为议员之权，有选举之权。国与民之关系，益臻密切，其利二。夫始焉反对专制，必欲以最高主权归之在民（近世新说，以主权在国家为旨）。继焉利用其自利之心，使掌施政之实，虽自由之平分，原不能无所不达，且求之事实，往往有名虽利而实害者。然于不得已之中，欲求最安全之政体舍自力自卫，又奚由哉？此例一之解释也。

曩尝言之矣，所谓善良政府者，非曰一时施行之善良而已，必其民未来之智德活动之力，日益发达，然后其国乃能有进而无退。夫专制之国，以压制为功，以服从为事，其不足与于此焉。稍读史者，能言之矣。波斯、希腊，并世之雄国也，然而学术政治，波之视希，何如哉？意大利共和国，德意志自由都市，与曩时之封建之欧洲，同属黑暗时代也，然其民活动之力，工商之业，相去何如哉？英、荷之与法、奥，当十九稘革命以前，国家基础，同未大固也，然而贫富理乱之迹，相去何如哉？夫如是，自由与不自由之效，大可得而见矣。（一）凡宪法既定，人民权利之确保，各得安心活动之自由，以致社会个人之进步。（二）人民既享有议政之权，自然热心于各般事业。即一市一邑，亦迥非专制国之比，而其理乱之状态自异。例二之效如是。

且考之国民之道德，则知政体之物之影响，乃尤大。东方之民，何以忌心最著闻于世界？曰：久处专制之下，感情思想，不出个人家族之间，虽视邻人如敌国，况于社会上相与共事者乎？英美之民，何以冒险进取闻于世界？曰：自由活动之效，随社会公共之道德而增进者也。呜呼！信如是言，则今日公私道德之扫地，而阴险凉薄之广被者，又岂无故哉。

（三）立宪国民之能力及其不相容之性质

立宪政体，固为其最良者矣。然而徒恃制之良，果足以济事乎？曰乌乎可。政体者，机关也；主持之者，人也。使主持之者非其人，主持者之所自出又不足以监视之，虽有良制，无益也。不观希腊自国会开设以来，所谓议院者，徒为政客角逐之场耳。不观南美列国，名虽共和，而操政权者，则一二专制之政治冒险家耳。是故以理论言，则政体诚有善恶，以实际论，则无所谓善无所谓恶，惟适而已。有居专制之下，而其民所享之幸福所得之进步，有大于自由之民者，曰惟适之故。自来学者善言立宪国民之能力者，莫如边沁。边氏分力为三，曰智力，曰德力，曰活动力。

智力者，何物耶？古语有云：民可与乐成，难与虑始。亦谓国家经国远图，每多下民所不知耳。近世各国，以议院之操纵，凡机敏之外交政策，远大之自治方针，每多难行之者，亦即为是。德力者，何物耶？凡为国民之政治道德耳。有人焉，以投票为纳贿之具者，则全国公益，害一分矣。下至议事之纷争，酿成争斗（日本去年铁道国有案，政府党与反对党即如此）。忌心一生，隐相排挤。若是者，所以代表人民之公益者，又何在乎？活动力者，何物耶？上之所求，下必有以应之；或上所未及见，我预起而唱之。凡内治之振兴，外界之竞争，皆在下者自为主动，而无待于政府之监督指引。必是三者具，然后宪政之运用灵，而其民乃能长享自由之幸福。非然者，有一之不具，或具焉而程度不及，虽有宪法，适足以自害其民，自弱其国耳。夫欲以一定之标准，求之列国，则虽宪政发达之邦，犹不免是，矧乎革新伊始者乎？然而利害得失，自不无比较之可言。譬之政府，寒暑针也；国民之舆论，大气圈也。使寒暑针立于愚（味）〔昧〕不德之空气之四围，则其针升降之度，盖可知矣。

凡立宪之国，有收效，有不收效，要皆视此三者。而性质之过不及，要不

（此出）〔出此〕三者之内。特有重要之弊点，大为宪政所忌者。试略言之。

第一，草昧无知，固执旧习者，不足与言立宪。凡国民旧习已深，或其进化之阶级，犹在草昧，若此者，使与言立宪，则其种种性质之缺点，必反响于代议士会，而为国家进步之大障。故遇此等之民，则不如有聪明神武之王，励行专制，促进其民进化之历程，然后可徐图其他。如沙立曼之于法，彼得大帝之于俄，即此类也。

第二，野蛮暴横，不识秩序者，不足言立宪。凡自行国而变为居国之初，一国国民，畴昔与天然之障碍斗，与邻近之他族斗，故其民气力勇敢，必异于常人，而其桀骜不驯之气，一时未易使就轨范。若是者，虽治以武力，犹恐不胜，矧乎与言法治乎？

第三，徒知服从者，不足言立宪。有民焉，被以仁术，则歌功颂德；施之虐政，则俯首帖耳。若是者，果足与言自由之治乎？曰未也。凡物之不可偏一而必终于相反对也，是乃动静之公性也。立宪之妙用，亦即在下者得其所以反对之途而足以自保。今以徒知服从之民，上而议院，下而舆论，欲其举监督之实则甚难，以小恩小惠市之，则易易耳。谚云：奴隶不足与言自由。此言至矣。此其为害，与野蛮之民正等。特在此则其受病愈深。

第四，国民之智识参差，不足言立宪。凡国民，或以种族之不同，或以进化之先后，或以特别原因，而其国民之程度，因生种种阶级。若是者，使聚国民于一堂而议政也，果将从其优者之说乎？抑从劣者之说乎？若曰从其优者，则使劣者永沉沦于卑下之域；若曰从其劣者，则使优者长无进步之可言。故于如是之一国，则莫如其君主于宪法上有无限之权，设为种种方法，使劣者进而为优，更于优者予以议事之权，使发挥其能力，而裁决则听之国王。如是则融合二族而举国民代表之实，或不远乎？吾英巴力门之历史，实率由是道也（优者其指当日封建之诸侯与后世之贵族；在上古中古，平民固不能不谓之曰劣者）。

第五，保持地方思想者，不足言立宪。凡国民以社会状况未臻完全之域，往往以地方精神之障碍，致生种种倾轧扞格之心，故有名虽为国，而实际非能成一共同之团体者也。闻之亚细亚之间，有国焉，其于一村一乡，往往有能举民主政治之实者，然乡以外，或乡之与乡，其间利害关系，每多置之不问。是盖观察一国公共之利害，素无其习惯，并无其智能也。若是者，欲团结此种种政治上之阿顿而为一体，非事事委之中央政府一听其指挥不可。何则？非然者，或遇外患，或论内治，意见之不合，恐不免终于分裂。若曰举行立宪之治也，则无代议政府之代议制度，或可持久。何谓为代议政府之代议制度？凡自各地选出之代议士，集之一堂，使议国家大政，然此机关只为政府咨询之地，而不举监督之实。由此以养成其民公共之观念，驯使各地之民咸惯于一国统一之治。如是，则其国宪政之发达，其有望乎？

第六，功名心过重者，不足言立宪。凡国民好居治人之地，不甘为人下者，则其国立宪之治，未易发达。何则？奔走于政党之间，旁皇于社会之上，莫非思得一位置，以傲于众人，而自谓居临民之地耳。是故其唱言破阶级之制者，亦不过欲以官职供多数人之竞争，而已因得与政权相接近耳。凡观察吾英人政治上之感情者，往往有矛盾之一点：英人好言自由，独于政权，置之不问。不知此乃英人之特长，而宪政之所以完美也。英人以厕身政党思得一官职为大耻。故其立身咸取之他途，或实业焉，或学术焉，谓皆足以使我成功名而有余，而操政权者，则让之以社会上位置之结果，原可不求而得者可耳。不特此也，使才之居我上者，则直服从之而不加掣肘。使有为非分之干涉，则（捍）〔悍〕然抗之而不疑。呜呼！此其所以虽不好操政权而与大陆之官僚政治自殊途也。

（四）代议政体之缺点

代议政体之缺点有二，有属之积极者，有属之消极者。属之消极者，行政部之行动，常为议会所掣肘，故有运转不灵之困，一也；代议政治，操主权者民，故于三力，不如专制政府，能使为充分之发达，二也。此二者，皆前所已及，兹论其积极之缺点。积极之缺点，世俗之所评判者，亦不外二说：智识之程度低劣，一也；阶级利害之偏私，二也。窃谓此二者之中，后说得之，而前说则未为审也。夫政体三，曰君主，曰贵族，曰民主。世之所称，每谓君主多具才略，贵族常能谨慎小心，且无起动反动之虞，而民主政体，虽在最完备者，犹不免动摇不定无远大之见之诮。彼固以是为定论，而真得三者之真相者矣。夫当草昧之世，与夫一代创业垂统之君，则每多雄才大略，诚有之焉。及传世既久，在上者偷安淫乐，事事一委之大臣。故其所谓君主政体者，乃变相之君主政体耳。以云贵族之治，则自阶级而成者，久已绝迹于世，而通俗之所谓贵族政体，实皆官吏之贵族政体耳。历观各国史乘，善保持其能力历久不坠者，独比变相之君主政体与夫官吏之贵族政体，此何以故？曰此其人尽瘁于公务，以是为一身之专业，积其熟达阅历，谙于吏治，故为民之所深佩，而相与安之。罗马（穆氏谓罗马共和与官吏贵族政体无异）共和时代，凡既为元老院议员者，则老死而没官，即得是道也。夫君主政体也，贵族政体也，实皆不免于官吏之精神，故即名曰官僚政治亦无不可。而所谓智识之程度，即就官僚政治与民主（此民主二字指政治言，非指国体言）政治，作一比较可耳。夫官僚之治，熟于经验，谙于成例，恒常而不动（若吾国今日各省大吏并此利益而无之）。且任事者，类富于实际之智识，是其所长。然其受病，亦正在是。事事蹈常习，故不能应于时势为推移。且任事者既以是为职业，故所为必如其所传授，而虽有达者，不能不降心抑志以相从。及其终焉，所谓官吏者，则凡庸之事务家耳，所谓政体者，则腐儒之巢穴耳。夫物之以是始者，必以是终。国家大政至此，所谓损益因革者何在？以云增进国民之能力，愈偏其反矣。是故欲一事之善其用也，不可不有他力之反对，此乃人事之常。苟顾其一而没其他，则在一有过度之病，在他有不足之虞。且其终焉，并在一之可收之效果而不可得。夫官僚政治，仍有为自由政府所不及者。然自由政治，又岂官僚政治所得而代之耶？且即以理想中最完美之官僚政治，亦不可与民主政治相提并论。何则？所谓动摇不定者，则以今日列国，犹未能将居常执政官吏与民所爱戴之党魁，划一严整之分别耳（此事以美国为最甚，故昔年屡有改革。而立宪君主国之政党政治所以称者，以其所更易者，只在大臣，而不在小吏故也）。苟其然焉，则熟练之施政与国民监督之效，未必不可兼收而并进。夫岂官僚循文具例之所得而望耶？

噫，不亦奇哉！不亦奇哉！君主政体，以谋个人之利而毙；贵族政体，以谋数人之利而覆；民主政治者，固以大众为主义者也，而乃不免于阶级之偏私。夫厚取重敛，君主贵族之所以自安乐也，钳口愚民，君主贵族所以压制其民者也，而国政之腐败，纪纲之废弛，殆无不由君主贵族之私利为之因。异哉！今日号称民党者，抑何其所为相类之甚耶！噫！吾知之矣。权力者，导人于腐败之途者也。以雄大才略之君，一登至尊之位，公卿大夫，献媚于前，阉人嬖佞，奉侍于后，于是国家大事，竟置不问，而惟一身之晏安淫乐是求。号称民党者，方其在旁观之地，则凡所驳诘评议，类能以全国国民公益为推求。及至大权在握，自利之私，勃发于中，且有利害相关者，随而附和之。于是凡所赞成议决者，几无往而非一党一派之私。虽然，彼固以是为多数也。今使有议院，白人居多数，黑人居少数，相与从事于投票，则黑人权利之蹂躏，为何如乎？又使有新教人居少数，旧教人居多数，相与从事于投票，则新教人权利之蹂躏，为何如乎？且有名虽利而实害者，则其相反对焉，又非国家前途之福。富者，贫者之所深恶也。于是有唱有产业者及所入丰者，使负租税全额之说。使其占议院之多数，而议得实行，则富者之危害，与国家财政之紊乱为如何乎？工之巧者，为拙者之所深恶也。于是有唱制限工市（多数人相与竞雇，故名曰市）、收机器税，及凡一切改良，有摈人工而不用之趋势者，宜加限制。使其占议院之多数，而议得实行，则其影响于国家工业之进退为何如乎？然则所谓多数之所议，决非国家前途之真利真害，不待言矣。是故仆之意，凡操一国大权者，使果能于国家真利真害加之意，则虽贵族君主而不碍于为治。夫即不必言家国之兴衰，种族之存亡。彼为弱国乱国之君者，于一身宁有利乎？恺撒之采专制主义也，一时荡平内乱，振国威于域外，且府库充实，文教大兴，皆其令行禁止之效也。然自是人民偷惰，国渐不振，而罗马遂亡于北敌。呜呼！自古亡国败家相随续。世犹不悟，又何责于无智识之愚民？是故言利有二种：有现在之利，有未来之利。现在之利，常人之所以为利也；未来之利，惟智者乃能见之。今有人焉，鞭妻虐子。有告之者曰：汝必爱汝之妻子，然后汝之一生，乃可得而安乐焉。夫彼方恣其憎爱之私为乐，说者之言，容有当乎？盖彼不利人之所利，而利人之所不利。向者无智识之愚民，必以不利他人，然后为利己者，其所为无乃类是乎？是故必以代议政体之下之民，为能顾全公益，而不偏不党者，此甚不然之说也。世有研究理化之学子，以文哲财政之学为无用者，则欲求多数之议员，真能识利害之分，而为国家立永远之计，不亦远乎？且自近世社会主义行，反对遗产赠与之制，并谓凡有贮蓄，以其财产之基础，宜取之税；凡浪费先人遗产，所以加惠社会多数之人，故其行为诚可奖励（恐是当日旧说。社会主义至今日，亦已几经进化矣），是劳动家与资本主大冲突之时也（劳动家用作广义，即指贫者；资本主即指富者）。是故于如是之一国，则其最良之代议制应如是，平分其议员为二部，而二部之上，各有其赞成附和者，而其人必须顾全公益，主持正论者。如是则两党之义之行与不行，皆视此公正无私者为轻重，而所谓全国国民之利害，殆近之乎？虽然，此不过理想上之说耳。以是之故，凡言议院政治者，不可不研究议会之组织与其多数取决之方法（说见第二章）。

日本菊池学而之说，有足与此相发明者。其言如下：宪法政治之实施，国民不可不出多少之代价。徵之事实，第一，国民不可不负担维持上下两院之经费；第二，国民不可不负担当选举与关于选举一切之费用；第三，以候补者之数，常数倍于应选出之议员，故此等候补者，不可不投巨大之费，以从事于竞争；第四，选举之际，举官民狂奔于选举，以此不可不消费几多贵重之时间；第五，当议会开会之时，上自国务大臣，以及有力之官吏，下至全国出类拔萃之数百议员，不可不空费几多贵重之时间与政治之脑髓，以从事于此不生产之事业；第六，国务大臣，被制于议会之操纵与其向背，每不能立远大与机敏之外交政策，即公平之内治，亦有难行；第七，议员之中有受贿，或为人所买者，每触宪法政治之忌，而人民不可不受议会之害。

（五）立宪与国族之关系

国族者何物耶？凡人类之一部相互间以共同之感情而同受治于自主的政府之下者也（“国族”二字，原文名曰 Nationality，其意可以成为一国之族也，故译曰“国”而不译“民”）。凡可以成为一国族者，其根本不一，而其要不出四者：同人种，同血统，同言语，同宗教（同疆界有时亦为原因之一）。虽然，有其最要者，则政治上之沿革，即共戴一国民的历史，同其怀旧之思，同其荣辱之感，同其苦乐之情，而已往之盛衰起伏无不同之是也。虽然，凡此数者，不必事事皆居必要，亦有即具之而无补于事者。有人种异，言语异，宗教异，而不害为一国族者，瑞士是也。有宗教同，言语同，历史同，而不克成为一国族者，西雪里岛之于拿破黎是也。比利时之法兰德、和龙二省，法之人种近于荷兰，和之人种近于法兰西，然终不致比利时之分裂，故虽异种族，异言语，而无伤于同一国族之感者，比之法兰德、和龙是也。据其大较而论，使数者中有一之不具，则于同国族之感情，自不能不薄弱耳。日耳曼列国，自近世以前，素未统一者也。然以文学同，言语同，人种同，历史同，故同国族之感，未尝稍歇，而当近世联邦告成，虽各邦之自主自若，然于国家之成立无碍焉。意大利，虽人种、言语之不同，然其地形独立，且于历史有政治宗教之荣光，故得以成近世统一之大业。是故有其可合有其不可分，而国立矣。近世列国以地理上之阻碍，凡一国中断无纯然一族者。然虽非同种，而不害于一国之永续者，以有可以为同国族之道存焉。

凡苟有同国族之感情者，应结合其人民以立于同政府之下。然必云自主的者，则以专制之国，固有合数民族而为一国者，然出于君主之钳制，故不得谓为同一国族。且一旦统一者亡，则其民必随而分崩。惟其自主，乃得谓为真同化也。大抵最有碍于两族之感情者，则言语一端。盖所以交换两族之意见者，或口语，或报纸，已不能具，虽欲合并，可得乎哉？且代议政体之下，苟非真能同化，既予以自主之权，必致冲突重重，愈为国家之大害。此愈为讲学论政之家，所不可不知者也。

凡两族之间，苟有可以同化之机，是人类之大幸也。而其条件，约不出数端：（一）一族居多数而为优等民族，则他族之劣等而少数者，一入其中，如十金铁屑之被化于鸿炉，而无复可以自保。法兰西之南，有拔斯克（Basque）人，绝然二民族也。然在今日同为法国之民，同享公民之权，已无丝毫形迹之可见。（二）少数优等民族，入于多数劣等民族中，则其多数劣等者，必居被征服之地，然同化最难，如英人种之于印度是也。（三）若两民族之人数与夫文明程度，不大相悬殊，则其融合最难，如今日爱尔兰之于英是也。

按：穆氏所举同化三例，而今日满人之于汉族，则甚居一奇妙不可思议之位置。以其习惯、语言言，则穆氏第一例也；以政治上之沿革言，则吾伟大国民之大羞也。而方今有志之士，所以必摈之而后已者，亦即为此。虽然，我之欲我历史之光荣，岂不如人？然远瞩世界大势，近觇国内情形，诸君诸君，又岂可以单纯的复仇主义，毕乃事耶？若曰一方灌以民族主义，他方浇以国民思想，誓不达我目的不已，试问革命未奏凯歌之日，吾国家前途，可遂置而不问耶？然而诸君必以两民族不并立为根据，利害相背，言之无益，则试与诸君研究此问题。夫今日满之于汉，虽在持复仇主义者，固不愿认为同化，然按之西方学者之说，虽欲不认而亦不可得。此本非意气可争，愿诸君平心察之可耳。然而诸君必曰：汝不见今日官制改革案乎？彼之所以待我者何如？何物败类，甘心认为同族？夫吾之所言，原指其习惯言语而言，以见满洲人民，非真有自为一族之资格。且见今日之不能合并，并非出自满洲全族之意。若当局者之心术，本非我所得而保险也。且以心术言，则同为黄帝之子孙者，其所以压制者何如？故仆之意，凡同族而异心术者，与异族而异心术者，正可一律看待。而今日国民刀锋所向，所愿天下人同心协力者，即此专制腐败之政府耳。案之各国所以获得自由民权之先例，又安见我之果不可得耶？是为政治革命。且穆氏以历史之苦乐荣辱，为同国族之要素，此指其已往者言之耳。若曰未来，则凡两族同为危急存亡之秋，应协力图治者又何如？然而诸君必曰：宁赠朋友，勿以与奴仆。言理不胜，又窜入感情。呜呼！吾安从而与之言耶？虽然，凡所以救吾国者，固不一其途，而当今日绝续之交，已无一日而可缓。所愿持以大公，勿为党见所胜，致蹈日本改进、自由两党之覆辙，于国于族，两无幸耳。

（六）代议政体与联邦

（此篇与以下一篇，与吾国政治无直接之关系，以可窥英美二国之政治，故译之）

联邦政府何自而生耶？有不愿同受治于一内治政府之下，有不适于同受治于一内治政府之下者，于是让其权之一部，成一中央政府，外以抵御敌国，内以制联合诸国中之强者，是为联邦。是故联邦之成立也，有不可不具之条件三：

第一，共同感情。既名为联邦矣，则国是必出于一途，而无致分歧。大抵凡可以为同国族者，则其合也较易。即宗教、人种、言语、制度，无所不同，而尤有关系者，则政治上之利害是也。瑞士之为国也，自由小国凡二十一（一三〇八年只有三州）。当日国之四境，尽强有力之专制军国。彼知其自由幸福之不克自保也，于是乎有瑞士联邦之成立。美之始起也，所以拒英而自立。迨后十三州鉴于一统专制之弊，于是制宪法，为美利坚合众国。释奴问题起，南北竟开战端，是政治上之利害为之也。

第二，各邦之兵力，不可过强。凡欲联邦政府之稳固也，则断不可使列邦赖其自力而足以抵御外侮。何则？苟其然也，则以相与联合而牺牲其行动自由之一部为无益，而联邦政策与各州行政有冲突之时，必致决裂而后已。

第三，各邦之权力，不可大相悬殊。夫欲各邦权力之齐等均一，固不可得者。不观纽约之与罗田（Rhode Island）岛，勃纳（Berne）之与陲格（Zug），其富力人口，不可同日语矣。然使有一邦焉，其威望之独高，而力足与他邦竞，如是，此一邦必为联合会议之主。若有二焉，则争长相雄，愈不能免矣。不观一八七一年以前之德意志，有依奥太利，有依普鲁士，有通谋外国，以敌普奥者。所谓联邦者，果何在乎？

凡联邦之组织有二。第一，各联邦之议员，代表各政府。故凡制定之法律，颁布之号令，有直接拘束其人民之效力。如一八六六年前之德意志，一八四七年前之瑞士是也。第二，联邦议会，为各州政府之根本，于其权限内制定法律，全国人民对于中央政府而负服从之义务，但其执行，则使各邦之官吏自掌之。即今日美利坚合众国与瑞士联邦是也。虽然，当十三州合并之日，当时政论有二派焉：一主张中央政府之法律，有直接拘束其人民之效力者，是为联合派（Federalist）；一谓中央政府之权力，宜只及于政府与政府之间，而无系于国民，是为共和派（Republicans）。窃谓后者之说，幸而不行，不然，今日美利坚联邦行政之阻碍，恐不止如今日已也。何则？凡法令必待一州政府令其官吏之实行，然后有效，则岂不以一地方之多数，而足以反对中央政府之政令乎？苟如是，使必欲强之实行，舍兵力之外，又岂有他道？是联邦制度，不为制乱之术，反为造乱之具矣。当时识者早见及此，善打破此难关，是美国之大幸也。

夫如是，故美国人民对于两政府而负服从之义务：本州一也，联邦政府二也。而各州政府与联邦政府宪法上之权限，不可不细为规定，且争端之起，不可无人以审判之。于是乎有最高法院、法院之组织，置最上级于一所，外各州分设从属法院，或联邦政府，或各邦，或官吏，有越俎者，有溺职者，皆应受控于此。且所定法律，有越于宪法上之权限者，得为无效之宣言。故此法院，居联邦政府与各邦之上，而与美国之共和政治大有关系者也。

虽然，有问者曰：当此制度实施以前，安知其效果之果如何耶？安知其果敢、毅然、断行宪法上之权利耶？安知其处置之果正当耶？安知各政府果甘心服从其判决耶？曰：此数者，皆皆宪法实施以前，美国人民所大怀疑忌者也，然自其时以迄今兹，一二百年，曾无丝毫之冲突。惟联邦政府与州政府之权限，常为党派所争议已耳。突哥维尔氏（Tocqueville）尝考之曰：美国最高法院，所以行之无弊者，以非抽象的应用法律，乃就事实判决之者也。何则？问题之起，待两造之上控，视舆论之所归，与夫法律大家之所论（辨）〔辩〕，然后始从而判决之。故其判决也，视时之所需，尽法庭应尽之义务，而非其中另有政治的意味存焉。且其判事，类皆学识迥绝一时，而其身又超然党派以外，为众人所信任者，以是虽负至大至高之重任，而为无论何种官吏所服从也。夫此其判事之可信用，既如是矣，然其果有偏颇污下之私与否，又常为美国人民所注意。此其利之所以可久长也。夫联邦之争议，避战争与外交政略之用，而采司法上之救济，则他日合五州万国，而成一国际裁判所，其必以是为范本矣乎？

凡联邦政府之权，和战交涉，其最要者也。外是关税条例，贸易章程，度量之划一，货币之定制，邮便交通之事务，皆自掌之，所以谋统一，而增进各州之利益者也。譬之书信之往还，凡一信必经数多官吏之手。如是，于邮件之迅速确实，必蒙大害，且其费不已多乎？故其必归之联邦政府之下者，宜也。其行政之大略如是。

美国立法之制，有联邦议会，分上下二院。下院比例于其人民，一七

○○○○人出一人，是为人民之代表；上院不论州之大小，州出二人，是为一州政府之代表。夫一州政府之代表，所以必出同数之议员者，则以防强大之州，使不得振不正当之权力，且非得州之多数，与人民之多数，则其议案不得而通过也。抑又有故，各州之权力既等，则其于议会之轻重，视所选出之人。以是凡各州必欲择其威望卓绝者以当之，此所以美国上院，必网罗多数声名赫赫之政治家，而于下院独阒如焉。

说者曰：联邦之增加，果为世界之福乎哉？曰福也。何也？近世弱小之国，必无以自保。惟其既合，乃得进而与强者相颉颃，而因以改削强者并吞之政略，且自是而战争之惨，外交之毒，商业之竞争（联邦之贸易，咸取自由政策），皆可绝迹，夫宁非世界之福哉？且联邦政府，其中央集权之度，只足以备自保之兵力，而无驰骛域外之军实，故常淡于虚荣侵略之心，而最足以维持世界之平和（穆氏所论联邦，大抵皆指共和政体言，故有此效。德意志之联邦，穆氏之所深斥也）。不观美利坚今日虽有逐逐于墨西哥、古巴之后，思欲得而并吞之者，然皆一阶级之私利（谓在两国有广大之土地者），吾信其断非美国全国人民之所欲也。

穆氏所论，亦是当日实情。然在今日，则保守之门罗主义，已变为侵略之门罗主义。而麦坚尼、罗斯福，尤生此代而力矫前弊者也。是故世界有最可悲之一端，曰人类之进步，与哲学家之所希望不相应。

（七）自由国之属邦政治

近世列国属地之广，遍于全球者，其必以吾英为首屈一指矣。虽然，以是之故，故殖民地统治之方，常为今日政界一大问题。

夫其小者，若芝布拉尔塔，若麻耳达，若亚丁港，皆为海陆军屯驻之地，半供军事上之目的，故可置之不论。而今日所欲研究者，则在广土众民，而俨成一国者。此中应分二类：（一）文明程度等于母国，而其民惯于自由之治者，如加拿大、澳太利亚、南非洲等是也；（二）土人居多数而其民未足与言自治者，若印度是也。

自昔欧洲有所谓殖民政略，一时流布列国，咸以殖民地为牺牲，而以利其母国。吾英承其末流，于海外属邦，亦取干涉主义。于是继美利坚之独立而起者，有加拿大之叛乱，而外此各地，亦既啧啧有辞，凡皆所以促母国政府之警省者也。窃谓此非所以利己，并非所以利彼。譬之吾英二岛，伯昆焉；海外殖民，叔季焉。叔季之程度，足以自治其国，伯昆必欲取而干涉之，是必乱之道也。幸也至今日而其政略一变。

大抵欧洲人种之殖民地，已咸享有完全自治之权，且其宪法，咸得任意变更，国王不裁可之权，几无所用。想其地位，犹之联邦之一国，而其权利犹大于美国之列州。虽然，有一端焉，曰外交之权，事前既未与商议，而事后有服从兵役之义务，其不平孰甚焉。说者曰：属邦之保护，赖之母国，故和战之权，听之宜也。虽然，此以云不克自保之国可耳。苟非弱不自胜者，则义务之交换，断不足以敌丧失之发言权也。夫正义非特所以范围个人，亦即所以范围社会。个人不能以己之所利强人之必从。故国家不能以一方之所利强殖民地之必至。故外交权，虽为宪法上正当之服从，然亦不可不谓之曰背理。思有法以救济之者，谓殖民地宜各出代议士于英伦议会，此一说也；谓英之立法院，宜专理内治，另设一院，专掌外务，而殖民地各派代表于伦敦，此又一说也。议者谓如后说之所云，则母国与殖民地之关系，犹之平等之联邦，而非复属国矣。

此其说非不甚美，抑有难者。如云同出议员于英伦议会，则英国内治，若英吉利人、苏格兰人、爱尔兰人之运命，岂不赖之三分之一之美洲之英人，与三分之一之非、澳两洲之英人？是果英伦两岛人之所欲耶？若曰另设一议院也，则各地之利害不同，彼我情形莫悉，虽议宁有当乎？且必欲成一联邦，则尤不中事理。夫吾英今日，虽无属国足以自立而有余，且一旦属邦（各各）〔个个〕分立，则兵力因可减损，使国力益进于充实，未可知也。虽然，此不过姑作一说耳。夫吾英今日之不可言分，不待智者而知。强者逐逐于后，怀抱野心者日睥睨其旁，庞大之帝国，一旦分离，世界侵略之端，自兹起矣。且今日母子之间，交通自在，无防害之关税，皆恃此联合以维持之。而吾英国际上之位置，其所赖于属邦者，要不可谓浅鲜也。是故今日合既不可，分犹不能。故仆之意，宜使海外殖民地，勿于此至大之国中，常居一不关轻重之位置。此意云何？谓伦敦政府各部之事务，与海外殖民地各方之事务，皆宜开放于各属邦人民之手是也。凡殖民地之才士，咸使得活动于世界，因以增进全国之幸福，而联散布各地殖民之感情。况吾英今日幅员之广，为世界所未有，亦正宜合群策群力，协同图治。故此非特所以酬各地殖民，使得占帝国之显位，抑亦正吾国所当有事者也。然有恐其不忠所事者。夫不列颠海峡中各岛，以人种、以宗教、以地理上之位置论者，皆近于法而不近于英。然海陆大将，公侯贵族，出于此者，已不知几何人，而不闻有反侧者，是何耶？故仆之意，此乃今日联合殖民地与母国之最好方略也。

以上所论，皆第一种属邦政治也。以下论第二种属邦政治。世之论者，咸以印度人民为不适于自由之治，故所以治之者，自不可等同。仆以为今日印度既归英辖，则吾英之责任无他，即当使其民日益进化耳。夫天下人民，原有非专制不为功（亦者）〔者，亦〕有徒恃专制而断不得收最良之效果者。且专制政治，出诸同族，则善良之君主，常不过一时之偶值。今日印度人民，既在吾文明优等之英人之治下，则善良专制之治，可期其永续。益以先进国之经验，凡所以导其民者，或柔或刚，宜何如耶？是仆之理想中之政治，所望诸文明人之治野蛮人者，其果可得而至耶？其果不可得而至耶？若曰不可得，则必当近似之。非然者，则其主治者，实放弃最高尚之道德的委托，自私自利，夺人土地以自快者耳，野心贪酷，玩弄数百万生灵者耳，又安得冒文明先进之名？

夫以先进国治野蛮人之方，正为今日所研究者。在浅见者视之，以为使一大吏治之，受国会之监察可矣。不知治此国，对于此国人而负责任，与治彼国对于此国人而负责任，乃绝然二事也。何则？前者自由之政，后者专制之治。既曰专制，则一人之专制，与数百万人之专制等耳。在此数百万人，一无闻知者，既不足以言治，又乌知此代理之一人，必有愈于此数百万为之主者耶？夫既远隔重洋，力不足以及此，则不能不遣一人焉以任之，又乌知其必能举监察之实耶？是故以异种人而治异国，虽善防弊，必无以善其后。矧夫两者之间，所感觉不同，所观察不同。土人之所一览瞭然者，外来人必积经验考察，乃能得之。且彼我之间，咸怀疑忌，即欲得其人而询之，亦不可得。夫如是，则不能求之平日所最服从者。夫最服从者之说之不足以尽情，又岂待智者而知之？是故此以轻视往，彼以疑忌来，两者之间，必无以臻于至善之途矣。

且惟其对于此国民而负责任也，于是凡所以责此一人者无不至。有谓印度人民，宜悉令归依耶教，有声言印度总督，不克保全英之移住者之权利。此真日有所闻，而各国之所同。彼以战胜国民，视土民如尘芥，稍有不遂其意者，即大声疾呼，以为非所宜有。夫此其人之必当压制，又何待言？然以在英有朋友之援助，有报章为之诉冤，遂乃是非颠倒，黑白易位矣。故治人者对于被治者而负责任，是善良政府之最大保证也。然使对于他国民而负责任，非特不克防弊，而适以制恶矣。

是故今日英之治印，有一原则焉，凡事虽以公开为主义，然有不易明示于大众者，则但有一二人知之可耳。何则？今日之事，道德上之责任也。惟其为道德上之责任，故不必对于全体人民而负责任，但对于能为判断者之一二人而负责任可耳。盖事非特计数目之多，又必当计其价值。苟得熟谙此问题之一二人之许可，虽不容于大众，又何妨乎？故如印度问题之复杂，且其人又无监督之权者，则治之者之进退，断不能随内阁大臣为转移。何则？凡内阁之成立，不数年而倒，或议院中有一二辩才，凡所质问，使为印度之官吏者，稍不能答，则即不能久安其位。故即竭尽心力，亦无以措海外殖民于至善之地。窃谓莫如设特派委员会，择德望为众所推服、才识高超者任之，而其人又必超然党派以外，使得久于其任，惟监察及不认可权，则掌之本国行政部，以临其后。夫如是，使其与外界之关系日少，然后其义务限于施政于被治者而止，而种种爱恶之私可得而免。且使一旦母国之政府国会，有扰乱属国之时，此团体可介于其间而为之辩护，则欲求治者与被治者利害之一致，其庶几乎？且既超然于党派以外，则己之地位不以本国政界之变动而有失职之恐，反益增其精勤惕励之心，祈己所治之地之荣光为一身之大事。窃谓计莫善于此矣。夫当此等处，原无极完美之方。必欲择利多而害少者，舍此其奚由哉。

《新民丛报》第四年第十八号，光绪三十二年九月十五日（1906 年 11 月 1 日）

答新民难

寄　生

今年春，余以事归国，故本报与《新民丛报》辩诘之文皆未得见。洎续游东国，甫及解装，有持《新民丛报》第四号见示者，中有驳本报第二号中所载《支那立宪必先以革命》，盖洋洋数千言，虽精卫、县解、辨奸诸子尽抉其误，且有代吾答辩者，然《新民》有言："以上所驳，吾欲求著者之答辩，若不能答辩，则请取消前说。"其意殆为是以相要约，夫吾又安得默尔而息也！

《新民》之驳吾前文，首曰："其言杀人流血之不足怵。"呜呼！吾之言若是耶？吾固曰：怵杀人流血者，天下之仁，孰有过此？然其间有不得已之理由在。迨言之既详，乃为断语曰，如是而犹怵于杀人流血之惨，则是小不忍而乱大谋，未尝如论者之出之悍然也。又其言曰："彼所谓英国之杀人流血，殆指克林威尔一役。夫克林威尔之役，岂能谓于英之立宪无大影响，而断不可谓英之宪法由此役发生，由此役成立。"不知彼所谓影响者何？夫影响者，即发生成立之远因也。譬之植果，思获其实，则必土以培之，水以沃之，及其收效，或在数十年以后，遂曰，此实之累累，非水土之所能致也，谁其信之？至谓"彼役之最残酷者，则对于爱尔兰及旧教徒之虐杀，然与立宪无关。若日本，则西乡隆盛以军东指，胜安房以兵迎降，东太一战，死伤不过数百，其后西南之役，又与立宪纯然无关"。夫两军相斗，恒不免死伤，而杀一人焉，必考其于所争之的有关与否，则固无此理也。我列朝之鼎革，屠戮之数，向无确计，仅就史上之陈迹推算，而谓一役动逾数百千万，果何所据而云然？(其殆)〔殆其〕为纲鉴史论，动辄曰，伏尸百万，流血千里耶。然史家之笔，吾疑之久矣。如《国策》秦坑降卒十万，即其甚者。夫以日俄之役，震烁今古，欧人至谓自有世界以来，当以此为第一剧战，考其实丧师数十万耳，而日之国力凋敝。日虽小，当犹十百倍于古之所谓千乘之国无疑也，而既如此，则赵失十万之劲旅，不几遂之而颠覆其社稷哉！矧此十万，降卒也，战死之卒，其必又倍于此。何者？夫以十万之众，虽当今日，可以一战，而竟出于降，则必其敌有非常之捷而已有非常之败绩可知矣。且此犹不过其一役而已。前乎此者有战，后乎此者又有战，杀伤之数，虽谓驱尽国之人而仆于疆场之上，犹无当也。史家每书某国出兵，号称若干万，号称云者，所以张其势而耀威于敌，非可信也。迨夫既捷，则又以其夸耀于我者，转书而夸耀之，诈伪相尚，史之失实亦久矣，以之为据，其乌乎可？惟朱明之覆，创痛极深。张献忠之残酷，吾前文既已痛斥之，然此非可以一人律千古也。至彼谓某某之役，皆与立宪无关（然如克林威尔之役，宁如吾前譬，即论者亦不能谓其无大影响于英之立宪。至张献忠之残忍，清兵入关之肆害，直可谓之于争帝位，无丝毫之关系），则此之残酷，犹是于问鼎之举，渺无涉也。及清兵跋扈，杀戮更甚，然十日扬州，三屠嘉定，复于其篡夺之举无涉焉，于彼乎，于此乎，其一焉也。

且姑舍此，而即谓史之所书，无不尽当。然吾固言之，列朝鼎革，莫不抱帝王之思想，乌足以厕革命；又言非仅杀人流血，遂为毕革命之能事；又言今之主动者，必得其人，所以叮咛告诫，诚为中国今日而苟革命者，当求一雪从前简册之耻，而不可以蹈覆辙也。论者岂皆未之见耶？攻其偏而遗其全，何其不善读文至于斯也？今重语之曰：今之革命，必其有正当之目的，有严定之法纪焉，百折不挠以行之，既与斩木揭竿之徒，大异其旨趣。以今例古，至不侔也。夫曩之易姓之结果，每陷于至惨至酷之途者，徒以其以帝位为目的物耳。一失其鹿，天下逐之，纷争扰攘，于是乎起。今也根本于救国之主义以行革命，虽百其途焉而同归于一域，相扶相助之不暇，而何有乎凌轹也哉！更质言之，曩者鼎革，不利有人，惧夺之者众也。今之革命，必求有辅，惧寡弱之不有济也。起点异，故其归宿亦异也。苟不明此，而徒狂呼于众曰，若是则亡中国，则亡中国，亦犹是流俗人之骇革命而已。

其驳吾对待于列强之一方面所论也，有曰：“夫吾非谓民气之必不可用，而用之必与力相待，无力之气，虽时或偶收奇效，而莫不可狃焉以自安。”其言若老成，然吾试设一譬于此。有人焉，道遇其仇，猝然出白刃以胁之，虽至懦者，亦必制挺以斗（制挺以斗，其气，亦其力也。否则敛手受屠，当无此理），何也？死生一发之际，苟或稍踌躇而曰，吾将为之备而且磨励其器焉，吾忧其器之未及利而身之为醢矣。抑吾之所谓气，固非以客气而自是也。以实力陷其前，而以其气持其后也。当革命军之既起，俨然与政府为敌，则必其有足与政府为敌之实力，否则固不得承认之也。然使无气以为之凭借，则遇敌之来而惊其众，遇险阻之来而挫其锐，虽百万之师，立溃可也。俄之所以败于日，岂器械之不利，谋虑之不臧耶？其亦勇往直前之气，有所不逮焉耳！吾前者所举例，如英之于脱兰斯哇，美之于菲律宾，大小相衡，悬若天地，然犹转战经年，创敌至巨。吾人观之，决其敢于转战经年者，气为之也；能于创敌至巨者，力为之也。今以其终不免于最后之失败，而遂诮为无力之气，可乎哉？然此仅犹弹丸之国耳！而为之敌者，又天下之至强，固不可以例中国现政府之与国民，并不可以例列强之与中国。就政府与国民之方面，以政治革命论，则一国之民，崛起以倒恶劣之旧政府，事之至易者也。以种族革命论，则四万万之国民，同心合德，以驱蕞尔之羯虏，尤一挥手之劳也。如是，就列强与中国之方面，吾国民之力，既能削平现政府矣，而谓各国犹必持干涉之主义，以自启战争之祸，吾断其否也。英之俘脱兰斯哇，得失不相偿，至今悔之。由是知各国之出于战，利战而已。以中国与脱兰斯哇较，则各国所以谋颠覆之者，发兵必数倍，死伤必数倍，糜帑必数倍，兵连祸结，则商务之损失，亦必愈甚，不若坐观其成焉。新政府之代长，其为利犹可继续也。是故虽谓不利而战，庸或有之，而失利而战，虽至愚者胡为乎出此？而况吾国民之力，既必能削现政府而平之矣。以方张之国力，助方新之锐气，何谓其必不足以当一战也？信如吾言，则其驳吾第二前提之说，固无复价值之可言矣。

乃其驳论又有曰："自今以往，列强中无一国焉，能独占利益于中国，无待言也。如英如日如美，又皆不愿中国之瓜分，亦无待言也。"此即承认吾说之所谓一起而攫之，一必起而挠之者也。夫不愿云者，非有爱于中国明矣。非有爱于中国，则必有所不利于瓜分。曷为不利？日与我为辅车之邦，所持以保障东方之和平者，欧人既万不可信，环顾东亚又无一国焉足有独立资格者，无已，中国地大物博，而又不乏聪明才智之士，一旦自强，相与提携以御西力之侵入，日之望也，万不得已而取均势之说，以求伸其势力于中国之一隅。虽薄识者流，未始不忻于版籍之渐扩，然危言之，唇亡则齿寒，撤其藩篱，以孤立于族种竞争之世日，虽强富莫匹，亦不其有一矢易折之忧矣！此日之保全派所盛倡，当亦论者之所知也。至于英美，以商战名天下，商务之不利有战事，更不利于久战，如上所论矣。则试案其实行瓜分政策之岁月，取革命军而没之，需若干时（如论者言，革命军与旧政府胜败未分之际，外国先已干涉，故先覆革命军），取旧政府而覆之，又需若干时，如是，则遂可韬弓洗翦，唱凯歌矣乎？殆犹未也。或谓各国势力圈既定以后，其所争之点必在蜀，蜀膏腴之地，而交通既便，又必为庶务繁华之区，无论何国得之均有大影响于其所辖之领土，失之亦称是。强国八九，鼎足而立，谈判一溃，鏖战未已。此之战，又非石卵之势也，智力互尚，为得为失，纯在不可知之数。弃所操券，而争未然，此英美所以不愿瓜分而有门户开放之主张焉。总此以观，而论者复断言曰："虽然（连上所引），列强固未尝不持机会均等主义，日眈眈眮一机会之至，而各伸其权力于一步。若中国民间而有暴动，是即予彼等以最良之机会也。"呜呼！慎矣！岂论者之意，以为英、日、美之不愿瓜分，为未逢其会耶？然则庚子之役，反兵而出者，何为也？且灭人之国，而必抵虚排隙，则必以其国之本无可乘耳。以中国今日之弱，虽无内讧，而有一国焉恃其强权，刀俎而割烹之，徒哓哓然思折之以公理，是犹屯虎狼于阶陛，而与之谈说理法也。当其时，亦只任诉冤于武力而已。而武力彼固非所畏也，则其终不出于瓜分之故，盖可思矣。论者又谓："排满之心理，恒与排外之心理相连属。在最初革命主动者，固已难保其不合此性质，即曰吾能节制之，而影响所波动，必唤起各地方之排外热。"此又臆测之言也。夫排满之原因，在于种族，在于政治，而排外之原因，即在于不能排满。何以言之？满洲人欲以少数之民族制御大国，永使驯伏于下，因而遮断外国之交通，杜绝外来之势力，其结果遂使支那人有强烈之排外感情，其理由一，而精卫既已论之精详（见本报第六号《驳革命可以召瓜分说》），兹不待赘。然吾谓其故尚不正此。夫一般国民，所以生排外之感情者，良由现势之不平等。举其例，彼杀吾人民焉，吾无法律以治之，听其以数年之监禁，或数月之监禁，而遂卷舌以退，不敢复争。反之，吾国人伤其一足趾，则株连数十家，赔款数十万，而犹或未已也。怨毒中于人心，每思乘间窃发，以一泄其愤，而所恃以为陛盾之国家，又失坠其信用，怯懦而不足以有为，迫之无可诉，铤而走险，亦其宜也。世之论者，相与嚣然强聒，以为是吾民智不开之故，而不知满洲人实尸之咎焉。故直接与吾民以难堪，而使生排外之感情者，外人也，不能为吾民之保障，而间接使有排外之感情者，满洲人也。扑满而去之，使吾民立于平等之域，现势既均，不受外界之刺激，为吾敢断言，吾民遂能相安于无事也。准是，排外排满之原因，相殊既若是，而排满之举，又实可销排外之恶感于隐微，则论者云云，毋亦杞人之忧乎？前提不正确，则外人干涉之断案亦必不正确。而其所谓"革命军初意，本欲革满洲之王统，而满洲卒未得革，不过以固有之王统，易为傀儡之王统"数语，殆已随之烟消云灭，而无复有丝毫之当也。所贵于论事者，非惟知己，又须知彼。吾人以为各国之不干涉，确有所见，而利用其会而已。彼方惧为群犬之争，我则收光复故国之效，岂其效掩耳盗铃之手段而自欺以欺人哉。又论者谓"法人之力，能战联军而退之"，将谓我国民必糜烂于外人之车轮马足之一蹂躏耶？如论者言，必人人皆为模糊影响之谈，舍其三寸舌七寸管，而遂无实力之可云，则亦适自白其为书生之见耳，安可与论天下事？又其论立宪也，有云："夫君主之所以不肯立宪者，大率由误解焉，以为立宪大不利于己也。若有人焉为之委婉陈说，使知立宪于彼不惟无不利，而且有大利，则彼必将欣然焉。”此其误诚非细也。夫此以证同种之君主，可也，以证异种之君主，倒矛而自剸耳。合异种之人而为一国，又未尝有共同之习惯，以云利害，则相背驰。彼一旦立宪，遽失其安富尊荣之旧，鞭笞生杀之威，降而侪匹于其奴，谁甘心者？故彼以立宪为不利于己，非误解也，诚有所不利也，误解立宪而为之委婉陈说，犹冀其或听。彼诚为有所不利焉，则虽如秦廷之乞师，泪枯声竭，吾知其无效也，否则姑应吾请，而假立宪之美名，以偷吾民之志，其结果则彼于政治上益磐石其势力，而于吾民仍无毫忽之影响，如今之立宪是已。苟希望立宪者以为如是则已足，吾复何言（然论者必以此为已足。何以知之？观其论要求立宪曰：“所提出之条件，必须为彼所能行，否则是宣战而非要求。”夫要求亦必有实力，既有实力，即何惮乎宣战？若不能宣战，而但要求其所能行，则惟不完善之立宪耳）？傥非然也，则谋所以得完善之立宪者，舍革命外固无他道。何者？完善之立宪既有不利于彼，固非可以劝告要求而得，而不完善之立宪，又决非吾民之所志也。论者所自以为解决此问题者，在用论理学之类同法、差异法，然本报第六号已痛辩之。彼苟不能反驳，而徒曰，立宪之能否，于种族上决无关系，其以之语五尺之童矣。

凡此皆对于论者难吾之说而略一解答之。至其谓“革命后不能建共和制之理由”，则精卫所著《再驳〈新民丛报〉之政治革命论》已足摧灭其主义，使无立足地，固无取乎吾之复赘言而为论者多树一重敌也。

《民报》第九号，光绪三十二年九月二十九日（1906年11月15日）

与佛公书

精　卫

案：此本私人之手札，然与本报之宗旨，颇有关系，且近日投书本报者如蚊负、临渊诸君，其所持议，亦有一二与佛公类者，故附录此书于报末，以代答辞。

编辑人识

佛公足下：前辱惠书，并赐枉顾，甚幸甚幸。仆性狷隘，平日居亲戚朋友间，谨愿不敢有所过失，然闻其言有叛乎民族主义者，虽出自父老长者口，亦拂衣去不少顾。初读足下书，意有误会，即欲决绝不报。后闻某君谓足下固抱守民族主义之人也。比相见，信如某君言，虽议论有不相中，亦彼此无龃龉。今读足下《劝告停止驳论意见书》(《新民丛报》第十一号)，杂感在胸，不能自闷，辄一吐所怀，幸垂察之。

前者足下惠书有云："彼此同为抱持民族主义之一人，又同为抱持国民主义之一人。"今兹意见书则云为"主张（主）〔立〕宪之一人。"所谓立宪，固指满洲政府立宪也。然则何以能与民族主义相容？依足下所说明者，则谓将以立宪达民族主义、国民主义之目的也。此非仆妄为推测，证之足下意见书有云：

"彼谓各顾本族之利害，而不顾国家之利害，我则当使各种法文精密无隙，使各种族不能脱离国家之义务，而私营本族之利害。"

此虽足下劝告《新民丛报》记者之辞，然足下深信立宪政治足以消融种族上之不平等，故可概见。然则仆谓足下之主张立宪，将即以达民族主义之目的，当非妄测也。

然足下又非绝对主张立宪者也。足下之意，殆以为立宪足以达主义之目的，则主张立宪；若其不能，则主张革命。此亦仆读足下之意见书而测得之者。原文云：

"倘主张立宪论者，有此实力耶(中略)倘主张立宪论者无此实力耶，则他党之势力滔滔进行，何能施以抵御？且又何忍施以抵御？岂立宪政治既已失望，而犹欲全国人民垂头丧气，呼号宛转于疮痍水火之中，而不思所以自拔，必待种族靡有（子）〔孑〕遗而后快耶！"

足下之言，沉痛如是，然则使立宪政治一旦失望，足下虽不为躬行革命事业之一人，亦必为不妨害革命事业之一人，仆所敢信者也。

如上所推测，则足下之意见，有与《新民丛报》大相异者。《新民丛报》所主张，以为民族主义非可以救中国(具见第三、第四、第七各期报)，故其政治论适足为满人之羽翼、汉人之蟊贼，由彼于民族与政治之关系，无所见故也。足下之意，以为民族与政治之关系，诚非常密切，然立宪则足以消融其梗害，故昔之语仆则云“吾认民族主义为救国之元素”，今则云“吾为主张立宪之一人”。嗟夫！足下之主义与仆等无以异也。而足下之手段，乃至与《新民丛报》记者相类，岂非可骇之事耶？

仆之所不满于足下者，全以足下之赞成革命，乃在立宪政治既已失望之后。夫今者立宪政治，尚遥遥无期，即最热心希望者亦第字之曰预备时代而已，离实施时代不可以道里计也。吾不知足下所谓失望者，在将预备时代耶？抑在实施时代耶？如谓在预备时代，则今者宁尚得谓之不失望，此不独吾辈所公认，即《新民丛报》记者亦言：“七月十三日上谕之宣布，其谕文中，既未指定立宪之期限，又未明言预备之条理，且自宣布以后，殆将一月，而政府所以为预备之着手者，无一可见，惟反动之报，日有所闻，举国志士，失望可想。”（见《新民丛报》第十一号第一页，饮冰著《日本预备立宪时代之人民》）由此知失望者固不必期于将来也。即使足下谓吾今犹未失望，将发生势力，以维持政府监督政府（此意见书第十页之大旨），使至为无可为，然后乃谓之失望。曾亦思失望者，由各个人主观所认定者也。何者可为失望，何时可为失望，各有所见，不能尽同。仆不知足下之失望，果以何为标准也？足下或将以“不能得国民公意之宪法”为标准。夫宪法果能得国民公意与否，则又系于各个人主观所认定者。足下之标准，毋乃暧昧不明乎？且仆犹有一言，今方在预备立宪时代，而足下之失望乃在宪法颁布之后，于此长时间之内，汉族延颈望治，满族汲汲增殖势力，恐至足下失望之时，汉族已无噍类，满族安枕无事矣。夫满族自入关以来，殆无一日非我汉人当革命之日，徒以隐忍苟安之故，蹉跎复蹉跎，以致日甚一日。顺治时，为屠醢汉族时代，康、雍、乾、嘉、道、咸时，为钤制汉族时代，至于今日则为蛊螯汉族时代。钤制之毒甚于屠醢，蛊螯则又进矣，而汉人安坐受之。甲午之后，犹未失望，以至有庚子之变。庚子之后，犹未失望，以至有今日。嗟夫！足下须知我汉人一度失望之时，即一度水愈深火愈热之时也，而足下之希望犹未已，失望且续来，如之何其勿思也。且他日之失望，固可以今日之眼光洞瞩之。此非逆臆之辞，以原因结果之间，固有一定之关系也。诚一察今日政治之现象，固知立宪之必无利。诚一察民族与政治相关系之现象，固知立宪之无一利，且有百害，此仆前此所屡言者，或恐其文汗漫，足下不赐浏览，则请简短其词，作数十语，请足下判断之。仆所为文，虽累数万言，然实根据二前提。其一曰，凡立宪必以国民事实上之权力为要素；其二曰，既有国民事实上之权力矣，则当视政府之可以共事与否，如其可也，则为君主立宪，如其不可，则直当扑灭此政府，而为民主立宪。此（前二）〔二前〕提，自信为最（显浅）〔浅显〕普通之理，无所于疑也。仆乃根据此二前提，以察今日之现象，其一则国民事实上之权力尚未有基础，无待言矣；其二则今之政府，实不可与共事，以其为异族政府，与我国民利害相反，不能并容故也。以此之故，立宪问题，一言蔽之，谓之无望。非特无望而已，且须急唤起国民，相与抵抗，以异族政府手定宪法故也。夫君主立宪者，谓君主自以大权，制定宪法也。是故君主立宪之国，必行大权政治（英国有特别之理由，故为例外。学者谓英国与其谓之君主政体，宁谓之民主政体，此由历史上来也，比利时则为立宪代议君主政体，尤当别论），大权统于君主，以议会为补助机关，议会之势力不足以屈政府也。而今之满族犹蟠踞于政府，自定宪法，以为权力之保障，谁能御之？况其深心，在借此中央集权，以行排汉政策乎？故他国尚可行君主立宪政治，若我国，则种族问题足为之梗，决毋蹈此也。仆之所陈，具尽于此。他日之有恶果无良果，此时已见及之矣，无所希望，自无所谓失望也。而对于足下意见书之"主张立宪"，且希冀有"政治上圆满之改革"，又谓"今者立宪大有动机"，殊不知其所以然，为是怦怦，不能自已，乞有以教之。固知足下之意见书，专对于《新民丛报》而言，无待仆之容喙，然辱有班荆之谊，奉书质问，亦不为唐突。今但欲得足下一语，何以前此语仆，认民族主义为救国之元素，今兹则主张立宪。汉人之民族主义与满族之立宪，其间是否可以相容，希一裁答之，幸甚。专肃敬候起居，临书惶恐，不知所云。

再者，仆曩得把晤足下，虽彼此议论，多关于政治与民族之问题，私人之交情，未暇罄吐，然感情固无睽也。今读意见书有云：

彼报五号中一八、一九两页之论文，诚足以阻碍许多进步。余日前未敢妄诋彼报记者，及观此段论文，全知论者之良心已不知其何落。彼此共同之目的不外救国，乃徒为攻击他党计，不惮抛弃救国问题于九霄云外，是何心理？

忽为此谩骂，令人骇然，不知何所指，遂取本报五号中一八、一九两页之论文，复诵再三，其大旨谓满汉利害相反，不能并存，惟钤制汉族，乃得安枕，使满汉平等，则满人失其特别之地位，将不能自保，故彼族决无不排汉之理。其所言者，皆具举满人之情实，以告我国民，非徒为攻击他党计，亦何尝稍抛弃救国问题。足下之谩骂，果何所见而云然也。仆诚不解足下所谓，持示友人，亦都不能索解，忽一人（哇）〔哑〕然笑曰：是殆谓子提醒满族也。仆亦哑然，意足下之用心未必肤浅若是。然日来投书报社，多有作斯语者，是不可以不一辩也。夫满人屠醢汉人之术，传自祖宗，行之数百年，少成若天性，习惯如自然，宁待仆之提醒耶？且我汉人之受其屠醢者，虽至死亦常不知其所以然，已死者陈陈鼎鑊中，不复道矣。然则对于未死者，而告以敌心之叵测，俾不再坠其陷阱，此岂惟应尽之义务，抑亦兄弟急难中所不期而出诸口者也。足下劝仆毋更证实前文，发挥前义，而仆则视此为报告我国民之所有事。前期《满洲立宪与国民革命》一篇，即所谓证实发挥者。自今以往，对于满洲政府之行动及其用心，必熟考而深论之，凡有所见，辄白诸国民，虽其所言，或不幸而中，或满人之狡谋，有出诸吾人意料之外者，然仆之所言，则出自真诚，无所顾虑也。仆之心理，固不必白诸足下，独怪足下意见书，斤斤然以挑拨恶感情为虑，而首为谩骂之事，又何为者？仆之为人，隘与不恭，足下若复尔者，恶声至必反之矣。

足下意见书中又云："某报四号、五号对于贵报（指《新民丛报》）之丑诋，秽恶狠毒，令人酸鼻，足见中国人种已沦落为世界人种之最下，而逆度将来骨肉相残，不堪设想"云云。此又戴着色眼镜之故也。若云秽恶很毒，则《新民丛报》第三、四、七诸期，真足当此称矣。如第三号所云："论者所戴首领，其或偶涉西史，偶践西土，见夫各国煽动家利用此主义，而常有效也，效西子之颦，而自捧心焉。"又云："游荡无赖子，乃至乞丐、罪囚之类，艳富民之财产可以均占，利用新政府之主义，而屠上流社会之族，潴上流社会之家。"又云："大革命后，四万万人必残其半，少亦残其三分之一。"又云："学界中以之为虾，而自为之水母者，且若干焉。"又云："公等欲以之与普通之革命论并提，利用此以博一般下等社会之同情，冀赌徒、光棍、大盗、小偷、乞丐、流氓、罪囚之悉为我用。"又云："俟公等破秦灭项，縶彭醢韩，归丰沛歌大风之时，行之未晚。"又云："偶结识日本之浮浪子数辈，沾沾自喜，恃以为奥援，此终不离乎媚外之劣根性。"凡此诸语，皆足当足下秽恶狠毒之评者，随手摭拾，已奔凑笔下，亦不欲更枚举矣。足下谓，"本报之驳文，多逸出常轨之外，为人身上之攻击，感情上之轰裂。"（见意见书旨趣说明第一项）何不还取彼报，先一观之，始下笔耶？本报第四、五期，如辨奸之作，则斥彼报诬蔑之辞，如县解之作，则朴实说理而已。

若仆之作，（辨）〔辩〕理而外，时复反以恶声，又因其谓“满人既与汉人混成为一民族”及谓“满人于公权私权上，间有与汉人异者，然其细已甚”。亡国之痛，种沦之戚，益复枨触，愤愤不可自已，故深恶而痛斥之。然大都关于理论上、事实上之辩驳已终，然后直诛其心，备加诮让，未尝如足下之未有说明，徒事谩骂也。且凡诮诃人者，亦宜有一定之规律。昔者维持留学界同志会代表人语日本诸新闻记者曰：“贵报对于我留学生绳愆纠谬，至可感谢，然往往因一二人之故，而诟及全体，且诟及国家，则我辈所不敢受，是故诮诃者对于其人而发，非可以瓜蔓株连者也。”本报第四、五期，虽有诮让《新民丛报》记者之语，然止对于其人而已。若彼报则凡与于欢迎孙君之会者，悉谓之水母，凡研究社会主义者，悉谓之赌徒、光棍、大盗、小偷、乞丐、流氓、狱（因）〔囚〕，其果可出诸口者耶？即如足下见本报诮诃《新民丛报》记者，则为之酸鼻，然“谓中国人种已沦落为世界人种之最下等”，何对于宗国同胞，则忍为是丑诋，语卑宋大夫而贱司城氏，足下之心理，果何如者，抑大非仆之所知矣。且足下所为斤斤者，虑感情之睽也。曾不知仆等与《新民丛报》，宗旨不同，感情何能相洽？若谓恐荧第三者之听，则本报自四号以来为驳论，凡十余万言，皆关于理论上、事实上之说明者，其诮诃之语，间一见之，而又专指，与第三者无与，对于国民，固不失为忠谠，此诚足自信者，惟《新民丛报》与个人足下，开口辄毒詈中国人种，则徒令读者伤心耳。敬告足下，从此毋若此之易其言也。

《民报》第九号，光绪三十二年九月二十九日（1906 年 11 月 15 日）

答精卫书

佛 公

精卫足下：顷于贵报中，获读惠书，其志趣之孤远，情词之悲惨，令人不忍卒读。且对于私人之交际上，观摩也切，期望也殷，箴戒仆之过失也亦公且允。

可知世界无论党派异同，说到性情上，无不可握手出肺肝相示，而暴慢骄恣之恶感，纵日前偶于辩驳愤切之时，流露舌底，然一转瞬间，必依然破涕为笑，阋墙御侮。故仆之意见书中，虽有开罪贵报之处，而足下终消除意气，执雍容之度态，赐书驳辩也。仆与足下虽未深交，然对于足下之性情学问，有何间言？

但惠书中推测仆之政见，多有未惬当之点。仆若不约略辩明，则匪独无以对足下殷殷告勉之私情，且一副肝肠，不能白诸天下，而毕生之精神志愿，悉付之迷离惝恍中，甚或以一身为同胞集矢之的，而家国前途，更涌起一度之云雾，仆之遗恨，不长此终古耶？故谨遵惠书纠问之旨意，仆自将其心理，一一说明之。

惠书责仆主张立宪之词曰：今兹所谓立宪，固指满洲政府立宪也（惠书首页第十三行），又曰：何以既认民族主义为救国之要素，今又主张立宪？汉人之民族主义，与满人之立宪，其间是否可以相容（惠书六页第十行）？

据此意义观之，知足下之所以不满于仆者，全由于足下之心理，视民族主义为绝对的不能调和于政治主义之中，故谓仆之主张立宪，为望满（州）〔洲〕政府立宪也。

今请敬告足下曰：仆之主张立宪者，望中国立宪也，望中国人民养成立宪国民之资格，以为立宪之主动也。望中国人民，无汉无满，皆平等生活于立宪政治之下，而无分种族利害之界限也。虽然，足下必有词曰：中国今日之主权，现握于满人之手。今由满人手中，制定宪法，是满族立宪也，今不能先排除满人而主张立宪，是望满族立宪也。按此种论据，自单简的种族主义观之，则能自成一说。若所谓种族主义中，尚含有政治之兴味，则此种论据，直矛盾耳。何也？单独的种族主义，惟知挟本族之势力，以与他族竞争，而无他种政治生活之组织，故与他之种族，亦无共同生活之组织。盖上古时，人民之领土观念极为薄弱，只知集合部落，拥戴酋长，以保障本族生活上之私权。及后世国家学、政治学分科研究以后，民族之规模仆，国家之法制生，由民族主义进而为国家主义，再进而为世界的国家主义。于是对于国内之统治，与国际上之交涉，以君主之名义，而不以酋长之名义，以国家之名义，而不以种族之名义。盖国家组织既完成以后，领土确定，属地主义，继属人主义而发生，非复水草游牧之旧生活。倘非以国权统治内部，则国内各种族，必依然各竞争私利，其国家必分离萎弱，不能为国际社会之主体。故近数百年来，人合国，物合国，复杂国，合众国，国家联合，联合国家，种种奇异之政体，种种驳杂之国法，纷纭殽乱于学者之脑中，而其势不可杀。或以数民族而成一国家者，或以一民族而分为数国家者。迄今欧洲各国，除意大利之二三国外，殆无单独的种族之国家。故种族主义，今世学者不取为独立之政见，而其所以亦能达国家生存之目的者，有宪法以为之保障也。夫宪法之性质，为国内法之中心点，即基本法，故亦可谓之国法总则（日本笕克彦氏《宪法汎论》），其效用虽君主亦被限制，而不能有违宪之行动（按：君主立宪国，虽其宪法制定于君主之手，然其大权作用之范围，亦甚受限制）。故今世各国，苟其国内有精密的宪法，以为根本上之规定，种族虽少复杂，不成倾轧问题（澳太利国内常有种族纷争之患，致国势堕落。然其里面之原因甚多，非徒在种族之不协）。否则虽种族单纯，而专横制度，阶级制度，横生荆棘，全国人民竞争私利，可使国家立趋于衰亡。由是观之，今世之种族问题，可以消化于政治问题之中，而无必俟种族问题解决后始研究政治问题之理。乃足下责仆之主张立宪，为与种族主义不相容。殊不知仆之所谓种族主义者，因满汉权利不平等而发生，故即以满汉权利能平等而消灭。安得谓仆之主张立宪，为与汉人无关系耶？敬告足下，立宪政治，为今世立国之通则，非满人钤制汉人之新法，亦非世界各种族互相残害之新法。足下若因中国今日握主权者为满人，遂疑中国立宪，为满人钤制汉人之术。然则今世除少数民主立宪国外，如英吉利、日尔曼、奥太利、匈牙利、和兰、瑞典、挪威、西班牙等国，皆不得谓其国家有宪法，而只可谓其国内握主权者之某种族，有钤制其他种族之法律。何也？以上各国，皆君主立宪国也，其国内人民，皆不仅一个之种族也。呜呼！世界学者，又何必绞尽脑浆，创此阴谋诡计之宪法名词，助野心家以残杀生人之凶焰耶？

综而言之，今世组织国家之团体员，决于限制于一个之种族，而掌握国家全部之最高权，又只能限制于一个种族（除民主政外，虽联合国家，其君主之继承问题亦皆为固定的）。若必以皇位问题，为竞争之论据，则世界各国家皆将一旦分崩决裂矣。故谓中国今日立宪为满洲立宪者，仆绝对的不承认者也。纵或他人谓满汉人口之多寡，过于悬远，不欲以多数人种服从于少数人种之下，然此不过为角气之心理，尤不足以助学者研究之兴味。足下以为然耶否耶？

夫我国人近来有一派流行之口诀，称政府也，曰满洲政府；称官吏也，曰满洲奴隶；见人之热心整顿政界也，曰贪恋富贵；见人之开导政府也，曰扶助异族。其始也不过一二人，将此等口语，或用之于秘密书报中，或演说于私人团体中，其一时悲愤之谈，固当共谅其心理。乃浸推浸广，遂至多数人以此等意见，据为政谈，成为党论，皆谓满洲政府之利害，与我族不相容。于是皆委弃国家于政府之手，而毫不知指挥监督之天职为何物。甚或日夜祷祝现政府之事事失败，意谓现政府衰亡之日，即新政府发现之日，满人灭尽之日，即汉人得志之时。殊不知满汉两族之关系，使犹是三百年前之关系耶，则我建国于中国，彼建国于满洲，彼此固皆独立国也。如此则满洲政府对于我国之交涉，其权利若失败一分，我之权利，即增长一分；满洲人种，日就衰亡，我国人种，即日益繁衍。何也？彼此立于自由竞争之地位，利害相反，邻之厚君之薄也。今则情实大变迁矣。两族有共同利害之关系已三百年，一切主权，皆彼所把。今尚未能脱离关系，而惟任其事事失败，何不思彼所失败之权利，皆我之生命之所寄托。否则使我国之情势，尚如百年前后之情势耶，则刘兴项仆，历史上事如转圜，一姓存亡何甚碍于大局？况旗帜在光复耶？乃今日邮电交通，突飞进步，我国尤为世界各国角逐之场。国内主权，一面为对内之行动，即一面为对外之行动。倘国际交涉，稍有失败，则权利外落，如黄河之水一去不复回。今日竞争路矿，明日租借港湾，今日勒索赔偿，明日要求开放，骇流惊波，不可思议。而耄老盈廷，顽劣塞路，虽国民日夜在野哀号，不承认满洲政府之所为，然彼则不须国民之承认，而自由行动矣。国际条约，在时效中当然有固定的继续力，纵日后新政府发生，亦不过为旧政府履行义务之相续人。然则国民之所谓不承认政府之所为者，不全归空想乎？足下责仆之主张立宪也，曰：“立宪政治，尚遥遥无期，即最热心希望者，亦第字之曰‘预备时代’而已，离实施时代，不可以道里计也。”又曰：“须知汉人一度失望之时，即一度水愈深火愈热之时也。而足下之希望犹未已，失望且续来，如之何其弗思也。”（惠书第五行）今请转以此语奉还足下曰：革命事业，尚遥遥无期，即最热心希望者，亦第字之曰：“‘预备时代’而已，离实施时代，不可以道里计也。须知汉人一度失望之日，即水愈深、火愈热之日也。而足下之希望犹未已，失望且续来，如之何其弗思也。”呜呼！仆之袭取此文，以奉还足下者，非如小家女之角口，必以受詈于人之语转以詈人，实因读足下此文，悲感横胸，不知向何人泣诉，默揣足下前日下笔至此，心中亦不知若何悲惨，既而推想足下所主持之方法，其实行时代，诚遥遥无期，诚一度失望之时，即我辈水愈深火愈热之时也，故将足下警仆之语转以警足下，愿足下深长思之，毋空迷未来之理想，抛弃现今之事实。国家也，我固有之国家，政府也，我固有之政府，或改造或因仍，皆视吾人能力之所能及，何有于满人？何有于满洲政府？

且立宪者国法学上之名词也，满族者人种学上之名词也。现今满族为我国内之一种族，安得脱离我国范围外，而擅以种族之名义，私布宪法哉？若不经我国人民之承认（君主国之宪法，虽不经人民直接承认，然使大有反于国民之心理，固得起而抵抗之），而自由颁布，则一满族家谱耳，皇帝典范耳，何足以邀国民之一盼耶？足下尔日纵不屑反对，恐反对者，雷驰电掣。即以尔日而激成革命之风云，亦未可知也。何也？以国民有直接利害关系之事业，断不容民贼之舞弄也。若果如足下之所云，曰是不过满洲政府之立宪！！！则此种宪法，对于土地之效力，只能及于东三省，对于人民之效力，只能及于五百万人（按此犹系指满族有独立机关之时言之耳。若至今日，则东三省者亦皆汉人足迹所遍之地，其满族五百万人，亦皆流寓于十八行省，无固定的住所、确实的人数）。而我辈今以满洲立宪之故，或欢迎焉，或哀悼焉，岂非梦耶？且满洲既可以单独立宪，则满汉两族，原非有不可脱离之关系，而近来排满排满之声震动耳膜，又岂非梦耶？

呜呼！仆之所以不惮繁琐，力驳“满洲立宪”四字之非者，非仅对于足下而发，实因近来与足下同此等观念者极多，故犯嫌疑，冒不韪，发明意见，冀唤起第三者之研究耳。夫以现政府，谓为满洲政府，则无怪足下之必俟种族问题解决后始研究政治问题。仆以为此等学说，若专为对待满人而发，此亦不过物极必反悖出悖入之原理，谁敢反唇？无奈全球竞争之视线，皆毕集于东亚大陆之一隅，一发牵全身，岂易发难？况足下所抱之方法，原在地方全局之破裂，以共捣中央，尤不得谓为一发之牵。虽足下能据国际法原理，言之凿凿，逆决外界之不至干涉，殊不知外界为正当防卫起见，有不能尽泥干涉之事实者。愿足下毋望地方全体之暴动（按：所谓暴动者，不过就尔日之动作而为此形容词耳，非指名义上而言也），而惟挟自身为主动，唤起一二党派之能力，对于政府为正当的监督耳。

按以上各节所论之范围，括而言之，不外于申明今日我国之立宪，为满汉共同利害之问题，不当谓为满洲立宪；且申明今世国家主义，为世界的国家主义，可以包孕种族主义于其中，纵有主张自族之权利者，亦不过对于他之种族，求达政治上之平等生活而即止（此亦可谓之广义的种族主义，以权利平等为目的，不以权利独占为目的。仆即近于此主义）。再括而言之，不外欲劝告今日之极端排满者，折其精力，监督政府，以达政治上圆满之改革，毋抛弃政治问题，而以种族问题，为独立之论据耳（足下之所谓政治问题，在种族问题解决之后，前后打作两橛。故新政府未发现以前，足下终以种族问题为独立之论据耳。今足下不得曰：我非单独的种族主义）。

虽然，知足下又必有词曰：据法理上立论，两种族固无不可生活于宪政之下。但满人猜忌汉人之程度已深，利害相反，纵汉人屈意要求立宪，然国民无监督之能力，日后颁布宪法，不过徒巩固满人之基业。故惠书有云：

仆所为文，虽累数万言，然实根据二前提。其一曰：凡立宪必以国民事实上之权力为要素。其二曰：既有国民事实上之权力矣，则当视政府之可以共事与否。如其可也，则为君主立宪；如其不可，则当扑灭此政府而为民主立宪。仆乃根据此二前提以察今日之现象，其一则国民事实上之权力，尚未有基础，其二则今之政府实不可与共事，以其为异族政府，与我国民利害相反，不能并容故也。

夫足下如能据法理立论，谓世界各国必须同一之民族，始能立宪，或能更举各国之实例，以证明非同一之种族不能立宪，则仆可结舌无词矣。若既于法理上承认之，而徒于事实上，历举满汉利害相反之故，遂谓满汉两族不能立宪，则仆有不能不与足下一辩驳者。盖世界立（法）〔宪〕政治之发达也，其先后之次序，莫不灿然陈列于欧洲历史中，未见一国不因人民之屡次竞争权利，屡次胁迫立宪，熙熙卧治，歌颂升平，而君主忽颁布一宪文，制限自身之权力，授人民以监督政府之券者。如英吉利、普鲁士、意大利、比利时、日本等国，立宪之历史，尤其最显著者也。风潮播荡，无国不限制君权，颁布宪法。直至近数十年来，除我国、俄国及少数保护国外，无不成为立宪政体。现今公法学者，几至以宪法之有无，为是否成为国家之标准。夫各国君主贵族，岂甘心被限制于宪法范围中耶？实由于人民以铁血盾夫其后也。足下日前所著之《希望满洲立宪者盍听诸》一文中有曰：

宪法之制定，莫不由于人民之力。其以权锐尽，而君权萎缩以至于尽者，佛兰西也；其民权锐进，君权锐退，遂以相安，于是民权之区域长，君权之区域蹙者，英吉利也；其民权锐进，而君权御之，卒乃稍示让步，以求相安，于是君权之区域长，而民权之区域蹙者，普鲁士、日本也。要之君权在专制时代，决不无故而自为制限，其不能不制限者，以民权逼之使然也。（中略）又曰：闻因有民权而有宪法者矣，未闻因有宪法而有民权者。何也？以民权能制造宪法，宪法不能产出民权也。

夫世界各国宪法之成立，莫不以国民为主动，君主为受动。考之英吉利等国之事实既如彼，证之足下之言论复如此。足下今日又何故孜孜以国民无事实上之能力，与满人利害相反为虑耶？岂我国日后宪法颁布后，虽君主神圣大权命令等等字样，充塞行间，而国民亦俯首服从耶？如此则何必要求立宪？且政府见民气之如此可侮，又何至承认立宪？仆谓足下之所虑者，皆系指专制时代之人民而言，非指立宪时代之人民而言。若既有立宪思想之人民，则即有监督立宪之资格。虽对于政府表面之词曰，要求立宪，其里面则实胁迫立宪。使无最后胁迫之武力，则何必摇尾乞怜，向此冥顽不灵之政府，而言权利，言幸福，言人道哉？故有最初之要求，即预备有最后之胁迫。是不妨曰胁迫立宪。且人民之权力，如已发达，彼顽劣之政府，不能一日安于其上，必曲意交欢，与人民相约共遵法律。当此时人民虽不要求立宪，彼政府有不能不立宪之势。是更不妨曰，政府要求人民立宪。故民权者，宪法之母也。民主国无论矣，即君主国虽其宪法之形式，制定于君主之手，然其宪法上君主的大权作用之（绅）〔伸〕缩，莫不隐随民权之（绅）〔伸〕缩而定其程度。例如日本之宪法上，其君权所属之范围甚广，而普鲁士宪法上之君权作用，则较狭矣，而英吉利宪法上之君权作用，则更狭矣。民权进一步，君权即退一步，宪法条文即圆美一步。君主断不能大反国民之心理，而徒颁布一片（务）〔面〕的钦定宪法也。盖其宪法，若不副一时国民之希望，则宪法颁布之日，即全国革命爆发之日。观之俄国去岁颁布宪法之实例，可以知其故矣。故各国君主如不能极力减削君权，俯察民意，则不如仍厉行专制之为愈。未有既承认立宪，而又特颁布一大反民意之条文，刺动人民之恶感，致以生命投之于炸弹中者。今可断言曰：宪法者，人民权力发达之结果物也。再精而言之，宪法者，人民智识发达之结果物也。人民若有相当之权力与智识，君主虽以雷霆万钧之力镇压之，适以为反动力之导火线而已。日本美浓部达吉氏有言曰：立宪制度发达之结果，可谓由君主压迫力之反动而成。盖君主愈压迫，人民之反动力愈大。况苟且偷安、全躯保妻子之政府，并无所谓镇压之力耶？故我国人民，今如洞悉立宪后，可以调和满汉，拯济国家，以奔赴精力于同一之范围中，则无论我国握主权者之为异族与否，皆不能不俯受人民之胁迫。何也？若对抗民气，则彼之生命不能保；若顺从民气，则彼之权力不过略受限制，其宪法上之大权作用自若也，其君主尊严之体制自若也。前者为生命问题，后者不过权力问题。何利何害，何得何失，彼若有人类普通性度，未有不知所以自择者。所虑者，民党议论纷嚣，各竖旗帜，或彼党运动一事于前，而此党即破坏于后，互相犄角，互相钤制，致政府得以高枕肆志耳。故足下谓异族政府利害相反，不能有圆满之宪政者，非探本之论也。又足下有言曰（惠书六页第一行）：

夫君主立宪之国，谓君主自以大权制定宪法也。是故君主立宪之国，必行大权政治（英国有特别理由，故外例外。学者谓英国与其谓之君主政体，宁谓之民主政体。此由历史上来也。比利时则为代议君主政体，尤当别论）。大权统于君主，以议会为补助机关。议会之力，不足以屈政府也。

夫君主立宪国之必行大权作用，自不待言。然其大权作用之范围之伸缩，隐随民权之伸缩，而定其程度。仆既于前段文中论之矣。我国将来之宪法，果与何国同其程度，今固无从预决，然此亦为我国人民所急当研究之一大问题也。夫世界君主立宪国之足以齿数于学者之口者，其君权作用之大，以日本为最。故各国学者谓日本宪法，为纯粹的君主国之宪法。又有谓日本假立宪之名，以行专制之实者。盖日本以天皇为统治权之主体，其国内之权力，皆集中于天皇之一身。观其宪法第一条之所谓“天皇统治”，与第四条之所谓“天皇总揽”，即知其故矣。故其议会之有立法权者，系由协赞天皇而来；裁判所之有司法权者，亦系假天皇之名义而来；其领土内，他种机关，对于天皇，不独无一部分之自主权，且无一部分共同执行之权，皆以天皇为权力之渊源，而自身立于补助之地位。夫日本宪法，大权范围如此之广，而能推行无弊人民不扬反抗之声者，其原因甚多。其最显著者，以其国内系纯一种族之人民，与万世一系之天皇也。其最当注意者，日本当日民权主义之所以发达，系由于抵抗幕府专制而然，其对于天皇之感情，未曾破坏，且迷信心有极深者。而其天皇，又能英明奋发，抚绥民志，拔擢贤才，不使民气过于决裂。故其宪法上之君权作用虽大，而人民亦可相安无事。若他国则决不适用此种宪法也。我国现今赞成立宪事业之各大臣，莫不曰：宪法规模，当仿日本。非独一二人之私言，且形之于奏章公牍矣。然则我国将来之宪法，其不能更劣于日本，已有定议。虽然此犹系政府之言也，若再迟至十年后，我国民权之思想，较今日必逾数倍。而尔日之政府，其能坚持今日之所议耶？其能发布一大违反国民希望之宪文耶？足下试细思之。乃足下谓君主立宪国，自以大权制定宪法，又曰大权统于君主，以议会为补助机关。此专为发明日本宪法之性质者也。夫君主国之宪法，有以君主独断制定者，有由君主制定而要求议会协赞者（普国现行之宪法，即由君主制定后，召集议会议决而后发布者也。他不具引）。至于由人民议定后，再要求君主承认者，兹尚不论。我国将来之宪法，其果为君主所独断与否，不成问题，仍当叩之于国民之自身。若夫立宪后，其议会对于宪法上之位置，各国亦不同，非皆如足下之所云，为君主之补助机关而已。例如普国之立法权，即由君主与议会共行之，而英国无论矣（英国立法权专属国会。其君主对于议会之议决案只有否认权），而比国更无论矣（比利时为立宪代议君主政体。其议会为国家之最高机关，大臣对于议会负责任）。

足下谓议会为君主之补助机关，议会之力，不足以屈政府，果指何国耶？夫政府之力，果能屈议会与否，抑议会之力，果能屈政府与否，皆因各国宪法之所规定，而异其性质，非可以个人之主观凭虚判断也。盖世界立宪国之原则，莫不采三权分立之说。然所谓分立者，系国权作用之形式，而国权之精神，唯一不可分离者也。倘分立，则是一国内而有两个主权之行动，国即破裂矣。故各君主国之立法权，虽多以君主与议会共行之，然其最高权，或操之君主，或操之议会，必无互相抵触之理。而其规定最高权之所属，则在宪法。纵或日后其国内权力消长之所系，不免有此种机关，奔突于宪法上常轨之外，而压服他种机关，然其最后胜负之所分，莫不由于民权最后之消长而定。观各国现今宪法与事实分离之故，可恍然矣。而回视我国今后民权之趋势，断不至畏他种机关违宪之压迫。此主张立宪者所最当精察之点，亦反对立宪者所最当精察之点，毋徒嚣嚣然或主张或反对也。

又足下谓英国，与其谓为君主国，宁谓为民主国，比国尤当别论。此亦非定论也。夫英比两国，原非纯粹的君主国，此人人所承认者。然世界之君主立宪国，除日本与德意志联邦中之多数国外，无不含有民主的性质。故英比两国之政体，日前各学者，虽有谓为非君主国者，然亦未有能断其确为民主国。迨今日则各学者，皆谓确为君主国。何也？以其召集议会裁可法律改正宪法之权，仍必自君主发动故耳。故谓英比两国为民主国之说者，迄今不过为研究宪法学者，反复究诘之一波折也。据此观之，我国将来之宪法，或类似于普，或类似于英，或类似于日本，亦惟视国民能力之所能及，他人不得谓为有违反君主国之性质而生阻力也，可断言矣。何足下独以日本宪法上君权作用为例，遂訾议君主立宪政耶？

又惠书中（三页第九行）引仆日前致《新民【丛】报》之意见书中之词，谓仆之赞成革命事业，在立宪政治失望之后，因此足下遂断定今日立宪已失望，訾仆之主张立宪。按此由于足下之误论也。仆之用意，以为我国今日革命论与立宪论之所以相持不下者，无非由于各自信其主义之确可救国，故排斥他种主义之进行，非有意气存夫其间。故前日之意见书中有云：

倘主张立宪论者有此实力耶，则可杜绝他种主义之发生，不至甲论乙驳，甲是乙非，口舌兼疲，而终无最后之判决。且他党有爱国心者，如见我一方面势力进行，必不争党见，不挟夙愤，而依然友爱扶持，阋墙御侮。倘主张立宪者无此实力耶，则他党之实力，滔滔进行，何能施以抵御？且又何忍施以抵御？岂立宪政治，既已失望，而犹欲全国人民，垂头丧气，呼号宛转于疮痍水火之中，而不思所以自拔，必待种族靡有孑遗而后快耶？

仆之意，深以为主张革命与主张立宪者之两派，皆为应于时势之所发生。见政府之决不可与共事者，以为非革命必不能得政治上圆满之改革，故主张革命；见革命之未易实现于今日者，以为政府虽腐败，然国民能发生能力以监督其政权，使政治有圆满之改革，故主张立宪。夫此两种主义之谁为圆浃，谁为可以实行于今日，谁为合于现世界政治改革之趋势，虽大有辨别，然今日两派人中，主动者，激于血忱，被动者，淆于审察，非各以其主义，施行于事实后，不能有同一之归宿。故仆日前劝告主张立宪者预备实力，毋徒以笔舌相斫，两种主义，将来或消灭其一，生存其一，或相吸、相呼、相醖、相酿而和合为一，皆自然必至之因果，断无始终相反对相克制之理。何也？两种主义，皆以政治改革为前提，政治若有圆满之改革，则两种主义，不过化为历史学上之一故事而已。故仆之意见书中，谓立宪主义，如已进行，则革命主义，可以消灭，否则，革命之势力，将泛滥破裂而不知其所终极。仆之言系为我国大势而发也，系就社会心理之趋势而下观察也，非自谓立宪失望后，而再主张革命也。足下试再将仆之原文一展览焉。盖仆之主张立宪者，在于自身之发生能力，非仰治于政府，故无所谓失望。若立宪失望之日，即自身能力灭尽生命垂危之日。倘中途偶遇挫折，而即变迁其心理，以出此就彼，则他种主义上之事业，亦决不能自我身而稍有建设。故仆之坚持立宪主义者，犹足下之坚持革命主义也，纵或异日有因时制宜之处，然非确悉国家存亡之所系，不敢稍有所借假也。至于足下，引政府此度改革之事，证为主张立宪者之失望，此尤非探本之论。盖此度改革之原因，由于政府中二三人游历各国，略警醒其迷顽之见，而思有以发表其数月考察之新思想，非出于国民要求之结果。然而其所谓预备立宪之谕文与夫官制上一二节末之改换，固已承认立宪事业，而授人民以要求监督之根据者。虽其功绩，不足以邀国民之一盼，然彼因循苟且积弊相仍之政府，其程度亦不过如是如是。若我辈即以此事为失望，则我辈自有国家思想以来，可谓无事不失望、无时不失望也，今何为尚以不堪入耳之立宪论溷足下之清听耶？仆之言止于此矣。本文之构结，系对于惠书之纠问，而逐次返答，故不能于篇幅中自辟蹊径，破碎支离，敬乞垂谅。布复匆匆，言不尽意。

再者仆学识谫陋，无卓越之政见，可以贡献于前途。惟遇事好思静悟，不敢苟为附和雷同之论，亦不敢妄开门户攻击之风，且尤喜与人为性情上之砥砺，纵其人之学理政见，与我绝不相容，然其立身行事，若出之以精诚，仆无不与之推诚布公，融化形迹。故前与足下虽未晤谈，然每读大著，觉足下之血忱英采，流露行间，久已心窃慕之。及相见，言论虽未能强合，私情上固毫无障碍。后足下对于《新民【丛】报》之驳论，过于决裂。仆实洞悉彼此论点，确无调和之隙，故有《停止驳论意见书》之作，其文中激于一时之客感，致语多开罪贵报之处。今足下既能见谅，而复以政论相驳折，则仆自不能不略发表其意见。其肤末自不待言，然字字出于血忱，此可自信者。足下赐览时，当屏除成见，而后是非不难辨别。若开卷时，而即吹求罅隙，以为下笔驳斥之资料，则彼此之往复两书，皆实以为恶感之媒而已，岂互相质问之始意耶？倘足下再有赐书，亦当按现在，凭事实，朴实说理，无取夫高深幽奥之说，则仆亦乐心虚心研究也。犹有一言者，倘足下以为仆之言论，过于背驰，则尽可不再赐返答。盖足下前与饮冰子所辩论之文，不下数十百万言，不独无所调和，且愈辩论而心理愈相违反，而学理薄弱如仆者，其更能构出新议耶？况仆现今多受他人之指摘，甚或龃龉之声，常出于旧交之口，虽推诚相告，不我喻也。仆默揣中国现今政治之现象，其足以助革命之气焰者，无事不然，无时不然。真心爱国者，脑中如焚，其激昂悲壮之情态，自不易以理论相折。故仆近来亦甚不欲以逆耳之言，更生他人之一番恶感。夫仆今后固不敢轻于言论矣，然不能不推此意见以劝勉足下者。盖因足下各文中，屡以“毋易其言”之语责人，而大著每一下笔，或数千言或数万言而未艾，岂足下之言，皆惨淡经营之所出，而他人之言，皆油腔滑调耶？愿足下于清夜时一思之。呜呼！仆之心理，具述于此矣。彼此之方法虽异，而救国则同。足下若疑仆为趋避利害保其生命之故，而反对革命，则仆毕生之言行，不能逸出于足下见闻所及之外，今亦无须急于表白矣。家国危亡悬于一发，所赖以对天地鬼神祖宗亲友者，惟此方寸间之一赤物耳，其敢并此一物而亦丧失之。足下其能谅我否？

又惠书中，谓宪法之果能得国民公意与否，系于各个人主观所认定，遂谓仆之标准为暧昧不明（惠书四页七行）。胡不思既称为国民公意之宪法，则良恶优劣，日后由国民总体所认定，非足下与仆之私见，所能妄下判断也（君主立宪政治，国民总体对于宪法，虽无承认否认之形式，然精神上君主亦不能违反国民之公意孔）。

又仆之意见书中，所指贵报五号中一八、一九两页之论文，谓为阻碍许多进步者，因大著此段论文，性质复杂，不知果为代表满族立论耶？抑为代表汉族立论耶？若谓为代表满族立论者，则足下所抱持之主义，固不尔也。若谓为代表汉族立论者，则足下又兢兢虑彼族日后不能自由竞争，与红夷、黑蛮以俱尽。反复推求，不明真解。纵曲揣足下之意，以为满汉利害相反，故满人决不与汉人平等立宪，然胡不思宪法者，为民权发达之结果物，岂肯任彼之援据宪法，以为保障私利之护符耶？倘君主立宪之政治，即全由君主之自由，则世界今日，恐无所谓君主立宪国矣。何也？因足下之意，以为主治者与被治者，其利害绝不能调和故也，利于此则不利于彼，民权胜则为民主政治，君权胜则为专制政治。然则世界之君主与人民，不始终立于宣战之地位，必扑其一而后能生存其一耶？足下之意见，胡偏激若此？今可断言曰：满汉利害之冲突，在今日毫无一根本法为权义保障之时，则诚不免事事发生此问题。若宪法颁布后，则此等不平等之事实，皆可据法文以消化之。盖宪法之原理，本系为调和君民利害种族利害而始有也，非为增长此一方面之利益，剥夺他一方面之利益而设也。至若谓君主有违宪之行动，可以蹂躏人民之权利，则此又系别问题矣。乃我国人每以立宪后之利害问题，为持论之主点。此等人非不明宪法之精神，即故作违心之论也。例如近来各枢臣，心存满汉利害相反之见，而阻挠立宪，遂使我国政治前途，受一大挫。乃足下而亦为此论。故仆谓足下为阻挠进步（但此语系对《新民【丛】报》而发。若足下则惟恐立宪事业之或有希望者，固不承认阻碍进步之责也）。何足下徒以“提醒满族”四字诬我，并以“浮浅”二字相让耶？若今日各枢臣持满汉利害相反之论而阻挠立宪者，诚足以当“肤浅”二字之批评也。

按：七日前曾将此稿寄往新民社，适十二号报出版，而此文尚未及印入。故今日复补入此一段答辞，以复精卫。佛公识。

《新民丛报》第四年第十三号，光绪三十二年七月一日（1906年8月20日）[1]

杂驳《新民丛报》第十二号[2]

精　卫

《新民丛报》第十二号，有杂答本报一篇，其言益无赖，兹更驳之。以日来居友间，论议所及，拉杂而成，其中所言，有闻诸长者暨友昆，非一人之私意，附识于此。

第一，自满洲入关后，中国已亡国。今之政府，乃满洲政府，非中国政府

一，彼报谓始终以政治革命为救国之唯一手段，而所谓种族革命（彼报并言社会革命，此当别为一问题者，故略之），乃节外生枝，无益于事，徒碍政治革命之进行。

驳曰：民族与政治之关系，非常密切，断不能顾此失彼。自政治之现象以言，全国之政治现象，即全国人民所构成。使全国人民分为两族，一为征服者，

① 此为当期《新民丛报》所标出版日期，但实际出版时间则当在《民报》第九号（1906年11月15日）发表汪精卫《与佛公书》之后。

② 本文标题中的“第十二号”四字，《民报》第十一号、第十二号刊载此文的续论部分时均删。

一为被征服者，互相仇视，利害相反，休戚不相共，则政治现象何从得善良？非解决种族问题，必不能解决政治问题。自政治根本之以言，**凡善良政治之根本，全发生于人民爱国保种之念**。满洲人灭吾国，征服吾种人，犹不排满，然则英、俄、法、德、伊、美、奥、日、朝鲜、暹罗，任一国效满洲所为，亦将拥戴之乎？中国数千年来，以民族主义为立国之元素，故虽有五胡、女真、蒙古之乱，犹得恢复。今置满洲侵入之事实于度外，即是置爱国保种之念于度外，爱国保种之念已灭绝，则惟强是从，何国不可拥戴，岂必满洲？虽有国家，已非其国家，虽有政治，已非其政治矣。今论者谓种族革命为于政治革命之外，别生枝节，然则必谓政治革命非根于爱国保种之念，然后可以自完，但此语恐论者亦不敢承认也。呜呼！若专言政治革命之方法，同是汉人，何不可商量？奈何每一发言，辄先排斥民族主义？此徒激发人冤愤之意，何从与若相对辩论耶？

二，彼报谓中国今日实未尝亡国，且谓本报亦认此言，故屡有我国之称，既亡国，则为无国，无国之民，不得称为国民，本报既屡称我国民，是认国为未亡也。

驳曰：中国曾已建国，今日虽亡，失其国民之资格，然追溯前日之曾为国民与预定后日之复为国民，故可称为国民，如达官废，他日可以骤起，固与台隶有殊。故当其未起复时，从法律言，虽不得称为某官，从历史言，犹得称为某官，安得执我国民一语，遂谓本报认满洲非亡中国乎？

三，彼报谓满洲入关后，中国未尝亡国，近世学者言事实上国家之定义曰：有国民，有领土，有统一之主权，此三要素缺一，国家消灭。我中国之领土、国民、主权三者，皆款消灭，历代帝王，则总揽统治者而已。总揽统治权者，乃国家之一机关，而非国家，故中国自有史以来，皆可谓有易姓而无亡国，明之朱氏，今之爱新觉罗氏，亦认为总揽统治权者之更迭，司机关者之易人，而与我国家之存亡，丝毫无与者也。

驳曰：论者亦知领土、国民、统一之主权，为国家之要素矣。然所谓领土之消灭，非必陆沉之谓；所谓国民之消灭，非必歼绝之谓；所谓统治权之消灭，非必分裂之谓。统治权之分裂，固亡国之一种，然分裂之外，尚有种种。近世学者示其观念曰："一方之国家，失其国家权力，他之国家权力代之而为行使其权力者，于是一方之国家消灭，同时他之国家开始其权力行使。"然则一方面之国家消灭，同时更无他之国家国家权力起而代之者，固可谓之亡国，一方之国家消灭，同时复有他之国家权力代之而为行使其权力者，亦不得不谓之亡国。何则？无论代之者与否，而一方之国家消灭则同也。满洲之侵入中国也，中国以被吞灭之政，已失其国家权力，而满洲之国家权力，则代之以为行使其权力者。故中国今日之统治权，既非原有之统治权，乃满洲之统治权也。满洲以其统治权行使于中国，中国之领土虽未陆沉，而其所被之权力，乃满洲之权力，而非中国之权力；中国之国民虽未被歼绝，而其所感受之权力，乃满洲之权力，而非中国之权力。于是而不为亡国，何者谓之亡国耶？乃论者之所辩则曰："君主为总揽统治权者，乃国家之机关，非即国家，故爱新觉罗氏之代朱氏，乃总揽统治权者之更迭。"此言真可谓其谬。夫国家为统治权之主体，而君主实司其行使之机关，君主之死亡，不过司机关者之易人，非惟于国家无所动摇，即于机关，亦无所影响，此法理上所说明者也。然此理论实适用于继嗣之时，适用于禅让之时耳，若夫君主大逆不道，国民不忍其虐，共起诛此残贼之独夫，别立新主，则亦得适用理论，若殷之代夏，周之代殷，汉之代秦，唐之代隋，宋之代周是已。使独夫既诛，而群雄相角不下，如三国之鼎立时代，其情状稍异矣，然不过一国之内，歧为三朝，而非以一国分为三国，故统治权虽分寓于三朝，而中国之统治权犹在也，中国之人民与领土所被者，犹中国之统治权也。是则统一之君位虽亡，而统一之国家犹未亡也。若夫五胡之扰晋，女真之扰宋，天下虽分南北，而不得自比于蜀、魏、吴之世。蒙古之灭宋，满洲之灭明，虽据有君位，而不得自比于殷、周、汉、唐、宋。何也？以其非中国之臣民故。其人民既非中国之臣民，则其权力亦非中国之权力。非中国之权力而竟行之于中国之领土，被之于中国之臣民，则其权力之所及，即破坏中国之权力，而自树植其权力也。故于此时，凡处于彼权力之下者，即为亡国之民。何也？其所躬被者已非中国之权力，而为他国之权力也。非中国之权力，故曰亡国之民；为他国之权力所制服，故曰奴虏。呜呼！当东晋、南宋偏安时代，凡处于大江以北，不在东晋、南宋权力之下，而为五胡、女真所支配者，亡国之民也，皆奴虏也。呜呼！当宋亡以后、明亡以后，举天下之人不复在宋、明权力之下，而为蒙古、满洲所支配者，皆亡国之民也，皆奴虏也。呜呼！当东晋、南宋时，中国之内固有亡国之民，然正统犹在，国未亡也。若夫宋亡明亡，则谓之亡国。呜呼！亡国云者，亡国之民自能知之。今有杀人之父者，其子必能知之，不必求诸亲族法，然后知其为父，不必求诸刑法，然后知其人为杀其父也。亡国之民，怀亡国之痛，亦不必求诸法理，然后知其亡国。今论者乃根据法理以论亡国乎？且即以法理言之，凡国家于其领土之内，得绝对行使其权力，而不容他之权力侵入其领土之内。此不独国法上之通则，亦国际法上之通则也。满洲之权力，非中国之权力，而能行于中国领土之内者，何也？自非中国之权力丧失一步，满洲之权力何以得侵入一步？考诸历史，自满洲入关以后，扫荡西北，吞并东南，讫于滇池，旁及台湾，中国之权力，绝对的不复存在于领土之内，而满洲之权力代之行使（近世弱国，往往有主权之一部，被他国所侵削者，不能谓之亡国。若全被侵削，则亡矣）。主权消灭已久，则亡国亦已久。至于彼族之篡夺君位，则为灭国之结果耳，而论者徒执着于此，以为是不过总揽统治权者之更迭，然则以满洲侵入之历史，等诸君主晏驾、储贰嗣立之历史耶？非自欺欺人，安得有此语也？

四，以上所说，其理至显。彼知其不能破，则别求一说焉，以为满洲人本中国之臣民，其灭明犹夏殷以来之相嬗而已，于是则以上所说，不必适用，为计诚甚得也。故一则曰满洲决不可谓之国家，二则曰满洲人本中国之臣民。嗟夫！论者真劳苦可怜矣，既不敢显然以叛民族主义，则易其词，以为民族主义，非不可倡言，实无须倡言，何其巧于为遁辞也。今试按其所标二义。第一义曰，满洲不可谓之国家。此为不成论据，盖满洲自（努儿）〔努尔〕哈赤建国以来，久已以国家资格，与中国抗。论者亦既知之，于是急易其第二义曰："今之皇室，本起于建州。建州自明以来，为羁縻州，其酋长受命以统其部，如云南、四川、广西之土司然。今西南土司之人民，不能不认为中国之人民，则明时建州卫之人民，亦不能不认为中国之人民。且清太祖（努儿）〔努尔〕哈赤在明，曾受龙虎将军之职。其始建国，乃内乱进行之现象，其后着着进行，遂取中央政府而代之。此如汉高帝建汉国于巴蜀、关中，明太祖建吴国于金陵耳。故满洲之灭明，不过本国臣民，对于旧王统，倡内乱，谋篡夺，而获成功耳。"

以上所论，为其全文之论据。今逐驳之如下。

夫建州之名，得于胡元。至明设营州、中屯、左屯、右屯、后屯五卫，属北平行都指挥使司。其右屯卫，即胡元之建州。永乐元年，右屯卫徙治蓟州，其余四卫亦皆徙治内地诸县，则建州之地不毛久矣。自是以后，保塞诸胡，羁縻不绝。至正统二年，建州左卫都督猛可帖木儿为七姓野人所杀，其子童仓与叔范察（按，廷酋是否满洲之祖，其谱（谍）〔牒〕不载，无可考。惟范察则满洲之远祖，图海三朝实录载之，即所谓有神鹊止其首者也。他书或作樊察，或作凡察），逋往朝鲜。童仓弟董山，嗣为建州卫指挥。无何，凡察归建州，乃令董山领左，凡察领右。董山盗边无虚月，寻诛之，边备日严。嘉靖廿一年，建州夷李撒赤哈入寇，巡抚御之，已复稍戢。历诸酋，至觉昌安塔克世，以犯边伏诛。塔酋子（奴儿）〔努尔〕哈赤复受明左都督敕书，封龙虎将军。其后始叛，称帝扰边。子皇太极、孙福临相继立，乘明乱，据中国。则是以观，则满洲自（奴儿）〔努尔〕哈赤称帝以前，受天朝羁縻，弱则戢服，强则盗边，未尝以齐民自居，而明之待之，亦以其为殊异类，第绥靖之，使不为边患而已。其域既非内地，其民复异齐氓。此如匈奴呼韩邪单于尝称臣于汉，不得谓匈奴族类遂为中国之臣民也。是故满洲之称臣于中国，乃以殊方异类之资格，而非以中国臣民之资格，此最易辩者。前赵刘元海之祖，自汉末已居（何）〔河〕内，元海在晋仕至并州刺史。安禄山生于营州柳城，史思明生于宁夷州，皆为唐地，禄山仕至尚书左仆射，思明仕至河北节度使，皆封郡王，非龙虎将军拥虚号者可比，且杂居内地，又非远在塞外别为部落者可比，然以民族主义衡之，则皆为逆胡。何则？为其以异族盗中国也。如论者言，则是元海之于晋，可比于三国鼎立，而安、史亦不失为隗嚣、公孙述也，岂不谬哉！夫元海、安、史犹不得不谓为丑虏（中国历史上，凡臣民称乱者，则谓之贼，外族称乱者，则谓之虏），况满洲耶？夫中国自明以前，包孕异类，亦至繁矣，然必同化者，乃真为中国人。满洲语言文字风俗皆不同中国，不得谓为中国人也。例如，印度、非洲人不得为英国人。若以印度、非洲人主印度，不得为以英国人治英国人。不特此也，即使风俗略有相似，犹不得谓为同国。例如，佛朗哥之主，皆曾为罗马皇帝，不得谓以罗马人治罗马人也。况满洲与中国，风俗亦不相同耶？彼又谓“今西南土司之人民，不能不认为中国之人民，则明时建州卫之人民，亦不能不认为中国之人民”。夫建州诸胡之在明，比于苗瑶，是则然矣，然苗瑶之于我〈于我〉①，使其耦俱无猜，则固可以相安，苟其为患于中国，则亦仇雠而已，谁云苗瑶可以主中国耶？彼又谓“满洲之始建国，乃内乱进行之象”。夫满洲既非

① 后一“于我”似衍文。

中国臣民，则其建国不得拟以内乱明甚，亦惟等之匈奴、鲜卑氏、羌羯、女真、蒙古之俦，誓驱除之而后已耳，何得与汉高、明太之始建国比？要之，此问题虽若繁复，然所最要者，不过二点：一曰满洲与我是否同族，此则本报第一号《民族的国民》及第五号《续希望满洲立宪者（曷）〔盍〕听诸》所已解答者也；二曰满洲是否为中国之臣民，则上文所已解答者。夫既知满洲之非同族而又非中国之臣民，则其窃据中国，为莫大之仇雠，而为亡国之民者，必当枕戈以求一洗，则凡为满洲琐琐作辩护者，皆无所施其术矣。

五，彼报引美浓部博士之言曰："'普通之国家消灭，则失权力之统一是也，即现在之政府已倾覆，而无能代之之新政府，以为统一，则国家于事实上失其存在焉矣。'清之兴也，领土如故，国民如故，主权之统一如故，所异者总揽统治权之机关，由朱氏之手，以入于爱新觉罗氏之手而已。故明之王统亡，而中国之国家未尝亡也。"

驳之曰：此不解东文之过也（吾屡于论者误译东文之点，有所纠正，非好挑扬人短也，彼所译采之学理，即其为文之论据，欲叩其论据，不得不先叩其学理，顾其采译已误，则所谓学理与论据，亦都无可言，故不得已而纠正之。论者毋又如见本报第四期之论文而暴怒也。实则论者岂不解东文，不过故为点窜以欺人耳。若然，则责以不解东文，犹于①忠厚待人矣）。

按美浓部博士原文实云："国家ノ三要素ノ何レヵ一ヵ消灭スレハ国家ハ即其存在ヲ失フ其最モ通常ナル形ハ权力ノ统一ヲ失フナリ即现在ノ政府颠覆セラレ之ニ代ハルヘキナル之ヲ统一スル者ナキトキハ国家ハ事实上其存在ヲ失ヒタルモノナリ。"直译之，则当曰："国家之三要素，有一消灭，则国家即失其存在。其最通常之形，则失权力之统一是也，即现在之政府已颠覆，而无可代之之新政府，以为统一之者，则国家事实上失其存在。"论者所误译者，即为"其最モ通常ナル形ハ"一句。夫所谓"其最通常之形"者，乃示例（谓举其一以为例也），而非屡举，文义本极明了，且承上文而言，尤浅人所易解。盖上文言国家三要素，有一消灭，则国家失其存在，而下文即举失权力之统一以为例。所以举此例者，以其为最通常习见者也，其非谓舍此而外别无所谓国家之消灭，明矣，是故人民之消灭，土地之消灭，亦谓之国家消灭。一方之国家，失其国家权力，

① "犹""于"二字之间似脱一"过"字。

他之国家权力代之而为行使其权力者，亦谓之国家消灭，是故使本国之政府颠覆，而他国之政府代之以为统一，自本国人民言之，固亡国也。美浓部博士仅举一例，故未及之耳，而论者乃译为“普通之国家消灭”（吾欲质其疑曰，然则所谓特别之国家消灭者何乎），既未明其示例之意，则将以此为亡国之唯一定义，满洲之侵入，既未合于此定义，则以为不可谓之亡国，此真所谓一言以为不智者也。

六，彼报云：世人谓印度亡于英者，以印度之外，固有英国，今者中国之外，更无所谓满洲国，故非以满洲国治中国，实以中国治中国。

驳曰：此语之谬，可分七段说明之。

（一）所谓亡国者，此国已亡之谓，非谓必尚有他国存在，然后此国乃可谓亡也。印度即为英所灭，则印度即为亡国。设使他日英国复为他国所灭，其时印度仍然亡国也（倘印度乘时光复，则又别为一事）。

（二）国家为他之权力所侵入而全失其固有之权力者，则可谓之亡国，是故虽使未成国家之游牧民族侵入甲国，夺其主权，则甲国亦谓之亡国。何也？虽其侵入之权力，非他国家之权力，然已失甲国之权力故也（此如国际法上所谓外国人者，即无国籍之人亦包括在内，以所谓外国人者，国外人之谓耳）。是故不能谓必有征服之国在，然后被征服之国乃为亡国。盖亡国云者，自亡国之民以言，亡国之民，虽有国家，已非其国家也。

（三）征服本有二种，一曰吞并，二曰侵入，而为以一国踣一国则同。今论者只认吞并为亡国，而不认侵入，然则设使朝鲜骤强，侵入中国，遗其国民，驻防各省，定都顺天，而以其本国为留都，论者亦将认为非亡国（此与满洲之侵入，正同比例。满洲在明亡以前，其对于中国，与朝鲜恰同。今日可以顺从满洲，他日何独不可顺从朝鲜？呜呼！朝鲜之在今日，无可以亡中国之望矣，惟朝鲜以外，强国正多耳。言念及此，毛发森竦，而今日吾中国人，以新民自命者，尚复不肯抱民族主义，此复何言？或疑苟抱国民主义，则可以无患，不知国之所以固者，在有民族的国民，即云可与他民族同化，亦当自审我民族于同化公例上之位置。若徒曰国民主义而已，朝鲜人灭中国后，何尝不能与中国人同为国民乎）。

（四）满洲在塞外已建国号曰清，则清国者，即满洲国之别名，犹商之改为殷，唐之改为晋，名号异而[①]则一也。今者以清国治中国，何云以中国治中国？

① 此处似脱一“实”字。

（五）今日之满洲，谬以清国为中国，而非于中国之外，别立清国，此犹契丹为辽、女真为金、蒙古为元，皆以其名施诸中国，更不别立辽、金、元国于其本部也。然辽、金、元终不得混于中国。

（六）如论者言，是舍其旧国之名，而别建他号，以笼罩中国者，即可以认为中国，然则无论何国侵入，皆得行此伎俩，而吾辈亦皆可谓之以中国治中国。

（七）如论者言，是无国之人入主中国，建国曰某，亦可云以中国治中国乎？

以上七段，可以一言蔽之曰：中国之国权已失，则中国已亡，无他之国权代之，固亡也，即有之，亦亡也（尚有当注意者：今日已无中国之统治权，惟有清国之统治权，故谋恢复者，不外于先扑灭清国之统治权。然统治权之主体，为国家。国家无形者也，故其着手，不外扑灭总揽统治权之机关。此本报第八号论文中所已言者）。

按：彼报第十二号杂答本报一篇，其二十一页，分十八段，今拟逐段驳之。上所言，仅驳至第六段第六页耳。以下当驳之论点尚多，以次揭于下期。惟彼报见此文，不知何如？彼尝言："过此以往，予无以言"。然彼固自命对于本报第三者，而尽说明之义务也。子如不言，第三者奚择焉？故吾之意，以为非承认即须反驳，不然，无以对第三者也。

七①，彼报云：今之言革命者，其蔽安在？无他，始终为君主主体说之谬论所窘，认总揽统治主权者（为即）〔即为〕国家，所谓革命者，革此君位耳，所谓光复者，光复此君位耳。吾之意，则以为君位者，国家之一机关，其轻重亦不过与他机关等，谁人享此君位，乃不必争之问题，所争者，此机关之权限而已。

驳曰：此论欲以之难人，则可谓诬，欲以之自完，则可谓妄。今胪举其诬与妄者如下。

第一，彼谓本报"始终为君主主体说所窘"，其为此言，不知彼于本报各号之论文，曾一浏览否耶？如其未浏览，则胡为有答辩之辞？如其已浏览，则为此厚诬之语，又胡为者？夫本报主张国家主体说，而深辨君主主体之谬，此各号所已屡言者矣，而第四号《驳〈新民丛报〉最近之非革命论》第三页至第十页，第六号《再驳〈新民丛报〉之政治革命论》第四页至第十二页，第七号《再驳〈新民丛报〉之政治革命论》第一页至第八页，及第二十页至三十页，尤为专辩论此问题者，虽无深义，然绍介学说，辨析事理，使国家主体说晓然为人所不

① 以下部分刊于《民报》第十一号。

疑。于是论者同时主张三说之奇论，亦噤口而不能出（论者自诩不惮以我与我挑战，故肯同时主张三说。一则曰以国家为主体，二则曰君主即国家，为主体，而人民为客体，三则曰人民即国家，为客体，而君主为主体。本报则始终一贯主张国家主体说者。且对于论者同时自相挑战宣告守局外中立，静观自相挑战者，何时自分胜负。此第四号、第七号所屡已申明者矣，何论者一一健忘，既不自相挑战，反举其挑战之点，以诬他人耶），乃不复为答辩之词，而向壁虚造，聊以反唇，其用心果如何者？夫使论者未览本报而为此言，则犹不失为躁妄，独怪既命为答辩而虚诬至是，则尤足讶耳。辩论之目的，期于显真理而已，真理既显，无所反驳，而又不乐为同情，穷无复之，乃不得不操自欺欺人之故技，虽欲不谓为无赖，不可得也。

第二，彼报谓"君位者乃国家之一机关，其轻重不过与他机关等"。夫自国家主体说以言，则君主者，国家之机关，无论专制国之君主，与立宪国之君主，其法律上之地位均如是也，谓君主为不足重轻，则历史上君主无道殄灭国家之恶迹，将一笔抹杀之耶？论者尝云："谓君主为主体者，但就专制言专制。"（第三号五十页）然则论者之意，以为专制国之君主，则为国权之主体，而立宪之后，则将变而为国家之机关也？此其为论，不得不谓之大误。盖论者不认国家主体说则已耳，苟即认之，则虽在专制国，仍不得不谓国家为主体。国家既为主体矣，则此外必无复有他主体明甚也。故虽在专制国，君主仍不过国家之机关，不能谓君主第国家之机关，遂指为无足重轻也。夫专制之君主，能以一人之喜怒，而致天下之丧乱，此历史上之事实，人所同喻者也。而论者乃欲借法律上关于君主之地位之观念，以抹杀历史上之事实，毋乃作伪心劳日拙耶？噫嘻！论者保皇之手段，真可谓工于变化矣。曩者视君主为甚重，不惮躬效后汉中常侍孙程、曹节等之所为，欲助子劫母，此时心目中只有清帝而已，故保皇会之宗旨与其目的，皆系于此一人。今者怵革命风潮日盛，萦念故君，恐罹大白之戮，则又为之排解曰，君位无足重轻，吾辈所争，不必在此，冀闻其言者，或有所动也。嗟夫！论者对于故君，其忠诚良足念。今方辩论之际，吾亦不欲过伤其意，第姑为一言以诏之曰：吾侪所为革命者，欲以光复故国也。满洲人灭吾国，其窃据君位，不过灭国之结果。吾侪惟光复宗国是务，宗国既光复，则吾侪之目的已达。至于满洲皇帝之位，非吾侪所欲争之目的物，使其遁归故巢，仍可以尊号自娱，苟无所损于我国，听之可也（此如（奴儿）〔努尔〕哈赤自号覆育列国英明皇帝，使其不来扰边，则何损于中国耶)。吾侪所志在是，而论者乃指为徒争此君位，是由认识之误谬，故生无端之伤感，诚无谓耳。

第三，彼报谓“所当争者唯此机关之权限”。此语徒沾沾于政治之现象，而于亡国之事实，漠然不顾者也。夫若纯自政治现象以言，则专制国之君主，所以异于立宪国之君主者，权限问题而已。专制国之君主为唯一最高机关，其权无限；立宪国之君主，虽不失为最高机关，然此机关外，尚有不可侵之机关在，既有机关与机关之关系，则其权限定矣。故若纯自政治现象以言，则其说足以自完也（然论者终不能窃此论据。（一）既欲于君主外，别立一机关，以相系，则非有国民事实上之权力，不能致之，而论者乃谓民权为宪法之结果，宪法未制定前，人民只能为劝告要求之事，此则力不足以致之也。（二）论者主张变相之开明专制，谓孟德斯鸠三权分立之说，为不能实现，故其目的亦不在是。然则论者之政治革命论，真可谓无地自容者矣)。然若自亡国之事实以言，则亡国之民，对于异族政府，无论其为立宪，为专制，亡国均也。纵令满洲政府下令组织国会，而自亡国之民视之，亦与满洲政府同气类者耳，此如今日之军机、内阁、各部，为大臣者有满人，有汉人，然其为满洲之官吏，则均也，固不以其为汉人而恕之也。夫满洲即使立宪，犹无俾于汉族，况今者不过假立宪之名，以行中央集权之实，其政府犹是专制无忌惮，益以阴很者乎？以如是之政府，而与之争权限，自作用以言，则为无效，自大义而言，则为反颜事仇，非我国民所宜出也。

第四，彼报谓：“今之在君位者，就使果非我族类，而必须排去之与否，固非最亟之问题，例如最近那威迎王于他国是也。”噫！那威之迎王，出于那威人民之公意也，满洲之入据政府，出于中国人民之公意乎？满洲与我，初非同国，乘中国有乱，长驱深入，我以死拒，彼以力劫，杀人亿万，流血成河，乃得制我国人之死命，而保有君位，长驾远驭，以临中国，是安得以那威近事相比乎？那威之事实为迎王，而满洲之事实为灭国。迎王者，委托之性质，而灭国者，征服之性质。委托者与受委托者之间，平等的关系；征服者与被征服者之间，不平等的关系。委托者为主人，而受委托者为客卿；征服者为主人，而被征服者为奴虏。那威人之对于迎王，实居主人之地位，而中国人之对于满洲，实居奴虏之地位，其性质绝相反，其地位亦绝相反也。且那威之迎王，迎一国外之人入居君位耳；满洲之入中国，乃以一民族制一民族，以一国家制一国家，其事实之相去，不啻天壤也，而论者乃强以那威迎王之事实，等诸满洲侵入之事实，非于亡国之历史未尝少动于心者，真不能为是言也。

八，彼报云：满洲人在宗法社会之时代，固决不可认为我臣民。若以近世国家学者之观念，则国民者，为共同生活多数人类之集合，而于其人类及其血统，既已脱单纯的家族观念及血族团体之状（熊）〔态〕者也（美浓部博士之说）。故满洲虽与中国人异种，而不得不谓之中国臣民。

驳曰：此又不解东文之过也。按美浓部博士原文实云："人类ノ集合ガ国家ヲ为スガ为ソニハ其结合ガ少クトモ既ニ单纯ナル家族又ハ血ノ族团体ノ状态ヲ脱セルモノナルヲ要ス。"其最当注意者，为"要ス"一语，谓（几）〔凡〕为国民，要既脱单纯的家族或血族团体之状（熊）〔态〕者，然则未脱单纯的家族或血族团体之状态者，不能成国民明矣，而论者乃译为国民者既已脱单纯的家族及血族团体之状态，删去"要"字，意义迥殊。在美浓部氏谓要具此条件乃能为国民，在论者谓苟为国民即具此条件，枘凿不相入，真可大噱。且美浓部氏原文之意，谓国家由多数人类集合而成，构成国家之人类，要已脱单纯的家族或血族团体之状态。此在中国，自黄帝建国以来，中国人固已脱离此状态矣。又如满洲，自（奴儿）〔努尔〕哈赤建国以来，满洲人亦已脱离此状态矣。若明时满洲人之于中国，民族不同，各保其国，不过其酋长称臣于我，与美浓部氏所说风马牛不相及。明亡以后，满洲人为征服者，压制汉人，使居被征服之地位，职为世雠，与美浓部氏所说尤风马牛不相及也，而论者谬为牵附，不顾文义，何诞妄至此。

九，彼报云：满族之独占权利，不过专制君主之附属物，犹汉时之丰沛，明时之泗濠耳。

驳曰：丰沛、濠泗，中国之土地也，丰沛、濠泗之人民，中国之人民也，何得与满洲相比附？且满洲入关以后，下令汉人剃发易服，尽废汉俗，丰沛、濠泗，有若是乎？满洲入关以后，令其族人驻防各省，丰沛、濠泗，有若是乎？满洲入关以后，令其族人尽握兵权，丰沛、濠泗，有若是乎？满洲入关以后，令其族人握政权之枢要，丰沛、濠泗，有若是乎（此外尚多，不复枚举）？是则丰沛、濠泗之人民，不过承专制君主之余泽，稍浴恩惠，为政治上之小污点，而满族则灭我宗国，屠我同类，攫我政权，岂能同日而语也。

十，彼报谓己非欲为满洲辩护，第认君位为甚轻，不必争此机关之谁属，而当争机关之权限。排满主义之结果，不能不举权限问题，置诸度外，故足以祸国家。

驳曰：论者自谓认君位为甚轻，实则认亡国为甚轻耳。欲祛（甚）〔其〕蔽，当先设一问题曰：满人何以得据中国之君位乎？而其解答，则惟一语曰：中国为彼所灭，故中国之君位，亦为所据也。据此解答，则可知满洲人之据君位，乃灭国之结果明矣。排满主义所以驱除满洲人，恢复故国也。然则排满洲人，使离此君位，固恢复之手段，抑亦恢复之结果耳。论者徒知认君位为甚轻，而不知稽夫满洲人所以得据君位之由，非认亡为甚轻，又何以自解也？嗟夫！论者宁非中国之一人耶？国亡之后，谋所以恢复之，此国民之责任也。吾党之意，欲驱除丑虏，恢复邦家，谓为国人之所乐闻，不悟反以为祸国。且论者所为以祸国相责者，谓排满主义之结果，不能不举权限问题置诸度外耳，曾亦思国亡之后，谋恢复之为急乎？抑斤斤然对于灭国之寇仇，与之争机关权限之为急乎？譬诸有人为盗所获，令执奴隶之役，其人不思杀盗自脱，反哀其稍宽鞭笞，不为已甚，自非有奴性者，安能出诸口也？且吾侪非坐视满洲政府之专横而漠然置之者也。本报第一号汉民《论张之洞卖矿》篇中，尝谓吾人当未光复以前，对于满洲政府轻赠朋友之手段，宜求有以禁遏之，而第八号鄙著《满洲立宪与国民革命》篇中，谓吾人宜借口立宪以谋求地方自治。盖未举行之事实，即未发生之权利，孰先举行此事实者，即孰先取得此权利者，诚能先占地方自治权，则汉犹有所依据。吾侪之所主张者若是，固非谓主权未复以前，一切政治之现象，人皆漠然置之也。第吾人之意，以为种种之权利，皆可以种种之方法取得之，独至于已丧之主权，则穷思力索，舍革命军外，决无收获之方法。夫是以集精力以赴之，虽死而不悔也。是故以吾人之能力，其果能副此宗旨与否，虽未敢言，而以宗旨而论，则对于祖国，可谓无负。若置亡国之事实于度外，而惟沾沾于机关之权限，非惟无效，且不能三年之丧，而缌【麻】小功之察，放饭流歠，而问无齿决，庸可谓之知务乎？

十一，彼报云：今之政府，为中国政府，非满洲政府。盖今之政府，若为满洲政府，则今之国家，不可不谓之满洲国家。然世界中自古及今，未尝有满洲国。自万历四十四年至崇祯十七年间，虽有满洲政府，然自兹以往，则满洲政府消灭，而继受明政府，是为中国之政府。

驳曰：欲问今之政府是否满洲政府，须先问中国是否为满洲所灭。夫中国被灭于满洲，历史所明示矣，则中国之政府，已随中国而俱亡，继起之政府，非复中国之政府，而满洲之政府，亦明甚也。满洲未入关以前，满洲政府之权力，只及于满洲之领域，入关以后，满洲政府之权力，乃普及于中国。满洲自（奴儿）〔努尔〕哈赤称帝以来，久已建国号曰清，其后据有中国，即以此为有天下之号（汉、唐、宋、明，皆朝号，惟清则于中国之外，自成一国，其后以清国灭中国，取而代之，故清为国号，非朝号也）。然则自万历四十四年以来，已有清国。及其灭中国之后，乃清国权力行使范围（近世学者谓领土者，国家权力行使之范围也）之扩张而已，而论者乃谓“世界中自古及今未尝有满洲国”，何其言之傎也。至于谓“崇祯十七年后，满洲政府消灭，而继受明政府”，此言尤绝谬。夫崇祯十七年后，满洲国为征服者，中国为被征服者，国家有因被征服之故而消灭者矣，未闻有因征服之故而消灭者也。如论者言满洲以征服中国之故，反致自消灭其政府，天下宁有此怪事耶？且满洲之据有中国，以征服而得之，谓之夺取可耳，必美其名曰继受，又何说也？试问历史上满洲之入中国，由中国人之迎立乎？抑由满洲人之强夺乎？论者虽伪为目眯，其如亡国之历史尚在何？夫满洲已覆中国政府而代之矣，而为中国人者，犹奉满洲之政府为中国之政府，是非认贼作父而何也？论者之言曰：“使中国之国家而见亡于满洲，则不仇满洲者，可谓其不忠于国家。”呜呼！论者自言之而自当之矣。

十二，彼报云：使今政府而为满洲政府，非中国政府耶，则以吾中国国民视之，亦如日本政府、俄罗斯政府，其良与否，非吾之所宜过问，吾无为监督之，以求其改良。使其实为中国政府也，则监督之而求其改良者，非吾中国国民之责而谁责也？

驳曰：今政府为满洲政府，已如上文所述，然今之满洲政府，非入关以前之满洲政府可同日而语也。入关以前之满洲政府，以我国民视之，诚如日本政府、俄罗斯政府，其良与否，非所宜问。至于入关以后，覆我政府而代之，则寇仇耳，奚可视同邻国？我国民当无论其良与否，惟扑灭之为务。盖亡国之民，以光复为惟一之责任故也。且即以政治上言之，一为征服者，一为被征服者，利害相反，满洲政府安能有所利于汉人？此亦至明了者，而论者乃欲导亡国之民，以监督满洲政府。晋惠帝语侍臣曰“凶年何不食肉糜”，是之谓矣。

附言：以上所驳，皆按彼报文字，逐段辩诘，甚或逐句辩诘，期于无微不尽而止。故篇幅不能完整，其言或过于冗长，然约而论之，则彼报全文之谬，不出二端，一曰蔑视历史，二曰误解法理。所谓蔑视历史者有五：一，以满洲侵入之历史，等诸储贰继嗣之历史；二，以满洲侵入之历史，等诸权臣篡窃之历史；三，以满洲侵入之历史，等诸国民革命之历史；四，以满洲侵入之历史，等诸那威迎君之历史；五，以满洲侵入之历史，等诸丰沛承宠之历史。所误解法理者有二：一，谓中国未尝亡国，自谓根据日本法学者之说，然检原文观之，乃系误译原文举失权力之统一，以为亡国之一例，而论者误以为失权力之统一，乃亡国之定义，中国虽被灭于满洲，然未合此定义，故非亡国；二，谓满洲人本中国之臣民，亦自谓根据日本法学者之说，然检原文观之，则又系误译，原文谓要脱离单纯之血族关系，乃成国民，论者误以为凡为国民，即脱离单纯之血族关系。总之，于本国（历之史）〔之历史〕既一笔抹杀，于外国之文字又不求甚解，故全文几无一语不误。此篇一方指其误，即一方宣示排满之真理，非专为彼报而发也。

我国民之所以志于排满者，因满汉不同族也，因满洲人在明时本非中国之臣民也，因满洲人灭吾国也。凡此于种族上、政治上、历史上、国民心理上皆铁案不移，而汉人亦无不知之者。非独汉人知之，即满洲人亦知之，故虽狡猾如大酋胤禛，亲著《大义觉迷录》，以晓汉人，亦谓不当以华夷而有殊视而已。自有康氏，乃谓满洲种族出于夏禹；自有梁氏，乃谓满洲人本中国之臣民，未尝灭中国。以亡国之民而忘亡国之历史，吾不为康、梁羞，实为汉人羞之。自草此论后，彼若不能反驳，而犹拾昔日之谬误者，则真非汉人矣。

【第】二[①]，以劝告开明专制要求立宪为政治革命者，足消沮国民之责任心

彼报云：一面主张劝告开明，一面主张要求立宪。劝告开明者，因立宪未能实行之时，监督政府之机关未立，而于政府之举动，又不容默尔而息，故从而劝告之。若要求立宪，则其精神全在此监督机关之成立，夫斯之谓尽责任。

驳曰：以劝告开明专制为政治革命之手段，此无论在何国，对何政府，皆无效者也，不独我国民对于满洲政治为然也。何则？在君主专制时代，政治上之举措，政府绝对的立于自动之地位，国民绝对的立于被动之地位，一旦而言政治革命，则国民之第一着手，在于由被动之地位，以转于自动之地位而已。国民既知

① 以下部分刊于《民报》第十二号。另，此处的“二”字，当对应于本文一开始处的“第一”。

立于自动之地位，则凡政治上之举措，当引为己责，若者之义务，为国民所当尽者，曩者违背，今当履行之，若者之权利，为国民所当有者，曩者放弃，今当取得之，凡此积极行动，其类至繁，其事不可以一日缓。至于国民因与政府交涉，而政府对于国民有所陈说，国民对于政府有所劝告，则第其中偶然之事实，安可即以此为政治革命之的耶？且所谓开明专制云者，虽为政治学者所常道，然其意义，第以为其时朝廷励精图治，纲纪修明，虽政体尚不免专制，而固与黑暗之专制有殊，固从而字之以开明尔。然则开明者，形容语也，所以形容历史上过去之政治状态者也，而论者乃视为一种之政体，果何所见耶？夫谓立宪为开明，专制为黑暗者，此就其政体之性质以下评判者也。若夫同一专制政体，而有开明，有黑暗，则非其政体使之然，其专制之人实使之然耳（例如中国千年来，皆为专制政体。三代、汉、唐、宋、明盛时，皆可谓之开明专制，其衰时，皆可谓之黑暗专制，是故专制为一种之政体，而开明与否，则视乎其人）。夫言政治革命者，不以政体为目的，顾以一人为目的，巨谬极戾，莫此为甚（例如保皇会，其目的非存于政体，乃属于君主之一身，故不能谓之政党），使国民而皆持此志，则惟知拳拳然以天王圣明为念，一切以顺为正，此妾妇之道，所谓永处于被动之地位，而惟他人是赖者也。以局外人之心事，旁观者之口头语，为此无足重轻之议论，而欲以收政治革命之效，此无论何国，苟国民知以政治革命自任者，安肯出此？若在我国民，则尤不能以亡国之遗黎，对于异族政府，为此摇尾乞怜之态，其又不足论矣。至于以要求立宪为政治革命之手段，此在他国容或可以为之，而我国民今者犹蜷伏于异族政府之下，则决不能为此。盖凡用要求之手段者，必有数条件。第一，必度政府之能应，然后为之。欲决其能应与否，当先决政府之可否与我共事。而欲决其能与我共事与否，又当先问政府与国民是否利害相通，休戚相共（论者徒谓未尝要求，安知其必不我应，此肤浅之论也，宜先审彼之性质与地位，然后决我之进止。今人未有望马生角羝羊生乳者，正以明知彼不能如是耳）。此时要求之相手方，不可不先审者。第二，为要求之目的物。此目的物当应于国民之需用，不然，则要求为无谓。第三，为要求之实力。盖要求者有所挟而求也，必有使之不敢不应者，然后其要求有效。夫此三者，有一不具，不足以言要求。使我国民而欲言要求，则此三条件者，可谓无一能具。第一，要求之相手方为满洲政府，此为国民不共戴天之寇仇，犹水火之不相容也，舍以一矢相加遗之外，其无所交涉，奚待言者？第二，革命之目的物，在于光复故国，以言要求，其目的物亦不外是。然论者尝云：“语满洲人曰‘尔其还我河山’，此责彼以所必不能应者。”（见彼报今年第三号）是论者亦知光复之业，必非要求所能得矣（观还我河山一语，则知论者当时，固亦认满洲人夺据我河山，特以为必不能还耳。乃第十二号之论文，则又谓满洲仅篡明之王统，而未尝亡中国，何善变乃耳，殆又自相挑战之结果乎）？然则又哓哓然以要求望我国民者，何也？度论者之意，以为河山虽不可复，然使满洲而肯立宪，则我汉人亦庶几可以相安，故力排光复之议，而以要求立宪为词。此其心之苟且与污下姑不论，独不解彼之迷信立宪之效，胡为如是其挚也？即以吾前文所举奥太利之立宪政治为例，民族之轧轹，非立宪所能调和，益彰彰矣（民族调和，然后立宪有利，非一立宪，则民族之间，即可不生轧轹也。近时希望满洲立宪者，徒以未明此理耳）。况夫奥太利国内诸民族既合为一国民，徒以未能同化，故难相安。若中国，则满洲人为征服者，我汉人为被征服者，其地位之相水火，以视奥太利国内诸民族，不可同日而语，而谓一立宪即足以融洽于无形耶？第三，要求之实力。论者所言，殊属暧昧。观第四号云：“英人常有权利请愿之举，有不出代议士不纳租税之格言，可谓唯一正当之手段，唯一政治之武器，而俄人虚无党故事，抑亦济变之手段，最后之武器。至于要求不得，而继以暴动，则非正当之手段，盖徒耗其力也。”吾读此数行，思之累日而不能解。夫英人曷尝以请愿与不纳租税二者，为唯一之手段、唯一之武器耶？试稽一千二百十五年及一千四百八十五年暨一千八百三十二年诸役，何一非以国民革命之实力，而获最后之战胜耶？若徒请愿而已，不纳租税而已，政府震以威力，即足以解散而有余，其能与之相持耶？至于谓“俄人虚无党故事，抑亦济变之手段，最后之武器”，所谓虚无党故事者，不知何所指？就历史上观之，则虚无党有出于革命者，有出于暗杀者，斯二者皆必要之手段，而凡有志于革命者所必当有事者也。而论者则又谓“暴动非正当之手段，盖徒耗其力。以之与虚无手段相校，不如虚无远甚”。是则于虚无党之手段，取其一而遗其一，又以暗杀之一手段，而概虚无党事业之全部，其诞妄至可惊骇。夫虚无党之非徒以暗杀为事亦明矣，不必征诸远，即如最近一九〇五年之大革命，其事尤在人耳目中也。盖暗杀所以辅助革命，而非即以代革命，以其为用，仅足以去团体中之一二分子，而不能破坏其团体也。彼政府所以能与国民为敌者，固亦自有其团体。若徒欲狙击其一二分子而去之，是不过分子之新陈代谢，团体固无恙也。是故苟政府之团结力不坚，仅有一二权奸把持政事，则专任暗杀，犹或有济。若夫政府与国民立于仇敌之地位，此如两军相距，非以全师掩击不为功，岂能任其事于刺客而遂可奏凯旋之绩耶？吾非不尊暗杀主义，傥于革命军未起之时而有暗杀之事，醢独夫民贼之肉，以惩不轨，岂不甚善？又使于革命军既起之时，而有暗杀之事，使其悍酋相率就戮，内部溃裂，无复实力以与革命军相抗，又岂不甚善？若夫舍革命而专言暗杀，欲以刺客之匕首，代国民军之干戈，是则以豚蹄祝篝车之见而已。微论虚无党之故事非如论者之所云，就令果尔，而彼满洲者，以其民族高踞征服者之地位，而把持政府，其凶德暴行，实其民族所处之地位使然，而非由一二人之纵恣，是尤非专言暗杀所克有济，不待智者而后知也。薄志弱行之士，惮于发难，乃盛谈荆轲、聂政之事，以谓天下事即此可以了之，无他，苟且而已矣。论者又谓“苟有大团结之民党，以从事要求，则革命军之实力，可以不用”。因引日本预备立宪时代之政党所收之成效以为证。是又昧于时势之言也。日本当预备立宪之时代，已在权憝尽去、朝野清明之后，其时政府与人民，皆孜孜求治，故虽意向稍有差池，而以政党之力，已足以调和而进步。使日本之人民，当幕府擅权、藩镇未撤之日而高谈预备立宪，安得有今日乎？且日本当废藩覆幕之后，犹不能无西南之役，则尤可证必有大破坏，然后能涤旧污而去之也。今之满洲政府，其恣睢无道，千百倍于德川幕府，而论者不勖国民勉储破坏之实力，顾导以为政党之要求，凶年思食肉糜，恐徒为识者所笑耳。统观论者举要求之成效，不外以上举三例为（籍）〔借〕口，而稽之历史，则此三例者，与论者所举，正复相反，而论者所盛谈之要求，其相手方为异族政府，其目的物为必不能致，而所能致者，又非国民之所需，其实力则所谓积极者暧昧而不可知，而所深恶痛绝者，则革命军也。噫嘻！如此之要求，诚克林威尔、西乡隆盛等所不及料，而虚无党人闻之，且将绝缨大笑者也。今更取论者要求之手段，为浅譬以释明之。夫富人之家，猝遇盗贼，室庐货物，悉为所据。斯时，其家人父子，将各奋其力，逐盗而去之乎，抑龂龂然陈是非利害之辩，俾其式好无尤乎？论者之于满洲政府，则不欲逐而去之，惟欲与之（辩）〔辨〕是非利害者也。室庐货物，为盗所据，斯时家人父子，将谋所以光复故物乎？抑效丐人之智，所志不出一箪食一豆羹，望其嘑尔而与乎？论者之于中国，则不谋光复故物，惟以箪食豆羹而已足者也。家人父子，苟为光复计，必其力足以逐盗而去之，始克有济。若丐人之行乞则不然，所恃者，呼吁而已，呼吁而莫之应，舍咒诅外，无他术也。论者之所谓要求，则不欲以国民之力，逐满洲而去之，而惟呼吁咒诅是务者也。嗟夫！论者要求之说，尽于此矣。论者所恃以为政治革命之手段者，一为劝告，二为要求。劝告之立于局外论者，论者所自认者也，而其所谓要求，穷彻底里，不过尔尔。使一国之人而信其说，则光复之谋，置诸度外，以预备立宪为美谈，以依赖政府为长策，此所谓消沮国民之责任心者也。此吾所以不能已于言也。

彼报云：苟徒以排满革命为事，则当革命军未起以前，人民之对于政府，无所事事，则不免于放任。

驳曰：彼报屡以此言相难，本报屡有所答辩，亦既言之不厌其复矣，乃今所哓哓者，仍不外此，是其无聊之极思也。夫吾辈之意，欲使国民主义、民族主义长悬于人人心目中，凡一切行动，皆抱此一定之宗旨，以将其事，其国民种种之权利，可以种种之手段获得之，至于主权，则舍革命军外，决无收复之方法，此前号所详辩者。论者而复有所难，当取前号之所陈，一一辩之，更当取第八号《满洲立宪与国民革命》之所论，一一辩之，不然，则是无敌而放矢也。唯彼报强分排满为两派，谓一主急进，一主渐进，而又强指本报所论之属于渐进，此则误会之甚也。本报虽尝言革命军之起，必在于国民主义、民族主义大昌明之后，其意谓主义之昌明，为革命军崛起之原因，革命军之崛起，为主义昌明之结果，非谓今已有革命军在，而必俟诸主义昌明之后，始乘时而起也。论者误解此意，乃为之斟酌其期曰："三四十年耶？二十年耶？十年耶？五年耶？"斯真可谓不惮烦者已。夫宗国之亡久矣，苟予吾人以恢复之机，则投袂而起，奚有所谓渐进者？而当机之未至，则各尽其能力，以为预备，其于国民政治上之竞争，军事上之竞争，教育上之竞争，实业上之竞争，苟其有裨于我民族，固无一不负赞助之义务。惟夫有叛于国民主义、民族主义者，则其一言一动，吾侪皆认为中国之蟊贼，国民之公敌，而不能不起而正之耳。

彼报云：排满者宜一面实行要求，一面预备革命军之实力以为要求后援，要求而遂，则武力戢而不用，若经若干年而要求仍不遂，则武力之预备已充实，一举而颠覆之可也。如是则我党与彼党，甚相接近，微相反而实相成，可以互相提携，以向方针于政府，而导国民。

驳曰：论者前此对于革命军深恶极詈，斥为将以亡中国、杀四万万人之半，惧赤眉、黄巾之不滋蔓，复从而煽之，将科以故杀祖国之罪者也。乃今者则亦谓预备革命军之实力，俟要求不遂时一举而颠覆之，斯诚可谓彼报言论之进化矣。然所不可解者，彼胡为津津然言要求而不知倦耶？夫要求之条件，如上所举，其要有三。今论者既知当预备革命军之实力，则第三条件具矣，然而第一条件、第二条件，固犹未具，则何所为而漫然言要求耶？故以要求期吾党者，必无效之说也。不宁惟是，吾党且将以要求之不可，日日告诫于我国。盖要求非惟无利，且有大害。方今政府，厉行排汉政策，而我国民，亦知持排满主义以自救。此政府与国民各以死力相距之时也，然政府之势力强，而国民之势力弱，政府之进步易，而国民之进步难。国民际此时者，正当卧薪尝胆，昕夕不遑，以拓殖其势力。不此之务，而分其心思才力，为此无足重轻之要求，以自停滞其进步耶？且要求未可遽获，而当其未获，武力又不可以滥用，若如论者所谓“经若干年而要求仍未遂，始谋一举而颠覆之”，我恐经若干年而政府之进步，已跻于巩固无隙之域，虽欲颠覆之，而其道无由矣。呜呼！忧国之士，所以独居深念，宁糜其躯，而不欲一日苟活于世者，岂得已耶？故以言革命，不可不持急进主义，否则无以颠覆彼顽固之政府。即革命之后，对于凡百庶政，亦不可不持急进主义，否则无以独立于列国之间，乌可迟迟又久，欲以平和之手段，感格此痛痒不相关之异族政府，致为其所愚而不知耶？

论者又谓“当武力未充实之时，何苦不利用此岁月，先之以要求”。曾不思苟武力而未充实欤，则无所挟而求，非要求也，直乞求耳。苟其即充实，则一举而颠覆之可耳，又奚事于要求？况夫一言要求，则国民之希望与失望，循环交战，闻政府有俞意，则欣然喜，见其有拒色，则蹙然忧，日彷徨于五里雾中。彼政府者诇知其内情，则以狙公赋芧之术投之，无所往而不利，是欲使国民为政府所愚也，而要求之流毒，必至于此。故苟察知满汉之必不并立，政府与国之必不相容，则当断然决然，扶此以蹶彼，必无可以相提携之理。夫既知满汉之不能相提携，政府与国民之不能相提携，则有以知我党与彼党之不能相提携也。

【第】三，立宪政体之不能确立其原因实由于满汉利害相反

彼报云：满汉利害相反之点，诚或有之，然其间独无利害相同者乎？相同者何？则中国亡而无汉无满而皆无所丽是也。吾以为彼满人者，苟计及其全族之利

害，则必能弃排汉之政策，而取同化于汉之政策，盖非是决无以自存也。

驳曰：吾前文列举满汉利害相反之点，彼以“诚或有之”一语为答辩，则吾所言者，彼既承认矣，乃彼于所承认之外，复举一利害相同之点，以为中国亡则满汉皆无所附丽，不知此一点既以吾前文所举奥太利之例，已足以破之而有余。夫奥太利国内诸民族宁不知奥太利亡，则诸民族皆无所附丽乎？而轧轹不已者，何也？即此一反诘，论者已无以自解矣。夫民族之相轧轹，其所处之地位，实使之然也。奥事姑不论，试一审满汉所居之地位，即知其利害相反，固无术足以调和。盖满洲自入关以来，其以中国为囊中物，已二百六十余年矣。彼之处心积虑，不外保其子孙帝王万世之业。设有覆而取之者，则彼将丧失其所固有，故有“汉人疲，满洲肥，汉人强，满洲亡”之语。盗憎主人，地位使然也。近数十年来，汉人之外，复有列国以环伺其旁，然自满人观之，汉人之光复，列国之蚕食，其丧失囊中物均耳，于是决然曰：“与其还之家奴，不如赠之朋友。”又曰：“量中华之物力，结友邦之欢心。”彼其心果有所爱于中国哉？使中国而为彼之私有物，则取携惟恐不尽，譬诸饕（餮）〔餮〕之夫，肴核未尽，匕箸不能止也；使中国而不为彼之私有物，则瓜分豆剖，瓦碎鱼烂，皆无与彼事，而彼转得以结友邦之欢心之故，割一片之腴壤，以为其饮食游戏之所，彼何所乐而不为？而论者乃为之饰言曰：“中国亡则满洲亦无所附丽。”其辞虽巧，然以证之历史，证之满人所自言者，何其背驰也。夫以满人之凶德若此，为汉人者，正宜相戒备，敌忾同仇，是以满人之情实不可不瞭。乃论者见有揭满人之阴谋以告我民族者，则詈之曰“抛弃救国问题”，曰“惮现政府之果为政治的立宪，故不惜为此言以提撕之”。夫吾之所以揭满人之阴谋者，正所以提撕我民族耳，满人之阴谋，满人自筹画之，宁待吾之提撕？此理为童騃所能喻，而论者乃以相诮，何耶？此无他，论者甚虑人发满洲之阴谋，以阻碍其排汉政策之进步，又甚虑我民族灼知满洲之阴谋，而不为所愚，故见有发满洲之阴谋者，则为之痛心疾首，而又为巧辞以掩覆之。其所以为满洲人计者，诚无微不至矣，独不知彼果有何面目对汉人耳。

彼报云：满人所以不愿立宪者，不过惧缘立宪之故，而失其本身之富贵权力。此为个人主义，非有种族观念参于其间。惟此隐衷，不能公言，适值此排满论正炽之时，彼乃借此说以耸君主之听。铁良、荣庆之藏身固甚巧，而排满家乃为其所仇之人作荆轲而不自知耳。

驳曰：论者曾亦思满人之富贵权力胡自而来耶？使其祖宗惟知栖于长白山下，而不知荐食上国，则彼满人安得有今日之富贵权力？又使其祖宗即遂大欲而不为其子孙筹特别之地位以位置之，则彼满人亦安得有今日之富贵权力？是故满人而不虑及失其富贵权力，则亦已耳，苟其虑及，则必为全族计，为全族计，即所以为个人计也。盖其个人即全族之一分子，其个人之富贵权力，由其全族占特别之地位，故得以泰然享之，是以二百六十余年来，满人之持排汉主义，有如一日，而论者乃以为个人主义，是未尝一察及其个人所托足之团体也。夫满族之为患于中国者，以其团体，非以其个人。若徒个人为患，则其势必不能久。惟其有团体在，故分子之发生成长，无有穷期。不能颠扑其团体，而惟欲去其一二分子，非根本之计也。故吾之意，以为汉人之仇满，当仇其团体，不当专仇其个人，而论者之意则不然，于满人之团体熟视无睹，惟欲“就其个人而加以恐怖”。然试问满洲之据中国，以其全族乎？抑仅其以其个人乎？吾知论者之将结舌也。至其谓“满人利用排满论以自文其奸，而排满家适为之尽力”，此言污下已甚。当虏廷之议立宪，满人之中有赞成者，有反对者。其反对者以为，苟有武力，则可以无道行之，不必假立宪之虚名也；其赞成者则以为当假立宪之虚名，以实行排汉之政策。两说相持，卒为赞成者所胜。于是，预备立宪，改革官制，纷纷然哗聚跳掷，而财权兵权，（患）〔悉〕攫而归之于中央。然则满人之决不能行政治之立宪，而惟知以伪立宪遂其阴谋，吾前所言，一一验矣。以彼满人之地位，无论为个人计，为全族计，皆不能不了于排汉之一途，岂待有排满论，然后得所借口？独不解彼汉奸者，当满人排汉政策悍然显露之日，犹日劝汉人以勿排满，且谓排满者适为满人尽力，吾不知其下笔之际，亦有怍意否也？夫满洲之团体与其个人，利害相同，故满人虽持个人主义，亦固有裨于其族。惟汉人既明知满汉利害相反，犹必持个人主义，以为满之伥、汉之贼，则非惟自绝于汉人，抑亦见鄙于满人耳。论者又言：“此次为改革之梗者，汉员之大僚，亦居多数，毋亦认改革为不利于一身之富贵权力，而因以梗之。”论者之评汉员，所以能如见其肺肝者，正以与彼汉员同一肺肝之故。彼认改革为不利于一身之富贵权力，而因以梗之；论者认排满为不利于一身之富贵权力，而因以梗之。此正可相视而笑，莫逆于心者，吾又何责焉？

彼报云：以二以上之种族，组成一国家者，苟其各族之人，诚能有自爱其族之心，则当本族利害，与他族利害相反时，固不免先其族而后他族；若当本族利害与国家利害相反时，则自必能先国家而后其族。

驳曰：论者既知“当本族利害与他族利害相反时，固不免先其族而后他族”，然则当满汉利害相反时，汉人之权利，为满人所断送者，不知几许矣，于此而犹曰勿排满，是诚何心？至其谓“当本族利害与国家利害相反时，则自必能先国家而后其族”，吾不知彼所谓本族利害与国家利害相反者，果如何之场合足以当之乎？若自汉人言之，则非排满无以复国，是排满者汉人之利，即中国之利也。何云利害相反乎？若自满人言之，则中国者中国人之中国，彼以侥幸而盗为己有，其所大利，在取携莫之疵瑕，所谓大害，则有袗臂而夺之者耳。中国之存亡，非彼所关，是满人殆无一日不立于与中国利害相反之地位，而其只顾本族不顾国家，又非自今日而始，然论者猥以爱尔兰相比，何其拟于不伦也。论者又谓“一身之利害，由私的生活而生；一民族之利害，一国家之利害，由公的生活而生。故苟知有公的生活，未有知有民族而不知有国家者”。不知此惟国家之利害与民族之利害一致时惟能然耳。若夫国家之利害与各民族之利害不能一致，则势必先本族而后国家，盖其时直接关系于各人之生活者，以本族为最接近故也。奥太利诸民族犹不免若此，况夫满洲之唯知顾其本族而无所爱于中国者乎？

彼报云：满人苟能计全满族之利害，则必不采排汉主义。上海《时报》之言曰：满汉民族相较，为百与一之比例，使汉人死于阋者十，而当满人一，则汉人牺牲其之十之一，而满人已无（焦）〔噍〕类矣。又曰：故以满人而排汉，虽九胜而一败，而一败已不复足以自存，故满人苟为其全族计，必能有见于此。

驳曰：上海《时报》之为此言，纵不自怍，独不虑满人之笑于旁乎？吾试诘之：当明之亡，满汉民数相较，非百与一之比例乎？何以虏骑纵横蹂躏，所至屠醢，而汉人伏尸千万，流血成河，莫之能抗耶？自盗国以后，满汉民数相较，非百与一之比例乎？何以伪朝穷凶极恶，杀人唯恐不尽，枯竭百（性）〔姓〕之脂膏，扫荡天下之廉耻，而汉人呻吟宛转，憔悴至死，而莫之能抗耶？自川楚、金田诸役相继并起，其时满汉民数相较，非百与一之比例乎？何以虏得安居衽席之上，而汉人辗转相屠，人命贱于鸡犬，终莫之能抗耶？呜呼！自亡国以来，虏之民不加多，中国之人不加少，则知满汉势力之消长，非必与人口之多少为比例明矣。使汉人而能团结，则虽人数少于彼，而奋吾之聪明才力，未尝不足以监其脑，若其不团结，则虽千倍于彼，散沙碎石，其能有济乎？然欲汉人之团结，无他道，民族主义而已。诚欲有以抵满人排汉之风潮，当未有不留意于此者，乃《新民丛报》、《时报》暨其他《商报》等，一闻民族主义，辄如一犬吠影，百犬吠声，拒之唯恐不力，而及其陈排汉之不足虑，则又施施然以人口众多为辞。其将以此慰汉人耶？是无异绐之使赴死地也。其将以此恫喝满人耶？使易其辞曰汉人既有四万万之众，而又融洽之以民族主义，何排汉之足惧？斯其说足以自完矣，奈之何惟校其数量而遗其精神也。夫使精神之不充，则人数虽多，适足相杀。中国之亡，虽亡于民族，实亡于汉奸。彼满人之排汉，岂必躬自排之？无惟以汉人杀汉人而已。前事不复道矣，今后苟有革命军起，其所与为敌者，无虑皆汉奸也。彼汉奸报之大唱汉奸主义者，其肉宁足食乎？

附言：稿已成，复见该报第十四号，续编中国民族现象，非奥太利之比，其结论云："我中国与彼大异，汉族占大多数，即尽合群族以相对，犹不能（发）〔当〕我十之一，无论何族，不得不与我同化"云云，其徒恃大多数而不言民族主义，与《时报》正同。此论正足以破之矣。

《民报》第十号、十一号、十二号，光绪三十二年十一月五日、十二月二日、三十三年一月二十二日（1906 年 12 月 20 日、1907 年 1 月 15 日、1907 年 3 月 6 日）

贺希望督抚革命者之失望

去 非

近时人士对于中国前途，有颇强之舆论焉，曰希望督抚革命。为此说者，大抵不出二种：一为素持民族主义者，以为国民军之起不易，而思借其已成之势力也；一为热心政治革命者（此非指希望开明专制之辈），睹满政府立宪之失望，而亟图方面之有事也。此其主张之得失如何，吾人方欲刺而论之，而适得欧洲留学生上袁世凯论革命书，其词曰：

北洋大臣袁公足下：秋风萧飒，落叶飞黄，慨故国山河腥膻破碎，人非木石，首岂无灵？同渡悲涛，安能忍默？明公以汉民之侠杰，作鞑虏之信臣，名著邻邦，位高余子，寅僚畏忌于疆外，后进伺候于公门，轰烈莫名，威福如是。皮相者既不能为明公（伟）〔讳〕言尊贵，面谀者又不惮为明公假饰勋名。以明公之方略出入，岂不能识透虚实？然千虑一失，固见于圣贤，况侍侧趋庭，又不皆直士。此所以有识之人既为明公爱，复为明公惜，又将为明公幸，忠诚毕集，感慨交融，有不能为明公已于言者。明公岂非所谓有为当时英雄之资者耶？起自干城，效勤镇国，加以深谋远虑，睥睨万人。即破康党奸谋之一事而言，已可谓烛照万里。近世浅见者，方以此事为明公怨，而识者则能为明公作真诠。夫康佞之心，为己也，非救国也，媚君也，非爱民也。君宠厚则权位重，权位重则专制立，亦曹操挟天子之故智耳。乃谓其有民权种族之思想者，必其门生故为之饰，犹为鸦绘凤毛为犬加麟角而已，况其所争者在母子耳。夫奉母后与奉嗣君，同一夷主也，同一专制也。康之存心何在，夫岂堪问。惟明公烛之于先，而不附之于后，片言只字，道破隐奸，此不可谓非明公为我汉族民权全一大局也。识者且知明公外任怨而内怀诚，假屈虏廷，蓄锐有待，后竟得清后信用，授以太阿，居天下建瓴之势，政必请示，谋每求全。殆至自顾权移，且动怀戒惧，此天授明公以改政复仇，振新革旧，千载一时之机会，亦明公谋之而遂者也。所谓为明公爱者此也。迩来六七年矣，权极而忌，信久而疏，而天下之所望于明公者，亦隐消于不见。噫！以明公之卓越若是者，岂亦甘为小朝廷大臣而已耶。不然，则何弗一思救国拯民之根底也。明公亦悯民之仁人也，尝得道路传闻，谓明公甚下士礼贤，不辞为国事尽（悴）〔瘁〕。又知明公于近日立宪之说，首倡一言，此谓非明公之善意也不可。虽然，明公亦知木之有本，水之有源乎？植木者将可敷染其枝叶为荣乎？清水者将可随扬其流波为快乎？恐明公不若是之愚而误之也。然则明公之于国事，何竟不智及此耶？欧潮东渡数十年矣，朝野之命名维新者，已非一日，果有效乎？今日振工艺，明日兴教育，养成奴隶，制出死机，况即此些微，犹捕尾牵头，缓不济急，明公岂不知之，而奈何不思变计？近者明公之策任在立宪，在廷诸人唯之，以端方为最甚，清太后闻之亦喜。夫此言之出于明公，吾辈未敢厚非也。以明公志在救国爱民也。然清太后之利用端方辈之欢迎者，志果在救国爱民乎？抑在消释革命之患而已也。明公试细察之，当能得其隐又当（暗）〔黯〕然自失矣。且近者清太后差遣五臣，周游列国，竭同胞膏血八十余万，聋群瞽从，走马看花，法为民主也，必曰大权在君，德固重君也，则曰此可视效。载泽等以满帝之胄，刚愎自用，力持重君抑民主义，以媚后植势。所谓司马昭之心，虽欲掩路人且不可得，况吾华夏聪明识理之士，且未乏人乎？不仅我国民志士知之也，即外国亦洞若观火，如法国某报五月所载，谓清太后之欲立宪，实清国太后愚民之术也。即此可见清议，而各国政府之欢迎载泽者，或亦有利用此傀儡而施其政策耳。即如日本伊藤之讲说政义，于人民权利国家组成之要领，全不提及，仅以贵国当重君抑民数语为敷衍。呜呼！日本处今日战疲民贫，罗掘无地，思惟中国为堪插足，夫何爱中国之兴而为之谋。故日本伊藤对中国之策，一愚弄满洲之伎俩而已。

夫气满自胀，事久渐明，如最近伦敦《泰晤士报》，谓日本既亡高丽，而其志未已，贪欲无厌云云。意虽妒忌，言实由衷。由是观之，太后假行立宪以消革命之隐意，欧人知之矣；日本欲假力满洲以销中国民气而实利之之谋，欧人亦知之矣。独吾国当局者不知之，以明公卓识独具者，亦似未尝知之。清廷有巢毁之危，而明公不耻居秦桧、韩（佗）〔侂〕胄之肆，新汉国有雄飞之会，而明公不欲齐西乡、华盛顿之名，是则可为明公惜者也。明公清夜抚躬，岂不思负尾掩翎、屈膝稽首于满庭下之不为大荣，又岂不知人心思汉志士愤号之不可以已，乃不思倡义鼓勇，彻底维新，惟恃拥满主立宪为长策。呜呼，昧矣！无论满汉界域太明，政权不易平允，宪政之实效，万无可望。民权之真理，万无可求。就令立宪或成，仿行日、德政体，尽如明公所拟，明公能保国民无智识超出之人，揭其隐而发其伪乎？明公能言满洲行君主立宪后，能消种族革命政治进化之思想乎？然则天下后世，将谓明公为何如人？况明公所拟，尚未见毫末之实行，而满洲之变本加厉，已愈出愈奇。近如铁良辈之主中央集权，端方之督两江，南北遥相映对，明公权高被妒，大柄隐移，余子庸庸，承颜异族，然则汉权之复，民创之苏，皆如幻影梵花，空中乌有。明公将何以答天下人民之望乎？明公岂不以君主立宪之说为中外所爱（载）〔戴〕，故不妨委曲而行之，而满汉之界，遂亦可以平乎？虽然，想明公以当不若是见闻短也。居今日之中国，不以革命实行民主立宪者，是则以立宪欺人，天下皆知之矣。明公之左右驺从，大抵多肉食滑口者流，否则（咨咀）〔趑趄〕嗫嚅，视颜色为唯诺，再次则徒求糊口。是以明公曰立宪，彼亦曰立宪，明公曰忠君，彼亦曰忠君，而岂知天下卓绝之士，固未在明公之庭也。人心未死，公理长存，况东西寄学者秉仁民爱物之良心，加以人道社会之真义，顾中原黑暗，血泪随声，唤醒同胞，共入光界，扫魔辟障，直如拂尘耳。彼区区民贼，夫何足为敌。明公以中国事自任，乃于根原大局，若故相离，不知之乎？是谓不智。知之而故为避之乎？是谓不仁。不智不仁，明公当不愿受也。而奈何不为之防耶？今为明公正告曰：国者民之国也，政府者民之政府，宪者民之宪也，非私家之可得而主，尤非异族帝后之可得而专。明公如有悯民之仁，则事易为耳。不然，则舍近图远，后将有炎。天下事被他人定，而明公且未免为劫底劳人焉，未始非明公之不幸矣，明公其裁度焉。国民素仰重明公，又深知明公有定天下之志，乃自满洲立宪风传后，颇失所望。然犹未识明公对我国民之意，果属何在？近者国民之结力深矣，独不肯形于色耳。念明公乃我同胞之英杰，爰不避冒昧，函达微诚。若夫国民所重，旨在造新，当早已邀谅，惟其详非纸墨所能即罄，暂俟之他日。明公是非必居于一，国民亦愿待命。惟事关当道忌讳，谨守秘密之约。自此函发后，国民自戒以弗宣传，如蒙复裁，亦望以同法可也。海天万里无限愁云。伏望明公为国珍重，欧洲留学新国民会同顿首陈情。

右书昌明大义，暨为袁氏指陈是非之处，令人无以间焉。且其首揭满族立宪愚民之奸，尤非既失望于立宪而始生心者可比。然虽以一时之名论，而不足以回彼人之听，终至失望者，则良以远于事实之故。何者，凡人视盖棺美名，不若其及身利禄之重，故是非之心，恒不敌其祸福之见。今之谓袁氏者，但闻怵以清议激发其名誉心而已。而其从逆之为祸，反正之为福，固未能亲切言之。然则袁之接此等言论也，必不能举莫大之禄位勉一掷以为民族牺牲也。夫图革命之事业者，非其素有非常之志，则必急之而始走险者也。而自古权臣之举事，则大都以有所迫而致。袁之生平，其于种族大义了无所睹，此亦天下共见者。故无望其以万分安全之富贵利禄为孤注。而今日满政府固乐畜袁以为弄臣，未尝迫使走险。袁亦遇事表其恭顺，而为所不疑。世徒见其绾握重兵，而内之卿贰，外之督抚提镇，颇多为其戚友，遂拟其有非常之志，即外人之觇国者，亦疑袁有图大事之心。曾不知袁之所为，只以植党而葆其固有之势位耳。故袁虽极事张皇，而所部各镇之统领，乃不能得真为心腹之人。其为袁下者，方眈眈伺袁，万一有变，即不难卖袁，而已且攫取袁之位。盖彼亦较其利害，犹之袁于戊戌政变之要功，谓其有忠满洲之志，及能洞见康、梁之奸，皆属皮相之论。殆其自为计，必出于是而已。故袁即稍见忌于满洲，而归还兵柄，即当不失其爵位。至图革命之事，则恐为人所乘，此所以日闻反正之言，而必不能用也。李鸿章丁庚子之役，外人有谋劝进者。李迟留于粤数日，终曰：吾老矣，不能任也。庚子之时局较今日百倍可乘，李之勋望，亦非袁可并论，而犹不敢于出此，虽其耄耋志偷，亦为一原因，而根本所在，则究以不识民族之大义，而且惑于目前之祸福，不能自持。惟其自视所已得之富贵利禄为甚重，则稍近于冒乘险危之政策，而亦不敢出。日人之论袁也，曰："官制改革之结果，将与袁之权力冲突，袁或骤进以用权于中耶？抑蝉蜕以自保耶？二者必有一于是。而袁智者也，必出万全，其为蝉蜕以自保可决也。"袁之一旦奉还五镇兵柄，其兵悉归铁良，海内为之失望。欧洲留学之上书者，吾知其失望益甚。然袁之预图蝉蜕，实不自今日始。观其于数年以前，已援引铁良使主练兵之事。夫铁良之用事，袁实荐之。铁良既得志，乃渐侵袁之权，不知者方为袁不平，而其实袁乃利此以为蝉蜕。张百熙任管学，人或谗其好新学与新党接。张则惧而引荣庆分其权，卒且让学部与荣而张任度支。其人曰：张非此将不免，且户部岁入胜于学部也。袁之引铁，一如张之引荣，虽非其所甚欲，而皆不能谓非所预计。满族争思揽权，而汉人率先避位。宋曹彬曰：好官不过多得钱耳。袁张所志，当亦类是，而谓其能副海内汉族之期望也耶？况汉人之仕宦者，至无团体，争利于虏朝，不惮相轧。以近日所闻，则以袁之削权，满政府惧其怏怏不快，而岑春煊且夤缘太监李莲英企入居枢府以制之，林绍年新人军机，亦首劾袁以市宠（见十二月四日日本《朝日新闻》所载）。然则使袁万一有异志，则虽素亲袁如周馥、杨士琦之辈，必卖袁惟恐不先也。更观满洲二百六十年以来之历史，未闻以督抚持权，而有非常之举者。章太炎曰：元之为暴于百姓，清之为暴于士大夫。士大夫亦其所深防者也。故其为官制，首以相钳束，而使不得自由行事为要旨。督抚之不能为变，实由钳束之制，非偶然也。自三藩削定后，即实行中央集权之制，督抚除遵行谕旨外，大事仰成于军机，其余且听命于六部之书吏。洪、杨之起，满人屡败，势不能不用汉人以灭汉人。而中枢财力，又不足赡军费，于是督抚乃稍稍有兵权财权。然仰成于中枢如故。且以一纸诏书黜杀之无异发蒙振落也。至庚子之役，北京政府不自保，江鄂督抚竟与外人为约相守，自是刘坤一督两江终其身，张之洞督两湖至今。论者以为能自固其位，而满政府不敢易，尾大不掉之势成矣。殊不思刘为有殊功于满酋者，而张则无异拥债以自重，皆非有不可动摇之势力。亲信有内援如岑春煊，加以广西自残同种之劳，犹不能久留于粤。故望督抚为革命之事，非惟志所不欲，抑亦力所不能，非独袁氏一人为然也。且吾不知今世之望督抚以革命者，将望其能为国民的国家耶？抑将望其为帝王之事业耶？如曰为国民的国家，则吾信今日之督抚脑海中无此物也。其僚属倅从之官吏，脑海中亦无此物也。如曰为帝王之事业，则姑以为有能之者。然如是则最高者为开明专制，我种族革命主义虽达，而政治革命无成。吾人曷不聚力合谋，以图所谓国民革命者，乃为是无聊之极思也。自袁既奉还五镇，张之洞亦继之，二人为今日督抚中最有权者。二人之势力既削，其它抑不足道。世之望督抚革命者，其失望乃与望满洲立宪者无异。此自其人观之若可吊矣，而吾人则竟以是为当贺。太炎曰：满政府之力，不足以制权汉人，惟恃督抚为爪牙。今言为中央集权，是自剪其爪牙，他日革命军起于各省易易矣，此吾汉族之利也。此为希望国民者贺，而非独为彼失望于督抚革命者贺。且革命军未起之前，而满洲政府集权中央，攘夺吾汉人一切地方自治之权利（如本报第八号《满洲立宪与国民革命论》所言），是则革命（年）〔军〕一日不起，此事犹一日当为吾汉人吊也。惟中央集权，而督抚权削；督抚权削，则望督抚革命者皆废然思返，而不能不专属望于国民，以蹈空之谬想，而化为实际之研究，即革命军起，亦当自用其力，而无有所倚赖。此则吾人所为贺夫失望于督抚革命者也。若夫好事之少年，敢为奇策以干当世，彼黠者遇之，乃乐得以示忠信于虏廷，而其人遂不免于戮辱。今者督抚权力既不足动人，则好奇者亦闭口而绝于祸，斯亦可喜也。

《民报》第十号，光绪三十二年十一月五日（1906年12月20日）

箴新党论

太　炎

党锢之名自汉始，迄唐宋明皆有党人，其材望行义虽有高下，未有如新党之阘茸者也，是何也？合百千万人而为一朋，其执守必与众异，然后可以自固其群，非乌合兽聚之谓也。前世党人，虽无远略，犹不失其正鹄，独新党则异是。中国士民，流转之性为多，而执著之性恒少，本无所谓顽固党者，特以边陬之地，期月之时，见闻不周，则不能无所拘滞，渐久渐通，彼顽固者又流转而为新党。往者科举取士之世，新程墨出，则旧程墨必废，未有执守旧文，恳恳以继承故武为念者。外界之刺戟虽异，而内心之流宕则同。彼新党者，犹初习新程墨者也，是非之不分，美恶之不辩，惟以新为荣名所归，故新党之对于旧党，犹新进士之对于旧进士，未有以相过也。原其用心，本以渴慕利禄之故，务求速化，一朝摈斥，率自附于屈原、韩愈之徒。盖魏公子牟有云，身在江湖之上，心在魏阙之下，庄周述之，以为热中之戒，而是族反举此以为美谈，何异相如自述以琴心盗卓文君事乎？虽然，党人之所以自高者，率在危言激论，而亦借文学以自华。今之新党，于古人固不相逮，若夫夸者死权，行险徼幸以求一官一秩，则自古而有之。汉世甘陵之党，多正人卓立其间，所与争者，惟阉竖与椒房之亲，以此求胜，宜称无罪。朝野流言，转入太学，诸生三万余人，郭林宗、贾伟节为其冠，并与李膺、陈蕃、王畅更相褒重。自牢脩密告其事，而辞所连及者，莫不禁锢终身。若郑康成以山东大师，传授经术，未尝问王朝治乱之事，名在党中，实由株连所及，此本不得以党人论者。郑公之门，黄巾罗拜，其德之下被与民，当与虞舜所居成都相比。微特唐宋诸党，弗能逮其咫尺，以当时李杜之伦拟之，正犹燕石之与美玉耳。若夫汝南许劭，名有臧否人伦之鉴，而与其兄许靖不协，摈之马磨，则知朋党相倾，不足以洽人望久矣。郭林宗以在野之士，昵迩公卿，虽不应征辟，终不出于浮华竞名之域。是以葛洪正之曰：

林宗有机辩风姿，又巧自抗遇而善用，且好事者为之羽翼，延其声誉于四方，故能挟之见推慕于乱世，片言所（褎）〔褒〕，则重于千金，游涉所经，则贤愚波荡，可谓善击建鼓而当扬日月者耳，非真隐也。盖欲立朝，则世已大乱，欲潜伏，则闷而不堪，或跃则畏祸害，确尔则非所安，彰徨不定，载肥载臞，而世人逐其华而莫研其实，玩其形而不究其神，故遭雨巾坏，犹复见效，不觉其短，皆是类也。或劝之以仕进，林宗对曰：吾昼察人事，夜看乾象，天之所废，不可支也。按林宗之言，其知汉之不可救，非其才之所办审矣。法当仰跻商洛，俯泛五湖，追巢由于峻岭，寻渔父于沧浪，若不能结纵山客，离群独往，则当掩景渊洿，韬鳞括囊，而乃自西徂东，席不暇温，欲慕孔墨栖栖之事。圣者忧世，周流四方，犹为退士所见讥弹。林宗才非应期，器不绝伦，出不能安上治民，移风易俗，入不能挥毫属笔，祖述六艺，行炫自耀，亦既过差，收名赫赫，受饶颇多，然卒进无补于治乱，退无迹于竹帛，观倾视汨，冰泮草靡，未有异庸人也。无故浮沉于波涛之间，倒屣于埃尘之中，遨集京邑，交关贵游，轮刓荚弊，匪遑启处，遂使声誉翕燿，秦胡景附，巷结朱轮之轨，堂列赤绂之客，轺车盈街，载奏连车，诚为游侠之徒，未合逸隐之科也。有道之世而臻此者，犹不得厕高洁之条贯，为秘丘之俊民，奚足多哉？故太傅诸葛逊曰，林宗隐不脩遁，出不益时，实欲扬名养誉而已。街头巷议以为辩，讪上谤政以为高，时俗贵之歙然，犹郭解原涉见趋于曩时也。

夫以林宗高名之士，而比于独行隐逸诸公，犹多匆逮，至其竞逐当道，借交养名，则可以为世戒矣。下至唐世，牛李以旧家新进相争，如李之言，则犹汲黯所云陛下用人如积薪，后来居上者也；如牛之言，则犹春秋非世卿也。二者各有所守，然材略足以相当，虽欲乘其贬黜，阴相贼杀，惟以朝士自倾朝士，外之未尝借资于藩镇，内之未尝假权于阉人，此其材行，必非近世党人所能仰跂，然其醉心权利之事，以汉世党人视之，则犹腐鼠之比神羊矣。宋之洛蜀，交相丑诋，程颐持正而不周于学，苏轼利口而不济于用，其所争不关政事，惟以琐细节奏之间而相侵陵，若其寄心王室，闻故主之嘉赏其文，则泫然为之流涕。使近世新党之魁，（模）〔摹〕效其状以为忠孝，周狗啼而牺牛哭者，则苏轼为之前驱也。明之党人，名为与逆阉相抗，然自江陵新郑之时，朝士已分省自植，以熊廷弼之长于兵略，而不附东林，则邹元标、魏大中辈，必欲致之死地，其私心有可见者。会魏忠贤用事，廷弼、东林，同时俱尽，海内党人，不得不解仇相助。忠贤既诛，而分省之争复亟，乃者东林之汪文言，复社之张溥，皆以善行贿赂，为党人所依赖。此汉、唐、宋之党人所不为者。若其内行玷污，瞑瞒声色，则又前世清流之所未有。张溥喜服房中之药，见于医师喻昌书中，如瞿式耜之忠纯，而犹有内实五姬，临命桂林，欲与妾诀，为张同敞所引止，况复延儒、谦益之流乎？明思文帝有言，北都覆于东林，南京亡于马、阮，厥罪维均。信哉，党人之死权而忘国事也！索虏入关以后，党人已绝，而臭味所遗，百年未艾。其以文字抗虏者，在野有吕留良，在朝有查嗣廷、胡中藻。虏酋宣其罪状，叛逆以外，率举浮华奔竞为辞。彼以陈义慷慨而婴斯戮，诚当为之讼直于天，然留良以时文自豪，科举诸生，猥相崇尚，而嗣廷之附隆科多，中藻之附鄂尔泰，虽爱者亦莫能为讳，其被浮华奔竞之名，非不幸也。虏不能以浮华之名加顾炎武，以奔竞之名加戴名世，而独被于是三人者，由其中明世党援之习独深，以此为名而汉人不能以辞相抵。然则始自东汉，迄唐、宋、明，有党人者四世，虽竞名死利，各有等差，而大体不能外也。今之新党，与古人絜长则相异，与古人比短则相同。自弘历殁而谤声衰，百年之间，朝野士庶，寂然宁息，国政军实，堕于暗昧。洪王起于金田，虏始振动，旋踵亦灭。外有晳人之祸，北露西欧，交征诸夏。讫于载湉嗣位，丑声起于禁掖之间。李鸿章拥兵于外，朝士哗然，皆谓其有异志。梁鼎芬以劾李鸿章罢官，朱一新以言李（连）〔莲〕英废黜，天下冤之，则新党之萌芽始作。甲午辽东之役，丧师縻财，疆埸日蹙，台湾之割，旅顺之割，青岛之割，威海之割，接踵而至。大酋垂拱于上，失其帝天之尊，而宫掖亦时有诟谇。康有为乘七次上书之烈，内资同龢之力，外借之洞之援，设强学、保国诸会以号召天下。当是时，有郑孝胥、陈三立之徒，以诗歌目录闻于世，而汤寿潜善持论，为吏有声，世比之陈仲弓。数子者，名为通达时事，并相和会。嘉应黄遵宪与有为交最深，元和江标以掇拾中外末流之学，视学湖南，熊希龄辈和之于下，皆更相驱弛为一朋。有为既用事，欲收物望，树杨锐、刘光第于军机。以宫闱相挤之故，复结二妃。时文廷式既废，亦扼腕欲自发舒。其外则有俞明震者，与陈三立父子有连，尝佐唐景崧称副总统于台湾，世人称其忠义，与有为亦相引为重。而诸贵游为京朝官者，各往往参错其间，新党自此立矣。有为既败，杨、刘死，张之洞、梁鼎芬始与有为抵拒，其党人亦稍稍引去，而江标以连蹇死，惟黄遵宪始终依之。倾侧扰攘至于庚子团民之变，唐才常起汉口，事发，有为再败，则同党始有告密于诸藩，自戕其爪牙者。然新党之萌芽，本非自有为作，挟其竞名死利之心，而有为所为足以达其所望则和之，不足以达则去之，足以阻其所望则畔之。故有为虽失助，新党自若。至学生任事时，则新党始颓废，其善附会者，犹故不败。综观十余年之人物，其著者或能文章，矜气节，而下者或苟贱不廉，与市侩伍，所志不出交游声色之间。人心不同，固如其面，吾亦不敢同类而共非之，特其竞名死利则一也。其所以异于诸耆老者，挟术或殊，其志则非有高下也。往者大酋专制，公卿备其顾问，故干誉者不出市朝，藩镇日强，自帝其部，非传食幕府，则不足以钓名。自薛福成、黎庶昌辈为其前导，而后之继起者转相崇尚，足迹接乎诸侯之境，车轨结乎千里之外，出入庶方，所更既广，故不得以一端取胜，必若条分件系，各附其人，则或为名士耻。是故录其科目以为大别，国事阽危，庶政纷乱，旧法未收，新政又起，故官未裁，新除又下，非特职守难分，即名实亦多相缪，于是求之古人以定是非，而对策八面锋贵于当世，则有父同甫兄贵与者，此一族也。备位公辅，自名知学，百家成说，未能研精，然未尝不记其篇目，晓其大义，于是求与己应者，造次酬对，（展）〔辗〕转不穷，而目录说部诸书最为利器，则有父晓岚兄兰甫者，此一族也。法制不常，时有张弛，诸所陈奏，要在疏通，而不可不缘以儒术，下逮序述笔札之属，质胜则不动人，文胜则不适用。于是桐城义法为其中流，则有父永叔兄子瞻者，此一族也。声气相扶，交相诵美，哀亡上寿，及以饮食会同之属，华实两尽，足以无憾，谄曲者末胡椒以堕泪，怀橄榄以解醒，其实虽具，必济以文，则有父荀慈兄稚存者，此一族也。生长贵游，凭借家世，一端之长，足以倾动朝野，自谓与国家同休戚，不敢有贰，而学术未具，徒能诗歌，所赋不出佩兰赠芍之词，所拟不离鸣鸩啼鹃之状，而又挟其惰性，喜逐狎邪，燕私之情，形于动静，则有父朝宗兄定庵者，此一族也。是数族者，举其大别则然，若囊括数者而兼有之，则最足以趋利。夫其所操技术，岂谓上足以给当世之用，下足以成一家之言耶？汗漫之策论，不可以为成文之法；杂博之记诵，不可以当说经之诂；单篇之文笔，不可以承儒墨之流；匿采之华辞，不可以备瞽矇之颂；淫哇之赋咏，不可以瞻国政之违；既失其末而又不得其本，视经方陶冶之流，犹尚弗及，亦曰以是哗世取宠而已。若夫前世党人，未尝涉历幕府以为藉也，未尝交通禁掖以行媚也，未尝逢迎驵侩以营利也。而今之新党，则洎然不以为耻，均之竞名死利，其污辱又较前世为甚。幸其用事日短，秽行不彰，不然而康氏事成，诸新党相继柄政，吾知必无叶向高、高攀龙辈，而人为谦益，家效延儒，可无待蓍龟而决矣。故曰今之新党与古人絜长则相异，与古人比短则相同也。抑此新党者，自名为新，彼固以为旧染污俗，待我而扫云尔。返而观其行迹，其议论则从新，其染（汗）〔汙〕则犹旧。盖顾氏有言曰："今日人情相与，惟年社乡宗而已。除此四者，窅然丧其天下。"吾尝持此以衡今日之俗，与明季略有异同。其相同者，年耳乡耳，宗则今日所轻，而重渐移于姻戚，社则今日所绝，而恩又笃于拜盟。彼党人之所以自相援助，传之自旧，虽昌言维新而不废者，亦有四事，具论如下：

一曰师生。师生本以学术授受得名，非座主与所举者得称师生。晚世浮伪之俗，其师在穷阎织屦者，则弃之未尝一顾，而曲事座主，如对上皇，斯已可鄙。科举废而斯道不行，然执贽上官，以师生相称者，其丑又甚于座主。推究始祸，实惟唐之韩愈。愈作《师说》以自文饰，其门下所从者，自皋甫张李之外，以其力能通榜，求为援手而已。明世武臣，对执政则称走狗，而士大夫之事阉人者，名为义儿。其名既污，近世乃假借师生之称，以避指摘。按《日知录》有云："《后汉书·贾逵传》：拜逵所选弟子及门生为千乘王国郎，是弟子与门生为二。欧阳公谓亲受业者为弟子，转相传授者为门生。愚谓汉人以受学者为弟子，其依附名势者为门生。《郅寿传》：大将军窦宪常使门生赍书诣寿，有所请托。《杨彪传》：黄门令王甫，使门生于京兆界辜榷官财物七千余万。宪外戚，甫阉人也，容得有传授之门生乎？《南史》所称门生，今之门下人也。《宋书·徐湛之传》：门生千余人，皆三吴富人之子，姿质端妍，衣服鲜丽，每出入行游，涂巷盈满，泥雨日悉以后车载之。《谢灵运传》：奴童既众，义故门生数百是也，其所执者，奔走仆隶之役。《晋书·刘隗传》：周嵩嫁女，门生断道，斫伤二人。《南史·刘瓛传》：游诣故人，惟一门生持胡床随后是也。其初至皆入钱为之。《梁书·顾协传》：有门生始来事协，知其廉洁，不敢厚饷，止送钱二千，协怒，杖之二十。《南史·姚察传》：有门生送南布一端，花练一匹，察厉声驱出是也。"而今之以达官贵人为师者，则无不自称为门生。彼以为弟子事师，与前史所说有异，及观其实，则所事者亦外戚、阉人之流，而欲入其门，虑无不入钱以当束脩之献者。耆旧既然，新党趋之益甚。是当比于汉世赘婿之科，为人群所不齿也。

二曰年谊。前世所谓同岁生者，谓其同在精庐，得失相告，困乏相资，急难相救，及其学成出校，又在同时，故其恩比于他人为切。若夫以科举取士而同时入选者，前日固非相识，邂逅遇之，何所归厚？而近世执为典常，复取唐人小说浮薄之言以为根据，义不本于礼经，事不允于民志，其不足称说也明矣。翰林院之尊先辈，逾于三老五更，不计齿历之高下学术之浅深，惟入选后先是问。乾坤可毁，中国可亡，而此制必不可变。由是言之，沉朝士于浊流者，非为过矣。然观今之新党，心识其非，而犹不决然舍去，乃沾沾于百事之改良，非能见千里而不自见其睫者乎？

三曰姻戚。近古虽重宗族，而宗族不皆显贵之人，惟累世达官者，犹以自护其宗为念，下此则宁通谱于贵人，然犹不如择取外姻之为便也。诸将校之起自田间者，虽位至开府，犹见轻于乡人，必与清贵者为婚姻，然后可以御侮。惟士大夫亦然，苟以姻娅为援，其迁转自较常人为易，而郡县守令之属，葭莩末戚，相聚一堂，鬻狱弄权，习为民患。彼新党者，于后者或能制止矣，于前者则犹固著不忘也。

四曰同乡。人情爱其乡里，不足致讥，督抚既横，时有暴政，则同乡京官得诉于察院而理之，此其补苴隙漏，诚不可骤废者，以视前三，敻乎远矣。然今人之爱其乡邻，较诸爱国为甚。夷貉在前，视之自若，而鄙夷他省，辄以为鱼蛇狼虎之不如。一人秉权，则乡人倚之而起。一人失职，则乡人从之而衰。故有舆金辇璧以保其乡贵，使不失旧服者，此新旧党之同情也。而新党之偏戾不道者，或谓南方当存，北方当弃，则往者迂旧之士所羞称矣。

今夫食肉者贵鲜肥，宿则味减，不如其鲜也；饮酒者贵陈酿，新则气暴，不逮其陈也。同此啖食之物，而或新或旧，贵贱殊情，然则论事当以是非为准，不以新旧为准，其例较然明矣。而诸新党于旧道德之党维持者，则视之以为琐节末事；诸有污俗，则随而与之转移，岂不曰吾之党援，将借是以成立也？若是而顽固守旧者，亦得执此以为口实，曰吾之党援，将借是以成立也。彼其激扬名声，互相题拂，两者对较，未见旧之必劣而新之必优。然则闰位余分，偷假旦夕，及名位既去，其人亦见轻于天下。荀子有言，狂生者不胥时而落，此之谓矣。若与汉、唐、宋、明之党人相提并论，不亦轻中国而羞泉下之朽骸耶？

或曰：今之任事者为学生，学生者非新党，而亦自为一群，此殆可以无讥矣。曰：吾向者固言之矣，中国士民，流转之性为多，而执着之性为少，渐久渐通，则无不流转而为新党。今天下既无顽固守旧之徒，则新党之名自绝，而诸学生之所为者，又新党之变形也。夫其学术风采，有异昔时，诸所建白，又稍稍切于时用，然其心术所行，举无以异于畴昔。其尊师帅有异于向者之称门生乎？其应廷试有异于向者之叙年谊乎？其分省界有异于向者之护同乡乎？以借权为长策，以运动为格言，凡所施为，复与党人无异，特其入官未久，不如昔人之熟识径涂，故不敢冒昧以求一试，迟之数岁，必森然见其头角。且新党虽多谄曲，而品核公卿，裁量执政，犹其所优为者。彼虽恃其客气，外以风节自高，则不得不有所饰伪，今则并其饰伪者而亦不知，惟以阿附群公为事。若夫呵殿出门，登坛自诩，以其爵命夸耀诸生，而视其取青紫如拾芥者，则新党虽顽顿无耻，犹必噤口不言。然则新党者政府之桀奴，学生者富涂之顺仆。新党犹马，不饱则不行，学生犹貍，不饥则不用。自专权自恣之政府计之，则学生之谨愿小心，其可用自优于新党，学生用而新党废者，非独时势适然，亦其品格愈卑，易于策使之。故观近世督抚之荐举州县，犹以书生本色为美谈。彼学生者诚可谓书生本色矣，若就寻常处世之道为言，则新党诚愚，而学生不可谓非智。何者？东陬貉子宰割神州，彼亦自树其部落族姓而已。汉人之良者，非备访问，则充书记，求其驯谨顺命而止，下此则为溺职，过此则为出位，其视汉人实无异于趋走供奉，岂复以骨鲠直臣望之耶？篡盗日久，恬然忘故，而汉人亦自以为在汉、唐、宋、明之世，犹之僵卧于海船者，梦中所见，犹是山原城郭，而不悟巨浸之稽天也。汉官之视虏主，无以异于吾族帝王，乃欲昂首伸眉，上法先正，外饰直言之名，内有植党之志，真昔人所谓探龙颔、批逆鳞者，大酋一觉，或废或诛，而汉人之为新党者各鸟兽散矣。以此而处汉、唐、宋、明之世，君威虽伸，舆论尚在，必不至落薄如是。彼满洲者既无法律，亦无清议，一遭贬削，则望实交陨尔耳。昔李绂之反接菜市，孙嘉（塗）〔淦〕之掷笔殿堂，此虏酋所以预惩新党者也。学官之设卧碑，乡老之讲圣谕，此虏酋所以弹正学生者也。学生能善体虏酋之志，执雌守黑，不敢自遂，大智若愚，于是乎在，而新党不能，岂非天下之至戆耶？今之新党，犹有孑遗，幸而小小得志者，皆善守学生之术。以此云进步，则真进步矣，以此云维新，则真维新矣。若就中国民气为言，则新党犹不至靡然荡尽。学生用事，廉耻道丧，秏矣哀哉，非独中国之亡在是，虽满洲政府亦未必不以此致亡于外人也。何者？国于天地，必有与立，非倜傥非常之士，即强力敢死之人，以一者足以进取，一者犹足以自卫也。满洲初入关，虽多兽德，而贞固干事之材，其所素有，此汉人所以不竞。今满人习于承平之乐，惟声色狗马是务，诸所举措，纷无友纪，而学生之承流其下者，一切以顺为正，海内向风，既明且哲，反唇偶语，且不得闻，而欲建立议院，以匡救庙堂之阙，此必不可得之数。然则虏廷之自恣必甚，而亡国划类，固可以旦夕俟之。满洲之亡，汉人之幸也。所恨者，天下习于学生之腥德，怯懦持下，宁为牛后。满洲之亡不亡于汉人，而或亡于他族，则汉人亦与之同尽，非变形新党之咎而谁咎哉？若吾党之狂狷者，不疾趋以期光复，日月逝矣，高材捷足者将先之。

《民报》第十号，光绪三十二年十一月五日（1906 年 12 月 20 日）

中国不亡论

——再答某报第十号对于本报之驳论

饮　冰

某报第十号有《杂驳〈新民丛报〉》一篇，其言支离谬妄，无一语能自完其说，每下愈况，本无再驳之价值，但彼附注一言云：“非承认则须反驳。”吾若不反驳，则第三者将以为吾默认彼言耶！是故又不得已于辩也。

彼报标题第一条云：“自满洲入关后，中国已亡国。今之政府，乃满洲政府，非中国政府。”此命题之正确与否，即吾与彼论争之要点也。故本文当专以此为范围，彼所论有涉及此范围外者，则当别驳之，此从略也。

欲知今之政府为中国政府，抑为满洲政府，当先辨今之国家为中国国家抑为满洲国家。国家之问题解决，则政府之问题解决。此所谓前提正确则断案正确也。故“满洲政府”四字能成一名词与否不必论，但论中国为是否已亡国。我与彼所论争者在此简单之一语而已。

彼报谓不当根据法理以论亡国，此大谬也。国家之性质及其现象，惟以科学的研究，乃能为正确之说明。此种说明，即所谓法理论也。而国家之灭亡，则国家现象之一种也，若何而为灭亡，若何而为非灭亡，不可不求学理以为之根据。而所根据之学理正确与否，此不可不审者，一也。学理既正确，而事实与此学理所命之定义相应或不相应，此不可不审者，二也。今持此以衡彼说。

彼报共分六段。其第一段略谓民族与政治之关系，非常密切，使全国人民分为两族，利害相反，则政治（象现）〔现象〕无从得善良，非解决种族问题，不能解决政治问题云云。驳之曰：**此乃以政治论（搀）〔掺〕入法理论也**。其标题既为论满洲入关后中国已亡国，此论则全轶出于标题之范围外，就令彼所言毫无差误，究竟与中国已亡未亡之一问题有何关涉？论者前诮我为不知政治论与法理论之区别，今何为复蹈之？夫国家有两民族以上，利害相反，而因以酿成不善良之政治者，是诚有之，如俄罗斯是也，如奥太利亦是也。然此乃政治上国家利害之问题，非法理上国家存在与否之问题也。且国内之人缘利害相反而生出政治上之障碍者，又岂必其为两族共栖而始有之云尔？如前此欧洲各国贵族之与平民亦其例也，如北美合众国之南北战争亦其例也，如近世各国资本家之与劳动者亦其例也。凡此皆政治上之问题，而于法理上国家存在与否之问题无与也（如美国苟缘南北战争以召分裂，则其影响可谓及于国家之本体；既不分裂，则于本体丝毫无与）。此问题之解决非本论范围，故不详论。以简单之语略说之，则无论何国，凡属政治上大小诸问题，其所以恒有论争者，殆皆可谓之缘国内各方面人民有利害冲突之点而起，而其冲突之发动力，或自种族上生，或自宗教上生，或自阶级上生，或自地方上生，或自经济上生，种种不同，而无国无之，谓解决种族问题即能解决政治问题者谬也，谓不能解决种族问题即不能解决政治问题者亦谬也。有并无种族问题之须解决而政治问题仍不能解决者，如法兰西诸国是也。法兰西本以一民族为一国民，无种族问题之可言，而贵族平民利害冲突，争数十年而不决，最近则政教分离案，亦冲突之结果也。有种族问题已解决而政治问题仍不能解决者，如意大利是也。意大利纠合星散之民族以建国，而建国后为教会诸问题，尚屡费冲突也。有欲解决种族问题则将不能解决政治问题者，如奥太利是也。使奥之国民各主张民族主义，则奥将分裂，而更无复政治问题之可言也。有将种族问题加入政治问题内一同解决者，如英国之于爱尔兰是也。英、爱殊族，利害冲突，然只认为一通常之政治问题，与他之政治问题，同上议案各党派赞成反对惟所择也。有不必解决种族问题而能解决政治问题者，如美国是也。美国人种复杂，而不害其合众以成国，从未闻以种族问题致生冲突也。我国种族问题与政治问题之关系，于此诸国中最肖何国？此非一言所能尽，以非本论范围，且略之，以待将来。要之，以国民利害有冲突之说，而强牵入种族问题于政治问题者，其言皆无当也。

其第二段谓中国曾已建国，今日虽亡，失其国民之资格，然追溯前日之曾为国民与预定后日之复为国民，故可称为国民，如达官暂废，他日可以骤起，固与台隶有殊云云。驳之曰：“**此非事实论，非法理论，无耻之言也。**”若曰追溯前日之曾为国民，故可自称国民，则散居各国之犹太人，可自称为犹太国民；分隶俄、普、奥之波兰人，可自称为波兰国民。乃至前此腓尼西亚、巴比伦、希伯来、叙利亚之苗裔，皆可以彼之祖宗曾为国民，故而自称为国民。作者素以湛深法理自诩，此所据者，谁氏之法理？愿有以教我也。若曰预定后日之复为国民，故可称为国民，则据嚣俄怀旧之作，今日阿非利加洲之黑人，可自称为阿非利加国民，遵阿圭拿度派之志，今日马尼剌诸岛之土人，皆可自称为菲律宾国民。乃至中国西南之苗、日本之虾夷、南洋之巫来由西伯利之诸胡，亦谁敢谓其千百年后必不能建国者？即吾辈谓其不能，又安知彼之不自预定以为能者？则皆可以此之故而自称为苗国民、虾国民、巫来由西伯利国民。作者素以湛深法理自诩，此所据者又不知谁氏之法理？愿有以教我也。夫达官而废置，则平民耳，若重而囚系，则罪犯耳。以平民、罪犯而举昔日之曾为达官以自豪，恋中堂大人之号而不肯舍，非天下之至顽钝无耻者，安得有此也？如曰将来可以起复也，则俟起复时称之未晚。且寻常之平民、罪犯，虽未经为达官者，安见其他日不可以为宰相、为督抚，则何不可预以中堂大人之号自娱也？此其不衷于事实，虽五尺童子能知之矣。要之，本报认中国为未亡，故对内对外皆得岸然自称曰我国民。若彼报认中国为已亡，认满洲为已（略）〔掠〕夺我中国者，则只能自称曰满奴，自称曰捕虏。若欲称国民者，则请公等别建新国，经列国之承认，得为国际法上之主体时，称之未晚。若现在以亡国之人而自称国民，徒为天下僇笑耳。今请与彼报记者约，务请将全世界法学家言有证明无国人民可称国民之法理，征引焉以解我惑。如其不能，则请将彼报前此所称“我国民”字样悉行更正，以后更绝对不许用此二字，否则我终谓足下认中国为未亡已耳（此段请赐答，勿躲避不言）。

其第三段以法理解释亡国之意义，吾一切能承认之。虽然此无的而放矢也，以一国家踣一国家，吾故认为亡国，此覆读本报第十二号之论文，可以知之者。彼报引近世学者所示之观念，谓一方之国家失其国家权力，他之国家代之而为行使其权力者，于是一方之国家消灭，同时他之国家开始其权力行使云云。此皆吾第十二号所已认者，无劳彼报之引证，而此观念适用于明清嬗代之关系与否，则吾与彼论争之烧点也。其第四段论此，今请于下方驳诘明之。

吾认满洲非国家，认满洲人本为中国之臣民，此吾全论最要之点。彼所以相难者，手忙脚乱，全失依据，自相矛盾，不复成文。今逐段驳之如下。

（原文）夫建州之名得于胡元，至明设营州、中屯、左屯、右屯、后屯五卫，属北平行都指挥使司，其右屯卫，即胡元之建州。永乐二年，右屯卫徙治蓟州，其余四卫，亦徙治内地诸县，则建州之地不毛久矣。自是以后，保塞诸胡羁縻不绝，至正统二年，建州左卫都督猛可帖木儿为七姓野人所杀，其子童仓与叔范察（原注：范察为满洲远祖）逋亡朝鲜，童仓弟董山嗣为建州卫指挥，无何（凡）〔范〕察归建州，乃令董山领左，（凡）〔范〕察领右。董山盗边无虚月，寻诛之，边备日严。嘉靖廿一年，建州夷李撒哈赤入寇，巡抚御之，已复稍戢。历诸酋，至觉昌安塔克世，以犯边伏诛，塔酋子（奴儿）〔努尔〕哈赤，复受明左都督敕书，封龙虎将军，其后始叛称帝扰边。子皇太极、孙福临相继立，乘明乱据中国。由是以观，满洲自（奴儿）〔努尔〕哈赤称帝以前，受天朝羁縻弱则戢服，强则盗边，未尝以齐民自居，而明之待之，亦以其为殊方异类，第绥靖之，使不为边患而已，其域既非内地，其人复异齐氓。

驳曰：此不足以证彼说之正确，而适足以证我说之正确也。我所主张者，谓满洲非国耳，谓满洲人为中国之臣民耳。就彼所考据，则满洲之非国益明。范察既为爱新觉罗氏之远祖，而范察之兄为建州左卫都督，都督非明官耶？范察之侄董山为建州卫指挥，指挥非明官耶？是不待龙虎将军之封，而其为明臣民之资格久已定矣。若以受天朝羁縻，弱则戢服，强则盗边，而指为非臣民之据也，则中唐淮蔡诸镇何一非受羁縻，弱则服而强则寇者，然则亦得以此之故，而指诸镇非唐之臣民乎？必不然矣。若以其域非内地而指为非臣民之据也，则英国除英伦、苏格兰、爱尔兰之外，其余各地之人皆非英之臣民，而台湾人亦决不能谓之日本臣民也。若以其人异齐氓而指为非臣民之据也，吾不知所谓齐氓者以何为标准。推其意，殆必以种族也。然则在美国之黑人，不能谓之美国人民（美国无臣民之称，故行文易此字）；在日本之虾夷，不能谓之日本臣民也。此其语语悖谬于法理，不待智者而辨矣。故满洲之本为中国臣民，岁百口不能动，此铁案也（请赐答，勿略过）。

（原文）是故满洲之称臣于中国，乃以殊方异类之资格，而非以中国臣民之资格，此最易辩者。前赵刘元海之祖，自汉末已居河内。元海在晋仕至并州刺史。安禄山生于营州柳城，史思明生于宁夷州，皆为唐地。禄山仕至尚书左仆射，思明仕至河北节度使，皆封郡王，非龙虎将军拥虚号者可比，且杂居内地，又非远在塞外，别为部落者可比。然以民族主义衡之，则皆为逆胡。何则？为其以异族盗中国也。如论者言，则元海之于晋，可比于三国鼎立，而安、史亦不失为隗嚣、公孙述也，岂不谬哉？夫元海、安史犹不得不谓为丑虏，况满洲耶？夫中国自明以前，包孕异类，亦至繁矣，然必同化者，乃真为中国人。满洲语言、文字、风俗皆不同中国，不得谓为中国人也。

驳曰：此段之心劳日拙，真乃可怜。其意欲以满洲前此之未同化，而指为非中国人，乃曰“必同化者乃真为中国人”。若如彼言，则彼所引例之刘元海，受业大师，兼通五经，善能文章，常耻随陆无武，绛灌少文。就彼之定义以衡之，正乃彼所谓真为中国人者也，而复以虏呼之，何也？（此语请赐答，勿躲避不言）。彼谓以民族主义衡之，则皆为逆胡，诚哉然也。然民族主义所谓臣民，非必国家主义所谓臣民，论者之说，以施诸图腾社会、宗法社会可也，若我中国，则二千年来已进化而入于国家社会之域，而论者欲退而图腾之，不亦惑乎？若以国家主义言，则元海之于晋，诚可比于三国鼎立，而安、史诚隗嚣、公孙述之类，吾言之何惮也？且即如论者之说，必同化者乃真为中国人，安史暂勿论，若元海则按诸论理学，而可决论者之已认为真中国人矣。以中国人称乱于中国，与孙权、刘备何异？而谓其不能比于三国鼎立，吾又不知其所据者为何法理也。而况乎谓必同化者乃为中国人，其论抑大谬。虾夷未尝同化于日本，得不谓为日本人耶（是否请赐答）？要之，自国家观念发达以来，由血统的政治变为领土的政治，凡领土内之人民，苟非带有他国之国籍，自他国而来旅居者，则自其出生伊始，直为其国之臣民。此种观念在欧洲发达甚近，而在我国则发达已甚古，论者徒以欲难吾所持满洲人本中国臣民之说，乃尽弃其所学而不辞。吁！吾甚怜之。

（原文）例如印度、非洲人不得为英国人。若以印度、非洲人主英国，不得为以英国人治英国人。不特此也，即使风俗略有相似，犹不得谓为同国。例如佛朗哥之主，皆曾为罗马皇帝，不得谓以罗马人治罗马人也。况满洲与中国，风俗亦不相同耶？彼又谓今西南土司之人民，不能不认为中国之人民，则明时建州卫之人民，亦不能不认为中国之人民。夫建州之胡之在明，比于苗

(猺)〔瑶〕，是则然矣。然苗（猺）〔瑶〕之于我，使其耦俱无猜，则固可以相安，苟其为患于中国，则亦仇（仇）〔雠〕而已，谁云苗（猺）〔瑶〕可以主中国耶？

驳曰：论者亦认满洲之在明，与今之苗（猺）〔瑶〕正同比例耶？然则苗（猺）〔瑶〕果为中国臣民否（请赐确答）？苗（猺）〔瑶〕诚为中国臣民，则满洲人之亦为中国臣民，可无疑义矣。彼谓谁云苗（猺）〔瑶〕可以主中国。夫苗猺可以主中国与否，**此政治上之问题也**。苗（猺）〔瑶〕主中国则中国可谓之亡国与否，**此法理上之问题也**。就政治上论，岂惟苗（猺）〔瑶〕不可以主中国，即中国人亦有不可以主中国者矣，下而秦始、隋炀，上而汉高、明太，吾皆认其不可以主中国者也，而何有于苗（猺）〔瑶〕？就法理上论，苗（猺）〔瑶〕人本中国人之一分子，虽以苗（猺）〔瑶〕（人）〔入〕主中国，而决不得谓中国因此而亡，此事理之至易见者也（请据法理，以赐覆答）。论者谓印度、非洲人不得为英国人，此等怪论，非渊学卓识如足下者无以诒我也。今之普通地理书皆称英国人民有三百四十五兆二十六万二千九百六十人，五尺童子能知之，不知除去印度、非洲人外，安从得此数？一言以为不智，吾不得不以此语还赠论者矣。若问以印度、非洲人主英国，得为以英国人治英国人否？此就君主主体说言之，可以成问题，**就国家主体说言之，则不能成问题**。何则？以国家主体说论，则治英国人者乃英国而非英国内之某人也。故以英国人为英国君主，固可谓之以英国治英国人，即以印度、非洲之英国臣民为英国君主，亦可谓之以英国治英国人，甚乃以法国、德国人为英国君主，仍可谓之以英国治英国人。岂必征诸远？彼丹麦人之主那威，则最近之事实耳，其于以那威国治那威人无伤也。如论者言，得无谓为以丹麦人治那威人耶（是否请赐确答）？论者常诮我为持君主主体说。吾固非持君主主体说者，然如论者言，不知国家主体说中某大师教足下以发此奇论也？夫印度、非洲人为英国君主，固必无之事，然固尝有以犹太人为英国大宰相者矣。彼与格兰斯顿齐名之的士黎里是也。夫君主与宰相同为国家之一机关，而行国家之统治权者也。如论者言，则的士黎里可谓之以犹太人治英国人矣。夫英国之大宰相，其权且过于美国之大统领，不过英国历史上之结果，留此君主之一席耳。使英国而为民主国，则当的士黎里与格兰斯顿竞争选举时，由论者之说，惟格兰斯顿当选时代，乃为以英国人治英国人；若的士黎里当选时代，则为以犹太人治英国人也。此又可求例于美国。美国黑人中有一政治家袭其国父之名而自名华盛顿者，现列为议员，大统领卢斯福特优礼之，浸假此黑人势力增长，其政治才为多数国民所公认，及选举大统领时而竟当选焉，则论者其将奔走相告，谓以非洲人治美国人矣。夫君主与大统领同为国家之元首，同为国家之一机关，其性质非有异也（异否？请确答。若异，则足下之说尚有商量；若不异，则请全体取消之）。故就政治上论，印度、非洲人为英国之元首，其于英国为利为害，此属于别问题。若就法理上论，则虽以印度、非洲人为英国之元首，其于英国国家之存在无丝毫之影响，此稍治国家学者所能知也。今也因中国臣民之一分子之爱新觉罗氏为中国君主，而指中国为已亡，是何异因的士黎里为英国宰相而指英国为已亡也？傎矣！要之，**论者之脑中全为数千年来君主即国家之谬论所充塞**，骤闻一二学理而耳食不化，旧思想摆脱不下，又重蔽之以感情，故陷于巨谬而不自知。如本号之论文，可谓无一语能自完其说，同一页中矛盾往往而见，若其全篇之矛盾更无论，其与前数号之矛盾更无论也。

（原文）彼又谓满洲之始建国，乃内乱进行之象。夫满洲既非中国臣民，则其建国不得拟以内乱明甚。（中略）何得与汉高明太之始建国相比？

驳曰：使满洲诚非中国臣民，自不能拟以内乱。然满洲为中国臣民，既铁案如山，不能摇动，则当其割据中国土地之一部分以别建国时，与刘氏之汉、朱氏之吴无所择，其事甚明。

其第五段摭吾所引美浓博士之一语，指为误译，指为点窜。于荦荦大端角人不胜，而捃摭一二字句以相抵，此诚论者之惯技也。论者谓美浓部之说为举例，诚哉其言。又云“非谓舍此而外别无国家之消灭”，其说亦甚当。虽然，吾岂谓舍此而外别无国家之消灭乎？吾尝谓印度虽统一而不得不谓为亡国（见本报第十二号第五六页）。论者宁未见之耶？论者屡称“一方之国家失其国家权力，他之国家权力，代之而为行使其权力者，谓之亡国”，若自矜其新发明者。吾之论印度亡国，不既以此义为论据乎（是否请确答）？论者谓我点窜东文以欺人，毋亦论者删隐我文以欺人耳？且使吾实为误译、实为点窜美浓部之说，全如论者所言，则固不足据之以难吾所持中国不亡之大义，何也？满洲本为中国之臣民，非以他之国家权力代我而为行使也。

其第六段复分七小段以驳我说，今逐一解答之。

（原文）（一）所谓亡国者，此国已亡之谓，非谓必尚有他国存在，然后此国乃可谓亡也。印度既为英所灭，则印度既为亡国。使他日英国复为他国所灭，其时印度仍然亡国也。

答曰：是也。印度以有英国之国家权力代之而为行使其权力，故谓之亡国。设他日英国为他国所灭，而复有他国之国家权力代印度以行使权力，则印度仍谓之亡国。然今日之中国，非有他之国家以代为权力行使也，故不得以现在之印度论，亦不得以将来之印度论。

（原文）（二）国家为他之权力所侵入，而全失其固有之权力，则可谓之亡国。是故虽使未成国家之游牧民族侵入甲国，夺其主权，则甲国亦谓之亡国。何也？虽其侵入之权力非他国家之权力，然已失甲国家之权力故也。是故不能谓必有征服之国家在，然后被征服之国乃为亡国。

答曰：此说之当否，当以甲国家固有之权力丧失与否为断。盎格鲁撒逊人之始入英国，在纪元后三百余年，其确成国家，称为英伦，在八百二十八年，及一千六十六年，诺曼人侵入，威廉即英王位，号为威廉第一，其血统直传至今日，今之爱德华第七犹诺曼人之胄也。诺曼人者译言北方人，盖北方一族之海贼，自八百三十五年以来，屡侵英国，前后亘二百余年而卒为英王者也。然史家未闻有以诺那曼人威廉第一之即英王位，而谓英国为亡于是时者，且今世各国所艳称所效法之《大宪章》，即威廉子孙所颁定，英人但以求得《大宪章》为急，不闻其以争诺曼人之王位为急也。以诺曼人为英国君主，不得谓英国已亡，则以满洲人为中国君主，不得谓中国已亡。事同一律，其理甚明（是否请赐答）。夫诺曼人本非英国臣民，而犹若是，况满洲人本为中国臣民者耶？

（原文）（三）征服本有二种：一曰吞并，二曰侵入，而为以一国踣一国则同。今论者只认吞并为亡国，而不认侵入，然则设使朝鲜骤强，侵入中国，遣其国民，驻防各省，定都顺天，而以其本国为留都，论者亦将认为非亡国？

答曰：不然。朝鲜国家也，而满洲非国家。朝鲜建国已千余年，虽中间屡为中国所征服，称臣于中国，然其国家自在，满洲只能与诺曼人为例，不能与朝鲜国为例。

（原文）（四）满洲在塞外，已建国号曰清，则清国者即满洲国之别名。（中略）今者以清国治中国，何云以中国治中国？

答曰：不然。明国即吴国之别名，不能谓以明国治中国，不能谓以吴国灭中国。

（原文）（五）今日之满洲，谬以清国为中国，而非于中国之外，别立清国，此犹契丹为辽，女真为金，蒙古为元，皆以其名施诸中国，更不别立辽、金、元于其本部也，然辽、金、元终不得混于中国。

答曰：以诺曼人王英之例例之，则辽、金、元皆非能灭我中国者。吾故曰：中国自有史以来，皆有易姓而无亡国（见第十二号第三页）。

（原文）（六）如论者言，是检其旧国之名而别建他号以笼罩中国者，即可以认为中国，然则无论何国侵入，皆得行此伎俩，而吾辈亦皆可谓之以中国治中国。

答曰：不然。彼以国而来侵入，是有他之国家权力，行使于被征服之国家之上也。满洲人之王中国则不尔尔。

（原文）（七）如论者言，是无国之人，入主中国，即可云以中国治中国，然则晋世五胡，殆皆无故国者也。又使以犹太人入主中国，建国号曰某，亦可以云以中国治中国乎？

答曰：晋世五胡，大半皆中国之臣民，其乱象只与五季时代之十镇等，安得云中国已亡？若以无国之人入主中国，就君主主体说言之，不能谓以中国人治中国人；就国家主体说言之，固仍得谓以中国治中国人。夫以有国之丹麦人入主那威，仍不失为以那威国治那威人，其故可思矣。若夫以犹太人入主中国，此故事实上必无之事。盖一甲国人入主乙国，必有其历史上之关系，如诺曼人入主英，有婚姻上之关系，满洲人入主中国，有臣民资格之关系也。若犹太之一人而本为中国臣民者，则亦与现在之满洲人等耳，其可以主中国与否，则政治上之问题，不能因此而谓中国已亡，则法理上之问题也。

吾之此论出，吾知普遍之排满家读之，必将惊诧骇汗，舌挢而不能下，目张而不能翕，髯戟而不能垂，惟彼报记者，骇诧当不至若是之甚，但烦乱暴怒而已。何也？彼盖曾耳食一二师说，而略解国家之性质者也，而叵耐所受学理，皆不适于解决此问题，末由以自张其军，是学理之负论者，而非论者之负学理也。**要之，欲证言中国之不亡，必以国家非君主为前提，欲证言中国之已亡，必当以君主即国家为前提**。论者前因吾引波伦哈克学说，则以君主主体说诮，而自命为持国家主体说者。今按诸此文，**乃无一语而非君主主体说**，所谓不自见其睫者非。即以君主主体说衡之，其持论亦不完。爱新觉罗氏以固有中国臣民一分子而篡中国之旧王位，若持君主主体说，仍不失为以中国人治中国人，因此而谓中国已亡，**则直是种族主体说而已**。种族主体说者何？谓以种族为统治权之主体也。质而言之，则国家即种族，种族即国家也。此以解释图腾社会、宗法社会时代之国家，庶几近之，而欲以施诸今日，是何异认僵石为鸿宝也哉！吾之此论，非徒为彼报记者下（箴）〔针〕砭，抑亦使一般国民因此问题以研究国家之果为何物，确知国家之性质，然后国家观念乃得明，然后对于国家之义务乃得尽。予岂好辩哉？予不得已也。

由此言之，我国民之对于满洲王统，只当如英国民之对于诺曼王统，惟并力以争君主之权限，而不必分力以争君位之谁属，而种族革命论实乃节外生枝，而徒阻政治革命之进行，虽有苏张之舌，而无以易吾言也。

呜呼！以数千年有神圣历史之中国，乃无端造作妖言，指为已亡，不祥莫大焉！草此论已，乃重为祝曰：宵寐匪祯，札闼鸿庥，祓除不祥，中国万岁！

（附言）彼报于论文之末附数语，要吾反驳，若甚自鸣得意者然。夫吾则岂有所惮而不敢反驳者？彼报历号之谵语，何尝有一焉能难倒吾说者？徒以彼（展）〔辗〕转狡遁，于吾所持根本大义无一能答，而徒支离于琐碎末节，瘈狗狂嗥，而群蛙随之争鸣，故不屑与较耳。今之此论，于重要之点，皆为注出，论者若能逐一再反驳之，则吾愿闻；若躲躲闪闪，于此诸点不反驳，而更挑剔舞文于一二字句之间，则又安徒再与若语也？

《新民丛报》第四年第十四号，光绪三十二年七月十五日（1906年9月3日）

《新民丛报》杂说辨

寄　生

吾友精卫之言曰：凡对于他人之说而下驳论者，与其寻其枝叶，不如叩其根据，实笃论也。数月来，《新民丛报》之非难革命，可谓至矣。惟精卫能践其言，既已就所根据，辞而辟之，然薄识者流，犹或举其细语，以为未为人破也，必其立说坚而不摇也，至有食之人余以自信者，则其为害，犹未有止。故不辞烦猥，(箸)〔著〕《〈新民丛报〉杂说辨》，意将并取其枝叶而芟夷蕴崇之。

《新民丛报》曰：吾闻论者一派所主张，于民族主义、国民主义之外，尚有所谓民生主义者，摭拾布鲁东、仙士门、麦喀等架空理想之唾余，欲夺富人所有以均诸贫民，即其机关报所标六主义之一云土地国有者是也（中略）。信如是也，吾窃以为误矣。昔洪秀全所以致败者不一端，而最失计者，莫如政治革命与宗教革命并行，曾、胡诸公所以死抗，半亦宗教之观念驱之，如舟行逆风而张两帆，一之已甚，两则更安能胜也（《开明专制论》第八章第一节，《中国今日万不能行共和立宪制之理由》）。

呜呼！此得为探本之论乎？夫洪、杨初起，共事者多奉一教，无他秘密结会之际，必其相要最坚而相恃最笃，其起也，然后可以无跳梁之患。迨中分天下，建章制度，未尝强民以从其所信，乡里戚党，躬被之者无算，而束发所受之教，迄于今未坠，不得以主动者非孔孟之徒，而遂谓其必张宗教革命之帜也。且曾、胡之抗，谓为宗教观念则大误。稽诸简册，倜傥非常之士，每轨缚于君臣大义以为常经，食其禄者，忠于其事，君之为桀纣为犬羊，非所敢出诸口也，未遑恤之于心也。使洪、杨而为孔孟之说，以行汤武之事，曾、胡且将痛心疾首，谓是大逆不道，乃假经义以为饰具，抗之且益力。不观夫洪、杨官制，固遵周典，曾氏奏章，乃谓贼志不可料哉？不闻其以敌之有合于古圣人之道，遂当（翻）〔幡〕然革面也。抑洪、杨致败，曾、胡诸人，虽未始不为重轻于其间，然推究其原，失策者屡矣。钱江之议不行，分崩之机先兆，惑于宴安之说，而昧乎盛衰之势，此所以坐顿一隅而南风之不竞也夫（第七号报第六十九页小注，又谓曾、胡反对种族革命。夫曾、胡但知事君尽忠耳，未敢言种族，且不知有种族，则更无所谓反对明矣，论者又何必诬古人也）。至若今之革命，又异于是，三者虽并行，而莫不循乎国民之心理，视彼洪、杨徒以驱胡为名，号召天下，质白其心，则犹是帝制自为，无异载籍，非可同年而语矣。盖曩者有英雄革命而无国民革命，其弊所由来也。今者国民之心理，视古则有进，思循之以行，以谋改革，则三者为首务。人亦有言，如其毋假共和立宪之美名，简易直捷以号于众，曰吾欲为刘邦，吾欲为朱元璋，藉是乃相诋毁。夫诋毁者之于人，抑又何损焉，多见其为小人而已。然倡言革命者，质诸鬼神，内无所怍，斯亦已足，固不必尽人而告之，而三者既皆甚便于民，群将响应，种族之义又大昌明于世，无有守一家之则为君效死以为忠者。革命军起，沛然孰能御之？然则固顺也，非逆也，十帆何碍，何有于三？且所谓三者，就其外体言之耳，察其实，皆有密切之关系，相缘而不可离，虽谓之一物焉可也。此

《复仇论》中所已详，彼逆风张帆之喻，又何其梦哉？

《新民丛报》曰：我徒持单独主义，谓必去彼而已。其目前失政，吾不暇与言，亦不屑与言，待吾去彼而失政随之去矣，甚或谓彼之失政，吾之利也，吾何为而匡正彼？乃吾之去彼，渺未可期，而彼先以吾不暇言不屑言之故，反得卸其责任，而我将来之幸福，已不知断送几许矣（《开明专制论》）。又曰：公之放逐满洲，未有其期。而今之握政权者，日以公之权利，畀诸外人。权利之断送也，如水赴壑，权利之回复也，如戈返日，恐未及公放逐之期，而公之权利已尽矣（《申论种族革命与政治革命之得失》）。此则于他人之是非得失无所考，而顾悍然出之，以之武断乡曲可耳，将欲衡世，相去甚远矣。夫所谓彼之失政，我之利者，其失政必非有涉于汉人也。今若中央集权，萃一切兵权政权于政府，彼满人者（唱）〔倡〕导出入，洋洋而坐，遂足以鞭笞四海，是诚得策，吾汉人曾受其赐焉否也？又若融满汉之界为变法所急，一党之士，倡者接起，既已退笔可冢，而今兹纶绋赫降，出自帝心，必有崩角稽首，颂为圣明者矣。尝试论之，满汉之不平等，首在官爵，故将融满汉之界者，亦先平满缺汉缺，于是明白厥旨，告于天下，曰若人者，吾无论其为满人汉人，吾但择贤而任之。然而贤者非必满汉适均也，满或盈百，汉或无人焉。彼且凭一己之好恶，行其祟黜，规矩绳墨之伦，又不得而议其后，则以贤否之说为之也，人不能无所私，元首则肆行不有忌惮，爱亲及远，亦为常情，矧在异种，其亲疏则加厉。征诸今日，非其大验欤（新设诸部，满人均占枢要，端简江南总督，亦以分张之权，厄袁之势。或谓此后疆臣，苟有死亡，代之者必多满人，就审现象，未为谰言也）？且夫物之能相合无间者，如石投水，无不受也，而何必曰融？所谓融满汉之界，其必以两族之相处，猜忌非一日也。信然，以久相猜忌之族而既必有待于融，则吾知其所能融者几希矣。此姑勿论。若曰融满汉之界，必为得政，吾汉人曾受其赐焉否也。凡此皆所谓彼之得政，而大不利于吾国人，彰彰若是，孰若失政之为愈？呜呼！以太平天国之役，同根相煎，乃有谓为恢复兵权之良会。使虏不出此，吾知汉人必有劝告之者，彼为雉媒已矣。以云得政，吾宁痛哭而从夷齐于首山之阳也。反是，彼有失政，至于危及汉人之生命财产，则路矿之权，日削于外国，其尤迫者，此固必争，争亦必力。吾友汉民，尝谓求所以遏其轻赠朋友之手段者指此，安有如论者所云满政府反得卸其责任，而断送我将来之幸福，未及放逐之期，权利已尽者哉！惟吾侪之所以异于论者，则以此为补助云尔。尚有所谓根本解决，革命是也。论者排斥革命，言之若不复能成理，而徒斤斤焉以此为忧，则吾将告之曰：毋为杞人以自苦也。

《新民丛报》曰：苟君主不欲立宪，则已耳。君主诚欲之，则断非满洲人所能沮也。夫沮之者，固非无人矣，然其人岂必为满洲人？吾见夫今日汉人之沮立宪者，且多于满人，而其阻力亦大于满人也（中略）。使其出于种族之意见，则必凡汉人尽赞焉，凡满人尽梗焉，然后可。然今者汉人中或赞或梗，满人中亦或赞或梗，吾是以知赞也梗也，皆与种族上毫无关系者也（《申论种族革命与政治革命之得失》）。其言甚伪，惑人亦最甚，不可不起而纠之。凡一事之革，虽为国利民福计，而不能无少数人之力与之抗者，何也？始必有不为国利、不为民福之徒，而窃民之国以弄政权。民感于某事之不便，始谋共革之，而此少数之窃弄政权者，又不便于民之便也，乃谋共抗之，其原因则欲保其爵位利禄而已。稍奸黠者，知大势之所趋，莫之能御，又见伪朝之屡言变法，以为诚也，阿谀承旨，若蚁缘膻。此无他，亦为保其爵位利禄而已。其梗也不足惧，其赞也又何足喜焉？满人异是，彼拥蕞尔毡裘之族，以凌跨我大国，利其昏，不利其昭，利其愚，不利其智，利其弱，不利其强。所以然者，非是，彼将无以自存其种也，故一盗九鼎，即悍然下诏，薙发焚书，大狱踵兴，思钳在下者之口，穷兵黩武，耀威四夷，以慑民气，孜孜兀兀，所以摧锄压抑之者无不至。迨中更丧乱，稍稍倚赖汉人，然亦未尝推心置腹，特利用之耳。夫是以二百六十年来，一阴一阳，一柔一刚，其政策虽屡易面目，辟翕谲诡而莫可穷究，要其扶植本根，为子孙帝王万世之业，则未尝少变也。今兹立宪，遽谓其能开诚布公，敝屣大位，而下侪于汉人耶？否将平夷阶级，分宰权利，而使汉人上齐于彼族耶？举其祖若宗，惨（澹）〔淡〕经营之策，一旦脱然弃之，吾有以知其必不出此矣。抑尝闻诸论者曰：君主之所以不肯立宪，大率由误解焉。若有人为之委婉陈说，使知立宪于彼不惟无不利，而且有大利，则彼必将欣然焉。吾已于《答新难民》中辩之，谓此可以证同种之君主，而不可以证异种之君主。请更引申其义。古昔帝皇，亦每以愚弱黔首为务，若祖龙坑儒，销天下之兵，以铸金人十二，此其尤著者，然不过为一身计，以为惟辟能作威福已耳。为之委婉陈说，彼将（翻）〔幡〕然悟曰：吾积怨于民，民毒余甚，无宁日矣，不若稍分吾权，得优游以卒岁也。异种之君主则不然，苟有为之委婉陈说，彼熟思而深虑之，将曰：此非策也。吾积怨于民，民毒余甚，然彼实无权，莫敢余侮也。使分吾权以与民，民且哗然不靖，思锄非种而去之矣，则与其为立宪而亡，孰若为专制而亡，而况专制之反未必亡哉！论者其毋以为满人之智，弱于汉人也。汉人之一举一动，彼无不猜忌之，若见杯弓之影。故夫排革命论者之恒言，谓吾姑戴异种之君主而立宪焉，乃民智大开，晓然于种族之界，则一度选举而已。若举革命之实，何必全狮以搏（免）〔兔〕也。呜呼！此知己而未能知彼者也。《传》曰：我能往，彼亦能往。我见及此，彼独不能见及此乎？虽然，论者固尝有辞矣：今之立宪，满人中亦或赞或梗也。不知其所谓赞者，赞此一纸空文而已。彼满酋之魁桀者，知大势之所趋，莫之能御，则假立宪之美名，使吾民摇惑失志，彼更汲汲焉谋增长其势力，削督抚之权，为强干弱枝之计。论者尝谓第二政府之天津，两江、两湖、两广之重镇，皆握有政权者，今竟何如耶（两江久放端氏，张于数年来大失宠眷，今复自请裁撤兵权矣。至周馥调镇两广，老髦不堪用，只仰承政府鼻息耳）？以此自喜，抑何其可哀也？故满人之或赞或梗，则所谓易其面目，辟翕谲诡而莫可穷究，而其扶植本根，为子孙帝王万世之业，则未尝少变也。信如吾言，吾乃得尽反其断案，曰：谓其以君主之地位，而认立宪为不利于其身，而因以不肯立宪，此同种之君主也。君主以外，而有沮立宪之人，则仅欲保其爵位利禄，为汉人也。以其为满洲人之地位，而认立宪为不利于其族，而因以不肯立宪，异种之君主及其贵族皆然也。故汉人中之或赞或梗，与满人之或赞或梗，其原因截然不相合者也。吾是以知赞也梗也，于种族上非无关系者也。论者其更有以难吾焉否也。

《新民丛报》之论要求曰：其所要求者，必须提出条件。苟无条件，微论彼不知所以应，即应矣，仍恐其不正确也。其提出之条件，必须为彼所能行。若为彼所必不能应，则是宣战而非要求。以云要求，则等诸无效也（《申论种族革命与政治革命之得失》）。信如所言，亦所取乎？有政治革命乎哉？颓垣败栋，风雨袭之，非补苴罅漏之能为功也。奔流急湍，溃堤为患，非撮土束薪之所能救也。今欲举数千年来之陋俗弊政，一日而廓清之，决非变易一二细事，遂可苟焉自足，以为毕吾事矣。诚欲治其本，则吾人以为舍种族革命之外，他无能为力。何者？阘茸之异族，苟得一椽，足以自蔽，彼果何心为汉族谋？使非取而代之，其亦浸微浸削，永为台隶，以同归于尽而已。然此非要求之所能得也。故论者曰，语满人以尔其还我河山，此责彼以所必不能应者，则其要求不得不别有在。立宪耶？一纸之空名，彼固无所靳也。论者则曰：畀吾侪以一纸之钦定宪法，非其所愿，于是所望者为虏廷推诚布公，能举行立宪之实。如今之立宪耶，于汉人无寸功，而于满人有百利，仍不得为推诚布公也。于是所望者为他日。虽然，彼他日能举其实者，则今日何不能之？彼深有见夫民智大开，一日不得安坐于其上，立宪将与革命同也，故其恶纯粹之立宪，如恶蛇蝎也。要之，君位者，为满洲人生活之本，拥护之惟恐不力，革命将以摇其本，纯粹之立宪，亦将以摇其本也。其不能以要求得，毋乃相等乎？于是乃不得不折而为枝枝节节之行，则所谓变易一二细事。而论者又曰，数年以来，惟于铁路矿务，及其他与外人交涉之事，有所抗争，而内治之根本，无一敢言。夫欲改良内治之根本，则已无过乎立宪（谓纯粹之立宪）。然立宪之不能要求，如上所陈说。强欲要求之，是又论者以为责彼所必不能应，将等诸无效也。呜呼！读论者之言，而思一寻其旨趣，其无异乎（旁皇）〔彷徨〕歧路而逐亡羊也哉！

《新民丛报》曰，使国民主义不依赖民族主义，而亦不能与爱国心相连属，则是此两主义者为爱国心之合成原因，离之则两皆非原因，合之则两皆原因也。而征诸古今万国已然之事实，则大不然。国民主义离民族主义而独立，固自能与爱国心相连属，然则民族主义与爱国心绝无原因结果之关系益明（《答某报第四号对于本报之驳论》）。本此以诽薄民族主义，益见其妄耳。夫所谓爱国者，爱己之国，非爱他人之国也。使国民主义离民族主义而独立，则有一国焉侵入己国，群拥戴之，为之效死以抗他族，乃贸贸然言爱国，不知其所爱者非己之国也，而使他族甚强，力弗能抗。又有一国焉侵入其国，则又贸贸然拥戴之，为之效死以抗他族而言爱国，其得为真爱国者耶？吾尝谓仅明民族主义，将犹不知爱国者，何也？以民族主义对于异族，而国民主义对于君主，人不能爱己国之权利，以太阿授人，致召宰割，固不得为爱国矣。不能爱一己之权利而放任之，于君主有所命令不敢拂逆，卒使其颠倒是非，遂亦至于太阿授人，以召宰割，则吾人之所尽忠授命者，徒为一尊，忠君而已，非爱国也。惟民族主义与国民主义两者并达，乃能巩其国基，以谋竞存于世界。真爱国者，其亦知所趋欤。夫论者又言，征诸古今万国已然之事实，则大不然，不知其于事实果何所征？各国者本未尝有异族侵入，其执民族主义将无所用，此其所以仅恃国民主义，而已足言爱国也，否则国且无有，爱将奚属？抑各国固犹未能弃民族主义而独立者，其捍御己国，使他族莫能损其一粟之主权，则无不同。夫他族之已侵入者，谋所以驱除之，与他族之尚未侵入者，谋所以捍御之，其实无所歧异，不得谓此为民族主义，而彼则非也，然则民族主义之与爱国心，固不能须臾离，而前之未尝言者，特以民族主义之为言，已明明指异族，异族则立于吾国之外者。世固无有言爱国而不知民族主义，以为立于吾国之外者之国，皆可以不择，而贸贸然爱之者也。乃论者之言曰：民族主义所以能与爱国心相联属者，仅在依赖国民主义以为之媒介，则其与爱国心无原因结果之关系甚明。又曰：仅言民族主义而犹不知爱国，则民族主义，其非国家之成立维持所必要甚明。噫！将病狂乎？胡乃至于是。

《新民丛报》以为倡排满论者，皆以感情而无（辨）〔辩〕理心者也，故其言曰：排满的感情论，最易煽动一般年少气盛之人，而骤占势力于社会。又曰：凡属人类，皆有感情与（辨）〔辩〕理心两者，我国民亦何独不然？若就感情方面而煽动之，以压倒其（辨）〔辩〕理心，则虽举国人而尽趋于种族革命一途可也。又曰：彼主张种族革命论，非挑拨国民之感情不可。国民奔于极端之感情，则本心固有之灵明往往为所蒙蔽。求学者或厌伏案而日言运动，治事者不审条理而辄盲进，小有成就而愈益其嚣张，小有挫折而遂至于嗒丧（以上皆《答某报第四号对于本报之驳论》）。彼益以（辨）〔辩〕理心为其所独有，而反是者皆知有感情而已，大言炎炎，蔑人甚也。夫凡一事之来，逆之以吾心，则必有（辨）〔辩〕理心与感情二者，此固确论，而感情过甚，亦或足以蒙其（辨）〔辩〕理心，然以此乃为之大别曰，排满论者皆感情也，反之，政治革命论者皆（辨）〔辩〕理心也，则必以排满论即感情，而政治革命论又与（辨）〔辩〕理心为同物也然后可。然此不待辩，其谬灼然矣。正告之曰：排满论与政治革命论，皆假定之以为可以救吾国，其性质非有差也。至其孰为适，孰为不适，今方从事于研解。《民报》之与《新民丛报》，各洒洒数十万言，所辩难攻击者以此，岂得曰《民报》所言悉感情乎？夫感情之与（辨）〔辩〕理心孰胜，存之于人，使平心以逆之，则两者皆有（辨）〔辩〕理心。盛气以逆之，则两者皆感情也。既就论者所举，前数年之学者，厌伏案而日言运动，今其人率已登崇峻阶，森然见头角，果皆持排满论者耶？吾惧夫日望满洲立宪者，乃步将其后尘也。且吾以为两者实各不相妨，使吾所假定之理想为正确，则感情即根于（辨）〔辩〕理心而生。如以满洲之残酷不道，思排除之，此所谓（辨）〔辩〕理心。而以其残酷之状，印吾心目，欲一泄其愤，则有为之（植）〔直?〕[1] 发裂眦，拔剑击柱者矣。今曰满洲虽残酷不道，不应排除之，则其（辨）〔辩〕理心已误，其感情因亦随之而误用。假曰不然，满洲应有排除之道，其（辨）〔辩〕理心为正确，其感情虽甚，犹无伤也。况政治革命者非论者一人所倡，我侪固以政治为必须改革，惟以还求诸国民之自身，与论者之望诸满洲者异焉耳。论者乃以（辨）〔辩〕理心为其所独有，果何说耶？果何说耶？

《新民丛报》近复有杂答某报一文，抑更不足以自完其壁垒，精卫已著专论痛辩之。惟吾有一言以质诸读者曰：《新民丛报》自始之排斥种族革命论也，悍然曰满洲虽异族，不当驱除，今兹则曰满洲非异族，不必驱除。始曰行种族革命则亡中国，故不可。今兹则曰行种族革命则为节外生枝，故不必（参见原文），其意盖亦知前说之不胜，故饰为遁词以自隐。若然，论者真不复可教矣。夫前之所言，虽有千里之谬，而犹曰为救国也。种族革命论虽有真理，以其将亡国，故宁弃之而去也。故其言曰：苟使有道焉，可以救国而并可以复仇者，鄙人虽木石，宁能无歆焉？其奈此二者，决不能相容。复仇必至于亡国，故两者比较，吾宁含垢忍痛而必不愿为亡祖国之人也。迨驳诘既穷，复仇之问题，不能不承认，故《杂答某报》首即曰：若中国果已亡国，则吾辈今日当惟光复此国是务。盖前之所已承认者，今不承认，前之所不承认者，今已不得不承认，而今之所言，又较劣于前者，前犹执一面之理，今做专以自文也。夫使其言而非出于本心，则论者所自谓能服从良知者，又何求焉？使其言而出于本心也，则是无根之说，每况愈下也。呜呼！于彼乎，于此乎，吾知论者之终穷矣。

属稿甫半，精卫又有杂驳《新民丛报》之作，然精卫所驳者，限于第十二号，此文则刺取其凡为本报所未痛驳者，与其取信于人者，复加辩难，固有广狭之异，又可视为辨奸之斥《新民丛报》谬妄云尔。

把个君亲仇敌当作恩人感，咱只问你蒙面可羞惭。

《民报》第十一号，光绪三十二年十二月二日（1907年1月15日）

---

① “植”字疑为“直”字，但不确定，故标问号，编者。

斥为满洲辩护者之无耻

精　卫

近顷《新民丛报》又有所谓《中国不亡论》，对于本报第十号之驳议，而为答辞也。前此所言，已为无赖，今则非惟无赖，抑又顽钝无耻，故更辞而辟之。噫！居今日而犹斤斤然辩中国之已亡与否，满洲人之在明代，曾为中国臣民与否，此真非吾所及料也。历史犹在，事实未泯，岂惟汉人能知之，满洲人亦能言之。彼报记者，若对于汉人而为是言耶，是劝其兄弟谓他人父，无耻之至也；若对于满洲人而为是言耶，是以奴隶与主人言亲戚之情话，抑尤无耻之至也。吾今据历史，按事实，明正其罪。彼读此文，苟犹有人心者，当愧死入地，否则亦当自杙其口，毋更为不祥之言，以骇人听闻也。

彼报之言曰："但论中国是否已亡国，所论争者在此简单之一语而已。"今即以此为本论之范围。

于是当先言亡国之意义，此吾前文第三段所已陈者（第十号《杂驳〈新民丛报〉》第三页至第六页）。观彼答辞，足成一笑。其第二页第三行云："彼报谓不当根据法理以论亡国。此大谬也。"而其第六页第八行则云："其第三段以法理解释亡国之主义，吾一切能承认之。"读者试取此两行比较观之，度未有不失笑者。前云"彼报谓不当根据法理以论亡国"，而后云"其第三段以法理解释亡国之意义"，何其相反也？前云"此大谬"，后云"吾一切能承认之"，又何其相反也？而同出于一人之言，而其言又出于同时，此真百思不得其解者。昔叔孙敖见两头之蛇，拔剑斩之，归有忧色。吾读此文，真有叔孙敖之忧也。

虽然，"同时自相挑战"，此论者所自诩为好身手者也，抑何足讶。第令读者难为情，尤令欲为驳论者难为情耳。吾对于此自相挑战之骇观，殊觉左右不知所可。无已，其用多数决议之方法乎？书云，三人占，则从二人之言，此众议纷纭时之唯一决议方法也。今论者以一人而有众议纷纭之现象，则亦不外于以多数决议之法行之。

吾今试检此两相反对之言，孰居多数，其第六页第九行以下云："以一国家踣一国家，吾固认为亡国，此覆读本报第十二号之论文，可以知之者。彼报引近世学者所示之观念，谓一方之国家失其国家权力，他之国家代之，而为行使其权力者，于是一方之国家消灭，同时他之国家开始其权力行使云云，此皆吾第十二号所已认者，无劳彼报之（证）〔征〕引，而此观念适用于明清嬗代之关系与否，则吾与彼论争之烧点也。"

据此数行观之，则论者之所言，究以承认吾前文第三段所陈，为居多数也，且不惟今始承认，并牵附第十二号之论文，以为当时已承认矣。若是，则吾复何言？今当以吾前文第三段所陈亡国之意义为定论，以下则论此观念适用于满洲侵入时代与否。

欲论满洲侵入是否亡国，当先问满洲人是否为中国之人民，此为最要之点。如其否也，则满洲之侵入，等诸内乱，内乱之结果，篡帝统而已，未尝覆中国也。如其是也，则满洲之侵入，实为外寇，外寇之结果，中国失其国家权力，而满洲行使其权力于中国，是则中国之亡，满洲之侵入为之也。吾前文大旨，谓满洲自（奴儿）〔努尔〕哈赤称帝以前，为羁縻州，其域既非内地，其人复异齐氓，及称帝以后，则为敌国（第十号《杂驳〈新民丛报〉》第四段自第七页至第十页），彼报于此，最剌剌致辩，真所谓困兽犹斗者也。今引申前说，以斥彼报之谬。

第一，满洲人非中国之人民

此其理由可分八段言之：

一、**满洲人在明代，未尝取得中国之国籍**。欲辩满洲人是否中国之人民，须先辩何者谓之国民，而国民之意义，须于法理上求之。

美农部博士尝言之曰：国民有二重之资格，于一方以为组织国家之一员，而依于国家所定有参与国家统治权行使之权，此资格通常称之为公民；于一方则为服从国家统治权之客体，于此资格谓之臣民（上杉学士之说亦同，而分为主观的性格与客观的性格）。国民于广义，不仅自国人，即居留领土内之外国人，亦包含之，然外国人服从统治权，惟止于居留领土之顷，离其领土，则其关系全绝。国家若仅依此等有一时的关系之人民而组织，则国家之基础为甚薄弱者，故为巩固国家之基础，则不可无于此等一时的国民之外，永续而为国家组织之一员，服从于国家之权力，**称此等有永续的从属关系之国民曰狭义之国民，称为狭义之国民之身份曰国籍**（副岛学士亦云，组织国家之个人即为臣民，故臣民与国家有永久附属之关系，具此状态，即为臣民，臣民对于国家，不问其居住领土内与否，永立于附属之关系。至若外国人，本非国体员，唯居留领内时，受国权之支配，一旦去而之他，则与国家之关系断绝。上杉学士之说，亦大略同此）。此上理论实为近世一般学者所承认，取以衡之，彼报认满洲为中国人民，其为广义之国民耶？抑狭义之国民耶？认为广义之国民，则与今日欧、米、日本人之在中国者无有异处，而彼报之意，为欲明满洲实为中国自国人，则我知彼报决欲认为狭义之中国国民无疑也。而为中国狭义的国民，则必合于所谓永续的从属关系之定义而后可。彼报既承认此法理论，而又必欲认满洲人为中国人，我又知其必觍然直对而曰满洲人于中国有永续的从属关系也。夫以于边外偶受羁縻、侵叛无常之族类，而曰是与我有永续的从属关系，闻者亦不以此言为信矣。然此虽足服彼报之心，而未能塞彼报之口，自非直举其明白反对确证以示之，彼报犹将曰彼已为中国人民，即于法理上有永续从服之关系，不以其时叛时服而有异。虽然，彼报亦知有不能以口舌争者在乎？彼报不能不承认有永续的从属之关系者为自国国民（即狭义的国民），亦必不能不承认具自国国民之身份者为国籍。问其人之为甲国人民与否，只视其取得甲国国籍与否以为断，其就自国言，对于无有自国国籍者，其人即更无他国国籍（即无国籍之人），亦目之为外国人，其意犹言国外人也。故法国学者以国籍为国家与人民间契约上之关系，而德国学者非之，谓此其性质决与出个人自由意思之契约关系不同，当为绝对的服从之关系（从国家主体说者，必当从此说。盖契约说者，国家客体说也），而英、米学者，亦谓国籍为永久忠诚的关系，至于以之为区别内国人与外国人之标准，则皆无异词，亦不容有异词也。然辨满洲人为于中国有永续的服从之关系与否，无他，亦但问其取得中国国籍与否而已。而解答此问题，一不可不据诸历史，亦彼报所谓审其事实与此学理相应不相应也。为是则首当考者，为明代中国国籍之编制，次当考者，为满洲人于建州编籍之有无。按《明史·食货志》，太祖籍天下户口，置户帖户籍，具书名岁居地，籍上户部帖给之民，有司岁计其登耗以闻。及郊祀，中书省以户籍陈坛下，荐之天祭，毕而藏之。洪武十四年，诏天下编赋役黄册，以一百十户为一里，推丁粮多者十户为长，余百户为十甲，甲凡十人，岁役里长一人，甲首一人，董一里一甲之事，先后以丁粮多寡为序。凡十年一周曰排年，在城曰坊，近城曰厢，乡都曰里，里编为册，册总为一图，鳏寡孤独不任役者附于甲后，为崎零，僧道给度牒，有田者编册如民科，无田者亦为崎零。每十年有司更定其册，以丁粮增减而时降之。册凡四，一上户部，其三则布政司、府、县各存一焉云云。**此明代国籍之编制也，而满洲人之于明代，未尝编入国籍**。此证之《明史》，可无疑义。盖编籍时有帖给民，满洲人始终未尝得，此史籍可按也，且满洲人与我国语言文字皆不相同，既不识汉字，安得有给帖之事？此其证一。户口册籍，一上户部，而布政司、府、县各存其一。建州之地无布政司、府、县，又安得有编籍之事？此其证二。《明史·地理志》：凡州、府皆言编户若干，惟卫不言户口，此其证三。**是故满洲人未尝取得中国之国籍，无疑义也，则满洲人未尝为中国之人民，亦无疑义**。何则？**中国虽无国籍法，尚有国籍**。满洲自始未尝取得中国之国籍，无待言矣（彼报云“凡领土内之人民，苟非带有他国之国籍，自他国而来旅居者，则自其出生伊始，直为其国之臣民”云云，不知满洲人非领土内之人民也，以建州卫非中国之领土故，下文详之）。即使论者认为归化，而归化亦以取得国籍为必要。日本当未定国籍法时，凡归化者编入户籍（见中村博士《国际公法》），是其例也，而满洲人始终未尝取得国籍，则不得谓之归化。既未归化，何得谓之中国人耶？

二、**未尝取得中国之国籍者，虽称臣于中国，不得谓为中国之人民**。论者以满洲人尝称臣于中国，而指为中国之臣民，此大误也。吾前文曾云“匈奴呼韩邪单于尝称臣于汉，不得谓匈奴人为中国人”，此语论者何以不答？吾今更引申言之。唐高祖尝称臣于突厥，不得谓中国人为土耳其人也。南宋诸帝尝称臣于女真，不得谓中国人为女真人也。盖称臣者不过偶然为名义上之屈服，而未尝称有永续的从属关系，不得执此以为臣民之资格已定也。

三、**未尝取得中国之国籍者，虽受中国之官爵，不得谓为中国之人民**。彼报以满洲之先曾为明建州左卫都督、建州卫指挥、龙虎将军等官，遂谓臣民之资格已定。此真做官思想发达者之口吻，而于臣民之资格，未尝一思者也。今举至相合之例以明之。朝鲜在周世，箕子受封。至汉武帝，拔其地，置乐浪、玄菟诸郡，终汉世为内地。魏以后自建君长，通贡而已。唐高宗复拔其地，置郡县如汉世。唐末中原多事，遂自立君长，历高氏王氏，五代至宋，皆封高丽王，授玄菟都督，充大义军使（后改大顺军），或兼开府仪同三司，大尉、太师、太傅、太保等名。据形式上言，与汉之梁王、楚王无异，而兼授内官，则反亲于梁、楚，然视之与梁、楚异者，以其民不入户籍而已，故朝鲜人不能谓之中国人。吾前文谓若云满洲之侵入，中国未亡，则设使朝鲜侵入，亦将谓中国未亡，正以此也。论者乃谓："朝鲜国家，满洲非国家，不能与朝鲜人为比例。"夫满洲自（奴儿）〔努尔〕哈赤建国以来，其已成国家，于后文辩之。今试问玄菟州都督与建州都督，有以异乎？无以异乎？吾知论者虽强自辨（柝）〔析〕，亦必不能指其异也。**夫朝鲜人虽尝为玄菟州都督而不能谓之中国人，则满洲人虽尝为建州卫都督，又安可即谓之中国人耶？**

四、**已取得中国之国籍者，既丧失其国籍，即非中国之人民。**取得国籍之后，一旦丧失，即不复为其国之人民，此一般法理所同认也。盖有国籍者始为臣民，无国籍者即非臣民，即汉时藩国与南宋以后之安南比之而可知矣。夫安南自秦时已置象郡，至汉为日南、交趾、九真三郡，以及五季，千有余年，皆为中国郡县，未尝在羁縻之列也，自丁琏自署为节度使，犹属南汉刘氏，宋初以琏为检校太师，充静海军节度使、安南督护，又封为交趾郡王（郡王之封，唐宋时甚多，不为甚贵），其后黎桓李公蕴等相继统兵，皆受宋之官号，虽以郡王为名，而太师、平章、节度、督护等名，犹是内官，特镇将更易，子孙世官，皆由部曲相推，而后受命政府，则犹唐之藩镇耳。至南宋孝宗淳熙元年，始封李天祚为安南国王，安南立国实自此始，其后相继二百余年，至明永乐时，设交趾布政司，为县一百八十有余，设儒学，礼耆老，开科举，求隐逸，与旧有诸省并隶职方，复汉唐之旧矣。其后罢布政司，复建安南王国。若以形式言之，其封交趾国王也，不过与汉初吴芮为长沙王同例。国变为司，司变为国，亦犹汉时国变为郡、郡变为国耳。然自法领安南以前，中国之视安南，固不与内地同例，则以安南建国之时，即户籍销除之日，此所以异于汉时王国也，而况满洲自秦汉以来未尝一日入中国之籍乎？

五、**未同化者不得为中国人。**此吾前文所标之义也。**盖同化者，自社会风俗以言之；归化者，自法理以言之。**满洲人非惟未归化，且未同化，归化之理，上文既言之，而满洲之未同化于我，此《民族的国民》论中所已言，而论者所已承认者也。乃论者于此不能致辩，而毛举吾前文所引刘元海之一例，以为"元海受业大师，兼通五经，善能文章”，遂认元海为真中国人（《中国不亡论》第九页）。嘻！此真怪语也。夫“受业大师，兼通五经，善能文章”遂可指为同化耶？然则今日我国民之留学于日本者，孰非受业于其国之大师而通其国之语言文字者，可谓我国民同化于日本乎？我国民之留学于欧美者，又孰非受业于其国之大师而通其国之语言文字者，可谓我国民同化于欧美乎？此种论据，真可谓骇人听闻者也。盖所谓同化者，不能毛举一二小节之转相仿效而遂为已足。晋世五胡未能同化，此历史所明示者，如《晋书·刘元海传》云，元海父豹为左贤王，魏武时，分其众为五部，以豹为左部帅。豹卒，以元海代。惠帝失驭，左贤王刘宣等共议推元海为大单于，成都王颖拜元海为北单于，参丞相军事，元海至左国城，刘宣等上大单于之号。观此则知匈奴余众自成部落，未尝同化于汉，而所谓左贤王、大单于者，皆匈奴特有之尊号。论者指元海为中国人，此何说也？又《晋书·石勒传》，石勒为上党武乡羯人（此论者所谓大半中国臣民者）。王衍见其行贩洛阳，即顾左右曰：向者胡雏，吾观其声视有奇志。使已同化，则王衍何能一见而识为胡雏？愈足见晋世，五胡杂处中原，虽薰莸同器，而泾渭分明矣。论者虽好辩，然其于《晋书》未必熟视无睹，而必凿凿然引五胡为同化于汉人，乃知论者之天性，好媚异族，善事仇雠，非独于满洲惟然，推而远之以至五胡，亦本爱满洲之心以爱之，其心事真大不可解耳。

六、满洲人未尝自承为中国之人民。满洲人为中国之人民，非惟中国人所不欲受，即满洲人亦所不欲受者也。试检《满洲源流考》，所载乾隆四十二年八月十九日伪上谕观之。谕云：“《金史》称金之先出靺鞨部古肃慎地，我朝肇兴时，旧称满珠，所属曰珠申，后改称满珠，而汉字相沿，讹为满洲，其实即古肃慎，为珠申之转音，足（微）〔征〕疆域之相同矣。至于尊崇本朝者，谓虽与大金俱在东方，而非其同部，则所见殊小。我朝得姓爱新觉罗氏，国语谓金曰爱新，可为金源同派之证。盖我朝在大金时，未尝非完颜氏之服属，犹之完颜氏在今日，皆为我朝之臣仆。普天率土，统于一尊，固如斯也。譬之汉、唐、宋、明之相代，岂非皆其胜国之臣仆乎？又有云，我祖宗时曾受明龙虎将军封号，亦无足异。我朝初起时，明国尚未削弱，因欲与我修好，借此以结两国之欢，我朝固不妨为乐天保世之计。迨我国声威日振，明之纲纪日隳，且彼妄信谗言，潜谋戕害，于是我太祖赫然震怒，以七大恨告天，兴师报复。自萨尔浒、松山、杏山诸战，大败明兵。明人欲与我求和，斥而不许，彼尚安敢轻倚我朝乎？且汉高乃秦之亭长，唐祖乃隋之列公，宋为周之近臣，明为元之百姓，或攘或侵，不复顾惜名义。若我朝乃明与国，为之报仇杀贼，是得天下之堂堂正正，孰有如我本朝者乎？又《金纪》称唐时靺鞨有渤海王，传十余世，有文字礼乐，是金之先，即有字矣。而本朝国书则自太祖时，命额尔德尼巴克什等遵制通行，或金初之字，其后因式微散佚，遂尔失传，至我朝复为创造，未可知也。”观此上谕，始终未尝以明之臣民自居，其言满本大金，金本靺鞨，相继代兴，与中国汉、唐、宋、明无异，是未尝以清继明，乃以清继大金，大金继靺鞨耳。至云“我朝乃明与国”，其意尤彰明较著，此犹据建国以后言之也，乃其于部落聚居之日，亦云“结两国之欢”，云“我国声威日振”，是都督、龙虎将军诸号，彼固漠然视之，亦犹英皇之视乾隆敕书耳。且满洲自布库里雍顺已称贝勒矣。贝勒之名，犹之可汗（（奴儿）〔努尔〕哈赤亦称之），彼岂甘受都督将军之号者耶？明时瓦剌诸酋亦授特进金紫光禄大夫，俺答亦封顺义王，而彼自称太师淮王如故也，寇掠中国如故也。彼满洲者岂独有异于此乎？若谓游牧之此未得称国，特其子孙张大言之，则不知满洲先世已为城郭之国，如金人所置上京黄龙府等，岂游牧者所居乎？金亡以后，部落分散，于是始为建州、海西、野人三部，而建州一族，又非纯为游牧者也。纵以游牧言之，蒙古自开国至今，未脱游牧之俗，可谓元无国家，可谓成吉思汗非国家之首领乎。

七、满洲人之于中国与诺曼人之于英国不同。彼报谓：“以诺曼人为英国君主，不得谓英国已亡，则以满洲人为中国君主，不得谓中国已亡，事同一律，其理甚明。”（《中国不亡论》第六页）案该报无耻之言，以此为极矣。彼谓：“史家未闻有以诺曼人威廉第一之即英王位，而谓为英国为亡于是时者。”吾不知其何所据而为是言也。史家恒称威廉为 William the Conqueror，译言威廉得胜者也。诺曼人之为战胜者，史家所明认矣。如论者狡卸其辞曰：英文人各异译，则吾更得引日本学者之著书以证之。坂本学士《世界史》，于威廉第一之役，其称诺曼人，则曰“北人征服英吉利”，其称英人，则曰“率众出降”。松平康国氏《英国史》，则曰“诺曼人之创业垂统”，曰“英人归顺”，曰“征定英国”。其他一般学者所著书，亦大率相类。诺曼人之征服英国，其事迹章章不可掩也。然撒逊人以战败之遗民，卒能与诺曼人平等以同为国民者，此由于其历史使然，不能援以与中国并论也。盖撒逊人之入英，虽在纪元后三百余年，而其建国则在八百二十七年，及一千六十六年而为诺曼人所征服，距其建国只二百余年耳，其国家之规模，犹未完全也。松平氏曰："在撒逊时代，自耶奥巴托以来，其子孙自称英人之王，是犹若云一人种一人民之首长而已。至于诺曼诸王，虽亦不变更此称号，然威廉由战胜之权利，以国土之全体，为己之所有，故自此以后，其诸王得称为英吉兰之国王。国王者即国土之领主也，统治者也。"是故诺曼人征服英吉利以前，英人之国家组织犹未备，其事实从而不足称道。自诺曼人入而定其国，然后国制乃完，撒逊人与诺曼人之相容，由此故也。若我中国自黄帝以来，立国四千余年矣，中间虽被侵于异族，尝能光复，独自明亡以来以至于今，则犹为满洲人所征服，猥以千年前之英国相拟，何其不伦耶？夫中国当黄帝以前，诸民族争地以战，或兴或蹶，而未尝与于建国之大本，则论古者，未有于斯时致亡国与易朝之辩者，以其时国家组织未备故也。千年前撒逊民族与诺曼民族相遇，正复类此，安可与满洲侵入之事实并论乎？况乎征定英国者非异人种，而同属于日耳曼民族（见松平氏《英国史》），则尤非通古斯种之荐食汉种者可比。论者徒欲穷搜一例，以为满洲作辩护，大索而不得，则姑举千年前国家组织未备之撒逊民族被征服之历史，以为借口，是真无聊之极思，而自白其心劳日拙之苦况者也。

八、满洲人之于中国，其入关以前与入关以后位置不同，而皆非中国之人民。彼报屡云，若谓满洲人不得为中国人，则虾夷不得为日本人，黑人不得为美国人，印度人不得为英国人。吾不知其所言者，何所指也。若指入关以前耶，则满洲人与虾夷、黑人、印度人不同比例。盖虾夷之于日本，黑人之于美，印度之于英，自社会风俗言之，犹未同化，不得与日本人、美人、英人混也（吾前文言印度非洲人，不得为英国人，承同化以言也。论者截去上文，徒择此二语，遽谓今之普通地理书，皆称英国人民有三百四十五兆有余，五尺童子能知之，除出非洲、印度人外，安从得此数云云。嘻！论者之所知，惟普通地理书所载而已。论者之所知，惟五尺童子所能知者而已。须知论事须从数方面观察，论国民之性质，何独不然？印度、非洲人未同化于英国，不能相混，此由社会风俗的方面观察而知之者，论者须于普通地理书所载及五尺童子所知之外，更求进步，然后诮人，未为晚也）。而自法理言之，则已归化，故犹得自称为日本人、美人、英人。若入关以前之满洲人，则非惟未同化，且未归化者也，故与虾夷、黑人、印度人有异。夫虾夷、黑人、印度人，固未得谓之完全的日本人、美人、英人也。盖虽归化而未同化，故归化之后，一旦脱离法律上之关系，则判自然为异类。若安南人之于中国，其先例矣。故以吾之所见，必归化的方面与同化的方面皆无缺憾，然后可称为同国之人也。况满洲人未尝有一于此乎？彼报又尝以为满洲之在明，与今之苗、瑶同。斯则然矣，然亦惟未归化之苗瑶为然耳。若夫苗瑶之曾改土归流者，其同化的方面，暂勿论，自其归化的方面以言，则非满洲人之所可比也。以上所言，指入关以前言之也。若夫入关以后，则满洲人为征服者，汉人为被征服者。彼踞战胜之地位，享战胜之特权，以比虾夷、黑人、印度人，则为拟不于伦。呜呼！今之排距民族主义者，真可谓巧言如簧矣。不以满洲人为可畏，顾以为不足畏，于是不以满不可排，顾以为不必排。昔者保皇党人某曾语我曰："君勿以满洲人为虎狼，彼不过一犬羊耳。无论用何道，皆足以胜之。何必流国民之血，然后足以达民族主义之目的乎？"此保皇党之秘诀。今论者例满洲人于虾夷、非洲、印度人，亦即此诀。吾今为一言以诏之曰：**满洲人对于中国，其入关以前则为国外之人民，其入关以后则为战胜之民族，不能牵之入我国民之列**。论者而犹有辩护之词，则当对于以上所列八段一一辩之，否则为反舌之无声，亦不失为明哲，亦惟自择之而已。

第二，满洲建国以前为中国之（覊覊）〔羁縻〕州，建国以后为中国之敌国

于此复分两段，以说明之：

一、满洲未建国以前为中国之羁縻州。复分两小段于左：

甲，历史上羁縻州之情状。自历史上观之，**羁縻州非领地也，以其无户籍故**。例证如下：

（一）《后汉书·郡国志》，凡郡国皆书户口，惟辽东属国及交趾郡无户口，此非其地不毛，乃未尝编籍，其人民即与内地齐氓异也。

（二）《唐书·地理志》，唐兴，初未暇于四夷，自太宗平突厥，西北诸蕃及蛮夷，稍稍内属，即其部落，列置州县，其大者为都督府，以其首领为都督刺史，皆得世袭，虽贡赋版籍多不上户部，然声教所暨，皆边州都督都护所领。

（三）《明史·地理志》，凡州府皆言编户若干，口若干，惟卫不言户口。

据上所考据者观之，则羁縻州之情状有四：（一）建立羁縻州之目的，所以绥靖外人，使不为边患而已；（二）所谓羁縻州者，大率因其部落而以其首领为都督、刺史，使之世袭，未尝干涉其内治；（三）版图不隶于户部者，无利其土地之心，未尝以其土地为中国之领土；（四）户口不上于户部者，无利其人民之心，未尝以其土地上之住民为中国之人民，此羁縻州之情状也。

满洲人未立国以前，居于建州卫，建州卫，明之羁縻州也。不宁惟是，金与满洲同种，此伪帝弘历所自言者，而金之先亦尝为羁縻州。按《金史》，元魏时，有黑水部，唐开元中来朝，置黑水府，以部长为都督刺史，置长史监之，赐都督姓，其后渤海盛强，黑水役属之，朝贡遂绝（按：自后金遂自绝于中国），至五代而女真始建国，是则金之先属于羁縻州矣。至于满洲人之居建州卫，其为羁縻州，见诸《明史》，无疑义，且按《满洲源流考》，引《明实录》："永乐二年，置建州卫，十年，置建州左卫，宣德七年，置建州右卫。"稽之《明史·地理志》，言营州右屯卫，即元建州，永乐元年，徙治蓟州，至其后更置建州卫，则所不详。《满洲源流考言》："肇祖原皇帝，始居赫图阿拉，是为兴京，实右卫之地。"夫永乐元年，已徙营州右屯卫于蓟州矣，（甚）〔其〕后复置建州诸卫者，以为域外羁縻之地，即因彼族蕃人而赐之都督指挥之名耳。观正统二年，建州左卫都督猛可帖木儿为七姓野人所杀，是前此所置建州各卫，即为彼族，可无疑也。此与营州右屯卫，名同实异。一为经制，一为羁縻，判然有别。又（奴儿）〔努尔〕哈赤称兵时，告七大恨于天曰："明虽起我衅，尚欲修好，设碑勒誓，彼此毋越疆圉，越者见即诛之。明复渝誓言，逞兵越界，卫助叶赫，恨二也。"又曰："柴河、三岔、扶安三路，我累世分守疆土之众，耕田艺谷，明不容刈获，遣兵驱逐，恨五也。"据此皆（奴儿）〔努尔〕哈赤所述未叛以前之事，而云彼此毋越疆圉，曰我累世分守疆土之众，是则为羁縻州而非领地明甚，不然，何有越界？何有设碑？何有世守？复何至不许其刈获乎？

据上所述，则满洲未建国以前为中国之羁縻州，毫无疑义。故吾前文之言曰："满洲自（奴儿）〔努尔〕哈赤以前，受天朝羁縻，弱则戢服，强则盗边，未尝以齐民自居，而明之待之，亦以其为殊方异类，第绥靖之，使不为边患而已，其域既非内地，其人复异齐氓。"此其所言，准诸历史，可谓无误也。乃观《中国不亡论》第八页，则云：

"答以受天朝羁縻，弱则戢服，强则盗边，而指为非臣民之据也，则中唐淮蔡诸镇，何一非受羁縻，弱则服而强则寇乎？然则以此之故，而指诸镇非唐之臣民乎？必不然矣。"

其以中唐淮蔡诸镇与满洲相拟，真不可解。夫满洲羁縻州也，淮蔡内地也，安可并论？且吾文言强则盗边者，塞外之人扰边为患也。淮蔡诸镇之作乱，可谓之盗边乎？论者亦知其然，遂删去"强则盗边"一语，而易为"强则寇"。盖论者狼狈之态，苟且之情，模棱之语，于是乎毕现矣。同页又云：

"若以其域非内地，而指为非臣民之据也，则英国除英（论）〔伦〕、苏格兰、爱尔兰之外，其余各地之人，皆非英之臣民，而台湾人亦决不能谓之日本臣民也。"

夫印度者，英之领土，台湾者，日本之领土也。若满洲则中国之羁縻州而非领土，何得以相拟？同页又云：

"若以其人异齐氓而指为非臣民之论据也，吾不知所谓齐氓者，以何为标准。推其意，追必以种族也。然则在美国之黑人不能谓之美国人民，在日本之虾夷不能谓之日本臣民也。"

吾所谓其人异齐氓者，以其为羁縻州之人民也，具与国内之人民有殊，既如上所述，乌得与美洲之黑人、日本之虾夷同比例乎？

要之，彼报所说，一言以蔽之，不忠于历史而已矣。苟其未知有此历史，犹可言也，知之而故为曲说，以为满洲辩护，是则顽钝无耻而已。

乙，法理上说羁縻州之意义。羁縻州之制，中国之特设以怀柔远人者也。语其性质，与国际法上所谓被保护地绝相类。被保护地，可谓领土主权获得所经之阶级，而不可谓领土主权之延长，此国际法学者之通说也。今考松原学士《国际公法原论》所引学说如左，以证其与羁縻州之相类。

松原学士之言曰：文明国对于未开野蛮之民族而行保护权者，其时未开（野蛮民族）不为国家，无主权，故与被保护国异，可称被保护地，不可称被保护国。唯两者有类似之点：（一）保护国于被保护地（未开地）排斥他国之权力，保护国以外之他国，不得于其地取得领土权或设定保护权；（二）保护国保护其被保护地，且对于他国而代表之。此排他及代表之二点，与被保护国相似。

案：所谓文明国对于未开野蛮之民族而行保护权者，与明代之驭满洲正相合，使其时满洲已建国，则谓之被保护国，未建国而为羁縻州，则谓之被保护地，特其时国际观念未发生，故对于他国而无排他及代表之可见，唯仅着眼于中国与满洲之关系，而指为羁縻之关系耳。

松原学士又历引荷尔罗连士、威斯特历诸家之说，以论保护国在未开地所有之权利（所谓保护权）如左：

一、无主权，又被保护地蛮之族，虽戴首长，亦无主权。故于此场合，无论何国皆于其地无主权。

案：此与中国对于满洲之事实正相合，中国唯无主权，故有毋越疆圉之约，足证其为被保护地而非领地，而满洲人尚未建国，故亦无主权。

二、保护国于其地，得排斥他人之权力。（甲）他国（他之文明国）不得占领其未开地，（先占取得）亦不得征服之；（乙）他之文明国，不得与其蛮族直接交涉（外交），其交涉须通过保护国。

案：其时国际关系未发达，仅有中国与满洲之关系，而无第三国介于其间，故无此等事实。

三、保护国对于他国而代表其未开地，故外交权在于保护国（其下有五条件，因无关系，略之）。

案：此亦与第二项同，因无第三国，故中国之外交权亦不可见。

四、内治行政权原则存于蛮族自身。

案：此真中国对于羁縻州之实况也。盖其用意不过厌蕃人扰边，而为名义上之怀柔，于其内治未尝一盻及之，而彼蕃人之貌为崇事天朝者，不过畏其威或利其金帛耳（明代给满洲以岁币八百两，是其实例）。原（着）〔著〕于此项之下析为六条：第一条云“此蛮族虽有程度之差，究竟野蛮人也。然亦戴自己之酋长，立于其配下”；第二条云“不好弃自己本来之习惯风俗，不欲弃固有之政治状态”；第四条云“本来对于此等之蛮族不得行文明流之政治，故蛮族岂其有内政之自治，宁放任也”。此三条，按之满洲事实，若合符节，竟可为彼族历史作传赞也。惟第三条云：“嫌被并吞于他国，一时立于一国之保护之下。”此则其时无第三国在，不过畏中国之威，而一时立于服从之地耳。其第五条云：“文明国欲以欧洲流（译言欧洲之风尚）统治之，不可不借剑戟之力，而其功不偿其劳。”中国所以放任彼族，听其自为生灭者，正以此故。其第六条云：“唯于必要之范围内，文明国保护监督其蛮族。”此即吾前文所引正统二年之事实观之，可知其相合矣。益防其作乱，故不得不处理之也。

由斯以言，满洲非中国之领土，无疑义矣。然则使满洲于未建国以前而逞兵为乱，盗我中夏，则中国亦不可不谓之亡国。盖彼虽未成国家而侵入中国，夺其主权，则中国之权力丧失，而亡国矣，以其侵入之权力，非中国之权力故也。

二、**满洲建国以后为中国之敌国**。欲解决此问题，须先有二前提：一曰，满洲人非中国之臣民；二曰满洲非中国之领土。此二前提既确，则满洲建国之后不能拟以内乱，而当视为中国之（部）〔邻〕国，可无疑也，安得以明太祖之吴国相况乎？夫吴国者，在中国范围之内，非与中国为敌者也。满洲则在中国之外，而与中国为敌，故袁督师与皇太极（即僭号太宗文皇帝者）书，已用敌国之礼，史阁部与多尔衮书亦然，而崇祯二年冬十一月皇太极寇京师，至通州，告示各城，自称“满洲国皇帝”，而其称中国皇帝，则曰“尔天启皇帝、崇祯皇帝”，凡此皆敌国之证也。

就上所论观之，**满洲先非中国之臣民，后为中国之敌国，则其长驱入关，中国以战败之结果而亡国，满洲以战胜之结果而盗国，二百六十有余年于兹。吾人所为驱除鞑虏、恢复中华者，诚唯一之责任也**。论者独非中国之一人乎？亡国之痛不可以一日忘，恢复之谋不可以一日息，乃反颜事仇，汲汲于与殉国者为敌，设淫辞而助之攻，此何为者也？昔（稽）〔嵇〕绍之父为司马昭所杀，绍终身不仕晋。山涛谓之曰：天地四时，尚有消息，而况于人乎？呜呼！今之忘国之痛者，皆山涛之言误之也。国亡种沦之戚，不敌其富贵利禄之怀，于是腾奸言以自文，不惟自为奴隶，且欲率天下之人以同为奴隶以终古，豺虎所不食，有北所不受。彼苟有几希之人性，当自怍其无状耳。

第三，排满之目的

（一）吾人之所以有志于排满者，**以其灭我中国也，至于篡夺君位，不过灭国之结果**。故吾人之排满，**排灭国之丑虏，非排篡位之独夫**。彼报谓排满者乃与满洲人争君位，此所谓人头畜鸣者也。夫以君主为国家者，惟保皇会人为然耳。名其会曰保皇，谓非保皇无以保国，此则真认君主为国家者也。论者不自耻，反以诬人乎。

（二）彼报又谓丹麦人为那威之君主，不得谓以丹麦人治那威；犹太人为英国宰相，不得谓以犹太人治英国；黑人为美国大统领，不得谓以黑人治美国；以满洲人为中国君主，不得谓以满洲人治中国。夫彼之得位，以委任或选举而得之也，满洲人之得位以吞灭而得之也，可以并论乎？于彼之场合，以那威国、英国、美国为主人，而丹麦人、犹太人、黑人其一分子也，于满洲侵入之场合，以满洲国为主人，而中国其战利品也，可以并论乎？故吾人之排满，惟知灭彼满洲国，逐彼满洲人于中国之外，或使之归化而已，其心目中知有国家，不知有君位，论者勿以保皇会人之眼光视之也（彼报徒斤斤然谓君主与大统领、宰相皆国家之机关，此真可云无意识）。

（三）彼报谓："国家有两民族以上，利害相反，而因以酿成不善良之政治者，是诚有之，然此乃政治上国家利害之问题，非法理上国家存在与否之问题也。"（《中国不亡论》第三页）然则政治上国家利害之问题，遂置之不顾乎？以吾人之意，则必排满，然后可以解决政治上国家利害之问题，亦必排满，然后法理上国家得存在也。彼报又历引法、意、奥、英、美之政治现象，而谓："我国种族问题与政治问题之关系，于此诸国中，最肖何国，此非一言所能尽，以非本论范围，且略之，以待将来。"吾今为一问题于此，**征服民族与被征服民族相水火于国中，其政治现象若何？**论者能解答否？

（四）彼报云："民族主义所谓臣民，非必国家主义所谓臣民。中国二千年来已进化而入于国家社会之域，而论者欲退而图腾之，不亦惑乎？"（《中国不亡论》第九页）**夫所谓国家社会，不严种界者，容许他种人归化之谓也，非乐受他种人征服之谓也。**中国恢复之后，斯时可容许满洲人归化，并可使蒙古、回、藏人同化，斯乃真充乎国家主义之分量矣。若谓国家社会，虽被他种人征服，仍可乐受不辞，则联军入北京，比户皆树顺民旗，其可谓之国家主义之精神乎？**为满人所征服，则（籍）〔借〕口于国家主义以作满奴，则他日为万国所征服，亦可（籍）〔借〕口于国家主义以作洋奴。**此真不祥之言，可谓其心已死者也。欲天下之摭拾严复口头语，以自卸其排满之责任者，再三思之。

以上所言，皆就其荦荦大者言之，此外尚有小问题，为彼所致难者，解答于下：

（一）彼报谓亡国之民，不能相称以我国民，不知自历史上言之，则国人尔汝相称，固无不可也。前举废官之例，即系碑版传记中所常见者。又如父母已死，人子仍可称为父母（此古人文字所常用者，论者毋谓只能称考妣也），子女被劫于盗，仍可以子女称之，皆至合之例。明亡以来，遗民辱为左衽，其眷怀宗国者，勖勉国人，皆拳拳以将来之希望相期，语语不离中国，语语不离中国之人民，论者亦将以不合法理诮之乎？夫国民之意义固当于法理上求之，至于尔汝相称，则与法理有何关系而亦执以相诮耶？

（二）彼报谓“论者屡称一方之国家失其国家权力，他之国家权力代之而为行使其权力者，若自矜其新发明者。吾之论印度亡国，不既以此义为论据乎？是否请确答”云云。夫吾前文明言“近世学者示其观念”，何尝自矜为新发明？所以不举其出处于谁氏者，以其为学者之通说也。凡学人论著，于通说恒不举氏名，此为一般之例，非吾所创，安足相诬？且论者尝谓“彼报引近世学者所示之观念”云云（《中国不亡论》第六页），何故数页之后，又以“自矜新发明”诬我（见同论第十四页）？似此两相反对之语而出于一人之口，非终日自相挑战者，安得有此？至于谓论“印度亡国既以此义为论据”，然彼之论据谓“印度之外尚有英国”耳，未明引此观念也，然论者因承认此观念，至于溯及其效力于前义，可谓能改过者，就此一小节而论，吾无责焉。

以上二则无关弘诣，以彼要求解答，故随笔及之。

彼报附言云“此论于重要之点皆为注出，若逐一再反驳之，则愿闻”云云。今吾既逐一反驳矣，彼将何如？虽然，彼固自命多泪多辩之人也，若不辩，则前此之哓哓，何为者？是顽钝无耻也。若辩而复如今日之哓哓，是更顽钝无耻也。

《民报》第十二号，光绪三十三年一月二十二日（1907年3月6日）

《社会通诠》商兑

太　炎

英人甄克思著《社会通诠》，侯官严复译述著录，其所言不尽关微旨，特分图腾社会、宗法社会、军国社会为三大形式而已。甄氏之意，在援据历史，得其指归，然所征乃止赤、黑野人之近事与欧美亚西古今之成迹，其自天山以东中国、日本、蒙古、满洲之法，不及致详，盖未尽经验之能事者。严氏皮傅其说，以民族主义与宗法社会比而同之。今之政客疾首于神州之光复，则谓排满者亦宗法社会之事，于是非固无取，于利害则断其无幸。夫学者宁不知甄氏之书，卑无高论，未极考索之智，而又非能尽排比之愚，固不足以悬断齐州之事。如严氏者，又非察于人事者耶。人心所震矜者，往往以门户标榜为准，习闻其说，以为神圣，而自蔽其智能。以世俗之顶礼严氏者多，故政客得利用其说以愚天下。抑天下固未知严氏之为人也，少游学于西方，震叠其种，而视黄人为猥贱，若汉若满，则一丘之貉也，故革命、立宪，皆非其所措意者。天下有至乐，曰营菟裘以娱老耳。闻者不憭，以其邃通欧语，而中国文学，湛深如此，益之以危言，足以耸听，则相与尸祝社稷之也亦宜。就实论之，严氏固略知小学，而于周秦两汉唐宋儒先之文史，能得其句读矣，然相其文质，于声音节奏之间，犹未离于帖括，申夭之态，回复之词，载飞载鸣，情状可见，盖俯仰于桐城之道左，而未趋其庭庑者也。至于旧邦历史，特为疏略，辄以小说杂文之见，读故府之秘书，扬迁抑固，无过拾余沫于宋人，而自晋宋以下，特取其一言一事之可喜者，默识不忘于其胸府，当时之风俗形势，则泊然置之。夫读史尽其文不尽其质，于藏往则已疏矣，而欲以此知来，妄其颜之过厚耶。观其所译泰西群籍，于中国事状有毫毛之合者，则矜喜而标识其下，乃若彼方孤证，于中土或有抵牾，则不敢容喙焉。夫不欲考迹异同则已矣，而复以甲之事蔽乙之事，历史成迹合于彼之条例者则必实，异于彼之条例者则必虚。当来方略，合于彼之条例者则必成，异于彼之条例者则必败。抑不悟所谓条例者，就彼所涉历见闻而归纳之耳。浸假而复谛亚东之事，则其条例又将有所更易矣。社会之学，与言质学者殊科。几何之方面，重力之形式，声光之激射，物质之化分，验于彼土者然，即验于此土者亦无不然。若夫心能流衍，人事万端，则不能据一方以为权概，断可知矣。且社会学之造端，实惟殑德[1]，风流所播，不逾百年，故虽专事斯学者，亦以为未能究竟成就。盖比列往事，或有未尽，则条例必不极成。以条例之不极成，即无以推测来者。夫尽往事以测来者，犹未能得什之五也，而况其未尽耶？严氏笃信其说，又从而为

① 指 Auguste Comte（1798—1857），法国思想家，实证社会学创始人，今译孔德。

之辞。并世之笃信严氏者，复冀为其后世，何其过也？今就《社会通诠》与中国事状计之，则甄氏固有未尽者，复有甄氏之所不说，而严氏附会以加断者，又有因严氏一二狂乱之辞，而政客为之变本加厉者，辩论如左：

今之非民族主义者，辄举宗法社会以相谯让。民族主义之与宗法社会固非一事（其辩在后），则言宗法社会之得失，非吾所注意也。然今者重纰貤谬之说，实自此始。故先举甄氏所说之宗法社会与中国故有之宗法社会，较其同异，而知甄氏所谓四端，于中国未必能合也。如甄氏云，宗法社会所与今之军国社会异者有四：

一、重民而不地著　宗法社会之籍其民也，以人而不以地。何以言之？前谓近世社会所以系属其民，在于军政。以军政系民者，以民之所居者有定地也。是以地著尚焉。甲国之民，其可居于乙国，固无疑，然乙国不以国民视之，于其国家之政，莫得与也。然使其人既受廛占籍而为民矣，则于其种族旧居，靡所问也。故《拿破仑法典》曰：生于法土者为法人。自其大较言之，则是法也，欧洲列邦之所通用也。乃宗法社会则不然，其别民也，问其种族，而不问其所居。为其社会之民，必同种族者也，不然，虽终其身于其社会，乃至为之服劳，将为客而不为主。总一社会之民，有时可迁易其土居，其称某国自若，于避敌逐利时时为之，虽演进稍深之种人，亦有不尽然者，而上古之宗法社会，则莫不如此矣。

二、排外而锄非种　宗法社会欲其民庶，非十余年数十年之生聚不能。而今之军国社会不然，其于民也，归斯受之而已。虽主客之争尚所时有，而自大较言之，则欧洲无排外之事也。盖今之为政者，莫不知必民众而后有富国强兵之效。古人以种杂为讳者，而今人则以傀合为进种最利之图，其时异情迁如此。是故近今各国皆有徕民之部，主受廛入籍之众。使此而立于宗法社会时，其不骇怪而攻之者几何？盖宗法社会之视外人，理同寇盗，凡皆侵其刍牧，夺其田畴而已，于国教则为异端，于民族则为非种，其深恶痛绝之，宜也。故宗法社会无异民，有之则奴虏耳。

三、统于所尊　天演极深、程度极高之社会，以一民之小己为本位者也，宗法社会以一族、一家为本位者也。以一民之小己为本位者，民皆平等，以与其国之治权直接，虽国主之下亦有官司，然皆奉至尊之名，为之分任其事，官司之一已，于义本无权贵也。至宗法社会不然，一民之身皆有所属，其身统于其家，其家统于其族，其族统于其宗，循条附枝，皦然不紊。故一民之行事，皆对于所属而有责任，若子侄，若妻妾，若奴婢，皆家长之所治也。家长受治于族正，族正受治于大宗。此其为制，关于群演者至深，当于后篇徐详之。

四、不为物竞　今夫收民群而遂生理者，宗法也；沮进化而致腐败者，亦宗法也。何则？宗法立则物竞不行故也。吾党居文明之社会，享自由之幸福。夫自由幸福非他，各竭其心思耳目之力，各从其意之所善而为之是已。国有宪典，公立而明定之，使吾身不犯其所禁者，固可从吾之所欲。农之于田，以早播为利，虽违众而破块可也。工之于器，以用楔为坚，虽变法而置胶黏可也。卖浆者忽酒，种荈者忽烟，无涉于人，皆所自主。乃宗法之社会不然，偭高曾之规矩，背时俗之途趋，其众视之，犹蛇蝎矣。夫然，故人率其先，而所无用其智力，心思坐智，而手足拘挛，一切皆守其祖法，违者若获罪于天然，此其俗之所以成也，然而腐败从其后矣。凡古社会，莫不如此，此不可逭之灾也。虽然，如是之习，其始何以生，其终何以变，此治群学者所不可不讨论也。乃今所言，使学者知其有是，足矣。

以此四端，与中国固有之宗法相校，当略分时代后先而为大别。春秋以往，以宗法系民生，而别子为祖，继别为宗，其法惟行于公子、大夫、元士之家，礼不下庶人，则民间固无宗法之可守。下自战国，至于近世，国家统一，而百姓不以阶级相丽，其宗法亦阉然荡没。然山谷阻深之地往往自成村落，其民无虑千万，都为一族之民，则有祠堂以相系联，而决事听于族长。至于都会，地当孔道，则五方杂错，民族不纯，祠堂之制视之蔑如也。其在中原，皖南北最重家庙，而徽宁为高原之地，斗绝四方，则旁郡县之迁居者少，故视祠堂尤重。迤南至江西闽广，则族长最尊宠，而数族常有械斗之事，此亦今之宗法已。古者宗法行于大夫、元士，不行于齐民；今者宗法行于村落素人，不行于都人士。古者宗法以世袭之大宗为主，其贵在爵；今者宗法以及格之族长为主，其贵在昭穆年寿。此古今之所以为别，然与甄氏所述四端，则皆有不相契合者。

一曰怀土重迁之性，惟农民为最多。而宗法社会所凭依者，泰半不出耕稼，一去其乡，田土亦随之而失，是以盘庚迁殷，民胥咨怨，惟诗人亦以鸿雁哀鸣为失所，安在其不地著也，若其有迁移者，则占籍亦其常耳。《传》称有分土无分国，亦岂于种族旧居有所问者？土断之制，自古然矣，非特冠带之国互相亲睦者然也，虽于夷狄亦然。春秋时，狐突舅犯，皆为大戎之族，而著籍晋国，称为名臣，则因而晋人之矣。赵盾有言，微君姬氏，则臣狄人也，然则使赵盾不反晋国，则虽以赵衰之子，而不得不狄人视之，及其归晋，则因而晋人之矣。反之，吴出于周，越出于夏，皆帝王神圣之胄，而以远窜蛮方，世用夷俗。春秋之书夫差勾践也，曾不得比于士伍，削其人之称，而谓之吴与于越而已。若不以地著为重者，则惟当问其祖宗为何等，而安用是纷纷者为？逮及七国以后，则宗法已不同昔，而地著复较往日为彰明。近世迁徙之民，但令移居满二十年，而有田宅于迁所者，即许著籍（惟东晋初年，侨置州郡，不隶迁所，其后亦用土断之法）。其待外国之民也，则虽以南朝之矜重门地，而何妥以细脚胡人著籍郫县，亦未闻有摈斥之者。乃至代北之族，金元之族，当中国自治时，亦一切以编氓相视，如何其不地著耶？夫南洋、美洲之侨民，终身守其故籍，而未尝一入欧美诸邦之版，然欧美人之在中国者，亦或据田宅长子孙矣，顾未有愿入中国之籍者，则未知中国人之重宗法欤？抑欧美人之重宗法欤？要之，主宗法者，固不必与地著相违矣（按地著与土断，其义各异。地著，谓城郭、宫室之民，居有定地，异于游牧者。土断，谓就地著籍耳。此甄氏所言地著，其义当为土断，或严氏译文未审，今姑仍之。至于游牧之民，虽不地著，而水草尚不可缺。水草在地，故游牧者虽时有迁徙，而未尝不爱其地。严氏于原书第一条下加案语曰："可以为前说之证者，莫明于犹太，与古所称之行国。吾颇疑史迁《匈奴列传》冒顿曰：地者，国之本也，奈何予人？尽斩言予地东胡者云云，为钓奇而非事实。"此甚荒谬。夫匈奴，游牧之民也。游牧恃水草，水草必生于地。失一地即失一可供水草之牧场，宁能弃之无吝乎？所谓行国者，谓其随地迁移，而要必在一国范围之内，虽转徙无常，仍不能出于其域。况匈奴部落亦有分地，《传》称"诸左方王将居东方，直上谷以往者，东接秽貉朝鲜，右方王将居西方，直上郡，以西接月氏羌，而单于之庭，直知代云中"是也。则迁移之地，亦仍在分地之中耳。如今内外蒙古，内则四十九旗，外则八十一部，亦各有其界限，若多得一地，即亦多一牧场，而失之即牧场减少矣。谁谓冒顿之言非当时事实乎？严氏所言，出于评选《史记》菁华录者，致为鄙陋。严氏以其与不地著之语相合，遂取之以疑《史记》。所谓历史成迹，合于彼之条例者则必实，异于彼之条例者则必虚，其证如是）。故甄氏第一条义，与中国固有之宗法不合也。

二曰中国宗法盛行之代，春秋以前，本无排外之事，而其时外人亦鲜内入，有内入者，若熏粥姜戎之类，固非如今世欧美诸邦，以通商为名号，直钞盗边塞而处吾土耳。今也以宾旅入，而昔也以暴客入；今也以契约入，而昔也以戎马入。如是则固侵其刍牧，夺其田畴也，有捍御之而已。虽今之军国社会，而遇此者能敛手不与校乎？若以单身为宾萌于中国，如前所谓狐突之徒，则中国未之排斥也。进观周穆王时，有西域化人谒王同游之迹，国人于此，方胪句介绍之不暇，而何排斥之有（此事载《列子》，其真否不可知，然《列子》处春秋之末，去古甚近，固按当时风俗而言之）？仲尼弟子有言偃者，本吴下之蛮夷耳，入宰武城，而未闻三桓之诛锄排斥也。自尔以来，至于宋明，西南诸国与中国互市不绝，而葡萄牙之在濠镜时，以一旅入掠，则中国亦不得不命将誓师以与之搏，迨其帖服，则复交通如故。海外诸教，释氏先入于汉世矣，天方继入于唐世矣，基督晚入于明世矣，是时人民望此以为导师，喜欢踊跃，如大旱之见长蛛，特一二士人以其背弃儒法而被以异端之名，非社会之总意然也。若曰距今五十年中，常有排教之事，则不知基督教之来也，常挟国权以俱来，而所至有凌轹细民之事，入其教者，又借此以武断闾里之间，是所以促其反动，而非由宗法社会使然。宗法者，敬宗而严父，寝庙烝尝，以为大典，有背于其法者，则人人贱视之。然而佛教之入也，亦曰“六亲不敬，鬼神不礼”，而未闻传其教者之被菹醢。利马窦、南怀仁辈，以基督旧教传播中国，且二百年，自海衅未启以前，谁以罗马教宗为悖德忘本而反抗之者？若夫韩愈、杨光先辈，以其私意，抒之简毕，陈之庙堂，则于全体固无所与，且今世亦有以彼教为无君父，而视之如洪水猛兽者矣。然人民之偾起排教者，其意乃绝不在是。浸假而基督教人之在中国，循法蹈义，动无逾轨，则人民固不以异教而排斥之，亦不以异种而排斥之，其相遇也，与昔之天竺法师无异。虽以百千士人著书攻击，犹往日宋儒之辟佛而已，而人民不因是以起其敌忾之心也。至夫政府之排教则有矣，然其意本不在异种异教，而惟集众倡乱之为惧。日本德川时代，尝杀基督旧教六万余人，即以是故。夫以其集众倡乱而排之，则不必于异种之教然也，虽同种之白莲闻香亦然，不必于破坏宗法之教然也，虽儒流之党锢道学亦然。是故政府之排教也，以其合群而生变；人民之排教也，以其借权而侮民，皆于宗法社会无所关系云尔。至谓宗法社会无异民，有之则奴虏者，则吾见南非之矿工，计佣受值，无所负于英人，而少有不率，则荆楚被于其背。以彼雇主而得治其佣人，于法则戾，于事实则中国之待佣人所未有。是何军国社会之人，待异民如奴虏，而宗法社会之人，犹无其横暴也？故甄氏第二条义与中国固有之宗法不合也。

三曰宗法统于所尊，其制行于元士以上，族人财产有余则归之宗，不足则资之宗，上至世卿，而宗子常执大政，所以拱押其下者，恃有政权以行其刑赏耳。七国以后，执政者起于游说乞食之徒，而宗子降为皂隶。政柄既去，则不能号令其下，虽宗权亦因以俱去。挽近乃有祠堂之法，稍集一族之赢余以奉园庙，则又系以义庄，主之者是为族长，土地财产之权所在，则宗权亦在。顽嚚不孝内乱之事，常得以众议治之。然而民之行事对于祠堂，则固无责任矣。祠堂所有，辄分之以恤孤寡，兴教育，足以膏沐族人，而族人则不必以其所有归之祠堂，去留惟所欲耳。惟岁时丘垄之祭，略有责任，亦以墓田所收入者酬之，其有远行服贾，不以担石之利为得者，则墓祭亦任之旁族。若夫家人父子之间，其责任常不可弛，而父之对于其子，有出入顾复之责者，虽军国社会亦然。子长而复有扶老携衰之责任于其父，则施报之道然也，然未至于必待其子者，则父子常得私其所有。商君行法，家富子壮则出分，家贫子壮则出赘。至今父子异财之习，犹与秦人不异。综此数者，受治则稍稍见诸南方之民族矣，而责任竟安在乎？然则古者之行宗法，以其事为天倪定分；今者之行宗法，以其事为补阙拾遗。若云当今之世，民不以一身为本位者，则吾所未见也。故甄氏第三条义与中国固有之宗法，有合于古不合于今也。

四曰《周礼》言以九职任万民，此宗法盛行时代之制也。至于业不得更，法不得变，则于古籍无文。夫农工诸业，固有受之鼻祖，传之子孙者矣。《史记》言畴人子弟。畴者，谓从其父学，而考工诸职以氏称者，亦皆世习其艺者也。人情于见闻娴习之事，其为之必易于他术，故世业于古有征。虽然，此固顺其自然之习惯，而非谓少有变更即不容于社会也。农之子恒为农，工之子恒为工，商之子恒为商，此特管子治齐之法，岂他国民庶皆云尔乎？《记》云：良冶之子必学为裘，良弓之子必学为箕，此可证业之有更矣。《世本》作篇所记，常有其物已见于古初，而后人复为新作者，此可证法之有变矣。虽以一人而兼数业者，亦所在有之，世称舜耕历山，就时负夏，陶于河滨，渔于雷泽，此犹曰上古草昧之世，一人而万能也。韩子称市人有兼（粥）〔鬻〕矛盾者，此犹曰宗法破散之后，得伺隙以求利也。然孔子固云少贱多艺，扁鹊亦以馆舍之守，更事医术，而未闻有遮禁之者。梓庆作鐻，公输削木，墨翟制辖，此皆变更旧则而未有以奇技淫巧戮之者。然则谓宗法社会以不守祖法为咎者，其说荒矣。若自七国以至今兹，则变更固已数见，不劳持筹布策而陈其事，然而实业犹未能竞进者，则以人无学术，欲骤变而有不逮。古之长艺，又往往不著竹帛，故不得不归良工于张衡、马钧，归上农于氾胜之、赵过而已。惟相时徐进焉，文敝则然，与宗法何与？故甄氏第四条义与中国固有之宗法，若古若今，都无所合也。夫甄氏以其所观察者而著其书，其说自不误耳。而世人以此附合于吾土，则其咎不在甄氏，而在他人。若就此四条以与中国成事相稽，惟一事为合古，而其余皆无当于古今，则今宗法必有差愈于古宗法者，古宗法亦有差愈于甄氏所见之宗法者。要之，于民族主义，皆不相及，此其论则将及于严氏。

甄氏之言曰："宗法社会以民族主义为合群者也。"此未尝谓民族主义即宗法社会，而特宗法社会所待以合群者，亦借此民族主义耳。然则民族主义之所成就者，不专于宗法社会而止，较然著矣。严氏之言则曰："中国社会，宗法而兼军国者也。故其言法也，亦以种而不以国。观满人得国几三百年，而满汉种界厘然犹在。东西人之居吾土者，则听其有治外之法权，而寄籍外国之华人，则自为风气，而不与他种相入，可以见矣。故周孔者，宗法社会之圣人也，其经法义言，所渐渍于民者久，其入于人心者亦最深。是以今日党派，虽有新旧之殊，至于民族主义，则不谋而皆合。今日言合群，明日言排外，甚或言排满。至于言军国主义，期人人自立者，则几无人焉。盖民族主义，乃吾人种智之所固有者，而无待于外铄，特遇事而显耳。虽然，民族主义，遂足以强吾族乎？愚有以决其必不能矣。"斯言则诬谬之甚也。民族主义者，与政治相系而成此名，非脱离于政治之外别有所谓民族主义者。然就严氏所译甄说，则民族主义或为普遍之广名，如是则外延甚巨，而足以虚受三种形式，顾其所挟持以为用者为何物耳。所挟持以为用者为此，则民族主义亦随形转变而为此，其为军国社会可也，其为宗法社会可也，其为图腾社会亦可也。譬之纯铁可以为炮，可以为刀剑，可以为矢镞，其形式则不同，而其本为纯铁则不异，未有离于纯铁而可为此三者，亦未有离于民族主义而可为彼三者。使有民族主义者，而其操术不出于谱牒之文，享尝之制，收族聚宗之道，则宗法社会狭小之制以成。若其操术更短，惟虫鱼鸟兽百物之形是务，则民族主义亦即成图腾社会。何者？蛇之图腾，燕之图腾，莲华之图腾，既各自为徽帜，而亦有辈行序次之可稽，则其有潜在之民族主义可知也。特其言语缺乏，而无族姓部落之云云，故托于有形以为表象，亦犹者之见国旗，未能言国，而惟知同隶一旗者之可亲也。今吾党所言民族主义，则操术非前二者亦明矣。所为排满者，岂徒曰子为爱新觉罗氏，吾为姬氏姜氏，而惧子淆乱我血胤耶？亦曰覆我国家、攘我主权而已。故所挟以相争者，惟日讨国人，使人人自竞为国御侮之术，此则以军国社会为利器。以此始也，亦必以终，其卒乃足以方行海表，岂沾沾焉维持祠堂族长之制，以陷吾民于大湫深谷中者？夫排外者惟其少隘也，故于未灭我国家者则仇之，已灭我国家者则置之。铁道之争，华工之约，其利害岂不甚钜？顾其害尚有大于此者。虽然，彼所争者，亦国家一部之事耳。一华人入籍于英美，一白人归嫁于神州，则固非彼所欲问者。若挟其宗法社会之见，则虽无能为利害者而亦排之。今于欧洲仳猥之国不孰何也？此岂宗法社会之圣人所渐渍耶？又况吾党所志，乃在复我民族之国家与主权者。若其克敌致果，而满洲之汗，大去宛平，以适黄龙之府，则固当与日本、暹罗同视，种人顺化，归斯受之而已矣，岂曰非我族类必不与同活于衣冠之国，虽于主权之既复而犹当剺面事刃，寻仇无已，以效河湟羌族之所为乎？若是者，其非宗法社会，亦明矣。且民族主义之见于国家者，自十九世纪以来，遗风留响，所被远矣。撮其大旨，数国同民族者则求合，一国异民族者则求分。故意大里收合余烬而建王国，德意志纠合群辟而为联邦，此同民族者之求合也。爱尔兰之于英伦，匈牙利之于奥太利，亟欲脱离，有荷戟入榛之象，此异民族者之求分也。其在他国，虑有不尽然者，至美利坚以新造之邦，地广人稀，不得不招来殊族以谋生聚，然其翕合无间者，惟数种白人而止，当地之赤人固不与共苦乐，而黑奴则惟有解放之名。伽得《社会之进化》有言曰："美人之于黑种，虽以平等叫号于市朝，名曰预选举参政权，其事实乃绝相反，徒以容貌之黑，遂沦落于社会之下层，其间有材质贤明、财产众多者，犹不得与白人同伍，所定区划，黑人逾之，则放逐于规外，斩杀唯命，而白人逾之则无罪。虽乞儿无赖，愚不知学者，一切视之同等。凡关于政治之事，则曰此吾白人所擅也。有于白人之主配权而不赞成者，不曰卖国奴，则曰国事犯罪者矣。"其他列国殖民之地，亦多如是，其言民族范围，虽较欧洲旧疆为稍广，要之，以白种为限界耳。社会主义者流，名曰以圆顶方趾尽为同胞者也，然欧洲一二学者，或云其利当只及白人，若黄人则不得与之同格。特以社会主义与民族主义，名实背驰，不敢讼言以为号，其实岂无所异视耶？由是观之，人类同根，只涂饰观听之词耳。若吾党之言民族主义，所挟持者则异是，惟曰以异民族而覆我国家攘我主权，则吾欲与之分，既分以往，其附于职方者，蒙古之为国仇则以解于半千岁；上准回、青海，故无怨也；西藏则历世内属，而又于宗教得中国之尊封者也，浸假言语风俗，渐能通变，而以其族醇化于我，吾之视之，必非美国之视黑民。若纵令回部诸酋，以其恨于满洲者刺骨而修怨及于汉人，奋欲自离，以复突厥花门之迹，犹当降心以听。以为视我之于满洲，而回部之于我可知也。至不得已，而欲举敦煌以西之地以断俄人之右臂者，则虽与为神圣同盟可也。若是而曰此民族主义者即是宗法社会，则何异见人之国旗商标而曰此有徽章者，犹未离于图腾社会也？且今之民族主义，非直与宗法社会不相一致，而其力又有足以促宗法社会之镕解者。夫祠堂族长之制，今虽差愈于古，亦差愈于欧洲。要其仆遬之体，褊陋之见，有害于齐一亦明矣。人情习其故常，而无持更叫旦者于其左右，则梦寐为之不醒。今外有强敌以乘吾隙，思同德协力以格拒之。推其本原，则曰以四百兆人为一族，而无问其氏姓世系，为察其操术，则曰人人自竞，尽尔股肱之力，以与同族相系维，其支配者，其救援者，皆姬汉旧邦之巨人，而不必以同庙之亲相呴相济，其竭力致死见危授命者，所以尽责于吾民族之国家。身体发肤，受之父母，虽有毁伤而无所惜，曰务其大者远者耳。民知国族，其亦夫有奋心，谛观益习，以趋一致。如是则向之隔阂者为之瓦解，犹决径流之细水而放之天池也。人亦有言，中夜失火，则姻戚不如比邻，故内之以同国相维，外之以同患相救。当是时，则惟军国社会是务，而宗法社会弃之如脱屣耳矣。若以吾言非实者，则请以南北会党之事例之。会党发源，多在晚明之遗老，盖摄取国家观念于民族主义之中而组织固未备也。自有会党，而其人粮不宿舂，襆被远行，千里无饥寒之患，其在同党，虽无葭莩微末之亲，一见如故，班荆而与之食，宝刀可脱也，轻裘可共也，左骖可解也，斯无待祠堂义庄之补助，而宗法社会之观念自灭，视同姓之弟昆，常不如其同会，虽古之郑庄剧孟，方之末矣。夫会党者，特民族主义之未有组织者也。戎昭果毅蹀血而前者，是其所至乐也，而知识未充，训练未具，方略未周，犹未足以称军国社会，特其途径在是，其民族主义所挟持者亦在是，然已足以镕解宗法社会，使无复烟炭余滓之留，又况吾党所称之民族主义，所恃以沃灌而使之孳殖者，舍军国社会而外无他法乎？当其萌芽，则固无宗法社会之迹矣。及其成就，则且定法以变祠堂族长之制，而尽破宗法社会之则矣。今若与之临睨旧乡，观其所为同异者，邑里细人，越陌度阡，则视以为殊气，乃至言地方自治者，亦或以省界府界为枪累，不容以他人而参吾事。而吾党之言治者与彼则正相反，村落陋见，犹当息之，何有于族令？以此系于政治之民俗主义而破宗法，犹秦皇之统一六合以破封建之列侯，国犹是国也，惟帝制与七雄其大小异，故其功能亦异。民族亦是民族也，惟军国与宗法其大小异，故其成绩亦异。世之不怿于宗法社会者则有矣，惧民族主义之行而中国之衰微复如东周，其沦陷或同于罗马，危心疾首，鼻涕长一尺，以对吾说也则宜。反而观吾党所持者，非直与宗法无似，而其实且与之舛驰。同人〈同人〉为严氏所号咷久矣，其亦今而后笑欤。

严氏所说曰：民族主义不足以遂强吾种耳。使空有民族主义之名而无其具，则诚宜为严氏所讥，此吾党汉民所已言者，是亦非独民族主义然也。虽日言帝国主义、社会主义、人道主义，而无术以行之，则瓠落亦犹是也。今之政客，则以为虽有其具，其义必有非而无是，其势必有败而无成。此又与严氏所说附之增语，其咎复不在严氏矣。是非之说，其本怀虑不在是。光复旧邦之为大义，被人征服之可鄙夷。此凡有人心者所共审，然明识利害，选择趋避之情，孔老以来，以此习惯而成儒人之天性久矣。会功利说盛行，其义乃益自固，则成败之见，常足以挠是非。诐辞遁说，吾所不暇辩也，所辩者成败之策耳。今有人曰：以宗法社会与军国社会抗衡则必败。第弗论吾党所谓民族主义者，为宗法社会以否，就言宗法、军国胜败之故，岂非以一者为未进化，一者为已进化，故得以优劣定之耶？然则图腾社会，尚较宗法社会为下，而游牧之民，实自图腾初入宗法者耳。其与耕稼之民相抗，则劣者当在败亡之地，何南宋之卒亡于蒙古也？西罗马灭于峨特，东罗马灭于突厥，印度灭于莫卧尔，此皆以劣等社会战胜优等社会者也。是则国之兴废徒以社会文化高下为衡，顾民气材力何如耳？若复以文义相牵，而谓民族主义与宗法社会同者，征以文义，则不如征以事实。甄氏固言，图腾社会，传世以女而不以男矣。而欧洲之法犹兼图腾社会可也。夫中国自有妇人封者，自齐侯赐辟徒之妻始，汉高以许负为鸣雌亭侯，以奚涓之母为鲁侯，明帝亦封东海王疆之女，为小侯者四国，然不以子姓从其母族。父系之法，自古未有变也。非特中国为然，虽欧洲亦无袭母者，此皆纯无瑕衅之宗法，与图腾社会相较，宜无不斩馘克捷。然而中国与满洲，则既摧衄于泰西矣。社会相衡，其不足以定胜负之数如此。若曰欧洲图腾社会之法，惟在一端，不足以概其大体，则吾党之于宗法社会，并其一端而亦无之以实相丽，犹有不可，况以名相丽乎？鼠之未腊者曰璞，玉之未埋者曰璞，同璞相丽，犹有不可，况其名未及于璞乎？要之，今日固决死耳，岂曰无衣，与子同袍，修我戈矛，与子同仇，此民族主义所任用于宗法社会无忽微之相系也。若云以会盟弛说相励，无军事之实用者，此固吾党所当文莫，抑使今日而有雄杰材武之士。若洪秀全者出，吾知必无曾胡之寇已。言谈虽虚，要以促社会之自觉，则岂独守寸鳞一翮之助也欤？法之革命也，官军有利器，足以摧坚入深，而革命党憔悴无军需，仓皇遇警，有持机案道具以相格者，此非必败之道耶。徒以大风所播，合军民为一心而效死以藩王者少，故民党得因之成业。夫战争之事，宁我薄人，而无恃他人之不吾薄，吾徒效法人所为冀人之倒戈，厥角以为恃，固曰鸠合骏雄，厚集群力，以成戎衣之烈，是所焦心茧足以求之者，顾岂非军国社会之事哉，而独政客所不快耳。虽然，今之政客，虑有二途，其一热中干禄，而以立宪望之满洲政府者，太史公云“在日月之迹”，此固不足与议；其一欲以国民自竟，奋起僵尸，竭其膂力，以倡国会于下，使政府震怖而从吾之迫胁者，其始固不得不以甲兵耀武，不幸而被诛，夷则与革命何择？幸而可以震之也，当是时，则固足以继濠州、金田之迹，而胡为局促于立宪之辕下者，苟以胁迫清廷与日本之要求立宪等易，则利害相反之故，故第二政客所深知矣。暴骨犹是，涂地犹是，势力犹是，安见此之可为而彼之必不可为也，此吾党所为辩其利害，以讥激，使无惑于严氏之莠言，纳约自牖，尽于斯耳。抑人之所志，固不当以成败为臬极，若所欲尽于功利，则欧洲学生固有言迎立东圣者，而一二杖节乘传于殊方，名为通达时务之士，亦欲得西方元首以莅吾土，迎立之欢，异于攻破，宜必展布四体以佐百姓，而辅佐多元老魁杰，亦能使庶事无堕，其功实或优于自为立宪百倍（按此最为无耻之言，二种政客，亦不肯为是说，然以之语严氏，则必以其言为有中矣）。而无若人之所指明遂志者，在欲得权借何？夫既以权借为期，则成败固不暇虑，而非排斥满洲，亦无以使其权尽复，纵得立宪，犹余一行政机关之首领，而相位亦或为汉人所绝分（军机长官，旧以亲王任之，他日欲改此，必不可得），宁为鸡口毋牛后，与使他人啖我而饱也，宁自啖，而不足权借之于功利，诚有不相调适者。法人有言，所志不成，当尽法国而成蒿里，以营大冢于其上，士苟知此，彼天然淘汰优胜劣败之说，诚何足以芥蒂乎？循四百兆人之所欲击，顺而用之，虽划类赤地，竟伸其志可也。今之所辩，以《社会通诠》为限，则其言如上而止。

《民报》第十二号，光绪三十三年一月二十二日（1907 年 3 月 6 日）

中国今世最宜之政体论

胡茂如

前论一　政体无绝对之美

前论二　种族无必严之界

前论三　国民有必争之权利

本论一　政体之区别

本论二　人民程度论

本论三　君主立宪

前论一　政体无绝对之美

曷观诸佛氏之徒乎？奔走于信者之间，摇唇鼓舌，醵集布施，及有所得，洪炉大冶，杂投金铜，范为人形，光泽夺目，三熏三沐，奉诸广宇大殿之间，养以香花，顶礼膜拜，曰：此佛者也，吾礼之，吾宗信之，则吾罪可除，吾来生之幸福可以得，世有慢渎而不解归依者乎？此真大迷，可哀也已。则有起而议之者曰：是扰扰何为者耶？彼佛者岂铜块之谓乎？抑岂雕木为偶、外施金箔者之谓乎？佛本庄严，今使冶者匠人锤炼刻削，以意为之，一何不敬？且释尊身自苦楚，普（渡）〔度〕众生，乌有聚敛人财，扰及信士？像为之法身，而灵肯降而凭之者，事谬慈悲，佛心滋戚，将欲奉之，适以渎之耳。佛德自尊，非偶像所能形拟，必欲得此观瞻，以起吾敬，无宁尺一之帛，施之丹青，精意洁白，朝夕膜拜焉已耳，毋用是扰扰者为也。则又有起而议之者曰：此所谓以五十步笑百步者也。铸铜非佛，点染缣素，顾为佛乎？攻金之工，以意为佛，是为慢侮矣，易以画师，又何择焉？吾谓佛者，非形容可馨，口常诵佛，神与之游，灵心一觉，立地可圣。遵是道也，但有口舌，更能识“南无阿弥陀佛”六字，能事足矣。过此以往，只视薰修，不内求诸己，反驰外观，皆外道魔宗，未足与为证悟者也。此又一说也。夫人之为道也，各是其所是，而非其所非。谓是非无可定者乎？则彼固各建己是，以非议人矣。谓有可定者，则将孰使正之？使真宗者正之乎？则诵佛者是，而范铜与写生者俱非。使拜金身者正之乎？则又适得其反，而写生与诵佛号者又将俱非。其果孰是孰非耶？无已，则使非佛者之徒正之乎？旁观者常能明，令超然事外而评判其曲直，或有一当矣。如此则吾宁以口诵佛号而不设为崇拜之形者，较为质朴可喜而得其近，以佛者本信仰之事，苟信仰有所归属，则无取乎挥毫范金之纷纷为也。然信如此言，则非特范金画像（摸）〔模〕拟佛身者非已，虽以南无阿弥陀佛云者为之志，而摇唇鼓舌而诵之者，亦将不离乎非之界。奚以言其然也？彼佛者何物？举人世所可得而想象焉者之美德，而假以佛云者之一言为之字者也。事本起于假借以表其德，则所假借者固不限于一名，所以观之者异，则其名亦可随之以异。自其智而观之，字之曰智焉可也；自其仁而观之，字之曰仁焉可也；自其明其光而观之，则明之光之可也。乃至十方无碍，不可思议，无边宏大，种种异辞，随所用而用之，将皆无不可。何者？曰：太德本无名，今强为之名以备标识。既强为矣，则随意以为之，又何不可之有？且名尚出于强为，形更何有？故佛云者，惟可求诸无言之表，至善至美之真，不得以言言也，而只可以心言，不得以目观也，而只可以心视。而摇唇鼓舌、口诵阿弥陀佛者，方且沾沾焉求之语言之末，有名可名之界，高数丈者之金身，缣素丹青之得自意匠者，固皆非佛矣，岂荡而发诸口之声，遂独为佛乎？而且翘然自异，以之扬己而抑人，是非大愚不灵者而何耶？人则非矣，其我独不非耶？吾未见其能然也。故曰皆非也。然若以为是乎，则又皆是。奚以言其然也？唯佛能佛，唯能佛者真知佛，真知佛者，得意忘言，相与安于道真而已矣。然大宇长宙，自佛而外，能知佛者，抑有几人？林林总总者，尽不知佛者也，则为之物焉，系引之，使渐知所趋而与佛近，高山仰止，景行行止，虽不能至，心向往之，是亦方便之法门矣。既以为方便之法门，则又奚不是之有？金身数丈，光耀眩人，使此而足以系人心，对其人以为言，则其为是也。修庐精舍，纱笼小照，使此而足以系人心，对其人以为言，则其为是也。口语呢喃，敬虔讽诵，使此而足以系人心，对其人以为言，则此又其是也。事本起于暂时之作用，特借以观俗子之耳目，苟其以是因缘，识所归向，首安心立命之途，已至未至，进而不能自已，已亦是矣。审如是，则非特数者之是焉已也，虽祝崇虫蛇，虔拜草木者，取诸其人，将亦极是。信仰情感，既以是而能安，强为造大，或且惊而遂至于惑。咸池六英之乐，以为海鸟爰居之享，则戚然以悲。苟遇其人，则眉飞色舞，自信为人世之至乐。鸢飞戾天，鱼跃于渊，当时者王，其此之谓耶？故谓皆是也。故有所对待以为言，则皆是也；无所对待以为言，无一是者也。人之为物，别声被色，蠢动于千差万别之界，自少而壮而老而死，毕其生不识夫绝对之是者，果何物焉？惟相与是其所是，非其所非，与时推移，劳劳焉至盖棺而后已。此可大哀也已。然既不能解脱自拔，身入绝对无是之境，则惟有观己观物，暂求适其一时数百年间之适耳，而或谬执夫比较由对待而生者之是非，信为绝对不可易之止境，瞋目攘臂，必欲得其所当而后已，则正所谓以鱼羡鸟，碎心速化，适以见其大惑不解，未入达观之域焉耳。知此义者乃可与谈政体矣。

政治之兴也，以何者为之因乎？吾不得而确定之也。有以为起自神意者矣，曰神者抟土为人，而更赋以政治之材能，故遂致耳。有以为起自人意者矣，曰群居萃处无秩序以律之，即无以善其生，唯人最灵，知有以为之者，乃本其自由之意志，相与要约，有此设施。有斥二说之皆非，而谓为自我者矣，曰春雷之震，万茁怒发，既其发矣，枝叶茎干，色泽花实，渐生渐育，秀然俱备，孰主为之，特自我耳。人于政治，亦复如兹。既有人类，则必有政治之现象。高下繁简，容有可言，要其相与为丽，则不可争之事实，循进化之例，愈演愈备，顾特自我，非有所待也。此又一说也。人各持其一家之正，自治所得者为独真，使漫择一先生之言，顽持其是，吾惧其断之武矣。虽然，吾有敢言者，则政治云云，为起自人类之弱点是也。假为神意，则必神者知其所造非为完人，更俾以此能，使补其缺。假为人意，亦必人之为物，能度德量力，自知所不足，而特多方为此以救药之。即令起于自我，无待而然，亦必其不堪于物竞之烈，无意识中借此自卫。犹彼动物，以其无齿，乃能留角，两其足矣，乃遗其翼也。故政治之起原纵不同，而其起于不得已也则必同。人类之有政治现象，即为人类之自暴其弱点，此则余所敢昌言而不讳者也。奚以言其然也？人之生也有其目的乎？使有目的，将谓其目的者又果何物？此依古哲家之所论争，吾无容为之断者也。要之，有生之物，恒欲保其生。能保矣，又欲幸其生。此可无大过者乎。人为有生物之一，则吾于人也将亦得以此谓之。夫人既皆欲保其生、幸其生矣，思彼政治者，于保人之生幸人之生也，果奚有所当？且自广义以言，政治云者，包立法、司法、行政之三者而兼举之者也。彼所谓立法者何物？聚数百千之人，不识不耕，晏然高处于广厦细旃之上，横逞胸臆，争胜口舌之间，设为法律功令，俾人举足触禁者耳。所谓司法者何物？端居法庭，手所谓法律功令者之简册，庄之严之，奉为金科玉条，弄适法违法云者之口语，以苦人之身体，劫人之财产者耳。人之于保其生也，御寒暑则须衣服宫室，备营养则须食物饮料，疾病须医药，使用须什物。人之于幸其生，文学、音乐、美术可以慰其神，哲学可以穷其理，诸科之学可以知自然物之法则，因驭而用之，以为己利。彼司法、立法云者，则于是数者，将何所取？将以之备物致用耶？抑假之以怡神悦志耶？使俱无当而为是纷纭然者，又何说耶？若夫行政云者，则尤繁杂矣。通例别之为五，曰军政，曰刑政，曰外政，曰财政，曰内政。借数十百万之壮丁，教之步法发狙击之术，严为约束，不使执农工商贾生产之业也，而字曰兵；又聚敛人之财货所终岁勤苦而仅得之者，用造数万吨之巨舰，严之曰军舰，又不以旅客而便交通也；洪炉熔铁，铸为数千斤重之巨弹，别之曰军备，又非以备猛兽而为防御也。综览各国岁计，其投此途者，概居岁计之大半，及诘其所归，（必）〔毕〕竟不出于杀人耳。此今之所谓军政者也。问何谓刑政？则逮捕而加之罪，信片语之判决，而执行刑罚者也。假口于秩序之维持，以自神其职，偶有废死刑而不用者，亦相去一间耳，且自翘异曰：吾文明，吾文明矣。问何谓财政？则取人所劳苦困顿而得之财强分取之者是也。轻取之则矜吾之仁，重取之则又曰汝为国民之义务。严之曰国税，则独尸先取之特权，较诸执债券而责偿者尤为豪横，曰此权利也。问孰与汝此权利者？则国家自具之，何待于与？今之所谓财政者如斯耳。内政揭櫫增进福利云者之语，以为之帜，其所营者，经济、教育、交通、卫生似近于事实矣。顾人之欲增进其福利也，谁不如我？人有子弟，人自思教育之，人有生命，人必自防卫之。既不能老死而不相往来，人自必谋交通之便，曷劳尸祝、越樽俎而代为谋者？且彼所谓警察者何为耶？维持秩序乎？人无秩序，诚无以为生矣。顾秩序云者，自是人间所有事，曷劳军容带剑者横立于街衢之中，为是严严吓人者，而特从事维持之耶？警察者果为秩序之化身，舍是遂无复有秩序之为物者存于世耶？虽然，此犹其细焉者也，无用中之无用者，其外政乎？大东一群也，大西一群也，各安其业，各遂其生，彼此两界，曷干人事？假使为通功易事之谋，商贾往来，为之媒介，交易而退，各得其所而已矣。谁实作俑，乃立所谓外交政策之名辞。深思一室之中，（勾）〔钩〕心斗角，杀机已达于数万里以外，樽俎谈笑，内伏兵戈，人有地，思略取之，人有财物，思劫窃之，人有人民，思得制驭而奴隶之，神出鬼没，诡谲万端，要其所归，不出“占便宜”三字。自此术兴，人之沉陷死亡于其中者，今实不知凡几矣。呜呼！此今之所谓行政者也，所谓治国之大事，而聪明才力之士，相与夙夜汲汲，不遑寝食者也。平心察之，果皆何为者耶？夫人之为物也，始于厚生而终于正其德。假令取今世政治之途，所投之财货物品，以供人生衣服食饮之需，则甘食美服者当得几许人？假令身以政治为业者之人士，竭其精力心思讲求利用厚生优美高尚之学术，则其发明而创见者，又当能得几许事？此真不可纪极者也。今则不然，财货投诸无用之途，精力殚于不生产之业。国于大地者无虑数十百。此数十百国者各有君公官吏兵役丁仆，无虑数十万人，分其余农夫织女之利而实地计之，于所以保人之生幸人之生者，微特无益，而且有大害也。是皆坐政治云者之名以致此极者也。何人类之大愚而不灵，乃妄为是扰扰者耶？是其为大愚，乃真可哀者也。虽然，东西古今以圣哲称者，指不胜屈，岂吾人独智，而彼皆大愚乎？吾虽自喜自圣哲焉可耳。自圣自哲而因举凡所有之圣哲而一切大愚之，虽甚傲岸，不敢如斯之妄也。世有圣哲，而政治之无用也又如彼，独无起而声其谬者，何耶？曰：不得已也。夫既不得已而有政治，则政治为非无用之物矣。奚以言其不得已也？使人而无彼此之争，则无法律焉可也。法所以衡人之曲直，曲直生于争，争不生则曲直且无可言矣，安事法律？抑使有法律矣，而无一人或犯，则司法与刑政概无也。使群而无彼此之争，则军政不备可也。使人而智能皆足以自谋，则所谓经济行政、教化行政、卫生行政者亦可一切去之，而固不能。人之为物也，其欲无崖，而物则有限，物屈于欲，而人又各思充己之欲，则争不能不生，争生而无法焉以定其分而衡之，则互相争强，有终两伤而俱败耳。故不可无法。一人与一人之间法得而约束之矣；一群与一群之间，法固不得而约束之。有生之物，既皆欲保其生，势无有一群之人甘慢侮于他群而不思所以抵御之理，故不可无兵。国际社会未抵有秩序之时期，则竭岁入之半投之军舰弹炮之用途，为保其生计，势自须尔也。群与群之争生矣，使吾群之中而有大多数之人焉智能不足自营以厚其生，则吾群为所累而弱，弱则为他群之肉而供其食，生事又不能遂矣。须先有以补此弱质而强之，而任彼之自为又不可得而庶几也，于是乃不得不为谋其教育、谋其经济、谋其卫生之业，兼此数者，而政治之事以起。政治之起也以此，虽欲谓之无用焉不得也。故以人之为有生之物也，其目的在乎保其生而幸其生，而政治为无用，亦惟人之为有生之物，而其目的在乎保其生而幸其生也，而政治乃特为有用。非谓恒为有用而一成不易也，异日者世为黄金之世，人类大同，其相与也，如家人父子，政治云者，直长物耳。而对今世之人类以为言，则为计尚为太早，犹彼佛者，人尽成佛，尚何有于佛事？而既不能尔，则佛事固不可无。佛之名存，足以征世之人不能尽佛；政治之名存，亦即足以征人类之多弱点也，故曰不得已也。

知政治之原于不得已，可与言政体矣。然欲言政体，须先言政府。政府者何？政治之所自出也。孰宜居政府以施政治者？吾征之史，其原不同。有本于征服者矣，于斯时也，战胜之将帅酋长将尸之。有起于宗教者矣，则最高之教长实尸之。有起于血统者矣，则大宗之长子历世承袭者实尸之。有出于选举者矣，则被选举之士实尸之。其国异，其历史异，则其居政府之人亦将异，顾此可不深问者也。往者国家之义不明，人之视政府也，如视其国家然。于此时也，政府为物，神圣而不可犯。此种起原之区别，于国之人心有大影响，伦理、宗教、风俗、习惯，皆视之为变动矣。今则不然，特利用之以便人事耳。取便人事，则惟有取现在之物而利用之耳，正自无须求厥元。大东之人，甚重子姓，老而无子，则如穷人无所归，求其故，则彼将以奉先人之祭祀也，将以之养生送死，俾不至老而转沟渎也。惟其有所用之，故甚重之也。然至所由来，则不复以之而有轩轾者。有以正式之结婚而居然生子者矣，有私东邻之女而得焉者矣，妾生者通谓之庶出，有庶出焉者矣，有负螟蛉之子视为已物者矣。子之来也，其式不同，方将（胖）〔牉〕合之时，或且计不及于子之有无生否，然至有子矣，则其子之而利用之者同也。政府亦然，其原起之因缘或不同，吾既不能无政府矣，则可利用之，而不复问其何自来。其为吾用与否，此视吾之能力，视吾之所用之者何如耳。夫由来既不可问矣，吾将欲有所用乎政府，吾又须先明乎吾之所谓政府者，其观念为何如。顾此亦以其所以观之者不同，而观念以异。自法理言之，则国家之一机关也；自政治学言之，则出政施治之总汇也；自社会学言之，则社会运营之一组织也。吾兹所谓政府，俱不尔尔。吾兹所谓政府者，将稍偏于理想焉，而以政治哲学之眼孔观之，非谓其非国家之一机关，亦非谓其非国家运营之一组织。顾以所以观之者异，则今兹之所以观之者，乃少殊也。然则政府者，何物耶？曰：政府者，代表国民之公心者也（日本福泽谕吉氏亦有此说）。盖人莫不有群性，亦莫不有己性。惟有己性，故能自营；惟有群性，故能为协同生活。夫使群性常能胜己性而制之，则别无可言者矣，而实不能尔。群性或且为己性所制伏，而己性纯用事焉。而纯己性用事又不适于生存也，乃为之物焉，使群性者得丽于兹以用事，而己性皆立于宰制之下。何丽乎尔？政府是已。故曰：政府者，代表国民之公心者也。犹彼佛氏者之为代表一切凡所有之美德也。吾兹所谓政府者如是。如是政府，天职岂其无他？兹则其最重要之点耳。政府如是，政体云者何？政体者，自政治运用之体式以为之别者也。通例别为三：曰专制，则以一人而总揽一国之政权，立法、司法、行政，皆握自一君主者之手，所谓独裁国者是也；曰君主立宪，戴一君以为治，更为之立宪法焉以限制之，俾不得专恣一己之意以从事，欧洲诸立宪国是也；曰共和立宪，不置君主，专依宪法以为之，如美、法诸共和国是也。学者之别此也更复多端，要其大别不离乎是。是三种政体者孰美乎？此则本论所欲得研究者也。世固有以共和为美者矣。法兰西以数次之流血革命，共和政体屡起屡伏，而卒有今日，其以为美而喜可知矣。纵不敢谓法人尽喜之，其大多数之喜之也则可知矣。有以君主立宪为美者矣。日本维新以来，宪法一布，人心为之欢然。方其未也，贤人志士所早作夜思，极意经营以图者不离乎此，其喜之也可知。夫岂无社会党，思化政府为无有？彼岂无真守旧之士，厌宪法为多事？然少数人之自由意志耳。自其大体言之，则谓其以君主立宪为美者，固无大过。今试执日本之途人而语之曰：去汝之天皇陛下何如？则将色然骇，忸怩于心，不乐闻此言。然更执一人而问之曰：废汝之宪法，一切委诸汝天皇陛下之意焉何如？则彼又将怫然不悦，谓如是则我其与专制国之奴隶牛马者何别？天皇与宪法废去其一，彼将不喜。以何因缘成此心习？是于心理学宜以何名之？此非鄙人专治之学，不敢僭为之名。要之，此等心理现象不仅其普通一班之人为然，中流社会以上，乃至其治政法学者之学生，身与政治业者之政客亦皆然。与东人周旋甚久者，将皆得而察之矣。又有深厌君主而不乐有之者。今试与普通之瑞西人若美人言，易汝等所选举之行政部长官，而置一世袭之王若大皇帝焉，以承其乏，于汝何如？彼将摇首不应，或笑而不答。若与法人言，或直恶声随之矣。盖彼所美者，不在是而在彼也。凡人有所美，则恒不欲其相与为易乎，苟与易之，则其心因之而蹙蹙然，此固恒人之大情也。虽然，吾又思之，使其所美者而真美乎，则人将尽美之矣。今胡不然，谓惟我能知之能好之，我以外无能审美者乎，谓惟同乎我者能知之能好之，而同乎我者以外无能审美者乎，此则一种之独断教耳。吾意不然。宇宙而有至美，必其人尽美之。或美之，或不美之，此可征其非真美也。非真美而犹曰美者，何耶？对乎人以为言也。故得其所对，则皆美也；不得其所对，则皆非美也。审如是，美与非美果有可言者耶？抑果无可言者耶？谓无可言乎，则皆美也，皆非美也。谓有可言乎，则无一焉真美者也。奚以言其然耶？自法兰西革命以后，世人之恶专制君主也，如蛇蝎、如黥劓矣。顾此只可见专制君主者为不适于今日文明之群耳，于其历史上之功绩，又乌得而没之者？往者文化之未开也，人恣其野蛮之性，力政争强，弱肉强食，顺是无穷，人类至今，当灭尽矣。赖有专制君主者，奋不制之威权，驯而（伏）〔服〕之，俾知奉令承教、服从约束者之为何物，故今得有以凭借为此秩序之生涯，享文明之幸福。使于彼时而共和行政焉，则人类今日之状态，正未知其如何耳。以是言之，则取诸其时之人，独裁专制，顾不美耶。国民主权之义昌，高明之士视君主如赘旒，或且有以之为诟病。虽以英国宪政之蒸，国民权利之甚，而无所犯，升平之世，而废君主之声，不能无所闻也。今特未能如所愿，倾耳而乐闻之者，尚寥寥耳。然假使此说遂行，君主遂废，则以今日者英人之心理推之，其所受影响，善恶良否，正自有不易言者。奚以言其然也？今夫冠带服饰，勋章宝星，君主之所赐以装饰其臣民者，自识者观之，其与银鞍玉瑱人之所以饰其乘马者，果有所择焉否耶？今使以银鞍玉瑱之为物者，加诸人背而豢养之，虽三尺竖子，亦必面赤惭汗，无地自容矣。而以冠带服饰勋章宝星云者为之名，被诸人体，以观愚夫愚妇之耳目，则岂但不秽而已，方且以之感激流涕，方且以之翘然自喜，为宗族交游光宠。此在英人，所谓贤豪有识者之徒，盖不免此。斯宾塞耳一辞之，则如凤毛麟角，（希）〔稀〕奇动世矣。夫惟斯宾塞耳始足与此，其下于斯宾塞耳者，奚啻千万辈，能与于此否耶？国家之政令，所以理一群之公务者也。但求其无不当焉足矣，而必得英皇之署名乃为成体裁，抑又何说耶？以为不美耶，则当人智尚浅，未能深知政治之原，装饰一人，备极庄严，俾凡俗之人耳目，有所属尊，政令之所自出，而因以尊其政令焉，未为非一术也。群一国通达有识之士，夫集之议院，俾议庶政，使一人者不得恣其意以快一己，议既定，则又庄严一人，以其名义公布之国，（籍）〔借〕以羁属下流无识者之心。譬彼佛者，丹心彩墨，写为如来，使心有所属，渐识归依，已既美之，曷常非美耶？以为美耶，则曷如无寺无僧无佛像无经文，乃至并佛之一字而亦无之，而惟无言无语相安于佛之真者之为美耶？谓仅有宪法而无君主者美耶，则英之政法，得皇帝之名义，极其尊严美之政法，赖宪法之神圣，极其严重。一尊小照，一诵佛号耳，其于非真知佛则均也。使英美之人能尽刮己性，惟以群性者用事焉，抑虽未能尽刮而其群性足以制之，则岂特饰人物为君主者之自扰而已，即彼约书留之，又将何用？谓彼不能尔，则人物与约书之间又何择耶？执佛者之拜佛像者曰：尔胡为是？彼将曰：是实代表佛德。更执诵佛号者而问之曰：尔胡为是？彼亦将曰：是中实含佛德矣。夫同其为佛德矣，但使信仰之士而安心于兹，此亦足耳，更奚所用而为之低昂轩轾于其间耶？故曰：皆美也，皆非美也。美若非美，有所对待以为言者也。今使为法兰西人执一专制独揽之君主，则不为美也。如数计烛照，可以前知。奚故乎？以君主之为物，将以利人世之用，未始不有美可言，而法人非其对待也。若夫专制、立宪、共和三者之存于不得已则一矣，奚不得已之有耶？曰：人不能专以群性接物，则不得已而须有政治之事。有政治之事，则须有司之者而不能无政府。人又不能尽知政府之果为何物也，则又须为之饰以庄严之，起人虔敬之念，而俾识归依。胡以庄严之，始足惹人之敬虔，因得使此群性所丽之物，宰制各人之己性而保其衡乎？则又须识其所与为对待者之如何。自所与为对待者之不能尽同也，于是而专制而君主立宪而共和政体区以别矣。然使人类智德之程度而达于极高，则三者皆将归于无有。有之，特坐今日人类之愚蒙耳。贤而有识者利用之，以待愚者之能明，而方其未明，则且相与共为愚焉。以有待于异日者世为黄金世界之一日，岂曰愿旃，不得已耳。故自文明进化之巨眼观之，三者无一焉足为人生之止境，暂以为转移耳；亦惟自文明进化之巨眼观之，三者乃于进化途中皆其一步，不得已而有此踏履，则惟有视所对待者之何物而审所宜出，或胶执为一。把持而坚不释，视为身心性命之故，目为大宇长宙，无可以易此。此正顶礼金佛之前而叹，崇拜画像者为外道魔宗之类耳，适以自暴其愚而不知变焉已矣。故曰：政体无绝对之美也。

前论二　种族无必严之界

使人类而起自一原乎，则同为神明所造之子孙，对神言则皆兄弟姊妹也，何此疆彼界之可言者？使人类而如生物学家所言，为由高等动物进化而来者乎，则必人之为动物特灵，而高于其他动物之外，别为一类。既进而底于兹矣，越此而往，演进不已，达乎所谓绝对我者而止，于中间亦无容强为之区别也，故曰种族无必严之界也。虽然，此纯理的议论也，我不设疆界，世固有设疆界者。亚利安人谓白人以外无有具政治能力者，凡非白人者，皆宜屈伏于其足下而为之奴矣。欧洲各邦以种族不同之故，群斥土耳其而欲逐之矣。负形秉气，谁独无情？异种方以刀加我颈，而犹丑然说大同、谈人道耶？非我种族，其心必异，非其种者除而去之，国家之基，宜置之民族之上，议论嚣然起矣。此亦一说也。然遵斯以言，则入于实际利害之问题矣。言实际之利害，则一人有一人之利害，一国有一国之利害，一族有一族之利害。余中国人而汉族也，则请从中国说起可矣。虽然，东土谈政者，用种族若民族等语，实五六年间事，前此者虽有此名辞，未尝用之以论政治也。欧洲学者之以种族民族等名入之政治学之范围也，亦最近六七十年间事，前此无有也。为日尚浅，故解说亦各异，今尚无通行之定义焉。欲本以谈政，乃不可不先明其界矣。今故举学者数家之说，而更断以己意如左。

布伦邱里氏曰：民族者，历史之产物也。群多数之人，累世共处一社会，人种同，感情同，具共同精神，而又有共通之文明以结合之者，是则为一民族。而共通之文明云者，则服积与语言特居要，是乃所以自他民族而使生自为一族之意识者，其国之同，否则不与焉。布氏之定义如此。氏又进而为之说曰：民族之界，非不变不动者也。其语言日衍布，其文化日扩张，漫羡于异民族之中而使化于我，则民族可以之繁滋，而其界日辟；使当民族者之文化，而制胜吸收其族人而变化之使同彼，则其民族可以之衰减，而其界日缩，甚则灭亡。文化高者之大民族，其毁破小族之低于文化者，而变易之也，遵斯术也。氏又原民族之所以起曰：一民族之成也，数多之势力若事物者，有以使之，宗教其一也。印度亚利安人，其与波斯亚利安人，歧而为二民族也，或即以是婆罗门之与佛徒共处一域，语言同，血统同，然而彼此交（构）〔媾〕，战争如敌。犹太民族国亡矣，流离颠沛，仍不失其特性。盖皆以宗教信仰之故，其影响所及者可知矣。然而，今世之信仰自由，宗教势力已非复如昔。日耳曼人有奉新教者矣，有奉旧教者矣，有奉犹太教者矣，而于其自认为同一民族之心则无所碍。他族之人，虽有与彼所宗者同，彼不以此故而引之为同族也。次则语言。语言者，所以宣昭普通之精神，而智识互通之具也，递传递承，其于一民族也，如遗产之于一家焉。故其为物也，实为民族之标志。有民族的语言，而后民族之精神，乃能常醒。虽以异种之人而入于一民族之中，与之杂居，日口其语，为时既久，则神将与之化，遂至故我尽失，无以自别。东哥特及洛霸的人之居伊太利者，所以为伊太利人，凯特佛兰哥及巴干的人之居法兰西者，所以为法兰西人，斯拉夫温的土著于普鲁士者，所以为日耳曼人，以此也。近世民族主义之日蒸，其动力之最强而大者，当莫过于语言文学，而日刊之物为尤著，有民族的文学，以通其思传其感情，民族之动机，乃愈以勃兴而不可遏矣。而至语言之（同由）〔由同〕而趋于异，则又民族之所以歧。一民族者，隔离而各自为国，则其语势以渐而差，始仅毫厘，久而千里，终至于不能相通。不相通则互相视为异族，而吸引其能相通者为己族类焉，此又民族之所以兴者也。虽然，语言者其于规定民族也，亦非遂为唯一无二之物。比利敦人及巴斯来人，其所操者，皆非法兰西语矣，而皆自以为法兰西民族之一部。英之与美，言语同矣，而相遇如异族。故立于同一政权之下，利害同，运命同，所受之教育同，又足以铸成民族，而自然之境遇异，希冀异，社会之情势及政治状态俱异者，又足以分裂民族。以此可知国土住居，生业服积与夫政治之结合，是三者于民族之起原于宗教、言语之外，又为有大影响者矣。氏又论民族与国民之区别，以为今世民族主义较往者为著矣。然民族与国民云者之观念，尚不能精确，顾此非可混视者也。民族云者为自文化而言，国民云者则自政治以为言。离乎国以为言，则无国民，而民族则不必其皆认为国。有民族而不国者，如犹太是也。未有国民而不国者也，顾以国民之名，通例不以假借诸受动被治而毫无政治权利者之民族也。世固有民族者，虽有国而且不成其国民者矣，此如专制国之被治者是。要之，民族、国民云者，二者决非同义。民族者以其种性、语言、风习有以标示其特质也，谓之为有机体也可。国民则更进于此，非第有机体而已，又自有其人格焉，而义较民族云者为高。民族于法无可言者，于法能成其为合成人格者，惟国民而组成一国者始然也（氏论国民处尚多，此则将于次章论国民有必争之权利篇述之，兹姑略焉）。氏有从言语学上别之曰：英语奈勋云者 Nation 与国民相当，庇布尔 People 云者与民族相当。法兰西语亦然，德意志则与之异。乃勋云者为民族之义，而国民则于德语为渥克 Volk。考乃勋云者，源自拉丁语尼提渥 Natio，原人种学上之名词，而为产生之意，以此求之，德语为合矣。以上布伦邱里氏之说之约也（*Bluntschli's The Theory of the State*，chapter 2，book 2）。

巴尔吉思者，美洲政治学家之巨子也。自其书入日本也，东邦之政治学说为之丕变，此可推其价值矣。氏所为民族之定义曰：民族者，种联 ethnic unity 之民而土著于壤制 geographic unity 之域者也（种联、壤制云者，译语，不十分适当。顾以猝不能得适语，姑用之。惟高明者有以匡正焉）。氏又自释其义曰：吾所谓壤制者何耶？地域者于此有高山大川，抑或林丛洼泽，甚寒甚热之区，缘而限之，人迹不通，而外界之交通以阻绝者是也。吾所谓种联者，何耶？群居州处之人，语言文学同，史乘文献同，服积风习与夫常识所谓善恶邪正者其观念又同者是也。就中语言之同尤居要焉，意思情感，互不能相通，则协同之意识无自而生，无能汇为一族之理矣。顾有宜注意者，则吾所言种联云者，血统种姓之同否不为其要。夫血统种姓同者，则其语言生活亦必同，是于民族之起，大与有力，无可疑者矣。然非外此而民族遂不得而成立，移住之繁华，战争之征（伏）〔服〕，婚姻之[illegible]合，皆足以承其乏。交通邻接，政治之结合，其结果常有以熔铸夫民族焉。近世史乘所得而明证其然者也。又于古宗教之异同，于民族之兴颇有力。今则信仰自由，其影响以次而弱矣。氏之说略如此（Burgess's *Political Science and Constitutional Law*，chapter 1）。

奇颠哥斯者，社会学之泰斗也。往者斯宾塞尔之治社会学也，惟剖析其现象而历叙其发育进化之迹耳，用力甚勤，而成功则少。氏则更自其见诸心状者而治之，于斯学界，独辟一新面目。盖继孔特（Comte）之后，能成此伟业者，氏一人而已。氏定民族之义曰：群数多之人，州居萃处特定之地界内，而其重要之点又能互相与为类者，是为一民族。氏所谓重要之点相与为类者，何耶？据氏说求之肤色也，人种也，质性行谊也，嗜好也，服积也。氏以为必是数者相与为类而又以与其他之群者别，而不与为类，且必其组成此群者之人意识之间能自觉其相类焉，是始为一民族。氏又进而为之说曰：人既自识其类矣，则恒相与乐其类，而设不得其类，则心中为之戚然。环焉而萃处吾侧者，皆白人也，为白人者喜矣；环焉而萃集吾侧者，皆黑人也，则白人者厕其中，情感每不能一致，而冲突以起。人方其解决一事物亦然，政治问题可也，宗教问题可也，得其类则同情有所寄而取决也易，不得其类则争端生矣。故人必于重要之点，能自觉其互相与为类，始能有共同之目的，而协同生活乃可得而完，而于重要之中，尤为重要者，则理想情感之一致也，是能类，则虽肤色不类，人种不类，乃至语言亦不类，亦无所碍也。氏之本其社会学之见地以论民族也，略如是（*Jiddings's Elements of Sociology*, Chapter 1）。

小野塚喜平次曰：民族云者，略具人种、言语、历史、政治、经济、风习、思想等之共同基础，而自觉其为一团体焉者之人类社会也。氏之言曰：民族之为何，迄无一定之论。今从学理上定其义如此，自谓有三长所焉：一则使主观的要素与客观的要素并立；二则客观之要素不限定；三则可以示民族云者，非自然的观念，非政治的观念，而社会学的观念也，此其说也（《法学协会杂志》第二十三卷第九号）。

综右所述诸家之说观之，则布伦邱里氏特置重丁语言、服积，巴尔吉思氏与之同，而于地域特重视焉，奇颠哥斯则特注重于内心之自觉，而于地居亦颇重视，小野塚氏兼数家之说而并举之矣，惟不数地居。此诸家异同之处也。夫自交通之便兴，轮船汽车，无远弗届，地域之不足为民族之界，犹信仰自由之今世，宗教为失其势也。奇颠哥斯本其社会心理学之见地，特重自觉，谓虽语言不同，无害于为一民族矣。然语言者，心之声也。语学家论古代人类思想，谓凡无其语言者，则无此种思想也可征，然则人之自觉也，将奚所因缘而以自觉？语言不为其最要者耶？故自鄙人言之，则语言之于民族也，为要素中之要素。语言能同，思想、感情、服积、嗜好，乃有所根据焉以致于同。此其理，布伦邱里、巴尔吉思皆已言之。闻有同语言之人，以政治之结合及其他境遇之异而歧为二民族者矣，未闻有异语言之人而能成为一民族者。比利敦、巴斯圭人之自以为法民族，此足以证政治之结合于构成民族为大有力，不足证异语言之人为一民族也，谓比利敦人、巴斯圭人有为法兰西民族之趋势则可，谓其已为法兰西民族焉不可也。盖自觉故重，而语言相异之人，未见有自觉其为一族者。假必以比利敦、巴斯圭为言，抑亦仅成其例外耳，例外固不足以概一切。故余之于民族也，所持之观念与小野塚氏概同，而又特为之别，以语言为要素，以其他为通素，庶几其无不合之处耶。又诸家定义，皆用人种云者之语矣。顾人种云者，非必其血统之同，此其义巴尔吉思已声言之矣。东邦人士，口人种、民族、种族之名，类皆有血统之观浮于胸臆之中，译语庞杂，又不能严其界，几视为同一之语，谓彼此可代用矣，而实不宜尔。西语类斯（Race）云者，为与人种相当，奈勋（Nation）云者，为与民族相当，图赖庇（Tribe）云者，为与种族相当。据布伦邱里氏之说以求之，则人类歧为数类斯，类斯歧而为数奈勋，奈勋更歧则为图赖庇，故通常则言黄色人种、白色人种、亚利安人种、蒙古利安（东方黄色人种之总名）人种者，类斯也。言日耳曼民族、拉丁民族、斯拉夫民族者，奈勋也。言凯特族、斯乐边族、巴斯圭族者，图赖庇也。图赖庇特民族之散片，故一民族有别为数图赖庇者矣（布伦邱里更有专篇论此，今避烦，不悉述）。虽然，图赖庇云者亦非指血统以为言，而为部落，各自成风习之意。盖非草昧之宗法社会时代，无有纯以血统而成者之团体，苟其守血统之纯，严非种之界，则必至于陵夷衰微而无复能自存，其义甄克思言之详矣。

由右所述定义而言，则中国今日之种有几？夫人种之学，宏博复杂，虽专门治之者，恒不能定其数。鄙人于此未尝深究，不敢确定也。然据今日史家及地理学家之言，则有分为七者：曰汉也；曰通古斯也；曰蒙古也；曰东干也（即（四）〔回〕种）；曰苗也；曰猡猓也；曰磨些也。有分为六者：曰汉也；曰通古斯也；曰蒙古也；曰土耳其也；曰西藏也；曰苗也。为说稍有出入，要之，不离乎此者近是矣。今姑取后说，中国之民族有几，则自民族定义言之，蒙古、土耳其与苗，种族而各为民族者也；汉与通古斯则种族而汇为一民族者也。胡为而引异种之人视为同种乎？曰此事实也，无可如何者也。满人与汉族，语言同，习俗嗜好同，彼自入关以来，尽弃往昔宗法社会之状态而习于汉，变左衽侏离之故，袭取文物之懿。今欲使满洲民族脱离汉土文物复其故状，则其难也，与使汉族而为古昔满洲种族之生活也正等。使民族之定义而可取，则不谓之一民族，将谓之何？故曰事实也，无能为讳者也。中国种族民族之变而既若斯矣，则其影响于中国之政治界者将如何？汉族之所以遇之者又将如何？此不得本臆想以为之决者也，抑不能本感情以为之决者也。**欲有以商酌而扬榷之，首须审汉族之位置与其能力，次审汉族所遇各族之位置与其能力，次须审世界各民族之环焉而麇集于东亚者之趋势**，三者同而中国之趋向可决，汉族之趋向可决矣。而先即以汉族而论，则吾敢断言之曰：汉族者以同化为固有之能力而立于提携内部各族，而与同升之位置者也。奚以言汉族以同化为固有之能力也？东亚之外，自印度而外，文物发达，汉族最早。地学家论黄河、长江两大流域，沃野千里，物产丰富，有以为之赐，或信然矣。然在汉族未侵入以前，此乐土之上，岂无原始之蛮民？胡独不利用此天然惠境以自进而脱离其蛮状者，而必待汉族来居，始有利而用之者？故物质界、精神界，蔚然蒸进，彬彬可观耶？此可见汉族实具特种之文明力矣，惟具此力，又得乐土，乃如虎附翼，势不可当。汉族发达之程度遂为东洋之巨子，其原始蛮人，则或被征（伏）〔服〕，或慕我文化而归所冶镕，自非深遁远藏，蛰伏于深山密箐之中，始终不出与汉族竞者，今盖无能力自遗其种类。此可见汉族同化力之大者也。为汉族者亦以此自喜，而常以同化草昧之异种，使食文明之福为之理想，世世相承，阅数千年如一日也。故苗民梗化则为之忧。孔子作《春秋》，夷狄而进于中国者则中国之，当欲居九夷，曰君子居之，何陋之有？孟子谓：吾闻用夏变夷者，未闻变为夷者也。近世王而农氏，则谓仁天下者莫大乎别人于禽兽而使贵其生。苗夷部落之魁，自君于其地者，首导其人以骄戾淫虐沉溺于禽兽，而剖削诛杀，无间于亲疏，仁人固勿忍也，则诛其长，平其地，受成赋于国，涤其污秽，被以衣冠，渐渐摩之，俾诗书礼乐之泽兴焉，于是而忠孝廉节，文章政事之良材乘和气以生。夫岂非仁天下之大愿？即此不足以窥汉族之理想乎。汉族于古，其所成就者既如彼，于后，其理想又如此矣。其所以实现此理想也，又复何如者？历观前史，凡他族之以其饶悍蛮鸷之力侵入中国者，无一不为汉族所代。汉族尝以武力暂屈于人矣，其文化则无时不占优势，征服者一入其中，反潜为所征服，乃自失其种性而不知也。其一有甘心乐意喜自化于汉者矣。后魏孝文禁不得以非俗之语言于朝廷，有故为之者，则降爵黜官，重为之罚；李冲开议，至谓其负社稷，应合死罪是也。以今日观之，是非自促其种之灭亡者？拓跋氏之异，岂不已甚乎？其桀黠者，则有谓子弟戒以勿忘故俗，思以抵抗此同化力者矣。金世宗禁女（直）〔真〕人不得改称汉姓、学南人衣装，尝曰不忘辽旧俗，朕以为是，海陵习学汉人风俗，是忘本也；又曰女（直）〔真〕风俗，特以朕故，犹尚存之，恐异日一变此风，非长久之计，三令五申，以女（直）〔真〕风俗为言，是于种族兴灭之义为确有所见矣。雍正、乾隆间亦屡举金宗语，谕戒其种人，且教以重骑射，习国语，冀不失满族旧风，远谋阴虑，较之前此诸族侵入中土者，的为慧黠，然而无益也。且彼喜者胡为而喜，将必有力焉以引之；戒者胡为而戒，将必视此力之不可当，乃思为自守之策。顾究之，喜者自喜，戒者徒戒。汉族为物，自如洪炉大冶，微者鸿毛，重者巨铁，投焉立焦，无复能自存其故我者。今试问所谓金枝玉叶之流，入关从龙之裔，犹有能师旧德而纯固其守者乎？无有也。惟成吉思之裔居中土不百年，即遭驱逐，遁归汉北之故巢，故今犹得自存其种姓耳。不然者，吾见其亦如今之通古斯者，仅于历史上遗一人种之名辞矣。又凡同化力大者，其同化于人也则难，所谓有抵抗力者是也。吾闻侨居海外之华民，阅数十百年，已抱孙矣，皆固守华风，自成一是。表里兼观，益信余言之不谬。或指此以为汉族滞而不能进化之证，此真谰语。语言、风习、宗教，社会学家所谓国民的事业者也，不变不渝，此于汉族自可喜之事，其于物质界文明，骤不吸取之以厚其生，是坐一时之无识耳。一旦知此，于民族特性为无损，将自能盛输入之，岂得采葑菲而遗下体也哉！日本人艳谈武士道，每及之则眉飞色舞，以为是其国之粹也。吾向究吾之国粹而不得，今华人之同化力，非吾之国粹而何也？故曰：汉族者以同化为固有之能力者也。奚以言汉族之立于提携内部各族而与同升之位置乎？北美有恒言：亚美利加者，亚美利加之亚美利加也。夫是语者谁发之？土著于美洲者之盎格鲁撒逊族人实发之。美洲不一族矣，有凯特族焉，有拉丁族焉，有印度土人焉，胡为伈伈伣伣，议皆不及此，而独彼盎格鲁撒逊乃进而主张权利，负荷此义务邪？无他，彼族最大，文化最伟，势力又最强，非他族所能望其项背，故敢以自任，且能以自任也。今如用此华法更为一语曰：东亚大陆者，东亚大陆人之东亚大陆也，则是语者宜自谁发之？蒙古人乎？西藏人乎？抑朝鲜、安南、缅甸等人乎？恐俱不得。以其人数，其文化，其势力，俱不足以语此也。足以语此者，舍汉族而外，恐无地旁求矣。汉族之宜争此权利、任此义务也，不第出自任侠自喜之气也，从利害言之，亦自不得不尔。使斯拉夫人而遂据有满洲及蒙古，使盎格鲁撒逊人而遂据有西藏，于时汉族之情势宜如何其危殆者？思至此，汉族可以自悟其天职乎？安南、缅甸之入于白人，朝鲜之入于日本也，其于汉族危殆千万，今特无法耳。其外之大势将入，而犹未入者，汉族定不可不思急为之所，故曰立于提携各族之位置耳。汉族如此矣，汉族所与共国者之各族，其能力又何如者？则吾又敢断言之曰：立于今日之世界，各族能力皆不足以自存焉。然此非故本傲岸之感情，而故以轻蔑侮人之语加诸各族也。万国大通竞争最剧之世，非于物质界、精神界皆具伟力焉，足以与各国相抗者，万不足自存。物质界之力者何？物产也，人口也，体力也。精神界之力者何？宗教也，文学也，政治能力也。一言以蔽之，则文化是也。诸族者其人口不当汉族百分之二三，无可言者矣。游牧、骑射之生涯，尝有剽悍猛鸷之风，于史向称以体力胜。然今者藏、蒙古诸族，虑皆信奉喇嘛教，其剽鸷之气已渐消萎，非复如昔。论者谓以此见近世诸帝，其制驭外藩而销其萌者，有独得之巧焉，语或信然欤？物产则沙漠连亘，不生草木，定无土地沃腴矿产富厚之区，而蒙昧之族又不知利用以厚其生，与石田无别也。此其关于物质界者也。语其文化乎，则语言学家谓满、蒙言语皆极单纯而无变化，以此思之，其文学可知。宗教则满、蒙、回、藏大别为喇嘛、回回二者。……喇嘛源自佛，而其教法则去佛实远，所谓外道魔宗，人智稍进，有举而弃之耳，非有根深不可拔之处。若言其政治，则藏人今而为一种之教主政治，回、蒙则仍其部落游牧之状态，彼等与汉族同立于专制政体之下，其无自动的政治能力，抑虽有之而亦无所于施，此固然矣。而虽受动政治生涯诸族，今日者盖犹不能深知其趋，彼等盖全然在所谓宗法社会之时代，异日其进步如何，今虽不得预为之限，要之，今犹不知政治生活毕为何物，则可决言者也。夫物质界之力如彼，精神界之力又如此，持此等能力，欲以自全于龙蛇水火之世界，其能逃乎劫运否乎？此不待言而知其大难者也。故曰：诸族无自存之能力也。二者皆决矣，则请察今日之世为何如也。民族的帝国主义，深中于白人之脑髓，而充塞天地之间，其环焉而集于东亚者，皆欲致此主义之实现者也。言帝国则侵略并兼，为其必至之结果；言民族，则镕冶他族，使化于我，因以灭其种，冀后此在大地之上惟有白人，更无他族焉，乃其必至之结果。政治家曰扩张势力范围；经济家曰商业战争；社会学家曰社会进化；语言学家曰扩衍言语之流行。探（捡）〔险〕之士，忍艰苦，冒万死，查其地势焉，查其富力焉，查其风俗惯习焉。彼胡为而查其地势？为用兵地。胡为查其富？为攫取计。胡为查其民俗人情？为同化计。多方万计，所出不一途，要其为实现其主义则无一息之懈也。吾国人称各国，每为总括辞曰：英、法、德、美、俄。是英、法、德、美、俄者皆何物，则皆彷徨于民族的帝国之梦境者耳。汉族于数十年前不能于梦之中占彼之梦，以致有今日，虽以东洋伟大之民族，且深虑不支矣。而以藏人遇盎格鲁撒逊人，其结果当如何？以满、蒙遇斯拉夫人，其结果又当如何？又使满、蒙、回、藏者而没焉，其结果及于汉族者又当如何？且此固非杞忧过虑。曲喜喇嘛利诱蒙古王出其族人，务使与部落、游牧之民杂居相习，俄人同化之手段，固已着手非一日矣。呜呼！此今日世界各民族麇集东亚者之趋势也。汉族之能力、位置如此，诸族如彼，世界大势又如彼矣，然则立于汉族之地而谋所以遇诸族者将何道之出？排而外之耶？抑镕而化之耶？夫使吾排之而世无复引而纳之者，抑虽有之而诸族能自树赤帜，不乐有所归焉，虽排之可也。抑使汉族能力不足以化诸族，纵极尽其力，亦属徒劳，则自顾不暇，遑及他族？从政略上言之，置诸度外，使自寻生活亦可也。而使吾前言有信者存，将是二者乃俱得其反。**我而排满，俄不排满，岂惟不排，开门纳之矣。我而排蒙古，俄不排蒙古，岂惟不排，欢迎其至矣。我而度外置藏，英不度外置之，岂惟不度外置之，且急欲得与之接近矣。**反乎是而使我不排满、不排蒙、不度外置藏而欲化之乎，则虽自翘为文明优种之白人，将亦不能与我争此胜。何者？诸族白人视为异类，自异其心，其与汉族则千余年历史上之关系特密，二百余年以来，又立于同一国家名义之下，较之白人，自有胡越邻里之别焉也，其合也易。非必白人之能力果不及汉族，以所以为之者异，其收效难易自相悬也。吾闻社会学家之言曰：一社会之日盛也，在增进其社会化之能力，此能力而大，社会始能膨胀而日进于大，否则，不足化人者，必为人所化，终于灭失而已。**然则使汉族而外视各族自缩其范围，借寇兵而赍盗粮，于所以自谋其社会之前途者，其愚智巧拙为何如耶？故吾得断言之曰：汉族政治界之前途，宜立于此主义上以定其所趋向者也，汉族之各族宜以积极的同化为主义，以发挥其固有之特色者也。**虽然，言至此而有难题出焉，曰：子谓积极的同化，骤闻似是矣，然此得一而遗其二之说也，以论蒙古、回、藏诸族则可，概而以之论满族则不可。且子亦知社会化之力皆凑何等动力而成者乎？宗教也，历史也，礼俗也，文学、伦理、风俗、惯习也，优者恒胜，而劣者恒败，此于同化人固俱有力矣，而最主要者，则政治权利，是有其文化胜人而以无政治之权，常处可哀之境者矣，屏息蛰居于束缚驰骤之下，已且不能保种之不灭，更何有于化人乎？今中国谁实操政治上之大权者？通古斯族也。彼持单纯偏狭之种族主义（满人已不复能自成一民族，故字之种族主义），而立于政治之首班，其钳制汉族也，如防盗贼，如槛虎狼。汉族能不以此之故旃裘侏离，沦入夷狄禽兽之域，而与使犬使鹿之部民同其生活已幸耳。人方为刀俎，己方为鱼肉，尚仰首伸眉以同化，同化云者强聒乎？力足以化蒙古、回、藏矣，能不为此通古斯主政之政府所夭阏乎？且九世之仇，不共戴天。今一想满人入关时，其屠戮奸杀之惨，我汉族宛转哀号于白刃流矢之下之况，令人鼻酸发指，不能一日宁居。今尚欲与之共国耶？假使是通古斯族主政者之政府，开诚布公，昭示大信，念同舟遇风之谊，汇满、汉、回、藏、蒙古为一，冀协同一致，以图生存于此水火剧争之世，则汉族者弃捐宿仇与言共济，于得失利害，尚为可言者，于此则为救燃眉之急，以与列强争命，虽迁就以勉为之，犹之可也。而此固无可梦之理。汉族所企，彼族所恶也；汉族所喜，彼族所戚也。如火如水，互相为克，利害相反，感情随之，驷马分弛，欲收长驾远驭之效，可乎？不可。公等而忍忘宿仇，自甘台隶，欲攀龙麟，附凤翼，恃异族余势，暂作威福于同胞人士之间焉，则有日夜孜孜，悬一红顶花翎之幻象于前，急起直追，以自求多福焉已耳。若犹关心家国乎，欲与异族共力图存，其愚已甚，实大可哀。世固未有以人种别异利害冲突之群，共为政治的生活而能圆滑无滞发达日蒸而随其生者，是故今日各文明强国，无不置基础于同一民族之上者。民族主义之所以日昌，以此故也。难者之说，无虑如此。细检之，将见所持之故有四焉：一满族主政之政府操政治权利，败乃公事，汉族虽有同化之大力，无所于施也；二则复仇论是也；三则纵不复仇，而满汉亦无能共国，以争存立于世界之理，以利害不一致也；四则证以西方之所谓民族的国家，而以民族主义结其说也。今欲答此难，则请首原民族主义之所以起；次观汉族之同化力，满族主政之政府果能夭阏之与否；次观满、汉、回、蒙、苗、藏共组一政治社会，果能争生存致发达与否。若夫复仇之说，今则付之不论不议之例。何故乎？复仇者以泄宿忿，则纯感情之作用也。以伸大义，则伦理之思想也。人非木石，谁独无情？每读史至明清易姓之际，思彼时惨状，私心亦怦然。顾今目的将以图生存，势不许感情独主于头脑之中，而本之以从事。伦理之说，彼此各一是非，究其所极，不免有宗教的性质焉，以之自信自持可耳，以之绳一世，则必流为极端之专制。以天经地义者为之辞，则虽牺牲全世之人类以维持之，可不恤矣。其为危险不可名状，一个人者无拳无勇，本其伦理之思想，引绳批根，以律一世，使有不如其所是者，惟有叹道之不明，太息痛恨，谓人于裸虫为最下焉已耳，其害犹小也。使政治界而以伦理思想为标准焉，则充类至尽，其祸或烈于洪水猛兽。故边沁功利之说不知遭几许之反对，遭几及之驳击矣，而今日政治之学、立法之论，皆奉以为蓍龟标准，文明各国盖莫不然。以伦理之说，美则美矣，高诚高矣。然以人而论，孰使正之？谓上帝能正之。上帝无声无形，吾人不得而亲聆其高教；谓理性能正之、良心能正之，则人各以其所持者，为本于良心、本于理性，终不若利害苦乐之于实际为有据。渴者思饮，劳者思息，去苦趋乐，避害就利，万族大同，可得而商榷也。故复仇之说，鄙人今不复言之。吾见为此仇当复，则吾可卧薪尝胆，复此血仇。吾见为不必言复，则吾自一金口木舌，不复论及。道并行而不相悖，万物并育而不相害，倘亦高明之所许者乎？此义明，则鄙人可循其所定之次，而首论夫所谓民族主义者矣。

欧洲百年以前，无所谓民族主义者也。古者希腊、波斯之争，日耳曼人、罗马人之冲突，佛兰哥王国之破裂，而为佛兰西、日耳曼之二也，是皆以民族之不同，有以阴驱潜率致其如此矣。顾此皆行于不识不知之中，未尝意识明了，持以为政治上之主义。卢梭尊天赋自然权利之说，以震雷烈火之势，耸动一世，政治学说之面目，为之一变矣。顾其为说也，亦置基于人类之性质与个人之自由意志，未尝以民族之普通精神为之论据也。彼以国家之无上权利归之国民矣，而其所治国民者，特指人类之集合体以为言耳。是集合体者，本以自由意志相与要约而为一团，是则为国。至其由民族之一部分而成乎，抑由数多庞大民族而成者乎，则所不问。彼所热望者，国家政治之权，转自中央朝廷，而普归于国，脱自主权一人之手，而移归于国民耳，外此无冀也。此其意旨实现于法兰西革命之时。诚取法兰西千七百九十一、九十三、九十五诸年所定之宪法而一读之，将自可见。彼其中民族、国民二语，直用于同一之辞，于此言国民，于彼或言民族，然至其为人民集合体之意则一也。此不可见当时之人之思想乎？拿破仑之兴也，欲以法兰西民族为根据，恢复沙里斯大帝时代之大帝国，各国联结出死力以为之抗。滑铁卢一役，而后终于一蹶不可复振。论者谓以拿破仑英伟之材，而不识民族之异者难于强同，故致败及此，或有然矣。然虽在斯时，所谓民族主义者，实尚未入欧人识阈之内，藉曰有之，亦特存乎无意识心象中耳。西班牙人之与法抗也，其保持加（持）〔特〕力教争其正当王统，而力御革命风潮之感情，诸民族统一之观念盖尤深也。日耳曼宗教既不一，而帝国瓦解，离为数十，民族观念，亦微乎其微。腓贴、亚伦的诸学识卓越之士极力提撕，听之者则寡矣。俄罗斯人之战也，为其沙（俄皇尊称）战，为其宗教战，为其神圣帝国战，而非为其民族战。法人方其第一次革命之时，于民族观念本不了然，拿破仑败，专制保守主义复兴，则并此漠然者而已亡之矣。然则于时而求能认识此主义者，其为英人乎？英人于政治有特材，其于政治之主义，常有高识卓见，非他族所能及，故能以血统为轻，以文化为重，而使其国内各族渐与同化也。统而言之，则维也纳会议以前，民族主义若有若无，似隐似现。要之，人鲜持之以为政治主义者，而此种名辞尚未入政治学之范围，则可断言者也。

真以民族之主义而为政治上之主义者，盖在千八百四十年之顷，其制造之场则日耳曼、伊太利是也。二邦之人，胡为独揭橥此以为政治上之主义者？则政治问题有以迫之使然。故法兰西之革命也，自由平等遍布于欧洲，拿破仑更以其纵横一世之材，蹂躏各国而宏衍其流风，于时欧人头脑皆渍浸于政治自由之思想，及拿破仑败，列国侯王会议墺都，谋所以区处全欧之事。墺相梅特涅实为之议长，而梅特涅则专制主义之魔王也。于此会议之结果，割裂土地，横分人民。凡昔日之侯王、君长，流离颠沛，伏窜而不敢露头角者，使皆复其旧领，或特划一新区域以待之，使复得食租衣税，主其土，奴使其人。故有以异民族而强合之使戴一君者矣，则荷兰、比利时等是也。有同民族而强离之者矣，则伊太利、瓦耳斜等是也。越此以往，不数年间，而神圣同盟以起。神圣同盟者，假名于维持和平，而实行巩固专制主义之策。梅氏倡之，诸大国和之。史家称，是数十年间为梅特涅全盛时代。顾梅氏盛而全欧人民则又沉沦于黑暗专制之地狱中矣。当此之时，日耳曼、伊太利二邦之民，则皆处何等之境遇者？日耳曼于古曾为一光荣伟大之帝国，此其人所永不能忘者也。入近世以来，欧洲各国皆渐赴统一，独日耳曼、意大利不能。维也纳议会之时，日耳曼人有厚望焉，而事竟不尔，乃仅组织一散漫不统固之联邦，日耳曼之人心戚矣。且联邦之中，墺大利居其一而为之雄长。墺于时人口三千余万，而非日耳曼民族者居十分之九，其宗教又各异，无自然和合之望也。彼欲巩帝权，势不得不厉行其专制。厉行专制，则不得不与自由主义战。与自由主义战，则必与各专制君主相提携。相提携，则日耳曼各联邦，皆将以墺之故，而永沉沦于专制之下明矣。自拿破仑之蹂躏日耳曼时，腓帖、亚伦的诸哲，慨国家之沦胥，苦口危言，深谓欲日耳曼不亡，须日耳曼民族协精一致，以御外侮。当时虽鲜能知者，今呻吟于专制苛酷之下，欲有以拔，而夭阏于墺，欲有以抗墺而又力微势散，不能致也。追慕往昔历史上帝国之光荣，念前途之遥遥而不知胡底，动心忍性之下，念非结合民族，戮力同心，终不能脱离苦难之境，于是而腓帖、亚伦的诸公之说，乃如火如花，震耀于人心而不可遏矣。故十八世纪以来，国人之运动，学者之学说，莫不以民族主义为之起点，日盛月异，一日千里，始则谓国家当保护民族之权利，继则更进一步，谓国家为物，当由民族而成，苟非然者，是为无基础，是为不国。凡各民族，各有形成一国之权利。人类既歧而为多数之民族，则世界之国，自当与民族者同其数。一民族不可使分为数国，数民族不可使合为一国也。作始也简，将毕则巨。极端之论，倘亦势所必至者耶。噫！此日耳曼民族之所以起也。厥后一战胜墺，排之联邦之外，而北部联邦之组织以成，民族主义之昌，于焉得其结果矣。更观伊太利，则于维也纳会议时，七分八剖，如经车裂者。然国之北部，归为墺领矣；两昔提里，则为布尔班家之非的难得所统御矣；撒卜都宅拿硅等地，则为撒尔地尼亚王国矣；婆羁拿弗拉等地，则并为教王有矣。此外，托斯喀尼、巴耳马、毛得拿诸公国，则各国承认为独立国矣。剖豆分瓜，碎为数十，往者伊太利王国，仅于历史遗其名，伊太利之区域，仅为历史上之区划，为考古之材料耳。夫伊太利之不统一，不自是始也。但丁之为哀歌，马克别利亚之所为鼓吹，盖皆痛心于不统一，而卒无其效者。然自拿破仑建设伊太利王国而还，人心耀然为之一震。今不幸又短命，而遭此割裂焉。如一人之身，屡经手足异处之惨，使世而有可哀之事，尚有可哀如兹者耶？维也纳之会，统一之望，既归水泡，而各王侯公伯，恣行专制，欲有以变更之，则彼等又皆有墺大利以为之奥援，使得有所恃而无恐。拉丁民族欲得脱离此束缚驰骤之惨，计非结为一团，自拔而出于墺大利之范围外，将百无一冀。于是民族主义乃深中于一时之人心矣。此伊太利民族之所以起也，厥后伊太利王国成，而此主义者亦为收其果。是故民族主义乃最近世产物。前此者虽间用事，特行诸无意无识之间，其真能自觉自悟，本以定政治之方针，则千八百三十年以后之事也。而推原其所以起，则皆以欲脱政治上之苦境，而假道于民族主义以为之方法焉。其所以假此主义以为之方法者，则皆以本为一族，横被分裂，抑散而无约束，欲由分而合，由散而整，则于势甚便焉。故智者则用之以为具，中人则民族之感情既盛，而动乎不知，互相为用，而日耳曼、伊太利遂得以致今日之盛。妙哉作用！使吾人异地而处当时伊太利、日耳曼二邦之境，将亦舍斯道莫由矣（今将示区别而计议论之便，特字曰积极统合的民族主义）。中国之境遇何如乎？

中国人而持民族主义，宜为何等之民族主义乎？使中国而在六朝后五代之世，抑使中国而在辽、金、元与宋对抗之世，则仿日耳曼、伊太利之例，主张此积极统合的民族主义可也。今则满汉二族四万万余合为一大民族，无人为不自然之区划，强行隔阂之，其无须若是，此不待言之事也。毋已则如比利时、荷兰乎？荷兰为条顿民族，比利时为拉丁民族，维也纳之会强结合之，使为乃地兰合众国。顾异族共国，无以乐其生。千八百三十一年，比利时之称兵独立，有自来矣。今计议论之便，姑字之曰消极分离的民族主义，或无不可者乎。中国汉满既同文化，为一民族，不在此问题之列。其与汉满异民族者，惟蒙、回、藏耳。今持所谓消极分离的民族主义，取此数种之阑入吾域者，驱而逐之，其未阑入者，则与之断绝相互间之关系，此亦一说也。顾稍加思议，将有以知此说之无当也。何也？比利时、荷兰无所不立于相反之地：比信旧教而兰则新教；比操法语而兰则操兰语；比地膏沃以农业殖产为主，而兰则以商业立国，因之，比主张保护税法，而兰则主张自由贸易，利害趋舍纯乎相反矣。而于时二国人口，则各在得半之数，无以相制也。文明程度则兄弟也，无以相长而相化也，此其所以取消极分离之主义也，此于势宜然耳。使比之力而足制兰，其文化足以化兰，抑使兰之势力、文化而足以制比而化比，其有不吞纳镕冶之以膨大其民族，而因以争强于欧洲乎？汉满之与诸族语言、宗教，诚有相异之点矣，而以人口言，则诸族有不当百分之二三；以文化言，则中国有化诸族而无为诸族所化之理。故使蒙、回、藏而欲脱离汉满，或尚不为持之无故，使汉满而言此，则大患矣，故曰无当也。夫积极统合的民族主义与消极分离的民族主义，于汉族既皆无当于事实矣。故汉族所宜言者将不出二途：一对欧美诸族而图抵抗；一则镕所与共国者之诸族而实行同权是也。然则鄙人所谓积极同化者，不将有当于万一也耶！

次所当问者，则满族者能利用政治上之权力，销蚀汉族之同化力焉否耳？吾则以为彼不能也。入关以后，于中国文物制度无所犯，则所用之治制，则明制也；所用之语言，则汉族之语言也；所谈之道德，则文武、周公、孔子也。于汉人之民族的权利（民族的条，布龙邱里用，说见后）无所犯也。当时汉族所最伤心疾首者，薙发之令、胡服之制耳，此于汉人之民族的权利，诚似有所损矣。顾衣冠乇发之事，社会学家不以数诸国民的事项之中（“国民的事项”乃社会学家用语，其“国民”二字与民族云者同义）。日本断发变服（摸）〔模〕拟欧人，而其为大和民族也自无恙，不以是故而有所轻重也。日本自动而出此，汉族当日则受动而为之，此其差矣。故异日辫发一去，此历史上之遗物可化为乌有。吾人今日所为剌剌者，将以谋国之不亡，冀四亿余万之人于东亚能有立足之地，故不能寻数百年前自动受动之别，以决政治行为之所趋向也。此事而外，汉族未尝以满人之入关有所损于民族的权利。岂惟无所损，满人且相率而投于汉矣。此在当时，或欲以羁縻汉族之心，或真慕中土文化而皈依承受。自予观之，盖参半焉。要之，其自弃通古斯之民族的权利而变于夏，则无可疑。因缘不同，其化于汉族则同也。彼既自化于汉矣，纵令回顾历史上之异同，欲持民族主义以消阻汉族之同化力，彼将何所恃以消阻之？将以满洲语与汉族争乎？以满文与汉文争乎？以其所祭之天地堂宇与孔孟争乎？以其部落之故制与汉土之治制争乎？此非（为）〔惟〕其所不能为，恐亦其所不乐为。以彼遗族与汉土文物，其相习也已久，欲收拾其所故有，则如久餍膏粱之子而啖之以糟糠，其不喜自可知也。故通古斯族之操政治上之权力也，其利害影响之及于中国前途，固将有所在，此则入后当详论之。若于汉族之同化力，则必不能为祟者也。岂惟不为祟，彼且将助汉族同化力之长焉。彼虽欲不然，将不能不然，不得不然。尝试论之，往者政府之于蒙古、回、藏也，羁縻之而已。今假使其欲固边陲，思有所整顿，而于蒙、藏置行省、兴教育乎，其学校之中，官吏之间，将用满语耶？抑汉语耶？所以训迪其人者，科学而外，伦理、宗教，将以其长白故部之神话耶？抑用孔孟之训言耶？谓满族之主政者之政府，材绵智肤，不可与言事，则诚然矣。假其忽生此变，吾决其出于后说而不出于前说也。何也？不能也。不能云者，无其借也。无其借则不用夏变夷以汉化之，将胡所恃以化之？然则于同化力又恶能为之夭阏耶？

满族主政之政府，既不能碍汉人之同化力矣，次所当论者，使汉族而与满、蒙、回、藏者共国，其特重要者，则使汉族而使通古斯种人共国，能使运用无滞以图存于世也。政治学家之言曰：一国家由一民族而成，则国家之利害与民族之利害，能保一致而不相违反；一国家由数民族而成，则其国家之利害与民族之利害，难望其全然一致。当此际也，使其中各民族者自负自觉之程度而高，势力又不相上下，则必各本己族之观察点决政治界事，而国家全体之利害，则恒置之第二位，国家之行动欲其于各民族者平等一视，亦恒大难。以掌握国权者亦必居民族者之一族，势难超然达观全脱其民族的见解，以定施政之方针也。是说也，征之于史，亦见其信。异日者，世为大同之世，人类智德之程度达于极高，天下为家，凡赋形气而为人者皆如家人兄弟。是说者，或逆为谬论窾言，未知何如耳。就今日人类以言，则虽谓为政治学之公例焉，可也。求其最适之例，其墺大利乎？今其议会与政府之冲突，此立宪国所通有之现象也，此非必足忧者。然冲突固可暂而不可常，可一时而不可永久，于墺则连年累岁，政府、议会之冲突，常相继续焉，乃真足忧矣。议会之纷扰，议事之喧争，此亦采用代议制之国之恒事，谓为可喜之事固谬矣。然英者久以立宪制之母国，博一世之尊敬者也，其国会尚不免是，曷况其他？故此亦不必过虑者也。独至喧骚不已，继以骂詈，骂詈不已，继以格斗，至用警察之力，始得维持院内之秩序焉。如墺之议院者，乃真足虑矣。夫议会者，所以论国家之政；政府者，所以施一国之治。国之盛衰，是为原本。是二机关者而可哀至此，欲望国家之日蒸，奚有所幸？无惑乎墺大利国势之日滞也。其所以致此者，安在耶？曰人无教育之故；曰选举法不得当之故。是故皆然矣，然此实非其唯一之因。曰以政党散而不足以相制之故乎？此似矣。凡立宪国之特色，在议院能监督政府。监督之效，胡恃而能完？在政府之对乎议院而负责任。顾政府向议院负责任矣，使议员之中分为多数之党，势均力敌，无以相胜，所谓一国之公政府者，将谁之适从乎？从甲党乎，则甲党不能独王于院内，不足为之后援也，而政府危；从乙党乎，则乙党之不能独王于院内而为之后援也，而政府亦危。乃至从丙党亦然，从丁若戊各党又然。无一党力足以援政府者，即无一党力不足以倾政府者。政府为物，常处动摇不定之中，必至朝易暮更，不能久于其位。位不能久，则五日京兆，纵极图治，抑岂能举治绩者耶？使政府者而联络数党，倚为后援乎？如此则可得议院多数之助，位或可久居矣。顾数党者既皆为政府之后劲，则政府须勿失其一之意，而皆须有以结其欢心。而数党者既皆自树一帜矣，其政见必自异，则其所求于政府者亦必异。如此时也，政府顾此则虑失彼，欲勿失彼，则又不能顾此，持调停迁就之计，而常在举棋不定之中，又岂能举治绩耶？故欲收宪政之效，政党之大者须为二，不可多，不可少也。唯二，故甲胜而乙退，乙胜则甲退。退则其所维持之政府与之骈退，而胜者之政府，因进而制国之大政焉，败者既无能于暂时之间元气骤复卷土重来之理，则政府可以久于其位，而展布其所蕴蓄，施政一不当则败，而在野者即可乘事机取而代之。故政府无意得志肆、任情妄为之患。今天下言宪政者首推英。英之宪政，胡独能运用无滞得为过之惠者，遵斯术也。墺大利不然，议员四百二十五人耳，而别为十八党，中立而无所属者，尚不在其中。党之最大者不过六十一人，最小者乃至三四人，分崩离析，一至此极，名为宪政，亡其质矣，其祸及于国也，不亦宜乎？此其因也，此诚其一因矣，然虽此亦非其真因也。凡政党之起，无虑以政见之不同致然。法兰西政党号为多矣，求厥所以然之故，则自现今共和国成立以来，有欲复王政者焉，有主张共和者焉，有中立者焉。主张共和者亦各异其见，有主急进者焉，有主温和者焉，有主临机应变者焉。此外以一事之异见，一论之相歧，党派随生，不得悉数，始差毫厘，终谬千里。论者谓法人虚骄恃气而无恒信，有以致此，或信然欤？而墺大利不然也，其党派之多也，非果以政见之异也。今观其名称，则有所谓伊太利派，有所谓波兰派，有所谓罗马尼亚派，有所谓路的奴派、斯拉夫派、斯乐边派。此外虽或具标示政见者之语，亦皆冠以波希米亚、日耳曼等地方民族之名辞，其无此者，仅中央俱乐部派，耶教的社会派与社会众民派之三耳。三者而外，既皆标民族之名辞，以为赤帜，则其起也，皆以民族主义为之动因，可想而知。盖墺国宪政之不善进行，其政党之散而多，有以致之。其政党之散而多，则人种民族之复杂，有以致之。一墺国之中耳，有操日耳曼语者，有操波希米亚语者，有操波兰语者，有操路的奴语者，有操斯乐边语、塞尔维亚、伊太利语、罗马尼亚语、马加语者，地居欧洲中部，依古以来，异种杂集，风习不一同，利害不一致，而哈布斯布耳皇家乃强统合之于朝廷之下，其影响及于政治界者，一至此极，实势之所必至，理之有固然。异民族而共国家，则国之进步必滞，而各族卒至俱受其弊，此真可以证政治社会果万不可不置基于单一之民族者也。虽然，此果遂为得其真因乎？及进一层而更深求之，乃见又不能尔。今国于大地之上者，无虑数十百，逐次而历查之，无一焉为由单一之民族而成者也。英非一族矣，英胡以独不如墺？美亦非一族矣，美胡为又不如墺？是问其故安在？苟稍有识者，将必皆曰：英不一族，而盎格鲁撒逊族其人口、文化能独王于英；美不一族而盎格鲁撒逊族其人口、文化能擅强于美，一族为倡，众族随之，故能尔也。譬如一物，一力左牵之，一力则右引之，夫惟左右二力者平等，而适相抵，此物体者乃停滞而不能动。使左或右二力者而有一较强，则物体将为强者所动，而随其所引之之方向而趋。物既如此，民族亦然。使一族而能具优胜之力，则虽共国者更有他族，亦不夭阻政治之进步也。呜呼！

言至此，而墺大利政治界可哀之原因乃可得矣。其说虽为常人所共知，而真因固即在此矣。盖墺大利一国之中，日耳曼九千余万，波希米亚近六千万，波兰人约千余万，路的奴人三千余万，塞耳维亚、伊太利族各七百余万，罗马尼亚二百余万，唯马加人最少，不达万耳。诸族中惟日耳曼族较多，然其力方不足以制其余各族也。使大族如日耳曼或波希米亚者而有一焉，其文化之力特高于余族者能数等，亦或足以相代，而又不然，兄弟也，无以相胜也。使诸族国家之观念而如中古，或如近世初之专制时代，则一专制朝廷者，操鞭笞以驭之诸族者，皆自甘于奴隶牛马，隐忍伏俯，相与苟延残喘而已矣，固亦可幸无事，而又不尔。法兰西之革命，如春雷之震，自由思想，芽茁遍于全欧。墺与邻近，诸人有耳目，不能无闻知，则不能无（羡艳）〔艳羡〕。故虽如梅特涅者，号为专制之魔王，而身且不能不为所屈而逃避矣，而诸族又不同，此在墺国尤为唯一不可除之障碍。学校也，行政厅也，裁判所也，议院也，用日耳曼语乎？则各族难之。用各族语乎？则皇室以其为日耳曼族之故首难之，而日耳曼族亦难之。墺政府欲解除此碍，亦尝特设方法以区处用语之事，而认各族平等之权利矣。顾此法之解释，方且为学者纷争之目的物，法廷、政厅各异其说，而立于反对之地，虽延及议院，大起喧争，而民族轧轹之风乃以此而益盛。盖语言者，各族皆认为其族之民族的权利而甚护惜之。此权利而见侵，较诸其他，其蹙蹙然恶之者盖尤甚。瑞西语言多种矣，而以其为联邦共和之国，中央权利极微弱。如此故无所干涉，乃至议院之中，亦许用多种之语，故能相定，而非所论于墺之立宪帝国，此墺之所以大难也。由此观之，墺大利政界停滞不进之因，疑在于民族之复杂，而仅此种族之复杂，固非其真因，种族复杂矣，而又势均力等，无以相制而相化，此则其停滞楛恶之真因也。高明之士，苟一精心研究之，或其许鄙人之言为非大刺谬也乎？

中国何如乎？诸族之组为今日之中国者，其大小文化之差有以异于墺乎？否乎？人口之统计不详，无由确言其数。要之，合满、蒙、回、藏之人，不当汉族百分之四三。举满族全体之人，仅得汉族百分之一，此可无大过者也。诸族文化俱无可言者，唯满人入居中土者近三百年，渐染华风，脱弃其部落之服习，然以此之故而化于汉矣。然则使中国而遂为宪政，开议会，于时称霸于议会之中而握政治界之全权者将为何族？满族耶？蒙古族耶？回族耶？抑汉族也？政党之大者宜二而不宜分而散矣。顾此观汉族之政治材能奚如耳，使十八行省之汉人而皆离心离德，眼光所注，不出于一地方一局部之利害，或遂歧为数十百小党，党派之多而散，遥盛于法，遥盛于墺，而于全世界万国之中，独呈唯一无二之怪现象焉，亦未可知。由今人心观之，此言且或不幸而中矣。顾此则罪在汉族耳。使汉族者而能自拔于此弊之外，其他诸族能于中国演此恶剧耶？凡鉴于他国之事以论己国之事者，须先知彼，又须先知己。不知彼不知己，则其论无所当于事。欧人言民族主义矣，汉人中幸无以此而排满、排回、排藏者，若其有之，是无病之呻吟也。墺以民族而宪政为之滞碍矣，以例中国，或见其大谬而不尔，不尔而强使之尔，国群或以之而病矣。呜呼！此学者之责也，此谋国者之所宜自省者也。若夫论满汉问题则不可混种族与二问题者而同之，或者疑政治界不改革而中国无可救之理，而操政界之权力者适以异族之人而居其首席。摇大木则枝叶为之撼动。以枝叶之必出于撼动也，遂若为并重之事，而孰为主题，孰为附生之结果，遂无能别矣。而尤不可变手段为宗旨。夫专制政体不能打破，则不适于今日之世之生存，而举国梦梦痿痒，于君臣之义，天地之大经，不易与为壮语也。毋宁以复仇雪耻之事激之，人心或易为之动，然久之则心以言生，已且不能自解，昔之利用以激人者，今且严以之自律，所谓放火者不能测其所至者也。虽然，今日者人心日醒，所谓国家主体、国家人格之法理谈，人虽不必尽知，而民为重君为轻之故说，则皆恍惚有所见。此可与为壮语之时也，岂敢谓四万【万】余千万之人已尽能然！然中流社会以上者，其议论所趋，固常可以左右一世。今则下自学生，旁及乡绅士林，乃至身与政府共事者之官吏，固皆已渐知此义，已无劳朝三暮四，用复仇雪耻之谈为之手段者也。若真以为种族之界与政治问题已如轻气养气化合为水，别成一种唯一不可分之性质乎？是必谓今日政治界之楛状，皆以异种之主政为之因焉然后可；由此而征其反，又必谓使主政者而非异种则政治界不至如今日之楛恶焉然后可。然试思之然乎？否乎？假使满洲之野依古，无通古斯人者生存其间，今之宰制神州者，犹为前明朱氏之裔，与汉族共祖，而为黄帝之远孙，中国之政界现象与今有以大异乎？否耶。专制者数千年之历史也，以国家为客体而归其所有权于君主者，汉族依古以来之思想也。圣哲如孔孟之徒，而有国者有天下者云云，为其所恒言。大东之人，其于国家皆以为客体，此实无能为讳者矣。夫既以国家为客体，则政体不能不专制，专制则不能不奴隶人，不牛马人。今见其奴隶人而牛马人也，而主政者又适为异种，遂谓是实以种族之异为主因。然则如日本人之群视其天皇为大宗之长子者，其专制之因又将何所归耶？谓满人族籍者，不耕不织，食租衣税，坐吸汉族之脂膏，为以种族为之因乎？则周有天下子姓之国者，贤与不肖实七十三人，刘（璋）〔邦〕兴而丰沛衣锦，光武帝而南阳多贵，朱元璋起布衣为天子，濠泗之人，皆肉食矣，又将何说耶？岂惟帝王？一督抚将相，居官数十年，亲戚故旧以官钱糊口者，至不可殚计，又将何说耶？一人上升，鸡犬皆仙。专制之现象，盖有必然。民不知争权利，则高居将宠者何所惮而不蹂躏之以自恣快者？是固不得谓惟以种族之异乃致此极也。言至此，而吾可得一结论矣，曰：民族有民族之权利，国民有国民之权利。民族之权利者何？言语也，服积也，固有之法律也（此则有制限。罗马征服各族，即以罗马法治之。然此不为侵民族权利，以国固立于民族之上也），道德智识的生活状态也。此布伦邱里之说，予所深取者也。满人于汉族此等权利无所敢犯，非惟无犯，且于无（异）〔意〕识之间，为汉族所犯矣。国民之权利云者何？自由权也，参政权也（次章当详论之），此今世文明国人所共享有之者也。此等权利吾国人无有一焉，且无一不为今日之专制政府所犯者也。**民族之权利无所犯则汉族对满族无可生之问题**，汉族欲大张其民族的势力，有抱积极同化的主义鼓勇进行焉已耳。**国民之权利无一不犯，则国民之对政府，今方为水火剧争之世**。自非甘为奴隶牛马者，义固不容一日以安居。然则种族为一问题，政治为一问题。政治问题所以解决之者，开明专制乎？要求宪政乎？倾覆现政府而为流血之革命乎？此进乎此所欲论究者。顾此数者皆不过中间有程度之差，要当择其一焉，以为唯一不易之方法者也。若种族问题与政治问题直为种类之异，使其中有不容已者存，固亦吾人所不容恝置矣。而使前言有可信者存，则其无枝节之可生，更自不待别白，若无可生而故生之，是字扰也，故曰：种族无必严之界也。

按：此文分别民族与种族之定义甚悉，同血统者，谓之同种族，不必同血统而能同文化者，谓之同民族。由此言之，则中国各族中，满族与汉族可谓异种族而同民族。满、汉之与蒙、回、藏，可谓异民族。若汉人欲持种族主义立国，则当排满、排蒙、排回、排藏，而以汉人一族成一种族的国家。若汉人欲以民族主义立国，则当排蒙、排回、排藏而合满汉两族成一民族的国家。此其分别甚明，而二者皆非今中国时势所能出者也。惟胡君所用之名词则与予略异，予之所谓民族主义，实胡君之所谓种族主义者也。予特从侯官严氏所译，且又以今社会之习惯，不能分别种族与民族之异，皆以同血统者为标准焉。究之汉满之间，不当言种族主义，满、汉与蒙、回、藏之间不当言民族主义，二者皆应排斥则无异也。故予亦不复为之分别，多立名目，以混社会之耳目，而惟视之如一以论之而已。若他日社会上有主张满汉分立，以成种族的国家，而排满、排汉兼及蒙、回、藏者，余亦以民族主义之名词而论之，有主张满汉合立，以成民族的国家，而排蒙、回、藏者，余亦以民族主义之名词而论之，不为区别其异同也。而胡君则以主观的察别其属于何种，不问他人所用为何名词，而直以所用种族或民族之名词论之。然余与胡君所用名词虽略殊，而其不主张种族主义与民族主义则一也。且胡君谓汉人之同化力为中国之国粹，可谓至大之发明。予于主张满汉平等之外，更加以蒙回同化，以谋国民实行统一之策者，恃有此耳。然使蒙回同化于满汉，予谓之为国民统一主义，胡君亦但谓之积极的同化主义，而非更以为积极统合的民族主义也。用语虽异，其义亦同。恐读者耳目为乱，故附识数语于此。 杨度 识

附录：

哭亡友胡茂如诗并引

杨 度

定州胡君次朴（茂如）年仅二十六，而其德行、学识、文艺皆已有过人独到之处，在余平生交友中，殆当推为第一。余因国事危迫，举世无一定之方针，欲对国民有所陈说，特组织《中国新报》，次朴自认社友，助余甚力。俄而次朴病，余亦病，同养疴于平冢海岸，而次朴病日剧。平时好谈哲理，初病犹然，后乃不能谈矣。死之前数日，语余曰：吾今可以实验灵魂之有无矣。余曰：人生自堕地哺乳以后，已无往而非补苴罅漏之事。苦躯壳者方言灵魂，若躯壳能自解脱，则灵魂何问有无？次朴点首微笑，于其死也，嘱诸乡友无为归葬之劳。此次朴之达也。诸友不用其言而谋归葬，将以慰其家人，俾无变乎今俗（诗略，编者）。

《中国新报》第三号，光绪三十三年二月七日（1907年3月20日）

立宪国民之精神

熊范舆

十八世纪中叶以降，欧美各邦，政体一变，翕然趋于立宪，专制之行迹，咸被扫除。至于近年，其尚有留兹余毒者，盖寥寥可指数也，然卒以世界趋势进步之故，彼留此专制余毒之国，环受排挤，几至不可以图存。故以庞然顽固之俄罗斯，保守专制之力，至为强悍，迄于今亦不能不屈服于世界之趋势，而决然改图。而今而后，世界殆将无可以容留专制之国家乎。吾国近数年来，立宪之说，传播于一般社会中，不知其何自始，相推相衍，激流扬彼，几与世界之暗潮，同流奔放。觇国者盖将据此立宪政体之能实现与否，以卜吾国能竞生存于今日之世界否焉。虽然，立宪政体将何道之从而始能实现耶？必其一般国民，有以使之实现之活动力，非徒口立宪之字、称立宪之名遂可以贸然得者。此吾于本报第一号评论新官制中，所以谓“立宪国国民之地位，非离乎国民，而别有人焉授与之，世界未有人民不自谓立宪，一切任政府之所为，而立宪国家可以成立者”，即谓是耳。顾所谓使宪政实现之活动力，究何所指而言之耶？今吾国一般社会之传播立宪说，彼其口斯字而称斯名者，亦复终日遑遑，一若其活动之无时而或息。此其活动力，果足收宪政实现之结果否乎？呜呼！吾言至此，吾有感于心。以吾国今日一般社会活动之状态观察之，吾窃忧活动之结果，适足以阻止宪政之实现，而吾国将终不足与现世各国竞生存于今日之世界焉。此则吾国民今日所急宜研究之问题，而吾之所以亟亟然不能已于言者也。夫人民之活动力，其所为足以使立宪政体之实现者，非徒为是终日遑遑已也，必其精神上有必欲造成立宪国家者存而后可耳。知立宪国家之必由我造，政府之专制，无能还望政府自为破弃之，所以破弃之而起其责任者，唯吾国民之责，不容有丝毫之倚赖、丝毫之放任，存留于吾国民之脑中。夫是故本此精神以运用之于实际，凡活动之所至，莫不有所谓无所倚赖、无所放任者以立乎其后，然后所以发生之活动力，乃足以改造此专制政府，促立宪政体之成立而实现之。虽其所以活动之手段，各有不同，有急进者，有渐进者，有和平者，有激烈者，而要其精神所贯注之点，则莫不与政府立于对待之地位，欲有以破其专制而起其责任焉，无所用其倚赖，亦无所容其放任。苟无此精神也，则无论渐进与和平者之无所于补也，即急进与激烈焉者之活动，亦无意识之扰扰耳。日日言改革，谋更张百废，旧日之弊政，不惜一旦扫却而别为建设之。急进乎？其急进矣，然精神上或不免有假借政府者，则物质的之急进，适足为专制政府所利用，所以假借者之急进愈成功，斯所以谋破弃者之专制愈巩固，是固倚赖精神之结果也。倡言现政府之不足与有为，宜一切听其所为，非俟吾破坏倾覆之之后，勿与言责任。激烈矣乎？其激烈矣。顾公言放任，而破坏倾覆之事，渺不可期，且所谓破坏倾覆者，徒唯是奔腾于口语，煊赫于纸笔，无从得达此目的之实力。迟之又久，偶一动作，辄遭覆败，徒足促政府日愈焦心筹虑，借文明之利器，以愈厉行其专制为耳。以放任之精神，施之于放任之活动，是固专制政府之所欢迎，馨香祷祝，惟恐其不得，而国家之所大不幸者也。则其所谓俟吾破坏倾覆之后，再与言责任者，徒自欺以欺人耳。哀哉！国家其安能于今日世界生存竞争之潮流中，倒悬岁月，长保此专制之余运，以待此放任政府者之有以救之乎？故夫倚赖与放任，皆国民对于政府之精神上，所不可有丝毫之容留者，必如是而后国民之活动力，足以使立宪政体之实现。吾所云吾国民今日所急宜研究之问题，即在是矣。

夫国民对于政府之精神，不可有倚赖与放任，固已，然国民对于政府之活动，欲本此精神以使立宪政体为事实上之实现者，将以何为标准耶？曰：所谓事实上之实现者，实现其形式耳，而所以使之实现者，则精神也。精神为事实实现之母，凡立宪国民之所同；形式则由于国情之差异，历史之推移，与夫世界大势之变迁，因国而各异，惟其异也。故于形式未实现以前，对于政府之活动，凡所为足以巩固吾国民之权利，增长吾国民之实力者，唯先守定此精神以应付之。换言之，即所谓伸张民权是也。民权伸张，时机既熟，而后活动之结果，乃应乎当日事实之状况，以发生其形式焉。其所发生之形式，虽不必如乎活动当时之所期，而要其为活动焉者之精神所产生之结果，莫能诬也。夫所谓宪政实现形式之不同，何所据以区别之乎？此盖征之于宪法之所自来，而有以决之者矣。世界各立宪国之宪法，有由人民会议而成者，有由人民与政府相约而成者，有纯由政府所颁布者，其所自来者不同，故发生之形式即异。发生之形式既异，而国体于以分焉。由人民会议者多成为共和立宪国；由政府与人民相约，或纯由政府颁布者，必成为君主立宪国。共和与君主，其国体虽不同，而要其为立宪政体则无不同。夫国体之所以不能同者，以其国本有固来之国情，固来之历史，而又有世界大势以推移之，故当其宪政发生时，有不能不因事机之所至而定之者耳。若夫政体者，非专制则立宪，不能立宪，必终陷于专制，此各国所同者也。故无论其国之国情如何，历史如何，与夫世界大势之所以推移之者又如何，凡吾国民对于国家之前途，欲求足以战胜于生存之竞争者，非达到破弃专制，造成立宪国家之目的不止，固无所谓因乎事机之如何而迁就之者。此立宪国民之精神之所以足贵也。此精神而稍有缺乏焉，则岂特共和立宪国之不可得而实现也乎，即君主立宪国，又焉所得驯而致之者？此精神而凝结于吾人之脑中矣，则精神之所至，所欲改造之政体，自无不可以成立。唯其成立时，其宪法发生之形式，将因之而成为共和乎，抑将因之而成为君主乎，则非必果能如吾人所预期焉耳。是故吾人之欲造成立宪政体者，精神也，立宪政体实现时所成之国体，则形式也。精神不可以或易，形式则以吾国国情、历史与夫世界之大势为根据，就吾人主观之观察，而立一活动之标准焉可耳。其终局之结果，究能如吾人主观之观察所立之标准与否，此当决于终局之事机，而非可以预断者。不过吾人主观之观察，则深信将来之事机之必至于如是，不如是则必非国家之福焉而已。夫自学理言之，国体者，构成国家之基础之状态，为国家根本上组织之问题；政体者，不过统治权行使之方于形式耳。故国体不可变，若其变也，是国家自身之更新也。至于政体变更，则于国家之存在，毫无关系。而吾今乃谓造成立宪政体，为吾人之精神，立宪政体实现时所成之国体，乃其形式，形式之如何，须决定于终局之事机。若精神所欲造成之政体，则不可以或易，似适与学理上之说相反，无乃谬甚。虽然，吾人今日之所研究者，乃欲造成立宪国家也。欲造成立宪国家，因从政治方面以区别，何者为造成者所必不可少之精神，何者为须俟终局事机所发现之形式，而非立于说明之地位，依靠学理，以解释国体政体之为何物也。若必据学理以为解释，则俟此造焉者之精神与事机相激相荡而发现于事实后，然后就其所造成之【国】家，以　说明之斯可矣，固非吾人今日之所有事，且非吾人今日所得从容（间）〔闲〕暇，以从事于此也。是故吾今之所说，并非与学理相反，特学理上之说，以国家之自身为前提，吾之所说，以造成国家者之自身为前提。着眼之点不同，则两者之所说，自不能不异。且亦曷观欧美各立宪国家之历史乎？彼其于今日所以供学问家之研究，而发为有完全系统之学说者，皆其昔日之国民，有以造成之者也。顾当其造之之时，其国家之所为翕然趋于立宪者，果何为耶？即最近之俄罗斯，所以使其不能不屈服于世界之趋势者，果何物耶？无亦别有其精神焉耳。然其精神之所贯注者，究何在乎？将谓其在国体也？则唯由君主而变为共和，或由共和而变为君主者，始有所谓造焉者之可言。自余诸国，其国民当日之所经营者，殆无谓矣。将谓其在政体而兼在国体耶？则必贯注于政体之精神，为国国之所同，贯注于国体之精神，为各国之所独。此今之论者，所以有共通精神、特殊精神之区别也。然吾谓此区别，仍不过就今日已存在于世界之所谓君主立宪、共和立宪各国家，而观察其各国民一般精神之所以异乎立于其他国体之下之国民焉而已，非所以语于造焉者之精神也。夫语造焉者之国民之精神，则彼当日者，盖咸莫不注重于破政府之专制而起其责任，此盖无所容其异议者也。若夫国体问题，则今日所谓君主立宪国、共和立宪国，夫岂必悉如其当日造焉者心目中所拟议之国体也乎？不特此也，即同一君主国中，或同一共和国中，其国民当日所拟议之国体，亦固已各各不同也。不能悉同，而此所谓君主立宪国、共和立宪国者，竟两两存此国体于今日，其国民皆各各相安焉，是何以故？此可以见造者之精神，专属于政体，所欲得者立宪，所欲破者专制。当夫专制与立宪更代递嬗之时，其事机或可以得共和国体焉，或仅可以得君主国体，而亦遂无需乎必为共和焉，虽不必如其心目中所拟议，而所欲破之专制则竟破，所欲得之立宪则竟成。精神所注之点，不因国体如何而牺牲之，则改造成功，勉求发达，无暇舍其大，而唯是沾沾于国体之争。唯其如是，则其当日所拟议之国体，固不过其主观之观察，借以为活动之标准者，而非其造成立宪国家之精神所必不可易者也。吾今欲证吾言，更论述各立宪国其国民造成此立宪国家之历史，以与吾国民商究之。

抑吾今所欲论述者，既为国民造成立宪国家之历史，则彼所谓联邦国者，即不在吾所宜论述之范围内，如德意志，如北米合众国是矣。何也？彼其联邦宪政之成立，皆由联邦间之合意而来，非其国民直接有以造之者故耳。虽然，于各联邦国外，将悉举今世之君主立宪国、共和立宪国一一而论之，抑亦有所不必要者焉。吾因于两种国体中，就其历史之尤重要者，各论述其一以为之例，曰英曰法。英国之宪政，为自然发达者，无成文宪法之可寻。彼一千二百十五年之《大宪章》，一千六百二十八年之《权利请愿》，一千六百七十九年之《人身保护律》，一千六百八十九年之《权利宣言》等，固非其宪法之全部，且亦不过就其已有权利，一为表彰之而已耳，非因是始有权利之发生也。固唯其有此表章也，而其所已有之权利，乃因是愈益确定。夫是故谓此四者为其宪政确定之渊源，亦无不可。虽然，彼其国民所以能借此四者以确定其宪政者，果何在哉？其自宪政渐次确定以至于今日，终成为君主立宪国者，又何在哉？今请略述此四者发布之颠末，然后比而论之。

英国自来习惯，凡国家多事、财政拮据之时，率由国王召集诸侯，使其承诺担负政费以为常。一千二百年，约翰即位以来，失政尤多，外交覆败，凡在佛兰西之英国领土，率被夺于佛王，又因与罗马法王争权屈服之故，岁纳贡献，赋敛繁苛，豪族有资产者，咸被其设种种手段罗掘之，于是贵族首先反抗，结合僧侣，斥国王横征非法，而主张国民自由，提出要求以胁国王之承认。约翰始犹抗拒，及贵族等手【持】兵器而临伦敦，市民启关相迎，约翰孤立，不得已，乃假双方协议之形式，一一如其所要求，于千二百十五年六月，发布《大宪章》。《大宪章》之内容，有两要点：一为非经纳税者之同意，不得征收租税；一为关于审问犯罪人之规定。此后英国之政治上有反动时，人民所持以相争之根据，莫不发生于此。

《权利请愿》发布于查尔斯一世时。千六百二十五年以来，查尔斯一世续其父遮姆斯一世即王位。遮姆斯一世主张王权神圣，肆行专制，其将殁也，君民冲突之端绪已兆。查尔斯一世嗣立后，愈蹈袭其策，抑压国会，屡解散之，课不法之租税，迫人民贷以金钱，拒之者悉下诸狱，物论愈沸腾。及千六百二十八年，复开国会。国会乃提出《权利请愿》以要求国王，国王不承认此请愿者，国会即不议决赋课供给之事。查尔斯一世欲拒绝之，而仓卒之际，又别无可以使国会承诺供给之途，虽强为批准，其心中固不必欲遵守之也，故不旋踵而即背约束，十一年间不开国会，然以后人民之冲突益烈者，固莫不借此为口实以责斥之矣。

查尔斯一世违反权利请愿，致起人民之反动，其结果不惟政治上生一大变更，并国体亦生一大变更，即所谓武断之共和政治是也。千六百二十八年，英王批准权利请愿后，次年解散国会，禁锢民党首领，行独裁政治者，凡十一年。及苏格兰兵事败衄，军需缺乏，不得已，召集国会以要求之，国会不承诺，反弹劾大臣，排击王秕政。王欲压以兵力，民党执戈相抗，内乱遂起。国会党与王军相战，前后殆亘七年，克林威尔卒败王军，幽之狱中。千六百四十九年，竟处死刑。同时由下议院发布新条例，谓今后不立国王，寻废上议院，英国遂成为共和政治，设国务委员四十一名。克林威尔为军队都督，以其军事威望，故大权多出其手，其初心欲乘此建设完全之共和，嗣国内激烈之徒，主张财产平分，至欲杀克林威尔，以贯彻平权之说。克林威尔以为共和之困难，乃一以专制行之，始得无事，然此后国民之反对者愈甚，克林威尔之专制，亦因之而愈强，更定宪法，以已为护国卿，王党非之尤甚。幸以克林威尔之力，足以镇服国内，终其身无他大乱。千六百五十八年，克林威尔死，其子继之，不能当此难局，旋即辞职。国人恶军人之跋扈，主张王政复古，竟迎查尔斯二世即王位，而共和政治，忽焉遂亡。彼《人身保护律》，即查尔斯二世在位时所发布。（元）〔原〕来英国旧例，凡被处禁锢之人，得请受人身保护状，使法庭判其当禁锢与否。此权为英人古来所享有者，及是时，凡致求得保护状者，每有种种之障碍。千六百七十九年，国会乃议决此案，使判事不能不为之裁判。查尔斯二世即王位以来，注重一身之娱乐，故对于此案，无激烈之相争，遂至发布。及其末年，虽亦擅行专制，而保护律已确定矣。

查尔斯二世殁，其弟遮姆斯二世立，欲恢复王权，保护旧教，国民大怨恨，迎威廉三世及其妃于和兰，立为英王。遮姆斯二世逃窜于佛兰西，史称“名誉革命”。国会之迎立威廉三世夫妇也，先作成《权利宣言》，以表示国宪之大主义。千六百八十九年二月，由贵族院议长朗读《宣言书》（后然）〔然后〕复捧王冠以与之。由是而国王之非常权被其限制，国会之权利愈愈确定，自《大宪章》以来，所有之断章及习惯，渐次有整理之观矣。

就以上所述观之，然则所谓《大宪章》、《权利请愿》、《人身保护律》、《权利宣言》之四者，就中惟《人身保护律》之发布，出于和平，自余三者，莫不由君民剧烈之相争而来。夫以英民当时之强力，足以使国王或降或窜，唯命之是从，则推其力之所至，何所为而不可？彼《大宪章》及《权利请愿》，形式上虽由君主发布，实则君主乞降，人民诺之之条件耳。以君主专制不法之故，用强力以推之，至于可以（唯）〔为〕所欲为之时，而犹必爱惜此一人者，使之立乎众民之上，人民所以允其乞降之条件，且必依此一人以发布之，是何故也耶？若《权利宣言》，则直君主逃亡后，纯由国会议定者，此时正可弃却君位，议定共和宪法，以一更新国体矣。而犹必迎立新王于他国，朗诵此宣言，使之闻之，而后奉王冠以加之者，果何谓也？或者曰英国人重保守，其不去此君位者，实出于保守之思想而已。彼其强力抗君主时，不过欲去其专制，其心目中所欲成立之国体，则固君主国体也。虽然，是何解于武断共和政治改造之时耶？幽查尔斯一世于狱，犹以为未足，必处以死刑而后已。路易十六之上断头台，亦不过如是耳。此其处置暴君手段，固不亚于法人也。共和政治新成立，国中主张政治平权，除耶（酥）〔稣〕而外，无论何人，均不愿为其被治者。克林威尔本欲建立完全共和国者，而犹虑其过激，反而用专制以镇服之，斯其激烈之民气，固不得以保守诬之矣。然而共和政治行之仅十二年，复迎立君主以耸乎其上，其所迎立者，且即为前此斥为暴君而处以死刑者之子。呜呼！何前后之不相若也！无亦因其所争者，不在此而在彼，不在国体之为君主为共和，惟在政体之为专制为立宪焉而已。当约翰谢罪军前时，贵族僧侣，去此王位，举手之劳耳。即在国民，亦既启关迎投于同盟军中矣，亦何所于惜者，得勿以精神之所在，租税、逮捕两事，有确立之保障，而其他皆非所急也耶？且贵族、僧侣、国民，各有团体，安知当日者，不有事实上之困难，必若去却君主，反生枝节，致不能达其精神所在之点也乎？彼克林威尔之励行武断，亦后来之一证也。共和政治之新条例虽已发布，犹以为不足，迫克林威尔一变其方针，始则以腕力抑制，次则更制宪法以己为护国卿矣，再进则解散国会，惟以附于己者组织之，且欲受王冠，复上院矣。夫自《大宪章》发布以来，英国之宪政，基础已立，加以克林威尔为欲建设共和者，乃因人民昧乎事机，不乘此力求巩固国民之权利，唯凭盛气以主张其理想，致此已有基础之宪政，反退而入于武断专制焉。试观英国革命历史，革命一次，则国民权利巩固一次，宪政亦确立一次。唯此次之革命，不惟不进化，反若退化，是何以故？则以此次有国体改革问题，夹杂其间，断断于此点之争，而当日所以革命之精神，反消灭于不觉故耳！是故当时之共和政治，历史上称为武断共和，不称为立宪共和者，良以此也。国体为共和，而政体非立宪，直至迎立查尔斯二世后，国会渐有权利，及《人身保护律》出，而前此宪政之基础，始确有回复之状况。然则谋改造国家者，其精神之所专注，于政体、国体之间，宜何择耶？

法兰西在今日，为共和立宪国，然溯自大革命以来，百年之间，国体累变，共和、帝政，颠仆相踵，宪法之改更，凡以十数。千七百八十九年，国民议会议定《人权宣言》，胁国王批准，是为法国宪法最初之萌芽。千七百九十一年，国民议会复以《人权宣言》为根据，议定新宪法，以自由平等之平民主义，制为共和的王政政体，废爵位，夺僧侣贵族之特权，停止门阀官职之附随权利，以消除上下之区别。官吏、僧侣，均由人民公选，公认言论、出版、宗教之自由，是为第一次宪法。千七百九十二年，革命风潮愈恶，为恐怖时代之始期，共和党解散前此宪法上之立法议会，召集国民公会，宣言废止王政，议定共和宪法，由国民投票批准，翌年发布，是为第二次宪法。彼路易十六之受断头刑，即由此次之国民公会所多数议决者也。然因是时为革命恐怖时代，此宪法虽发布，竟未实行。千七百九十五年，国中激烈各党均已败灭，恐怖时代告终。国民公会乃制定新宪法，组织指挥官政府，以指挥官五人，居政府之最高位，总揽行政，有进退文武百官之权，是为第三次宪法。前此两次之宪法，行政权最轻，此次宪法，则行政权稍足与立法权对立，而拿破仑适于此时出现，受信任于国民公会及指挥官政府，是其帝政自为之始基也。千七百九十九年，英、俄、墺、土、兰诸国同盟军将犯法境，指挥官政府大失民望，拿破仑时在埃及军中，乘此机会，突归巴里，与指挥官二人，共谋覆指挥官政府。下议院反对其谋，拿破仑以兵解散之。于是再改宪法，废指挥官政府，置统领三人，或名之曰执政政府，拿破仑为第一统领，是为第四次宪法。此后法国政治，外形虽为共和，实权专在拿破仑之手，元老院仅得评议政府之提案，无取舍之权；护民院亦仅得讨论，无决定可否之权；立法议会虽得决定可否，又无讨论之权。法国以十年流血所得之共和，遂于此仆，而专制政治，复其初矣。千八百二年，复改宪法，扩张统领之权限，行大选举，以三百五十万之大多数，举拿破仑为终身大统领。及千八百四年，则宪法更生一大变更，废共和之外形，为纯然之君主政治，此第五次之宪法也。及千八百十四年，拿破仑既败，国民迎路易十八，立为国王，新制定钦定宪法，采英国宪法之模范，以宪法为君主所钦定者，于前此各宪法，为根本之差异，是其第六次之宪法。路易十八殁，沙尔十世继其位，欲恢复王权，于千八百三十年，在国会中演说国王之特权，于是七月革命起，废沙尔十世，迎立路易腓里布为国王，复制定新宪法，去钦定宪法之主义，以宪法为国王与国民所合议而成者，是为第七次之宪法。路易腓里布在位日久，变其最初改革政治之方针，采用平和主义，致失民望。千八百四十八年，禁止政治改革之恳亲会，遂酿大乱，史称为“二月革命”。乱定后，废王政，制共和宪法，举拿破仑三世为大统领，共和复现，是为第八次之宪法。拿破仑三世欲再兴帝政，擅行专制，诛戮反对党，解散议会。千八百五十二年，竟颁布新宪法，树立大统领专制政治，寻由元老院提议重建帝国，以拿破仑三世为皇帝。是年十二月，帝政成立，是为第九次之宪法。千八百七十年，拿破仑三世败于普，国民议永废帝政，依普通选举，组织国会，由国会制定共和宪法，千八百七十五年发布，即今之所行者，是其最终之宪法。盖至是而法国宪法之变更，已为第十次矣。

右为法兰西政治改革之历史。吾叙述既毕，吾反而证之于英，不能不叹其锐进之勇，惜乎其于政治改革上之精神，比于英人，实远有所不逮耳！夫国民之所以必谋改革政治者，以专制为其原动力，此一般政治革命之所同。法之与英，初无以相异也。顾英国之改革也，专制既破，国民权利之保障，必同时发生，唯武断共和时代之改革，为比较的之弱点而已。法国则不然，彼其历史上有名之革命，凡经三期，试一一寻其结果，则大革命之后，路易十六之专制去，而国民公会之专制来矣；二月革命之后，路易腓里布之王政去，而拿破仑三世之大统领专制来矣。唯七月革命，由钦定宪法变而为国王与国民合议之宪法，是为有政治上之良结果，若是者何也？自第一次宪法公布以来，《人权宣言》成为法典，循此而递求发达，此后当无复有专制之发生也。徒以一般国民尚营营于王位存废问题，于是改革政体之精神，移而专注于国体，王政共和之争执，冲突愈剧。及路易十六之头断，党互相杀，而恐怖之祸烈矣。天下事祸愈烈者，其所留之纪念愈深，尔后王政共和之问题，遂深入乎法国人之心中脑中，固结而不可解，凡有政治改革时，莫不加入此观念，（搀）〔掺〕杂其间，故每每以颠覆专制之原因，仅得国体更新之结果，王政、帝政、共和，迭相起伏，而其以暴易暴者，殆居大多数。呜呼！以法国人锐进之勇，流血伏尸，无所于惧，而其所赢得者，率为以暴易暴之国体，兹其政治改革上之精神，所以远逊英人，而宪法虽数数改更，卒无当于宪政发达之效果也，不重可惜哉？观于拿破仑为大统领时，共和之名义虽存，立法、行政、司法各大权，咸由彼一人专制，乃其后竟以三百五十七万二千三百二十九人之投票，认此专制大统领，进为世袭之皇帝。吾不知此时法国人改革政治之精神竟何在矣。英国人之进行改革也，必以确定国会及人民之权利为第一要事，不因君主、共和之形式，阻障其精神。法国之改革历史，殆唯《人权宣言》及第一次之共和宪法、第六次之钦定宪法、第十次之共和宪法有似乎此，其所以能至此者，则以改革之事，非因国体问题而发生，改革进行时，又不以国体问题没却其初志故耳。今世论者，或疑法兰西人民长于破坏，而短于建设。夫使其破坏之精神，唯注重于政体，不为国体问题所灭没，亦安见建设之非其所长者？千七百九十一年之第一次宪法，为当时欧洲民主主义诸国宪法之模范。千八百十四年之第六次宪法，为独逸君主诸邦宪法之模范，而现今之共和宪法，且行之三十余年而无前此之波澜者，非其明著大验者耶？前数次之宪法，徒因国体纷争，阻其进步，幸以绥丹之败，偿款丧师，法人惩于外忧，转图内治，现行之宪法，实迫于国家存亡而制定之者。虽国体变为共和，特以当时国君被虏，事机所至，有可以致此者，固非因共和而始制定宪法耳。是以精神所注，得以维持其宪政以至于今日，然则观于其宪政兴弛之间，亦当世得失之林矣。

今世言宪政者，莫不首推英国，非特君主国之宪政，宜以英为称最也，即共和国亦无有能及之者。法则革命风云，为专制之民贼所寒心，十九世纪以来，专制之仆灭相接踵，虽谓为食法人之赐，亦靡不可。顾综观其历史，彼改革之精神专注重于政体者，其结果良，兼注重于国体者，则不没却政体上之精神者，其结果良，没却政体上之精神者，其结果恶。至于专因国体而言改革，则政治上殆无所谓良结果之可言矣。何也？既以改革政体为唯一之精神，即须唯以能达此改革之目的与否之是视，若有可以达此目的之事机，犹必断断于国体之争，致吾所改革之政体之可以确定者而竟归消灭焉。此法兰西于第一次共和的王政公布后，必断断于处置路易十六，所以反召民权之专制，酿成恐怖之祸，而英国人每以君民约束，确定人民权利，竟收改革之功也。前车之覆，后车之鉴。我国民不欲改造一立宪国家则已矣，若其不愿长此生息于今日专制政体之下，危乎吾国家之前途而有所不能已也，其勿以国体之纷争，而没却吾改造立宪政体之精神也。虽然，吾国民今日，对于此问题，其精神顾何如乎？吾默而察焉，而有不能为吾国民讳者。夫所谓以国体之纷争，没却改造立宪政体之精神者，其最初固犹有此改造之精神者存焉耳。而吾国一般社会中，除是之外，尚有一种并此精神而无之，而惟是终日遑遑者，此其与精神之有所蔽而没却之者，固同为无裨于国家前途耳。吾壹考其所以然之故，而知其所以至是者，有两原因。

一、知有政府而不知有国民　吾国人数千年来，均无参政思想，平居论事，涉及政治问题，莫不曰是乃政府之责任，于人民无与，且人民不惟无与其责也，并与可以与之之权利。故乡绅、学士，以不干与公事为高。政之良也，惟政府之功是颂；政之蔽也，惟政府之恶是仇，而人民殆若无政界上之地位者。夫颂其功与仇其恶，盖皆以为政府乃苍生所托命焉而已，是实为今日倚赖政府之病根，而中国专制政体所以尚能维持以存于今之世界而无所于动也。病根深锢，不自知国民于政界上地位之何如。微特勉以改革政治之责任，彼将（襄）〔裹〕足而不前，并勉以改革政治之权利，彼亦将骇然而却走。即或有不却走而前焉者，彼其脑中心中仍以为是非政府之大力不为功，吾侪小民，不过委蛇从事，聊尽吾国民之责任以补助之，即可以告无罪焉耳。及于近年立宪之名词，聒耳而至，彼政府者，复悬以为饵而钓之，于是前之以政府为苍生所托命者，今更以政府为立宪所托命，前之倚赖政府者，不过为消极的之病根，今之倚赖政府者，更由此病根，发而为积极的之狂热矣。甲辰、乙巳之交，有所谓运动立宪者，此狂热发生之肇端也。彼所谓运动，运动政府云尔，于政治上而欲有所运动，则比于前此消极的之倚赖，抑亦有所进步矣。然其所以运动之也，亦以为立宪之事非倚赖政府，无从而得之，而后有以出此，昌言公论，以是为吾国民唯一之责任，而走相劝勉。今之赫赫然所称为烈士者，在当日亦有所不免焉。迩者，运动之名词，稍稍为一般社会所不乐道者矣。顾其代之而兴者，虽有种种，率莫不出于倚赖之精神，而自以为政府之补助。呜呼！吾人所为欲改革政治，造成立宪国家者，第一步之进行，即为破弃政府之专制耳，是固为今日政府之所不乐闻，而吾国民所责无旁贷者也。今乃以倚赖之精神，委立宪事业以属望于专制之政府，得勿虽欲立宪而不必破弃专制耶？抑立宪政体中，不妨有专制政府之存在，故为是以倚赖之耶？是真世界之奇闻矣。夫吾国民之于改造政体事业也，果其有此独立不易之精神矣，则于事实上之进行时，临机因应，种种作用，犹当向其宜而运用之，唯求不没却吾最初之精神，而又足以达吾所欲改革之目的而止，运动云云，又岂必为事实上之所绝对排斥，而不许偶一用之者。特其时精神上毫无假借，是不过临时之作用，非以是为唯一之精神，而有所谓倚赖者存，兹其所以异耳。各国宪政成立之时，有出于人民之所要求者矣，使不察其精神之如何，惟是就外形以为衡论，得勿亦谓其有所倚赖，徒用是区区者，亦可以造成立宪国家也乎？他且勿论，即就英国千六百二十八年之权利请愿观之，明明由国会提出要求之文书，而英国之宪政，竟能因是愈确立者，何也？夫固有其独立不易之精神盾乎其后，而实力上之进行，又先有使其不能不屈服于人民者，然后为此。脱其不屈服，必将有不利于政府而致生革命者。然则由政府一方面言之，即谓其承诺人民之要求，盖借（以是）〔是以〕要求人民之勿革命，亦无不可。吾尝谓各立宪国宪政发生时，只有政府要求人民者，断无人民要求政府者，即谓是耳。何也？其要求而无盾乎其后之精神，则宪政必不成立，而有此精神之要求，又不过使宪政发生之一作用而已。前途茫茫，事机万变，稍一不慎，则依违迁就，而最初之本志，将有日即灭没而不自知者。故必其有独立不易之精神，而进行上之实力，又足以巩固之，然后可以为运动，可以为要求。吾见夫今日吾国人终日遑遑者之日以渐多也，吾深危乎其精神上之有所倚赖，而专制政府之愈无惧惮也。

二、知有君主而不知有国家　中国自有史以来，皆为君主专制国，国体、政体，均无变更，人民生息其间，不知有君主与国家之区别，盖朕即国家之观念，深入乎吾中国人之脑筋者，已数千年于兹矣。近以世界交通，欧洲学说，辗转输入，始晓然于君主之外，尚有所谓无形之国家者。然持此以语宿学老儒，与夫一般中流以下之社会，彼犹将嗤以为怪，其晓然焉者，盖居最少数也。而是最少数者，又复局于学理的之方面，徒能为解释之说明。试与谈国家事，则数千年来之旧脑筋，自然感触，流露于不觉。更进而及于改革问题，则其所汲汲欲解决者，首为国体。由是而国家改革之前途，遂生出种种障碍矣。夫其必欲汲汲解决国体者，何为也耶？数千年来君主之见，未能遽断其根株。彼其视君主也，虽不必显然有朕即国家之观念，徒以根株未断之故，一言政治，而君主之问题，即横亘其前。是不必宿学老儒，拘守君臣大义者之为然也，即与是立于极端反对之地位，而主张共和者，语及君主，深恶痛绝，其所为如是者，仍不免重视君主，以君主之有无，为国家之兴废故也，不知君主所以能使人至于深恶痛绝之者，以其为独裁专制政体而已。政体改革，虽有君主，亦必受限制于宪法之下，将有欲使人深恶痛绝而有所不能者，君主之有无，固于国家政治之废兴，无甚关系，只视其政体如何耳。而顾谓国家政治之改良，但弃却此高乎在上者之一人，遂可有济，是亦可谓轻重倒置者矣。夫吾亦非谓政治问题中，绝无所谓君主有无之问题者存也。虽然，君主之有无，是乃国体之争耳。吾人之谋改革政治，为政体也，非为国体也。故夫吾人心目中所拟议之国体，不过就主观之观察，借以为活动之标准者，所欲改造之政体可以实现时，其国体竟将如何，固不必断断而争，反因是以没却改造政体之精神。此吾前方所已反复言之者也。何也？政体之良否，为国家存亡问题；君主之有无，非国家存亡之问题故也。而今之主张共和者，惟汲汲于国体之争，一若无君主则政体可以良，有君主则政体必至于恶者然，且一若无君主则国家可以存，有君主则国家必至于亡者。然因观念颠倒之结果，则目前有可以为改造政体之进行者，亦因汲汲于准备改革国体之故而不顾。将来有可以使所欲改造之政体实现之事机者，亦必将因国体之争而不顾，然则虽谓之为知有君主而不知有国家，不为过也。或者曰：子既云国体问题，不过主观之观察，借以为活动之标准者矣，则无论所主张者为君主为共和，固亦各有其主观之观察也。今之主张共和者，亦岂必不出于是？而子顾谓其只争国体而不争政体，知有君主而不知有国家，是乌足以服其心而起人之信也耶？曰：凡谋政治之改革，必有其政治上之进行，而无可容其放任者也。使其所主张之共和，不过主观观察点之不同，则必其对于现今一切政治上之问题，仍有汲汲焉不肯放任者。不肯放任，着着进行，与政府相接触，时机既迫，政府而屈服也，则为平和的成功，政府而顽固抵抗也，则竭吾国民力之所能及以扑之，而所谓君主、共和，均必俟有此现象之一而后可以决定。若夫平日于政治上问题，一切放任而不过问，无由以政治上之进行与政府相接触，所恃以与政府相接触者，惟他日之兵器，放任如此，而犹谓其所主张者为置重政体问题，共和之云，仅仅主观观察之不同，其可得乎？况乎言改革政治而有假乎兵器者，盖以之为后援耳，必平日有政治上之进行，至不得已而后用之，用之而胜，其成功固无待言也，即或败焉，而平日进行所得之实力，已操诸人民之手，人民因政治进行而遭覆败，则其所以覆败之由，与夫所以改良进行方法之道，在人民之心中脑中，无日而忘之，尚可再接再厉，以图进取，使其平日一味放任，专恃有兵器而后动，则一度覆败，则政治上之实力仍无所得，所有兵器，消归乌有，除兵器以外，又无可改良之进行方法，将何以继其后耶？故必唯国体之是争者，而后可以出此策。不然，则世界固未有平日一味放任，而可以谋政体之革新者。而今之主张共和者适如此，欲不谓其重视国体而轻视政体，不可得已，且欲不谓其知有君主而不知有国家，亦不可得已。吾知共和诸公，骤闻此语，必有愤然不服者。然试平心默计，其平日所为尽力于国家存亡所系之政体问题者，果何在耶？无亦君主、国家之辩，仅明于学理而昧于事实也乎？不然，何恝置吾国家存亡所系之政体于不问，至于如此其极也（或有倡中国已亡说，冀图解免此诘难者。夫中国未亡，此于学理上、事实上皆无可诬。惟彼若不固持此说，则将无解于吾右之所诘难焉耳。今以不在本论范围，故不论之）。且说是也，徒足为懦怯无气力者，辟一逋逃渊薮而已。夫平日于政治上问题有所进行，则种种方面，皆与政府接触，即种种方面，皆与政府有直接之利害冲突，其为政府所深忌而指为目中丁者，所在而是。一日在进行中，即一日在身命危险中，而事实上之活动，又复昭昭在人耳目，非可张冠李戴，以自藏其身者，无所能逃于虎狼之捕缚也。自有主张共和者一切放任之说出，斯亟亟赴之，既可保身命之危险，而又蒙志士之美称，此身一遁入放任之说中，遂可百事不闻，逍遥世外，自计之善，无有逾于此者，奚为是赌此身命以终岁劳劳为哉？今天下薄志弱行之人，所在而有，此等现象，夫岂能免。吾恐影响所及，有非主持诸公之所能意料者。回顾国家，则因放任之故，国民对于国家，冷落愈甚，政府对于国民，专制愈安，偶有语及对付政府之法者，犹将应之曰：吾方筹备军备，期达吾共和之目的，遑暇及此？再问以如何筹备之法，则曰：此须秘密，难以语人。更问以国家危在旦夕，何能久待？则曰：指日可兴师耳。然而迟之又久，竟阒其无闻者，抑又何也？吾知责吾者必又将愤然怒曰：我方将持兵器以与政府相见，士之敢死，孰如我者？虽然，当夫兵事未起前，其可以保身命而获美称如彼，安知夫竟无是人者？故吾不怪其主张共和也，特怪其主张共和，而平日一切任政府之所为，不欲为事实上之进行而放任之，斯则其精神不属于改造政体，而恝置国家，彼薄志弱行者，乃得趋而遁之，而政体之改革愈无可望，是真至为可悲者耳。余固主张君主立宪者也，顾余之主张君主也，不过就余主观之观察所立之标准，且深信将来之事机必至于如是，不如是则必非国家之福焉而已。若夫立宪云者，则固吾改革精神之所注，不因事机之如何而或为迁就，且不问事机之如何而偶为放任者也。彼主张共和者，如能于平日有所致力于政治之进行也乎，则所主张之国体虽异，而精神所注之政体实同。唯其同也，中锋之所向，皆以今日之专制政府为之的，联吾民党相将以敌之，随时随事，着着进行，以促专制之覆可耳。若终不欲于平日而致力于政治之进行也，是于消极的方面，扶持今日专制之政府，以危吾国家，徒足使吾辈之欲破专制者，劳苦益加而已。然而精神所在，固将竭吾辈能力所可及而引为己责也。呜呼！狼吞狐媚，交集神州，国家前途，至为可虑。所望吾国民蹈万死以致身于存亡所系之政体，庶可有徐图自强之道，逡巡以嬉，如国家何？国家亡，而吾身随之矣。吾愿吾国民奋吾勇气，勿为须臾之放任，相将以除彼专制之妖氛也。

夫知有政府而不知有国民，此依赖政府之心之所由生也。知有君主而不知有国家，此放任政府之心之所由生也。依赖与放任，皆立宪国民之精神上所绝对排斥而不能相容者。吾虑吾国今日一般社会，其精神上将或有中于是，而所谓立宪政体，因之终不可得也，故为是论以与吾国民相为勉励焉。至夫实行上之方法，则当别为论之。

《中国新报》第四号，光绪三十三年二月七日（1907年3月20日）

谕立宪党

楚元王

“立宪”两个字，中国戊戌年前，并没有什么人晓得。到了康有为进用，他就天天讲变法。法既然要变，就是政体也是自然要变的了，但中国是个君主专制，既变政体，自然变成立宪。他又用“满汉一体，君民同心”八个字，做自己变法的宗旨。就是做书做报，也时时说到立宪，但这时做官的人，并没有一个敢讲立宪的。到了康有为逃到海外，便同梁启超两个人，创了一个保皇会，宗旨在于反对西后。梁启超又在日本横滨创了一个《清议报》，随后又改为《新民丛报》。虽然不敢说排满，但法国、美国、意国革命的事情，他也时时提倡。至于当时在内地的人，一种是顽固党，他不独不讲革命，也不讲立宪，并不敢讲变法；一种是维新党，他不独欢迎变法，并且欢迎立宪，亦不甚排斥革命。他们讲立宪，大约只想中国行立宪政体，平和立宪，他也不管，即革命后再立宪，他又不管。所以，当时讲立宪的人，并不仅仅以立宪望满洲。庚子年后，排满的大义，渐渐明白，凡受过教育的人，大抵都讲民族主义，中间有几个胆小的人，怕排满足以杀头，不敢讲十分激烈的话。当时的人，都叫他为和平派，但他也不敢明护满洲。这个时候，日本东京有几个中国留学生，译几部无聊的日本书，叫做《译书汇编》，专讲政法，所讲的话，都是偏于立宪的。随后康有为流落外洋，想满洲赦他的大罪，便巴结满洲人种，说中国只能立宪，不可革命，并说满洲不可排，中国的人方才有个立宪不排满的说话，但稍有学识的人，还是讲非革命不能立宪。到了顽固党与满洲人，就连“立宪”两个字，都极力反对，所以立宪不排满的说话，在当时并没有丝毫价值。随后满洲的政府看见革命党的势力一天大一天，就想利用“立宪”两个字，骗骗汉人，叫他不要讲革命。这个时候，做大官的，有端方、载泽几个人，都用这个主义；在下面者，有张謇、汤寿潜几个人，想做政党，以便日后升大官发大财，也用这个主义。又从前的顽固党，渐渐的开通，他的眼光，仅仅的看到立宪，从前的激烈党，渐渐的缩头，不敢讲革命，势不得不讲立宪，所以“立宪”两个字，就做了一种普通门面语。满洲政府又利用这个机会，就派五大臣出去，叫他考察政治。到了五大臣回国，就下了一道预备立宪的伪谕，由是下面无识的人，都相信满洲可以实行立宪。但希望满洲立宪最甚的不过有三种人：一种是稍有势力的人，他从前也做过官，现在又在地方上做绅士，他升官发财的本事，比寻常人格外高出一等，凡假文明的事情，他无不赞成。下面的人也想利用他的势力，就推他出来做会长做总理，他的权力，就一天大是一天，所以平常的时候，他嘴里也讲几句立宪的话，骗骗滑头的新党。现在看见立宪，他想日后果行地方自治，我们有势力有财产的人，一定可以做大官，揽大权，他们在下的小百姓，那里能够抵抗我，这就是我的福禄星了。这就是想立宪的第一种人。一种是稍有声名的人，他与现在的新学，略涉皮毛；平日在地方上，也假装文明，学几句开通的话，托一个做事的名，凡无聊的学堂，不花钱的实业，也晓得办几处，但他的宗旨毫无一定，实在是利欲熏心，他想借新学骗名，又想借虚名骗钱，又想借钱骗官。所以可博声名的事情，他没一桩不做，也没有一桩不做得圆滑，凡一切假文明的团体，都想做个干事、书记、评议员，一面巴结官绅，一面骗钱吃饭。现在看见立宪，他想自己既然有虚名，日后得地方的选举，一定可以做议员；倘若行地方自治，也一定可以与闻政事，就是我升官发财的捷径了。这是想立宪的第二种人。一种是没有饭吃的人，他虽然进过学堂，出过外洋，但他既无家产，又无材能，倘若一天没有馆就要身入饿乡了。所以他看见前两种人讲立宪，就想拍他的马屁，译几页东洋编的法政警察书，编几部无思想的教科书，迎合前两种人的意思，想他赏碗穷饭吃。或到学堂里做教习，或到书局里编书，另外做两篇平和的文章，卖到报馆里去，骗他三四块洋钱，实则他的宗旨并不在立宪不立宪，不过跟着一班大老官，随声附和。这真是可耻得很了！这是想立宪的第三种人。这三种人，又要名，又要利，又要势力，又要保全自己的身子，实在是中国顶卑污下贱的人了！所以就他们性质看起来，不过是两种性质：一种是强盗的性质（想盗名利权力），一种是做婊子的性质（想骗钱），那里晓得立宪的原理？又那里晓得立宪的利益？但这个三种人，聚到一块，就有种种可笑的团体。当满洲下伪谕的时候，便开几个公祝立宪会，随后又在上海的地方，创了一个宪政研究会，凡与这会表同情的，就是张謇、郑孝胥、严复几个人，实则是狄葆贤做主动力。现在郑孝胥的目的，较他们几个人，稍为阔大，很有做政党的思想，但他的宗旨，是非媚外不可的。他说要中国文明，除非把中国一切地方，尽行开放，同外国人杂居。试想这件事情，中国的百姓，情愿不情愿呢？果照他这个法子行，外国的人，果能够不反客为主呢？可见郑孝胥这个人，是个不明事理的。如若他果然做了政党，一定把他的宗旨拿出来提议，你想中国的人受害不受害？这是郑孝胥不足取信的凭据，但郑孝胥这个人，还要比狄葆贤高几级。狄葆贤从前在江西等处，是个梁启超的死党，但庚子这年，汉口大通起事，他从中侵吞的款，实在也不少。近两年来，又在上海创个时报馆。这个日报，是专讲平和，专言立宪。他的意思，是想借这报得名，又想借这报骗钱。这一个人，实在是圆滑的了不得，能够做两首无聊的诗，又结交两个滑头名士，又想巴结官场，所以各省提学司到上海时，他都极力招待，做他的走狗。实则每天都去吃花酒，嫖婊子，一点儿实在事情都不做，就是他报上所登的《平等阁诗话》，还是庐江人陈诗替他做的。无奈上海有一班不学无术的新党，在上海穷的无聊，受他的笼络，骗他报馆里一个主笔做，替他做多少不道理的文章，实在是一钱不值的了。到了张謇、严复两个人，一个是圆滑，一个是懒惰。张謇自命实业家，但他全是运动旁人的财产，成了自己的声名，又把百姓所营的利益，一件一件的夺尽。百姓愈过愈穷，他却愈过愈富。你想他本是一个穷苦学生，虽然点过状元，并没曾做过一任官，现在在上海坐马车吃大菜的钱，可不全是实业的空名骗来的呢？所以这一个人，是一个中国贫民的仇敌。严复的为人，只晓得自私自利，只享权利不尽义务。他在安庆高等学堂里面，天天抽鸦片，一个人都不会，一件事都不做，每月白白的骗五百块洋钱。还有时候住在上海，又骗用复旦学院的修金，实在是个大滑头了。他还要提倡权利思想，把中国的人，都变做自私自利。所以这一个人，又是个伤风败俗的罪魁。现在讲立宪的人，都拾他两个人的唾余，你说可耻不可耻呢？到了康有为、梁启超一班人，他没有价值，大家想都是晓得的（见本书《谕保皇党文》）。他从前讲保皇，现在专讲立宪，又专讲保满，便说满洲与汉人，本非异族。他这句话，虽一个字不识的人，也不能被他欺住（见《民报》第十二册）。但他既讲这一种话，实在是个毫无心肝的人。你想从前曾国藩、罗泽南的一种人，他虽然反对洪、杨，但他的宗旨，在于用孔教排耶教，所以他的《檄文》里面，并没有一句话替满洲辩护。就是张之洞一班人，虽然是个民贼，他也不过说说忠君，并没有说满人非异族。认满洲做同族，实在是从康、梁起的。他倡这个学术，仿佛共同畜生拜兄弟的差不多。试想天下的人，有把畜生当兄弟的么？所以倡这种学术的人，就不是人类。还有杨度几个人，也学这种说话，这更是没有道理的了。现在讲立宪的人，既然这样没道理，你们还要附和他，可不是并畜生都不如呢？在下面讲立宪的人，既然可笑已极，到了上面，他讲立宪的人实在更可笑得很了。前一次派出外洋的大臣，载泽是个荡子，端方在日本买春宫图弄出来的笑话，不晓得多少。其余的三个人，都是不通西文的。他看外国的政治，不过同乡下人上城看戏一般。至于派出去的随员，不过想骗两个钱，回国吃吃花酒，又想保一个虚衔，实在并没有办事思想。他们既然回国，不过召对两次，上两个奏折，设一个编制局，便算完卷。又把几部外国的法政书，翻译出来，号为进呈御览，其实所译的几种书，并不是细心参考的，也不是真从西洋文译出。他们回国以后，派了几个随员，在上海设了一个翻译局，几个随员，又要天天坐马车吃花酒，并不自己翻译，又恐怕上头要书，没有法子去回复，就在上海雇了十几个没饭吃的人，把日本的法政书，随意翻译，翻得半通不通，东抄两页，西抄几段，便成了一部书。倘若日后果然立宪，这几种书，便是中国宪法并刑法、民法的蓝本，你说能用不能用呢？到了各省的大官，也把“预备立宪”四个字，当做口头禅。他说欲行立宪，都要人人有政治思想。但中国明朝的时候，凡做小官大官的人，朝章国故，无一人不熟，到了满洲入关以后，做官的人，真通朝章国故的，实在少得很。连朝章国故，都不能通，那里能够讲政治？又那里配讲政法？但现在各省中间，也提了公款，开了一两年政治学堂，做监督的都是候补道，做教员的都是靠着上司的红八行，做学生的都是想谋差使的候补官。学了几个月以后，便出来办事，自命政治家，实在“宪法”两个字，他连字义还不懂呢。又有一般候补小老爷，他天天想出身，就往日本去学法政，或是半年，或是几个月。他在本国的时候，一字不通；到了日本，又语言不懂，枉住了几十天，回国以后，他也就出来办事。你想中国官场讲立宪的，都是这班人，究竟能够立宪不能立宪咧？况且满洲政府，并不是真立宪，实在是（那）〔拿〕立宪骗人。【为】什么说满洲不是真立宪？试想这一次主张立宪的，督抚中间，袁世凯最为利害，因何这几个月以来，袁世凯大为政府反对呢？既然立宪，因何没有实行宪法的日期？又因何没有成文的宪法？况且立宪的国家，断断没有刑讯，断断不能任意拿人，因何现在都不能改革？可见满洲所说的立宪，不过是有名无实。我们中国人，奈何竟为他所欺呢？但现在颂满洲政府的，大约有三种说话。一种说立宪之意思，出于政府，实在同日本差不多。咳！这一种话，实在是昧心不过了。我们中国，本来不是满洲的，现在满洲夺了去，用我们中国的钱，吃我们汉族的饭，即使他果真立宪，譬如做强盗的打劫富户，杀了他的父兄，夺了他的财产，他自己享用了多时，恐怕被盗的人，日后都要复仇，就把他从前所夺的钱，分了一两成，送把被盗的人。试想被盗的人，还是甘心？还是不甘心？一定还是要报仇的了。现在满洲想立宪，是同这强盗一样的。我们汉族的人，如若要说满洲好，譬如被盗的人，看见强盗说分钱与他，便不想复仇，还要说强盗是好人，天下岂有这种愚人呢？但现在感激满洲立宪的，比这一种人还要愚得十倍，你说可叹不可叹呢？但这话还有一层，满洲讲立宪，并不是心中惭愧，自己觉得对不起汉人，来实行立宪政体，实在是怕汉人革命，没有法子来禁止，所以才来讲立宪。他行宪法，一定是君主立宪，必定说万世不易君统，永远归他觉罗氏，如若百姓有反对满洲者，就说他不信宪法，加他一个罪名，他虽然作奸作慝，都有宪法做护符。可见满洲讲立宪，都是为自己，并不是为汉人，有什么可以感激呢？大凡宪法的内容，一定是把国家的大权，分与臣民，你想现在中国的人，并不曾要求满洲，白白的想他定一公平宪法。譬如开店的人，不同客人讲价，定想他照货给钱，可不是个大愚人么？现在中国的百姓，就同这愚人差不多，天天依赖政府，天天颂扬皇帝，实在是可耻得很了！况且政府并不是自己的政府，皇帝也不是自己的皇帝，还有什么可依赖？又还有什么可以颂扬！这是立宪不必高兴的第一桩。一种说现在的满洲政府，既然预备立宪，日后一定开议院，中国全国的人，人人可以参政，人人可以有选举权。咳！这种意思，实在是想错了。你看他满洲的人，不过几百万，我们汉族的人，共总有四百兆。无论他未必果真立宪，即使他果真立宪，他定要设上议院，这上议院的议员，一定是他满洲王公大臣，满洲人以外，还有蒙古的酋长，西藏的大喇嘛，这种毫无知识的人，他既然有资格，一定就可以得政权。我们汉人，除得几个宰相、尚书、督抚外，恐怕上议院的大门，还不许你们跨一步呢。既有上议院，一定必有下议院，下议院的议员，虽说可以听百姓公举，但所举的人，也讲资格，如若没有家产，没有出身，不是世家，不会巴结官场，纵有学问才能，恐怕下议院的门，也不许跨进一步。所以做下议院议员的，一定是地方上的财主，以及地棍土豪。他们平日在地方上，专倚着自己的势力，欺压贫穷的小民，小民受他虐待的，已经民不聊生，现在又做了议员，更可以狐假虎威了。从前各省中间，只官吏有实权，绅士并没有实权，但如王先谦、孔宪教一种人，他还能把持地方上公事，欺压本省的人民。倘若这一种人，果真得了实权，后患那堪设想。若说用本地的人，办本地的事，试看四川警察长周善培就是汉人，就是日本留学生，因何他酷虐百姓，比从前的官场，还（利）〔厉〕害得十倍（可阅本书《四川讨满洲檄》）。所以现在果真立宪，做议员的，办地方自治的，个个都是王先谦，个个都是周善培。这并不是人心尽坏，是由一省大权仍然在大官手里。本省的人，虽然有权，还是要听他指使。倘若不害百姓，就与大官的宗旨反对，并他自己的势力，都保不住。所以立宪以后，地方有权的人，虽说不是官，实在同官一样。他的党羽，且格外比官多，不做他的党羽，就一事不能与闻，可不是绅士专政的政体么？异族专制于上，绅董专制于下，恐怕我们的百姓，更要苦上加苦了。就是人人有选举权，但现在的地方上，有钱的少，没钱的多，有势力的少，没势力的多。没钱的人，都是靠着有钱的吃饭，或是种他的田，或是在他店里做店伙，或是在他的家里做工；没有势力的人，都是靠着有势力的生活，或是供他使唤，或是想他赞扬，或是与他朋比为奸；到了选举的时候，没钱的人，如若不举有钱的，这有钱的人，就能够夺他的饭碗（现在日本，虽说人人有选举权，但还是有钱有势的做议员，就是因为有钱有势的，都是地主，没钱没势的，都是农民，如若不举地主，他就可以夺他的田，所以会场上所举的人，并不是心里想举的人，日本的弊病，尚且如此，中国更可想而知）。没有势力的人，如若不举有势力的，日后办事，就要受他种种的掣肘，所以地权不平均，阶级不（销）〔消〕灭，日后被选举的，一定是财主地棍土豪，你看现在东南各省，都有商会学会，或有矿务局铁路局，凡做会长做总理的，都是本省人，都由士商公举，但没有一个不是财主，也没有一个不是地棍土豪。日后选举议员，一定同这个一样，那里人人都可参政呢！这是立宪不必高兴的第二桩。一种说宪政既立，满汉可以平等，汉人的权利，汉人的自由，一定比从前添得很多，咳！这种思想，实在是梦话了。没有立宪以前，满人的势力尚不十分（利）〔厉〕害，现在既讲预备立宪，满人的权利，到反一天大一天，所以预备立宪，就是预备排汉的代名词，也就是预备实行专制的代名词。近来满人的宗旨，都注意中央集权，所以改革中央官制，设一个陆军部，想夺各省的兵权；设一个度支部，要夺各省的财政；又设一个邮传部，想握全国的交通机关；另外又设一个农工商部，想骗商人的财产，又想握各省的实业权。你看满洲对中国，凡督抚的实权，还要削尽，况且你们小百姓呢。你们如不肯信，试买一部缙绅录看看，凡陆军部学部外部礼部农工商部的尚书，没一个不是满洲人，侍郎以上，也是满人占多数，外省的官，如两江、闽浙、云贵、陕甘的总督，山西、安徽、江西的巡抚，也没一个不是满洲人。以外各省的藩臬，又是满人占多数，汉人做督抚的倘若一旦出了缺，就用满人做藩臬的补授。试问未讲立宪以先，满人做大官的，还不甚多，既讲预备立宪，满人做大官的，格外加多，可不是立宪就是排汉的别名吗？况且袁世凯的兵权，现在一律削尽，分与旗人凤山；端方在江南，又预备挑选旗兵，就是日本留学生，学陆军学警察的，大半也是满洲人。就这样看起来，满汉平等四个字，是个顶不足信的了。如若说立宪以后，汉人可以得利益，可以得自由，这话格外不相信。立宪以后，汉人的权利，格外减少，汉人的义务，格外加多；现在汉人的租税，虽然纳得很多，但他还不敢公然加赋，倘若立了宪法，他便说人人都有纳税的义务，从前没有田的人，可以不完税，以后恐怕田税而外，更要添出人丁税了。就是田税一桩，他也要借种种办事的名目，向百姓加租，住房子的有房捐，做买卖的有货捐，倘若百姓不答应，就加替百姓办事，不能不用百姓的钱。又要说立宪的国民，所纳的税，没有一国不多，教百姓无话可驳。到了困苦已极，想要求本地的议员，替他申冤，这一班做议员的，又全是财主地棍土豪，不晓得穷人的苦处，那里肯反对政府？也是（代）〔待〕理不理的了。就是百姓起来反抗，还要派兵征剿，说他阻挠新政，搅乱治安，加他一个野蛮的罪名。咳！政府立宪，百姓一点好处都没有，不独没有好处，恐怕要家产尽绝，典田地卖儿女了，那里能够发财呢？况且立宪的国，人人都要服兵役，倘若满洲立宪，也是要用这法的。各国的征兵，没有一个人不尊重，中国的征兵，天天被打，同奴隶一样。但从前当兵的人，要当就当，要退就退，都可以自由，日后倘行全国皆兵的制度，无论甚么人，都要捉去当兵。到了满洲同别国打仗，就用汉兵替他当头阵，死的都是汉人，受赏的全是满人。倘若汉人稍有举动，他也用汉人杀汉人，教你自相屠戮，把汉族的百姓，一天减少一天。那里能够活命呢？况且既然立宪，各处的地方，都要办警察，既办警察，就要向百姓抽捐，到了警察成后，不能保全百姓，反要扰害百姓。若百姓开会集议，凡一举一动，都要干涉，都要侦探，所以从前的中国，虽然专制，却颇主放任主义，做百姓的很得无形的自由权。日后既然立宪，实行干涉的主义，不独有形的自由没能有，就是无形的自由也不能有，做百姓的，只有束手待毙的一法了。又立宪以后，各处地方，都要兴实业，都要办公司，这班财主地棍土豪，他既然有钱，又有势力，一切的营业权，都操在他们手里，把百姓生财的门路，渐渐的塞尽。做百姓的，那一个不要饿死，还要讲甚么权利！还要讲甚么自由！这是立宪不必高兴的第三桩。咳！汉族到了现在，满洲不立宪，固然是死，就是满洲果真立宪，也是要死。要想死里求生，除非大家起来革命，把满洲贱种，逐出中国，以后再来讲立宪，这就是现在的正当办法了。就是满洲立宪后，百姓可以生活，但从前满洲盗中国，杀人几千万，奸淫掳掠，无所不为，所行的政治，酷虐的了不得，满洲一日不逐，就大仇一天不报。试问你们的祖宗被满洲屠杀，被满洲奸淫，又吃他二百多年的困苦，到了现在，还要巴结他立宪，你心里能安不能安？就是你心里勉强能安，何以对得起你的祖宗？恐怕你的祖宗，在地下痛哭，断不愿有这个讲立宪的子孙。你们心非木石，那里没有一点儿天良？你讲“立宪”两个字，究竟昧心不昧心呢？就是照利害看起来，康、梁两个人，讲立宪最早。去年端方到日本，梁启超对他上条陈，端方回北京，很用他几句话，到做了两江总督，不但不奏赦康、梁回国，还要下一个札子，捉拿康、梁的党羽。你们讲立宪的开山祖师，还不能赦罪，你们做他的走狗，拾他们唾余，就是天天讲立宪，满洲政府那里有个用你的道理？所以讲立宪的人，断断是没有益处的。你们大家想想，快点儿改邪归正，起来实行革命吧！

《民报临时增刊·天讨》，光绪三十三年三月十三日（1907年4月25日）

谕保皇会檄

军政府

天运丙午纪元四千六百零五年□月□日，中华国民军政府檄曰：尔保皇会，实汉奸康有为所建设，本以海外华侨，未明内事，而爱国之心未灭，故假名于满洲国主以相诱惑，其实借资行贿，为一己开复原官之地而已。前康有为始至美洲，旅资既尽，思借训蒙以糊口，适坎拿大华侨欲设商会，问计于康有为，康因以保皇会变易之。是时海外之视内地，如隔十重云雾，其为康有为所愚弄，亦无足怪。然自戊戌以至今岁已阅十年，彼满洲国主，生存如故，未闻日服毒剂，而借康有为之一丸一散以救济之。尔保皇会诸人，亦可知其诈矣。人非至愚，空费资财以饱他人之欲壑，此为何者？康有为前以保皇为名，谓其君日日服玻璃粉，危在旦夕，至今十年，其言不验。且既言保皇，则不得不反对太后。彼满洲政府中，有一人与康有为势不两立者，欲求开复原官尚非容易，况国主之母现在垂帘创政者乎？在康有为亦知此计至拙，不可久长，而见闻已熟，猝难更变，欲言皇不须保，则为自食前言，深恐同会中人，知其诡诈，此实无可如何之事。适会满洲政府昌言立宪，立宪之名，可以规定主权，而亦不与太后有碍，此正康有为所利用者。近日乃欲于保皇会上，附加国民宪政会之名称，恐见识未到者，又为彼辈愚弄，是用谆谆告诫，使尔辈自知之。尔保皇会中人，亦知康有为为何如人耶？前在广东，以改削时文为业，自称圣人。后入北京，与翁同龢相识，摇唇鼓舌，大言时务，遂得翁同龢之保举，以工部主事，参预朝政。尔等知工部主事是何官阶？不过一六品司官而已。梁启超本一举人，赏加六品顶戴。此两人之官阶，不过如是，后在美洲，康、梁皆自称内阁大学士。尔等须知，大学士者，乃宰相之别名，官阶一品，至贵至尊，其去主事举人，真若云泥之隔。满洲政府之制，从无以主事骤升大学士者，又大学士须从翰林出身，从无以举人为大学士者。此等规则，尔等或未深晓，但康有为生平诈伪无赖之事，尔等应亦略知一二矣。昔康有为初中举时，与人争为西樵局董，而旧例局董须用进士为之，乃与其人讼于潘衍桐前，有为不胜，怒夺局董钤记以归。潘衍桐怒，命取索缚之。今日之称大学士者，犹是昔时惯技。彼知尔辈愚蒙，冒此官衔，以相煽惑。尔等诚实商人，堕其术中，深可悲愍。试思康、梁两二人，若果是大学士，其官远在公使领事之上，何以康、梁到美洲时，公使领事不于车（栈）〔站〕迎站耶？至梁启超至美国时，曾以银元二百，买美国兵队之欢迎，此不过出钱雇工而已，凡有富人，皆可为之，尔等不应受其欺诳也。梁启超又用美国人福近卜为维新军大将军，无论康梁二人，官阶甚小，本无遣将受钺之权，且大将军官位，尚在督抚之上，非奏明满洲国主，接奉上谕，断不能私相授受。今梁启超与福近卜特立一合同而已。大将军非公司商贾之类，岂容以一纸合同，为其证据乎？尔等昔在内地，当亦曾看戏矣，有头戴冕旒，身穿袓服者出，群相指曰："此是皇帝，此是丞相，此是元帅，此是都督。"及戏毕散场，此等皇帝、丞相、元帅、都督，不过一最贱之（脚）〔角〕色而已。康、梁为此，与演戏何异？尔等若以保皇会捐，与犒赏优人一例，亦无不可。若信其可行实事，则未免大愚矣。又康有为初至香港，曾造一衣带诏，云其主遣有为出洋求救。尔等试思衣带诏之名，非出于《三国演义》耶？古今密诏不少，岂必皆在衣带，在康有为之意，以为尔等素未读书，惟《三国演义》，必曾一览，故借此名，以相欺耳。幸而今日军装，皆用枪炮，若如五十年前之兵法，康有为亦可欺尔等曰："皇上曾赐我青龙偃月刀矣。"日本伯爵胜海舟曾问康有为云："忠义勤王，我所深爱。尔若以诏示我，我当为尔外援。"康不能出衣带诏，胜海舟骂曰："吾以尔为忠臣，乃泥棒耳！"南洋侨人邱炜萲，亦问康有为云："尔所言衣带诏，究竟何在？"康不能答，但云："此是至宝至贵之物，若一出示，恐尔神魂失措，震骇而死。"此等妄言，非视人为小儿耶？邱炜萲已悟康之欺己，而尔辈至死不悟，真所谓大愚不灵者。又康有为在南洋时，商人欲与一见，须行三跪九叩首礼，若拜盟称弟子者，出二百元为（赘）〔贽〕见便可免礼。彼自谓以平等待人，今行此礼，所谓平等者何在？若康有为是天降圣人，如耶稣基督之例，又岂以二百银圆，可免跪拜乎？此等诈伪敛钱之术，稍有知识，不难窥破。试思保皇会之敛钱，复与此等何异？尔等挂名于保皇会中，何益于己身？何益于天下？不如施舍乞丐，救济孤穷，尚可称慈善事业也。康有为之诳尔等曰："皇帝至圣至仁，虽大彼得华盛顿不能望其项背，振兴中国，非光绪皇帝不可。"尔等纳捐最多者，他日复辟以后，或为尚书，或为侍郎，或为总督，或为巡抚，皆可由我指名题请，尔等不知情伪，无端受其欺罔。不思所谓光绪皇帝者，若果仁圣，何以甲午一战，败于日本？当此时，尚未有太后训政之事，或战或合，皆由独断，而乃丧师蹙地，一败不振，亦何赖于仁圣乎？若彼所谓太后者，果欲废立，或欲囚之瀛台，何以庚子西迁之日，四顾无人，不能设法逃出，此尚可称仁圣否？若果仁圣，安有卖官鬻爵之事？则尔等以捐钱而思高位，必不可望，若但计捐资多寡，以为授官之差次者，是乃昏庸劣主所为，与科场关节，亦有何异？然则彼光绪皇帝者，不过一贩卖举人之主试，而康有为者，为其居间过付而已。科场关节，犹未见有失信者，恐保皇会之关节，尚不能如科场之确实可凭也。试思庚子汉口之役，本唐才常为其主谋，康有为不过以资财相助耳，若康有为果欲保皇，应悉取所有以助唐氏，乃先后所付，不过五万，唐才常败后，又为康之门人席卷而去。乃反借抚恤之名，为第二次募捐之举，毕竟汉口死事诸人之裔，曾得其半文酬谢否？康有为无信至此，而谓保皇会纳捐之券，遂可为尔等入官之文凭乎？况康有为少年之事，亦尔等所明知？前因狎妓饮酒，无资可偿，为妓所迫，追入轮船舢板之内，其人无赖至此，岂有一言足信？尔等商场贸易，尚须诚实可信者，方肯交割钱货，况国家大事耶？康有为前在印度，偶以资斧不继，求贷于梁启超，梁启超惟以二百元与之，后知电汇印度，非五百元不可，乃以五百元与之。康梁师弟之间，名为亲若骨肉，犹且悭吝如是，若果得志，师弟尚视如仇敌，况捐资入会之人乎？尔等观康有为之前事，可以知康有为之用心，无论称为保皇，称为立宪，总之假借虚名，以肥一己而已！前满洲派五大臣出洋考察政治，梁启超曾为端方办差，康有为亦与彼辈通信，又以所有交结京员，所费无算，凡在满洲朝廷者，已交口同声，称康梁为忠臣义士。特不敢言之于西太后耳。无何康所交通之太监，为袁世凯所发觉，见其书中密语，有尊皇废后之词，自此京员钳口，不敢一语及康有为，数年心力，败于一旦。试思康梁所行之贿，果于何处得之？非保皇会之积款耶？保皇保皇，保主事举人之原衔而已！于彼所谓皇者何与？于尔等保皇会员何与？尔等身受其愚，一捐保皇，已不可悔，何必再捐国民立宪会耶？康梁资财已尽，而又自悔保皇之名，复以立宪欺诈尔等。试思满洲国主，本非华人，乃一野蛮腥羶之鞑子耳，立宪规定君民之权限，使之各不相侵，何益于满洲鞑子？彼政府以民气不驯，群思革命，欲借立宪之名，以消弭之，而行事正与立宪相反。凡所施为，适自便其鞑子而已。纵使康有为为满洲政府之一员，尚不能实行立宪，况海外孤臣，流离失所者耶？康有为告尔等曰："今政府已预备立宪矣，此皆我保皇会倡导警觉之功，自今以后，我与尔辈，皆立宪时代之伟大政党也。"欲成政党，不可无资财以为运用，故尔等当复倡捐，或开银行，或通航路，非专为贸易计也。当取其赢余，以资政党也。尔等寄居异国，为白种所（陵）〔凌〕侮，乍闻斯语，岂不为之心动。不思满洲政府以内忧外患之交迫，无可如何，而悬此虚名，以期安靖，自不得不然之势。其能警觉倡导之者，皆内地绅士，与留学归国之徒耳，于保皇会何与？绅士学生，未尝无实行立宪之意，乃满洲政府则反之；惟欲利用此名，以成八旗专制之势。故部院官制，纷纷改革，独无一语及于国会，内地绅士，明习法令，通晓政治，十倍尔等，尚不能得一议员之位，况尔等生长外洋，素与政界绝远者耶？或以财政艰难，不得不求于尔等。要之意在募捐，岂有权利与尔。尔等不信，试观南洋张振勋氏，张振勋之报效政府也，不为不多，然政府所以相酬者，惟一侍郎之虚衔，小小政权，尚不得与。名虽侍郎，其实不如一在任之巡检典史，他日报酬尔等，亦不过此，岂有议员政党之可期乎？须知满洲政府，于官衔名位，原无爱惜，最爱惜者，乃是实职，实权。若尔等有渴望立宪之心，彼政府正可因势利导，一二甘言，使尔心醉，倾家破产，所不惜焉。迟之又久，而议员卒不可望，政党卒不可成，尚书侍郎之告身，仅取一醉。斯时追悔，亦无及已！尔等不望立宪而已，若望立宪，则尔等之资财，必有两次被人诈取，其第一次即康有为，其第二次即满洲政府。天下虽豪华挥洒之徒，饮酒起居，日费万金，而无所惜，若为人所诈取，能无邑邑于心乎？人亦有言，哑口吃黄连，说不出苦。尔等若信康有为之虚词，他日下场，必至此境，可逆料也。今当明示尔等，凡人当爱其国，亦当爱其故乡，此尔等所明知。今之满洲，非我同种，明亡以后，我中国已为满洲并吞，此皇非我之皇，此宪非我之宪。尔等果热心祖国，爱慕乡里，当驱逐满洲国主，使出北京，以我中国之人，自为民主，自立之宪法，方得身为国民，免受外人逼迫。惟此一策，可以救济中国，保卫身家，其余种种妖言，皆不足听。尔等迷途未远，速宜悔悟，我中华国民军政府，现已略具规模。尔等若知去就，亟应见机而作，若狐疑未决，认贼作父，他日革命成后，非但不加保护，仍当从重治罪。若云身在海外，可免刑诛，生为异域之人，死为异域之鬼，亦有何乐？尔等离乡最久者，不过三四十年，父老犹存，亲属尚在，祖宗坟墓，并未迁移，岂有不思反本者？若听信莠言，沉迷不悟，始则丧失资财，终则见摈祖国，幕府为尔代思，亦当流涕。特颁此檄，婉转晓谕，孰去孰就，尔自思之。此檄。

《民报临时增刊·天讨》，光绪三十三年三月十三日（1907年4月25日）

希望满洲立宪者之勘案

民　意

顷见十月二十四日（阳历一九〇六年十二月八日）纽约《中国维新报》（保皇会机关报），刊康有为《布告百七十余埠会众丁未新年元旦举大庆典告（藏）〔蒇〕保皇会改为国民宪政会文》。仆向不欲以保皇会之秽德，污我笔墨，惟此文有公布之性质，真所谓小人无忌惮者，且足以披露希望满洲立宪者之真相，故录其原文于左。

布告百七十余埠会众丁未新年元旦举大庆典告（藏）〔蕆〕保皇会改为国民宪政会文

公启者：昔在甲申以后，丙午以前，中国阽危，民生涂炭，仆隐忧覆灭，夙夜惊疑，顾印度之前车，念波兰之故事，虫沙猿鹤，种族沦胥，洪水猛兽，国土尽灭，哀五千年之神圣，大劫俱亡，忧四万万之同胞，为奴已矣。廿年以来，念国事，哀朝端，泪若亘縻，心如抱石，问天叱咤，横海苍茫，步月行吟，拥衾叹息，忧从中来，不可断绝，不自知涕之何从，身之何寄也。魂兮飘扬，魄也激昂，凭吊山河，人间何世，天地跼蹐，舟楫路穷，惟拚一身之万死，冀救中国之长生。然虽复尽瘁鞠躬，岂谓必回天转地乎？我生不辰，身播国屯，长咏噫嘻，中怀欲绝。仆既不幸，早闻外事，预忧国难，自马江役后，累诣阙上书，请大变法。及丁酉胶变，数上疏陈，首言立宪。当此之时，举国固未知“立宪”二字为何解，且旧臣尤以变法大事为敌仇。仆以救焚拯溺，无所畏徇，而救中国之沦亡，必以“君民同治，满汉不分”八字为目的，故欲速变法以救危局，非先得圣主当阳不为功；欲定良法以保久长，非改为立宪民权不为治。此仆救中国之宗旨，而考定于廿年以前，坚持于十年以来者也。幸遇我皇上仁明神武，舍身救民，一德同心，维新变法，仆过承知遇，言听计从。皇上于戊戌时，欲大与民权，共参政事，时举朝之臣，皆不敢言，惟内阁学士阔普通武，首请开议院。皇上大喜，即立擢阔普通武为礼部左侍郎，立欲下诏，决行宪政而开议院。大臣力谏曰：若此则民有权而君无权矣。皇上曰：我但以救国民耳，君无权何伤。而宫廷咸阻，卒难遽行。于是旧党忌甚，吾身险甚，多劝吾行遁者。吾闻皇上愿与民权以救国民，宁失君权而不顾，大哉仁人之言，至公之心，虽古之圣君，何以过此，故甘为之死。吾乃曰有君如此，何忍负之？且人生何所不可以死？吾昔过粤城华德里，有飞砖自吾头面掠下，若死乎，则死之久矣。于是卒蒙政变之大祸，十死而终不死，至己亥六月十三日在域多利举行保皇会，诸义士李福基、冯秀石、刘康恒、庐仁山、徐为经、叶恩、董谦泰等，踊跃赞成，而创起最先者，则冯秀石之子冯俊卿也。百埠闻风，扶义而起，忧国沦亡，爱君忠义，不数年间，凡百七十余埠，遍于五洲，会众以数十万计，岂吾所及料哉。当己亥之腊，溥（隽）〔儁〕嗣立，圣上几废，我会众乃内外会合，奋起力争，激励义词，百电交进，义声霆振，卒能格天。计吾国例，十二月廿四日立嗣，新君当以正月元日即位，乃于廿七日特诏，忽为皇上祝万寿，并举恩科，行赦典。自是新年，圣上无恙，载漪逆谋不逞，乃杀外人以召联军，于是京邑丘墟，乘舆迁播，中国不亡如线。李相国鸿章，频遣督促，谓非我莫能（劝）〔勤〕王。乃号召七省义士，发愤举兵，用日本义士挟藩之策，以为勤王之举，事虽不成，而忠义大暴于天下矣。及和议底定，国体粗安，乃广开诸报，劝导新政。数年以来，吾党政论，多见施行，戊戌旧政，亦多变举矣。浅识之徒，或热血过甚，忧国过深，亦有因利乘便，图变乘权者，氓之蚩蚩，妄倡革命，洪水横流，不可向迩，如醉迷药，如饮狂泉。仆审内外，度时势，以为中国只可行君主立宪，不能行共和革命。若行革命，则内讧（分）〔纷〕争，而促外之瓜分矣；若立宪法，君民同治，满汉不分，则以万里之地，四万万之民，有霸地球之资焉。于是吾党专以倡宪政为义，力障横流，虽数年来，屡为革党大攻极诬，然救国何事，大义所在，虽举国皆变，亦当独立以镇之，尽人皆醉，亦当独醒以解之。幸吾会众同德同心，既坚既好，不以风雨（漂）〔飘〕摇而改变，不以浮波浩大而震惊，卒能挽狂澜于既倒，作砥柱于中流。今者举国同心，咸言宪法，遂至使臣周咨于外，朝廷决行于上，顷七月十三日明谕，有预备行宪政之大号，以扫除中国四千年之秕政焉，薄海闻之，欢腾喜蹈。民权既得，兆众一心，君民同治，中国从兹不亡矣。顷自北京近要来书，皆言临朝甚悔戊戌之举，近与皇上，相得甚欢，凡行政一切，皆听上议行，故近者令若流水，焕然维新，虽未归政，而皇上日渐有权，圣躬必可无恙，从此不复劳吾同志之忧矣。然己亥废立之大变，非有吾会数十埠电争，则今者为载漪、溥（隽）〔儁〕之国土矣，民心不服，强敌滋至，内外并兴，中国之亡久矣。及数年以来，革说煽行，自学士官场，亦多有迷惑者，焰力披猖，从古所无，盖误于法国之故事，而以为救国独一之神方也。岂知法国昔时，诸侯千万，大僧千亿，压制其民，税逾十五，至制面割草，皆资侯物，娶妇必陪侯宿，故愤极求伸。其它德国诸侯卅万、奥侯二万、英侯万数、瑞典诸侯千二百，丹墨蕞尔，侯亦六百，压制略同，岂所语于中国数千年一统自由之政哉。或又提倡民族，意在排满，迷引欧人之义，抑知英德之倡民族主义者，正借以收合散国为一耳，非若吾国本一而愚者乃欲力分之，而促其亡也。中国所欠但民未有权耳，苟行立宪，民可有权，国即能强，即驾于万国之上。夫革命之所望，亦不过至立宪而止极矣。夫世袭总统，与选举总统，相去一间耳，事至微小矣，无关国民之安危大局也，何事革命乎？必若流四万万同胞之血，瓜分四千年文明之国，而争总统之为世袭为选举，其事之本末大小轻重不相称，其为计之智愚得失是非不待辩也。革党自思，应亦自笑矣。然苟无吾党发言立旨，独遏横流，则理深难识，人愚易惑，举国皆言革命，则至今内乱起，外强入分，中国又亡之久矣。凡兹二大事，保君保国，实吾党支柱之。十年以来，巨浸稽天，蹈洪涛而排泄，大火燎原，冒毒焰以扑灭。今圣躬历万险而无恙，中国决立宪而渐安，吾党宗旨所定，志愿所期，虽不敢贪天之功，亦庶几从心所欲，天从人愿，大喜欲狂。由晴天朗日之后，追思风凄雨晦之辰，自歌舞行乐之余，追想兵戈流离之苦，九渊沉溺，岂知重睹天衢，属旷弥留，不意生还人世。鄙人与吾党，万死余生，患难与共，挥泪而谈在昔，破涕而笑方今，诚不意中国有立宪自存之日，君民有保全安庆之时，不知手之舞之足之蹈之也。虽皇上未尽复权，而圣躬必无复后患，虽中国未能强立，而国民皆望得政权，吾保皇会之期望既伸，吾同志之目的亦既达矣。皇上不危，无待于保，归政虽要，尚属更端，就本会之义务言之，此后当无所事事。而成立大党，遍于五洲，实居举国之先河，而为政党之前导者也。昔际艰难，当以保危为事，今逢安晏，当以图强为功。时异事移，境迁义易，然则从今切近之急务，莫如讲宪政矣。夫宪政所以与专制异者，专制之政，望之一贤君而足矣；宪政如织丝布以为衣，累砖石以为室，君民一一，皆当精好，苟有一丝一缕之败，一瓦一木之腐，则全衣失观，尽室倾倒矣。故宪政者，合君民而共图治者也。吾党空望自强，而不预讲宪法，他日政宪之美善未尽，国民之资格不全，是有美衣而自污之，有佳宅而自坏之也。夫吾党人既以国民之责自任久矣，保危之忧患，既无所事矣，宪政当合朝野上下共图之，尤重且切矣。朝廷既决行而日考定之矣，又下诏令全国民预备之矣，国民之责任无可逃，政党之权利不可失，权其缓急，酌其时宜，欲昔日之成功，鼓后来之群力，夙夜筹思，改良进步，时哉时哉，诚不可以已也。

仆生平蒙难，乃是戮民，而天实纵予，最多幸福，抚躬自问，亦觉离奇。盖吾生狂谬，好发大愿，皆为古今至非常之举，而人世必无可望之期者也，而天之纵我者，则非常之大欲必得，而无穷之奢愿必偿，虽复千艰万阻于其先，而必快意肆志于其后。夫古圣所期，亦多不就，而鄙人天幸，乃尽从心。仆非自嘲自夸，实以至欢极慰，请为吾同志言其一二焉。吾自髫龄而恶女子之裹足，誓立会以解放之，今不缠足果大行于全国矣；自童年而恶八股之困人才，誓废除之，今八股果废绝矣；恶弓刀步石漕运之制，而今皆废改；创日本译书、游学之议，而今皆盛行；欲新学之遍于全国，则今学校几遍矣；欲官制之改良，而今殆大改矣；欲行新法而扫旧法，则犯举国之怒，蒙十死之祸，而今则旧党亿千，不死则变，阻者皆行矣；欲行立宪，而排革命，则上为专制之朝所恶，下为革命之党所攻，两皆不容，险难倍甚，而今则二千年专制之政倒矣，立宪行矣。仆敢预言之，革论之误谬，亦不旋踵而必自悔矣，今虽猖狂，而逆天违时，滋乱召亡，其于中国，必不行焉。苟真热心爱国者，公理所在，物理难逃，其攻我愈甚者，他日服从我愈真。宪政既定，民权大伸，国势大强，君主高拱而已，何所为而革命乎？鄙人不才，然于举国四万万人中，一切为老马之导，立旨必在天下未言之先，告成仅在艰关数年之后。虽阻我攻我，逐我杀我，如麻并起，而其后无不俯首帖耳，折而从我，虽以至强之力无限，至尊之威无穷者，不能少背焉。岂仆有旋乾转坤之力哉？先审时势之所趋，穷知事理之所极耳。吾八年于外，行路二十万里，数周大地，遍阅各国，纵横宇宙，阅历亦稍多矣。吾与吾国民，犹兄弟也，请称心而言之，啜涕而道之。吾生中国，服其文，习其俗，吾爱其国，爱其种，同其忧，患难则救之，吾何求乎哉？吾后相乎，吾同胞乎，意见者人所不免也。《孟子》曰：庶几改之，予日望之。予岂若小丈夫之悻悻哉。《诗》曰：之子归，不我与，其后也处；之子归，不我过，其后也歌。既为吾国民，虽少有差池，岂不同心乎？今因旧会，讲宪政，吾又前驱，英绝有志之士，以国民为念者，能从予游乎？其亦不至于迷途之误，而必有登岸之期也与。吾国民党，必与中国光焉，从百战功成之将，士卒必勇，从亿中致富之商，资本必多。夫凡人之情，以期望为生者也，故莫懊恼于失望，莫（惧）〔欢〕快于如意，累年戎衣战鼓，乃听铙凯之歌声，皓首拓笔试场，忽登元魁之及第，其为喜乐，定何比言。今者庆旧会之告藏，合国民以新宪，向日之诚，戴君如昔，开天之幕，政党我先，先天下之忧而忧，亦先天下之乐而乐。举凡大庆，鼓舞轩长，饮酒高歌，穷欢尽乐，飞扬云起，如闻大风，纠缦日华，光于复旦。与我为国民之任者，仰首伸眉，以观吾党之盛，而中国之霸焉。所有章程如下：

光绪三十二年九月四日，康有为（凡通篇所有“告藏”之“藏”字，内从贝，非从臣。又，“拓”之“拓”，“轩长”之“长”均借用）。

行庆改会简要章程

一、本会以救中国为旨。昔以皇上变法，舍身救民，蒙险难，会众感戴，以为非保圣主，不能保中国，故立会以保皇为义。今上不危，无待于保，会务告藏，适当明诏，举行宪政，国民宜预备讲求。故今改保皇会名为国民宪政会，亦称为国民宪政党，以讲求宪法，更求进步。

二、择于丁未新年元日，五洲各埠，保皇会所，行大庆典，告藏旧保皇会而开国民宪政新会，以祝中国之盛强，国民之荣乐。

三、行庆日先于除夕，各洲总会，合出各埠名，电北京商部，贺旦赞宪政之成，祝中国万岁，皇上万寿，并告保皇会改为国民宪政会。

四、此次为吾会大庆典，各埠于会所悬灯结彩，备极华丽，衣冠齐集，列班肃敬，总董或书记演说，叙明保皇会缘由，及今皇上无虞，宪政将行，保皇会事喜慰告藏，新改为国民宪政会，激励大众，讲求宪法，尽国民之义务，以成中国最先最大之政党，为最古最强之国民，于是总董与大众举酒祝皇上万岁，中国万岁，国民宪政万岁，吾党万福，各人次第演说，饮酒歌诗，穷极欢乐。此举为除旧更新大典，若丙午除夕，于九点齐集，十点演说，十一点即已交新年，于是时间行礼毕，即于是夕或元旦大宴，各因其地之便。

五、党中各报，皆布告保皇会告藏，改新会名会章之事，以公众听而慰众望。

六、将本党改定会名会章，禀呈御前大臣泽公，商部振贝子，两江总督端方及两广总督存案，然后分设支会于内地各省各府各县。

按：泽公并非亲郡王贝勒贝子，以公爵而为御前大臣，从古所无，朝夕随侍皇上，尽知吾会众之忠义矣。此次立宪，尽赖其坚持之力。

七、旧会以保危为义，故战兢惕励，有冒险之行，今会以图强为旨，但蹈厉发扬，为进取之事，今尤易矣。然宪政为国民合集之点，国民先尽义务，定其名分，讲求国事，同担荷之，宪政乃可望美备，此我会之责也。凡我同志，生逢此时，为宪政之国民，岂非至幸，当共发愤，以为宪政之资格，以为地球第一大国之资格。

八、保皇会所有旗匾印章名称，自后一律用国民宪政会新制，由广东省城总局制成，按埠颁发，以归一律通行，而免歧异而易认识。自光绪三十三年丁未正月以后，所有保皇会旧印章，俱谨藏之本会，以示纪念，或将来存之博物院，以资观感，不复行用。旧旗不必悬挂，以示更治维新大观。惟保皇会木匾，仍旧悬挂，以示不忘创始之本意。

九、各宪政国，不论君主民主，其通行之例，一国大政，俱归政党执权，其党多得政者，所有行政职事，俱为本党人所（允）〔充〕，不入本党者，不得享受。凡一切铁路、矿山、银行、工厂，开辟大利，俱给本党人承受。就美国而论，乃至邮政、寄递、电信之夫，至微矣，亦必为现任总统同党之人，乃得充补，其大者无论矣。政党之权利之大而且专，实为可骇，中国人未之闻也。今中国尚无政党，吾党实为之先，若筹款有厚力，各省府县中能开办报馆、支会，则吾党众愈大，将来所得之权利，不可思议。以欧洲各国皆极小，仅比吾一省一府，则其政党得权，亦不过享一省一府之利。美国大如吾国矣，然四十五洲，各自独立，非中央政府所有，故美政党所享受，亦无几。惟中国政党而得权，其所享之权利，奄有全欧英、德、法、俄、奥、意、荷、比、丹、瑞、那、希、瑞士、突厥、罗马尼西、布加利牙、塞尔维西、门的内哥十八国之比，真地球之所无，而为欧美人所艳羡而不可得者也。凡事先者得，后者失，吾党有此先基，以图此大权利，各同志岂心恶之乎？然凡人购器物之微，必出资本，欲得此大权利，必出大价值，乃能得之。然则筹款以开各省府县支会及报馆，所以发愤图之，自有在矣。

十、保皇会事告藏，宣行大赉，各埠同志，奔走会事，累年勤劳，或创始艰难，或守成竭力，或始终如一，或有变心，仍著微劳者，不论其地为总董、干事、值理、散员，皆酌其劳肄，分别报酬，望由各埠公议核实，列等开名单前来，无徇无滥，无畏无匿，公好公恶，如能得邻近至近之埠，出名具结，尤昭大信，邻埠愈多愈贵，酬劳之礼，应如何举行，亦由众议，或赠金银铜之宝星，碗碟器用，或立石碑，雕铜像，塑油像，立史传，或诗文字书，务以旌异存远，将来皇上亲政后，留为禀奖之次第。

十一、保皇会史可印刻，以藏旧事，存旧劳。印成，每埠会所，各存一部，其著有勋劳者，由公赠之，（袋）〔装〕订精美，俾其传示子孙。

十二、各埠保皇会，旧存名册数部记事簿，一切书札，不论会所所存，及同志搜藏，分存无用，皆汇寄香港总局，俾资编辑保皇会史，史成，建石室于国民宪政会所，永远储藏，俾勋劳事迹，永昭天壤，以无负义士之心，其有各埠本会现需查考，或应留备本会观感者，移交总会与否，各听其便。

十三、自改国民宪政党后，享政党之权利渐大，入会之规费，俟明年正月后当更议增定，其在丙午年内，愿入会者，暂从宽大，不增入会之费。

十四、国民宪政会票，一经由总局改发，所有从前保皇会票作为废纸。既为新会，则会票必当更换，以丁未六月为止，其换票之费应收若干，皆候公议，惟丙午年新换之会票，已经劳费，应否酌收，或免收，再议。惟至丁未年六月以后，不换新票者如再欲领票，当照新入会者补给会费，其因在远有故未闻，有会员二人担保者，格外准其给票，仍收倍费。

十五、新定宪政会章程，宜求备美，欲重开大会集议，惟吾会遍于五洲，实难全集，望各埠多为集会，各具意见议论，寄来采择，以集公益而成完美，限于十二月初十截收，以便汇齐选择，刊印施行，其先寄到而论佳者，当格外酬答。

十六、各同志条陈新会章程稿，皆发交本党机关报登录，以公同志观览辩难，亦可听同志寄文驳诘，如议院然，俾磨砻切磋，精益求精，但报纸有限，来稿或太多，不及登录，则听各报记者，择精要之论登之。

十七、各同志有拟出章程，精美切实可行，有大益于本会及同志者，加增彩金千百十数，今难定，视卷数多寡，议论如何为额，于正月元日至十五前，(须)〔颁〕发榜名彩金，以助欢庆。

十八、吾国龙国旗，本于古昔，《诗》称“龙旗扬扬”，原为天子之用，与国无关。同治初时，新定国旗，乃用黄龙，实为未合。且万国交通，彼不能喻吾国俗，而在彼以龙为大兽，黄为病旗，不见敬重，反为轻讥，将来在所必改者也。吾会三色旗，于立宪之义无取，故吾会新旗，当更求精良之式，且以为将来国旗商旗采用，望各同志，各抒意义，绘旗式寄来，以择良取定，其佳式可用，当赠银百元，为国旗酬报。

十九、吾会报馆十余，遍于海内外，从此实力发本会主义，更当筹款增设各报于各省，此为推广会事要着，各同志欲享政党权利者，宜留意焉。

二十、中国今日大变新法，渐望强立，皆皇上舍身所致，盛德大功，国民永戴，今以无复灾难，不须言保，然会名虽改，感戴仍同，其圣像之供奉，庆典之称祝，及奉诏书，称同志，一依旧会之例，不须再议。

廿一、六烈士以身殉难，以救国民，永念不谖，八月十三日之纪念祭典，照旧举行，其七月诸烈士之纪念，各埠已举行者，皆照旧行，不待再议。

廿二、宪政会本于保皇会，名虽异而实则同，六月十三日创会之大纪念日永远奉行，其各埠保皇会所，颂圣歌、爱国歌，照旧奉行，至各《上书记》、《戊戌政变记》、《保皇会史》，各埠会所永藏一册，以为纪念，其有勋劳之义士，他日论定行赏，皆永榜之各埠会所，其各埠同志互寄之像，皆照旧悬挂会所，以为激劝，皆不待议。

廿三、省城拟建会所，即定为国民宪政会公所，即为公学之地，名正言顺，规模光大，久经募集，迄未能成，望同志踊跃助成，以光新会。

廿四、海军之最关强国之本，各国兵费皆由国民担荷，故海军捐宜踊跃捐输。

以上章程为吾党第一大事，凡《维新报》、《文兴报》、《新中国报》、《东华报》、《总汇报》、《新民丛报》、《国事报》，一律立登勿迟。再者寄仆文札，皆寄交纽约总局汇寄可收。

民意曰：《诗》有之，“人而无耻，胡不遄死”。康有为此《布告》，无耻极矣。热中利禄，夤缘躁进，犹复自命救国，高谈变法，其无耻一。奴颜婢膝，匍匐于废酋之下，戴仇储为父母，为他人作牛马，犹复以致君泽民自喜，其无耻二。与不辨菽麦之夫处，利其童昏，可以玩弄，犹复洋洋然颂天王圣明，其无耻三。诈谋发觉，投间置散，郁郁不能一朝居，犹复自称君臣鱼水，同心一德，其无耻四。劫子弑母，躬效后汉中常侍之所为，犹复厚颜自诩，曰甘为君而死，其无耻五。逋逃海外，朝不谋夕，犹复假称衣带诏，以愚商人，名其会曰保皇，目的物存于独夫，他非所顾，其无耻六。日言保皇，而蛰伏海外，视魏阙如天上，舍含椒取泪外，奚所云保？犹复侈陈勋劳，谓旋乾转坤，非异人事，其无耻七。溥儁之立，由载漪擅权，其废也，由载漪失宠，于海外逋臣何与？乃借口于平安问讯，自以为功，张皇其辞曰“激（厉）〔励〕义词，百电交（迸）〔进〕，义声霆震，卒能格天”，又复妄造典故，变动事实，以自文饰，其无耻八。庚子汉口之役，唐才常实主之，徒以误信彼诡谲小人，以致败事，流血之后，彼诡谲小人者，乃以死友为奇货，而便其私，犹复自称忠义，高语勤王，且言“李相国鸿章，频遣督促，谓非我莫能勤王”，其颜之厚，畴人所不能推算，推其用意，以为相国元老，亦援我为重，以是诳耀商人，耸其观听，此真污贱，如十常侍，亦无其言者，其无耻九。虏酋思自保其族，乃假预备立宪之名，以行排汉之实，有人心者，莫不怨毒，而康有为乃曰“天从人愿，大喜欲狂”，又复攘臂居功，以为皆己一人所致，发狂曲踊，语无伦次，虽侯门走狗所赧言，俳优所不协道者，皆（律）〔津〕津言之，若有余荣，其无耻十。革命之理，妇孺所知，康有为以不利于己之故，肆诬极谤，陈法、德、英、奥、瑞、墨诸侯之虐，以为其民不得不革命，而于满洲之荐食中国，若熟视无睹者，谓革命之争，乃争总统之为世袭为选举，其无耻十一。自保皇之宗旨，为天下所笑，而秽言莠行，益不齿于社会，乃穷蹙而思变计，徒以将借是运动资本利用商人，故悍然冒善恶以为之。今者利用商人之目的达矣，运动资本之伎俩熟矣，飞鸟尽则良弓藏，狡兔死则走狗烹，彼独夫者，当在藏与烹之列矣，乃别求新，特迎合临朝之旨，哗言宪政，饰其辞曰“今上不危，无待于保，归政虽要，尚属更端”，其无耻十二。诈欺取财之术，既精且娴，苟足以诳耀人者，虽廉耻道丧，亦所不恤，乃夸张政党之权利，以为举国之中，一丝一粟，靡不把持包揽，其不惮于为此言者，则以谓“凡人购器物之微，必出资本，欲得此大权利，必出大价值，乃能得之”。于是筹款之议，增加入会规费之议，相继并作矣。以政党之权利为饵，以筹款加规费为钩，其无耻十三。假独夫之名，以诈欺取财，患无以为价也，乃私立名号，以掩群众之耳目，且扬言曰“将来皇上亲政后，留为禀奖之次第”，有腼面目，豺虎所不食，有北所不受，其无耻十五。呜呼！中国之人心风俗，一厄于满洲，再厄于保皇党。自满洲之篡也，知戎狄豺虎之说，为社会所习闻，处心积虑，以为非摧廓震荡天下之廉耻，则不能令天下之人，皆甘屈节为臣妾。自福临以来，皆属行此政策。胤祯据位，恶孙嘉淦、李祓、谢济世等稍有气骨，粗知名节，曲折窘辱之。其子弘历，乃复跨灶，立其朝者，无一人不遭叱辱，陷缧绁。盖彼虏习知刀锯鼎镬，足以夺人生命，而不足以丧人气节，乃易其术，遇有气节者，务使历桎梏缧绁之苦，以消磨其意气，逢踞厕跣足之侮，以斫丧其廉耻，饵之以富贵爵禄，以动其心，文之以濂洛理学，以定其志，遂使士大夫之立其朝者，充然无廉耻之色，奉犬羊为神圣，以奴隶为师范，神州陆沉，生民涂炭，实由于此。康有为尝事虏朝，习闻其术，遂挟以组织保皇会，所欠者独威力耳，其它三者，皆优为之。即如此《布告》，躬为俳优之行，笑啼交作，曲踴三百，距踊三百，自誉天纵，则搔首弄姿，慰藉成功，则冠履易位，是即踞厕之故智也。保皇之事中辍，独拳拳于亲政后之禀奖，政党之萌蘖未生，已大谈将来所得之权利，是即欲使人相率而沉醉于富贵利禄也。责其事虏，则应之曰非保圣主不能保中国；责其殉名死利，则应之曰政党者国家之机关；责其助桀为虐，则应之曰宪政者国民之元气。沉其心于利禄之渊，而匿其身于理义之障，是即以奸言自文其恶也。呜呼！惟躬为奴隶者，乃能制造奴隶，明目张胆，悍然以无耻倡率天下，以言论自由为之护符，其流毒将甚于蛇蝎。当满虏肆毒之未已，而复有如许汉奸，扬其波，助其焰，中国若之何其不永沦亡也。幼读《东华录》，辄愤愤不自已。今读康有为此《布告》，掩卷作恶，如入裸国，如逢奇魅。彼满人者，自捍其族，无怪尔尔，独如彼汉奸何哉。

该党之诡谲，尤有可骇者。康有为《布告》中有云："以上章程，为吾党第一大事，凡《维新报》、《文兴报》、《新中国报》、《东华报》、《总汇报》、《新民丛报》、《国事报》，一律立登勿迟。"然观以上诸报，除在美洲者外，如《新民丛报》等，皆屏而不录，是何故也？盖在美洲者，其所与接近为商人，故敢以是言进，其在横滨暨内地者，所与接近为士夫，故非惟不敢发布，且故示相反之辞，以求合人之观听。如《新民丛报》之言曰："此次改革动机，全起于出洋考察政治之五大臣，吾早谓其于中国前途，无甚关系，故此次之改革，本出吾人意计外，而此次改革之不结果，乃实在吾人意计中。"其言抑何堂皇，以视康有为之《布告》，所谓"七月十三日明谕，有预备行宪政之大号，以扫除中国四千年之秕政，民权既得，兆众一心，君民同治"及"非自嘲自夸，实至欢极慰"者，何其相悖也。嘻，该党其犹歧首之蛇乎？一则注目于美洲商人之囊橐，一则求合于社会之舆论，言各有当，殊途而同归，以党见不一责之，康、梁将窃笑于旁耳。故读《新民丛报》，可以知希望满洲立宪者之饰言，读康有为此《布告》，可以知希望满洲立宪者之真相。

如上所述，该党之怪状，略可见矣。乃《新民丛报》之言曰："彼党与我党，可以相提携而共向针锋于政府，可以相提携以导国民。"噫嘻，彼为此言，抑何其无耻也。以如斯污败之集合体，而犹足称党，无以名之，名之曰卖国之党、负友之党而已。吾党虽寡材，何至与卖国负友者相提携乎？亡友陈星台之言曰：“鄙人之于革命，必出以极迂拙之手段。”盖伯夷、伊尹、孔子之徒，所志不过得天下，犹曰行一不义杀一不辜而得天下所不为，况夫救国之业耶？方今人欲横流，一言及办事，则“运动”、“利用”，几成口头常语，充其量，将至以救国之名词为奇货，而人人借以遂其私，陆沈之祸，将在于是。故其以救国自任者，必不可以不迂拙。所谓迂拙者，无他，不苟且而已矣。诚能守其迂拙，百折而不挠，庶几志可以达。就令不达，而流血以溉主义，后之人必有继吾志者，成功固不必在我也。吾党之士，所志若此，而亦即所以勖国民者，是乌足与龌龊无耻者语乎？孟子曰：“耻之于人大矣。”又曰：“无耻之耻，无耻矣。”欲言爱国者，宜先知耻可耳（按：国民宪政会，今又改为帝国宪政会，其趋愈下）。

《民报》第十三号，光绪三十三年三月二十三日（1907 年 5 月 5 日）

二、南洋等地余音

论立宪党之方针宜专注于政府

隆　福

数月以来，主张立宪者之议论，日益发扬于社会，不可谓非中国政界之进步。虽然，予于此政论庞杂之时，窃有一言，欲贡献于我立宪党诸同志者，则吾以为今日以吾人之地位而主张立宪，有不可不注意者二事：一、当知己身为一国民之地位，但有国民之责任而无政府之责任也；二、当知今日中国政府之程度于事实上究为何等之政府也。此二义者本相为关联者也，不错认自己之地位，则主张不至悖于理；不错认政府之程度，则希望不至远于事。然今日立宪党中错认自己之地位，而以为政府者决无其人也。至于今日之政府之程度，则未尝非一讨论之问题。此于我国民对于政府之方针有关系焉，不可以不一论之也。

朝野上下，如醉如痴，暗黑情形，不能以言语形容者，固吾国今日之现状也。此其源因固非一端，或缘于历史，或缘于学术，或缘于政体，或缘于风俗习惯，千回百折，以成此水浸不濡、火爇不热之国家，即有热心志士锐意改革，以期补救于万一，而顾此失彼，难（待）〔得〕要领。加以外力之压迫日深，彼二三大老方窘于对外之无术，若使实意改革，又恐有碍于一己之禄位，于是倒行逆施者有之，蒙混目前者有之。其中虽有一二贤者，然大半为被动者，而自动者寥寥。使其气识坚定，足以彻始彻终，坚固不摇，则吾国内政，当必日见改良，尚不至日就腐败，如今日之甚，而无如其气魄皆极脆弱，虽或有所主张，一遇风波，又复立脚不定，尚何主持之可言？故虽日言改革，而迄无效也。然此犹其贤者耳，若其保持禄位为主义者，其怪现象尤不可思议。试观今日政府种种设施，无一足餍人望。然今试有人于此，进政府而告之曰，时局危哉，彼亦将应之曰，危哉危哉，国势诚岌岌不可终日也。又进而告之曰，今之政府何以腐败至于此极，彼亦将应之曰，政府诚然腐败，而其腐败且实达于极点，特危时局者非我也，腐败者亦非我也，我适处于其中而无可如何耳。故今日政府之不负责任，匪惟诱之掖之不能为功，即诟之詈之亦不见反动。盖彼等非惟不知负责任，抑且彼不自知其责任果在何处也。彼等心中脑中原不知国家为何物，又不知政治为何物，但使一时无外人压迫，无国民监督，即暂安享一时快乐，虽偶一行动，旋即退化。合观今日吾国之在位者，其不肯要钱，勉力作好官者，即铁中铮铮者也。外乎此者，则不能名状矣。一言以蔽之曰：吾国今日有贪吏，有酷吏，有猾吏，有循吏，而欲寻一政治家，恐寻遍中国，亦不易得也。而政府诸大老，则尤其不可名状者耳，以彼等眼孔实未出北京城一步也。夫惟政府如此，故土地虽大，无人经理，人民虽众，无人顾问，权利虽多，随意抛弃，迄土地已削，人民已困，权利已失，种种困难问题层见叠出，纷至沓来，彼亦只以不解解之，不了了之。国权虽失，国体虽伤，但使彼等依然安富尊荣，则固无所不可也。然政府虽腐败至于此极，而国家犹得苟延残喘，自甲午、庚子以后，未即沦胥以亡者，则以列国之利害冲突故也。今则日佛协约、日俄协约、英俄协约，皆将次第告成，列国之势力平衡，恐将瓜分之局即由此而定。故吾敢断而言之曰：十年之间，中国强则强，不强则亡。然则以今日政府之不负责任，十年之间，中国果可以强乎？吾恐羝羊虽乳，中国亦无强盛之一日也。反而言之，而今而后，我国民苟合群策群力，改造责任政府，能使政府不能不负责任，则中国或有日趋于强之望。故使中国危殆至于此极者，政府不负责任之所致也。然此为已往者，不必深（咎）〔究〕也。政府不知担负责任，我国民犹不思改造责任政府，使之担负责任。设使十年内外，中国果亡，则我国民亦无所逃其责也。此为未来者，不可不急图之也。此我国民对于政府之惟一目的，亦即我国民救国之第一紧要关键也。

夫改造责任政府，固为吾国之紧要关键，然使不知破此关键之方法，则虽欲改造责任政府，而国民盲于从违，自无着手之处。此则赖有我国民中之优秀者提撕指导，使我全国之中，朝野上下，知救国之道非此莫由，则影响所及，自不难合全国为一体，而一切新旧问题、满汉问题皆将迎刃而解，而国家亦可由此发达，以与世界竞争。则吾人今日所当主张者，在号召国民改造责任政府之方法一事而已，其余皆非所急也。况天下万无私能敌公、伪能敌诚、偏能敌正之理，特患吾谋国之心不诚，救国之主义不正，仁民爱物之心不公耳。今吾国之新旧问题、满汉问题皆起于一偏之主义，而杂以利己之私心。然世界公理，只有进化而无退化。今此五洲竞争，进化之机，一日千里。彼专以退化为主义者，岂能适于生存？观现政府之新旧倾轧，如火如荼，其稍得势力者，若一己之权利可以巩固，终身而不知世界进化之潮流，不容彼等立足也。故新旧问题在庚子以前实为亡国之本，今以外力之压迫日深，一以为我全国人民之反动力而促之进化，一以使彼顽钝不灵之旧党速就淘汰。不过我全国人民早改造责任政府一日，则新旧问题早消灭一日耳。

至若满汉问题之不成问题，早经识者详论之矣。而满汉中之一部分人，仍若有两不相下之势者，何也？此其中有数种原因焉。使确知其真（象）〔相〕，则此问题自可知其无足轻重矣。

谓持排汉主义者，为恐旗人灭亡，本乎爱种之心，因思竭力保守者，妄也。凡自爱其种者，未有不思发达其种族之理。今八旗之生计问题、教育问题皆为八旗将来之生死关键。八旗兵制已将其营业自由、移转自由、土地所有权剥削殆尽。而今日世界之经济战争，在在能制人死命。在汉人之有营业自由、移转自由、土地所有权者，尚虑其不能与东西各国竞争而日濒于危殆，况其无此三者乎？今而后，中国无论何种民族不在彼此互争胜负，其经济能力、军事能力，能与东西人竞争者，即其可以生存者也。试问今日八旗人之经济能力，无论与东西人比较，其能与汉人相比者有几人也？然其本能固在，试急加以教育，发舒其自由独立之精神，驯使其生计能与汉人平等，则我全国民中又有五百万人协力与东西各国民族从事经济战争，则不惟旗人之利，实亦全国之福也。是今日旗人之所需者在“教养”二字。“教”必国家代为之谋，而“养”则始虽需国家代为之谋，终必至于善自为谋。顾今日八旗之现状也，合京外驻防计之，兵粮名额不过二十余万。此二十余万兵额粮饷能为其生活之资与否，姑不具论，而此外之四百七十余万旗人，则半成无业之游民也。谓现政府中有特别厚待旗人者乎？吾亦未见有问八旗生计者也，吾未见有加意八旗教育者也。谓京外各旗之将军、都统有厚爱旗人者乎？吾未见有问八旗生计者也，吾尤未见有加意八旗教育者也。吾耳所闻、目所见者，但有某旗之都统克扣粮饷，某省之将军阻挠教育。试举一例以观之。杭州驻防中惠兴女士，以办女学无款而自尽，此载于《中国（如扱）〔女报〕》，人人所知者也。当其筹款拮据之时，连次禀请将军，而将军如不闻也。使彼于女士生时稍为援手，（立）〔亦〕何至女士死而学始成立者？即此一事，可概其余。故谓今日将军、都统中有实行排满者，殆无不可也，谓之为爱种，毋乃太冤乎？

夫上之待遇如此，而犹不闻有犯上及逃散之患者，一则以八旗制度为军制，一则以朴勇团结之风尚存故也。惟其为军制，故只知服从；惟其有朴勇团结之风，故异日练成国民军，以与东西各国争衡，实足为我中国之一劲旅也。今以排革之声洋洋盈耳，遂致在下者互忌交疑，在上者乃有借爱种之名，以为巩固一己权利之计者矣。夫天下未有以独利为政策而不自受其害者。中国处于今之世界，非民族主义可以立国，亦非民族主义可以保种。果使旗人中有真爱其种者，自以去其军制，消除满汉问题，使之能自由竞争为第一要义，毋使民族主义施行，驯致国亡，而种即因之而辱。是故保国始能保种，真爱其种者，必先忧其国，是则所望于八旗人士皆深知此义者也。但八旗之制度不改，则满汉之问题不消，国民之感情乃由此多所参商，而立宪之国家乃永久不能成立，如是则满汉问题虽不成为问题，而实亦我国家进化之一障碍物也。然解此问题有方法，有次序，容当别论，决非不负责任之政府所能从事也。

夫解决满汉问题固非不负责任之政府所能为力矣，然于政府未改良以前，彼持民族主义者，果能为持国家主义者之害乎？曰：是可决其不能为害也。凡简单主义，皆可私而不可公，趋于偏端而不能兼顾全体。若有出于诚心以行民族主义者，一闻大同之言，则其反动力必大，及其主义滞碍难行，则只见其失而不见其得，只见其害而不见其利，则虽其素所坚持之主义必将焕然一变，由偏而超于正，由私而化为公。故今若有大公无我者，持国家主义以号令全国，则持民族主义者必群起反对。此其事旗人有然，汉人亦有然。惜其反对愈力，则其变更也愈速。世有疑吾言者乎？吾将悬是的以待君之信也。然此不过谓彼诚心爱种者言之耳，至于口说爱人心实利己者，其反动不反动毫无利害及于他人。故其欲保持一事也，一与一己之利禄有关，则今日保持，明日或即破坏，此则吾数见不鲜者也。此则就旗人一部分言之，不患其有持民族主义者也。

试更就汉人一部分之持民族主义者言之。此一部分中略分之为三派：一派持破坏主义，一派持厌世主义，一派无主义之可言，强名之曰附和派。此三派皆不得谓之爱国，尤不得谓之爱种。要之，中国今日人民非持国家主义，必不足以立国，旗人中之持民族主义者既不能成立，则汉人中之持民族主义者，其亦不能成立也明矣。而犹有自鸣得意倡言民族主义者，其（母）〔毋〕乃与现政府之讲退化主义者无以异乎？有进化无退化，固世界自然之公理。若必欲强为进化之（通）〔逆〕流，则既为天演界中所不能容，而天下之人士亦非一二人之偏见所能欺惑，虽一时挑拨感情，若可以收揽一班少壮之人心以成一己之事业，及按之于实际，则其所持之主义者，皆不能不抛却国家，单言种族。而中国今日单言种族，则国家必亡，国亡则种族安在？所谓皮之不存毛将安（傅）〔附〕也。于是彼党首领知少壮子弟之感情虽动，而事实难济也，乃勾结草贼，煽惑愚民，虽满口言爱种，满口言爱民，乃其进行之策，则一切殃民蠹国之贼，无不引为羽翼以指导之，而使之破坏国家。爱国乎？爱种乎？司马昭之心路人皆见之矣。

夫何以谓之为破坏主义也？盖以今之国家不破坏，虽使之富强凭驾五洲，而与彼终无丝毫之利益也。盖彼等之与中国已成绝缘体，非破坏现在之中国，使之灭亡，再有一理想之中国成立，则一己所希望后来之幸福不可得。既挟此心，则即将中国全体牺牲，而于彼苟有丝毫之利益，亦无不可为也。盖中国存亡之感，毫无所动于其心，乃欲以全国之土地人民为孤注一掷，冀遂一己之私，非良心绝灭无余者，乌忍出此？此持破坏主义者，所以难与之言爱国、爱种也。彼一心固专以破坏国家为目的者也。夫使中国无一爱国、爱种之人，则其主义之进行自必一日千里。然今以外患之交迫，全国人民方（保）〔抱〕亡国灭种之忧，非有欲残害同胞以为己利者，吾恐决无人赞成其主义也。但以今日之腐败政府与之相遇，则彼为有主义、有方针、有目的者，而今之腐败政府则为无主义、无方针、无目的者，不维新，不守旧，欲立宪不可，欲专制不能，终纷扰，势如乱丝，左支右绌，毫无端绪。无论其不能与外国竞争也，失今不改，吾恐其终为彼党所败也。是则以革命党之简单主义与之相较，则有主义者转可占优胜也。而就持国家主义者言之，则终不能容现今【政】府之腐败而不改，亦不能容彼简单主义施行，使之为害于国家而不取消之也。惟是彼等方幸中国之破坏，以遂染指于鼎之忠，使吾徒以笔舌与之宣战，败其主义之谬妄，斥其手段之卑劣，虽如何反复辩论，决不足以稍戢其野心，可断言也。然试移吾言而不见听之辞，以告我全体国民如何改造责任政府，以图最大多数之最大幸福，则吾所主张者公而无私，正而不偏，诚而不伪，方将披靡一切，呼起全国民之爱国精神，以为立宪国民之本，则一方面对于简单主义之革命党，可以醒其痴梦，使之为救国之民而不为害国之民，一方面对于全体国民，使之有所指归，不迷方向，则彼持破坏主义者，反足以为吾国进化之反动力而无所伤于国家，但国家主义不深入于人心，不能改良政府，使之担负责任，则国家之危险，有不可胜言者矣。

一为持厌世主义者，此则已将中国置之度外者也。故其对于国家、对于政府皆于己身无关，己身本不学无术，徒为狂论大言，以欺世盗名。顾今日中国岌岌不可终日，全国人民方将注意于政治问题，以谋图存救亡之道，谁复能于国危种殆之际，反以欺世盗名参禅作怪为得意耶？故凡稍有国民思想者，闻其大言，必将土苴视之也，此则不待批驳，而已如政府中冥顽不灵之大老，同入于天演淘汰界中者矣。

至于附和派，则纯乎蔽于感情而忘乎中国之现状者也。自排满之说盛行，民族主义几成宗教。使中国犹是闭关自守时代，则民族主义虽为宗法社会之余声，而或固其主义实行，致国中已合之各种民族分崩离析，则中国之区域虽已臻于庞大，而忽复缩小，人民虽已结合众多，而忽复凋零，揆〈揆〉进化之理，尚为衰退之现象。然彼此无利害相同之关系，内部虽自起瓜分，而无外族乘之，致有亡种之祸也。今中国处于危机存亡之秋，而又合满、汉、蒙、回、藏、苗诸种以立国，去其一族，国即随之而亡，国亡，种且因之而灭，所谓一发不可牵，牵之动全身也。今持排革主义者，若不出于爱种之心，则无可救药矣，是我四万万同胞欲甘心为奴隶也。反而观之，持排满主义者，出于爱种之热诚，则一知保国始能保种，单言爱种，反足以亡国，则吾可决其民族主义必将变为爱国主义也。故即今日论之，无论其对于旗人之感情如何，果使其为诚心爱种爱国者，吾知其将来必与旗人相提相携，患难与共，以救国也。此在汉人一方面之持民族主义者之不足虑也。

合而观之，满汉无可以自私为救亡之道者，况语言同，文字同，风俗、习惯、血统亦无不互相混同，但使政治上之问题解决，则种族上之问题不待解决而自无不解决。此固满汉两族之一大幸福，亦即我中国所赖以不亡者也。故满汉问题不成问题，即成问题，亦不难于解决，彰明较著矣。而今日尤关系于中国存亡，视满汉问题为尤重者，则蒙、回、藏之问题是也。以今日中国内部之分扰，满汉之感情见参商于几，人人方注意于满汉之内讧，而蒙、回、藏之问题乃竟淡然若忘，而不知中国今日最难解决之问题，未有如蒙、回、藏问题者也。盖中国今日欲救危亡，自不可不经营蒙、回、藏，然蒙、回、藏之土地虽占中国之重要地位，而其经营之难，则不仅在政治问题，而实关乎人民程度问题也。今蒙、回、藏诸族人民程度，较满汉有差，惟知有种族观念、宗教观念，而不知政治与国家为何物，蒙则犹在游牧社会，(曰)〔回〕则犹在耕稼社会，藏则犹在游牧与耕稼社会之间。中国虽即日立宪，召集国会，满汉以文化大略相同，但使能发达其政治能力、军事能力、经济能力以与外人争衡，国家亦可因之而日见强盛，而于蒙、回、藏诸族以文化之不能骤同，故必先经之营之，使其文化与满汉渐次略同，方可期其脱离宗法社会入于军国家社会。今其言语、风俗习惯既多不与内地相同，即讲同化，亦须少费时日，若再弃之不顾，则旦夕之间，蒙、回必入于俄，而藏则必入于英。蒙、回、藏失，则满汉亦不能孤立，而中国遂终不免于瓜分。此则今日中国之一重要问题也。然以现政府之腐败，满汉问题尚不能解决，而蒙、回、藏问题则益不知为何着手矣。夫以今日中外之情形言之，西藏已入于英人势力范围之中，俄人经营蒙、回，又复不遗余力。若我国今日即行着手经营，已似着着落后，惟对于英俄有主客之关系，经营遂有难易之分，此则尚有可为之机者也。然无责任政府，则蒙、回、藏亦只可听英俄之取之攫之耳。

要而言之，中国今日有存亡之问题，固为满汉问题与蒙、回、藏问题，而试审其先后次序，则宜先解决满汉问题，然后始能议及蒙、回、藏。若权其轻重，则满汉问题转较蒙、回、藏问题为轻。故于十年之内，满汉问题不解决，则中国必亡。蒙、回、藏问题不解决，则中国亦亡。而此种种问题之能解决与否，则又以现政府之能负责任与否为标准。然无论（国何）〔何国〕政府，未有无国民监督而能自行负其责任者也。故必有国民监督政府，政府乃欲不负责任而不能，然则改造责任政府者，我全国民救国之第一要件也。要求政府开国会以期实行立宪者，又改造责任政府之惟一手段也。

（大）〔夫〕以今日中国之内忧外患纷至迭乘，非立宪乌足以补救。然以今日政府之腐败，政界之黑暗，非有民选议院，恐预备万年，亦终无实行立宪之期。我四千余年之历史，四百余州之土地，四万万以上之人民，不将于二十世纪沦胥以亡乎？故发挥我四千余年历史之光荣者在开国会，巩（回）〔固〕我四百余州土地之区域者在开国会，增大我四万万以上民族之幸福者在开国会。“开国会”三字是我国家宪政实行与否之真相也，亦我国家存亡之紧要关键也。我国民尚未周知，我国民之先觉者宜竭力提（侣）〔倡〕之。

由是观之，凡对于吾国能主张改造政府之切实方法以促其宪政之实行者，其影响必大，反之，则无论其学理如何，其影响无可言者，是则直截了当，人人易知者也。何也？中国之存亡决于今日。设主张不误，以之唤起国民共从事于救国之事业，则中国尚有可为，过此以往，未之或知也。今者日法协约、英俄协约、日俄协约，皆以次第告成。列国对于我国机会均等之局已定，我国即从此日游行于渐次灭亡之中。是吾辈今日虽有所主张，尚恐补救之不及。若对于政府之程度而有所误认，则必迂远而阔于事情，更无从见其主张之实行矣。吾愿天下有心人一权其缓急轻重也，吾更对于国民质而言之，中国今日之不可行种族革命，而但能行政治革命也。既经一二贤者之反复申明而群晓其利害矣，则自今以后，吾人之责任亦惟是专对于政府，而谋改造责任政府之方法。至于改造责任政府之方法，则非有国会不为功。此吾人所确信政府之程度甚低，别无可以开导之术也。然则合力以谋开设国会，乃吾立宪党独一无二之责任矣。国会成后，政府自良，一切满、汉问题，蒙、回、藏问题，不求解而自解。此吾所以谓立宪党之方针，宜专注于政府，且余愿以此与诚心爱国者共发宏愿，以为我国民先驱者也。呜呼！我同心爱国之国民乎！图存救亡，在于今日，何不慷慨而起？

《大同报》第二号，光绪三十三年六月二十五日（1907 年 8 月 3 日）

论开国会之利[①]

乌泽声

叙　论

甲　对内之利

（一）扩张民权

（二）改造政府

（三）融合满汉

（四）经营蒙藏

乙　对外之利

（一）巩固国权

（二）收回权利

（三）扩充军备

（四）竞争经济

结　论

叙　论

吾国民最恶忌者，莫若专制政府。专制政府之所以可恶忌者，以其为放任政府而非责任政府之故也。虽然，欲改造此政府，使之负责任，非开设民选议院以监督之不可。故吾人救中国惟一之方法，只有速谋开国会，以监督政府，使之不放弃，使之不腐败，则国内一切困难问题皆可以根本的解决。而吾人不辞厌烦，搪撞号呼，以（召）〔昭〕告于我国民者，惟有谋开国会而已。夫国会乃人民参

① 《大同报》第二、三、四号所载此文文末标有“未完”之样，此处所收录的内容，只包括“叙论”和“（甲）对内之利”部分的（一）、（二）、（三），其余部分暂缺，编者。

与国政之代表机关也。使一国而有此机关，国民个个对于国家皆有参政之权利。国家之政事与国民痛痒相关，其爱国心之澎渤，责任心之增益，必油然而发，勃然而起。使全国之民而皆对于国家负责任，斯无放任之国民，以之监督政府，斯亦无放任之政府矣。呜呼！我国民沉沦雌伏专制政体之下，既已数千百年，匪特无对于国家负责任之能力，且为淫威所胁迫，并此负责任之思想亦不敢存置脑中，只求被动而免罪戾，未知自治可以谋幸福。国民既放弃之如此，政府又多方谋所以操纵人民之术，专制之焰日深一日，则政府之放弃亦愈加愈厉，一旦与列强相遇，妨君病民，将不足图存于世界。是虽政府放任之咎，然推其基因，又未尝非我国民不负责任，有以酝酿之者也。然则欲扶起老大帝国与列国相逞，非我吾国民负责任不可。我国民之欲负责任，又非谋开国会不可。是以我国民今日救国之生死关头，惟有热血赤心发为物力，直与政府宣战，以谋速开国会而已。夫各国政府未有欣愿国民参预国政者，然参政者，国民之公权也，亦未有国民起而要求而不获政权者，亦犹之各国政府未有不待国民要求而开国会者。然国会，人民之代表也，亦未有国民要求，要终不得开国会者。是故有强迫立宪之国民，未有自行开国会之政府，亦未有强压国民不败之政府，而有要求政府必胜之国民。于此可见，要求政府以开国会，惟制造宪政之轨道，世界各国莫之能外者也。我国民其亦跃然而兴，奋然而起乎？则吾请述开国会之利，为我国民以壮士气，而为阻挠开国会指以迷津，其以爱国君子所许，而愿与吾人共图之者乎？是则中国之福，国民之幸也。

甲　对内之利

（一）扩张民权

吾国民伏于〈伏于〉专制权之下，民【权】不发达，尽人所知。而欲求民权之扩张，非开国会则莫由而扩张。何也？专制政体之国其必无国会，故其民亦无参政之机关。政府虽多方以摧抑民权，而在下者只有绝对服从而已。故其民权不发达，政治必因之腐败。若立宪政体国则无不有国会，其民皆参政之民且能监督政府，使之有进步无退缩，而人民参政之智识、监督之能力必因之而有进，故有国会之国，其民智识能力必发达，必优胜，而无国会之国反之。虽英利吉国民政治能力发达于国会之先，然亦未尝非因开国会而日有进步也。而其他诸国则未有不待国会开后，其民智始发达者。即俄罗斯，以雄伟著称之国民，以无国会故，竟为有国会之日本一击不振，战败之后亦不敢终逆世界之趋流，而召集国会。是有国会之利与无国会之弊，对镜列国，可以恍然矣。夫国于今日之世界，无论君主国、民主国，但使有一国会为人民代表之机关以监督政府，其民权之发达，国权之巩固，不问而知。苟其无国会之国，其民权必无由而发达，故其国权亦莫由而巩固，必为世界立宪之趋潮所压倒而不足以自存，是以世界各国未有不以民权发达之原因，始收国权扩张之结果者也。吾人所主张为君主立宪也，即先就世界中（君主原）〔原君主〕立宪国有国会可以扩张民权之历史，比较而观之，又可以知必以开国会之原因始可以得扩张民权之结果也。然世界之君主立宪国，何国为最强乎？曰英吉利；曰普鲁士；曰日本。即请先就三国而言之。

英吉利　考国会之起源，虽自上古希腊、罗马之市府国家，然与近世立宪国家之代议制度其性质不同。近世之代议制度实发源于英吉利，故英吉利者，立宪之祖国也。考英吉利自诺尔曼入统以来，其宪法变迁凡三大次，而此三大变迁，虽其国民政治能力优胜之结果，然其所以制造此宪法之物力，则又非国会莫由而成功也。请分三段而论之。

（一）以国会之能力，使政权自君主而移于贵族。此一千二百十五年之事实也。先是索逊王政时，已有所谓百家会议、人民集会、贤人会议等，参与国政，虽皆不完全，然实为国会之基础。自诺尔曼入统以来，一变英国旧制。至维廉王时，借用诸侯，以张君权，及约翰王尤为放恣无度，于是生人民与贵族之冲突。至一千二百十五年一月六日，迫王会于兰尼密德，定大宪章。其主要二条，谓征纳租税非得纳税者之同意，不得强为征收；凡人民非依同等人民组织之裁判判定，不得擅处以禁锢、罚金等罪。英国宪法实胚胎于此，而诸侯自此得获政权，使由君权的国家之地位一变为制限的政府之地位，而政权自君主以移于贵族。观此可知，英国国是第一次之变迁，实诸侯以国会之能力获得政权，由君主的组织一变为贵族的组织。国会之能力不亦宏钜也耶？

（二）以国会之能力，使政权自贵族而移于人民。此一千二百六十五年之事实也。自十五世纪以后，英国政权渐由贵族移于人民之手。先虽有上下院之制，而庶民院不过贵族院滥出之一种，后民智渐开，深知贵族与人民为敌。至一千二百六十五年一月，以敌贵族之故，乂廾大会，一变从前之组织，庶民得出代议士。至此以后，代议士主义之国会始成，而英国国会发达实胚胎于此。然国会之形式虽具，内容仍未坚固。后议院以贵族与僧侣组成上院，以庶民之代议集为下院，是为二院制度。至此政权由贵族以移于人民。及千六百二十八年，查耳士一世肆收苛税，大张君权，国会又提出权利请愿书，大旨谓无论何人非经国会之承诺不得征收金钱，无论何人不明示理由不能擅行禁锢，迫王许可。王不得已，允之。及千六百七十九年，人民恐遭无法之禁锢，又定人身保护律，于是贵族之威焰尽灭，而人民之权利渐就发达。观此可知，英国国是之第二次变迁，实人民以国会之能力与贵族宣战，终购参政之权利，身体之保护。国会之可以扩张民权于此可见矣。

（三）以国会之能力使民权确立而促宪政之实行。此千六百八十八年至千八百三十二年之事实也。先国会议决于千六百八十八年废斯秋亚的王家，迎维廉三世立之，乃定权利宣言，制限国王权利，保障国会权利，大旨谓国王非经议院之承诺，不得以专权变更、废止法律，不得国会之同意，不得以国王特权滥课租税，是役谓之“名誉革命”。及至一千八百三十二年，西欧罗巴诸国人民相续骚扰，英国人民多受激刺，国会内改进党领袖利用之，乃提出议会革新案于议院，欲（削）〔消〕除从来腐败之选举区，而应人口以选出以【代】议士，贵族院属抗之，人民愤怨，结社宣告，反对政府，攻击贵族。王终用改进党之说，胁贵族院承认革新案。是即为今日之宪法。至此完全之庶民院组织始成，焜耀全球优美政体亦建设成功。观此可知，英国国是之第三次变迁，又以国会之能力确立民权，实行宪法者也。国会能力之伟大，证此而愈明矣。

普鲁士　普鲁士自千八百六年与拿破仑战败后，领地大蹙，经斯丁之计划，欲大改革国家之组织，制定宪法，设立国会，然因保守者众，策不能行，仅将历来所有之州会稍扩权限。至千八百四十年又召集州会之联合会。斯时法国革命之风潮达于极点，普国人民自不能以州会之联合为足。于是王不得已，乃使联合会选出宪法制定会之代议士，其宪法由政府起草，付国民代议会议。议不协，政府解散国民会。至一千八百四十九年，普王乃钦定宪法，召集国民会而议之。又不协，再解散。至后乃本假定宪法案上之紧急命令权，以敕令定选举法。本此选举法，召集代议士而申议之，其议始决，而普国之现行宪法始发布矣。观此可知，普鲁士国人民实以国会之能力胁迫立宪，虽再三解散，其国民要求之热力终不萎缩，卒造成普鲁（志）〔士〕联邦宪法。吾知其为无国会，必不能收此美结果矣。

日本　明治元年三月，天皇发五条之誓。第一条云：广开会议，万机于决公论。是为日本立宪政体之先机。七年，从副岛、后藤、板垣诸人倡，立民选议院。十一年，命设府县会，为开设国会之预备。十三年，请求开设国会之士咸集东京，舆论沸腾，板垣诸人联名上书，民间和之者甚众。全国中人所希望者，惟开设国会一事。政府坚拒之。其后民间迫胁愈急，乃于十四年下诏，以明治二十三年为开国会之期，民间遂听之。及至二十三年开设国会，日本之宪政乃得实行。去今日不过二十年之久，遂一跃为世界之强国。观此可见，日本国民能扶起国家，实行宪政，不在开国会之先，而在开国会之后。是知国民欲改造国家，舍国会以外无他道矣。

以上所陈英吉利、普鲁士、日本三国国民以国会之能力扩张民权、实行宪政之历史也。我国民其亦醒然否乎？虽然，就三国比较而言之，其国民建设宪政、改造政府之功虽一，而其产出之宪法、扩张之权利则不相同，其程度之高下尤不无参差。就其中宪法程度最高、民权最涨者莫若英国，普国次之，日本为下。或谓是日本人民程度低于普国，而普鲁士人民程度逊于英国，日本政府抵抗人民之能力高于普国，而普国政府之能力强于英国，吾知其皆非也。然其所以相异之点安在？则可一言以决：英国国会发达最先，能以国会产生宪法，故其民权之扩张远在各国之上；普鲁士以国会要求宪法，能使宪法与国会同时生成，故其民权之扩张稍逊英国而高日本；日本则颁布宪法而后开国会，人民只可以国会扩张宪法范围内之权利，不能溯及宪法以外之权利，故日本之宪法远在英、普之下。此三国同一之开国会，而其所生之结果不同。观此可知，各国之政府未有愿立宪者，非人民之魄力胁迫，有不得已者在，则决不予国民寸末之权利。即使国民要求，其魄力稍一萎缩，其所生之结果必无由良善。是以宪法优美与否，一视国民制造此宪法之能力如何为标准。故国民能力强、魄力大者，其国会必生于宪法之前；国民之能力弱者、小者，其国会恒成于宪法之后。国会成于宪法之前者，其民权必优胜，其宪法必完全；国会成于宪法之后者，匪特民权无由扩张，宪法亦因之腐败。故国会者，制造宪法之利益也。闻者骇吾言乎？则英利吉宪法何由而优美？民权何由而扩张？普何以次于英？日何以次于普？其（勿）〔毋〕以国会成立之先后为其程度高下之比例差者耶？吾国为如何乎？则比年以来，有所谓预备立宪名词发现于中国，是亦将由专制变为立宪矣。然即其预备立宪名词产出之元动力，是吾国民政治思想发达之结果。然仅云预备而不立宪者，是政府之本心非乐于立宪，不过以“预备”二字搪塞外人之耳目，塞责我国民之希望而已。使其果立宪也，何以自去年以来，政府惟以贪饕倾轧，争权竞贿，相逐于庙堂之上？人民之祸福，国家之休戚，何彼未尝一措意？如谓保守专制以欺我国民则可，如谓预备立宪，谋国家之富强，其谁信耶？然是果政府之罪乎？非也。夫政府不待国民要求而立宪者，匪特中国之政府之不能，即世界各国之政府亦未闻有不待要求，欣然与国民以参政权而实行立宪者。是以政府以“预备”二字欺我国民，非政府之罪责，实我国民要求魄力萎缩之咎。国民今日只有以团结的热力，猛勇的活动，以图与政府宣战，亦不必依赖，更不必詈骂，则我国民对于国家之责任以尽，不负责任之政府亦不敢放弃。虽然，我国民要求之能力果如何可以使之膨胀，立宪果如何可以使之建设，则可一言以决：**国会开后，国民要求政府之能力必膨胀，国民参政之权利必扩张。国会开后，中国为立宪国。国会一日不开，中国尤一日为专制政体**。何也？夫建设立宪政体者乃国民以赤心热血购得参政权对于国家负责任之谓也，非政府倾轧逐贿，朝改一官制，夕发一公文，以“预备”二字（期）〔欺〕国民可以为功也。若希望政府颁布二三条文宪法已足以（压）〔餍〕我国之希望，则自去年（自）〔至〕今日，预备立宪之条文固已三令五申矣，然则我国民亦谓中国即为立宪国乎？是虽孺子愚妇，亦不承诺也。是必待国会开后，国民始有监督政府之机关，即有参与国政之权利。政府虽不愿立宪，国会可以监督之使之立宪，政府或不得已立宪而迁延时日，国会可以监督之使之迅速，必如是而后民权始得扩张，而政府始负责任，立宪实于斯而后举。况乎无国会时，国民虽有要求之魄力，而无要求之机关，故能力萎弱。国会开后，国民要求之能力虽不发达，而有监督政府之物力，故权利扩张。是国会一日不开，国民为被动的、从服的，而无自主权，只可任政府之操纵；国会开后，则国民为自动的、要求的，而有自主权，匪（持）〔特〕不任政府之操纵，且宪政之实行企日可待。故开国会即所以扩张民权，即所以实行宪政，而吾人愿与我全国同胞拚命溅血，捐躯丧元，谋速开国会者，亦默计中国之巅危，非此莫能救药。**此开国会之第一利也。**

（二）改造政府

吾中国所以致亡之道，一言以蔽之，曰政府不负责任而已。夫政府者，统治权行使惟一之机关，国（许）〔计〕民生所托命者也，其责任之宏钜，关系之重大，虽以明哲，尤恐损坠，况今日之政府腐败放弃，逐贿争权，惟以献媚外人、剥削民权为惟一之天职。近数十年来，外交之失败、内政之纷纭、财政之竭蹶、军事之萎缩，无一非政府不负责任之过。是以政府之罪，虽罄南山之竹，不足以数其错失；虽竭东海之水，不足以涤其污秽。虽然，是果政府有意欺君病民，断送中国乎？吾知政府诸公，固皆中国人也。以中国人而断送中国，虽贩奴贱夫亦不忍为，而谓衮衮卿相，彬彬士夫，甘心断送国家，欺君病民，决无是理。若以此而责政府，岂政府不心服，亦国民所不承认也。然则既不可以厚责政府，吾国前此之失败，果谁之咎？无他，专制政体之产物也。夫专制政体之国，其政府只对于君主负责任，而不对于国民负责任，进退唯诺于君主之前而无过失，其责任即所以尽，且或剥削民间膏脂以献媚于君主，博一己之功名富贵，亦所不辞。而我国民托命于此腐败政府之下，身家性命且尤有撕灭损害之虞，奚论权利？是以如斯政府位于民上，国民政治思想不发达，国家观念之薄弱，又因果之相循，不得不如此。虽然，是果政府与我国民有不共戴天之冤乎？吾知政府诸公亦中国国民也，谓其与一二人有个人之仇雠，或可；谓其与我国民有全体之宿恨，断无是理。然则其摧抑我国民果何为也？无他，无国会之故也。夫世界各国不辞以国民之头颅购国会之开设者，亦以能伸张民权，保障民命，不任之政府摧残压制获完全之自由而已。而人民之所以望有政府者，亦以其能保障人民之自由耳。使其少数之人高拥民上，专以肆威攫利为事，吾国民又何贵有政府也？虽然，无论专制、立宪国，未有不待国民监督始负责任者，而国民又未有不以监督政府始伸权利者。故我国民今日不可依赖政府，尤不必（慢）〔谩〕骂政府，只有谋速开国会，伸张民权，以监督政府。政府虽欲不负责任，国家虽欲不富不强，不可得也。然近年以来，以专制之余毒产生三种理想，初不过为座间之谈谑，后直变为二种舆论，其关系于我国民期望国会之心，固有阻碍，且最足以为政府拥护之保障，为虎作伥，国民公敌，吾虽欲不揭其过恶，不可得也。请进而述之。

一、知依赖政府而不知改造政府　为此说，者以政府为万能，吾侪小民，只可退处被动的地位，国家政事，（甘）〔关〕我甚事？不但无参政之思想，且勉以国民有改造政府公权，彼将以为大逆不道，闻言而却走，而其尚有一种之学说恃为宝典者，则不在其位不谋其政之一语而已。夫不在其位不谋其政者，指官吏而言，非以国民而论。使官吏越职言事，有应惩之处分。国民参与国政为应有之公权。吾国以专制之政体之故也，只有官吏而无国民，而依赖政府者，又只知有官吏，而不知有国民，遂酝酿胚胎成一种依赖政府之恶脑筋，专制政体亦因此苟延残喘，至今而未有已也。夫立宪国与专制之所以异者，专制国一国之所托命者惟官吏，立宪国一国之所依赖者为国民。夫一国之中其为官吏者必为少数，况官吏之明哲者几何？是以与其将全国人民家性命依赖少数之腐败官吏，何若使全国之生命财产托依于多数国民。然全国人数至多，又不能执人人而依赖之。于是自全国中选出数百代议士，对于国家、对于政府为人民之代表，而全国之（身）〔生〕命财产依赖于此数百代议士，较之托命于少数之官吏，其优胜直不可以道里计。此世界各国代议政体之所由成，而民选议院为文明国不可少之利器也。吾中国预备立宪之上谕，已三令五申矣。依赖政府者，固已欣欣然，已饱希望，以为政府自此即与国民以公道，国家之富强将于此而有望也。殊不知政府之所谓预备立宪者，不过钓我国民之鱼饵而已。使其果立宪也，何以一年之所预备者，只在官吏（点）〔黜〕陟、争权纳贿等事？谓之为官场之恶剧，则可；谓之为宪政之预备，吾绝对的不承认也。彼欣欣然依赖政府者，勿亦与政府同一不负责任耶？吾知政府将馨香叩祝依赖政府者多，将以联络回护专制之妖氛，恐为世界潮流所卷去矣。

二、知颠覆政府而不知监督政府　为此说者，以为现今之政府，不但为专制之政府，而且为腐败之政府；不但为腐败之政府，而且为横暴之政府；非中国之政府，为满洲之政府。欲求中国之富强，国民之福利，非颠覆之建以新政府，中国直无富强可言。对于现今之政府惟以（慢）〔谩〕骂恶笑为事，以博社会一般志行薄弱者喝彩。其说固不适于生存，而较专依赖政府者为稍进化。至于对于国家之不负责任，为国民进行之障碍，则较依赖政府者为尤甚耳。吾知彼欲颠覆者，尚觉其说为天经地义，救国惟一之方法。呜呼！何悖谬如斯之甚耶？夫吾人之所不满足于政府者，以其不负责任耳。使其负责任，吾人何所怨于现政府也？而其所以不负责任之原因，以无国会监督故。使今日开国会，则政府之不敢放弃，自不待言。故吾人救中国之方法，惟有开国会以监督政府，既不欲依赖亦不欲颠覆，此亦对病投药之法，而吾人救国之政策也。闻者疑吾言乎？吾可以数言解决之。国会者，以人民代表监督政府，使之负责任之机关也。吾国民即以无此机关之原因，而生政府放弃之结果。非政府果不负责任也，以我国民无监督机关之故也。是以使中国永无国会，虽三覆政府，九倒内阁，政府之不负责任如故也。使中国而有国会也，现今之放任政府一变即为责任政府矣。彼辈不知药中国之方针，惟以颠覆政府为希望。吾不知其主张开国会与否？如其不主张开国会耶，则以暴易暴，政府终无负责任之一天，民权亦无扩张之一日，是徒以破坏为事，国民之蠹贼也。使其主张开国会耶，则国会一开，政府即负责任，亦勿庸颠覆破坏，徒扰扰阻国民进行之正路耳。彼说之不能成立如此，是皆由知颠覆政府而不知监督政府之误解而来。然其最足以为鼓煽之口实者，则政府逐权（竟）〔竞〕贿、淫秽野蛮举动日多一日，彼辈即以此为政府不可与共存之理由，借此以煽惑社会，最足引发人之恶感，而对于国家之责任心由是而减少，真以为政府非颠覆推倒不足以强国也。吾知其说更不足为据也。何以言之？今日之政府是无国会时代之政府也。夫政府在无国会时代未有负责任者。反之，有国会时代之政府，又未有不负责任者。故吾国民对于现今政府之野蛮举动，既不必颠覆，更不必（慢）〔谩〕骂，惟有谋速（国开会）〔开国会〕以监督之，则政府之恶劣之行为即如残雪浮烟索然绝迹，又何必颠覆政府徒事纷扰耶？虽然，其欲颠覆政府，又非诉以武力，不可得也。是革命一日不起，政府固稳如磐石而不可摇动，与政府无直接痛苦之关系，而又有风马牛不可及之现象，政府不但不畏忌之，方喜其不我责也。匪特无负责任之思想，且以无直接之痛苦，愈益放弃也。而彼党既主张颠覆政府，即不愿政府之立宪，不但反对立宪，并立宪之名词亦唾弃之。在下者既唾弃放任如此，而政府亦非甘心乐于立宪者也，不过迫于民气，以“立宪”二字饵我国民焉耳。夫细推二者之心理，一则不愿立宪于上，一则不屑立宪于下，其处之地位虽殊，其反对立宪之心则同。是则谓彼党与政府同一利害，不为过也。呜呼！吾知政府将拍手欢迎，庆彼党之万岁，或可保专制于不朽矣。

以上所举之二说，一知依赖而不知改造，一知颠覆而不知监督。二者其心理不同，而其为政府专制之虎伥则一。夫是皆为吾人谋开国会监督政府之主义绝对排斥不相容者，而且为减少我国民责任心惟一之障碍。此吾不敢辞深文周纳之诮，为国民以揭其罪恶也。虽然，我国民进行之方法又将如何？则敢一言以告天下：国会开后，政府即为责任之政府，国会一日不得，政府尤一日为放任之政府。夫以国会始能产生责任政府，非责任政府能以产生国会。吾人所欲得者，责任政府而已，然未有不以开国会之原因始可收责任政府之结果。是以吾人药救中国之方法，改造政府之手段，即排斥依赖与颠覆二种邪说，与吾国民以赤心热血谋开国会而已。爱国君子，其亦有闻言兴起，引为同志者乎，则请再言改造政府之方法。①

【三】、改造政府之方法　吾前作论，以为今日救国之策，惟有速开国会以改造政府，国内之一切问题皆可得根本的解决，既不主张依赖政府，复不赞成颠覆政府，其言似为现政府作辩护士者。嘻！吾何厚于现政府而为其作辩护士耶？吾以为足以亡中国②现政府之不负责任也，而可以监督政府使之负责者，非开国会其道莫由，而专政体之下，又决不能有国会，政府因之放弃，国民不得容（喙）〔喙〕，此专制政体为二十世纪之蛇蝎，而立宪制为强国者必经之轨道也。不幸我中国竟保延专制至于今日，政府之放弃至于如此。今也日法协约告成矣，日俄协约宣布矣，保全派、侵略派协和之机已动，则我中国或名存而实亡，或瓜分，名实俱亡，虽有旋转之才，亦恐迅雷不及掩耳。不幸我中国之政府竟聋聩如此，我国民之雌伏如此。呜呼！朝鲜竟以政府放任，国竟亡矣，竟以无国会为后援，君主虏矣。保全清韩独立之名词口沫未干，而韩国竟以保全独立而不立矣。嘻！前辙不远，后车将循。我国民起而图之犹恐如此，我国民不起而图之犹恐不止如此。我国民改造责任政府耶，或者不至如朝鲜。我国民不改造责任政府耶，恐犹不如朝鲜。强国乎？亡国乎？在我国民改造政府卜之。改造政府之术如何？惟有开设国会以监督之而已。是以我中国亡否，一在我国民谋开国会与否卜之。使我国民速谋国会，而且得以成功，则御外患之侵迫，犹可为亡羊补牢之计划；使我国民速谋开国会竟不成功，则我中国之前途必步朝鲜之覆辙；使我国民伏雌依赖，不谋速开国会，则中国之亡，迫于旦夕。是又中国之存亡与否，一视国会开设之迟速卜之。何以如此其急耶？亦以中国一日无国会，政府尤一日为放任之

① 以上部分载《大同报》第二号，编者。

② 此处似掉一“者”字，编者。

政府，而非责任之政府也。使政府一日不负责任，则内政必无由而就（序）〔绪〕，宪政必莫由而实行，而外患之胁迫瞬息万变，维有贤哲，犹恐莫能抵列国之诡谲，况现政府惟以媚外送礼为事者乎？是以国会不开，**政府虽欲负责任不可得；国会开后，政府虽欲不负责任不可得**。是又各国莫能外之公例，而不辞以国民之头颅购国会之开设者也。晚近以来，朝鲜亡于旬日之间，日法协约、日俄协约成于意料之外，世界竞争之势力将集注于亚东，稍有识者莫不曰中国将亡矣。然则中国果将亡而无救药之术乎？则可一言而决：使今日不开设国会以改造责任政府乎，则中国之亡可计日而待矣；使今日开国会以改造责任政府乎，则中国匪特不亡，与列强相逞，雄飞世界，又易如反掌矣。**故改造政府即我国民救中国惟一之方法，而开设【国】会又改造政府惟一之武器。是以谋开国会改造政府为吾国兴亡至大关键，为今日政治上最大问题**。虽然，责任政府果何物，国会果何由而监督政府，是今日政治上最大之问题，不可不与我国民共知之而研究之者也。吾请分四段而论：（一）责任政府之组织；（二）责任政府之精神；（三）政府应负之责任；（四）国会应有之职权。凡此四者皆改造政府之关键，而责任政府所由产出者。请进而述之。

第一，责任政府之组织

立宪国政府为一国责任行政之中枢，所以辅弼元首出纳政令之机关，对于国民负一切之责任，故谓之责任政府，为纯然责任行政之机关，而组织此政府者为国务大臣。国务大臣又分三种：一内阁总理大臣；二各省大臣；三无任大臣。

国务大臣者乃辅弼君主国务上之行为而负责任之机关也。君主施行国政必以大臣辅佐之，故除特别例外之事，非依国务大臣之辅弼副署，不得以君主一人之名施行政令。若君主有违法失政之时，君主不负责任，国务大臣以副署之故，须负责任。惟总理大臣须以有主义、有政纲者，为之定一大政方针以统一内阁，负国法上之责任。各省大臣则担任一科行政事务，负行政法之责任，如民治、财政、交通、教育等，省对于行政事业依大政之方针，负伸张发达之责任者也。惟宫内省枢密院不与，故曰无任大臣。此立宪各国通则也。若其组织之例，则君主以议会占多数之党魁一人或二人，传旨召入宫中，议商内阁组织事，授为内阁首相。此党魁奉旨选拔政治家，为各部大臣，拟定复奏君主，君主钦定任为大臣。若协议欠妥，由君主亲裁，或复前任内阁员或（欠）〔另〕任政治家组织内阁。

惟总理大臣须有一定之大政方针，以统一总揽内阁。各省大臣亦必须立于一定方针之下，协同一致，政见不能有所突冲。盖一国内政外交何止万端，总理大臣不能一一执而总理之，负其责任，于是置各省大臣分担其责任，若与总理大臣主义不一，则妨碍于国家之发达不鲜，故立宪国各省大臣不由君主简拔，而由首相指定，是以能收和衷共济之利，而无互相排挤之虞，此立宪国之要义也。以上所举责任内阁组织之大略也。然反观我中国如何？则吾中国所谓政府者，不过为君主行政施令之机关，不但无责任政府之精神，且无责任政府之形式。负国务一切之责任者，惟君主一人有方针，有主义者亦君主一人。使君主无方针、无主义、不负责任，则一国之中则无负责任之一人，而所谓总理大臣不过承上启下之机关，君主一人之使役，于事实上有专擅之权，于法律上无负责任之义，求其循例供职奏对称旨亦不可多得，尚何方针、主义、负责任之足望？此与责任政府不同之点也。至于各省大臣亦由君主之上谕简放，不以总理大臣之意志组织，未简之前，总理大臣不得有所举荐，既任之后，不能有所指导，求其不互相牵制即为美事，尚何统一内阁之足云？况其不谙军政而委以陆军部尚书矣，不精财政而任度支部长官矣，不学刑律而简以法部堂官矣，甚至前日之陆军尚书，今日改放度支部矣，今日之法部长官，明日改简外省督抚矣，朝迁夕调，毫无方针，有见异思迁之官吏，无统一主义之政府，求以无五日京兆之心，夤缘奔竞之事亦不可得，尚何协同一致之是求耶？此又与责任政府不合之点也。夫在专制时代，如此纷扰，本无足责，独现政府自预备立宪以来，所恃塞责（技）〔枝〕捂我国民，莫若改官制之一事，即此一事亦不过寻常之变法，又不得谓根本之改革，何也？夫立宪国与专制国之所以异者，亦以其一有责任政府，一无责任政府也。今政府预备立宪，何以军机处仍旧而不裁撤，仍为君主之器械，不为责任之机关？吾知虽三倒内阁，五易宰相，其不能合于立宪之精神也必矣。是以政府自改官制以来，谓其求运用灵通保固专制则可，谓其求根本之改革，实行立宪之预备，则责任政府之形式尚未俱，责任政府之精神尚可求乎？虽然，政府者一国之荣枯、国家之兴废之所系也，为国家谋富强、国民谋福利之机关，非君主一人行政之器械，更非一二官吏争权夺利逐鹿之剧场。若求宪政之实行，则除建造责任政府以外，仍博其名而无其利，立宪政体之建设，其与水泡等耳。虽然，改造政府之功，希望之于政府，可乎？吾知是如（椽）〔缘〕木求鱼，望梅（指）〔止〕渴，希望之心愈切，放任之心即生，更无可知政府何也。是必待开国会之后，改造政府殆可成功。与其以责任政府产生国会，不如以国会改造政府。何也？亦以未开国会之先，政府虽有负责任之形式，国民无监督之机关，则负责任与不负责任，仍不可不望之于政府；既开国会之后，国民既有监督之机关，即无不负责任之政府。此吾主张以国会改造政府惟一之理由也。

第二，责任政府之精神

（甲）君主不负责任　责任政府云者，国务大臣之一员所负宪法责任之谓，故亦曰大臣责任。责任政府之精神云者，即国务大臣对于君主之行为须负其责任也。君主立宪国，君主不自任其责，然关于国政之行为使无人任其责，则不能达立宪国国政之目的。故立宪国于君主之行为必以总理大臣任其责，凡关于君主之行为，陈述自己之意见。若君主之行为违反宪法法律之规定，或有害于国家之公益时，则大臣须任其责，且不第对于违反宪法法律之行为而已，对于违反公益之行为亦负其责。是以总理大臣之责任与各省之国务大臣不同，各省之国务大臣负从服上官命令之义务，只从服上官命令之责任外，可以不负其他之责任；总理大臣则虽君主之命令有违反宪法法律，或有害于国家之公益时，国务大臣有不服从之义务，非特其责任应如此，亦其责任不应不如此也。大臣如何可以负责任，则立宪国关于各省事务必各省大臣一人签押副署之；若关于国家全局之事，亦必有总理大臣之签押副署。一可防君主之违法，一可以保君主之安全。何以言之？以专制国之大臣徒为君主之使役，不负国务上之责任，凡政令所出，悉自君主，而其得失亦君主一人当之。使君主一人无失政违法之过失也，固可以差安，然国务万机百端待理，断非君主一身所能周顾，使其稍有过失也，大臣既不负失政违法之责，势必人民之怨愤常集于君主之一身，国乱亦随之而起。此专制国只有戮杀君主之惨剧，而无改造政府之事实也。若立宪国君主之行为，必须大臣之副署，君主虽有失政违法之行为，大臣可以拒绝副署，陈谏于君主之前，以匡君主之过，即或君主与大臣皆有失政之行为，以大臣副署之故，君主不负其责。惟大臣任其责任，故民怨只集于大臣之一身，去一失政之大臣足矣。故君主可以安全，不第与国家无所害，且解散一失政内阁，再组织一责任政府，君主亦因之安全，国家即随之福利，此立宪国之大臣既可以防君主之违法，又可以保君位之安全也。是以各立宪国之政府无不以大臣有责任、君主无责任之精神贯注之。除英国之责任政府全由习惯而成无特别之规定，其他各国无不载之宪法中为重要之条件。德意志宪法第十七条云：凡皇帝之命令及处分以帝国之名义公布而生效力，必须首相之副署，首相因副署而负责任。普鲁士宪法第四十四条云：国王之诸执政应负责任，执政失误之罪不及国王，由国王之政府颁出一切文书，必执政者副署之始可施行。比利时宪法第六十三条云：国王之身不可侵犯，国王诸执政皆为有责任者；第六十四条云：国王所出之文书，非执政一人副署不得施行，执政惟副署者任其责。奥太利宪法第一条云：皇帝为神圣不可侵犯，又无责任；第十条云：法律公布以皇帝之名行之，但须准建国法设置之议院承认及责任之执政副署之。意大利宪法第三条云：国王之身体为神圣不可侵犯；第六十六条云：诸执政负职上之责，若法律及一切文书无执政一人之花押无效力。西班牙宪法第三十九条云：国王之身体为神圣不可侵犯而又不负责任，执政者负有责任。日本宪法第三条云：天皇为神圣不可侵犯；第五十五条云：国务各大臣辅弼天皇而任其责，凡法律敕令及关于国务之诏敕须国务大臣副署。观此可知，立宪国大臣之副署规定如此之严，正所以标示君主不负责任也。而以君主无责任之原因，故生大臣负责任之结果，而责任之关系虽非尽生于大臣之副署，然副署行为实足为责任之表证。故一有副署，则对于此副署之事实，已确定其有负责任之道。此立宪国君主之行为必须大臣之副署，而大臣因副署之关系而负责任也。

以上所述，责任政府之精神，国务大臣负责任、君主无责任之精神也，亦即立宪有责任政府，无失政君主之特（证）〔征〕也。若专制国，负责（任）〔仁〕民爱物之责任者，惟君主一人，其他官吏不过备君主之咨询，为君主之使役，不负丝毫仁民爱物之责任，于是由君主负责任之原因，成政府放任之结果。夫一国人民生命财产全托命于君主一身，人民生命财产之危险，君主仁民爱物责任之重大，尚有过于斯者乎？使君主贤也，乾纲独断，尚能举自专自制之实，如其不贤也，或权臣之威擅，或官吏之朘削，君主之明不足以照及官吏，君主之力不足以强制权臣，则一国之生命财产为其牺牲。人民既不能制官吏之剥削，更不能助君主之愚骇，只有革命，诛杀病民之官吏，戮弑愚暗之独夫。于是以君主一人之关系，惹起全国之革命，此吾中国四千年历史只有君主革命无政治革命之所由来也。若专制国之君主与立宪国君主相比较，言乎独裁之权利也，则立宪国不如专制国，言乎皇位之全也，专制国不如立宪国。何以言之？则专制国负责任为君主一人，惟其负责也，故有独裁之权利，亦惟其负责任也，故皇位不安全。立宪国之负责任者为政府，以君主之不负责任也，故无独裁之权利，亦以君主不负责任也，故神圣不可侵犯，皇位可以久安，是以有君主不可侵犯之立宪国而无皇位久安之专制政体也。今以吾国与立宪国比较而言之，则吾国历史上负仁民爱物之责者，在承平之时，固可一人为纲，万夫为柔，作福作威，颐指气使，所谓予无乐乎为君，惟其言而莫予威也。及至叔季之世，求为布衣犹不可得，如汉献帝曰“朕亦不知命在何时”；明建文帝曰“愿世世子孙勿生帝王家”。就此二者比较，何其一尊一卑，一喜一惧，相差如此也？无他，君主负责任，大臣不负责任之结果。若立宪国君主无责任，负责任者惟国务大臣，如有违法失政之过失，政府受国民舆论攻击、国会之弹劾，失政大臣虽有强力亦不能久安其位，不能不畏舆论而辞职，失政之政府解散，责任之内阁重兴，一切困难问题皆可解决，丝毫攻击不及君主，抑且不必及于君主。故英国之格言曰：“君主不可为恶。”夫君主亦人类也，人虽圣贤，谁能无恶？独至君主曰不可为恶。岂非怪辞？殊不知君主既不负【责】，君主便无恶之可为。此英国为立宪之祖国，而君主无责任之表证也。以上所言，皆就君主一方面下观察，君主负责任，固不如政府负责任之为愈也。若就国民之方面下观察，又当如何？则国民身家性命，国家若能保护，有安全无危险，国家为国民谋利益，有发达无压制，国民何所乐流血拼命，不辞以同胞之颈血购自由之幸福也？其所以不得已者，亦以在上者不特不能保人民身家之安全，反欲牺牲全国人民，（共）〔供〕一人之嗜好，故甘心为一哄之政策，以诛民贼。是以国民之最忌者，莫若身家性命之不安全也。则负仁民爱物之责任者，专制国在君主，立宪国在政府。**故专制国人民之身家性命不安全也，更换君主；立宪国人民身家性命不安全也，则改造政府**。吾国为专制国，只有更换君主之历史，无改造政府之国民，非有所忌于君主也，以政府不负责任故。反之，立宪国但有改造政府之事情，而无变换君主之惨剧，亦非有所恶于政府也，以君主不负责任故。此专制国与立宪国相异之点也。然再审更换君主与改造政府二者，孰为有利于我国民也？则可一言以决：**更换君主用力多而成功少，改造政府用力少而成功多**。何也？夫一国之所崇严莫若君主，使一旦欲更换君主也，则非国民之势力披靡全国，常不足以动摇君位，即使动摇君主得以成功也，则只以欲去君主一人之原因，收一涂炭人民扰乱社会之恶结果，或者去一横暴君主，仍易一专制魔王，以暴易暴，拯救同胞之目的不能达，不过为（骜）〔骜〕桀者之前驱，助其帝王之事业耳。夫法兰西之大革命，固以颠覆君主、建设共和为目的，掷国民无数之头颅，流荡爱国者无数之热血，而其结果如何？亦不过成全拿破仑一人之帝王事业，扰乱全欧之治安，势不得不起第二次之革命，仅购一不秩序的共和政体。此欧洲更换君主之历史，其结果不过如此。若我中国历史上，则自秦始皇统一以来四千余年前刘兴项仆，李代桃僵，由汉而晋，而隋，而唐，而宋，而元，而明，至失于本朝，起革命军者数十次，更换君主亦数十起，试问其结果如何？亦不过**更换君主一次，专制政体进化一次，牺牲一国之安宁，成全一人之帝业**。呜呼！更换君主之结果，竟为进化专制之阶梯，又岂更换君主之初心所及料也哉？**此更换君主用力多而成功少也**。今再观改造政府之结果如何，则立宪国负国务上君主者，为国务大臣。使国务大臣有主义，有方针，足以谋国家发达，增进国民之幸福也，则国民固不必再有改造政府之举动；使国务大臣无主义，无方针，不足措国家于治安，而有损害于国民也，则国会一次之监督，国务大臣斯不能不畏国民之舆论而改方针。若经国会一次之弹劾，国务大臣即不能安于其位，总理大臣必以失政之过，引咎辞职，则全体内阁亦必随之解散矣。去一失政内阁，再组织一新政府，其国务大臣必不能与前内阁同一不负责任，大政方针不能不有所进步也。**只解散一失政内阁，可以购全国之幸福**，此各立宪国改造政府之通则，而因以富强者。故曰：**改造政府用力少而成功多也**。今再就更换君主与改造政府难易之点下观察，则**更换君主难，改造政府易**。何也？更换君主必恃武力，改造政府只以舆论。以武力而言，即使匹夫奋臂，四方响应，能达更换君主之目的，亦非旬日之间可以奏效。以历史上征之，楚汉七年战争始诛一暴秦，法兰西三次革命，（殆）〔始〕换一君主，必流血遍于全国，人民厌于兵戈，于是有桀者起，虽厉行专制，亦不愿再行抗犯，甘忍于雌伏。**此更换一次君主，愈进化一次专制也**。若以舆论而言，政府有失政之行为，则报章之嘲骂，人民之不平，政党之指摘，国会之弹劾，虽有强硬之政府，亦不患其不颠覆此舆论之势力，速于兵戈，而**改造一次政府，国家即多一次进步也**。而挽近有因无责任政府之故，旬日之间君主为虏、国民为夷之活历史，足以征吾言之不诬，即朝鲜之亡国是也。夫朝鲜之亡国，议者莫不曰日本手段之奸辣，朝鲜国民之不武，哀朝鲜之亡竟为中国之鉴，是诚然矣。而**问朝鲜何以亡国，则一言以决：君主有责任，**

政府无责任，有以亡之也。夫叩朝鲜积弱之原因，固因内政之不靖，且其可亡之道已早定于数年之前，而此次亡于旬日之间，则以海牙密使为之导线，至日本大兴问乃罪之师，则朝鲜政府曰：是皇帝所遣派者，非我小臣所能谏阻者也。政府既诿过于君主，日本亦只有促韩位之退位，趁此机会拥立新皇为其傀儡，夺其财政权、军事权、外交权、司法权，堂堂朝鲜竟因此而入于亡国史中。呜呼！此所**谓以君主一人之过失（戳）〔戮〕全国之性命，君主负责【任】之颠危竟如此，可不惧乎？**设使朝鲜有责任政府也，则海牙密使之事件必不能通过于国会，即使其通过也，虽行之以君主之名，必有大臣之副署，使日本加谴责也，则君主无失政之责，大臣有副署之过。解散一失政内阁，则围解矣。日本虽手段奸辣，又岂奈朝鲜国权何？此又有责任政府，君位可以无危，国家可以安全，必有之利益也。近日我国民常惧步朝鲜之覆辙，不可不为未雨绸缪之计划，则吾可一言而定：**惟组织政党，谋开国会，不使君主负责（负）〔任〕，监督政府负责任，岂惟不步亡国之覆辙？扶国家之颠危，拯国民于水火，亦于此卜之矣。**此吾不辞厌烦历陈君主负责任之害、政府负责任之利，亦期我国民知所采择耳。

（乙）皇族不为国务大臣　皇族者，与君主有血统之关系者也，无论何国，无不有特别之权利，而不负政治上之责任。亦以君主神圣不可侵犯，不负政治上之责任，而皇族与君主既有血统之关系，故亦应与君主同一不负责任，不可受政治上丝毫之攻击。正所以敬皇室之尊严，免阻政治之进步，此立宪国之通义也。而各立宪国惟比利时王族不为国务大臣载之宪法，其他各国虽无特别之规定，皇族为国务大臣不为违法，然担任国务大臣常足以动摇皇室，故各国无不避之。皇族不为国务大臣已成通例，而其所以不为国务大臣之义，则一可保皇室之安全，一可防皇族之违法，亦与君主不负责任同一义也。夫责任政府者，对于国会负责任之谓，稍有失政违法之过失，国会则立予弹劾，正所以促政府之进步，而措国家于富强也。若皇族其位至荣，其权至尊，只可以受国民一致之欢迎，不容受毫末之弹劾，其位其权正与国务大臣相反，故各国皇族只投身于海陆两军，不担任政治之责任也。设使皇族负政治上之责任，是必上对于君主负副署之责，下对国会负失政之责。假使无方针、无主义而损于国家之进步，则国会必不能以皇族故而不弹劾，人民亦不能以皇族故而不愤激，则匪特有损皇族之荣誉，更且有害君主之威严，是以皇族不如不为国务大臣之为愈也。况以皇族之尊严，负政治上之责任，虽有失政之过，仍有特权之尊，国会弹劾之难，必十倍于一般大臣，则国家之治安因是而有损，国会之能力全失，贵族政体出现，立宪之精神于是而刊丧。故曰：皇族不为国务大臣，既可以保皇室之安全，又可防皇族之违法也。而吾国以专制政体放任政府之故，国务大臣向以皇族领衔，在国初不过为军机之中枢，及至在与近世为政治之主脑，其不合于立宪国责任政府之精神，莫此为甚。将来责任政府成立之后，必不可有违立宪国之通例而贻患国家，故不辞琐屑缀及于此，以期我国民知此通义也。

第三，政府应负之责任

（甲）政治上之责任　立宪国政府责任之最重要者，其政治上之责任也。政治上之责任者，对于职务上之过失，辅弼之过失及自己之职权行为之过失，受世论之批评，而自受其结果之谓。其批【评】出自国会之时，谓之对于国会之责任，此立宪国政府最重要之责任也。夫立宪国政府之精神，必有主义有方针者，足以增进人民之幸福，措置国家于治安。而所谓有主义有方针者，即有政治方针统一内阁，依此政纲主义为行政上之定盘星。其关系于国计民生者至重且钜，且政治得失之娇矢，国民利益之枯荣，无不惟政府之大政方针是觇。故国务大臣不得不内审内国之国势民情，外测世界政治趋势，以定政纲主义为大政之方针，献之于君主，求君主以裁可。君主不裁可也，则当辞职；君主裁可而宣布，依此政纲主义为国务上之大政方针。至各省大臣则基于政府所定之方针，既要充分扩张行政上之利益，对于政纲主义无所背戾，尤须立一定行政之计划，谋其事业之发达。则内阁自有负责之大臣而无放任之政治，责任政府之实于斯而后举。若其对于发达民生扩张国力之事业，不悉心筹运以达国家之目的，不负责任之过固不容辞。即使筹划而无成功，是不能随机制宜以应世，故亦为不负责任。或其在政党内阁发达之国，国会即乱弹大臣，若国会失信信任时，则解散国会，诉之舆论。舆论不信任时，臣斯不得不辞职，再以占政党多数之政治家组织新内阁，是为连带责任。若各有一部分之失政，被国会之弹责，或政府提出之法案，议会否决，则被指斥之大臣即不能安于其位，不得不辞职，其他之大臣可以无恙，此英国之通例也。若未能成政党内阁之国，则不能以国会之弹劾，舆论之指斥，即交迭内阁，是必国会以弹劾政府之奏章上之君主，乞君主之罢免，然后更迭内阁。君主亦不能与国会为敌，祖（底）〔庇〕一失政大臣而不裁可，更不能拂全国之舆论解散国会。若国会解散一次，民气激昂一层，虽有强梗政府，亦终不能抗国会之势力，故但求有一监督政府之国会，斯无不负政治上责任之政府也。

（乙）法律上之责任　政府政治上之责任既如前述矣，而法律上之责任与政治上责任相异之点安在？则政治上之责任者，关于有误于大政方针而言，无一定之标准以律之者也。若法律上责任者必有一定之准则，外部之规律，以判定其过犯有无及其轻重。此有贺长雄论政府责任之言也，即如君主不能以命令变更法律，如有违此言而背戾此规定之时，政府不可不有以矫正之，否则宪法失保障，国务大臣以副署之故，不能不负此责任，故又称为宪法上之责任。其他大臣违反职务上之义务及背反法律规定之时，政府皆不能不负惩戒之处分，而各国对于此等之处分殊无定例。在英国十二世纪之时，国民议会监督政府，凡违背法律诸事，以为非君主作恶，皆大臣辅弼之失，政府不能不任其咎，故里查一世王大法官威廉仑克征布擅逞权力，即予免职。十四世纪国会乱弹大臣助德华二世，即处大藏尚书以死刑，大法官科禁锢，而此制度未免失之酷苛，非法律之所许，不久即废。对于大臣特种之不法行为，认国会之一院或各院皆有弹劾大臣之权，国会弹劾大臣时，移于特别之政治裁判所审查之，是为处罚大臣违法之制度。其初发达于英国，自立宪制度之传播，共为各国所认。在德国，则以特别国务裁判所审查之。普鲁士则以最上级之大审院裁判之。其他如美如法无不（模）〔摹〕效之。而各国处分之法不同，或仅加剥削官权，或加谴责，有处之刑罚者，有予以禁锢者，此各国对于政府违法弹劾之通则。故但求有监督（之政府）〔政府之〕国会，则不患无负法律上责任之政府矣。

第四，国会应有之职权

政府有应负之责任既如前述矣。然政府果何畏惮而负此责任耶？无他，以国会有监督政府之权利故也。夫国会乃国民总意之代表，参与国政监督政府惟一之机关也。虽立宪之精神全在责任政府，而制造此责任政府者，实国会监督之结果，故变同言之，立宪之精神，皆在国会监督政府之作用可也，然则国会果有何权利以监督政府耶？则试观国会监督政府应有之职权。

一、财政监督权

（一）监督担负之权　国民对于国家惟担负财政之义务为重，而国家对于国民又以发达民生为惟一之责任。国家若重其担负，繁其征敛，则国计民生必蒙至钜之损害，即与立宪之精神背戾。是以各国凡关于财政之担负，必受国会之监督。凡募集公债、赋课新税、变更税则、处分国有财产及财政重要事件，必须宣示国会，经其协赞，乃得施行。即如英国宪法所定，凡“租税未得国民代表者承诺，政府不得征收”；“非经国会承诺不得征收金钱”；“未得议院同意，不得以国主特权赋课租税”等宣言。日本凡“关于国家之财政课租税及变更税率，非以法律不得为之，必需国会之协赞。除借国债及定预算之外，为国库负担之契约不可不经国会之协赞”等条件，皆所以防意外之诛求而实行监督，则政权之规定也。

（二）监督预算之权　专制国之财政，无所谓预算。国家之财产任一人之挥霍，人民无过问之权。近世以民权发达之原因，凡既入国库之财产收支，非作预算总案，求国会之协赞，人民有否决之权，则不得支出，故预算协赞权实监督政府惟一之武器也。故无论何国政府，未有愿人民监督其财政之出入者也。然预算制度发达之原因，必以政府困于财政，不得不重国民之担负，而国民即因此而获监督之权利。考之英国查理斯二世方与荷兰战争，困于兵费，政府议加地租，国会遂要求凡指定用途之外，不得支用，已用之后，确实与否，须派人检查。千六百八十八年，大革命起，政府又窘于财政，国会复要求使用金钱，必经国会议决后公布始得支出，此英国预算制度成立所由来也。他如法国，以专制之故，财政紊乱如丝，窘绌异常，至千七八十九年开国会，始要求租税承诺权。及拿破仑一世即位，国会之条规始加严密，其会计法，凡各年期之收支，非经预算许可，不得滥支，于是法国之预算监督权始巩固矣。更如日本维新之初仿行欧制，于明治六年公布预算，八年制定岁出岁入预算表，后又制定会计法，每年公布预算于全国。及发布宪法，将预算之条规定于第六十四条。自是预算监督权永远确定，而国家之财政因此发达矣。惟普国因政府与国会意见不合，以俾斯麦之威力，翻下议院之决案，以王命与上议院之同意，决行每年预算，是为立宪国例外。即如俄国，末立宪以先，已有预算之报告。此各国预算发达之沿革。由是观之，预算之制度，非特国民监督度支之职权，亦国家发达财政惟一之利器也。预算之制度如何？则凡国家之金钱，既收入国库之后，财政大臣即负责任，经国会之协赞，一文不许滥支。每年由财政大臣将一年之收入支出，详核精核，立为预算表，送于国会，先由众议院议员发议，然后再送上议院元老院酌定之。先议权惟下议院享有，亦以国家经费出自人民，下院皆人民之代表，其否决之事，必全国所否决，其所可决之事，亦必全国所可决者。如下院可决，上院不得变更，然后奏之君主裁可，裁可之后，公布之。此项金钱存于国库，当需用之时，由各官厅发支（拂）〔付〕命令，言明某事某款，依预算若干支（拂）〔付〕，持此命令至国库支取，由国库查核后发给之。更以支（拂）〔付〕书与预算表参照，有无超过，若无超过，即可支出。若因要政超过预算额及预算外之支出，须经国会承诺，不然于决算时发现，则财政大臣须负违法之责任也。国库亦称金库，通国皆设有之制度，略同于官厅，由中央金库分为本金库，由本金库分为支金库。凡有官厅之地必有金库，以其地之大小为支拂之制限。凡金库统由大银行经理。此银行一面为法人营业，一面为国家管理金库，而受财政大臣之监督，此预算制度之通则也。若初经议会之议会，次有国库之管理，似无缺点，然国库之良否，由不可无检查之监督。更以国会监督，则国会开会之期仅三阅月，终了之后又将如何？故立宪国别立一会计检查院以代国会监督政府。会计院为独立机关，直隶君主，对于政府立于监督之地位，其检查之手续（有又）〔又有〕二：一检查其支出之数目合否；二检查其支出与法律命令合否。若有违法滥支之弊，可以上奏君主处分之，正所以补加国会之不足，亦立宪国之一要件也。

二、立法协赞权

凡欲制令新法改废旧法，无论国家之命令如何，不经国会协赞，无法律之效力。无论国家之命令如何，非经国会协赞，非经国会协赞，不得废改。故日本之宪法第五条云：天皇以帝国议会之协赞而行立法权；第三十七条云：凡法律要经帝国议会之协赞。若非经议会之协赞，谓之命令，而非法律。既云法律，必先经议会协赞而后称之也。他如英国，则以政府与国会共有立法权，然由习惯所成，立法权全落于下院之手。德意志则参议院行立法权，非经国会承认不得施行。此立宪君主国协赞立法之通例也。

三、行政监督权

（一）诘问政府之权　国会能举监督政府之实者，以其有诘问政府过失之权也。日本之议院法第四十八条云：两院议员欲质问政府之时，须有三十人以上之赞成者，作简明质问主义书，与赞成者（连）〔联〕名提出于议长之前。第四十九条云：质问主义书由议长转送于政府，国务大臣即须答辩。若不立即答辩，须定日期。若再不答辩，须示明其理由。由是观之，无论何事，议员有质问之权，政府无拒绝之理，此亦监督政府之一端也。

（二）弹劾大臣之权　政府对于国务不敢放任之故，亦以国会有弹劾大臣权在也。在英国，大臣有违法失政之时，寻常裁判不能审问之，此权应归于国会，下院有审查其罪弹劾之权。弹劾之后，以其情实输之上院，判决其可否。用此方法，伤害被告大臣者不浅，故（进）〔近〕世多不用之，然实为弹劾大臣之滥觞，各国无不仿行其例，稍有变更，此又监督政府之一方法也。

（三）上奏君主之权　弹劾大臣固为监督政府之一方法，然有嫌其法不便而用者，则予国会上奏君主之权。凡政府有失政之行为，或臣民对于国务有所建议，则以其意思直接上奏于君主，乱弹大臣之过失，或由政府转奏君主，陈国政之得失。国会有此权利，遂得为行政之监督，此又监督政府之一便法也。

第四，外交监督权

立宪国外交所以有胜利而无失败者，以国会有监督外交之权，故国家无失败之交涉也。而外交上最重要者莫若条约，故立宪国条约承认权，无不有特别之规定。英日两国缔结条约为君主之特权，然不经国会之承诺不生效力。德意志缔结条约权虽属君主，然使条约生效力者，尤须待代议院之承认。法国缔结条约，凡关于和亲通商及国家财政财产时，要国会之议决，然后规定。美国不问如何种类条约，使生效，不可不经元老院承认。意大利，凡关于财政上之义务及关于变更领土者，亦必要国会之承认。由是观之，无论君主国民主国，凡有国会者，国家之外交即不能任政府之独断，此立宪国之精神，而外交胜利、国权扩张之一大原因也。

以上所举皆立宪国政府应负之责任及国会监督政府应有权利。观此可知，有国会之国，不患无责任政府，而无国会之国，虽欲有责任政府必不可得也。是以世界上，无论君主国、民主国未有不以国会监督之原因，始生政府负责之结果也。而吾所不辞琐屑历举立宪国之成例者，以期我国民得所镜鉴，又可知立宪政体之精神，固非二三条文宪法可以收富强之美果也。

虽然，立宪国之制度，既亦告我国民矣，然则我中国之制度较之各国，良乎？窳乎？又不可不讲也。请反观我国，则政府惟以苛政暴敛为责任，以摧残民气为本分，求其不如此也亦不可得，尚何责任之足云？政府虽有欺君病民之行为，国民无诉讼弹劾之机关；政府有横征暴课之嗜好，国民无乱弹检查之能力。以国民之膏脂供官吏之衣食，以国家之财政为大臣之利薮。君主既无独鉴之明，国民又无监督之力，哀哀小民，莫可谁何？专制之毒真如蛇蝎。虽然，吾国自去年不亦云预（传）〔备〕立宪也耶？荏苒一年毫无进步，只有官场逐利争权之恶剧，并无预备备宪政之举动。吾虽欲不斥责政府，愤不能遏，怨不能抑，又可知非只余一人如此，凡我国民未有不发指眦裂而恨政府足以亡我中国也。无他，吾请以开国会三字为救药，政府针砭，为唤起国民之遒铎，亦以既开国会之后，政府不负责任不可得也。

虽然，政府之不负责任之过，固不能逃出于天地之间，然既开国会之后，果何以能补救于我中国？无他，亦以国民有监督政府职权，政府不能逃应负之责任，则国家虽欲不富不强，不可得矣。前述国会应有之职权，分为财政监督权、立法（权）〔协〕赞权、行政监督权、外交监督权四项。使国会能行使此权，则政府未有能逃其责任者。况既有国会，又未有不能行使此权以监督政府者乎？吾国即以无国会，故虽欲政府负责任，亦在不可得之数。言乎财政也，国财艰难，民生窘困，库款支绌，司农仰屋，理财之条陈，日有所闻，而度支之焦迫，毫无舒裕。非谋之不臧与行之不力，亦以无监督财政之职权，有剥削民膏之官吏，国家虽欲不贫不绌，焉可得耶？况吾国财政之出入为官吏之专权，国民不得闻问。是以民国家之困穷，人民不能知悉，只有增赋之条文，并无决算之发表，而洋债之借入偿赔，皆暧昧不明，只令官吏之侵蚀，不容小民之过问。自借外债以来，我国民之担负十倍于前，虽有举鼎绝脰之患、抛妻鬻子之苦，唯唯未敢违政府之命令。决算之表，出入之案，未尝分布于我国民，是果政府惟有借债之权利，国民只有担负之义务乎？是亦世界所罕闻矣！考吾近岁之财政史，只有增得加赋、摊派勒捐之酷政，毫无裕国便民量出为入之成算，是果担负日加，反使国财愈窘乎？亦政府诸公侵蚀中饱耳！以前之财政不必考矣，即以庚子以后言之。自八国赔款议定，新旧洋债本息十六万五千四百九十三万八千两有奇，限三十九年还清，每年四千二百余万两。于是按省摊派赔款经费，江苏一省多至二百五十万两。政府出入之帐，赢亏之数，未尝一报告我国民，于是我国民加一次重大之担负。甲辰，政府既定新军之制，京畿北洋练陆军六镇，每年一千四百万两，江南、湖北又岁在数百万之担负，而练兵之数目，军饷之核计，又未尝报告于我国民也，自是又多了一次之担负。自辛丑盐斤加价，加抽芽税，开办彩票，种种剥削，不堪枚举，而烟酒加税一项，直隶每年增至七十余万两，厘金加抽每年增至一百余万两，皆政府任意诛求。尝经我国民承诺，使其有裨国也，我国民尚有何词？惟国民担负日重，财政拮（掘）〔据〕愈形，不过剥我国民之膏脂，饱政府官吏之私囊而已。呜呼！此何以故？**我国民无监督财政权而已。我国民何以无财政监督权？无国会为代表之机关也。**反之，有国会又将如何？则政府之借外债必经国会之承诺；欲有加税之条件必经国会之协赞。凡国民所担负者，未用之先，须将预算表报告国会，求国会之承诺；既用之后，须受会计院之检查，不容有丝毫之亏欠，则国民担负之金钱悉为国家谋利益，政府不能有毫厘之侵蚀，则民富国强又自然之数也。况无国会之国，虽欲国民之负担，不过为勒令之摊派，非乐意之输将。反之，有国会之国，国家之财政，民间视之，如个人之经济，设有急紧之需项，国民必为积极之担负，国家斯无贫窘之忧，故国会者，发达财政之利器也。闻者疑吾言（手）〔乎〕？则请以日本征之。明治元年未开国会之时，经常岁入只二百六十万四千七百八十圆，迄明治三十八年开国会之后，议决预算定额，计经常岁入增至二万九千六百八十九万八千七百六十一圆，前后相较，有国会之时比无国会之时，财政增进加至九倍，其他税关地租，经常岁入加至八十余倍，国会之能力不亦伟巨也耶？愿我国民闻言兴起，**持不选代议士不纳租税之格言，与政府开谈判畀我国民以财政监督权，则国富民裕斯有待矣。此吾主张开国会之第一理由也。**言乎立法协赞权，亦立宪国之美事，非我专制国所能望也。虽然，立法者，一国之命脉所关，国民之身家性命所系，虽君权最重之国，亦未有不待国会协赞而可君主一人之意思生法律之效力者也。我国（切）〔且〕本无立法之可言，国家一切之政令之权，惟君主一人所掌握，政府尚为承上启下之机关，何况我国民乎？而专制之残余，民生之憔悴，与此则有相连之因果。我国民不与为立宪国民则已，苟其与也，**则不可终于缄默为专制之奴隶，必与政府开谈判，畀我国民以法律协赞权，则专制之毒斯可掩矣。此吾主张开国会之第二理由也。**以言乎行政监督权也，为监督政府惟一之利器，而我国所以无责任政府之原因，实以无行政监督权为之结果。政府前此之失败自不堪枚举矣，即以政府预备立宪以来论之，则贪逐婪利、贿赂公行、欺君误国、病民肥己之秽政为预备立宪之布施，非特国民无乱弹之权利，即谏台御史竟以参劾大臣免职矣，公正报饰竟为嘲罪污吏被封矣。呜呼！专制政府之预备立宪不过如此。我国民果皆与政府同一聋聩耶？则我中国无救矣。如我国尚有些须之魄力，是不可不与政府开正当之谈判，畀我国民以行政监督权，则国家之危亡尚可挽救于万一。此吾主张开国会之第三之理由也。言乎外交监督权也，为国民不可无之权利，亦以处此野蛮竞争世界，国家之存亡之机关，民祸福之判，无一不与外交有密切之关系，使有毫末之失败，全国即蒙其损伤，是以各国条约承诺权，无不与之于国会，非特国民应有之职权，抑且补政府之不逮。故立宪国方与外国缔结条约，必经国会之建议，国会之承诺，必俟运谋周到，计议妥议其有利也，施行之，其有害也，取消之。而专制国与外国缔条约，全恃政府之主张，国民不得闻问，而政府无一定之方针，不过敷衍了事而已。故就二者比较而言，立宪国之外交以全国之谘议决对外之方针；专制国之外交则以政府之独裁为对外之政策，是以专制国一与立宪国遇，外交未有不临时周张而失败者，无他，亦以一有国会为政府之监督，一无国会为政府之指导也。吾国亦以无国会之故，国家之外交全赖政府之处置，其断送国权，残害国民，抛失土地，种种外交失败之事迹，虽有南山之竹，亦不足作一外交失败史。以前之事不论矣，即以近事言之：日、俄、英、法四国之协约，伏亡我中国之导线，关系全国存亡之大事，未有过于此者。政府闻之方喜其保全中国领土，向外国致谢矣。虽有知其危机，亦未有谋其抵制者也，或者竟为各国所愚，胁定一失败之条约，亦未知也。更如东三省主权之存失，关系全国之兴亡。日人浸浸之势力，非合我全国谋之，将不足以抵制，而政府视国家之主权如馈赠之礼物。自徐督到东后，一切主权断送外人，全省铁路尽为中外合办，到省未及三月，全省之命脉将绝，未闻政府有一挽回之方针也，未闻政府谋及我国民也。夫三省之主权虽细，则全国之主权将随之俱尽。近闻俄人要求在蒙古之权利须与日本在满洲平等，法人要求在云南之权利须与日本在三省相埒，是各国将借口于三省之办法，亡我全国之主权。如德、如美、如英，吾知将继日本之后尘，向我中国索求（持）〔特〕权，中国之亡尚有救乎？呜呼！何以致此？以无国会监督也。我国民如愿中国继朝鲜之后尘为保护国，或效瑞士之所为，要求各国保全为中立国，吾尚有何说？如其否也，我国民不可不奋起与政府开正当之谈判，畀我国民以外交监督权，则中国之不亡尚有几稀之望，此吾主张开国会之第四理由也。

以上所举，皆各国有国会所以强国，我国无国会所以危弱之事实也。爱国君子，其亦有闻言而兴起者乎？尚有一言以号召天下者，则世界竞争之趋势，将集注于中国。自英、日、俄、法之协约，我国已入各国范围之内，亡者，势也，不亡者，幸也。而处此竞争之世界，不有内政优美之原因，绝不能收外交胜利之结果。我国外患之迫胁可谓急矣，而我国政府，满汉之争，新旧之战，尚在梦生醉死之中，为逐权争利之剧，内政之败腐亦可谓达于极点，亡国，势也，不亡，幸也。故就吾国外患观之，虽利害冲突之国，已调和一致，此其所以可畏也。而就吾国之内政观之，虽同福祸之民尚作纷纭之戏，此又所以可痛也。然则挽狂澜于既倒，支大厦于将倾，尚有术乎？曰无他，速开国会，改造政府，畀我国民以财政监督权，则国不患贫矣；畀我国民立法协赞权，则不患不安矣；畀我国民以行政监督权，则不患不强矣；畀我国民以外交监督权，则不患列强之胁迫矣。此开国会之第二利也。①

（三）融合满汉

呜呼！我中国至于今日亦可谓岌岌乎殆哉。外有列强环伺之危机，内生同室操戈之朕兆，政府放任于上，国民泯棼于下，具有亡国之因，而无挽救之术。忧国者莫不痛哭流涕，延颈跂踵，思挈起四万万同胞，并申合作建设立宪政体，改造责任政府，扶我国家于九渊之底，拯我国民于五浊之中，而无复依赖政府、希望政府之心。诚以十年来外患之迫切，内政之纷淆，无一事非政府放任之咎，则非国民起而自图为根本之治疗，不惟富强之日不可期，即欲保此遗种于今后之世界，因亦不可得也。嗟乎！今日我国民之责任，不亦巨于丘壑，重于泰山乎？知乎此，则我国民对于国家应无一日不在负责任之中，即无一日不在尽义务之中，使有斯须之放任，国家即为政府断送矣。故我国民今日再不容丝毫之畛域，丝毫之龃龉，为负责任之障碍，为尽义务之阻隔，又彰彰而益明。诚如是，则满、汉之融合乃可言矣。夫满、汉至于今日，固栖息于放任政府之下，不得享国民之自由，为列强所抑制者也。国兴则同受其福，国亡则俱蒙其祸，利害相共，祸福相依，断无利于此而害于彼之理，即无福于此而祸于彼之道。是必同致国家于富强，然后满、汉得以俱存，此有识者所能道也。又岂独满、汉为然也，凡居于我

① 以上部分载《大同报》第三号，自下段至结束部分载《大同报》第四号，编者。

中国之土地，为我中国之国民者，无论蒙、藏、回、苗，亦莫不然。我有同一之利害，即亦不可放弃救国之责任者也。惟独满、汉风俗相浸染，文化相薰浴，言语相（揉）〔糅〕和，人种相混合，程度较各族为高，关系较各族为切，则负救国之责任，尽国之义务，亦不可不较各族为重，非其程度果如此，亦其责任不应不如此也。呜呼！满、汉同胞，可以兴矣。

或曰：如子所言，中国外患之胁迫，内政之腐败，（阉阉）〔奄奄〕将不足以自存，非国民起而负责任，为根本之治疗，决无富强之可言，且国民中关系较切，程度高者，惟满、汉两种人，欲救中国，归（究）〔咎〕于满、汉先负责任，即谓中国之兴亡、一任满、汉能负责任与否决之可也，此固我所承认者。惟满、汉责任如此之宏钜，关系如此之重大，使满、汉相提相携，合心合德，同赴国难，共济时艰，然后始有责任之可言。然吾独不解，排满之风潮，发腾于社会，如涛如涌，勃然而不可遏，排汉之政策，产生于政府，如火如荼，焰焰而不可熄，方谓种族之相残、国民之崩析将现于中国，子独于此巨涛怒浪之中，以号召满、汉负责任，岂非理想之大高而洞察时势又有未当乎？曰：否。此不过志行薄弱者之浮言，脑识简单者之心理，不足以察满、汉全体之真相也。夫满、汉处于中国，久为精神上之混合，文化之陶铸，风俗上之浸染，政治上之团结，已成一民族而不可分为两民族，且随社会之演进，已有民族进为国民，只有兄弟同胞之亲爱，绝无民族离贰之恶情。所谓排满排汉，不过无意识者浮言邪说，不足以为我满、汉同胞之代表。况国家之危难间不容发之秋，又岂可以一二脑识简单、志行薄弱之浮言，度我全国同胞之心理？若因此而自丧我国民负责任之心，坐观国家危难而不之救，则吾人智识不亦太简单、方法不亦太错误，与救国之正道不亦太相左耶？故吾人策中国之道，惟有击斥排满排汉之邪说，融合满、汉之感情，挈我四万【万】之同胞而负救国之责任，不愿以满、汉相阋之原因，成中国灭亡之结果，是余之所馨香叩祷而希望之者也。虽然，满、汉果由何可道可以融合耶？曰：是不可不求政治改革耳。何也？满、汉相处既已久远，所谓民族之界限早已默于无形，所以不能使我满、汉同胞相处无猜有亲爱无仇视者，皆专制政体为之历阶也，皆放任政府为之伏线也。岂独满、汉蒙其毒焰、受其摧残而已？凡我国内政之纷瞀，外交之失利，国民之生命财产之不安全，何一非专制政体放任政府有以酝酿之者也？故吾人今日饮食不忘枕戈待旦，所欲建设者，立宪政体耳；可欲改造者，责任政府耳。不幸我中国政体之窳恶，政府之腐败，世界各国所未有。凡居中国之土地者，未有能逃逸专制毒焰之范围外。不幸满、汉受其影响最为先，蒙其摧残为最甚。然吾人所以措中国于不亡者，别无方法，惟有开设国会，改造政府，设立宪政体，则中国一切困难问题，皆可得根本的解决，国家由此而安全，国民因此而福利，则满、汉受其影响亦必最先，而蒙其福利亦必最厚。是以满、汉之不融合，既以政治不良为之原因，欲求满、汉之融合，亦当以政治改良为之结果。然不有开国会之原因，又未有收政治改良之结果者，故吾人之所主张，即以国会为融合满、汉惟一之利器也。或曰：国会为人民代表之机关，为建设政体之利器。以中国今日岌岌不可终日之时局，非开国会直无图存之道，是固稍有政治思想所能知之，且能道之者。然吾闻开国会者，国民政治活动之产物也，未有国民不为目的，团结政治运动，与政府宣战，可以开国会者，征之各国莫不皆然。今我国民雌伏于专制政体之下数千年，即无政治上活动者，亦数千年，其不能一日具团结的魄力，与政府宣战，自不待言。况满、汉之恶情未消，民族之格斗方烈，今不求满、汉之融合，贸贸然要求国会之开设，是何异不先解决满、汉问题，欲同为政治事业？自吾视之，未免先其所缓，而后其所急，先其所轻，而后其所重，不亦错误也耶？曰：子之说未足以难我，子谓我国民雌伏于专制政体之数千年，不能为政治上运动，别为一问题，不必于此究诘，所欲辩者，则满、汉恶情未消，不能同为政治事业之一问题也。则中国至于今日，外患之胁迫，非改革内政，无以抵御，而求内政之改革，又非国民起而图之不为功。是以救国家于颠危，拯同胞于水火，正我国民枕戈待旦、梦寐不忘之事业，且巨于丘壑、重于泰山之责任。诚使我全国同胞以群力赴之，犹恐不逮，况程度较高、关系较切之满、汉，谓其不为赴汤（投）〔蹈〕火、救焚拯溺之同胞，而度其为鹬蚌相持、同室操戈之仇隙，为此言者，吾知必非。中国之国民不兴，我满、汉同利害者也，然则满、汉只有救国之可言，而无相歼之道理，又彰彰而益明。若谓满、汉之恶情未消，民族之格斗方烈者，即欲是必出自挑拨满、汉卸（隙）〔却〕国民责任者所主张，真我国民之仇敌，天下之公蠹也。

然则满、汉不必融合为可乎？曰：未也。夫国民不辞肝脑涂地，涤专制之旧观，染立宪之新制者，亦期得完全之自由平等耳。使国民先不自由，先不平等，匪特宪政不能行，抑且宪政又何足贵？是故立宪政体以保障人民之自由平等为原则，而不以留存阶级等差为元素也。我国专制政体保延数千年而未有已，国民遭其摧挫，蒙其流毒，固愈深而愈厉，而其中最不可思议者，则莫若满、汉不平等，满、汉之不自由耳。是以满、汉相处二百余年，忽然惹起两可之恶感，为一最扰乱之问题，皆满、汉不平等为之伏线也。自一般愚者度之，则以为种族之恶情。自明者视之，则以为政治上之问题。夫既为政治上之问题也，则当由政治方面解决，而不可自种族方面测度，是又明卓者所公认。虽然，一云政治也，则吾国为专制政体，求在专制政体之下，畀吾国民以自由平等，是何异（椽）〔缘〕木求鱼、望梅止渴？况满、汉不平等既以专制为之原因，则欲求满、汉平等，不可不以立宪为之结果，自不待言也。则开国会实为建设立宪政体之关键，即为融合满、汉之利器，故求满、汉之融合，不可不望之于国会既开之后，又可断言也。

或曰：满、汉融合不可不待之于开国会之后，既如此，然则不先融合满、汉，又何得而开设国会耶？况要求国会，以今日政府度之，以今日国民度之，苟欲达吾人开国会之目的，吾知非数年不为功。然则满、汉之融合必开国会同一纪元，则未开国会之先，此数年间将有何术可以融合满、汉，不为宪政之阻挠耶？曰：此不难也。夫吾国民汲汲不暇稍待，欲开国会者，亦以建设立宪政体耳。我国民如渴者思饮，饥者求食，欲建设立宪政体者，亦以处此野蛮竞争世界，将为列强所吞噬，非立宪无以图存。故吾国民当以外患者为沉疴，以立宪为药石，而以国会为药方，断未有无药石可以瘳疴者，然而无药方，又不知所以投药石。虽有扁鹊之圣、华佗之灵，亦难救药我中国。是以我国民今日所亟者，莫若学开药方，配合药石，此技一熟，此功必见，则久病沉疴之中国可以不死矣。呜呼！我中国何一日不在一生九死之中？我国民何一日不在水深火热之世？同心同德，合力合作，犹恐不足以图存，又焉有满、汉交恶，兄弟相残，而能免于歼亡之理乎？故中国存也，则满、汉交利，中国亡也，则玉石俱焚。我分满、汉，不与同心，外国人不分满、汉，而且同戮，与其将来为同歼之死友，不如今日为同德之生民，是稍识国家大势者所公认，而不为邪说所惑者，则今日对于救国之事业同负其责任，又岂容已哉？故无论汉人、满人，苟稍有爱国心者，必以满、汉同负责任为前提，而不以满、汉相争杀为正当，吾即认为知中国之前途，世界之大势，只有救国热诚，毫无民族思想者，是真吾人之同志，以热血欢迎而不暇。无满无汉，若合力以赴国难，要求国会，促行宪政，吾又知绝无丝毫畛域，丝毫界限，芥蒂于心，只以同志为亲，不以同族为爱，则满、汉已无毫末恶感之可言，即不融合，又岂有种族思想耶？即如余满人也，素以救国为己任，而绝对排斥民族主义者也。虽满人不与吾同宗旨，吾亦骂斥之不遗余唾，虽汉人与吾宗旨相合，亦亲爱之如手足。非只余一人如此也。吾同志者，满人、汉人多矣，偶聚一室以推求救国之道，口吻之相合，心理之相凑，只有同心可爱，绝无种族可分。故吾尝喜满、汉之相洽，而又信满、汉之必可融合也。以此证之，满、汉但为建设立宪之同志，又何阻挠宪政之足云？且同志日多，则国会开设，亦将不远，虽不融合，亦复何伤之有也？虽然，此只可求之于一般之同志，而不可望之于全体之国民。何也？以程度有高下，知识有浅深，不能人人皆有救国之目的，斯亦不能人人有融合满、汉之心理。必也满、汉既平等之后，融合之效方可普及于全国。又岂独融合满、汉之责任不能执人人而期望也？即要求开国会建设立宪政体之事业，亦不过希望中流社会之国民起而图之，不能执全国之人民一一而望之，非心理有所不愿，实事实有所不能。若全国人人有救国目的，政治思想，匪特我无国会之中国不能一旦而普及，即世界有国会之国，当其过渡时代，恐亦非旦夕所能办到。故立宪事业与其希望普及政治思想后之人民，不如责望中流社会热心救国之同志。是固各国宪政胚胎时代之成规，非独我国为然也。即满、汉之融合，亦不必俟全国皆有此心理，但求有一般同志无满无汉，有坚定不拔之宗旨，百折不挠之魄力，以救国为前提，以国民为本位，相召号，相提撕，赞成者不患不多，联合者不患不众，立宪政体不患其不成，国会不患其不开，满、汉不患其不融合矣。至于政治思想普及于全国，融合满、汉无形于社会，则非开国会之后不为功，非今日之所能行，而不敢奢望之者也。**故吾之希望且主张者，未开国会之先，满、汉以宗旨上之团结为宪政实行之前导，既开国会之后，满、汉以政治上之融合为国民福利之归宿。质而言之，要求开国会时为融合满、汉之先声，实行开国会时为融合满、汉之后盾，此吾人所以策中国之道而融合满、汉之方法也。**

或曰：子何必孜孜焉望以国会融合满、汉耶？政府调和满、汉之政策，化除畛（城）〔域〕之方法，聚各部缙绅之士以谋之，合天下之督抚以策之，今将见于实行，满、汉调和必亦不远，其政策必较吾人为妥帖，其方法必较吾人为迅速，自吾视之，望之于政府可耳。曰：融合满、汉之政策，不出自于国民而行之于政府，为吾绝对的不承认，而且为以必不能行者也。何也？吾满、汉之不得融合，政府为之历阶也。而今日之政府，一不负责任之政府也。凡吾国之内政之纷瞀，外交之失败，国民权利之摧残，国家权利之断丧，皆政府放任之咎，百喙而不容辞者。故吾人救国之道，惟有开设国会，改造责任政府，而未有国会之先，一切问题丝毫不依赖之于政府，何独于融合满、汉之大问题反希望之于政府，依赖之于政府乎？非特吾人不耻为之，即赧然为之，亦恐无所济也。吾可断言，若依赖政府融合满、汉，其结果不过牺牲一小部分之人，成全一大部分之人，即保全少数之人，牺牲多数之人，则满、汉融合之不可期，国民之感情反将为政府挑拨愈急而愈烈矣。夫满、汉之不得融合，政治上之问题也。欲解决政治问题，非有责任政府无从着手，而国会不开，又未有能产生责任政府者。故开国会以后，一切问题既得根本的解决，而融合满、汉又其中一重要问题也。今不期以责任政府融合满、汉，反求以放任政府调和满、汉，是何异于炊砂成饭，适楚北行，不亦傎（与）〔钦〕？

虽然，余不主张以放任政府调和满、汉而以国会融合满、汉，既如前述矣，则吾所以融合满、汉之手续之方法，又岂可不公之天下，为我国民研究参考之一助耶？则吾解决此问题分为四段以论：即（一）满、汉问题发生之原因；（二）满、汉融合之必要；（三）满、汉融合之方法；（四）满、汉融合之结果是也。请以次而论之。

（一）满、汉问题发生之原因　满、汉问题何由而发生也？则一言以蔽之曰：满、汉不平等而已。满、汉何为而不平等耶？则可一言以决：专制政体之产物也。夫专制政体延留于我中国既数千年，自秦以还至于本朝，虽更朝迭姓，而专制之毒未尝稍灭，国民栖息于此政体之下，民权之不得伸张，身家性命之不安全，不能间接受政府之保护，且直接为政府所摧残，固已水深火热，一日而不相安，而其流毒最不可思议，轶出累代专制范围外者，则莫若我中国之满、汉不平等也。考其所以不平等之原因，则以本朝入关之始，种族思想未能尽蔑，种族阶级因此而生，遂产出一种特别制度为我国民蠹焉。虽然满、汉至于今日为同患难之兄弟，同利害之国民，过去之历史已往之事迹抛弃之可也，忘却之可也，固不必斤斤言之，津津道之，然吾今欲解决满、汉问题也，若不推究此问题发生之原因，无以得其结果，则言之未能彻始彻终，反与解决之道未当，故不辞屑琐一推究此问题发生之原因，通人当不以为罪耶，则此问题发生之原因如下数端。

一）军事上之原因　本朝入关之始，以军事上之功为最多，而产生特别制度，亦以军事上之蠹为最甚。何也？即本朝入关之初，种族之思想尚存，君民之感情未洽，而能与君主同患难且能捍卫之者，只有满人而非汉人，而武力剽悍足以卫皇室者，亦只可求之于满人，不可得之于汉人。是以近而京畿，营驻重兵，（扞）〔捍〕卫皇室，远而各省，分设驻防，屯守疆土，则举国之中，无一处不为满人足迹所至之地，即无一处不为满人军事势力所及之地，于是八旗兵制分布全国，〈旗〉满、汉之界限因此产生，我国民遂亦不能不相扞格也。在当时汉人一方面观之，以一强大之兵力驻防之，置乎于一般人民之上，有特别权利，满人得而享之，汉人则无有焉；一切担负之义务，汉人不得抛之者，满人则无有焉。同为臣子，同为国民，何独优于彼抑于此耶？吾虽满人，回思当日之情形，未尝不（限）〔叹〕制度之不平也。然自满人之一方面观之，似可享特权焉，抛担负焉，汉人不能享而有之者，满人或【欲不享而】不可得也，汉人不能放弃之担负，满人则或可弃也。其实一特别世袭，终身负兵之义务，则永久不可脱肩（且）〔而〕放弃之矣。吾知虽是汉人追念从前之兵制，亦未有不唏嘘者焉。由此言之，汉人受军事上之压制，满人负军事上之义务，其痛苦相同，其毒害相共，又岂能相（于安）〔安于〕无事乎？虽然，此当日之情形也，洎夫道咸以还至于今日，则君民之感情日浃，民族之思想全消，保皇室卫国家者不仅赖于满人，抑且不必仅赖于满人，则满、汉同化之效，同心之德，固已彰彰大（着）〔著〕，不可以从前之脑筋观之矣。何况满人既荷一世袭充兵之义务，一切营生之途为之剥丧，生计能力不进，军事能力日萎，兼之营制之腐败，兵官之克扣，将军之昏聩，都统之剥削，昔日剽悍之气损失殆尽，而求生之力毫末增，则八旗只可为乞食之兵丁，不可为御敌之劲（旋）〔旅〕矣。故道咸以后言军事者，不可以语旗人，卫国卫民之义务，似不可不让之于汉人，于是应食之口粮，皆不能不为之虚靡，昔日强劲之兵丁，今日则萎弱之饿莩矣。由此观之，满人至于今日，既不能人人皆负卫国卫民之义务，反为病，损国损民之惰夫。谓之为兵，故不可也，然谓其无服兵之义务，则亦不当也。何以言之？则满人虽有坐食粮饷之兵丁，不能为出而卫民之劲旅，实制度之不良，训练之不精，有以杀之，适以逸之，非其果能逃当兵之义务，卸军事之责任也。是故满人无一权利可言，所余者，世袭充兵之义务而已。汉人亦无一压制能受，所余者，担负旗饷之义务而已。二者比较而言，满人当兵之义务重于汉人，汉人纳税之义务重于满人，不平等至于此极，又焉得而不发生问题耶？而满、汉问题发生之种子，实以军事上不平等为第一原因，而又以军事上之原因，间接发生经济上、法律上、政治上不平等之问题矣。

二）经济上之原因　夫旗人既以服世袭终身兵之义务，剥丧生计自由、营业自由、迁转自由之诸权利，则谋生之道不自由，经济能力不发达，又必至之符也。然人之生于天地间，又不能餐风饮露以生活，自身既不能谋利以自赡斯，不能不依国家助补以糊口，于是八旗制度，不为捍卫国家之军事区，特为恤养旗丁人之济贫，所直接虚靡国家之财政，间接加重人民之担负。满、汉经济上之不平等，又从军事上所产出矣。夫经济者，人民生活之要素，不可须臾离者也。未有人民经济势力不发达可以富国而裕民者，反之，经济能力膨胀实可以直接利于国民而间接利于国家，是以各国所以保障发达国民之经济势力，对外竞争者，亦正为此耳。而我国民经济势力不发达，将为外国经济势力所压倒，不有完全法律为之保障，反有特别制度为之摧残，将淘汰于天演界中，固专剥政体之流毒不可不图一洗者，而其中最不可思议者，则满、汉经济上之不平等也。何为经济上不平等？则满人无一不在兵籍者，自一身言之为终身兵，自一家言之为世袭兵。既为兵矣，故以不自由为原则，而以谋生计为例外。月饷所入，非止一人恃之以为生，且全家赖之以度日，生计焉得而不窘？经济何得而不困耶？夫所谓饷者，乃一人当兵之口粮，非一家度日之养赡。今以赡养一人之资，移为哺乳全家之费，而且一家之中，以其一人之口粮，不再求其他之生计，经济势力之薄脆，不亦当然而无足怪者？虽然，八旗制度，固为剥丧满人经济势力斧锧，又何尝不为摧残汉人经济能力之刀锯焉？何以言之？八旗之制度，愈延而愈久，八旗兵丁，愈生而愈多，八旗之兵饷，亦愈加而愈巨，则国家之财政，自不能不愈糜而愈多，汉人之担负，亦不能不愈久而愈重矣。夫国民经济发达之原因，实以负担轻薄为之结果，断未有苛敛繁征可以裕民而富国者。满人既有特别制度之剥削，幸无特别担负之痛苦；汉人维无靡饷之惰夫，实有担负出饷之义务。二者比较，以论乎谋生之自由也，则满人少于汉人，以论乎担负之义务也，则汉人重于满人。一国之中，权利义务如此之不相等，求之世界，所罕闻矣。故满、汉问题发生之种子，实以经济上为第二原因，亦专制政体为之媒介也。

三）法律上之原因　夫满人既列军籍而非民籍，是与汉人为民籍复可列军籍者不同，则法律上之不平等亦缘此而发生矣。夫法律者，所以维持人民之秩序、保护社会之安宁、以自由平等为原则，不以阶级等差为元素者也。在立宪国无不如此，而在我专制国，则不可期。然则满、汉法律上之平等，不亦以专制政体为之媒介也耶？即以公法上言，以刑罚上论，汉人以民籍，故裁判之权统之于有司；满人以军籍，故审讯之权归之于都统。汉人违国法，其罚也重，旗人犯国法，其责也轻（大清律例上分为五刑：一曰笞刑；二曰杖刑；三曰徒刑；四曰流刑；五曰死刑。凡旗人犯罪，笞杖各照数鞭责，军流徒免发遣，分别枷号，是其例）。满人加侮于汉人相控讼也，有司无审讯处置之权，必将其情实输之于将军，仰其鼻息，任其处断。将军贤也，满、汉或得其平；将军愚也，则汉人独蒙其苦。若汉人有侮于旗人也，将军有袒护之权，有司无抵抗之力，故旗人常逃出于法外。维其如此，故旗人常有甘心犯法无所忌惮者。满、汉交哄视为故常，争讼一起，营官、县令文牍往来，互相袒庇，则小民蒙其损害，大于丘山，然非旗人之果虐，而汉人之果愚，是皆法律不良有以酝酿之者也。以言乎私法，昔时满人之庄田不可售之于汉人，汉人之土地不可不卖之于满人，于是旗地民地因此而分。旗地无租，而民田有税，则民田冒充旗地逃租税者有之矣，或因其冒旗地起争讼者有之矣。法律不得其平，争端无日而不起，是又法律不良有以胚胎之者也。他如满、汉通婚、旗汉交产等之禁令，又何一而非法律不良为之历阶？呜呼！法律持平，小民方受其庇。若法律为之限制，满、汉问题焉得而不生？故满、汉问题发生之种子，以法律上不平等为第三原因，专制病民，不亦良酷与？

四）政治上之原因　旗人负世袭终身兵之义务，不能得生计之自由，窘困否塞，朝不及夕，因军制有以杀之也，而其名列兵籍身膺仕版一般作官者，不但不因兵制而穷，反因阶级而贵，其得官之敏捷，升迁之迅速，禄位之高宠，实非汉人所能望，而其能力之薄弱，贪婪之奢欲，亦非汉人所可及。曷观乎汉人，扶案十年，读书五车，虽擢翰林，竟有非四十年之资格不得以进为卿相者，而旗人捐一小官，有不数年可以超越之者矣。更如昔日满、汉分缺之制，满缺多于汉缺者有之，一满一汉者有之，只用满官不用汉官者有之。夫以满人之少，官缺将埒于汉人，其升官之途固较汉人为多。维其如此也，其服官之能力，亦多较汉人为劣。然非满人利禄之途果可以优于汉人，更非汉人进官之路果不及于满人，推其原因皆政治不良之结果也。夫国家所以设官者，以其治民耳。今不以贤否为黜陟，而以种族相牵制，优于甲而抑于乙，厚于此者而薄于彼，欲期政治得其平，不亦治丝而棼之乎？故满、汉问题产生之种子，实以政治上不平等为第四原因。然自官制改革，不分满、汉之制行，此毒为稍掩矣。

以上所举之四端，皆满、汉问题发生之根本原因，而由历史上所产出者也。呜呼！我国民不平等之厄，亦可谓深于洪水猛兽矣。夫处于今日物竞天择、优胜劣败之世界，不有内政治安之原因，绝不能收外部优胜之结果。变词言之，不有民权发达之原因，绝不能收国权扩张之结果，是亦天演之公例，而莫或能逃者。呜呼！思至此，又不能不为我国民慄悚矣。何也？亦以我中国处于今日之世界，以言乎国权，则强邻胁迫，外患迭乘，危亡之机悬于眉睫，非唯不能战胜于疆场，雄飞寰宇，岌岌焉，及固有资格已将失坠，不能并肩于强国，固已非自今日始矣。以言乎民权，专制政体为之摧残，放任政府为之剥丧，非唯不能扩张国权于世界，且将坠于九渊，不克以自拔若是者，何也？皆以专制政体之原因，故收民权萎弱之结果。又以民权未发达之原因，不能救国权扩张之结果，则我国不能相竞于世界，有优胜无劣败，不亦当然而无足怪耶？虽然，苟我国民，忍诟吞声，楚囚对泣，不求一洗则亦以矣，如其否也，则直接可以致国家于富强，间接可以扩张国权于世界者，惟有扩张民权之一道。呜呼！又何不幸有一满、汉不平等之祸胎为摧陷民权之斧锧耶？以军事上之不平等摧残我国民军事上之权利；以经济上之不平等摧残我国民经济上之权利；以法律上之不平等摧残我国民法律上之权利；以政治上之不平等摧残我国民政治上之权利。嗟！我国民何独罹此不平等之灾厄耶？吾不能不痛哭流涕，与我满、汉同胞同声一哭矣。夫军事者，国家发张强力之利器，而国民对于国家应负之责任也。国家之强力发张与否，一视其军事能力强弱为判，未有军事能力萎败而能竟胜于军国社会者，亦未有军事强力优胜而不能立足于军国社会者。故国权之扩张，无不以军事能力是觇，不亦重欤。我国军事势力不能相竞于世界，自不待论，而且满人以世袭终身立身之故，不能发达其振武精神，反摧残其军事能力。至于今日，（慄捍）〔剽悍〕之风亦失，贫（情）〔惰?〕之病已中，满人于军事上不能占优胜，亦天演淘汰，无可如何。汉人虽幸无世袭充兵之义务，然亦实有剥削兵权之事实。既不能有兵事上之权利，斯亦减少军事上之势力，故汉人军事能力之萎缩，殆受满人皆兵之影响。其究极也，满、汉以军事上之不平等，同牺牲军事上之权利，摧挫民权，此其一也。夫经济者，竞争世界之和平武器也。今日之世界实为一经济战争之世界，今日强国无一而非经济优胜之国家，未闻有一国无经济势力可以战胜于疆场者。况我中国适在列强经济战争旋涡之中，而今日之劣败，即以经济势力不足相竞于世界为之原因，实以我国民经济势力萎缩为之结果。不幸满人数百万之兵丁，坐食数万万之粮饷，且养成其怠（情）〔惰〕之积习，塞其谋生之道路，嗷嗷生民将成饿莩。汉人担负旗饷、供养旗兵之故，虽不能斫丧其经济能力一败涂地，然旗饷日增，负担日重，实为发达经济能力之大累。其究极也，满、汉以经济不平等，同澌灭经济上之能力，摧挫民权，此其二也。法律者所以保障国民之权利，维持社会之安宁，措国家于治安者也。法制国所以能立足于世界，为文明之模范者，亦以其能发达民权、扩张国力而已。不幸满、汉既不能受法律上之保障，反为法律所（杆）〔扞〕格。试一观《大清会典》之条文，《大清律例》之法制，若者为规束满人之法律，若者为规束汉人之法律，界限分晰，畛域厘然，或宽于满而严于汉，奇于汉而纵于满，不为保障民生之屏障，特为限制种族之厉阶。其究极也，满、汉以法律上不平等，同牺牲法律上之权利，摧挫民权，其三也。政治者，组织国家元素，一国之命脉所关也。政治组织完全国家，未有不发达而致胜强者；政治组织不完全者，其国家必亦随之而不逞。故国家富强与否，一视其政治组织完全与否决之。政治关系于国家不亦重欤？不幸满、汉于政权上不为运用灵敏之机关，而为相互钤制、互相侦见之制度。是故满人以幸进之敏捷，终剥其服官之能力，江河而日下，汉人以政权之狭小，数百年来不能与满人相竞与庙堂，则满、汉政界之争端、互相排挤之历史，无日不为国家之隐患，则满、汉不能因政治而融合，反以政治而轩轾。其究极也，满、汉以政治上不平等，同剥削政治上之权利，摧挫民权，此其四也。此四者皆发生满、汉问题之根本原因，而摧陷民权之特别制度也。我国民其忍诟辱，绝不图一洗耶？抑破釜沉舟，（拥）〔摧〕陷而廓清之耶？吾又知我国民之心理矣。其思摧陷特别制度融合满、汉者，必在大多数贤者，不思摧陷特别制度、挑拨满、汉者，必在最小数之憨者。然则满、汉之融合必不难矣。是必待开设国会，改造政府，将军事上、经济上、法律上、政治上不平等之制度摧陷廓清，则满、汉之畛畦（泯悉）〔悉泯〕，而国家之富强可期，满、汉问题遂亦解决矣。

满、汉问题发生之原因，吾既述之于前矣。然而不发生数百年前，而潜滋暗长发于今日，勃然而起，不可遏抑者，又何也？无他，外患胁束，有以迫之，政府放任，有以酿之。闻者疑吾言乎？则请言其理由。

（甲）因外患之激刺发生满、汉问题　吾国自与外人交通，自开国以迄于今，实无一日不受外患之胁迫，即无一日不受外患之激刺。以我中国土地之广袤，人民之殷实，财产之丰富，我国民不得经营之、利用之，而紫髯碧眼之士联褊接踵，前行后继，率临我中国。保全派行其经济政策，攫夺我之财产；侵略派施其军事武力，破坏我之版图，着着进行，一日千里。我国民蒙其损害为最深，受其激刺为最烈，矍然而惊，瞠然而视，始知中国外患之胁束，岌岌焉，不可以终日矣。然自明者观之，人之所以强，我之所以拙，皆物竞天择、优胜劣败之公例。我欲却外部之荆棘，当求内部之自强，或以改革政治为之补救，或主尊重外交免其挟制。虽其策之未必皆中，然其观察之点实不乖错也。若自愚者视之，则为误认列强环伺之原因，实种族（搀）〔掺〕杂为之导线。于是排满之声唱之于前，排汉之策随之于后。排满家以为欲抵抗外患之胁迫也，必先斥满人于国外；排汉家以为欲求内部之相安也，必先歼汉人无孑遗。其究也，排满家以斥满人之故，欲要求列国赞成之；排汉家以排斥汉人之故，思引入外兵抵抗之。于是满、汉恶情愈深，而欢迎外国人之心理益切，是必鹬蚌相持，贻渔人之利，始大快于心，即中国为其灰烬，亦非其所恤。夫既以外患迭乘之原因，发生满、汉轩轾之结果，今也又以满、汉相仇之原因，发生欢迎外国人之结果。呜呼！何其为感情奴隶至于此极也！吾有一言以警其痴梦，则满、汉者同利害之国民，外国人宰割我之刀俎也。满、汉之利，非外人之利；满、汉之害，实外人之利。今满、汉无一日不为同舟遇风患难，勿可以不相救，何可兄弟阋墙，同室操戈？独不畏卧榻之傍他人酣睡者，悲狼（籍）〔藉〕耶夫？悲夫，是皆外患激刺迫之使然也。

（乙）因政府之放任发生满、汉问题　吾国以专制政体放任政府之故，内政之不足以压吾民久矣。以政府之腐败，官界之纷淆，有争权逐利之恶剧，无惠民济国之布施，对内摧残国民之元气，对外断送国家之利权，求其行一政，施一策，足以差餍吾民之望者，已如凤毛麟角，不可以多睹。是故致国家于濒危，溺国民于水火，政府皆尸其咎，百喙而不容辞者矣。嗟呼！我国民受外患之激刺也既如此，其亟蒙内政之毒焰又如此其酷，左顾右盼，何一非困苦丁零之现象，前思后虑，无一非亡国灭种之惨情。人非木石，具有血气，其发指目裂，思与政府一战者，又比比然也。惟明卓者能洞鉴政治腐败之本原，由于专制之政体，其挽救之也，惟有改造政府，建设宪政，期永久之治安，不取目前之暴乱，甘为一哄之政策，歼国家于灭亡。惟知爱国、不知所以爱者，则又不认为政治上问题，又仍归咎于种族之界限，又以君主即国家之思想，产生一种不可思议之舆论。排满家认政治之陈窳非以政府之放任，实因君主之专横，不思改造政府，惟图更换君主，于是排君之声，披靡全国，引起排汉家之消极主义，屹然而反对。排满之风潮发扬于社会，排汉之政策实行于政府，固我国民以情感作用有以酝之酿之也。然试观政府既不能融合满、汉于数百年前，又挑拨满、汉问题于既发生之后，朝（醢）〔醢〕一排满党，夕擒一革命人，严刑峻法以杀之，侦探罗致以捕之，不能消排满之风，特激排满之气，则满、汉问题愈蒸而愈腾，益激而益烈。我国民虽欲解决之，而政府反贻人以口实而加历之。呜呼！政府酝酿满、汉问题之罪恶无以加矣。

就以上发生满、汉问题之六原因观之，则前之四原因，历史的产物也，后之二原因，感情的作用也。一为根本的之祸胎，一为枝节之错误。是故今日欲解决满、汉问题，亦必经根本的原因而解决，不必连缀枝节的原因而扰乱，亦以根本问题若能解决，枝节问题便不发生。**故吾人所主张者，惟有开设国会，裁撤八旗，示满、汉以军事上之平等；停止旗饷，示满、汉以经济上之平等；厘定法律，示满、汉以法律上之平等；改革官制，示满、汉以政治上之平等，则吾人主张满、汉平等之目的达矣。**

吾更有一言以为天下告者，则吾所举满、汉问题发生之原因，虽未能言之皆中，论之悉确，是吾知识不逮也。若疑吾有所偏，或有所袒，则吾所举者皆从事实上下观察，不自感情上为论断，尚未敢有附会之辞，是所自信者，吾知之矣。排满家必以吾言多诋满人之诮语，以为吾有懦于汉人，故作哀鸣之讼也。或者排汉家以吾言多揄扬汉人之口吻，以为有抑于满人，故作媚汉人之词也。则吾所主张者，融合满汉、共御外侮、拯救中国之策也；排满家、排汉家所标帜者，挑拨满、汉以召灭亡、灰烬中国之主义也。宗旨既不相同，心理即不相凑，则吾一言一行，焉知排满家不以吾为排汉，又焉知排汉家不认吾为排满？若求二者心理与吾相合，则必俟其变宗旨、归正道以后，否则无一日不立于反对之地位，吾虽喑音哓舌与之言挽救中国之道，融合满、汉之法，终不邀其见听也必矣。故吾之所言，既不期排满家之赞成，复又不愿排汉家之喝彩，非心理有所不愿，实宗旨有所不容，则吾不辞呕心泣血搪撞呼号者，以期无满无汉，爱国同志，闻言兴起，有以图之也。诚如是，凡可以融合满、汉之道，公心以布之，切实以言之，虽有诋诬满人之处，亦复何损？虽有诮笑汉人之处，亦复何伤？既不敢无理以诋諆，又何必分外以揄扬？呜呼！吾可以告无罪于满、汉同胞矣（未完）。

《大同报》第二号、三号、四号，光绪三十三年六月二十五日、九月四日、十月五日（1907 年 8 月 3 日、10 月 10 日、11 月 10 日）

《中兴日报》发刊词

胡汉民

南洋同志寄书，言方发起为《中兴日报》，属为之词。且曰：吾人之宗旨，在开发民智，而使数百万华侨，生其爱国爱种之思想者也。惟夫言论之始，则务求平和，以徐导之，子其不以为谬。予维今日之讥薄吾种民者，辄谓英伦之氓所至之地，虽百数十人，而自治整齐，俨如敌国。若吾华侨居南洋者，数逮百万，而所至乃恒不免为人臧获，其言不可谓非事实矣。然彼实未深思其所以然，夫谓吾华人生而猥下无自治之性，而彼晰种人独擅之，则盍观之东瀛三岛之国，其初见轻蔑无异我华者，今且傲然伸其头角，所至莫敢犯而几与英美人齐等，抑何道耶。故吾求华侨所以颓弱不振之故，而得其二因焉：其一曰国力不足以覆之，而政府亦无意于覆之也。自各国领土权发达以来，属人之治一变为属地之治，国家之权力，不能伸张于他国领土之上。然为其自国人民之利益，而有所拥护争持，则于积极消极之二方面，隐作后援，无殊本国之自为卵翼，盖个人之所以能竞者，视乎其群，更视乎其群之丽属也。彼人皆有国力以为之盾，少有不平，举国以争，则其气日扬而志日遒上。吾华不然，虽极憔悴颠危，遇困虐而无所呼吁，纵呼吁之，亦无所应，国又不竞，群之所丽属外人，恒易视之，则姑抑其志气，逊让不遑，阅几岁时，遂以卑屈从顺者为其天职。而所以养成此种习惯者，宁敢谓为个人种性之罪耶！其二曰：教育之不及也，吾华之出旅于外者，其始皆蹶逼于惟生计困绝食无所之氓也，未尝涵煦于教育。而其初至厥土，辛苦经营，惟日不足，衣食住之外无暇他求，曾无足怪。洎乎生计稍丰，知务教育其子弟，亦不过为其营生之利便，使略习外国之语言文字而止。若夫道德伦理之教，政治法律之学，则未之有睹。故南洋群岛其工商重大之业，未尝不操诸吾华侨之手，而政治之权则悉晰种人得之。其政治之极修整，无有待遇不平等者，华人固乐于服从，其稍不然，有阶级之异视者，华人亦不得不戢戢以就范。故泛言工商之天才，则吾华人可睥睨五洲无愧色。惟政治之思想能力独为缺点，因是缺点，而吾华侨今日之位置，乃无术以更进，而推究其本，则皆基于教育之不逮。今世之论者，不探求是二者，而思矫治之，不能得则诟厉不置，以为吾人种性之病，何其陋也。余杭章太炎先生，居恒相语：谓南洋之华侨，其所短乃在无自尊之性。斯性也，吾华内国之民，则固乏之。然游于东者，犹过半不失，其或曰，妄自尊大乎，犹贤于妄自菲薄者远矣，余深韪此论。今试执南洋之华侨，而语以民族之大齐，国民之大义，使求个人团体，将来安身立命之所，则什九皇瞿避席谓吾侪小民，不足以及此，此所谓妄自菲薄者非耶？其或操业稍裕，家蓄余财，求所以表异于众者，不可见则纳赀出粟，沽翎顶于伪朝，以为焜耀。然所得至虚假，习久亦生轻厌。其黠而无赖者，乃教以尽心献曝于异族专制之君主，以海外保护之为名，为异日幸分荣禄之阶梯，愚者信之，不惜附和。虽其持之无故，言之不成理，亦姑与为缘，企其说之或信，及其伪终不可掩蒙欺太甚而悔悼已无及。嗟乎！使其人自始无倚赖之心者，则必不至是，而不识主奴之易位，从盗我者乞其余，甘叱逐而不耻，妄自菲薄，至兹而极矣。凡是之属，救之之道，惟在日聒以言，提撕其自尊之心，使求自立之道，其智之未开，则觉之。其智既开，而惑于邪也，则正之。人人自发挥其能力，以爱种爱国，则异族罔得为制于内，而我华神明之胄，光复中兴，以此民族厕于他种人之间，则无或敢轻视。举凡今兹，所含忍不敢以为不平者也，他日将勿争而自祛，是则《中兴报》所为，奋然黾然思尽其言责者也。惟夫吾同志所谓平和，则当与世俗之论差异，俗论所谓平和者，曰责人以还我河山，此强以所必不应也，非平和也。又曰：以就现在之君主，而修其政法为宜，盖以争言民族之辩者为非平和，而能姑息偷安于他族宇下为平和也。若《中兴报》则以爱国爱种为唯一之揭橥，惟平和其声，而引导以渐，譬之行路，此虽徐行，而必至于大道，彼则以歧途为趋者耳。故平和与激烈为程度之分，而非性质之别，或昔以为激烈，而今日为平和者，则今日所谓激烈，转瞬即视为平和，因乎其时代社会之观察，而非得一定不易之故。孩提之童不能教以疾趋，而离于乳抱者，曾不待教，此吾人所谓平和之道也。余嘉南洋之创此报，而多数之心理将自是开发转移，因书所怀抱寄之，俾为发刊之词。

《中兴日报》，光绪三十三年七月十二日（1907 年 8 月 20 日），录自《胡汉民先生文集》第一册，第 388—391 页

现政府与革命党之比较

隆　福

绪　论

现政府与国家之关系

革命党与国家之关系

现政府之对外与对内及其利害如何

革命党之对外与对内及其利害如何

立于现政府与革命党之间立宪党之位置如何

立宪党对于国家之责任与救国之方法

结　论

第一节 绪 论

立于国民之地位，明知国家之危亡悬于眉睫，而以为不在其位不谋其政，徒咨嗟太息洁身自好以鸣高，于号召国民共求图存救亡之道，毫不加意，漠不深究，或已深明危机之迫而但持厌世主义，知若不知，一若存亡之责，只政府一二大臣任之，己无责焉，即使国亡，吾犹可以一死，以谢天下后世之责。此依赖政府者之无伤于政府，抑亦能见容于政府，而实无补于国家者也。此其人，吾国政界有之，学界亦有之，而以其自守自好，于人无伤，在政界为好好先生，在学界为本分学生，因之，既为政府所能容，亦遂为革命党所不忌，政府深乐有此种人，革命党亦利有此种人也。吾国若犹是雍乾时代，而政界、学界之人类如是也，诚于国家无损。吾国处今之世界，而政界、学界之人类如是也，吾国家乃由此无望。

更有之立于国家之地位，知国家之将亡而深惧之者，于是以舆论监督政府，提倡国民，其爱国之心，视乎洁身自好者固有间矣，乃其所持以为监督政府、提倡国民之具者，又复无一定之方针，无进行之方法，徒以冷嘲热骂，借一二未经解决之问题，为文章资料，事既无从解决，徒以挑拨国民之恶感，生前途之障碍，而监督与提倡之效力乃俱失。此其人政府忌之，革命党容之，而以其无正当救国之方法，导国民以共趋于是，政府之腐败依然，革命之风潮愈烈，对于国家亦终归于无补。

夫吾国政府之腐败，革命党之激烈，两方面虽各不相侔，要其关于一己之利害，乃适处于相同之点，而与我全国国民之利害相衡，则决然反对。今日政府之所利，非我全国国民之所利也；革命党之所利，亦非我全国国民之所利也。故人欲统筹全国之共同利益，自不得顾政府之能容与否，亦不能顾革命党之忌恨与否，惟顾合我全国之爱国志士，作国民之先导，出全力以救我将亡未亡之国家。无论其进行之方法如何，所持之手段如何，但求其所组织之机关实为救国之道所莫能外，则匪惟吾人将以热血欢迎，我全国国民亦必闻风兴起共表同情。特以今日中国之现状论之，上而政府，下而革命党，其设施行动，往往惟一己之利益是求，而置全国之存亡于度外。今国家之危迫，岌岌不可终日，若依然听政府之处置，任革命党之破坏，则国家之运命益促矣，故不得不急求挽救之法，公诸天下，以期联袂进行，第不将政府与革命党之真相，略加参究，比较论列，以公诸天下，则吾国爱国之士虽多，救国之道虽善，而不得进行扼要之方法，则欲统筹全国也綦难。故吾之所主持者，虽极简单，或有不及时哲所筹之精密，然使并行而不相悖，苟有以救吾国者，吾决不是己而非人，吾只尽吾国民之责，提纲挈领，使天下爱国之士听吾言明吾意旨之所在，相与相提相挈，共促政府之改良，消除革命，以免瓜分之祸。吾知爱国之士有所主张者，必与吾心理相同，而所谓洁身自好者，当亦知中国将亡，勿徒自好以鸣高，而欲收监督〈收〉政府、提倡国民之效者，亦当亟求救国之道，号召国民勿徒以挑拨攻击为能而无所主张，致使国民之共同感情乖离，贻误全局。此则作者之所祷祀以祝者也。吾兹首论现政府与国家之关系，则知我国民当改造若何之政府，始可救亡；次论革命党与国家之关系，则知我国民若不急于改造责任政府，则我国家非亡于政府，即必亡于革命党；再论现政府与革命党对于内外，其利害皆不与全国相同，则知立宪党之地位，有担任中国存亡之责，故续论其救国之下手方法，与我国民研究而进行之，其计虑有未周者，愿爱国之士有以教之。

第二节　现政府与国家之关系

日本永井学士尝言：国家者为有人格之法人也，必有其独立之意志，且必有行其意志之机关，其机关之一是为政府，以达国家之目的为务者也。今我国家之政府，无论其不能达国家之目的，即欲其维持中国之现状，生死救亡而亦不能。此爱国之所以奔走呼号，欲合全体国民以改造之者也。夫吾人所欲改造之政府，虽尚在理想之中，然即中国之现状观之，则知必须改造若何之政府，始可以救亡。盖吾国此后一切成败存亡之机，其关系皆在政府，故一研究现今之国势，则知欲救国者，非改造一强硬之政府，则不惟欲救国者无着手之处，而国无从救，即有方法补救一二处，而亦不能兼顾全局也。谓余不信，请观今日之中国。

中国之现状如何　此则不论何人所知者也。就其现状而论，吾无以拟之，拟之为中日战后之朝鲜。当中日战争之后，以中国战败之结果，朝鲜忽脱所依附之母国而独立，不用己国之一兵一夫，俨若收渔人之利，一跃而升为独立之国，在朝鲜未尝不谓为意外之喜也，而不知其所受之实祸，乃较为藩属为尤保。今日亡国之惨，即前日宣告独立之时之所基也。今以各国协约之结果，我国无自己保全领土之力，而恃外人之力，暂获保全，其与朝鲜之无独立资格而竟获独立者，其相去几何也？乃大韩帝国万岁之声未绝，而统监来，皇帝废，全韩土地，沟之壑之，悉听于人，全韩人民，奴之隶之，悉听于人，全韩权利，取之攫之，悉听于人，而箕子故封，乃永沉无底深渊矣。我国土地之大，人民之众，物产之富，千百倍于朝鲜，而人之欲灭此而朝食者，乃较谋害朝鲜者为尤甚。其现状既与中日战后之朝鲜相等，其危机之迫亦必较朝鲜为尤速，而其受祸亦必较朝鲜为更深。况朝鲜之亡，只亡于日本，在民族强悍者，犹有兴复之可言，然在今日已属无望，而能亡中国者，则不止一日本也。朝鲜当脱离中国之后，明知己国无独立资格，乃偏狃于目前之虚名，不求所以自立之道，执政之腐败如故，私党之倾轧如故，人民之散涣如故，数年之间并无一事可称进步者，揆之物竞天择之理，其亡也宜也。然自中日战争以后，虽不能再仰庇于中国，然外有日俄之冲突，内无种族之纷争，比诸今日之中国，甚难解决之问题尚少，乃犹不能逃今日之祸。今中国之现状虽与之相同，而较之朝鲜国内之问题难解决者已指不胜屈，而自各国之协约告成，邻国已协同以谋我，又非利用外人之利害冲突，我得居间以苟延生命之时可比矣。而国内又有满汉问题，新旧问题，蒙、回、藏问题，此挑彼拨，此倾彼（轨）〔轧〕，目光所注，只一部分，而不顾全体，执政之腐败如朝鲜，私党之轧轹如朝鲜，国民之散涣如朝鲜。即其现状以计将来，十年之间维持不改，纵无豆剖瓜分之祸，亦必有土崩瓦解之忧矣。吾洞观朝鲜，吾反而内省，吾不禁为我四百余州之土地、四万万以上之同胞股栗焉耳。

中国现今之位置　中日战争以后，日俄战争以前，瓜分之声，已腾播于海外，我国独立之资格，自彼时而已失，非各国有利害冲突之关系，亡国之惨，或已见于彼时矣。乃我失独立之资格，而以列强之对于我者，或主张侵略，或主张保全，两方面既有利害冲突，而势力又未定孰为胜负，于是我乃立于侵略、保全两派争持之下，延残喘以苟且图存。日俄战争告终，保全派大占优势，于是侵略派屈于一时之势力，不得不暂戢野心，以与保全派委蛇，维持中国之现状，而亚洲大陆久为侵略、保全两派互相争执之问题，乃于日俄一战解决之矣。

虽然，保全派胜矣，日、英、美之（改）〔政〕策行矣，保全领土、门户开放、机会均等之主义，乃为列强对于中国惟一之政策以进行，待其进行圆满之时，中国之死亡乃立至。何以言之？侵略派所主张者，土地均分之策也；保全派所主张者，财产均分之策也。两方面之主义虽不同，而不以中国土地上之财产为中国人民之财产则一也。不过侵略派既欲得财产复欲得土地，保全派虽仍以土地归诸中国，而土地上之财产，则不能复为中国所有。质而言之，但使中国尽其管理地面之义务，列强安坐享受其权利而已。故使日俄一战，侵略派胜也，两方比较，则为俄之利，为德之利，为法之利。中国虽不利，而日、英、美亦未必不利。今保全派胜矣，两方比较，则为日之利，为英之利，为美之利，及其结局，日、英、美不能独利，而俄、德、佛亦何尝无利？但终不得谓之为中国之利耳。不然，试思中国于彼六七强国，有何德泽，有何威力，竟能使之对于中国能分而不分，能亡而不亡，而各用其国力以保全我乎？此其故可深思也。故夫庚子之变，各国联军入都矣，瓜分之祸，应即现于彼时，固为吾人心目中事也。乃未几而和约定矣，但约赔款而兵即撤矣。以如彼天崩地（折）〔坼〕之变，而结局乃如剧场之散也。日俄之战，震撼全球，日人膏血于满、韩之野者，骨如山积。以言乎财政，巨款之糜费者若干万也；以言乎人民，妇孺之孤寡者若干万也；以言乎威力，则固战胜之国也；以言乎战争所得之土地，则固满、韩之野也。以其所得，衡其所失，满洲之土地安望复归中国之版图？乃战局告终，而黑水白山，依然无恙，所争者，铁路、矿山、森林而已。合此二事观之，其来势如此其凶，其结局如彼其淡，外人之对于中国，其居心不亦太愚，其用计不亦太左，其行动不亦大可怪耶？不知使我全国堕于印度、埃及而不自知者，正此类也。往者吾国人之忧亡国也，动辄曰：其亡其亡，殷鉴不远。自今以往，吾国其印度，吾国其埃及，吾国其波兰。不知波兰、印度、埃及虽同属于亡，而其所以亡者，实大有别也。彼波兰之亡，亡于瓜分，土地、人民、财产皆被割裂无余；而印度、埃及之亡，则悉将其立国之精英剥夺不遗毫厘，而糟粕则固依然存在也。此借经济为灭国新法者之所以可惧，而受其害者所以永无再兴之望也。故当日俄战争以前，中国既于实际上失独立之资格，则所以为存为亡者，久已听命于外人，但保全、侵略两派之胜负未分，而中国亡国之局遂因之而未定。使彼时而侵略派胜也，则吾国自不能不步武波兰。今保全派胜，吾国虽幸免为波兰，而印度、埃及、朝鲜，乃若与吾国互定协约，前后将同出一辙。今固协约极盛之时代也，亦即保全派所持之保全领土、开放门户、机会均等主义进行之时代也。惟是列强持此主义，互订协约，而我国因此协约，始必与埃及、印度、朝鲜殊途同归，终必至于波兰，而莫由幸免。不过瓜分之事迹未经实现之时，吾国有亡国之实，无亡国之名。瓜分之事迹既经实现之时，吾国有亡国之实，兼有亡国之名耳。在施之者之手段不同，而其目的则无不同，且受之者之最结果亦无不同。彼列强之协约，所谓支那领土者，岂真有爱于中国，不使之灭亡？不过暂不欲均分土地而已。其所持之主义，所谓开放门户、机会均等者，即所以维持中国今日之现状，使暂免于瓜分，但均分其土地上之利权而已。故中国之土地虽暂认之为中国之土地，中国之土地上之权利，即不复认之为中国之权利，而为各国所共有之权利。一则曰门户开放，再则曰机会均等，掷中国之主权于中国之势力范围之外，纳中国之权利于各国势力范围之中。彼所谓门户，即中国权利之门户；彼所谓机会，即各国对于中国权利之机会。不使之门户开放，则中国权利之门户闭而不开，塞而不通，权利终为中国所自有；不明约为机会均等，则中国之权利，中国虽不能自有，或转为一国所独有，不能利益均（治）〔沾〕，而为各国所共有。故一使之门户开放，则中国土地上之权利，中国不能自有，各国可以任意取求矣；一约为机会均等，即在中国任意取求之权利，一国不能独有，各国可以共有，而利益均沾矣。中国之权利既得共有，苟不确定其势力范围，则利害或有冲突，而协约乃出矣。于是甲与呷约，甲复与乙约，甲又与丙约，乙复与（甲）〔呷〕约，乙复与丙约，丙呷亦不能不互订协约，甲既得此，呷亦必须得彼，乙、丙亦遂各确定其势力范围，而共待夫时机之熟。迨夫时机既熟，利其分之也，则分之；利其合之而恐其别生枝节也，则虽仍听其合之，而可以各设统监以监之。从心所欲，事事自由，不必一兵一将一炮一枪，只烦数日之协商，而波兰、印度、埃及、朝鲜四国之中，中国必居其一矣。盖中国今日所处之地位，中国已不成为中国之中国，而为世界列强之中国矣。呜呼！青山依旧，难招祖国之魂，黑夜沉酣，群睡他人之榻。以四千余年之历史，四百余州之土地，四万万以上之人民，竟以约章数条，一举而断送之无余，实自有生民以来可怪、可惊、可骇而不可思议者也。呜呼！我国民其亦就中国之地位而一思之否也？以今日中国之现状，处于今日中国之地位，则中国将来之所以为中国者，已可不言而喻，而能使中国将来不为列强之中国，而复为中国之中国，且为列强不敢侵犯之中国，则视乎现政府之能改良与否以为定衡。以今日世界竞争之潮流，群注于东亚，我国乃以现在之腐败政府当之，几何其不断送全国也！吾每即中国之现状，默念前途之危亡，动辄疾首痛心，五内俱裂，又念国民之诚心爱国者，当必人人之心皆与我同，何独政府诸公独与国民之心异乎？吾以为必不然矣。吾尝反复思之而不得其所以然，而不得不就其一切行动之关系于中国者，以深究其利害之所极，以全国存亡之责，现政府无不任之也。以今日中国之现状，处于今日中国之地位，现政府关系于国家者甚深，故先就其对于内外之措施如何，则救国下手之方法，自得先审病后下药。我国民之闻吾言者，其亦有所兴起乎？我政府若不逆忠言，其亦有所警戒乎？其对于内外之利害，究竟如何？请论之于后（本节已完，本章未完）。[①]

第三节　革命党与国家之关系

吾前章所论中国之现状与中国之位置，如彼其危险而可畏也，则中国之所以为中国者，旦暮间之中国耳！中国为旦暮间之中国，则凡我中国全体国民，其可不早自为计，忍使赫赫神州随世界之竞争潮流卷之以去乎？吾每外顾列强之环而谋我，见其手段之辣、政策之狡、势力之强且大，吾未尝不悚然以惧。吾又回看祖国之锦绣山河如彼其可爱，神明遗胄如彼其可尊，觉环球列国之中，足以执牛耳而据第一等资格者，惟我堂堂中国，吾又未尝不跃然以喜。今乃足以使吾喜者无处不黯然生愁，而足以使吾惧者方且日迫日切而莫策其所究极。是固我政府之罪不容辞，实亦国民莫大之耻也。故自今伊始，中国之存亡问题不必求之于列强，不可第责之于政府，而惟求之于我全体国民之自身。使中国此后而为雄飞宇内之中国也，我国民乃得发其辉光；使中国此后而竟下侪波兰、印度也，我国民实难洗其耻辱。然则中国者，我全体国民肩头之中国也，任重道远，安可不去偏去私，本固有之天良，协力同心以救之？更何忍昧却固有之天良，离心离德以亡之？

虽然，理论与事实，因人因地因时不皆相应也。以中国土地之大，人民之众，物力之雄，亦何难横行五洲，冠冕万国？乃自海禁大开以还，时移事变，不过四五十年，而竟一败涂地至于此极。吁！可怪也！使英国国民处于我国民地位，其互相联系以谋救国之道，当如何也？使普国国民处于我国民地位，其相互联系以谋救国之道，当如何也？推而至于佛国国民、美国国民、日本国民，使其

① 以上部分刊于《大同报》第三号，以下部分续刊于《大同报》第五号，编者。

有一焉处于我国民今日之地位者，吾知其救国之政策必以国家为本位，谋全国民之幸福，而必不以一私党为本位，亦必不以一地方之小团体或一民族之小团体为本位，而第谋其小团体之私利以牺牲全国，则吾固可即其今日之现状断而言之者也。国民此后果能救国与否，则亦可以即其团结力之大小公私以为断，更可即其团体之目的以何者为本位以为断。设使此后我国民之政治团体，其团结之目的，皆以国家为本位，而能合满、蒙、汉、回、藏五族为一大国民，同心协力以救国也，则不惟此旦暮将亡之国家可救，而我全国国民且将自此而益光大也。使此后我国民之政治团体，其团结之目的，不以国家为本位，而专谋一民族之利，或一地方之利，一私党之利，则此后我中国以地方而论，本合满洲、蒙古、回疆、西藏及十八行省以立国者也，可合而不可分者也。而以卑劣之省界思想分之，遂致十八省自十八省，满洲自满洲，蒙古自蒙古，西藏自西藏，回疆自回疆，甚至省与省有界，不相顾也，府与府有界，不相顾也，县与县亦有界，不相顾也。此疆彼界，各自为谋，则内部瓦解之势既成，外界瓜分之祸乃至，国家亦何赖有此广大之土地乎？亦何怪以地小于我十倍之日本，敢于轻蔑我四百余州土地之中国为小国乎？则欲救中国者，自土地一方面论之，其将何所适从也？不宁惟是，试更即民族而论，中国之所以为中国，中国之所以为大国者，以其兼容并包，合满、蒙、汉、回、藏、苗各种民族以立国，而非彼单纯民族之小国所得望其一二也。而我中国国势之微弱至于斯极，尚有转弱为强之望，而不至若安南、缅甸、琉球、朝鲜诸国之一蹴即亡者，亦未始非国民庞大（罪）〔最〕多之赐也，所谓百足之虫死而不僵也。使今日中国犹能闭关自守，无敌国外患之可言，则民族主义亦何尝非生存竞争之一道？今则民族主义在列强已皆成历史之陈迹，而国家主义方将日进不已，而为列强突飞进步之本原。中国既丁此国家主义发达时代，则凡我全体国民，亦岂能专谋其本族之利可以生存者？中国此后各种民族，又安有自削其手足，排斥他族，能以一族立国者？一发不可牵，牵之动全身，其局已随世界之大势定矣。乃以狭隘之部落思想限之，遂致满自满，汉自汉，蒙自蒙，藏自藏，回自回，苗自苗，不顾共同利害，不顾国家存亡，惟是尔为尔，我为我，尔既排我，我亦虞尔，群置国家于度外，惟善保其图腾社会之性根，虽屡经摧折而不移，亦何怪外人讥我国之有种民无国民也。宜乎以四万万以上之民族，坐视国家降为三等，而群莫知羞也。国家有此众多民族与无一国民同，则当此世界竞争剧烈之秋，国之尚存者幸耳！

由是观之，则今日之所谓中国者，非所谓满人之中国、汉人之中国、蒙回藏人之中国，乃中国全体人民之中国也；亦非可以去满洲、可以去蒙古、可以去西藏、可以去回疆、可以去十八省之中国，乃合全中国之土地不可再缺一隅之中国也。然今观我国民之民德不和，一若此族得志，则彼族怨，彼族得志，则此族怨者，实则不知**我全体国民有利害共同之关系，亡则同亡，存则俱存耳！**不必侈谈学理，谓满、汉为同种为不同种也，亦不必谓满、蒙为同种为不同种，蒙、回为同种为不同种，回、藏为同种为不同种也，**但既同为我中国国民，则利害即不能相反，**勿徒以卑鄙之作官脑筋观察全国之利害。试观往事以断将来，则知吾非为自欺之言以欺天下矣。往者旅顺失矣，威海卫即随之而失，（谬）〔胶〕州湾亦随之而失，广州湾亦随之而失。不必更论国权，而有一港湾首受其害，则有多数港湾随之同受其害矣。今者满洲之利权失矣，蒙古之利权亦可随之而失，回疆、西藏之利权亦可随之而失，十八省之利权亦可随之而失。势力平衡，机会均等，此我国人之所同知，而各国且明定为协约者也。然则我国中各种民族将来之利害，有不与以上所言者同其科者乎？吾知此后中国之定局，各种民族有一民族先亡者，其以外各种民族即随之俱亡也，事有必至，无待蓍龟。吾为满人，吾岂徒为是大同之理绳，以博同党之喜而召反对党之怒者？惟是就中国之前途以思，无论置身何所，必使中国不亡，然后始足以立身于天地。由吾以观，我满、蒙、汉、回、藏四万万同胞，又有何人地位不与吾同者？惟昧却天良，把特别主义思欲卖国以求荣者，彼或独以为置身于四万万同胞之外也。故自我国内而论，以土地之大而自分为满洲、蒙古、回疆、西藏及十八行省，而自外人观之，则见其皆为中国之土地而已，无所谓满洲、蒙古、回疆、西藏也。彼有因我之分而分之者，非彼此互定其势力范围，即思将独吞其地而割据之也。又以人民之多而自分为满人、汉人、蒙人、回人、藏人，而自外人（覩）〔观〕之，则见其皆为中国之人民而已，更无所谓满人、汉人、蒙人、回人、藏人，即有因我之分遂从而挑拨之者，非欲收渔人之利，即将利用之，以为将来之导火线也。是故中国民族分合之局，即为将来存亡问题。使我国民之优秀者能以政治能力使之日几于合也，则我各种民族，各有其固有之特色，无论政治、军事、经济、学术，皆可本其固有之特长，以与世界争衡，则今日国虽降为三等，而异日突飞进步，执牛耳以受列邦之顶礼膜拜者，舍我神明贵胄，将谁属也？我东亚之名山大川且将因此而益增光辉也。使我国民之优秀者无团结各种民族之能力，使之协同一致也，则于我国内固有之人民土地，尚不能组织完全，经营全局，又安望巩固国权，伸张国力，谋最大多数之最大幸福，以与世界争衡也？物竞天择之理，国家与人物皆同，无能止于中途而不进不退者，人物不能趋于优胜即堕于劣败，国家不能谋其发达则终必底于灭亡。吾见我国民对于国家之心理，吾恐我四千余年之古国将不能久立于天地间耳！

西哲有言，时势造英雄，英雄亦造时势。吾国之时局已定，第恃能造时势之英雄，着手而改造之，则生面别开，匪惟我国家之庆，即世界各国亦将共享和平之福。故中国存亡问题，即为世界治乱问题，而中国分合之局，又即为存亡问题。使中国在二三十年以前，以满、汉交讧之故，久已五族分立，而时移世变，忽有六七强国，挟其雷霆万钧之力，纷至沓来，乘我内部分离，互订协约，各逞其蛇噬鲸吞之欲，以从事于瓜分豆剖。于是满洲以不能独立之故，将折而入于日；蒙、回以不能独立之故，将折而入于俄；西藏以不能独立之故，将折而入于英，遂至唇亡齿寒，势分力薄，十八行省亦必不能维持独立，有将折而入于法者，有将折而入于德者，有将折而入于日、俄、英者。惟时若有爱国爱种之优秀国民，无论其为满人，为汉人，蒙、回、藏人，苟不忍同胞之沦于奴隶，欲致之于优等国民之（例）〔列〕。试一审中外大势，以定进取之方针，其将仍持狭隘之民族主义，惟是五族分立，各自为谋，以自速其亡乎？抑将推诚相与，尽去其种族界限，互相提携，悉略其历史上之嫌疑，和衷共济，以自救乎？吾知既属人类，无欲自祸其身者，既为志士仁人，无欲自亡其国自灭其种者。五族分立，既不足以自存，其必以利害共同之关系，五族合而为一，以御外侮，则（因）〔固〕无可移易者也。由是以观，则中国今日虽已五族分立，犹宜复合为一，况本同处于一国之中，固为一国国民，且将同受分割之惨祸，而曰我必欲排人而利己，国家之存亡，同胞之生死，非我所知，非人首而兽鸣者，胡能出此乎？今中国外患虽迫，国家幸尚统一，大势尚易为力，满汉感情虽稍有不和，然其原因实出于政治之不平，而于种族毫无关系，不过待我国民之优秀者，去私就公，舍小谋大，解决此无（味）〔谓〕之问题，不以毫无价值之历史的关系，鼓惑而挑拨之，则满汉之问题立解。然后合满、汉全体之力，经营蒙、回、藏，团成一大国民以巩固我国权，丕显我民格，则今此下民，或敢侮予？不然则今日蒙、回、藏诸族，虽尚无分崩离（折）〔析〕之虞，然使满、汉乖离，蒙、回、藏亦不能独合，中国亦遂不能不因之而亡，是则蒙、回、藏之离合，又将随满汉之离合为转移，以定将来中国存亡之局，是又我满、汉之志士仁人所宜深思者也。

总以上所论，则我国内部各种民族与国家之关系已明。第国势危急至于今日，岂徒托空谈所能补救者？民族不可分，固也；土地不可分，固也。然试观我国内部之现状，土地人民虽形势上尚未分离独立，而精神上已若彼此不相联属，则今日虽合，异日难保其不分。况政治机关，组织尚未完全，交通机关，全国尚多不便，言语不相通者，不知凡几，礼俗不相通者，不知凡几，言语通、礼俗通而情意不相洽者，不知凡几。欲言团结五种民族为一大国民，谈何易易者？然中国此后存亡问题，首在民族之离合。苟救国，则不能问其事之难易，能合亦合之，不能合亦必竭全力而使之合之。处于微弱国家，欲有所成立，虽小事亦非易易，况谋一国之生死存亡乎？故吾默计我国中五族中团结之次第，宜以满、汉为先，蒙、回、藏次之。其造端之始，亦宜自我满汉同胞中之优秀者，组织政治团体，为之首倡，然后播其影响于全国，上以改良政治，下以混合国民，责任所在，系乎全国，我满、汉同胞，亦何乐而不为者？乃于此民族离合国家存亡之际，忽有独标一帜之革命党出，而缘饰历史，挑拨国民，其所持之主义曰民族主义，其所持之手段曰种族革命，其进行之方法曰内起暴动，外引虎狼，其善后之策曰土地国有。其政策能救国与否，能亡国与否，无俟吾再为辩论，但愿我全体国民，就世界之大势、中国之全局，并吾以上之所论列，彻始彻终，反复思之，则革命党与国家之关系自明，而此后救国之方针亦不难自定矣。呜呼！我四万万同胞乎！欲使中国生存，尚待我国民尽力，欲促中国之亡，固易易耳。至于革命党对于内外之所以然及其利害之所极，容当论之于后（本节已完，本章未完）。

《大同报》第三号、第五号，光绪三十三年九月四日、十一月八日（1907年10月10日、12月10日）

论今后民党之进行

立　斋

呜呼！吾国民痛心疾首于政府者，于兹有年矣。经甲午、庚子以来，国事前途，危急几不可终日。于是号称先觉之士，其愤激者，挟其徒党，数起于边陲郡国。而持重者，则谓非于国民思想能力，加以陶铸，虽日日言起义，无当焉。荏苒至今，政府之不足有为，晓然大白于天下，而薄海嗷嗷，咸思所以改造之者，是真国民的运动首事之期，而前途一线生机，其在兹乎？虽然，美国大统领罗斯福有言：著千部书，不如做一件事。西谚有言：与之以教训，不若示之以范本。自今以往，吾侪所以尽瘁于国事前途者，自不可徒以言论毕乃事矣。窃附此义，敢与吾海内同胞，一商榷之。

（一）立宪政治无正当不正当之别

以吾侪主持政治革命论者之所信，则方今急务，莫若速定立宪政治是已。虽然，有持民族主义，谓满汉利害背驰，两族并存，决无以得正当之立宪，则我正告之曰：近世列国立宪之原动力，无不出于国民之要求，非政府之所畀与。故国民之能力增一度，则政府之压制缩一度。远观欧美，近鉴日本，成绩彰彰不可掩。吾未见以吾国今日之政府，独能撑持此世界万国所不能撑持之狂澜焉。若曰：子不观俄罗斯乎？以虚无党炸弹之猛烈，迄今数十年，专制之淫威，犹不消灭，君等日日言要求，终见其废然而返而已。曰：俄罗斯非吾国之比。要其外交之成功，内治之整齐，皆足以收国民之信用。然远东一败，亦不能不颁布宪法，召集议会（至今度之解散，则议员自身有违宪之举动为之焉）。夫以我无方针无主义之政府，内而大小臣工，徒知为身家利禄之私，外而列强迫处，近在卧榻者，独能坚持不却乎？此甚不然者也。虽然，又有说者：子不见政府中之种种设备，思有以绝非种而杜祸根？吾未见公等之所要求，即为政府之所乐与也。曰：此言是也。

吾侪之所以持立宪而不主革命者，非曰视政府之好恶，非曰计一身之苦乐。诚以一方之暴动，长此糜烂其民，终无收积极的效果之一日，是远非吾辈救国之初志。至以政治上之运动，而不免于一时之诛锄者，则固在意计之中，抑亦万不能不负担之痛苦也。夫始败而终胜者，要求立宪之国民也；始胜而终败者，抵抗立宪之政府也。使牺牲数十人数百人数千人数万人之生命，而四万万同胞之幸福，有进今之一日，则吾侪之欣喜愿望宁有加焉。

至正当之立宪之说，此其标准，甚不明瞭。然固持民族主义者，悬此一格，以励吾党。抑即持立宪论者中，所以为必当力争经营，而丝毫不容稍让。则我正告之曰：国民实际所享受之权利，不视乎宪法之条文，而视其运用之能。故凡政治上种种重要事项，若内阁之存在，若国会之每年召集，若下院之税法先议权，虽一不见于成文法中，而以世界立宪国之鼻祖称者，英国是也。有其政治上之理论，虽不让于先进之立宪国，然其实行之结果，则违反所期者，意大利是也。有取其宪法而加以法理的研究，虽视欧美列国，不无逊色，然并不以是而阻其宪政之发达活动者，日本是也。故窃谓凡国会初开之国，不患民党无可以监督政府之途，特患其民党能力之幼稚不足以尽监督政府之实耳。法国公法家婆脱弥（Boutmy）氏有言：法兰西人好以卓绝壮丽威严求宪法之巩固，而英人则任其国法于渺茫模糊之里，以便其修正。虽理论上两者各有得失，然求之实际，则法远不如英。呜呼！是亦可以思矣（婆氏之意，非谓法文之可以渺茫模糊，不过谓虽有完美之宪法，使其能力不足以及之，犹之无用焉）。

夫宪法之编定，有出于钦定者，若日、普是；有出于民约者，若法、比是；有出于君民之约束者，若英吉利是；有出于联邦之协议者，若美、德是。以是之故，各国议会之权限，自不无等差。然有其不可易者，则凡为立宪之国，其议会必具五种权利：国家根本法律修正之权利，一也；凡以法律之形式现者，必经议会之协赞，是之谓立法权，二也（预算之协赞亦即属于是中）；条约承认权，三也；紧急敕令之事后承认权，四也（紧急敕令惟日、普二国有之。在英国虽无此种命令，然有责任解除之名）；司法权，五也（举其大者言之，则审判受弹劾之大臣是也。日本议会无此权。英国以政党内阁故，故有之而不用）。凡若此者，皆英国君民相争之结果，以为得此足以防专制之弊害，而近世列国咸采而著之国家大典。故若美国议会之专掌立法，英之君主不用拒否之大权，法之主权之尽在两院者无论矣。即若日本者，彼之宪法学者，固以日本主权，尽归之天皇之手，抑任命大臣，天皇自有其自由者也。然第一次议会之召集，山县内阁提出八〇六三八、七一四、七四四之预算表，时之改进、自由两党，同标政费节减、民力休养之旗帜，竟加以八百余万之减削（后改为六百余万）。迨事已了，山县知民气之不可当，遂终辞职，旋以松方代之。第二次议会以预算问题被解散。逮第三期议会既闭，内阁大臣，以选举干涉，大不利于众口，亦遂辞职。迄今凡二十三回，其间除中日战役伊藤内阁支持三载六议会之久，日俄战役桂内阁支持三载六议会之久，外此无经二议会不更之内阁。呜呼！内阁之颠覆，即民党之胜利也。故以我国今日之大势，使真有志于国家之改造，而勿徒持异种排斥之观念者，则以一议会数百人之力，足以干涉国家全般之施政而有余，而岂复有正当不正当之可言？是则我侪所以以是为独一无二之法门也。

有为民党之所恶闻，而官僚中之持立宪主义者所急思摹效者，曰德意志主义与日本主义，是亦不可不研究其因果而一论之。夫德意志联邦，于欧西列国中，诚以君权之大称。然此乃卑斯麦谋所以以普鲁士统一德意志，不得曰将以是图压制也。试举其理由之大者。统一德意志联邦者为普鲁士，为联邦之首长者为德意志王。故以普鲁士之独强，重以君主之大权，凡全国高级将官，尽归皇之任命。惟稍下级者，得自处理之。然各邦中除三邦以外，以此保留之权利，无大实用，故咸归之普鲁士。抑其他大政，凡稍涉重要者，无不尽归之中央政府。中央政府之首领为宰相，而宰相则听命于皇。此其原由一也。凡宪法之改正，于联邦议院，有十四票之反对者，则其议案不得通过，而普鲁士独有十七票。故于宪法改正，普鲁士有绝对的否决权。外若海陆军、租税法案之变更，亦惟普鲁士独握赞否之大权。夫以无责任之德皇，固无出席于议会之权。然以普鲁士王之资格，对于联邦议会得派遣使臣，因而间接有完全发言权。此其原由二也。宰相之官能凡二，一为帝国的，一为普鲁士的。故于行政上指挥二政府，于立法上操纵四议会。然以双方必以一人任之。然后普鲁士乃能举统一各邦之实。故宰相之对于议会，不能如他立宪国负所谓政治上之责任（如其负之，则宰相有不出于普鲁士之时）。而君主因得以其所好恶，进退大臣（虽不能如专制国之自由，然如威廉第二之于卑斯麦，则知其实有进退之可能）。此其原由三也。凡立宪之国，使其议员惟分二党，则多数党必占势力于议会，而因得以左右行政大臣。然德意志以其为不平等诸邦之结合，故不容此现象之发生。且重以卑斯麦、威廉二世之英雄，施种种手段，以干涉政党压制政党，故至今日而犹小党纷纭，非特不足以制政府，反常为政府之所利用。此其原由四也。夫德意志君权特大之由，虽外是有本于历史者，有本于民族之性质者，容有未尽之处，然其荦荦大者，要不出此。此所以虽日耳曼森林为自由出产之地，而宪政之成绩，视英美犹远不逮，是诚今日德意志国民之所痛心者也。美人罗威尔（Lowell）尝论之曰：以德意志联邦，而望其民主政治之发展，则非变更其帝国之组织不可。此言也，真洞中肯綮，而真非数百议员鼓其反抗之精神所能为力者也。（返）〔反〕观日本则何如？就其国法观之，则制定自天皇，形式上之（壮）〔庄〕严，远逊欧美。然此乃防议会与内阁之冲突，图行政之便利，不得漫曰徒以是拥护君主之大权也。就其政府观之，则伊藤内阁，以还辽之举而辞职，桂内阁以日俄和议招国民之不平而辞职。虽其政治之行，未必悉为国民代表者之所欲，然不可谓非适于今日国民之程度者也。就其政党观之，则自宪法颁布迄今，犹未能立于主动之地位，而一二政党常仰藩阀之鼻息，以保持其位置。此其特别势力之存在，常为其民之所大恶，抑亦国家的大党未出现之所致也。然此其大权政治官僚政治半党政治，实皆不过一时过渡时代之现象，而非可久存。不观郡制废止案，西园寺内阁方挟政友会之力，以倾山县系，而近者内务大臣原敬氏北海道之游，反对者谓其将从此大固政友会之基础，以为将来游刃自如之地步。使一旦真有党焉，渐为国民之所信用，而过半数之大党出现，则种种立宪政治之污点，不难一举而扫除之。故以某等观之，若日本者，虽其宪法大半本之普鲁士，而政治之进行，则十年廿年以往，必遵英国成例，无疑义矣。当第三次伊藤内阁辞职时，大隈、板（桓）〔垣〕之联合政党出现，而宪政党内阁遂以成立。夫日本天皇岂不知从此丧失其任命大臣之特权（法理上不丧失，而事实上则已丧失矣）？山县、西乡、井上、大山辈，岂不知从此不得独把持政权？然数次集议，卒无有起而当此难局，而卒任其素所仇视之政敌来执政权，亦以人心所归，知时势之未可逆抗耳。此其状态，与英之第一次政党内阁之出现，正相类似。故凡一国国民，始则争立法之权，是为第一级；继以（定）〔立〕法与行政之不统一之易生冲突，则并行政而自掌握之，是为第二级。若德意志联邦，则此立法与行政统一之局，正乃无可出现者也。而日本则以民党能力之未充，故今日虽未完成，而将来则必有达其目的之一日也。以吾国与二国较，则日之流而非德之俦也。何也？以其为单纯国而非复杂国也。故若日、普二国之宪法，其有关系与否，吾不敢知。然以今日官僚之趋向，谓无丝毫之影响，未见其可。然其不足阻吾之进步也，既若此，则吾侪今日不必不已之求惟彼之恐，而乘此数年联袂而起，以从事于扩张吾党之实力，是则今日之急务焉矣。

（二）开国会之迟速

举今日国中党派，必曰革命与立宪。然革命之举，吾侪固认其为只召祸乱而不足以致治安者也，则凡吾同志今后之进行，舍要求改革政体以外，又岂有他道？抑吾四万万同胞今后之进行，舍此又岂有他道哉？然同属立宪，而其中甲主国会即开（即开与速开异，宜注意）说，乙主国会缓开说。此二者出于为国之盛心则一，而逆料方来之事变，则与鄙见不无异同。故举其说而申论之。

甲之说曰：以今日政府之腐败，复无何事之可与言，凡所谓改良预备者，皆不过欺人耳目，以安天下之反侧，而大局之存亡危急迫在旦夕。故今日最直（捷）〔接〕简易之途，莫若要求一所以监督之途，然后政府之举措，许我之容喙，而庶政之更新，乃可言矣。

乙之说曰：以今日之国民，畀以权利，则弃如草芥，绳以义务，则怨言杂出。若是者，所谓能力不具，在私法上不能为权利之主体，顾于公法上可与言监督政府乎？且千年旧习，决非一朝所得化除。故必俟教育普及，于国民根本思想上，加以改良，然后乃可与立宪言改革。

两者之说，固皆有一面之真理，然均不免失之极端。夫以今日之政府，使有议会以监督之，则凡苟且偷安之习，皆有所惮而不敢为。此诚效之可见者也。然以社会现象之复杂，往往以一事为之因，而众果之生，于甲利于乙不利。此不难一调诸史。意大利者，欧洲新造之国也，其大臣责任，立法顺序，殆无不摹效英国。此于外观，视先进之立宪国，未遑多让。然以是而内阁之更迭频频，凡中央政治地方政治，彼执政官吏立朝伊始，方思有以促进之，然不移时而旋遭摈斥。此所以自一八八九年格黑士比内阁成立，以迨一九〇六年二月孙尼罗内阁成立，竟多至十有三次之更迭也。夫以吾国上下感情之恶，一旦国会召集，其必出死力以相抵抗（非谓不当抵抗，窃意必俟政党自身稍有规律，然后虽抵抗而无碍），可无待言。然以百度未举之国，方且有待于非常特达之士定百年之大计，筹一国之全局，使其视官如传舍，而人怀五日京兆之心，则其阻碍政治之进步孰大矣。且若意大利者，统一之局既成，故其内阁更迭之影响，竟限于国内。以吾国今日，方冀其力固国本，以御外侮者，果可容若是之冲突重重哉？此其不可不审者一。法兰西、俄罗斯者，革命风潮最盛之国也。法之第三共和政府成立，王政党与共和党时为激烈之竞争。第一大统领爹耶士以右党之反对（即王政党）而辞职，第二大统领墨克麻诃以左党（即共和党）之反对而辞职。阴谋争论，殆无穷期。于是人民大生厌恶议院政治之心。迄今近四十年，共和国之基础，乃稍稍定。俄以远东一败，布宪法，开议会。然虚无党、社会党坚持政府扑灭之志，帝政党犹守其昔日独裁主义，两者不择手段，徒以争意气为事。此所以议会之开不过二次，而今已重二回解散。今后前途，宪政之果得久持与否，尚在不可知之数。窃鉴二国之事实，而不能不为吾国前途痛。夫自附于贵族官僚之列者，其亦思民气之不可犯，而速筹所以自处之术乎？持革命主义者，其亦默念前途，平心静气，以挽回国家之危局乎？而不然者，议会一开，向者不得志于直接行动，今转而执议院政策，则俄、法政争之局，必重见于东亚，而国事之危殆，乃尤不可问。然此事又非待政治思想浸灌稍久，全国国民，不至惑于感情之一瞥，不可得期（此事非行动之急进与渐进之关系，直行动在国家范围内与范围外之关系也）。此不可不审者二。凡欧美列国，其政党只有二而无二以上者，则常足以运用议院制度，防政府之恣肆；反之，小党纷纭，政团杂出者，则其在朝而握政权也，常来纷裂之虞，不在朝而居于监督之地也，必有一二党焉，常为政府之所利用。前者英美二国是也，后者欧洲大陆诸国是也。以吾国今日要求之声，遍于海内，则大团体之发现，正指顾间事。然开国会者，不顾一时号召之辞，而真欲求有规律有组织之大群，非待之数年后不可。抑又有说焉，买收运动，彼立宪旧国，犹莫之能免，则当国会初开之我国，重以历史上之恶习，此事之出现，殆意中事。况今以散沙乱石、漫无纪律之数百代议士，以当政府，其必易陷于此，尤不待言而自明者也。此不可不审者三。抑窃于此三者，预测将来之效果，非谓国会之所以不能即开，正于此而已也。当未开之先，已有若干事所当先事预筹者，将于后陈之。夫以吾国今日之国情，当国会之开，必无望于政党内阁之即出现，此固不待智者而知之特有利害彰著之事实，使反以此而阻碍国家之进步，此诚不可不慎者也。虽然，有说者曰：彼日本之开国会也，未必其程度已如子之所言，而今日其政治改良之效果，则已彰彰如彼，适见子之过虑耳。曰：此言是也。开国会虽同，而种种附属于此之事实，则大不同。读者试一默思吾国今日上下之感情，较日本当日何如乎？吾国今日朝廷之政局，较日本当日何如乎？吾国今日之民情，较日本当日何如乎？凡若此者，皆使我国民之负担，一层加重，而逆料方来之趋势，愈不可不审。呜呼！世之君子，试从此方面以观察，其亦有闻吾言而契之者乎？且即以日本言，府县会议之开，在明治十一年，政党之出现，在明治十年（读者切勿责以某举日本立宪预备之年期益以宽政府之责，但使吾民党之实力已充，则彼虽欲不开，不可得也）。则至二十三年召集国会，已为十余年之立宪预备。然则吾侪今日所当急急从事者，亦从可知矣。

至教育普及说，驳之者曰：以今日政府之腐败，教育行政亦必无望改良。此诚一说。然以今日时局之急，将于五年十年以内，要求政府召集国会者，则此事之于议院政治，直谓无直接密切之关系可也（至图新智识之发达并期其影响于将来，则非今之所欲研究）。何也？国民根本思想之改良，非旦夕可期，且此事于今日原不必望之全国国民，一也。立宪政治之行，不必定俟国民权利观念之发达，只俟其能反抗专制，其事已足，二也。穆勒约翰氏举立宪国民之条件三，曰德力，曰智力，曰活动力。所谓德力者，不为威迫，不为利诱，国民之举代表也，依此代表者之议事也，依此然后其宪政之行，乃能一秉至公，而无丝毫偏党之风。所谓智力者，国于世界，有内政焉，有外交焉。若是者，非明悉彼我之关系，则其所赞成议决，未必其真能应于国内之需要与国际之位置焉。所谓活动力者，凡海外工商之竞争，内国之企业，国民能自争先恐后，而无待政府之干涉指导。虽然，此其说非不甚美，然使一一证之事实，则彼先进之立宪国，犹且谦让未遑，况于吾国乎？不观以世界大共和国，而以选举运动选举竞争最剧烈称矣；不观以世界立宪国之鼻祖，时取政府重要之提案而否决之矣。反之，以立宪后进之国，中央政治一经改良，吾见其各方面之发达，且蓬勃而莫能御矣。且一国政治，无论其改革前改革后，无不赖之少数先觉之士，主持而提倡之。故其为政治之运动者数人耳，为议院之质问者数人耳。如彼主持教育普及者之说，谓将以制造代议士耶？则吾见此代议士之非彼之所能制造也。谓将以改良国民之根性耶？微论其非一时之所可期，即西方代议制度最发达之国，吾见其大数人民之暗愚如故也。故其说谓将以开发全国国民，图永久之社会改良则是，谓议院之开，必俟教育普及，而教育普及能与议院以甚深且大之效果，此甚不然者也。

所谓只须有（发）〔反〕抗专制之心，而无俟权利观念之发达者，则以此二者当发现之初，绝非同物，而断非可望于数千年专制之国民者也。试以英人种与他国人民之政治改革证之。夫数百年来英国君民相争之历史，凡君主举动，有背往昔成例，及害全国国民之公益者，则毅然执旧典出死力以相抗，往往以是得不劳而获之结果。即人种移植，而根性犹存。于是有美利坚之独立，加拿大、澳洲及其他殖民地之自治。此乃盎格鲁撒逊人种之特性，而非他人种之所可及者也。至十九世纪革命之风潮，若法之共和政治，德与意之统一，匈牙利之独立，非所谓惊天动地之大事业乎？然推其原始，虽谓出于一二学者之鼓吹、一二英豪之运动可。故凡事之未易遽至者，则虽以数百教育家之力，莫或收功；方其机之已熟，则一二时代之英雄，且乘时而起。夫以吾国今日之现象，欲期其得达盎格鲁撒逊人“一人之宅，一人之城堡也”（one’s house is one’s castle）之气概，此不特事实上之所不可能，抑亦时局之不许者也。且二者差异之点，有可得而略言者。

一出于习惯，一出于感情。

一出于常识，一出于鼓吹。

一出于历史，一出于外缘。

一出于个人自由之发达，一出于专制之反动。

一既反抗而能继之以自治，一既反抗而全赖有大力者之统率。

于此二者中，吾国民性质将何属，此固不待智者而知之。如彼主持教育者之所希望，以凿枘不相容之性质期吾国民，适见其僢驰而终于无效耳。友人某君，为言天津地方自治情形。其办法先开简字学校，使地方人民练习数月，然后用此简字，编成报纸，晓以地方情形及国民应享之权利。然及期选举，授以选举票，咸不愿与闻，谓此无非官吏向吾侪勒索之妙策耳。此乃近来内地一新事实，而与吾人以莫大之教训。则今日最便捷之方针，舍借少数人之力以鼓吹以运动，稍养成政治的习惯以与政府抗外，此又岂有他道哉。

以上所陈，鄙人对于即开缓开二派之意见也。总之，即开派徒知国会之利，而国会之所由开，与既开以后之影响，未之及焉。缓开派徒以人民程度为辞，而于教育之效果能促进今日之国民以达于立宪政治与否，则未之悉焉。故依上所言，有为人之所虑，而我之所不虑者，有为我之所虑，而人之所不虑者，略举其大者如左：

（一）今日国民犹未能以沉着之思想，研究政治问题。

（二）内阁与议会之冲突频频，致内阁时时更迭。

（三）政党之未发达未统一，必常为政府所利用。

（四）不患多数人之程度不足，只患少数人之不能团结以监督政府。

（五）不患少数人之智识不足以议事，只患少数人未惯于多数政治。

由此五者，以下观察，则以后进行之方，不难由是以得之：

（a）练习议政，以造就人民政治的习惯。

（b）统一舆论，以养成强有力之监督机关。

此二者，今后数年间所当切实施行，而凡后此国家基础，皆将于是赖焉。①

《新民丛报》第四年第二十三期，光绪三十三年十月一日（1907年11月6日）

政闻社宣言书

今日之中国，殆哉岌岌乎！政府棼瞀于上，列强束胁于外，国民怨讟于下，如半空之木，复被之霜雪，如久病之夫，益中以沴疠，举国相视，咸儳然不可终日，志行薄弱者，袖手待尽，脑识简单者，铤而走险，自余一二之热诚沉毅之士，亦彷徨歧路，莫审所适。问中国当由何道而可以必免于亡？遍国中几罔知所以为对也。夫此问题亦何难解决之与有！今日之恶果皆政府艺之。改造政府则恶根拔，而恶果遂取次以消除矣。虽然，于此而第二之问题生焉，则政府当由何道而能改造是也。曰：斯则在国民也已矣。夫既曰改造政府，则现政府之不能自改造也甚明。何也？方将以现政府为被改造之客体，则不能同时认之为能改造之主

① 此处原标“未完”字样，但至该报终刊为止，未见下文，编者。

体，使彼而可以为能改造之主体，则亦无复改造之必要焉矣。然则孰能改造之？曰：惟立于现政府之外者能改造之。立于现政府之外者为谁？其一曰君主，其他曰国民。而当其着手于改造事业，此两方面孰为有力？此不可不深察也。今之谭政治者，类无不知改造政府之为急，然叩其改造下手之次第，则率皆欲假途于君主，而不知责任于国民。于是乎有一派之心理焉，希望君主幡然改图，与民更始，以大英断取现政府而改造之者，或希望一二有力之大吏，启沃君主，取现政府而改造之者。此二说者，虽有直接、间接之异，而其究竟责望于君主则同。吾以为持此心理者，其于改造政府之精神，抑先已大剌缪也。何也？改造政府者，亦曰改无责任之政府为有责任之政府云尔。所谓有责任之政府者，非以其对君主负责任言之，乃以其对国民负责任言之。苟以对君主负责任而即为有责任，则我中国自有史以来以迄今日，其政府固无时不对君主而负责任，而安用复改造为？夫谓为君主者，必愿得恶政府，而不愿得良政府，天下决无是人情。然则今之君主，其热望得良政府之心，应亦与吾侪不甚相远，然而不能得者，则以无论何国之政府，非日有人焉监督于其旁，否则不能以进于良，而对君主负责任之政府，其监督之者惟有一君主，君主之监督万不能周，则政府惟有日逃责任以自固，非惟之逃而已，又且卸责任于君主，使君主代己受过，而因以自谢于国民。政府腐败之总根源，实起于是。故立宪政治，必以君主无责任为原则，君主纯超然于政府之外，然后政府乃无复可逃责任之余地。今方将改造政府，而还以此事责诸君主，是先与此原则相冲突，而结果必无可望，然则此种心理之不能实现也明甚。同时复有一派反对之心理焉，谓现在政府之腐败，实由现在之君主卵翼之。欲改造政府，必以颠覆君统为之前驱。而此派中复分两小派，其一则绝对的不承认有君主，谓必为共和国体，然后良政府可以发生；其他则以种族问题（搀）〔掺〕入其间，谓在现君主统治之下，决无术以得良政府。此说与希望君主之改造政府者，虽若为正反对，要之认政府能改造与否，枢机全系于君主，则其谬见亦正与彼同。夫绝不认君主，谓必为共和国体，然后良政府可以发生者，以英、德、日本之现状反诘之，则其说且立破，故不必复深辩。至（搀）〔掺〕入种族问题，而谓在现君主统治之下必无术以得良政府者，则不可无一言以解之。夫为君主者，必无欲得恶政府而不愿得良政府之理，此为人之恒情，吾固言之矣。此恒情不以同族异族之故而生差别也。今之君主，谓其欲保持皇位于永久，吾固信之，谓其必坐视人民之涂炭为快，虽重有憾者，固不能以此相诬也。夫正以欲保持皇位之故而得良政府，即为保持皇位之不二法门。吾是以益信其急欲得良政府之心，不让于吾辈也，而惜也彼方苦于不识所以得良政府之途。夫政府之能良者，必其为国民的政府者也。质言之，则于政治上减杀君权之一部分而以公诸民也。于政治上减杀君权之一部分而以公诸民，为君主计，实有百利而无一害。此征诸欧、美、日本历史，确然可为保证者矣。然人情狃于所习而骇于所未经，故久惯专制之君主，骤闻此义，辄皇然谓将大不利于己，沉吟焉而忍不能与，必待人民汹汹要挟，不应之则皇位且不能保，夫然后乃肯降心相就。降心相就以后，见夫(绿)〔缘〕是所得之幸福，乃反逾于其前，还想前此之出全力以相抵抗，度未有不哑然失笑。盖先见之难彻，而当局之易迷，大抵如是也。故遍征各国历史，未闻无国民的运动，而国民的政府能成立者，亦未闻有国民的运动，而国民的政府终不能成立者。斯其枢机全不在君主而在国民。其始也必有迷见，其究也此迷见终不能久持，此盖凡过渡时代之君主所同然，亦不以同族异族之故而生差别也。而彼持此派心理者，徒着眼于种族问题，而置政治问题为后图，种瓜得瓜，种豆得豆，毋惑夫汹汹数载，而政治现象迄无寸进也。由后之说，则君主苟非当国民【运】动极盛之际，断未有肯毅然改造政府者，夫故不必以此业责望于君主。由前之说，则虽君主毅然欲造政府，然必有待于国民，然后改造之实乃可期。夫故不能以此业责望于君主。**夫既已知舍改造政府外，别无救国之途矣，又知政府之万不能自改造矣，又知改造之业非可以责望于君主矣，然则负荷此艰巨者，非国民而谁**？吾党同人既为国民一分子，责任所在，不敢不勉，而更愿凡为国民之一分子者，咸认此责任而共勉焉。此政闻社之所由发生也。

西哲有言：**国民恒立于其所欲立地位**。斯言谅哉！凡腐败不进步之政治，所以能久存于国中者，必其民甘于腐败不进步之政治，而以自即安者也。人莫不知立宪之国，其政府皆从民意以为政。吾以为虽专制之国，其政府亦从民意以为政也。闻者其将疑吾言焉，曰：天下宁有乐专制之国民？夫以常理论，则天下决无乐专制之国民，此固吾之所能信也。虽然，既已不乐之，则当以种种方式，表示其不乐之意思。苟无意思之表示，则在法谓之默认矣。凡专制政治之所以得行，必其借国民默认之力以为后援者也。苟其国民对于专制政治有一部分焉为反对之意思表示者，则专制之基必动摇；有大多数（焉）〔为〕反对之意思表示者，则专制之迹必永绝。此征诸欧、美、日本历史，历历而不爽者也。前此我中国国民于专制政体之外，曾不知复有他种政体，则其反对之之意思无自而生，不足为异也。比年以来，立宪之论，洋洋盈耳矣。预备立宪之一名词，且见诸诏书矣。稍有世界知识者，宜无不知专制政体，不适于今日国家之生存。顾在君主方面，犹且有欲立宪的之意思表示，虽其诚伪未敢言，然固已现于正式公文矣。还观夫国民方面，其反对专制的之意思表示，则阒乎未之或闻，是何异默认专制政体为犹适用于今日之中国也？国民既默认之，则政府借此默认之后援以维持之，亦何足怪？以吾平心论之，谓国民绝无反对专制之意思者，诬国民也。谓其虽有此意思而绝不欲表示绝不敢表示者，亦诬国民也。一部分之国民，盖诚有此意思矣，且诚欲表示之矣，而苦于无可以正式表示之途，或私犹窃叹，对于二三同志互吐其胸臆，或于报纸上以个人之资格发为言论，谓其非一种之意思表示焉，不得也。然表示之也以个人，不能代舆论而认其价值，表示之也以空论，未尝示（快）〔决〕心以期其实行。此种方式之表示，虽谓其未尝表示焉可也。然则正式之表示当若何？曰：必当有团体焉以为表示之机关。夫团体之为物，恒以其团体员合成之意思为意思，此通义也。故其团体员苟占国民之一小部分者，则其团体所表示之意思，即为此一小部分国民所表示之意思；其团体员苟占国民之大多数者，则其团体所表示之意思，即为大多数国民所表示之意思。夫如是，则所谓国民意思者，乃有具体的之可寻而现于实矣。国民意思既现于实，则非漫然表示之而已，必且求其贯彻焉。国民诚能表示其反对专制之意思，而且必欲贯彻之，则专制政府前此所恃默认之后援既已失据，于此而犹欲实其敝帚以抗此新潮，其道无由。所谓国民恒立于其所立之地位者，此之谓也。吾党同人诚有反对专制政体之意思，而必为正式的表示，而又信我国民中，其同有此意思同欲为正式的表示者，大不乏人，彼此皆徒以无表示之机关，而形迹几等于默认。夫本反对而成为默认，本欲为立宪政治之忠仆，而反变为专制政治之后援，是自污也。夫自污，则安可忍也！此又政闻社之所由发生也。

夫所谓改造政府，所谓反对专制，申言之，则不外求立宪政治之成立而已。立宪政治非他，即国民政治之谓也。欲国民政治之现于实，且常保持之而勿失坠，善运用之而日向荣，则其原动力不可不还求诸国民之自身，其第一着，当使国民勿漠视政治，而常引为己任；其第二着，当使国民对于政治之适否，而有判断之常识；其第三着，当使国民具足政治上之能力，常能自起而当其冲。夫国民必备此三种资格，然后立宪政治乃能化成，又必先建设立宪政治，然后国民此三种资格乃能进步。谓国民程度不足，坐待其足然后立宪者，妄也，而高谈立宪而于国民程度不一厝意者，亦妄也。故各国无论在预备立宪时，在实行立宪后，莫不汲汲焉务所以进其国民程度而助长之者。然此事业谁任之？则惟政治团体，用力最勤而收效最捷也。政治团体，非得国民多数之赞同，则不能有力，而国民苟漠视政治，如秦越人之相视肥瘠，一委诸政府而莫或过问，则加入政治团体者自寡，团体势力永不发达，而其对于国家之天职，将无术以克践。故为政治团体者，必常举人民对国家之权利义务，政治与人民之关系，不惮哓音瘏口为国民告，务唤起一般国民政治上之热心，而增长其政治上之兴味。夫如是，则吾前所举第一着之目的，于兹达矣。复次，政治团体之起，必有其所自信之主义，谓此主义确有稗于国利民福而欲实行之也。而凡反对此主义之政治，则排斥之也。故凡为政治团体者，既有政友，同时亦必有政敌。友也敌也，皆非徇个人之感情，而惟以主义相竞胜。其竞胜也，又非以武力，而惟求同情。虽有良主义于此，必多数国民能知其良，则表同情者（乃）〔多〕，苟多数国民不能知其良，则表同情者必寡。故为政治团体者，常务设种种方法，增进一般国民政治上之智识，而赋与以正当之判断力。夫如是，则吾前所举第二着之目的，于兹达矣。复次，政治团体所抱持之主义，必非徒空言而已，必将求其实行。其实行也，或直接而自起以当政局，或间接而与当局者提携。顾无论如何，而行之也必赖人才。苟国民无多数之政才以供此需要，则其事业或将蹶于半途，而反使人致疑于其主义。故为政治团体者，常从种种方面以训练国民，务养成其政治上之能力，毋使贻反对者以口实。夫如是，则吾所举第三着之目的，于兹达矣。准此以谈，则政治团体，诚增进国民程度惟一之导师哉。我中国国民，久栖息于专制政治之下，倚赖政府几成为第二之天性，故视政治之良否，以为非我所（宣）〔宜〕过问，其政治上之学识，以孤陋寡闻而鲜能理解，其政治上之天才，以久置不用而失其本能。故政府方言预备立宪，而多数之国民，或反不知立宪为何物。政府玩愒濡滞，既已万不能应世界之变保国家之荣，而国民之玩愒濡滞，视政府犹若有加焉。丁此之时，苟非相与鞭策焉，提挈焉，急起直追，月将日就，则内之何以能对于政府而申民义？外之何以能对于世界而张国权也？则政治团体之责也。此又政闻社之所由发生也。

政闻社既以上述种种理由，应于今日时势之要求，而不得不发生。若夫政闻社所持之主义，欲以求同情于天下者，则有四纲焉。

一曰实行国会制度，建设责任政府

吾固言之矣，凡政府之能良者，必其为国民的政府者也。曷为谓之国民的政府？即对于国民而负责任之政府是也。国民则多矣，政府安能一一对之而负责任？曰：对于国民所选举之国会而负责任，是即对于国民而负责任也。**故无国会之国，则责任政府终古不成立。责任政府不成立，则政体终古不脱于专制**。今者朝廷鉴宇内之势，知立宪之万不容已，亦即涣汉大号，表示其意思以告吾民。然横览天下，从未闻有无国会之立宪国。故吾党所主张，惟在速开国会，以证明立宪之诏，非为具文。吾党主张立宪政体，同时主张君主国体。然察现今中央政治机关之组织，与世界一般立宪君主国所采用之原则，正相反背，彼则君主无责任，而政府大臣代负其责任，此则政府大臣无责任，而君主代负其责任。君主代政府负责任之结果，一方面使政府有所诿卸，而政治末从改良；一方面使君主丛怨于民，而国本将生摇动。故必崇君主于政府以外，然后明定政府之责任，使对于国会而功过皆自受之。此根本主义也。

二曰厘定法律，巩固司法权之独立

国家之目的，一方面谋国家自身之发达，一方面谋国中人民之安宁幸福，而人民之安宁幸福又为国家发达之源泉，故首最当注意焉。人民公权私权，有一见摧抑，则民日以瘁，而国亦随之。然欲保人民权利罔俾侵犯，则其一须有完备之法律规定焉以为保障，其二须有独立之裁判官厅，得守法而无所瞻徇。今中国法律大率沿千年之旧，与现在社会情态强半不相应，又规定简略，惟恃判例以为补助，多如牛毛，棼如乱丝，吏民莫知所适从。重以行政司法两权，以一机关行之，从事折狱者往往为他力所左右，为安固其（他）〔地〕位起见，而执法力乃不克强。坐是之故，人民生命财产常厝于不安之地，举国傀然若不可终日，社会上种种现象，缘此而沮其发荣滋长之机，其影响所及，更使外人不措信于我国家，设领事裁判权于我领土，而内容之困难益加甚焉。故吾党以厘定法律、巩固司法权之独立，为次于国会制度最要之政纲也。

三曰确立地方自治，正中央地方之权限

地方团体自治者，国家一种之政治机关也。就一方面观之，省中央政府之干涉及其负担，使就近而自为谋，其谋也必视中央代谋者为易周，此其利益之及于地方团体自身者也。就他方面观之，使人民在小团体中为政治之练习，能唤起其对于政治之兴味，而养成其行于政治上之良习惯，此其利益之及于国家者，盖益深且大。世界诸立宪国，恒以地方自治为基础。即前此久经专制之俄罗斯，其自治制亦早已颁布，诚有由也。我国幅员辽阔，在世界诸立宪国中未见其比，而国家之基础又非以联邦而成，在低级之地方团体，其施政之范围虽与他国之地方团体不相远，在高级之地方团体，其施政之范围殆埒他国之国家。故我国今日颁完备适当之地方自治制度，且正中央与地方之权限，实为最困难而最切要之问题。今地方自治之一语，举国中几于耳熟能详，而政府泄泄沓沓，无何种之设施，国民亦袖手坐待，而罔或自起而谋之。此吾党所以不能不自有所主张，而期其贯彻也。

四曰慎重外交，保持对等权利

外交者，一部之行政也。其枢机全绾于中央政府，但使责任政府成立，则外交（进之）〔之进〕步，自有可期。准此以谈，似与前三纲有主从轻重之别，不必相提并论。顾吾党所以持郑重而揭之橥者，则以今日中国为外界势力所压迫，几不能以图存。苟外交上复重以失败，恐更无复容我行前此三纲之余地。故吾党所主张者，国会既开之后，政府关于外交政策，必咨民意然后行，即在国会未开以前，凡关于铁路、矿务、外债，与夫与他国结秘密条约、普通条约等事件，国民常当不怠于监督，常以政治团体之资格，表示其不肯放任政府之意思，庶政府有所羁束，毋俾国权尽坠，无可回复。此亦吾党所欲与国民共荷之天职也。

以上所举，虽寥寥四纲，窃谓中国前途之安危存亡，盖系于是矣。若夫对于军事上、对于财政上、对于教育上、对于国民经济上，吾党盖亦皆薄有所主张焉，然此皆国会开设后、责任政府成立后之问题，在现政府之下，一切无所着手，言之犹空言也，故急其所急，外此暂无及也。

问者曰：政闻社其即今世立宪国之所谓政党乎？曰：是固所愿望，而今未敢云也。凡一政党之立，必举国中贤才之同主义者，尽网罗而结合之，夫然后能行政党之实，而可以不辱政党之名。今政闻社以区区少数之人，经始以相结集，国中先达之彦、后起之秀，其怀抱政治的热心，而富于政治上之智识与能力者，尚多未与闻，何足以称政党？特以政治团体之为物，即为应于今日中国时势之必要而不得不发生，早发生一日，则国家早受一日之利。若必俟国中贤才悉集于一堂，然后共谋之，恐更阅数年而发生，未有其期。况以中国之大，贤才之众，彼此怀抱同一之主义而未或相知者，比比皆是，莫为之先恐，终无能集于一堂之日也。本社同人诚自审无似，顾以国（氣）〔民〕一分子之资格，对于国家应尽之天职，不敢有所放弃。且既平昔共怀反对专制政治之意思，苟非举此意思而表示之，将自侪于默认之列，而反为专制游魂之后援。抑以预备立宪立一名词，既出于主权者之口，而国民程度说，尚为无责任之政府所借口，思假此以沮其进行，则与国民相提挈以一雪此言，其事更刻不容缓。以此诸理由，故虽以区区少数，奋起而相结集，不敢辞也。日本改进党之将兴也，于其先有东洋议政会焉，有嘤鸣社焉，以为之驱除。世之爱国君子，其有认政闻社所持之主义为不谬于国利民福，认政闻社所执之方法为足以使其主义见诸实行，惠然不弃，加入政闻社则指挥训练之，使其于最近之将来而有可以进而伍于政党之资格，则政闻社之光荣，何以加之？又或与政闻社先后发生之政治团体，苟认政闻社所持之主义无甚刺缪，认政闻社所执之方法与其方法无甚异同，惠然不弃，与政闻社相提携，以向共同之敌，能于最近之将来，共糅合以混成政党之资格，则政闻社之光荣，又何以加之？夫使政闻社在将（中来）〔来中〕国政党史上得与日本之东洋议政会、嘤鸣社有同一之位置、同一之价值，则岂特政闻社之荣，抑亦中国之福也。此则本社同人所为沥心血而欲乞赉此荣于我同胞者也。

问者曰：政闻社虽未足称政党，而固俨然为一政治团体，则亦政党之椎轮也。中国旧史之谬见，以结党为大戒，时主且悬为厉禁焉。以政闻社植诸国中，其安（徒）〔图〕生存？政府摧萌拉蘖，一举手之劳耳。且国中贤才，虽[①]政闻社有同一之政见者，其毋亦有所惮而不敢公然表同情也？应之曰：不然，政闻社执之方法，常以秩序的行动，为正当之要求，其对于皇室，绝无干犯尊严之心，其对于国家，绝无扰紊治安之举。此今世立宪国国民所常履之迹，匪有异也。今立宪之明诏既屡降，而集会结社之自由则各国所咸认为国民公权，而规定之于宪法中者也，岂其悠忽反汗，对于政治团体而能仇之，若政府官吏不奉诏，悍然取

① 此处似掉一“与”字，编者。

为此种反背立宪之行为，则非惟对于国民而不负责任，抑先已对于君主而不负责任。若兹之政府，更岂能一日容其存在以殃国家？是则政闻社之发生，愈不容已，而吾党虽洞胸绝脰而不敢息肩者也。取鉴岂在远？彼日本自由、进步两党与藩阀政府相持之历史，盖示我以周行矣。彼其最后之胜利毕竟谁属也？若夫世之所谓贤才者，而犹有怵于此乎？则毋亦以消极的表示其默认专制政体之意思，而甘为之后援耳。信如是也，则政府永不能改造，专制永不能废止，立宪永不能实行，而中国真从兹已矣。呜呼！**国民恒立于其所欲立之地位，我国民可无深念耶？可无深念耶？**

《大同报》第四号，光绪三十三年十月五日（1907年11月10日）

驳《政闻社宣言书》

龙　腾

有家于此，强盗杀其祖若宗，奸其祖母祖姑，夺其财产，据其堂奥，奴隶其家人，其家人始怀仇恨，不共戴天，时以杀贼为志。岁易时移，其子孙不肖，为强盗所蒙蔽，认贼作父，视强盗为正当之家主，于兹有年，忝不愧耻。后强盗势衰，所夺财产、所据堂奥又为他伙强盗所觊觎，虎视眈眈，殆哉岌岌，而他伙强盗固诡甚，不遽驱逐夺此家财产、据此家堂奥之强盗，直接而转夺此家之财产、转据此家之堂奥，乃行间接法，利用此强盗为傀儡而舞弄之、把持之，任彼仍据此家堂奥，而于静中尽夺其财产之所有权。由表面观之，夺此家财产、据此家堂奥者，犹是前此强盗也，惟静观内容，前此强盗不过一公司之司理人而已，而前此强盗则甚阔绰，以为此财产、堂奥原非己物，不过从强盗得来，已以强盗得之而复失于他伙强盗，此得此失，于我何憾？故凡他伙强盗对于此家财产有所要求，无不如愿以偿，得心应手以去。盖前此强盗怀一宁赠他伙强盗而必不使此家人得以过问之意，所以对于此家人，非用压制手段，即用笼络手段，种种手段，变化离奇，倪不可测，无非致此家人于死地，永无脱其羁绊之日而后已，而己则偷安一日，取快一时，阔哉皇皇，与富室之败家子无异，如幕上燕，如釜中鱼，虽倾覆死亡之将至所不计也。呜呼！慷他人之慨以救目前，诚无有便于此者，独惜此家之人为两重无限之强盗所压制为难堪耳。

曩者此家人为前此强盗所蒙蔽，视为正当家主，且无他伙强盗起而环伺，故习惯自然成为第二天性，亦可相安无事。今此家人颇知前此强盗不足靠，又知彼原非我之家主，实杀我祖若宗、奸我祖母祖姑、夺我财产、据我堂奥、奴隶我家人而为我不共戴天之世仇，今又势力已弱，治家无法，为他伙强盗所侵侮，致此家时在瓜分豆剖中，不绝如线，盖恨前此强盗刺骨矣。惟家中尚有不肖子孙，创为邪说谬论，甘助强盗以蒙蔽同胞，其甚者为强盗作伥，择同胞之肉而食，而其无知者则醉生梦死，忘夫家之为己有，一任此强盗所压制、所笼络，而甘心受之，熟视无睹，是以前此强盗今尚安然无恙蟠踞于此家之堂奥中也。

而他伙强盗见此家人于此强权消灭颓然不振之世仇尚不能奋发踔厉，率家中人同心协力而驱逐之、芟除之，光复旧业，报此深仇，仍任彼蟠（据）〔踞〕堂奥，随意将此家财产拱手而奉之他人，不复追究，爰知此家之人性质柔弱，奴隶根性最深，毫无刚气，甘受压制，成为习惯，且知夺此家财产、据此堂奥之强盗又以慷他人之慨为其救急之唯一手段，凡有所求，无不如意，故或诱以甘言，或大声哄吓，施其鬼蜮伎俩，务暗灭此家而后止。

当此之时，为此家筹保全之策者，惟有以复仇大义鼓励此家之人，效吴王夫差故事，日日即此家之人大声疾呼而耳提之，曰某某，曰某某，汝忘某强盗之杀汝祖若宗、奸汝祖母祖姑、夺汝财产、据汝堂奥、奴隶汝辈，今势力已弱，而又将汝家财产赠他伙强盗以救彼目前之急乎？如此而此家之人或（翻）〔幡〕然猛醒，鼓其锐气，同心同德，复此不共戴天之仇，然后将家政改良，于家中公选才德兼优者与他伙强盗交涉，可了则了，否则复率家中人依驱逐前此强盗例以与他伙强盗从事，济则【慰】祖若宗在天之灵，不济，则率家中人尽歼于硝云弹雨中，化骨为灰，亦宁为自由死，不为奴隶生。有此猛剂，庶几能医此家于万一，而不至灭亡。若稍逡巡焉，姑待焉，以平缓之剂投之，即未立毙，而病入膏肓，和缓束手，及瞑目待毙，然后悔前此之不服猛剂，延误至此，亦已晚矣。故为此家筹保全之策，亦如是而已矣。

乃或不然，执此家之人而告之曰：为家主者虽汝世仇，然为汝家主已久，与汝家中人同化，汝辈应仍奉为家主，不必仇视。彼不善治家，为他伙强盗所侵侮，非彼之咎，彼本以无责任为原则，不过所用仆役不能善体其意，以至家中制度纷乱，为他伙强盗所乘。原夫家主之心，不论其为家中人与为强盗，未有不愿得好仆役以治家事者。虽然，家主狃于所产，难于改革，非汝辈为之请求，亦不肯改良也。今汝辈欲保全此家，惟即速结一团体，专心致志，研究治家善法，监督家中仆役，厘订家法，使彼不敢放弃责任可矣。

且仆役之敢于放弃责任、苛待汝辈，使汝家日即贫弱，为他伙强盗所侵侮，汝辈亦不可尽归咎之。盖家中仆役，虽如何不法，亦无不从汝家人意以为治家法者，故彼有不善治家之处，汝辈未将反对之意思表示，则是汝辈已默认之。汝辈既默认之，则仆役借汝辈默认之后援以维持之，亦何足怪。虽然，度汝辈又非不欲表示反对之意思者也。特苦于无可以正式表示之途，即表示亦出于一人，未尝即全家人意思以为表示，且表示也以空言，未尝期以实行，虽谓未尝表示可也。故汝辈当合全家人意思以为表示，而求贯彻其目的，此即所以解决保全汝家之问题之理由也。至汝辈所当持之主义，其纲有四：一曰合家议事之制；二曰厘订家法，巩固司法之独立；三曰确立家人自治制，正家主与家人之权限；四曰慎重交际，保持对等权利。果能如此，家必兴旺，试观邻家可知，又况家主已有主意，命汝辈变通家法乎？汝辈惟立于所欲立之地监督仆役，变通家法然可也云云。

嗟夫！为此言者非此家之人，不知其家之内容，即知之，而亦未尝身历其境，受强盗之压制，与强盗无仇恨，犹可言也。若此家之人而为此言，必其无脑根、无脊骨、无血无气者也。否则溺情利禄，甘于为奴隶，为马牛，不知人间复有羞耻事，虽认贼作父、残同媚异亦所不计，故忍心害理，便其私图，而为澳涊依阿之言，以厚饰其非者也。不然，则患麻木不仁，虽如何刺激，亦不知痛苦者也。又不然，则丧心病狂者也。合而言之，则心死而已。今观《政闻社宣言书》，而适类乎是。爰举其大旨之谬者，驳之如下：

（前略）[①] 其言曰："改造现政府，斯则在国民已矣。"（中略）又曰："惟立于现政府之外能改造之，立政府之外者谁？一曰君主，一曰国民。"

---

① 原文如此。后文中"前略"、"中略"等亦同，编者。

既谓立现政府之外者有君主有国民，是著者已承政府有两方面之监督矣，已承君主为国民之对待物矣。及言改造政府，惟委其监督之责于民，一若我国立宪已久，而现政府由民意所成立，而非由专制君主所委任者。今我代现政府拟一问题，以（诀）〔诘〕著者，曰：君主欲中央集权，而决不准地方自治，国民求地方自治，而不欲中央集权，不从君主所欲，位即不保，而不测之祸随至，不从国民所欲，而又与宪政不符，著者将何以答之？答以宜从君主，则著者谓改造政府斯在国民一语为无效矣，答以宜从国民，则政府必以国民之势力抵抗君主，以为行政后援，而后国民之监督为有效，如是则国民与君主冲突，其最后不能不出于革命一途，然革命固著者所绝对的不承认者也。不承认革命，则国民终无如君主何。国民无如君主何，政府不得不俯从君主，而不从国民，势使然也。而著者又必率国民以督责政府，是使现政府蒙不白之冤已耳，何改造为？

然著者亦知现政府之不得不俯从君主而可以不服从国民，而又欲强政府受国民之督责，于是又为之词曰：

（前略）“改造政府者，亦改造无责任之政府为有责任之政府云尔。所谓有责任政府者，非以其对君主负责任言之，乃以其对国民负责任言之。”

责任云者，受任之人对于委任之人所当应守之规则也，如司理人承东主委任，而管理其他工役，司理人对于东主而负责任，对于工役不负责任也。对于东主负责任，凡事从东主之意而行，便为尽职矣。若东主立法不善，使工役不与东主较，而专与司理人为难，可乎？今现政府固由君主所委任，而非由国民所委任者。不由国民所委任，则对于国民不负责任明矣。举对于国民不负责任之政府而使之对于国民而负责任，则必先使国民处于委任政府之地而后可。然国民欲处于委任政府之地，若君主绝对的不承认，是政府终无对于国民而负责任之一日矣。若然，则政府对于国民而不负责任，非政府之咎，乃君主不承认国民处于委任政府之地之咎也。著者欲改造政府，不以君主与国民为对待，而以国民与政府为对待，是使工役不与东主较，而专与司理人为难而已。盖著者此种浅理非不了然也，但言之与“保皇”二字相刺谬，故以含糊了之，而言之嗫嗫耳。然著者又非不知其说之不能成立也，于是生一哀求君主之心，而希冀君主之为善而不为恶。

（前略）“夫谓为君主者必愿得恶政府，而不愿得良政府，天下必无是人情。

然则今之君主，其热望得良政府之心，应亦与吾侪不甚相远。”

此一节非全无心肝者必不能道其只字，而著者忍言之，其心死亦可哀矣。彼谓君主热望良政府之心应与吾侪不甚相远，是矣，特君主之所谓良，非国民之所谓良，而著者不敢分别言之为可异耳。今之君主以防家贼委任政府，政府能尽力代彼防家贼，则彼所望得良政府之目的达矣。而谓国民所得良政府之心亦如是乎？虽孩提之童亦知其非矣。而著者谓与吾侪不甚相远，汝侪以巩固满清皇位为手段，以厉行专制为宗旨，此则然矣，而欲以此诬陷国民，其言可丑，其心尤可诛已。

（前略）“同时复有一派反对之心理焉，谓现在政府之腐败，必以颠覆君统为之前驱。”（中略）“要之认政府之能改造与否，枢机全系于君主，则其谬见亦正与彼同。”

今之政府，病夫也，不能离专制君主而独立，是外感病尚未清也。以国民改造政府，是对病所发之药也，改立宪政，是病后投滋补之剂，以培其元气也。而著者欲改造政府，必戒其不可颠覆君统，是执医生之手，惟强其投滋补剂，而不准其用去外感药也。而诩诩然自称曰非此必不能救中国之亡，其谁信之？至谓颠覆君统之说，其枢机全系于君主，讥为谬见，其意仍谓改造政府全不关乎君主，斯在国民云耳。然既全不关乎君主，则君主于政府特赘疣耳。如是则君主愿得良政府与愿得恶政府于事实上皆无关系，而著者必沾沾然力辨君主之所愿如何？是著者所论非特枢机全系于君主，且其性质全倚赖于君主矣。以颠覆政府之说较之，即曰枢机同为全系于君主，然此则依自也，而著者固依他也。今谓依自者为谬见，而谓依他者不然，虽有聋瞽，当不冒昧若是。

“夫绝对不认君主，谓必为共和国体，然后良政府可以发生者，以英、德、日本之现状反诘之，则其说立破，故不必深辨。”

未能解决种族问题而欲解决君主与共和问题，已属放饭流啜而问无齿决矣，况英、德二国君民皆经几许冲突而后相安，至日本则政权向在幕府，君主不过备位而已，故覆幕即与覆君统无异。然此三国者，皆无种族问题横梗其间，与我国情事固大不侔也，而得良政府之难尚如此，而谓我国奉现在君主而可得良政府如英、德、日本，其谁欺乎？且著者不一征之匈、奥之事，而惟诘以英、德、日之现状，有所慑于中，而不敢畅所欲言，其言论之不自由，亦大可怜矣。

“至（搀）〔掺〕入种族问题，（中略）则不可无一言以解之。夫为君主者必无欲得恶政府而不愿得良政府之理，此为人之恒情，‘吾固言之矣’。此恒情不以同族异族之故而生差别也。”

吾见“至（搀）〔掺〕入种族问题……则不可无一言以解之”二语，以为下文必有一番伟论，使人心折，可以消融种族之见，乃振发精神，息心静意阅之，然不过再复一复曰“夫为君主无欲得恶政府而不愿得良政府之理，此为人之恒情，吾固言之矣。此恒情不以同族异族之故而生差别也”云云，至何以同族异族不生差别之原因，著者并无一言解决之，如此而著者即日日言之，而种族问题亦终无解决，乃曰“吾固言之矣”，意以为解决种族问题矣。呜呼！著者拮据之情状若此，吾又何忍举同族异族所以生差别之故而穷诘之欤？

“今之君主，谓其欲保持皇位于永久，吾固信之，谓其必坐视人民之涂炭以为快，虽重有憾者，固不能以此相诬也。”

君主欲保持皇位于永久固著者所已信矣，然推其保持皇位之心，未有不至坐视人民之涂炭以为快者。譬之杀人劫财者其心非欲杀人也，因劫财故，则日以杀人为快，亦恒有之矣。著者谓保持皇位之君主必不至坐视人民之涂炭，是何异谓劫财者之必不至杀人乎？且著者谓改造政府其枢机全不系于君主也，今复言之不已，而重言之，无非注意于君主心术之良恶，著者亦可谓无聊极矣。

（前略）“于政治上减杀君权之一部分而以公诸民，为君主计，实有百利而无一害。”

著者哀求君主之态又出丑矣。夫彼欲颠覆君统而改造政府者，著者尚谓其枢机全系于君主，而讥为谬见，其言可谓壮矣。今乃向君主哀求，惟恐君主不知有百利而无一害，用比例法计算清楚，然后进呈御览，冀天王明圣，于政治上减君权之一部分而以公之民。噫嘻！言至此又何其卑也。况万一君主不谙算术，以为减杀君权有百害而无一利，则贵社费几许心力组织而后成立，一旦大失所望，不且全功尽弃乎？

（前略）“必待人民汹汹要挟，不应则皇位且不保，然后降心相就。”

著者既深信君主必愿得良政府矣，既愿得良政府，即一闻国民改造政府，必当尽力助之，纵不助之，亦必不阻之也，乃必待人民汹汹要挟，不应则皇位日不保，大然后降心相就，曾是心所愿者而若是乎？如曰此非其本愿也，迫于势也，是以著者之矛刺著者之盾矣。且此亦著者意料之，武断其为降心相就耳。设君主中有一智者不为人所料，虽人民如何要挟、如何汹汹，仍坚持之，而不稍夺，著者所持之技，不且立穷欤？况满洲君主得保皇党一班英雄豪杰以为后援，有恃无恐，即任人民汹汹要挟数十百年，而彼悍然不应，皇位亦巩于磐石，固于苞桑，断无有不保之理。准是以谈，他国君主无保皇党以为后援，因人民要挟，恐皇位不保而降心相就，容或有之，而满洲君主则断无有矣。故在他人言之犹可，而以贵党中人出此言，独不惧圣天子赫然震怒，责汝辈倡言煽乱而不忠于保皇乎？若谓此不过以危言惕之，断无是事也，则著者议论之价值，亦可知矣。

（前略）“吾以为虽专制之国，其政府亦从民意以为政也。（中略）苟无意思之表示，在法谓之默认矣。”

无意思表示，在法谓之默认者，以地位平等、势力适敌者言之耳。如公议一事，甲出一问题，众虽未认可，然在座无一人将反对之意思表示者，甲后即依此问题办去，如此谓众已默认可也。若盗贼拦街截抢，而被抢者为威所迫，垂手与之，不敢与抗，及后报案，责之曰：“当被抢时，尔未曾将反对之意思表示，在法谓之默认矣。”吾恐言未出，而旁观已唾其面矣。今专制君主，其威甚于盗贼也，民之对于专制君主，其惶恐之情过于对盗贼也，而谓无反对意思表示即谓之默认，使著者而为执法官，吾恐将丰都尽建枉死城亦不足容含冤之鬼矣，而尚腼然绳人以法也，可耻孰甚！

（前略）“顾在君主方面犹且有欲立宪的之表示，虽其诚伪未敢言，然固已现于正式公文矣。还观国民方面，其反对专制的之意思表示则阒乎未之或闻，是何异默认专制政体为犹适用于今日之中国也。国民既默认之，则政府借此默认之后援以维持之，亦何足怪。”

在君主方面，虽一预备立宪之伪谕，犹谓其固已现于正式公文，而在国民方面，虽吴樾之弹、徐锡麟之枪，著者则诈作不闻，若为不知，然犹曰带有种族问题之表示，非纯全政治问题之表示也。而贵党戊戌政见，不居然政治问题之表示乎？然犹曰未曾将反对专制的意思表示也，而贵党保皇成功后，所改名之国民宪政党，不居然宣布海内，人所共见，已将欲行宪政、反对专制之意思表示，自谓足以代舆论而认其价值者乎，然犹曰一党之见也。而立宪谕下，海内外商学界，非到处恭祝，交驰电贺，将欲行立宪反对专制之意思表示，而期实行乎？国民反对专制的之意思表示已如此矣，而著者竟贸贸然谓“阒乎未之或闻，是何异默认专制为犹适用于今日【之中国也】，国民既默认之，政府借其默认之后援以维持之，亦何足怪”，呜呼忍矣！吾不知满清何德于著者，而左袒之如是，同胞何怨于著者，而苛论之如是。果如是，自后满君主将贵党中人尽行杀戮，靡有孑遗，亦不足怪。何也？戊戌政变，满君主杀贵党六人，贵党反对残杀的之意思表示阒乎未之或闻，是何异默认满清残杀之适合公理也？贵党既默认之，则满清借默认之后援以推广之，又何足怪？虽然，使著者以此为贵党之私言，吾不责也，盖贵党非特不怪之，且视为分所当然，持君要臣死臣不敢不死之大义以自解者也！观康有为其弟被戮，彼犹颂德载湉之德不衰，亦可知其梗概矣。而著者欲以此责全国民，亦诬甚矣。

(前略)“国民诚能表示其反对专制之意思，且必欲贯彻之，则专制政府前此所恃默认之后援既已失据，于此而欲保其敝帚以抗新潮，其道无由。”

今使全国人诚如尊教，将其反对专制之意表示，且必欲贯彻之，吾亦谓终无贯彻之日，而新潮不能敌敝帚也。重大问题不具论，即以一辮论之。我国民反对之意思，满人入关时江阴以十余万人之肝脑表示矣，太平天国时十余行省以蓄发表示矣，然犹谓其时新思想未发达此非正式之表示也，今则长尾豚见诮于外人，我国人无不欲剪之以为便者，留学外国者与当今志士皆已剪之以表示反对之意思矣，官吏中亦已有奏及此事、代国人表示反对之意思者矣，乃满政府不特不从民意而令剪之，军学界之有剪辮者且令蓄回。辮犹如此，其他可知。著者谓专制政府所恃默认之后援已失所据，而敝帚无由抗新潮，果何所见而云然也？若更征之苏杭甬铁路之强借外款，而著者之说，更无立足地矣。

(前略)“以上种种理由，应于今日时势之要求而不得不发生。若夫政闻社所持之主义，欲以求同情于天下者，则有四纲焉。”

以上种种理由，其矛盾自陷者尚多，今不忍吹毛求疵，故为刻论，以上所驳，不过举其大旨，使我同胞勿为所惑已耳。至著者自谓应于今日时势之要求，则又不可无一言以正之，使勿误我同胞也。今日中国时势，昧者以为汉排满，其实，满排汉，时势也。满排汉，非排以强硬手段，而排以阴柔手段也，非排以虚名，而排以实力也，又非以专制排之，而以立宪排之也。满人以立宪排我，而著者以立宪要求，水乳交融，胶膝互结，微著者言，吾亦知满君主以贵社为立宪忠仆，而以著者以上种种理由为适应于今日也。独惜著者非满人而汉人，虽如何披肝，如何沥胆，自谓忠于满人，恐满人怀种族观念，终不能无疑，而去其防家贼之政见。是著者以上种种理由，即应于今日时势之要求不得不发生，而欲达此目的，究竟为种界所横断也。不然，请观袁世凯、张之洞、岑春（萱）〔煊〕三满奴可知矣。此三满奴自谓尽忠满朝矣，满人亦谓三奴为忠仆矣，第以其为汉人也，不得不稍加裁制，非如任铁良、端方、凤山、泽公辈之可以不存芥蒂，直任不疑者。盖世未至大同，此等心理，出于天然，无能或免者也。故为贵党计，欲达以上种种理由之目的，莫善于求入满籍而为满人，否则援耿、孔例，列于八旗治下，使满人先去其疑心，然后政党庶几可以成立，而贵社所持之主义即不必求同情于天下，亦当无不贯彻矣。

以下四大纲，议论极鲜妍，词旨极修饰，可云浓纤得衷，修短合度，（阿挪）〔婀娜〕妩媚，哀艳动人，令余听之，乐而忘倦，自非木石，安有闻娇音而漠然不动于中者。此四大纲一出，我同胞之莫不共表同情，无可疑者。可怜今尚非时，徒使贵社自伤薄命耳。兹拟暂停驳论，迨贵社去满人所疑后，以上种种理由，已达其目的，所持主义亦已贯彻，然后相与提携，研究此四大纲，当未晚也。纵此时国会成立，贵社同人皆已操政治实权，不屑与下士参议，然政治团体既有政友，同时必有政敌，友也，敌也，皆非徇个人之感情，而惟以主义相竞争，此又贵社本宣言书之所许也。则他日者，贵社同人，或容余置喙其间，亦意中事。且余犹有为贵社忠告者焉，则自后不宜言要求是也。盖要求云者，质言之则革命而已。其所分别，以俗语解之，革命则直兵之，要求则先礼而后兵耳。昔臧文以防，求为后于鲁，孔子讥为要君，所谓要求也。然则要求与革命，所不同者，先后耳，激烈与温和耳，其性质未有以异也。著者而曰要求，不惧与保皇宗旨相反乎？又不惧起圣明之疑，引孔子讥文仲之言而责以要君乎？况以上种种理由，著者皆是率国民对君主认自己不是而向之请求、哀求、乞求耳，固未尝示以要求之方法也。夫实有其事，言之而起人疑，智者犹不为也。今无要求事实，而自取要求之名，著者何不智若此。今而后，贵党有所陈说，曰请求，曰乞求，曰哀求可矣，慎毋自谓要求以开罪于圣明，而败乃纯臣之节也。抑向君主请求、乞求、哀求亦有道焉，若慢然行之，即请求、乞求、哀求亦为无效。贵党梁启超有言，凡有所求，必量其人能给我之求与否而求之，否则所求为无效云云，至哉言乎。贵党奉此以为请求、乞求、哀求之准则，行之唯谨，终必有得一当者。然此至理名言，想贵党久矣奉若箴铭，不待余述，特梁所言亦曰要求，似与著者所陈理由尚多未惬，究不若易要而为请、为哀、为乞之较为得体也，是在贵社。

《中兴日报》，光绪三十三年十月二十七日至十一月七日（1907 年 12 月 2 日至 11 日），录自章开沅、罗福惠、严昌洪主编《辛亥革命史资料新编》第 5 卷，第 296—302 页

《立宪魂》序

乌泽声

吾友李君庆芳撰《立宪魂》一书，稿成即以示余。余执李君而叩之曰：子成是书之志，岂非欲启牖我国民为立宪之国民乎？岂非欲扶起我国家为立宪之国家乎？是与余宗旨相合也，奚可以无一言以为之序？

呜呼！我中国迫于外患，盲于内治，国势之不逞，已濒于九死一生之域，岌岌焉将为世界竞争恶潮流所卷去，不克以自拔。是固忧国者热火上炎，冷泪下落，且耻且愤且悲且惧之一问题也。虽然，吾人丁此时局，逢此际会，袖手旁观，扪心忍痛，任他人蹂躏凭陵，不图一挽救之术，而国家或有转危为安之一日者有乎？曰：未也。或者吾人拼命溅血，胼手胝足，日荷国家之艰巨，力挽国家之颠危，而不能免于国亡种歼、澌灭沉沦之痛苦者有乎？曰：未也。何则？由前之说，国不救必亡，由后之说，国虽救亦必亡。使此前提而可信也，则吾人坐以待毙可耳。然试一观，莽莽大陆，抟抟尘球，以强武被称者，若而国焉，以弱小被称者，若而国焉，转强为弱者，若而国焉，扶小为大者，若而国焉，逐逐纷纷，斗精角智，地球（旅）〔旋〕转，无一息之或息，国际竞争，即无一时之或圉，优胜劣败之剧，弱肉强食之剧，无日不依天演之公例，循环出现于人间世上，断未闻有一国焉，蚩蚩瞢瞢，坐以待毙，而可以苟延尚存者，亦未闻有一国

焉，励精图治，穷思角力，而不雄武振兴者。由此揆之，图于今日之世界，绝无不能转弱为强、奠危就安之理。然其优胜劣败之所由判，又一在其国民图焉焉否为定衡，则扶我垂死就衰之中国，为耀武雄飞之中国，非必待我国民起而振刷之不为功，是又何疑？

虽然，我中国所以致亡之道，厥非一端，我国民所以救亡之道，亦必非一端。十年以还，朝野上下，孜孜图治，言变法者若而年，言兴教育者若而年，言扩军备者若而年，言兴实业者若而年，新政之兴，更仆难数。然若数其成绩也，则人群治之不进化也如故，教育之不普及也如故，军备之不扩张也如故，实业之萎靡也如故。是果我中国不变法固亡，变法亦亡耶？无他，如变法不知所以变法也而已。夫欲荣其（枚）〔枝〕者必培其本，欲清其流者必治其源。于物有然，为国亦然，断未闻国本不固政体不良而可底国家于富强者。然则为中国根本之祸胎，染枝叶于凋敝者，非专制政体而何？吾知专制政体苟一日不去，我中国虽旁求博采，变法维新，仍舍其本，而齐其（未）〔末〕能挽救国家颠危于万一者，鲜矣。

岂惟专制政体不可以苟延于中国也，世界各国无不摈斥之，摧挫之。今试一览十八世纪以还之历史，何一而非摧陷专制政体之历史？再试以观二十世纪雄武之国家，何一而非立宪政体之国家？故西哲有恒言：今日之世界，无专制国立足地。信然。专制之毒亦绝迹于文明国之天壤矣，何独至我中国，苟延残喘，维持保守专制政体四千余年，迄今而未已？岂专制淫威独敛足屏迹于世界，而恋恋迟迟于中国耶？无他，各国又有建设立宪之国民，故无专制之政体，我国有保守专制之积习，故无由建设立宪之新制也。曷观乎各国新之历史？或以红血滴宪法之条文，或以白骨堆议院之基础，腥风膻雨，同上断头之台，云谲波诡，遍插革新之帜，风潮披靡于全欧，惨剧震骇于世界，暴君污（史）〔吏〕闻风而遁走，残刑苛政迎刃而廓清，后继之以平和的维持秩序的建设，于是如花如烂立宪之新制产生，而如蛇如蝎专制余毒澌灭矣。痛矣哉，其国民流血拼命之惨剧！壮矣哉，其国民改革建设之能力！有此雄伟不屈之国民，斯建此刚强不挠之国家，民为邦本不亦信然？悲夫，我国民蜷伏于专制政体放任政府之下，既已数千百年，关心国家之兴废，如秦越之相视肥瘠，非唯无救国之能力，且无救国之思想。士以思不出位为道德，民以不闻政事为高尚，遂潜滋暗长，酝酿胚胎，产生一种放任心，不啻第二之天性。夫国民既放弃如此也，则一切仁民爱物之责任，不能不悉奉之于政府，而政府非有果能荷此责任者焉，抑且以摧抑民气为本分，以剥削民财为权利，至于惠民济国之仁政，即或有之，亦云仅矣。于是上自政府，下迄人民，举国上下，无一负责任之人。斯举国梦梦，亦无一爱国之人。西哲有言：专制政体之下，爱国者惟君主，吾则以为专制政体之下，最不爱国者为国民。夫既不知爱国矣，又何由而负责任？既不负责任矣，则政体之良否必漠然置之而已。是以专制政体，非果能苟延盘踞于中国也，亦我国民未能沮之、抑之、摧之、陷之，有以维持之、酝酿之者耳。

或曰：政府预备立宪之明诏，不亦谆谆宣布也耶？实行立宪之期限，不亦煌煌表示也耶？是欧美皆拚命流血购之不获者，我政府固已公然（卑）〔畀〕之，无稍吝色，我国民夫复（可）〔何〕求？曰：仅若是，即足以餍吾民之希望，底国家于立宪之域者，则文明列国革新之际，不辞以自由之血招立宪之魂，以国民之颈撄政府之锋，自子视之，宁不谓其得陇望蜀，无病呻吟，非为大狂，是必大愚，何其政府梗顽乃尔耶？何其国民放恣乃尔耶？吾知其有不然者。夫立宪之结果，以国民之血争来者，则有效；以政府之笔草就者，必无功。未闻不待国民合群策力要求立宪，而政府反能励精图治实行立宪者。使今日政府以一纸预备之空言，可以收立宪之美果，必也放任政府之道德才能，高出于欧美各国责任政府之道德才能，始可以语此，则世界中断无专制国政府之程度，能驾陵立宪国政府程度之上者。我国民仅希望政府的立宪，不建设国民的立宪，勿亦坠于黑暗雾中，为政府所愚弄耶？即使政府开诚布公，锐意立宪也，亦不过粉饰皮毛新政，抄袭陈腐成文，以（涂塞搪）〔图搪塞〕天下之希望，愚民之术，或虐于专制，则民权的政治不可期，傥来的宪法不足持，国家之颠危不可救，陆沉澌灭之苦，恐不免于中国矣。故远证列国立宪之往迹，默识中国改革前途，苟欲变我垂死就衰之专制国，为耀武雄飞之立宪国，希望之君主，依赖之政府，两无一可。然则能负此宏大艰巨之责任，有此转危为安之魄力者，非我国民而谁？

我国民苟群起而负救国之责任也，吾又知国家思想之发达、政治能力之膨胀必飞突进步，一日千里，建设宪政绰有余裕，其以程度不足诋讥者，妄矣。虽然，是必有坚定不拔之宗旨，刚强不挠之魄力，凝固不渝之团体，相提挈，相号召，同袍联袂，以赴国难，所谓国民的立宪始克底于成功。然揆之吾国之现象，国民之心理，或芥蒂种族界限于心坎，未能开诚布公，或萦结地方畛域于脑筋，未能提挈团结，甚至坠思黜明，甘辱于雌伏而守被动的态度，或者丧心病狂，思逞一哄之政策，施而破坏的手段。其洞识世界竞争趋势，彻悟国家危亡之前途，能抱定伟大贯彻之宗旨，以救国为己任者，除一二先觉之士，举国之中，诚属寥寥。夫当此危急存亡之秋，一发千钧之际，如转巨石于悬崖，稍为纵手，一落千丈。使非卓识之士发为正论，有以诱掖而进之，开瀹而导之，则中国之前途，宁可设想耶？余友李君有恫于此，特撰此册，思以言论唤导国民，诚过渡时代缮群医国之宝筏也。吾知针膏疾痼，灌溉人心，启牖我国民为立宪之国民，扶起我国家为立宪之国家者，必自李子之《立宪魂》出世觇之矣。

《大同报》第五号，光绪三十三年十一月六日（1907 年 12 月 10 日）

论立宪党人与中国国民道德前途之关系

不 佞

自奸人康有为行遁以来，既（段）〔假〕借尊王之说，以会敛商于海外者之资财，又欲借是为再归故国弋获富贵之策，乃猥云逐臣恋主，北向恒流涕。此已无耻矣，而其徒党如梁启超者，乃更镕尊王爱国为一心，以为欲救中国，非君主立宪之制弗可，则尊王之谊并包之，以为君主非主权所舍，则改造中国勿庸更易君主，而君之为同种为殊类，可毋计。至其戕贼良心，诬天下而弗恤，又悍然断满族故为中国之臣民，其说牵合附会，可以愚黔首。要其本怀，则亦与其师同，无非希冀权位、醉心利禄而已。他若蒋智由、杨度，皆无聊者，特欲步武康、梁，为异日附骥尾而登朝廊张本，抑亦可悯者，不足道也。从其党者，判然有二途。侨商富有金钱，衣食赡足，而入官之念，起则诵之，卧则梦之，康、梁诇而诒之曰：（女）〔汝〕其助吾资，它日吾请于帝，必官（女）〔汝〕，（女）〔汝〕欲得官，是盖在立宪后。立宪岂可以口舌得之，则资亦其最要者矣。哀哉侨商，中于计而弗觉，则亦以出资、立宪、得官并为一谈云尔。侨商以外，有一类焉，吾名之曰官胚。统见在之已为官者，与见在虽非官而其志在官者论之，其丑行，尽荆越之竹，犹不能书也。总而言之，冀为宪政国家之巨官议士，以布其所谓政治法律之学，固宠禄以诒子孙种族国家，匪皇恤也。此曹之心，固与昔者以八股策论取名利者略同，若其质实无欺，不为奸言以簧鼓天下者，抑又不逮。异同之故，可得而言。往者学究笃守四书，诵法程朱，高头讲章，奉为临文圭臬，狂瞽之极，或谓率是可以致治平。今之官胚笃守政治法律范围，诵法康德、伯伦知理诸氏，其讲章取之日本高田早苗、浮田和民等，既卒业，则挈之而西，以应伪廷之试，亦谓改革中国，非此末由，苟用其言，中国将与欧美齐其轨度，此其同也。往者学究研精举业，亦曰非此不能致身乡相，多积金钱以肥其身，畴人之中自襮其宗旨，无稍隐秘。若乃高言经世、出语无怍者，固时时有之，然而少矣。故夫就试场屋，欢喜雀跃而趋之，及其列名榜末，亲官走贺，咸曰高官厚禄，此其权舆；其颠踬既久，犹不得博一荣名，则与妇子相对号啕，呕血投河，至为常事。今之官胚，高言救国，而隐其竞名死利之心，以为吾说不用，中国将亡，颤声长号，冀耸人听。人为所惑，未尝不慕其爱国之真。微而察之，昏夜夤缘，黄金贿赂之事，固依然此曹所为也。岂不痛哉！术幸而售，则且（摹）〔模〕仿邻邦，为一二空名之新政，以证其所学之非妄。若求而不得，独处一室，则愤怨填膺，出对众人，又要结朋党，以力强求，愚黔首，病国家，无所不可。其归墟，则一得势即变其嚣张恣肆之状，含默取容，若寒蝉之无声，如此犹自夸张以为爱国，则无所比矣。此其异也。虽然，此辈所以至是，盖有导夫先路者，则昌言立宪者之罪矣。侨商之所失在金钱，而官胚之所失在道德。欲人之出金钱为己衣食交游计也，欲人之怀其道德所以厚与援，而为藏身之固也。呜呼！国民之道德，经千岁圣贤昌率之而不足，一二无耻小人隳坏之而有余。伊古以来，可为痛惜，未有如斯之甚者也。昔顾君宁人之言曰：有亡国，有亡天下。易姓改号，谓之亡国；仁义充塞，而至于率兽食人，人将相食，谓之亡天下。今之立宪党人，皆率兽食人者也，汉民安得而不亡？（共）〔其〕熟视中国之（论）〔沦〕胥而无睹者，固无足怪矣。今将数其罪以告我汉民，后有来者，勿（放）〔仿〕效焉。立宪党人，其如能翻然改图，亦吾党之所弗弃也。

一曰好名　名之病人，有如鸩酒，好名之极，至于忘国家。吾尝考之，率分二类：一暂舍其衣食、妻妾之好而好名，其好名仍借以钓衣食、妻妾之具，然则所损者在现在，而益者则将来也；一则以衣食、妻妾之奉为已足，则进而好名。今日以名为最可好者，它日又有一物焉，较名为甚，则又弃此而取彼。质而言之，一则权度于轻重而好名，一则比较其高下而好名，私欲充实一也。故彼党对于国家种族无所爱惜，惟以得名为准，其巧黠者，至故意（于）〔干〕犯国民之公怒，而表证其非好名，实则取媚于政府。及一二同志之人，偿其所失，亦有余裕。夫人至以丧名之道取名，其术之工，岂巧历所能算？故但使能得名，则国民休戚、种族存亡之大事，悉可以奸言解释之，为虎作伥而已，亦沾微益，其可诛庸待问乎？吾又考之，其中又有二别：要名以赎前日之非者，则康有为、梁启超之为也；积名以求它日之利者，则杨度、熊范舆之为也。数人昌之，众人效之，几不复以好名为可耻，而良心斫丧，至斯极矣。循是以往，多一好名之人，即多一言立宪之人，多一言立宪之人，即多一害国家种族之人，胡可长耶？吾党痛心亡国，矢志复仇，胜则为汉民开万世无疆之休；不幸而败，惟有牵系异种，与之同尽。抱凄怆恻怛之怀，以为光复祖国之计，救国救种，即以自卫，无名可言；弃家亡命，历尽艰屯，无名可言；独立不惧，甘受刀踬，无名可言。不惟此也。好名之弊，至于亡国。吾党之责，即在救亡，然则好名固吾党之大禁也。此所以异于立宪党人也。

二曰慕势　充自私自利之心，而为败德乱群之事者，将欲达其所志，必有所借而后成。借于高官，所以为攀引之途；借于绅士，所以为游谈附和之助；借于商人，所以为敛钱之具；借于异邦之政党，所以为光宠之计。势之所在，趋之如鹜，至忘性命焉。其要结人也，或动之以危言，或媚之以甘言，或惑之以莠言。言而不行用态，态而不行用资，资而不行用恐吓，其极要使有势者咸为我用，而我之势于是乎大。始而我慕人，继而人慕我。欲入官者趋于立宪党，慕势也；欲据权于乡党者趋于立宪党，慕势也；欲为议员策士者趋于立宪党，慕势也；欲为枢臣、督抚谋客者趋于立宪党，慕势也。此曹深知以势合者，势不盛而将离，故汲汲然张其势，忽而仰人之势，忽而动人以势，无理可言，无道德良心可见，视势所在。抑民有恒性，其始岂乐乎此？亦曰一旦失势，则如泉涸之鱼、失林之鹿，进则不能拥取荣名，退亦不能见容于民，则踉跄颠蹶，终亦必死而已矣。吾（间）〔闻〕唧蛆甘带，殆其生理使然。立宪党之甘势，亦其心理使然也。视其书，则朝廷政府不绝于篇；与其人谈，则国务大臣、国会议员之名不绝于口。开会而要日本之勋爵以示荣，著报而乞日本政党之言以自重，其党人中其毒，故亦日慕康、梁、杨、熊，冀附其骥尾，曷尝有廉耻事哉？夫马良，一传教士也，忽而跻之于九天之上，推以为祭酒，岂曰德行学问足以法于彼党，亦良故上海绅士，善于交结官府，时为动人观听之事耳。举者一端，他可概见。嘻嘻！救国救危，岂非大事？彼党自诩，固亦耿介坚贞，诚使其仗义以行，毫无伪饰，吾党纵仇其主义，亦未尝不敬其人才，谓其主义，即虵谬重纰，而于国民之道德，尚多无愧也。今也若是，则吾党欲为之讳，亦有所不能。彼昏不知，尚日以奔走权势为事，岂知循是不变，固将见弃于蒸民哉！呜呼！吾党其鉴于兹。

三曰竞利　陶物振俗之道，莫要于恬淡寡营、高谢荣利。若竞以利为言，则廉耻日亡，风俗人心，所以维系邦基者，亦将随之大坏。往者迂儒讳言功利，虽时近于褊隘，而所以遏利欲之洪流者，功不诬也。自顷西方之学，流入神（洲）〔州〕，则始有哗言功利，教猱升木之徒，愚者靡然向风，奉其说为准的，始则曰小己之利必受裁于国人，继而欲炽于中，物扇其外，魂魄扰扰之际，有不顾国人而专言小己者矣，有实在小己，而托名国人者矣。厚货贿而美宫居，莫非厉民以为养。窃人之财，从而诒之托词于他日之报酬，而强索目前之供献，其所托则仍国事也。故人入其壳中而不觉，而彼之术乃周密无疵。此海外侨商之阨也。彼充其好利之心，见国事罔非可以为利之事，利之以得名，利之以要势，利之以结众，其所表于众者亦曰权利、权利而已矣。利之既去，思恢复之；利之未来，思强致之。说有万岐，而利为归墟，人有万分，而利为同趣。心冀官爵，力致公卿，利也；结众擅权，托言议政，利也；武断乡曲，交通官吏，利也；振兴工商，垄断财富，利也。利之道多矣，谋利之道众矣。由斯以谈，好利莫过于立宪党人；可凭以要利之说，又莫便于立宪，仅一愚弄侨民，索取多金，尚未足以尽其巧智耳。嗟夫！好利者，人之恒情，欲以道德化民者，曰遏其私利惟恐不足。今而率之，夫孰不走之如水就下也。洪水猛兽之害，又何足以喻哉？吾闻国必自亡而人乃亡之，赫赫禹域，非立宪党人戕贼之，又何以长为舆台，甘为菹醢乎？虽然，吾当敬告公等，满汉之形，势不相下，此优彼绌，不易之情，伪廷立宪，不足凭矣。即公等极力苦求，亦决不能跃过满人之上。议院之中，政府之内，公等亦随满人唯诺耳。宁为鸡口，毋为牛后。公等死利之心纵难澌灭，少安毋躁，以待汉族光复之后，尔时公等独立自谋，不受人之羁勒，纵为有众所弃，权度而观，庶几稍有自由之乐，何必为异族效力，自戕其种？种既不存，而公等亦同归于尽也。

四曰畏死　敢死之风衰，而好名慕势竞利之弊见。名与势与利，常人之所乐，而死者，常人之所畏也。立宪党人之畏死，吾岂必责之？虽然，国家存亡大事，有识者固当冒万死以图救，无所迟回。今既嚣嚣然以救国自豪，而畏死特甚，则其心直可谓之仅能好名慕势竞利，而不能救国可也。彼既日自立于安全无恐之途，独以劝告要求为事，视暴动之革命军有如蛇蝎，固其所耳。乃至击刺之豪，暗杀之杰，彼亦避之若浼，以为在所不为，然其宣之于口，笔之于书，无不曰不避艰阻求达其志，实则藏身最固，避死至精。吾信其克享天年，必不致为国而死也。敬告彼党，强饮强食，毋以国事故太自苦，汉族不亡，公等岂可死也乎？附和立宪党者，岂有他哉，亦曰言革命至危，而言立宪安耳。言革命，则将尽捐其好名慕势竞利之心，而所持之术，动与险会。言立宪，则名与势利从欲而至，伪政府待群媚儿，又岂肯稍加戮辱哉？言革命者奔走关河，所与交者大抵皆枯槁之士；言立宪者，安居一室，所与交者大抵皆浮华之徒；言革命者，在国外虑皆穷士，甫入国境，即指为乱党而受诛夷，眷属宗姻皆将不保；言立宪者，在国外则俨然政党，反国而后，上则为政府之谋臣，下则为诸侯之策士，最少亦能据一乡以自霸，结一官以自豪，富贵显荣，如操左券，妻妾子女，悉享欢娱。两两对观，宜人之乐入立宪党矣。择安避危，人之常智，矧以立宪党人之狡黠，而有不知者哉。故夫敢死之气，尚义之风，必颛谨笃厚之人乃可希冀。愈黠则身家之念愈深，求其效果毅不挠之节，犹望不夫而孕之事也。嗟乎！吾党之志以敢死为先，吾党择人以谨愿为要。救国之业，未尝责诸彼党之人，独惜彼党昌披，率蒸民以为庸懦之辈，滔滔日下，神州之事庸有赖乎？反是不思，亦已焉哉。

五曰狡伪　立宪党人之狡伪者，莫过于蒋智由。其言曰：“人人皆革命党，人人非革命党。”斯言也，即其狡伪之证也。夫其为此言者有三意焉：一掩其前日曾言革命之过也；二恐后此不能得志，将发愤而还倡革命也；三欲以惑我党人，使弃其革命主义，而非革命于心无愧也。若以斯语为晓政府，则误其意旨所在矣。夫彼所谓见政治昏暴而革命，见政治有清明之望而不欲革命，二者断不能同时并见也。如本昏暴也，而谓之清明，则直谓之恶言革命可耳。本清明也，则蒋氏前日之言革命，又奚为者？既已清明，所谓清明者，革命党之发生如故，又奚为者？吾查不解夫所谓清明者，又何所指也？须知吾侪之意，以为满洲政府无往而不昏暴。彼党之意，则以为可得清明。其实清明、昏暴，皆彼所不能辨，惟视便于彼等之策而已耳。不能得彼之所欲，彼则恶之，与杀革命党无涉也。便于彼者，彼则欢迎之。彼又何尝不助政府以排革命党耶？要之，公等言立宪，则请言立宪可耳。虽满人发尔先人之冢，入据尔之宫，亦当勿变，勿复为此言以自盖，诬先贤以自欺，盖公等亦岂革命之人耶？若革命党者终始一心，惟求贯彻其驱胡之主义，满洲大长大去宛平之日，庶几为人人非革命党之时，不然，革命之势如雷如霆，其谁非皇汉子孙，焉有不兴起者？吾惟见人人皆革命党，特公等则无一而可耳。虽然，吾党戒之。彼之言与梁氏同也。梁氏之言曰，不惜以今日之我，与昨日之我挑战。词有异而意则同。今日革命，明日立宪。借口于政治者一线清明而忽变其宗旨焉，则梁与蒋皆当窃笑于旁，而适以中其狡伪之计矣。夫国家之事，诚有所主持，何必不后先一致，讥弹诃詈，皆可受之，胡为作两舌之言，为弛张之计也？言而如此，行事可知。伪称密诏之事，途人知之矣，吾又奚为多责焉？

六曰无耻　吾党民意为《希望满洲立宪者之勘案》，就康有为之布告，而数其无耻十五，诚足褫其魄矣。吾党曰：庶几读此文而知改乎？孰知其无耻如故也。吾即政闻社大会之事而觇之，可为彼党无耻之据者，又不一而足。热中利禄，奔竞夤缘，聚其徒党，欲干国政，无耻一也。大启会场，演说宗旨，心则怀奸，口则颂圣，犹复欺此众人，谓为救国，无耻二也。虑势不足，不能动人，乃援请神甫马良，推为魁首，输心拥戴，欲借其名，无耻三也。献媚日本政党，引以自重，报章开帙，即揭跛者大限之言，推其用意，以为伯也日本元勋，赞同于我，以是耀于学界，以厚其势，无耻四也。开会之日，顿首于日人之门，坚求演说，会场既扰，日人报纸无不哗笑，犹假造犬养毅之言，以欺众而自慰，无耻五也。当时梁氏演说，出语狂悖，吾党张君乃抨击之。既不自咎，而谓吾党为暴徒，但于事后，肆其谩骂，无耻六也。借口自由而谓吾党之举为侵其自由之界，不悟其言之害无异卖国，卖国者犹复高谈自由，无耻七也。呜呼！无耻之立宪党竟始终不改其度乎，将所谓国家将亡必有妖孽者也。政闻社受此巨罚，未能甘心，复十借苏浙路事，再张其军，其无耻殆更甚。吾亦不欲屡言之矣。要而言之，立宪党人以无耻率天下人之景从之者，始为其术所欺，忘其无耻，继为其当所陷，亦不得不从而无耻，无耻之甚者，据地愈高，则有羡无耻而不得者，戴异族以为君而己为之臣仆，奉富人以为助而己为之厮养，拥名士以为重而己为之生徒。立宪党几相忘于无耻焉，不亦哀乎？孟子曰：耻之于人大矣。诗曰：人而无耻，胡不遄死。吾甚愿立宪党人勿再戕贼我民彝也。

七曰阴险 革命党，民党也。立宪党者，亦自谓党于国民者也。自谓党于国民者，乃阴为政府之走狗，借以行其排除异己之术，是何劣乎！夫异己者既同为民党，则互相（办）〔辩〕驳攻击，亦理之当然，或竟丧其良心，力求当政府之任，以施其芟夷革命党之计，亦未始不可。今乃日号于人，谓己为民党，而隐然侦伺革命党之行动，以告于政府，一借献媚而复怨焉。此贱丈夫之所为，孰谓堂堂之民党而若此，且彼党幸而未握政柄耳。一旦高据要津，作威作福，则其治革命党不遗余力者，亦犹夫现政府之所为耳。虽然，政府之不容革命党，政府应尔也，号为民党者，乃假政府之力以排异党，为鬼为蜮。吾乌乎拟之？推立宪党之心，殆惟知有权位，而不知有公义。充斯义也，虽使其父革命，其子告密可也，若之何竟出于此也？或曰革命党之于立宪党，抨击无余地，故含忿而思一泄焉。信如斯也，则（数）〔敬〕告彼党，阴险之术，君等如肯屡用，则请恒用之。吾党纵若何受困，仍以公义诲公等，不敢辞也。独惜党人之名，悉为公等所败，而国人之道德，恐将染于公等，而成窳恶之民，则公等之罪大矣。

以上七事，立宪党人之凉德。有如此者。（乌）〔呜〕呼！学绝道丧，人欲横流，其祸竟发于国家种族。立宪党人，其何词以谢国民乎？夫化民成俗，士君子之责也。一群之内皆以道德相维系，则其影响于国民者，其效又至大也。叔季浇讹，虽有智者，欲以一身化天下而有所不能，独人人互相激励焉，则其转移亦正易易，小人道长，朋比为恶，其弊亦足使风俗日偷，而国维以隳。立宪党人中，固有以道德自标者，今其如台而若是也，夫其秽德已腥闻在上矣，使天下效之，竟趋于一途，智足以济其奸，文足以佐其辩，术足以行其恶。而犹沾沾然自谓为救国之徒，几何不轻中国而为有志之士羞耶？虽然，立宪党者，固恶薮也，不足以语善者也。不足以语善，则救此横流，使民无沦胥以亡，非异人任也。吾党对于立宪党则哀之，对于国民则指导之，毋俾染于污俗，而吾党亦朝夕思所以异于立宪党者，则中国庶几其有豸，中国国民道德之前途庶几其有豸。

抑吾闻之，合千百人为一朋，其执守必与众异，然后可以自固其群，非乌合兽聚之谓也。立宪党以何道而固其群乎？如犹有正义也者，则前之恶德，又何其多，如何而自固耶？如仅以恶德相聚，则其群将益恐难固也。何也？率立宪之道以救中国，中国必永亡。中国永亡，而立宪党能常保其势，未之有也。其或天助汉民，光复之事集，驱胡塞外，天地清明之日，立宪党又岂能恃其恶德长留于国中耶？然则恶德之多，即自涣其群之道，吾又为立宪党危矣。

孔子曰：狂者进取，狷者有所不为。夫既曰有所不为，亦将有所必为。既曰进取，亦将有所不取。今之人重言进取，而轻言有所不为。夫至无所不为而云进取，则其所进取可知也。其党人相结，动以进取为言，亦知无狷介高洁之风，不足以言救国乎？循是以往，不及五稔，将使天下无非小人，而中国事遂不可问。德不建，而民无援，轩辕之祀忽，诸可哀也哉。

不佞曰咨，立宪党人，
汝亡我中国，毒我汉民。
实有秽德，腥闻于天，
懿此群丑，恶人之渊。
汝之恶矣，是曰好名，
志在取宠，性慕显荣。
胡之媚子，发言盈廷，
嗟我汉族，大命已倾。
汝之所怀，岂不曰位，
醉心富贵，有死无二。
策士议员，惟力是视，
汝族则亡，汝愿则随。
汝之嗜利，有如豺狼，
贪饕无厌，哀此侨商。
辇此黄金，以贿淫荒，
曰有议员，为汝之偿。
汝之畏死，其胆如蹶，
彷徨徙倚，亦曰可悲。

劝告要求，皇肯照微，
既富且贵，寿与天齐。
曰狡曰伪，为汝之德，
首尾两端，为民之贼。
汝生何土，两舌之国，
其行亦诈，我民是惑。
相鼠有礼，汝则无耻，
无耻之人，生不如死。
弃其昆弟，戎狄是媚，
嗟尔党人，奈何为此。
汝之阴险，孰知其极，
言语漏泄，为鬼为蜮。
输心虏廷，代除反侧，
豺虎不食，投畀有北。
不佞作歌，以究汝心，
汝之愆尤，如海之深。
洗心革面，其在于今，
嗟我诸友，视此良箴。

《民报》第十八号，光绪三十三年十一月二十一日（1907年12月25日）

泣告同胞之希望立宪者

恨海

荆天棘地，谁是吾家？封豕长蛇，荐食上国。嗟我同胞，栖身何处？言念及此，吾不禁悲从中来，泪潸潸而口吃吃也。惟推原其故，则非我同胞之罪，而贼鞑虏之罪也。迩时以来，一般爱国志士奔走号呼，泣诉于我父母、伯叔、诸昆弟之前，而条呈革命政策，是以神州大陆之汉男儿，起而与贼鞑虏之相抗拒者一日数见，诚以革命成功，即我同胞离脱苦海之纪念日也。

贼鞑虏有鉴于此，不得已而行自利其族者，以诡吾族之计，此立宪之议所由昉也。乃我同胞中竟有为其所愚而以立宪为得计者，噫，是何心哉！是何异自缚其身以贡于敌人，自利其刃以工于自劓者。日本去岁有东京《巴苦》（译音，英人画报之义）杂志，画一群花翎红顶之人及猪一样，花翎红顶者则投猪以毒药面包，面包中写“立宪”二字，群猪争食。其红顶花翎者盖谓满人，群猪者盖谓汉人，以立宪为饵者，盖形容满人之智，争食而不知死者，盖形容汉人之愚。又尝闻于南人云，印度及安南有捕象者，以象力大，不可以直捕，先设一阱，上覆以粟类，象至则坠阱中，然后经二三日始饷以食，象于是以此人系救己者德之，而遂甘以身报。希望立宪者，象也；设阱捕象者，贼鞑虏也。

无（化）〔他〕，盖亦不思之过也。夫吾人不能不泣告于公等者，非以公等不知革命，吾党遂不能革命也，公等阻挠革命，革命遂不至于成功也。特以公等犹是我祖父之子孙也，犹是我同胞之一分子也，迷津促返，歧路导归，非吾党之事而谁之事哉？为世界之羞者，公羞我亦羞也，为前途之害者，公害我亦害也，与其悔不可追，何若回头是岸？此吾党之为公等深长思而善为计者也。谓予不信，则有六大问题待质于公等者：一，满人立宪，于我汉人必有利益否？二，满人立宪成功，希望立宪者将有好位置否？三，立宪果能保其必成功否？四，立宪纵能成功，能保其内忧外患不更甚于今日否？五，满人心中果有“立宪”二字否？且果有定期否？六，公等希望立宪，如立宪不成功而革命成功时，公等将不为中国人否？不复以面目见汉父老否？

公等对于以上六项，果有成见乎？果有把握乎？如无成见无把握，是公等之附和也，公等之盲从也。附和者必无归宿，盲从者必无良结果，然至彼时虽悔无及，同是汉人，吾安得忍公【等】苦耶？是吾党不能不为公等谋者，试将以上六项，为公等解决于下：

一、满人立宪，于汉人必无利益，而且有大损害。何以言之？凡事必探其本，满人立宪之本意，为官乎？为私乎？盖为私耳，非为官也。满贼自盗我国以来，其取敛之暴，杀戮之惨，久无人类，故数年以来，排满之议，万口一声，而世界各国莫不咎满人而代汉人作不平之语，满人乃兢兢自思立宪一事有制汉人之实，而又能博世界之令名。噫！其待汉人之法之日有更张者，即其日有进步也。进步日速，即汉人死武期日近，吾党于革命之事，至立宪议论发生以来进行日急，其以身殉国者盖以千数计，其被捕禁锢者以万数计，其暴骨原野、禁身囹圄而甘心为之者非自苦也，为我同胞计也，盖恐立宪得行，则汉人无计得出之日也。欲以一身先天下之苦而苦者，不得不然也。如谓立宪国不能行野蛮压制之事，是殆知其一而不知其二者，待同族固然，待他族则否。奥地利立宪国也，其于奥国之人民，事事须待决于议院，其于匈牙利国也，权利绝少，义务甚多，举凡一切国事上之关系，奥人得近而匈人则望望然而已，虽至今尚未分离，而其大骚动也已十数次。瑞典立宪国也，其对于瑞之人民固事事平允，事事秉宪法而行，至于待诺威也，则事事过求，事事钳制，无论议院、内阁，徒于名义上为瑞、诺两国人公共之物，而其实则瑞人之独有也，故积不平之结果，至前岁而诺人出其死力以与瑞抗，瑞人不敢如何，则竟许诺人独立。呜呼！两族合而为立宪国者未有不一【利】于一族而害于一族也，例不止奥、瑞，而吾但即奥、瑞之前事而思之，满人立宪而成也，吾汉人其为匈、诺也必矣，况贼鞑虏贪残成性，已【百】倍于奥、瑞，其不平政治之结果，吾汉人之所受之苦楚，又当百倍于匈、诺。预思立宪之前途，我汉人之有心者当何如悲惨哉！内阁也，行政之总机关也，吾敢断言总理大臣及最要之位置，必满人世袭而汉人不得干预也（现时庆王握国政，张、袁二奴徒听命而已，外如财政、陆军皆紧要者，而一则为载泽，一则为铁良）。议院也，代表全国人民言论之机关也，故世界各国之举议员也，必以人口之多少而定之。如以人数而定议员，则汉人数百倍于满人，其议员也亦当百于满人矣，然吾恐汉人苟敢有为是言者，满人当剸刃于其腹矣。从种种方面观之，满人立宪，于我汉人必无利益，而且有大损害也，可断言矣。

二、满人立宪成功，希望立宪者必无好位置。何也？使吾汉人人人皆希望满人立宪，则非存汉之道，乃亡汉人之道也。吾汉既亡，吾汉人之希望立宪者欲满人以好位置者位置我，其可得哉？昔者虞受晋赂假道于晋以伐虢，未几虢灭而虞亦因之亡，而虞公授首于晋；丁公为楚将，逐窘高帝于彭城，帝急顾丁公曰："两贤岂相厄哉？"丁公乃引兵而去，后楚灭，高帝乃斩丁公以徇曰："愿后世无效丁公。"夫虞与丁公，有困晋与汉之实力，乃因欲晋与汉高位置于己之私心，虞与楚遂因之以亡，而己身仍不保首领以殁。噫！使虞公、丁公在九泉而有知也，当何如自怨自艾，悔前行之失策而不可追哉！希望立宪诸公，纵未能计及立宪之将来，独不念及虞、楚之往事乎？况现事之历历事征也。自去岁有实行立宪之伪谕下，有留学之小奴熊范舆上书而条陈立宪事，事宜军机处奏之清帝，以为名则要求立宪，实则图谋不轨，且欲得熊而治之罪（此事已见昨日本纸日本通信）；自有海外侨民电奏要求立宪事，而内地之上书于虏酋者日多一日，乃未几虏酋之伪谕又下，曰“庶民无上书资格”；自贱奴蒋智由组织政闻社事，内地之鼓吹立宪之结社将二三处，而清政府以其行为不当，故客岁十一月廿二日禁止全国政治上之结社之伪谕又下。夫以上【上】书、结社诸人非不欲以要求立宪迎合政府之心理，冀将来之得好位置也，而其结果则如此。诚以满人之立宪欲徒居其名而不可行其实，其行事则满人可以干预，汉人则不可以干预，对于内可以利满而害汉，对于外则可以掩世人之耳目，其愚暗者则利用之，其真热心于立宪者则排斥之，而不使稍得势力，且以残酷手段处之。彼非不知言论自由、结社自由为立宪国之所必许者，无如其不利于已也。呜呼！前事者后事之师也，公等欲善为位置，盍思上书、结社诸人且如此乎？

三、立宪必无成功之日。凡国体之改造必以人才，大业之成功必由艰苦，断非禽兽而衣冠者之敷衍了事之所能济也。试观立宪议成以来，其于宪政果有影响否耶？其初次所派出洋五臣，为吴公樾之所阻者姑不具论，其再次所派之载泽、端方诸奴，周游世界，其耗吾同胞之膏血者以千百万计，而成效果何在乎？三次则伪谕所命达寿、李经芳（原系汪大燮，后汪不果往，遂以驻英公使李经芳为坐地调查宪政也）、于式枚诸奴，李之去英也今已期年，其成效又果安在乎？达、于虽后出，其事实未能得见，而其结果亦当可预决矣。再观内政，其官制之改革也，于今数次，其于事实有当于万一者乎？内阁之组织也，至今将一年矣，其有议成一事、实行一事者乎？（谘）〔资〕政院之开设已展期再四，至今果有定局乎？即以小事而论，如戒烟之议，期以一月（在官者），乃一月满而又展为三月矣，及三月满而期又展矣；《新闻条例》（彼曰《报律》。恨案：律者，法也，定于立法机关者谓之法，发于行政官者谓之命令或条例。彼易《新闻条例》为《报律》，吾不知何谓）之发布，自去岁五月已有成议，而至今甲论乙驳，莫衷一是。更有可笑者，如币制一节，吾知稍有知识者必以金币为宜于今日，而彼则茫然，仍（有）〔用〕银币，至用银币，则七钱二分制可矣，而彼则谓一两制为宜，甚至相持不决，取决于各省督抚，而各督抚有赞成一两制者，有赞成七二制者，有谓北宜两南宜元、当北两南元并行者。呜呼，立宪政治也，如斯而已乎？果如斯也，则立宪者直斗鸡已耳，儿戏已耳，安有半文之价值哉！举如此例，笔不胜书，吾知自今日以至革命党成功之日止，满人之所行宪政者无不如斗鸡、如儿戏，希望立宪者正如康、梁之希望开复原官、保皇党之再欲以诈欺手段而取商财也，能乎否乎，此三尺童子可以决其不能者。去腊法京巴黎新闻论清国之立宪，有云：清国之所谓立宪不过更换官制之名目，而其内容则依然如故也；彼之政府，徒大言欺人，何尝有立宪之实力哉！希望立宪者，盍试味斯言？

四、立宪必无成功之日，吾已言之于前矣。就令如希望立宪者意中之所想，立宪有成功之日，其内忧外患当更何如哉？吾敢断言之曰：当甚于今日百倍。君主立宪之所以异于君主专制者，以治法不同，非治人亦异，庶民议院（亦谓之下议院，日本谓之众议院）固由民选而成，然贵族院（亦谓之上议院）则多由敕选，至于内阁大臣（行政官）则纯归寡人所敕任。以如此蠢如鹿豕之满酋，果能辨其谁为善良否耶？且今日之擅大权者为庆王、为肃王、为载泽、为载振、为铁良诸辈，他日宪法确定，统治权既归于满酋，则敕某为总理大臣、某某为某部大臣、某某为贵族院议长、某某为贵族院议员，如今日之庆王、肃王、载泽、载振，目不识丁、心无分晓诸蠢奴皆一举而登庸之矣，即令治法完善，其如无治人何哉！况治法之必不善也。吾知过此以往，内阁为满所独有，贵族院之事体满人主持之，而汉人但唯唯而听命，其所议所行者，皆谋满人之利益，安有顺汉人之民情、恤汉人之民命哉！今日议增国税，明日议增皇室经费（今春编《皇室典范》，那拉氏命先宜注意皇室经费），庶民议院纵不赞成，其如贵族院与内阁有同意乎？汉人事事掣肘，事事受缚，稍有反抗，则曰尔不守宪法，尔不遵天皇之命，是依宪法以治尔之罪，迨至此时吾知汉人必人人有革命（想思）〔思想〕，无如满人之牢不可破，网罗四周，虽欲出而不可得也。是殆若俄人与波兰人之宪法也。于是而国力凋丧，民不聊生，满人则曰汉人不能生变，吾皇位既固，他事可不与闻（那拉氏尝曰：如立宪果成，吾万世一系之基当可保无恙），纵有不幸，吾满人之小朝廷可以无缺，吾五百万人之生活可保无虞，而起视四境，则某省为甲国人之势力，某省为乙国人之势力，某商业为丙国人所有，某农业为丁国人所有，某港为戊国人兵船所驻，某江为已国人所驻。彼满人何患乎无家，所难堪者我汉人耳。此时之希望立宪者当作唏嘘之叹曰：使吾等当日赞助革命，而不希望立宪，必不致有今日也。噫！

五、吾敢断言满人心中并无“立宪”二字，且立宪并无定期。去岁那拉贱妇谓袁世凯曰：“如果立宪成功，革命党当自行消灭。”呜呼同胞，试听斯言。夫革命党者牺牲家族，牺牲财产，牺牲性命，何苦乃尔哉？盖欲以牺牲少数人之利益以图多数人之利益也。乃贼鞑虏竟欲“立宪”二字诡吾革命党者以诡吾同胞，消灭革命党者，消灭吾汉族也。由此观之，彼何曾为立宪而立宪？恐不言立宪而人心不□[①]，因之而立宪。立宪也，何尝由其本心哉！试观近日，朝野上下莫不曰预备立宪时代，夫立宪之本旨由尊崇人权起见，使人民各得安其所而不致受烦苛之政也。乃贼鞑虏之行政，除专心仇敌革命党而外，一无所事事，今日南京拿获革命党若干人，明日汉口拿获革命党若干人，又明日天津拿获革命党若干人，又明日成都拿获革命党若干人，今日侦探队出保定，明日侦探队出上海，廿三行省之都城其悉布置侦探者无待言矣。即如海防、河内，不知几许人矣，日本东京又不知几许人矣，新加坡又不知几许人。无论是何口岸，凡由日本及他国归者，寸衣片纸，无不搜检殆尽，如捉贼者然。凡客栈中有无辫者，莫不多派警察，三五追随，出入为友，稍有风闻，无论何处，或毁室，或洗村，其意以为无论真否，皆宜以此办法对之。如其真也，则其罪之所宜得，即其不真，亦可以借此杀一而警百。闾阎烽火，鸡犬频惊，憔悴河山，啼痕满地，世顾有立宪国而竟为此者哉？呜呼！吾知之矣，彼盖曰多杀一汉人即少一分毒害，特患无说为辞也，况此预备立宪之时代也。

立宪者，与民立法，即所以立信也。故一令既出，即如铁案难移。满酋前岁不曾有改良刑法、凡一切古来之酷刑一概去之之伪谕乎？乃未几杀禹之谟之先，则以笞杖二千，又未几杀徐锡麟则刲心致祭，杀秋瑾则先以天平架，其他各省所拿革命党者无不仍有酷刑。彼之心中安有所谓立宪者？不过欲使我汉人登楼而后撤其梯也。

至论其立宪之定期，彼原定为十五年，后又更为五年，彼之意何曾欲更使之

① 此处疑脱漏一字，编者。

近哉？盖谓能更之使近者，即可以更之使远也。何也？彼无心无立宪，故不欲使立宪有定期；不欲使立宪有定期，即不欲使立宪之预备工夫从速作就。

立宪之预备工夫果何谓哉？曰国会也，地方自治也，裁判所之设立也，试问满人于此三者肯使人克期奏效乎？若论国会，彼于贵族院则尽力为之，而惟恐或后，至于庶民院，则置之脑后，惟恐人之提起，故去岁有奏速开民选议院者大受申斥。若论地方自治，则惟恐其权过大，遇事必使其受中央政府之监督。且此时有锐意图治者，彼则多方阻挠以濡滞之。若论及裁判所一节，则彼尚未道及。呜呼！彼有何预备哉，欺我国民也，不过到预备立宪期日，曰前之所宜预备者至今未就，是不得不展期，一而再可矣，再而三又无不可，欲望其有定期也，是无乃俟河之清欤？

六、希望满人立宪与希望汉人革命者不两立者也。如以现在之事势言之，希望满人立宪者必无成功之日，希望汉人革命者当有成功之时，然汉人革命成功之时，即公等希望满人立宪失败之时也。夫人各有本，中国者吾汉人之本也，我祖安于斯，我父安于斯，我先人之坟墓茔于斯，我身生于斯，长于斯，聚国族于斯，地理上不能离弃者即中国一片土，伦理上不能割绝者即中国所有一块肉。我今日纵为当奸所误，不计及汉人革命于我何益、满人立宪于我何害，独不思我之此身也，将宜何如位置哉？满人立宪不成功，汉人革命成功之时，将以吾身殉吾目的乎？是所谓死有轻于鸿毛者。将为四海之游荡民乎？是与犹太人同一酸苦也。将为欧洲民乎？于心乎不忍。为美洲民乎？于心乎不忍。为日本民乎？于心乎又何忍？将仍返中国而为中国之民乎？中国人纵不拒绝我，其于抚心自问、惭忸不堪何？就令中国人召集我、厚遇我，而一念及前事，其将有何面目见汉父老乎？噫！蒙满天下之羞辱者，希望立宪之结果；令我身无依赖者，亦希望立宪之结果也；使我不忍离弃之一片土而势有不能不离弃者，亦希望立宪之结果也；不忍割绝之一块肉，而势有不能不割绝者，亦希望立宪之结果也。噫！人孰无情，谁能（歉）〔慊〕此！

综上六项言之，希望立宪者决无好结果，公等原欲得好结果之故而始希望立宪，乃其结果而竟大不如愿，且自贻伊戚，吾为公等计，未免失策太甚也。噫！公等果何人乎，亦吾最亲爱之同胞也，吾等以救同胞之故而力图革命，又安忍坐视公等之失足而不一言乎？此吾不得不忠告公等之苦衷也。倘公等而犹有疑团也，请于清夜平旦时细思希望立宪之结果。

《中兴日报》，光绪三十四年二月十八日至二十九日（1908 年 3 月 20 日至 31 日），此处录自章开沅、罗福惠、严昌洪主编《辛亥革命史资料新编》第 5 卷，第 317—321 页

请看立宪党之真相

宪　敌

立宪党人鼓吹邪说，荧惑众听，久为吾人所不齿。盖以欺骗之手段，纵个人之佚乐者也，腐败之状，匪言可罄。今又得美洲某君至本社某君一函，述彼党内容，最为详晰。试录之如左。

某君阁下，弟观《中外日报》，得悉东京政闻社开会事，后附译大阪《朝日报》，颇知此会之真相，其中最狡狯者，乃徐勉之，其演说之辞，述日内将返国，转赴西洋，广布种子，以尽其职，凡关于宗教、学术、种族为本位者，皆不得为政党等语。彼等所注重者，在排斥种族革命，以遂其谄媚目的。弟现在北美洲，亲见亲闻，知彼等现已自称政党，其实只义不通，之无不识，日以嫖赌饮吹为事。其所谓首领，即嫖赌饮吹之大头目，现当垂头丧气之时，华侨逐渐醒悟，不肯入彀，故又转借此题，欲达其棍骗手段。若得同志一二人，身到此间调查，则知弟言为不虚矣。虽然，徐某纵再来，弟亦决信华侨不如前此之浑沌。彼辈亦计穷不得已之妄想耳。（下略）

由此书观之，则所谓保皇者，非真保皇也，保一己之乐而已，所谓开议会、设宪法者，非真开议会、设宪法也，开设饮博纵乐部而已。其可羞若此，尚侈然以爱国自标，抑独何哉！

《民报》第二十号，光绪三十四年三月二十五日（1908 年 4 月 25 日）

驳神我宪政说

太　炎

罗马教高僧马良自吴淞抵日本，说宪政事，以神我为国家根本，视阘茸者稍愈。马氏治法兰西哲学，初祖笛伽尔言“思在即我在”，与数论所云“我是思”者相类，故马氏亦傅会数论神我之说以为本氐。详其所论，“求神我之愉快”者，愉快不与神我相应，其在佛乘则为“受阴”，其在数论则为“萨埵喜德”，求愉快不与神我相应。自性三德，生我谩谛，此乃所谓求愉快者。神我不当为境界缠缚，一求愉快，即縶维于境界之中，乃自负于其神我矣。名实相反，而皮傅以为言，是则眩惑后生之论也。复以神我形我，相对为名。我但一耳，宁有形神之别？形我者，即数论所谓“五知根”、“五作根”，不容与神我对立，则知马氏所谓神我，即罗马教所谓灵魂。名之不可相假，盖稍治学术者所能知。儒者言神气，非罗马教所谓灵魂；罗马教言灵魂，非数论所谓神我；数论言神我，非佛家所谓“中阴”、“五阴”，界说各殊，不容相贸。今以灵魂而假神我之名，斯不察其同异矣。至引孟子少乐众乐之文，以为国家成立在是，则一切博饮淫佚者，悉可借孟说为表旗。以国家言，则兼并者亦可以是文饰，背人道而为残贼，乃以神我涂附其肤，黄发雨际诸公，当不食其余矣。余因举马氏所说，分条驳难，著于篇。

马氏之言曰：“国家之起源果何自昉乎？凡有血气者，莫不自爱我。然所谓我者，有形我焉，有神我焉。禽兽知有形我而不知有神我，故永世不能以为群。人类者，非徒以形我之安佚而自满也，必更求神我之愉快。苟孑然孤立而无偶，则虽极耳目口腹之欲，而非人情之所愉乐，于是乎家族不得不兴。普通之人，其爱其家族也，殆与爱己身无所择，盖神我之作用然也。然神我之愉（快）〔快〕，又非徒恃家族而能满足也。善夫孟子之言曰：与少乐乐，与众乐乐，孰乐？曰：不若与众。盖人类之恶独而乐群，全由其天性然。于是乎由家族进而为部落，由部落进而为国家。禽兽不能为家族部落，而人能为之，曰惟知有神我故。野蛮人不能为国家，而文明人能为之，曰惟能扩充其神我故耳。”

今案：神我之名，自数论始。据自在黑金七十论：“离身别自有我。我非作者，名为见者，与自性三德合，如烧器与火相应。是三德者，何等为相？一萨埵喜为体，能作光照；二罗阇尤为体，能作生起；三多磨暗为体，能作系缚。三德互违，得共一事，如油炷火，三合为灯，是为作者，非为见者。故我与自性合，如生盲人负生跛人，是和合者，能生世间。自性先生“大”。大者，或名觉，或名为想，或名偏满，或名为智，或名为慧。大次生“我慢”。我慢者，或名五大初，或名转异，或名焰炽。慢次生十六。十六者，一五唯。五唯者，一声，二触，三色，四味，五香。次五知根。五知根者，一耳，二皮，三眼，四舌，五鼻。次五作根。五作根者，一舌，二手，三足，四男女，五大遗。次心根。是十六从我慢生，从五唯生五大，声唯生空大，触唯生风大，色唯生火大，味唯能【生】水大，得唯生地大，是名二十三谛。此二十三，皆有三德，譬如黑衣从黑缕出，末与本相似。故自性三德，作我事已，则得分离，如世间中无知水草，牛所啖食，应养犊子，于一年内，能转为乳，犊子既长，牛复食水草，则不变为乳。若如其说，三德为我作用，则我在缠缚之中矣。三德与我脱离，而我入涅槃之境矣。今马氏所谓愉快者，即由喜德转为我慢，与心相应，乃适为缨茀神我之网罟，于神我何所利焉？若家族者，若部落者，若国家者，虽事有巨细，对境不过五大五唯，士用不过五知五作，特以此二十事，（展）〔辗〕转交叉，递相蕃变。即实而言，家族作用，特男女根之“戏”尔；部落作用，手根之“执”足根之“步”尔；国家作用，并此三者，益以舌根之“言”尔。所对外境，于无机物，不出地水火风四者；于有机物，骨肉筋毛，悉归之地，精血涕泪，悉归之水，煖气蒸动，悉归之火，呼吸出入，悉归之风。除此四者，何处得有人类？人群相与，舍此无他事矣，特以从此则乐，违此则忧，皆则我慢执持，不得自遂，使神我而见自性，于此方遁逃不暇，复何愉快之有？非特家族、部落、国家则然，即彼爱我心者，亦由我慢煎迫使然，于神我适为桎梏，斯正可谓形我耳。是故，马氏欲以家族、部落、国家供养神我，神我所不受也。其言扩充神我，尤不可通。神我本自不增不减，无微尘数量，神我不为之损，有恒沙数量，神我不为之增，如鹅羽衣不受水染，如金刚石不作浮沤，纵欲扩充，亦无扩充之处，是诸议论，可谓伧陋不学者矣。若以佛法相稽，惟许有阿赖耶识，并不许有神我。所以者何？若我有自性者，不应生灭相寻，若我无自性者，不应执着难舍，是故立阿赖耶识为根，以末那之执着者，谓之我见，谓之根本无明，而此阿赖耶识，唯与舍受相应，不与苦乐忧喜四受相应，乐且无存，皇论外界之多少乎？又云，禽兽知有形我，不知有神我。若以神我为寂灭者，人类不知亦几十得八九。若以神我为求愉快者，虽高之至于建设国家，亦只形我之事，禽兽与人，知识明暗虽相远，其有我慢与五知五作，一也，且蜂蚁有君臣，猿猱有渠帅，谁谓禽兽无部落国家者？禽兽虽有部落、国家，人视之则不以齿数，此由形有巨细、事有幽明，故二者不能以相拟，令有修人无路，建立国家，视吾侪所谓国家、部落者，亦若蜂蚁猿猱之聚矣。马氏所执，亦谓禽兽无灵魂，人有灵魂耳。灵魂之说，义固芒昧，形骸既没，理不独存。若就生存为说，灵魂者即与知识无异，人与禽兽，知识虑有短长。至谓禽兽有现量而无比量，则亦夸诬之论。马上道上，见有人偃卧其前，则却行勿进，以前比量，知蹴则伤故。狸闻鼠声，心审听其方位，从其方位而捕啖之，以余比量，知鸣处即鼠所在故。鹿于石上砺角，必就沼池自境，观其形态妩媚与否，以平等比量，知水中像即己形故。若徒知有现量者，必不审虑如此。且“心所”有五偏行境，人与禽兽所同也。作意、触受、无过动向、感觉之伦，乃至想以取境分齐，思以构造善恶，禽兽虽愚于此，岂异于人耶？特其别境五事，则不必尽与人同，要所缺者，惟定慧胜解耳。未来之欲，过去之念，此亦非有异人也。以此鄙夷禽兽，既非其实，以寻常知识之本体，而被以神我之名，其名实亦不相应矣。卒之，禽兽之所以劣于人类者，在其少自觉心，不在其不知神我，家族、部落、国家之所以建造，亦不系神我观念之有无。有知神我者，有进而知无我者，则独往之念必盛，而合群之力必衰，世欲所谓文明、野蛮者，又非吊当之论也。昔德人尼采有言曰：“路德所以能改教者，非由其才调志行度越常人，亦非由北欧君主同心与法皇相抗，又非由罗马旧教内容腐败，可炊而僵，实以北欧文明过浅，人人有平均之信仰，故从之如风靡耳，南欧文明已进，故与路德相合者少。上观希腊盛时，毕他利罗斯、柏拉图、因柏图克黎斯诸圣哲，人人有建立宗教之资，然而独倡寡和者，由希腊文明最进，个人之发达有余，则思想不容一致。以此反观，改革宗教之所以成，正由北欧之文明缺乏耳。”是岂特宗教然，虽于国家亦然。凡能成国家者，必其人民于国家有平均之信仰也。假令人民参半皆知神我，团体解散，直反掌之事而已。今信仰国家者，以信仰宗教为非文明，惟信仰国家为文明；信仰无政府者，以信仰国家、信仰宗教为非文明，惟信仰无政府为文明。三者虽殊，其当合群，一也。若信仰神我者，则不容有团体，纵如雨祭诸师，亦成宗教，率皆屏营独处，僻在深山，与上说下教者有异，故神我之说成，而团体从而镕释。然世固有以上观禅定为见危授命之资者，此但旷览死生，能轻躯命，故其成效有然，所谓尘垢秕糠，陶铸尧舜，非直接于清净法流也。且审于自知有我者，亦审于知他人之有我，互相题品，则方人自此始。然知人愈明，其团体亦愈难巩固。今以中国民情论之，他无所长，独知人为长耳。有雄略之士出，宅塞北与蒙古处，宅南海与侨人处，其人知识浅短，不知交际蕃变之情，则易于结合也。黄河以北，抵长城而止，五岭以南，抵崖山而止，稍难于凝集矣。大江左右，其人机智相猜，互见肝肺，纵欧洲诸豪骏生在区中，亦无以使翕合，一相诊察，而崩立见矣，惟庸德庸行，有时足以感人，愈雄略则愈见其拙，是即尼采所谓南欧北欧之例，非审于知我之效耶？今以知有神我为国家之起（原）〔源〕，抑何其纱戾也。由家族而部落，由部落而国家，特彀张使大耳。若以但有家族为野蛮，既有国家为文明者，今应问彼：文明、野蛮为反对耶？为部类耶？若云是反对者，家族、部落、国家，巨细有异，其为人群相处则同，反对之性安在？若云是部类者，文明、野蛮即不应分别高下。家族者，野蛮人所能为。增进其野蛮之量，则为部落；又增进其野蛮之量，则为国家。是则文明者，即斥大野蛮而成，愈文明即愈野蛮，亦犹伏孵为鸡，至三尺之鹍而止。鸡为极成之孵，文明为极成之野蛮，形式有殊，而性情非异，安用徒张虚号矣。今以文明、野蛮为国家有无之准，又何其纱戾也。马氏之言曰：“洵如孟子少乐不如众乐之言，则神我之最宜感愉快者，若我中国人若也。盖个人之乐，不如家族之乐；家族之乐，不如部聚之乐；部聚之乐，不如国家之乐；小国寡民之乐，不如大国众民之乐。比例则然也，而我中国今日之人，乃适得其反。”今案人之情性，好群好独，固有两端，好群者虽多数，如婴儿多嗜甘也，稍长则或嗜姜蓼诸辛，有睹饴蜜而作吐者矣。研精冥思之士，多好闲居，乐群者惟恒民为尔，不然，则死权殉利、奔走衣食者也。就云众乐为本性者，喑醷之物强阳之气则然，非对于神我。必应如是，伉俪相处，不如陈列嫔嫱，父子更佣，不如传呼仆役，骄奢淫纵，皆自众乐之念生，马氏亦与之耶？若云小国寡民不如大国众民之乐，自非侵略他人，其乐何由而遂？夫事有同名而指趣绝相违戾者。博爱并容，墨子之所谓兼士也；侵牟蚕食，商君之所谓兼并也，其方兼同，其所以为兼异，乃如水火白黑，势不相容。今假众乐之言，以文饰其帝国主义，是犹借兼士之名，以文饰其兼并主义，墨孟有知，必萦以朱丝、攻以雷鼓无疑也。马氏固罗马教僧，其言不得不稍蕴藉，充其意趣，去金铁主义不远矣。

马氏之言曰："吾侪以求神我之愉快故，而组织此政闻社；吾侪以遵良知之命令故，而组织此政闻社。人人各有其所信之主义，所信之主义适相同者，乃集合而为一党。谁信之？吾之良知信之也。故政党者，多数政党员之良知之结晶体也。人而不自服从其良知，时曰非人。"是说固非甚谬，然应问良知云何。当婴儿能啼笑时，宁知有政治，亦宁知政治中有相岐之主义？长而有所见闻，以意推校，或见或否，既非良知矣。且人当服从良知固也，而良知所信者，未必皆正。即彼为盗贼者，亦有任侠可贵之名，凡诸椎埋攻掠之徒，赤心悃幅，以崇效宋江为义士者，其心岂皆虚伪？盖贞实自信者多矣。故虽服从良知，而所信既非，不得以良知为解。世之言致良知者，始自余姚王守仁，以震濠仁孝多闻，视武宗时荒淫之主，一尧一桀可知也，而守仁拥戴乱君，以诛贤胄亦谓效忠天室，良知所信则然。今以匡扶胡羯，热中巧宦之政党，主义相同，同在慕羶之事，而以良知所信文之，斯良知亦不足以邵矣。昔康德有言曰：过而为非，后必自悔，此亦良知之命令使然也。后有人驳之曰：过而以任卹之事许人，后亦自悔，此亦良知之命令使然耶？若云至诚所发，悉本于良知者，一切悖乱作恶之事，苟出至诚，悉可以良知被饰，宜哉孔有德、范承谟辈，得以致命遂志称也。

呜呼！马良以方闻之黄耇，为承学重。今其持论款空，徒为侈大，有以知权利之途，令人丧其神守而已矣。虽然，吾当为马良告曰：马良本为罗马教僧，吾亦崇信相宗与沙门比迹，虽佛乘与天教有殊，其游心方外一也。既与乞儿马医同贱，为民请命是其故常。且释教以王贼并称，而罗马教所奉《旧约·出埃及记》一篇，亦即民族主义。纾此净土天宫之想，以其头目脑髓，持救汉民，则僧徒所有事。若蹀躞政党之间，镕金跃冶，既不祥矣，而黑衣宰相之名，又足以点污正教，抑何不矜惜其门风耶？吾意马良之命名也，盖亦有所则效。昔汉末有襄阳马良矣，蜀先生辟为左将军椽，遣使吴下。良求诸葛亮为介于孙权。亮曰：君试自为文。良即为草曰："寡君遣椽马良通聘继好，以绍昆吾豕韦之勋，其人吉士，荆楚之令，鲜于造次之华，而有克终之美，愿降心存纳，以慰将命。"今马良自吴淞来，不惮波涛，自日没以至日出，又与东国勋旧应和，寡君爱新觉罗氏，其亦叹为白眉哉。汉有胡广，明有胡广，中庸之道既同；汉有马良，清有马良，协穆二家，亦复古今一揆，所志固遂，若无以昭事上帝何。

《民报》第二十一号，光绪三十四年五月十二日（1908 年 6 月 10 日）

敬告国民宜以全力要求国会

甲

嗟夫！凡我兄弟、邦人诸友，其宜知今日之时势为何如之时势者乎？其亦知二十世纪之舞台，无无国会国托足之地者乎？欧风美雨，澎湃逼人，老大病夫，雌伏东亚。我同胞处于万矢共集之的，四面楚歌之中，大祸临头而不自觉，此记者之所大惑不解者也。夫中国非最古文明之祖国乎？言幅员，则有二万里之神州，论生齿，则有四百兆之黄族，草昧则先开于西土，声名久炳夫东球，宜乎蹴亚陵欧，鞭非笞美，增历史之荣光，为舞台之壮剧也哉！顾何以列强垂注，刻不能安，以最古之大邦，而瑟缩若此者？谓非我四万万同胞共同之奇耻大辱者乎？推原祸始，谁尸其咎？然不能不太息痛恨于大多数同胞之无政治思想，而不知世界大势之趋向者也。自十九世纪之末叶，帝国主义飞扬跋扈于此，而欲立国于上天下地之间，则不得不用舆论以保国权，有法定机关以为保障，此国会制度所以为今日立国不可稍缓之图也。不循此以进行，纵使励精图治，百度维新，雕文龙于朽木，只驱其腐，筑高台于松壤，只速其倾，安望其济事哉！英之强也，国会为之；日之胜也，国会成之。举凡今日能以立国于地球上，而不为帝国主义所淘汰者，罔不以国会为前锋后劲，我国民岂未之闻耶？苟其知之，而不思所以挺身而起，拔剑而斗，此诚所谓鱼游釜底，燕处焚巢，旦夕偷安，不自知其濒于危殆，非为大愚，即大狂也。吾知我同胞将奋然而起，曰：“彼何人也？我何人也？有为者亦若是。”记者因代表其意，曰迨天之未阴雨，彻彼桑土，绸缪牖户，振我精神，支兹危局，将见泰山之麓，河洛之滨，大江以南，五岭以北，辕裔禹域，共竭愚诚。方趾圆颅，谁无天性？由个人而团体，自壤土而泰山，中国国会之期成，亦指顾间事也。然则我同胞可不协力以作此壮剧，挺身以跃此舞台？及今不图，将无待矣。此记者所以为同胞敬告者一。

中国人士，最富于观望性质，而重保守主义者也。当一事之起也，甲则推之于乙，乙则观之于丙，互相放弃，一任大局之破坏，而不少惜，所谓各人自扫门前雪，不管他人瓦上霜，此类是也。然同胞亦将有以自解曰：我非不欲速开国会，跻祖邦于强国之林也，奈势孤力弱何？又奈事多掣肘何？呜呼！以四百兆之群众，尚可谓孤弱耶？夫人皆四百兆中之一分子，果能披肝沥胆，挽此狂澜，则安知彼四百兆人中，不各尽其天职，不共负此责任？况凡事行吾心所安，成败(则)〔利〕钝非所计也。但使国家多一完人，即国势少一弱点。近者海内人士，稍有国家思想者，对于国会问题，无不洒一掬同情之泪，甘牺牲其身命而不顾者，所在皆是，岂彼乐为此无病之呻吟者哉？要亦发于爱国热诚，而不忍见铜驼于荆棘中也。夫人颅同方也，趾同圆也，官同五也，肢同四也，惟有志者事竟成耳。吾志不遂，吾心不止。身可舍，而志不可移；刃可蹈，而志不可夺。虽百刃在前，千军尾后，岂足以阻大丈夫前进不退之雄心哉！况夫国会之请求，以广义言之，固利在中国；以狭义言之，亦利在个人。倘将来大厦一倾，冰山安在？覆巢之下，完卵难期。故处于今日之中国，欲谋个人之生活，不可不要求国会；增家庭之幸福，不可不要求国会；杜强邻之（陵）〔凌〕侮，不可不要求国会；保祖国之独立，不可不要求国会。记者所以为同胞敬告者二。

中国一般社会之普通思想，又最重界限，善排击者也。此省与彼省，划等鸿沟；此县与彼县，界同华夏。观于科举未停、学堂初立之时，攻击外籍，如对异族，其所见之浅亦云甚矣。虽然，以如此之私见，如此之目的，即施之于科举、学堂，已极形其陋，矧国会之问题，为中国数千年政体所未有，全国四百兆生命之攸关，安可自分畛域，而甘蹈危机耶？夫吾人之所以亟亟谋国会者，非以救国为独一无二之大目的者乎？果尔，则合满汉蒙回藏五民族，内地二十二行省，皆中国也，吾人皆有应救之责任也，何有于江南？何有于冀北？若强自分之曰吾某省人，吾主张某省之国会，吾某会中人，吾主张某会势力之发达，他则非所预知，且更施其阻挠之力，吾敢必其若而人之无爱国心也，吾恐中国不待外界之瓜分，而内部之纷争，将无已时，萧墙之祸，已足以断送我大好河山于无意识之中，尚安望国会之成哉？彼俨然以觉世救民之豪杰自命者，忍以此感情之作用，而贻误中国之前途耶？吾愿我同胞，既曰救国，则亟谋救国之方针，不计其人主张某会，赞成某社，凡为中国之人，同救中国之事。揆之理论，谁曰不宜？非然者，鹬蚌相争，渔人得利，一部失败，全体攸关。此记者所以为同胞告者三。

中国自秦政府以专制驭天下以来，历世数千年，人民脑气筋中遂含一种依赖政府之恶质，酝酿深沉，牢不可破。今虽处世界潮流之旋涡，受外界剧烈之激刺，其脑质稍变，具有政治思想者固有其人，然彼昏不知、视政府为神圣者，犹占多数。当此之时，而仍依赖政府之措施，吾敢断亿万斯年之后，亦无中国成立国会之时也。即使政府顺世界之潮流，慨然予以国会之制度，亦不过数十条文，如预备立宪、裁撤八旗等耳，于实际究何益哉？况以今日之政府，尚未必能如此之俯顺舆情耶？是国会予之自上者无效，要之自下者有功，征之历史，比比皆然。欧洲诸国立宪、自由、急进诸党，实成于国会未宣布以先，即日本自由、改进两党，亦先国会十年而成立。由此观之，则国会之期成，当先以组织政党为手续，以宣战政府为方针，庶几可有达其目的之一日，否则依赖政府之性质不除，国会万无可望。天下未有依赖政府之政党者也。此记者所以为同胞告者四。

以上四端，特举其荦荦大者。记者自知菲薄，然而当仁不让，亦当以此自励。今也时势阽危，外患日迫，确见救亡之手段，舍要求国会而莫属。夫人之爱国，孰不如我？吾邦多士，应有同心。其有聆鄙言而攘袂以起者乎，吾愿为之执鞭以从事也。

《南洋总汇新报》，光绪三十四年六月十日至十二日（1908 年 7 月 8 至 10 日），此处录自章开沅、罗福惠、严昌洪主编《辛亥革命史资料新编》第 5 卷，第 1—3 页

煽乱者之无用

次　云

从来建非常之功者，必借非常之士，立不世之业者，必有不世之才。苟以蠢然无识之徒，泯泯棼棼，欲企大业，联大众，纵横一世，莫我敌也，无异缘木以求鱼。即或不然，而好事之徒，亦能骋才使智，鼓动常人，然籍小惠而诡术多方，恃小智而奸谋百出，见小利则互相争夺，外言公德，内实自私。揆其行动，亦不外蠢蠢蠕动，将戕贼人。若是者殆亡国之蠹。乱世之徒欤？吾乃观于近日之乱党。

近日之乱党，无所谓者也，自私自利而已，必不足以为利，徒害中国而已。于何见之？于其行动见之。大凡举事者必需财，小而商业经营，大而庙廊筹画，莫不以财力之丰匮，为兹事之权衡。彼乱党者，固所谓以少数人之力量，扰乱中国多数之秩序者也。吾勿问其扰乱之势力何如，得失何如，而观察其谋事之徒，所谓运动经济者，大都笼络一二愚辈，使筹财用。抑知稍有财力者，平日习闻若辈凶虐之行，又洞悉乎乱事之有害无利者，方且避之若浼，更何望其助力也？下此为其所愚者，甚少身家殷实之人，即或有之，亦且（翻）〔幡〕然省悟，避之恐后也。坐是之故，故若辈所谓积款，所谓财力，无非大言欺饰，冀以欺人耳。如曰不然，则盍观于若辈为乱之时，辄索勒商人，抢劫财物，以其伪票，勒人行用，岂非财穷力乏之征验乎？夫办事无财，虽有英雄，亦为棘手也。此若辈所以无用者其一。

抑凡举事者必需才，无论帝王建业，与及奸宄称兵，其初必聚无数英奇，共匡大业。是以萧曹辈出，汉高之盛业乃成；荀彧偕来，孟德之权谋乃定；陈涉驱瓦合戍卒，而缙绅先生之徒，负孔子礼器，往归者众，遂以亡秦。人才多则事业成，人才乏则事业败，不易之理也。今若辈虽不足以语此，然局外者观察成败，亦不能不有以例之。彼若辈聚亡命无赖之徒，叩以天下大势而不知，问以中外历史而不识，其平日所嚣然夸示于人者，初不外劝人为乱之口头语，一驳以煽乱之受害，彼已瞠然无语，反舌无声，再一促之，则答以素所口受，必无差误而已。夫廿世纪为民智极进之时代，言论家稍乏理据，每为识者所讥评，乃彼（革）〔辈〕所谓实行者，聚百十蠢如猪鹿、狠如狼虎之流，欲举一国神灵华胄，受彼势力，入彼范围也，其欲念之狂妄，剧可哀矣。此若辈所以无用者其二。

今日之言教育者，靡不知体育智育之外，德育为重矣。诚以徒尚体育，则有武力者或流于愚，徒尚智育，则恃权术者或流于伪，必使道德优养，履蹈不诡，乃有用于国家也。今观若辈，固不足与言道德，然求其履蹈稍端、心术稍正者亦无之，其所多者，率不外自相戕贼，互攘私利，争夺倾轧，尔诈我虞。夫以小小一群人，因权利之故，且忍以自残手足，尚日以合大团体、救大众生之言欺餂国人也，其狂妄固可笑，其愚懵更可哀矣。此若辈所以无用者其三。

凡以高尚之言语人者，己必先为高尚之人；以高尚之行夸人者，己必先为高尚之业，反是则为矛盾，互相刺谬者也。乃吾观于若辈，平日妄以救人自命，己则为放火杀人之人，谬以爱惜同胞为言，己则日为残卖同胞之事。行盗跖之行，而言夷齐之言，虽三童子，亦知其伪也。此若辈所以无用者其四。

羽毛不丰满者不可以高飞，文章不成者不足以□□【诛罚】，古语所遗，人人共认者也。乃若辈挟其自私自利急功近名之见，外假救人之说，以煽乱为觅利之门。为问若辈，今日引动数十人为害一方者，何以不转瞬而烟消灰灭也？明日招罗千百款煽乱一方者，何以不转瞬而自言无饷也？率其无赖乌合之伦，扰及偏隅之地，欲以少数之徒辈，侥幸万一，抑亦思近日之大势，与秦季汉末之时代大异，固无容彼斩木揭竿之辈所能侥幸万一者乎？而谓不自量力，欲假一二权术，遂足以死多数之人，为彼成功乎？此若辈所以无用者五。

今夫民智日开之时代，固不能以蔽智之术施之国人也，是以凡稍开通之人，亦知求力辟民智，使同享夫思想自由。乃观若辈所为，则日以权术阴谋牢笼大众。使彼权术果优，受其愚者或有甘受牢笼之一日，乃彼所谓权术，则稍有识者，亦且寂寂窃笑之。此若辈所以无用者其六。

凡谋事者不恃天时，必恃地利，不恃地利，必恃人和。若辈固无足语于此矣，然姑以此三者而验之，则天时不足语，人和更无足与语也。夫以作乱者而论，则非先得地利，必无立足之区。在己既无立足之区，则自顾不暇，自救不暇，尚何足以顾人救人？此又三尺童子所共知者也。则将欲彼辈二三少数人，率其无财无识无才无德无人格之伦，狂呼海外，延颈企踵以望国内，遂足以成若辈所谓功业乎？又况若辈挟自私自利之谋，已自深藏退密，日牖人舍其生命，共就死地，使彼有福则独享，有祸则人当也，其不足以惑人必矣。此若辈所以无用者七。

即七者以观之，亦不过揭其大者显者而止，外凡卑劣之行动，欺餂之诡术，自相攻击，自相残杀之酷烈，尤指不胜屈。然其无用则已若此，尚欲以无稽之言、狂妄之说荧惑众人乎？悉足以见其害人不浅已耳。今夫好安恶危者人情也，好利恶害者人情也，好生恶死者人情也，好静恶动者人情也，好富恶贫者人情也。乃有人焉，因为一已谋私利之故，日鼓其邪说，恣其谬论，欲煽动一般之人，使之去安而就危也，去利而就害也，去生而就死也，去静而就动也，去富而就贫也，此其人尚得为有人心乎？因谋若辈三数人私利之故，乃欲举多数人之生命财产而破坏之，宁非豺狼之行乎？然而或且有疑于此说也，则何莫观于为乱者之行事？一方之乱起，我国民商业之受害何如？财产之被劫何如？人民之死亡何如？家室之骚扰何如？财命之危险何如？而主持乱事者其经济之收入及彼自身之安泰又何如？所苦者吾亲爱之同胞耳，所死者吾亲爱之同胞耳，所亡者吾亲爱之同胞之财产耳，于彼辈之生命无恙也，财产无恙也，犹是安居国外，（煌煌）〔惶惶〕然以自尊自大，自居统领而已。呜呼！二十【世】纪世界，尚容有此不平等、无公理之举动乎？至其日日为乱，足以促人民之祸害者，观于近事，更可见亡国之惨，即兆于若辈耳，宁不悲哉？

《南洋总汇新报》，光绪三十四年六月二十五日至二十九日（1908 年 7 月 23 至 27 日），此处录自章开沅、罗福惠、严昌洪主编《辛亥革命史资料新编》第 5 卷，第 6—8 页

论国会之趋势

耞

忧其国之弱而不思所以强之，忧其国之贫而不思所以富之，忧其国之乱而不思所以治之，忧其国之危而不思所以安之，此岂人之情也哉？然而欲强之富之治之安之，而苟失其道，更使妨害我富强、扰乱我治安之丑类日扬煽其与我致富强、求治安相反之邪说以欺惑愚民，当此危急存亡间不容发之时期，其隐忧为何如也？然则所谓致富强求治安之道果何在乎？此一问题，可一言以解决之，曰视乎国会之能成立与否，且视乎国会成立之迟速而已。

国会者，富强之基础也，治安之本原也。国会立则宪政可成，宪政成则百废(具)〔俱〕举，此东西各国，近百数十年，所以争胜竞存，纵横宇宙者，胥是道也。国民知其然也，于是组织国会之思想深印于脑筋，速开国会之要求，竟见于实事。此无他，势有所必至，理有所固然，如卵之必雏，如蛹之必茧，瓜熟则蒂落，水到则渠成，大势之所趋，所以万众一心，百口一词，若决江河，沛然莫之能御也。

今日者，国会之基础成矣，开国会之时期近矣；向之为国会阻力者，今已知难而退矣；向之延缓国会期限者，今已废然思返矣；向之虑国会不易要求者，今已知大势已成，而翕然从风矣；各省士兵，请开国会矣；各省疆吏，注意于国会矣；政府诸公，赞成国会矣；皇族之贵胄，延颈于国会矣。于式枚之狂妄，因阻挠立宪而触怒于两宫；鹿传麟之顽固，因延缓国会时期而不容于清议。间或有对于国会之成立，而口是心非，对于国会之时期，而模棱两可者，类无不众矢群集，身无完肤，然亦处于最少数之部分，必不能为国会之阻力者也。

夫国会之发起，不过期年，而成立之期，迫而且速。倡之者不枉其劳，阻之者罔施其技，则谓非我中国朝野上下，皆公认国会之成立，可以转弱为强，由贫致富，拨乱反治，举危措安，内之可以防煽乱之莠民，外之可以救外交之失败，近之可以挽阂隔之颓风，远之可以结涣散之团体，如饥者之得食，如寒者之得衣，如枯木之逢春，如久旱之时雨，所以对于国会之问题，必同心协力，务底于成，上下一心，远近一致也。

然则国会之成败，关系于中国之存亡，此显而易见之理，凡有血气，殆无不公认者矣。乃竟迟迟至今，始克几于成立者何也？推其原因，盖非由于政府之不恐惧于中国之贫弱危亡，又非由国民之不期望于中国之治安强富，奈何奸民败类，嫉国会可以保全中国，以为不利于己，于是创种种之邪说，以枉诱我民，此国会所以延至今日，而基础始成者，则乱党之罪也。吾得借今日国会之趋势，声彼乱党之罪，辩彼乱党之惑，而为我国民正告焉。

彼乱党日日构思，谋所以蛊惑我国民，破坏我国会者，综其邪说，凡有数端。

一则谓国会之成立，徒为满人保利益，而不足以救中国之危亡也。彼乱党假排满之名，因忌满族之安存，而并欲陷中国于危乱，窥其命意之所在，盖以为国会成立，则覆亡政府之说必不可行，坐使满人固有之主权，历万年而不替。此不经破坏不能改良之说也，不知中国积弱之原因，不在于政府之无才，而在于宪法之不立。国会既成，则举国上下，皆范围于宪法之中，君失其宪法则不得为君，臣失其宪法则不得为臣，有司失其宪法则不得为有司，庶民失其宪法则不得为庶民。全国之人皆为宪法所范围，即全国之人皆享宪法之幸福。满汉平等，上下相安，只有宪法之包涵，而无种族之嫌贰。其为满人耶，就我宪法范围者得保生存，其为汉人耶，就我宪法范围者得享安乐，推而至于苗（猺）〔瑶〕黎回诸族，凡与我中国杂处者，无不视宪法之得失，为运会之安危。如此则满汉之界，得宪法而消融，贵贱之差，得宪法而平等，中国之不亡，于是乎在，此则国会之效果也。而倡为国会成立徒足以固满族主权之说者，真大惑不解也。

一则谓今日之政府，必不容国会之成立也。彼乱党以嗜杀为宗旨，以攘夺为生涯，扰乱治安，破坏法律，在中国内地，久为国法所不容，于是奔避重洋，逋逃海外，罗织政府专制之威，以自掩其亡命之丑。彼其言曰：满人对于我汉族之土地人民，对于我汉族之生命财产，犹秦越人之视肥瘠，曾无关切爱惜之心，断不肯牺牲二百余年积重之主权，一旦太阿倒持，仰鼻息于宪政之下。此一消一长、此厚彼薄之说，最足以惑人者也。不知家常习处，则姑妇反唇，鹡鸰在原，则兄弟急难。使中国今日犹是闭关自守，无强邻之逼处，无外患之侵陵，则政府或敢恃其专制之淫威，出言而莫敢予违，神圣而不可侵犯。然观于今日之大势则反乎是，盖海禁大开，南北交通，东西互市，外交之变幻，日异月新，边衅之警闻，随没随起。朝廷知专制之不可以立国，故立宪之说一起，迭次派出最亲爱之天潢，极老成之卿相，游历东西各国，以为宪政之考查。请开国会之期，始犹观望迟疑，顾虑于人民程度不足，今则以各省士庶不断要求，乃深信民智之大开、民情之急切，知开国会之期万不容缓，于是减短二十年之期限，而速以十年，又速以五年。五年之期，犹以为太缓也，则更有主张三年二年之说者矣。使三年二年之期未见明诏，而内省士庶之要求有加无已，海外华侨之要求有加无已，更能结大团体，联合请愿，请于三年二年之期限而更求速焉，度朝廷惧危亡恶贫弱之心，未必与我国民大相悬绝也。观于两宫近日厌恶于式枚阻挠立宪之用情，则谓今日之政府必不容国会之成立者，真大惑不解也。

一则谓中国之危亡，必不待国会之成立也。彼乱党以亡命无归之故，妒他人之无罪当贵，而欲以同归于尽为快心，乃故出此极危险极迫切之言以耸动人心，为目前招伙敛财之善策。闻其说者，偶一不察，遂或从而走险，尽消其平日保种爱国之心，彼则放利而行，以□□票之消场为钓取华侨血汗之饵。此盖彼乱党向来虚张声势、妄报军情、幸灾乐祸、安危利灾之诡谋，谓中国之即亡，以阻人心之内向者也。不知中国近年祸患之迭见，实由于国会未立，彼乱党乃敢乘危作弊，以暴动于一时，而实则皆乌合之徒，窥伺地方上军备偶疏，遂相率跳梁，以行打家劫舍之惯技。迨官军一到，类无不各鸟兽散，如云灭而烟消。此皆非有大知识、大力量、大志愿、大举动之资格，而不足为国会之阻力者也。

舍此而外，则今日之必欲速亡中国，而不使国会成立者，更有何人哉？彼将曰列强之干涉欤？然揆诸势均之说，使中国苟无内乱，则东西各国，地丑德齐，莫能相尚，谁肯先于发难，甘为戎首，以破全局之和平？虽中国近年外交时见失败，然推原祸始，则彼乱党实渊渔丛爵，自残同种，以启外人。西江之捕权也，彼乱党之掳掠启之；二辰丸之损失也，彼乱党之私运军火酿之；云南乱后之交涉也，彼乱党之扰害成之。统观此数事，发现之时，在政府亦甚自惧力不如人，而欲以退让息事，乃民心爱国，奋起力争，卒之赖民气之尚存，忍辱图功，损失虽在目前，而收效决诸事外。则谓我中国人民无开国会之资格，又谓中国危亡在此旦夕，必不待国会之成立者，真大惑不解也。

然则观今日之趋势，亦可以决言国会之必成立矣，且可以决言国会成立之期，必不在远矣。然所谓国会成立之效，可以转弱为强、由贫致富、拨乱反治、举危措安之说，谅有心于国会者，必乐闻之，则试请毕吾言。

何言乎国会成立之可以转弱为强也？中国土地奇大，人民众多，冒险之性质，本于生初，进取之精神，冠于他族。近年民智日开，而此则言合群，彼则言爱国；此言争国体，彼言保主权；闻外交之失败，则群起而争；愤敌国之强权，则谋为抵制。有此民气，以之御敌，何敌不摧？以之练军，何军不实？乃徒以国会未成立之故，而内政之得失，不得而与闻，外患之侵（陵）〔凌〕，无从而干预。民自为民，国自为国，其存也非吾民之力，其亡也非吾民之忧，其兴也非吾民之功，其败也非吾民之耻，无责任，无关系，无权力，无感情。以四万万之人民，分拆而为四万万之小国，以之处国力穷蹙、外潮湍急之时期，譬如聚散沙以塞狂流，叠残叶以御风雨，能力薄弱，鲜有济也。惟国会成立，则全国人民皆有监督政治之公共权，即皆有御侮干城之大责任。合四万万人之权力而为一大权力，合四万万人之进取心而为一大进取心，设一旦有军事上之问题，无不踊跃从戎，慷慨赴义。有保护权利之思想，而振臂可以成军；有扩张国势之野心，无一呼无不皆应。为主将者皆我国民所公认也，而号令谁敢或违？列行伍者皆我国民之手足也，而首尾无不相应。人人有爱国之心，人人有图强之志。小之可以守望相助，扫败类之虫沙；大之可以众志成城，捍眈眈之狼虎。休养数年，教训数年，而举国多将帅之奇才，尽军人之资格，保我疆域，复我旧封，雄视东西，威震中外。此则转弱为强之基，可于此国会成立之时，预决之也。

何言乎国会成立之可以由贫致富也？中国土性膏腴，地产繁富，矿质丰厚，植物滋生，取之有余，无庸外假，此盖天与我以富国之赀者也。况人民秀淑，坚忍耐劳，为商者善于经营，为工者不避艰险，外人谓太阳所出入之地，皆我中国人营业所到之地，而节俭之俗尚，振奋之精神，锐敏之心思，强毅之魄力，较之他族，不多让焉。此则论人格可以为富国之民者也。徒以国会未成立之故，保商不得其道，而商务日衰；劝工不得其道，而工业日败；重农不得其道，而农事日荒；辟矿不得其道，而矿学日拙。此中国旧政，藏金于地，而仰屋嗟贫，积粟满仓，而膳夫辍粒，囊中之物，不善取而用之，何其愚也。惟国会成立，而度支出入，人民皆有监督财政之权，无论兴学之要需，练军之常款，购舰之巨费，置械之赀财，与夫谋路矿，救凶灾，免杂税，兴实业，所有寻常岁入、特别征抽，无不有预算之明文、盈亏之实数，使晓然于国家财政之计画，大公无私，取我国民之财，办我国民之事，多聚寡取，政府不过任有司之出纳，而或应扩充，或应节省，孰缓孰急，何轻何重，其较量斟酌之策，仍悉公诸国民。当此盖藏空虚，饷项支绌，而明诏一下，慷慨输将，稍解悭囊，巨款可集。百姓既足，君不忧贫。此则由贫致富之基，可于此国会成立之时，预决之也。

何言乎国会成立之可以拨乱反治也？中国风俗醇良，民德本厚，犯上作乱之事，垂戒者数千年；入息出作之风，（薰）〔熏〕陶者数百世。近年风气日开，程度日进，迫于外潮之激射，而知所谓同胞；愤于国力之衰微，而急求为自治；知争夺相杀，为外侮之向导也，而研究所以合群；知同种相残，醇瓜分之危局也，而鼓吹所以爱国。则谓我国民之非厌乱而不可得也。徒以国会未成立之故，而改良政治，悉责望于守旧顽固政府中之数人，无惑其不达下情，不明现势，不合条理，不定方针。舆情之趋向而不能从，官吏之贪残而不能去，税关之积弊而不能除，中饱之苞苴而不能察。疾苦之民，穷而无告，而彼乱党乃敢乘危作弊，罗织政府之罪状，以离间人心。小民何知，偶中于乱党先入之言，遂或不计大局之如何，甘委弃此二万万方里之锦绣河山，赴孤注而轻于一掷。其愚者，激于小忿，而误堕术中；其狡者，别有肺肠，而因以为利；其贱者，趋炎附势，而附和随声；其懵者，人云亦云，而不求甚解。甚至有口谈革命，以为此二字盖今日最新最别之名词，迨一究其革命之名义若何，革命之利害若何，革命之实际若何，革命之目的若何，彼则支离其词，而不知所以自解，徒曰革命革命，倾覆此政府，排斥此满人，以破坏为高言，以亡命为盛德。此皆彼乱党之邪说，毒害我同胞。中国近数年来，国会未成，所以乱而不治也。惟国会成立，则政治改良，法律公定，因地方之沿革，而议为典章；体现在之情形，而别其积弊；考有司之贤否，以定去留；防政府之因循，设为监督。一善政也，我国民公认其当兴，而毅然兴之；一弊政也，我国民公认其当除，而毅然除之。以国会之机关，为国民之代表。此化私为公，化散为整，化隔膜为融洽，化猜忌为公平，举国无一可以害民之政，即举国无一不得其所之民。彼好勇疾贫、激而为乱者，深破巢穴，何所逃罪耶？此则拨乱反治之基，可于此国会成立之时，预决之也。

何言乎国会成立之可以举危措安也？中国（砺）〔被〕山带河，固有天险，版图辽阔，门户重重，加以邮电交通，铁路（联）〔连〕贯，边事朝发，警报夕闻，急耗甫传，救兵踵至。是以近数年间，小丑跳梁，蓄锐养精，一发再发：西粤甫定，继以萍乡；萍乡甫定，继以钦廉；钦廉甫定，继以河口。彼乱党大言欺人，虚张声势，以为前仆后起，卒告成功矣。（及）〔乃〕何以乱事方萌，而官军麇集，或阅数月，或不及一月，而次第荡平，追亡逐北，如风扫残叶，虎噬群羊？向所谓勾通营勇者，而今何如也？向所谓求庇外人者，而今何如也？此固由于彼乱党用无赖之子弟，聚乌合之囚徒，以劫掠之行为，行强盗之故事，其不能成事也，固理所宜然，而实则中国形胜尚存，稍为留意提防，一转瞬间，即已安如磐石矣。况中国土地毗连，水陆联接，各处险隘，防御非难。较之欧西强国，口岸遍于全球，属地多于本土，偶举军事，处处戒严，设备稍疏，乘虚可入，其难易之情形，又大相悬绝也。徒以国会未成立之故，风气睽隔，消息不通，因无公地，故无感情，因无感情，故无助力。于是由省界之分，推而至于有府界之分、县界之分、乡界之分、族界之分。此省有极危险之事，彼省之人以为此非我所宜干涉也，而淡然置之，不思助力焉，浸假而危乱之事，蔓延而至于彼省矣。推而观于一府亦然，一县亦然，一乡一族亦然。而外国之人，乃得利用我缓散之人心，以行其灭虢假虞之政策，彼则乘机而取，日逞其分途掩取之阴谋，因西江之盗，而强索捕权，乘滇乱之余，而要求代剿。政府诸人，以势力微薄，公理不足以胜强权，更慑于外交之困难，于是处之以退让，饰之以和平。度势审时，亦非得已。使非经前日有立宪之明诏，开国会之先声，许自治之实行，助民气之发达，则我国民不敢奋起力争，勉为后盾，恐各事之失败，尚不止此。前此国会未有成立之期，中国所以岌岌殆哉，危如（垒）〔累〕卵者也。惟国会成立，各省豪俊，萃于一区，天下英雄，统筹全局，视秦越如手足，合楚晋而不争，群策群力，会于中央，良将利兵，以防边境，征兵之举，指顾可成，海军之捐，顷刻而集。况复自治之局，遍于市廛，分会之设，满布乡邑，寇贼无窝藏之地，人民皆侦探之才，小之可以防妖氛，大之可以固疆域。此则举危措安之基，可于此国会成立之时，预【决】之也。

然则中国今日，欲求所以救亡之策，舍国会其末由矣。彼乱党恶中国之不即亡，对于国会而大生阻力者，非不明现势，即丧心病狂耳。我国民公认国会之可以救亡，故群起而请愿，合力而要求，至今日而可以如愿矣。疆吏、京曹、皇族亦公认国会之可以救亡，故奏请速开，奏请期限，至今日而略有成议矣。两宫帝后亦深信国会之可以救亡，而纳请愿之书，从速发议，览展期之折，势将撤差，至今日而急于救治矣。此则大势所趋，朝野上下，策救亡之法，离乎国会无以立言矣。

独是国会既为中国救亡独一无二之政策，前此岂无见及者乎？何以迟至今日，始见萌芽也？彼乱党将谓政府震惊于革命之风潮，不得已然后稍减其专制之蛮威，以为羁系人心之计，是革命实立宪之反动力，而国会之速成科也。此近理乱真之言，掩其罪而贪其功，宁复知有肺肝如见者耶？夫乱党人格之卑污，徒侣之混杂，手段之猥琐，举动之贪残，贼性昭彰，怨声载道，其不能得民也，固无待言，就令如□【愿】以偿，计破坏而不计成功，快一时而不顾全局，今之中国，兵备虽极废弛，然御外侮则不足，靖内患则有余，蠢尔妖魔，宁不为当车之螳臂耶？

况彼乱党所恃为口惮以欺惑愚众者，岂不曰排满也，覆政府也，光复我汉人之旧业也？其所借以诋毁国会者，又岂不曰国会成立，无以排满也，无以覆政府也，无以光复我汉人之旧业也？乱党之煽乱人心者以此，无知之国民，受其愚弄者亦以此。然夷考其行，则历年举事之地，其受害者皆在我汉人，损失者皆我汉人之赀财，蹂躏者皆我汉人之土地，荒芜者皆我汉人之田园，焚毁者皆我汉人之房屋，杀戮者皆我汉人之父兄，（虏）〔掳〕掠者皆我汉人之子女。政府为平乱之故，亦不过牺牲我汉人之血肉，以抵御我败类之汉人。及乱事既平，又不过抽捐我汉人之脂膏，以为我汉人谋善后。更不幸而牵动外国，则不免分割我汉人之权利，以谢罪于外人。在政府固不能晏然无忧，在国民则实已先受其害。是则未能排满而先亡汉，未能覆政府而先杀国民，未能光复旧业而先自残同种。服砒疗饥，饮鸩止渴，科以嗜杀之罪，能狡卸耶？使政府而非有图富强、求治安、与国民同享和平之心，坐观彼败类之汉人戕杀此无辜之汉人，而曾无痛痒焉，则立宪殆无可要求，而国会不得成立矣。

乃观于今日政府，改速国会之期，留心国会之事，是则政府尚不欲覆亡中国，而不若乱党阳抑国会之诡谋，其罪为尤重也。幸而斯文未坠，直道在人，日起者有功，先难者后获。彼二三群丑，犹欲以不合舆情、不明顺逆之邪说，日叫嚣于其所谓立言之地，以掩耳而盗铃。己则不智，而视天下若盲聋；己则不仁，而以同胞为刍狗。枉作小人，多见其不知量也。

《南洋总汇新报》，光绪三十四年七月五日至十二日（1908年8月1日至8日），此处录自章开沅、罗福惠、严昌洪主编《辛亥革命史资料新编》第5卷，第12—16页

请求开国会者真不认大清国耶

汉 民

近见保皇党报载有《中华帝国宪政会联合海外侨民上请愿书》，盖即若辈愚弄华侨之手段，于发电要求之外，势不能不进而为此。而既发电复上书，斯若辈之能事已尽，此亦不足为怪。吾人所深怪者，则以甘心臣服大清帝国之人，而对于大清帝国政府而有请求之事，名义所在，名份所关，若辈宁不之知？而中华帝国四字，乃突如其来，曾不相属，此真解人难索耳。原夫中华之号，乃中国固有之名称，古昔因吾民族所至之地，以得此名。其后汉族日益膨（涨）〔胀〕，领土日益扩张，而中华之名亦益广大，乃以满洲入关，篡夺汉族之主权，吾民悉立于被征服之地位，中华亦为灭亡之时代，故吾人不言中华则已，苟言中华，则未有不深恶痛恨于窃据我中华之异族丑虏者也。有志之士，不忍于故国之灭亡，谋其恢复，于是有中华民国之称。中华之国虽见亡于满洲，而中华国民之心不死，则追沿固有之名称，预定将来之建设，言中华，所以敌视大清也，民族主义也；言民国，所以敌视专制君主也，民权主义也。一名之称，而种族革命之大义胥括焉。故既从中华国之名，即不得有臣服大清国之事，犹之用民国之名者，即不得主张君主国体也。今若辈既日反对革命军，而以恢复中华为非务，其所自解为爱国救国者，乃专为运动发电上书之事，亦既不耻奴隶于异族而摇尾乞怜之不置，则奈何开宗明义，亦如言革命者之揭中华民国称耶？彼殆以为革命党所称者民

国，而兹所称帝国为有别也，不知民国、帝国，惟就国体之改革而言，而与民族无关。设有今之时代，汉人有为种族革命，而仍或主张君主立宪者，则庶几可用中华帝国之号，盖必其不承认有大清帝国者，而后有中华帝国之改称也。今之运动上书者，其请求为对于大清帝国乎？抑中华帝国乎？满洲既自号为大清帝国矣！其官书所用，上行下效者，惟此四字，即欧美各国与满洲交涉条约及各种文字，亦莫不曰大清帝国云云，名从主人，为古今之通义，自非明揭种族之大义，而直接与满洲挑战者，则必不黜其大清国之称，而易以中华国号，断断如也。夫由满政府言之，则直接与有关系之文字，不容改拟，以取罪戾，即其寻常所用，绝与政府无涉，而耳目所及，则绳之惟恐不严，有如日本东京留学生立会馆，颜曰中国留学生会馆，而公使则力持之，必强改中国为清国而后已。彼以异族而征服人国，强权所及，宜弗假借，况其人对之方为乞怜之举动，而就于其国号，乃直与更削，无异与之宣战，满政府虽甚愚昧，岂能顺受耶？然则使若辈果有请求于满洲，欲其听从，而不知中华帝国非满洲之国号，非其所能称者，则是无意识之徒也。知言中华即含种族革命之义，既以为称，而犹相率运动为乞求之愿书，则尤使人不知其意之所在也。由后之说，则言中华帝国，即不当向于大清政府种种之请求；由前之说，则当其为请求于大清帝国之时，其中华帝国之名已不立。两者实自矛盾。或者其故意为此，欲以欺人而附于革命之末耶？则首鼠两端，群知其伪。昔人有为其女择婿，而欲知女意之所好者，谓东家富而婿丑，西家贫而婿美，其女乃率然应曰，愿东家食，而西家宿。今之日思献媚满洲而犹愚弄吾民不已者，殆亦欲东家食而西家宿者也。以吾民为东家而取食焉，以满洲政府为西家而就宿焉，为西家者诚无所歉矣！而吾民则奈何不恶且贱之而不与以食也？故吾人欲华侨阅于此事，宜即深问若辈，其已称中华帝国改易大清帝国之国号，而犹向之为各种之请求者，其用意何在？岂明知其事为无益，此等空文无异儿戏，故不复审择耶！抑于此已表明其不认大清国之政见，一要求之不遂，即为正当之革命耶？吾知热心救国而为若辈所蒙者，亦几疑后说为近似。而或以要求不遂，再谋所以对待者听之将来，夫日复一日，求复再求，求之不得，而不终以为失望，则使人俟河之清，此亦不足为辩者。特吾于此深有以窥若辈之隐，断然知此中华帝国之云云，特其登录报纸自为张大如此耳。其拟撰书稿时或犹用之，以眩人目，至其真请人代递之时，则决无此名称。总之，欺人之伎俩，不值深哂，吾人特恶夫中华国之名为冒用，故不惜词费而辩之。

《中兴日报》，光绪三十四年七月九日（1908年8月5日），录自《胡汉民先生文集》第一册，第395—398页

驳《总汇报》论国会之趋势

胡汉民

自徐勤登《论革命不能行于今日》论文于《总汇报》，以反对革命，而本报痛驳之，于其所持之论点，一一掊击无遗，致徐勤不敢返答，词穷理屈，不能终其说而去。徐勤固彼党所认为健将者也，而一经辩斥，其挫败不克自救犹如此，其它盖亦不足道矣。然《总汇报》本为保皇党之机关，故反对革命，而同时主张要求满洲政府开国会。使其攻人者，虽尽失败，而自盾尚坚，则亦可姑存其说，乃观其所主张之议论则又甚焉！如最近彼报《论国会之趋势》一篇，根据点既错，其为说明解释之语，复支离纰（谬）〔缪〕，重复杂乱，无一是处。夫人怀挟私见，党同妒真，虽甚强辩，犹不足以掩夺公理，况如彼报作者之薄弱耶？顾彼报自以为是以惑人而哓哓不已，故不可以不驳。

该论题为《论国会之趋势》，其命题已不可通。“趋势”二字，本于东译名词，即英文之Tendency，其意义为言此事物将然之势也；以汉文言之，如谓国有将亡之势，或谓国民有瓦解之势，此“势”字即与Tendency相当，惟汉文“势”字，普通用为权势、势力，东人译此，嫌其易于混淆，故加“趋”字以别之。就于彼党之言，则云满洲政府有开国会之趋势，或保皇党有主张满洲立宪之趋势，则于文义尚通，今国会既非已有其事物，即该论之意，亦不过欲谓朝野有欢迎开国会之趋势而已，而由其命名，则明以国会为主体，若推论国会将有何等之趋势者，譬如欲言汉奸有争言保皇之趋势，而忽以“皇之趋势”命题，不令闻者哑然失笑乎？此与彼党恒言要求国会者同一不通，盖由其不知国会为何物，

故开宗明义而已有此谬也。

该论全文，颠倒错乱，无条理之可言，但闻一片嚣声，狂呼开国会之有益与反对者之为害而已。其言开国会之利益，则以国会为万能，极意夸张，视今日世界各国之国会，尚无其类例。而问彼所希望以开国会者为何族之政府？不知也；彼政府言预备开国会以笼络人心者，为何等手段？不知也；国民何事永绝其恢复之心，而向于异族政府请命？何能冰释其九世之仇愤，而与异族联为一体？彼亦不知也；至于国会何以发生？国会之职权从何付与？国会于一国中之地位，法律上国会之性质，则尤非所及。其言反对者之为害，则既以排满者为仇，又不能驳斥民族之大义，争理不胜，变为诈伪之说以诬人，向壁虚造，全非事实，而喋喋言之，若遂足以污革命之名誉者，此盖彼党之惯技。该论作者亦复效尤，作伪心劳，良足深哂。然吾欲一诘该论作者，今日国会之开，尚未有期，在满廷主张欲速者，政权在握，较尔保皇党之运动请求，为效不止万倍；然同时阻止者大不乏人，尔须知此曹不尽顽固，特其对待我国民之政策各不相谋，如端方排汉之阴柔政策，而主张变政；铁良排汉之强悍政策，而主张练兵，彼欲专恃强力压服汉人者，必以变政为多事，故今日赞成速开国会者，阴柔政策之属，其阻止者，则强悍政策之属也。阴柔政策未尽战胜，而开国会之时期遂不能速定，或迟或速，惟此两派之政策是视，与尔党之运动海外商人发电请求者，风马牛不相及。犹之己亥、庚子以来，虏太后本无杀虏主之意，故虏主无恙至今，而后党皆利于牝朝取宠，故虏太后亦训政至今，而尔党当日运动海外商人电请圣安，电请归政，虏后虏主，俱毫不感其痛痒也。尔如真赞成端方等阴柔排汉之政策，而希望满洲速定开国会之期，则对于在满朝一班持强悍政策之徒，正宜痛心疾首之不暇，而该论作者乃独不然，惟深以革命党被其献媚异族、拥戴虏酋之邪说为恨，亦何心耶？夫革命党既决不与满奴汉奸争名于朝，而自国民言之，满政府之决策，为强悍对待者，其事固可恶，为阴柔对待者，其毒尤可忧，汉族人心不死，自不至因彼异族之朝三暮四而变易其所志，不待他人之运动游说也。光复之大业未成，彼政府为阴为阳，惟其所欲，言民族主义者，惟力谋根本上之改革，主权之恢复，务其大者以解决祖国之问题，至其区区一二政策，固不屑于反抗也。尔辈苟欲借此迎合，为终南之快捷方式，亦好自为之。惟海外同胞，人知爱国，若辈乃专惑以邪说，专教以发电请求之事，使误用其情，电请圣安，电请归政，电请开国会，若惟以电请而无事不办者，日注意于无意识之问题，欣厌于无聊之得失，吾同胞初欲负救国之责任，乃至变为专负发电请求之责任，蹉跎复蹉跎，将有无可救药之日，此公论所以不能为尔辈恕也。尔辈将谓革命党之正言谠论，有阻力于尔辈之电请耶？尔辈自视尔辈之电请，其效力何若？尔辈无事自为铺张，谓有影响及于满洲政府也。尔辈前此之电请圣安、电请归政者，亦已可为前例，孰实阻挠而使尔辈之电报不奏明效大验耶？尔辈于此亦当无所借口矣！

该论作者既主张请求满洲开设国会，自不能不夸张开国会之利益，然以视彼杨度、蒋智由辈，则每下愈况。盖杨、蒋辈犹尝涉猎法律政治之书，盗袭皮毛，勉以自文其奸，而该论作者，脑中则自始无法政之思想，国会之为物如何，彼未尝一日梦见，惟既投入保皇党中，斯吠影吠声，势不能已，小儿学舌未调，一启口而闻者皆识其幼稚，不足怪也。吾为此言，非以调侃该论作者，特见其昧于不知盖阙之义，而徒自苦，又欲欺人，故不能不促其反省。如该论云："国会，富强之基础，治安之本原。国会立，则宪政可成，宪政成则百废具，举东西各国近百数十年所以争胜竞存纵横宇宙者，胥由是道。"此岂尝一寓目于各国之政治史、宪法史者耶？夫各国所以能破坏专制而变为真正立宪政体者，莫不以民权为之母。于专制之国，君权独尊，而民权之潜滋暗长于无形中者，压制之甚，起而生其反抗动力，以与君权相角逐，民权进则君权退，有尽削君权而形成为完全之民权立宪政体者，有君权虽未尽削而已让步为有制限之君权立宪政体者。要之，宪政之成，为民权所制造，其各国宪法之不同，亦视其民权发达之程度为差异，未有民权不发达，而宪法发达者，即未有真正宪政之成立，而不由民权战胜之结果者也。故如法兰西，如美利坚，如英吉利，法学者所认为民权立宪之国，固莫不由国民大革命而得之；即普鲁士以君权立宪，而国会之成亦迫于一千八百四十八年柏林三月之变；降至日本，其国人自诩为流血最少之宪法矣！然以国民之力推倒幕府，变易主权，有政治之革命，民权既张，君权乃不得不让步而自为之制限。惟俄罗斯不然，民权虽兴，而君权不让，民党志士虽日饮独夫民贼之血，犹不能大遂其自由之希望，宪法既已宣布，国会既已成立，而政府之专横如故，人民之受虐如故，其民心日嚣然不靖，谋革命亦如故。然则一纸宪法，其不足以收宪政之实效也明矣！且该论作者盖不观于最近土耳其之事乎！土耳其以千八百七十六年宣立宪法，距今三十余载，从表面观之，亦曰土耳其早为立宪国耳，乃其人民当时无有实力以战胜君权，于是以立宪之名，仍行专制之实，至今年西七月革命军大举，复得土国军队之助，土皇自度其不敌，战后发布实行宪法之命令。使无革命军，吾知土耳其终古不能立宪国也。该论作者夸张各国之强盛，不归本于民权，而但称其有国会宪政，览其文而忘其实，见其效果而不解其原因，买椟还珠，而即以椟为最可宝贵，天下之愚贾，莫此为甚。抑该论作者亦能强颜谓凡有国会宪法者，其国即莫不富强治安耶！则何以解于今日已有国会宪法之俄罗斯？前日已宣布立宪之土耳其也？夫该论之言，一征诸历史而谬失立见，乃作者曾不自觉，继续其词曰："国民知其然也，于是组织国会之思想深印于脑筋，速开国会之要求竟见于实事。"所谓知其然者，意即指以国会为各国所由富强之怪说。如上云云，此正作者臆见之误，使稍诵各国政治史、宪法者，犹当于宪法之前提兢兢注意，固不若尔之卤莽灭裂也。尔惟不知各国国会宪法成立之故，与其强盛之所以然，以贻诮识者，而猥谓一班国民智识污下，亦同尔谬见，尔何毁谤我国民至此？尔并各国国会之由来而不知，犹复谓有组织国会之思想，谁则信尔者？而居然沾沾自多，诧发电请求之意见实事，一时欣喜，如出望外，盖以邪说欺人者，初亦虞其不售，而遭遇无识之徒，肯为附和，则私心快幸不能自掩，亦固其所。虽然，吾人实病尔辈自称要求之太过颜厚，尔言要求，尔辈能有如普国民党千八百四十八年于柏林直迫王宫，趣开国会之强力乎？能有如俄国民党屡歼独夫民贼，且为大同盟罢工以反对政府者乎？能有如土耳其以革命军之进行，为要求立宪之方法者乎？英、法、美等国削尽君权，而形成为民权立宪政体者，既非尔辈所可梦见，而如普鲁士、如土耳其，以民权进战，迫使君权不能不为之退让者，亦非尔辈所知，而以发电请求于海外，无一毫实力盾其后者，自认为要求，何颜之厚也？

该论震于其词曰："今日者国会之基建成矣！开国会之时期近矣！向之为国会阻力者，今已知难而退矣！向之延缓国会期限者，今已废然思返矣！向之虑国会不具要求者，今已知大势已成而翕然从风矣！"欲以此描摹载迥国会之趋势，而不料其发论之无根，尽人所见，吾试图作者所谓国会之基础已成者何在？国会之时期已近者何时？凡此皆杳不可知之事，而作者乃确凿言之，曾不自怍，况维持强悍排汉政策者，其为阻力未衰，故即悬定国会期限一纸之虚文，满政府犹不肯轻于假借，作者从何处训其知难而退废然思返也？抑尔辈昌言运动，自认要求，似亦郑重其说，而云知大势已成，故翕从风然，然则所谓人云亦云随声附和者，正是尔辈耳！曾是附和夫政府已成之政策，而犹曰要求，一语之中，已自相矛盾，其窘苦之态，孰不为作者怜之。然作者之意，亦惟欲假言事势之易以惑人，当并其矛盾之点而不顾，第无奈事与心违，作者方谓“政府赞成贵胄延颈”、欲希冀满廷持阴柔排汉政策者战胜，以实其言，乃极力反对立宪者，即出于特派查考外国宪政之大臣，有识之士，于此知强悍政策之犹有势力。保皇党人乃造为谣诼，谓于式枚以已阻挠立宪，触怒满酋（甚至以于式枚由礼部改吏部亦谓之明升暗降，可谓无聊之极思），而于式枚如故。继而汴省大奴，复奉满酋伪谕，禁阻集众言要求开国会者，最近更有法部主事政闻社员陈景仁，以请求速开国会参讦于式枚，而不免于革职拘管之罚。此事一传，吾恐向之随声附和者，正将知难而退，废然思返，尔辈其又恃何术以弥缝之耶？吾既言之，满政府于国会问题，一视阴柔、强悍二派之孰胜以为消息，与一二之摇尾乞怜者无涉，而尔辈为阴柔排汉政策稍进之时，即欲贪人之功以为己力，言之无实，已可鄙笑，彼满政府亦知区区之请愿请求者，无足重轻，然□□□□□之□□，自不使人驳大□决策，为国人所□□□，况如尔辈又借□□□□，而谓满奴能喜其认贼作父优容尔辈耶？夫反对立宪之于式枚无恙，而请速开国会参劾于式枚者革职拘管，犹曰薄惩，此□之戊戌以后一班之电请圣安、电请归政者，本□所加损于帝后两党，而电报且不得上闻，如经元善辈，且以此几陷死戮，无论所请求者是否为其排斥之政策，然口不容有轻易置喙之人，陈景仁亦一不幸之经元善也。故为尔辈所惑而以旦暮请求为有益者，比观前后之事，自当憬悟，虽有百口而无以慰藉之矣。

该论作者既抹去一时满廷反对开国会之事实，仰指天而俯画地，一则曰“国会之时期近矣”，再则曰“国会发起不过期年成立之期迫而且速”，忽然一跌千丈，则曰“乃竟迟迟至今始克几于成立者何也”。忽言其速，忽言其迟，前后数行，自生颠倒，作者头脑。何为昏乱至此？且既见摈斥于满政府，无地自容，而犹教人以佞，事事为之辩护，此殆如豪门之奴隶，其主人虽日加以鞭（鞑）〔挞〕唾骂，践踏如犬豕，而贱奴无俚，欲借主人权势骄人，则必腼颜谓主实爱己，其鞭笞凌辱，出不得已。康有为倡率保皇，而皇谥之为匪党，康不自愧，依然颂说圣明。今作者亦不计满政府禁格请求拘拿同党之横暴，而依然恭维不置，奴辈衣钵，夫亦有所授之矣！然该论作者饰为有最浓之希望，其希望未达，则私心怨怒，以为革命党实主之，盖邪正不两立，真伪不兼容，魑魅魍魉，不能自蔽其奸，所以穷形照相者为可恨。保皇立宪之宗旨，求开国会之邪说，既屡见被斥于革命党，而凡稍知民族大义者，亦非献媚胡虏之政见可以相蒙，盗憎主人，亦由势之所迫，惟吾谓以作者之思想言论，而欲登辩林，伸其党见，则太不量。今吾试为作者正之。吾人所以正告国民而严斥尔辈运动请求之卑劣手段者，非他，由于种族革命政治革命之二大前提也。二百六十年之仇愤未忘，不为光复之大计，而欲拥戴丑虏，乞其呼尔蹴尔之余馂，丧心无耻，莫此为甚！况满人排汉，其政策至今犹不略改，两民族剧烈之感情，决不可以调（合）〔和〕。彼以小数民族，踞其征服者之地位，而我以大多数民族，处被征服者之地位，主权为所篡有，举族为所支配，役我汉人，无异器械，故向于满政府言求开国会求立宪之事，于义既非，于势亦为无利，而决定为我汉族计，舍恢复主权，无以造将来之幸福，此根于种族革命之前提者也。一国种族之倾轧，即为政治之大问题，于此问题，未能解决，则纷纷之变更，徒为滋扰，以主权在彼，则不为我利，而我无以争也。即单纯以政治之得失言之，君权之肯退让，实为民权战胜之果，民权之进步，则悉由自力而非政府所授予。如上文所论，征之各国历史，有由民权而构成国会宪法，无有由国会宪法而发生民权。今使人民无毫末之实力，足以战胜政府，而惟发电上书，乞人变政，万事出于钦定，则专制之毒，又何能改？故必屏去一切无意识之政论，无责任之行为，而专着力于根本，此根于政治革命之前提者也。作者自称，欲解吾人对于尔辈之非难，而胪举义说，既偏而不全，其所以自为辩解者，又复不通。

如前举三说，义虽未尽，亦已非该论作者所能驳倒。第一说谓国会成立，徒为满人保利益，不足救中国危亡。此为究极因果之□，以满人近日之□□□者，皆出于牢笼汉人之手段，则知其效果所收，亦将须为彼之利，试观载泽、端方等五奴，惊惕于吴烈士之炸弹，归而大改官制，谓以示汉人人才并用不分之意。然军机首要之职，则满人领之，而汉人不过为之伴食，其次财政之权，学政之权，军政之权，皆满人所专据，问汉人之所获，则以尚书侍郎之显职，而换得将军都统之闲缺而已（清初以旗兵镇压汉人，以自为巩卫，故将军、都统之缺，必属满人，百年以来，旗兵日益腐败，势不得不就于淘汰之数，满廷亦遂视将军、都统之官为赘疣，于是汉人葛宝华等乃以尚书而调为旗兵都统，满人某某则以将军副都统而易官尚、侍），所谓变改官制，调和汉满者，其利益何在？故杨度亦为思尽忠于满政府之细人，而其言曰："载泽等之返国，汉人不费何等之力，而得睹预备宪政之清谕，至实行改官之制，则满人悉踞要职，揽重权，盖政府宁假人民以千百纸之空文，而不肯予以丝毫之实利。"事实（具）〔俱〕在，彼固不敢为满政府讳也。夫不知来者视诸往，曩日改官制之表面为调和汉满，而其内容则实以保满人之利益，可知他日国会虽幸得成立，亦只有其形式，而无补于汉人，无救于中国，断断然矣！该论曰："盖以为国会成立则覆亡政府之说，必不可行，坐使满人固有之主权，历万年而不替，此不从破坏不能改良之说也，不知中国积弱之原因，不在政府之无才，而在宪法之不立。"即此数语，而有不可通者三。夫吾党所谓开国会徒为满人利者，指其将利用国会之形式，而愚弄我国民也，非谓其有此手段，而遂足以巩固其主权历久不替也。一国国会成立，而其政府仍不免于倾覆者，自昔有之，安在其不可行者，犹之变改官制，吾人亦认为满人揽权自利之方法，非谓其揽权自利，而遂能免于覆亡，作者欲颂彼虏主权，万年不替，为此盲猜，一不通也。吾人持民族主义以革命，故不使异族握中国之主权，持国民主义以革命，故必破专制而为民国。若不口民族主义，则无论英、法、日、美，其得侵入我国者，皆将使我服从而相率为异族奴隶。今作者既知革命党第一之目的，为不容满族久占主权，而强为之解释，乃曰此不经破坏不能改良之说，以种族思想与政治思想混而不分，二不通也。由上所云，则吾人排满之目的，已可想见，作者无能反对，乃忽谓中国积弱原因，不在政府无才，吾不知此语因何而发？夫革命排满，既无有于满政府矣！则其政府中人有才与否，非所措意，作者昧昧，顾以革命之反对异族政府者，为因其无才耶？汉人既不甘戴此异族为仇之政府，而满政府则依据其威力以压制汉人，日相（陵）〔凌〕轹，国之不振，此为大因。若专论彼专制政府之人才，则如袁世凯之有兵权，铁良能制而夺之；张伯熙之掌学务，荣庆能迫而去之；其愈有才者，则其排汉之手段愈高，其于中国亦何所利？纵使作者能自完其说，谓宪法既立，即不患政府无才，此惟对于有以政府无才为病者则可破耳！人之所问者在彼，而作者所答在此，三不通也。

尤可笑者，该论作者未尝知立宪为何事，国会为何物，而亦学人呓语，曰："国会成，则上下皆范围于宪法之中，君失其宪法，则不得为君，臣失其宪法，则不得为臣，有司失其宪法，则不得为有司，庶民失其宪法，则不得为庶民。"

其荒谬至此。吾亦不暇与作者深言，但于此仍欲一启作者之浑沌，则教作者宜先知国会与宪法初非一事，宪法规定国家权力行动之大部，国会则为国家立法之机关；即于立宪民权国，亦未闻以国会而包括宪法者。如谓国会成，即举国受宪法之围范，以国家一机关，而当宪法之全部，然则政府亦为行政机关，与国会分权并立，宁得谓政府成，即举国受宪法之围范耶？此理甚明，人所易晓，而作者启口即误，其胸次亦可知矣！凡论一事，不能说明其自然必至之关系，徒以形容点缀之词，为归纳断定之语，欲求认可于他人，斯必无效。如作者谓“只有宪法之包涵，无种族之嫌贰”及云“得保生存，得享安乐，满汉之界得宪法而消融”等语，排比其词，随口举似，而于一国宪法构成之故，及其所以得实施之理由，俱不之知。见卵而求时夜，人已笑为早计，况其所见者之非真卵耶？吾但持作者之矛，以陷作者之盾。作者既谓国会成，即举国上下范围于宪法中，然则一开国会而已足，无事更言立宪。于异族专制政府之下多一国会，即是作者所谓宪法，其权限不知所规定，其权力无与之为保障，此不完全之国会，遂能使汉满平等，消尽种族之嫌贰，此种幻想，作者只以自怡悦可耳，不堪持赠他人也。

第二说谓满人对于我汉族土地、人民、生命、财产，犹秦越人之视肥瘠，曾无关切爱惜之心，断不肯牺牲其二百年积重主权，仰鼻息于宪政之下，此就满人平日种种对待汉人之政策而归纳之，有不得不谓然者。以其大端，则外交上以地与人，日蹙百里，或言割让，或言租借，或言设定势力范围，如取如携，曾无吝惜；甚有以土地为饵，使外国生心，而造出瓜分之原因者（满人以卖国召瓜分之事，详见于精卫所作《申谕革命决不致召瓜分之祸》篇中，兹不必赘），问其视我汉族之土地、人民，其感情奚若？义和团之役，京津陆沉，万民之死伤者未收，和约幸成，全国又骤添数万万之赔款，而虏帝母子二人回京之费，乃以千万元为额；其颐和园之修理，及每岁为酣歌恒舞之供给者，又不可计，故我汉人虽惨被两度之兵祸，加增九万万之负担，而满人之取尽锱铢用如泥沙者如故。最近广东水灾，疆吏告急，汉人奔走若狂，而满人对之泰然，其始赈恤之费，犹靳而不予，继始许给拾万，犹以筹拨之事责之有司；然而美舰东来，则为媚外之应酬，早预备欢迎费四十万，厚薄相形，即其用心可知。凡若此类之事，不可枚举，吾亦痛心已甚，不乐多言。吾故知瘠汉肥满之说，出于满人之口，诚自道其实耳！惟如此，而宁赠朋友勿予家奴之主义，亦同时而并用。从来世界各国专制之君主，非真为民党民权所压迫，则未有肯轻易割让其权力者，故不经革命必无真正之立宪。路易拾六之季年，法国宁非多事？而未上断头台之一日，（犹）〔尤〕其不忘反对民党遏抑民权之心思之一日也。而况满人与我更有种族之问题乎？其不牺牲主权，实行立宪，何待深论？尔保皇党人梁启超亦知之，曰："责满人以还我河山，此责以绝对不能之事也。"夫还我河山，非指块然之土地，乃即还我管领河山之主权也，是满人绝对不肯牺牲其主权，梁启超亦承认之。而作者谬然曰："家常习处，则姑妇勃（溪）〔谿〕；脊令在原，则兄弟急难。"嗟夫！以彼虏之屠戮我汉人，惨酷剧烈，至今犹以强力奴隶之不肯稍宽其束缚者，作者乃视为姑妇勃（溪）〔谿〕之常态耶？羯胡无赖，杀我祖宗，覆我邦国，乃引而亲之，谓之兄弟，人之无良，一至于此，庄子谓"哀莫大于心死"，吾知作者之心死已久矣！况满人犹不释其猜忌之念，防尔如家贼，而尔则谀媚不置，此譬之强盗入主人之室，杀其父兄而奴其子弟，待遇酷虐，无复人理，然虑其长而渐知仇愤也，则间赐以温语，其无识且无耻者，遂踊跃而前，尊之为慈父母，然转瞬即仍被酷遇，束缚有加，盖其偶有温语，正彼强盗作威作福之能事也。今满洲之言开国会者，何以异是？抑犹有进者，吾人所争在中国之主权，所欲得者，为汉族真正之利益，然知满人必不肯割舍相授也，故必出于革命。今作者为满人辩护，而以不肯牺牲主权之说为不然，然其所引（伸）〔申〕称述者，乃止在国会期限之可或速定，然则此无权力保障之国会一开，而遂可谓满人已牺牲二百年积重主权，仰鼻息于宪法之人耶？此与其驳第一说时，认国会为即宪法者，同口谬戾。吾以为满人阴柔排汉之政策，纵得战胜，以开国会，亦必如曩者改革官制调和汉满之事而止，决无有宣布真正宪法而实行之之一日。若作者以国会为即宪法，定开国会期限，为即牺牲主权，则吾不知之矣！

第三说谓中国危亡必不待国会之成立。此亦按切时势之论。以满洲卖国，酿成瓜分之原因，幸而均势问题，骤未解决，中国乃得稍延残喘。使汉人不于此时排斥鞑虏，恢复主权，构成民族国民的国家，与列强抗立，犹复低首下心，日思与彼虏为缘，以伪政之变更为奇，以无聊之希望自慰，玩时废事，何异坐而待亡？如保皇党人专教人以发电上书，为无上救国救种之（策政）〔政策〕。然瓜分问题，最急于己亥、庚子之际，为问尔党徒知电请圣安、电请归政者，何救于时事？今又以电请速开国会为唯一之目的，其收效如何？正可视前车为鉴。纵其得容所请，犹无补于汉人，无救于中国，况其并此空文而亦靳而不予耶？如之何其可待也？今日中国前途之可危，稍知时事者无不忧之，作者乃谓："革命党以亡命无归之故，妒他人之无罪富贵，以同归于尽为快心，故出此危险急迫之言。"吾一不料作者之龌龊猥琐至于此极，尔诚不敢得罪于满清，则笑骂由人，奴隶之官，尔自得之。尔康有为、尔梁启超，亦可含土舆榇，泥首请死于满政府，以冀赦免，以望收赎如天之福，则总理衙门行走之主事、六品之举人，亦满政府当为尔开复之。尔或虑有与尔比肩事虏同官相嫉之人，则尔宜好与尔所日恭维之杨京卿范主事辈结纳，毋蹈戊戌之覆辙，为谭嗣同等所排挤。若吾革命党人，则志图恢复，至死不懈，一旦取彼虏之独夫，正其罪罚，则尔一班认贼为父甘为虎伥之丑类，必不可赦。此时即使尔辈与虏同归于尽之日，尔能告无罪于满政府，尔不能告无罪于我国民也。尔无梦梦，谓以满为仇之人，而有羡人作官于仇之事。民族主义昌明，吾党之士，固有束发受书，而即以排满为志者，亦有始污伪命而（翻）〔幡〕然觉悟申光复之义终为汉族效死者，此以不肯辱身丧节为大，而淡于富贵利禄之见，又其余也。黄鹄高飞，必不与鸡鹜争食，持腐鼠以吓鹓雏，尔徒自苦，尔岂欲以小人之腹度君子之心耶？吾知尔辈固欲借请开国会之运动，企夤缘于满政府，为末光之依附，庶几步杨度辈之后尘，故情不自禁，腼颜向人，自谓"无罪富贵"。以尔思想污下至此，吾亦何屑于教诲？然以尔作官思想浓厚之故，乃至不欲以祖国危亡为念，成尔满清有道天下太平之恭颂词，吾恐汉族有人终不为尔辈宽耳！

以上该论所引三说，虽未足以尽吾人反对彼党之意义，而作者出其驳论，则无一是处；有就其言而知其全不解法律、政治之学者；有所答非所问者；有自相矛盾，而前后不能自完其说者；作者于此，亦自知其不获取胜于辩理，乃变为诈伪，专用虚诬，私冀损革命军之名，而塞反对者之口，其妄诞可恶，其卑劣则可鄙，试一一举其词而痛斥之。

该论云："西江之捕权，革命党之掳掠启之；二辰丸之损失，革命党之私运军火酿之；云南乱后之交涉，革命党之扰害成之。"夫革命党以倾覆满政府，恢复汉族主权为目的，军队所在，未尝犯平民之秋毫，其行动之光明正大，不惟社会之欢迎，即满政府与我为仇，亦不得诬我有野蛮劫掠之事。如去岁黄冈及惠州之师，虏吏奉令稽查，亦皆以志在杀官，不扰商民等语复命；钦廉之役，则虏廷上下俱谓革命党假为仁义之师，故不侵掠，以收人心云云，其所能加于革命军者，不过称名之际，而于事实则不敢厚诬也；至若最近革命军占领河口，尤为内外人所经目，比邻之法国，日夕觇伺于吾人之行动，其各家报章，亦日有纪载，然皆欢喜赞叹，以为举动文明，不愧为二十世纪之革命（即以法报之在越南者论，凡报馆九家，各分党派，各有宗旨，若使民党派之报偏护中国革命军，而事不实不尽，则他报与不同党派者，必起而攻击，故观于法报之异口同声，以颂革命军者，则可证革命军无一野蛮之举动）。满政府初惮于革命军之威力，电求法国越南政府，派兵相助，而法国却之，谓河口之占领者，实为反对政府党纯然政治上之目的，与其它土匪游勇之窃发者迥然不同。法国义表中立，于国际法上决无干涉之理由。是故革命军之行动，社会为之欢迎，丑虏为之詟服，外国舆论，既表同情，即其政府，亦不敢怀野心而反对，革命军所到之地，其事迹莫不彰彰可考。今该论忽谓西江捕权，由于革命党之掳掠，夫去年至今，革命军足迹未尝涉及于西江，而硬以西江之掳掠者，为即革命，为此说者，苟非聋瞽，即属病狂，以此诬人，何啻莫须有之事？革命军在钦廉，捕权问题起于西江，乃以为是有以致之，然则联军入京时，俄独跳踉东省，而于其驱我数千人民于鸭绿江等事，亦谓英、美各国当分其咎矣！夫各国同时并举以干涉中国，而甲国之野蛮，犹不能移为乙国之诟病，况乎其宗旨不可同日而语，其行动亦昭然各别者？盗跖越货于鲁东门，而谓首阳之薇蕨亦沾其秽，天下宁有若此妄疑者耶？

若二辰丸之案，纯以满政府上下，不知国际法，以召失败。其始也，骤与之遇而趾高气扬，不暇审择，用过度强硬之手段，查押其船货，强下其国旗，越法已甚，使日本不能复堪，其继则怵于强国之责言，畏葸无能，而赔款谢罪之事，一一惟命，其自甘损辱，进退失据，即为彼虏左袒者，亦不能一概隐讳。今该论谓以革命党私运军火致之，当此之时，革命党并未参加容喙，而虏廷之对于此案，岂更无审善之办法者；尔辈教猱升木之术，政自未工，徒事怨天尤人，无乃可笑?！如作者意亦以为一遇革命党之军火，即可越界搜捕，强硬干涉，蹂躏国际法而不顾耶？彼满政府自为越法之行为，而归过革命党。譬如日、俄交战，俄国军船避日本逃入上海，而水兵登岸杀人，亦将谓日本迫成之可乎？作者脑中惟知思媚彼虏，遂愈出愈奇。论及云南与法国之交涉，亦谓成于革命党之扰害，吾不知作者将以谁欺？按此交涉之案，见于两国文书，为因满洲官兵无端残杀法官而起，了无疑义；即该《总汇报》六月廿二日《外国纪事》，亦详为纪载，其文曰：“自法领印度支那海防传往法京报告云：威根中尉正在解除云南逃入法国领地之革命党一切武装，忽受中国官兵之攻击，该中尉立被击死，并伤士兵四名，又有六名不知去向。威根中尉，原在越南东京与云南之间法伦地方驻守，视察革命军与官兵之动静，部下仅有士兵九十名。现在法伦前面有中国官兵二千余人，其态度甚骄慢无礼，恐另有纠葛云云。法国某报从而按之曰：吾人一面令殖民地政府即将此事直电北京公使，俾开严重之谈判，于一面防备今后之事变，取军事上必要之位置。又有一报论之曰：我国防护领土之军人而致为中国兵士所杀害，中国兵士之暴乱无规律，足以明证之矣！当革命党与官兵交战之初，我法人原无偏向之心，只静察两军之动静，屡见革命军之守规律与官兵之残暴，然我人对于此革命事件，始终遵条约与国际法，严守中立之态度。今中国既如斯暴乱，我法人决不可不速取活动之手段，若但需区区之偿金，不满足也云云。”此三百余字，为该报纪事之原文，明言法中尉受满洲官兵攻击致死；明言官兵平日骄慢无礼；又明言革命军能守规律不若官兵之残暴；至其所以促开谈判提出要求条件者，亦明明揭出其理由，并无他之关系。作者之目未盲，不应并该报此等长大之纪事而未之见，尔览法人对革命事件始终严守中立之言，尔应向于破坏中立横挑边衅之满政府而深致其愤恨，尔纵能以只手遮天下之目，尔不能令尔《总汇报》重删此纪事之长文，尔于此犹不惭惶汗下，自悔失言，则尔可谓不知人世有羞耻事。

而该论作者乃根据其自己妄作之诬词，狂呓不已，曰：“历年举事之地，受害皆在汉人。损失者，汉人之资财；蹂躏者，汉人之土地；荒芜者，汉人之田园；焚毁者，汉人之房屋；杀戮者，汉人之父兄；（虏）〔掳〕掠者，汉人之子女。”噫！何其恣口诬捏，毫无忌惮至此也？吾始以为现今为革命军敌者，满人耳！否则一般食禄满洲之汉奸辈耳！然吾累视彼辈报告革命军之事，犹无此等诬蔑之语，吾乃知保皇党人其恶甚于满奴汉奸，故其仇视革命军亦过于满奴汉奸也。革命军占领河口数日，满奴世增以伪命为云南（皋）〔臬〕司，既至越南河内，则徘徊不敢进，语在越之华商曰：“汉人兴革命军，以排满为名，其实颈血何时溅于满洲？即如今度所杀之王镇邦，亦汉人耳，云南、广西革命军接战者，亦汉人耳，满人无毫末之伤，而汉人交受其弊，是亦不可以已乎？”其立意与该论作者相似，其谓满人无毫末之伤，而汉人交受其弊者，即该论所谓“未能排满而先亡汉，未能覆政府而先杀国民”者也。然世增满奴，仅举革命军之所攻战诛杀者为词。夫王镇邦虽汉人，而甘为虏死，则诛之宜也，其它汉人当兵者，若既率伪命而来敌，则革命军亦自无因之退避之理。至云同种不可相煎，汉人不宜相杀，则凡我汉人前此不省大义，妄为异族效力者，今正宜倒戈向之，而无中彼以汉人杀汉人之阴谋，此意因吾党所欲普告我汉人，而唤醒其迷梦者也。孰意满奴欲陈说利害，乃助我张目耶？该论作者，则用世增之意，而变其词，造为汉人种种受害之妄说。作者之意，当谓解散革命，可□谣言，此等诡谋，犹嫌满人之不逮。不知世增非有爱于革命军也，其所以仅能举革命军所攻战诛杀者为词，而不敢诬革命军，有何等不道加于汉人及贻害汉人者。盖以越南之地，近接云南、广西，在越华侨皆有耳目，若放言诬妄，则人得反唇相稽，而非若该论作者因见南洋相距稍远，遂以为人尽可欺也（七月十九该报登一论文，其词尤为荒谬，内有云：“萍乡、钦廉、广西、镇南关、河口各役，皆不能一战，再败屡败，徒捐弃数十万人生命，卒无尺寸之功”）。按萍乡之役，起事时全无军械，袭得一营，遂据守铁路，湘鄂纷纷调兵，而其人皆与党军有乡里之谊，坐守不战，致牵动南北洋之清兵，及后革命军见无外援散去，两方死伤者不及百人；黄冈之役，革命军诛虏廷守土之官数人，以致黄金福之兵不下，不能进取而散，革军有何伤亡，南洋侨民多潮籍者，可一问而知；钦廉之役，其（士）〔土〕人抗捐不纳，惨被虏兵三那之攻杀，然后革命军起为吊民伐罪之师，破防城，除诛其县官外，县兵降者亦予收录，未尝妄杀一人，虏兵亦慑于革命军之文明，虽以郭人漳之残暴，亦为之敛迹；广西之师，继钦廉而起，屡与虏遇，曾擒杀虏军营哨各官数十人，所到之地，居民争为我军挑水造饭，其不扰害平民可知；镇南关，本为炮台要塞，并无居民，是役革军守险，清兵仰攻，为我击杀者数百人，及弹丸待尽，我军遂弃炮台，虏至次日，始报言克复，不能擒杀革军一人，乃妄言党军已退，向越地用枪遥击，毙者无算，至今法国人、安南人以为笑话；河口之役，我军进兵，虏军五营，以次迎降，惟王镇邦甘为虏死，故诛之，其余营官如黄元贞、岑德桂等，皆予收录，对于河口商民，秋毫无犯，此具见于中外各报者。由河口进兵，屡败虏军于南溪、田房、蛮耗、古林菁各地，斩获虏军千余，后以粮食不继，大兵难支，我始散去，并弃河口，虏亦以翌日入河口，而又妄报克复，如镇南关故事。然即据虏之报告，亦只云田房一役，杀党军数百，而收复各地之白军，则固言党军先行溃逃，并无剧战也（该报昨日《实录》一门，有《云南战纪始末》，备载详细，明明记四月十五日以前，为革命军胜官军之期。革命军战胜四十余次，官兵溃败四十余次，而于十九日之报，则谓革命军不能一战，其不顾事实，而妄言如此。该论记者，又当对于该报昨纪之实录而惭惶汗下也）。虏兵既得河口，搜得商人所雇守货仓者二人，又遇自铁路来河口之苦力数人，指为革命党，剖腹刳肠，极其残忍。翌日即为法国报纸所痛骂，旋亦敛迹。故统计前后革命军数役所诛杀及伤亡者，不满二千人，其数历历可计，尚不敌广东一府每年枉死于牢狱者之多。以上皆就事实说明，不知该作者据何报告，据何调查，谬称数十万生命，经已弃捐。此数十万人，是何死法？死于何处？作者梦入癫狂院，发此谵语，是何居心？理宜一一明白回答。夫西江之捕权，二辰丸之损失，云南与法国之交涉，其原因彰彰在人耳目者，尔辈尚敢厚颜大胆，颠倒事实，举以为革命军之诟病，况泛滥其词，而不必实有所指者，则宜其信口悬河，故以蹂躏、荒芜、焚毁、杀戮、（虏）〔掳〕掠等字，肆为毁谤，无所顾忌矣！抑思凡事之真伪，俱不可掩，尔虽善诬他人，能取真实之证据，证尔辈之谬戾，吾所作伪心劳日拙此也。

该论作者更手舞足蹈，胪举开国会之利益，欲为大言壮语以欺人，所谓“国会成立，可以转弱为强，由贫致富，拨乱反治，举危措安”等语，觉昔人上圣主得贤臣颂，尚不及其谀佞之尽致，惟以作者本不知法律政治之学，故蒙头盖面之中，仍时露大谬不通之点，尔辈头脑如此，令人无从教诲，即吾亦不能不稍惜我之笔墨。然尔或不肯遽然心服，则姑举尔原文，促尔自省。如尔论转弱为强，而有“前此国会未立，故外患侵陵无从干预”及“国会成立，则主将皆我国民公认也，而号令谁敢或违”等语；论拨乱反治，而有“国会成立，考有司之贤否以定去留”等语；论由贫致富，而有“明诏一下，慷慨输将，稍解悭囊，巨款可集”等语；论举危措安，而有“人民皆侦探之才”等语，皆不可通，吾不暇为尔深辩，以尔好言国会，而尔所谓国会者，又如此，今列为问题，促尔解答：

一　国会与宪法，是一是二？

二　国会之性质若何？

三　国会于专制体下，有何权力？其权限若何？

四　国会何以有去留有司之权力？所谓有司者何指？

五　国会何以有干预外交之权力？

六　国会成立，一军主将以何手续经国民之公认？

七　国会成立，何以养成人民侦探之才？

八　开国会，是否本于筹款之目的？

以上八条，若都不能置答，则劝尔此后闭口不复言开国会事，非徒安分，亦藏拙之一道也。

原载《中兴日报》，光绪三十四年七月十四日至二十五日（1908年8月10日至21日），录自《胡汉民先生文集》第一册，第411—431页

论国会与乱党之关系

勇

吾人深维乎中国今日之时势，非立宪不足以救危亡，非速开国会，而立宪政治，终无由而实现。以故吾人对于开设国会之议，极力鼓吹之，使吾国民晓然于国会之能成立与否，为中国废兴存亡之所系，冀其亟行设立者也。而在乱党视之，对于国民之合理要求，上书请愿，动持反对之议，加以丑诋之词，若深惧国会之速开者也。其居心果何等也？岂中国即底于沦亡，而后快于心耶？

夫彼辈对于国民之上书要求，叩阁请愿，诋为哀乞，肆意揶揄，一若目笑存之，以为政府必不足以应国民之要请，国民必不能达其开国会之目的也者。噫，其误实甚也！夫人有意思，必当表示之，而后其意思可得而见。今国民之上书请愿，是表示其希望速开国会之意思，而达诸政府者也。假令国民并无希望立宪速开国会之意思，纵使政府即行立宪，即开国会，而吾可决其无良好之结果。何也？有政府而无国民，此诚所谓国民程度太低，必不足与言立宪政治也。今则不然，国民咸知立宪为救亡之方，期贯彻此目的，出种种手段以进行，上书请愿，

亦其所采用手段也。彼乱党哓哓饶舌，何尝知此义耶？

若国民明知立宪足以救危亡，亦明知开国会即所以实行立宪，而徒责望于政府，缄口而不发一言，是即所谓有意思而不表示其意思者也。若是者立宪政治必不可期，束手以坐待危亡，是则国民之罪也。又或政府虽欲实行立宪，召集国会，而鉴于国民之未尝表示其意思，而不知其热心于立宪政治与否，因疑人民程度之尚低，不敢施行立宪政治，而国家必日即于衰亡，是亦国民之罪也。今国民熟察乎世界之大势，深明乎政治之原理，求开国会，挽回危局，上书请愿，一而再，再而三，务达其目的而后已，表示其意思，直达于政府，使知国民政治思想之日益发达，而不能以人民程度不足为词。明乎此，则彼辈对于国民之上书请愿者，谬加以丑诋之词，其妄不已甚乎？

不特此也，若辈亦知国民不表示其意思，直达于政府，凡对于政府之举动，不置可否，而即为默认乎？夫今日者，中国政府，当专制与立宪过渡时代，即未成立宪政治，则现政府之行动，依然专制之实相也。若国民对于专制政治不置可否，概默认之，则是政府倚默认者为厚援，乃愈顽梗而不知变，是实国民养成专制政府之势力也。今国民之上书请愿，要求立宪，是明表示其意思，反对政府之专制，则在于专制政府之方面，已隐锄去其大半之势力，无默认派以为之厚援，而政府已孤立于上矣。夫未有全国民之心理咸反对政府之专制，而政府孤立于上，犹可以支撑其专制之末运者。则国民今日之要求，苟强聒不舍，终必有达其目的之日。此吾人所以不辞觍缕，主张要求速开国会之理由也。而乱党所持之谬乱，则必反对是说，其用意盖必有在矣，吾于下再论之。

夫速开国会为今日救亡之策，既为吾人所同认，而乱党则必持反对之议，此其原因何在乎？是不可不揭其隐衷，使暴其罪于天下也。

一则国会既开，斯立宪政治确立，而彼辈无容足之地，乱党可以登即解散也。今日之乱党，吾不信其有何种之势力，然而气类相感，如蝇赴膻，犹结合一小小团体者，此何故哉？无非不良之政府日日制造之，躬自为乱党之前驱，然后乱党得所借口，以颠覆腐败之政府为词，日相号召，以招集其党徒也。质言之，则乱党利用政府之腐败，而后能相结合，固不可掩之事实也。故吾人热心于政治之改良，见政府行动之乖谬也，则心焉伤之，见政府举措之失当也，则直言斥之，日冀政府之一悟，庶几知所悛改，以挽救今日之危亡也。而彼辈之观念，则适与之相反。政府愈顽梗，而彼辈愈得意，政府愈腐败，而彼辈愈欢迎。彼辈心目中断无有望政府之改良，可概见也。今国会若开，则国民发展其势力，对于政府之行动，指挥而监督之，恶政府变而为良政府，有志之士，均趋并于立宪政治之一途，以辅政府之不逮，不复与政府为难，如是则谁复肯投身于乱党之中，而受其诱惑乎？人人不受其诱惑，则其党徒日衰，一转瞬间，而可决其登即解散也。此乱党之所以反对开设国会之议者，其原因一也。

二则国会既开，而于乱党敛财之术，大生阻力也。盖乱党所借以为敛财之术者，号召于天下曰：吾将于某日起事，可以倾倒北京政府，有能以金钱相助者，事成之后，数倍偿之。无知之徒，怵于中国之危亡，又见政府之腐败，欲颠覆之，间有输财助之者，此乱党所以得售其术也。若国会既开，则立宪政治既确立，国家之基础，既已巩固，政治日即于修明，国势必蒸蒸然日趋于强盛，彼辈复安能以倾覆政府之说诳惑天下乎？人人不被其诳惑，则其敛财之计穷矣。此乱党之所以反对开国会之议者，其原因二也。

三则国会既开，而政治改良，政治改良，而中国盛兴，非若辈之所愿也。凡一国之人，稍具爱国心者，当无不欲其国之盛兴，而忧其国之危亡，环球各国，皆无以异也。而若辈之观念则反是，见外交之失败也，则色然而喜，见国权之丧失也，则津津乐道。如去年西江缉捕权问题，吾人所痛心疾首、引为切肤之痛者也，而若辈则反谓外人之干涉为合宜；今年二辰丸案发生，吾人所太息痛恨而引为莫大之耻辱者也，而若辈反谓文明对待，国民未免多事。盖若辈别有肺肠，必欲中国即底于沦亡，而后快于心者也。吾不知中国既亡，于彼辈有何利益，而其所怀挟之观念，既已如是，则是中国盛兴，必非彼辈之所欲，盖可知矣。而开设国会问题，实为中国今日生死存亡之所系，然则彼辈反对开设国会之议，其原因三也。

四则国会既开，立宪政治成立，将来臣民之权利义务，厘然有所规定，政治修明，内讧消熄，彼辈不复能倡煽暴动，恣其劫掠也。乱党日日以颠覆北京政府、驱逐满洲人为词，果尔，则当蹂躏于北京地面。乱党又复提倡复仇主义，果尔，则当肆毒于满洲人。乃比年以来，胡未闻一枪一弹及于辇毂之地耶？胡不闻奋志复仇，损失满洲人一丝之毫发耶？徒见乎惠州之乱也，云南之乱也，所屠戮者，皆汉人同胞之生命，所掠夺者，皆汉人同胞之赀产，黄帝子孙自相戕害而已。夫彼辈日日言颠覆政府，而煽乱乃在边省。彼辈日日言诛锄满人，而屠杀者皆为汉人。观其行动而窥其心迹，是并非有所谓“复仇主义”、“民族主义”之见存，不过盗贼之根性太炽，欲劫掠财物，杀戮同胞，以逞其凶残而已。以此言之，若辈之所为，实社会上之害蠹也。以今日者，政府以专制为治，政治腐败，民心不宁，彼辈恒利用此时机，得以号召党徒，煽起暴动，以遂其掠财杀人之凶欲。若一旦国会既开，政治改良，宪法颁布，臣民之权利义务，皆有所规定，人人咸恃法律为保障，民心之反侧皆宁，于斯之时，谁复肯听乱党之□怂，揭竿而倡乱耶？欲倡乱既不可得，子女玉帛，从何处掳掠耶？若辈之所隐忧者，在此而已。此其所以反对开设国会之议者，其原因四也。

有此四原因，故若辈深恐国会速开，立宪政治成立，而窒彼辈之乱机。今揭其隐而表暴于天下，若辈之肺肝如见矣。

彼乱党与国会之关系，既有种种原因，彼辈之所反对，而吾人之所赞同者也，彼辈之所呵讥，吾辈之所奔赴者也。国会既于彼辈不利，又何怪其持讥之乖谬乎？除彼辈之外，吾政府，吾国民乎，有不欲措国家于安全者乎？有不欲享自由之幸福者乎？政府如欲措国家于安全，则当（翻）〔幡〕然变计，排除异议，立发大愿，速定期早日开设，而勿辜民望。国民如欲享自由之幸福，则当并心一志，联合要求，务达其目的，虽遭挫跌，而勿畏艰阻。中国今日生死存亡之问题，只争此一着，而不容有他种问题掺杂于其间者也。

兹之所论，于国会与乱党之关系既已揭破之，而开设国会，中国即可以立跻于盛强，论者或不能无疑，吾欲将开设国会可以致国家于盛强之理由，以为我国民正告焉。故吾之所欲言者有数端：一曰国会与政府之关系，二曰国会与国家财政之关系，三曰国会与君主之关系，四曰国会与国民之关系。异日当续论之，使人人咸晓然于开设国会关系之重要，是则吾人立言之意也。

《南洋总汇新报》，光绪三十四年七月十六日至十八日（1908年8月12日至14日），录自章开沅、罗福惠、严昌洪主编《辛亥革命史资料新编》第5卷，第18—20页

驳《中兴报》论革命不致召瓜分之祸

勇

中国今日，处于群雄竞争之旋涡中，岌岌其可危。即使君民上下，结合团体，犹恐其不足以御外侮，矧内讧顼生，自相屠戮，以自斫丧其元气，实以自速其沦亡耶？故欲救中国今日之危亡，惟有速行立宪，上下一心，改良政治，以固国家之基础，庶足以图存。乃论者不察，无端而倡为革命（单指种族革命而言）之说，冀以摇动一国之人心。亦幸而乱党之势力微薄，政府之兵力足以平定之，而不致扰害大局，否则祸乱日滋，其势蔓延，政府与乱党两败俱伤，将锦绣河山，竟无一寸干净土，外人生心，可以不折一兵，不费一弹，已唾手而瓜分我一国之土地也。故如论者之说，是以救国为前提，而自吾人观之，反得瓜分之结果，殆事有必至，势有必然者也。而论者又强为申辩，曰“今满清政府，陆军之力不足以自守，遑足言战？海军则自甲午一役以后，并海军衙门亦裁撤，萧条至今。中国今日之海陆军，衰弱无以复加，而不足以当各国之一（碎）〔晬〕。使各国而有瓜分中国之心也，则何时不可动兵，何必待其有内乱而始敢从事哉”云云，此其立论之根据点也，而不知各国之瓜分中国，必待其时机，而又必先有所借口。若平时安然无事，则各国亦惮于发难，相视而莫敢动，一旦乱势蔓延，大局糜烂，是明导各国以瓜分之时机也。内乱四起，斯人怀反侧之心，不复保持其安全之状态，而各国之商务将受牵动，闹教之案将层见叠出，是又与外人以借口，而实行其瓜分政策者也。既导人以瓜分之时机，与人以瓜分之借口，犹哓哓然曰革命必不足以召瓜分，谁将信之哉！

且夫中国处今日之时局，欲弭瓜分之祸，则当破除专制政体，施行立宪政治，君民一德，以巩固国家之基础。若如现政府政治之状态，则是偷生苟活，日日幸人之不瓜分我，而借延残喘者也。若如论者之所言，则是倒行逆施，日日召人之瓜分我，而躬为先导者也。幸人之不瓜分我者，不足以措国家于安全，吾人固当指斥之。召人之瓜分我者，所以速国家之覆亡，吾人尤当力排之。政府有维持国家之责，其不足以措国家于安全，政府之罪大矣。报馆有诱导国民之责，乃欲速中国之覆亡，立论如此，其罪不尤大乎？故革命之足以召瓜分，在我国民中，具普通智识、稍明于时局者，类能言之。故国民怵于瓜分之惨祸，咸反对革命之议。论者以为人人反对革命，其说遂不可行也，乃强为申辩之，而不自知其说之不可通也。论者之说未完，本欲俟其全文既完之后，乃加斥驳，然彼论文，既分三段，吾先将其第一段斥驳之。

该报第一段谓“凡事当先计是非而后计利害”。所谓是非者，中国今日应革命与不应革命之问题也；所谓利害者，中国今日能行革命与不能行革命之问题也。夫中国处现在之时势，应革命与否，在乎各人观察之点不同。在彼主张革命者则以为应，吾人之主张立宪者，则以为不应，各执一词，即各是其说，庄子所谓“彼亦一是非，此亦一是非，谁复能定是非之真”者也。若欲为单简的说明，则利害明而是非自见。盖彼辈之主张革命者，无论其如何立说，仍当以救国为前提。今以革命之故，而召各国之瓜分（其理由当于下详言之），是欲救国者，而反足以亡国，孰利孰害，无待智者而知之矣。夫天下未有召亡国之惨祸，而犹以为利者，则吾之所谓利害明而是非自见者，论者不可晓然于其故耶？

彼其言曰：“是故古今之革命党，实行其志，百折不挠，决无震于利害而抛弃其生平主义者。”夫使其所抱之主义足以救国，则百折不挠以赴之，谁曰不宜？若其所抱之主义足以亡国，则不得谓不震于利害，而遂足以谢亡国之罪也。以革命之故而召瓜分，是吾人所认为若辈所抱持主义，足以亡国者也。

彼又云：“以民党之势力，与伪政府之势力相比较，不止一与百之差也。”又云：“伪政府制四百兆之人民，而为之奴隶，据十八省以为己有，民党手无寸柯，又无一席之地以为进退。”据彼之所自言，则政府有势力乎，民党有势力乎，两两比较，诚不止一与百之差，言之甚明了矣，阅报诸君，亦当认彼辈以政府为有势力矣。而孰意彼之所主张者，大意谓民党所恃者正义与人道，为国民之精神，终非恃蛮力者所能敌云云。噫，今日火器盛行，岂真制梃可以挞坚甲利兵耶？无亦聊为大言以自壮也。且若辈所谓正义人道者，吾不知其何所指，大抵不出于种族主义、复仇主义两者而已。以中国今日所处之时势，为国家生死存亡之关系者，但有政治问题，而不容复有种族问题（搀）〔掺〕杂于其间。若其所谓复仇主义者，则又但奔赴于感情一方面，而非以救国为前提，其立说之根据点已甚弱，而谓仅抱持此不适于时势之两主义，遂谓吾有莫大之势力，足以摧倒现政府而有余，斯言也，以之欺三尺童子犹可，讵可以登辩说之林耶？夫比较势力之大小强弱，是利害论而非是非论也。若但论是非，彼辈犹或能饰为一二豪壮之言，以自鸣其得意。今计及于利害，而谓能以一二不适于时势之空谈，遂足以颠覆朝家，摧翻政府，不亦可笑之甚乎？

该报又谓革命既不扰人，人亦毋强预我事，脱有横逆，亦复毅然当之，无所馁却，且引法兰西民党窘迫路易第十六事以为证。噫，如论者之调笔弄舌，好为大言以自壮，则固言之易易矣。论者既艳称法国之大革命，亦知当时法国之险象为何如乎？法民之倡革命也，一千七百九十八年，澳太利帝里泊德，以与法王为姻戚之故，起兵助之，普鲁士王弗勒得力维廉，亦称兵以平法乱。两国联合军既迫国境，军势甚盛，长驱将入法都，法国危急情形，间不容发。适是时俄罗斯欲干涉波兰内政，事又急迫，澳、普对于波兰问题，有密切之关系，不能任听俄人之处置，乃解围而去。法国仅幸免于难，史家所称为法兰西获不测之利者也（日本文学博士濑川秀雄之说）。若当时无波兰问题发生，法国之前途如何，殆未可知也，又安能以法国侥幸于一时，而遂谓“脱有横逆毅然当之无所馁却”，而可□拒各国之瓜分乎？且论者亦知法国革命之原因乎？史家谓法国革命风潮之所以剧烈者：（一）原因于路易十四以来，专横豪侈，大兴土木，频年兴师，赋课繁重；（二）原因于贵族平民，显分阶级，农民永为奴隶，惨无天日；（三）原因于孟德斯鸠、卢梭辈提倡民权，一变社会之思想，国民醉心于民权之说，一时如饮狂泉；（四）原因于北美合众国，平地涌现共和政府，法人艳羡之，遂不顾其国情与历史，直欲取法之以施行于己国；（五）原因于贵族僧侣，占有全国过半之土地，不纳租税，平民无财产土地以资生活，且又不堪贵族僧侣之压制。吾谓法国革命，固含有种种原因，而最重要之原因，在乎贵族平民之阶级太严，平民无土地以资生活，两者实为酿成革命之所由来也。阶级严则农民永沉埋于奴隶，无赀产则生计日迫于饥寒。法民之所以风起云涌，汹汹然背城借一，与政府决一死战者，其势力之雄厚，团结力之伟大，有由然也。惟其势力既雄厚，团结力既伟大，故当外力来侵，一鼓作气，犹或可以勉强御之。若中国今日之乱党，势力脆薄，党徒寡少，观于惠州之乱，镇南关之乱，河口、蒙自之乱，官军一到，如汤沃雪，即哄然溃散。夫中国今日之军力，若辈所日日讥诮为废弛无能者也，而以之剿灭乱党，犹若摧枯拉朽，莫之或御，矧一日招惹外侮，外人合力以谋我，试问将何以御之？岂真张空拳而可以拒强敌耶？螳臂当车，毋亦太不自量也。而徒曰“毅然当之无所馁却”，论者聊为大言以自壮则可耳，其奈为有识者所笑何？

论者又复举日本覆幕之事以为证。夫日本当时，受外人之迫害，国民奋然兴起，倡尊王倒幕之说，而卒成明治维新之事业。日本今日之雄飞于宇内，皆食立宪政治之赐也，观此足见吾人主张立宪以救今日之中国，为不刊之论矣。

该报又谓“论者不计是非，徒计利害，惟知持瓜分之说以恐吓革命”云云。是非、利害之说，于上所论，既有以折之，若夫革命足以召瓜分，是吾人怵中国之覆亡，故不得不剖明其是非得失，使我国民不至昧于所从，而岂以之吓革命耶？

以上驳该报第一段已完，以下第二、三段，立说亦多谬误之点，仍不得不纠正之。

该报第二段，其立论之点，谓瓜分之祸，清廷召之，故一则曰“瓜分之原因安在乎？一言以蔽之曰满洲之卖国而已矣”，再则曰“可知以卖国之罪坐之清廷，谓之为招致瓜分之罪魁祸首，固百喙不容辞也”云云。论中自再续以至九续，历引中国与外国交涉失败之历史，以为外交失败，即为卖国，即为召各国瓜分之原因。噫！中国数十年来，外交上种种失败，此中国之国耻也，论者而不知有国耻犹可，既知有国耻，则不宜再倡革命之说，复启各国瓜分之心也。平心论之，中国与外国交涉，丧师失地，其罪不能为政府恕，即吾人对于政府非难之声，未尝不发为危言庄论，经冀政府之悔悟。而究之中国外交之所以失败者，究极其原因，在乎国势积弱。国势之所以积弱者，在乎政治之腐败。政治之所以腐败者，在乎国民无监督政府之机关。因外交失败之结果，而追究其所以失败之原因，千言万语，总不外政治问题，而与种族问题若风马牛之不相及者也。若政治上之状态长此不变，仍保持其专制政体，则纵令握政治上之实权者悉为汉人，吾可决其外交上之失败，必无以愈于满人也。若满洲政府能改良其政治，一旦实行立宪，使君臣上下同受治于法律，国民有议院以发摅其政治之实力，则转弱为强，国势蒸蒸日上，各国方且畏惮之不暇，何敢肆其恫喝，以逞其凌虐乎？

《语》曰："兼弱攻昧，取乱侮亡。"故欲各国之不兼我攻我，则我先勿自处于弱昧；欲各国之不取我侮我，则我先勿自处于乱亡。观此，则欲弭瓜分之惨祸，当以强国为前提，论者虽有苏、张之舌，无以难吾说也。是故欲强吾国，不可不先改良一国之政治。欲改良一国之政治，不可不开设国会，以握监督政府之机关。此义愈辩愈明，人人易晓，故吾人可一言以决之曰：今日欲强中国以弭瓜分之惨祸，惟有速开国会以改良政治而已。此吾人坚持此主义，所以认为救国之唯一要图也。我国民鉴于大势所趋，亦知非此则不足以强中国而弭瓜分，故政闻社诸君振臂一呼，而请求开国会之声，日遍于全国，而现政府之状态，终不能保持其专制之末运也。论者不察，反谓欲弭瓜分，必当革命，其谬不已甚乎？且论者又谓政府外交失败，所以召各国之瓜分，亦既自言之矣，而近年来吾见乎政府外交失败，皆革党为肇祸之首魁，且屡见不一见也。如西江缉捕权之干涉也，皆革党杀人劫财，而致害及外人之生命也。二辰丸案之赔偿损失也，皆革党私运军火，为官吏缉获之，而致起争论也。近者法人之种种要索也，皆革党倡乱云南，戕毙法官，而令彼有词以借口也。夫政府不能宣扬国威，而令外交上种种失败，政府之罪，诚无可逭矣。今乃惹起外交上种种之困难者，实因革党倡乱之故，然则革党之罪，比之政府之罪，不尤大乎？是革命者明明为瓜分之导线矣。徒知责政府以卖国而召瓜分，而己乃为召瓜分之罪魁，论者苟平旦之气未亡，平心虚己以察之，其知罪也耶？不知罪也耶？

该报第二段，自再续以至九续，刺刺不休，杂引中国与各国交涉失败之历史，文虽冗长，而可一言以括之，不外以中政府外交失败，即为卖国而召瓜分，于上文既总其大意而斥驳之。若其第一段内容，彼自言分之为八，其第一以至第五，论各国对于中国之状态，虽无甚乖谬之论，而在稍明于时势者，皆能言之，似无待论者之赘言。其第六曰："各国以协约解决均势问题，故协约即为他日实行瓜分之本。"论者既知此，则革命之可以召瓜分正可以证明吾说也。其第七曰："吾人当于各国未能实行瓜分之时，速使中国自强独立于世界。"第八曰："非革命无以达自强独立之目的。"夫欲使中国自强独立于世界，则是以救国为前提，吾人之所乐承认者也。其谓非革命无以达救国之目的，此则吾人所绝对不承认者也。

该报自言自驳之处甚多，今略举之。其十□续云："夫义和拳虽曰内乱，实无异于对外而宣战，而以其无伤于各国之均势，虽被干涉而不致召瓜分。况夫革命军起，堂堂正正以破坏世仇民贼之政府为目的，而对于外国，一切照国际法以行，并无被干涉之原因，便何致有召瓜分之结果?”是彼之引义和团乱事以为证，以为革命军起，而各国必不行其瓜分中国之策也。彼又谓：“义和团之乱，北京既破，君臣俱逃，各国取之甚易，而各国乃用开放门户、保全领土之政策，而不遽行瓜分者，以各国势力不平均之故也（撮录大意，是彼对于义和团乱事，而以列国均势问题，解决当时不致召瓜分之原因也）。”

该报十四续又云：“如一旦各国思得新法，以解决此难题，而行积极方法，各尽所能，各取所需，不复相制，而瓜分之祸成矣。”此言固明明谓列国以均势之故，对于中国土地，暂取开放门户保全领土政策，而不遽行瓜分，一旦思得新法，而瓜分之祸成，论者之言，固甚明了也。然则所谓“思得新法”者，果以何者当之耶?观于作者十续有云：“各国以协约解决均势问题，故协约即为他日实行瓜分之本。”试即作者前后上下文统观之，自相斥驳，自相龃龉，今以子之矛，攻子之盾，而论者即无以自完其说矣。

夫论者谓革命军起事，堂堂正正，必不至召各国之瓜分，因而引义和团乱事为证，又为之剖明其理由曰“各国以均势问题未解决之故”。然则列国均势问题一旦解决，则中国如有乱事，足以召瓜分，固彼之所默认矣，亦彼之所自言矣。今日者列国之情势何如乎?均势问题已解决否乎?以论者所称“各国以协约解决均势问题，协约即为实行瓜分之本”两言证之，则日法协约、日俄协约、英俄协约，近年以来，已次第成立矣，则是列国均势问题已解决矣，中国今日若不亟图自强，则实行瓜分之祸，殆将不免矣，论者又安能引义和团乱事以为证，谓各国必不瓜分我矣?

夫列强对于中国之态度，今日之情势，与庚子时之情势迥乎不同也。论者既知拳匪之乱，列国以均势问题未解决幸免瓜分，又知今日协约成立，均势问题已解决，而将实行瓜分，然则中国今日，再不容有如义和团之乱事出现，免召瓜分之惨祸，固论者之所知矣。今乃日日提倡革命，煽起暴动，是则无异恐义和团之不再出现，又从而鼓吹之也。是则恐列国瓜分中国之期未至，又从而促之也。欲促中国之瓜分，不知其是何居心，吾人所百思而不得其解者矣。

该报历引各国协约成立，与中国利害关系，谓外国之侵入将无已时，及势之既成，虽有智者，莫之能挽，是中国今日之危迫，作者之所知也。既知中国今日危迫，自当急求挽救之策，如医者治病，当先穷究病源，而后对症发药，乃可奏效，若不知其受病之源，而方药杂投，表里虚实寒热之不辨，惟有速病者之死而已。今中国以积弱之故，而日陷于危迫，岌岌几无以自保。试问其积弱之故何在耶？一言以蔽之，曰政治不良之结果而已。是改革政治、改造责任之政府，为医中国之第一良方。吾人所挟持此主义，以为救国之目的，而亦一般有识者之所同认也。乃论者既知中国之危迫，当急施挽救之策，而其下手之方，乃欲以种族革命达中国独立生存之目的，是无异医生昧于审症，于对于元气亏损（阉阉）〔奄奄〕、垂尽之病夫而妄投以巴豆、大黄之泻剂也，适足以促其死亡而已。

作者设为问答，谓以和平方法改造政府、要求立宪，期期以为不可，而所谓不可者有三。

一则以中国既亡，主张复国为前提，谓“与之言立宪，是表其忠顺之意，而置恢复大计于不顾，是忘中国人之中国也”云云。细玩其字句之间，已自相矛盾。何也？若中国已亡，是既为无国之人，则不应复有国民，今作者频称国民国民云云，岂非认中国未亡之证耶？若认中国为未亡，则所谓恢复者何所指耶？否则既认中国为已亡，而仍称曰国民，得勿专指清国言之耶？作者本以不为清国顺民自居者，何忽又自居于国民？斯亦可笑之甚矣。然则中国未亡，作者于行文之间已流露于不觉，固不俟吾人之辩论也。若辈动谓中国既亡于满洲，而日日提倡复国，岂非梦呓之言乎？

二则谓“民族调和而后可立宪，非一立宪而民族即可调和”。此言也，正作者之所谓倒因为果者也。夫调和云者，感情之调和耶？抑权力之调和耶？观作者引刚毅“汉人肥满人疲”之言，大抵指权力调和言之也。夫权力何以不调和？以现时满人政治上之势力比汉人为优也。若中国能实行立宪，则政治上之势力不在政府中之一二人，而在国民之全体（以提出议案非议员过半数赞成即不能通过之故），而试问国会议员，满人居多数乎？抑汉人居多数乎？则立宪之后，汉人占政治上之优势，可断言也。夫不立宪则政权多操于满人之手，立宪则政权多在于汉人之手，乃作者谓非立宪而民族即可调和，无乃自欺欺人，信口乱道，以取快于一时之口乎？又谓奥太利、瑞典、那威，虽立宪而民族不能调和，以为先调和民族乃可立宪之证据，而不知欧美强国，大都含多数种族。今世号称富强者莫如美国，其人民大都皆由欧洲各国徙居，而为人种最庞杂之国。余如法兰西亦含有五种族，一开耳脱人，二巴斯克人，三和偷人，四条顿人，五意大利人。瑞士人种亦有二，一日耳曼人，二法兰西人。德意志帝国固借民族主义以相结合者也，而细考其民族，亦非单纯的，于日耳曼人之外，有斯拉夫人，有和偷人，有法兰西人，有西萨尼亚人，有斯再特拿米人。盖现世除野蛮人为单纯的种族，若文明国家，由一种族组织而成者盖寡矣。然则谓满汉两族同处于一国即患其不能调和，论者之言，有一毫之价值否乎？

三则谓“满汉两族，纵能调和，然必两族素无恶感，犹必相安既久，始能同化”，又云“而欲消融于短期之中，固必无之事”。噫！满汉同处一国，已经过二百数十年，犹谓之短期乎？国初时，满人之猜忌汉人者实深，此则不必为之讳。然自咸同以来，中兴诸臣，建立大勋，自是而后，满人猜忌汉人之心已销去大半矣。近者更下满汉通婚之谕，满人已力求解决此问题。而现在之政府，执政权者实唯张、袁，彼二人者汉人乎？抑满人乎？若执同化之说，谓满人同化于汉人乎？抑汉人同化于满人乎？彼入关以后，于中国之典章文物，无所更改，口谈之义理，依然文武周孔之遗教也，制治之规模，犹是因沿于前明之旧制也，所用之语言文字，皆汉族之语言文字，甚至有满人而不能操满语、不能作满文矣。观此则满人之同化于汉人者已久，而作者乃谓两族难于调和，历久始能同化，其谬不已甚乎？

该报十九续，谓“外国侵入之大势，其烈如此”一段，作者自申解之，谓外国以维持势力平均之故，旦夕不至起瓜分之祸，仍引义和团乱事以为证，又参以作者昨日驳本报之论，大意谓日、俄、法三国协约，各经营其势力所及之地，而不相干涉，至于中国内地，以未能前进，而惧有独逞野心者，故仍为保全领土之约云云。是作者所谓维持势力平均旦夕不致起瓜分者，殆以各国保全领土之约为可恃也。然观于作者十四续“保全领土之真解如何”一段，谓保全之权在人，反言之则分割之权亦在人，则是保全云云，毫不足恃，亦作者之所知矣，乃谓旦夕不致起瓜分之祸，岂非冀幸之词而已乎？观于作者所称“一旦思得新法，则瓜分之祸成”云云，作者安知今日各国之未思得新法耶？岂思得新法，而必先告汝知耶？以冀幸之词，而谓各国必不瓜分我，其识见之愚蠢，诚不值识者一哂矣。

作者又谓清政府情急而请求外国干涉一段云云，而引镇南关、惠州、河口乱事以为证，谓各国必不应其请求。然以吾所闻，法使对于河口之乱，屡向政府请求代平乱事（内地各报皆纪其事），政府拒之，则正与该报之言相反也。夫河口之乱，小丑跳梁焉耳，必不足以危及大局，而法人犹请于政府，欲代平乱（今该报反谓清与法借兵，法人拒不从，真颠倒是非之言），以试其干涉，若乱势蔓延，外人岂有不借口于保护己国之民命财产为词，而强行干涉乎？

且河口之乱，政府之拒外人要请者，彼实见乎（么）〔妖〕魔小丑，必不足以危及大局，官军之力足以平定之而有余，而又恐外人代平乱事之后，要求愈奢，故拒其请耳。倘或乱势日滋，危及大局，则借外兵以平内乱，政府诸公，必不免出此下策也。夫各国窥伺中国已久，小有乱事，犹请代剿，以冀从中厚索酬报，矧一旦中国请其代平内乱，有不欣然应诺者乎？倘各国允为代剿，则剿平之后，对于酬偿之要索，不容易满其所欲，而瓜分之危机，即在于此矣。然则革命之足以召瓜分，此事至显浅而易明者也。

夫乱事一起，而政府即平定之，斯亦已矣，如乱势已成，大局糜烂，外国断无不干涉者也。何也？中国人民屡受外人之侵害，以故排外之心人皆有之。观于无事之时，而教案犹层见叠出，矧大乱之际，破坏平和之秩序，闹教之事，当无处无之，此可以预想而知者矣。乱事之蔓延愈多，斯各国之商务所损失愈多，此两者外人皆不能不干涉者也。其始必促中国政府平定之，中政府而能自以兵力平定，作者必不愿闻是言矣，倘不能平定，势必请各国代平之，各国之兵力遍布于各省，而瓜分之祸于此时而实现矣。此时外人或仍存满洲之皇统，傀儡畜之，而四百兆人民，将永沉沦为外族之奴隶矣。言念及此，可为寒心，此鼓吹革命者之罪，所以上通于天也。然则吾人断断辩之，安能已乎？

或曰革军势大，则外人将照国际法，承认为交战团体，岂肯助清政府以剿革军乎？应之曰：外人之对待中国，数十年来交涉之事，人人所共知矣。何曾援照国际法而行耶？且其时以中国大乱之故，商务、教案，外人受无穷之损害，则其恨革军极深，又中政府许以莫大之利权，彼遂乘机攫取，固势所必然者。且各国之中，侵略派固日以瓜分为倡导者，一旦利用此时机，而施诸实行，保全派亦见乎中国之终不可保全，而加入于侵略派中，以求均沾利益，如是则作者日日倡言中国已亡，至是而中国之亡，真亡于革命党之手矣。夫若辈口谈革命，夸大言以自壮，徒取快于一时，而未知其祸之靡所终极。若一研究其得害得失，其险象有如此者，我国民乎，我华侨乎，岂可为邪说之所惑乎？吾非好辩，然为中国前途计，故不能已于言也。

《南洋总汇新报》，光绪三十四年七月二十二日至三十日（1908年8月18日至26日），录自章开沅、罗福惠、严昌洪主编《辛亥革命史资料新编》第5卷，第22—28页

驳《总汇报》惧革命召瓜分说

胡汉民

昨日总汇报出一文，自谓不主张种族革命，惟惧瓜分之祸。嘻！世乃有甘心为异族奴隶，而尚畏惧瓜分者耶？咄咄怪事，咄咄怪事。

夫瓜分何以可惧？惧亡国也。亡国非他，以异种异国人而占据我汉人之中国也。汉人已失中国之主权，是曰亡国；汉人而复得中国之主权，是曰中兴。今满洲则异种异国人也，其占据我中国，篡夺我主权，即使我汉人亡国者也。我汉人惟不忍于亡国之痛，故矢志于光复，而即防虑于瓜分。若曰种族可以不计，种族革命非所欲言，则任异种异国之篡据，亦尽忠竭力戴事之为君父可耳！于亡国何有？于瓜分何有？

咄尔保皇党，尔反对民族主义，而乃效人言瓜分之祸乎？尔能为大清顺民，尔何难为大英顺民，大俄顺民，大德、大法、大日、大美顺民者？失节之女，人尽可夫，忘亲之徒，人尽可父，尔工于攻同媚异，尔善为狐媚虎伥，尔犹效人言瓜分之祸，吾知尔诈也。

夫尔固不能翘然自异，谓愿为满人之奴隶，不为他国之奴隶；愿中国长据于满洲，不愿中国瓜分于各国也。满洲今日之于中国，其名为独吞；各国之欲行瓜分，其名为共食，二者等是亡国。就吞食者言之则异，就其被吞食者言之则同，

即稍有不同，亦不过于亡国之中为百步、五十步之比较耳。波兰见分于欧洲，高丽被灭于日本，亡国之惨，彼此共之，孰则谓高丽远胜于波兰，即当终古为日本驯役者，吾知高丽之人，且将唾尔！尔既甘心亡国，甘为异族之奴，而诋毁革命为倒行逆施，无亦以彼虏满洲为尔现在政府，故欲表其忠顺之心，不敢有贰。然不论种族而论强力，则代满而兴者，不转瞬亦有为尔现政府之地位，而尔将何以待之?

尔一则曰“君民上下结合团体”，再则曰“上下一心改良政治”，三则曰“施行宪政君民一德”，言之不足，乃长言之，伏枕哀鸣，彼虏君臣，或将嘉尔之忠孝。惟尔沉酣于政治之迷梦，而种族之思想漠然无存，则姑如尔言，止以政治之昏明，为人心之向背，抚我即后，亡国何忧?譬如日本之灭高丽，法国之灭安南，其教育扩张，其政治改善，是宜有上下一心，结合团体者，而何其亡国之痛，不绝于胸也?又如台湾以甲午之役，割于日本，数年之间，遂已立石刻碑，为日本大官歌功颂德，吾人读之，代为汗之，尔辈亦将谓是为冀望施行宪政、君民一德者耶?且观香港、上海昔为荒旷之区，瓦砾之场，而一归英领，一划为租界之后，则政治修明，百事具举，富商豪族，且视之为安乐窝，争迁居之。然而其人回首内地，一思故国之情形，则有蹙然不安者，乃知政治之良，不能胜其种族之念，吾汉族之人心，相去正自不远，尔奈何欲以异族结合、宪政一德之邪说惑之?昔满清雍正七年，曾有伪谕云:“我朝既仰承天命，为中外生民之主，则所以蒙抚绥爱育者，何得以华夷而有殊视?中外臣民，既共奉我朝以为君，则所以归诚效顺，尽臣民之道者，尤不得以华夷而有异心。”识者谓其欲据君臣之旧义，以破夷夏之大防，而不意今日人心已明，昭然共知彼虏为亡我中国灭我汉种之仇敌，此等伪谕，亦只以增汉人仇视独夫之愤耳！今保皇党复抄袭其意，欲驱人于政治之观念，而使忘种族之感情，其所谓“君民一德，上下一心”者，固与“归诚效顺，尽臣民之道，不以华夷而有异心”数语，同一鼻孔出气，天下之大，不问种族，惟强是从，灭吾国者即戴之为君，归诚效顺，以求一德一心，则丧君有君，亡国有国，不知种族之义，不知亡国之惨，而徒日教人尽忠于异类，尔殆以瓜分为乐者耳！

且尔亦知中国所以启列强瓜分野心者，于国力不振之外，尚有其重大之原因耶?汉人固有之中国，而满洲乃公然盗窃之，物非其主，他人因已垂涎之矣！况以野蛮恶劣之民族如满洲者，犹能征服中国，鞭笞汉人，汉人亦俯首顺命，不图光复其旧物。彼列强之自视，则程度高出满洲百倍，知汉人之易与，何怪其野心勃发乎？彼其言恒曰：“支那民族无独立思想，能征服之者，即奉戴之为君上，不问其所从来。故支那民族者，最柔和易驯服之民族也。”嗟夫！是亦知其瓜分之心，从何而发矣！吾语我汉族同胞，宜一设想于现在将来之位置，而自省自问，问我民族果无独立之思想否？果容易征服而无抗拒异族之能力否？如其否也，则当奋起而图光复之事业，以雪我民族二百六十年之耻辱，以杜今后其它异族之窥伺；而其不能，则止一异族之政府在上，吾不敢抗，举十百之异族政府临我，我何以为抵制耶？夫国力衰弱，不能自救，与民族颓败，不思独立，二者虽同为亡国召瓜分之后因，然其间犹有轻重之别；以国力之衰，可以复振，而民族甘就劣败，则人得奴隶之也。故处群雄竞争之旋涡中者，不止中国，然以其民族能奋起自立，则他国无敢觊觎分割之事，如土耳其国政，前此已极腐败，而列强审其民族，有自卫之能力，谓其兵士皆知以死捍御他族，遂各寝其兼并之计画；非洲之阿比西尼亚，黑种人也，意大利欲占其地，其种人不为之下，一战而擒意大利万余人，白人亦相顾却步。故国无大小，其民族有自立之心者则强。外人惟以为我中国民族易于征服，故敢怀瓜分之念，一旦崛起独立，取二百年压制我汉人之异族政府，亦仆而去之，则其它异族，有不惮于我民族之强固而泯厥野心者耶？而尔辈懵然不知语此，力反对民族主义，甘为异族永远征服之民，是真倒行逆施，日日召人之瓜分我而躬为先导者也。以尔不知有亡国，不耻为异族政府奴隶，日以一德一心为顺民之大主义诱人，而尔强颜犹自谓怵于瓜分之祸，谁则信尔者？噫！尔亦徒以自欺耳！

吾今为单简之词以语尔辈曰：不知亡国之痛者，不必考瓜分问题；不言种族大义者，不当惧瓜分之祸；日以为异族顺民自喜者，则足使他族生心而促召瓜分之事。尔辈欲攻种族革命之言，宜先解答此义，吾乃与尔更申他说。

该报昨日续其前文，持满腔势利之见，诱人服从于异族政府，而其说益谬。吾昨驳该报，固云不知亡国之痛者，不必考瓜分问题；不言种族大义者，不当惧瓜分之祸。吾以其昨论反对种族革命，吾已知其不省有亡国之痛，今也果然，谓：“革命如何立说，仍当以救国为前提。今以革命之故，而召各国之瓜分，是欲救国而反足亡国，天下未有召亡国之惨祸而以为利者。”嗟夫！尔辈不言亡国则已矣！苟言亡国，则吾汉人之国，已亡于满洲者二百六十余年矣！尔非满人，尔国何有？尔祖若宗，身受（屠）〔荼〕毒，及尔之身，犹为奴隶，尔或都无知觉，则尔试自提其辫发，当犹有亡国之大纪念物在，而今日尔始言恐召亡国之祸，何其晚也？故革命立说，皆以复国为前提，以亡我国者，系异族满洲，故排满为第一之目的，非如保皇党一人，谓保中国以保大清，谬言救国，其实以媚满洲政府也（康有为等始集保国会于内地，则云保中国不保大清，其时当颇有种族之思想。及作官不成，逋逃在外，一变宗旨，则又使其党叶恩上书载振，谓："保中国即保大清，大清入汉人之中国，反客为主已久，且因汉人之中国改号为大清，是中国大清原无分别云云。"全文载于《新民丛报》，阅之使人怒发裂眦，又使人作呕欲吐。既明谓满清入汉人之中国反客为主矣！又曰中国大清原无分别，保皇党之心思，固应尔尔）。惟以复国为前提，根于种族之大义，则对于非我族类其心必异者，勿问其为现在为将来，苟篡据我汉人之中国，攘夺我汉人之主权，我汉人必极力排斥之而弗肯下。谋倾覆满洲者，不愿亡中国于此一异族之手也；防虑瓜分之政策者，不愿更亡中国于其它异族之手也。亡于满洲而后瓜分于各国，是曰再亡，再亡而谋复国，则其事较难，故须于各国未能解决均势问题未敢瓜分中国之时，急图光复之事业。民族奋兴，中国以振，则列强之窥伺为之寝灭，故曰革命可以弭瓜分之祸。倘如尔辈所言，满洲入汉人之中国，反客为主二百余年，而尔辈犹不知有亡国之事，中国改号为大清，即无所分别，而以保大清者为保中国，则他日列强继满洲而入中原，国号既改，尔即为之臣民，事之如满洲可耳，此非吾为过情之论也。前此异族篡入亡我中华，而尔不知愤，尔且诋諆光复事业者为倒行逆施，则纵有不幸，中华由满洲而再亡于异族，我革命之士所忧乎恢复之较难者，自非尔虑，何也？尔固但求改良现政府之政治，与维持其安宁者也。尔谓"天下未有召亡国之惨祸而以为利者"，斯亦近是；然天下乃有身受亡国之惨祸而不自知者，其又何故耶？亡国之不知，恢复之不愿，则尔虽日讼言瓜分，人得而知尔用意所在。昔者满奴端方于柏林演说，谓："今日倡言革命者，求脱满洲之奴籍，然果满汉并争，列强必试其渔人之利，中国之亡，可坐而致，革命军人虽求为满洲之奴隶而不可得。"今尔辈亦言中华革命恐召瓜分，民族主义，足以亡国，盖满洲家教，为宁赠朋友无畀家贼，而对我汉族，则曰满汉相持，渔人得利，一方以列强瓜分为恫喝，即一方以满洲奴隶为劝导，曰尔辈于此亦乐拾其牙慧焉！语所谓"汉儿学得胡儿语，笑倚城头骂汉人"者，诚有似矣！

惟尔不知中国已亡于满洲，不知排满革命为所以复国，故有“中国处现在之时势，应革命否，在各人观察点不同”之谬论，吾亦试为简单之诘问于作者：设今日再有异族侵入于中国，如满洲故事者，尔辈身为汉人，亦将执戈以赴之耶？抑将踌躇于时势而有应抗拒否之斟酌耶？我有国，而他族亡之，国亡于他族，而我思复之，犹曰时势或有所不应，然则当各国瓜分中国之际，亦必有执论时势而思服从之者矣！安南之谋抗法国，高丽之图拒日本，彼亦不忍亡国之痛，矢其复国之念而已，岂计其适合于时势否耶？设以法人语安南，必曰日本旦夕谋汝，汝无反侧；以日本对高丽，亦必曰吾为汝捍强俄，汝无二心；然自安南、高丽人视之，则固不欲再亡于他异族之手，亦不甘亡于法国、日本之手也。亡国复国，出于国民之良心，合于公道真理，而犹谓是非难定，须借利害以明之，是犹教安南、高丽姑隶属于法国、日本，计较当前之利害，而无轻言复国之事也。夫但知有现在之时势，而不知有不易之真理，则宜其谓革命为不应。然时移势易，瓜分之局忽成，则尔日之时势，又当困尔，而尔辈一不言是非，惟率其趋利避害之见，则终古长为亡国之民而已，而孰能堪之乎（精卫原文云：“徒执瓜分之说以沮人者，只计利害不计是非，其说已不能自立，况其所计之利害又大谬不然也。”第二段第三段文字，既并就事实上而正其所计之谬，今该论硬以为革命足召瓜分，而未毕其词，其昨日之论，谓有时机借口者，二义本精卫文所已破，惟该论尚浑仑其语，故姑俟其说明而再辩之）？该报据精卫之文，有“以民党之势力与伪政府势力相较，不止百一之差”语，遂谓以利害计不能推翻政府恢复主权，此又坐不善读原文之过也。夫此语谓民党初起之势力与满政府现在之势力如是耳，非谓其永远之比较如是也。从来民党之初起，其势力皆甚微薄，与其所反对之政府较，则皆不止百一之差；而其所抱持之主义，日益昌明，其行事日益进步，即其势力亦日益膨（涨）〔胀〕发达不可遏阻，终至于推倒极强暴专恣之政府，而达其目的，征之中外之历史，无不皆然。美利坚国之独立也，其初抗义兴师，非英国政府势力百一之比也，意大利之独立也，其初少年会之组织，非奥国政府势力百一之比也；法兰西之覆主权也，其初民党诸人，非王室势力百一之比也；日本之倒幕府也，其初长藩、萨藩之士，非德川氏势力百一之比也；然而若此卒皆能摧破强敌而完全达其目的。即吾中华当秦始皇并兼六国，破封建为郡县，制治天下，收天下之兵，聚之咸阳，铸为钟鐻，其威力足以鞭笞万象，而陈胜、吴广辈起于断木揭竿之众而亡秦；元胡之吞灭中华，其势力远过于今日之满洲，而明太祖亦起布衣而逐之塞外。二者之始事，非皆势力微薄不及秦、元政府百分之一者乎？今之满洲，其民族不过五百万，其所以得强固其势力者，莫非利用汉人以为之助。汉人之犹有乐助于满洲者，则以不知民族大义，犹认贼为父，戴虏酋为元首，为之奴隶而不知耻也。使夫民族主义日益昌明，则我汉人人人有亡国之痛，人人有恢复之志，满洲之势力，将以谁恃？彼虽有坚甲利兵，何难使之倒戈内向？夫昔者明之逐虏，犹有家天下之心，而以行种族革命，元胡且不之敌，况吾人所怀抱者为民族国民主义，一准诸平等博爱之真理者，以此精神，尔辈谓必不足以抵抗异族蛮力耶？尔又言今日火器盛行，便难革命，即尔党徐勤"自后膛枪出，欧洲无革命"之说，彼其武断一时，亦自鸣得意，何期文未终篇，而土耳其竟以革命军成功实行宪法？以好言势利之士，而有此不适时势之言，自贻笑柄，作者尤而效之，于义何取？抑土耳其之军队，其初亦最忠于土皇为民党敌者，而因于青年党之劝导，而遂与民党为一气，使土皇迫于大势而不得不割让其主权。设尔辈于其未成功之日论之，必谓其势力不足与政府较，不能成革命之事业矣！吾故谓时势可移，而真理不易，从来民党之战胜政府者，皆本无强大之凭借于先，惟恃真理以转移势力，而卒至于成功。若但知有现在之时势，而不知有不易之真理，其持己也，则趋合时宜，惟利是视；其于人也，则不辨种族，惟强是从，尔辈之立论如此，即亡国瓜分亦何所感于尔之脑筋耶？善夫潮阳李愈君之言曰："吾人秉良心以行公义，则虽遇若何困难，必当思以破之，不可因而自馁。"此则先明于是非之真理，而力排时势之困难者，其志趣之高尚，非尔辈所知矣！

昨日该报始再续其说，而自加按语谓"不堪于本报之谩骂，故不置辩"；又云"将择最乖谬之处，间日申斥"，其为此等言，足见其穷蹙之状。该论原文，初登录于廿二日，吾连日斥驳之，而廿四日该论忽然中止，至昨廿五日，始赓续其文，则吾廿三、廿四两日之驳论，作者当早已及见，其所持之论点，被人扫荡无遗，若不以为然，则两昼夜之内，不能作一反驳之词，尚须俟诸间日，何其犹豫乃尔也耶？既不能速为解答，乃谓本报驳论为一味谩骂，非所措意，企以塞责。夫国亡之痛，种沦之感，凡有血气者，莫不怀之，而一遇夫亡本丧心之论，则感愤愈深，不能自已，所以辩奸而斥恶者，夫岂好骂哉。且世所谓谩骂者，为其初无理由而但恣口诋毁之谓，若吾前论，则诛作者之心，而痛斥之者，皆有其依据，且畅为说明，词气虽严，不为徒骂，使作者而无以自辩，则公是公非之所在，诉诸舆论，人人得而责之，虽作者亦不能不引受也。作者无甚意识，欲为革命不召瓜分之驳论，而所举乃悉精卫民报第六期及本报申论原文已驳之说已破之义。吾前论之作，亦岂谓其有驳论之价值者？特恶乎保皇之徒，多持瓜分之论，以反对革命，而作者亦拾人余唾，谓革命为自相屠戮，自取沦亡，谤之为倒行逆施，而企幸其势力不大，问其理由，则仍以利害为是非之谬说，此所以遭吾痛斥而不留余地也。是非之心，本于良知，及其汩没于势利，则有日工趋避，茫然不知是非之所在者。然未至于唾面自（甘）〔干〕之辈，则其良心固未尽死，作者之不堪吾骂，或其良心之尚在也，而但以责备者之过重，遂不复考人立论之要点，审其是非，此又其辩理心过于薄弱之故。吾今语尔，吾第一日之论，其归结有三要点：即一不知亡国之痛者，不必考瓜分问题。二不言种族大义者，不当惧瓜分之祸。三以为异族顺民自喜者，足使他族生心而促召瓜分之事。此吾所根据以斥尔辈之理由也。至第二日，则吾以尔犹持势力之说以掩是非，故畅言复国之大义，及从来民党起事之历史正之，尔欲自完其说，则以上皆尔所当解答者。至于斥责尔辈之词，有无已甚，则吾有三问题于此听尔之分辨：

一、问作者身为汉人乎？抑满洲之苗裔乎？如其非汉人而满裔也，则宜从满人之后，反对革命；如其否也，则以汉人而恶汉族之兴，吾责尔为虎作伥宜也。

二、问今日满洲政府，为我中国固有之政府乎？抑以异种异国而征服我民族者乎？如为中国固有之政府也，则不妨以一德一心，期与结合团体；如其否也，则以被征服之人民，而希望他族政府立宪，吾责尔以异族奴隶宜也。

三、问以满洲而灭中国，我汉族尚为有国之民乎？抑已为亡国乎？如未亡也，则民族大义，或亦可视为缓图；如其否也，则以亡国之人，不思复国，且诋复国之举为倒行逆施，吾责尔甘为顺民不当惧瓜分之祸宜也。

右之三问，如尔不能自辩，则吾之责备尔辈，无毫末之过情，即我汉族有识之士，亦皆可继起而责问于尔，其不能矫为宽假之词，亦当一如吾论。然吾知尔必有遁词，必于（左）〔右〕三问中而独为亡国与否之分辨，则吾先为预言，正告作者，其勿更拾人已破之义、已驳之说进而混我。以此事本无疑问，而自有保皇党人，乃强生异说，然其大要不出三种范围：其第一说谓满人遇我不薄，且满族有明君，吾乐于推戴之，此康、梁之旧说也（梁启超有云：“今上非满人耶？吾戴之若帝天也。”此语即为此派代表）。而《民报》驳之，谓苟不辨种族，惟强是从，则无论白黑种人，苟得中国，即戴之为君，何独满洲？康有为亦知其说之不足恃，则变而言满洲出于匈奴，匈奴为大禹之后，原本汉族。而《民报》又驳之，谓匈奴为北狄，满洲为东胡，不问匈奴之是否出于大禹，而满洲则决无从证为汉族；于是梁启超、杨度又变其说，谓满洲旧在中国领土，曾为中国臣民，以满洲人得中国，中国为不亡。《民报》乃痛驳之，详考满洲之源流，证其地非中国领土，证其先不为中国臣民，将其侵掠并吞中国之历史，一一揭出。于是三说一时推倒，而康有为、梁启超、杨度之徒皆无从置辩。此三说者，吾不怪其立说之谬，吾独怪彼辈同为汉人，何苦苦向壁虚造，一不惮烦，强为满洲辩护如此，不知其居心为何等耳？则譬之今有盗杀主人而据其室，于是主人之子，皆谓他人父矣！或告之曰：此昔日杀汝父之仇也，汝胡以认贼为父，而任其居尔之室？其子之不肖者，则强颜以对，谓假父虽外来，然其遇我尚厚，故不忍背也。闻者斥之曰：汝不问父所从来，则比邻皆眈眈汝室，行将争以汝为子，汝宜何择？其子亦内愧于心，则更强颜谓假父亦其本宗，宗派虽远，犹可附属，异于外人。闻者又斥之曰：汝谓与贼同宗，汝盍翻汝族谱，吾不信此外来之贼，乃与尔同其祖牒。其子退而考之，则人言果不谬，然终不胜其谓他人父之心，则竟谓是人于其父在之日，固尝入此室处，而母亦不之拒，虽杀吾父，吾母或心好之，故宜有其室。于是闻者更举其自昔相为仇譬，及占据其家室之初，其用强力淫暴之状以语之，其子乃终无言以对。康、梁第一旧说，则假父厚我，不妨认贼为父之说也。康有为第二说，则认外贼为本宗，引而亲之之说也。梁启超、杨度第三说，则以贼为与其家旧有关系，当尊之为父之说也。吾不知作者反对复国之大义，于此三说，何所适从？惟吾见作者之论瓜分，一一悉拾他人已经驳倒之余唾，吾料作者之论亡国，亦必拾杨度、梁启超之说以为纠缠，则吾人亦不暇重举旧说，惟直批斥其抄袭不通之点而已。嗟夫！同为汉人，吾亦甚不愿其间有为异族奴隶为虎作伥喜为顺民，及不知亡国不愿复国之辈，作者于此，或自以其说之不可通而能受善言，（翻）〔幡〕然悔悟，则吾前文，足以叫醒若干人之迷梦，岂非大善？不然，则如清公使蔡钧之拒留学生也，曰“尔骂我顽钝无耻，我就是顽钝无耻，吾不与尔辩”，则大失吾前论斥责尔辈之本意矣！

吾廿四日论已详举历史，证明民党起事之初，其势力非政府敌，而终克有成，此横尽中外竖尽古今不易之例。而昨日该报仍以中国今日革军势力薄弱，非比现政府为词，岂其目眯耶？抑冥然不顾他人之笑骂，只求自出其一日之论说耶？至其论法国革命，则吾友寄生纠正明夷之说登于《民报》者，已足令论者无复立足之点，作者好嚼甘蔗之渣，无足复道。又精卫论日本倒幕攘夷之事，作者驳之，乃偷偷蒙过倒幕一段事实，转言后来日本食立宪法之赐，不知日本亦何不于当日直要求德川氏立宪，作者何以置答？凡此之类，作者仅就人之原文，略一挑扬，不成议论，真无驳论之价值。

《中兴日报》，光绪三十四年七月二十三日至二十六日（1908年8月19日至22日），录自《胡汉民先生文集》第一册，第398—410页

《总汇报》强辩之可怜

胡汉民

该报不知复国大义，持势利之说，诱人服从于异族政府，故吾有廿三、廿四日之文，斥之为奴隶。使该论作者，受当头棒喝，庶几省悟，作者于廿五日，乃嗷然而哭，谓吾谩骂为不甘受，然欲作数行解答之语，尚犹豫而未敢出也。至昨礼拜六日，乃始发声，吾以为作者必有何等反驳之议论，及如何自为辩护之说矣！而不知作者仍不过怪吾骂彼为奴隶，寥寥数语，此吾固已言之。吾之责彼皆有根据，并畅为说明，以彼为亡国之民，而反对复国大义，且愿与异族政府为一德一心，吾乃就此而下判断之词，斥之曰异族之奴隶，正名定罪，非泛然之詈骂而已也。作者而不甘此，则必先辩明：一如何非亡国之民？二如何非反对复国大义？三如何非愿与异族政府一德一心？然后有以自解，而得谓人之责之者为已甚。今作者皆无以辩，徒曰“以今日之情势，当上下一心，当君民一德”，是正吾所谓但知有偶然之时势而不知有不易之真理，以利害为是非，工于趋避，相率

终古为亡国之奴隶者也。吾所责备于尔者以此，而尔所自承认者亦即在此，身为奴隶而不辞，人骂之为奴隶则怒，岂欲避其名，而居其实耶？斯亦可怪之心理也（杨度、梁启超于此，则有满洲为中国臣民之说，及满洲已同化于汉族之说，为攻同媚异者辩护，盖杨度、梁启超固欲戴假面具以自掩者，而作者则老实出其奴隶之真面目者也，作者继此，其或拾梁启超等已被《民报》撕破之面具从新戴上乎）。

最可笑者，该报谓吾文“专言复仇主义，奔于感情一方面”，夫吾廿三、廿四之论，以复国为前提，以为革命军之起，由于复国之志，其忧瓜分者，亦由于复国之志，若既亡国而不思复国，则一亡于满洲，再亡于各国，但能为异族异国之顺民，亦复何虑者？况如尔辈，日惮满政府之势力，而以革命复国为不应，此一异族之不敢拒，而况列强并起瓜分中国，曾谓势利满腔之辈，犹有故国之念恢复之举耶？此吾所以断该作者之惧瓜分为有诈也。作者既无以难我复国之义，则强改为复仇，斯已可笑，然即复仇之义，亦岂尔所能攻击者？昔梁启超尝谓革命复仇主义为趋于感情，而我党寄生作复仇论驳之，今作者复拾梁启超之余唾，我不难以极简单之语正其谬误。作者亦知仇为何物，复仇为何事乎？夫仇者敌我者也，以非理不平之手段害我者也，其细者情或可恕，其大者则理无不报，礼记曰：“父之仇不与共戴天，出于人子之良心，未有以为非者也。”满洲入关，驱其丑类，残杀汉族，不可以数计，是为种仇（扬州十日，嘉定屠城，残编断简中，犹考见其千百分之一，其余残杀之暴，可以想见）。以封豕长蛇，荐食上国，盗窃神器，久假不归，以鱼肉我齐民，毒于女真，久于蒙古，是为国仇，种仇国仇，视一家一姓之仇为大，如之何其不报也？今作者不恶为复仇之人，而反憎种仇之说，设有人鼓刀而戮作者之父兄，攘夺作者之家室，作者亦将不言复仇，而安之若素耶？孔子曰：“汝安则为之。”我不汝怪，特恐凡戴发噙齿，自命为人类者，必弗汝从耳！夫富于感情者，人类也；薄于感情者，凉血动物也。必欲人薄于感情，至忘亲事仇而不耻，然则作者不几于为凉血动物耶（作者或又惊我骂彼，然不妨质诸第三者，凡忘亲事仇之人，斥以凉血动物，亦太过否）？若谓一言复仇，则君臣上下相杀，此又盲猜瞎说，不知所谓。夫满洲以侵夺中国之故，而为仇于汉族，今其据有中国者，犹彼政府也，故我人革命必倾覆之，使彼虏元凶大憝既伏其罪，则汉人之仇斯复，非必一一计量于扬州、嘉定之被杀者，而反诸虏族五百万人也。况复仇非推刃之道，若汉奸不多，则满族自不难定，明之驱除鞑虏，即复国仇者之先例。

而作者曰："既倡复仇即元气亏损。"呜呼！如作者主义，使举国之人，皆忘亲事仇，不耻于为异族奴隶，则我民族（阉阉）〔奄奄〕生气，终至于澌灭以尽已矣！尚何元气之可言哉?！尚何元气之可言哉?！

作者屡言志在改良政治，故不言种族，又谓他人昧于政治原理，我今得一政治学上精要之格言于此，曰"一国之政治，一国民族精神之表现也。"作者试为下一注脚，要不与其前文自相矛盾方可。

其昨日之文，对于我前问略欲有所答辩，而仍无以自完其说，自解其罪也。吾今先摘该报穷蹙无理之状，以语阅者，而次定该论作者之罪案，精卫谓彼虽无服善之心，固明明有战败之事者，即属此类。而其所答辩，既关于彼是否为奴隶顺民之一问，则其词穷战败之日，即当为自服其罪之日，旁观者不可欺，该作者虽欲狡辩翻供，吾知他人必不汝容耳！则先损其穷蹙之状：

一、廿六日之论，因作者受吾责备以为过当，吾乃举第一日论文归结之三要点以

语作者，曰此吾所根据以斥尔之理由也，作者于昨日既见我前文，如尚有不服，即当举我根据之点，一一驳之。乃其昨日附论之首，征引我言，而于其下不能置一词，作者岂已以我之根据为正当耶？抑谓我根据非确，而以为不知亡国之痛者，犹应考瓜分问题；不言种族大义者，犹应惧瓜分之祸；日以为异族顺民自喜者，犹不足使他族生心而促召瓜分耶？（居该论作者之地位，专为反驳他人之说计，固宜如此，始为针锋相对）。作者欲认我根据之正当，则不甘，而欲为直截反对之语，则不能，此其穷蹙之状一也。

二、作者所以反对种族革命者，纯以民党势力不敌政府为主脑，因此专言势力，不言是非。我于廿四日文，畅言复国大义，及民党起事之历史正之，而该报廿五日，仍以革命军势力薄弱，不比现政府为嫌，其立说之主脑，见破于人，不能反驳而佯为目眯，仍自蹈袭其前说，我恶夫作者之无耻也，故于廿六日，论文要其解答，附论数行，斥其不顾他人笑骂，而作者前日竟不能解答一语，是真佯为目眯不顾他人笑骂者也。其穷蹙之状贰也（吾人言革命不召瓜分，其中依据之要点，作者固未尝破，即稍攻之，吾人必予反驳。至作者反对革命，专以民党势力不敌为主要，我大破之，不遗余地，作者乃能不答，已属异事，或者谓其对于历史上之确证，不能掀翻，情甘输服，然何以次日仍蹈袭其旧说如故耶？作者对于我言，不能有坚强之驳论，而勉为抵塞之词，一则谓

人言复仇主义，再又谓人仍是复仇主义，复仇主义之不可攻，已如我前论矣！乃若我之前文，有直捣该论作者之中坚，而尽破其壁垒，如关于民党革命势力之一大问题，此断难强目之为复仇论者，作者胡亦不答）。

三、吾廿六日所举之三问，昨日作者答我，则曰“尔不外以复仇主义为前提”，作者于此殆又佯为目盲者矣！吾第三问明云：作者不应以亡国之人不思复国，及诋复国之举为倒行逆施，前文具在，可以覆按，即作者之述吾言，亦曰“三则谓中国人已为亡国之民当思复国”，相距不过一行，作者遂改复国为复仇，以此攻人，甚于无的放矢。我知作者之意，亦深信复国大义为不可驳，私度“复仇”二字，或可增加仇杀互杀等名词，以故入人罪（复仇之义，绝不如作者所言，已见前论）。而不知其已先犯偷改人文字之丑也，且我所举三问，先有案由，后加判断，案由既实，即判语不虚，如我所使作者自为分辩者，第一问其是否汉人抑为满裔？第二问满洲政府是否吾中国固有之政府？第三问满洲灭中国，汉人是否亡国？皆案由也，皆作者所宜辩明也，今作者不能置答，而诿曰“仍以复仇主义为前提”，殆无论找他文所据为前提者是否复仇主义，而此三问，则明明先为事实上之考问，以定复国主义之是非者，安得更有前提？如人有家屋财产，见夺于贼，欲控有司正其罪而追还原赃，则裁判官必先问此原告者，是否为此家屋财产之主人（法律上称为所有者），及被告者之是否用非法暴行而强取？然后可为定罪追赃之判断，今当其查问两造口供之际，而谓裁判官先以定罪追赃为前提，被告者可以不答，有是理耶？我已多予作者以防御攻击之方便（此为刑事诉讼法上惯用之术语，作者以知法律自诩，当亦解之）。而作者不能正当回答，其穷蹙之状三也。

四、吾廿三日文之斥作者谓：“尔沉酣于政治之迷梦，而种族思想无存，止以政治昏明为人心向背，则如日本灭高丽，法国灭安南，其政治改善，即宜上下一心，与日本、法国结合团体，何以此二国之人，犹有亡国之痛？”尔数日文字无能作一语解答此者，而昨廿八日仍云：“吾人所倡者，以救国为前提，救中国今日危亡，只有政治问题，于种族问题毫无关系。”夫作者既不问今日中国是否亡国，而但以救国为言，则作者所救亦满洲人之国耳，不得言救中国也。犹之高丽已亡于日本，而为日本拒俄，安南已亡于法国，而为法国拒日，与之君臣一德，望之施行宪政，则所号为救国者，救法人之安南，救日人之高丽而已。亡国之民，国非其国，不言复国，而言救国，既甘处于被征服之地位，则于世界之强者亦复何择？我前所谓失节之女，人尽可夫；忘亲之徒，人尽可父者，正所以斥尔此等之思想也。尔不能反驳我前言，而仍欲止言政治不顾种族，此即精卫昨日所指汝第四种之无耻者。至谓中国危亡，于种族毫无关系，则我廿三日文于一国立国根本，已畅快言之，谓“国无大小，民族有自立之心者则强”，又谓“国力衰弱，不能自救，与民族颓败，不思独立，二者虽同为亡国召瓜分之原因，然其间尚有轻重，以国力之衰，可以复振，而民族甘就劣败，则人得而奴隶之”，引土耳其、阿比西尼亚等为证，且就外人觇国者之言，揭其瓜分野心之所由起。作者既见此文，一不能驳，惟强颜不顾，硬言与种族毫无关系而已，顽钝无耻，人人得而见之，其穷蹙之状四也（一国政治为民族精神之表视，乌有一国危亡而谓于种族问题毫无关系者耶？宁赠友邦，不予家奴，此种思想，即由种族问题而生，其它关系，尚不胜枚举也）。

其穷蹙之状既为有目者共见如右，吾乃得继此定作者之罪案，而不容其更有狡辩翻供。盖吾问作者，以是否中国已亡于满洲，尔是否为亡国之民不思复国，而作者不能正答也。吾并于廿六日之文先为预言曰：作者必将复为亡国与否之辩，拾人已破之义已驳之说以进，作者慑于吾言，不敢正词以对，谓中国为非亡国于满洲，言中国之民不当有复国之念，又虑他人谓作者已承认中国亡国之说，即无以解反对复国之为丧心，乃支离数语曰“以复仇主义为前提，必欲排逐满人者，心中目中只见有一君位而已”，其意以为中国之亡与否，吾不敢明断，然今日所见，则不过满人在君位耳（作者所见当止如此，若满人居征服者之地位，而从人俯就被征服者之地位，则作者所不识也）！故中国亡否，我所不辩，惟君位之失，则亦不争，故使人亦不再深论中国之存亡者，则尔得以君位之得失为支吾曰：中国非亡国于满洲也，失君位于满洲耳！此一抵赖法也。又使人确论中国之已亡而谓不知亡国之可耻者，则尔得支吾曰：我就君位之失言之，未尝就亡国言之也。此又一抵赖法也。我今与作者言，则并不答作者之抵赖，作者须知我辈言亡国复国者，不止在一君位，尔目未盲，尔可取我廿三日之文读之。我第二段，即大书特书曰：亡国非他，以异种异国人，而占据汉人之中国也，汉人已失中国之主权，是曰亡国；汉人而复得中国之主权，是曰中兴。今满洲则异种异国人也，其占据我中国，篡夺我主权，即使我汉人亡国者也，以主权之得丧为亡国之（辩）〔辨〕别，何等分明？作者欲以一君位当之，而谓他人只争君位耶？人言主权，而作者言君位，其不通若此，作者盖不知满人之得据君位，即为夺得主权之一结果，而中国君位之失，由于被满洲之征服，即为主权被夺之一结果，亦即为亡国之一结果也。近代政法学者公共之学说，示亡国之观念曰："一方之国家，失其国家权力，他之国家权力代之而为行使其权力者，于是一方之国家消灭（此之谓亡国）。同时他之国家开始其权力行使。"所谓国家权力，即为国之主权（主权亦曰统治权，或学者谓主权（你）〔者〕，言统治权消极之性质，然公法学者，习惯用语，仍多以人民、领土、主权三者为国家之要素，故主权统治权，即所谓国家权力）。中国被征服于满洲，失其国家权力，而满洲之国家权力代之，以为行使其权力者，故中国今日之主权，既非汉人固有之主权，乃满洲之主权也。领土如故，人民如故，而所居于此领土之人民，所被之权力，则非中国之权力，虽欲不谓之亡国，其可得耶？而作者乃并此而不识，尚向人夸其知政治法律之学，讵不自觉其颜厚者？至作者谬谓"行政最高机关之谁属可不必问"，而忽引"英人言立宪国家君主不能为恶"作证，然则有他国人种窜入英国以获得英国主权之故，而踞有其王位，英人亦将曰我为立宪国家，君主不能为恶，可以服从无二耶？汝虽至愚，当不敢作答案，此不惟英国为然也，即日本民族之程度，或不如英，然若以中国、高丽人，用强力征服日本，如满洲于中国之例，日本人亦无有忍受者也。又不惟君主立宪国为然，即如美利坚，其宪法上固已明揭外国人不得选为大统领之一条；又不惟在行政最高机关者为然，即如日本议会，宪法上不过认为协赞立法机关者（其权限弱于他立宪国，仅有协赞之权而已）。然其议员尚非外国人所能膺选，对于归化人亦限制其权利；作者侈然敢谈政治、法律之学，乃有行政最高机关谁属可不必问之奇语耶（梁启超辈多以挪威迎王为辞，而不知此出于一国国民合意，与征服而得之者，不啻天渊。又其新王本有血统之关系，更非异族所能借口）？故作者至此有不能不服其罪者，既不能以中国主权丧失中之一结果，而括尽亡国之事实，则纵使其君位不问谁属之说可通，仍无解于中国主权亡于满洲之说也，即无解于中国已亡之说也。中国已亡之说无以解，则作者自不得不认为亡国之民（若作者能忽答吾第一问，则既非汉人，吾不得而责备之）。既须认为亡国之民，则以亡国之人不思复国，且诋复国为倒行逆施，以被征服之民，而向于征服之之政府，希望立宪，则吾所责彼为异族奴隶甘为顺民之说，作者皆无以自解矣！此余所谓以定作者之罪案，而不容其狡辩翻供者也，作者其何词以对?!

作者谓人不知政治原理，又无法律知识，我学寡浅，从事于法政学之研究者，不过数年，安得谓知？然以作者之深知，则关于主权非君位之问题，自当据法理以解释。又各国参政权之轻授予于外人，作者亦可搜求言国法及国际私法之书读之，即可自知其误。至于我前日所发“一国政治为一国民族精神表现”之问题，尔既通于政治学，亦不妨研究之，或可借是省悟尔日言中国危亡毫无关系于种族之谬。又我友去非驳尔报论国会趋势之长文，既淋漓尽致之后，尚有关于国会八问题，促尔报解答，至今寂然无声，今作者既自命政法通人，理应代答，我虽仅浅尝斯道，然尚有批评尔辈作是等文字之识力也。

《中兴日报》，光绪三十四年七月二十七日至二十九日（1908 年 8 月 23 日至 25 日），录自《胡汉民先生文集》第一册，第 431—440 页

正《总汇报》之奇谬

胡汉民

保皇党人讳其忠事异族之丑，而思所以辩护也，则屡变其词，企人之或售其欺，谓满洲遇之厚，谓满洲为汉种，谓满洲为中国臣民，吾廿六日之文，固已历举三说之谬，且尽其情变矣！不谓《总汇报》此时乃始学舌，拾杨度、梁启超之唾余，其三十日文全抄《新民丛报》十二号，故余直举其本年所自出，及《民报》已驳者正之。至昨日该报复出一文，仍本杨、梁之师说，而略为敷衍，不尽抄袭。顾其敷衍之词，乃更谬于梁启超、杨度十倍，盖保皇人之宗旨虽同，其饰奸之具则尚有优劣也，兹摘其奇谬之点斥之如下：

一、该报引高桥博士所别国家灭亡五种：（甲）一国分离为二国以上之新国者。（乙）二国以上合并为一新国者。（丙）一国为二国以上所分割者。（丁）一国为他国所合并者。（戊）国家失其成立之要件者。而加按语谓吾辈：“必指（乙）、（戊）两种为中国被灭于满洲之例”，此大谬也。夫（乙）例二国以上合

并者，惟威尔斯、苏格兰、爱尔兰之合为英国，足以当之，而（戊）例则如一国人民悉死亡离散之类，所谓失其成立之要件，是皆非中国见灭满洲之比也。惟丁例一国为他国所合并，高桥博士解释之，谓："有强制的之合并，与任意的之合并，任意者得被并国之同意，强制者则反于被并国之意志而征服之。"如满洲之并吞中国，即反于中国之意志，而但用强力以征服之者也。该报虽引述成文，而未能解其意义，故臆测绝谬，拟不于偷，宜乎以中国土地人民如故，而遂谓为未亡矣！

一、该报谓："满洲土地，在明时为中国领土，满洲人民对于明帝有君臣之分。"按此说本于杨度、梁启超，以"满洲人为始居建州，建州为明时中国领土"，殊不知明时有两建州，满人所寄居之建州，为羁縻卫，并非中国领土。满洲以前，领建州三卫地者，明以夷虏视之，尚不得为中国臣民。若满洲人本居宁古塔，自其肇祖，始寄建州右卫，至（奴儿）〔努尔〕哈赤，始以客族而盗窃建州，至万历四十四年，（奴儿）〔努尔〕哈赤遂建国，号曰大清，自称覆育列国英明皇帝，改元天命。自是以后，蚕食辽东，山海关以外诸地，常被寇掠，与汉世匈奴无异，与时服时叛者不同，而中国亦敌视之。明督师袁崇焕致书满洲，称以可汗，并不齿诸属夷之列。（奴儿）〔努尔〕哈赤死，子皇太极立，改元天聪，曾犯京师，传檄远近，自称大清，而称我曰明国（杨度《中国新报》，谓乾隆时上谕中，有"明国"二字，为前此所未尝有，可谓陋甚）。则是满洲之为敌国，于实于名，皆无异议。而彼辈徒引史可法复多尔衮书中，有"曾膺封号"之语，不知"曾膺封号"，系指龙虎将军以前事，至建国之后，两国往来文牍，彼等未尝一考也。而该论作者猥谓："满洲建国，皆满人追叙之词，当日并无证据。"岂非奇谬？故以其始言之，建州非中国领土，建州又非满人所有，则据此谓满洲为中国臣民者已谬；以其后言之，满洲既已建国，显然于中国为敌国，而后肆其吞并，则以其并吞中国之历史，等诸内乱进行易姓代兴者尤谬。今如台湾之地，已由满清割与日本，归其版图，然使台湾人一旦起兵，侵入日本，竟夺日本国家权力而有之，则日本人必自以为亡国也。又如爪哇各地，已属荷兰领土，而使爪哇人一旦起兵侵入荷兰，夺荷兰主权而有之，则荷兰人亦必自以为亡国也。而况满洲之先，于中国为远夷，其继则仅寄居于中国羁縻卫之地，其终则为中国之敌国，以事吞并以夺中国主权而有之，其事更万万非爪哇人、台湾人比者乎？尔辈常以满洲曾受明朝封号为口实，不知高丽亦曾受中国玄菟州都督开府仪同三司之封，设以高丽而灭中国，亦得为不亡否耶（梁启超于斯强辩，为高丽先为属国，始受中国之封，满洲则未成之先而受封，殊不知高丽于唐，亦既见灭于中国，后更借封号，重为属国，夫既亡国而受封，与未成国而受封，有何区异？故以是折之，而梁启超亦为之塞口，该论作者既欲为满洲人辩护，则以高丽而灭中国，中国是否亡国？与昨日我所问以马来人灭中国，是否亡国之二问题，皆作者所不可不答也）？该论作者谓："满洲本自建一国，则《明史·外国列传》中当有满洲国者之存在，可知其为明代之领土。"斯语尤为可笑。夫《明史·外国列传》中所无之国多矣！作者能谓为皆无是国耶？且作者知《明史》修于何代，出于何国人之手乎？彼满清者，宁甘退就四裔远夷之列，而容修史诸臣置其覆育列国英明皇帝之祖国于列传中耶？又其先代为野番，生活之丑与其侵掠入寇之暴，岂容人执笔一一纪述者？作者之为斯言，可谓愚谬已极，杨度、梁启超辈所不敢出者也。

一、该报谓以满洲代中国，"但有主权更迭之问题，而无国家灭亡之问题"，此尤大谬不通之语，岂有主权更迭，而与国家存亡无关系者？吾于廿九日文，引近代政法学者公共之学说，示亡国之观念曰：

一方之国家失其国家权力，他之国家权力代之而为行使其权力者，于是一方之国家消灭（此之谓亡国），同时他之国家开始其权力行使。所谓国家权力，即一国主权，所谓一方国家失其国家权力，则中国之被征服于满洲是也。他之国家权力代之而为行使其权力者，则以满洲代中国而行使其满洲之权力是也，故曰一方之国家消灭。故中国于满洲代其行使权力之日，即为中国灭亡之日。失主权有最高独立之性质（其对内有最高之性质，对外有独立之性质，故对外而无完全之主权者，谓之一部主权国，即如保护国之类，国际上不视为平等之国家也）。或该论作者所未知，而主权为国家所必不可缺之要素，则作者于盗袭梁启超文时，亦既抄及此语，何以其三十日之论，既忽谓"主权自主权，国家自国家"，一若可离国家与主权为二物者，而今又谓主权可以更迭，无关于国家之灭亡？夫必有主权、领土、人民而后成国，譬之必有头脑四肢而后成人，如其昨日之论，则无异谓无首之人，亦不碍其为人也。今日主权可更迭之说，则无异谓人首虽换，而其人不死也。夫无首者不可谓之人，与人首之不可更换，稍知人性者足以解之，而作者连日之文，乃奇谬如此，岂真有意留莫大之笑柄，以娱乐阅者耶？作者谓满洲之入中国，"但有主权更迭之问题，无国家灭亡之问题”，吾人则直应之曰：满洲入中国既为主权更迭之问题，即为国家灭亡之问题，其间更无疑义。吾人所以日言复国主义者，亦即此主权更迭之问题耳（按领土、人民、主权，同为国家要素，而国之灭亡，大抵为主权问题，领土如故，人民如故，而国家主权丧失，斯为灭亡。即如满洲卖国，割地予人，亦非块然土地之割让也，其行使于其地之主权之割让也。犹之赠物与人，以法律言之，即对斯物之所有权之让与也。一领地之主权，为外国人所得，则我为失地。一国主权，为外国人所得，则我为亡国。今该论作者已认中国丧失主权而满洲取而代之矣！独抵死不肯认为亡国，是何异见人已断其首，而硬谓之非死人乎）。

一、该论谓“中国为现世独立之国家，三要素具备，不得谓亡。”斯语之误，即根于不认主权更迭为即亡国之奇谬而来。夫满洲虽甚衰弱，名义上尚为现世独立之国家，自然三要素具备，不为亡国，然是就满洲人言之则可耳，就汉人言之，则吾汉人固有之中国，所谓三要素中最要之主权，已为异种异国人所攘夺，则安得不谓之亡国耶？亡国之事，等于失地，虽他国人有更代我握是地之主权者，而是地已非我有，则我当抱其失地之戚，非必所领地至于陆沉，领地上之人民皆尽死丧，领地之主权无人更代，而后于我为失其地也。满洲行使于国中之权力，非我之权力，而我犹窃窃然引为己幸，谓我国不亡，然则高丽、安南亦可引日本、法国之权力，为其国家权力，而侈然日幸其未亡国耶？嗟乎！尔辈之无耻如是，宜乎日乞怜献媚于异族政府，而犹自以为救国也。至作者谓人误认君主为国家，则何不取吾廿九日文审读之？所谓以主权之得丧为亡国之（辩）〔辨〕别者，语语不离主权，作者岂目盲未见？且吾已明诏作者以主权君位之有别，谓我等所争者，惟在中国之主权，作者贸然驳我，乃至谓“主权自主权，国家自国家”，又谓“主权更迭无关国家灭亡”，盖吾人并未认君主为国家，而作者则认君位为主权，故有前后之数奇谬也（吾于廿九日文明教作者，关于主权非君位之问题，当据法理解释，欲作者一求法律学之书，以自省其误，我亦可谓有教无类矣！而作者昏昏不顾，遂演出“主权自主权，国家自国家”及“主权更迭无关国家”之两大笑话，作者自思之，得无悔于卤莽）。

一、该报云：“国家如一公司，君主如公司中之总理，国家之主权更迭，无异于公司之总理易人，安得谓公司总理易人，即指为公司倒盘？”此语谬极。无论国家为公法法人，与私法上之法人，（公司）不能同其性质，即姑如作者所譬，公司易总理，未为倒盘，然此必出于公司之公认易人而后可耳！设若有强徒多人，强入公司，恣其抢掠，执旧总理而杀之，遂专有一公司之全权，此公司股东犹得听之而不问耶？吾恐遍问南洋华侨商家，无不知其非者，何也？以果遇此变故，则此公司不但倒盘，直被人强夺霸占也。故民国选举新总统，可以援公司易总理人之例，以其事属于国民之同意也，若满洲以篡夺我主权之结果而占据君位，则正霸占公司之例，汝岂以吴三桂之引清兵入寇者，为代表四万万人之同意耶？若然，则呼尔为汉奸，尔真无以辩矣！

（附言）该论作者昨日尚欲自为辩护其不通之谬点，余此文已尽驳之，然其自相矛盾之处，亦有足博阅者一笑者：作者前日云："主权自主权，国家自国家。"今又曰："国不能离主权而成为国家"。此语尚不谬，然已矛盾其前说矣！第二段云"主权更迭，不能视为国家灭亡。"第三段则谓"设今日某强国逐满洲人而夺其主权，不可谓主权更迭非国家灭亡"，此两语自相矛盾，尤可奇诧。吾于是乃知作者真误认君位为即主权，故有是巨谬（观作者忽言君位更迭，忽言主权更迭，可知其于是二者之分别，全然未知）。作者如尚不服，不妨就尔师父师兄中稍知法学者，一为就正，当自省觉，倘必顽惰如故，则作者宜作《君位即主权说》一篇，以驳吾言而自完其说（近人间有以"主权者"之一名词，称一国君主或大统领者，是"主权者"三字，系指总揽统治权之人，其"者"字断不可删，尤断不可与为国家要素中之"主权"二字相混）。由尔愚谬已甚，随手抄袭，故竟混而为一，尔试检从来言法政之书（不论东西洋何人所著），看有解释国家三要素之主权，而以君主，大统领当之者否（至吾前日驳"主权自主权，国家自国家"，乃责尔不应离斯为二物耳！吾谓国家必有主权，主权更迭，则其国亡，不谓以"主权"二字，而可以包括国家之名义也。尔"不能以目为人，以墙为屋"等语，不知所驳何人之说，尔盖无聊之极，欲强作数语，无的放矢，亦以解嘲耶）?!

又吾未见连篇累牍引他人文字作证，而不著所出处者。作者连日偷梁启超、杨度之文，经吾人指出赃证，乃始诿言不过引证他说，以掩抄袭之丑，是如窃人衣物者，经已私着数日，为人认出，乃曰吾借用耳，可乎？我恐该论作者虽甚厚颜，该报主人，亦能识引证与抄袭之不同，而不为所欺耳！

《中兴日报》，光绪三十四年八月二日至三日（1908 年 8 月 28 日至 29 日），录自《胡汉民先生文集》第一册，第 440—446 页

再正《总汇报》之奇谬

胡汉民

《总汇报》以反对民族革命立说，其所持之论点，既一一经吾摧破之无遗义矣！不得已乃抄袭梁启超、杨度“满洲为中国臣民”之说，以为满洲辩护。吾前日之文，据《民报》所已驳正《新民丛报》者，定建州卫非明属土，及满洲部族非建州土著之民。满洲既得建州，即与明为敌国，其始末至为明确。而该报不自悟其妄，犹于昨日就《新民丛报》、《中国新报》中摘抄所引之证据数条，为最后负隅之势。殊不知其依据者，亦早为《民报》所驳倒，杨度、梁启超于《民报》十五号之后，且不敢置喙，而伸护其前词，作者拾得他人余唾，乃为之张目，噫！何其不量力如是也。作者愚谬自多，竟谓“此所列举者若不能破，则为失败”，亦知此所列举者早已为他人所破，而其失败已归于作者所祖述之梁启超、杨度辈耶？今再为一一斥之（文中考据，悉本吾友韦裔君之作，不愿掠美，附志于此）。

一、该报引东莞陈建《皇明从信录》云：“国初割锦、义、建、利诸州隶辽东”，遂祖《中国新报》之说，谓其地为九边重镇，视同内地，不知此为锦州边外之建州，与满人所居奴儿干都司之建州卫，截然两地。《明史·地理志》云：“营州右屯卫，元建州，属大宁路，洪武中州废，二十六年二月，置此卫。”《皇明从信录》所云：“兀良哈元，初为北京路总管，至元中，改大宁路”，此与《明地理志》合（引书者因遗去“至元中改大宁路”一语，故不知陈建所称之建州，为锦州之外地，而非指满人所居奴儿干都司建州卫地）。元建州地则据《元一统志》云：“建州东至兴中府，西南至利洲，西至富庶县，北至金源县。”再考之《辽史》营卫志、地理志，《金史·地理志》，《大金国志》，则元之建州，即金之建州，金之建州即辽之建州，均今建昌县东南地也。其奴儿干所属建州，在辽东都司所辖境外，置于永乐时，列于羁縻卫，则《大明·一统志》“外夷女直”篇、《方舆胜略》

“外夷女直篇”、陈建《皇明从信录》、《明史·兵志》皆历历可考。而《中国新报》竟认锦州之建州为满洲所居之建州，谓其隶属辽东，视同内地，其误皆由不知明初有二建州而来。韦裔所谓《满洲源流考》犹知辽、金、元之建州，非满洲所起之建州，而合两建州为一地，其陋更出满人下者，此也。作者于此，犹云他人考订之疏，何不就上所举《大明一统志》以下各书考之？

作者又云：“即满人所居另一建州卫，为羁縻卫，仍不得谓满人对中国无君臣之分。”此语更奇谬，不知有何理由？夫明代国境，其东北以辽东都司所辖为限，奴儿干建州卫（即满洲所居之建州），既在辽东都司所辖境外而为羁縻卫，所谓羁縻卫者，与内卫外卫不同，故韦裔考证其不得为明领土之实据有五：一曰无国籍（据《续通典》：明制，人民皆有国籍，而明时卫所，分三等，在京者为内卫，在各直省者为外卫，在国境外者为羁縻卫，内外卫之民，皆有籍，其无籍者，仅羁縻卫之人）。二曰不隶布政司及都督府（据《明一统志》，山东东北抵女直，故奴儿干建州卫，不隶于山东布政司，《明史·兵志》：奴儿干诸卫，附五军都督所辖卫所之后，别称羁縻卫，不隶都督府。夫不隶布政司，则地非中国之地，不隶都督府，则军非中国之军）。三曰以土人镇守（奴儿干镇守之官，即土人之酋长，故《大明一统志》、《方舆胜略》，均目之为外夷女直）。四曰不改旧俗（《大明一统志》外夷女直篇曰：俾仍旧俗。《皇明世法录》分女直地条曰：俾仍旧俗。即建州女直不与明人同化之确证）。五曰有朝贡而无纳税（明代之制，惟外夷有朝贡，在中国者，虽苗蛮亦无朝贡。《大明会典》言：女直人贡，其人有一定之限，必验放而后入关。其不以境内之人民视之可见）。据此五证，则建州为羁縻卫。而羁縻卫不得比于领土，彰彰然矣！作者既无法以辟满人居于建州三卫之说，乃谓纵居羁縻卫，亦有君臣之分，岂非无理取闹耶？

二、该报引明謇斋尹氏直云：“文庙以女直种类归款，分置建州、毛怜、海西等卫，各授指挥等官。”遂加案语，谓：“女直即满洲，此时为满洲归款，其授指挥官，即满人为明代官吏之证。”此言有三大谬：既引尹氏此说，则作者亦应知满人所由起之建州，非辽东所辖之建州矣！而下又引陈建《皇明从信录》，混两建州为一，此一大谬也；万历以前，建州之地，并非满洲所有，（奴儿）〔努尔〕哈赤以前，满洲为宁古塔之人，后为寄居建州之人，不列奴儿干诸司之列，故满洲官书，既确定其先起于宁古塔，而明代书籍，纪载建州事迹者，在万历前，均与满洲无涉，则当明文皇帝之时，归款得官，何与满洲人之事？倘其有之，满人岂亦数典而忘其祖耶？此二大谬也。文皇时，建州卫指挥阿哈出，及其子释家奴，皆以功赐姓名，指挥一职，为李氏所世袭，而明帝谕朝鲜，犹言明于李氏以异类畜之，《皇明从信录》引尹直曰：文庙分建州诸卫，所以涣其群，使不相统摄，诚以夷攻夷之上策。明初之御李氏如此，况爱新觉罗氏以疏远之夷，侵入建州，一朝受封，遂称兵入寇者，谁得谓有臣民之资格耶？此三大谬也。

三、该论引《明史·地理志》：十三布政使司，分领天下府州县及羁縻诸司。又引《明史·兵志》云：羁縻卫所，洪武、永乐间边外归附者，官其长为都指挥、千百户、镇抚等官，赐以敕书印记云云（观其连引两《志》，即知其于史事，全未考究。盖明制，府州县司属诸布政使，而卫则属诸都督府，故布政使所领，与卫无关，与羁縻卫尤无关。今作者欲证建州虽羁縻卫亦为臣民，乃引《地理志》布政使司有分统羁縻诸司府州县若干云云，亦知此俱非羁縻卫乎）。作者据此，遂谓“满人为明代职官者必多”，又谓：“布政司分领之，则满人在官者，对于布政使司，有服从之关系。”可谓大谬特谬。满人所居建州，正考之，固为羁縻卫，即作者亦引明《兵志》所定羁縻卫之制度，以为证矣！明制，卫所皆属于都督府（此指内外卫言，不及羁縻卫）。即《地理志》所云“两京都督府，分统都指挥司十有六，行都指挥司五，所属四百八十有三”是也（明代之卫，不隶于都督者，仅亲军之卫，及各陵卫，故韦裔谓奴儿干之卫，既非亲军，又非陵卫，而亦不隶都督府，显与内外卫不同）。故即在外卫之臣民，对于布政使司，亦无服从之关系，况于羁縻卫之并不隶都督府者耶？今忽言羁縻卫自有都督指挥等官，忽又言羁縻卫之官，对于布政使司有服从之关系，阅者至此，必疑作者为有心疾矣（大抵作者懵然不知卫所领于都督府，而误以为领于布政使司；又见布政司所领有羁縻卫诸司府州县，以为即羁縻卫，颠倒（胡）〔糊〕涂，莫此为甚）。至即以其酋长为镇守之官，《明史·兵志》所云，正见其与国内制度不同。其最显者，则其酋长虽受明官，其对本部，仍自称贝勒章京（满清初至兴京，自称宁古搭贝勒，叶赫诸部，均奴儿干卫所，亦称叶赫贝勒），于朝廷命官之外，仍得僭号以自尊，此诚非国内职官所能同日而语。若徒以一受敕封，即为臣民，以其资格，即寇边亦为内乱，则如吾前所举柔佛王之受明封号，高丽之受唐官职，亦可谓已有臣民之名分，而可以篡取我国耶？英戈登为中国提督，赫德为中国总税务司（赫德以下，为中国官吏，盈千累百，而赫则且有宫保尚书衔矣）！其视（奴儿）〔努尔〕哈赤之于明，徒受空名，而无实职者，关系密切多矣！设对于满洲，有非常之举动，恐亦不能谓彼已取得臣民之资格，而以中国人例视之也。作者于此数问题，何以解答？

要之，杨度、梁启超之谬，在不知明初有两建州，而以锦州边外之建州与满人所居者混，故《民报》一证明满人所居为奴儿干都司所属，其地为羁縻卫，于是建州为明时中国领土之说破，即满洲为中国臣民之说亦破。杨度、梁启超后此更不置辩者，正以《民报》之考据确凿无可移易，故知难而退也。惟作者独不然，其所依傍者不过《新民丛报》、《中国新报》中之一二说，而珍为奇宝，自矜考据，乃引尹直之说，则误以文庙时之归款得官者为即满洲；引《皇明从信录》，则误以满人所居者为锦州边外地；引《明史·地理志》、《兵志》，则误以羁縻卫为羁縻府州县，误以羁縻卫所为布政使所领。缘此三大误，竟谓满人在官者对于布政司有服从之关系，尤为谬想天开。观其引证不过四条，而实则无条不误，如此犹谓他人未读正史，考订疏略，正如其高谈法理之时，而有“主权自主权，国家自国家”与“主权更迭，无关国家灭亡”之笑话也。吾以为作者不知法理而已，今乃并史书而不解读，则终日从事于獭祭，亦何益乎？而作者于其所不知，居然气矜之隆，妄自夸调，亦可谓不知人间有羞耻事矣！然作者所以谓中国非亡国者，一本诸“主权更迭，无关国家灭亡”之法理也，所以谓满洲为中国臣民者，一本诸“羁縻卫官对于布政司有服从关系”之史学也。作者所要求于余为破其说者，吾已大破之无遗，今于作者不可思议之史谈、法理谈，更痛为斥驳，作者若不能明白解释，申辩其前说，则后此勿更作史谈、法理谈可也。

《中兴日报》，光绪三十四年八月五日（1908 年 8 月 31 日），录自《胡汉民先生文集》第一册，第 447—452 页

革命党之真相

平　实

凡我华侨，欲知彼党之人物，须先知彼党之真相。欲知彼党之真相，必先知彼党内容之复杂。吾细心观察，约而分之，可为五派。

一曰愤恨派。愤中国之不强，受外人之侵侮，恨满人之专政，动种族之感情，慷慨激昂，不能自已，乃智不足以知远，学不足以通权，才不足以应变，忍不足以济事，徒凭血性，怨天尤人，然其言虽嬉笑怒骂，行则轻举妄动，平心而论，皆血性之所发。此革命党中之所谓最良者，实凤毛而麟角也。前之陈天华，今之汪精卫，其最著者。陈既以人民程度太低，放纵卑劣，失望投海，遗书所存，在政治革命，而不偏激于种族，而谆谆以用外人用会党为戒，其心良苦矣！其甘一死明志者，盖爱国之心有余，救国之才不足也，呜呼悲矣！若精卫者，又将何以善其后哉？若徒主张党见，而不以救国为急，徒以笔墨求胜，则陋矣。

二曰野心派。秉枭杰之气，具阴险之性，有诡诈之才，窥国家之弱，政府之恶劣，欲乘时而起，以遂其野心之功名，借排满复仇，以鼓吹运动，黄兴、孙(汶)〔文〕其首领也。细心考察，又征之众人之言论与二人之事实，黄之人格，实远胜于孙。孙则全凭权术，每次暴动，使人流血，而己置身事外，成则功归于己，败则祸不及身，巧哉狡也。近彼党中多窥透此意，故多怨恨而离叛之，有由然也。至于黄，虽刚愎自用，看事太易，而勇于任事，以冒险进取，故彼党人归心于黄者十有七八。吾观二人，势终不能两立，盖二人相与，皆互相利用，而非性情相结者。黄以孙之资格稍老，不得不佯尊之，孙以黄之势力较大，不得不外重之。倘不得志而处共患难，固同病相怜，苟偶然得势，而权力相争，孙不杀黄，黄必并孙，有必然者。吾尝旁观考察，黄之部下，实有不愿与孙为徒者，言及孙之为人，皆鄙薄之而恨恨焉，已兆其端矣。

三曰邪僻派。邪僻派者，即张断、刘光汉，日日以无政府主义以为鼓吹者也。夫民主立宪，虽不能行于中国，犹有政府之可言，而社会主义，以无政府为目的，试问人非禽兽之无所事事，何能无政府者？地球之上，岂有无政府而可以为国者乎？夫去兵备，除等级，免刑律，人人平等，人人自由，以之托诸想象，作子虚乌有之谈。如所谓乌托邦、无是国者，亦文人好奇之故习，无足怪也。乃当此救亡图存之时代，居然以无政府主义号召徒党，而反欲假救国之名，吾不知天地间有何邪僻之气，生此妖人。夫主张革命，不过非其时，非其人，吾断之为空言，而不斥之为邪说，但不可以盗贼而假圣人之言，狂夫而冒英雄之事耳。至无政府主义，则真邪说之尤者。吾中国倘有圣人作，若此辈者，当投之遐荒以御魑魅可也。若章炳麟，提倡佛说，主张种族，其人如汉砖唐瓦，以之为古董玩器则可，固不在此派之列也。

四曰盲从派。心盲目盲，不知何以为革命，何以为排满，一犬吠影，百犬吠声，相从而和之。其开会也，不知是非可否，惟望台上鼓掌而已；有暴动也，若盲从之会党，或多作枉死鬼者。若日本盲从之学生，则惟知希望与趾高气扬而已。吁，可哀也哉！

五曰虚伪派。自日本风潮大作以来，"革命排满"四字遂成为口头禅，于是无耻之徒，或名则假此以结党，实则借此以敛财。其私相谓曰：到日本，不可不谈革命。不谈革命，则搭班不上，若经济困难，无人助济，且到处无招待，则不能用我辈取钱手段（此吾友某君所耳闻目见者，其计取人钱之事，吾实屡见不一）。此等卑劣痞徒，何有心肝，何知廉耻？而彼党为首领头目者，毫无区别，亦兼收而并受，以扩张党势，不亦谬哉！以如此而言革命，欲豪杰景从，人民归心，以成征诛放伐之功，是犹望空而欲上天也，能乎不能乎？

自合五派而为党，复杂乎？不复杂乎？能划一乎？不能划一乎？于是种种不可思议之言论与野蛮无理之事实出矣。且言论自言论，事实自事实，言不顾行，不以为耻也，行不践言，不以为羞也。读其《天讨》一书，似若彼党不动则已，一动则足以倒政府而有余，乃萍醴事起，铺张扬厉，阴嘱日本报馆大卖号外，谓革命军四十余万，连破萍乡、醴陵、湘潭等县，围困长沙省城，不日即破，欲以此鼓动一班无知之后生，使之误入死地，乃不数日而烟消雾灭矣。彼党即变其辞曰：此次之事，非大统领之原动力，不过支部暴动耳。迨潮州事起，又复铺张扬厉，希望革命者，乃曰前萍醴之事，为原动力者，非大统领也，此次之事，实大统领为原动力，可望成功，即不成功，必有一番恶战，或占领一二省以为交战之团体。不料事出意外，烟消雾灭又如故。至南关之役，不能为三日之守，河口之事，不能为半月之战。以视游勇之乱战数年，破柳州，杀兵官，不及远甚，以视宋江等之虎踞梁山，横行河朔十郡，更不及远甚。天讨天讨，何其无灵如此哉！无以借笔墨之雄，以夺政府之魄也，不亦狂妄也哉？要而论之，彼党中无一智勇深沉、统筹全局以为预算者。就五派而观，若盲从、虚伪两派，原不足论，但种种妄言妄动，诪张为幻，皆此两派为最多。革命真相，因而大露，革命价值，从此扫地。俊杰之士，羞与为伍，裹足不前，非自取之咎也哉？若邪僻一派，于事实亦无足轻重，不过成一邪僻妄人而已。至章炳麟以该党之无道德，不足以革命，屡欲往印度为僧。呜呼！若章氏者，可谓不昧本心者矣！若野心一派，为彼党之主力，孙则妄自尊大，欲以盗贼而为帝王（白浪庵所著《孙□□【逸仙】》为《荡虏丛书》之一，开口即言："孙某者，广州湾一海盗也。"岂我诬之哉），乃不学无术，见小贪利，慕外人文明之名，并不知文明之实，其私计小术，较之宋江，实为不肖。自无寸土，而妄以中华大统领自居，天下可笑之事，谁过于此！黄之为人，于《水浒》中较之晁盖，犹为半似。其余可比梁山好汉者，未见其人。至于吴用之谋事多中，彼党参谋中，无一略似者。通观彼党，自陈星台死后，无一真爱国者。通观中国，除徐锡麟外（彼原不在其党）无一真排满者。倘真爱国，必不专以感情用事，以国家为牺牲，轻为尝试以泄愤。苟真排满，必杀满人，必不多杀汉人而逞乱。若汪精卫，不过有仇满之心与骂满之文而已。嗟乎！以书生而仇满，故专以笔墨吐□，以野心而革命，故欲以暴动逞能。究之文字鼓吹，全是虚声。会党暴动，有何实力？以革命之大事，所挟持之具，不过如是，不亦可哀也哉！

至于无可奈何，乃欲利用外人，是真狼狈不堪，图穷而匕首见矣。然彼首领一介狂夫，身无寸土，外人又何能利用？故前欲利用某国而某国不听（惠州起兵时该首领即上书□□【卜力】总督，中有"合则有成"等语，《血潮》一书与《大江报》，为彼党中所著，岂我诬之），继则利用法而法反复，至始终欲利用日本，实无人不知。漂流海外，颠倒奇想，未作中华之主人，已先作外人之奴隶，不惟国家之乱贼，实黄帝之不肖子孙也（凡主张立宪者，彼党人开口即骂汉奸、为无耻，何一反□，该党首领其人格果居何等）。

自陈天华死后，彼党中吾怜其心苦者，莫如精卫。精卫精卫，君之心，凡社会中无不知，君之文，凡学界中亦无不知。忠告尔党，愿赠一言：利用外人，请今断绝。中国国家，非尔一党所得专。尔党如欲倒行逆施，为外人作引虎之伥、居奇之货，虽三尺童子，皆欲刺刃于尔党之腹，何况爱国之士，岂能容乎？吾此言虽过于激直，必有以触尔党之怒，而吾生平光明磊落，有言即发。吾国受外人欺侮久矣，凡吾辈所以恨政府者，以其媚外而失权利失土地也。今尔党倘欲媚外而利用之，何以异于政府乎？故披肝沥胆以言之。凡尔党中与其多盲从之赞成，不若有一明见之反对。盲从之赞成，如以瞽而作相，明见之反对，实借镜而自照。盍亦借吾逆耳之言，而自反自责，自顾党中为大统领者，果大圣人大英雄乎？为参谋将佐者，果大贤大杰，足为开国元勋乎？其余诸徒党，果皆有勇知方，如虎如罴之大军国民乎？果如是，一举而无应敌矣，又何反对之有哉？若虚声鼓吹，则大言不惭，实行暴动，则屡试皆败，人不应而天不顺，自取之也，于天何怨，于人何尤？

若主张立宪者皆指之为保皇党，则吾所不解也。康南海之漂流海外，何其神通广大，而内地保皇党之多也？无亦深思远虑之士，恐国家之覆亡，不得不主平和改革，忍耻负重，以善应时势之变，以立宪为救国之法，以国会为民权之枢，想亦尔党有知识而明法理者所见谅也，何为恨之深而骂之毒乎（《民报》中一篇计有“无耻”两字三十余次，果何为者）？孟子曰：“行有不得，反求诸己。”盍亦自反而自责乎？试问尔党所为，除鼓吹暴动外，有何长计？以若所为，果足为四万万同胞所托命乎？立国三要素，主权固足重，土地、人民尤足重也。倘能得土地、人民，何患主权之不得？故欲得主权，必先得土地；欲得土地，必先得人民；欲得人民，必先无人民之反对；欲人民无反对，必道德足以服人民之心，实力足以保人民之生命财产。今尔党之言曰：欲倒政府，必先扑灭保皇党。如以主立宪者皆曰保皇，诚恐扑灭不胜扑灭也，盍亦自反道德之不足以服人民之心，实力不足以保人民之生命财产乎？道德既不足以服人民之心，实力又不足以保人民之生命财产，而徒曰革命革命，吾恐汤武与华盛顿不如是也。嗟乎！若尔党者，理论僻而手段卑，虽有理论无益也。空言多而实力少，虽有空言何补也？且尔党之首领，充其野心之所至，与其卑劣之人格，无论为石敬瑭，割燕云十六州以与辽，固所甘心，即刘豫为金人所立，亦足以自娱，盖苟得外人怜而助之，以割土地而据之，以役使人民，固胜于海外漂流也。吾之为此言也，非刻意深求，而过为刻论，盖见尔之言论事实，信而有征（如曰要求各国赞成独立与联合中日两国人民与本年二辰丸事则竭力媚之以取悦于日）。嗟乎！国民□与，媚外何为？作伪心劳，何如敛手？如曰中国自至本朝，其国已亡，吾则以为主权虽亡，而土地、人民未尽亡，果我人民能伸民权以保土地，何主权之不可复？但欲速则不达耳，尔党盍深长思之，（翻）〔幡〕然变计而一反所为乎？

《南洋总汇新报》，光绪三十四年八月十二日至十三日（1908 年 9 月 7 日至 8 日），此处录自章开沅、罗福惠、严昌洪主编《辛亥革命史资料新编》第 5 卷，第 35—37 页

论革命不可强为主张

平　实

时势者，自然也；圣人英雄者，善应时势者也。革命者，时势自然之所趋，圣人英雄顺时势之自然，起而应之者也。所谓自然者何哉？即人民大多数之所趋，如十【商?】一征而无敌于天下，非尽汤之力也，人民归心也。八百诸侯不期而会，非武之力为之也，天下归心也。十三议会共举华盛顿，华盛顿辞之再三而不获，非华盛顿之力而为之也，十三州人民归心也。此三者皆自然也，非强为也。故吾以革命之事，非大圣人大英雄不能为，虽有大圣人大英雄，时势不可为，亦不能为。所谓时势不可为亦不能为者，人民不归心，即时势之不可，虽圣人英雄，不能强为也。

我中国三代之上，圣人即英雄，英雄即圣人，不可分而二者也。道德智勇，均为人民所推服，时势所趋，应于顺人，以成革命之功，乃以天下为公而无私，故无专制之祸。华盛顿英雄即圣人，亦时势所趋，应天顺人，以成革命之功，亦以国家为公，而无专制之祸。若三代下所谓英雄者，大抵欲乘时势以逞野心，若盗贼枭杰，逞暴发难为民害者无论矣，即侥幸而为帝王者，功之首，罪之魁，所

以酿成二千余年专制之祸以至于今。故吾以秦汉以下以至本朝，皆不足以尽革命之能事，以其以国家为私，而有专制之祸也。陋哉《中兴报》之言（所以答“鄙哉”二字，后有文字驳辩。汝不出恶声，我不先为恶声，以免伤雅道），其目光如豆，既不知时势之自然，又何知三代之上，圣人即英雄，又何知华盛顿英雄即圣人？盖彼所谓英雄者，即秦汉以下侥幸而为帝王者，或即盗魁枭杰，亦误认以为英雄也。既毫无识力，又强作解人，宜其一篇之中，自相矛盾，不可究诘（吾既以秦汉以下皆不足尽革命之能事，则所指英雄岂以革命之事专之一己者？此等处实是识力不足，虽以主义不合而为笔战，亦可互相讨论以增学识，敢以质之，何如）。

如曰“革命之理，与饥食渴饮同一平常，人不能禁饥渴之苦则思饮食，人不能禁专制不平等之苦则思革命”，此言革命之公理也。又曰“何谓时势？专制不平等之苦切于其人之身之时，即当起而革命之时”，此言革命之通义也。合二说观之，是以革命为自然矣。忽又曰：“时势者，人所造也。”夫既曰革命之理与饥食渴饮同一平常，何用造为？夫饥渴自然，饮食亦自然，又何用造为？时可革命者自然，起而革命者亦自然，又何用造为？今既以革命为自然，而又曰时势者人所造，不亦自相矛盾乎？

如曰“革命者国民之责任，非英雄之事业”，分英雄与国民为二，何其谬妄之甚也。国民与英雄既可分而为二，则所谓英雄者，从天降乎？从地出乎？不然，又从何而来也？即尔所谓举出杰出者，与能力较伟者，杰者伟者，非国民之英雄乎？不然，果何人也？吾所谓大圣人大英雄者，惟其不以革命之事专之一身，惟顺国民之心，以成革命之功，而不以为私，时不可革，无所谓造，时既可革，亦无所谓造，或革或不革，一顺夫国民之心而已。凡所谓造者，皆野心功名者流，不然，则有所愤恨如今之专以排满复仇为主义者流。愤恨出于感情，为私为公，判之于心术之微，不可概论为非。若野心功名以革命者，实国民之贼也。

如曰“专制不平等之苦切于其人之身，其人即有起而革命之权，不必论能力，惟其本分而已，不必论事功，惟其责任而已”，此尤似是而非，谬妄之甚者。精卫君，吾见汝之心矣。尔党既无能力，又无事功，而又妄造革命而不已，恐畏人之责骂也，故以本分、责任等词以搪塞。夫革命之事，岂易言哉（吾尝谓革命不是奇事，是难事大事。以革命为奇事者，不知公理也；以革命非难事大事者，不知时势也，不度德不量力也，均为无识，敢以质之）？吊民伐罪，为其救民水火也。如不计能力，不计事功，而暴动遑乱，是如水益深，如火益烈也，岂吊民伐罪，志士仁人所为乎？今观君之言，无怪尔党革命自革，排满自排，以国民之性命，供尔等之儿戏也。

有病人于此，药而救之，医者之责任也。今有人焉，不知医术，不知药方，乱扯毒草而煎之，提耳抉口以灌之，使人脏腑糜烂而至于死，谁之罪也？以正当理论，我不知医，怜之可也，另求知医者而救之，尤善之善者也。今已既不知医，乃一见病人，即妄以为我之责任，至以毒草而药之，而不计人之性命，而以人之性命为尝试，其可乎哉？尔之不计能力，不计事功，惟知责任之不可辞，革命之不容已，专用诸色会党以从事，无乃类此乎？文明法律，医术不中度者，不使行医，即中度者，有误人病者亦抵罪。卫生行政，重人命也，君其知之乎？且国民多数之命，又非一人之命比也，何可以革命为尝试也？

如曰“专制之苦切于人之身，其人即有起而革命之权”，此亦革命之通义，国民责任之说也。虽然，律之一人之心志则可，律之众人之心志则不可；实行于多数之国民则能，实行于少数之国民则不能。十人旅行，二人欲速，八人欲缓，不可强也，强则不能同行也。十人统兵，二人欲战，八人欲守，亦不可强也，强则虽战必败也。其故何哉？盖少数不敌多数也。故吾以革命之事，视乎时势。时势者，国民多数之所趋，圣人英雄，出而应之，国民推而戴之，以为代表焉。时势自然，不可强作主张者也，强则妄也，妄则决不能成也。汤武、华盛顿，岂尝日日以革命自期者哉？无亦时势所迫，国民所推，而不能辞也。天下事，理不离势，势不离理，舍势以言理，则理不行。理不行者，非真理也。合理与势，以求事实之当而可行者，实理之真者也。试问革命果空言乎？抑实行乎？如果空言，作讲学观，专言理可也，如实行也，则不可舍势而专言理也。君不知时势，又何以知应时势之英雄？更何知圣人即英雄？圣人英雄，道德智勇，同为国民所推服，理与势皆极盛而无敌者也（秦汉以下侥幸而为帝王者，理虽不足，而势均无敌）。虽然，吾知君之心矣。既误吾所谓圣人英雄为专制之英雄，故将革命公理，为高论以抑之，又恐吾以尔党今日造革命为非，故以造时势之言的护其短，左支右绌，遂不知其自相矛盾之不可掩，良可慨也。

至于以吾举汤武、华盛顿为革命者之标准，以为心术不正，是真大不可解之言。汤武、华盛顿，应时势而革命，吊民伐罪，救民水火，不以国为私，吾尊崇之，而以为心术不正，则尊崇枭杰，欲乘时势以逞野心，以国家为私利者，独为心术正乎？无乃尔党之所谓大统领，野心为私，残民以逞，与汤武、华盛顿，相形见绌，故为此言以抵拒，则又不打自招，真认为贼也。吾且问君，君既以革命为国民之责任，则宜从多数之国民，何必自成一党？君既以革命非英雄之事业，何又为以身无寸土之人，妄举之为大统领？君既无愤恨之心，纯出于革命之公理，又何以排满复仇之说，日日鼓吹于国民？君既以革命等于饥食渴饮，又何用尔为于众人不为之时，以唤起大多数之同情？岂四万万人皆不知饥渴，不知饮食，独尔一党知之乎？凡此数言，皆君之自相矛盾者也。有说乎，则请言之，否则可以休矣。

若以我不知平等之理，放弃国民责任，而诋之为凉血，则吾所不服也（虽以主义不和而相攻，倘责得我是，我即心服）。吾自甲午以后，日日访豪杰，结壮士，欲以排外而救国。至义和团事后，始知野蛮排外，不足以救国，反足以亡国，而身之不死者幸矣。自此之后，恨政府之无道，悲志士之冤死，而海外排、革风潮输入内地，乃尽毁家资，日日访豪杰，结壮士，奔走三湖两江，以谋暴动。乃天下事不如意者十（尝）〔常〕八九，身几死者亦数矣。三年来走云贵两广，以赴东瀛，内察国民之程度，兼观尔等之行为，外审时势之大局，反观自己之能力，始知以暴动革命，真难成功，反足以亡国。当此救亡图存时代，古人云卑之无甚高论，不得不动心忍性，忍耻负重，自顾能力所能为者，脚踏实地做去，于救国救民，尽得一分算一分（昔陈君星台著书曰《猛回头》，吾每对人言则曰“快站脚”）。至主张立宪，亦顺大势之所趋耳。若吾心之所急急者，在开民智，养民力，伸民权，预备有所挟而为要求，以为文明之抵抗。凡有志之士，于政学军商各界，皆宜立（足）〔住〕脚跟，养成实力。我国内变外忧，终当不免，有备乃可无患，天下未有不能立而能行者。此皆吾之心言，吾以志士君子以待君，故披沥言之。吾生平无过人者，对于国家社会，惟此一团热血耳。对于赞成我者如此，对于反对我者亦如此（前云奔走国事十余年，此吾以肝胆对国民自道其真，某君以吾为数履历，不禁喷饭，即君以精卫自表，亦取精卫填海之苦心，不然精卫小鸟，又何以人而取（夫）〔乎〕鸟？故前说吾皆不辩，辩之实无意味）。若以我为凉血，我之热血多人数斗矣，无奈君不知也。若君之不论能力，不论事功，日以倡乱为革命，虽亡国残民而不顾，自问于心，岂能安乎？再问于心，以暴动而革命，果可以救国乎？果自问于心而自信（有）

〔其〕真也，则安而行之，不然，窃恐君之热血虽多，实用诸无益之地也。

君不甘自认为愤恨派，而冒为高论，反成空言。若以君等所为，纯出革命之公理，无愤恨，无野心，未免自欺欺人。精卫精卫，恐化为九头之鸟矣（善戏谑兮，不为谑兮，谅之）。至革命之理，如日中天，中外古今本无异，亦无待于君言。若实行革命之人，风发泉涌，势不可遏，吾不敢强信。吾将拭目以俟，愿好自为之，勿再蹈覆辙可也。

《南洋总汇新报》，光绪三十四年八月十四日至十五日（1908 年 9 月 9 日至 10 日），此处录自章开沅、罗福惠、严昌洪主编《辛亥革命史资料新编》第 5 卷，第 38—41 页

《总汇报》记者之怙恶

胡汉民

《总汇报》初三日论文，从《中国新报》中，抄出尹直《皇明从信录》、《明史》“地理志”、“兵志”，凡四条，以证满洲为中国臣民之说，要求余破其证据，谓若不能破，则本报前此之辩论，皆归失败云云。吾初五日着论大破之，谓其引尹直之说，则误以文庙时之归款得官者为即满洲；引《皇明从信录》，则误以满人所居者为锦州边外地：引《明史》“地理志”、“兵志”，则误以羁縻卫所为布政使所领。以为作者见此，当自知失言，否则必须更引确证，以摇吾说，不料其初六日所论，既不能得一新证，又不能护其旧证，抱战败之余腥，又来纠缠，真所谓怙恶不悛者。其首数行云：

该报谓满人所居之建州卫，在明时非隶属于辽东，而隶于奴儿干之建州卫，然就令如作者之说，仍不得谓满洲人对于中国，无臣民之关系也。

举吾长篇之驳论，以“就令如作者之说”一语了之，无所反驳，于是我初五日所论，《皇明从信录》谓“国初以建州隶辽东”者，为锦州边外之建州，非

满人所居奴儿干都司之建州卫，作者已不能答矣！又尹直谓“女直种类归款”者，非即指满洲种族，作者亦不能答矣，既不能答，即为默认（此后不准翻供），而其所云“不得谓满洲人对于中国无臣民之关系”者，其说明如下：

夫所谓羁縻卫所者，与羁縻府、羁縻县、羁縻司等，虽名目各有不同，而为羁縻之制也。

观此数行，则作者之粗心读书，已可概见，按《明史·地理志序》云：置布政使司十三，分领天下府州县，及羁縻诸司。又云：分统羁縻之府十有九，州四十有七，县六。是则羁縻诸司及府州县，为布政使所分统，岂得与羁縻卫同乎？羁縻卫固不属于布政司，亦不属于都督府。按《明史·地理志》云：两京都督府，分统都指挥司十有六，行都指挥司五，所属卫四百八十有三，凡二十一都司，属于左军都督者三，属于右军者七，属于中军者一，属于前军者六，属于后军者四，均无奴儿干都司，其不隶都督府明甚，故曰不隶布政司，则地非中国之地；不隶都督府，则军非中国之军也。乃作者前既误以羁縻卫为布政司所领，及为吾所斥，则又变其词口：“与羁縻府县司等。”真所谓大愚终身不灵者也。夫既不隶布政司，又不隶都督府，则非在统治权范围以内明甚，征之明代国境，其东北以辽东都司所辖为限，尤可证明。是明代对于羁縻卫所，仅以空名相维系，但使不得犯边而已，作者妄指为中国之领土，其谁信之（如作者必欲坚执所见，则必须取初五日本报所举羁縻卫不得为明领土之五实据，一一破之，乃能自完其说，否则不得翻案）？

作者又引《明史·兵志》所称边外归附者，官其长为都督，都指挥，指挥，千百户，镇抚等官，赐以敕书印记，设都司卫所云云。于是主张其说曰：

夫曰设置都司卫所，则不得谓其职官非国家设置明矣！国家设官分职，所以行使其统治权者，满人之受明代职官者既多，安得谓满族对于中国无君臣之分耶？

夫奴儿干都司之地，既非中国之领土，则其地之人民，自非中国之臣民，不过授以封号，使勿寇边而已，不能谓一受敕封，即备臣民资格，吾曾引三事为证：一为柔佛王亦曾受明封号，二为高丽王亦曾受唐官职，三为英人戈登、赫德亦曾为中国官吏。作者于第一证、第二证，皆不能为一语以答，徒驳第三证云：“戈登、赫德之服官中国，以客卿视之，不过以彼个人资格臣服中国而已，与满洲不同。”不知此驳适以确证吾说，夫赫德、戈登服官于中国，犹不得以中国之臣民视之，况于远在边外仅受虚封者乎？如是而犹得谓之臣民，则马来人、高丽人亦中国之臣民，设一旦入寇，亦为内乱矣！作者何以答我？

以上所言，于彼报初六日原文，驳斥已尽，更进为一言曰：建州三卫，属奴儿干都司，非中国之领土，明代人皆知之，故《大明一统志》、《方舆胜略》，皆称以外夷女直，夷也者，谓其非为中国之人也，外也者，谓其非在中国之内也，此皆历史事实，非可以意为颠倒者。况夫满洲之先，本居鄂多理城，自其肇祖，始移居于建州右卫，而为客族，传至（奴儿）〔努尔〕哈赤（即僭称太祖高皇帝者），始侵入建州全部。夫建州之人，尚不得为中国臣民，况满人始而寄居，继而侵占者，乃得为中国臣民乎？（奴儿）〔努尔〕哈赤侵占建州全部之后，未久，即自建国，及其寇边，以七大恨告天，第二恨曰：明虽起衅，我尚欲修好，设碑勒誓，凡满汉人等毋越疆圉，敢有越者，见即诛之，讵明复渝誓言，逞兵越界。第三恨曰：明人于清河以南，江岸以北，每岁窃逾疆场，肆其扰夺。凡此皆追述建国以前事也。夫建国以前，已有“满汉人等毋越疆圉”之约，又有“窃逾疆场”之责，则满洲建国以前，与明画界而守，已成敌国，而犹曰满洲为中国之领土，非瞽而何？此七大恨之誓文，寻常史书，莫不纪载，初非载诸秘本，不易检读者，作者盍取而读之？方知前者之为种种瞽说，适足贻笑于人耳！

关于此问题，吾已谆谆教诲，不厌繁复，而作者犹苦未解，何钝根至此？意者种种保皇论据，皆为我所攻破，惟余此问题，不得不敷衍塞责，且承认满洲非中国之臣民，则不得谓满洲篡夺中国为非亡国，既承认亡国，则不得谓复国为非，保皇为是，于是保皇党遂无立足地，故虽知失败，犹必抵赖耶？然事实俱在，理辩愈明，作者虽怙恶不悛，其如罪状已大白于天下何？

《中兴日报》，光绪三十四年八月七日至八日（1908年9月2日至3日），录自《胡汉民先生文集》第一册，第452—455页

正告《总汇报》记者平实

胡汉民

余之为此文，欲平实之遂去《总汇报》记者而不为也（其理由文中详之），而犹称以《总汇报》记者，则以其现在所居之职言之也。平实于此毋遽诩生平，谓余仅以《总汇》记者相限，须知为士者行已有耻，而立言不苟，若日前有所拘牵，而至不能不为异己者执笔，无暇问彼此宗旨之奚若，即此已足为累矣！质言之，即不免已为异己者傀儡也，若曰借他人之酒杯，浇自己之垒（境）〔块〕，其然岂其然乎？

余近顷行于异地，昨归始见《总汇报》平实所为文凡数篇，其初对于革命党，恣口（慢）〔谩〕骂，不知所谓，继则渐表同情，终且心悦诚服，起敬起爱不置，其言前后不相掩如此。阅者皆疑平实为妄人，而余意独不尔尔，以为足下尚不失为有心之人，惟性粗气浮，好名趋势，而乏坚贞不挠之操，又以纵横捭阖自喜，以是徘徊于道左不得其门（巽言君谓足下为门下汉，足下口虽不承，然心亦不能不折之），至于不知而妄作，漫言无择，风靡波颓于“锄”、“勇”之次，固足下之大误，然吾知此非足下之本心也（余于“锄”为《国会之趋势》一篇，以其但知谄谀政府，诋谤民党则痛斥之，而于足下独恕，盖见足下昨日之文，以为足下心事终当與“锄”、“勇”辈有别也）。足下谓“虽以主义不合而相攻，倘责问我是，我即心服”。吾观昨日足下答巽言君之文，知足下尚非不能践其言者，吾因欲有所规于足下，不能不先举足下之谬误以相告，足下亦能受我尽言，闻过而喜否乎？夫康有为，梁启超，足下所知也，二人之好为文章，主张党见，亦足下所知也，而其见弹斥于人，则各有异处，康氏冥然悍然始终葆其私说而已，梁氏宗旨不定（忽言保皇，忽言革命，又忽言名为保皇其实革命，忽言立宪，忽言开明专制，又忽言要求立宪，其大宗旨之不定如此）。稍涉猎新学而未观其通（其平日读书，皆初始涉猎，而遽以为有得，其实乃纯用清近代文人做目录学之本领。夫科学莫不有系统，以涉猎为事，安有心得？故其言法律学，言政治学，言论理学，言社会主义，皆东涂西抹，一见斥于人，即不能自完其说）。进慑于公理，而内迫于师说，党同妒真，为其势所不能免，于是为文有前后自相挑战，及一篇之中同时为三四军以相挑战者。故驳康氏者，一就其主义之是非有以折之而已足（如章太炎之《驳康氏政见书》，是不烦几度之笔墨也）。驳梁氏者，则不惟当辩正其主义，必且举其自相挑战之点而反叩之，俟其挑战既定，然后可与言是非，否则尚未见其孰为所真主张者，彼固好为遁词，驳之者亦徒费言说也。今足下为文不近康，而大类梁，故执笔数日，而矛盾之处几于不胜枚举，揭其大者显者，则略如左方：

一、尔之初诋毁革命党也，曰："有一班野蛮乱党，法一二野心之黠桀，与三五浅识书生，联千百无赖之会党，假革命之名色，日日鼓吹。"曰："有国民责任文明之革命，而有尔野蛮顽嚣无赖党，假之为无聊之举动。""革命者，世界之公理也，以尔党无髓无血良心已死之人，而谈革命，不亦轻中国而羞当世之国民哉?!""今日冒称革命党者，为乱且不能，何配言革命？乃欲假此号召，敛人财而流人血，为□其不仁不智之狂妄而已。"此类泼骂狂虚之词，不一而足。然昨日之文，则大反之，曰："尔党志士之苦心，凡有心肝者，莫不谅之，况于我乎？以尔党处至难之时地，为至难之事业，所恃以感动国民者，惟此血性热诚耳！"曰："豪杰举事，徒为他人利用之资，岂非大恨事哉？何不深思远虑，为深根固蒂之计，不动则已，动则若决江河，莫之能口之为得也。"其措词固极深厚，一洗其前酸毒之头面，而用意亦为善颂善祷，与其所谓"尔党要死则速死"，迥然出于两口，夫同一革命党，犹是心志，犹是行政，岂于巽言拾八日文未出之时，则足下可用其丑诋而无所忌惮，巽言君文出，足下始以革命党苦心为可共谅，勖其进行有望以成功耶，而何其自【相】矛盾若是？足下尚屡谓鼓吹革命为无益，夫岂特道理为当鼓吹而已？即事实上其秘密有不可遽宣者，自谓能知革命如足下，犹且逞其臆说，而申申詈人，如徐锡麟君事件，足下今日当已了然，其与秋瑾女士于革命党之关系，足下亦当无以辩，而足下始固曰"徐锡麟本非其党"，又曰："徐在日本尔党所鄙为奴隶者也，其前则非尔党，尔党不过引以自豪耳！"足下之言，果是耶谬耶？盖徐君不幸失败，赍志以殁，所事已为过往之陈迹，巽言君乃得详举而解足下之惑，使非然者，足下将终身自是其言，谓徐只为能暗杀满洲之人，而革命党与之无涉，徒引以自豪耳！革命党宗旨，昭昭然若揭日月，然机事所在，不容不密，足下奔走三江，而徐君之事，犹如盲人扪烛，足下思之，党事甚多，而足下一人所见未广，则安能于己所未及知之事，捕风捉影，随声附和，而顺口雌黄不已耶？以是为文，亦徒以乱人耳目而已。

二、尔初论革命之时势也，曰：“惟顺国民之心，以成革命之功而不以为私，时不可革，无所谓造，时既可革，亦无所谓造，或革或不革，顺夫国民之心而已，凡所谓造者，皆野心功名之流，不然则有愤恨，如今之专以排满复仇为主义者流。”又曰：“时可革命者自然，起而革命者亦自然，又何用造为？”其意殆谓止可顺时趋势，而不须尽一毫人事于其间也。而二十日之文，则曰：“古今中外惟能造命者能革命，汤乘桀之时，自造之而自革之，如十一征而无敌于天下，所谓自造命而自革命也。武之革命实造于文王，三分天下有其二，伐密伐崇，以除民害，皆所以造命，武王不过受文王造命之成功。”吾不知作者所谓“造命”，其“造”字之意义何如？且所谓“造命”之事业，视英雄造时势者又何如？时势不可造，而命则可造，其间分别，须作者自为辩之。实则作者所指为汤文造命之事，即不外造为可革命之时势耳！造为可革命之时势，而成革命之事业，非所谓英雄造时势，时势亦造英雄者乎？足下既反对精卫“时势为人所造”一语，再三以时势为自然，经本报以科学上用语正之，足下犹未遽服，如之何忽又有造命革命之言，以自相矛盾也？汤武之事，巽言君论之已详，所举伊尹先知先觉之言，尤窘足下以不能答，转则谓伊尹能计能力计事功，以辩护其前日凭借自然时势之论，继而论及历史，知汤武之成事，不得以为纯任自然，遂竟谓是能自造命者，而不思其与“革命者亦自然何用造为”等语背道而驰也。此等之误点，则由于所学尚涉猎而不知研精，巽言君谓足下为八股先生，足下不受，实则足下从前于经义策论，必尝用功，而对于新学之书，当亦学梁氏做目录学之本领，故科学之名词，有不易之定义者，亦欲任意比附古书而吞剥之。然吾推足下于平时未必并此亦毫不了解，惟思想杂乱无次，间有所误，必不肯轻承其过，故为谬益多耳，又如谓“主权亡土地人民未尽亡，果人民能伸民权以保土地，何主权之不可复？”数语，由足下未知法学上“主权”二字作何解释？及所谓主权、人民、领土三者国家要素，所指“主权”为何物，故有此巨谬？足下可取汉民驳“勇”论主权之文观之，当可见勇误国家三要素之主权为君位，足下想亦同此误，惟勇不能护其前说，则强诬他人认主权为国家，不如足下托于深言，不复与巽言君强辩为知过耳，然足下于此等处，仍非质直，盖用语既错，辩无可辩，何不曰此名词之误解，吾亦承认之乎（梁氏对于民报屡作此语，伊所承认之误点，几于每期必有之）。足下虽诿为别有深意，而又不能明言，以吾论之，则用意虽深，而用语自错，足下于此等处，犹不肯承认，然则足下所谓倘责得是，亦无不受者，岂亦欺人语耶？

三、尔屡谓革命党不知时势，而曰："革命之通义，国民责任之说，律之一人之心志则可，律之众人之心志则不可；实行于多数之国民则能，实行于少数之国民则不能。"又曰："时势自然不可强作主张。"而二十日之文则自述曰："惟求不愧此心而已，心以为是，虽千万人非之不顾也，心以为非，虽千万人是之不然也。"此又自相矛盾也。夫既谓当顺时势之自然，则乌有能抗违众论而独存其心之所安者乎？举世非之而不顾，独行其是谓也，非因应于时势人心之所趋，而从而趋之者也？何足下于革命党所持，则以为不能行于多数国民，而不可强为主张，足下自道，顾虽千万人之所非，亦复不改其主张如此？足下为此两说以自挑战，吾不知足下何意也，抑足下岂徒心以为是非而已哉？空言请愿，既不谓然，实力要求，当思预备，是必有犯难排俗而行者矣！如其心虽是之，而终日观望徘徊不敢有所措手，是诚何益者？

凡此皆足下始为反对革命党之言，而终至自成矛盾者也。吾举梁氏之行文以譬况足下，其缘因于学问之误，足下既略同梁氏矣！惟宗旨无常，则足下当不梁氏之似。梁氏固忽言保皇忽言革命者，其心不可测也；足下不然，明言反对保皇无所顾忌，曰："吾主张立宪，亦顺大势所趋耳！吾心所急在开民智、养民力、伸民权，预备有所挟而为要求，以为文明之抵抗。"又曰："空言之请愿，吾不谓然也，实力之要求，吾所期于后日也。"是足下固有志于革命矣！又足下承认中国主权已亡，谓人民能伸权力，主权何不可复？因而虑他人间接为满洲造万年有道之长，嗟乎！足下能伸明光复大义如此，其与吾人所言宗旨，几无所差谬，虽足下期期以时势之尚未可为为虑，此则魄力未甚坚强之过。吾语足下，经一次之挫折，当加一度之奋励，若一击不中，而遽变其宗旨，薄志弱行人耳，足下既以后日为期，吾辈乐观其究竟，惟足下今日所怀抱其揆合于革命如此，而忍就《总汇报》之职，与"锄"、"勇"等为伍，吾为足下惜之。夫《总汇报》，一保皇党之机关报也，虽自徐勤去后，该报司笔政者强自辩为不主保皇，然其精神点汗，则直强水所不能洗涤者，足下为之主笔，将使举报社人皆非难尔，而亦必自写其所志耶？抑因应于时势人云亦云，后此遂与“锄”“勇”等为同调耶？吾不能预料足下，然以讲革命之士，而为保皇报主笔，无志同道合之可言，孟子所云，徒铺啜耳，足下自命不劣，果何所牵率而至于此者？足下本非粤人，或于康、梁及他保党之行事，未能审知，然既已来，此但深观两方之辩论，及各个人之行为，则亦何难了了者？足下若于此时而犹强辩，谓《总汇报》非保皇党，以保皇为立宪者亦足以救国，则吾直断足下为已欺其良知，后兹吾亦不更以谠言进矣，足下其深思之（足下谓康有为改保皇会为帝国立宪会，与兴中会进为革命党同，此实拟不于伦。然果如足下言，则岂谓保皇党今日已悉去其保皇之思想，而一如足下已赞成革命矣乎？他不具论，但观康有为始定国民宪政之名目，亦必急急改之以为帝国，司马昭之心，路人皆知！足下能为之辩护耶？即如《总汇报》主笔“锄”、“勇”之流，平日反对革命不遗余力，而对于政府则备极谄谀，一空言之请愿，诧为奇宝，一国会之年限，视为神圣，愚人自愚，足下既不存党见，不忍欺心，则对于此辈，词而辟之，殆日不暇给也。否则，足下不啻时时须与之挑战，足下徒自苦，而《总汇报》之矛盾，又将有人仿《民报》对《新民丛报》之例，而表列之矣）！

吾又有规于足下者，则足下昧于不知盖阙如之义，而轻为雌黄，已可大戒，此外则露才扬己四字，亦非真志士之所为，足下登坛，而即以十余年奔走国事自诩，精卫讥汝，谓同于官厅之唱履历，谑而近虐，宜足下之不顺受，然足下每日为文，必有自道生平者百数十言，故吾谓足下尚有露才扬己之缺点（如所谓吾虽无学，实合儒、墨各家云云。足下既韬光晦迹，何必自诩如是？此等处足下必能自反也）。凡吾所云，盖几几忘情乎足下之现为保皇报主笔者，而为尽言如是，愿足下有则改之，无则加勉也。

《中兴日报》，光绪三十四年八月二十二日至二十三日（1908年9月17日至18日），录自《胡汉民先生文集》第一册，第455—462页

呜呼满洲所谓《宪法大纲》

胡汉民

满洲之言立宪，实行其排汉之政策者也。满人以其少数恶劣之民族，而欲永踞于征服汉人之地位，使汉人长久帖息于被征服之地位，则惟其独占政治上之势力，始足以达其目的。其重要者，则为军政、财政之两大权。自顺治以来，恒举全国政治上之权力，集于满洲政府，而各省行政机关，不过仰承意旨，为之隶役，是之谓“中央集权”。至于乾、嘉，为中央集权最盛之时代，至咸、同，因于太平天国之变而中落，至庚子，因于八国联军之役而益衰。于是满人忧其政治上势力不能独占，即其主权不能巩固，而汉人或不易制，而不能永久帖息于被征服之地位也，故汲汲然谋所以收集之，以复其乾、嘉以前之势力。同时，满人为排汉政策者有二派：其一专思以其兵权压制汉人，不为丝毫之假借。以谓自彼入关以来，满人所得征服汉人，纯恃兵力，苟兵权能坚固如曩昔，则汉人直可鞭笞使之，所谓练兵的排汉主义，强悍派主之。其一则欲以政体之变更，愚弄汉人，而阴制之，以为汉人激受外界之风潮，而思想大有变迁，非复如清初专用武力之可压制，故不若假大清立宪之美名，而行中央集权之实策，所谓立宪的排汉主义，阴柔派主之。此二派者，虽小有冲突，而非尽相反对，盖强悍派直行径遂，无所文饰；阴柔派则为阴为阳，善于操纵；其目的皆在于巩固满政府之权力，以征服汉人，其政策不同，而为排汉之宗旨，则一也。故自五大奴归京，阴柔派已觉战胜，而铁良、良弼亦遂握全国之兵权，满政府参酌而并用之，求完全达其目的，使莫之与抗。吾尝谓满人虽驽下，然自葆其种，则智足以及之，且常能出其死力。呜呼！不其然乎？自满政府伪言立宪始，而郑孝胥、汤寿潜、张謇辈乃始有立宪公会之设，政闻社等又继立宪公会而起。五大奴未归京以前，无有此等会党政客之组织也，五大奴未派往各国以前，尤无有此辈伸头露角之影子也。故以阴柔排汉政策而言立宪者，为满洲政府；逢迎政府而欲达其作官思想者，为郑孝胥、汤寿潜、张謇辈；效立宪公会之颦而欲依附末光便其私计者，为政闻社诸人。至于国内外乞求立宪之徒，则茫然于中国之前途，惟附和随声痴心希望而已。于前三种人之心肝，固熟视无睹也（此所举不及保皇党人者，以其借此行诈，纯抱金钱主义，比之立宪公会、政闻社，尤为自郐以下也）。然满政府不过假一二纸之空文，为笼络人心计，而汉人之无识者，果相（吁）〔濡〕以沫，颠倒如此，此诚满政府所深幸其计之得售者。然而满人则已于两年间，尽收军政财政之权，独占政治上之势力。吾愿一语希望满洲立宪者，试一省察现在满人之势力，比较于数年前者为何若？而其所谓预备者如此，尚以为满洲立宪有益汉人，其果何所据者？是真大惑终身不解也。满人既知其阴柔排汉之政策可以必达，又知徒法空文，无所损其实权之毫末，且假借愈多，而收效亦愈大，故闻其近日除将伪旨宣布九年立宪外，另议定《宪法》《议院法》等纲领。善夫！吾友精卫之言曰：满洲政府以立宪为表，以中央集权为里；以立宪为饵，以中央集权为钓：阳收汉人虚望，阴殖满人实权，以立宪间执人口实，每画一策，立一法，必号于众，谓为立宪制度所有事，天下之人不得不俯而从命者也。

夫固非于今日可借口预备立宪，而为种种集权之政策，巩固其势力而止也。彼既可以其无上独占之大权，而钦定所谓宪法；彼即可以其所谓宪法者，拥护其无上独占之大权于未开国会之先、未宣布立宪之前；彼中央集权之政策，既皆进行至于极点，而所谓宪法者，又纯用其一族专利跋扈之精神。则为所征服之汉人，既无执法与争之实力，即执法与争，而彼藏身已固，无可动摇，任其恣睢自用，而人民之权利，亦惟所蹂躏，至是而一般之主张专为政治革命者，始觉醒其迷梦，亦已晚矣！立宪党人有恒言曰："彼排汉以实力，而我排满以空言，故愈与争而不胜，则不若我亦阴殖权力于政治上，冀收其实效。"为此言者，殆一忘乎我民族所处之地位，与彼满人所处地位者也。满人者，则既以武力而征服汉人者也，无汉人，则满洲不能立国，而使汉人之权力得与并峙，则满洲亦无以自保，故但于政治上排斥汉人之权力，使长居于被征服之地位而已足（梁启超坚为满人辩护，谓满人无排汉之意思。杨度则不然，知满人排汉，乃事实上之不可掩者，仍变其词谓："排汉亦为满人之失策，满汉固宜不分界限，两利而并存之。"其言不足动满人利害之真见，而能导满人调和之伪说。吾人但仍就事实上诘之：夫自庚子以前，未闻满人有调和满汉之说，而近日伪谕则时时言之矣！然满人之实权，则日见其进，汉人日见其退，求如庚子以前且远不可得，此皆借口于中央集权者。而中央政府之权力，满人实握之，汉人不过任顾问书记之职，为之傀儡，故所谓中央集权，亦不过盗用政治上之一名词，其实集权于中央，即集权于满族耳。自满人窥见汉族有不平之志，故调和满汉以虚文，而排斥汉人以实力，此为事实上予天下人以共见不能以口舌争者，而杨度辈教猱升木，技亦止此）。若汉人，则政治上之势力，与满人较，已为一与百之比例，而满人且猜疑而嫉妒之，日严制之；又时时摧挫其根芽，而不使之滋长，如是而欲由政治上之势力，一飞跃而离其征服之地位，此真所谓彼排汉以实力，而我排满以空言者也（前年袁世凯未削兵权时，梁启超于《新民丛报》嚣嚣然曰："今有政治上之实权，为第二之政府于天津者汉人也。"乃未几而袁之兵权，垂手而皆见夺于铁良，梁亦不得不关其口矣）！夫惧空言之不足以排满，此汉人所当深念者，则正宜协力同心，谋所以倾覆彼族之政府，而共出于革命之一途，奈何以政治运动之空想自误也？（此意《总汇报》记者平实亦有之，彼极力表同情于革命，而未深思政治运动之不足恃）。今立宪党人亦自许为有要求实力，而河南某君则尝痛论之，以为从来各国要求政府者，皆有武器，而若辈所恃以为要求之武器者有三：上禀、打电、派代表也。曾谓此种武器遂能迫政府以割让其权力？则即专以政治问题而论证之，各国均无其例，况于异族之政府，素怀排汉之主义者乎？且吾有一言以诘诸若辈，彼亦知满政府不待要求而言预备立宪，不待要求而言国会，更不待要求而定《宪法大纲》。凡此皆《传》所谓"不索而获"者也。至立宪党人所欲要求，不过仅于开国会之期限争其迟速，乃独深闭固拒而不纳，而且以上请愿书之故，革拘陈景仁，查拿政闻社，封禁《江汉日报》，是何也？则所以葆其专制之威灵，必其恩施自上而不使人民有所容喙也。拒其乞求者而予以所未尝乞求者，是之谓喜怒不测。喜怒不测，即专制无道之君主所由操纵一世者也。不知其恩惠所自来，而忽(卑)〔畀〕之，则其喜幸出于望外；不知其得罪之故而忽罪之，则其畏懔尤为非常，以所谓预备立宪之时代，而作威作福如此，满人亦狡矣哉！且夫宪法者，当出于国民之公意，非君主政府所能擅定者也，然逼于民权而自制限其统治之方法者，则其时人民有与争战之实力，不能不求人民之承认而始有效，是犹不为完全之《钦定宪法》也。惟满洲之立宪，既明明非对于上禀、打电、派代表之三武器，而示其退让，则所谓宪法者，乃自制定而自承认之，若无预于我国民之事，此等专制独裁之宪法，求之万国，又安有其类例耶？

立宪党人前此亦知《钦定宪法》不合于"国民公意"之本旨，则尝矫语时士，谓彼所主张者，为要求开国会，俟国会成立，而后议定宪法，则一切当出国民之公意，而无倾重政府一部分权力之弊。《中国新报》、政闻社《政论》皆争为此畏言者，而杨度则主之尤力。尔时吾辈即深知其谬，盖满洲言立宪，既纯为拥护其无上独占之大权而起，虽明知将来徒具形式之国会，不足为彼政府抵挠，然群言淆杂，尚虑其有不专为献媚效忠之政客，则于法文之规定，稍有异议，或不能完全达彼目的，其不肯假手国会，而必出于朝旨钦定，断断如也（杨度以日本之君主立宪，所以大权独重者，为因于未有国会，而先以政府制定宪法之故。以为倘得国会先开，由国会而议定宪法，即可无患。然彼未尝考普国变法之历史也，普固先开国会者，国会议宪法而不当于政府之意，遂解散之，更委大臣与国会从新议定，故普国宪法，其君权之重，亦欧洲所无。其能胜于日本者，则以有千八百四十八年“柏林三月之变”，国王曾受革命党之迫，人民与政府挑战之实力，过于日本，故其君权之减削，亦过于日本耳。此中之得失优劣，宁在于先有国会与否耶？若满洲则惧其政权之或被侵蚀，而必率其恩威自上之恒态。其开国会定期限，且不欲成于人之要求，以张民气，又安肯认国会有协赞宪法之权力而假手之者？至彼政客三五辈，所恃上禀、打电、派代表之三武器，以视日本人民当与政府挑战之实力，则又万万不逮，此满洲之宪法，所为视日本又万万不如也）。杨度辈昔日自命先觉，期期持反对《钦定宪法》之议。乃口血未干，得就宪政编查馆之一职，九年国会，尚未见其形影，而《宪法大纲》，则遂先期奏定，出尔反尔，凡为政客而怀作官思想者，大都如是（如康有为《初上皇帝书》，主张开国会。及屡被清帝召见，得与于参议新政之末，遂自反其前说，谓国会为不可开，亦其一例。惟近闻杨度亦以宣布《宪法大纲》，偏重大权，恐受人指摘，意欲乞休，此说若确，则杨尚较康有为辈为知耻耳）。吾汉人所当注意者，则经此《宪法大纲》之宣布，满洲之权力，于政治上日益巩固，国民之受压制益深，若今犹迷惑于政治运动之空想，而不务排满革命之实行，则虽有圣哲，亦无以善其后耳！抑满政府之对于汉人，宁假以千百纸之空文，而不肯予以一二事之实利（杨度亦云：“载泽等之返国，汉人不费何等之力，而得预备宪政之清谕。至实行改官之制，则满人悉踞要职揽重权。”其不为满洲讳过，赋诗断章，犹有可取，惟彼于满洲政策所为不惜假借空文者，正以愚弄汉人，实行其排汉主义，则所未知耳）。是固然矣！然今则并所谓空文者，亦诪张为幻，专为彼族计，雷霆万钧，不使汉人有容身立足之所，且芟夷蕴崇之，弗使能茁，不亦异乎？美其名以号于众曰：吾已改专制为立宪矣！而所谓宪法如彼，司马昭之心，路人皆知之，曾谓四万万之汉人皆可欺耶？当载泽、端方前年之返京也，则已订为宪法之稿本，曾出以示军机，鹿传霖见之，愀然曰：“若是者，即谓之宪法耶？然则亦安用是为？”以彼当朝大老，而清夜扪心，犹有此天良未死之一语（按今日所谓《宪法大纲》，必即本于载泽、端方之原稿，特假宪政编查馆出之，微示郑重其事而已）。彼政客汉奸，闻满洲言立宪，而色然以喜者，真可愧杀也。是故其《大纲》条文，不改专制之淫威，本无可供评论之价值，然一二辈之汉奸，犹以满洲开国会宣宪法者惑人，则余亦试举其大略而斥诘之，以听其辩护。

其开宗明义第一章首条，即曰：“大清皇帝统治大清帝国，万世一系，永永尊戴。”满洲言立宪之心肝，具见于此。其日降伪诏，谓融和满汉以图存立，改革政体以保治安云云，要不过粉饰欺人之语，惟欲借此以保其掠夺人之国家，久假而不归，则为其本来之真目的。盖当其入关之初，则借口儒教君臣之义，以行其异族专制之暴，以为我满洲既入主中国，踞有君位，则汉人当为之奴隶，永久服事；其有稍怀故国之念者，即皆可以无君犯上之条诛击之，不遗余地。汉奸如曾、左、胡、骆辈，亦遂为所陷惑，而有媚异种以残同种之举动，此满人当日之最得计者也。近者欧美自由平等之学说，渐以输入于中国。而君尊民卑之言，群识其谬，彼虏亦知儒教不足复为束缚，乃利用汉人思潮之变，而借口于立宪，以其“朕即国家”之精神，形成为宪法，而汉族之稍有不安不靖者，斯皆可以违宪诛击之，一如其昔日利用儒教之术。夫自满洲言立宪以来，问我汉人曾否得受丝毫之实利，我汉人所自知也，而彼满洲则遂可以明目张胆，揭其万世统治之条文于法律上，征灭我国家，奴虏我人民，二百六十余年如一日，犹以为未足，更假为宪法曰：“万世一系，永永尊戴。”昔者，嬴秦氏尝为之，谓朕为始皇帝，自二世三世，至于万世，传之无穷。曾不数年，而革命大起于平民，遂以覆灭，而后世号之为暴秦（暴秦之号为嬴氏所独占，四千年历史所未有）。今满清以异族为暴，甚于嬴秦，而其国力废弛不振，则远非秦世之比，汉族人心不死，乃欲借此徒法空文以维系之，痴心虚望，亦多见其不自量而已。或者以为日本宪法，亦有“万世一系”之文，故满洲效之，其意虽私，其言亦有所本。不知日本所谓“万世一系”者，乃自其有国以来，二千年未尝有易姓之事，故推本既往，而建诸宪法，曰：“日本帝国，以万世一系之天皇统治之。”证之日本历史，天皇一家，实为肇造日本民族者。若中国汉族皆为黄帝子孙也，故其宪法之规定，实为民族主义之大发展。若夫满洲，则固与汉人异其历史民族，其掠夺中国，不过数世，乃欲引日本为例，岂其爱新觉罗之先，不夫而孕之“布库里雍顺”，为于中国有神武天皇之资格耶（《满洲开国方略》云："长白山之东有布库里山，山下有池曰有敕胡里，相传有天女三浴于池，有神雀衔朱果置季女衣，取而吞之，遂有身，生一男，及长，命以爱新觉罗为姓，名曰布库里雍顺。"是为满洲一族最始祖。其言天女云云，乃欲袭"天命玄鸟，降而生商"之故事。然商先系出高辛帝喾，所称吞鸟卵而生契者，为帝喾之妃，特以神道设教，故有"天命玄鸟"之假托，非若布库里雍顺有母无父者比。故爱新觉罗之世系，满人亦莫知其始，以之君临长白山下，宁古塔边，为一酋长，或庶几耳）。以日本发于民族主义之思想，而硬盗之，以欺近日深明民族主义之汉人，夫不言族系则已，一言族系，我汉人且严立非种必锄之义，而灭此朝食，安在其可统治万世乎？彼满人当亦略知其先系之野蛮卑劣，不足以矫诬汉人，则变日本宪法绍述既往之言，专为推定将来之语，一师暴秦之故智，此與方术之士，吞饵金石，以求长生不死者，同一迷谬可笑。孟子曰："得天下有道，得其民斯得天下矣！得其民有道，得其心斯得其民矣！"满人吞并中国，其深仇大恨，中于人者未改，而种族上政治上，因受其压迫而怀不平之气者，又匪言可尽？人心已去，犹责以永永推戴，求为万世不易之帝皇，此等条文，只可与一二满奴汉奸辈自相娱悦耳，岂堪持赠他人哉？且以科学之公例言之，事事物物，鲜有经百年而不改革进化者，而一国政治，则必日进于平等，为大多数人之幸福，乃可以长久。宇内各国政法，其苟尚有君主专制之遗传者，必且刈除净尽，虽藏舟于壑，固不能禁有力者之负之而趋也。故欲葆其私，而言永久统治者，皆于法文为无聊之语。然若此者，固非满洲所知，满人则妄意欲借宪法以钳制汉人，使永永为奴隶，而历劫不复耳。

其第二条曰"君上神圣尊严不可犯"，则袭他君主立宪国法之成文，而大变其质者。所谓名为立宪，其实尊制也，为神圣尊严之语，如欧洲巴威伦等国有之。日本宪法三条亦言天皇神圣不可犯，日本宪法学者，皆谓无当于法理，惟因于其国固有之历史而已。其在欧洲，则源起于古代罗马国共和政体之顷，为确保平民总代者之职位，若有犯之者，则云其身体财产，皆当为神没取，以之为牺牲，故号总代者之职位曰神圣不可犯。罗马一变更为帝国，则因以帝王为神圣不可犯，皆自迷信于神权而来。及耶稣教传播，则"神圣"之用语，又变而含耶稣教之意义，仍不脱神权之思想。惟普国宪法则除"神圣"二字，仅言君主之身体不可犯，较为文明（若满洲则以"神圣"为犹未足，而加"尊严"二字，此如其屡代加上帝后之徽号，神圣文武，语爱吉祥，而多多益善者，洵为无意识之尤）。惟以法理论之，则各国之制度，于实质上无有差异，所谓不可犯者，指不付君主于法律裁判而言，即君主无责任之意也。君主立宪国，以君主为统治权之总揽者，故为无责任之规定，以示异于民主国也。然而满洲则实袭其文，而变其质。何者？各国于君主无责任之外，必有大臣责任之规定，而满洲无之也，此间大有区别，不可不深论之。盖宪法制定之后，虽君主亦不得不准据于宪法，以运用国家之统治权，一不容有违背宪法之行为。而既以其身体为不可侵犯，则不能加以制裁，此无责任之君主，不能保其必无违背宪法之事也，故置责任之大臣，以使君主行为，必准据于宪法法律，及无害国家公益。为大臣之责，君主若果有违法害国之行为，大臣实任之，此于立宪政体所必不可缺者也。否则，虽有宪法，而君主恃其尊严不可犯之故，得随意蹂躏之，以为损害国家之事，则无异于专制，而其弊且有甚焉矣！考之历史，君主无责任之制，始于英国；而大臣责任之制，亦同时进步，为宪法上一大原则，为各国之模范。如法国旧君主立宪制之宪法（千八百十四年拿破仑败，法人迎路易十八，行君主立宪政治，其制定新宪法，名曰《钦定宪法》，至千八百三十年有七月革命，而此宪法再改，然颇为后来欧洲君主国所取效）、德意志各邦之宪法等，皆以国王无责任，与大臣责任，相连规定（如普国《宪法》第四十三条云：国王之身不可侵。其四十四条云：各大臣代国王而任其责。最为明显）。日本《宪法》第五十五条，亦有国务大臣辅弼天皇而负其责任之文；又曰凡法律敕令，及关于国务之诏敕，要国务大臣之副署。普国《宪法》第四十四条亦云：凡国王关于国务之公文，必以责任大臣一名之副署，而后有效。副署之规定，又所以完全达责任制度之目的也。无国务大臣之副署，则君主之命令，于国法上不生效力；故君主之行为，无不经副署之形式，则其行为必一度通过于国务大臣，而无私为违反宪法之事之虞。大臣对于君主行为，见有违法违宪或国政上有害者，皆得拒之而不为副署（日本学者有以为立宪君主制，大臣对于君主违宪违法之行为，当任其责，而准据于宪法之行为，则虽见为于政治有害，犹有遵奉之义务。而法学博士末冈精一等则辩之，谓大臣辅弼君主，副署命令而任其责，不以宪法违反之事为限，苟能遵奉宪法之原则，则见君主行为有妨害于国家者，亦有拒其施行之义务，若怠此义务，即不能不任其责）。凡此皆所以防君主专制之弊也。今满洲所谓宪法，只言君主不可侵犯，以之为无责任而蔑视宪法上之原则；不为大臣责任之规定，其发命令，亦无使大臣副署之条（伴）〔件〕。则其所谓大清皇帝者，立于宪法之上，专断独行，何所不至；违法违宪，以害国家，亦惟其所欲为而已。夫所谓立宪国君主不能为恶者，非谓君主必无为恶之事也。恃法律之力，而严为制限，有以防止君主之专横，而达立宪政体之目的也（此指各国宪法之能实行者而言，本非伪立宪所可借口）。而其所恃为限制者，则莫重要于大臣责任之制度，而自不肖之君主视之，则固其权力行使之障碍物，此满洲立宪，所为必去之以不灭其专制之实际也。阅者掩卷思之，世界各国宁有可专断独行，可蹂躏宪法法律之君主，而宪法之施设，尚为有益于其国家人民者耶？立宪之名，至是抑非彼独夫所能盗窃也，明矣！或有为之辩者曰：满洲所拟之《议院法》，亦有弹劾大臣之条，此或即大臣责任之规定，不可谓其全蔑宪法上之原则也。则应之曰：否否。满洲之所谓弹劾，与今立宪各国所行弹劾制度，同其名而异其实者也，故其文云："行政大臣如有违法情事，议院可指实弹劾，其用舍之权，仍操之君上，不得干预朝廷黜陟之权。"其所云大臣违法情事，指大臣本身之行为也，与各国宪法因君主无责任而使大臣负其责者迥异。日本法律学者，为其《宪法》五十五条之解释曰：国务大臣不尽职司，由于其它官吏法所定，任其责而受惩戒之处分，诚不待言。惹《宪法》所谓国务大臣任责者，非言此之责任也，就君主之行为而使负其责，则为其它官吏之所无，而此种规定，乃与立宪政体有莫大之关系。今满洲既于宪法上删大臣责任之条，无副署之事，以不为独夫之障碍，而《议院法》所拟，则又明指大臣身自为违法之情事而言，是乌得谓为大臣责任之制度乎？是故各国弹劾之制，得对于宪法上所谓大臣负责者行之，即于君主有违法违宪害国之行为，而大臣应负其责之时也。而满洲弹劾之制，乃限于大臣自为违法事情之时，大臣既于宪法上无代君主负责任之规定，则大臣之遭弹劾，于君主行为，毫不受其影响矣！况其弹劾之效力，亦非可与各立宪国同日而语。各国与弹劾之权于国会，国会有弹劾，则移于特定之裁判所审判而处罚之。于英国以上议院为裁判所，于普国则最高等法院，开各部联合会为裁判所，盖皆附审判之权于特别之机关，以使得其平允，而贯彻大臣责任制度之主义也。满洲所定为弹劾制者，乃曰用舍之权仍操之君主，不得干预朝廷黜陟之权。然则此等弹劾，果何以有异于今都察院御史奏参者乎？其贪冒弹劾制度之美名，而隐没其实，亦一如其欲冒称立宪政体而已（按关于大臣责任制度，各国不尽同，惟于宪法上必有大臣任责之规定，以为君主专制之防闲，立法之精神，与学者之议论，无有异处）。

其第三条曰"钦定颁行法律及发交议案之权"，此斩削议院立法之权力，至于殆尽者也。夫议院有国民代表之性质，故一国宪法，民权重者，则议院之权必较重；君权重者，则议院之权必较轻。今各国议院之权，以日本为最轻，而君主之权，则以日本为最重，请略论其比较。先以民主国言之，大统领非国家最高机关，国家意思之决定，在于议会。有如法国，改正宪法，属于议会之专权，大统领不得参预；通常立法，大统领无不裁可权，唯得还附法案，求再议于两院，若两院以通常之法，再可决其前案，则大统领之反对，直为无效；大统领虽有召集之权，而议会能不待召集，于每年定期自为集会。如北美合众国，则大统领关于宪法改正，无裁可权；通常立法，无发案权，无不裁可权，惟有停止的不认可权（谓加异议书还附于议院使再议之。若两院俱得三分之二以上多数，可决原案，则该法案直成为法律，而不更须大统领之裁可，盖其不认可权为有限制者，非绝对者，结局常为议院多数所压倒也）。至于议会原则，不须大统领召集，而以大统领召集议会为例外，解散议会之权，则全无之，以视日本君主大权，皆相去悬绝，然此犹可曰民权国大统领，不能与君权国之君主相较也。则以英国君主之权较之，凡英国法学者述其宪法，无不为英国主权在国会之论断（英国以政治之习惯，英王虽有不裁可之权，而二百年来不复行使，即二百年来不闻君主有拒否两院通过之法案也。然此为其政治上之特质。至法理论谓主权在国会者，则其解释国会，不仅指贵族院及庶民院，而指君主及两院三者组织之团体，其君主关于国会之行动时，谓之“国会之国王”。依于宪法，国会有制定变更及废止法律之全权，此外任何人或何种团体，俱无逾越国会立法权之权利。故国会主权，为英国宪法之原则，国会得规定王位继承之事，得变更国教，更进而变更国家组织，及国会本体之组织，亦在其权内，而通常之法律无论矣！故英又有“国会万能”之谚，足觇其于国法上之地位）。其间与日本轻重不侔之点，不可枚数，但观其发布法律，亦以国会之名行之，不仅用君主之名，可见一斑。又如普国，其宪法为日本所模仿，然就日本学者美浓部达吉等所论，则日本君权较普为尤重者有三：普国等君主所发命令，除执行法律外，非因法律之委任，不得独立而发命令。而日本《宪法》第九条，君主得独立而发命令，一也。日本《宪法》第六十七条，本于君主大权所定之岁出，议会不得而动之，此为议会预算议定权之制限，虽在普国，亦无是法，二也。宪法改正之发案权，惟君主有之，此亦他国所无，三也。故日本君权之重，几同于专制。满洲所谓《宪法大纲》，既取法乎下，而其为弊，更甚于日本者，则有二点：其一曰：君主对于法案之是认，不曰裁可，而曰钦定也。考之普国《宪法》六十二条云：“立法权国王及两议院共同行之，法律必国王及两议院承认一致。”其君主虽有不裁可权，而其立法权之行使，必曰与两议院共同，则犹未大异于英国之制度也。日本《宪法》第五条：“天皇经议会之协赞而行立法权。”第三十七条：“凡法律必经帝国议会之协赞。”一以规定天皇之权限，一以规定议会之权限也。虽不以立法权属之议会，然其为共同行使之规定，则无大异于普国六十二条之宪法（“协赞”二字之轻重，日本学者解释不一，然观其以第五条及三十七条交互规定，又证之其所模范之普国宪法，则究竟“协赞”之实质，不外于共同行之之意义），故对于法律同意之表示，谓之裁可。裁可者，系于他人之意思裁答而认可之之谓也。而于法律之用语，则为“拒否”之变形，拒否之制度，则为节制国会之专制，使无立法之滥用而起（其初在纯粹采用三权分立主义之国，则国会为有最高权力之立法者，行政首长，与王相对立，国会之意思表示，即为国法，直接有羁束臣民之效力，行政首长不得参与。其后有以此为惹起国会专政，不合于三权分立互相节制之旨，于是使君主、大统领对于国会所定，见有以为不当于行政之实际者，许其有反对之意见，谓之拒否）。日本等国虽以立法权属君主，而立法权之行使，仍因于宪法之制限，而要议会之协赞。虽于其同意者，为一方面之规定而已足，不必复存拒否之制度。然素视为立宪政体要目之一，故变其形体，仍为立宪君主国宪法上制定法律必要之事序，而名之曰裁可（说本上杉慎吉），今满洲既无如普国《宪法》共同行立法权之文，并日本《宪法》协赞而行之语，亦复删之，更变议案之裁可而曰钦定，俨然示独断独行之意，而非表同意于议院议决之案也者，此又与现时交六部议奏，而奉朱批“依议，钦此者”何异乎？其二曰：并发交议案而亦专属之君主之大权也。证之日本【《宪法》】第三十八条：法律案提出权，属于两议院及政府。言两议院，则贵族院及众议院，有提出法律之权利也。“政府”二字，学者解释有谓为包天皇及国务大臣而言者；有谓天皇立乎政府之上，政府专指国务大臣者。要之，不专为天皇，亦灼然可见。故日本《宪法》以裁可法律公布执行为天皇之大权，而发交议案之事，不列焉！何物满洲皇帝，乃欲并此而独揽之？不容他机关之置喙，专制至是，亦大可惊矣！虽其《议院法》要领第二条，亦有议院提议事件须如何云云，似议会犹有提出法案之望，然其规定初未明了，又且果有是权，则与宪法生冲突。何则？宪法所谓君主大权者，为君主所独裁之政务，法律上不容他机关之参与者也（若事实上君主决定其意思，自容许他之参与，则无害为独裁）。同时他之机关，亦不能不让此“大权事项，为君主所独占之权力”。满洲《宪法大纲》，既以提交议案属诸君主，为大权事项矣！则不容国务大臣及他机关之参预，曾不待问。若因《议院法》而推定为议院亦有是权，则明明与《宪法》冲突，宪法为各种法律之纲本，为“法律之法律”，他法而与宪法冲突，则宪法必占优先之位，而他法见黜焉（亦断无以《议院法》而可侵夺君主大权之理）。故就《宪法大纲》第三条论，而知议会之无幸也。

（附驳《总汇报》） 比见《总汇报》有《宪法无不可改良之理》一文，于满洲现拟定《宪法大纲》之不良，亦承认之无异词，然以为可随时改变，则不免痴心妄想。盖宪法为统治权之规定，为各种法律之源泉，已成之后，非有大故，则不能更定，其在君主国为尤甚。即如日本关于《宪法》之改正，特为专条云：“将来有改正此《宪法》之条项之必要时，当以敕令而附议案于帝国议会，两议院非其总员三分之二以上出席，不得开议，非得出席议员三分之二以上之多数，不得为改正之议决。”故非天皇之敕令，则议院无提议修改《宪法》之权。而改正废止，其权全在天皇。今满清于君主一切大权，既规仿日本，而变本加厉，其不肯以此权限付诸议会，可以决言。提议且不可望，至议会决议之权力薄弱，又不待论矣！《总汇报》昨论云：“吾之所谓以立宪救亡图存者，非有立宪之名，即可以救亡图存之谓。盖既定立宪之政体，则宪法之善不善，可以随时改良之谓。”不知其所以企改良者，将何途之从？夫立院既不可望，岂将仍用上禀、打电、派代表之三武器以从事耶？而竟曰可以随时为之，苟其非全昧昧于宪法之性质，则直为自欺欺人之语而已。筑室有基，而造楼房之【于】沙滩者必坏；植禾有种，而误得荆棘莠草之种者必锄。其基既恶，其种复非，此吾人所以断断于根本之改革也（该记者以“锄”为名，而专为非种辩护，亦盍一顾名思（议）〔议〕乎）。又谓：“以为国民慑服于立宪之名，君主仍不失其专制之实，徒见夫现时所定立宪之未善，而不思先保守此立宪之根据，得所凭借，逐渐而改良之。”此言尤误。夫满洲立宪之根据，即在统治大权之趋重，亦即不失其专制之实之主义也。彼且以全力死守之，何待于论者为之保守？若所思凭借，指国会而言，则所谓国会者，其权力薄弱如彼，又且必无提议修正立宪之权，满人于此，已杜渐防微，惟恐不至，作者改良之望，不啻俟河之清耳。

其自第三条以下，则悉袭日本《宪法》大权之规定，然其变本加厉之处，不一而足，如第五条云：“设官制禄及黜陟百司之权。”下加附语云：“用人之权操之君上，而议院不得干预。”此抄日本《宪法》第十条者，而日本《宪法》此条尚有“但书”，谓：“于《宪法》及法律揭其特例者，不可不各依其条项。”则此权行使，自有制限。例如会计检查院，裁判所构成，当以法律定之，此宪法上有特例，而为制定官制之大权例外也。裁判官非具有法律所定之资格者，不得任用（日本《宪法》第五十八条）。裁判官除刑法宣告或惩戒处分外，无免职之事。此外若行政裁判所长官、评定官及会计检查官，法律上亦有一定之制限，皆任用官吏之大权例外也。今满洲《宪法》，但抄日本《宪法》第十条，而删其制限，则将来宪法或法律纵有规定特例，君主皆得以大权借口，而随意蹂躏之，其不如日本远矣！

其第七条云“宣战讲和，订立条约，及派遣使臣与认受使臣之权”，下加附语云：“国交之事，由君上亲裁，不付议院议决。”按关于条约之研究，分“条约缔结”与“条约执行”之二者。君主立宪各国，缔结条约权以属诸君主为原则，而皆有一二事项必经议会协赞者。如英国立约为国王之特权，而通常立法事项，则条约之实现，为国会之行为。其次各国宪法，多采法兰西宪法主义，撷其条文如左，以供考证。

荷兰《宪法》第五十七条云：割弃领土，或交换之条约，及关于法律之条约，无国会之同意，国王不得批准。

比利时《宪法》第六十八条云：通商条约，及关于国用，或关于人民事项之条约，非得议会协赞者无效。

普鲁士《宪法》第四八十条云：通商条约，或加负担于国家，或科义务于人民之条约，以议会协赞生其效力。

德意志《宪法》第十条云：与他国缔结条约之事项，属于《宪法》第四条之立法范围者，其缔结要有（连）〔联〕邦会议之同意，其有效力，则要国会之协赞。

奥太利《宪法》第四编第六条云：通商条约如全部或一部负担于帝国，及科义务于人民之条约，必要帝国议会之同意。

此皆据宪法之规定，缔结条约，限于其事，必须议会之同意者也。惟日本《宪法》第十三条云：“天皇为宣战讲和及缔结诸般之条约。”未尝明举议会协赞之必要，然至于“条约执行”有立法之事项，则仍以当经议会协赞，为正当之解释。盖此条以规定结立条约权之所存，而非有破宪法他之规定之效力。议会协赞权，国法上无反对规定之明文，则以自由独立为其原则，决不以元首于国法上或种种行为，而被其制限也。国际条约，由双方当事者之意思合致，而创定其权利义务，故有结立条约之权能者（指国家认为有结约之权能之机关），负其义务，即不得不于国内执行。然国家元首，所得负担义务之范围，于宪法上非全无制限者，则于国际法上亦同其范围，国家元首惟就其得自履行之行为，无条件而为约束耳！故其条约事项，属于命令范围者，君主直发命令而履行之，若其事项为宪法上关系于他机关之意思，而元首不得独自处分者，则君主不得以无条件而负其义务（以上本日本法学博士副岛义一之说，且谓凡主权之行为，于宪法上有制限者，即内外有其效力。立约之权，因各国宪法规定，而异其机关，此一方国家以何种机关为立约权者，即彼一方国家有从其国宪法而承认之之义务。其立约机关，宪法上受如何之制限，亦有当知之之义务。知之而与法约，则是既承认其条件，若执行事项，必经议会协赞，而议会不与协赞，则其约当然解除）。如日本天皇，不得随意改正宪法发布法律，若欲以条约而改正宪法发布法律，则不得以无条件而负担，以此等事项之履行，必得议会之同意，而不专属其权力内也。其它如定关税之税目、税率，定国籍取得、丧失之条件，定裁判官之资格，莫不皆然。又从副岛博士等之分别，则关于条约执行，普国、日本，皆从一般国法上之原则。惟日本无条约缔结关系之规定，故其条约中，若法律事项与其它事项并存时，则唯须执行法律之事项，因议院不为协赞而无效，其得协赞之条款，及其余之事项，不得为无效。而普国则以宪法定法律事项，使议院有协赞立约之权，则议院不为协赞时，其条约皆为无效。此二国不同之点。又日本《宪法》第六十二条第三项：借国债，及为预算外国库负担之契约，须经议会协议，此条文与外国缔结条约时，亦适用之。要之，如普、奥各国，则君主条约缔结权，有所制限，而非绝对行使。日本以之专属诸君主，权已极重矣！而条约执行，于法律事项犹须议会之协赞。今满洲乃为“全称反对”之规定，谓国交之事，由君上亲裁，不付议院议决，则为卖国割地之条约，日蹙国百里，固不容于抗议（若如荷兰《宪法》，则割地之事，非政府所能专擅）。即如上列更改宪法发布法律，种种俱无制限；又如关税之税目、税量有所变更，外债之借入，预算外国库之负担，亦皆可以任意独裁，而定为各种有害之约。以昏騃无识之虏主，而竟揽此至尊无限之权，嘻嘻！国际前途，其尚可问耶？（中略）

其第十一条云：“发命令及使发命令之权，惟已定之法律，非交议院协赞奏经钦定时，不以命令更改废止。”其下加附语云：“法律为君上实行立法权之用，命令为君上实行行政权之用，两权分立，故不以命令改废法律。”此又抄日本《宪法》第九条而删其制限者也。如美浓部博士所论，普国等君主所发命令，除执行法律外，非因法律之委任，不得独立而发命令。惟日本《宪法》第九条，君主得独立而发命令，故于日本《宪法》，已见君主之权力较欧洲各君主立宪国为重矣（日本《宪法》第九条所规定，学者称为独立命令，即非执行法律之命令，又非由法律所委任而独立者也。执行法律者，谓之执行命令；由法律委任者，谓之任委命令，并独立命令而为三种）。然日本《宪法》第九条文云：“天皇为保持公共之安宁，及增进臣民之幸福，又使发必要之命令。”《宪法义解》谓保持公共之安宁秩序，为关于警察消极之手段；增进臣民幸福，为依于经济教育之方法，使发达人民生活及智识之手段。故一般法学者，皆言独立命令范围，有积极的消极的二种制限（积极消极，犹言动静消长，积极为动进之意，消极为静止之意，以其为法学上惯用之名词，故仍之）。其积极的制限，为本条文所明示，不出于内务行政之范围（凡国家行政，得分司法行政、外务行政、内务行政、军事行政、财务行政之五者，而警察上及教育经济上之作用，皆属内务行政范围，故独立命令，得于内务行政范围发之，不得于其它行政范围发之也）。消极的制限，则为立法事项不得以独立命令而规定之（立法事项，谓宪法上定为当以法律规定之事项）。例如制限居住移转之自由，虽为保持公共之安宁秩序，不得以行政命令定之：征收土地，虽为臣民增进公益，亦不得以行政命令定之也（副岛博士、上杉学士等之说略同）。而满洲所谓《宪法》，则但云发命令及使发命令而已。则其独立命令之权，旁及于司法行政、财务行政之一切范围，且不必以保持公安增进幸福为目的。而侵占立法事项，又不待论，其专横恣肆，殆非日本君权所能比其万一也。至云已定之法律，不以命令更改废止，犹存一二分立宪之形式，然其加附语说明，则又谬戾。从来旧学说区别法律与命令，有形式及实质之两义：形式之区别，则法律必君主经议会之协赞而定，命令则君主或国家他机关，不经议会协赞而发也；实质之区别，则法律为国家立法作用，命令为国家行政作用也。今祖述此语，而改言法律为君主行立法权之用，命令为君主实行行政权之用，其“朕即国家”之主义，亦见于此。且旧说仅就法律命令之区别说明，至命令不能改废法律，法律可以改废命令（此为立宪国之通则，即立法事项，不容以独立命令侵占；而属于独立命令范围之事项，则得以法律规定）。法律视命令何以有优先之势力？则以法者社会心理之规律的合成意力也（此日本觉【筧】克彦博士本于德国最新法学者之说，而下法之定议者也。详言之，则曰规律意思者间之意思发动关系之合成意力也。法存于人之心理，心理有二：曰个人心理，曰社会心理。社会心理，由个人心理所合成。根于社会心理所生之意力，曰合成意力。意思者，间有各种意思发动之关系，而规律以合成意力，则谓之法）。国会为国民心理之表现，故法律为完全国民心理规律的合成意力，而命令则仅由君主或他机关之意思所发动，故二者有争问时，不能不让法律以优先。而各国宪法所为规定法律可改废命令，命令不能改废法律者，实根原于此也。或学者有谓命令以简易之事序而成，法律以繁重之事序而成，若命令得改废法律，则失宪法规定立法必经繁重事序之本意，然此特后起之原因耳，且不足说明法律可改废命令之原因也。起草满洲《大纲》者，于法理毫无所知，而谬云两权并立，故不以命令改废法律，其视法律、命令两者无所重轻。由此解释，则命令固不能改废法律，即法律亦当不能改废命令，盖各国宪法皆以行政命令立于法律之下，故除大权命令之外，皆得以法律变更废止。而满洲于此独不然也，故即以本条而论，既不以立法事项为独立命令之限制，而命令之既存，即与法律并立，而不能以法律变更，扩张政府之势力，即以蹙缩国会之权能，凡所以保存专制之实而已。

其第十二条云："在议院闭会时，遇有紧急之事，得发代法律之诏令，并得以诏令筹措必需之财用。惟至次年会期，须交议院协议。"此又抄日本《宪法》第八条及第七十条，而异其制限者也。先以日本《宪法》第八条比较之，其原文云："天皇为保持公安及避其灾厄，因紧急之必要，于帝国议会闭会之际，发可代法律之敕令，此敕令当于次会期提出帝国国会，若议会不承诺，则政府当公布失其效力于将来。"发此代法律之命令，有其必具之条件三：一、必于议会闭会之际：即当议会闭会时，不能依通常事序，经议会之协赞，故许省略之也。二、发之必有紧急之必要时：谓当议会闭会中使依通常事序，则失时机而不能应于急迫之需要者，若虽待开会而非必不可能，则乘闭会而冲决通常立法之事序，宪法所不许也。三、必为保公共之安全及避其灾害者：或有妨害公共安全之虞，而预防之；或既生公共之灾害，而除去之。即直接必要保护国家之安全、人民之生命财产之时，得发此命令，若仅为增进臣民之幸福利益，则不得为此等命令也（日本《宪法》第九条规定，独立命令，得以增进人民幸福为目的，而第八条代法律之敕令，则为限于为保持公安避其【灾】厄之规定，两相比较，可见其限制之严）。而第三之条件，制限其事项，所以防其滥用，尤为重要。今满洲《宪法》乃只云在议院闭会时，遇有紧急之事而已，第一第二条件虽略具，而第三条件以消极的事项为限，不使涉于积极的事项者，独删去不言，则其范围又极广阔，已非日本之比。且日本《宪法》第（九）〔八〕条言提出议会，不得承诺，则政府当公布于将来，失其效力，谓须征于议院意见，确认其无滥发之弊，其命令始继续有效，若经议院审查，以为不当，不予承诺，则政府当依从之，而公布废止之命令也。今满洲《宪法》不云须议院承诺，而但曰交议院协议。夫承诺与协议，其性质迥乎不侔，求议会承诺者，尊视议会之意思为准（承诺犹俗所谓答应），不得议会之同意，则政府更不容犹豫，而直须废止前令（代法律之命令，必国会共承诺之，始得保其效力。即贵族院与众议院俱同意时也，若于一院不为同意，即为不得国会之承诺，政府即不得不公布失其效力。故于一院拒否之时，政府不得更提出于他院。又从法学博士一木喜德郎之解释："所谓议院不承诺者，可因于事实而定，不须其明为拒否，故于承诺不承诺未确定前，适遇闭会，政府亦当公布失其效力。"提出议院而求其承诺之实际如此，故断然非寻常发交议案之可比）。交议会协议者，不专视议会之意思为准，既决议后，犹须听君主之裁可（在满洲则竟须恭奉上谕钦定矣）。则代法律之诏令，议院虽以为滥发，而其决议效力，与普通之议案无殊。设君主不为裁可，则滥发不良之敕令，依然继续于将来耳！凡法律上之用语，一二字之差，其谬即远千里，既不为制限于事前，复听其肆志于事后，虽亦存提出议会之形式，而议院之不同意，不能防制政府之专横，于事实上无所补救，此非细故也。其关于财用问题，则日本《宪法》第七十条所定，谓保公共之安全，有紧急之需用，而因于内外情形，政府不能召集议会时，则得以敕令为财政上必要处分，其事后必提出于议会，求其承诺，与代法律之命令同。而其为此财政之处分时，则第七十条所定，有严于第八条所定者，盖第八条之敕令，可于议会闭会时为之；而第七十条规定财政处分，必限于不能召集两院时为之也（按日本《宪法》第八条，本于普鲁士《宪法》第六十三条，原文云：为保持公共安全，避非常灾厄，限于不能召集两院时云云。日本《宪法》第八条只云于议院闭会时耳，至第七十条乃采用不能召集两院之制限，故二者全异其作用）。假令虽议会闭会中，仍为得召集议会之际，若不召集议会，而遂为财政紧急处分，则违宪之行为也，故如征收租税，定其法规，无有必不能召集议会之情形者，不得为此处分。今满洲又悉改为议院闭会时，此又有意侵夺国会协赞财政之权，而删除其制限者也。

其第十三条云："皇室经费由君上制定常额，自国库提支，议院不得置议。"此又抄日本《宪法》六十六条，而删其制限者。日本《宪法》六十六条云："皇室经费依现在定额，每年由国库支取，除将来要增额外，不须帝国议会协赞。"由其条文解释之，则将来增加经费时，必经议会协赞可知。其不须经议会者，为《宪法》制定时，已有定额，由定额支出者而已。满洲现时皇室费用，既滥无节制，即效颦日本，先定其莫大之巨额，以为经常支用，不经议会，亦足以豪矣！今乃云由君上制定常额，议院不得置议。然则彼独夫者，随时可制定常额，即随时可增加费用，而议院皆不得置议也，其穷奢极欲之心具见于此矣。

由上论述，则满洲所谓《宪法大纲》，大抵皆抄袭日本之《宪法》而变本加厉者。日本君权之重，为欧洲各国所无，虽亦微采三权分立之意，而其制度有所倾重，君主专制之遗迹，种种未除，要不得为完全之立宪国也。故一般国法学者，皆原本法理，比较各国成法，探论其得失，以冀有所改易，去其不良之点（如美浓部博士、（览）〔笕〕博士、末冈博士、副岛博士其尤著者）。而卒以宪法中君主制定，一成之后，又非以天皇敕令附交法案，议院不能提议修正，故虽有改良之学说，而皆为无效。满洲既以取便其专制之故，而以（模）〔摹〕效日本为名，复嫌其间尚有制限，视为妨碍，则尽去之，乃以此欲欺四万万汉人，谓已行立宪政体，是必举国皆无一有政治法律之知识者，而后可耳。道听途说之辈，徒耳立宪之名，以为欧美各国亦既因立宪，而国以治民以安，则满洲肯言立宪，苟如是，是亦足矣！夫以根本言之，一国种族问题未解决，则政治问题，未有能解决者。如奥太利之立宪，其宪法且远胜于日本矣！而民族倾轧不安，至今不能收立宪之实效，况宪法不如奥太利者乎（奥国《宪法》，开宗明义第一条云："诸王国及各邦臣民，一般有奥太利国民权"其一视平等定于法律者如此。犹不能释种族之争，故细人以为一旦立宪即能解决种族问题者，莫非梦梦？若满洲宪法，其专以巩固君权为目的者，更不待论。惟关于民族主义，本报他篇已畅论之，故于兹不为详辩）。又即专以宪法而言，专以立宪君主国之宪法而言，其能尊重人权，称道藉甚于现今世界者，惟英国耳！普鲁士则模范于法国路易十八所定君主立宪制之宪法（即法国再经革命而唾弃之者），而不如英，日本又模范于普之宪法，而倾重天皇大权，更不如普。满洲《宪法大纲》，则如上所述，名为仿效日本，而删除一切制限，专务扩张其压力，以视日本尚不可同日而语，而况于普耶？若英之宪法，则直谓非满洲人所能梦见可也（英国宪法大成于习惯，而不重明文，然其为一国国民所公共认守者，俨然有不刊之典则）。今为比较，表以明之：

英国《宪法》	普国《宪法》	日本《宪法》	满洲《宪法大纲》
无国体不可变更之规定，国会有决议改变国体之权能	无国体不可变更及普王永久统治之规定	日本帝国以万世一系之天皇统治之	大清皇帝统治大清帝国，万世一系，永永尊戴
君主不能为恶，大臣负责任，有弹劾制度并得以议不信任决议而进退大臣	国王身体不可侵，各大臣代国王而任其责，有弹劾制度	天皇神圣不可侵犯，国务大臣辅弼天皇而任其责	君上神圣尊严不可侵犯，大臣亦不负责任
以国会为主权者，法律亦以国会之名公布之，不以国王之名公布之，王及两院有法律发案权	立法权国王及两议院共同行之，法律必国王及两院承认一致，王及各议院有法律发案权	天皇以帝国议会之协赞而行立法权，政府及两议院有法律发案权，天皇裁可法律公布执行	皇帝钦定法律，并颁行法律，发案亦专为皇帝大权所有，不及两院
国王有选任官吏之权，除司法官及其少数之官外有罢免官吏之权	国王任免大臣，任命武官及其他官吏，但以法律特定者不在此限	天皇有定行政各部官制、文武官俸给及任免官吏之权，但于宪法及法律揭其特例者不可不各依其条项	皇帝有设官制禄及黜陟百司之权，毫无制限
立约为国会之特权，而通常立法事项则为国会之行为	国王与外国政府缔结条约，惟通商条约或加负担于国家或科义务于人民之条约则以议会协赞生其效力	天皇有缔结条约之全权，条约执行有立法事项仍经议会协赞	国交之事皆由皇帝亲裁，不付议院议决
国王于执行法律及法律委任之外无独立之命令	国王于执行法律及法律所委任外无独立之命令	天皇得独立而发命令，惟必为保持公共之安宁及增进臣民之幸福而发限于内务行政范围且于立法事项则不得以命令规定之	皇帝完全有发命令及使发命令之权，不拘其目的，不限于内务行政范围，不问是否为立法事项

续表

英国《宪法》	普国《宪法》	日本《宪法》	满洲《宪法大纲》
无所谓紧急敕令即国王不能发代法律之敕令	为保持公共安全、避非常灾厄，有紧急必要之际限于不能召集时，内阁以连带责任于不抵触宪法之范围内发命有法律效力之勅令，但于次会期为求其承诺当提出于议会	天皇为保持公共安全避非常灾厄，因于紧急必要于帝国议会闭会之际发可代法律之敕令。此敕令于次会期当提出帝国议会，若议会不承诺则政府当公布失其效力于将来，又为保公共安全有紧急需用之际，因内外情形不能召集议会得为财政必要之处分亦于次会期当【提出帝国国会】	皇帝于议会闭会时，遇有紧急之事得发代法律之诏令，不必以保安避害为目的，并得以诏令筹措，必需之用，不限于不能召集议会至次年会期交议院协议与通常法案发交同并非求其承诺
王室经费依于法定常额支出，若欲增加必经国会议决	王室经费依于法定常额支出，若欲增加必经国会议决	皇室经费依于已定常额支出，若欲增加必经国会协赞	皇室经费由君上制定常额，议院不得置议，即欲增加亦无制限

观于右表，则其比较优劣，阅者可以了然。满洲之所谓《宪法》，虽日本亦不屑视为同调，而普国无论，英国更无论矣！今无识之辈，对于满洲言立宪开国会，不察于情实，乃至高举英美之制度，为之况拟，为颂祷，吾恐不特美国之士窃笑于旁，即满洲人亦将诧愕以为不伦，而不任受其谄谀也。呜呼！彼谁欺？欺天乎（编者按：本篇载于十月第六号之续文，以原报残阙，从略）。

二曰人民无宗教之自由也。宗教自由，谓任人民自由以奉宗教，本其所信仰而行，不受国家之干涉也。其纯然为心理作用，不现于外者，固非国家所得干涉，即其形于外部之行为，为宗教上之仪式拜礼、传教演说，设立教会等，亦为人人之自由，国家不得强令人民以必从某教，亦不得强之使不从某教。其直接之干涉无论矣！即法律上有不齐等，对于其奉某教者，或与以保护特权，而反之者，或置于劣等地位，此则为间接之干涉，妨害人民宗教之自由，皆所不许也。此之自由，与集会自由、出版自由，并列为三，立宪各国，俱各规定之于宪法，以为之保障。欧洲中古，宗教问题酿非常之争变，故宗教之自由，不啻以无量之血为代价，而购得之。日本则揭之于《宪法》第二十八条，盖信仰宗教，为人民良心所自致，思想之自由，国家而干涉之，则大反于人道主义也。且宗教之不得自由，缘于政府专制之恶毒，为便其私利以行干涉，而其结果乃以召人民自相倾轧，为国家之不利。以吾中国论之，佛教兴于汉，天方起于唐，基督教入于明，政府当时既无干涉宗教之命令，民间亦不生异教冲突之事。而满清为制中国，遂时有民教不相安之问题。夫教亦民也，而从基督教者，谓之教民，别于齐民百姓，此真前代所未有也。所以然者，满政府刻忌已深，常以吾民聚众集徒为病，则时时借口于邪教，而恣其诛锄，从异教者，无与抵抗，则不得不借外力以为护符。满洲惮于他强国之势力，立示其退让，教徒之不肖者，因其借外力为护之习惯，浸假而与齐民有争，亦倚仗外力。而刑事民事之狱讼，得迫满洲官吏为之左袒，齐民积愤，乃不得已而诉诸腕力，于是始有仇教之事，而两方皆成恶感。故假使基督教徒无有借外力以为护符者，则齐民必无仇教之观念，使满政府不以某会聚众为病而诛锄异教者，则教徒亦无窘而借助外力之事。一言以蔽之，则民教不安之问题，一满政府酿成之也。不然，佛教、天方皆由外国而入，何以吾民不因此而起憎恶？即基督教亦已入于有明之时，何亦相安？且别民为教之名词，不生于曩时而出于今日，何耶？日本维新以前，政府亦有虐杀教徒之事，及颁布《宪法》，人民得宗教之自由，于是上下一体，无复有宗教不同之界限。今满洲所谓《宪法》，乃于人民之宗教自由，靳而不予，殆仍率其猜忌之常，以吾民集众聚徒为病，而欲时时行其干涉也。夫满洲之听外人传教于中国也，非其本心，于嘉庆年间，曾着为厉禁，于《大清律例》，凡有奉基督教者，处死刑，并抄没基督教徒之产业。及道光年间，与法国定约第十三款云："凡奉天主教人，皆保护其身家，凡中国人愿信崇天主教，而循规蹈矩者，毫无查禁，皆免惩治，向来所有或写或刻奉禁天主各明文，无论何处，概行宽免。"旋由清廷降谕，将前所抄没之天主堂学堂、茔坟、田土、房屋等件，赔还法国，故基督教不啻以外国之强力行之于满清者也。此外之教，无此特别之保护，故可任其诛求鱼肉。吾见彼所谓《宪法大纲》者，夺人民宗教之自由，吾不禁为各教信徒危虑也。不宁惟是，即基督教徒，亦仅得因于条约免其惩禁，而非真有宪法上一体之自由。设条约奉行，外国之监督不力，则满洲之故态复萌，不难再施其杀戮无辜、掠夺财产之虐政；即不虑其有此，而教徒之避害，终不能不借外力为援，则民教之界限，何时可去？民教不相安之问题，何时始得解决乎？满洲以猜忌汉人之故。必反背人道主义，夺吾民最大之自由，即为全国之患害而亦不顾，吾真不知其何心也（按：满洲人种野蛮，本无宗教，然其掠夺人国而征服其人民也，则又往往利用宗教。如入中国利用儒教，将借口于君臣之义，以破革夷夏之大防也；其取蒙古、西藏，则又利用佛教，且以其地黄教人弱而红教人强，并利用黄教，而诛锄红教，不遗余力。凡若此者，皆以便其独夫专制之私图，以宗教为之器械。而宗教之为道如何？彼直丝毫不知也。故康熙时，曾准利玛窦传教于中国，而嘉庆时忽严禁以死刑，乘机掠夺财产。宗教之在其国，可以任爱憎，而专以自利。今其于宪法不肯与人民以宗教自由，殆惧法律一为之保护，则后兹无所施其技，噫！亦蛮毒矣）！

三曰人民无住居及迁转之自由也。人民为组织国家团体之分子，故于本国领土内有住居之自由，乃自其取得国籍所生必然之结果。其为住居，得自由选择，或暂住，或久居，他人不得妨碍之。其与外国人之区别，则本国人民为当然有住居之权利，而外国人则因于国家特别之许可。故外国人于居留国领土内，有妨害公安秩序之事，或有不能自营生活者，则居留国得放逐之于境外，而本国人民不得放逐。其被居留国放逐之人，返其本国，本国不得不受之。又各国之结移交犯人条约，亦以本国人民不执交于他国为原则，且住居迁转之权，不止行于本国领地内，即于外国亦有迁住之自由，苟法律无特别制限之规定者，则政府不得为直接或间接之干涉。日本《法第》第二十二条云："日本臣民于法律之范围内，有居住及移转之自由。"即特揭其明文者。此居住迁转之自由，非以法律，决不能加之制限。乃观满洲所谓宪法，则又无之，是寻常住居，皆可以强制勒迫，侵夺人民之自由，惟彼独夫民贼之所欲，其为计甚便，而一家哭与一路哭，非所顾也。人民既无住居迁转之自由，则随时得放逐之于国外，又随时可执交于外人，其被外国放逐而归者，又可拒绝而不受。吾民当此天荆地棘，真与亡国之民同其困苦，夫复何言？昔在乾隆时，荷属八打威旅居华人，被杀数万，荷人不忍，则对于满政府谢过，而满政府答之曰："海外奸民，不服王化，朝廷久不过问。"枭獍之言，闻者亦当发指。然因彼向不认人民有住居迁转之自由，故悍然置海外华民之生死于不问。贪官污吏，承其风旨，见吾民之归自外者，则视如俎上之肥肉，择而噬之，甚者诬陷以重罪，而戮害其身命。最近则以欲谋南洋商人之囊橐，变其词而伪认保护，然商人之归内地者，其受危害如故。前两月之顷，有香港商人李某兄弟，以讼事至香山，水师提督李准嗾香山令拘留之，拟居为奇货，后以港政府之交涉，不得已送之还港，则其所谓保护商人者，亦可见一斑矣！要之为便其营利罔私，而靳夺吾民之自由。宪法上既无此权利，则内外同胞，虽受切肤之痛，亦无所控诉，此满洲立宪本来之目的也。

四曰人民无书信秘密之自由也。书信秘密之自由，亦谓之书信秘密不可侵权。书信非公告于公众者，故其本体当然有秘密之性质，而各国宪法亦遂与人民以秘密之自由，自非遇有非常变故，政府已下戒严之令，则此秘密无时可侵者，国家即为刑事上检查，及其它行政警察之目的，亦不得押取人民之私书而开拆之。日本《宪法》规定于二十六条，学者解之，谓书信秘密，乃指书信全体之秘密，不特其函中所记不得发露，即封面住址，发信受信者之姓名，及其往复发送之事实，亦止限于邮政官吏得知之，而官吏即负保其秘密之义务，不能泄漏之于他人。盖秘密云者，不欲使知于他人之意思。而封面住址等事，有因此而得推测一二，若使泄漏，则有时并当中所记事项之秘密，亦不能保也。他国宪法上之保护，其严重周密如此。乃满洲所谓《宪法大纲》，则又夺此权利，直接人民无彼此书信之自由，间接实为其身命财产之危害，此等野蛮卑劣之点，浅人共见，吾亦不屑深论之矣！

右之四者，皆人民权利中所必不可无，亦为今日君主立宪国所皆明揭于宪法上者（民主立宪国则更不待论）。而满洲则尽剥夺之，故其所谓宪法关于君权之规定，比之各国为轻重之悬殊，而人民权利之规定，则但见为有他国所共有，而满洲独无者而已（故无从比较）。至其条文虽有，而用语极为暧昧者，则如住所安全之自由，云："臣民之财产及居住，无故不加侵扰。""无故"二字，几于无一定之解释，无一定之界限。证之日本《宪法》第二十五条，则云："日本臣民之住所，除法律所定外，无其人之许诺，不得侵入搜索。"盖以非法律为限，则意义分明，而人民有所遵守。今以无故为限，则无论不肖之官吏，不法之莠民，皆得托故而来，肆其滋扰矣！又如各国宪法皆规定人民有选举权，及被选举权；满洲《宪法》，则只云臣民有合于法律命令所定资格者，得为文武官吏及议员。是仅有为议员之权，而选举议员权无之，虽合其《议院法》要领观之，亦可知人民尚有选举权，惟于《宪法》上缺略至此，亦可谓儿戏甚矣！此外更有为吾国民所当注意者：则其《宪法大纲》，所与人民出版自由、集会自由，曰"于法律范围内"；其与人民身体自由者，曰："非按照法律所定，不加以逮捕监禁处罚。"此固模仿日本各国成文者，然日本《宪法》此章之解释"法律"二字，学者多以为当从于最广义，并包括命令而言。所可恃者，则宪法明举种种立法事项，不得以命令规定，而法律必经议会协赞，成于国民之总意。此二者所以防政府之专横，而为人民自由之大保障者也。故日本明治二十三年，始开国会，而于未开国会之前一年发布《民法》、《商法》，舆论则哗然，卒至改正为今之《新民商法》而后已。今满洲所谓独立命令，既无立法事项不可规定之制限，而国会之期，尚在九年，其逐年筹备之事宜，则第一年即以发布钦定之新刑律、民律、商律、刑事、民事诉讼律等法典为事，其欲以出于政府独裁而不经议会之意，彰彰如是。且观其现所定之报律、矿律，一切专以束缚压制为主，是其将来所定刑民商律等法典，吾民安有幸耶？盖日本《宪法》君权之重，不过其专制之遗迹未尽刈除，而满洲则直以立宪之名，行专制之实也。当《宪法大纲》之未布也，言者亦曰以满洲专制之素，而假言开国会，必不与以监督政府之全权，惟有承政府之颐指色笑，庶几苟容耳！国会将来之变象，可得三途：一则与政府冲突而被其解散，冲突之甚，至于永久闭会，未可知也。一则不敢与政府冲突，苟求存立，宛如傀儡。其三则为第二之政府，助政府以肆其淫虐也。夫其所谓第一之变象者，犹以为满洲所定立法行政之权限，其轻重不大相远，故议会犹有执法与争之时。今观宪法大纲，则蹙缩国会权能者，已至于减无可减。君主可以为恶，大臣不负责任也；法律出于钦定，而发案权，亦皇帝所独有也；独立命令，范围至广，无事不可以命令规定，所以直侵立法之权也；一遇所谓紧急之事，则得发代法律之敕令，并得于预算外，筹措财用，而事后又不必国会之承诺也；至若设官制禄，国交谈判，则凛然示其禁制，曰不付议院议决，议院不得干预也。凡若此者，一方极端限制议院之权力，一方即极端伸张君主之权力，其为制至于极重而不可返。斯时之国会，正吾所谓既无执法与争之实力。即执法与争，而彼藏身已固，无可动摇，则惟其暴戾恣睢以蹂躏人民之权利者，将来之变相，当以供政府之傀儡者为幸，而有助政府以肆虐者为可忧耳。

或曰：然则满洲之宪法，将来果见于实施否乎？曰吾既言之矣！满洲之立宪所以自私，而葆其专制之实也。然则宪法中所谓君主大权，彼必极意实行，而无所损让；至于人民权利，于彼为负有保护之义务者，则决其不措意也。夫刑法号为改良，未半岁而徐锡麟之心见剖；商律公司法颁布，未数月而粤路公司违法私举，曾不一问，今且将硬夺商办之路，而归之于官矣（官督商办，现时已见明文。余曾于民报第六号，批驳清廷前年闰月二十日之谕，以其督饬筹办之语一再见，知其必破商办之局，而将施以官督商办之故智。时国人方热心于路事，未深信也，今者果然，余亦可谓不幸而言中矣）！此类之事，举一隅三，满洲政府执行法律之实际如何，可以断定。以法绳人，而己则事事违法；宪法上彼享其权利者，则必行之惟恐不力；彼所负之义务，则置若罔闻，满洲变专制为立宪，亦使吾民如水益深如火益热而已。呜呼！希望满洲立宪者其听之？呜呼！希望满洲立宪者其听之。

《中兴日报》，光绪三十四年八月二十九日至九月十五日（1908 年 9 月 24 日至 10 月 9 日），录自《胡汉民先生文集》第一册，第 462—499 页

论排革命实以救中国

锄

吾人日日立论，唇焦笔秃，力扫革命之说，决其必不可行，夫此岂好为多事哉？盖见夫中国内乱苟生，外侮难御，操戈同室，鱼烂必亡，使知而不言，厥罪惟等，所以不忍缄默，惟音哓哓。孟子有言："不得已也。"中国政治之积弊，趋至今日，其紊乱无纪，诚不待言矣。上下相蒙，交征以利，权奸秉国，固宠营私，其殆哉岌岌，又不待言矣。内政不修，外交失败，国势不振，丧失主权，其积弱滋甚，又不待言矣。以最足有为之中国，日微日削，江河日下，冉冉而至于今，忧时者方从政治上逐渐而改良之，而狡狯者反欲持革命之说，而思以破坏之。噫！他日亡中国者必出于破坏之言。吾为此惧，又乌能不详细剖解，而为吾国民正告乎？

今之论时局者，以为中国政府之顽固，语以改良政治，开国会，定宪法，以求中国之富强，度政府狃于眷恋禄位之心，或不肯牺牲其固有之主权以受制于法律之下，使非出于兵事上之改革，则虽日言要求，日言监督，其效力卒无所成功，此则主张革命者不经破坏不能建设之说也。然试思现在政府之柔脆，必不敢仍用专制手段，以结（冤）〔怨〕于庶民。就令国会期限有意延迟，宪法大纲杂

乱无序，而既下此开国会与定宪法之种子，新机一动，随时扩充，火之始燃，泉之始达，乌见其不足以燎原，而决无望于放海也哉？

西人有恒言曰：“变政之始，如转巨石于危崖，非达其目的地则不止。”至哉言乎！天下大势，不动则已，动则未有能止者也。政府既无能力以制之先，使国民之动机不发，既发矣，而时而欲暂抑之，时而以间接之力助之，时而以直接之力排之，时而以反动之力激之，卒之政府之遏力愈大，而国民之动机愈神，则谓非倡革命之说，不足以暗助立宪之能力者，殆非也。

大抵今日迫于内者而改良政体，亦犹前日迫于外者而互市通商。彼其时持闭关绝市之论者有人矣，使果其能闭之能绝之，则必实行闭之实行绝之矣，而大势固不许尔尔，千回百折，而卒不能不互市通商，无他，此机既动，其势有必不能复遏者也。今日改良政体亦然。当局之阻挠立宪、仇视国会者亦有人矣，使果能阻挠之仇视之，则必不宣布《宪法大纲》，更不预定国会期限矣，而大势固不许尔尔，千回百折，而卒不能不改良政体，无他，此机既动，其势又必不能复遏者也。则谓国会之期，万无足恃，所定宪法，势难改良，而断断焉鼓吹革命者皆非也。

然则彼持革命之说果何词乎？将谓满政府欲巩固其无限之主权，使但得保守平日专制之威，则视汉族之土地、人民、政事，皆置若傥来，任其剥削，任其疾苦，任其紊乱，而曾无关切爱惜之心。此仍执“非我族类，其心必异”之说也。然独不思满汉一家，同化已久，无论种族之说，溯源夏禹，屡经考证，证佐綦详。况国朝入关以来，改其边鄙之野风，从我中国之旧俗，教化文义，效法于孔子周公，礼乐典章，斟酌于宋明唐汉，就表面上言之，则为入主中原，就精神上论之，实已归附诸夏，与元时不用中国之教化文字者迥异，盖化为一国，无复有几微之别久矣，其所最沾便宜者，不过区区一君位而已（国家未立宪则君权独专，既立宪则君位不过一最上之席位，实于主权无大关系，下文当详论之）。而持革命之说者，竟武断谓汉人为奴隶者已二百余年，抑何自污之甚也。夫所谓奴隶者，若波兰之属于俄，印度之属于英，爪哇之属于荷，吕宋之属于美，安南之属于法，人民但供租税，任徭役，不闻政事，绝无主权，不得为长吏高官，国民一切不得平等者耳；否则如元朝之置南人于色目汉人之下，贱其流品，不得为宰相，不得用中国文字，此诚所谓奴隶耳。若国朝之制，满汉平等，汉人有才者，匹夫可为宰相。

近日如袁世凯之奸邪，窃宠弄权，虽贵族如铁良，亦仅能收复北洋之兵权，而于袁世凯之作福作威，曾无所损，庆王奕劻，名虽秉国，而实则亦袁世凯所利用也，则谓二百余年汉族皆为满人奴隶者，其说岂可通耶？

然而彼持革命之说者，又谓今日之政府，必无改良政治以求保全中国之心，其所谓准开国会，其所谓编定宪法，皆所以笼络人心，借改变之虚名，以塞天下要求者之口。试观历年所行各政，均有名无实，未尝或收效果于目前，则何如从兵事上之改革，冀得大权在我，将前此积重难返之恶习，天翻地覆，而咸于维新。此则借新世界、新中国、新政府之名词，阴行其扰乱人心之计者也。噫！为此言者，非不明现势，则大言欺人耳。无论今日自称革命者之人格，万不能望其有成，就令谈革命者，彼其心志果出于救国救民，而所行之道，适足与救国救民相左，是之燕而南辕，适越而北辙，愈去而愈远矣。

夫中国今日，君臣上下，皆知非变法不足以图强，是以数年之间，新政日兴，成例骤破，前日所悬诸空论者，逐渐而见于施行，如停武试、废科举、兴学堂、派游学、劝农工、重路矿、改官制、撤旗兵、裁绿营、简使臣、派巡舰、设商会、募警兵，虽事事草创，办法不善，未能尽洽民心，然大动之机，实不得谓毫无建设。更推原其所以办理不善之故，盖由于君民怀贰，上下相蒙，国家无示信之法以得民之资财，国民无办事之权以尽己之责任，是以诸多窒碍，多谋少成。此则满汉异种、不可共事之言，其流毒为甚大也。

当今日之现势，外侮日多，列强环伺，中国而欲求安全，舍“满汉不分、君民共治”八字之外，又何道焉？乃必倡为满汉异种、不可共事之说，是何异自分中国，惮其大而小之耶？凡物合则大，分则小，大则强，小则弱，强则存，弱则亡，此必然之势也。中国开辟数千年，至今日统一满汉回藏诸族，而成一最大之国，人民之众，居地球三分之一，土地等于全欧，物产丰于全美，民智等于白种，盖具地球上第一等大国之资格，可以称雄于大地，自保其种而有余者也。近百余年，欧美骤进，兼弱并小，日思为其国辟海外之版图，其对于中国，日日言瓜分，然考其极功，亦不过侵夺屏藩，要索权利而止。以最近之事实而论，庚子之变，联军入京，十三国之兵威，齐集辇下，卒以谢罪赔款，盟好如初。夫当时中外积忿，仇怨最深，兵衅既开，岂能复遏？乃彼十三强国，不于此时瓜分中国，而任其保全者，岂有爱于我哉？盖见夫中国地太广阔，民太众多，盖非如琉球、高丽、安南、印度、虾夷、犹太诸邦，一加以破格之威，遂能低首下心，而必无后患耳。乃今之言革命者，若惮中国之地太大，而欲削而小之，若忌中国之人太多，而欲离而贰之，今日分满汉，明日弃藏回，同室操戈，以召外侮，何其谬也。昔俾士麦生当欧洲盛言革命之时，近对法国盛行革命之事，而独能藉普国以伸王权，开尊王会，卒能合日耳曼二十五邦而挫法，合为德国，称霸大地。嘉富洱乃力倡民权者，而必立萨谛尼为共主，（备）〔奋〕力设法，而合十一邦以为意大利，故能列于众大，为欧洲之强国。夫普、意本以小国，而俾士麦、嘉富洱则苦心极力，令众小而大之，以成霸业、致富强。吾国中本极大国，而言革命诸人，号称救国者，乃必瓜分现成之大国而小之，以减其势力，坐待灭亡，人未分割我，而我自分割之，天不弱亡我，而我自弱亡之，何其愚也！

且今日之好谈革命者，毋谓革命之可望成功，更毋谓革命即不成功，而亦不至灭亡中国也。吾见夫论革命之事，有不用枪炮而可望成功云者，此强词夺理，强辩饰非，不近人情之论，又何难焉。等而上之，则历举中国前代斩木揭竿之陈言，援引欧西各国流血断头之故事，又复虚张声势，扬言于众曰：某处某处，已招集若干徒侣，隐伏其中；某处某处，已联结若干营兵，预为内应；某处某处，党军已屯积若干糗粮；某处某处，党军已运入若干枪械。无论其事之非真，就令如彼所言，亦何异螳臂当车，破卵击石也？从来举事者必先练兵，用武者必先置械。前数十年，电线未设，铁路未通，倡乱者得以招集亡命之徒，乘各省兵备单疏，急占以为根据，然后蔓延腹地，以大其声援，迨朝廷闻警调兵，已耽搁几何时日，倡乱者坐而致大，所以收复较难耳。今则电线如梭，铁路如织，一处起事，而敬报四闻，巢穴未成，而援兵踵至，观于近年萍乡，广西钦廉、镇南、河口之役，盖昭然矣。夫今日所称为革命者，盖以为其谋臣战士、粮饷器械、攻城（掠）〔略〕地之术、行军用兵之计皆不让于古人也，吾又不必力辩其谋臣战士、粮饷器械、攻城（掠）〔略〕地之术、行军用兵之计皆不若古人也，然而所处之时势与古不同，所以屡战屡败，迄无成功，使犹以革命为可行，是无异率禽兽而食人耳。

吾之为此言也，非以其屡经失败，而以成败论之也。盖深见夫今后之现势，万无可言革命之理。彼言革命者，动援引欧洲各国革命成功之言，而岂知各国革命，皆在火器未盛行之时，故仍有以刀剑为兵器者，此其时势，岂与今日同也？

故今日而言革命，不独中国不可行，即各国亦不可行。彼不统筹全局，而梦想革命之成功，则亦妄人也已矣。至于谓革命即不成功，而亦不至灭亡中国，此言尤不可解。夫兄弟阋墙，外御其侮，相持鹬蚌，利在渔人，此虽恒言，实有至理。中国军力之微薄，挟全力以御外侮，犹恐其不足，使国中无变，则各国犹保守和平之说，互相牵制，我尚得及时整顿，以消隐患于无形。倘内乱一起，各国将借保护商务为名，而乘机干预，甚则声言派兵代剿，以窥我险要，而夺我主权。最近河口乱后，外人所要求外部之事，其危险已可畏矣。则谓革命即不成功亦不至陷中国于灭亡者，其说岂可通耶？

且谈革命者，动执外国公认彼党独立之说以鼓舞人心，谓某国为欧洲革命之祖，最主张民族主义者也，使能与之预立条约，许以他日党军大捷，照常通商，加意保护，则彼方引我为与国，以速望我之成功，且更能济我之弱，扶我之危，当党军势力未盛之时，而彼必勇于援助。噫！为此言者，果将谁欺，何异认某国之总统，与之结为兄弟，某国之君主，与之联为甥舅！失心狂言，终日在梦，在言者固信口而道之，曾不计他人闻之者之笑不可（仰）〔抑〕也。夫外人之藐中国，对于现在之政府，诚无敬重爱惜之心，然较诸轻视革命党诸人，则政府犹为信用矣。谈革命者，将谓外国许彼独立之说为可恃耶？诚如鄙人前日所云，利其破坏不利其成功，彼方欲逞窥伺中国之阴谋，而未有其名，特借革党以为间接之前导耳。谈革命者不察其意，而犹执许彼独立之说以号召于人，知而言之，是谓不仁，不知而言之，是谓不智。谈革命者，果何为而出此言乎？不智也欤？不仁也欤？二者必居一于此矣。

夫使外国果乐新建之国，利于交通耶，则昔日之台湾，宜极力佐其独立矣。台湾以方千里之地，濒临大海，人民之众，物产之饶，矿地之多，林木之盛，形胜粗具，险阻天成，此最足为独立国之资格者也。且当时倡独立之说者，实为台湾巡抚，欲与外国订立条约，结为友邦，乃事卒不成，则外人所谓公认独立之情伪，宜可见矣。夫台湾幅员千里，而独立之局犹不可成，况未有尺地，而凭借不若台湾者乎？台湾巡抚，比于古之诸侯，而独立之志犹不能遂，况亡命之徒，而势力不逮台湾巡抚者乎？彼谈革命者，固自命为通达之人，其为得为失，谅亦非不自知，而故为外人许彼独立之言，（欲迨）〔迨欲〕令盲从者醉心于分外之希望而已。

彼持革命之说者，见吾有政府柔脆之言，而谓革命与不革命，政府同受颠覆。是稍变换彼党平日所谓革命必不召瓜分、革命足以弭瓜分之说，是不知外国实情，而以为各国皆轻于用兵，其蒙昧殆与政府同也。夫使外国不必待中国自相残杀，鱼烂已极，而能实行瓜分，则中国之覆亡，岂俟今日？乃庚子之役，十三国联军，不思乘胜宰割，而必欲两宫回銮，商订和议者何也？又使外国但视政府为可欺，而视革命军为可畏，惧瓜分之后，革命军能以排满之余力再起而排外，则宜兢兢惕惕，常恐结（冤）〔怨〕于革命军。乃河口乱后，即向所称推心置腹、助军□、订条约、许革党独立之国，而竟背弃前盟，允协拿、求代剿者则又何也？吾思其故，外人之对于中国，日言瓜分，而卒不能达其目的者，非待中国内乱已深，朝野离贰，萧墙自衅，同室相残，则亦无可以瓜分中国之道也。而欲急于见效者，乃利用革命党之扰乱，而出其甘言，行其狡计，声言援助，以速中国内乱之机。彼革命党不顾得失，不计存亡，徒以为虎作伥为快，使非大破其说，欲救中国，迨无从下手矣。要之，政府虽极柔脆，而尚知国会之不能不开，宪政之不可不立，尚非欲坐亡中国，能及时整顿，犹不至举国为墟。若革命之说遍行，则自腐虫生，其弊不知所止。质而言之，则中国今日无革命必不至瓜分，有革命则必召瓜分。吾所以喋喋而排革命者，非好为多言，实欲以救中国也。

何言乎无革命必不至瓜分，有革命则必召瓜分也？欧洲各强国皆已立宪，凡兵戎大事，皆公诸国民，其日日整兵，日日装船，日日置械，大抵保守之主义居多，而攻取之野心渐减，盖地丑德齐，莫能相尚，不如是不足以立国也。其惯于恫吓中国、声言兴兵调舰、往往得遂所欲、快心满意而去者，实以中国外交诸人，不能深知外情，而彼已窥吾之恇怯耳。若中国之外交家，能援例坚持，不为势屈，则彼方善于圜转，而断无轻于启衅者矣。最近二辰丸案发现之时，日本驻京公使，□□敢自决其要求之效果，而所得竟□满如是也。有某国公使，力陈外部柔懦之实情，教以滥用声威，而外部遂中其计耳。至今日民气发达，痛心国耻，而文明对待之观感，日激而日深，而日本乃得不偿失，大往小来，后之欲为无理之要求者，知所鉴矣。最足虑者，彼倡言革命之乱民，乌合无赖，扰乱治安，各国以中国内乱可乘，且迫于保护财产之心，不得不添派兵轮游弋内地，迨中国之人，自相残杀，而彼乃得因利乘便矣。此则瓜分之祸，所□烈也。吾之排革命，岂好多言哉，实欲以救中国耳。

或者曰：子之排斥革命，迨亦借防乱之说，以救国为前提，而实则党派不同，互相攻击，出奴入主，此是彼非，而故为此言耶？则又不然。盖革命者反对专制之名词，而非反对政党之名词也。未言立宪，则君主有无限威权，革命党乃有所谓敌国耳，至今日立宪之基础既成，则君位不过一行政之机关，而威福予夺，皆不能独擅者也。今日而言革命，已成明言黄花，不攻而自破矣。我国民欲救中国者乎，宜乘此立宪之始基，而尽群策群力，以组织一绝大政党乎？

《南洋总汇新报》，光绪三十四年九月二十二日至三十日（1908 年 10 月 16 日至 24 日），录自章开沅、罗福惠、严昌洪主编《辛亥革命史资料新编》第 5 卷，第 49—53 页

呜呼那拉氏又死

胡汉民

载湉之死信方传，而西太后叶赫那拉之警电又到，此最惹人以注意者也。载湉之为皇帝，不过以空名尸位，而专制无上之君权，实在那拉氏。载湉见制于母后，其权力视奕劻、载振之徒尤为微弱。其死也，在满族丧君有君，无大增损。且于那拉氏专制之日，已无复有所谓帝党者存，则于一班争权竞势之大奴，亦无所轻重。舍海外绝无势力之保皇党，开会追悼，发一二次之悲声外，殆无特别可记之事。那拉氏则不然，盈廷之臣皆其所富贵者，满奴如端方、铁良，汉奸如张之洞、袁世凯，莫不仰其颐指。故其死可使满廷受非常之感动，如冰山之忽颓。新进者或更谋攀缘之术，而有所觊觎；旧为那拉氏所信用者，则又以患失之见，谋保其素日之位置，纷扰不已，内讧将生，此那拉氏之死，所为不可与载湉同日而语也。加以载湉那拉氏，子母两日，先后俱殂，其事太巧，生人疑窦。意者载湉之亲藩有夺位之志，乘那拉氏之疾笃，因而事行耶？抑后党不臣之心，平日又见恶于载湉，故于此事先发难耶？然观监国之为载湉亲弟，嗣位者为载湉胞侄，论序可及，不必同室操戈，则前说非也。谓载湉之死，死于权臣之手，实以翦除

所忌，为此不测之举，则有以袁世凯为疑者。然使袁世凯果素蓄不臣之志，则不为之于兵权未削之时，而为之于兵权削尽之日。满族犹在，铁良掌天下之兵，肘腋数镇，为满人凤山所节制。袁世凯心腹将士，如段祺瑞之属，早已不得不引身而退。一旦发难，满人得以反戈，袁即有党亲如徐世昌、杨士骧之徒，亦爱莫能助。袁乃以此时欲图非分，岂非大愚？即袁居北京，其地位又非绝异，而无有制伏奕劻、载振、载泽诸人之势力，安足以行大事？更进一步，谓袁亦无帝王之思想，徒以保持禄位，见那拉之将死，虑载湉之恶己而杀之。如是，则拥立幼主，以自为功，足矣，而复立之监国，情如长君。且所立者为载湉之亲弟，即不虑其为兄报仇，正袁氏弑君之罪，而袁以有生杀载湉之势力，亦肯退听于监国摄政王之下耶？此尤足见载湉不死于袁世凯之手也。若使载湉、那拉死后，宫廷复有他之变故，则袁有异谋，亦复可信；若于此时遽定为袁世凯已实杀载湉，则捕风捉影之谈，适成为浅人之武断而已（谓袁世凯实杀载湉，保皇党报倡之甚力，其用意别有所在。以戊戌康有为之阴谋，实袁败之。前年梁启超运动五大臣以求进，袁又阻之，故造为此言。谓袁弑逆，加以恶名，企其党徒，大恶袁世凯以为报复也。此言若有信之者，则缟素兴师，得为口实，康、梁又有一番造作。独无奈前年康有为热中趋时，已身自发表意见，谓载湉已危而复安，无待于保，辄将保皇会解散，更立名目。保皇会改名年余，而所谓光绪皇者即死，康有为无先知之明，太愧“南海圣人”之号。且反覆其道，人得以反唇相（稽）〔讥〕，立会而用自相挑战之法，其孰肯从之。康亦徒自苦耳）。凡康、梁之徒，惯于造作语言，快其私愤，其加人以恶名，毫不必根于事实。即如始戊戌政变，出于满族之惧汉人得志，故奉西后复出，非西后有幽囚载湉之心而将致之死地也。而康、梁则毒诋西后，指为载湉之仇人，以为苟爱载湉，即当致死于西后，言之将十年。西后用满族之阴谋，伪言立宪，康、梁见保皇之名，已不足惑世，则复改弦易辙，并西后而趋奉之，其反覆已甚。今见那拉氏继载湉而死，势不得谓那拉杀载湉而复自杀（若使载湉死后，那拉氏不死，则康、梁仍不难加那拉以弑帝之名，今载湉方死，那拉次日即亡，则万万无先杀载湉而后自杀之理。那拉氏之免于康、梁毒谤，实幸其死得快也）。然平日对于那拉氏之恨□□，而袁世凯之恨未忘，故又欲加袁世凯弑逆之名。一若袁已杀载湉，不久将登九五之位者，真可谓愚谬绝世。夫以载湉久□废疾，与那拉之年过七旬，其死均非奇事。即设有疑那拉实先载湉而死，而宫中秘不发丧，有人为阴谋，翦除所忌。俟拥立幼主大计既定，及先发载湉死耗，使海内见为立嗣一切，皆出那拉之意，以息人疑，其说亦近似。然果有为此者，则断非袁世凯所能。袁虽于政界或占优势，而满洲有所谓皇族者在。宫闱之事，甚且不能干预，而况其命令一切乎？故使杀载湉而真不得其死，则必满族多人，试其阴谋于内，并廷臣亦秘不使知而后可。而载湉子母死后，犹赫然有满王亲以监国，袁世凯等之地位如何，可以共见。乃康、梁之徒，遇此等疑闻，亦不敢出一语为满族疵瑕，而独于袁世凯指目，岂其扶满排汉之心思，操之有素耶？抑其好报复私怨，不复顾有公理耶？二者必有一于是矣。海外人士，去国已远，论时局者，各有一是非，骤难折衷。然其真相，终久必露。如戊戌之事，当时海外舆论，几乎悉康氏所左右，今则人亦大半知其非矣。即那拉氏之生平，所得毁誉，亦多不虞不实。今兹则所谓盖棺论定之时，吾请举其落落数大端而刺论之：

一、那拉氏于政治上之关系　那拉氏临朝专制者，前后四十余年，其权势若吕雉之在汉，武后之在唐，而历数则又过之，此从来女主之所未有也。太平天国，建汉家赤帜，阉有东南，几覆满祚而恢复中华。乃以曾、左、胡、骆之徒，为虎作伥，自残同种，满人坐收渔人之利，使爱新觉罗之皇室危而复安。而那拉氏实亲遇之，此其幸运之最大者。载淳之死，与戊戌之变，以满族之归心者众，那拉氏乃均得以从容谈笑，镇压一时。而牝朝之威灵，即一等汉奸大奴如李鸿章、袁世凯辈，举慑伏不遑，无有异志，以视委心载湉为尤笃，从表面观之，有令人惊服其才略之过人者。庚子之事，以端、刚之徒，崇任邪术，开衅列邦，联军入京，几召瓜分之局。又幸遇各国均势问题不能解决，乃舍中国而去，满洲又得苟延残喘。谄臣媚子，方且向那拉氏颂老佛爷洪福，而不知九万万之赔款，已分置于汉人之肩，没身犹不能偿也。而且当那拉氏之世，外交之失败最多，若安南、高丽，犹曰藩属之土。至于台湾、旅、大、胶、广，则腹心内地，亦割让与之。彼其以掠夺而得之国壤，其不甚爱惜，亦不足怪，所可痛者，则我汉族山河，又经满虏而转卖于他人耳。联军讲和，既以汉人当其艰巨，而东南半壁之无恙，又赖各省督抚之支撑，汉人势力至此渐进，乃以反触满奴之忌，急急以中央集权之计画进，为阴柔排汉之政策。那拉氏亦用之，则假立宪之名，行专制之实，而《宪法大纲》发布于那拉氏之手。呜呼！以那拉氏年事既大，其为我汉族之害者亦最多。以上种种，虽非其个人之阴谋，然汉人受制于满，而满族又以彼为主权之代表，则吾人非那拉氏之咎，而又谁咎耶？

二、那拉氏之骄奢淫佚 满洲屡代君主，皆务穷奢极欲。而事过情迁，汉人或淡然忘之。若那拉氏，则固昭彰于斯人之耳目者也。前此各省报效海军之费，移为颐和园之用，以致甲午之役，一败涂地，李鸿章至死以为恨事。游百川、汪鸣銮等上奏，一及颐和园，即几陷于大辟。据最近调查报告，自乙未至庚子，颐和园续修工程，每年三百余万两；万年吉地工程，每年百余万两；戊戌秋间欲往天津阅操，令荣禄修行宫，提昭信股票银六百余万两；辛丑回京费二千余万两；辛丑后复兴修佛照楼五百万两；祝七旬庆典一千二百余万两；另各省报效一千三百万两，此数年之内，那拉氏一人所用，已盈九千余万两。辛丑至今，又阅数年，其费用可比例而知。呜呼！汉人家散人亡，老弱填沟壑，丁壮死桎梏，此生命财产，皆断送于深宫歌舞中矣。夫此亿万之耗费，皆在甲午之后，其时吾汉人方且增多数万万之负担。虏廷诏书，亦日以节俭为词，而岂知其所浪费乃有此数。庚子之役，仓皇出走，故衣将敝，豆粥难求，幸而媾和返京，其心亦当知悔祸；乃疮痍满目之时，二千余万两之费，又复用之如泥沙，家奴之血汗，殆无足念者。今年广东水灾，冲决基围，灾民百数十万，呼声震野。海外华侨顾念乡人，皆解囊助赈，而地方官吏亦为民哀吁于朝者数次，乃仅得给以十万，当那拉氏一人一年之费，不及百分之一。意者，国库空虚，其真贫耶，然美舰一来，则以八十余万款之，西藏一和尚入京，每日供以万三千两，又何富也？以为一己纵欲之费，则惟恐不奢，以为百姓救死之资，则惟恐其不吝，穷于赈灾恤民之时，而富于外交应酬之际，斯真可令普天同愤者。然以四万万人匍匐于下，任纵一愚妇人醉饱践踏于上，恣睢不已。定为《宪法大纲》，犹曰："皇室经费，应由君上制定常额，自国库提支，国会不得置议。"彼希望立宪，希望开国会者，亦曾一念及否。

三、那拉氏之保皇 那拉氏生平，无可取者，而独能保皇，保护孱皇载湉以终其身。以其在满族之地位论之，则可谓有功矣。康有为语人曰："那拉氏，载湉之仇也。戊戌阅操之旨，即欲置载湉于死地。政变以后，则囚之瀛台，每日杂玻璃粉于食物以进。海外人民不思保皇，皇行且杀于西太后之手矣。"其语之谬，吾友某君尝痛斥之（详见《戊戌政变信史》）。夫载湉实居那拉氏肘腋之下，那拉氏不欲杀之则已，其欲杀之，则于宫禁随时可以下手明矣。载湉无大过，犹为满洲之共主，夫岂有于陈兵阅操之时，执而杀之之理，此已为大谬不伦。况那拉氏训政以后，载湉之权尽削，或废或杀，那拉氏皆优为之，而揆之实事，则载湉仍依那拉氏肘腋之下如故。若谓已见囚于瀛台，则内外人睹见之时，所谓两宫者皆在，吾知其追随于那拉氏之侧者，必非伪载湉也，至谓每食杂玻璃粉以进，尤为不通可矣。盖自康有为逃出海外，至于今日十一年，世界岂有人食十一年之玻璃粉而后死者耶。此虽以欺三岁之童，亦当不信（此语太过离奇，想康有为作诳语时，未免信口开河，过于高兴，尔后未必不自悔失言，而日昨《总汇报》偏拾其牙慧，于论文中仍有杂食玻璃粉之语，适足令有为见之自惭汗下耳）。夫载湉中细人之谗，几将有不利于那拉氏，此案掀（诩）〔翻〕，那拉氏独能置载湉于不问，已为难能。庚子之年，端王得志，太阿倒持，直欲取载湉而废杀之，又赖那拉氏设法保护，载湉不独因那拉氏以保其身，更因那拉氏以保其位，故世人莫知那拉氏之保皇也。那拉氏尝语载湉云："有我一日则保汝一日。"此语昨日之《总汇报》亦承认之。今载湉与那拉氏先后两日而死，其谓载湉以病终耶，则那拉氏固可以告无罪。若如海外人所猜度，那拉氏先死，载湉遂不免于毒手者，则那拉氏之言尤验，盖真保皇者亡，则皇自不保，那拉氏之于保皇，亦可谓鞠躬尽瘁、死而后已者矣。此本满洲家事，于汉族无关休戚，于中国无关痛痒，然就事论事，固不能不核实持平，彼伪保皇而反对真保皇之那拉氏者，其用心可知也。

四、外人对于那拉氏之批评　西人之论那拉氏，颇有不虞之誉，推之为英主，称之为不拘细行之大人物，嗟乎，此势利之见耳。从来势位之所在，与能力之所在，二者绝非同物，当分别以观。那拉氏于政治上之关系种种，实其势位为之，非其能力也。专制之国，政权所在，则人争趋之，趋之以为其禄位之私也，由是更争致其能力，以求功名为主者。若遇超等奴才，多所建白，而奏成效，则坐收贤君之名，其反此者，则彼身亦不免庸恶之谤，均非君主之所自致，特为若辈受其毁誉。故凡专制之君主，有幸与不幸，无贤与不贤。那拉氏誉之不过一富室之老寡妇，遇能干之奴仆为之捍御门户，经理家政，则老寡妇可以泰然享福，若遇奴婢相连为奸，习为偷盗，则富室之财日蚀，老寡妇亦坐愁行叹而已。那拉氏揽政之初年，所遇曾国藩、李鸿章之徒，所谓超等奴才也，彼不惜自残同种以献媚异族，为其功名（李鸿章夸其歼灭太平天国之功，而卑士麦斥之），故那拉氏坐享其成。及端酋、刚毅朋比作奸，恨及比邻，那拉亦只得仓皇出走，身受其败。那拉氏止有因仍幸运，了却一生，甚且并察别奴才孰为善恶之智识而无之，安在其有能力耶？故以其初年之幸运，致满族危而复安，遂惊许以为有非常之才略者，直是皮相。即以戊戌政变之事而论，载湉之不敌，半系于势力，亦半由康有为与袁世凯手段之优劣为之。康为袁所欺，以败其谋，后党乃弹冠相庆。倘康能操纵袁，使袁肯为用，则那拉氏不可知，载湉不至再度失政，则断如也。载湉在位，所称为百日之维新者，变法纷纭，毫无要领，而那拉氏训政，则竟倡国会而颁宪法。从表面观之，载湉自非那拉之比，而实亦满奴汉奸之排汉政策日以进步耳（康、梁辈高颂载湉，故吾举那拉氏之事，谓载湉若贤，则那拉当为女中尧舜，所以调侃康、梁辈也）。吾故曰满族狐貉一丘，无有贤者。而粤督陶模，亦谓那拉、载湉母子二人，均仅有能读京戏本之知识，盖道其实也。西人不深知中国之历史，故立论多不中肯。若吾人则惟一念于那拉初年所遭之幸运，而叹息痛恨于曾国藩、李鸿章辈之死心为大汉奸，为虎作伥而不悟耳。

右之所论，吾自信为最能持平。吾非恶偶然得运之满洲个人，而实恶满洲篡夺我主权、奴隶我汉人之一族。故吾论那拉氏之死，既不肯为那拉氏恕，尤不肯为一班之满奴汉奸恕也。吾汉族岂遂无轸念同种光复故物之人乎？何为徒有四万万人，俯伏二百六十年，至今日犹令胡妇胡儿酣嬉淫乐于上，而荼毒我也？今之载湉、那拉氏虽死，后之为载湉、那拉氏者方来，吾人其谓之何？若夫世之言那拉氏者，若日本人所著《西太后》一书，述其丑行，甚于吕雉、武后。以其为个人之行为，无关汉族，抑且淫秽已甚，不欲污吾笔墨，故兹不具论，论其大者。

《中兴日报》，光绪三十四年十月二十五日至二十六日（1908 年 11 月 18 日至 19 日），录自《胡汉民先生文集》第一册，第 516—524 页

袁世凯之落职与保皇党之谣言

胡汉民

近顷北京电耗传来，或言袁世凯已革职，或言以病休致回籍，要之，袁已为一尽失势力之人无疑。且满洲政府惯例，凡尚书、总督告病者，必再三给假，寻常亦得续假二次，其宠眷稍深，如岑春煊曩日在粤督之位时，则几乎无日不在病假中，未有朝言疾而夕令休致回籍者，故即令后说为确，亦与革职无异，特美其名曰“休致”而已。

前者保皇党以与袁世凯为私仇，故于载湉之死，四处飞电告变，谓实出于袁氏之毒死，袁氏盖有中央革命之势力与其心事。今载沣小奴，摄政未几，而袁即罢废，此适足表袁前此之无他，而保皇党则为一味无意识放谣之人。

何也？使袁果为致死载湉之人，则其结果必有如左之两种：

一、袁既有非常之志，以杀载湉，载湉死，即不能遽行篡位，然既已拥立孩提稚子，则本无更设摄政，使载沣得志行权之理，此吾所前论者也。且能杀载湉，则载沣父子非借袁之攀援，无以有今日，征之历史，凡权臣能行废立之事，或杀故君而立新主者，其所拥立之主，必感恩深重，与共休戚，以终其身，虽以汉宣帝之英贤，对于霍光如背着芒刺，亦只能于光死后赤霍氏之族而已，其它庸凡之主，则又不足论，故叔孙氏之家臣竖牛，饿叔孙穆子而死之，并杀其嫡长二人，以立昭子。昭子正位，即讨竖牛，而孔子赞之曰：叔孙昭子之不劳，不可能也。袁世凯之地位，异于竖牛，载沣父子之贤，不如汉宣，然则袁之势力，将继此日隆，即不能如魏晋操、懿之故事，断不至于两月之内，以炙手可热势力绝伦之人，忽为投闲置散之人也。

二、假定载沣贤如叔孙昭子，不以私恩而忘载湉之仇，及假定袁虽有杀一君立一君之能力，亦可去之如发蒙振落。如是，则载沣当为载湉报复，正袁弑君之罪，杀袁而穷诛其族。彼《大清律例》所谓“大逆不道”者，其身当凌迟，其九族俱不得免死者也，况如保党所云袁乃亲进毒以杀彼满洲皇帝者耶？则袁更无有保全首领萧然去位之理。

故保皇党之放谣，全无意识，本报曾再三着论斥之，而今证以袁之一朝罢废，势去而身独存，则本报可谓有先知之明，而保党之谣言，更无讨论之价值矣！然则袁果以何故而被废耶？曰是有二因：

其一出于满族之深忌汉人也。当袁居直隶总督，握莫大之兵权，其时最为满政府所忌，然西太后母子，未尝不念袁之功，故一面收袁之兵权，一面厚袁之宠眷。袁既奉还四镇，其势力已在铁良、端方之下，及入为外部尚书，则不过为奕劻辈之一傀儡而已，然犹参预军机备顾问，于汉人犹为表表者。且袁为人，颇有才气，不若张之洞之老懵书痴，供人玩弄。今则西后、载湉之宠眷已去，而满族之猜忌不忘，故惟老懵书痴如张之洞者，尚得保其位，而袁遂见逐，此满人对于汉人之手段则然，固不问其人有无罪失也。

其二出于载沣之自植党势也。奕劻当国十余年矣！前此载沣之在军机，奕劻以儿子辈畜之，固非其所能堪，今一旦摄政，必将取奕劻之党而去之，代以其私人，袁在军机，固所号为奕劻之党者也，奕劻且去，何有于袁？观于奕劻辞职之事，与袁休致之新闻，相连而出，外间可得窥其事之真相，更不必问其他之原因矣！

西人之论此事，则为郑重之批评。观于欧美有名之大报，俱谓袁为开通之人，而满政府黜之，为反对维新之手段，为政界复现黑暗之先兆。盖袁固最主张立宪者，其前年在军机与载沣交哄，载沣至欲以手枪击之，即以其所主张太力，有损害于满皇族而不顾也。故袁之见斥，一般满奴固必有弹冠相庆者，而其不餍于中外人之舆论，则断然已可见矣！

若夫保皇党则大率为势利卑劣之人，其言论亦莫不由于势利卑劣之见。梁启超于戊戌之后，著所谓《中国魂》一书，中有句云：“张之洞非汉人耶？吾恨之若仇雠也。今上非满人耶？吾戴之若帝天也。”今张之洞内入军机为大学士，则其党之报，固无日不尊之曰张中堂，曰张相，而不敢名也。袁世凯虽康、梁之深仇，然在直隶握大权时，梁启超曾于《新民丛报》嚣嚣然曰：“今有政治上之实权，为第二之政府于天津者，汉人也。”其崇敬而夸耀之如此。及其撤去四镇，权力不复如前，则又造谣而毁谤之，若不值一钱，今袁并落去外部尚书，势力尽失，其党人当更鸣得意，而大肆其批评。然识者视之，则始终为若辈卑鄙龌龊之想见，决不足以动人听闻也。

《中兴日报》，光绪三十四年十二月十六日（1909 年 1 月 7 日），录自《胡汉民先生文集》第一册，第 524—527 页

《总汇报》之技如鼠

胡汉民

鼠之昼伏夜动，缘畏人也。不意堂堂之保皇党机关报，其技竟如鼠，斥驳之，则抱头而窜，姑置之，则乘间窃发，统观该报与本报开战以来，曾屡见不一见者也。兹举其如鼠之技列左：

初天山祝虏廷立宪，昆仑击之，即伏不敢动，乃其后易去天山之名，又不时窃作，是其如鼠者一也。三月间，龙腾论抵制日货，文已登十余天，该报不敢置喙，迨侦知龙腾已旅行，始诬以他端，装成约战之貌，后龙腾出（叻）〔叨〕，痛击之，该报“真”记者不能驳，龙腾登明广告，然后旅行，及龙腾去后，该报则又肆口谩骂，目上无人，至龙腾复出叻，痛骂“锄全无心肝”，则又未见该报敢与诘驳，竟学金人之三缄其口矣！是其如鼠者二也。六月间，精卫申论革命决不至召瓜分，因事旅行，文尚未完也，该报侦知，乃作驳论，至精卫出（叻）〔叨〕，痛惩之，该报始以丧败而口塞，是其如鼠者三也。至九月，“锄”记者忽窃发，谓“排革命实以救中国”，经本报一击，竟亡命而逃，至十月，则“恐恐然”案之一败涂地，“北京通信”案之不敢出一声，“明揭该报有意造谣之罪”案之弃甲曳兵而走。计该报之白昼畏人，伏而不动者，今已一月有余矣！不料前数日，该报复窃发，谩骂准理氏，盖又侦知准理氏之已旅行也。本报已拟不与鼠辈较，讵其鼠胆忽大，昨竟录《启南报》之文，又施其夜动之鼠技，以毁谤革命党，是不可不有以儆之，使鼠辈复抱头而窜，以勿溷乃公也。

该报前不敢驳准理氏，而十七日论文，始带骂准理氏，其夜动之状，特一寻常鼠耳，不足较也。昨录《启南报》文，意欲借他人杯酒，以销自己块垒，而不知《启南报》为徐勤所办，是篇文题曰：《论革命断不适用于今日之中国》，乃与彼前六月在该报所作之《革命不能行于今日》文同一伎俩耳！徐前为本报所痛击，始知题目亦不通，故不终篇而遁。今徐乃变化出之，竟背本报，静中于《启南报》而施其故技，是徐勤夜动之丑态，亦不过一寻常鼠耳！而该报又转录之，乘间窃发，不又鼠中之最拙者乎？故昨所登之文，亦不足较也。惟十七日带骂准理氏，而旁及毁谤本报，谓载湉之死，本报不持正论，反为袁讼冤，并诮本报为忘袁杀革命党之仇，见袁势大而媚之云云，此等窃发，是真所谓黠鼠也。然该报虽黠，欲以此谤人，适以自表其诈伪而已，黠将何用乎？

该报谓袁毒死载湉，中外各报不敢言，惟该报敢言，诩诩然自称直笔，而诮人媚袁。夫此乃满虏家事，革命党不屑理，该报毁谤本报，虽三尺童子皆知其放屁，原不必斥也。但载湉死不分明之问题，内地报纸迫于势，不敢研究，犹可恕也，至海外各报，尚有谓载沣致死载湉（事见《台南新报》日历十一月二十七日社说）之说，虽未断定，然既有是说，则凡稍关心于载湉之死者，所当研究者也，况有保载湉之责者乎？且内地亦有是谣，杨度曾致书其党人，以（辩）〔辨〕明此事（见《京报》），而该报竟不敢道着只字，而惟沾沾加罪于袁世凯，噫嘻！该党岂真耳无闻，目无见耶？特希望摄政王赐环，遂不暇研究载湉之究竟如何死法，惟一味加罪于袁，借此以泄私愤，并可献媚于载沣，是一举而两得耳！精卫君谓保皇党弑其君，观此则又多一义矣！至该报诮本报何忘袁惨杀党人之仇，而不加袁以弑君之罪？此真小人恩怨之谈，而无理取闹者也。夫袁之为汉奸，与保皇党同，皆革党所当先手刃之者也，但加袁以汉奸之罪而杀之则可，因彼为汉奸，遂加以莫须有之罪则不可。如该报所云，因彼有怨于我，便可任意加以莫须有之罪，则此次那拉氏之死，固有人谓保皇党因挟戊戌之怨，以巨款运动宫人毒死之者，此虽莫须有之事，然亦入情入理。若保皇党因私憾，而可加袁弑君之罪，则革命党亦可因私憾，而加保皇党以弑西太后之罪矣！呜呼！黠鼠，黠鼠，又将何词？

《中兴日报》，光绪三十四年十二月二十八日（1909 年 1 月 19 日），录自《胡汉民先生文集》第一册，第 530—532 页

近年中国革命报之发达

胡汉民

论普通报纸之天职者，辄曰开通民智也，为舆论之母也。其能尽此职者，谓之优，其不能尽此职者，谓之劣，以此为评论之准，何人所不能难也。然以开通民智言，则其间固有大小轻重之殊，一知半解，一技一能，竹头木屑，报纸之所不弃，然而勤勤于是，他无所发挥焉，则其所造于民者亦末耳。民之所当知而尽力者，莫重于小己与大群之关系，本其自爱爱他之性，而审其是非利害之真，自现在以及将来，谋前途之幸福。故夫种族上之生活，政治上之生活，社会经济上之生活，当其艰苦，则谋所以为安乐者，当其安乐，则更谋所以为进步者，为人类本有之责任，亦即为开民智者最大之责任。置两种报纸于此，其一能究心于种族、政治、社会之现象，揭其不自由、不平等之恶果，为之呼吁，与民谋其改革；其一则于种族、政治、社会不自由不平等之组织，认为正当适宜，非漠视之，则思所以保存之，而日与谋改革者为反对。故由前言之，则其报导民于安乐，导民于进步，而惟恐其智之不足以及之者也；由后言之，则逐臭嗜痂，腥秽之是甘，无异惧政府愚民之术之不周，而更为之扬其波助其恶也。呜呼！其孰得孰失，亦易辨矣。若夫舆论，则关于公共问题，自由发表，于社会有优势之意见也。其判断事物，纵非独立创造之见，亦必以自由意思而取舍，若受强制而服从于外，无意识而雷同于人，于此之际，其所发表不成舆论。至社会优势之云，则以比较而见，非比较于社会全体，而得其过半数，乃比较于自由发表意见之各个人中，而得其过半数，此政治学者所恒言。故舆论之行，其时非必绝无反对者，又非必无有发表无意识之言论者，而舆论之为优势于社会自若，何也？以反对者为少数，而无意识之言论，更不足为反对也。故凡生活于专制之国，则舆论之发表难，以其人民之为言论，莫不受强制而服从，非自由意思也。不受强制而亦为漫无意识之雷同，则是自暴自弃，而为舆论所不齿。报纸所以号为舆论之母者，普通人民，以自动的而独伸其意见者，为少数，其受动的而采用他人之意见者，为多数（此谓之模仿，与无意识之雷同迥别，阅者不可误会）。而报纸则往往于多数人民中，创发意见，有登高而呼，使万山环应之慨，故对于变动之人民，有先导之称，然必其于公共问题有正确之知识，及能为多数人民谋其祸福利害者，足以当之而无愧。置两种报纸于此，其一能为大多数之民族及政治上社会上多数人，求免其压迫，登进于真正之和平。其一则欲使大多数之民族终不免于压制，且只为政治上社会上一小部分人讲其利益，则其真理价值之孰为优劣，所不难辨，而其孰有造成舆论之资格，亦至易知。今以世界文明大国而言，其真有价值之报，则时时以反对其政府闻，未有肯袒护政府而与国民讼者也。其有为政府行事辩护者，则国民呼之为“官报”，以其不足代表舆论，而仅得为政府官吏之应声虫也。至法国人民，则尤鄙视之，直目之为“富翁报”。当日、俄构和之际，举国报纸皆攻击政府外交失败，独《国民新闻》一家，逢迎当局之意思，而民间目之为“秽纸”，自时厥后，该报之声名遂颓然丧地。夫他国之政府，其比于满洲政府则优劣悬殊矣，而其袒政府以与国民讼者，犹且犯不韪而得恶名如此，况对于异族恶劣专制之政府，而为之谄臣媚子者乎。吾请持是以论中国人之报纸。

中国人之报，最先滥觞者为港澳之地，上海继之，于以流衍内地。港之《循环报》、上海之《申报》，尚存于今日，即中国人最老之报也。其先发行日报者，以邮通外事为目的，故舍译报、录新闻之外，他皆不甚注意，继而内地之报，率以工词章八股之士为之主笔，于是骈四俪六之语，风云月露之词，洋洋盈纸。主报者与阅报者，俱茫然不解报纸之真价，盖亦时代限之，不足怪也。自林乐知、李提摩太诸人创《万国公报》，属中土人士为译述，旬月发刊，虽专为基督教家言，然亦锐意以开导民智为任，破除文人之结习，于报界一新其面目。甲午以后，言维新变法者如狂，于是有《时务报》、《湘学报》等，虽其人今日皆为保皇党乎，顾其时则无有党派，攘臂发抒，恶旧俗而惟新之是求，如“保中国不保大清”、“变君主以为民主”之说，亦有时流露，盖康、梁之徒，当日犹未为失节之妇，睹乎内国之穷困，激于外界之风潮，称心而谈，其间亦不无一节之可取者。惟其所知之西学西艺，尽属皮毛，又拉杂言之，不知抉择，此其缺点也。梁启超逃于日本，为《清议报》以泄其愤，专为清太后及荣禄、刚毅个人身上之攻击，次则颂清帝载湉之圣明，而望其复辟召用，此为保皇报之权舆，其言有曰："今上非满人耶？吾戴之若帝天也。张之洞非汉人耶？吾视之若寇仇也。"梁氏之头脑如是，亦即《清议报》之主义也，故于报界无何等之价值。同时革命党人则创《中国日报》于香港，大倡民族主义，抨击满清政府，而揭彼族之奸谋，不遗余力，其始见者诧为神异，继则服其敢言，无他报颟顸萎缩之习，久之且浸淫其言论，而种族之辩，厘然当于人心。《中国报》[①] 者，革命报之先河，亦于报界为一大革命者也。步武《中国报》而起于港者，有《广东报》，有《有所谓报》，及《少年报》，其持民族主义一如《中国报》。而《有所谓报》庄谐并用，极嬉笑怒骂之致，尤足以动人。诸报皆以他之问题而中辍，今存于港者，惟《中国报》与《公益报》，《公益报》虽不如《中国报》之烈，然言论不失为正大，亦《中国报》之亚也。上海各报素无宗旨，自《苏报》延革命党章炳麟、吴敬恒为主笔，大张挞伐，旬月之间，增报数千，内地思潮为之大变，于是虏廷出死力以干涉之，爰有《苏报》案出，章、邹下狱，而《苏报》亦停止，其后有《国民日报》，《警钟日报》亦继续言革命者，皆以彼虏专制之余力挠之，不克有终。上海既为言论不能自由之地，故今虽有持种族革命政治革命之报，然以避文网之刻深故，其言亦微而隐矣，此不惟上海为然，其在内地者亦复重足而立，不敢畅所欲言，惟正言若反，寓言曲笔，得其片鳞只爪，皆足以知其主义所在，此较之大张厥词于海外者，其道倍难，而功亦较苦。日本东京，我国留学生最盛之地也，辛丑之交，言革命者始作《国民报》，发挥民族主义，民权主义，学界视如瓌宝，争趋向之。继之者有《浙江潮》、《江苏》、《湖北学生界》等杂志，皆与《国民报》言论相上下。《国民报》为保皇党某氏骗去股本数千金，遂以中止；各省杂志亦多以经理不善，无力发行而停刊。其时梁启超稍稍悟保皇之非，则亦废《清议报》而为《新民丛报》，隐然附和《国民报》之宗旨，亦颇言民族主义，而主张破坏，不复断断然辨虏家子母之善恶，视《清议报》如出两人之手。至发行二十余号，康有为为书责之，有"将置老夫于何地"之语，梁氏乃始翻变其前词曰："吾自游美洲归而梦俄罗斯也。"曰："共和共和，吾与汝长别矣。"人有讥其反复者，则诿曰："吾富于流质，吾不惜以今日之我与前日之我挑战也。"平心论之，梁氏壬寅岁首之《新民丛报》，其学术各门，虽不

① 此《中国报》及本文以下所提及之《中国报》，似均指上文在港创办之《中国日报》，编者。

免于抄袭，而鲜出心裁（梁氏曾大抄德富苏峯之文，为上海《大陆报》所攻，然此在作《新民丛报》之前，特其生平伎俩如是，不能改耳）。

然其所持主义，则固由黑暗而进于光明，其位置可次于《浙江潮》、《江苏》杂志之下，及为康氏所劫持，至不能伸其自由意思，而反以自相挑战为美谈，掩其反复无恒之丑，至可鄙笑。然以谓《新民丛报》初期曾为革命报之一，则梁氏所不能辩也。至于乙未之岁，东京革命党创办《民报》，树六大主义，而发挥民族革命、民权革命、民生革命之理，其思想之伟大，议论之精密，不第同志之士所推，即反对者亦为之倾服。自客观言，可号为中国文从来未有之杂志，自主观言，亦可谓革命党发表最高意思之机关，于各种问题，推极研穷，一文之作，累数万言，而摧陷邪说，竟举反复狙诈巧伪善辩之《新民丛报》而仆之，自余《中国新报》等亦莫不披靡。载泽、端方辈至日本，即再三与日政府交涉，谋所以妨害《民报》者，其时为西园寺内阁，颇持正论，遂不得逞。及去年以唐绍仪挟清、美同盟之说，恫喝日本，而又许以间岛及抚顺炭坑等利权，适日本阀阅党当国，遂买虏朝之欢而卖《民报》，因有停止二十四号之命令。令下，日本报纸表同情于《民报》者，皆纷然讥议其政府，其法官不能执律以难，亦只认为外交之问题。今《民报》同志诸子已决意迁于美洲发行，夫世界尽有比较的言论自由之国，《民报》之意思，必不因是而绝响，日、清政府，亦徒劳而已。金山《大同日报》，为致公堂之资本，其始保皇堂一人欧榘甲与其党一相迕，不见容于彼《文兴日报》，则为新广东言革命独立，以求合于致公堂诸人，遂得用为记者，久之，欧榘甲复为康有为所迫责，不得不从师说而悖公理，保皇之谬说复张，《大同报》乃逐之，改延留美大学生操笔政，回复其本来革命之宗旨，以至于今。其历史有足称者，其在檀香山，以民生社中人，组织《民生日报》，主张革命，无逊词儒响，去年中于清领事之诡谋，内部略有冲突，其旧日作者，更发起为《自由新报》，其主义益复完备，日报中之有特色者也。温哥华为旧日保党之巢窟，而《华英日报》，则革命志士之所组成也。其自称曰除发挥民族、民权、民生三大主义外，专搜罗康、梁奸恶，痛加攻击。此报发行以来，保皇党之登报退会者，相属不绝，则其开发人心之功可见，而非徒以笔舌相斫为能矣。仰光，亦保党之一根据地也。《光华日报》兴，而革命主义大昌，人心向明，有一日千里之势，虏家母子死，则联电北京，表示其不认满族为君之意思，回视保党，则意气（销）〔消〕沉，大有今昔之慨。光华报惟鼓吹主义，畅达所见而止，未尝鳃鳃然求奸回之恶迹而诛之，而其收效若此，亦神矣哉！暹罗有《华暹新报》起，而盘谷华人，乃始知种族之义，其议论之严，而体载谨密，未尝轻为一字之假借，去腊保皇党徐勤以败军之将入寇暹罗，为《启南新报》，播其残同媚异之说，《华暹新报》斥之，虽讨贼之师方始，而已如干将莫邪之出匣。魑魅魍魉，断乎无以逃免也。巴黎有《新世纪》者，以科学为镜，以公理为衡，以进化为鞭，以人道为轨，举现世之所谓政治社会之组织，而反对之。其究极使人各尽所能，各取所需为归；其言若过高远，与言种族革命、政治革命者不能尽同，然其所操本之道术则合，何也？革命之事，千条万绪，非一端所能尽，要其精神，则一贯而本诸自由平等博爱之理，夫是故虽反对军国主义，然以人民抗政府而兴革命军者，则其所最赞成也。反抗强权为其必用之方法，而满政府则为挟持强权之大蠢，故倾覆满洲政府，亦其所最同意者也。今若谓《新世纪》为革命报之一，虽不能赅括其内容，然其名实亦自不相悖耳。本坡言革命者始于《图南报》，虽以一年而辍业，然导一时风气之先，洵足为后此社会之纪念。最近有《阳明报》，用罗马字母，并巫来语，为久居斯土而不谙中文者说法，宗旨至正，其言论则明白而笃实，以他种人文字而专创一杂志，中国报界所无，而且为革命报，则尤足珍矣。若夫本报宗旨，则亦根据于民族主义、民权主义、民生主义，务尽发挥之能事，灌输其理解于人人，而勉以实践，对于邪说之惑世诬民者，则词而辟之，无敢或恕，非以克敌为多，对于我国民之义务，就于报界之天职，固有不容不尽者，亦所以附于我革命报诸同业之后也。统观革命报各家，其根本之主义，固无不合，而此外尤有相同之点二焉，即皆必为满洲所忌惮，而与保皇党相遇，又必不能已于争辩也。故《中国报》之在香港，德寿裴景福诸奴干求于英政府者屡；《新世纪》之在巴黎，清外部诸奴亦交涉于法政府者屡；而《苏报》则以租界之控案而狱；《民报》则以外交之属托而阻，事固有幸有不幸，而为彼虏政府所欲得而甘心，则一也。若夫与保皇报之争辩，所在皆有。革命报所持，一言蔽之，即吾上文所谓为大多数之民族及政治上社会上多数人，求免其压迫，登进于真正之和平者也；保皇报所持，亦一言蔽之，即吾上文所谓欲使大多数之民族终不免于压制，且只为政治社会上一小部分人，讲其利益者也。革命报为我国人民之不自由不平等者呼吁，而与谋其改革；保皇报则视我国人民之不自由不平等为适宜，而与谋改革者为反对。简括评之，则革命报真以开通民智为己任，保皇报乃以闭塞民智为己任而已。今者种族革命、政治革命、民生革命之说，已成为社会优势之意见，吾人固深幸之。惟玛志尼有言："曰教育与武力并行，此则为言革命者所当急，既以勖吾同志，吾亦兼以自勉焉。"

《中兴日报》，光绪三十四年十二月二十八日（1909 年 1 月 19 日），录自《胡汉民先生文集》第一册，第 533—540 页

图书在版编目（CIP）数据

立宪派与革命派的论战 / 王宪明编. — 太原：山西人民出版社，2020. 6
（清末立宪运动史料丛刊 / 胡绳武主编）
ISBN 978-7-203-10390-5

Ⅰ. ①立…　Ⅱ. ①王…　Ⅲ. ①宪政运动 - 研究 - 中国 - 清代　Ⅳ. ①K257. 507

中国版本图书馆 CIP 数据核字（2018）第 093740 号

清末立宪运动史料丛刊 · 立宪派与革命派的论战

主　　编：胡绳武
副 主 编：牛贯杰　戴鞍钢
编　　者：王宪明
责任编辑：李　鑫
复　　审：贾　娟
终　　审：蒙莉莉
装帧设计：谢　成

出 版 者：山西出版传媒集团 · 山西人民出版社
地　　址：太原市建设南路 21 号
发行营销：0351-4922220　4955996　4956039　4922127（传真）
天猫官网：https：//sxrmcbs.tmall.com　电话：0351-4922159
E - mail：sxskcb@ 163.com　发行部
sxskcb@ 126.com　总编室
网　　址：www.sxskcb.com

经 销 者：山西出版传媒集团 · 山西人民出版社
承 印 厂：山西出版传媒集团 · 山西人民印刷有限责任公司

开　　本：787mm×1092mm　1/16
印　　张：48
字　　数：800 千字
版　　次：2020 年 6 月　第 1 版
印　　次：2020 年 6 月　第 1 次印刷
书　　号：ISBN 978-7　203-10390-5
定　　价：298. 00 元